U0656428

智囊全集

上

冯梦龙◎编著　穆公◎译

华东师范大学出版社

图书在版编目（CIP）数据

智囊全集：全2册／（明）冯梦龙著；穆公译.
—上海：华东师范大学出版社，2012.12

ISBN 978 - 7 - 5675 - 0172 - 0

Ⅰ.①智…　Ⅱ.①冯…　②穆…　Ⅲ.①笔记小说—小说集—中国—明代
Ⅳ.①I242.1

中国版本图书馆 CIP 数据核字（2013）第 005276 号

智囊全集（全二册）

著　者　冯梦龙
译　者　穆　公
项目编辑　储德天
特约编辑　邱承辉
审读编辑　郑英旻
封面设计　吕彦秋

出版发行　华东师范大学出版社
社　　址　上海市中山北路 3663 号，邮编 200062
网　　址　www.ecnupress.com.cn
电　　话　021-60821666　行政传真 021-62572105
客服电话　021-62865537（兼传真）门市电话　021-62869887（邮购）
地　　址　上海市中山北路 3663 号华东师范大学校内先锋路口
网　　店　http://hdsdcbs.tmall.com

印 刷 者　三河市中晟雅豪印务有限公司
开　　本　787×1092　16 开
印　　张　64.5 印张
字　　数　803 千字
版　　次　2013 年 5 月第 1 版
印　　次　2019 年 4 月第 2 次印刷
书　　号　978-7-5675-0172-0/K.377
定　　价　98.00（全二册）

出 版 人　王　焰

（如发现本版图书有印订质量问题，请寄回本社市场部调换或电话 021-62865537 联系）

目 录

上智部

卷一　见大

卷二　远犹

卷三　通简

卷四　迎刃

明智部

卷五　知微

卷六　亿中

卷七　剖疑

卷八　经务

察智部

卷九　得情

卷十 诘奸

胆智部

卷十一 威克

卷十二　识断

上智部

　　冯子曰：智无常局，以恰肖其局者为上。故愚夫或现其一得，而晓人反失诸千虑。何则？上智无心而合，非千虑所臻也。人取小，我取大；人视近，我视远；人动而愈纷，我静而自正；人束手无策，我游刃有余。夫是故，难事遇之而皆易，巨事遇之而皆细；其斡旋入于无声臭之微，而其举动出人意想思索之外；或先忤而后合，或似逆而实顺。方其闲闲，豪杰所疑，迄乎断断，圣人不易。呜呼！智若此，岂非上哉！上智不可学，意者法上而得中乎？抑语云"下下人有上上智"，庶几有触而现焉？余条列其概，稍分四则，曰"见大"、曰"远犹"、曰"通简"、曰"迎刃"，而统名之曰"上智"。

【解说】

冯梦龙说：真正的智慧并非有一套固定不变的原则可依循，而是对应着不同的现实难局，有恰如其分的不同对策。所以愚昧的人，偶而也会出现深具智慧的反应；倒是聪明的人往往因为太谨守着某些原则，于是做出错误的判断来。因此，真正的大智慧其实是"无心"的，不会被既有的原则、经验和思考方式所拘限，所以能充分灵活地深入变动诡谲的难局里，洞见常人所不能见的本质问题，察知常人所不能知的长远发展。而其拟定的对策，也往往出乎常人的想像，甚至乍看起来是违反常识的，唯有等到问题完全解决，才能看清这样深远通透的智慧来。这样不拘原则的上上智慧，虽是不可学，然而多知道一些这类事迹，却能增加我们应对问题的能力。

一些不见得聪明的人偶而出现的上上智慧，也往往对我们有启发和触类旁通的效果，因此，我特地把这些我所知的智慧实例条列出来，分为四卷，分别是"见大"、"远犹"、"通简"、"迎刃"，而总其名为"上智"。

卷一　见大

一操一纵，度越意表。寻常所惊，豪杰所了。集《见大》。

——【解说】——

处理事情时如何把持和舍弃，往往出乎预料之外。一般的人往往不知所措，豪杰之士却最能游刃有余。

这一卷讲的都是以小见大的故事，名为《见大》。

1.　太公　孔子

太公望封于齐。齐有华士者，义不臣天子，不友诸侯。人称其贤。太公使人召之三，不至；命诛之。周公曰："此人齐之高士，奈何诛之？"太公曰："夫不臣天子，不友诸侯，望犹得臣而友之乎？望不得臣而友之，是弃民也；召之三不至，是逆民也。而旌之以为教首，使一国效之，望谁与为君乎？"

齐所以无惰民，所以终不为弱国。韩非《五蠹》之论本此（此为冯梦龙评注，下同）。

少正卯与孔子同时。孔子之门人三盈三虚。孔子为大司寇，戮之于两观之下。子贡进曰："夫少正卯，鲁之闻人。夫子诛之，得无失乎？"孔子曰："人有恶者五，而盗窃不与焉。一曰心达而险，二曰行僻而坚，三曰言伪而辩，四曰记丑而博，五曰顺非而泽。此五者有一于此，则不免于君子之诛。而少正卯兼之，此小人之桀雄也，不可以不诛也。"

小人无过人之才，则不足以乱国。然使小人有才，而肯受君子之驾驭，则又未尝无济于国，而君子亦必不概摈之矣。少正卯能煽惑孔门之弟子，直欲掩孔子而上之，可与同朝共事乎？孔子下狠手，不但为一时辩言乱政故，盖为后世以学术杀人者立防。

华士虚名而无用，少正卯似有大用，而实不可用。壬人佥士，凡明主能诛之；闻人高士，非大圣人不知其当诛也。唐萧瑶好奉佛，太宗令出家。玄宗开元六年，河南参军郑铣、阳丞郭仙舟投匦献诗。敕曰："观其文理，乃崇道教，于时用不切事情。宜各从所好。"罢官度为道士。此等作用，亦与圣人暗合。如使佞佛者尽令出家，谄道者即为道士，则士大夫攻乎异端者息矣。

【译文】

姜太公封于齐国，齐国有个人叫华士，他认为不臣服于天子，不结交诸侯是正义的行为。人们都称赞他很贤明。姜太公派人去请他，但是请三次，华士都不肯出山，于是姜太公命人杀了他。周公问姜太公："华士是齐国的一位高士，怎么可以杀了他呢？"姜太公说："像华士这种不臣服天子，不结交诸侯的人，我还指望将他臣服且与之结交吗？我尚且无法臣服、不得结交的人，就是不可教训而必须抛弃的人。请了他三次还不来，则是叛逆之民。如果这样的人还要当作榜样表彰，使他成为全国百姓效法的对象，那我吕望该给谁当国君呢？"

冯评：正因为有姜太公这样的国君，齐国因此没有懒惰懈怠的人，并始终没有沦为弱小的国家。韩非在其《韩非子·五蠹》中的观点，就是以姜太公的话为本的。

少正卯是鲁国和孔子同时代的一位学者。孔子讲学，一般课堂都是座无虚席的，但有好几次他的学生被少正卯的讲学所吸引，结果孔子的学堂里学生稀稀拉拉地没几个。后来孔子担任鲁国掌管司法治安的大司寇，就判处少正卯死刑，在宫门之前将其正法。孔子的学生子贡向孔子进言道："少正卯是鲁国的名人，老师您杀了他，会不会不太对啊？"孔子说："人有五种罪恶，比起盗窃还要厉害一点。第一种是心思通达而阴险，第二种是行为乖僻反常而固执刚愎，第三种是言辞虚伪而能蛊惑人心，第四种是记取怪异之说而征引宏博，第五种是顺助别人的错误而加以辩白润饰。一般人要是有这五种罪恶之一，就不免被君子所诛杀；而少正卯竟然同时具备以上五种恶行，他是小人中的奸雄，所以不可不杀。"

冯评：小人没有过人的才能，就不足以乱国。如果小人有才能，又肯受君子指挥任用，则对国家未尝没有好处，而君子也没有必要对他们一概加以摒弃。可是少正卯能够煽动蛊惑孔子的弟子，几乎要压过孔子，还能和他同朝共事吗？孔子狠心下手，不仅是为了阻止当时以口才雄辩扰乱政局的状况，也对后世以学术杀人的提出了警告。

那个华士徒有虚名而无实用，少正卯看上去好像很有用，但实际上不可用。奸佞邪恶的小人，贤明的君主就应杀了他。而名人隐士，只有大圣人才能认识到诛杀他们的必要性。唐朝的萧瑀痴迷于佛教，唐太宗命令他出家为僧。唐玄宗开元六年，河南参军郑铣、朱阳县丞郭仙舟献诗陈情，玄宗下诏："看诗中的意思，是在推崇道教，这种思想不切合时代的要求。应当按照他们个人的喜好，免去官职做道士吧！"这种行为和圣人的行事正相契合。如果痴迷佛、道的人都让他们出家做和尚、道士，那么士大夫学习那些异端学说的就会止息了。

2. 诸葛亮

有言诸葛丞相惜赦者。亮答曰："治世以大德，不以小惠。故匡衡、吴汉不愿为赦。先帝亦言：'吾周旋陈元方、郑康成间，每见启告，治乱之道悉矣，曾不及赦也。'若刘景升父子，岁岁赦宥，何益于治乎？"及费祎为政，始事姑息，蜀遂以削。

子产谓子太叔曰："惟有德者，能以宽服民。其次莫如猛。夫火烈，民望而畏之，故鲜死焉。水懦弱，民狎而玩之，则多死焉。故宽难。"太叔为政，不忍猛而宽。于是郑国多盗，太叔悔之。仲尼曰："政宽则民慢，慢则纠之以猛。猛则民残，残则施之以宽。宽以济猛，猛以济宽，政是以和。"商君刑及弃灰，过于猛者也。梁武见死刑辄涕泣而纵之，过于宽者也。《论语》"赦小过"，《春秋》讥"肆大眚"。合之，得政之和矣。

【译文】

有人批评蜀国宰相诸葛亮不轻易赦免罪犯。诸葛亮回答说："治理天下应心怀公正、仁德，不该随意施舍小恩小惠。所以汉代的匡衡和吴汉治国就不希望国君发布赦令。先帝刘备也曾说过：'我曾与陈元方、郑康成交往，经常受益于他们的教诲，并因此学到了天下兴衰治乱的道理，但从没听他们说赦罪也是治国之道。'又如刘表、刘琮父子，年年都大赦人犯，但对治理国家又有什么好处呢？"后来费祎主政，采用姑息宽赦的政策，结果蜀的国势日益不振。

冯评：子产对郑国国卿游吉说："只有具有仁德的人，才能用宽容的法律来治理人民。次一等的就只能用严厉的方法了。猛烈的大火，人们看了就害怕，因此很少有人被烧死。水流看上去懦弱，人们喜欢接近嬉戏，却往往被淹死。所以用宽容的方法治国很困难。"后来游吉治理郑国，不忍用严厉的方法而多宽容，于是郑国盗匪猖獗，他非常后悔。孔子说："国家政律过于宽容，百姓就容易散慢，这时就要用严厉的律法来纠正他们。而政律过于严厉，百姓又可能变得凶残，这时就要用宽大的政令来感化他们。将宽容和严厉相互适时调和，国家就能和谐。"秦国的商鞅对弃灰于道的人也处以黥刑，这样就太过严苛了。南朝的梁武帝萧衍看见犯人要被处决，就于心不忍地流着泪释放他们，这样又太过宽容了。《论语》有"宽赦小过错"说法，《春秋》曾讥刺放纵有大过错的人。只有将二者调和得宜，才能使得政事和谐。

3. 光武帝

刘秀为大司马时，舍中儿犯法，军市令祭遵格杀之。秀怒，命取遵。主簿陈副谏曰："明公常欲众军整齐。遵奉法不避，是教令所行，奈何罪之？"秀悦，乃以为刺奸将军，谓诸将曰："当避祭遵。吾舍中儿犯法尚杀之，必不私诸将也。"

罚必则令行，令行则主尊。世祖所以能定四方之难也。

【译文】

汉光武帝刘秀在更始帝刘玄手下担任大司马时，有一回家奴犯法，军市令祭遵下令杀了他。刘秀大怒，命令手下抓捕祭遵。主簿陈副规劝道："大人您一直希望军中士兵行动整齐，纪律严明。现在祭遵依法办事，正是推广军令的表现啊！您怎么能将他治罪呢？"刘秀听了转怒为喜，不但赦免了祭遵，还让他担任刺奸将军，并对所有的将士们说："你们以后要多防备祭遵啊！我的家奴犯了法，尚且被他所杀，可见他一定是个不徇私情的人。"

冯评：赏罚分明，政令才能实行；政令畅行无阻，主上自然受到尊重。刘秀正因为如此才能平定四方的战乱而一统天下。

4. 使马围

孔子行游，马逸食稼，野人怒，絷其马。子贡往说之，卑词而不得。孔子曰："夫以人之所不能听说人，譬以太牢享野兽，以《九韶》乐飞鸟也！"乃使马围往，谓野人曰："子不耕于东海，予不游西海也，吾马安得不犯子之稼？"野人大喜，解马而予之。

人各以类相通。述《诗》、《书》于野人之前，此腐儒之所以误国也。马围之说诚善，如果出子贡之口，野人仍不从。何则？文质貌殊，其神固已离矣。然则孔子曷不即遣马围，而听子贡之往耶？先遣马围，则子贡之心不服；既屈子贡，而马围之神始至。圣人达人之情，故能尽人之用；后世以文法束人，以资格限人，又以兼长望人，天下事岂有济乎！

【译文】

孔子出游，骑的马不小心挣脱了缰绳乱跑，踏坏了庄稼。庄稼汉很生气，扣留了孔子的马。子贡前去向庄稼汉求情讨马，不料好话说尽也没用。孔子说："你用别人听不懂的道理去说服他，就好比请野兽享用最隆重的太牢，请飞鸟聆听最美妙的《九韶》乐曲一样，只不过是对牛弹琴。"于是让马夫前去求讨。马夫对庄稼汉说："你并不是在遥远的东海之滨耕作，我也从来没到过遥远的西方，咱们都生活在同一块土地上，难免磕磕碰碰，我哪能保证我的马不踏坏你的庄稼呢？"庄稼汉一听怒气顿消，就把马还给了马夫。

冯评：人和物一样以类相聚并相互沟通。在粗人面前掉书袋讲什么诗云子曰，这就是书呆子误国的原因。马夫的话虽然有道理，但这番话如果是从子贡口中说出来，农夫恐怕仍然不会理他。因为子贡和农夫两人的外表和学识相差太多，子贡说这话的时候神态口气一定很别扭。但是孔子为什么不先派马夫去，而任由子贡前去求讨呢？因为假如一开始就让马夫去，子贡心中一定不服。现在先让子贡去碰了钉子，然后就能让马夫有表现的机会了。圣人能了解人情事理，所以才能人尽其用。后世之人常用规章制度来约束他人，用资格深浅来限制他人，又期望他人无所不能，天下的事情怎么可能成功呢？

5. 选押伴使

"三徐"名著江左，皆以博洽闻中朝，而骑省铉尤最。会江左使铉来修贡，例差官押伴。朝臣皆以词令不及为惮，宰相亦艰其选，请于艺祖。艺祖曰："姑退，朕自择之。"有顷，左珰传宣殿前司，具殿侍中不识字者十人以名入。宸笔点其一，曰："此人可。"在廷皆惊，中书不敢复请，趣使行。殿侍者莫知所以，弗获已，竟往。渡江，始铉词锋如云，旁观骇愕，其人不能答，徒唯唯。铉不测，强聒而与之言。居数日，既无酬复，铉亦倦且默矣。

岳珂云：当陶、窦诸名儒端委在朝，若令角辩骋词，庸讵不若铉？艺祖正以大国之体不当如此耳。其亦"不战屈人，兵之上策"欤？

孔子之使马圉，以愚应愚也。艺祖之遣殿侍者，以愚困智也。以智强愚，愚者不解；以智角智，智者不服。

白沙陈公甫，访定山庄孔旸。庄携舟送之，中有一士人，素滑稽，肆谈亵昵，甚无忌惮。定山怒不能忍。白沙则当其谈时，若不闻其声；及其既去，若不识其人。定山大服。此即艺祖屈徐铉之术。

【译文】

宋朝初年，徐延休、徐铉、徐锴都是南唐的著名学者，宋朝君臣都知道他们学问渊博。而三徐中又以徐铉最为杰出。正好南唐准备派遣徐铉来向宋朝进贡，依惯例宋朝要派押伴使前去迎接，不料朝中的臣子都怕学问不如徐铉而不愿主动报名，宰相也在人选上左右为难，就请示宋太祖赵匡胤。宋太祖说："你们暂且退下，我自己来选。"不久，负责礼仪的太监传下诏令给殿前司，让他准备十个不识字的侍卫的名单给皇帝。宋太祖亲笔圈选了其中一名，说："可以派这个人前往。"众臣都大吃一惊，中书省不敢再次请示皇帝，就催促这人上路。侍卫一头雾水，只得前往。刚渡江和徐铉会面，徐铉便侃侃而谈，旁观的人为之惊愕不已，侍卫也没明白怎么回事，就唯唯诺诺地答应着。徐铉不知道这侍卫的底细，依然喋喋不休，和他说个不停。不过过了几天，由于那个侍卫一直无法答话，徐铉终于也觉得累了，也就沉默不语了。

冯评：岳珂在他的著作《桯史》中说：当时像陶谷、窦仪这些著名的大学者都在朝做官，如果派他们去答辩，难道会输给徐铉吗？实际上宋太祖认为大国有大国的体统，没有必要这样做。这难道不就是孙子所谓的"不战而屈人之兵，是兵法中的上等策略"吗？

前一篇孔子派马夫的事，是以愚者应付愚者。这一篇宋太祖派遣押伴使，是以愚者去困扰智者。用聪慧去劝告愚者，愚者不会了解；和智者比斗聪慧，智者一定不服气。

明代大学者陈献章去拜访居住在定山的庄昶，临行前庄昶准备了船送行。船上有一个读书人，向来爱开玩笑，就在船上毫无顾忌地谈些低俗下流的话题。庄昶气得不行，而陈献章在那个人胡说八道的时候，只当做没有听见；等那人离开后，就当做没见过这个人。庄昶因此非常佩服陈献章的涵养。这也就是宋太祖对付徐铉的技巧。

6. 胡世宁

少保胡世宁，为左都御史，掌院事。时当考察，执政请禁私谒。公言："臣官以察为名。人非接其貌，听其言，无以察其心之邪正，才之短长。若屏绝士夫，徒按考语，则毁誉失真，而求激扬之，难当矣。"上是其言，不禁。

公孙弘曲学阿世，然犹能开东阁以招贤人；今世密于防奸而疏于求贤，故临事遂有乏才之叹。

【译文】

明孝宗时，少保胡世宁担任左都御史，负责掌管都察院的日常工作。当时正要考核官员的政绩优劣以决定升迁，主管人员就请孝宗下令禁止被考核的官员与都察院官员私下交往。胡世宁禀告说："我的职责是负责考察官员。如果我不去观察官员的外貌，聆听他的言论，就没有办法知道他的心地是正是邪，才能是长是短。如果不和这些官员见面，只按照别人的评语来作判断，那么对他的批评和表扬就不真实。这样的话要激励官员就很难办到了。"孝宗同意了他的意见，于是没有颁布禁令。

冯评：西汉的丞相公孙弘因为善于逢迎汉武帝的心意而保住相位，但即便这样他还能开设东阁，聘请能人学士。当今的世道对防范奸人做得很严密，但忽视了对贤人的招揽，结果一旦出了事情变故，就只能感慨缺乏人才了！

7. 韩滉　钱镠

韩滉节制三吴，所辟宾佐，随其才器，用之悉当。有故人子投之，更无他长。尝召之与宴，毕席端坐，不与比坐交言。公署以随军，令监库门。此人每早入帷，端坐至夕，吏卒无敢滥出入者。

吴越王常游府园，见园卒陆仁章树艺有智而志之（边批：有心人）。及淮南围苏州，使仁章通信入城，果得报而还。镠以诸孙畜之。

用人如韩滉、钱镠，天下无弃才、无废事矣。

按史：淮南兵围苏州，推洞屋攻城。守将孙琰置轮于竿首，垂绠投椎以揭之，攻者尽露。炮至，则张网以拒之。淮南人不能克。吴越遣兵来救，苏州有水通城中，淮南张网缀铃悬水中，鱼鳖过皆知之。都虞候司马福欲潜行入城，故以竿触网，敌闻铃声，举网，福因得过。凡居水中三日，乃得入城。由是城中号令与援兵相应，敌以为神。疑即一事，姓名必有一误。

【译文】

唐朝韩滉在担任镇海节度使的时候，所招用的部属都能根据该人的才干，合理安排职务。一个老朋友的儿子来投靠他，但没有一技之长。有一次，韩滉曾经让此人参加酒宴，整个宴会过程中他一直端坐不动，没有和邻座的人说过一句话。于是韩滉就派他在军队里看守库门。此人每天一早就进入仓库，端坐到黄昏，士兵们从此再也不敢随便进出仓库了。

五代十国时吴越国王钱镠有一次在府中花园游玩，看见园丁陆仁章很有园艺方面的才能且很机智，便暗中记住了他（边批：钱镠果然是个有心人）。后来淮南兵围攻苏州的时候，钱镠派遣陆仁章进入苏州城传信，果然完成任务后顺利返回。钱镠把他当做自己的孙子般善待。

冯评：用人如果都和韩滉、钱镠一样，人尽其才的话，天底下就没有被遗忘的人才，也没有做不成的事了。

据史书记载：淮南兵围攻苏州城时，以攻城器械洞屋攻城，苏州守将孙琰用滑轮系在竹竿顶端，将铁锤椎绑在粗绳索上，穿过滑轮扔下去，就能撕开蒙在洞屋上的牛皮，藏在洞屋里攻城的敌兵便无法藏身了，只有挨打的份。敌人发射石炮，孙琰就让士兵张开大网来抵挡。淮南兵始终无法攻克城池。吴越王钱镠派兵来援救。苏州城外有河流通到城中，淮南兵在水里布满了挂着铃铛的网，连鱼鳖游过都能知道。援军中的都虞侯司马福想偷偷入城，便故意用竹竿触碰水中的网，敌兵一听到铃响，就拉起网来察看，司马福趁机潜水进城。他就是这样在水里足足待了三天，才得以进入城中！因此城里的守军和城外的援兵才能做到里应外合，步调一致，让敌兵觉得很神奇。司马福和陆仁章的事可能是同一件事，两个说法中一定有一个把姓名搞错了。

8. 燕昭王

燕昭王问为国。郭隗曰："帝者之臣，师也；王者之臣，友也；伯者之臣，宾也；危国之臣，帅也。唯王所择。"燕王曰："寡人愿学而无师。"郭隗曰："王诚欲兴道，隗请为天下士开路。"于是燕王为隗改筑宫，北面事之。不三年，苏子自周往，邹衍自齐往，乐毅自赵往，屈景自楚归。

郭隗明于致士之术，便有休休大臣气象，不愧为人主师。

汉高封雍齿而功臣息喙，先主礼许靖而蜀士归心。皆予之以名，收之以实。

【译文】

战国时燕昭王问大臣郭隗治国之道。郭隗说："远古的帝王将大臣当做老师一样看待，以王道治理天下的君主将大臣当做朋友一般交往，称霸诸侯的首领把大臣当作宾客，走向危亡的国君只会将大臣看做带兵征伐的统帅。这四种人，听凭大王选择。"燕昭王说："我是愿意学习的，但没有老师。"郭隗说："大王真要有志于国家兴旺的话，我愿意为天下的人才打开门路。"于是燕昭王为郭隗重新修建了居处，向他行师礼。不到三年，苏秦从周天子脚下前来效命，邹衍自齐国而来，乐毅从赵国前来投奔，屈景从楚国前来归服。

冯评：郭隗通晓招揽人才的方法，颇有宽容好善的大臣风度，不愧为君王的老师。

汉高祖刘邦封曾经羞辱过他的雍齿为侯，使其他未受封的功臣也不再有怨言；三国时刘备虽然看不起许靖但还是礼遇他，使西蜀的人士都诚心归服。这些做法都是给人名份，而换来人才归心的实效。

9. 丙吉 郭进

吉为相，有驭吏嗜酒，从吉出，醉呕丞相车上。西曹主吏白，欲斥之。吉曰："以醉饱之失去士，使此人复何所容？西曹第忍之，此不过污丞相车茵耳。"此驭吏边郡人，习知边塞发奔命警备事。尝出，适见驿骑持赤白囊，边郡发奔命书驰至。驭吏因随驿骑至公车刺取，知虏入云中、代郡，遽归，见吉白状，因曰："恐虏所入边郡二千石长吏有老病不任兵马者，宜可豫视。"吉善其言，召东曹案边长吏科条其人。未已，诏召丞相、御史，问以所入郡吏。吉具对。御史大夫卒遽不能详知，以得谴让；而吉见谓忧边思职，驭吏力也。

郭进任山西巡检，有军校诣阙讼进者。上召讯，知其诬，即遣送进，令杀之。会并寇入，进谓其人曰："汝能讼我，信有胆气。今赦汝罪，能掩杀并寇者，即荐汝于朝；如败，即自投河，毋污我剑也。"其人踊跃赴斗，竟大捷。进即荐擢之。

容小过者，以一长酬；释大仇者，以死力报。唯酬报之情迫中，故其长触之而必试，其力激之而必竭。彼索过寻仇者，岂非大愚！

【译文】

西汉丙吉任丞相，手下有一个车夫特别喜欢喝酒，一次随侍丙吉外出，酒醉后在丞相车上呕吐。西曹主吏将此事告诉了丙吉，想赶走车夫。丙吉说："因为酒醉这点过失而革了他的职，以后哪里还能容得下他呢？你姑且忍一忍吧，他只不过弄脏了我车上的座垫而已。"这个车夫是边塞人，熟悉边塞军事紧急传递文书到京城的情形。有一次外出，车夫正好看见传递军书的人拿着红、白两色的袋子，知道边塞的郡县征发奔命的紧急文书到了。车夫就跟着传书的人来到接待的官署，打听得知胡虏已经攻入云中郡和代郡。于是车夫立刻回府，见到丙吉后告知其详情，并建议说："恐怕胡虏所进攻的边郡的太守有的已经年老多病，没有办法带兵打仗了，大人应该先了解一下有关的资料。"丙吉认为车夫说得很对，立刻召见东曹，查询边郡官吏的档案，分条整理出他们的档案情况。这件事情还没有完全办好，皇帝已下诏召见丞相和御史大夫，询问有关受到胡虏侵袭边郡的官吏情况。丙吉回答得头头是道，而御史大夫仓促间无法说得详细具体，结果遭到了皇帝责备。而丙吉得到称赞，说他关心边塞、尽忠职守，其实这主要靠了车夫的帮助。

北宋时，郭进担任山西巡检，手下有一个军官进京状告郭进。皇帝召入询问，知道他是诬告，就将他遣送回山西，交给郭进，下令杀了他。当时正遇到并州贼寇入侵，郭进对这个军官说："你敢告我，相信你胆量一定很大。现在我免你死罪，如果你能消灭并州敌寇，我就上书朝廷推荐你；如果失败，你就自己去投河，不要弄脏了我的宝剑。"这个军官奋不顾身地投入战场，拼死作战，结果大获全胜。郭进立刻推荐他升了官。

冯评：能容忍别人小过失，就会得到对方以特长作为回报；宽恕和自己有深仇大恨的人，更能使得对方以死相报。正因为对方回报的情意迫切于心，因此平时他只要有机会就会施展自己的本事回报你，紧急关头他更会竭尽所能报答你。而那些计较小错、睚眦必报的人，岂不是太笨了吗？

10. 假书

秦桧当国，有士人假其书谒扬州守。守觉其伪，微原书管押其回。桧见之，即假其官资。或问其故，曰："有胆敢假桧书，此必非常人。若不以一官束之，则北走胡、南走越矣。"

西夏用兵时，有张、李二生，欲献策于韩、范二公，耻于自媒，乃刻诗于碑，使人曳之而过，韩、范疑而不用。久之，乃走西夏，诡名张元、李昊，到处题诗。元昊闻而怪之，招致与语，大悦，奉为谋主，大为边患。奸桧此举，却胜韩、范远甚，所谓"下下人有上上智"。

有人赝作韩魏公书谒蔡君谟。君谟虽疑之，然士颇豪，与之三千，因回书，遣四兵送之，并致果物于魏公。客至京，谒公谢罪。公徐曰："君谟手段小，恐未足了公事。夏太尉在长安，可往见之。"即为发书。子弟疑谓包容已足，书可勿发。公曰："士能为我书，又能动君谟，其才器不凡矣。"至关中，夏竟官之（边批：手段果大）。

又东坡元祐间出帅钱塘。视事之初，都商税务押到匿税人南剑州乡贡进士吴味道，以二巨卷，作公名衔，封至京师苏侍郎宅。公呼讯其卷中何物，味道恐蹙而前曰："味道今秋忝冒乡荐，乡人集钱为赴省之赆以百千，就置建阳纱得二百端。因计道路所经场务尽行抽税，则至都下不存其半。窃计当今负天下重名而爱奖士类，唯内翰与侍郎耳。纵有败露，必能情贷，遂假先生名衔，缄封而来。不知先生已临镇此邦，罪实难逃。"公熟视，笑，呼掌笺吏去其旧封，换题新衔，附至东京竹竿巷，并手书子由书一纸，付之，曰："先辈这回将上天去也无妨。"明年味道及第，来谢。

二事俱长人智量者。

【译文】

南宋高宗时，奸臣秦桧当权，有一个读书人伪造秦桧的信，拿去见扬州太守。太守发觉是封假信，便将信没收，把这人押送回去交给秦桧发落。秦桧知道后，反而送给他求官索用的资金。有人问秦桧为什么要这样做，秦桧说："此人有胆量伪造我的信，一定不是个普通人，如果不用一个官职束缚住他，他也许会投靠南方或北方敌人的。"

冯评：西夏侵犯北宋的时候，有姓张、姓李的两个男子，想给韩琦、范仲淹进献计策，又觉得毛遂自荐不好意思，于是写诗刻在石碑上，让人拖着石碑经过韩、范的府门。韩、范二人认为其来历可疑而不予以任用。过了很久，二人逃奔到了西夏，化名张元、李昊，到处题诗。西夏国王李元昊听说此事后觉得很奇怪，就把他们叫来问话，一谈之下十分投机，于是任命他们为重要谋士，结果使得西夏成为北宋边境上的大害。上述秦桧的做法远胜于韩、范二人，可说是品行卑劣的人偶尔也有上上等的智慧吧。

北宋时，有人假造魏国公韩琦的信去拜见蔡襄。蔡襄心中虽然怀疑，却觉得此人为人豪爽，送了三千钱，便写了回信，又派四个当兵的送他，顺带赠送些水果之类礼物给魏公。此人到了京城，前去拜见韩琦，当面谢罪。韩琦缓缓地说："蔡大人做事缺少气魄，恐怕无法达成你的心愿。太尉夏竦在长安，你可以去见他。"就为此人写一封信给夏竦。手下人认为对待此人已经够宽容的了，不必要再写信。韩琦说："这个读书人会伪造我的信，又能说动蔡大人，才器必定不凡。"果然此人一到关中，夏竦就给他官做（边批：夏竦果然是大气魄）。

北宋大文豪苏轼于哲宗元祐年间在钱塘做官。上任之初，都商税务抓捕到一个逃税的人，是南剑州乡贡进士吴味道。他冒用苏轼的名衔密封了两大卷轴要送到京师苏轼的弟弟苏辙的府第。苏轼问他卷轴里装什么东西，吴味道惶恐地回答道："我今年秋天侥幸通过了乡试，同乡凑集了十万钱做为赠别的礼物送我。我买了四百丈建阳薄丝，但想到沿路所有的税务官署都要抽税，到京城时怕剩不到一半。于是想到当今天下最有名望且爱护奖掖读书人的，只有先生您和苏侍郎了。就算事情败露，也一定能得到体谅宽恕，于是就假借先生的名衔把丝封了起来。来到此地，没想到先生已经先来这里任职了，只能自认倒霉，我也无话可说。"苏轼仔细地看了好一会儿，不禁发笑，叫来掌管文书的小吏把旧封条撕去，换上新题的名衔，附上"送至东京竹竿巷"字样的笺条，又写了一封给弟弟苏辙的亲笔信，交给吴味道，说："前辈这回即使拿到天上去也没有问题了。"第二年，吴味道考中进士，特地前来答谢。

这两件事都是有器量的人促成别人才智得到发挥的例证。

11. 楚庄王　袁盎

楚庄王宴群臣，命美人行酒。日暮，酒酣烛灭，有引美人衣者。美人援绝其冠缨，趣火视之。王曰："奈何显妇人之节，而辱士乎！"命曰："今日与寡人饮，不绝缨者不欢。"群臣尽绝缨而火，极欢而罢。及围郑之役，有一臣常在前，五合五获首，却敌，卒得胜。询之，则夜绝缨者也。

盎先尝为吴相时，盎有从史私盎侍儿。盎知之，弗泄。有人以言恐从史，从史亡。盎亲追反之，竟以侍儿赐，遇之如故。景帝时，盎既入为太常，复使吴。吴王时谋反，欲杀盎，以五百人围之，盎未觉也。会从史适为守盎校尉司马，乃置二百石醇醪，尽饮五百人醉卧，辄夜引盎起，曰："君可去矣，且日王且斩君。"盎曰："公何为者？"司马曰："故从史盗君侍儿者也。"于是盎惊脱去。

梁之葛周、宋之种世衡，皆用此术克敌讨叛。若张说免祸，可谓转圜之福。兀术不杀小卒之妻，亦胡房中之杰然者也。

葛周尝与所宠美姬同饮，有侍卒目视姬不辍，失答周问。既自觉，惧罪。周并不言。后与唐师战，失利，周呼此卒奋勇破敌，竟以美姬妻之（边批：怜才之至）。

胡酋苏慕恩部落最强，种世衡尝夜与饮，出侍姬佐酒。既而世衡起入内，慕恩窃与姬戏（边批：《三国演义》貂蝉事套此）。世衡遽出掩之，慕恩惭愧请罪。世衡笑曰："君欲之耶？"即以遗之。由是诸部有贰者，使慕恩讨之，无不克。

张说有门下生盗其宠婢，欲置之法。此生呼曰："相公岂无缓急用人时耶？何惜一婢！"说奇其言，遂以赐而遣之。后杳不闻。及遭姚崇之构，祸且不测。此生夜至，请以夜明帘献九公主，为言于玄宗，得解。

金兀术爱一小卒之妻，杀卒而夺之，宠以专房。一日昼寝，觉，忽见此妇持利刃欲向。惊起问之，曰："欲为夫报仇耳。"（边批：此妇亦奇）。术默然，麾使去。即日大享将士，召此妇出，谓曰："杀汝则无罪，留汝则不可。任汝于诸将中自择所从。"妇指一人，术即赐之（边批：将知感而妇不怨矣）。

【译文】

春秋五霸之一的楚庄王有一次宴请群臣，命令宠爱的美人来依次斟酒。酒宴一直进行到晚上，大家喝得兴起，连蜡烛熄灭了都没人管。席中有人趁着光线昏暗拉扯美人的衣服调戏她，美人挣脱时扯断了他帽子上的缨穗，随即催促楚庄王点亮灯火察看是谁。楚庄王说："怎么可以为了显扬妇人的节操，而侮辱一名国士呢？"于是下令："今天和我一起喝酒的诸位大臣，不拉断帽上缨穗的就算没有尽兴。"群臣于是都把自己帽上的缨穗拉断，然后再点上蜡烛，尽欢而散。后来楚国军队在围攻郑国的战役中，有一臣子常常在敌前冲锋陷阵，五次交战五次斩获敌人的首级，并击退敌人，最终取得胜利。楚庄王询问这个大臣是谁，才知道就是那天晚上喝酒被美人扯断缨穗的大臣。

西汉时，袁盎曾担任过吴王刘濞的丞相，他的一个侍从私通袁盎的侍女，袁盎知道了这件事，却没有泄漏出去。有人以此恐吓侍从，侍从便逃走了。袁盎亲自把他追回来，还把侍女赐给他，像老朋友一样对待他。汉景帝时，袁盎担任太常，正好又出使吴国。吴王当时正图谋造反，因此准备杀掉袁盎，便派了五百名士兵包围了袁盎的住处。袁盎对此一无所知。此时那个侍从正好担任看守袁盎的校尉司马，于是他准备了二百石美酒，将这五百名士兵全部灌醉。到了半夜，他叫起袁盎，说："你赶快离开吧，天一亮吴王就要杀掉你了。"袁盎问："您是什么人？"那人说："我就是以前私通您府上侍女的侍从啊。"于是袁盎有惊无险地逃脱了。

冯评：五代后梁的大将军葛从周、北宋的边将种世衡，都是用这个方法取得了克敌制胜的效果。至于像唐朝的张说避祸的事情，可说是全拜处事得宜之福；金兀术不杀小卒的妻子，亦算是胡人中的豪杰了。

葛从周曾与宠爱的美姬一起喝酒，有个在边上服侍的士兵不停地盯着美女看，以致连葛从周的问话都答不上来。后来这个士兵自知失礼，害怕葛从周怪罪于他。但葛从周并没有什么表示。后来葛从周带兵与后唐军队作战，打了败仗，便让这个士兵带头奋勇杀敌，果然大破敌军。事后葛从周把美姬嫁给了这个士兵（边批：真是极其爱惜人才啊）。

胡人部落中以羌族苏慕恩一族最为强大。种世衡有一夜和苏慕恩喝酒，叫来侍女伴酒。席间种世衡有事离席进内室，苏慕恩便偷偷地调戏侍女（边批：《三国演义》中貂蝉与吕布的情节便是套用此事）。种世衡走出来正好撞见，苏慕恩惭愧地向他请罪。种世衡笑着说："你很想要她吗？"就把侍女送给了他。从此以后，各部落间有起贰心想叛乱的，只要派苏慕恩出马，没有不能平定的。

张说的门生与他宠爱的婢女想私奔，被抓住后张说准备将其法办。门生大声叫道："先生难道以后没有紧急用人的时候吗？何必吝惜一个婢女呢！"张说听到他的话后很惊奇，就把婢女送给了门生，打发他走。此后也没有他的消息。后来张说遭到宰相姚崇的陷害，大祸不知何时降临。那个门生忽然半夜登门，请张说将宝物夜明帘进献给唐玄宗的妹妹九公主，请她在玄宗面前替张说说好话，才化解了这场祸事。

金兀术喜欢上了一个士卒的妻子，就杀死士卒将她据为己有，并对她十分宠爱。有一天白天兀术刚睡醒，忽然看见这个妇人拿着利刃对着自己，兀术慌忙起来问她，她说："我要为丈夫报仇！"（边批：这个妇人也是一位奇女子）。兀术沉默不语，挥手叫她下去。当天兀术宴请众将士，并把这个妇人叫过来，说："我要杀你，你又没有犯罪；但我也不能再留你了。你就在诸位将士中挑一个嫁了吧！"这个妇人就挑选了一人，兀术就把妇人送给了他（边批：一来部将有感遇之心，二来可以使这名妇人不再怨恨他）。

12. 王 猛

猛督诸军六万骑伐燕，慕容评屯潞川，猛进与相持，遣将军徐成觇燕军。期日中，及昏而反。猛怒，欲斩成。邓羌请曰："贼众我寡，诘朝将战，且宜宥之。"猛曰："若不斩成，军法不立。"羌固请曰："成，羌部将也，虽违期应斩，羌愿与成效战以赎罪。"猛又弗许。羌怒，还营，严鼓勒兵，将攻猛。猛谓羌义而有勇（边批：具眼），使语之曰："将军止，吾今赦之矣。"成既获免，羌自来谢。猛执羌手而笑曰："吾试将军耳（边批：不得不如此说）。将军于郡将尚尔，况国家乎！"

违法请宥，私也；严鼓勒兵，悍也。且人将攻我，我因而赦之，不损威甚乎？然羌竟与成大破燕兵，以还报主帅。与其伸一将之威，所得孰多？夫所贵乎军法，又孰加于奋勇杀敌者乎？故曰：圆若用智。唯圆善转，智之所以灵妙而无穷也。

【译文】

东晋十六国时，前秦的大臣王猛总督各路六万骑兵攻打前燕，当时前燕的慕容评屯兵于潞川。王猛进军与慕容评对峙，派遣将军徐成去侦察前燕的军情。本来约定中午回营，但徐成直到傍晚才回来。王猛大怒，要杀徐成。邓羌求情道："敌众我寡，明天早晨就要作战了，将军应该宽饶他。"王猛说："如果不杀徐成，军法的威严就无法树立。"邓羌再三地求情说："徐成是我的部将，虽然违背约定的时间应该问斩，但我愿意和徐成并肩作战杀敌以赎罪。"王猛还是不同意。邓羌很生气，回营后，击鼓整军，准备攻击王猛。王猛认为邓羌义勇双全（边批：很有眼光），就派人告诉他："将军停手吧，我现在就赦免徐成。"徐成得到赦免后，邓羌亲自来向王猛谢罪。王猛拉着他的手笑道："我只是试试你罢了（边批：不得不这样说），将军对部将尚且这么爱护，何况是国家呢？"

冯评：违反法令而强求宽赦，是偏私的行为；击鼓整军，则是强悍的表现。在别人即将攻击我的时候，顺势赦人，这样不就损害威严了吗？但是邓羌后来和徐成大败燕军，来回报主帅的恩惠，这和展现将军的威严比起来，所收获的孰轻孰重呢？军法固然要重视，但又有什么比奋勇杀敌的人更可贵呢？所以说：思维要缜密圆滑。只有缜密圆滑，才智才能运用得巧妙而不竭。

13. 魏元忠

唐高宗幸东都，时关中饥馑。上虑道路多草窃，命监察御史魏元忠检校车驾前后。元忠受诏，即阅视赤县狱，得盗一人，神采语言异于众（边批：具眼）。命释桎梏，袭冠带，乘驿以从，与人共食宿，托以诘盗。其人笑而许之。比及东都，士马万数，不亡一钱。

因材任能，盗皆作使。俗儒以"鸡鸣狗盗之雄"笑田文，不知尔时舍鸡鸣狗盗都用不着也。

【译文】

唐高宗驾临东都洛阳，正遇上关中闹饥荒。高宗担心路上会碰到小偷，就命令监察御史魏元忠检查随驾一起出行的队伍。魏元忠领命后，去巡视了一下赤县监狱，发现一个犯盗窃罪坐牢的囚犯，他的言语举止都和别人不一样（边批：有眼光）。魏元忠下令打开他的手铐、脚镣，让他穿上官员的衣帽，乘车跟随在后面，吃饭睡觉都和他在一起，嘱托他究查盗贼。这个人含笑答应了。结果唐高宗到东都的一路上，随行兵马多达万余人，但竟没有丢失任何东西。

冯评：按照人的才能去任用他，强盗都可以做为使者。世俗的书呆子用"鸡鸣狗盗之徒"取笑孟尝君田文，却不知道有时候除了鸡鸣狗盗之徒外，其他人还真派不上用场。

14. 柳　玭

唐柳大夫玭，谪授泸州郡守。渝州有牟磨秀才，即都校牟居厚之子，文采不高，执所业谒见。柳奖饰甚勤。子弟以为太过，柳曰："巴蜀多豪士，此押衙之子独能好文，苟不诱进，渠即退志。以吾称誉，人必荣之，由此减三五员草贼，不亦善乎？"

【译文】

唐朝末年，御史大夫柳玭被贬官为泸州郡守。渝州有位叫牟磨的秀才，是都校牟居厚的儿子，他的文才并不高，却拿着自己的应试作品上门拜见求教。柳玭很热情地夸奖勉励他。他的家人认为这样有点过分了，柳玭解释说："巴蜀地方多豪杰之士，而这押衙的儿子特别爱好文学，如果不诱导鼓励他，他就会失去这种志趣。因为我的称赞，别人必定以他为荣，因此能减少三五个乱民，不是很好吗？"

15. 廉希宪

元廉公希宪礼贤下士，常如不及。方为中书平章时，江南刘整以尊官来谒，公毅然不命之坐。刘去，宋诸生褴缕冠衣，袖诗请见。公亟延入坐语，稽经抽史，饮食劳苦，如平生欢。既罢，弟希贡问曰："刘整贵官而兄简薄之，诸生寒士而兄优礼之，有说乎？"公曰："非尔所知也。大臣语默进退，系天下轻重。刘整官虽尊贵，然背国叛主而来者；若宋诸生，何罪而羁囚之？今国家崛起朔漠，我于斯文不加厚，则儒术由此衰熄矣。"

不惟兴文，且令知节义之重，是具开国手段者。

【译文】

元代的廉希宪生平礼贤下士，唯恐落于人后。他任中书平章政事时，原南宋降臣、现任高官的刘整以高级官员的身份前来拜访，廉希宪竟然没有给刘整让座。刘整走后，有个衣衫破旧的南宋诸生拿着诗文来请见，廉希宪马上很客气地请秀才入座交谈，谈经论典，询问他的饮食生活，就像是老朋友一样。事后，弟弟廉希贡问道："刘整是高官，你对他非常冷淡怠慢，那书生不过是个清寒的读书人，兄长对他却优待礼遇。这是什么道理呢？"廉希宪回答说："这不是你所能了解的。大臣的言谈举止，其重要性关系到天下国家。刘整虽然身居高位，却是背叛他的祖国和君主来归顺的；而那个南宋的书生并没有罪过，何必要让他难堪呢？如今我们的国家是从北方大漠崛起的，我对这些文人如果不特意尊重些，儒家的学术从此就将失传了。"

冯评：不只振兴学术，而且还让人知道气节的重要性，真是具有国家大臣的手段气魄啊！

16. 范文正

范文正公用士，多取气节而略细故，如孙威敏、滕达道，皆所素重。其为帅日，辟置僚幕客，多取谪籍未牵复人。或疑之，公曰："人有才能而无过，朝廷自应用之。若其实有可用之材，不幸陷于吏议，不因事起之，遂为废人矣。"故公所举多得士。

天下无废人，所以朝廷无废事，非大识见人不及此。

【译文】

北宋名臣范仲淹（谥文正）任用文士，一向注重人品而不拘小节，如孙威敏、滕达道等人，都一向受到他的器重。范仲淹在担任延州边防副帅——陕西经略安抚招讨副使时，所任用的文书、助理，都是一些被贬官还未复职的人。有人觉得很奇怪，范仲淹解释说："有才能而没有过失的人，朝廷自然会任用他们。至于那些本来是有真才实学，却不幸被弹劾而受到处罚的人，如不趁机起用他们，他们就会变成废人的。"正因为如此，范仲淹所荐举任用的都是有用之才。

冯评：天下没有被废弃的人才，朝廷就不会有旷废的职事。不具备特别见识的人，是做不到这一点的。

17. 徐存斋

徐存斋由翰林督学浙中，时年未三十。一士子文中用"颜苦孔之卓"。徐勒之，批云"杜撰"，置四等。此生将领责，执卷请曰："大宗师见教诚当，但'苦孔之卓'出扬子《法言》，实非生员杜撰也。"徐起立曰："本道侥幸太早，未尝学问，今承教多矣！"改置一等。一时翕然称其雅量（边批：何曾损文宗威重）。

不吝改过，即此便知名宰相器识。闻万历初年有士作"怨慕章"一题，中用"为舜也父者，为舜也母者"句，为文宗抑置四等，批"不通"字。此士自陈文法出在《檀弓》，文宗大怒曰："偏你读《檀弓》！"更置五等。人之度量相越，何啻千里？

宋艺祖尝以事怒周翰，将杖之。翰自言："臣负天下才名，受杖不雅。"帝遂释之（边批：好大胆！非圣主不能容）。古来圣主名臣，断无使性遂非者。

又闻徐公在浙时，有二生争贡，哗于堂下，公阅卷自若。已而有二生逊贡，哗于堂下，公亦阅卷自若。顷之，召而谓曰："我不欲使人争，亦不能使人让。诸生未读教条乎？连本道亦在教条中，做不得主。诸生但照教条行事而已！"由是争让皆息。公之持大体皆此类。

【译文】

明朝名臣徐阶（号存斋）以翰林的身份到江浙一带督察学政，当时年纪还未满三十。有一个应考的书生在文章中有"颜苦孔之卓（颜回对孔子学说的深奥大感苦恼）"的句子，徐阶的批语为"杜撰"，给他评了个四等。这个书生看到徐阶的评语后不服气，拿着文章找到徐阶说："先生您的指教确实很好，但'苦孔之卓'一句出自汉代扬雄的《法言》一书，并非杜撰。"徐阶听后肃然起敬，说："本人为官年纪较轻，没好好读书，今日承蒙多多指教。"于是改评为一等。当时大家齐齐称赞他气度宏大（边批：这种做法何曾损害徐阶的威望呢）。

冯评：不怕改正过错，通过上述故事就可以知道名宰相的气度。听说万历初年时有个书生作题为"怨慕声"的文章，其中有"为舜也父者，为舜也母者"一句，被主考官评为四等，批语为"不通"。书生分辨说，此句的文法出自《礼记·檀弓》。主考官勃然大怒，说："难道只有你读过《檀弓》！"反而给他改成五等。人的度量的差距，相差何止千里？

北宋初，梁周翰曾因某事触怒了宋太祖，宋太祖要处他杖刑。梁周翰申辩说："我享有天下才士的美名，受杖刑太不雅观（边批：好大的胆子！如果不是圣明的君主是不能容你的）。宋太祖便放过了他。自古以来的圣主名臣，绝无做了错事还任性一路错到底的。

又听说徐阶在浙江督学的时候，有两个书生为了争取贡生的位置，在公堂下吵闹，徐阶却若无其事地评阅试卷。不久，又有两个书生为了推让贡生的位置，在公堂下喧哗，徐阶还是若无其事地评阅试卷。过了一会儿，徐阶把这几个书生都叫到面前来，说："我不希望有人争夺，也不希望有人推让。诸位没有读过学规吗？连我的职权在学规里也有明确规定，不可以随意改变的。大家只须按学规办事就可以了。"于是争吵得以平息。徐阶的作风一向如此。

18. 屠枰石

屠枰石羲英先生为浙中督学，持法严。按湖时，群小望风搜诸生过失。一生宿娼家，保甲昧爽两擒抵署门，无敢解者。门开，携以入。保甲大呼言状，屠佯为不见闻者，理文书自如。保甲膝行渐前，离两累颇远。屠瞬门役，判其臂曰："放秀才去。"（边批：刚正人却善谑。）门役喻其意，潜趋下引出，保甲不知也。既出，屠昂首曰："秀才安在？"保甲回顾失之，大惊，不能言。与大杖三十，荷枷，娼则逐去。保甲仓惶语人曰："向殆执鬼！"诸生咸唾之，而感先生曲全一酒色士也（边批：趣甚！快甚）。自是刁风顿息，而此士卒自惩，用贡为教官。

李西平携成都妓行，为节使张延赏追还，卒成仇隙。赵清献宰青城而挈妓以归，胡铨浮海生还而恋黎倩。红颜殢人，贤者不免，以此裁士，士之能全者少矣！

宋韩亿性方重，累官尚书左丞，每见诸路有奏拾官吏小过者，辄不怿，曰："天下太平，圣主之心，虽昆虫草木皆欲使之得所。今仕者大则望为公卿，次亦望为侍从、职司、二千石，奈何以微瑕薄罪锢人于盛世乎？"屠公颇得此意。

【译文】

明朝屠羲英（号杆石）先生在江浙一带任督学，一向严守法令办案。当他巡视湖州时，有些小人趁机搜罗书生们的过失来告状。有一个秀才夜宿在妓女家，保甲在黎明时就把秀才和妓女两人捉了起来，押到官衙来，大家都有点同情那个秀才，却没有人敢释放他。等到官衙开门后，保甲把两人带进去。一进门就大声地诉说事情的经过，屠羲英假装没有听见，照常处理公文。保甲渐渐跪行向前，距离秀才和妓女越来越远。这时候屠羲英向身旁的差役使了个眼色（边批：屠羲英这样刚正的人，却喜欢开玩笑），在他手臂上写道："放秀才走。"差役明白了屠羲英的意思，悄悄下去把秀才带出门，保甲则完全不知情。等到秀才出去之后，屠羲英抬头问道："秀才人呢？"保甲回头一看，不见了秀才，大惊失色，吓得说不出话来。屠羲英便打他三十大板，铐上枷锁，并把妓女赶了回去。事后保甲惊魂未定地对人说："我刚才捉到鬼了！"书生们都鄙视这个保甲，也感谢屠羲英能包涵一个溺于酒色的读书人（边批：十分有趣！大快人心）。从此以后，这个地方习岁的风气立刻平息下来，而那个秀才为了自我惩戒，自贬为教官。

冯评：唐朝名将李晟带着成都的妓女同行，被节度使张延赏追回来，从此两人反目为仇。北宋大臣赵抃离任时带着妓女回去，南宋胡铨因得罪秦桧贬官海外，侥幸生还，还思恋着情人黎倩。迷恋美色这种事情，连贤者都避免不了，却拿来要求一般读书人，那出色的文人就很少了。

北宋的韩亿性情方正稳重，做官一直做到尚书左丞，每次见到各地有人检举官吏细小过失的，就很不高兴，说："现在天下太平，皇上仁慈宽厚，虽是草木昆虫都想使它们各得其所。如今一般做官的人，最大的愿望是成为公卿，再次也希望做个侍从、职司、二千石，怎么能因为一些轻微的过错让他在太平盛世无法施展身手呢？"屠羲英先生大概正有这种心意吧？

19. 李孝寿　宋元献

李孝寿为开封尹，有举子为仆所凌，忿甚，具牒欲送府。同舍生劝解，久乃释，戏取牒效孝寿花书判云："不勘案，决杖二十。"仆明日持诣府，告其主仿尹书制，私用刑。孝寿即追至，备言本末。孝寿幡然曰："所判正合我意。"

如数与仆杖而谢举子。时都下数千人，无一仆敢肆者（边批：快甚）。

宋元献公罢相守洛。有一举子，行囊中有失税之物，为仆夫所告。公曰："举人应举，孰无所携？未可深罪。若奴告主，此风胡可长也！"但送税院倍其税，仍治其奴罪而遣之。

【译文】

北宋时，李孝寿任开封府尹，有个举人被仆人欺凌，气愤不已，写好了讼状准备到开封府控诉。跟他住在一起的另一个书生苦苦相劝，劝了很久才作罢，但一时兴起，拿出诉讼状，模仿李孝寿的笔迹写了判词："不必审理，罚打二十大板。"不料第二天，那个仆人拿着这张讼状到府衙，控告他的主人模仿府尹大人的笔迹下判词，私自用刑。李孝寿把那个举人叫来问话，举人将事情的前后经过和盘托出。李孝寿恍然大悟，说："你的判决正符合我的想法。"当场就责打了那仆人二十大板，并责令他向主人谢罪。这样一来，当时京城里数千个仆人，没有一个敢再放肆（边批：大快人心）。

北宋名臣宋庠（谥元献）被罢去丞相之职，镇守洛阳。有一个举人行李中有漏税的东西，竟被自己的仆役检举控告。宋庠说："举人进京赶考，谁没有携带行李的？不必重罚。但是奴仆控告主人，此风绝不可长！"于是他只把举人送到税务院去加倍缴税，那个仆役则仍被惩罚并遭到放逐。

20. 胡霆桂

胡霆桂，开庆间为铅山主簿。时私酿之禁甚严，有妇诉其姑私酿者。霆桂诘之曰："汝事姑孝乎？"曰："孝。"曰："既孝，可代汝姑受责。"以私酿律笞之。政化遂行，县大治。《姑苏志》载此为赵恩夫事。

【译文】

胡霆桂在南宋理宗开庆年间担任铅山主簿。当时严禁私家酿酒，有一个妇人控告自己的婆婆私自酿酒。胡霆桂责问她："你侍奉婆婆孝顺吗？"妇人回答说："孝顺的。"胡霆桂说："既然孝顺，就代替你婆婆受罚吧。"然后按照私酿的法令来责打她。这样一来，官府的政令变得通行无阻，铅山县因而大治。这件事《姑苏志》中也有记载，只不过主角是赵恩夫。

21. 尹 源

尹源，尹洙之兄也，举进士。通判泾州时，知沧州刘涣坐专斩部卒降知密州。源上书言："涣为主将，部卒有罪不伏，笞辄呼万岁，涣斩之不为过。以此谪涣，臣恐边兵愈骄，轻视主将，所系非轻。"涣遂获免。

禁诸生宿娼，法也，而告讦之风不可长。效尹书判，及失税、私酿、专斩部卒，皆不法也，而奴不可以加主，妇不可以凌姑，卒不可以抗帅。舍其细而全其大，非弘智不能。

【译文】

北宋的大学者尹源，是尹洙的哥哥，举进士第。他担任泾州通判时，沧州知州刘涣因私自杀部卒而被降为密州知州。尹源上书陈情说："刘涣是主将，部卒有罪不肯受罚，鞭打他就大叫万岁，涣斩他并不过分。因这事而贬刘涣的官，臣下恐怕边塞的士卒会更加骄纵，轻视主将，这种影响实在很严重。"刘涣于是得到赦免。

冯评：禁止秀才夜宿娼妓，是法律明文规定的，但是暗中告发的风气不可助长。仿造府尹判决，以及漏税、私自酿酒、未奉命而私自杀部卒，都是不合法的；但是奴仆不可欺凌主人，媳妇不可欺凌婆婆，士卒不可反抗元帅。舍弃繁琐的法律规定而成全大义，没有大智慧的人是做不到的。

22. 张 耳

张耳、陈余，皆魏名士。秦灭魏，悬金购两人。两人变姓名俱之陈，为里监门以自食。吏尝以过笞陈余。余怒欲起，张耳蹑之，使受笞。吏去，耳乃引余之桑下，数之曰："始吾与公言何若？今见小辱而欲死一吏乎！"

勾践石室，淮阴胯下，皆忍小耻以就大业也。陈余浅躁，不及张耳远甚，所以一成一败。

【译文】

张耳、陈余都是战国时魏国的名士。秦国灭了魏国后，重金悬赏抓捕他们。两人于是隐姓埋名逃亡到陈国，在居民里巷做看守人来谋生。有官吏曾因小事鞭打陈余，陈余发怒想反抗，被张耳踩住，让他接受鞭打。等到官吏走后，张耳把陈余带到桑树下，责怪他说："以前我是怎么对你说的？现在遭受一点小小的屈辱，就要杀死一个官吏从而暴露自己吗！"

冯评：勾践在石室中卧薪尝胆终于复国，淮阴侯韩信能忍得胯下之辱，都是忍受小耻辱而成就大事业。陈余轻浮急躁，比张耳差多了，所以后来一个成功，一个失败。

23. 狄武襄

狄青起行伍十余年，既贵显，面涅犹存，曰："留以劝军中！"（边批：大识量）。

既不去面涅，便知不肯遥附梁公。

【译文】

北宋名将狄青在军队中待十余年，等到显达之后，脸上因为当兵所刺的字一直留着，说："留着可以鼓励军中的士卒奋发向上。"（边批：有见识，有气量）。

冯评：从不肯除去脸上当兵所刺的字这件事来看，便可知狄青绝不肯冒认唐朝名臣狄仁杰为自己的祖先。

24. 邵 雍

熙宁中，新法方行，州县骚然。邵康节闲居林下，门生故旧仕宦者皆欲投劾而归，以书问康节。答曰："正贤者所当尽力之时。新法固严，能宽一分，则民受一分之赐矣。投劾而去何益？"（边批：正论）。

李燔（朱晦庵弟子）常言："人不必待仕宦有职事才为功业，但随力到处，有以及物，即功业也。"

莲池大师劝人作善事，或辞以无力，大师指凳曰："假如此凳，敧斜碍路，吾为整之，亦一善也。"如此存心，便觉临难投劾者是宝山空回。

鲜于侁为利州路转运副使，部民不请青苗钱，王安石遣吏诘之，曰："青苗之法，愿取则与。民自不愿，岂能强之？"东坡称侁"上不害法，中不废亲，下不伤民"，以为"三难"。仕途当以为法。

【译文】

宋神宗熙宁年间，王安石的新法正在推行，各州县之间都骚动起来。邵雍闲居山林间，他的一些门生旧友，都想辞官回乡，因而写信来向邵雍咨询。邵雍回答他们说："现在正是你们应当尽力的时候。新法确实严苛，所以你们在执行的时候能宽松一分，人民就能受到一分实惠，辞官回家有什么好处呢？"（边批：所论十分恰当）

冯评：李燔（朱熹的弟子）常常对人说："不必等到做了官才算是建功立业，只要随处尽力，对大家有用，就是功业了。"

明代高僧莲池大师劝人做善事，有人以无能为力为理由推辞，大师指着凳子说："假如这张凳子倒在地上阻碍通路，我把它扶起来摆正，也算是一件善事啊！"有这种存心，便会觉得碰上困难便辞官不管，就好比进入宝山而一无所得。

北宋时，鲜于侁任利州路转运副使，有些农民不申请借贷青苗钱，王安石派官吏来质问怎么回事，鲜于侁回答说："青苗法规定：愿意申请的人民就贷给他。既然百姓不愿意，又怎能勉强他们呢？"苏轼称赞鲜于侁"对上不妨害法令施行，居中能照顾到亲人，对下又不伤害人民"，认为他三方面都能兼顾到，实在不容易。做官的人应该对此多多效法！

25. 杨士奇

广东布政徐奇入觐，载岭南藤簟，将以馈廷臣。逻者获其单目以进。上视之，无杨士奇名，乃独召之，问故。士奇曰："奇自都给事中受命赴广时，众皆作诗文赠行，故有此馈。臣时有病，无所作，不然，亦不免。今众名虽具，受否未可知。且物甚微，当以无他。"上意解，即以单目付中官，令毁之，一无所问。

此单一焚而逻者丧气，省缙绅中许多祸，且使人主无疑大臣之心。所全甚大，无智名，实大智也！岂唯厚道？

宋真宗时，有上书言宫禁事者。上怒，籍其家，得朝士所与往还占问吉凶之说，欲付御史问状。王旦自取尝所占问之书进，请并付狱。上意浸解，公遂至中书，悉焚所得书。已而上悔，复驰取之。公对："已焚讫。"乃止。此事与文贞相类，都是舍身救物。

【译文】

明朝英宗时，广东布政使徐奇进京晋见英宗，带了一些岭南的藤席，准备赠送给朝中的大臣。暗探得到了他送礼的名单上呈给明英宗。明英宗发现名单上没有杨士奇的名字，就单独召见他，询问其中的缘故。杨士奇说："徐奇在都给事中任上受命到广东上任时，朝中众臣都作诗为他送行，所以得到这份赠礼。我当时生病，没有作诗，不然的话，也会在名单之内。现在大家的姓名虽然都已列入了名单，但是否接受还不知道。而且这礼物并不贵重，应当没有其他意思。"明英宗放了心，把名单交给宦官，命令烧掉，不再追究。

冯评：名单一烧，告密的人一定垂头丧气，但免除了许多官员的祸害，而且使君主不再有怀疑臣子之心。杨士奇保全了许多官员的名节，虽然没有智者的声誉，实际上是大智的表现！岂只是厚道而已？

北宋真宗时，有官员上书谈论宫廷内的事。真宗大怒，将官员抄家，又得知朝中大臣和他交往，其中有占卜吉凶的言辞，想交给御史审问。大臣王旦拿着自己占卜的卦辞上呈给真宗，请求将自己也抓进监狱。此时真宗的心意已没有这么坚决，王旦便来到中书省，把所有的文字都烧了。后来真宗后悔了，又急着要追查。王旦回禀说："资料已经烧光了。"真宗这才作罢。这件事和杨士奇的做法相似，都是牺牲自己，保全别人。

26. 严 震

严震镇山南，有一人乞钱三百千去就过活。震召子公弼等问之。公弼曰："此患风耳，大人不必应之。"震怒，曰："尔必坠吾门！只可劝吾力行善事，奈何劝吾吝惜金帛？且此人不办，向吾乞三百千，的非凡也！"命左右准数与之。于是三川之士归心恐后，亦无造次过求者。

天下无穷不肖事，皆从舍不得钱而起；天下无穷好事，皆从舍得钱而做。自古无舍不得钱之好人也！吴之鲁肃、唐之于頔、宋之范仲淹，都是肯大开手者。

西吴董尚书浔阳公，家富而勤于交接。凡衣冠过宾，无不延礼厚赠者。其孙礼部青芝公，工于诗字，往往以手书扇轴及诗稿赠人。尚书闻之曰："以我家势，虽日以金币为欢，犹恐未塞人望，奈何效清客行事耶？且缙绅之家，自有局面，岂复以诗字得人怜乎？将来破吾家者，必此子也！"后民变事起，尚书已老，青芝公以文弱不能支，董氏为之破产。人始服尚书先见。

弘治间，昭庆寺欲建穿堂。察使访得富户三人，召之，谕以共建。长兴吕山吴某与焉。吴曰："此不甚费，小人当独任之。"察使大喜。吴归语其父，父曰："儿子有这力量，必能承吾家。"此翁之见，与浔阳公同。

【译文】

唐朝严震镇守山南道时，有一个人来乞讨三百贯做生活费。严震吩咐儿子严公弼等人过问一下此事。严公弼说："这个人穷疯了，老大人不必理会他。"严震生气地说："你这样做一定会败坏我们家的门风！你只可以劝我努力做善事，怎么可以劝我吝惜钱财呢？而且这个人一时手头缺钱，来向我讨三百贯，实在不是一般人。"于是命令左右如数给那个人钱。从此，三川附近各地的有为人士争先恐后来归附严震，且没有随便提出过分要求的人。

冯评：天下有无数不幸的事，都是因舍不得钱财引起的；天下也有无数美善的事，都是从舍得花钱做出来的。自古以来就没有吝惜钱财的好人。三国东吴的鲁肃、唐朝的子顿、宋朝的范仲淹，都是气量宏大、不吝惜钱财的人。

西吴人礼部尚书浔阳公董份，家境富裕而爱好交际。凡是来往的士大夫宾客，无不殷勤款待，赠以厚礼。他的孙子青芝公董嗣成擅长作诗、写字，常常将自己亲笔书画的扇面、卷轴送人。董份听说后，说："以我们的家境来说，虽然每天花钱寻乐，还恐怕不能满足别人的欲望，怎么去模仿清雅门客的行为呢？而且做官的人家，要有自己的格调，怎么可以用诗画去博人同情吗？将来败坏我家门风的，一定是这个孩子。"后来百姓起事造反，董份当时已衰老，董嗣成因为儒雅懦弱无法支撑整个家庭，董家因此最终破产了。到了这个时候人们开始佩服董份的先见之明。

明孝宗弘治年间，昭庆寺预备修建房屋之间的过道。负责这事的官吏去拜访了三家富户，将他们召集起来，让他们共同出资修建。长兴吕山人吴某是三富户之一，他说："修建过道的费用并不多，我愿意独自负担。"该官吏非常高兴。吴某回家将此事告诉了父亲，父亲说："儿子有这种魄力，将来一定能够继承我的家业。"这位老人的见识和董份完全相同。

27. 萧何 任氏

沛公至咸阳，诸将皆争走金帛财物之府分之，何独先入收秦丞相、御史律令图书藏之。沛公具知天下阨塞、户口多少、强弱处、民所疾苦者，以何得秦图书也。

宣曲任氏，其先为督道仓吏。秦之败也，豪杰争取金玉，任氏独窖仓粟。楚汉相拒荥阳，民不得耕种，米石至万，而豪杰金玉尽归任氏。

二人之智无大小，易地则皆然也。又蜀卓氏，其先赵人，用铁冶富。秦破赵，迁卓氏之蜀，夫妻推辇行。诸迁虏少用余财，争与吏求近处，处葭萌。唯卓氏曰："此地陋薄，吾闻岷山之下沃野，下有蹲鸱，至死不饥，民工作布，易贾。"乃求远迁。致之临邛，即铁山鼓铸，运筹贸易，富至敌国。其识亦有过人者。

【译文】

秦朝末年，刘邦攻下秦都城咸阳后，各位将领都争先恐后地到官府中抢夺瓜分金银财宝，只有萧何先去收藏保存好秦朝丞相、御史留下的法令、疆域版图与户籍等簿册。后来刘邦能详细了解天下要塞之地、户口的多少、势力的强弱、人民的疾苦，就是因为萧何所收藏的那些秦朝簿册。

秦末，陕西宣曲人任氏，他的祖先是看管官府粮仓的官吏。秦朝兵败以后，一般豪杰们都争夺金银财宝，只有任氏一家储存粮食。后来项羽、刘邦在荥阳一带对峙，百姓无法耕种，米价涨到每石一万钱，于是豪杰抢到的金银财宝都装进了任氏的腰包。

冯评：这两个人的才智不分高下，如果易地而处，结果也是一样。又比如蜀人卓氏，他的祖先是赵国人，从事炼铁致富。秦灭赵以后，要将卓氏迁到蜀地去，夫妻俩就推着车子一路行去。那些奉命迁徙的家族中有一小部分还剩下一些财产的，争相拿去贿赂官吏让自己能就近在葭萌定居。只有卓氏说："这个地方土地贫瘠，谋生不易。我听说岷山下有一块肥沃的土地，地下大芋头长得很好，一辈子都不会挨饿，当地人又善于纺织，生意也容易做。"于是主动要求迁到较远的地方。后来迁到了临邛，就在当地采矿炼铁，经营贸易，最终富可敌国。卓氏的见识也远远超过一般人。

28. 董 公

汉王至洛阳，新城三老董公遮说王曰："兵出无名，事故不成。故曰：'明其为贼，敌乃可服。'天下共立义帝，项羽放弒之，大王宜率三军之众，为之素服，以告诸侯而伐之。"于是汉王为义帝发丧，兵皆缟素，告诸侯曰："寡人悉发关中兵，收三河士，南浮江、汉以下，愿从诸侯王击楚之弒义帝者。"

董公此说，乃刘、项曲直分判处。随何招九江，郦生下全齐，其陈说皆本此。许庸斋说沛公激发天下大机括。子房号为帝师，亦未有此大计。

【译文】

汉王刘邦带兵到洛阳，新城三老中的董公在路上拦住刘邦说："如果没有正当的名义出兵起事，一定不会成功的。所以说：'先声明对方是叛贼，敌人方可平定。'天下人共同拥戴楚怀王为义帝，项羽却把他逐出彭城，又派人杀了他。大王应该率领三军人马，为义帝服丧，然后通告诸侯共同去讨伐项羽。"于是刘邦为义帝办理丧事，命令士兵们都穿白色的丧服，并昭告天下诸侯说："我率领手下所有士兵，前往收复河南、河东、河内三郡，经长江、汉水向东而下，愿意跟随着你们去讨伐楚国弒杀义帝的人（项羽）。"

冯评：董公所说的这个道理，正是刘邦、项羽两个人之间是非的分界线。后来随何招降九江的英布，郦食其说服齐王归服，所说的道理不外乎此。许仲翔（号庸斋）先生认为，刘邦找到了事情最关键的地方。张良号称帝王之师，但也没有这样的大谋略。

29. 蔺相如 寇恂

赵王归自渑池，以蔺相如功大，拜为上卿，位在廉颇之右。廉颇自侈战功，而相如徒以口舌之劳位居其上，以羞，宣言曰："我见相如必辱之。"相如闻，不肯与会，每朝，常称病，不欲与颇争列。已而相如出，望见廉颇，辄引车避匿，于是舍人相与谏相如，欲辞去，相如固止之曰："公之视廉颇孰与秦王？"曰："不若也。"相如曰："夫以秦王之威，而相如廷叱之，辱其群臣。相如虽驽，独畏廉将军哉？顾吾念之：强秦之所以不敢加兵于赵者，徒以吾两人在也。今两虎共斗，势不俱生，吾所以为此者，先国家之急而后私仇也。"颇闻之，肉袒负荆，因宾客至相如门谢罪，遂为刎颈之交。

贾复部将杀人于颍川，太守寇恂捕戮之。复以为耻，过颍川，谓左右曰："见恂必手刃之。"恂知其谋，不与相见。姊子谷崇请带剑侍侧，以备非常。恂曰："不然。昔蔺相如不畏秦王而屈于廉颇者，为国也。"乃敕属县盛供具，一人皆兼两人之馔。恂出迎于道，称疾而还。复勒兵欲追之，而将士皆醉，遂过去。恂遣人以状闻，帝征恂，使与复结友而去。

汾阳上堂之拜，相如之心事也；莱公蒸羊之逆，寇恂之微术也。

安思顺帅朔方，郭子仪与李光弼俱为牙门都将，而不相能，虽同盘饮食，常睊目相视，不交一语。及子仪代思顺，光弼意欲亡去，犹未决，旬日诏子仪率兵东出赵、魏，光弼入见子仪曰："一死固甘，乞免妻子。"子仪趋子，持抱上堂而泣曰："今国乱主迁，非公不能东伐，岂怀私忿时耶？"执其手，相持而拜，相与合谋破贼。

丁谓窜崖州，道出雷州（先是谓贬准为雷州司户），准遣人以一蒸羊迎之境上。谓欲见准，准拒之。闻家僮谋欲报仇，亟杜门纵博，俟谓行远，乃罢。

【译文】

战国时期，赵惠文王从渑池回国后，因为蔺相如能保全赵国颜面，功劳很大，拜他为上卿，官位在大将廉颇之上。廉颇自以为立过很多战功，而蔺相如只因为费了一点口舌而官位居然高过自己，觉得受到了羞辱，就放出话来说："我如果遇到蔺相如，一定要羞辱他一番。"蔺相如听说此话，就不肯和廉颇会面，每次上朝，经常托病不去，不想和廉颇争比朝廷班次的上下。有一次蔺相如外出，远远看到廉颇，就让车马绕道避开他。于是门客们都来劝蔺相如，并准备告辞离开。蔺相如再三挽留他们，说："你们认为廉颇和秦王比较起来哪个更厉害？"门客回答说："廉颇当然没有秦王厉害。"蔺相如说："秦王那么厉害，我尚且敢当面斥责他，羞辱他的臣子。我虽然愚笨，难道会惧怕廉将军吗？但是我想，强大的秦国之所以不敢对赵国用兵，只因为有我们两人在。如今要是两虎相斗，一定不能俱全，我所以对廉将军处处谦让，是先顾虑到国家的危急，哪里顾得上私仇啊！"廉颇听说这件事，赤膊背着荆条，请宾客带路来到蔺相如家请罪，于是两人成为生死之交。

东汉时，大将贾复的部将在颍川杀了人，太守寇恂将他逮捕并处死。贾复认为这事让自己很没有面子，路经颍川时，对手下说："我看见寇恂一定亲手杀死他。"寇恂知道贾复的预谋后，就有意躲着不见他。他姐姐的儿子谷崇请求佩剑随侍在侧，以防万一。寇恂说："没有必要这样。从前蔺相如不怕秦王，却宁愿受屈于廉颇，是为国家着想。"于是命令县里准备了大量餐饮食具，一人准备两份酒菜，由寇恂带领出城迎接贾复的军队，然后托病先回城中。贾复命士卒追赶，但将士们都喝醉酒了，寇恂得以安全脱身。寇恂派人把这情况禀告朝廷，皇帝于是征召寇恂，命他和贾复结交为友。

冯评：郭子仪和李光弼的结拜金兰，是具有蔺相如的心智；寇准用蒸羊迎接丁谓，是使用了寇恂的精妙手段。

唐朝安思顺任朔方节度使时，大将郭子仪和另一位名将李光弼都担任牙门都将，但不能彼此亲善和睦，虽然同桌吃饭，却互相斜着眼瞧对方，不说一句话。后来郭子仪代替安思顺担任节度使，李光弼就有意离去，但心里犹豫不决。十天后，唐玄宗下诏命郭子仪率兵东伐安禄山叛军的后方河北，李光弼去见郭子仪说："我情愿一死，只求你放过我的妻儿子女。"郭子仪即刻走下堂来，拉着李光弼到厅堂之上，流着泪道："当今国家遭遇战乱，皇上避难去了。没有你的协助，我怎么能够出兵东伐叛军呢？现在哪里是心怀私怨的时候呀！"于是两人互相拉着对方的手对拜，共同谋划破贼大计。

北宋时，丁谓被贬为崖州司户参军，路经雷州（以前寇准曾遭丁谓陷害贬为雷州司户），寇准派人拿着一头蒸熟的全羊在州境上迎接。丁谓想和寇准见面，遭到拒绝。寇准听说家僮想要报仇，就紧闭家门，让他们尽情地赌博，等到丁谓走远了才收场。

30. 张 飞

先主一见马超，以为平西将军，封都亭侯。超见先主待之厚也，阔略无上下礼，与先主言，常呼字，关羽怒，请杀之，先主不从。张飞曰："如是，当示之以礼。"明日大会诸将，羽、飞并挟刃立直。超入，顾坐席，不见羽、飞座，见其直也，乃大惊。自后乃尊事先主。

释严颜，诲马超，都是细心作用，后世目飞为粗人，大枉。

【译文】

三国时，刘备对马超一见如故，任命他为平西将军，封都亭侯。马超见刘备这么厚待自己，就疏忽了君臣的礼节，和刘备讲话时，常直呼刘备的字（玄德）。关羽很生气，请求杀掉马超，刘备不肯。张飞说："像这种情形，应该用礼节来开导他。"第二天，刘备会见诸将，关羽、张飞一起拿着武器站立刘备身边，担任执勤侍卫。马超一到，只顾入座，但没看见关羽和张飞的座位，发现两人在刘备身边担任侍卫，大吃一惊。从此以后，马超对待刘备就恭恭敬敬了。

冯评：释放严颜，教诲马超，都是张飞细心的表现。后世把张飞看成一个粗人，实在是大大的冤枉。

31. 曹彬 窦仪

宋太祖始事周世宗于澶州，曹彬为世宗亲吏，掌茶酒。太祖尝从求酒，彬曰："此官酒，不可相与。"自沽酒以饮之（边批：公私两尽）。及太祖即位，语群臣曰："世宗吏不欺其主者，独曹彬耳。"由是委以腹心。

太祖下滁州，世宗命窦仪籍其帑藏。至数日，太祖命亲吏取藏绢，仪曰："公初下城，虽倾藏取之，谁敢言者？今既有籍，即为官物，非诏旨不可得。"后太祖屡称仪有守，欲以为相。

【译文】

宋太祖赵匡胤起初在周世宗身边担任部将，曹彬是世宗身边的心腹之吏，掌管饮食。有一次，赵匡胤向曹彬要酒喝，曹彬说："这是公家的酒，不可以给你。"就自己买酒请赵匡胤喝（边批：公私兼顾）。后来赵匡胤即位，对群臣说："周世宗身边的官吏不欺瞒他的，只有曹彬一人。"从此把曹彬当做心腹。

宋太祖攻下滁州，周世宗命令窦仪将所有国库的收藏抄录在册。几天之后，太祖又命令侍吏去取公库的绢匹，窦仪说："主公刚攻下这座城，即使想取走所有的收藏，谁敢反对？但现在既然已经造册记录，就是官府的财物，没有皇上的诏令是不可擅自取走的。"后来宋太祖屡次称赞窦仪有操守，还想任命他为宰相。

32. 鲁宗道

宋鲁宗道，字贯夫，亳州人。为谕德日，真宗尝有所召。使者及门，宗道不在，移时乃自仁和肆饮归。中使先入，与约曰："上若怪公来迟，当托何事以对？"宗道曰："但以实告。"曰："然则当得罪。"宗道曰："饮酒，人之常情；欺君，臣子之大罪。"中使如公对。真宗问公："何故私入酒家？"公谢曰："臣家贫，无器皿，酒肆具备。适有乡亲远来，遂邀之饮。然臣既易服，市人亦无识臣者。"真宗笑曰："卿为宫臣，恐为御史所弹。"然自此奇公，以为真实可大用。

【译文】

北宋鲁宗道，字贯之，亳州人。担任谕德官的时候，有一次真宗有事召见他。使者上门时，鲁宗道不在家，过了一段时间才看到他从仁和酒坊喝完酒回来。使者先上去跟鲁宗道打招呼说："皇上如果责怪你迟到，我应当找什么借口来回话？"鲁宗道说："只需照实告诉皇上就可以了。"使者说："这样可能会得罪皇上。"鲁宗道说："喝酒，是人的常情；欺君，却是臣子的大罪。"使者就依鲁宗道的话禀告皇帝。宋真宗问鲁宗道："为什么私自去酒家喝酒？"鲁宗道谢罪道："臣家境贫穷，没有饮食的器具，酒家设备比较齐全。我家正好有乡亲远道而来，就请他去喝酒。但臣换穿了便服，所以市人也没有认出我来。"宋真宗笑着说："你是朝廷的官员，恐怕会被御史弹劾。"不过从此真宗认为鲁宗道与常人不同，行事真实不欺，可堪大用。

33. 吕夷简 二条

仁宗久病废朝，一日疾瘳，思见执政，坐便殿，急召二府。吕许公闻命，移刻方赴，同列赞公速行，公缓步自如。既见，上曰："久病方平，喜与公等相见，何迟迟其来？"公从容奏曰："陛下不豫，中外颇忧。一旦急召近臣，臣等若奔驰以进，恐人惊动。"上以为得辅臣体。

庆历中，石介作《庆历圣德颂》，褒贬甚峻，于夏竦尤极诋斥。未几，党议起，介得罪罢归，卒。会山东举子孔直温谋反，或言直温尝从介学，于是竦遂谓介实不死，北走胡矣。诏编管介之子于江淮，出中使，与京东刺史发介棺以验虚实。时吕夷简为京东转运使，谓中使曰："若发棺空，而介果北走，虽挛戮不为酷；万一介真死，朝廷无故剖人冢墓，非所以示后也。"中使曰："然则何以应中旨？"夷简曰："介死，必有棺敛之人，又内外亲族及会葬门生无虑数百，至于举枢窆棺，必用凶肆之人。今悉檄至劾问，苟无异说，即皆令具军令状以保结之，亦足以应诏也。"中使如其言。及入奏，仁宗亦悟竦之谮，寻有旨，放介妻子还乡。

不为介雪，乃深于雪。当介作颂时，正吕许公罢相，而晏殊、章得象同升，许公不念私憾而念国体，真宰相度也！

李太后服未除，而夷简即劝仁宗立曹后。范仲淹进曰："吕夷简又教陛下做一不好事矣。"他日夷简语韩琦曰："此事外人不知，上春秋高，郭后、尚美人皆以失宠废，后宫以色进者不可胜数。不亟立后，无以正之。"每事自有深意，多此类也。

【译文】

宋仁宗一直生病，很久没有上朝。有一天病愈，很想见见执政的大臣，于是坐在休息的别殿上，急着召见中书省和枢密院的两位首辅。吕夷简接到诏令后，过了一段时间才动身前往，同行的枢密告诉他走快点，吕夷简却像平时一样慢慢地走着。见到宋仁宗以后，宋仁宗说："久病刚愈，很高兴和你们见面，可是你为何姗姗来迟呀？"吕夷简不慌不忙地奏道："陛下身体不适，天下人都很忧虑。一旦急急召见亲近的臣子，臣等如果急速前来晋见，恐怕会惊动很多人。"宋仁宗认为他作为辅政大臣的表现很得体。

宋仁宗庆历年间，石介写了一篇《庆历圣德颂》，对当朝的人批评得很严厉，尤其对于夏竦更是大加谴责。不久，朝中发生党派之争，石介因罪免职回乡，不久病逝。当时山东有一个叫孔直温的举人谋反，有人说孔直温曾是石介的学生，于是夏竦就说石介实际上没有死，而是逃到北方少数民族部落去了。宋仁宗就下诏将石介的儿子放逐到江淮一带实行管制，又派使者与京东刺史一起去挖开石介的棺材验明真假。当时吕夷简担任京东转运使，对宋仁宗派出的使者说："如果打开棺材发现是空的，表明石介果真逃到了北方，这样即使诛杀他儿子也不为过；万一石介真的死了，朝廷无故挖开他的坟墓，怎么向后人交待呢？"使者说："但是如何回复皇上的旨意呢？"吕夷简说："石介去世后，一定有为他办理殡殓的人，又内外亲族和参加丧礼的门生恐怕不下数百人，至于穿土下棺，一定会请专营丧葬的店铺中的人帮忙。现在你发公文把他们都叫来讯问，如果没有不同的说法，就命令他们都写保证书作为担保，这样就可以对皇上交待了。"使者照吕夷简的话去禀告宋仁宗，宋仁宗也明白这件事是夏竦的诬陷，不久便降旨，释放石介的妻子儿女回乡。

冯评：虽然没有为石介雪耻，却比为他雪耻更具意义。当石介作《庆历圣德颂》时，正是吕夷简免除宰相职务，而晏殊、章得象一起升任宰相的时候。吕夷简不计较私怨，顾念国家的大体，真是当宰相的器度啊。

李太后刚去世，丧服尚未期满，吕夷简就劝宋仁宗立曹后。范仲淹进言道："吕夷简这个人又教陛下做一件不好的事啊。"后来，吕夷简对韩琦说："这种事外人不知情。皇上年纪已经大了，郭后和尚美人都因失宠被废，后宫以美色进献给皇上的人实在太多，不赶快立皇后，就没有办法纠正这种情况。"吕夷简做每件事都深思熟虑，就像此类事一样。

34. 古弼　张承业

魏太武尝校猎西河，诏弼以肥马给骑士。弼故给弱者。上大怒，曰："尖头奴，敢裁量我！还台先斩此奴！"时弼属尽惶惧，弼告之曰："事君而使君盘游不适，其罪小；不备不虞，其罪大。今北狄南虏，狨焉启疆，是吾忧也。吾选肥马以备军实，苟利国家，亦何惜死！明主可以理干，罪自我，卿等无咎。"帝闻而叹曰："有臣如此，国之宝也。"弼头尖，帝尝名之曰"笔头"，时人呼为"笔公"。

后唐庄宗尝须钱薄博、赏赐伶人，而张承业主藏钱，不可得（边批：千古第一个内臣）。庄宗置酒库中，酒酣，使其子继岌为承业起舞，舞罢，承业出宝带币马为赠，庄宗指钱积（边批：意在此）。语承业曰："和哥（继岌小字）乏钱，可与钱一积，安用带马？"承业谢曰："国家钱，非臣所得私！"庄宗语侵之，承业怒曰："臣老敕使，非为子孙，但受先王临终遗命，誓雪国耻，惜此钱，佐王成霸业耳。若欲用，何必问臣？财尽兵散，岂独臣受祸也？"因持庄宗衣而泣。乃止。

【译文】

北魏太武帝拓跋焘有一次去西河打猎，命令古弼给骑士提供肥壮的马匹。古弼却故意提供瘦弱的马匹。太武帝大怒，骂道："尖头奴才，居然敢裁减我的用度！回到京城后先杀了这个奴才。"当时古弼的部属都很害怕，古弼告诉他们说："侍奉国君，使他不能尽情地游乐，这种罪过小；对意外事件缺乏应对准备，罪过却大。现在南北两地的蛮夷急速地开拓疆土，才是我所忧虑的事。我选留肥壮的马匹用于充实军备，如果对国家有利，即使死也在所不惜。圣明的君主可以用道理说服打动他，这个罪过我自己承担，你们没有过错。"太武帝听到了，感叹道："这种臣子实在是国家的至宝啊！"古弼的头顶尖尖的，太武帝曾称呼他为"笔头"，当时的人称他为"笔公"。

后唐庄宗李存勖曾需要钱财用于赌博和赏赐伶人，宦官张承业主管府库，不肯给（边批：千古以来第一个宦官）。庄宗要不到钱，就在府库里设宴喝酒，喝醉了，让自己的儿子李继岌为张承业跳舞，跳完了，张承业拿出用珠宝装饰的衣带和马匹赠送李继岌，庄宗指着钱堆（边批：庄宗之意在这钱堆上）。对张承业说："和哥（李继岌的小名）缺钱用，就给他一堆钱吧，宝带和马匹有什么用？"张承业谢罪道："国家的钱，微臣是不能据为己有的。"庄宗又用难听的言语来冒犯他，张承业很生气地说："微臣是个老宦官，不必为我的子孙着想，只是受了先王的临终遗命，一定要为国雪耻，所以珍惜这些钱，是为了帮助陛下完成霸业而已。如果陛下想用这些钱，何必问臣？等国库财产用尽，兵马四散，难道只是微臣受害吗？"说完就拉着庄宗的衣服哭泣。庄宗只好作罢。

35. 后唐明宗

秦王从荣性轻佻，喜儒学，多招致后生浮薄之徒赋诗饮酒。一日，明宗问之曰："尔军政之余，所习何事？"对曰："暇则读书，与诸儒赋诗谈道。"明宗曰："吾每见先帝好作歌诗，甚无谓。汝将家子，文章非所素习，必不能工，传于人口，徒作笑柄。吾老矣，于经义虽未晓，然尚喜闻之，余不足学也。"从荣卒败。

【译文】

后唐秦王李从荣个性不稳重，喜好儒学，常招揽一些年轻轻薄的家伙一起作诗饮酒。有一天，后唐明宗李嗣源问他："你公务之余，学习些什么呀？"李从荣回答说："闲暇的时间读读书，和一些读书人一起作诗论道。"明宗说：

"我常看见先帝喜欢写诗，实在没有什么意义。你是将门之子，文章不是你的特长，一定不会做得很好，传到别人口中，平白被当作笑柄了。我年龄大了，对于经典义理虽然不算十分通晓，不过喜欢看喜欢听，除此之外不值得学习。"李从荣最后果然败亡。

36．唐高祖

李渊克霍邑。行赏时，军吏拟奴应募不得与良人同。渊曰："矢石之间，不辨贵贱；论勋之际，何有等差？宜并从本勋授。"引见霍邑吏民，劳赏如西河，选其壮丁，使从军。关中军士欲归者，并授五品散官，遣归。或谏以官太滥，渊曰："隋氏吝惜勋赏，致失人心，奈何效之？且收众以官，不胜于用兵乎？"

【译文】

唐高祖李渊带兵攻下了霍邑。论功行赏的时候，军吏认为应募而来的奴隶不应和从军的平民同等待遇。李渊说："在战场上打仗，刀枪是不认贵贱的；所以论定战功，为什么要分等级呢？应该都按照各人的具体表现加以赏赐。"随后李渊又和霍邑的官吏百姓相见，按照在西河时的犒赏标准犒赏他们，选拔其中的壮丁，动员他们参军。关中来的士卒要求回乡的，都颁给他们五品官的名衔，将他们遣送回去。有人给李渊进谏说官位好像给得太滥了，李渊说："隋朝的君主就是因为舍不得论功奖赏，以致失去民心。我们怎么可以效法他呢？而且用官位来收揽民心，不是比用兵更好吗？"

37．刘温叟

开宝三年，刘温叟为御史中丞。一日晚过明德门，帝方与黄门数人登楼。温叟知之，令传呼依常而过。翌日请对，言："人主非时登楼，则下必希望恩赏。臣所以呵道而过，欲示众以陛下非时不登楼也。"帝善之。

【译文】

宋太祖开宝三年，刘温叟担任御史中丞。有一天晚上他经过明德门，太祖和几名宦官正要上楼去。刘温叟知道了，就传令侍卫不要按惯例肃静，照常喝道而过。第二天刘温叟请求晋见天子奏对，说："皇上在规定之外的时间上楼，那么有关的侍从一定希望得到赏赐。臣下所以喝道而过，是要明示众侍臣，陛下在规定的时间之外是不上楼的。"太祖认为他做得很对。

38. 卫青　程信

大将军青兵出定襄。苏建、赵信并军三千余骑，独逢单于兵。与战一日，兵且尽，信降单于，建独身归青。议郎周霸曰："自大将军出，未尝斩裨将。今建弃军，可斩以明将军之威。"长史安曰："不然。建以数千卒当虏数万，力战一日，士皆不敢有二心。自归而斩之，是示后无反意也。不当斩。"青曰："青得以肺腑待罪行间，不患无威，而霸说我以明威，甚失臣意；且使臣职虽当斩将，以臣之尊宠，而不敢专诛于境外，其归天子，天子自裁之，于以风为人臣者不敢专权，不亦可乎？"遂囚建诣行在，天子果赦不诛。

卫青握兵数载，宠任无比，而上不疑，下不忌，唯能避权远嫌故。不然，虽以狄枢使之功名，犹不克令终，可不戒欤？

狄青为枢密使，自恃有功，颇骄蹇，怙惜士卒。每得衣粮，皆曰："此狄家爷爷所赐。"朝廷患之。时文潞公当国，建言以两镇节使出之。青自陈无功而受镇节，无罪而出外藩，仁宗亦以为然，向潞公述此语，且言狄青忠臣。潞公曰："太祖岂非周世宗忠臣？但得军心，所以有陈桥之变。"上默然。青犹未知，到中书自辩，潞公直视之，曰："无他，朝廷疑尔。"青惊怖，却行数步。青在镇，每月两遣中使抚问，青闻中使来，辄惊疑终日。不半年，病作而卒。皆潞公之谋也。

休宁程公信为南司马征川贵时，诏以便宜之权付公。公自发兵至凯旋，不爵一人，不杀一人。同事者以为言，公曰："刑赏，人主之大柄。惧阃外事不集，而假之人臣；幸而事集，又窃弄之，岂人臣之谊耶？"论者以为古名臣之言。

【译文】

西汉武帝时，大将军卫青从定襄出兵攻打匈奴。苏建、赵信两位将军一同率领三千多名骑兵，却在途中遭遇匈奴单于的军队。汉军和匈奴军队大战了一天，士兵几乎牺牲殆尽，最后赵信投降了单于，苏建独自一人回到大营。议郎周霸说："自从大将军您出兵以来，从未杀过自己的副将。现在苏建扔下自己的军队一个人逃回来，可以杀他以显示将军的威严。"长史任安说："不可以这样做。苏建以数千骑兵去抵挡数万敌兵，力战了一天，士兵们都不敢有异心。如今他脱险回来，将军反而要杀他，那就是告诉后人，以后遇到这种事不能回来。所以不该杀苏建。"卫青说："我以皇上近臣的身份在外带兵打仗，并不怕没有威严，周霸劝我显示军威，完全不符合我的心意。而且论职权我虽然可以处死手下的将官，但以我所受到皇上宠幸的身份，并不敢在国境之外擅自诛杀将官，应该把他送回京城交给天子，天子自会处理。并可借此训示做为人臣的不可以专权，这样做不是很好吗？"于是卫青派人把苏建押解到京城，汉武帝果然赦免了他。

冯评：卫青掌握兵权若干年，受到无比的宠信，皇帝对他深信不疑，属下也不忌恨，这是因为他不专权，避免嫌疑的缘故。如果不这样的话，就算像狄青有显赫功劳，还是不能得到善终，实在不能不引以为戒啊。

北宋时，狄青担任枢密使，自以为功劳很大，颇傲慢不驯，袒护纵惯士卒。士卒每次分得衣物粮食，都说："这是狄爷爷赏赐的。"朝廷对此很担心。当时文彦博执政，建议宋仁宗让狄青离开京城出任两镇节度使。狄青上书陈说自己无功却受封节度使，无罪却又被外放。仁宗也同意狄青的说法，就向文彦博提及此事，并说狄青是个忠臣。文彦博说："太祖（赵匡胤）在周世宗手下为臣时难道不是个忠臣吗？只因为太祖深得到军心，所以会发生黄袍加身、陈桥之变的事。"仁宗顿时无话可说。狄青还不知道，到中书省去为自己辩白，文彦博正视着他说："没有其他原因，只是朝廷怀疑你。"狄青大吃一惊，吓得后退了好几步。狄青到藩镇任职时，仁宗每个月派使者去慰问看望他两次，每次听说皇上的使者要来，狄青都要惊吓疑虑一整天。不到半年，狄青就生病去世了。这些都是文彦博谋划的。

明朝时，休宁人程信担任南司马出征四川、贵州，皇帝特别授予他自行决断处理的权力。然而程信从出发到凯旋，不曾给人官爵，也不曾杀人。同事们因此都在议论此事，程信说："赏和罚，本来是皇上的大权。因为皇上怕地方上的事办不好，才把这种权力委托给大臣代行；做臣子的侥幸把事情办成，却又借机徇私弄权，这难道是做臣子的应有的行为吗？"评论此事的人觉得这是古代名臣的的言论。

39. 李 愬

节度使李愬既平蔡，械吴元济送京师。屯兵鞠场，以待招讨使裴度。度入城，愬具橐鞬出迎，拜于路左。度将避之，愬曰："蔡人顽悖，不识上下之分数十年矣。愿公因而示之，使知朝廷之尊。"（边批：其意甚远）。度乃受之。

【译文】

唐代节度使李愬平定蔡州以后，将叛将吴元济押送到京城。自己将军队驻扎在球场，等待招讨使裴度前来检阅。裴度进蔡州城时，李愬全副武装出迎，在路的左边拜见，以示尊重。裴度想回避，不敢接受这等大礼，李愬说："蔡州人性情愚妄悖逆，很长时间以来不知上下尊卑的礼数。我这样做，希望借此来训示他们，让他们知道朝廷的尊贵。"（边批：李愬考虑得非常深远）。裴度于是接受了李愬的致敬。

40. 冯 谖

孟尝君问门下诸客："谁习计会，能为收责于薛者？"冯谖署曰："能。"于是约车治装，载券契而行，辞曰："责毕收，以何市而反？"孟尝君曰："视吾家所寡有者。"谖至薛，召诸民当偿者悉来，既合券，矫令以责赐诸民，悉焚其券，民称"万岁"。长驱至齐，孟尝君怪其疾也，衣冠而见之，曰："责毕收乎？"曰："收毕矣。""以何市而反？"谖曰："君云视吾家所寡有者，臣窃计君宫中积珍宝，狗马实外厩，美人充下陈，君家所寡有者，义耳。窃以为君市义。"（边批：奇）孟尝君曰："市义奈何？"曰："今君有区区之薛，不拊爱其民，因而贾利之。臣窃矫君命以责赐诸民，因焚其券，民称万岁，乃臣所以为君市义也。"孟尝君不悦，曰："先生休矣。"后期年，齐王疑孟尝，使就国。未至薛百里，民扶老携幼争趋迎于道，孟尝君谓谖曰："先生所为文市义者，乃今日见之。"

谖使齐复相田文，及立宗庙于薛，皆纵横家熟套，唯"市义"一节高出千古，非战国策士所及。保国保家者，皆当取法。

【译文】

孟尝君田文问门下的众多食客:"谁熟习算账,能替我去薛邑收债?"冯谖登记了自己的姓名,说:"我可以去。"于是冯谖准备好车辆,整理好行装,载着债券契约准备出发,向孟尝君告辞说:"债收完后,要买什么东西回来?"孟尝君回答说:"看我们家缺少什么东西就买什么吧。"冯谖到薛邑后,将欠债的人全部召集来,核对债券无误后,诈称孟尝君有意免除大家的债务,然后烧掉了所有的债券,欠债的人都欢呼"万岁"。冯谖很快地赶车回到齐国都城临淄,孟尝君对冯谖这么快就回来了觉得很奇怪,正装出来接见他,问:"债都收到了吗?"冯谖说:"都收到了。"孟尝君问:"你买了什么回来?"冯谖说:"您说买我们家所缺少的东西,我觉得主君家中金银珠宝堆积如山,外面的牲口棚中养满了犬马,殿堂下站满了美女,什么都不缺,所缺的只有'义',所以我为您买来了'义'。"(边批:奇)孟尝君问:"义怎么买呀?"冯谖说:"现在您只有薛邑这么小小的一块地方,却不爱抚当地百姓,还以赚钱为目的向他们放债。所以我假称您下令免除他们债务,因而烧了那些债券,人民都欢呼万岁,这就是我为您买的义。"孟尝君很不高兴,说:"先生不要再说了。"一年后,齐王因为孟尝君名望太高而怀疑孟尝君,命他回自己的封邑。离薛邑还很远,薛邑的百姓们就扶老携幼,争着在路上迎接孟尝君。孟尝君对冯谖说:"先生为我买的义,今天才看到啊。"

冯评:冯谖使齐王再次任用田文为宰相,又在薛邑建立宗庙,都是纵横家常用的那套手段。唯独"买义"这一节,手段高明无比,不是战国时代那些谋略之士比得上的。要长保国家于不亡的,都应该效法他。

41. 王　旦

王钦若、马知节同在枢府,一日上前因事忿争。上召王旦至,则见钦若喧哗不已,马则涕泣曰:"愿与钦若同下御史府。"旦乃叱钦若下去,上怒甚,欲下之狱。旦从容曰:"钦若等特陛下顾遇之厚,上烦陛下。臣冠宰府,当行朝典,然观陛下天颜不怡,愿且还内,来日取旨。"上许之。旦退,召钦若等切责,皆皇惧,手疏待罪。翌日,上召旦曰:"王钦若等事如何处分?"旦曰:"臣晓夕思之,钦若等当黜,然未知使伏何罪?"上曰:"对朕忿争无礼。"旦曰:"陛下圣明在御,而使大臣坐忿争无礼之罪,恐夷狄闻之,无以威远。"上曰:"卿意如何?"对曰:"愿至中书,召钦若等,宣示陛下含容之意,且戒约之。俟少间,罢之未晚。"上曰:"非卿言,朕固难忍。"后数月,钦若等皆罢。

【译文】

北宋王钦若、马知节同时任职于枢密院,有一天,两人在宋真宗面前因事争吵了起来。真宗传王旦进见,王旦一到,看见王钦若还在不停地大吵大闹,马知节则哭着说:"我愿意和王钦若一同到御史府去理论清楚。"王旦不等真宗的旨意,就命令王钦若下去。真宗非常生气,想将他下狱治罪。王旦不慌不忙地说:"王钦若等人仗着陛下对他们的优厚待遇,来烦扰陛下。微臣是执政的首长,理当推行朝廷的典章。然而现在陛下心中不愉快,希望陛下先回宫内,改天我再来领旨听候发落。"真宗答应了。王旦退下后,就将王钦若等人召来加以严厉责备,这些人都很惶恐,亲手写了奏疏认罪。第二天,真宗召见王旦说:"王钦若等人的事要怎样处理呀?"王旦回答说:"微臣一直在考虑这个问题,王钦若等应当革职,但是不知道该用什么罪名?"真宗说:"对朕争吵无礼啊。"王旦说:"陛下圣明在朝,而大臣却有争吵无礼之罪,万一夷狄知道这件事,有损皇上的威名。"真宗说:"按照你的意思怎么办呢?"王旦说:"请让微臣到中书省,召见王钦若等人,告诉他们陛下宽宏容忍的心意,并训诫约束他们。过一段时间后,再将他们革职也不迟。"真宗说:"没有你这些话,朕实在是忍无可忍。"几个月后,王钦若等人都被革了职。

42. 胡 濙

正统中,宗伯胡濙一日早朝承旨,跪起,带解落地,从容拾系之,遂叩头还班,御史亦不能纠。十三年,彭鸣中状元,当上表谢恩之夕,坐以待旦。至四鼓,乃隐几而寱,竟失朝。纠仪御史奏,令锦衣卫拿。已奉旨,胡公出班奏:"状元彭鸣不到,合着锦衣卫寻。"上是之。不然,一新状元遂被拘执如囚人,斯文不雅观。老成举措,自得大体。

【译文】

明英宗正统年间,宗伯胡濙有一天在上早朝的时候,跪着承接圣旨,起立时衣带松脱落地，胡濙从容地捡起来系好，然后叩头，退回位次，御史也不能纠劾他。正统十三年，彭鸣考中状元，在上表谢恩的前夜，坐等天亮上朝。不想等到四更，彭鸣靠着桌几睡着了，竟然错过了上朝的时间。纠仪御史上奏英宗，命令锦衣卫前去捉拿彭鸣。锦衣卫已经领到圣旨，此时胡濙从众官的行列中走出来，禀奏道："状元彭鸣没有到朝，应当让锦衣卫去寻找，而不是捉拿。"英宗采纳了他的提议。不然的话，一个新科状元就会被当做犯人拘捕捉拿，实在是斯文扫地不雅观。胡濙的这种行为就是老成人的做法，深得大体。

43．孙　觉

　　孙莘老觉知福州，时民有欠市易钱者，系狱甚众。适有富人出钱五百万葺佛殿，请于莘老。莘老徐曰："汝辈所以施钱，何也？"众曰："愿得福耳。"莘老曰："佛殿未甚坏，又无露坐者，孰若以钱为狱囚偿官，使数百人释枷锁之苦，其获福岂不多乎？"富人不得已，诺之，即日输官，囹圄遂空。

【译文】

　　北宋时，孙觉（字莘老）任福州知州，当时有很多百姓因欠市易钱，被官府收押。刚好有些有钱人准备捐钱五百万给寺庙修佛殿，来请示孙觉。孙觉慢悠悠地说道："你们捐这些钱是为了什么呀？"众人说："愿佛祖赐福。"孙觉说："佛殿还没有怎么损坏，也没有露天无遮而坐的佛像，不如用这些钱替囚犯们偿还市易钱，这样做能够让数百人免受牢狱之苦，你们获得的福报岂不比修整尚未损毁的寺庙多吗？"那些有钱人不得已，只好答应下来，当天就把钱缴了上来，监狱里一时空了不少。

44．赵清献

　　赵清献公抃出察青州，每念一人入狱，十人罢业，株连波及，更属无辜；且狱禁中夏有疫疾湿蒸，冬有皲瘃冻裂；或以小罪，经年桎梏；或以轻系，迫就死亡；狱卒囚长，需索凌辱，尤可深痛。时令人马上飞吊监簿查勘，以狱囚多少，定有司之贤否。行之期年，郡州县属吏，无敢妄系一人者。邵尧夫每称道其事。

【译文】

　　北宋时，清官赵抃（谥清献）巡察青州，经常想到：有一人下狱就有十人因而耽误工作；那些受牵连波及的，更是无辜；而且监狱中，夏天湿气重，多传染病，冬天则皮肤裂开、生冻疮；有的人因为一点小罪，长年受到拘禁；有人因为一点牵连，几乎丧命；狱卒和监狱长的勒索凌辱，更令人痛恨。赵抃便常常令人迅速调取各地监狱的花名册进行查阅，以囚犯数目的多少，来推断官吏的贤明与否。这样的办法实行一年以后，郡、州、县各级官吏都不敢随意羁押一个人。邵雍先生常常称赞这件善政。

45. 贾　彪

　　贾彪与荀爽齐名，举孝廉为新息长。小民因贫，多不养子，彪严为其制，与杀人同罪。城南有盗劫害人者，北有妇人杀子者，彪出案发，而掾吏欲引南。彪怒曰："贼寇害人，此则常理；母子相残，逆天违道。"遂驱车北行，案验其罪。城南贼闻之，亦面缚自首。数年间养子数千，佥曰："贾父所长。"生男名曰"贾男"，生女名曰"贾女"。

　　手段已能办贼，直欲以奇致之。

【译文】

　　东汉贾彪与大学者荀爽齐名，被推举为孝廉，担任新息县长。当地的百姓因为生活穷苦，大多数不养育子女。贾彪对此严加管制，规定生而不养的和杀人同罪。城南有强盗劫财杀人，城北有妇人杀死新生儿，贾彪出发办案，属下想往城南去，贾彪生气地说："强盗害人是常有的事，母子相残却背逆天道。"于是驾车向城北去，查办母子相残之罪。城南的盗贼听到这种事，反绑着双手前来自首。以后几年间，新息一地人口赠长了数千人，百姓都说："是贾父所养的。"生下男孩便叫做"贾男"，生下女孩便叫做"贾女"。

　　冯评：贾彪的手段足以查办强盗，只是用特别的方法来抓捕他们。

46. 柳公绰

　　柳公绰节度山东，行部至邓，吏有纳贿、舞文，二人同系。县令闻公绰素持法，必杀贪者。公绰判曰："赃吏犯法，法在；奸吏坏法，法亡。"竟诛舞文者。

天伦、王法，两者持世之大端。彪舍贼寇而案杀子，公绰置赃吏而诛舞文，此种识力，于以感化贼盗赃吏有余矣。若丙吉不问道旁死人而问牛喘，未免失之迂腐。

【译文】

唐代柳公绰任山东节度使，巡行到所属的邓县。县里有两个官员，一个因为接受贿赂，一个玩弄法令以行奸诈，同时被捕。县令听说柳公绰向来强调法纪，心想他一定会杀掉贪污的人。结果柳公绰的判决是："贪污的官吏虽触犯法令，但法律还在；奸邪的官吏破坏法令，法律就灭亡了。"结果杀的是玩弄法令的官吏。

冯评：伦常和王法，这两者是维系天下的支柱。贾彪放过盗贼办理杀子的妇人，柳公绰轻罚贪污官吏而杀死玩弄法令的官吏，这种识别事物的能力，就足够感化盗贼和贪官了。至于丙吉不理会路边的死人，而去过问牛为什么气喘，则未免过于迂腐。

47. 季 本

季本初仕为建宁府推官，值宸濠反江西，王文成公方发兵讨之。而建有分水关，自江入闽道也。本请于所司，身往守之。会巡按御史某以科场事檄郡守与本并入。守以书趣本，本复书曰："建宁所恃者，唯吾两人。兵家事在呼吸，而科场往返动计四旬。今江西胜负未可知，土寇生发叵测。微吾二人，其谁与守？即幸而无事，当此之际，使试录列吾两人名，传播远迩，将以为不知所重，贻笑多矣。拒违按院之命，孰与误国家事哉！"守深服其言，竟不往（边批：此守亦高人）。

科场美事，人方争而得之，谁肯舍甘就苦？选事避难，睹此当愧汗矣！

【译文】

明朝季本起初任建宁府推官，正碰上宁王朱宸濠在江西造反，王阳明刚出兵讨伐。建宁有座分水关，是江西进入福建的要道。季本向上级请求自己去防守分水关。正好有某位巡按御史因考场的事，商请郡守和季本一同去协办。郡守写信来催季本，季本回信说："建宁府所仰仗的只有我们两人。现在战事迫在眉睫，而往返考场估计要四十天。现在江西战场的胜负还不知道，地方强盗是否会生事也无法预测。没有我们两人，靠谁去防守？即便侥幸无事，现在这个时候，让试录列出我们的姓名，远近传播，人们会觉得我们不知轻重，而贻笑大方的。违抗巡按御使的命令，和耽误国家大事比较起来，哪一件严重呢？"郡守对季本的话十分钦服，也没有前往协办科举考场的事。

冯评：协办科举考场的任务是一件美差，别人都想极力争取，谁肯舍弃这份美差而去吃苦？遇事避重就轻的人看了，应当羞愧汗颜啊！

卷二　远犹

谋之不远，是用大简。人我迭居，吉凶环转。老成借筹，宁深毋浅。集《远犹》。

───【解说】───

　　有谋画但无远见，所以我极力来规劝。富贵贫贱的地位总是更迭，吉凶祸福可能交替循环。因此，老成人一旦筹划谋略，就宁可考虑深远而不只顾眼前。

　　这一卷讲的都是深谋远虑的故事，名为《远犹》。

48. 训　储 二条

　　商高宗为太子时，其父小乙尝使久居民间，与小民出入同事，以知其情。

　　太祖教谕太子，必命备历农家，观其居处、服食、器用，使知农之劳苦。洪武末选秀才，随春坊官分班入直，近前说民间利害等事。成祖巡行北京，使二皇长孙周行村落，历观农桑之事。谕教者宜以为法。

　　张昭先逮事唐明宗。明宗诸皇子竞侈汰。昭疏训储之法，略云："陛下诸子，宜各置师傅，令折节师事之。一日中但令止记一事，一岁之内，所记渐多，则每月终，令师傅共录奏闻。俟皇子上谒，陛下辄面问，倘十中得五，便可博识安危之故，深究成败之理。"明宗不能用。

　　此可为万世训储之法，胜如讲经说书，作秀才学问也。

【译文】

商高宗武丁还是太子的时候，他的父亲小乙曾经让他一直住在民间，和老百姓共同生活做事，使他深入了解民情。

冯评：明太祖朱元璋教诲太子，一定要他去经历农家生活，观察百姓的起居、饮食、器用，让太子了解农家的劳苦。洪武末年选秀才，太子随着太子宫中的官吏分组入宫值班，报告民间疾苦。明成祖朱棣巡视北京时，命两个皇室长孙到农村去转了一圈，观察农桑之事。负责民政教化的人应对此多加效法。

五代人张昭起先在后唐明宗朝中做官。当时明宗的几个皇子一个比一个奢侈无度。张昭上疏说明训教太子的方法，大意是说："陛下的几个皇子，应该各自安排一位老师，让他们降低身份来尊敬师长。命令他们每一天记载一件事，一年下来就可以累积很多，到每个月结束，让他们的师傅将所记之事禀奏陛下。等到皇子晋见时，陛下当面提出问题。假如十题之中能回答五题，就能够大大懂得政权安危的原因，深刻体会成败的道理。"但明宗不予采用。

冯评：这是可以用于万世的训练储君的方法，胜过讲经说书，做秀才的死读书学问。

49. 李 泌

肃宗子建宁王倓性英果，有才略。从上自马嵬北行，兵众寡弱，屡逢寇盗，倓自选骁勇居上前后，血战以卫上。上或过时未食，倓悲泣不自胜，军中皆属目向之。上欲以倓为天下兵马元帅，使统诸将东征。李泌曰："建宁诚元帅才，然广平，兄也，若建宁功成，岂使广平为吴太伯乎？"上曰："广平，冢嗣也，何必以元帅为重？"泌曰："广平未正位东宫，今天下艰难，众心所属，在于元帅。若建宁大功既成，陛下虽欲不以为储副，同立功者其肯已乎？太宗、太上皇即其事也。"上乃以广平王俶为天下兵马元帅，诸将皆以属焉。倓闻之，谢泌曰："此固倓之心也。"

【译文】

唐肃宗的第三个儿子建宁王李倓性格英明果决，有雄才大略。安史之乱时，他跟随唐肃宗从马嵬向北行，因随行士兵人少力弱，屡次遭遇强盗，李倓亲自挑选骁勇的士兵护卫于肃宗前后，拼死保卫肃宗。肃宗有时过了吃饭的时间还没有进食，李倓就悲伤得不得了，为军中上下所瞩目。肃宗因此想封他为天下兵马元帅，统领军队东征。李泌说："建宁王确实是元帅的人才，但是广平王李俶是长兄，如果建宁王战功大，难道让广平王成为第二个吴泰伯（商代人，为了让弟弟季历——周文王父亲继承王位，远逃至荆楚，成为吴国的始祖）吗？"肃宗说："广平王是嫡长子，以后的皇位继承人，何必去担当元帅的重任呢？"李泌说："广平王尚未正式立为太子，现在国境艰难，众人所瞩目的对象都在元帅身上。如果建宁王立下大功，陛下即使不想立他为继承人，但是同他一起立下战功的将帅肯罢休吗？太宗和太上皇帝（唐玄宗）就是最好的例子。"肃宗于是任命广平王俶为天下兵马元帅，众将领都作为他的部属。李倓听到这件事，向李泌致谢说："这正是我的心意啊。"

50. 王叔文

王叔文以棋侍太子。尝论政至宫市之失，太子曰："寡人方欲谏之。"众皆称赞，叔文独无言。既退，独留叔文，问其故。对曰："太子职当侍膳问安，不宜言外事。陛下在位久，如疑太子收人心，何以自解？"太子大惊，因泣曰："非先生，寡人何以知此？"遂大爱幸。

叔文固憸险小人，此论自正。

【译文】

唐德宗时，王叔文以棋艺服侍太子李诵。有一次大家一起谈论政事，谈到宫中宦官在民间采购强取豪夺的弊病时，太子说："我正想去劝谏父皇。"大家都赞成，只有王叔文默不作声。众人退下之后，太子单独留下王叔文，问他为什么不发表意见。王叔文回答说："太子的职责应当是服侍陛下饮食与问安，不应该谈论朝廷政事。陛下在位已经很久了，如果怀疑太子您收买人心，您将怎么解释？"太子大吃一惊，于是哭着说："没有先生的提醒，我哪里会知道这种事？"从此非常宠信王叔文。

冯评：王叔文虽然是个阴险小人，不过他这个意见是对的。

51. 白起祠

贞元中，咸阳人上言见白起，令奏云："请为国家捍御西陲，正月吐蕃必大下。"既而吐蕃果入寇，败去。德宗以为信然，欲于京城立庙，赠起为司徒。李泌曰："臣闻'国将兴，听于人'。今将帅立功，而陛下褒赏白起，臣恐边将解体矣。且立庙京师，盛为祷祝，流传四方，将召巫风。臣闻杜邮有旧祠，请敕府县修葺，则不至惊人耳目。"（边批：妥帖）上从之。

【译文】

唐德宗贞元年间，咸阳人进言说见到了战国名将白起，让他禀奏朝廷说："请让我为国家防卫四方边塞，到正月吐蕃一定会大举入侵。"不久吐蕃果然入侵，后来兵败而去。德宗因而相信白起果真显圣，就想在京城修建白起庙，追赠白起为司徒。李泌说："臣听说'国家要兴盛的话，一定要听信于百姓，而不是鬼神'。现在征战的将帅立下战功，而陛下却褒扬白起，微臣担心边防以后会解体。而且在京城修庙祭祀，排场盛大，一旦流传出去，可能引起百姓迷信的风气。听说白起自刎之地杜邮有一座旧的白起祠，请陛下命令府县维护修建一下，这样就不至于惊动天下人的耳目了。"（边批：这样做比较妥当）德宗采纳了他的建议。

52. 苏 颂

苏颂执政时，见哲宗年幼，每大臣奏事，但取决于宣仁，哲宗有言，或无对者；唯颂奏宣仁后，必再禀哲宗；有宣谕，必告诸臣俯伏而听。及贬元祐故官，御史周秩并劾颂。哲宗曰："颂知君臣之义，无轻议此老。"

【译文】

北宋苏颂执政时，大臣们见宋哲宗年纪幼小，每逢有事上奏，都让宣仁皇太后裁决，有时哲宗发表了意见，却没有人应对；只有苏颂在奏报皇太后后，必定再禀告哲宗；哲宗凡有要事宣读，苏颂必定告诉诸大臣，让他们俯首听命。后来哲宗亲政，元祐时期旧党的老臣都被贬职，御史周秩想一并弹劾苏颂。哲宗说："苏颂向来知道君臣之义，不要随便议论这位国家的元老。"

53. 戮　叛　二条

宋太祖推戴之初，陈桥守门者拒而不纳，遂如封丘门，抱关吏望风启钥。及即位，斩封丘吏而官陈桥者，以旌其忠。

至正间，广东王成、陈仲玉作乱。东莞人何真请于行省，举义兵，擒仲玉以献。成筑砦自守，围之，久不下。真募人能缚成者，予钱十千，于是成奴缚之以出。真笑谓成曰："公奈何养虎为害?"成惭谢。奴求赏，真如数与之。使人具汤镬，驾诸转轮车上。成惧，谓将烹己。真乃缚奴于上，促烹之；使数人鸣鼓推车，号于众曰："四境有奴缚主者，视此!"人服其赏罚有章，岭表悉归心焉。

高祖戮丁公而封项伯，赏罚为不均矣；光武封苍头子密为不义侯，尤不可训。当以何真为正。

【译文】

宋太祖赵匡胤刚被拥戴为皇帝之时，陈桥门的守门人拒绝让他进入，只好转而来到封丘门，守关的人见风使舵开了城门。太祖即位以后，处死封丘门的官吏，而让陈桥的守门人当了官，以表扬他对当时王朝的忠心。

元顺帝至正年间，广东有王成、陈仲玉作乱。东莞人何真向行省请命，率领义兵擒拿陈仲玉，呈献给上级。而王成却建筑营寨防守，围攻了很久，都无法攻破。何真悬赏十千钱捉拿王成，结果王成的家奴绑着主人出来求赏。何真笑着对王成说："你怎么养虎为患啊?"王成为自己没有眼光而羞愧不已。那个家奴请求赏钱，何真如数给了他。然后何真派人准备了烧水的大汤锅，把他架在转轮车上。王成很害怕，以为要烹烧自己。何真却把那家奴绑起来放在汤镬车上，催部下将他烹了；又叫几个人敲鼓推车，当众宣布："本地有家奴捆绑出卖主人的，以后都按照这种办法处理!"大家佩服何真赏罚分明，岭南一带的人都真心归顺他。

冯评：汉高祖刘邦杀死背叛项王的丁固，而封赏在鸿门宴上拼死保护自己的项伯，赏罚实在不公平。东汉光武帝刘秀封子密（彭宠自立为燕王，其奴子密斩杀彭宠归汉）为不义侯，更是不足为训。何真的做法最正当。

54. 宋艺祖 三条

初，太祖谓赵普曰："自唐季以来数十年，帝王凡十易姓，兵革不息，其故何也？"普曰："由节镇太重，君弱臣强。今唯稍夺其权，制其钱谷，收其精兵，则天下自安矣。"语未毕，上曰："卿勿言，我已谕矣。"（边批：聪明）顷之，上与故人石守信等饮，酒酣，屏左右，谓曰："我非尔曹之力，不得至此，念汝之德，无有穷已。然为天子亦大艰难，殊不若为节度使之乐，吾今终夕未尝安枕而卧也。"守信等曰："何故？"上曰："是不难知：居此位者，谁不欲为之？"守信等皆惶恐顿首，曰："陛下何为出此言？"上曰："不然。汝曹虽无心，其如麾下之人欲富贵何？一旦以黄袍加汝身，虽欲不为，不可得也。"守信等乃皆顿首，泣曰："臣等愚不及此，唯陛下哀怜，指示可生之路。"上曰："人生如白驹过隙，所欲富贵者，不过多得金钱，厚自娱乐，使子孙无贫乏耳。汝曹何不释去兵权，择便好田宅市之，为子孙立永久之业（边批：王翦、萧何所以免祸）；多置歌儿舞女，日饮酒相欢，以终其天年。君臣之间，两无猜嫌，不亦善乎？"皆再拜曰："陛下念臣及此，所谓生死而肉骨也。"明日皆称疾，请解兵权。

或谓宋之弱，由削节镇之权故。夫节镇之强，非宋强也。强干弱枝，自是立国大体。二百年弊穴，谈笑革之，终宋世无强臣之患，岂非转天移日手段？若非君臣偷安，力主和议，则寇准、李纲、赵鼎诸人用之有余，安在为弱乎？

熙宁中，作坊以门巷委狭，请直而宽广之。神宗以太祖创始，当有远虑，不许。既而众工作苦，持兵夺门，欲出为乱，一老卒闭而拒之，遂不得出，捕之皆获（边批：设险守国道只如此）。

神宗一日行后苑，见牧猳猪者，问："何所用？"牧者曰："自太祖来，尝令畜。自稚养至大，则杀之，更养稚者。累朝不改，亦不知何用。"神宗命革之。月余，忽获妖人于禁中，索猪血浇之，仓卒不得，方悟祖宗远虑。

【译文】

北宋初年，有一天宋太祖对大臣赵普说："从唐朝末年以来的数十年之间，天下改朝换代已经有十次了，战乱不止，这是什么原因呢？"赵普说："这是由于在外的节度使势力太强，从而形成王室弱而外臣强的缘故。现在只有逐渐削夺他们的权势，限制他们的财物和粮食，收夺他们的精锐部队，那么天下自然就安定了。"赵普话未说完，太祖就说："你不必再说了，我已经明白了。"
（边批：太祖真是聪明人）不久，太祖和老朋友太平节度使石守信等人一起喝
酒，喝到尽兴之时，太祖屏退左右侍者，说："我如果没有你们的协助，就不
会有现在的地位，想到你们的恩德，实在无以回报。但是做天子也是很艰难的，
实在还不如当节度使快乐。我现在就整晚都睡不好觉。"石守信等人问："为什
么？"太祖说："这不难明白：天子这个位子谁不想坐呢？"石守信等人都惶恐
地叩头说："陛下为什么说这样的话？"太祖说："你们虽然没有异心，可是如
果你们的部下想要富贵怎么办？有朝一日也用黄袍强加在你们身上，就算你们
想不做也不可行啊！"石守信等人都叩头哭道："我们都是愚笨之人，从来没
有想过这些，希望陛下可怜我们，给我们指明一条生路。"太祖说："人生短暂
像白驹过隙，追求富贵的人，不过是想多得到一些金钱，多一些享乐，使子孙
后代不致贫困罢了。你们何不放下兵权，购买些良田美宅，为子孙打下长久的
基业。再多安排些歌伎舞女，每天喝酒作乐，以享终年。这样一来君臣之间也
没有嫌隙猜疑了，这样不是很好吗？"石守信等人恭恭敬敬地说："陛下这样
顾念我们，恩同再造父母。"第二天，这批大臣都声称生病，请求解除自己的
兵权。

　　冯评：有人说宋王朝的衰弱，是由于削夺藩镇的兵权造成的。其实藩镇强
大，宋王朝并不能因此而强大起来。强干弱枝才是立国的根本。从唐朝安史
之乱两百年以来所累积的弊端，在谈笑之间就革除了，整个宋朝再也没有出现
过强臣的祸害，难道这不是移天换日的高明手段吗？如果不是君臣上下苟且偷
安，力主和议，那么，任用寇准、李纲、赵鼎这些人来对付北方外族的侵略就
绰绰有余了，哪里会衰弱呢？

　　宋神宗熙宁年间，皇家作坊中的工人认为门巷弯曲狭窄，请求改直拓宽。
神宗认为门巷是太祖创始修建的，一定有长远的打算，因而不准许改建。后来，
很多工人因为劳作太苦，心生背叛，拿着兵器想夺门而出，结果只有一个老兵
站在巷口挡住他们，他们竟都出不来，全部被抓获（边批：设置险关固守边塞
就应该如此）。

　　有一天，宋神宗在后园里散步，看见有人饲养公猪，问他有什么用，养
猪的人说："从太祖以来，就命令将公猪从小养到大，再杀掉，换养小的。几
代都没有改变，也不知道做什么用。"神宗便命令不要再养了。一个多月以后，

宫内忽然捉到施放妖术的人，要找猪血来浇他，一时间却找不到，神宗这才领悟到祖宗的深谋远虑。

55. 郭　钦

汉魏以来，羌、胡、鲜卑降者，多处之塞内诸郡。其后数因忿恨，杀害长吏，渐为民患。侍御史郭钦请及平吴之威、谋臣猛将之略，渐徙内郡杂胡于边地，峻四夷出入之防，明先王荒服之制。此万世长策也。不听，卒有五胡之乱。

只有开国余威可乘，失此则无能为矣。宋初不能立威契丹，卒使金、元之祸相寻终始。我太祖北逐金，威行沙漠，文皇定鼎燕都，三犁其庭，岂非万世久安之计乎！

【译文】

自从两汉、魏晋以来，西羌、匈奴、鲜卑等外族来归降的人，朝廷多将他们安置在境内各郡居住。后来这些人多次因为忿怒怨恨，杀害当地官吏，逐渐成为民间的祸患。西晋初年，侍御史郭钦建议趁着平定吴国的威势，利用谋臣猛将所定的策略，将渐渐迁徙到内地居住的各族胡人安置到边境，严格控制四方夷人出入边境，申明先王对外族的制度，这是万世长远的策略。结果皇帝没有接受，终于发生了五胡乱华。

冯评：只有开国的余威可以利用，失去这个机会，就无能为力了。宋朝初年不能威逼契丹，导致金人和元蒙接连不断的祸害。明太祖朱元璋在北方将元人一直驱逐到塞外，威势远扬沙漠；成祖朱棣定都北京，多次讨伐蒙古的残余势力，这些难道不是万世久安的大计吗？

56. 处继迁母

李继迁扰西鄙。保安军奏获其母，太宗欲诛之，以寇准居枢密，独召与谋。准退，过相幕，吕端谓准曰："上戒君勿言于端乎？"准曰："否。"告之故。端曰："何以处之？"准曰："欲斩于保安军北门外，以戒凶逆。"端曰："必若此，非计之得也。"即入奏曰："昔项羽欲烹太公，高祖愿分一杯羹。夫举大事不顾其亲，况继迁悖逆之人乎？陛下今日杀之，明日继迁可擒乎？若其不然，徒结怨，益坚其叛耳。"太宗曰："然则如何？"端曰："以臣之愚，宜置于延州，使善视之，以招来继迁。即不即降，终可以系其心，而母生死之命在我矣。"太宗拊髀称善，曰："微卿，几误我事！"其后母终于延州，继迁死，子竟纳款。

具是依，则为俺答之款；具是违，则为奴囚之叛。

【译文】

北宋太宗时，西夏人李继迁不断侵扰西方边境。保安军上奏朝廷说，抓获了李继迁的母亲，宋太宗准备杀了她，此时寇准任职枢密院，太宗便单独召见他商量这件事。寇准退出来经过宰相办公地，宰相吕端问道："皇上叫你不要告诉我吗？"寇准说："没有啊。"就把这件事告诉了吕端。吕端问道："皇上打算怎么处置她？"寇准说："想在保安军北门外将她处斩，以警诫造反的乱党。"吕端说："如果一定要这样做的话，实在是下下策啊。"随后吕端入宫禀奏太宗说："从前项羽想烹煮刘邦的父亲，刘邦还扬言想分一杯羹尝尝呢！做大事的人是不会顾忌自己的亲人的，更何况李继迁那种叛逆之徒。陛下今日杀了他的母亲，明日就可以抓到李继迁了吗？如果不能，就只能徒然结下仇怨，更坚定他叛逆的决心罢了。"太宗说："那要怎么办呢？"吕端说："以臣的愚见，应当把她安置在保安军附近的延州，派人好好服侍她，以招引李继迁来归降。即使他不马上投降，也可以牵系着他的心，再说他母亲的生死还操在我们手里。"太宗拍着大腿连声称好，说："没有你的话，几乎误了我的大事。"李继迁母亲最终死在延州。李继迁死后，李继迁的儿子终于归降宋朝。

冯评：同样是依从，明朝有鞑靼酋长俺答的纳款进贡；同样是不从，明朝有奴儿干的叛变。

57. 徐 达

大将军达之蹙元帝于开平也，缺其围一角，使逸去。常开平怒亡大功，大将军言："是虽一狄，然尝久帝天下。吾主上又何加焉？将裂地而封之乎，抑遂甘心也？既皆不可，则纵之固便。"开平且未然。及归报，上亦不罪。

省却了太祖许多计较。然大将军所以敢于纵之者，逆知圣德之弘故也。何以知之？于遥封顺帝、赦陈理为归命侯而不诛知之。

【译文】

元末，大将军徐达在元上都开平围困元顺帝时，故意让出一个缺口，让顺帝逃走。常遇春对失去立大功的机会很生气，徐达说："他虽只是一个胡人，然而曾经久居帝位，号令天下。如果真抓到了，我们主上拿他怎么办才好呢？割块地封他为王，还是杀了他以解心头之恨呢？好像两者都不行，既然这样，还不如放了他合适。"常遇春对徐达的解释还是不以为然。后来回京师禀报，太祖果然并不加罪徐达。

冯评：徐达此举省掉明太祖不少麻烦。然而徐达敢放走元顺帝，是因他了解朱元璋是一个器量宽弘的圣主。何以知道这一点呢？从朱元璋遥封顺帝，赦免死敌陈友谅之子陈理并封其为归德侯这两件事中知道的。

58. 元旦日食

元旦日食，富弼请罢宴撤乐，吕夷简不从。弼曰："万一契丹行之，恐为中国羞。"后有自契丹还者，言虏是日罢宴。仁宗深悔之。

值华、虏争胜之日，故以契丹为言。其实理合罢宴，不系虏之行不行也。

【译文】

北宋仁宗时，元旦那天发生日食，当时人认为日食是上天示儆天子，当修德省过，所以宰相富弼请皇帝停止宴会，取消歌舞，吕夷简不同意。富弼说："万一契丹这样做了，中国人的脸往哪儿搁？"后来有人从契丹回来，说契丹当天果真取消了宴会。仁宗听了很是后悔。

冯评：当时正是中国与契丹争强斗胜的时期，所以富弼才以契丹为借口，其实依礼应当停止宴会，与契丹怎么做没有关系。

59. 贡　麟

交趾贡异兽，谓之麟。司马公言："真伪不可知。使其真，非自至不为瑞；若伪，为远夷笑。愿厚赐而还之。"

方知秦皇、汉武之愚。

【译文】

北宋时，交趾国遣使进贡来一种珍奇异兽，说是麒麟。司马光向朝廷进言："大家都不知道这麒麟是真是假。如果是真的，又不是它自己来的，算不得吉祥的象征；如果是假的，我们都没有认出来，恐怕会被外国人笑话。朝廷应该厚赏使者，然后让他把麒麟带回去。"

冯评：从这可看出来秦始皇、汉武帝一味追求珍奇异兽实在是很愚昧的。

60. 契丹立君

边帅遣种朴入奏："得谍言，阿里骨已死，国人未知所立。契丹官赵纯忠者，谨信可任。愿乘其未定，以劲兵数千，拥纯忠入其国，立之。"众议如其请，苏颂曰："事未可知，今越境立君，傥彼拒而不纳，得无损威重乎？徐观其变，俟其定而抚戢之，未晚也。"已而阿里骨果无恙。

【译文】

北宋时，守边元帅派遣种朴回京禀奏："从暗探那里得到情报说，辽国国君阿里骨（即耶律延禧）已经死了，还不知道要立何人为国君。契丹官员赵纯忠为人谨慎诚实，值得信任。希望乘他们局势未稳之际，派遣数千名精兵，拥戴赵纯忠回到契丹，立为国君。"大家商议后同意这个想法，只有苏颂说："真相如何还不知道呢，现在要越过国境去立契丹国王，如果他们拒绝不肯接纳，岂不会损害我国的威严吗？应该慢慢地观察事态的变化，等到局面稳定后再去安抚他们也不算迟。"结果阿里骨果然还没有死。

61. 地图　贡道

熙宁中，高丽入贡，所经郡县悉要地图，所至皆造送。至扬州，牒取地图。是时陈秀公守扬，绐使者欲尽见两浙所供图，仿其规制供之。及图至，都聚而焚之，具以事闻。

宋初，遣卢多逊使李国主。还，舣舟宣化口，使人白国主曰："朝廷重修天下图经，史馆独缺江东诸州，愿各求一本以归。"国主急令缮写送之。于是尽得其十九州之形势、屯戍远近、户口多寡以归，朝廷始有用兵之意。秀公此举，盖惩前事云。

成化十六年，朝鲜请改贡道。因建州女直邀劫故。中官有朝鲜人为之地，众将从之。职方郎中刘大夏独执不可，曰："朝鲜贡道，自鸦鹘关出辽阳，经广宁，过前屯，而后入山海，迂回三四大镇，此祖宗微意。若自鸭绿江抵前屯、山海路大径，恐贻他日忧。"卒不许。

【译文】

北宋神宗熙宁年间，高丽国遣使入贡，使者所经过的郡县都索取地图，当地都绘图赠送。到扬州时，使者也呈上公文索取地图。当时陈升之任扬州太守，就骗使者说，他想参考两浙所提供的地图，模仿其规格绘制。等到两浙的地图拿到后，将其全部烧毁，然后向朝廷如实禀告。

冯评：北宋初年，朝廷派卢多逊出使南唐，归来时，船靠宣化县渡口。卢多逊派人禀告南唐国君李煜说："朝廷计划重修天下图籍经典，史馆中就只缺江南各州的资料，希望各送一本给我，以便带回朝廷。"李煜马上命人抄写后赠送给卢多逊。于是卢多逊将江南十九州的地理形势、屯兵远近、人口多少等资料全部带回国，朝廷因此才有了兴兵攻打南唐的想法。陈升之烧地图的行为，大概就是受到这件事的影响。

明宪宗成化十六年，因为建州女真经常拦路抢劫，朝鲜请求改变入京进贡的路线。宦官之中有个朝鲜人为此事求情，于是众将都表示同意。只有职方郎中刘大夏坚持认为不行，说："朝鲜进贡的道路，从鸦鹘关出辽阳，经过广宁、前屯，然后入山海关，弯曲迂回地绕了三四个重镇，这是祖宗的深意。如果走海陆大道从鸭绿江到前屯、山海关，恐怕将来后患无穷。"朝廷终于没有同意朝鲜的请求。

62. 陈 恕

陈晋公为三司使，真宗命具中外钱谷大数以闻，恕诺而不进。久之，上屡趣之，恕终不进。上命执政诘之，恕曰："天子富于春秋，若知府库之充羡，恐生侈心。"

李吉甫为相，撰《元和国计簿》上之，总计天下方镇、州、府、县户税实数，比天宝户税四分减三，天下仰给县官者八十二万余人，比天宝三分增一，其水旱所伤、非时调发者，不在此数，欲以感悟朝廷。大臣忧国深心类如此。

【译文】

北宋时，陈恕（封晋公）担任三司使，宋真宗命令他将中外赋税的大略数目上报以便有个了解，陈恕只应诺但并不呈献。过了很久，真宗一再催促，他还是不呈献。真宗命有关主管来责问他，陈恕说："天子年纪还轻，如果知道府库充裕的话，恐怕会产生奢侈之心。"

冯评：李吉甫任宰相时，特地写了《元和国计簿》呈给宪宗，统计天下方镇、州、府、县户税的数目，比唐玄宗天宝年间减少了四分之三，天下依赖朝廷支付薪水的人口有八十二万多，比天宝年间多了三分之一。至于水旱灾难所受的损失、紧急情况下发放的数目还不包含在内，想以此触动朝廷。大臣一心忧国大体上都是如此。

63. 李　沆

李沆为相，王旦参知政事，以西北用兵，或至旰食。旦叹曰："我辈安能坐致太平，得优游无事耶？"沆曰："少有忧勤，足为警戒。他日四方宁谧，朝廷未必无事。语曰：'外宁必有内忧。'譬人有疾，常在目前，则知忧而治之。沆死，子必为相，遽与虏和亲，一朝疆场无事，恐人主渐生侈心耳！"旦未以为然。沆又日取四方水旱、盗贼及不孝恶逆之事奏闻，上为之变色，惨然不悦。旦以为："细事不足烦上听，且丞相每奏不美之事，拂上意。"沆曰："人主少年，当使知四方艰难，常怀忧惧。不然，血气方刚，不留意声色狗马，则土木、甲兵、祷祠之事作矣。吾老不及见，此参政他日之忧也。"沆没后，真宗以契丹既和，西夏纳款，遂封岱、祠汾，大营宫殿，搜讲坠典，靡有暇日。旦亲见王钦若、丁谓等所为，欲谏，则业已同之。欲去，则上遇之厚，乃知沆先识之远，叹曰："李文靖真圣人也！"

《左传》：晋、楚遇于鄢陵，范文子不欲战，曰："唯圣人能内外无患。自非圣人，外宁必有内忧。盍释楚以为外惧乎？"厉公不听，战楚胜之。归益骄，任嬖臣胥童，诛戮三郤，遂见弑于匠丽。文靖语本此。

【译文】

北宋真宗时，李沆担任宰相，王旦为参知政事（相当于副宰相），因为西北边境正与西夏开战，两人有时忙得废寝忘食，王旦感慨地说："我们怎么样才能坐享太平、悠闲无事呢？"李沆说："稍有一些忧虑勤苦，才能警戒人心。将来如果天下都平定了，朝廷未必便无事。有句话说：'外宁必有内忧。'就像人有疾病，常常发作，就知道担心而去诊治。我死后，你必当宰相。与敌人和亲是大势所趋，一旦边境无事，恐怕君王会慢慢产生奢侈之心。"王旦并不以为然。李沆又每天呈上各地水旱灾难、盗贼及不孝作恶的坏事报告给真宗，真宗听了惨然变色，很不高兴。王旦认为："这种琐碎的事不值得让天子烦心，而且丞相常常禀奏一些不好的消息，拂逆了天子的心意。"李沆说："陛下还年轻，应当让他知道各地艰难的情况，经常怀着忧虑警惕之心。不然的话，皇帝血气方刚，精力充沛，即便不沉迷于声色犬马，也可能生出些土木、战争、祭神之类的事。我老了，来不及看到了，但这是你将来担忧的啊！"李沆死后，真宗认为跟契丹已经讲和，西夏也已归降，于是在泰山封禅祭祀，在汾水立祠祭神，大建宫殿，搜寻恢复前代废除的典章礼仪，折腾个不停。王旦亲眼看见王钦若、丁谓等人的所作所为，想向皇上规谏，但此前也曾附和过他们；想辞官离去，又觉得皇帝对待自己实在不薄，此时才知道李沆见识的深远，慨叹道："李沆真是圣人啊！"

冯评：《左传》成公十六年记载：一次晋国和楚国交战于鄢陵，晋国大夫范文子不想打这场仗，说："只有圣人能做到内外无忧。既不是圣人，没有外患必有内忧。何不放过楚国，就当做是晋国长期的外患保留着，以使我们时时警惕，这样国内的矛盾就可以缓和一下。"晋厉公不听，打败了楚国。回国后，晋厉公便更骄傲了，任用宠幸的近臣胥童，杀死贤臣三郤（郤犨、郤锜、郤至），后来终于被囚禁于匠丽氏而被杀。李沆所引的正是范文子的话。

64. 韩 琦

太宗、仁宗尝猎于大名之郊，题诗数十篇，贾昌朝时刻于石。韩琦留守日，以其诗藏于班瑞殿之壁。客有劝琦摹本以进者，琦曰："修之得已，安用进为？"客亦莫谕琦意。韩绛来，遂进之。琦闻之，叹曰："昔岂不知进耶？顾上方锐意四夷事，不当更导之耳。"石守道编《三朝圣政录》，将上，一日求质于琦，琦指数事：其一，太祖惑一宫鬟，视朝晏，群臣有言，太祖悟，伺其酣寝，刺杀之。琦曰："此岂可为万世法！已溺之，乃恶其溺而杀之，彼何罪？使其复有嬖，将不胜其杀矣。"遂去此等数事。守道服其精识。

【译文】

宋太宗、仁宗都曾经在大名府郊野打猎，写过数十首诗，贾昌朝任大名府判时，曾将这些诗都刻在石碑上。韩琦任大名路安抚使时，把这些刻有诗的石碑藏在班瑞殿的墙壁内。有人劝韩琦将临摹本呈给皇帝，韩琦说："保存着就可以了，何必呈上去呢？"那人也不明白韩琦的用意。韩绛神宗时任参知政事，来到大名，就把临摹本呈给皇帝了。韩琦知道此事后，叹息道："从前我难道不知道将临摹本呈献皇上吗？只是顾虑到当时皇上正锐意用兵平定四夷，不应进一步引导他穷兵黩武，因为那些诗中多有侈夸武功之辞。"石介编撰了《三朝圣政录》，准备呈献给皇帝，有一天他来请教韩琦，韩琦指出了几件事。其中有一件是：太祖沉迷一个宫女，结果耽误了上朝时间，群臣有些议论，后来太祖觉悟了，便乘宫女熟睡时把她杀了。韩琦说："这种事难道可以作为万世效法的典范吗？已经沉迷于她，却又因为悔悟而杀人，宫女有什么罪呢？如果以后又有宠幸的人，那就要杀不胜杀了。"于是删去这几件事。石介十分佩服韩琦精到的见识。

65. 刘大夏　二条

天顺中，朝廷好宝玩。中贵言，宣德中尝遣太监王三保使西洋，获奇珍无算。帝乃命中贵至兵部，查王三保至西洋水程。时刘大夏为郎，项尚书公忠令都吏检故牒，刘先检得，匿之。都吏检不得，复令他吏检。项诘都吏曰："署中牍焉得失？"刘微笑曰："昔下西洋，费钱谷数十万，军民死者亦万计。此一时弊政，牍即存，尚宜毁之，以拔其根，犹追究其有无耶？"项耸然，再揖而谢，指其位曰："公达国体，此不久属公矣。"

又，安南黎灏侵占城池，西略诸土夷，败于老挝。中贵人汪直欲乘间讨之，使索英公下安南牍。大夏匿弗予。尚书为榜吏至再，大夏密告曰："衅一开，西南立糜烂矣。"尚书悟，乃已。

【译文】

明朝天顺年间，英宗爱好奇珍异宝。有宦官说，宣宗宣德年间曾派遣太监王三保（即郑和）出使西洋，获得无数的珍奇宝物。英宗就命宦官到兵部，查看王三保到西洋时的航海路线。当时刘大夏为方司郎中，尚书项忠命令都吏查阅以前的文书。刘大夏先找到相关的文书，偷偷地藏了起来，都吏遍寻不得，又命令别的都吏去找，还是找不到。项忠质问都吏说："官署中的旧文书怎么会遗失呢？"刘大夏只是笑着说："从前下西洋，花费数十万钱财，牺牲了上万的军民。这是当时政治上的弊病，那些文书即便还在也应该毁弃，将弊政连根拔除，还追究它存不存在干嘛？"项忠大为惊奇，一再称谢，指着自己的位置说："先生通达国体，这个位子不久就属于你了。"

又有一次，安南的黎灏侵入占城，向西攻打当地的土著部落，后来在老挝兵败。宦官汪直想乘机加以讨伐，派人来索要当年英国公张英攻打安南的文件，刘大夏却将文件藏起来不给。尚书因此一再杖责负责行文的官员，进行追查。刘大夏秘密地告诉尚书说："这种战争一旦打起来，西南各族百姓就要饱受蹂躏了。"尚书闻言大悟，就此罢手。

66. 辞连署　辞密揭

宪宗嘉崔群谠直，命学士自今奏事，必取群连署，然后进之。群曰："翰林举动，皆为故事。必如是，后来万一有阿媚之人为之长，则下位直言无自而进矣。"遂不奉诏。

上御文华殿，召刘大夏谕曰："事有不可，每欲召卿商榷，又以非卿部内事而止。今后有当行当罢者，卿可以揭帖密进。"大夏对曰："不敢。"上曰："何也？"大夏曰："先朝李孜省可为鉴戒。"上曰："卿论国事，岂孜省营私害物者比乎？"大夏曰："臣下以揭帖进，朝廷以揭帖行，是亦前代斜封、墨敕之类也。陛下所行，当远法帝王，近法祖宗，公是公非，与众共之，外付之府部，内咨之阁臣可也。如用揭帖，因循日久，视为常规。万一匪人冒居要职，亦以此行之，害可胜言？此甚非所以为后世法，臣不敢效顺。"上称善久之。

老成远虑，大率如此，由中无寸私、不贪权势故也。

【译文】

唐宪宗称赞崔群正直不阿，命令翰林学士以后有事上奏，必须有崔群一起签名，才能呈上。崔群说："翰林的一举一动，都将被后人作为榜样而沿袭。

如果一定要这样做，万一后来有阿谀谄媚的人主持翰林院，他就会引连署的先例，要求上奏必须由中书舍人连署，那么翰林学士就再也不敢直言无忌了。"于是不接受诏令。

明孝宗亲临文华殿，召见刘大夏，告诉他说："朕遇到办不了的事，常想召你来商议，又往往因为不属于你兵部分内的事而打消了念头，今后有该实行、该罢除的事，你可以用附件的形式秘密呈上来。"刘大夏回答说："臣不敢。"英宗问："为什么？"刘大夏说："以前宪宗朝李孜省因为被特许密封奏请而乱朝的事可以借鉴。"英宗说："你是为了议论国事，怎么可以和李孜省结党营私的行为相提并论呢？"刘大夏说："微臣上呈密件，朝廷就会上下推行密件，就像唐中宗时用斜封、墨敕书写非正式诏令一样容易让坏人钻空子。陛下的作为，应当学习远古圣明的帝王，或效法近代的祖宗。公事的是与非，要和群臣公开讨论。对外的交给枢密院或兵部处理，对内的和大学士商量就可以了。如果用密件，时间长了就成了惯例，万一有心怀不轨之人冒居显要职位，也实行这种方法，就会为害无穷啊。这实在不能做后世的常法，微臣不敢照办。"孝宗听了之后，不停地称赞他。

冯评：老成之人深谋远虑，大抵就像这样，这是因为胸中没有一点私心，不贪权势的缘故。

67. 辞例外赐

富郑公为枢密使，值英宗即位，颁赐大臣。已拜受，又例外特赐，郑公力辞。东朝遣小黄门谕公曰："此出上例外之赐。"公曰："大臣例外受赐，万一人主例外作事，何以止之？"辞不受。

【译文】

富弼（封郑国公）任枢密使时，正值英宗即位，依例赏赐大臣。群臣领过赏赐以后，英宗又额外颁发特别赏赐给富弼，富弼极力推辞。太后派小太监告诉富弼说："这是皇上例外的赏赐。"富弼说："大臣如果接受了例外的赏赐，万一皇上做例外的事，大臣怎么去阻止呢？"因此坚拒不受。

68. 范仲淹

劫盗张海将过高邮,知军晁仲约度不能御,谕军中富民出金帛牛酒迎劳之。事闻,朝廷大怒,富弼议欲诛仲约。仲淹曰:"郡县兵械足以战守,遇贼不御,而反赂之,法在必诛。今高邮无兵与械,且小民之情,酿出财物而免于杀掠,必喜。戮之,非法意也。"仁宗乃释之。弼愠曰:"方欲举法,而多方阻挠,何以整众?"仲淹密告之曰:"祖宗以来,未尝轻杀臣下。此盛德事,奈何欲轻坏之?他日手滑,恐吾辈亦未可保。"弼不谓然。及二人出按边,弼自河北还,及国门,不得入,未测朝廷意,比夜彷徨绕床,叹曰:"范六丈圣人也。"

【译文】

北宋时,大盗张海带着人马快要到高邮了,高邮知军晁仲约料到无法抵抗,就命令当地富人捐出钱财、牛羊、酒菜去迎接慰劳贼兵。事情传开后,朝廷震怒,富弼提议处死晁仲约。范仲淹反对说:"如果地方上的兵力足以应战或防守,遭遇贼兵却不抵御,反而去贿赂贼兵,在法理上知军必须处死。但是当时高邮的兵力不足,根本没有办法抵抗或者防守,而且百姓的想法是,只要捐出金钱财物,可以避免杀戮抢劫,一定很高兴。这样的话处死知军,不是立法的本意。"仁宗觉得范仲淹说的有理,便放过了知军。富弼生气地说:"我们正要宏扬法令,你却多方阻挠,这样如何治理百姓?"范仲淹私下里告诉他说:"本朝从祖宗开始,从未轻易处死臣下。这样一种美德,怎么可以轻易地破坏呢?假如皇上把诛杀臣下当成家常事,将来恐怕我们的性命也未必保得住。"富弼颇不以为然。后来两人出巡边塞,富弼从河北回京,因为受到奸臣的谗害,被令在都城门外待命,竟然无法进城,又无法知道朝廷的心意,整夜在床边彷徨,感叹道:"范仲淹真是圣人啊!"

69. 赵忠简

刘豫揭榜山东,妄言御医冯益遣人收买飞鸽,因有不逊语。知泗州刘纲奏之,张浚请斩益以释谤,赵鼎继奏曰:"益事诚暧昧,然疑似间有关国体,然朝廷略不加罚,外议必谓陛下实尝遣之,有累圣德;不若暂解其职,姑与外祠,以释众惑。"上欣然,出之浙东。浚怒鼎异己。鼎曰:"自古欲去小人者,急之，则党合而祸大；缓之，则彼自相挤。今益罪虽诛，不足以快天下，然群阉恐人君手滑，必力争以薄其罪。不若谪而远之，既不伤上意，彼见谪轻，必不致力营求；又幸其位，必以次窥进，安肯容其入耶？若力排之，此辈侧目吾人，其党愈固而不破矣。"浚始叹服。

【译文】

北宋末年，刘豫在山东张贴告示，散布谣言说御医冯益派人收买飞鸽，并有一些不敬的话。泗州知州刘纲将此事禀奏朝廷，大臣张浚要求天子处斩冯益以辟谣。赵鼎随即上奏道："冯益的事固然是非难辨，然而隐约之间已牵涉到国家的大体。但是朝廷如果完全不加处罚，外面的人一定认为陛下确实派冯益做这种事，这会损害皇上的盛德；不如暂时解除他的职务，外放到别处去做官，以消除众人的疑惑。"皇帝听了很高兴，便将冯益外放到浙东。张浚对赵鼎反对他的主张很恼火，赵鼎说："自古以来，想除掉小人却操之过急的话，小人一伙就会联合起来而造成更大的祸害；如果缓慢处理，可使他们自相排挤。目前以冯益的罪，虽处死也不足以使天下大快人心，然而太监们因为怕皇上以后习惯以死罪来处理这种事，一定极力会为冯益开脱罪行。所以不如将他贬官外放而远离京师，这样既不违背皇上的心意，太监们看到贬谪的处分尚轻，一定不会极力营救；甚至又庆幸多出来一个空缺，必定一个个图谋进用，哪里肯容得下被贬之人再回京城呢？如果现在就大力打压他们，这些人一定对我们起反感，那么他们的党羽组织将更加坚不可破。"张浚这才叹服。

70. 文彦博

富弼用朝士李仲昌策，自澶州商胡河穿六塔渠，入横陇故道。北京留守贾昌朝素恶弼，阴约内侍武继隆，令司天官二人，俟执政聚时，于殿廷抗言："国家不当穿河北方，以致上体不安。"后数日，二人又听继隆上言："请皇后同听政。"史志聪以状白彦博，彦博视而怀之，徐召二人诘之曰："天文变异，汝职所当言也，何得辄预国家大事耶？汝罪当族。"二人大惧。彦博曰："观汝直狂愚，今未忍治汝罪。"二人退，乃出状以视同列，同列皆愤怒，曰："奴辈敢尔，何不斩？"彦博曰："斩之则事彰灼，中宫不安矣。"既而议遣司天官定六塔方位，复使二人往（边批：大作用）。二人恐治前罪，更言六塔在东北，非正北也。

【译文】

　　北宋时，富弼采用朝中官员李仲昌的建议，从澶州商胡河打通六塔渠，引导黄河进入横陇的旧河道，以减轻黄河的水势。北京留守贾昌朝一直看不惯富弼，就私下约定宦官武继隆，让两个司天官在执政官员聚齐时，在殿廷大声抗议说："不可以打通黄河的正北方，这会导致皇上龙体欠安。"几天之后，两人又听从武继隆的指使上奏："请求皇后一同听政。"史志聪将这件事告诉了文彦博，文彦博看在眼里，心中暗恼，随后将两个司天官召来质问道："往上禀奏天文的变异是你们的职责，怎么能动不动就干预国家的大事呢？你们妄自干政，罪当灭族。"两人很是恐惧。文彦博又说："看你们只不过是狂妄又愚昧，先暂时放过你们。"两人退下以后，文彦博把奏状拿给同仁看，大家都很愤怒，说："奴辈竟敢做这种事，为什么不杀了他们？"文彦博说："杀了他们，事情反而张扬出来，会让皇后不安心。"随后，中书省决议派司天官去测定六塔的方位，又让这两个人前去（边批：这时候这两人派大用场了）。两人恐怕文彦博治他们的罪，就改口说六塔的方向在东北，不是正北。

71. 王　旦

　　王旦为兖州景灵宫朝修使，内臣周怀政偕行。或乘间请见，旦必俟从者尽至，冠带出见于堂皇，白事而退。后怀政以事败，方知旦远虑。内臣刘承规以忠谨得幸，病且死，求为节度使。帝语旦曰："承规待此以瞑目。"旦执不可，曰："他日将有求为枢密使者，奈何？"遂止。自是内臣官不过留后。

【译文】

　　北宋真宗朝时，王旦担任兖州景灵宫的朝修使（主持朝廷祭祀），宦官周怀政随行。有人乘公事之余求见，王旦一定等到侍从到齐，自己穿戴整齐后才在办公的厅堂里接见来人，听来人说完事情后就退堂。后来周怀政谋杀丁谓之事败露，人们才明白王旦的深谋远虑。宦官刘承规因为人忠诚办事谨慎而得宠，病重将死前，请求真宗封他为节度使。真宗对王旦说："刘承规要得到这个职位才能瞑目。"王旦坚持不答应，说："将来如果有人请求当枢密使，又该怎么办？"真宗于是不再提这件事。从此宦官最高的职位不超过节度观察使留后。

72. 王守仁

阳明公既擒逆濠，江彬等始至。遂流言诬公，公绝不为意。初谒见，彬辈皆设席于旁，令公坐。公佯为不知，竟坐上席，而转旁席于下。彬辈遽出恶语，公以常行交际事体平气谕之，复有为公解者，乃止。公非争一坐也，恐一受节制，则事机皆将听彼而不可为矣（边批：高见）。

【译文】

明朝正德年间，王守仁捉到叛逆朱宸濠以后，江彬等人才赶到，于是散布谣言中伤王守仁，想抢他的功劳，但王守仁不以为意。初次见面，江彬等人把座位设在旁边，让王守仁坐。王守仁假装不明白，直接坐在上座上，而使人移其他位置于下首。江彬等人立即恶语相向，王守仁则以例行的官场礼仪，心平气和地教导他们，再加上有人为王守仁解释，江彬等人才消停。王守仁并不是为了争夺一个座位，只怕一旦受牵制，以后有事就都要听他们指使，这样就无法有所作为了（真是高见）。

73. 主婚用玺

郑贵妃有宠于神庙。熹宗大婚礼，妃当主婚。廷臣谋于中贵王安曰："主婚者，乃与政之渐，不可长也，奈何？"或献计曰："以位则贵妃尊，以分则穆庙（隆庆）恭妃长，盍以恭妃主之？"曰："奈无玺何？"曰："以恭妃出令，而以御玺封之，谁曰不然？"安从之，自是郑氏不复振。

【译文】

明朝郑贵妃受宠于明神宗。熹宗的大婚典礼上，应当由贵妃担任主婚人。朝中的大臣与宦官王安商量说："主婚这件事，就是参与政事的开始，此风不可长，该怎么办呢？"有人便献计说："以地位论，贵妃较尊；以长幼辈份论，则穆宗隆庆帝的恭妃较高，何不让恭妃当主婚人？"有人问："可是没有印信怎么办"又有人说："以恭妃的身份让神宗下命令，而用皇上的印信册封，谁说不可以？"王安依计而行。从此郑贵妃家族的地位一蹶不振。

74. 陈仲微

仲微初为莆田尉，署县事。县有诵仲微于当路，而密授以荐牍者，仲微受而藏之。逾年，其家负县租，竟逮其奴，是人有怨言。仲微还其牍，缄封如故。是人惭谢。

【译文】

南宋末，陈仲微担任莆田县尉，代理县令的职务。县里有人在当权的大官面前称赞陈仲微，私下给他一封推荐函，要他去拜见，陈仲微收下后并未使用。一年后，这个人家里欠了县府的租税，县府逮捕了他的家奴，这个人颇有怨言。陈仲微就把那封推荐函还给他，信函还没有开过封。这个人自觉惭愧，当面道歉。

75. 陈　寔

寔字仲举，以名德为世所宗。桓帝时，党事起，逮捕者众，人多避逃。寔曰："吾不就狱，众无所恃。"竟诣狱请囚，会赦得释。灵帝初，中常侍张让权倾天下。让父死，归葬颍川，虽一郡毕至，而名士无往者，寔独吊焉。后复诛党人，让以寔故，颇多全活。

即菩萨舍身利物，何以加此？狄梁公之事伪周，鸠摩罗什之事符秦，皆是心也。

【译文】

东汉末名士陈寔，字仲举，以名望德行为世所推崇。桓帝时，发生党锢之祸，逮捕了很多人，受此事牵连的人大多逃亡在外。陈寔说："我不下狱，众人都没有依靠。"竟然自己到监狱请求拘禁，后来因为桓帝大赦党人而被释放。灵帝初年，中常侍张让的权势极大，他的父亲去世，归葬老家颍川，虽然全郡的人都去祭吊，但那些名士们没有人去参加，只有陈寔独自前去祭吊。后来朝廷又杀党人，张让因为陈寔的缘故，保全了很多名士的性命。

冯评：即便是菩萨舍己救人，也就是做到这样的地步了。唐朝狄仁杰在武则天朝为官，鸠摩罗什服事前秦符坚（当是后秦姚兴），想来都是怀着这种心意。

76. 姚 崇

姚崇为灵武道大总管。张柬之等谋诛二张，崇适自屯所还，遂参密议，以功封梁县侯。武后迁上阳宫，中宗率百官问起居。五公相庆，崇独流涕。柬之等曰："今岂流涕时耶？恐公祸由此始。"崇曰："比与讨逆，不足为功。然事天后久，违旧主而泣，人臣终节也。由此获罪，甘心焉。"后五王被害，而崇独免。

武后迁，五公相庆，崇独流涕。董卓诛，百姓歌舞，邕独惊叹。事同而祸福相反者，武君而卓臣，崇公而邕私也。然惊叹者，平日感恩之真心；流涕者，一时免祸之权术。崇逆知三思犹在，后将噬脐，而无如五王之不听何也。吁，崇真智矣哉！

【译文】

武则天当朝时，名臣姚崇任灵武道大总管。张柬之等人计划诛杀武后的宠男张易之、张昌宗兄弟，姚崇正好从屯驻处回京，就参预了这次秘密行动，事成后因功封为梁县侯。武后迁往上阳宫时，中宗率百官去请安。张柬之等五人互相庆贺，只有姚崇在那里留泪。张柬之等人说："现在哪里是流泪的时候呢？你恐怕会有灾祸临头。"姚崇说："和你们一起讨平叛逆，本来算不上什么功。然而服事武后久了，一旦分别，不禁哭泣，这是人臣应有的节义。如果因为这样而获罪，我也心甘情愿。"后来张柬之等五人被武三思所害，只有姚崇幸免于难。

冯评：武后迁入上阳宫，张柬之等五人互相庆贺，只有姚崇流泪。东汉末巨奸董卓被杀，百姓载歌载舞，只有蔡邕感叹。两件事情相同，而姚崇和蔡邕遭遇的福祸却截然相反，这是因为武后是君，董卓是臣；姚崇为公，而蔡邕为私。然而感叹的人是平日感恩的真心表现，流泪的人却只是一时免祸的权术。姚崇预料到武后的侄子武三思还在朝中，张柬之等五人日后一定会后悔不及，可是这五人不听劝告又有什么办法呢？唉，姚崇真是个聪明人啊！

77. 孔 子

鲁国之法：鲁人为人臣妾于诸侯，有能赎者，取金于府。子贡赎鲁人于诸侯而让其金。孔子曰:"赐失之矣。夫圣人之举事,可以移风易俗,而教导可施于百姓,非独适己之行也。今鲁国富者寡而贫者多,取其金则无损于行,不取其金,则不复赎人矣。"子路拯溺者,其人拜之以牛,子路受之。孔子喜曰:"鲁人必多拯溺者矣!"

袁了凡曰:"自俗眼观之,子贡之不受金似优于子路之受牛。孔子则取由而黜赐,乃知人之为善,不论现行论流弊,不论一时论永久,不论一身论天下。"

【译文】

春秋时鲁国的法令规定:凡鲁国人做了诸侯的奴隶,能将他们赎回的人,可以从官府拿回赎金。子贡去诸侯家赎回一个鲁国人,却谢绝官府赎金。孔子说:"子贡这样做不对。圣人制定的政策教令,应该能够移风易俗,教化百姓,而不能让这些教令完全适应自己个人的道德准则。当今鲁国富人少穷人多,拿回赎金并不损害自己的道德,但不拿回赎金就不能鼓励其他人来效法了。"子路救起一个溺水的人,那人用一条牛答谢子路,子路接受了下来。孔子很高兴地说:"以后一定会有很多鲁国人勇于拯救溺水者了。"

冯评:明朝人袁了凡说:"以世俗的眼光来看,子贡不接受赎金,似乎比子路接受牛高尚,但孔子却认为子路可取而子贡不可取,于是大家才知道人做善事,不应只看到当时的做法,而应着眼于它所产生的流弊;不应只看到一时的好处,而应着眼于永久的影响;不应只看到自己一个人的得失,而应着眼于天下的利害。"

78. 宓 子

齐人攻鲁,由单父。单父之老请曰:"麦已熟矣,请任民出获,可以益粮,且不资寇。"三请,而宓子不许。俄而齐寇逮于麦。季孙怒,使人让之。宓子蹙然曰:"今兹无麦,明年可树。若使不耕者获,是使民乐有寇。夫单父一岁之麦,其得失于鲁不加强弱;若使民有幸取之心,其创必数世不息。"季孙闻而愧曰:"地若可入,吾岂忍见宓子哉!"

于救世似迂,于持世甚远。

【译文】

　　齐国攻打鲁国，路经鲁国的单父邑。单父的父老向县宰请示说："田里的麦子已经成熟了，请任由百姓去收割，既可增加粮食，又不致于资助敌人。"接连请求了好几次，但县宰宓不齐就是不答应。不久，齐国军队赶来收割完了麦子。季孙很生气，派人来责备宓不齐。宓不齐皱着眉头说："今年没有收到麦子，明年可以再种；但如果让不耕种的人也可以收获麦子，百姓们就会乐于见到敌寇入侵。单父一年麦子产量的多少，对鲁国的强弱并无影响；但是如果让百姓们产生了侥幸获利的心理，这种祸害则几代都不能消除。"季孙听了宓不齐的话后很惭愧，说："如果地上有条缝可以钻进去，我宁肯钻进去也不好意思去见宓不齐。"

　　冯评：宓不齐的做法从拯救国家的角度来看，似乎有些迂腐，但从维持世道的角度来看，眼光非常远大。

79. 程　琳

　　程琳，字天球，为三司使日，议者患民税多名目（大麦、纩绢、绸鞋钱、食盐钱），恐吏为奸，欲除其名而合为一。琳曰："合为一而没其名，一时之便。后有兴利之臣，必复增之，是重困民也。"议者虽唯唯，然当时犹未知其言之为利。至蔡京行方田之法，尽并之，乃始思其言而咨嗟焉。

【译文】

　　程琳，字天球，北宋仁宗时任三司使，有人认为人民的捐税名目繁多，有大麦、织绢、绸鞋钱和食盐钱等名目，担心官吏巧立名目从中舞弊，想除去那些名目而合并为一项。程琳说："合并为一项以除去繁多的名目，只是现在图一时的方便。如果将来有喜欢兴利的官吏，一定会再增加税目，这样反而会加重人民的困苦。"那些提议的人虽然口头表示同意，然而心里并不清除程琳这种做法带来的好处。直到后来奸臣蔡京推行方田法，把所有税收合并为一，才想起程琳的话来，不由得对他赞叹不已。

80. 高　明

黄河南徙，民耕汗地，有收。议者欲履亩坐税。高御史明不可，曰："河徙无常，税额不改，平陆忽复巨浸，常税犹按旧籍，民何以堪？"遂报罢。

每见沿江之邑，以摊江田赔粮致困，盖沙涨成田，有司喜以升科见功，而不知异日减科之难也。川中之盐井亦然，陈于陛《意见》云："有井方有课，因旧井塌坏，而上司不肯除其课，百姓受累之极，即新井亦不敢开。宜立为法：凡废井，课悉与除之；新井许其开凿，开成日免课，三年后方征收，则民困可苏而利亦兴矣。若山课多，一时不能尽蠲，宜查出另为一籍，有恩典先及之，或缓征，或对支，徐查新涨田，即渐补扣。数年之后，其庶几乎？"

查洪武二十八年，户部节奉太祖圣旨："山东、河南民人，除已入额田地照旧征外，新开荒的田地，不问多少，永远不要起科，有气力的尽他种。"按，此可为各边屯田之法。

【译文】

明朝时黄河河道向南迁移，百姓们在裸露的旧河道上耕种，有了收成。有人便提议政府应按田亩课税，御史高明不同意，说："黄河河道的迁徙是没有规律的，但税收的额度却是一成不变的，如果平地忽然间变为大河，田地不能耕种，日常税赋还是照旧，百姓们怎么承受得了！"于是报准取消这项建议。

冯评：常看到沿江一带的县邑，百姓们要为江沙淤积而成的新田缴纳田赋，因而赔损粮食，导致生活十分困苦！其实江沙在两岸淤积成为新田，地方官吏都很高兴，因为可以增加课税，表现绩效，却不知道将来减少课税是如何的困难。四川一带的盐井也是这样。陈子陛的《意见》中说："有盐井才有课税，但因为有些旧盐井坍塌毁坏，而上级不肯免除他们的税，百姓受到极大的拖累，结果连新井都不敢开。应该订立新的法令：凡是废井一律免除课税，并准许开凿新井。从开新井那天算起一直免税，三年后才开始征税，只有这样百姓的困苦才可得到纾解，慢慢地可以得利。如果荒山新垦田地的赋税太重，一时不能全部取消，应调查清楚，另编一名册，一旦有优惠政策下来先考虑给他们免税，或延缓征收，或减半缴纳，再慢慢地调查新生的田地，逐渐补扣。这样几年下来，就差不多可以解决了吧？"

查明太祖洪武二十八年，户部节度使奉太祖的圣旨："山东、河南的百姓，除了已经编入名册缴纳田赋的人照旧征收外，凡是新开垦的田地，不管多少，永远不征收赋税，有力气的人随他尽量耕种去。"按，这个办法可以作为边疆地区屯田的办法。

81. 王 铎

王铎为京兆丞时，李蟾判度支，每年以江淮运米至京，水陆脚钱斗计七百；京国米价斗四十，议欲令江淮不运米，但每斗纳钱七百。铎曰："非计也。若于京国籴米，且耗京国之食；若运米自淮至京国，兼济无限贫民也。"籴米之制，业已行矣，竟无敢阻其议者。都下米果大贵，未经旬而度支请罢，以民无至者也。识者皆服铎之察事，以此大用。

国初中盐之法，输粟实边，支盐内地。商人运粟艰苦，于是募民就边垦荒，以便输纳，而边地俱成熟矣。此盐、屯相须之最善法也。自叶侍郎淇徇乡人之请，改银输部，而边地日渐抛荒，粟遂腾贵，并盐法亦大敝坏矣。"见小利则大事不成"，圣言真可畏哉！

【译文】

唐朝时，王铎担任京兆丞时，李蟾兼任度支使，那时每年从长南、淮河一带将粮食运到京城，水陆的运费每斗要七百钱，京城的米价每斗只有四十钱，因此有人建议命令江淮一带不要再运粮食进京，只要每斗缴纳七百钱就可以了。王铎说："不是这样算法。如果就地在京城采购粮食，将会耗费京城的粮食；如果从江淮一带运米到京城，则同时可以让沿路的贫民依靠水陆运输的脚力钱来谋生。"后来在京城直接采购粮食的办法推行起来，没有人能阻止这个决定。京城米价果然大涨，不到十天李度支便引咎请辞，因为没有百姓来京城了。有识之士都佩服王铎明察事理，王铎也因此得到重用。

冯评：明朝初期实行"中盐"法，由商人运粮食去补给边境，边境再以同样价值的盐引给商人运盐回内地贩卖。商人觉得从内地运粮食很艰辛，于是招募百姓在边境就地垦荒，以便运输，后来边境的田地成了可以耕种谷物的熟地了。这是运盐和屯田相互补充相互依赖最好的办法。但自从侍郎叶淇顺从同乡的请求，改运输粮食为直接缴纳银钱给官府，边境的田地因此日渐荒废，粮食价格因此高涨，连运盐回内地的制度也破坏了。孔子说："只注重小利就不能成就大事"，圣人的话实在是令人敬畏啊！

82. 孙伯纯

孙伯纯史馆知海州日，发运司议置洛要、板浦、惠泽三盐场，孙以为非便。发运使亲行郡，决欲为之，孙抗论排沮甚坚。百姓遮县，自言置盐场为便。孙晓之曰："汝愚民，不知远计。官卖盐虽有近利，官盐患在不售，不患在不足。盐多而不售，遗患在三十年后。"至孙罢郡，卒置三场。其后连海间刑狱盗贼差役，比旧浸繁，缘三盐场所置。积盐山积，运卖不行，亏失欠负，动辄破人产业，民始患之。又朝廷调军器，有弩桩箭干之类，海州素无此物，民甚苦之，请以鳔胶充折。孙谓之曰："弩桩箭干，共知非海州所产，盖一时所须耳。若以土产物代之，恐汝岁岁被科无已时也。"

【译文】

宋朝孙伯纯以史馆修撰的身份出任海州知州时，掌管漕运、茶盐的发运司决议设置洛要、板浦、惠泽三处盐场，孙伯纯认为并不合适。发运使亲自到州郡，一定要做这件事，而孙伯纯反对的态度也非常坚决。百姓们集体到县府请愿，要求设置盐场。孙伯纯对他们晓之以理，说："你们这些人没有长远的眼光。官府卖盐虽然有近利可图，但官盐最怕卖不出去，而不怕不够卖。盐出产量多就会卖不掉，三十年后就看得见祸患了。"孙伯纯离职后，官府终于设置了三个场后。后来沿海一带的罪犯、盗贼、差役比过去增加了许多，就是因为设置了三个盐场的缘故。而三个盐场所出产的盐堆积如山，卖到远方又交通不畅。结果导致亏损欠债，不时有人破产，百姓们这才开始担心起来。此外，朝廷征调兵器，有弩桩箭杆之类，海州向来不出产这些东西，百姓们为此非常发愁，请求用鳔胶代替。孙伯纯对他们说："弩桩箭杆，大家都知道不是海州所出产的，只是一时的需要罢了。如果用土产代替，恐怕你们以后年年都被征收，没完没了！"

83. 张 咏

张忠定知崇阳县，民以茶为业，公曰："茶利厚，官将榷之，不若早自异也。"命拔茶而植桑，民以为苦。其后榷茶，他县皆失业，而崇阳之桑皆已成，为绢岁百万匹。民思公之惠，立庙报之。

文温州林官永嘉时，其地产美梨。有持献中官者，中官令民纳以充贡。公曰："梨利民几何？使岁为例，其害大矣！"俾悉伐其树。中官怒而谮之，会荐卓异得免。近年虎丘茶亦为僧所害，僧亦伐树以绝之。呜呼！中官不足道，为人牧而至使民伐树以避害，此情可不念欤？林，衡山先生之父。

《泉南杂志》云：泉地出甘蔗，为糖利厚，往往有改稻田种蔗者。故稻米益乏，皆仰给于浙直海贩。莅兹土者，当设法禁之，骤似不情，惠后甚溥。

【译文】

北宋张咏（谥忠定）担任崇阳县知县，当地百姓大都以种茶为业，张咏对百姓说："茶叶利润厚，朝廷正打算实行专营，你们不如早些改业。"于是命百姓拔掉茶树改种桑树，百姓们对此很是愁苦。后来朝廷果然实行茶叶专营，其他地方的百姓都因此失业，而崇阳县的桑树都已成长，养蚕织绢，每年产量达百万匹。百姓们不忘张咏的恩惠，为他修庙祭拜。

冯评：明朝时，文林在永嘉做官，当地盛产美味的梨子。有人拿梨子去献给宦官，宦官于是命令永嘉百姓要以梨子进贡朝廷。文林说："梨子给百姓带来多少好处？如果每年都照例进贡梨子，这祸害就大了。"便让百姓把梨树全部砍掉。宦官很生气，说他的坏话，好在有人推荐文林，说他政绩优异，因而获得赦免。近年来虎丘茶也成为僧人的祸害，被僧人砍伐殆尽。唉！宦官不足为道，但身为父母官却让百姓砍树来避免征税的祸害，这种情意不值得怀念吗？文林，即文徵明先生的父亲。

明朝陈懋仁所著的《泉南杂志》说："泉州出产甘蔗，制糖后利润优厚，常常有人把稻田改种甘蔗，所以稻米产量越来越少，都靠江浙一带从海上贩运过来供给。以后有人去那里当官的，最好禁止这种做法，初看起来好像不近人情，其实对后世有很大好处。

84. 李允则

李允则再守长沙。湖湘之地，下田艺稻谷，高田水力不及，一委之榛莽。允则一日出令曰："将来并纳粟米秆草。"湖民购之襄州，每一斗一束，至湘中为钱一千。自尔竞以田艺粟，至今湖南无荒田，粟米妙天下焉。

【译文】

北宋时，李允则再度任长沙太守。洞庭湖、湘水一带，地势低的田地种植稻谷，地势高的田地则因无法灌溉，都任其荒废。有一天，李允则下令说："将来纳税要同时缴稻米和秸秆。"洞庭湖边的农民只好从襄州买秸秆，每一斗稻米加一束秸秆，到湘中一带就值一千钱。此后当地百姓纷纷将地势高的田地用来种粟米，至今湖南没有荒田，稻米天下第一。

85. 论元祐事 二条

神宗升遐，会程颢以檄至府。举哀既罢，留守韩康公之子宗师问："朝廷之事如何？"曰："司马君实、吕晦叔作相矣！"又问："果作相，当如何？"曰："当与元丰大臣同，若先分党与，他日可忧。"韩曰："何忧？"曰："元丰大臣皆嗜利者，使自变其已甚害民之法（边批：必使自变，乃不可复变），则善矣。不然，衣冠之祸未艾也。君实忠直，难与议；晦叔解事，恐力不足耳。"已而皆验。

建中初（徽宗年号），江公望为左司谏，上言："神考与元祐（哲宗初号）诸臣，非有斩袪、射钩之隙也，先帝信仇人黜之。陛下若立元祐为名，必有元丰（神宗改元）、绍圣（哲宗改元）为之对，有对则争兴，争兴则党复立矣。"

司马光为政，反王安石所为。毕仲游予之书曰："昔安石以兴作之说动先帝，而患财之不足也。故凡政之可以得民财者，无不用。盖散青苗、置市易、敛役钱、变盐法者，事也；而欲兴作患不足者，情也（边批：此弊必穷其源而后可救）。未能杜其兴作之情，而徒欲禁其散敛变置之事，是以百说而百不行。今遂废青苗、罢市易、蠲役钱、去盐法，凡号为利而伤民者，一扫而更之。则向来用事于新法者，必不喜矣。不喜之人，必不但曰'青苗不可废，市易不可罢，役钱不可蠲，盐法不可去'，必操不足之情，言不足之事，以动上意，虽致石人而使听之，犹将动也。如是，则废者可复散，罢者可复置，蠲者可复敛，去者可复存矣。为今之策，当大举天下之计，深明出入之数，以诸路所积之钱粟，一归地官，使经费可支二十年之用，数年之间，又将十倍于今日。使天子晓然知天下之余于财也，则不足之论不得陈于前，而后新法始可永罢而不行。昔安石之居位也，中外莫非其人，故其法能行。今欲救前日之弊，而左右待职司使者，约十有七八皆安石之徒，虽起二三旧臣，用六七君子，然累百之中存其十数，乌在其势之可为也！势未可为而欲为之，则青苗虽废将复散，况未废乎？市易、役钱、盐法亦莫不然。以此救前日之弊，如人久病而少间，其父子兄弟喜见颜色而未敢贺者，以其病之犹在也。"光得书耸然，竟如其虑。

【译文】

宋神宗去世时，时任扶沟县知县的程颢正好接到公文相召，从县城来到郡府。哀悼完毕，留守韩宗师是韩绛的儿子，问道："现在朝廷里怎么样？"程颢说："现在司马光、吕公著担任宰相。"韩宗师又问："他们果然做了宰相，以后会如何动作？"程颢说："应该和元丰年间的大臣们合作吧！如果先区分同党，将来之事就令人十分担忧了。"韩宗师问："有什么可忧虑的？"程颢说："元丰（神宗年号）年间的大臣都唯利是图，如果他们自己能改变那些残害百姓的法令（边批：一定要他们自己改变，这样才不会变回来），那自然是好。不然的话，党派斗争的祸害也许会没完没了。司马光为人忠诚正直，但很难与他商量事情；吕公著通晓事理，只是恐怕能力不够。"不久以后，这些话全都应验了。

冯评：宋徽宗建中靖国初年，江公望担任左司谏（左右司谏为言官），他上奏书道："神宗与哲宗年间的大臣之间并没有深仇大恨，但哲宗却听信了章惇、吕惠卿的话罢黜了他们，陛下如果单单列出'元祐大臣'的名目来，一定有神宗和哲宗年间的大臣出来作对，一作对就有纷争，一产生纷争，党派又会重新出现。"

宋哲宗初年，宰相司马光当政，全面推翻王安石的变法措施。毕仲游写信给司马光说："以前王安石的改革之所以能说动先帝，是因为担心财政收入不够，所以凡是可以取得民财的改革措施都予以采用。其实散发青苗、设置市易、收助役钱、变更盐法，只不过是事务的推行而已；而想有所作为，担心财政不足，却也是人之常情（边批：这里面的弊病一定要追究其根源才能彻底根除）。

不能让他们死了变法之心，而只是去禁止上述的改革措施，那就只能说说而已，根本行不通。现在已经废除青苗法、停办市易、取消役钱、废止盐法了，凡是声称为求利而伤害百姓的事，一概废除改变。那么以前任用来推行新法的人，一定不高兴。这些不高兴的人，一定不只说'青苗不可废除，市易不可停办，役钱不可除去，盐法不可废止'，心中一定持有财政不足的观点，谈论财政不足的情况，去说动皇上的心意。这样的话即使是铁石心肠的人听到，也会被打动。如此，则现在废除停办的各种新法都可能再死灰复燃。当今之计，应当对全国的经济状况进行大规模的调查统计，查清楚收入支出的数目，把各地所累积的钱财和粮食，全数归于户部，使得上交的经费可以使用二十年。几年之后，又将十倍于现在。这样就会让天子明白天下财物充裕，那么财政不足的论调就无法在皇上面前提起，然后新法才可能永久废除。以前王安石身居宰相之位，朝廷内外全是他的人，所以他的新法能够推行。现在想改正以前的弊病，然而掌握全国财政的三司使，十之七八都是王安石的人，因此即使起用二三个旧臣，六七个君子，然而一百人中这种人只占十来个，这样的形势还有什么可为的呢？明明不可为却要勉强去做，那么青苗法虽然废止也将再兴办起来，何况还没有废除呢？市易、役钱、盐法，没有一件不是这样。用这种方法来纠正以往的弊病，就像一个久病之人略有好转，他的父子兄弟都喜形于色，却不敢恭贺他，因为他的病还在。"司马光接到这封信肃然起敬，后来事情也和他所担忧的一样。

86. 陈　瓘　四条

陈瓘方赴召命，至阙，闻有中旨，令三省缴进前后臣僚章疏之降出者。瓘谓宰属谢圣藻曰："此必有奸人图盖己愆而为此谋者。若尽进入，则异时是非变乱，省官何以自明？"因举蔡京上疏请灭刘挚等家族，乃妄言携剑入内欲斩王珪等数事。谢惊悚，即白时宰，录副本于省中。其后京党欺诬盖抹之说不能尽行，由有此迹不可泯也。

邹浩还朝，帝首及谏立后事，奖叹再三，询："谏草安在？"对曰："焚之矣。"退告陈瓘，瓘曰："祸其始此乎？异时奸人妄出一缄，则不可辨矣。"初，哲宗一子献愍太子茂，昭怀刘氏为妃时所生，帝未有子，而中宫虚位，后因是得立，然才三月而夭。浩凡三谏立刘后，随削其稿。蔡京用事，素忌浩，乃使其党为伪疏，言："刘后杀卓氏而夺其子，欺人可也，讵可以欺天乎？"徽宗诏暴其事，遂再谪衡州别驾，寻窜昭州，果如瓘言。

二事一局也。谢从之而免诮，邹违之而构诬。"人无远虑，必有近忧。"尤信！

徽宗初，欲革绍圣之弊以靖国，于是大开言路。众议以瑶华复位、司马光等叙官为所当先。陈瓘时在谏省，独以为："幽废母后、追贬故相，彼皆立名以行，非细故也。今欲正复，当先辨明诬罔，昭雪非辜，诛责造意之人，然后发诏，以礼行之，庶无后患，不宜欲速贻悔。"朝议以公论久郁，速欲取快人情，遽施行之（边批：无识者每坐此弊）。至崇宁间，蔡京用事，悉改建中之政，人皆服公远识。

陈公在通州，张无垢（商英）入相，欲引公自助。时置政典局，乃自局中奉旨，取公所著《尊尧集》，盖将施行所论，而由局中用公也。公料其无成，书已缮写未发，州郡复奉政典局牒催促。公乃用奏状进表，以黄帕封缄，缴申政典局，乞于御前开拆。或谓公当径申局中，何必通书庙堂，公曰："恨不得直达御览，岂可复与书耶？彼为宰相，有所施为，不于三省公行，乃置局建官若自私者，人将怀疑生忌，恐《尊尧》至而彼已动摇也。远其迹犹恐不免，况以书耶！"已而悉如公言。张既罢黜，公亦有台州之命，责词犹谓公"私送与张商英，意要行用"，于是众人服公远识。

【译文】

北宋时，陈瓘接奉圣旨回京担任谏官，刚来京城，听到宫中传旨，命令中书、门下、尚书三省缴回以前诸大臣进呈给皇帝，后又被发下至三省的奏章。陈瓘对宰相的官属谢圣藻说："这一定是有奸人为了掩盖自己的罪过而出此计谋，以毁灭罪证。如果把退回的奏章全数上缴皇上，将来如有是非变乱，三省的官员怎么表明自己的清白呢？"陈瓘于是举出奸臣蔡京诬称刘挚有废立太子之意而上疏请求诛灭刘挚等人家族，还捏造说刘挚带剑入朝廷，想杀王珪（华阳人，字禹玉）等几件事。谢圣藻听了大吃一惊，就对主管官员报告这件事，然后将那些奏章抄录副本留在三省中。后来蔡京的党羽想欺诈诬蔑掩饰过失的伎俩没有完全行得通，就是由于有这些副本而无法消灭罪证的缘故。

北宋徽宗刚即位，召邹浩重回朝廷任职，徽宗首先和他谈及的就是以前邹浩上谏反对立刘后的事，对此再三地嘉奖赞赏，并问："那份谏书在哪里？"邹浩回答说："已经烧了。"退朝后，邹浩就将此事告诉了陈瓘，陈瓘说："灾祸就要从这件事开始了，将来奸人随便捏造一封谏书，便无法分辨真伪了。"原先宋哲宗有一个儿子献愍太子，名茂，是昭怀皇后刘氏为妃子时所生的，在此之前哲宗没有儿子，皇后之位也还空着，刘氏因此被立为皇后。但是赵茂才出生三个月就夭折了。邹浩曾三次上疏反对哲宗立刘氏为后，事后就把奏折销毁了。蔡京得势以后，一直忌恨邹浩，就命他的同党伪造邹浩的奏疏，其中写道："刘皇后杀死妃子卓氏而夺走卓氏的儿子，这种事情欺瞒一般的人还可以，怎么可以欺瞒得过上天呢？"徽宗命令查明这件事，邹浩因此再次被贬谪为衡州别驾，不久又被放逐到昭州，结局果如陈瓘所言。

冯评：两件事格局一样。谢圣藻依照陈瓘所言去做，结果逃过了别人的谗害；邹浩没有依从，结果遭到陷害。孔子说："人无远虑，必有近忧。"这话一点也不假。

宋徽宗即位初期，想改革哲宗绍圣年间的弊病以安定国家大势，于是大开朝廷进言之路。众臣拟议：应该优先办理的事是让孟皇后复位，对于司马光等人按功行赏。陈瓘当时为谏官，却以为："囚禁废黜母后，追贬已死的宰相王珪，这些行为都是以正当的理由来施行的，而不是因为鸡毛蒜皮的事。如今想恢复他们的名衔，当先辨明他们是被诬告的，为他们平反昭雪，诛杀惩罚首犯，然后废除以前的诏令，一切要在合乎礼法手续的情况下进行，才不会留下后患。不该速决速办，否则将来后悔就来不及了。"朝廷商议之后，认为陈瓘的办法缓慢费时，想尽快顺应人心，于是立即施行（边批：没有见识的人常常因为犯这种错误而获罪）。后来到了崇宁年间，蔡京主持政事，将建中靖国年间的政令全部推翻，此时众人才叹服陈瓘见识远大。

陈瓘在通州时，张商英入朝为宰相，想举荐陈瓘来帮助自己。当时新设政典局，就从局中接奉圣旨，采用陈瓘所著的《尊尧集》中的论述，作为施政的方针，然后由政典局任用陈瓘。陈瓘料到这种事不会有什么结果。书已写好还没寄出，州郡又奉政典局的命令来催促。陈瓘于是写了一本奏章，用黄帕封好缴给政典局，要求他们在皇帝面前拆开。有人对他说直接向政典局表达就可以，何必上达朝廷，陈瓘说："我恨不得能直接呈给皇上亲自看呢，只是没有得到皇命，怎么可以写信给他们呢？张商英担任宰相，他的那些措施，不在三省公开施行，却设置政典局来任用官员，当成私事来办，这样别人一定会怀疑忌妒，恐怕我的《尊尧集》还没有送到，张商英的相位已经摇摇欲坠了。我现在远离他们还来不及，哪里还能给他写信呢？"不久，形势的发展全如陈瓘所言。张商英被罢黜后，陈瓘自己也被贬台州。徽宗在贬谪陈瓘的诏命中谴责他说："私下送东西给张商英，想要得到任用。"于是众人都佩服陈瓘有远见。

87. 林立山

武庙《实录》将成时，首辅杨廷和以忤旨罢归，中贵张永坐罪废。翰林林立山奏记副总裁董中峰曰："史者，万世是非之权衡。昨闻迎立一事，或曰由中，或曰内阁；诛贼彬，或云由廷和，或云由永（边批：各从其党）。疑信之间，茫无定据。今上方总核名实，书进二事，必首登一览，恐将以永真有功，廷和真有罪。君子小人，进退之机决矣。"董公以白总裁费鹅湖，乃据实书："慈寿太后遣内侍取决内阁。"天子由是倾心宰辅，宦寺之权始轻。

【译文】

明武宗《实录》快要完成时，内阁首辅杨廷和因为"大礼仪"事件忤逆圣旨，罢官回乡，宦官张永因罪被废。翰林林立山记事上陈副总裁董中峰说："所谓历史，是万世是非衡量的标准。昨天听到决定迎立兴献王之子的事，有人说是宦官所为，有人说是内阁所为；杀逆贼江彬的事，有人说是杨廷和之力，有人说是张永之力（边批：各人站在自己同党的一边）。哪种说法可信，茫然没有一定的依据。现在皇上正综合事务的名称与实际加以考察，如果有人的奏疏涉及这两件事的，皇上必先阅览，恐怕会以为张永真的有功，杨廷和真的有罪。君子和小人，谁得到任用，谁受到罢黜，关键就此决定。"董中峰将此事报告了总裁费宏，于是据实写道："张太后派宦官听取内阁的决议。"皇帝因此心向内阁宰辅，宦官的职权方被减轻。

88. 周宗　韩雍

烈祖镇建业日，义祖薨于广陵，致意将有奔丧之计，康王以下诸公子谓周宗曰："幸闻兄长家国多事，宜抑情损礼，无劳西渡也。"宗度王似非本意，坚请报简,示信于烈祖。康王以匆遽为词,宗袖中出笔,复为左右取纸,得故茗纸贴,乞手札。康王不获已而札曰:"幸就东府举哀,多垒之秋,二兄无以奔丧为念也。"明年烈祖朝觐广陵,康王及诸公子果执上手大恸,诬上不以临丧为意,诅让百端,冀动物听。上因出王所书以示之,王觍颜而已。

韩公雍旬宣江右时,忽报宁府之弟某王至。公托疾,乞少需(边批:已猜着几分)。密遣人驰召三司,且索白木几。公俛匐拜迎,王入,具言兄叛状,公辞病聩莫听,请书。王索纸,左右舁几进,王详书其事而去。公上其事,朝廷遣使按,无迹。时王兄弟相欢,讳无言。使还,朝廷坐韩离间亲王罪,械以往。韩上木几亲书,方释。

【译文】

五代时,南唐烈祖李昇镇守广陵(原文误作建业)时,义祖徐温在金陵(原文误作广陵)去世,作为徐温的义子,李昇写信表示要前往吊丧。自徐温的次子康王徐知询以下的几位公子对周宗说:"听说兄长正值多事之秋,应当节哀顺变,不必拘泥于常礼,所以也无须西渡金陵来吊丧了。"周宗猜测这些话并非康王的本意,便坚持请求康王写封回信,以便如实回禀李昇。康王以时间匆忙为借口推辞,周宗马上从衣袖里取出笔来,又命左右去取纸,拿来了一张包茶叶的纸,请求康王亲笔书写。康王不得已,在纸上写下:"请在东府哀悼,因为军情紧急,二哥不必挂念吊丧之事。"第二年,李昇亲临金陵,康王及诸位公子果然抓住他的手,表情非常悲愤,责怪他没有吊丧,百般地咒骂责备,希望引起众人对李昇的不满。李昇于是拿出康王所写的信给众人看,弄得康王羞愧不已。

韩雍担任江西巡抚巡视江西时,属下忽然报告宁王的弟弟某王来到,韩雍于是称病请求稍待(边批:已经猜着几分对方的来意),暗中派人急忙去报告省里的三司,并找来一张白色小木几。然后,韩雍跪拜相迎,某王一进来,就详细告诉他自己兄长叛变的情况,韩雍推说有耳病听不见,请某王把情况写下来。某王索要纸,左右就把那张白色小木几端出来,某王于是在小木几上将情况详细地书写下来后才离去。韩雍将此事禀告了朝廷,朝廷便派使臣下来调查,但查不出任何迹象。当时诸王兄弟正欢乐相聚,相互之间毫无隔阂。使臣回去后如实禀告,朝廷便判处韩雍离间亲王的罪,命人带着刑具要将韩雍押回京城。韩雍于是呈上那张白色小木几和某王亲笔写下的文字,才被赦免。

89. 喻 樗

张浚与赵鼎同志辅治，务在塞幸门，抑近习，相得甚欢。人知其将并相，史馆校勘喻樗独曰："二人宜且同在枢府，他日赵退则张继之，立事任人，未甚相远，则气脉长。若同在相位，万一不合而去，则必更张，是贤者自相悖戾矣。"

曹可以继萧，费、董可以继诸葛，此君子所以自衍其气脉也。若乃不贵李勣，以遗孝和；不贵张齐贤，以遗真庙。是人主自以私恩为市，非帝王之公矣。

【译文】

南宋张浚与赵鼎同心辅佐政务，坚决堵塞侥幸求取官位的门路，抑制皇帝身边的幸臣，使其不能干预政事，两人合作得很愉快。于是人们猜测两人将一起担任宰相，只有史馆校勘喻樗说："他们两人适合暂时同在枢密院，将来赵鼎退休，而张浚继续留任，成就事业任用人才，应该不会有太大的差池，那么这股风气就可以延续下去。如果两人同处宰相之位，万一合不来而求去，原先的政策必然会有变动，这样的话贤者之间就自相背离了。"

冯评：西汉初，曹参可以继承萧何的相位；三国时，费祎、董允可以继承诸葛亮的相位，这是君子为了延续自己的气脉。至于唐太宗不提拔李勣，是想留给自己的儿子唐中宗重用。宋太宗不提拔张齐贤，是想留给儿子宋真宗重用。所以皇帝自己把私人的恩惠做为笼络的手段作交易，就不符合皇帝应有的公心了。

90. 杨 荣

王振谓杨士奇等曰："朝廷事亏三杨先生，然三公亦高年倦勤矣，其后当如何？"士奇曰："老臣当尽瘁报国，死而后已。"荣曰："先生休如此说，吾辈衰残，无以效力，行当择后生可任者以报圣恩耳。"振喜。翌日，即荐曹鼐、苗衷、陈循、高谷等，遂次第擢用。士奇以荣当日发言之易。荣曰："彼厌吾辈矣，吾辈纵自立，彼其自已乎？一旦内中出片纸，命某人入阁，则吾辈束手而已。今四人竟是吾辈人，当一心协力也。"士奇服其言。

李彦和《见闻杂记》云："言官论劾大臣，必须下功夫，看见眼前何人可代得。代者，必贤于去者，必有益于国家，方是忠于进言。若只做得这篇文字，打出自己名头，毫于国家无补，不如缄口不言，反于言责无损。"此亦可与杨公之论合看。

【译文】

明朝宦官王振对内阁大臣杨士奇等人说："朝廷的政事幸亏三位杨先生（杨士奇、杨荣、杨溥）的辅佐，不过三位先生年纪也大了，就要退休了，你们日后有什么打算呢？"杨士奇说："老臣当竭诚报国，鞠躬尽瘁，死而后已。"杨荣说："先生不要这样说，我们已经衰老了，没有办法再效力，应当推荐一些可担当国事的后辈，来报答圣恩。"王振听了很是高兴。第二天，杨荣就推荐曹鼐、苗衷、陈循、高谷等人，依次得到朝廷任用。杨士奇认为杨荣当天不应该轻易说出那些话，杨荣说："王振一直憎恶我们，我们纵然可以互相帮助，但他能约束自己吗？一旦宫中传出只字片语，命令某人入阁，我们就束手无策了。现在被任用的这四个人都是我们的人，大家可以在一起同心协力了。"杨士奇听了非常佩服。

冯评：明朝李彦和所著的《见闻杂纪》中说："谏官要评论弹劾大臣，必须下工夫仔细观察，看见眼前何许人可以接替职位，必须比离任的人贤明，必须有益于国家，才算是忠于进谏。如果只作纸面文章，为了自己扬名，对国家丝毫没有益处，不如闭口不言，反而可以无损于谏官的职责。"这种说法，可以和杨荣先生的观点一起参看。

91. 赵凤　杨王司帑

初，晋阳相者周玄豹，尝言唐主贵不可言，至是唐主欲召诣阙。赵凤曰："玄豹言已验，若置之京师，则轻躁狂险之人必辐凑其门。自古术士妄言致人族灭者多矣！"乃就除光禄卿致仕。

杨王沂中闲居，郊行，遇一相押字者，杨以所执杖书地上作一画。相者再拜曰："阁下何为微行至此？宜自爱重。"王愕然，诘其所以。相者曰："土上一画，乃'王'字也。"王笑，批缗钱五百万，仍用常所押字，命相者翌日诣司帑。司帑持券熟视曰："汝何人，乃敢作我王伪押来赚物！吾当执汝诣有司问罪。"相者具言本末，至声屈，冀动王听。王之司谒与司帑打合五千缗与之，相者大恸，痛骂司帑而去。异日乘间白杨，杨怪问其故，对曰："他今日说是王者，来日又胡说增添，则王之谤厚矣！且恩王已开王社，何所复用相？"王起，抚其背曰："尔说得是。"即以予相者几百万旄之（边批：赏得是）。

【译文】

早先，晋阳有位看相算命的叫周玄豹，他曾经说李存勖日后将极其显贵，等到李存勖果然即位，成为后唐庄宗，就想把周玄豹叫到京城来。赵凤说："周玄豹的话已经应验了，如果把他安置在京城，恐怕一些轻浮阴险的人都集中到他那里。自古以来方术之士的胡乱猜测，导致所依附的大臣被灭族的情形多的是！"于是让周玄豹以光禄卿的荣衔退休。

南宋时，杨存中（封和王）闲居在家，一次他到郊外巡视，碰到一位测字的人，杨存中用手中的手杖在地上划了一画，测字的人见了，连连行礼说："阁下为什么便服出巡到此地来？应该自爱自重才是。"杨存中很惊讶，问他怎么知道自己的身份。测字的人说："'土'上加一画就是'王'字啊。"杨存中很高兴，亲自批了五百万钱，签画了平日所签的花押，让测字的人第二天去找王府专管钱库的司帑领钱。司帑仔细察看了票券，说："你是什么人，竟敢伪造我家王爷的花押来骗取财物！我要把你送到官衙去治罪。"测字的人将事情的经过详细地说了一遍，然后大喊冤枉，希望引起杨存中的注意。杨存中的看门人和司帑拼凑了五万钱（原文误作五千缗，当作五十缗。一缗为一千钱）给测字的人，测字的人非常气愤，大骂司帑后才离开。日后，司帑乘空闲的时候将此事告诉了杨存中，杨存中很奇怪，就问他为什么要这样做。司帑说："他现在说你是亲王，如果将来又胡乱加些言辞，对大王您不利的攻击就会多起来。而且您已经封了王，何须再用到测字看相的人？"杨存中听了即刻站起来，抚着他的背说："你说得很对。"就把本来准备赏给测字的人的几百万钱赏赐给了司帑（边批：赏得是）。

92. 程伯淳

程颢为越州佥判，蔡卞为帅，待公甚厚。初，卞尝为公语："张怀素道术通神，虽飞禽走兽能呼遣之。至言孔子诛少正卯，彼尝谏以为太早；汉祖成皋相持，彼屡登高观战。不知其岁数，殆非世间人也！"公每窃笑之。及将往四明，而怀素且来会稽。卞留少俟，公不为止，曰："'子不语怪、力、乱、神'，以不可训也。斯近怪矣。州牧既甚信重，士大夫又相诏合，下民从风而靡，使真有道者，固不愿此。不然，不识之未为不幸也！"后二十年，怀素败，多引名士（边批：欲以自脱）。或欲因是染公，竟以寻求无迹而止。非公素论守正，则不免于罗织矣。

张让，众所弃也，而太丘独不难一吊。张怀素，众所奉也，而伯淳独不轻一见。明哲保身，岂有定局哉！具二公之识，并行不悖可矣！蔡邕亡命江海积十二年矣，不能自晦以预免董卓之辟；逮既辟，称疾不就，犹可也，乃因卓之一怒，惧祸而从；受其宠异，死犹叹息。初心谓何，介而不果，涅而遂淄，公论自违，犹望以续史幸免，岂不愚乎？视太丘愧死矣！《容斋笔记》云：会稽天宁观老何道士，居观之东廊，栽花酿酒，客至必延之。一日有道人貌甚伟，款门求见。善谈论，能作大字。何欣然款留，数日方去。未几，有妖人张怀素谋乱，即前日道人也。何亦坐系狱，良久得释。自是畏客如虎，杜门谢客。忽有一道人，亦美风仪，多技术。西廊道士张若水介之来谒，何大怒骂，合扉拒之。此道乃永嘉林灵噩，旋得上幸，贵震一时，赐名灵素，平日一饭之恩无不厚报。若水乘驿赴阙，官至蕊珠殿校籍，父母俱荣封。而何以尝骂故，朝夕忧惧。若水以书慰之，始少安。此亦知其一不知其二之鉴也！

【译文】

北宋时，程颢在越州担任管理公文的佥判，蔡京之弟蔡卞时任越州知州，对待程颢很是优厚。起初，蔡卞曾告诉程颢："张怀素这个人神通广大，即使是飞禽走兽，也能呼唤差遣。张怀素说过孔子杀少正卯时，他曾劝孔子杀得太早了；汉高祖刘邦和项羽之兵在成皋对峙时，他屡次登楼观战。不知道他现在多少岁数了，大概不是世间的凡人。"程颢听了偷笑不已。后来程颢将前往四明，张怀素也正要来会稽，蔡卞便示意程颢稍作逗留以会见张怀素，程颢不愿留下来，说："孔子不谈怪力乱神之事，因为这些事情无法说清楚。张怀素差不多就是'怪'，知州您既器重他，士大夫又逢迎他，老百姓也盲目附和，如果张怀素真的是有道术的人，他一定不愿如此。而如果张怀素并非真有道术，不认识他也未必是件不幸的事。"二十年后，张怀素谋反之事败露，被抓后供出了一些与他有关系的名人（边批：想借此开脱罪行）。有人想借机牵连程颢，后来因为找不到证据而作罢。如果不是因为程颢向来言行正直，就不免被人陷害了。

冯评：张让遭到众人唾弃，陈寔却肯去吊祭他的父亲；张怀素被众人所推崇，而独有程颢不肯轻易和他见面。明哲保身，哪有一定的方式呢？同时具有这两位先生的见识，像他们一样行事而不相悖就可以了。东汉末，蔡邕亡命江海达十二年之久，还是不能韬光养晦以回避董卓的征召；等到被征召了，称病不去就可以了，却因董卓生气，怕大祸降临而顺从了；受到董卓的宠幸，还为董卓死而叹息。蔡邕原本情操高尚，然而心志耿介却不能坚持，终于同流合污，自己与公论相违背，还希望继续修纂汉史以求赦免，不是很愚蠢吗？蔡邕比起陈寔来，真应该羞愧而死！

南宋洪迈的《容斋笔记》（本名《容斋随笔》。但下面所引的故事实出自陆游《老学庵笔记》）中记载：会稽天宁观的老人何道士，住在观里的东廊，种花酿酒，有客人来就热诚招待。有一天，有个身材高大的道士登门求见。此道士善于言谈，写得一手好字。何道士很高兴地招待他，道士几天后才离开。不久，有妖人张怀素谋反，就是前日招待的那个道人。何道士因此受牵而坐牢，很久才被释放。从此，何道士畏惧客人如畏惧老虎一般，关起门来谢绝拜访。某天忽然有一个道人，容貌也很俊美，又多才多艺，是西廊道士张若水介绍他前来拜访的，不料何道士开口大骂，将那道士拒之门外。没想到这位道士是永嘉的林灵噩，不久得到宋徽宗的宠幸，显贵一时，赐名灵素。林灵素平日接受别人一点恩惠，无不加倍报答。张若水因此乘驿车到京城，官做到蕊珠殿校籍，父母也都受封。而何道士因为曾经骂过林灵噩的缘故，早晚都担惊受怕。张若水知道后就写信安慰何道士，何道士才稍微安心了些。这件事可以作为是只知其一、不知其二的鉴诫。

93. 薛季昶　徐　谊

张柬之等既诛二张，迁武后，薛季昶曰："二凶虽诛，产、禄犹在。去草不除根，终当复生。"桓彦范曰："三思几上肉耳，留为天子藉手。"季昶叹曰："吾无死所矣。"及三思乱政，范甚悔之。

赵汝愚先借韩侂胄力，通宫掖，立宁宗。事成，徐谊曰："侂胄异时必为国患，宜饱其欲而远之。"叶适亦谓汝愚曰："侂胄所望不过节钺，宜与之。"

朱熹曰："汝愚宜以厚赏酬侂胄，勿令预政。"汝愚谓其易制，皆不听，止加侂胄防御使。侂胄大怨望，遂构汝愚之祸。

　　武三思、韩侂胄，皆小人也。然三思有罪，故宜讨而除之；胄有功，故宜赏而远之。除三思，宜及迁武氏之时；远侂胄，宜及未得志之日，过此皆不可为矣。五王、汝愚皆自恃其位望才力，可以凌驾而有余，而不知凶人手段更胜于豪杰。何者？此疏而彼密，此宽而彼狠也！忠谋不从，自贻伊戚。悲夫！

【译文】

　　唐朝张柬之等人诛杀了武则天宠幸的张易之、张昌宗之后，又迫使武后交出政权，迁到上阳宫里去了。薛季昶说："两个元凶虽然已被诛杀，但武则天之侄武三思还在，斩草不除根，春风吹又生。"桓彦范说："武三思就是案板上的一块肉罢了，且留给天子亲自裁处吧！"薛季昶叹息道："我将死无葬身之地了！"后来武三思果然扰乱朝政，桓彦范对此非常后悔。

　　南宋时，皇家宗室赵汝愚先借助韩侂胄之力，求得太皇太后的同意，拥立太子赵扩即位，是为宁宗。事成后，徐谊说："韩侂胄将来一定会成为国家的祸患，应该满足他的欲望然后让他远离朝廷。"叶适也对赵汝愚说："韩侂胄所希望得到的不过是大将军的名位，应该给他。"朱熹说："汝愚应该重重酬谢韩侂胄，但不能让使他干预政权。"但是赵汝愚认为韩侂胄很容易控制，众人劝导都听不进去，只给了韩侂胄一个防御使的职位。韩侂胄对此非常怨恨失望，终于酿成赵汝愚日后的祸患。

　　冯评：武三思、韩侂胄都是小人。然而武三思有罪，所以应该征讨并除掉他；韩侂胄有功，所以应该奖赏但是疏远他。除掉武三思应该在武后退位时，疏远韩侂胄则应该在他尚未得志之日，错过了这个机会就没有办法了。张柬之等五位功臣和赵汝愚，都自恃地位才能远远超过小人，却不知道这些恶人的手段更胜于豪杰之士。为什么呢？因为君子疏忽而小人精细，君子宽容而小人凶狠。诚意的劝导不肯听从，终于给自己留下了忧患。真是可悲啊！

94. 李 贤

　　李贤尝因军官有增无减，进言谓："天地间万物有长必有消，如人只生不死，无处着矣。自古有军功者，虽以金书铁券，誓以永存，然其子孙不一再而犯法，即除其国；或能立功，又与其爵。岂有累犯罪恶而不革其爵者？今若因循久远，天下官多军少，民供其俸，必致困穷，而邦本亏矣，不可不深虑也。"

【译文】

　　明朝李贤曾经因为军官数量有增无减而进言，说："天地之间的万物有生长就一定有消亡，假如人只生而不死，就没有地方居住了。自古以来有军功的人，虽然赐给他们丹书铁券世代相传以免罪，并准予永远保存。但是他们的后代如果一再犯法，就该除去封邑；如果能再次立功，就再恢复其爵位。怎么可以对那些屡次犯罪的人，不革除他们的爵位呢？如果因循守旧，天下将官越来越多，士兵越来越少，百姓要供给他们俸禄，结果越来越贫困，而国家的根本也会受到损害，这件事不能不深谋远虑啊。"

95. 刘　晏

　　刘晏于扬子置场造船，艘给千缗。或言所用实不及半，请损之。晏曰："不然。论大计者不可惜小费，凡事必为永久之虑。今始置船场，执事者至多，当先使之私用无窘，则官物坚完矣。若遽与之屑屑较计，安能久行乎？异日必有减之者，减半以下犹可也，过此则不能运矣。"后五十年，有司果减其半。及咸通中，有司计费而给之，无复羡余，船益脆薄易坏，漕运遂废（边批：惜小妨大）。

【译文】

　　唐朝时，刘晏在扬州设置造船厂，每艘船贴补一千缗钱。有人说实际上所用成本不到一半，应减少补贴。刘晏说："不可以这样做。为了长远的打算，不可以吝惜小钱，凡事一定要为长远打算。现在刚开始设置造船厂，需要用到很多人员，应当先让他们的费用不会短缺，制造出来的船舶才能坚固完善。如果和他们斤斤计较，事情怎能做得长久呢？将来接我班的主管一定会删减补贴，最多减到一半还可以，如果减得过多，这件事就做不下去了。"五十年后，船厂主管果然将补贴减少了一半。到了懿宗咸通年间，主管按照成本支付补贴，造船的人就没有盈余了，于是造出来的船轻薄易损坏。水路运输因而不得不废止（边批：吝惜小钱结果妨碍了大事）。

96. 李 晟

李晟之屯渭桥也，荧惑守岁，久乃退，府中皆贺曰："荧惑退，国家之利，速用兵者昌。"晟曰："天子暴露，人臣当力死勤难，安知天道邪？"至是乃曰："前士大夫劝晟出兵，非敢拒也。且人可用而不可使之知也。夫唯五纬盈缩不常，晟惧复守岁，则吾军不战自屈矣！"皆曰："非所及也！"

【译文】

唐德宗时，李晟屯兵长安城东北的东渭桥，天象出现火星冲犯岁星，很久才退开。府中的幕僚、佐官都来道贺说："火星已退，对于国运是有利的。马上用兵就能使国家复兴。"李晟说："天子流亡在京城外面，身为臣子的应当尽力去保护，哪有工夫去管什么天象呢？"等收复长安后，李晟说："以前士大夫们劝我出兵，我不敢拒绝。而且一般人只须命令他们做事，不必让他们了解其中的原因。金、木、水、火、土五星的运转位置变化莫测，如果我自己又惧怕火星冲犯岁星，那我的军队就不战自败了。"众人都说："这些都不是我们能想到的。"

97. 吕文靖

仁宗时，大内灾，宫室略尽。比晓，朝者尽至；日晏，宫门不启，不得问上起居。两府请入对，不报。久之，上御拱宸门楼，有司赞谒，百官尽拜楼下。吕文靖（端）独立不动，上使人问其意，对曰："宫庭有变，群臣愿一望天颜。"上为举帘俯槛见之，乃拜。

【译文】

宋仁宗时，皇宫发生火灾，宫室差不多全被烧毁。等到第二天天刚亮，上朝的臣子都到齐了，但一直等到将近中午，宫门还没打开，大臣们无法向仁宗请安。中书省和枢密院的主管官员请求入宫面见仁宗，也没有得到回话。过了很久，仁宗亲自来到城北的拱宸门楼，侍卫在楼上呼喝群臣拜见，群臣一起在楼下跪拜。只有吕端站在那里不动。仁宗派人问他什么意思，吕端回答说："宫廷发生灾难，群臣都想见一见圣颜。"仁宗于是掀开帘子，靠着栏杆向下看，吕端这才跪拜。

98. 掌玺内侍 刘庆祖

赵汝愚与韩侂胄既定策，欲立宁宗，尊光宗为太上皇。汝愚谕殿帅郭杲，以军五百至祥禧殿前祈请御宝。杲入，索于职掌内侍羊驷、刘庆祖。二人私议曰："今外议汹汹如此，万一玺入其手，或以他授，岂不利害？"（边批：也虑得是）。于是封识空函授杲。二珰取玺从间道诣德寿宫，纳之宪圣。及汝愚开函奉玺之际，宪圣自内出玺与之。

玺何等物，而欲以力取、以恩献？此与绛侯请间之意同。功名之士，未闻道也。绝大一题目，而好破题反被二阉做去。惜夫！

【译文】

南宋时，赵汝愚和韩侂胄商定好计划后，准备要拥立宋宁宗，并尊光宗为太上皇。赵汝愚命令殿前司都指挥使郭杲，带领五百名士兵到祥禧殿前，索要皇帝的玉玺。郭杲入宫后，向掌管玉玺的太监羊驷、刘庆祖索要。两人私下商议道："如今朝廷外议论纷纷，万一玉玺交到他们手中，如果他们给了别人，岂不是惹下大祸吗？"（边批：考虑得有道理）。两人于是封好一个空盒子交给郭杲，再带着玉玺从小路前往德寿宫，交给吴皇后。等到赵汝愚打开封好的盒子准备取接玉玺的时候，吴皇后才从宫内出来，把玉玺交给他。

冯评：玉玺是何等重大的信物？想用武力强取、用私恩奉献，这种行为与汉朝的绛侯周勃想私下里献给汉文帝玉玺的意思相同。自有功名之士以来，从来没有听说过这种做法的。这么大的一个题目，本来很容易破题的，结果却让两个太监破了题。真是可惜啊。

99. 裴宽 李祐

裴宽尝为润州参军。时刺史韦诜为女择婿，未得，会休日登楼，见有所瘗于后圃者，访其人，曰："此裴参军也。义不以苞苴污家；适有人饷鹿脯，致而去，不敢自欺，故瘗之耳。"诜嗟异，遂妻以女。婚日，诜帏其女，使观之：宽瘠而长，时衣碧，族人皆笑呼为"碧鹳"。诜曰："爱其女，必以为贤公侯妻。可貌求人乎？"宽后历礼部尚书，有声。

李祐爵位既高，公卿多请婚其女，祐皆拒之。一日大会幕僚，言将纳婿。众谓必贵戚名族。及登宴，寂然。酒半，祐引末座一将，谓曰："知君未婚，敢以小女为托。"即席成礼。他日或请其故，祐曰："每见衣冠之家缔婚大族，其子弟习于淫奢，多不令终，我以韬钤致位，自求其偶，何必仰高以博虚望？"闻者以为卓识。

温公云："娶妇必不及吾家者，嫁女必胜吾家者。娶妇不及吾家，则知俭素；嫁女胜吾家，则知畏谨。"时谓名言。观韦、李二公择婿，温公义犹未尽。

【译文】

唐玄宗时，裴宽担任润州参军。当时刺史韦诜正在挑选女婿，一直没有找到适当的人选。有一天正值休息的日子，韦诜登楼看见有人在后院里埋东西，便向人打听，回答说："那是参军裴宽。他为人正直，绝不让贿赂的钱财玷污自己的家门。刚才有人送他鹿肉干，东西送到就走了，裴宽不敢自欺欺人，所以把鹿肉干埋起来。"韦诜很赏识他，就把女儿嫁给他。结婚那天，韦诜让自己的女儿在帐幕后偷看，只见裴宽个子高而瘦，穿着青色衣服，族人取笑他，叫他"碧鹳"。韦诜说："爱护自己的女儿，就要让她嫁给贤明的公侯为妻，怎么可以以貌取人呢？"裴宽后来做到礼部尚书，声誉很高。

唐朝时，李祐做了大官，公卿贵人都登门来请求娶他的女儿，但李祐一概加以拒绝。有一天，李祐召集所有的幕僚，宣称自己将要招女婿了。众人都以为对方一定是王卿贵族。等到开宴后，并没有什么动静。酒喝到一半，李祐引出坐在末位的一员小将，对他说："我知道你还没有成婚，所以想把小女托付给你。"说着当场就举行婚礼。后来有人问他是什么原因，李祐说："我常看见富贵人家和达官贵人联姻，那些人家的子弟都习惯过豪华奢侈的生活，往往没有好结果。我因为出身将门一直做到现在的官位，自己嫁女儿，何必去攀附达官贵人，以求取虚有的名望？"听到这些话的人都认为李祐见识不凡。

冯评：司马光说："娶媳妇要选家境不如自家的，嫁女儿一定要选家境胜自家的。媳妇的家境不如我，过门以后才能懂得勤俭朴素；女儿的婆家胜过我们家，女儿才知道要谨慎持家。"在当时这话算是至理名言。现在从韦、李两位先生选女婿来看，司马光的话好像意犹未尽。

100. 王文正

文正公之婿韩公，例当远任，公私以语其女曰："此小事，勿忧。"一日，谓女曰："韩郎知洋州矣。"女大惊，公曰："尔归吾家，且不失所。吾若有所求，使人指韩郎妇翁奏免远，适累其远大也。"韩闻之，曰："公待我厚如此。"后韩终践二府。

古人自爱爱人，不争目睫，类如此。

【译文】

北宋大臣王旦（谥文正）的女婿韩亿因为从知县升任知州，依照惯例必须先到偏远之州任职。王旦私下里对自己的女儿说："这是小事，你不用担心。"有一天，他又对女儿说："韩亿就要调任洋州知州了。"女儿大吃一惊。王旦说："你回我们家，还不致流离失所。但是，我如果去托人求情，让人指责韩亿因为岳丈上奏向皇上求情而免于到偏远之州任职，那样的话则会连累他将来的仕途，影响就大了。"韩亿听到这些话，说："岳父对我如此厚爱。"后来韩亿果然升任中书省和枢密院任职。

冯评：古人既自爱又知爱人，不斤斤计较于眼前得失，就像上述这种情况。

101. 公孙仪

公孙仪相鲁，而嗜鱼，一国争买鱼献之，公仪子不受。其弟谏曰："夫子嗜鱼而不受者，何也？"对曰："夫唯嗜鱼，故不受也。夫既受鱼，必有下人之色，将枉于法；枉于法，则免于相；免于相，虽嗜鱼，其谁给之？无受鱼而不免于相，虽不受鱼，能长自给鱼。此明夫恃人不如自恃也。"

【译文】

春秋时，公仪休（原文误作公孙仪）担任鲁国宰相，喜爱吃鱼，全国上下争着买鱼送他，但公仪休不肯接受。他的弟弟劝他说："你喜欢吃鱼，别人送鱼给你你又不要，为什么呢？"公仪休说："我就是因为喜爱吃鱼，所以才不肯接受。如果我接受了别人的鱼，对人难免就得低声下气，这样的话就可能徇情枉法；一旦徇情枉法，就会被免去宰相之职；宰相之职被免，即使想吃鱼，谁还会来送给我？现在我不接受别人送的鱼，就不会被免去宰相之职，这样就可以一直自己买鱼来吃。这是因为我明白靠人不如靠己。"

102. 孙叔敖

孙叔敖疾将死，戒其子曰："王亟封我矣，吾不受也。为我死，王则封汝。汝必无受利地！楚、越之间有寝丘，若地不利而名甚恶，楚人鬼而越人禨，可长有者唯此也。"孙叔敖死，王果以美地封其子，子辞而不受，请寝丘。与之，至今不失。

【译文】

春秋时，楚国宰相孙叔敖病重，临终前告诫儿子说："大王好几次要封我邑地，我都不接受。等到我死了，大王就会封你邑地。但是你一定不要接受土地肥美的地方。楚国和越国之间有一个地方叫寝丘，那块地方偏僻贫瘠，地名听上去像葬死人的坟地，很不吉利，楚国人和越国人都迷信鬼神，所以都不要那块地方，要想让子孙长久拥有只有这个地方了。"孙叔敖死后，楚国果然要封给他儿子很好的地方，孙叔敖的儿子谢绝了，只请求寝丘。楚王于是把寝丘封给了孙叔敖的儿子，一直到现在其后代依然在寝丘立足。

103. 范蜀公

范淳夫言：曩子弟赴官，有乞书于蜀公者，蜀公不许，曰："仕宦不可广求人知，受恩多，难立朝矣。"（边批：味之无穷）

国朝刘忠宣公有云："仕途勿广交、受人知，只如朋友，若三数人得力者，自可了一生。"呜呼，真老成练事之语！

【译文】

北宋名臣范镇的从孙范祖禹（字淳夫）说：从前有子弟将赴任新职，来求范镇写一封介绍信，范镇不答应，说："做官的人不要到处乞求人家的举荐。接受别人太多恩惠，就难以秉公直言，以后就很难在朝廷立足了。"（边批：体味其中的道理真是奥妙无穷）

冯评：明朝时，刘大夏曾说："做官的时候不可交游过于广泛、经常乞求人家的举荐，就像交朋友，只要有三数个好友在困难时鼎力相助，便一生无憾了。"唉，这真是老成练达的话啊！

104. 汪 公

王云凤出为陕西提学，台长汪公谓之曰："君出振风纪，但尽分内事，勿毁淫祠、禁僧道。"云凤曰："此正我辈事，公何以云然？"公曰："君见得真确则可，见之不真，而一时慕名为之，他日妻妾子女有疾，不得不祷祠，一祷祠则传笑四方矣。"云凤叹服。此文衡山说，恨汪公失其名。

见得真确，出自学问，狄梁公是也。慕名者未有不变，仕人举动，当推类自省。

【译文】

明朝时，王云凤担任陕西提学，御史台长官都御史汪公对他说："你去那里整顿风纪，只要做你分内的事，不要去做拆毁滥建的祠庙、禁止僧侣和道士的活动等事情。"王云凤说："可这些正是我们的分内事，您为什么这么说呢？"汪公说："你看得真确去做倒是没有什么关系，如果你并没有看准，而只是为了追求一时的名声去做了，将来你的妻妾儿女万一生病，你不得不祈祷拜神；而你一去祭拜神明，就会被各地传为笑话了。"王云凤听了非常佩服。这件事是文徵明说的，可惜汪公的名字已经记不得了。

冯评：看事情看得真确，是因为有学问，唐朝名臣狄仁杰担任江南巡抚时捣毁吴楚一千七百多所淫祠就是这方面的典范。追求名声的人没有不变节的，做官之人一举一动，当依此类推并多多反省。

105. 华 歆

华歆、王朗乘船避难，有一人欲附。歆难之，朗曰："幸尚宽，何为不可？"后贼追至，王欲舍所携人，歆曰："本所以疑，正为此耳？既已纳其自托，宁可以急相弃耶？"遂携拯如初。

【译文】

三国时，魏国的华歆和王朗一起乘船避难，有一个人想跟着他们同行。华歆觉得有些为难，王朗说："还好我们乘的船够宽敞，有什么不可以的呢？"后来贼兵追到，王朗想丢下那个跟着他们的人，华歆说："我当初为难就是考虑到会发生现在这种情况，所以当时有些迟疑。但现在既然已经收留他，怎么可以在危难时刻丢下他呢？"于是一如既往地带着那个人一起逃走。

106. 下岩院主僧

巴东下岩院主僧得一青磁碗，携归，折花供佛前，明日花满其中。更置少米，经宿，米亦满；钱及金银皆然。自是院中富盛。院主年老，一日过江简田，怀中取碗掷于中流。弟子惊愕，师曰："吾死，汝辈宁能谨饬自守乎？弃之，不欲使汝增罪也。"（出吴淑《秘阁闲谈》，淑，宋初人）

沈万三家有聚宝盆，类此。高皇取试之，无验，仍还沈。后筑京城，复取此盆镇南门下，因名聚宝门云。

【译文】

宋朝时，巴东的下岩院住持拾到了一个青磁碗，带回寺里，摘了数枝花插在碗里，供奉在佛像前，第二天，碗中竟然长满了花。又换一些米放在碗里，过一个晚上，米也满了；放入一些铜钱和金银都会变成满满一碗。从此以后，下岩院中和尚的生活富裕多了。住持年老之后，有一天在渡江去查看寺院所种的田地时，从怀中拿出碗来丢进江水中。弟子们非常吃惊，住持说："我死了以后，你们还能小心地保持现在的这种操作吗？我把碗丢掉，是不想让你们增加罪过啊。"（出自吴淑的《秘阁闲谈》，吴淑是宋代初年人）

冯评：元末明初时的金陵富豪沈万三家中有一个聚宝盆，与这件事相类似。明太祖要来试了一下，并不灵验，就还给了沈万三。后来朝廷建筑京城，又把这聚宝盆拿来镇在南门下，所以南门叫聚宝门。

107. 东海钱翁

东海钱翁，以小家致富，欲卜居城中。或言："某房者，众已偿价七百金，将售矣，亟往图之。"翁阅房，竟以千金成券。子弟曰："此房业有成议，今骤增三百，得无溢乎？"翁笑曰："非尔所知也，吾侪小人，彼违众而售我，不稍溢，何以塞众口？且夫欲未餍者，争端未息。吾以千金而获七百之舍，彼之望既盈，而他人亦无利于吾屋，歌斯哭斯，从此为钱氏世业无患矣。"已而他居多以价亏求贴，或转赎，往往成讼，唯钱氏帖然。

【译文】

东海的钱老伯白手起家，致富以后，想到城里买房居住。有人告诉他："有一栋房屋，大家已经出价到七百金了，就要出售了，你赶快去想办法买下来。"钱老伯看过房屋后，竟然以一千金与房主成交。小辈们说："这栋房子已经议好七百金的价格了，您现在忽然增加三百金，不会太贵吗？"钱老伯笑着说："你们不懂。我们是小户人家，别人违约把房子卖给我们，不稍加些钱，怎能堵住众人的嘴？如果仍以七百金成交，房主的欲望并没有得到满足，这样争端就不会平息。我现在用一千金买得七百金的房子，房主的欲望得到满足，而其他人如果再加价就无利可图了，这样我们就能在这栋房子里生老病死，它从此成为钱家世世代代的产业，再无后患了。"不久，其他的房屋都因卖主觉得价钱吃亏要求补贴，或将房屋赎回，买卖双方往往要打官司，只有钱家的房子安然无事。

108. 辞 馈

刘忠宣戍肃州，贫甚，诸司惮逆瑾，毋敢馆谷者，三学生徒轮食之。有参将某遣使致馈，敕其使不受勿返。公曰："吾老，唯一仆，日食不过数钱。若受之，仆窃之逃，不将只身陷此耶？"寻同戍锺尚书橐资果为仆窃而逃，人服公先识云。

本不欲受，虑患乃第二义也。曹公在官渡，召华歆。宾客送者千余人，赠遗数千，皆无所拒，密各题识。临去谓群君曰："本无相拒之心，而所受遂多，念单车远行，将以怀璧为罪。"乃还所赠，众服其德。忠宣盖本此。

【译文】

明朝武宗正德年间，刘大夏（谥忠宣）被贬谪为戍肃州卫，家境非常贫困，有关官吏都怕得罪当时的权宦刘瑾，不敢供给他食宿，只有府、州、县的学府轮流供养他。有位参将派人送礼物来，命令送礼物的人，如果刘大夏不接受礼物就不准回来。刘大夏说："我年纪大了，身边只有一个仆人，每天饮食费用不过几个钱。如果接受了你的礼物，仆人偷了礼物逃走，我岂不是孤身寡人更加贫困了？"不久，同时作为戍肃州卫的锺尚书的仆人果然偷了他家中的财物逃走了，众人都佩服刘大夏有先见之明。

冯评：刘大夏本来就不想接受，考虑到有后患之忧只是第二层意义罢了。东汉末年，曹操在官渡时征召华歆，送行的宾客有一千多人，赠送的礼物有数千件，华歆都没有拒绝，只是暗中在礼物上写下送礼者的姓名。临行时，华歆对送行的人说："本来我并没有拒绝各位好意的想法，只是接受的礼物太多，想到自己单车远行，恐怕会引来贼人偷抢犯罪。"便将礼物退还原主，大家都钦佩他的美德。刘大夏的做法，应该就是以此为根据。

109. 屏姬侍

郭令公每见客，姬侍满前。乃闻卢杞至，悉屏去。诸子不解，公曰："杞貌陋，妇女见之，未必不笑。他日杞得志，我属无噍类矣！"

齐顷以妇人笑客，几至亡国。令公防微之虑远矣。

王勉夫云：《宁成传》末载，周阳由为郡守，汲黯、司马安俱在二千石列，未尝敢均茵。司马安不足言也，汲长孺与大将军亢礼，长揖丞相，面折九卿，矫矫风力，不肯为人下，至为周阳由所抑，何哉？周盖无赖小人，其居二千石列，肆为骄暴，凌轹同事，若无人焉。汲盖远之，非畏之也。异时河东太守胜屠公不堪其侵权，遂与之角，卒并就戮，玉石俱碎，可胜叹恨！士大夫不幸而与此辈同官，逊而避之，不失为厚，何苦与之较而自取辱哉！

【译文】

唐朝名将郭子仪每次接待客人，必有多个侍女服侍左右。但一听说卢杞要来，就把侍女全部屏退。他的儿子们都不明白其中的原因，郭令公说："卢杞相貌丑陋，妇人们见了可能忍不住会发笑。将来卢杞一旦得志，我们就死无葬身之地了。"

冯评：春秋时，齐顷公因为自己的妇人嘲笑晋国使臣郤克瘸腿，几乎弄到亡国。郭子仪小心防备实在是深思远虑啊。

宋朝王楙的《野客丛书》中说:《史记·酷吏列传》中的《宁成传》篇末记载,汉武帝时周阳由任郡守时,汲黯、司马安也都担任郡守,但不敢和周阳由平起平坐。司马安的身份资历还不够,可以不谈;但汲黯曾和大将军卫青分庭抗礼,对宰相只行长揖之礼,可以当面指责公卿贵人,刚正不阿,卓然超群,从不屈居人下,但是却受到周阳由压制,为什么呢?周阳由其实是个无赖小人,他位居郡守的高官,放肆骄横,欺凌同仁,目中无人。汲黯其实是要远离他,并不是惧怕他。后来河东太守胜屠公受不了周阳由跟自己争权,便和他争斗,最后两人都丢了性命,所谓玉石俱焚,实在令人惋惜遗憾。士大夫不幸和这种人同朝为官,只能谦逊地避开,才是深谋远虑之计,何必和他争斗,结果自取羞辱呢?

110. 唐 肃

唐待制肃与丁晋公为友,宅正相对。丁将有弼谐之命,唐迁居州北。或问之,唐曰:"谓之入则大拜,数与往还,事涉依附;经旬不见,情必猜疑,故避之也。"

是非心不可不明,亦不可太明。立身全交,两得之矣!

【译文】

北宋时,侍制唐肃与丁谓(封晋国公)是好朋友,两人的住宅正好门对门。丁谓将要担任天子的辅臣,唐肃就把家搬到了州北。有人问他原因,唐肃说:"丁谓入朝后将担任宰相,如果我经常和他来往,就有依附他的嫌疑;但如果十几天不和他见面,他又可能猜疑我是故意避开他,所以我索性搬到其他地方去住。"

冯评:是非之心不可以不清楚,也不可以太清楚。像唐肃这样,可谓既保全了自身,又维护了朋友间的交情。

111. 阿 豺

吐谷浑阿豺疾,有子二十人,召母弟慕利延曰:"汝取一只箭折之。"慕利延折之。又曰:"汝取十九箭折之。"慕利延不能折。阿豺曰:"汝曹知乎?单者易折，众者难摧，戮力同心，然后社稷可固。”

周大封同姓，枝叶扶疏，相依至久。六朝猜忌，庇焉寻斧，覆亡相继。不谓北狄中乃有如此晓人！

【译文】

南北朝时，吐谷浑国的阿豺病重时，他的二十个儿子都在身旁，阿豺把同母胞弟慕利延叫过来对他说：“你拿一支箭来把它折断。”慕利延一下子就把箭折断了。阿豺又说：“你拿十九支箭来把它折断。”这次慕利延就无法折断。阿豺说：“你们知道吗，一支箭容易折断，很多数箭在一起就很难折断了，所以你们必须同心协力，这样国家才能稳固。”

冯评：西周时大封同姓诸侯，宗室繁多，就像枝叶繁茂的大树，这样可以互相倚赖，长久不衰。六朝时皇族内部互相猜忌，互相残杀，结果相继灭亡。想不到北方少数民族之中还有这种明晓事理的人！

卷三　通简

世本无事，庸人自扰。唯通则简，冰消日皎。集《通简》。

—— 【解说】 ——

世上本无事，庸人自扰之。只有通达才能化繁为简，就像冰雪在太阳出来之后自然会融化。

这一卷讲的都是通达事理的人化繁为简的故事，名为《通简》。

112. 唐文宗

文宗将有事南郊。祀前，本司进相扑人。上曰："我方清斋，岂合观此事？"左右曰："旧例皆有，已在门外祗候。"上曰："此应是要赏物。可向外相扑了，即与赏物令去。"又尝观斗鸡，优人称叹："大好鸡！"上曰："鸡既好，便赐汝！"

既不好名，以扬前人之过；又不好戏，以开幸人之端。觉革弊更纷，尚属多事。此一节可称圣主。

【译文】

唐文宗准备在南郊举行祭祀活动。祭祀前，有官员进献摔跤的艺人为皇帝表演。唐文宗说："我正在清修斋戒，怎么可以观赏这种东西呢？"左右的人说："以前都有这种惯例的，而且他们已经在宫门外恭候了。"唐文宗说："他们大概是想领取赏赐。那就让他们在外面表演一下，然后给他们赏赐让他们走吧。"又有一此唐文宗观看斗鸡，有个优伶称赞道："这只鸡真是又大又好啊。"文宗说："鸡既然这么好，就赏赐给你好了。"

冯评：唐文宗既不追求好声名，以宣扬前人的过失；又不喜欢游戏，而开宠幸佞人的先例。知道为了革除一些弊政而随意改变制度是多事之举，就这一点而言，唐文宗就可以称为圣主。

113. 宋太宗

孔守正拜殿前都虞候。一日侍宴北园，守正大醉，与王荣论边功于驾前，忿争失仪。侍臣请以属吏，上弗许。明日俱诣殿廷请罪，上曰："朕亦大醉，漫不复省。"

以狂药饮人，而责其勿乱，难矣！托之同醉，而朝廷之体不失，且彼亦未尝不知警也。

【译文】

北宋初，孔守正任殿前都虞候，有一天，在北园侍候宋太宗宴饮，孔守正喝得大醉，与王荣在太宗面前议论边塞战功的事，一时忿怒争吵而失态。左右侍臣请求把他们交给执法官吏处理，太宗不答应。第二天，两人一起到殿廷请罪，太宗说："朕也喝得大醉，糊里糊涂地不记得发生过什么事了。"

冯评：让人喝酒又责备他不能乱性，这是很难的。宋太宗假称一起喝醉了，就可以不失朝廷的体统，而且孔、王两人也未尝不知道以此为戒。

114. 宋真宗

宋真宗朝，尝有兵士作过，于法合死，特贷命，决脊杖二十改配。其兵士高声叫唤乞剑，不服决杖，从人把捉不得，遂奏取进止。传宣云："须决杖后别取进止处斩。"寻决讫取旨，真宗云："此只是怕吃杖。既决了，便送配所，莫问。"

【译文】

北宋真宗在位时，曾有一名士兵犯了法，依法要处死，真宗格外开恩免他死罪，改判脊杖二十下，并流放边远地区。士兵却高声呼叫请求处死，不服改判为杖刑。侍从一下没了主意，就上奏请示真宗定夺。传达诏令的人说："须等行完杖刑后再来奏请是否处斩。"很快杖刑就行刑完毕，前来听取真宗的旨意，真宗说："这个人只是怕杖刑罢了。既然杖刑已经行刑完毕，便该送到流放的地方，不必再多问了。"

115. 曹参 二条

曹参被召，将行，属其后相，以齐狱市为寄。后相曰："治无大此者乎？"参曰："狱市所以并容也，今扰之，奸人何所容乎？"参既入相，一遵何约束，唯日夜饮醇酒，无所事事。宾客来者皆欲有言，至，则参辄饮以醇酒；间有言，又饮之，醉而后已，终莫能开说。惠帝怪参不治事，嘱其子中大夫窋私以意叩之。窋以休沐归，谏参。参怒，笞之二百。帝让参曰："与窋何治乎？乃者吾使谏君耳。"参免冠谢曰："陛下自察圣武孰与高帝？"上曰："朕安敢望先帝？"又曰："视臣能孰与萧何？"帝曰："君似不及也。"参曰："陛下言是也。高帝与何定天下，法令既明。今陛下垂拱，参等守职，遵而勿失，不亦可乎？"帝曰："君休矣。"

不是覆短，适以见长。

吏廨邻相国园。群吏日欢呼饮酒，声达于外。左右幸相国游园中，闻而治之。参闻，乃布席取酒，亦欢呼相应。左右乃不复言。

极绘太平之景，阴消近习之谗。

【译文】

西汉时，时任齐丞相的曹参奉召入朝为相，临行前，他交代继任者要特别注意齐地的刑狱和市场的管理。继任者问："官府政事，难道没有比这更重要的工作吗？"曹参说："监狱和市场都是奸人聚集的地方，如果管理不当多加干涉，奸人容易出来为非作歹。"曹参担任丞相以后，一切事务都遵照萧何的旧规办理，所以每天从早到晚畅饮美酒，没什么事情可干。宾客来拜访他，都想劝说他一番，但他们刚到曹参那里，曹参就马上请他们喝酒，席间宾客刚想说话，曹参就又给他们喝酒，一直到他们喝醉为止，始终没有机会说话。汉惠帝责怪曹参不管事，嘱咐曹参的儿子中大夫曹窋私下去问他是何用意？曹窋休假回家，劝谏曹参。曹参大怒，打了曹窋两百鞭。惠帝责备曹参说："这件事和曹窋有什么关系？那天是我要他去劝你的。"曹参脱下帽子谢罪道："陛下的圣明和高祖皇帝（刘邦）相比，自己觉得怎么样？"惠帝说："我怎么比得上先帝？"曹参又说："那陛下您看微臣的才能和萧何相比，怎么样？"惠帝说："你好像不如他。"曹参说："陛下说得很对。高祖皇帝和萧何平定天下后，就制定了严明的法令，如今陛下以无为治理天下，我们做臣子的谨守职务，遵循前规不犯错误，不是很好吗。"惠帝说："我知道了，你不必再说了。"

冯评：这不是在掩饰自己的短处，实在是表现自己的长处。

城中相国属吏办公的官署正好和相国的花园相邻。那些属吏每天欢呼喝酒，声音传到很远。相府的侍卫希望丞相曹参能到花园里来游玩，听到声音后可以管管他们。曹参听到声音后，就命人在花园里摆开宴席，然后饮酒欢呼，和对方的声音相应和。从此那些侍卫就不再提这件事了。

冯评：表面上极力铺陈太平时期的景象，暗地里又有减少近臣谮言的作用。

116. 李 及

曹玮久在秦中，累章求代。真宗问王旦："谁可代玮者？"旦荐李及，上从之。众疑及虽谨厚有行检，非守边才。韩亿以告旦，旦不答。及至秦州，将吏亦心轻之。会有屯戍禁军白昼掣妇人银钗于市，吏执以闻。及方坐观书，召之使前，略加诘问，其人服罪。及不复下吏，亟命斩之，复观书如故。将吏皆詟服。不日声誉达于京师，亿闻之，复见旦，具道其事，且称旦知人之明。旦笑曰："戍卒为盗，主将斩之，此常事，何足为异？旦之用及，非为此也。夫以曹玮知秦州七年，羌人慑服。玮处边事已尽宜矣，使他人往，必矜其聪明，多所变置，败玮之成绩。所以用及者，但以及重厚，必能谨守玮之规模而已。"亿益叹服公之识度。

张乖崖自成都召还，朝议用任中正代之，或言不可。帝以问王旦，对曰："非中正不能守咏之规也。"任至蜀，咨咏以为政之法。咏曰："如己见解高于法，则舍法而用己；如己见解不高于法，则当守法，勿徇己见。"任守其言，卒以治称。后生负才，辄狭小前人制度，视此可以知戒。

【译文】

北宋时，曹玮长期在关中一带任官，因为怕朝廷有疑心，屡次上表章请求朝廷派人来接替他的职位。真宗问王旦："有谁可以接替曹玮？"王旦推荐了李及，获得了真宗的批准。众臣中有人认为李及谨慎忠厚，行为正直，不是防守边塞的人才。韩亿将这些疑虑告诉王旦，王旦也不说话。李及到秦州后，将官和官吏都轻视他。正好有士兵大白天在市场上抢夺妇人的银钗，有关官吏捉住他后，押来报告李及。李及正坐着看书，命人将士兵带上前来，略加审问，那个士卒就服罪了。李及就不再将他交给官吏，立即下令处死，然后又像刚才那样继续看书。从此，将官和官吏都对李及非常畏服。不久，这件事情传到京城，韩亿听到了，又来见王旦，详细地说这件事，并称赞王旦有知人之明。王旦笑着说："士卒做强盗，主将将他正法，这是一件很平常的事，哪里有什么特别？我用李及，并不是这个原因。曹玮治理秦州已经七年，连羌人都对他畏惧心服。曹玮治理边塞已经做到最好了。如果派别人去接替，一定会自恃聪明，改变原来的局面，糟蹋曹玮已经取得的政绩。所以我任用李及，只是因为他为人敦厚，一定能小心守住曹玮的局面而已。"韩亿听了，更加叹服王旦的见识。

冯评：张咏从成都被召回京城，朝廷决定用任中正接替他，有人说不行。皇帝便去问王旦，王旦回答说："只有任中正才能守住张咏所创下的局面。"任中正一到四川，请教张咏处理政事的方法，张咏说："如果你自己的见解比法令高明，就可以舍弃法令推行自己的见解；但如果自己的见解并没有法令高明，就应当遵守现行的法令，千万不能只顺着自己的见解行事。"任中正谨守这些话，果然因政绩优良被称道。后辈的年轻人往往自负才能，认为前人的规模制度狭小，想扩大改变它，看了这个故事后要以此为戒。

117. 戒更革

赵韩王普为相，置二大瓮于坐屏后，凡有人投利害文字，皆置其中，满即焚之于通衢。李文靖曰："沉居相位，实无补万分；唯中外所陈利害，一切报罢，聊以补国尔。今国家防制，纤悉具备，苟轻徇所陈，一一行之，所伤实多。金人苟一时之进，岂念民耶？"陆象山云："往时充员救局，浮食是惭。惟是四方奏请，廷臣面对，有所建置更革，多下看详。其或书生贵游，不谙民事，轻于献计；一旦施行，片纸之出，兆姓蒙害。每与同官悉意论驳，朝廷清明，尝得寝罢。编摩之事，稽考之勤，何足当大官之膳？庶几仅此可以偿万一耳！"

罗景纶曰："古云：'利不什，不变法。'此言更革建置之不可轻也。或疑若是则将坐视天下之弊而不之救欤？不知革弊以存法可也，因弊而变法不可也；不守法而弊生，岂法之生弊哉！韩、范之建明于庆历者，革弊以存法也；荆公之施行于熙宁者，因弊而变法也。一得一失，概可观矣。"

【译文】

北宋初，赵普（封韩王）担任宰相，他在屏风后面放置了两个大瓮，凡是有人送来关系政事利害的文书，全部投入瓮中，等瓮中的文书装满了就在大路上烧掉。李沆说："我任宰相时，实在是没做什么事，只是对于那些关于兴利除弊的各种条陈，我一律不予采取，这也算是对国家做了一件好事吧。当今国家的防备和制度，已经非常完善了，如果轻易地顺从各方的建议，一一施行，必定会产生很多危害。那些小人只是图谋自己一时之进取功名，哪里会真正想到老百姓的利益呢？"南宋大学者陆九渊说："以往我在敕令所做官，人浮于事，尸位素餐，实在是很惭愧。但是当时无论是各地的奏折，还是朝廷官员和天子当面奏议，只要是涉及改变制度建置的，大多转到敕令所，由所内官员审查研究。其中有些是书生或无所事事的贵族公子，他们不熟悉民情，随便献计；一旦依计施行，一纸命令下去，却使普天下的百姓受害。我常常和同事们尽心议论驳回。好在圣上清明，常常接纳我们的意见而将献议作罢。我们所做的，只是编写、斟酌之类的公事，为了应付考核而勤恳做事，哪里对得起朝廷给的大官的俸禄呢？我们这样做大约只能抵偿万分之一而已。"

冯评：南宋的罗大经说："古人说：'如果没有十倍的利益，就不轻易实施变法。'这说明，改革变法的事不能轻视。有人怀疑这样的话不就是坐视天下的弊病而不挽救吗？他们不知道改革执行旧法时出现的一些弊病且不废除旧法是可行的，因出现的一些弊病而轻易改变旧法却不可行；因为不守法而产生弊病，难道是法令本身的弊病吗？北宋时，韩琦、范仲淹在仁宗庆历年间实施的'庆历新政'，就是革除弊病而保存法令；王安石在神宗熙宁年间的变法，是因为弊病而改变法令。一得一失，基本上可看得十分清楚了。"

118. 御史台老隶

宋御史台有老隶，素以刚正名，每御史有过失，即直其梃，台中以梃为贤否之验。范讽一日召客，亲谕庖人以造食，指挥数四。既去，又呼之，叮咛告戒。顾老隶梃直，怪而问之。答曰："大凡役人者，授以法而责其成。苟不如法，自有常刑，何事喋喋！使中丞宰天下，安得人人而诏之？"讽甚愧服。

此真宰相才，惜乎以老隶淹也。绛县老人仅知甲子，犹动韩宣之惜，如此老隶而不获荐剡，资格束人，国家安得真才之用乎？若立贤无方，则萧颖士之仆（颖士御仆甚虐，或讽仆使去，仆曰："非不欲去，爱其才耳。"）可为吏部郎；甄琛之奴（琛好弈，通宵令奴持烛，睡则加挞。奴曰："郎君辞父母至京邸，若为读书，不辞杖罚；今以弈故横加，不亦太非理乎？"琛惭，为之改节）、韩魏公之老兵（公宴客，睹一营妓插杏花，戏曰："髻上杏花真有幸。"妓应声曰："枝头梅子岂无媒。"席散，公命老兵唤妓。已而悔之，呼老兵，尚在。公问曰："汝未去邪？"答曰："吾度相公必悔，是以未去。"），可为师傅、祭酒，其他一才一伎，又不可枚举矣。

【译文】

宋朝时，御史台中有一位老衙役，向来以刚强正直闻名，只要御史犯错误，他就拿直他手中的梃杖，御史台便以老衙役的梃杖判断御史的贤明与否。有一天，御史范讽为了招待宾客，亲自指导厨师如何烹煮食物，并反复地叮嘱。厨师走了后，又把他叫回来，叮咛告诫。范讽一回头看到这位老衙役拿直他的梃杖，很奇怪地问他哪里出错了，老衙役回答说："一般来说，差使役人只须指示他做事的方法，然后考查他是否完成。如果他没有依法完成，自然有常法来处置他，何须如此喋喋不休唠叨个没完！如果让你担任宰相来管理天下之事，难道把每个人都叫来训示一番？"范讽非常惭愧而且心服。

冯评：这真是宰相的人才啊，可惜因为只是个老衙役而被埋没。战国时，绛县的老人只是知道自己活了多少个甲子日，就让执政者赵孟（冯误为韩宣）动了惜才之心，而像老衙役这样的人才一直没有被推荐，资格限制束缚了人才，国家怎能得到真正的人才呢？如果任用贤人可以不受限制，那么唐朝萧颖士的仆人（萧颖士对待仆人很严厉苛刻，有人劝仆人离去，仆人说："不是不想离开，只是爱惜主人的才华罢了。"）可以做吏部侍郎，后魏甄琛的奴仆（甄琛喜欢下棋，命令仆人通宵拿着蜡烛照明，如果睡着就会被鞭打。仆人说："主人辞别父母到京城，如果是为了读书，挨鞭打我绝不逃避；现在为了下棋而打人，岂不是太不没有理了吗？"甄琛很惭愧，于是改过自新）、北宋名将韩琦的老兵（韩琦一次宴请宾客，看见一名军营中的官妓头上插着杏花，就开玩笑对她说："鬓上杏花真有幸。"那官妓应声说："枝头梅子岂无媒。"宴席散后，韩琦要老兵把那名妓女叫来伺候。后来又后悔了，马上叫老兵回来，结果老兵并没有走。韩琦问道："你没有去吗？"老兵回答说："我猜想相公一定会后悔，所以没去。"）都可以做师傅或祭酒，其他像这样有才识、技艺的人，实在多得不胜枚举。

119. 汉光武

光武诛王郎，收文书，得吏人与郎交关谤毁者数千章。光武不省，会诸将烧之，曰："令反侧子自安！"

宋桂阳王休范举兵浔阳，萧道成击斩之。而众贼不知，尚破台军而进。宫中传言休范已在新亭，士庶惶惑，诣垒投名者以千数。及到，乃道成也。道成随得辄烧之，登城谓曰："刘休范父子已戮死，尸在南冈下，我是萧平南，汝等名字，皆已焚烧，勿惧也！"亦是祖光武之智。

【译文】

东汉光武帝刘秀诛杀王郎后，收集到大量文书，得到有些官吏与王郎交往、诽谤朝廷的信件数千封。光武帝并不查看，就集合手下诸将，当面烧毁了这些信件，并说："让那些怀有二心的人可以安枕无忧了！"

冯评：南朝宋桂阳王刘休范在浔阳城举兵谋反，被萧道成所杀，而刘休范的军队并不知情，还在向官军进攻。宫中传说刘休范已进军到达京城附近的新亭，士大夫和百姓都惶恐不安，到军营来报名投效的有上千人。等到大军到达，才知道是萧道成。萧道成接到名册就烧掉了，登上城楼对他们说："刘休范父子已经被杀，尸体在南冈下，我是萧道成，你们的名字都烧了，不必害怕。"这也是效法光武帝的智谋。

120. 薛简肃　二条

薛简肃公帅蜀，一日置酒大东门外。城中有戍卒作乱，既而就擒，都监走白公。公命只于擒获处斩决（边批：乱已平矣），民间以为神断。不然，妄相攀引，旬月间未能了得，非所以安其徒反侧之心也。

稍有意张大其功，便不能如此直捷痛快矣。

民有得伪蜀时中书印者，夜以锦囊挂之西门。门者以白，蜀人随者以万计，皆汹汹出异语，且观公所为。公顾主吏藏之，略不取视，民乃止。

梅少司马国桢制阃三镇。虏酋或言于沙中得传国玺，以黄绢印其文，顶之于首，诣辕门献之，乞公题请。公曰："玺未知真假，俟取来，吾阅之，当犒汝。"酋谓："累世受命之符，今为圣朝而出，此非常之瑞，若奏闻上献，宜有封赏，所望非犒也。"公笑曰："宝源局自有国宝，此玺即真，无所用之，吾亦不敢轻渎上听。念汝美意，命以一金为犒，并黄绢还之。"酋大失望，号哭而去。或问公："何以不为奏请？"公曰："王孙满有言：'在德不在鼎。'况房酋视为奇货，若轻于上闻，酋益挟以为重。万一圣旨征玺，而玺不时至，将真以封赏购之乎？"人服其卓识。此薛简肃藏印之意。

天顺初，虏酋孛来近边求食，传闻宝玺在其处。石亨欲领兵巡边，乘机取之。上以问李贤，贤曰："虏虽近边，不曾侵犯，今无故加兵，必不可。且宝玺秦皇所造，李斯所篆，亡国之物，不足为贵。"上是之。梅公之见，与此正合。

【译文】

北宋薛奎（谥简肃）在蜀任统帅时，有一天在大东门外设宴请客，城中有士卒作乱，不久就被擒住。都监跑来报告，薛奎命令就在擒住乱兵处将他斩首（边批：乱已平矣）。民间都认为这是高明的判决。不然，让叛贼攀附请托，拖个十天半月都不能解决，就不能平定他们的反叛之心。

冯评：只要稍有张大功劳的意图，办事就不能如此简洁痛快了。

有人获得伪蜀时期的中书印信，用锦囊装着挂在西门上。守门的人禀告薛奎，后面跟着上万的蜀人，都纷纷传着很多怪诞的说法，想看薛奎怎么处理。薛奎便命属下将它收藏起来，连看都不看一眼，蜀人也就停止喧扰了。

冯评：梅国桢以少司马镇守三镇时，胡人首领说在沙漠中拾获传国玉玺，把玺上文字印在黄绢上，顶在头上，到军营来进献，请少司马上报他的功劳。

梅国桢说："玉玺不知是真是假，等你拿来给我看，如果是真的，可以犒赏你。"胡人说："历代天命传授的印信，现在为圣朝而出现，这是不一般的祥瑞，如果禀奏呈献给皇上，一定会有封赐，我希望的可不是犒赏。"梅国桢笑着说："宝源局中自有国宝，这个玉玺即使是真的，也没有用，我不敢轻易亵渎皇上的圣听。想到你的一番好意，我命人给你一两银子作犒赏，并把黄绢退还给你。"胡人非常失望，大哭着离去。有人问梅国桢为什么不替他禀奏皇上，梅国桢说："王孙满曾经说过，天子在于德行，而不在于象征天下的宝鼎。何况胡人将它视为奇货，如果轻易地禀奏皇上，胡人更会挟持以自重。万一圣旨要征求玉玺，而玉玺不能准时送达，当真要用封赏来换取玉玺吗？"大家都佩服梅国桢见识卓越。这也就是薛简肃公藏印的用意吧！

明英宗天顺初年，胡人首领孛来在边境骚扰，传说宝玺在他那里，石亨想带领军队巡视边境，乘机向他索取。英宗问李贤的意见，李贤说："胡人虽然在边境上，却不曾侵犯我们，无故对他用兵是不可以的。而且宝玺是秦始皇制作，上有李斯的篆字，是亡国的不祥之物，没什么可宝贵的。"皇帝很赞同这个看法。梅公的见识，和李贤一样的。

121. 张 咏

张忠定知益州。民有诉主帅帐下卒恃势吓取民财者（先是，贼李顺陷成都，诏王继恩为招安使讨之，破贼，复成都，官军屯府中，恃功骄恣），其人闻知，缒城夜遁，咏差衙役往捕之，戒曰："尔生擒得，则浑衣扑入井中，作逃走投井申来。"是时群党汹汹，闻自投井，故无他说，又免与主帅有不协名。

按，忠定不以耳目专委于人，而采访民间事悉得其实。李畋问其旨，公曰："彼有好恶，乱我聪明。但各于其党，询之又询，询君子得君子，询小人得小人。虽有隐匿者，亦十得八九矣！"子犹曰："张公当是绝世聪明汉！"

【译文】

北宋人张咏任益州知州，有百姓投诉主帅军中的士卒仗势恐吓人民敛财（先前，叛贼李顺攻陷成都，朝廷诏令王继恩为招安使去讨伐，打败了贼兵，收复了成都，官军屯兵府中，恃功骄纵放肆），那名士卒知道此事，就在夜里攀绳逃出城去。张咏派衙役去捉拿他，并吩咐衙役说："你生擒到那人后，就和衣投入井中，作出逃走投井的样子来回报。"同伙本来喧扰不已，后来听说其人自己投井，也没话说，又避免了人们说他和主帅不和的闲话。

按，忠定公并没有把调查民情的事全部委任给手下，探访民间的事却都能确实无误。李畋问他有何妙诀，他说："他人都有主观好恶，会扰乱我的视听。他们都有所偏党，我们只要再三询问，问到君子就可以知道其人是君子，问到小人就可以知道其人是小人。虽然有些隐瞒，但情况还是掌握得八九不离十了。"冯梦龙说：张公应该是绝世聪明的人。

122. 诸葛孔明

丞相既平南中，皆即其渠率而用之。或谏曰："公天威所加，南人率服。然夷情叵测，今日服，明日复叛。宜乘其来降，立汉官分统其众，使归约束，渐染政教。十年之内，辫首可化为编氓，此上计也。"公曰："若立汉官，则当留兵，兵留则无所食，一不易也；夷新伤破，父兄死丧，立汉官而无兵者，必成祸患，二不易也；又夷累有废杀之罪，自嫌衅重，若立汉官，终不相信，三不易也。今吾不留兵，不运粮，而纲纪粗定，使夷汉相安足矣。"自是终亮之世，夷不复反。

《晋史》，桓温伐蜀，诸葛孔明小史犹存，时年一百七十岁。温问曰："诸葛公有何过人？"史对曰："亦未有过人处。"温便有自矜之色，史良久曰："但自诸葛公以后，更未见有妥当如公者。"温乃惭服。凡事只难得"妥当"，此二字，是孔明知己。

【译文】

孔明平定南方之后，都就地任用他们的首领为官。有人规劝道："丞相威震四方，蛮夷都已臣服。然而蛮夷的民情难以预测，今天顺服，明天又叛变，应该乘他们来降之际，设立汉人官吏来治理这些蛮人，才能使他们渐渐地接受汉人的政令教化。十年之内，夷狄就可以化为良民，这才是最好的计策。"孔明说："如果设立汉人官吏，就须留下军队，军队留下来却没有粮食，是一不易；他们刚经历战乱，父兄死了，设立汉人官吏而没有军队防守，必然引起祸患，是二不易；蛮人经常废除、杀害长官，自己都仇怨深重，如果设立汉人官吏，最后还是不能取信于土著，是三不易。现在我不留军队，不必运粮食，而纲纪也大略订定，使夷汉之间能相安无事，就已足够了。"到诸葛亮去世为止，夷人不曾再反叛。

冯评：《晋史》记载，桓温伐蜀的时候，诸葛亮当年的小史官还活着，年纪已经一百七十岁了。桓温问道："诸葛公有什么过人之处吗？"史官回答说："没有什么过人之处。"桓温就表现出踌躇满志的样子。史官停了一会儿又补充说："只是从诸葛公以后，便不曾见过有像他那般妥当的人了。"桓温这才惭愧心服。凡事只难得"妥当"，说出这两个字的正是孔明的知己。

123. 高 拱

隆庆中，贵州土官安国亨、安智各起兵仇杀，抚臣以叛逆闻。动兵征剿，弗获，且将成乱。新抚阮文中将行，谒高相拱。拱语曰："安国亨本为群奸拨置，仇杀安信，致信母疏窭、兄安智怀恨报复。其交恶互讦，总出仇口，难凭。抚台偏信智，故国亨疑畏，不服拘提，而遂奏以叛逆。夫叛逆者，谓敢犯朝廷，今夷族自相仇杀，于朝廷何与？纵拘提不出，亦只违拗而已，乃遂奏轻兵掩杀，夷民肯束手就戮乎？虽各有残伤，亦未闻国亨有领兵拒战之迹也。而必以叛逆主之，甚矣！人臣务为欺蔽者，地方有事，匿不以闻。乃生事幸功者，又以小为大，以虚为实。始则甚言之，以为邀功张本，终则激成之，以实己之前说，是岂为国之忠乎（边批，说尽时弊）！君廉得其实，宜虚心平气处之，去其叛逆之名，而止正其仇杀与夫违拗之罪，则彼必出身听理。一出身听理，而不叛之情自明，乃是止坐以本罪，当无不服。斯国法之正，天理之公也。今之仕者，每好于前官事务有增加，以见风采。此乃小丈夫事，非有道所为，君其勉之！"

阮至贵密访，果如拱言。乃开以五事：一责令国亨献出拨置人犯；一照夷俗令赔偿安信等人命；一令分地安插疏窭母子；一削夺宣慰职衔，与伊男权替；一从重罚以惩其恶。而国亨见安智居省中，益疑畏，恐军门诱而杀之（边批：真情），拥兵如故，终不赴勘，而上疏辨冤。阮狃于浮议，复上疏请剿，拱念剿则非计，不剿则损威，乃授意于兵部，题覆得请，以吏科给事贾三近往勘（边批：赖有此活法）。国亨闻科官奉命来勘，喜曰："吾系听勘人，军门必不敢杀我，我乃可以自明矣。"于是出群奸而赴省听审，五事皆如命，愿罚银三万五千两自赎。安智犹不从，阮治其用事拨置之人，始伏。智亦革管事，随母安插。科官未到，而事已定矣。

国家于土司，以戎索羁縻之耳，原与内地不同。彼世享富贵，无故思叛，理必不然。皆当事者或朘削，或慢残，或处置失当，激而成之。反尚可原，况未必反乎？如安国亨一事，若非高中玄力为主持，势必用兵，即使幸而获捷，而竭数省之兵粮，以胜一自相仇杀之夷人，甚无谓也。呜呼！前事不忘，后事之师。吾今日安得不思中玄乎！

【译文】

明朝隆庆年间，贵州土官安国亨、安智互相起兵仇杀，当地巡抚以叛逆的罪名奏报，于是率兵征伐，但又捉不到人，就要造成祸害了。新巡抚阮文中上任前，先去拜见丞相高拱。高拱说："安国亨本来是被奸臣挑拨，为了私仇而杀害安信，致使安信的母亲疏穷、弟弟安智怀恨报仇，他们之间关系恶劣，互相攻讦，出口都是仇恨的话，很难判断谁是谁非。巡抚偏向安信、安智，所以国亨疑虑恐惧，不服拘捕，于是以叛逆的罪名奏报上来。什么是叛逆？是侵犯朝廷。如今夷狄自相仇杀，和朝廷有什么关系？纵然不服拘捕，也只是违逆政令而已，就这样派军队去袭击他们，夷民怎么肯束手就死呢？就算各有伤亡，也未听说安国亨有领兵抵抗的事，而一定要以叛乱来加罪于他，也太过分了。为人臣的专力于欺骗蒙蔽，地方上有事隐匿不报，就挑动事端想得到非份的功劳，又把小事说成大事，把虚妄说为事实。开始的时候把事态说得很严重，以便邀功，最后极力促成其反叛，以证实自己先前所说的话。这难道就是为国家尽忠吗（边批，说尽时弊）？你查访到实情之后，应平心静气去处理这件事。除去他叛逆的罪名，只追究他仇杀和违逆政令之罪，那他们一定会站出来听从判决。一旦他肯来听从判决，并非叛变的情形自然就清楚了，只判处他固有的罪错，必然没有不服的。这是国法的公正，天理的公道。如今一些做官的人，往往喜欢在前任官吏的事务上有所增加，以展现自己的风采。这是小丈夫的作为，不是有道人士所该做的。你好自为之吧！"

阮文中到贵州以后，私下探访，果然都像高拱说的那样。于是公布五项处理办法：一、责令安国亨献出挑起事端的人犯；二、依照夷人的习俗，赔偿安信等人的性命；三、划出土地安插疏穷母子；四、削夺宣慰的职衔与其儿子世袭的权利；五、从重处罚，以严惩恶行。但是安国亨见安智还住在省城里，心中更加疑惧，怕统兵官吏诱杀他（边批：真情），所以依旧拥兵，不接受审判，并上疏辩解冤屈。阮文中被众议所迫，又上疏请求用兵征伐。高拱心想征伐实在不是好办法，不征伐却又损害国家威严，于是暗中指示兵部，奏请吏部给事中贾三近出面去勘察这件案子（边批：赖有此活法）。安国亨听说有官员奉命来勘察，很高兴地说："我是听候勘察的人，统兵官一定不敢杀我，我可以自己去分辩了。"于是交出群奸，亲自到府中听审。五件事都一一照办，并愿意罚银三万五千两赎罪。安智还不肯听从，阮文中又处理了那些挑拨安国亨的奸人，安智才依从。安智也被革除管事之职，跟随母亲安置。朝廷的官员还没到，事情便已经平定了。

冯评：国家对于土司，都用夷人的法令来牵制约束他们，原来就和内地不同。他们世世代代享受富贵，无故想叛变，没有这样的道理。都是当事者盘剥搜刮，或傲慢，或残酷，或处置失当，激成乱事。反叛尚可原谅，何况未必是反叛呢？像安国亨这件事，如果不是高拱尽力主张不用兵，势必引起战争，即使幸而战胜，也用尽数省的兵粮，去打赢自相仇杀的夷人，很没意思。唉！前事不忘，后事之师。我现在怎能不怀念高拱先生呢！

124. 郭　绪

孝宗朝，云南思叠梗化，守臣议剿。司马马公疏："今中外疲困，灾异叠仍，何以用兵？宜遣京朝官往谕之。"倪文毅公言："用兵之法，不足示之有余。如公之言，得无示弱于天下，且使思叠闻而轻我乎？遣朝官谕之，固善；若谕之不从，则策窘矣。不如姑遣藩臣有威望者以往，彼当自服；俟不服，议剿未晚也。"乃简参议郭公绪及按察曹副使玉以往。旬余抵金齿，参将卢和统军距所据地二程许，而次遣人持檄往谕，皆被拘。卢还军至千崖，遇公，语其故，且戒勿迫。公曰："吾受国恩，报称正在此。如公言，若臣节何？昔苏武入匈奴十九年尚得生还，况此夷非匈奴比，万一不还，亦分内事也。"或谓公曰："苏君以黑发去，白发还，君今白矣，将以黑还乎？"公正色不答。是日，曹引疾，公单骑从数人行，旬日至南甸。路险不可骑，乃批荆徒步，绳挽以登。又旬日，至一大泽，戛都土官以象舆来，公乘之，上雾下沙，晦淖迷踬，而君行愈力。又旬日，至孟濑，去金沙江仅一舍，公遣官持檄过江，谕以朝廷招来之意。夷人相顾惊曰："中国官亦至此乎？"即发夷兵率象马数万，夜过江，抵君所，长槊劲弩，环之数重。有译者泣报曰："贼刻日且焚杀矣。"公叱曰："尔敢为间耶？"因拔剑指曰："来日渡江，敢复言者，斩！"思叠既见檄，谕祸福明甚，又闻公志决，即遣酋长数辈来受令，及馈土物，公悉却去，邀思叠面语。先叙其劳，次伸其冤，然后责其叛，闻者皆俯伏泣下，请归侵地，公许之。皆稽首称万寿，欢声动地。公因诘卢参将先所遣人，出以归公。卢得公报，驰至，则已撤兵归地矣。

冯评：才如郭绪，不负倪公任使。然是役纪录，止晋一阶。而缅功、罗防功，横杀无辜，辄得封荫。呜呼！事至季世，不唯立功者难，虽善论功者亦难矣！

【译文】

明孝宗时，云南思叠不服教化，守臣商议起兵讨伐。司马马文升上疏说："当今中外疲困，灾祸频仍，怎可用兵？应当派遣京师的官吏前去晓谕他们。"倪岳（谥文毅）说："用兵的方法，在兵力不足时要表现得很充足。如公所言，岂不是向天下示弱？而且使思叠听到了反而轻视我们。派朝廷的官吏去晓谕他们固然好，但如果他们不肯听从，我们就没办法了。不如先派有威望的边官前去，他们应该就会顺从，等不顺从时再讨伐也不迟。"于是选派参议郭绪及按察副使曹玉前往。十几天后抵达金齿，参将卢和率军前往，距离两程路派人拿公文前去晓谕，结果都被拘禁起来。卢和还军到千崖遇见郭绪，说明事情的经过，并警告郭绪不要靠近。郭绪说："我蒙受朝廷的恩惠，现在正是报答的时候。如你所言，做臣子的还有什么节操呢？从前苏武进入匈奴十九年，尚能生还，何况这些夷人比不上匈奴。万一不能回来，也是分内的事。"有人说："苏武黑发去白发回，你现在已经白发了，难道还想以黑发回来吗？"郭绪神情端庄，没有回答。这天，曹玉称疾，郭绪独自骑马带数名随从上路。十天后，郭绪到南甸。山路险绝，无法骑马，于是披荆斩棘，徒步而行，挽绳前进。又过十天，遇到一个大泽，夏都土官带着象舆前来，郭绪乘上象舆，烟雾沙尘，泥淖难行，而郭绪更努力前进。又过十天，到了孟濑，离金沙江只有三十里了。郭绪派官员拿着公文过江，晓谕他们朝廷招抚的诚意。夷人相顾大惊，说："中国的官也来到这里了吗？"出动夷兵率领数万象、马，半夜渡江到郭绪的住地，手持长矛、弓箭环绕了好几重。翻译的人哭着报告说："贼兵立刻就要烧杀了。"

郭绪叱责道:"你还敢从中挑拨吗?"拔剑指着那个人说:"来日渡江,有敢再如此说的,斩!"思叠看到晓谕的文书,将是非祸福分析得非常清楚;又听说郭绪的心意已决,就派数名酋长来接受诏令,并赠送土产。郭绪拒绝他们,单邀思叠前来面谈,先慰问他的劳苦,再为他伸冤,最后责备他叛变。听到的人都感动得哭泣跪拜,请求归还所侵占的土地。郭绪一一答应,他们都叩头称万岁,欢声震动天地。郭绪问起卢参将所派来的人,他们也都将其还给郭绪。卢和接到郭绪的消息,飞驰而至,思叠已经撤兵回去了。

冯评:像郭绪这样的才能,不辜负倪公的赏识委任。但是这次的功绩,郭绪只晋升了一级,而缅甸、罗防战役里,滥杀无辜的人却得到封赏,而且庇荫子孙。唉!末世的事,不只立功难,就连善于论功行赏的人也难找啊!

125. 吴 惠

吴惠为桂林府知府,适义宁洞蛮结湘苗为乱。监司方议征进,请于朝。惠亟白曰:"义宁吾属地,请自招抚,不从而征之未晚。"乃从十余人,肩舆入洞。洞绝险,山石攒起如剑戟,华人不能置足,徭人则腾跌上下若飞。闻桂林太守至,启于魁,得入。惠告曰:"吾,若属父母,欲来相活,无他。"众唯唯,因反覆陈顺逆。其魁感泣,留惠数日,历观屯堡形势。数千人卫出境,歼羊豕境上。惠曰:"善为之,无遗后悔。"数千人皆投刀拜,誓不反。归报监司,遂罢兵。明年,武冈州盗起,宣言推义宁洞主为帅。监司咸罪惠,惠曰:"郡主抚,监司主征,蛮夷反覆,吾任其咎。"复遣人至义宁,义宁徭从山顶觇得惠使,具明武冈之冤。监司大惭,武冈盗因不振。义宁人德惠如父母,迄惠在桂林,无敢有骚窃境上者。

【译文】

明朝吴惠任桂林府知府时,适逢义宁洞蛮结合湘苗造乱。监司正商议举兵征讨,请示朝廷。吴惠极力表示:"义宁属于我的辖区,请让我前去招抚,如果他们不顺从再征讨未晚。"就带着十多个随从,坐轿子入洞蛮领地。当地地势绝险,山石突起有如剑戟,汉人无法行走,但瑶人却能赤脚上下跳跃如飞。他们听说桂林太守来到,就报告酋长,吴惠才得以进入。吴惠告诉他们说:"我就是你们的父母官,想来救你们,没有其他意思。"众人唯唯答应。吴惠接着反复讲述顺从与叛逆的不同后果，首领们非常感动，留吴惠住了几天，带他参观屯堡的形势，又派数千人护送出境，在边境上杀羊宰猪盟誓。吴惠说："好好地做，不要给日后留下悔恨。"数千人都扔掉兵器拜谢，发誓永不反叛。吴惠回来报告监司，朝廷因而罢兵。第二年，武冈州盗贼兴起，宣称推举义宁洞主为主帅。监司责怪吴惠，吴惠说："州郡主张安抚，监司主张征讨，蛮夷发生反复，我来承担罪过。"吴惠又派人到义宁。义宁瑶人从山顶看见吴惠的使者到来，详细说明他们没有与武冈盗贼联合。监司非常惭愧，武冈的盗贼也从此一蹶不振。义宁人感念吴惠的恩德，视同父母。吴惠在任期间，边境上从来没有人敢来骚扰。

126. 龚 遂

宣帝时，渤海左右郡岁饥，盗起，二千石不能制。上选能治者，丞相、御史举龚遂可用，上以为渤海太守。时遂年七十岁，召见，形貌短小，不副所闻。上心轻之（边批：年貌俱不可以定人），问："息盗何策？"遂对曰："海濒辽远，不沾圣化，其民困于饥寒而吏不恤，故使陛下赤子盗弄陛下之兵于潢池中耳。今欲使臣胜之耶，将安之也？"上改容曰："选用贤良，固将安之。"遂曰："臣闻治乱民如治乱绳，不可急也。臣愿丞相、御史且无拘臣以文法，得一切便宜从事。"上许焉，遣乘传至渤海界。郡闻新太守至，发兵以迎，遂皆遣还，移书敕属县："悉罢逐捕盗贼吏，诸持锄、钩、田器者皆为良民，吏毋得问，持兵者乃为盗贼。"遂单车独行至府。盗贼闻遂教令，即时解散，弃其兵弩而持钩、锄。

汉制，太守皆专制一郡，生杀在手，而龚遂犹云"愿丞相、御史无拘臣以文法"，况后世十羊九牧，欲冀卓异之政，能乎？古之良吏，化有事为无事，化大事为小事，蕲于为朝廷安民而已。今则不然，无事弄做有事，小事弄做大事，事生不以为罪，事定反以为功。人心脊脊思乱，谁之过与？

【译文】

汉宣帝时，渤海附近的各郡都遭遇荒年，盗贼群起，郡守无力制止。宣帝要选有能力的人前往治理，丞相和御史推举龚遂可用，于是封他为渤海太守。当时龚遂已经七十岁，宣帝召见他，见他身材短小，不像所听说有能力的样子，心生轻视（边批：不能从年龄相貌判定一个人），问他："用什么方法可平息盗贼?"龚遂回答说:"海滨之地距朝廷遥远，没有承受圣明的教化，当地人民被饥寒所困，但是官吏又不加以抚恤，所以才使陛下的子民在水塘子里摆弄陛下的兵器。现在是要臣战胜他们，还是安抚他们呢?"宣帝听了，改变了脸色，说:"当然是要选用贤良人才，安抚他们。"龚遂说:"臣听说管理乱民好比整理乱绳，不可心急，臣希望丞相、御史暂且不要以条文法令来约束臣，使臣可以根据实情便宜行事。"宣帝答应了他，派车送龚遂到达渤海边。郡里听说新太守来到，派军队迎接护卫。龚遂将他们都打发回去，然后下令所属各县:悉数罢除捉捕强盗的役吏，凡拿锄头镰刀等农具的都是良民，官吏不得拿问，只有拿着兵器的才是盗贼。随后龚遂单独乘车到郡府。盗贼听到龚遂的教令，立即解散，抛弃兵器，改持锄头镰刀。

冯评:汉制:太守都独立管理一郡政事，生杀之权在握，而龚遂还说"希望丞相、御史不要以条文法令来约束臣"，何况后世民少官多，指望出现卓越的政绩，可能吗?古代的优秀官吏，化有事为无事，化大事为小事，只求为朝廷安定百姓而已。而今却不是这样，无事弄得有事，小事弄成大事，发生事情不是罪错，事情平定后反而有功。人心扰攘，都想出点乱子，这是谁的过错呢?

127. 徐敬业

高宗时，蛮群聚为寇，讨之则不利，乃以徐敬业为刺史。彼州发卒郊迎，敬业尽令还，单骑至府，贼闻新刺史至，皆缮理以待。敬业一无所问，处分他事毕，方曰:"贼皆安在?"曰:"在南岸。"乃从一二佐吏而往，观者莫不骇愕。贼初持兵觇望，及其船中无所有，乃更闭营藏隐。敬业直入其营内，告云:"国家知汝等为贪吏所苦，非有他恶，可悉归田，后去者为贼。"唯召其魁首，责以不早降，各杖数十而遣之，境内肃然。其祖英公闻之，壮其胆略，曰:"吾不办此，然破我家者，必此儿也!"

【译文】

唐高宗时，南蛮群聚作乱，朝廷出兵讨伐不利，就以徐敬业（又名李敬业）为刺史。该州发兵到郊外迎接，徐敬业让他们全部回去，独自骑马来到州府。贼寇听说新刺史到了，都严阵以待。徐敬业什么也不问，等把其他事都处理完了，才说："贼兵在哪里？"有人回答说："在南岸。"徐敬业便带着一两个随从官吏前去，旁观的人无不惊骇。贼兵初时拿着兵器观望，后来看见船里空空荡荡，就关起营门躲藏起来。徐敬业直接走进贼营，告诉他们说："国家知道你们是被贪污官吏所害，没有其他罪过，都回去种田就好了，后离开的人就是真正的贼寇。"只找首领过来，责备他不早点投降，各打几十板后遣送他们回去，境内一时平定下来。他的祖父英国公李勣听到这件事，认为他的胆识豪壮，说："这事我也办不了。然而让我们家破败的，一定是这个孩子。"

128. 朱博　二条

博本武吏，不更文法，及为冀州刺史，行部，吏民数百人遮道自言，官寺尽满。从事白请"且留此县，录见诸自言者，事毕乃发"，欲以观试博。博心知之，告外趣驾。既白驾办，博出就车，见自言者，使从事明敕告吏民："欲言县丞尉者，刺史不察黄绶，各自诣郡；欲言二千

自言者事畢乃發，欲以觀試博。博心知之，告外趣駕。既白駕辦，博出就車，見自言者，使從事明敕告吏民："欲言縣丞尉者，刺史不察黃綬，各自詣郡；欲言二千石墨綬長吏尉者，使者行部還詣治；及其民為吏所冤，及言盜賊辭訟事者，各使屬其部從事。"博駐車決遣，四五百人皆罷去，如神。吏民大驚，不意博應事變乃至于此。後博問果老從事，教民聚會。博殺此吏。

博為左馮翊。有長陵大姓尚方禁，少時嘗盜人妻，見研創著其頰。府功曹受賕，白除禁調守尉。博聞知，以

◎毛泽东评：此吏亦可不杀，教以改过，调改他职可也。使人改过自效。

石墨绶长吏者，使者行部，还诣治所。其民为吏所冤，及言盗贼辞讼事，各使属其部从事。"博驻车决遣，四五百人皆罢去，如神。吏民大惊，不意博应事变乃至于此。后博徐问，果老从事教民聚会，博杀此吏。

博为左冯翊。有长陵大姓尚方禁，少时尝盗人妻，见斫，创著其颊。府功曹受贿，白除禁调守尉。博闻知，以他事召见，视其面，果有瘢。博辟左右问禁："是何等创也？"禁自知情得，叩头服状。博笑曰："大丈夫固时有是。冯翊欲洒卿耻，能自效不？"禁且喜且惧，对曰："必死。"博因敕禁："毋得泄语，有便宜，辄记言。"因亲信之，以为耳目。禁晨夜发起部中盗贼及他伏奸，有功效。博擢禁连守县令，久之，召见功曹，闭阁数责以禁等事，与笔札，使自记，"积受取一钱以上，无得隐匿，欺谩半言，断头矣！"功曹惶怖，且自疏奸赃，大小不敢隐。博知其实，乃令就席，受敕自改而已。投刀使削所记，遣出就职。功曹后常战栗，不敢蹉跌。博遂成就之。

【译文】

西汉朱博本来是武职小吏，不熟悉法律条文。后来担任冀州刺史，巡行时，有数百吏民阻在路上投诉，把衙门挤满了。手下请他暂且留在县里，接见这些投诉的人，事情办完以后再出发。这是想试试朱博。朱博心中明白，告诉随从到外面准备车驾，车驾备好以后，朱博出来上车，接见那些投诉的人，让随从明白地告诉他们："想控告县丞尉的，刺史不负责管理黄绶级别的官吏，各自到郡里去告；想控告黑绶级别的官吏，等巡查结束后，到刺史府处理。百姓被官吏冤枉的，以及盗贼诉讼的事，按类由主政官吏处置。"朱博在车上裁决处理，四五百人一下子都走了。吏民大惊，想不到朱博应变的能力如此强。朱博后来慢慢调查，果然是老从事官教唆百姓聚会，朱博杀了这个老吏。

朱博任左冯翊时，有个长陵县的大族尚方禁，年轻时曾和别人的妻子私通，被砍伤，脸上留有疤痕。官府里的功曹受赂，请求让尚方禁担任守尉。朱博知道以后，就以其他事由召见他，见他脸上果然有疤痕，朱博就屏退左右的人，问他："这是什么伤？"尚方禁心知自己的事情已被朱博知道，就叩头服罪。朱博笑道："大丈夫固然有犯错误的时候，现在我想为你洗清这个耻辱，你自己肯效力吗？"尚方禁又喜又惧，回答说："定效死力！"于是叮嘱尚方禁："不可泄漏我们今天说的话，见到该报告的事，就记下来。"此后就把他当作亲信，作为耳目。尚方禁勤奋地侦察、揭发各种盗贼及坏人坏事，很有功效，朱博就升他接连担任县令。过了很久，朱博召见功曹，关起门来责备他有关尚方禁等的事，给他笔，让他自己记录，接受一文钱都不能隐匿，只要有一点欺瞒就砍头。功曹非常惶恐，老老实实记下受赂的事，大小都不敢遗漏。朱博了解实情后，就当场命令他回到本位，接受教训改过自新，并扔给他刀要他自己削去刚才的纪录，让他回去就任原职。功曹后来总是战战兢兢，不敢再有失误，朱博就提拔了他。

129. 韩 褒

周文帝（宇文泰）时，韩褒为北雍州刺史。州多盗，褒至，密访之，并州中豪右也。褒阳不知，并加礼遇，谓曰："刺史书生，安知督盗？所赖卿等共分其忧耳。"乃悉召桀黠少年，尽署主帅，与分地界，盗发不获，即以故纵论。于是诸被署者皆惶惧首伏，曰："前盗实某某。"具列姓名。褒因取名簿藏之，榜州门曰："凡盗，可急来首，尽今月不首者，显戮之，籍其妻子，以赏前首者。"于是旬月间盗悉出首。褒取簿质对，不爽，并原其罪，许自新，由是群盗屏息。

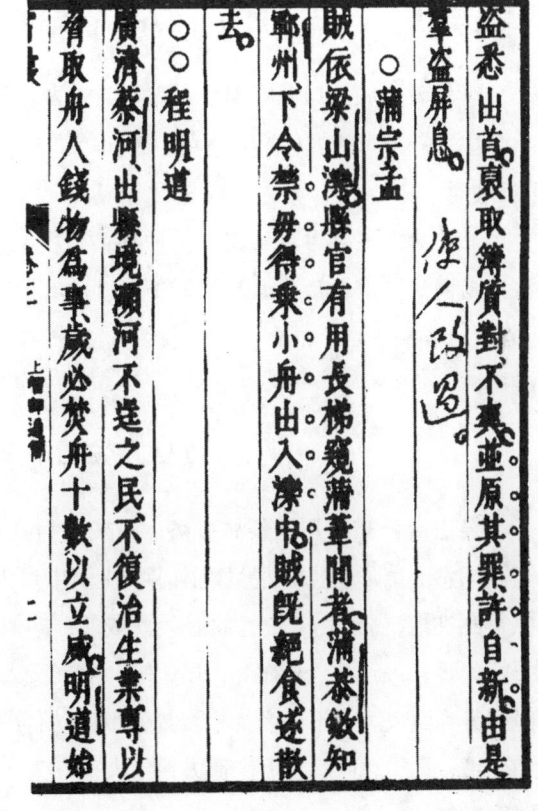

— 193 —

◎毛泽东评：使人改过。

【译文】

周文帝宇文泰时，韩褒任北雍州刺史。州中有很多强盗，他到任后暗中查访，发现原来是州中的豪族大姓。韩褒假装不知情，对他们礼遇有加，说："本刺史是书生，怎么知道督捕盗贼的事？就拜托各位共同分担这个忧患吧！"于是把州中凶横狡黠的青年人招来，让他们都担任主帅，分配给他们管辖的地盘，若有盗贼而不能查获，就以故意放纵论罪。于是这些被封官的都惶恐招认说："以前的强盗其实是某某。"把姓名一一列出来，韩褒把名单收藏起来，在州门贴出榜文说："凡是盗贼，可赶紧来自首，过了这个月不来自首的，当众处死，没收他们的妻子儿女，赏给先自首的人做奴隶。"于是一个月之间盗贼都出来自首，韩褒拿着名单核对无误，全部原谅了他们的罪过，允许他们改过自新，从此盗贼就消失了。

130. 蒲宗孟

贼依梁山泺，县官有用长梯窥蒲苇间者。蒲恭敏知郓州，下令禁"毋得乘小舟出入泺中"。贼既绝食，遂散去。

【译文】

北宋时，盗贼占据梁山泺（即梁山泊）。县官之中有用长梯窥伺芦苇塘中盗贼动向的。蒲宗孟（谥恭敏）任郓州知州，下令"不许任何人乘小船出入梁山泊"。盗贼断绝了粮食，于是散去。

131. 吴正肃公

吴正肃公知蔡州。蔡故多盗，公按令为民立伍保，而简其法，民便安之，盗贼为息。京师有告妖贼聚确山者，上遣中贵人驰至蔡，以名捕者十人。使者欲得兵往取，公曰："使者欲借兵立威耶，抑取妖人以还报也？"使者曰："欲得妖人耳。"公曰："吾在此，虽不敏，然聚千人于境内，安得不知？今以兵往，是趣其为乱也。此不过乡人相聚为佛事，以利钱财耳。一弓手召之即可致。"乃馆使者，日与之饮酒，而密遣人召十人，皆至，送京师鞠实，告者以诬得罪。

【译文】

北宋吴育（谥正肃）任蔡州知州时，当地原来有很多强盗，吴育按令为百姓设立保甲法，简化程序，百姓感到便利安定，盗贼也平息了。京师有人告发妖贼聚集在确山，皇帝派宦官赶到蔡州，开列要逮捕的名单十人，宦官要带兵前去。吴育说："你是要借军队摆威风，还是要捉拿妖人回去交差？"宦官说："只要捉拿妖人而已。"吴育说："我在这里，虽然不很聪明，但是境内要有千人聚集闹事，怎么会不知道？现在如果派军队去，是促成他们叛乱。这件事不过是乡人聚集做佛事以图取钱财而已。派个差役就可以把他们招来。"于是安顿宦官住下，每天陪他一起喝酒，而私下派人把十人带来，送到京师去盘问，告发的人因诬告获罪。

132. 万　观

万观知严州。七里泷渔舟数百艘，昼渔夜窃，行旅患之。观令十艘为一甲，各限以地，使自守。由是无复有警。

【译文】

明朝万观任严州知州时，七里泷的渔舟数百艘，白天打渔晚上窃盗，来往旅客都深受其害。万观命令十艘船组成一甲，划定地区让他们各自防守。从此不再有盗贼出没的情况。

133. 王敬则

敬则为吴兴太守，郡旧多剽掠。敬则录得一偷，召其亲属于前，鞭之数十，使之长扫街路。久之，乃令举旧偷自代，诸偷恐为所识，皆逃走，境内以清。

冯评：辱及亲属，亲属亦不能容偷矣。唯偷知偷，举偷自代，胜用缉捕人多多矣。

【译文】

南北朝的王敬则任吴兴太守，郡中有很多抢夺偷窃的事，王敬则捉到一个小偷，把他的亲属召集起来，当众打了他几十鞭，又派他天天打扫街道。过了很久，才让他检举以前的小偷来顶替自己。那些小偷恐怕他认识自己，都逃走了，境内得以清静。

冯评：亲属受到羞辱，那亲属也容不了小偷了。只有小偷才知道谁是小偷，要他举报别的小偷顶替自己，比用捕快强多了。

134. 程明道

广济、蔡河出县境，濒河不逞之民，不复治生业，专以胁取舟人钱物为事，岁必焚舟十数以立威。明道始至，捕得一人，使引其类，得数十人。不复根治旧恶，分地而处之，使以挽舟为业，且察为恶者。自是境无焚舟之患。

【译文】

北宋程颢治理扶沟，广济渠、蔡河都流经县境，沿岸的不法百姓不再从事生产，专以勒索过往船只为业，每年必定烧毁数十艘船来树立威势。程颢到任后，抓到其中一个，要他供出同伙数十人，不处罚他们以往的罪过，只是把他们分置各处，命令他们以拉纤为业，并且调查为非作歹的人。从此境内不再有烧船的祸患。

◎毛泽东评：劳动改造。

135. 王子纯

王子纯枢密帅熙河日，西戎欲入寇，先使人觇我虚实。逻者得之，索其衣缘中，获一书，乃是尽记熙河人马刍粮之数。官属皆欲支解以徇，子纯忽判杖背二十，大刺"番贼决讫放归"六字，纵之。是时适有戎兵马骑甚众（边批：难得此便人送信），刍粮亦富，虏人得谍书，知有备，其谋遂寝。

【译文】

北宋王韶镇守熙河时，西戎想入侵，先派人来偷看侦察，被巡逻的士兵捉到，在他的衣缘中搜出一封信，全是记载熙河人马粮草的数目，有关官吏都主张将其处极刑示众。王韶忽然命令判他背杖二十，并刺了"番贼决讫放归"六字后释放。当时边境上聚集有很多兵马（边批：难得此便人送信），粮草也很丰富，得到间谍的报告，知道有所防备，西戎放弃了入侵的打算。

136. 窃锁　殴人

元丰间，刘舜卿知雄州，虏夜窃其关锁去，吏密以闻。舜卿不问，但使易其门键，大之。后数日，虏谍送盗者，并以锁至。舜卿曰："吾未尝亡锁。"命加于门，则大数分，并盗还之。虏大惭沮，盗反得罪。

民有诉为契丹民殴伤而遁者，李允则不治，但与伤者钱二千。逾月，幽州以其事来诘，答曰："无有也。"盖他谍欲以殴人为质验，既无有，乃杀谍。

【译文】

北宋元丰年间，刘舜卿任雄州知州。有一天夜里，契丹人偷走了城门的锁，役吏秘密前来报告，刘舜卿也不多问，只派人把钥匙改大。几天后，有契丹间谍把小偷送来，同时把锁交还。刘舜卿说："我不曾丢锁。"命人拿锁去和钥匙比对，钥匙大了好几分，连锁带小偷全部还给对方。契丹人非常惭愧，小偷也因此得罪。

有百姓告状说被契丹人打伤，对方逃走了。李允则不管，只给受伤的人二千钱。一个月后，契丹方面来查问这件事，李允则回答说："没有啊！"原来契丹的间谍要通过打伤人的办法证明自己深入敌后，既然查无此事，就杀了间谍。

137. 甲仗库火

李允则尝宴军，而甲仗库火。允则作乐饮酒不辍，少顷火息，密遣吏持檄瀛州，以茗笼运器甲。不浃旬，军器完足，人无知者。枢密院请劾不救火状，真宗曰："允则必有谓，姑诘之。"对曰："兵械所藏，儆火甚严。方宴而焚，必奸人所为。若舍宴救火，事当不测。"

祥符末，内帑灾，缣帛几罄。三司使林特请和市于河外。章三上，王旦在中书悉抑之。徐曰："琐微之帛，固应自至，奈何彰困弱于四方？"居数日，外贡骈集，受帛四百万，盖旦先以密符督之也。允则茗笼运甲，亦此意。

【译文】

李允则曾在军中宴客，兵器库失火，李允则依旧饮酒作乐。不久火熄了，他暗中派役吏带着公文到瀛州，用茶笼运回兵器。不到十天，兵器就充足了，没有人知道这件事。枢密院奏请弹劾不救火的事，真宗说："李允则一定有他的理由，姑且问问他。"李允则回答说："收藏兵器的仓库，对火灾的戒备甚为严密。正在宴客时起火，一定是奸人所为。如果停止宴客去救火，可能会有意外发生。"

冯评：真宗祥符末年，宫内府库发生火灾，丝帛几乎被烧光。三司使林特奏请和西夏进行贸易。奏章上了三次，都被王旦在中书压住。王旦从容地说："这种微不足道的丝帛，自然有人送到，何必向外邦表现自己的困乏呢？"过了几天，各方进贡来了，共收了四百万匹帛，这其实是王旦事先用密函去催促的。李允则用茶笼运兵器，也就是这个用意。

138. 草场火　驿舍火

杜纮知郓州，尝有揭帜城隅，著妖言其上，期为变，州民皆震。俄而草场白昼火，盖所揭一事也，民益恐。或谓大索城中，纮笑曰："奸计正在是，冀因吾胶扰而发，奈何堕其术中？彼无能为也！"居无何，获盗，乃奸民为妖，遂诛之。

苏颂迁度支判官，送契丹使宿恩州。驿舍火，左右请出避火，颂不许；州兵欲入救火，亦不许，但令防卒扑灭之。初火时，郡中汹汹，谓使者有变，救兵亦欲因而生事，赖颂不动而止。

【译文】

北宋杜纮任郓州知州，有人在城隅高举旗帜，上面写着妖言，想制造事变，州民皆震惊不已。不久，草场白昼失火，正是妖言中提到的一项，百姓更加恐惧。有人说应该搜查全城，杜纮笑着说："奸人的计谋就在这里，他们希望借着我的困扰发动事变，怎么可以中计呢？我不为所动，他们没什么可做的了。"过不多久，捕获盗贼，正是奸民作乱，于是将他们处死。

北宋苏颂升任度支判官，送契丹使者住在恩州。旅店失火，左右随从请苏颂出去避火，苏颂不肯；州兵想进来救火，苏颂也不允许，只命令守卫士卒去灭火。火灾刚发生时，郡中喧扰不已，说是使者制造变乱，救兵也想乘机生事。幸亏苏颂不动声色，事件才得以平息。

139. 文彦博

文潞公知成都，尝于大雪会客，夜久不罢。从卒有诤语，共拆井亭烧以御寒。军校白之，座客股栗。公徐曰："天实寒，可拆与之。"（边批，落得做人情）神色自若，饮宴如故。卒气沮，无以为变。明日乃究问先拆者，杖而遣之。

气犹火也，挑之则发，去其薪则自熄，可以弭乱，可以息争。

苏轼通判密郡，有盗发而未获。安抚使遣三班使臣领悍卒数十人入境捕之，卒凶暴恣行，以禁物诬民，强入其家争斗，至杀人，畏罪惊散。民诉于轼，轼投其书不视，曰："必不至此。"悍卒闻之，颇用自安，轼徐使人招出戮之。遇事须有此镇定力量，然识不到，则力不足。

【译文】

北宋文彦博（封潞国公）出任成都知府，曾经在大雪的夜晚宴客。有些随从士卒颇有怨言，就一起拆了井亭烧来御寒。军校禀告文彦博，座上客人都恐惧战栗。文彦博慢慢地说："天气实在很冷，就让他们拆吧。"（边批，落得做人情）他神色自如，依旧饮酒。士卒的气焰受挫，没有理由再生变乱。第二天，文彦博追究谁先拆的井栏，罚以杖刑后将其遣返。

冯评：怒气就像是烈火，挑拨就会勃发，抽去木柴就会自然熄灭。这样可以消弭祸乱，可以平息争斗。

苏轼任密郡通判时，有盗贼犯案而未捕获。安抚使派三班使臣率领强悍士卒数十人入境抓捕。那些士卒凶暴放肆，用违禁物品来诬赖平民，强行进入民宅，甚至争斗杀人，犯事后又畏罪逃散。老百姓向苏轼投诉，苏轼丢下诉状不看，说："事情不可能到这种地步。"那些凶暴的士卒听说后，稍稍觉得安心，苏轼就慢慢派人把他们引出来杀掉。遇事就需要这种定力，然而胆识不足，力量也就不够用。

140. 张 辽

张辽受曹公命屯长社。临发，军中有谋反者，夜惊乱，火起，一军尽扰。辽谓左右曰："勿动！是不一营尽反，必有造变者，欲以动乱人耳。"乃令军中曰："不反者安坐。"辽将亲兵数十人中阵而立，有顷，即得首谋者，杀之。

周亚夫将兵讨七国，军中尝夜惊，亚夫坚卧不起，顷之自定。吴汉为大司马，尝有寇夜攻汉营，军中惊扰，汉坚卧不动，军中闻汉不动，皆还按部，汉乃选精兵夜击，大破之。此皆以静制动之术，然非纪律素严，虽欲不动，不可得也。

【译文】

张辽受曹操任令屯兵于长社。临出发前，军中有人谋反，夜里纵火作乱，全军受到惊扰。张辽对左右将领说："不要乱动，这不是全营造反，一定有个别人挑起事端，想借此造成混乱。"于是命令军中士卒说："不造反的人安静坐着！"然后率数十名亲兵站立于军阵中。不久，就捉到带头谋反的人，将他处死。

冯评：汉朝周亚夫率兵讨伐七国之乱，军营中夜间发生惊乱，周亚夫卧床不起，不久惊乱自然平定。吴汉任大司马，曾经有贼寇半夜攻击汉军营，军中受到惊扰，吴汉也是卧床不起。军中士卒听说吴汉不起床，也都各自返回自己的岗位。吴汉这才挑选精兵，大破贼寇。这都是用以静制动的方法，然而如果不是军纪一向严明，即使想不动也做不到。

141. 薛长孺 王 礼

薛长孺为汉州通判。戍卒闭营门，放火杀人，谋杀知州、兵马监押。有来告者，知州、监押皆不敢出。长孺挺身出营，谕之曰："汝辈皆有父母妻子，何故作此事？然不与谋者，各在一边。"于是不敢动，唯本谋者八人突门而出，散于诸县，村野捕获。时谓非长孺则一城之人涂炭矣。钤辖司不敢以闻，遂不及赏。长孺，简肃公之侄也。

王忠穆公礼知益州，会戍卒有夜焚营，胁军校为乱者。礼潜遣兵环其营，下令曰："不乱者敛手出门，无所问。"于是众皆出，令军校指乱卒，得十余人，戮之。及旦，人皆不知也。其为政大体不为苛察，蜀人爱之。

【译文】

北宋薛长孺任汉州通判时，戍卒关起营门，放火杀人，计划杀害知州、兵马监押。有人来报告，知州、监押都不敢出门。薛长孺挺身走出军营，告诫他们说："你们都有父母妻子，为什么要做这种事？没参与谋反的人，现在就站到另一边去。"于是大家都不敢乱动，只有带头谋反的八人冲出门去，逃到各县，被村民捉回来。当时的人都说没有薛长孺，全城都要遭殃。但铃辖司不敢向上禀告，所以薛长孺没有得到赏赐。薛长孺是薛奎（谥简肃）的侄子。

北宋王覿（谥忠穆）任益州知州，遇到有守兵在夜里放火烧军营，强迫军校一起造反。王覿偷偷派兵围住军营，下令说："不造反的人束手走出营门，不再追问。"于是众兵都走出来，再命令军校指出造反的守兵，共十多人，全部杀死。天明时，外人都不知道有这回事。王覿处理政事大致上不苛察，蜀人都很爱戴他。

142. 霍王元轨

霍王元轨为定州刺史时，突厥入寇，州人李嘉运与虏通谋，事泄，高宗令元轨穷其党与。元轨曰："强寇在境，人心不安，若多所逮系，是驱之使叛也。"乃独杀嘉运，余无所问（边批，惩一已足警百），因自劾违制。上览表大悦，谓使者曰："朕亦悔之，向无王，则失定州矣。"

【译文】

唐初霍王李元轨任定州刺史时，突厥入寇，州人李嘉运和敌人互相串通。事情泄漏出来，高宗命令李元轨追察他的党羽。李元轨说："强敌在边境上，人心不安，如果逮捕太多人，那就是促使他们叛乱。"于是只杀了李嘉运，其余的人一概不追究（边批，惩一已足警百），然后再自己检讨违反皇帝意旨之罪。高宗看了表章，非常高兴，对使者说："我也很后悔，如果没有霍王，定州就要失守了。"

143. 吕公孺

吕公孺知永兴军，徙河阳。洛口兵千人，以久役思归，奋斧镬排关。不得入，西走河桥，观听汹汹。诸将请出兵掩击，公孺曰："此皆亡命，急之变且生。"即乘马东去，遣牙兵数人迎谕之（边批：最妙），曰："汝辈诚劳苦，然岂得擅还之？渡桥，则罪不赦矣。太守在此，愿自首者止道左。"（边批，不渡便易制）皆仁立以俟，公孺索倡首者，黥一人（边批：尤妙），余复送役所，语其校曰："若复假蹇者，斩而后报。"众帖息。

【译文】

北宋吕公孺治理永兴军，移守河阳。一千多名洛口的士兵从军已久，很想回乡，拿着兵器攻击城门，没有成功。又向西跑到河桥，场面混乱激烈。诸将请派兵前去攻击，吕公孺说："这些都是亡命之徒，逼急了容易生变。"就骑马向东驰去，派几个卫兵去告诫他们（边批：最妙），说："你们的确很劳苦，但怎能擅自回乡？一过桥就是死罪。太守在此，愿意自首的都站到路左边。"（边批：不渡便易制）这些人果然都站立等候，吕公孺追查出带头的一人，处以黥刑（边批：尤妙），其余的都送回原来部队，并对军官说："如果再有态度桀傲不驯的，先斩后报。"众人都服贴顺从。

144. 廉希宪

廉希宪为京兆四川宣抚使，浑都海反，西川将纽邻奥鲁官将举兵应之。蒙古八春获之，系其党五十余人于乾州狱，送二人至京兆，请并杀之。希宪谓僚佐曰："浑都海不能乘势东来，保无他虑。今众志未一，犹怀反侧；彼若见其将校执囚，或别生心，为害不细。可因其惧死，并皆宽释，就发此军余丁往隶八春，上策也。"初，八春既执诸校，其军疑惧，骇乱四出。及知诸校获全，纽邻奥鲁官得释，大喜过望，人人感悦。八春果得精骑数千，将与俱西。

所以隶八春者，逆知八春力能制之，非漫然纵虎遗患也。八春能死之，希宪能生之，畏感交集，不患不为我用矣。

【译文】

元朝廉希宪任京兆四川宣抚使，浑都海造反，西川将领纽邻奥鲁官将要举兵响应，却被蒙古八春擒获，将其党羽五十多人监禁在乾州监狱，送了其中两人到京兆来，请廉希宪杀他们。廉希宪对属下说："浑都海不能乘机向东侵犯，不足为虑。现在众人心志不一致，还有反叛之心，如果他们看见自己的将领受到拘禁，可能生出其他企图，危害不小。可以借着他们怕死的心，一起宽释，然后派这支军队剩余的士兵前往隶属八春，这是最好的办法。"当初八春逮捕各军官，全军士兵都非常恐惧，四处逃逸。后来听说这些军官都得以保全，纽邻奥鲁官也释放了，才大喜过望，人人感动高兴。八春果然得到精锐骑兵数千人，一起西征。

冯评：让那些人依附八春，是预知八春有能力制住他们，不是随意纵虎归山，遗留后患。八春能杀他们，廉希宪能救他们，畏惧与感念交集，不必担心不为我所用。

145. 林兴祖

林兴祖初同知黄岩州事，三迁而知铅山州。铅山素多造伪钞者，豪民吴友文为之魁，远至江、淮、燕、蓟，莫不行使。友文奸黠悍鸷，因伪造致富，乃分遣恶少四五十人为吏于有司，伺有欲告之者，辄先事戕之。前后杀人甚众，夺人妻女十一人为妾，民罹其害，衔冤不敢诉者十余年。兴祖至官，曰："此害不除，何以救民？"即张榜禁伪造者，且立赏募民首告。俄有告者到，佯以不实斥去（边批：须得实乃服）又以告，获伪造二人并赃者，乃鞠之。款成，友文自至官为之营救（边批：若捕之便费力），兴祖并命执之。须臾来诉友文者百余人，择其重罪一二事鞠之，狱立具（边批：若事事推究，辨端既多，反足纾死）逮捕其党，悉置之法，民赖以安。

始以缓而致之，终以速而毙之。除凶恶须得此深心辣手。

【译文】

元朝林兴祖初任黄岩州同知，三次升迁后任铅山知州。铅山向来有很多制造伪钞的人，豪族吴友文是他们的首领，伪钞使用的范围远到江、淮、燕、蓟。吴友文为人狡黠凶悍，因造伪钞而致富，就分别派四五十名恶少到官府当衙役，遇到有想告状的人，往往先将其害死，前前后后杀了很多人，更抢夺别人的妻女十一人作妾，百姓深受其害，含冤而不敢伸诉达十余年之久。林兴祖到任，说："这个祸害不除去，如何拯救百姓？"于是张贴榜文禁止制造伪钞，且订立赏额奖励检举人。不久，有人来检举，林兴祖假说举报不真实而斥退了他（边批：须得实乃服）。后来又有人来告，查获两个伪造者和赃物，详加审查后定案。吴友文亲自到官府来营救（边批：若捕之便费力），林兴祖命令衙役将他一并提住。不久，来控诉吴友文的达一百多人，林兴祖选择其中一两件重罪审问，罪名成立（边批：若事事推究，头绪既多，反倒有可能让其逃脱死刑）。又逮捕他的党羽，都依法处置，百姓因而获得安定。

冯评：开始缓慢地将他引来，最后迅速地将他处死。要除去凶恶的人就必须运用这样深刻的心计和狠毒的手段。

146. 李 封

唐李封为延陵令，吏人有罪，不加杖罚，但令裹碧头巾以辱之。随所犯轻重，以日数为等级，日满乃释。着此服出入者以为大耻，皆相劝励，无敢犯。赋税常先诸县，竟去官，不捶一人。

【译文】

唐朝李封任延陵县令，小吏有罪，不用杖刑责罚，只命令他戴上绿头巾加以羞辱，根据所犯罪错的轻重，决定戴绿头巾时日的长短，期限满后才取下来。戴着绿头巾出入的人都认为是很大的耻辱，大家互相劝勉，不敢犯罪。赋税常先于其他各县完成，直到李封离职，没有责打过一个人。

147. 耿定向

耿楚侗（定向）官南都。有士人为恶僧侮辱，以告公，白所司治之，其僧遁。公意第迸逐，不令复系籍本寺。士人心不释然，必欲捕而枷之（边批：士多尚气，我决不可以气佐之）。公晓之曰："良知何广大，奈何着一破赖和尚往来其中哉？"士人退语人曰："惩治恶僧，非良知耶？"或以告公，公曰："此言固是。乃余其难其慎若此，胸中盖三转矣。其一谓志学者，即应犯不较、逆不难，不然落乡人臼矣，此名谊心也。又谓法司用刑，自有条格，如此类法不应枷，此则格式心也。又闻此僧凶恶，虑有意外之虞，故不肯为已甚，此又利害心也。余之良知乃转折如此。"嗣姜宗伯庇所厚善者，处之少平，大腾物议。又承恩寺有僧为礼部枷之致毙，竟构大讼。公闻之，谓李士龙曰："余前三转折良心不更妙耶？"（边批：唯转折乃成通简）。

凡治小人，不可为已甚。天地间有阳必有阴，有君子必有小人，此亦自然之理。能容小人，方成君子。

【译文】

明朝耿定向（号楚侗）任南京右都御史，有个书生被一恶僧侮辱，前来告状，耿楚侗交付有关部门处理，这个僧人逃走了。耿楚侗的意思，只要赶走他，取消他在该寺的注册就可以了。但士人心中不快，认为一定要把他逮捕且上枷锁（边批：士多尚气，我绝不可以气佐之）。耿定向解释说："良知何等的广大，何必跟一个破和尚纠缠不清呢？"书生退下后对别人说："惩治凶恶的僧人，难道不是良知吗？"有人将此话告诉耿定向，耿定向说："这话固然没错，但我所以如此谨慎，是因为我心中有三个转折：一是立志向学的人，就应受人冒犯不予计较，遭受忤逆不觉为艰，不然就落入凡夫俗子的窠臼，这是名谊心；其次法官用刑自有条律法规，像这类犯人依法不应戴上枷锁，这是格式心；又听说这个僧人很凶恶，担心有意外变故，所以不肯过分逼迫他，这是利害心。我的良知就是这样转折的。"后来姜宗伯为了回护自己的私交，处理事情不太公平，引来舆论的很大非议。又承恩寺有个和尚被礼部戴上枷锁致死，结果形成大案。耿定向听说后，对李士龙说："我以前良心上的三个转折不是更妙吗？"（边批：唯转折乃成通简）。

冯评：凡是处置小人，不可以太过分。天地之间有阳必有阴，有君子必有小人，这是自然的道理。容得了小人，才能成为君子。

148. 向敏中　王　旦

真宗幸澶渊，赐向敏中密诏，尽付西鄙，许便宜行事。敏中得诏藏之，视政如常。会大傩，有告禁卒欲依傩为乱者，敏中密麾兵被甲伏庑下幕中。明日尽召宾僚兵官，置酒纵阅，命傩入，先驰骋于中门外。后召至阶，敏中振袂一挥，伏出，尽擒之，果怀短刃，即席斩焉。既屏其尸，以灰沙扫庭，照旧张乐宴饮。

旦从幸澶渊。帝闻雍王遇暴疾,命旦驰还东京,权留守事。旦驰至禁城,直入禁中,令人不得传播。及大驾还,旦家子弟皆出郊迎,忽闻后面有骓呵声,回视,乃旦也,皆大惊。

西鄙、东京,两人如券。时寇准在澶渊,掷骰饮酒鼾睡,真宗恃之以安。内外得人,故房不为害。当有事之日,须得如此镇静。

【译文】

宋真宗征澶渊,赐向敏中一份密诏,将对西夏边境上的事全权交给他,特准他可以根据实际情况处理。向敏中将密诏收藏起来,依常法处理政事。适逢当地举行大型驱鬼仪式,有人来报告军卒想借驱鬼仪式作乱,向敏中密令士兵武装潜伏在屋下帷幕中。第二天,向敏中准备酒宴,把幕僚军官全部请来,摆酒款待,命令驱鬼的人进入,先在中门外表演,后来又召他们至阶前,然后向敏中挥动衣袖,伏兵尽出,将他们全数逮捕,果然都怀揣短刀,于是当场把他们杀死。尸体运走后,用灰沙清扫庭院,依旧摆酒宴畅饮。

王旦随真宗到澶渊,真宗听说雍王得急病,就命令王旦赶回东京,全权处理各种政事。王旦急驰到京城,直入宫中,下令宫中的人不能传扬出去。等真宗回朝,王旦家的子弟都到郊外迎接,忽然听到后面呼喝开道声,回头一看,竟是王旦,大家都惊奇不已。

冯评:西边澶渊有寇准,东都有王旦,两人配合默契。当时寇准在澶渊,掷骰子、饮酒、鼾睡,真宗仗着他才有安全感。对外任用都得其人,所以胡房不能造成危害。面临紧急情况的时候,必须如此镇静。

149. 乔白岩

冢宰乔公宇,正德己卯参理留都兵务。时逆濠声言南下,兵已至安庆。而公日领一老儒与一医士,所至游宴,实以观形势之险要,而外若不以为意者,人以为矫情镇物,有费祎、谢安之风。

即矫情镇物,亦自难得,胸中若无经纬,如何矫得来?方宸濠反,报至,乔公令尽拘城内江西人,讯之,果得濠所遣谍卒数十人。上驻军南都,公首俘献之。即此已见公一斑矣。

【译文】

吏部尚书乔宇，正德己卯年参与治理南京的兵务。当时叛乱的宁王朱宸濠声言南下，军队已经到安庆，而乔宇还领着一个老儒和一个医生，到处游乐宴饮，其实是在观察地形的险要，外表却一点都不在意。别人都认为他是故作安闲，稳定人心，颇有费祎、谢安的风范。

冯评：就算是故作安闲，稳定人心，也很难做到。如果胸中没有谋划，怎么假装得来？当朱宸濠叛乱的消息传来，乔公命人将城内的江西人全数拘捕来审问，果然查出朱宸濠所派来的奸细数十人。天子驻军于南京时，乔公就将这些俘虏献上。从这件事就可以看出乔公的不一般。

150. 韩　愈

韩愈为吏部侍郎。有令史权势最重，旧常关锁，选人不能见。愈纵之，听其出入，曰："人所以畏鬼者，以其不能见也；如可见，则人不畏之矣！"

主人明，不必关锁；主人暗，关锁何益？

【译文】

唐朝韩愈任吏部侍郎，有令史权势最重，经常锁着门，候选的官吏都见不到他。韩愈解除了闭锁，听任官吏进出，他说："人所以怕鬼，是因为见不到鬼；如果见得到，就不会害怕了。"

冯评：主人光明，就不必关门上锁；主人不光明，关门上锁又有何用？

151. 裴晋公

公在中书，左右忽白以失印，公怡然，戒勿言。方张宴举乐，人不晓其故。夜半宴酣，左右复白印存，公亦不答，极欢而罢。人问其故，公曰："胥吏辈盗印书券，缓之则复还故处，急之则投水火，不可复得矣。"

不是矫情镇物，真是透顶光明。故曰智量，智不足，量不大。

【译文】

唐朝裴度任职中书省时，手下忽然报告说印信失窃了。裴度十分轻松，告诫他们不要声张，然后开宴奏乐，谁也不知道是什么缘故。半夜饮宴酣畅时，左右又报告说印信找到了，裴度也不回答，宴会尽欢而散。有人问他是什么缘故，裴公说："手下的小吏盗印去加盖契券，给他们时间就会放回原处，逼急了他们就会把它烧毁或沉埋了，印信再也找不回来了。"

冯评：这不是故作安闲，稳定人心，实在是绝顶聪明。所以说智量，智慧不足，度量就不够大。

152. 郭子仪 二条

汾阳王宅在亲仁里，大启其第，任人出入不问。麾下将吏出镇来辞，王夫人及爱女方临妆，令持帨汲水，役之不异仆隶。他日子弟列谏，不听，继之以泣，曰："大人功业隆赫，而不自崇重，贵贱皆游卧内，某等以为虽伊、霍不当如此。"公笑谓曰："尔曹固非所料。且吾马食官粟者五百匹，官饩者一千人，进无所往，退无所据。向使崇垣扃户，不通内外，一怨将起，构以不臣，其有贪功害能之徒成就其事，则九族虀粉，噬脐莫追。今荡荡无间，四门洞开，虽谗毁欲兴，无所加也！"诸子拜服。

德宗以山陵近，禁屠宰。郭子仪之隶人犯禁，金吾将军裴谞奏之。或谓曰："君独不为郭公地乎？"谞曰："此乃所以为之地也。郭公望重，上新即位，必谓党附者众，故我发其小过，以明郭公之不足畏，不亦可乎？"若谞者，可谓郭公之益友矣。看郭汾阳，觉王翦、萧何家数便小。王、萧事见《委蛇部》。

鱼朝恩阴使人发郭氏墓，盗未得。子仪自泾阳来朝，帝唁之，即号泣曰："臣久主兵，不能禁士残人之墓。人今亦发先臣墓，此天谴，非人患也！"朝恩又尝修具邀公，或言将不利公，其下愿裹甲以从。子仪不许，但以家僮数人往。朝恩曰："何车骑之寡？"子仪告以所闻。朝恩惶恐曰："非公长者，得无致疑！"

精于黄老之术，虽朝恩亦不得不为盛德所化矣。君子不幸而遇小人，切不可与一般见识。

【译文】

唐朝汾阳王郭子仪的府第在亲仁里，经常敞开门户，任人进出而不加过问。郭子仪的部下要外出任职，来王府告辞，郭夫人和女儿正要梳妆，就令她们拿手巾、打水，简直把她们当做仆隶一般。后来子侄们纷纷规劝，郭子仪不听，子侄们哭着说："大人的功业显赫，但不自重，贵贱人等都可以在内堂、寝室里走动，我们认为即使是伊尹、霍光也不应当如此。"郭子仪笑着说："这不是你们所能料想的。我有五百匹马吃官家的草料，一千人吃官家的粮食，我的位子进无可进，退隐也不可能。要是我围起高墙，关闭大门，内外无法沟通，一旦有人怨恨，构陷我图谋不轨，必定有贪图功利、嫉贤妒能的人出来促成其事，那时候我们九族都将粉身碎骨，追悔莫及。现在坦坦荡荡没有阻隔，四门洞开，即使有人想进谗言都找不到借口。"子侄们听了，都非常佩服。

冯评：唐德宗因为代宗的丧事办完没多久，下令禁止屠宰。郭子仪的仆人犯了禁令，金吾卫将军裴谞奏报皇帝。有人说："你不为郭公留点面子吗？"裴谞说："这正是为郭公设想啊！郭公德高望重，皇上才刚即位，一定会认为他党羽很多，所以我揭发他的小过失，以表明郭公没什么可怕，这不是为了他吗？"像裴谞这样，可说是郭公的益友。看郭子仪的事迹，萧何、王翦的手段便显得小家子气。王、萧事见《委蛇部》。

宦官鱼朝恩暗地派人挖开郭氏的祖坟，结果盗墓不成。郭子仪从泾阳来朝见皇帝，皇帝安慰他，他大哭着说："臣久掌兵权，不能禁止军士去残害别人的坟墓，现在别人去挖我先祖的坟墓，这是上天的谴责，不是人为的祸害啊！"鱼朝恩又曾设宴邀请郭子仪，有人说将不利于他，部下愿意武装跟随，郭子仪不同意，只带几个家僮前往。鱼朝恩说："为什么随从这么少呢？"郭子仪于是把听到的传闻告诉他，鱼朝恩惶恐地说："大人如果不是长者，怎能不怀疑我呢！"

冯评：郭子仪精于黄老之术，即使鱼朝恩这样的小人也不能不被郭子仪的盛德所感化。君子不幸遇到小人，切不可与他一般见识。

153. 王阳明

宁藩既获，圣驾忽复巡游，群奸意叵测，阳明甚忧之。适二中贵到浙省，阳明张宴于镇海楼。酒半，屏人去梯，出书简二箧示之，皆此辈交通逆藩之迹也，尽数与之。二中贵感谢不已，阳明之终免于祸，多得二中贵从中维护之力。脱此时阳明挟以相制，则仇隙深而祸未已矣。

【译文】

　　宁王朱宸濠被捕后，明武宗忽然又外出南巡，奸臣的动态难测，王守仁很忧虑。正好京师有两个宦官来到浙江，王守仁设宴于镇海楼款待他们。酒喝到一半，王守仁把旁人斥退，又移走楼梯，拿出两箱书简，都是他们和宁王交往的证据，王守仁全数交给了他们。两个宦官感谢不已。王守仁最终能够免祸，多得益于这两个宦官从中回护。假使此时王守仁拿书简来挟制他们，那么仇怨更深而祸害也将无穷。

154. 王璋　罗通

　　璋，河南人，永乐中为左都御史。时有告周府将为不轨者，上欲及其未发讨之，以问璋。璋曰："事未有迹，讨之无名。"上曰："兵贵神速，彼出城，则不可为矣。"璋曰："以臣之愚，可不烦兵，臣请往任之。"曰："若用众几何？"曰："但得御史三四人随行足矣。然须奉敕，以臣巡抚其地乃可。"遂命学士草敕，即日起行。黎明，直造王府。周王惊愕，莫知所为，延之别室，问所以来者。曰："人有告王谋叛，臣是以来。"王惊跪。璋曰："朝廷已命丘大帅将兵十万，将至，臣以王事未有迹，故来先谕。事将若何？"王举家环哭不已。璋曰："哭亦何益，愿求所以释上疑者。"曰："愚不知所出，唯公教之。"璋曰："能以三护卫为献，无事矣。"王从之，乃驰驿以闻。上喜，璋乃出示曰："护卫军三日不徙者，处斩。"不数日而散。

　　罗通以御史按蜀，蜀王富甲诸国，出入僭用乘舆仪从。通心欲检制之。一日，王过御史台，公突使人收王所僭卤簿，蜀王气沮。藩、臬俱来见，问状，且曰："闻报，王罪且不测，今且奈何？"通曰："诚然，公等试思之。"诘旦复来，通曰："易耳，宜密语王，但谓黄屋、左纛故玄元皇帝庙中器，今复还之耳。"玄元皇帝，玄宗幸蜀建祀老子者也。从之，事乃得解，王亦自敛。

【译文】

　　王璋，河南人，明永乐年间任右都御史。当时有人告发周王将有不轨的行为，成祖想趁事情还没有发生前去讨伐他，就问王璋。王璋说："事情还没有形迹，现在讨伐没有理由。"成祖说："兵贵神速，等他们出城事情就不好收拾了。"王璋说："以臣的愚见，可以不烦出兵，请让臣负责处理吧。"成祖说："你要用多少人?"王璋说:"只要三四个御史随行就够了,但须皇上下旨派臣为巡抚其地才行。"成祖于是命令学士起草诏书,当天就起程。黎明时,王璋直接拜访王府,周王很惊讶,不知道他来干什么,就把王璋请到小房间,问他为什么来。王璋说:"有人告您谋反,所以我来了。"周王吓得跪下。王璋又说:"朝廷已经命令丘大帅率兵十万,即将来到,臣以为王爷的事尚没有形迹,所以先来告知。王爷打算怎么办呢?"周王全家大哭不已。王璋说:"哭有何用?希望您想办法释清皇上的疑虑。"周王说:"我不知道怎么办,请您教我。"王璋说:"您能将三支护卫军作为献礼就没事了。"周王答应了,王璋派人飞马回报成祖,成祖很高兴。王璋贴出布告说:"护卫军解散,三天之内不离去的处斩。"短短几天,果然都解散了。

明朝罗通以御史的身份巡察蜀地,蜀王的财富在各王中居首,进出还僭用天子的车驾和随从。罗通想压制一下他的气势。有一天,蜀王经过御史台,罗通突然派人收走蜀王所僭用的仪仗,蜀王气馁了。布政使、按察使都来拜见问询情况,说:"如果天子得到报告,大王的罪名不轻,如今该怎么办?"罗通说:"确实如此,你们想想看该怎么办。"第二天早上他们又来,罗通说:"很简单,你们偷偷地去告诉蜀王,只说那些伞盖大旗都是玄元皇帝庙中的供器,现在已经都送回去了。"玄元皇帝庙是玄宗到四川时建立来祭祀老子的。依此而行,事情就解决了,蜀王从此也收敛很多。

155. 吴 履 叶南岩

国初,吴履(字德基,兰溪人)为南康丞。民王琼辉仇里豪罗玉成,执其家人笞辱之。玉成兄子玉汝不胜忿,集少年千余人,围琼辉家,夺之归。缚琼辉,道箠之,濒死,乃释去。琼辉兄弟五人庭诉,断指出血,誓与罗俱死。履念,狱成当连千余人,势不便,乃召琼辉,语之曰:"独罗氏围尔家耶?"对曰:"千余人。"曰:"千余人皆辱尔耶?"曰:"数人耳。"曰:"汝憾数人,而累千余人,可乎?且众怒难犯,倘不顾死,尽杀尔家,虽尽捕伏法,亦何益于尔?"琼辉悟,顿首唯命。履乃捕箠者四人,于琼辉前杖数十,流血至踵。命罗氏对琼辉引罪拜之。事遂解。

叶公南岩刺蒲时,有群斗者诉于州。一人流血被面,经重创,脑几裂,命且尽。公见之恻然，时家有刀疮药，公即起入内，自捣药，令舁至幕廨，委一谨厚廨子及幕官，曰："宜善视之，勿令伤风。此人死，汝辈责也。"其家人不令前。乃略加审核，收仇家于狱而释其余。一友人问其故，公曰："凡人争斗无好气，此人不即救，死矣。此人死，即偿命一人，寡人之妻，孤人之子，又干证连系，不止一人破家；此人愈，特一斗殴罪耳。且人情欲讼胜，虽于骨肉，亦甘心焉。吾所以不令其家人相近也。"未几，伤者平而讼遂息。

【译文】

明朝初年，吴履任南康县丞。有个名叫王琼辉的百姓仇视里中的豪族罗玉成，捉住他的家人加以鞭打羞辱。罗玉成的侄子罗玉汝非常生气，聚集了一千多个少年，包围王琼辉家，把他捉走，绑在路边鞭打，直到性命垂危才放了他。王琼辉兄弟五人一起跑到衙门告状，他们切断手指流着血发誓要和罗玉汝同归于尽。吴履想到如果立案将连累一千多人，实在不是好事，就召王琼辉来对他说："只有罗家的人包围你家吗？"回答说："一千多人。""一千多人都羞辱你吗？""只有几个人。""你恨几个人，而要连累一千多人，这行吗？而且众怒难犯，如果他们也拼了性命杀光你全家人，即使把他们全部捉来处死，对你又有什么好处？"王琼辉恍然大悟，叩头听命。吴履就把动手鞭打王琼辉的四个人抓来，在王琼辉面前杖打数十下，血流到了脚跟。又命令罗家向王琼辉谢罪道歉，事情于是得以解决。

叶南岩任蒲州知州时，有一群人因打架来州府告状，其中一人血流满面，受了重伤，脑袋几乎裂开，性命危在旦夕。叶南岩见了心生怜悯，当时家中有刀疮药，就入内自己捣药，命人将伤者抬入官署，交给一个谨慎忠厚的差役，说："好好照顾他，不要让他受风寒，他死了就是你们的责任。"伤者的家人也不许靠近。然后略加审问，把伤者的仇家收押入狱，其余的人释放。有一个朋友问他为何如此处置，叶南岩说："凡人互相殴斗一定没有好气。这个人不立即救护，必死无疑；人一死，就要有一人偿命，有妻子变成寡妇，有儿子变成孤儿。再追索牵连，不止一人家破人亡。这个人如果痊愈，只是一件殴斗的普通案子。人打官司都想赢，就是牺牲骨肉至亲也在所不惜，所以我不让他的家人接近他。"不久，伤者痊愈，而讼案也平息了。

156. 鞠真卿

鞠真卿守润州。民有斗殴者，本罪之外，别令先殴者出钱以与后应者。小人靳财，兼以不愤输钱于敌人，其后终日纷争，相视无敢先下手者。

金坛王石屏都集初任建宁令，谒府，府谓曰："县多骡夫，难治，好为之。"王唯之，然不知骡夫何物。讯之，即吴下打行天罡之类，大家必畜数人，讼无曲直，梃斗为胜，若小民直气凌之矣。王出示严禁，凡讼有相斗，必恕被打者而加责打人者。民间以打人为戒，骡夫无所用之。期月，此风遂息。此亦鞠公之智也。

【译文】

鞠真卿镇守润州时，有州民互相殴斗的，除了本罪之外，他还命令先出手的人必须赔钱给后还手的人。老百姓吝惜钱财，同时也不甘心输钱给敌人，后来就只见争吵而没人敢先动手打人的。

冯评：金坛王都集初任建宁县令，拜见知府时，知府说："县里很多骡夫，难以管理，你好自为之。"王石屏口中应诺，却不知骡夫是什么，就去打听，原来就是吴地所谓打罡天下的那些靠打架为生的痞子，大户人家必定要养几个的，诉讼不分曲直，只要打架能赢就算胜利，就如小老百姓靠力量为胜。王都集出示布告：凡是诉讼相斗的，一定宽恕被打的人，而处罚打人的。民间于是互相警诫不可打人。骡夫遂没有什么用处，一个月后，这种风气就平息了。这也是鞠公的智慧。

157. 赵 豫

赵豫为松江府太守。每见讼者非急事，则谕之曰："明日来。"始皆笑之，故有"松江太守明日来"之谣。不知讼者来，一时之忿，经宿气平，或众为譬解，因而息者多矣。比之钩钜致人而自为名者，其所存何啻霄壤？

李若谷教一门人云："清勤和缓。"门人曰："清、勤、和，则既闻命矣，缓安可为也？"李公曰："天下甚事不自忙里错？""明日来"一语，不但自不错，并欲救人之错。按：是时周侍郎忱为巡抚，凡有经画，必与赵豫议之，意亦取其详审乎？陆子静九渊知荆门军，尝夜与僚属坐，吏白老者诉甚急，呼问之，体战，言不可解。俾吏状之，谓其子为群卒所杀。陆判"翌日至"。僚属怪之。陆曰："子安知不在？"凌晨追究，其子盖无恙也。此亦能缓之效，然唯能勤而后能缓，不然则废事耳。

【译文】

明朝赵豫任松江知府时，每见来打官司的并非急事，就告诉当事人："明日来"。起初大家都笑他，所以有"松江太守明日来"的歌谣。殊不知来打官司的往往只是出于一时愤怒，经过一夜后气平了，或有人从中说明劝解，因而平息的争讼很多。比起那些善于用心机促使人们争讼，自己借此成名的，其境界高下完全是天差地别。

冯评：李若谷教一个门人："清、勤、和、缓。"门人说："清、勤、和，都可以接受，可缓怎么可以呢？"李若谷说："天下有什么事不是忙中出错的？""明日来"一语，不但自己不错，而且意在补救别人的过错。按，当时侍郎周忱任巡抚，凡策划大事，必定与赵豫商议，这大概也是看中赵豫的周详谨慎吧。陆九渊（字子静）在荆门军任职，夜晚与僚属闲坐，有小吏报告说，一个老人来告状，情状很急。叫那老人来问，他浑身发抖，说的话都听不懂。让小吏慢慢询问，才知道他的儿子被几个当兵的杀了。陆九渊要他第二天再来。僚属觉得很奇怪，陆九渊说："他儿子怎知一定已经死了？"第二天早晨一查，老头的儿子当真没出事。这也是缓的功效。但只有勤然后才能缓，不然就成不作为了。

158. 褚国祥

武进进士褚国祥为湖州添设贰守，宽平简易，清守不缁。北栅姚姓者，妻以久病亡，其父告婿殴死。公准其词，不发行。下午，命驾北栅，众役不知所之。突入姚姓家，妻尚未殓也，验无殴死状。呼告者薄责而释之，不费一钱而讼已了矣。

赵豫以缓，褚国祥以捷，其以安民为心一也。

【译文】

明朝武进进士褚国祥任湖州同知时，宽和平易，正直清廉。北栅有个姚姓百姓，妻子久病去世，她的父亲来告状说女儿是被女婿打死的。褚国祥接受了他的诉状，却不审判。下午，命人准备车驾去北栅，仆役们不知要去干什么。褚国祥突然走进姚家，姚妻尚未入殓，经查验，没有被殴打的痕迹，就把告状者叫来，责备几句就放了他。不费一文钱，讼案就了断了。

冯评：赵豫用缓，褚国祥用急，他们以安定百姓为己任是一致的。

159. 程 卓

休宁程从元卓守嘉兴时，或伪为倅厅印纸与奸民为市，以充契券之用。流布既广，吏因事觉，视为奇货，谓无真伪，当历加追验（边批：其言易入），则所得可禆郡计不少。公曰："此不过伪造者罪耳，若一一验之，编民并扰（边批：透顶光明），吾以安民为先，利非所急也。"乃喻民有误买者许自陈，立与换印。陈者毕至，一郡晏然。

【译文】

南宋休宁程卓（字从元）镇守嘉兴时，有人伪造倅厅加盖官印的空白公文纸，与奸民交易，当作契券使用。流传既广，官吏因这事被发觉，将其当作奇货，认为不论真伪，都要一一加以追验（边批：其言容易被听信），这样可以使州郡赚到一大笔钱。程卓说："这不过是伪造者的罪，如果一一追验，在籍良民都受骚扰（边批：真是聪明透顶）。我的第一要务是安民，利不是紧要的。"于是晓喻百姓，凡是有误买的，可以自行到官府陈述，并立刻换盖真印。误买的纷纷都来，全郡也安然无事。

160. 张文懿公

宋初，令诸路州军创"天庆观"，别号"圣祖殿"。张文懿公时为广东路都漕，请曰："臣所部皆穷困，乞以最上律院改充。"诏许之，仍照诸路委监司守臣，亲择堪为天庆寺院，改额为之，不得因而生事。

一转移间，所造福于民多，所造福于国更多。

【译文】

北宋初命令各路、州、军要建天庆观，别号圣祖殿。张士逊（谥文懿）当时任广东路都漕，上表请命："臣所管理地区的百姓都很穷困，请准予将最上律院改建充用。"诏令许可。又通知各路委派监司守臣，亲自选择足以作天庆观的寺院改换匾额即可，不得因而生事。

冯评：作一个挪移，造福百姓很多，造福国家更多。

161. 张　永

张永授芜湖令。芜当孔道，使客厨传日不暇给，民坐困惫。章圣梓宫南祔，所过都邑设绮纨帐殿，供器冶金为之。又阉宦厚索赂遗，一不当意，辄辱官司，官司莫敢谁何。永于濒江佛寺垩其栋宇代帐殿，饰供器箔金以代冶，省费不赀，而调度有方，卒无谨呶于境上者。

【译文】

明朝张永任芜湖县令。芜湖正当交通要道，对来往使臣的餐饮供给十分繁忙，百姓生活因此穷困潦倒。章圣皇后的灵柩南移，所经过的城市必须设立以华美丝绸装饰的行宫，祭祀的器皿必须以黄金铸造，而宦官又要索取很多的贿赂与馈赠，一不合意，就羞辱当地官吏，官吏也不敢怎么样。张永选江边的佛寺将栋宇涂成白色来代替装饰丝绸的行宫，祭祀的器皿只是涂上金粉而不是铸造金器，节省了不少费用，由于调度有方，在他的境内也没有喧哗闹事的。

162. 范希阳

范希阳为南昌太守。先是府官自王都院作势以来，跪拜俱在阶下蓬外，风雨不问。希阳欲复旧制，乃于陈都院初上任时，各官俱聚门将见，希阳且进且顾曰："诸君今日随我行礼。"进至堂下，竟入蓬内行礼，各官俱随而前，旧制遂复。希阳退至门外，与众官行礼为别，更不言及前事而散。

忍辱居士曰：使希阳于聚门将见时与众参谋，诸人固有和之者，亦必有中沮而称不可者，又必有色沮而不敢前者，如何肯俱随而前？俱随而前者，见希阳之前而已不觉也。又使希阳于出门后庆此礼之得复，诸人必有议其自夸者，更有媒蘖于各上司者，即抚院闻之，有不快者，如何竟复而上人不知？不知者，希阳行之于卒然，而后人又循之为旧例也。嗟乎！事虽小也，吾固知其人为强毅有识者哉！

【译文】

范湛（字希阳）任南昌知府。先前从王姓巡抚摆架子，府官参拜不论风雨，都要在阶下篷外跪拜。范湛想恢复老规矩，就在陈姓巡抚初上任的时候，府中官员聚集门前，即将拜见的时候，范湛一面往里走一面对众人说："各位今天跟着我行礼。"说着走到堂下，直入篷内行礼，各官员都跟着他前进，老规矩于是得以恢复。范希阳退到门外，和各官员行礼道别，并不谈及刚才所发生的事。

冯评：忍辱居士说：假使范希阳在众人聚集门前即将拜见时，先与各官员商议，则一定有人赞同附和，也一定有人心中害怕说不行，又有人会露出为难的神情不敢向前，怎么会随着范希阳一起上前呢？他们都随着上前，是见了范希阳上前而不自觉跟进的。又假使范希阳在出门以后庆幸老规矩恢复了，一定有人说他自夸，有人向各级上司去打小报告，即使巡抚知道这件事，也会不高兴。怎么就做到恢复旧例而使在上位者不知道呢？不知道，是由于范希阳突然进行这件事，而以后的人也将他的做法当成了惯例。唉！这虽是一件小事，但我知道他是一个强毅而有见识的人。

163. 牛 弘

奇章公牛弘有弟弼，好酒而酗。尝醉，射杀弘驾车牛。弘还宅，妻迎谓曰："叔射杀牛。"弘直答曰："可作脯。"

冷然一语，扫却妇人将来多少唇舌！睦伦者当以为法。

【译文】

隋朝奇章郡公牛弘有个弟弟牛弼，酗酒成性，有次喝酒醉了，射杀牛弘驾车的牛。牛弘回家时，妻子迎上来说："小叔射杀了家里的牛。"牛弘回答说："可以用来做肉干。"

冯评：冷冷的一句话，扫除妇人将来多少闲言闲语，希望家庭和谐的人应以此为法。

164. 明 镐

　　明镐为龙图阁直学士，知并州时，边任多纨绔子弟，镐乃取尤不职者杖之，疲软者皆自解去，遂奏择习事者守堡砦。军行，娼妇多从者，镐欲驱逐，恶伤士卒心。会有忿争杀娼妇者，吏执以白，镐曰："彼来军中何邪？"纵去不治，娼闻皆走散。

　　不伤士卒心，而令彼自散，以此驭众，何施不可，宁独一事乎？

【译文】

　　北宋明镐为龙图阁直学士，任并州知州时，边境上官员有很多纨绔子弟，明镐就捉其中特别不称职的来处以杖刑，其他工作不力的都自己离去。于是奏报朝廷，选择熟习军事的人防守城寨。军队出发时，很多娼妓都跟着，明镐想驱逐她们，又怕伤了士兵的心。当时正好发生纷争，有士兵杀了娼妇，小吏捉来报告，明镐说："她们来军中做什么？"就放了杀人的士卒不治罪。娼妓听了都纷纷离去。

　　冯评：不伤士卒的心，又令娼妇自行离去，用这手段来驾驭众人，放在什么事上不行，岂止在一件事上有用？

卷四　迎刃

危峦前厄，洪波后沸。人皆棘手，我独掉臂。

动于万全，出于不意。游刃有余，庖丁之技。集《迎刃》。

——【解说】——

险峻的山峰在前方挡路，汹涌的波涛在后面翻滚。人人都感棘手难办，我却奋发独力拼搏。有着十分的把握再出手，出其不意就掌握主动；游刃有余，那就是庖丁解牛的神奇技艺。

这一卷讲的都是把握时机解决困难的故事，名为《迎刃》。

165. 子　产

郑良霄既诛，国人相惊，或梦伯有（良霄字），介而行，曰："壬子余将杀带，明年壬寅余又将杀段！"驷带及公孙段果如期卒，国人益大惧。子产立公孙泄（泄，子孔子，孔前见诛）及良止（良霄子），以抚之，乃止。子太叔问其故，子产曰："鬼有所归，乃不为厉。吾为之归也。"太叔曰："公孙何为？"子产曰："说也。"（以厉故立后，非正，故并立泄，比于继绝之义，以解说于民）

【译文】

春秋时，郑国大夫良霄被国人杀了之后，国人都极为恐惧，有人梦见良霄披甲而行，说道："壬子我将杀驷带，明年壬寅，我又将杀公孙段。"驷带及公孙段果然如期死亡，国人更加恐惧。子产于是立公孙泄（子孔的儿子。子孔先前被杀）及良止（良霄的儿子）为大夫来安抚，厉鬼就不再出现了。太叔问他为什么这么做，子产说："鬼就是灵魂有所归宿，这样才不会作祟，我让他们有所归宿。"太叔说："为什么要立公孙泄呢，子孔并未作祟呀？"子产说："那是给个说法。"（因为鬼魂作祟而立其后，不合道理，所以同时立公孙泄，这样可以找个继绝的借口，以便给百姓一个说法）

166. 田叔 二条

梁孝王使人刺杀故相袁盎。景帝召田叔案梁，具得其事，乃悉烧狱词，空手还报。上曰："梁有之乎？"对曰："有之。""事安在？"叔曰："焚之矣。"上怒，叔从容进曰："上无以梁事为也。"上曰："何也？"曰："今梁王不伏诛，是汉法不行也。如其伏法，而太后食不甘味，卧不安席，此忧在陛下也。"于是上大贤之，以为鲁相。

叔为鲁相，民讼王取其财物者百余人。叔取其渠率二十人，各笞五十，余各搏二十，怒之曰："王非汝主耶？何敢言！"鲁王闻之，大惭，发中府钱，使相偿之。相复曰："王使人自偿之。不尔，是王为恶而相为善也。"又王好猎，相常从，王辄休相出就馆舍。相出，常暴坐待王苑外，王数使人请相休，终不休，曰："我王暴露，我独何为就舍？"王以故不大出游。

洛阳人有相仇者，邑中贤豪居间以十数，终不听，往见郭解。解夜见仇家，仇家曲听解。解谓曰："吾闻洛阳诸公居间，都不听。今子幸听解，解奈何从他邑夺贤士大夫权乎？"径夜去，属曰："俟我去，令洛阳豪居间。"事与田叔发中府钱类。王祥事继母至孝，母私其子览而酷待祥。览谏不听，每有所虐使，览辄与祥俱，饮食必共，母感动，均爱焉。事与田叔暴坐待王类。

【译文】

西汉梁王派人刺杀原丞相袁盎。景帝令田叔去调查，田叔查清案情后，将所有供词案卷全部烧毁，空手回报景帝。景帝说："是梁王派人刺杀袁盎吗？"田叔回答："是。""纪录在哪里"田叔说："烧了。"景帝很生气。田叔从容地说："皇上不必追究梁王的事。"景帝问："为什么？"田叔说："现在根据案情，梁王不处死，是大汉的法令不能实行。如果处死梁王，那太后就寝食难安，这可是陛下的忧患。"于是景帝非常赏识田叔，任命田叔为鲁相。

田叔任鲁相后，有一百多个百姓控诉鲁王夺取他们的财物，田叔拿下为首的二十人，各鞭打五十，其余的打二十，很生气地说："大王不是你们的主上吗？怎么前来控诉！"鲁王知道了非常惭愧，就拿出王府中的钱要田叔去偿还。田叔又说："大王自己派人去偿还。不然，是王做坏事而相做好事。"此外，鲁王喜好打猎，田叔常跟随着，鲁王就让田叔去馆舍休息，田叔出来后就在围场外露天坐着等候。鲁王屡次派人请他进馆休息，田叔始终不肯休息。他说："大王暴露于野外，我怎么可以自己进馆舍休息？"鲁王因此不大出游打猎。

冯评：洛阳有人互相仇视，城中贤士豪杰从中调解了十来回，始终不肯听，于是去见郭解。郭解连夜去拜访仇家，仇家忍着委屈接受了郭解的劝导，同意调解。郭解对他们说："我听说洛阳诸贤者从中调解，你们都不肯听，现在你们听了我的话，我怎么以一个外乡人夺走这些贤士的权力呢？"于是当夜就离去，临走时嘱咐说："等我离去，让洛阳的贤士从中调解。"这件事和田叔处理王府的钱相类似。王祥侍奉继母非常孝顺，但是继母偏袒自己亲生儿子王览而虐待王祥。王览屡次劝谏母亲都不听，于是凡有虐待王祥的事，王览就一起承受，饮食都与他相同。继母后来深受感动，于是对王祥与王览同等爱护。这件事和田叔在野外露天等鲁王的事相类似。

167. 主父偃

汉患诸侯强，主父偃谋令诸侯以私恩自裂地，分其子弟，而汉为定其封号，汉有厚恩而诸侯渐自分析弱小云。

【译文】

汉朝王室忧虑诸侯势力过于强大，主父偃定计让诸侯将土地分封给自己的子弟，而由朝廷定其封号。于是朝廷对诸侯有厚恩，而诸侯的实力则因分封土地而趋于弱小。

168. 裴光庭

张说以大驾东巡，恐突厥乘间入寇，议加兵备边，召兵部郎中裴光庭谋之。光庭曰："封禅，告成功也，今将升中于天而戎狄是惧，非所以昭盛德也。"说曰："如之何？"光庭曰："四夷之中，突厥为大。比屡求和亲，而朝廷羁縻未决许也。今遣一使，征其大臣从封泰山，彼必欣然承命。突厥来，则戎狄君长无不皆来，可以偃旗卧鼓，高枕有余矣。"说曰："善！吾所不及。"即奏行之。遣使谕突厥，突厥乃遣大臣阿史德颉利发入贡，因扈从东巡。

【译文】

唐朝张说因天子即将东行封禅泰山，恐怕突厥会乘隙入侵，考虑在边境上加强兵备，就请兵部郎中裴光庭来一起商议。裴光庭说："封禅是向上天报告治理成功的仪式，现在皇帝正要去报告成功，却一面还惧怕戎狄，实在不是显示盛德的做法。"张说说："那怎么办？"裴光庭说："四夷之中，突厥最强大，当初他们屡次要求和亲，而朝廷一直拖延没有同意。现在如果派一个使者，去请突厥的大臣跟皇上一起去泰山封禅，他们一定欣然受命。突厥大臣来了，其他戎狄的君长没有不跟着来的，如此就可以偃旗息鼓，高枕无忧了。"张说说："很好！我没你想得远。"就奏请皇帝派使者去通告突厥，突厥派大臣阿史德颉利发入贡，因而跟随天子东巡。

169. 崔祐甫

德宗即位，淄青节度李正己表献钱三十万缗。上欲受，恐见欺；却之，则无词。宰相崔祐甫请遣使慰劳淄青将士，因以正己所献钱赐之，使将士人人戴上恩，诸道知朝廷不重财货。上从之，正己大惭服。

神策军使王驾鹤，久典禁兵，权震中外。德宗将代之，惧其变，以问崔祐甫。祐甫曰："是无足虑。"即召驾鹤，留语移时，而代者白志贞已入军中矣。

【译文】

唐德宗即位之后，淄青节度使李正己献钱三十万缗。德宗想接受又怕受骗，想推辞又没有理由。宰相崔祐甫奏请德宗派使者去慰劳淄青的将士，借此将李正己所献的钱赏赐给将士们，使将士们都感激皇帝的恩德，也使各道知道朝廷不看重财货。德宗依此行事，李正己大为惭愧且心服。

神策军使王驾鹤担任禁军首领很长时间了，权势威震中外。唐德宗想派人顶替他的职位，又怕他作乱，因而问崔祐甫。崔祐甫说："这件事不值得忧虑。"崔祐甫就请王驾鹤前来谈话，拖延了很长时间，而顶替王驾鹤的白志贞已进入军中了。

170. 王 旦 三条

马军副都指挥使张旻被旨选兵，下令太峻，兵惧，谋为变。上召二府议之，王旦曰："若罪旻，则自今帅臣何以御众？急捕谋者，则震惊都邑。陛下数欲任旻以枢密，今若擢用，使解兵柄，反侧者当自安矣。"上谓左右曰："旦善处大事，真宰相也！"

借一转以存帅臣之体，而徐议其去留，原非私一旻也。

契丹奏请岁给外别假钱币。真宗以示王旦，公曰："东封甚迫，车驾将出，以此探朝廷之意耳。可于岁给三十万物内各借三万，仍谕次年额内除之。"契丹得之大惭。次年复下有司："契丹所借金帛六万，事属微末，仰依常数与之，今后永不为例。"

冯述评：不借则违其意，徒借又无其名，借而不除则无以塞侥幸之望，借而必除又无以明中国之大，如是处分方妥。

西夏赵德明求粮万斛，王旦请敕有司具粟百万于京师，而诏德明来取。德明大惭，曰："朝廷有人。"乃止。

【译文】

北宋马军副都指挥使张旻受旨选兵，下令太严，士卒恐惧，想谋反叛乱。皇帝召中书省、枢密院的大臣一起来商议。王旦说："如果怪罪张旻，那从今往后的帅臣还怎么带兵？如果紧急抓捕谋反的人，则会震惊全城。陛下屡次想任命张旻为枢密使，现在利用这个机会任用他，除去他的兵权，想谋反的士卒也就安心了。"皇帝对左右的人说："王旦善于处理大事，是真宰相！"

冯评：王旦借一个调任，保存了帅臣的体面，再缓缓商议他的去留，并不是对张旻一人的偏私。

契丹奏请朝廷每年除了常规的岁给以外，再另外借一些钱，真宗将此拿给王旦看。王旦说："皇上东巡封禅在即，车驾即将出发，他们是利用这件事来刺探朝廷的意向。皇上可以在岁给的三十万内借三万钱给契丹，告诉他们在第二年的赠额中扣除。"契丹得到这个结果觉得很惭愧。第二年，真宗又命令有关官吏："去年契丹所借的六万，实属小事，仍依往常的数目赠送，不必扣除，但下不为例。"

冯评：不借则违逆契丹的心意，白借又没有名义，借而不扣还则无法堵塞侥幸者的欲望，借而必定扣还又无法显示中国的大度。这种处理最为妥当。

西夏赵德明要求粮食一万斛，王旦奏请皇帝下令有关官吏准备一百万斛粟米于京师，而让赵德明自己来取。赵德明很惭愧，说："朝廷中有人啊。"这事就这样过去了。

171. 严可求

烈祖辅吴，四方多垒，虽一骑一卒，必加姑息。然群校多从禽，聚饮近野，或骚扰民庶。上欲纠之以法，而方借其材力，思得酌中之计，问于严可求。求曰："无烦绳之，易绝耳。请敕泰兴、海盐诸县，罢采鹰鹯，可不令而止。"烈祖从其计，期月之间，禁校无复游墟落者。

【译文】

南唐烈祖李昇辅政于吴，四方边境战事不断，即使是一骑一卒也要宽容对待。然而很多军校经常去打猎，在近郊聚饮，有时还骚扰民众。李昇想以法令来改变这种情况，但正需借重他们的才力，不想得罪他们，想要一个两全其美的办法，就问严可求。严可求说："无须以法制裁，很容易断绝此事。请命令泰兴、海盐各县停止采购鹰鹯，此事自然就止息了。"李昇依计而行，一个月之间，军校再没有去民间打猎的。

172. 陈 平

燕王卢绾反，高帝使樊哙以相国将兵击之。既行，人有短恶哙者，高帝怒，曰："哙见吾病，乃几吾死也！"用陈平计，召绛侯周勃受诏床下，曰："平乘驰传，载勃代哙将。平至军中，即斩哙头！"二人既受诏行，私计曰："樊哙，帝之故人，功多，又吕后女弟女媭夫，有亲且贵。帝以忿怒故欲斩之，即恐后悔（边批，精细），宁囚而致上，令上自诛之。"平至军，为坛，以节召樊哙。哙受诏节，即反接载槛车诣长安，而令周勃代，将兵定燕。平行，闻高帝崩，平恐吕后及吕媭怒，乃驰传先去。逢使者，诏平与灌婴屯于荥阳。平受诏，立复驰至宫，哭殊悲，因奏事丧前。吕太后哀之，曰："君出休矣。"平因固请，得宿卫中，太后乃以为郎中令，曰："傅教帝。"是后吕媭谗乃不得行。

谗祸一也，度近之足以杜其谋，则为陈平；度远之足以消其忌，则又为刘琦。宜近而远，宜远而近，皆速祸之道也。刘表爱少子琮，琦惧祸，谋于诸葛亮，亮不应。一日相与登楼，去梯，琦曰："今日出君之口，入吾之耳，尚未可以教琦耶？"亮曰："子不闻申生在内而危，重耳在外而安乎？"琦悟，自请出守江夏。

【译文】

燕王卢绾造反，汉高祖派樊哙以相国的身份出兵讨伐。出发之后，有人说樊哙的坏话。高祖很生气地说："樊哙见我病重，希望我快点死。"就用陈平的计策，召来绛侯周勃在床前接受诏命："陈平和周勃即刻乘加急驿车赶到军中，由周勃代替樊哙的职位。陈平到后，即刻将樊哙斩首。"二人受命而行，私下商量说："樊哙是皇上的故交，立功多，又是吕后妹妹吕媭的丈夫，既是皇亲又有地位。皇上一时忿怒所以想杀他，恐怕以后会后悔（边批，精细）。情愿把他捉来交给皇上，让皇上自己去杀。"陈平到军中，就先筑坛，再以天子使节召樊哙。樊哙受召，随即受缚押入囚车送往长安，而令周勃代理军事，率兵平定燕乱。陈平在路上听说高祖驾崩，怕吕后及吕媭生气，就乘加急驿车先走，路上遇到使者传诏令，命陈平与灌婴屯兵荥阳。陈平接了诏令，立刻亲自赶到宫中，哭得很悲伤，并把事情经过在灵前奏报。吕后很哀伤，说："你很辛苦，出去休息吧。"陈平坚决请求留在宫中守护，太后就命他为郎中令，并命令他做新皇帝的老师。此后吕媭对他的谗言就无法生效。

冯评：同样是遭到谗言的祸害，估计靠近可以挫败对手的计划，这是陈平的做法；估计远离可以消除人主的猜忌，这是刘琦的做法。该近而远，该远而近，都是招祸的做法。刘表喜爱小儿子刘琮，长子刘琦怕灾祸临身，便找诸葛亮商量，诸葛亮不回答。有一天，两人一起登楼。上楼之后，刘琦让人拿掉梯子，对诸葛亮说："现在从您口中说出的话，只进入我的耳朵，这样还不能教我吗？"诸葛亮说："你没听说过申生在内遭遇危险，重耳在外安然无恙吗？"刘琦明白了，自己请求去镇守江夏。

173. 宋太祖 曹 彬

唐主畏太祖威名，用间于周主。遣使遗太祖书，馈以白金三千。太祖悉输之内府，间乃不行。

周遣阁门使曹彬以兵器赐吴越，事毕亟返，不受馈遗。吴越人以轻舟追与之，至于数四，彬曰："吾终不受，是窃名也。"尽籍其数，归而献之。后奉世宗命，始拜受，尽以散于亲识，家无留者。

不受，不见中朝之大；直受，又非臣子之公。受而献之，最为得体。

【译文】

南唐国主畏惧后周重臣赵匡胤的威名，就对后周世宗使用离间计。他派使者送信给太祖，并赠送白银三千两。赵匡胤把这些银两都送进内廷的仓库，离间之计于是行不通。

后周派阁门使曹彬送兵器给吴越，事情办完后立刻回国，不接受馈赠。吴越人用轻舟追上来一定要送给他，这样反复了几次。曹彬说："我再不接受就是矫情沽名了。"于是把吴越所送的礼物全部登记下来，回来献给世宗。后来又奉世宗之命才拜受了，但仍然全拿出来分送给亲戚朋友，家中一点都不留。

冯评：不接受就不能表现中原王朝的大气，直接接受则有失臣子的大公无私。接受下来再献给朝廷，是最得体的方法。

174. 拒高丽僧　焚西夏书

高丽僧寿介状称"临发日，国母令赍金塔祝寿"。东坡见状，密奏云："高丽苟简无礼，若朝廷受而不报，或报之轻，则夷虏得以为词；若受而厚报之，是以重礼答其无礼之馈也。臣已一面令管勾职员退还其状，云：'朝廷清严，守臣不敢专擅奏闻。'臣料此僧势不肯已，必云本国遣来献寿，今兹不奏，归国得罪不轻。臣欲于此僧状后判云：'州司不奉朝旨，本国又无来文，难议投进，执状归国照会。'如此处分，只是臣一面指挥，非朝廷拒绝其献，颇似稳便。"

范仲淹知延州，移书谕元昊以利害，元昊复书悖慢。仲淹具奏其状，焚其书，不以上闻。夷简谓宋庠等曰："人臣无外交，希文何敢如此？"宋庠意夷简诚深罪范公（边批：无耻小人），遂言"仲淹可斩"。仲淹奏曰："臣始闻虏悔过，故以书诱谕之。会任福败，虏势益振，故复书悖慢。臣以为使朝廷见之而不能讨，则辱在朝廷，故对官属焚之；使若朝廷初不闻者，则辱专在臣矣。"杜衍时为枢密副使，争甚力，于是罢庠知扬州（边批：羞杀），而仲淹不问。

【译文】

高丽僧寿介呈递奏状说："出发来华当天，国母命令他带金塔来向宋朝太后及皇帝祝寿。"苏东坡看了奏状，秘密禀奏道："高丽简慢无礼，如果朝廷接受而不回报，或报酬太轻，则给了高丽埋怨的口实；如果接受而回报太丰厚，则是用重礼酬答无礼的馈赠。臣已一面命令主管的官员退还奏状，说，'我国朝廷清明严正，地方官不敢擅自奏报。'臣预料这个和尚一定不肯罢休，必然说本国派他来献寿礼，现在不为他奏报，回国后必定受到重罚。臣想在和尚的奏状后面批：'州官没有受到朝廷的圣旨，贵国又没有正式公文送来，难以呈报。请你拿此状回国照会吧。'这样处理，只是臣一人出面作主，不是朝廷拒绝他的献礼，似乎比较稳妥。"

范仲淹任延州知州，写信给赵元昊，晓以利害。赵元昊回信态度傲慢，范仲淹将此事奏上，而将赵元昊的回信烧了，没有进呈。吕夷简对宋庠等人说："人臣无外交，范仲淹（字希文）怎敢如此？"宋庠估计吕夷简是深深怪罪范仲淹，就说范仲淹该斩。范仲淹奏道："臣起初听说元昊悔过，所以写信诱导告诫他。后来正好遇到任福战败，元昊气势大振，所以回信态度傲慢。臣认为假使朝廷看到这封信而不能去讨伐，则羞辱在朝廷，所以当着同仁的面烧掉，表明朝廷是不知道这件事的，那羞辱只在臣个人了。"杜衍当时任枢密副使，据理力争，于是宋庠被贬为扬州知州，而对范仲淹则不再追究。

175. 张方平

元昊既臣，而与契丹有隙，来请绝其使。知谏院张方平曰："得新附之小羌，失久和之强敌，非计也。宜赐元昊诏，使之审处，但嫌隙朝除，则封册暮下，于西、北为两得矣。"时用其谋。

【译文】

西夏元昊臣服以后，因与契丹有矛盾，便来请求宋朝拒绝契丹的使者。知谏院张方平说："得到新近归附的弱小势力，而失去和平相处很久的强敌，绝非善策。应赐予元昊诏令，要他审慎处理，只要仇怨一解除，给西夏的封赏立刻送到，这样对西夏、契丹两国都是合适的！"当时采用了这个谋略。

176. 秦 桧

建炎初，虏使讲和，云："使来，必须百官郊迎其书。"在廷失色。秦桧恬不为意，尽遣部省吏人迎之。朝见，使人必要褥位，此非臣子之礼。是日，桧令朝见，殿廷之内皆以紫幕铺满，北人无辞而退。

【译文】

建炎初年，金人派遣使者来讲和，说："使者来时，宋朝必须让百官到郊外迎接和议书。"朝廷百官大惊失色，秦桧却安然不以为意，把各级官吏全派去迎接。朝见时，金使要求必须在座位铺上锦褥，这是不合礼节的要求。到了那一天，秦桧命令朝见，殿廷内全部铺满紫色的帘幕。使者遂无话可说，退下了。

177. 吴时来

嘉靖时，倭寇发难，郎、土诸路兵援至。吴总臣计犒逾时，众大噪。及至松江，抚臣属推官吴时来除备。时来度水道所由，就福田禅林外立营，令土官以兵至者，各署部伍，舟人导之入，以次受犒，惠均而费不冗，诸营帖然。客兵素犷悍，剽掠即不异寇。时来用赞画者言，为好语结其寇长，缚治之，迄终事无敢犯者。

按：时来在松御倭，历有奇绩。寇势逼甚，士女趋保于城者万计。或议闭关拒之，时来悉纵人择闲旷地舍之。又城隘民众，遂污蒸而为疫。时来乃四启水关，使输薪谷者因其归舟载秽滞以出。明年四月，寇猝至攻城，雨甚，城崩西南隅十余丈，人情汹汹。时来尽撤屯戍，第以强弩数十扼其冲。总臣以为危，时来曰："淖泞彼安能登？"果无恙。时内徙之民薄城而居，类以苫盖，时来虑为火箭所及，亟撤之而阴识其姓名于屋材，夜选卒运之城外，以为木栅，扞修城者。卒皆股栗不前，时来首驰一骑出南门，众皆从之，平明栅毕，三日而城完。复以栅材还为民屋，则固向所识也。贼知有备，北走，时来建议决震泽水，断松陵道。贼至平望，阻水不得进，我兵尾而击之，斩首三千余，溺死无算。此公文武全才，故备载之。

【译文】

明嘉靖年间，倭寇入侵，郎、土诸路援军来到。苏州总臣俞大猷安排犒赏超过了时间，众兵喧噪不已。军队到了松江，巡抚的推官吴时来负责接待。吴时来估算水路里程，在福田禅林外安营，命令土司将部队带到，各自安置好自己的队伍，由船夫引导进入，依次接受犒赏，施与数量平均而不浪费，每个营队都很服贴。这些客兵向来彪悍，其抢劫掠夺无异于倭寇。吴时来听从幕僚的建议，好言结交他们的酋长，将其绑了治罪，直到战争结束没有敢犯事的。

　　冯评：吴时来在松江抵御倭寇时，有许多奇特的功迹。倭寇逼迫得很紧时，有上万百姓逃到城里来寻求保护。有人建议关城门拒绝接纳，吴时来则放任他们选择空旷的地方建屋子安顿。因为城区狭隘，人口众多，污秽之气蒸腾形成疫疠，吴时来就将四门水闸打开，让运送木柴粮食的船只回去时顺便运走垃圾秽物。第二年四月，倭寇突然攻城。雨下得很大，西南角的城墙崩坏十余丈，人心惶恐。吴时来撤走所有的戍守兵卒，只用数十个强弩手扼守要冲。总兵认为很危险，吴时来说："泥淖之地，贼兵怎可能爬上来？"果然没有发生什么事。当时迁进城里避难的百姓都在近城墙处居住，搭盖的都是草屋，吴时来担心他们被火箭射到，立刻要他们搬迁，而暗中把他们的姓名记在门板屋材上，夜里选派士卒运到城外做栅栏以修理城墙。士卒都恐惧不前，吴时来首先骑马驰出南门，众兵都跟着他前进，黎明时分栅栏就建好了，三天后城墙也修复了，于是把木材再还给人民建房屋，依着先前做的记号。倭寇情知城中有备而北走，吴时来建议将太湖水决口，阻断松陵道。倭寇到了平望，被大水阻断，无法前进。吴时来再命军队趁机追击，杀了三千多人，溺死的更无法计算。吴时来这个人真是文武全才，所以详加记述。

178. 陈希亮等　四条

　　于阗使者入朝，过秦州，经略使以客礼享之。使者骄甚，留月余，坏传舍什器，纵其徒入市掠饮食，民户皆昼闭。希亮闻之，曰："吾尝主契丹使，得其情。使者初不敢暴横，皆译者教之。吾痛绳以法，译者惧，其使不敢动矣。况此小国乎！"乃使教练使持符告译者曰："入吾境有秋毫不如法，吾且斩若！"取军令状以还。使者至，罗拜庭下。希亮命坐两廊，饮食之，护出其境，无一人哗者。

　　高丽入贡，使者凌蔑州郡。押伴使臣皆本路管库，乘势骄横，至与钤辖亢礼。时苏轼通判杭州，使人谓之曰："远方慕化而来，理必恭顺。今乃尔暴恣，非汝导之不至是。不悛，当奏之！"押伴者惧，为之小戢。使者发币于官吏，书称甲子，公却之，曰："高丽于本朝称臣而不禀正朔，吾安敢受？"使者亟易书称熙宁，然后受之。

　　国朝北方也先，杀其主脱脱不花，自称大元田盛大可汗，遣使入贡。上命群臣议所以称之者。礼部郎中章纶言："可汗，乃戎狄极尊之号，今以号也先则非宜。若止称太师，恐为之惭忿，犯我边邮。宜因其部落旧号，称为瓦剌王，庶几得体。"从之。

大同猫儿庄，本北虏入贡正路。成化初年，使有从他路入者，上因守臣之奏，许之。礼部姚文敏公夔奏请宴赏一切杀礼。虏使不悦。姚谕之云："故事迤北使臣进贡，俱从正路，朝廷有大礼相待。今尔从小路来，疑非迤北头目，故只同他处使臣。"虏使不复有言。

【译文】

于阗使者入朝，经过秦州，经略使（掌管一路民兵之事的官吏）以客礼待他。使者非常骄横，停留一个多月，把旅舍的器具毁坏了，又放纵他的随从进入市区抢夺食物，人民连白昼都关闭门户。陈希亮知道了，就说："我曾招待契丹使者，了解这种情况。使者最初是不敢暴横的，都是翻译的人教他的。我狠狠地绳之以法，翻译的人害怕，使者就不敢乱来了。契丹都如此了，何况是于阗这种小国家？"于是就派教练使拿着信物去告诉翻译的人说："进入我国境内，如果有丝毫不守法，我就将你处斩。"拿着他们签的军令状回来了。使者到达后，罗列于庭下拜见。陈希亮命令他们分两边坐下，招待他们饮食，再护送他们出境，始终没有一个人敢喧哗闹事。

高丽入贡，使者侮蔑州郡的接待人员。押伴使臣都是本路管库，乘势蛮横无礼，甚至与钤辖分庭抗礼。当时苏轼任杭州通判，就派人对他们说："远方的人仰慕中华文明教化而来，按理应恭敬谦顺。而今如此凶暴放肆，若非你们引导不至如此。再不悔改，就奏报朝廷！"押伴使臣害怕了，稍微收敛了些。高丽使者送礼物给官吏，文书以干支记年。苏轼退还，说："高丽对本朝称臣，却不奉行我中华正朔，我怎么敢接受？"使者立刻改写熙宁年号，苏轼才接受了。

明朝北方胡虏也先杀了他的主上脱脱不花，自称大元田盛大可汗，派遣使者入贡。皇帝命令群臣商议如何称呼他。礼部郎中章纶说："可汗是戎狄极尊贵的称号，现在用来称呼也先不适当。如果只称呼太师，又怕他们生气，来侵犯我国边境。应该根据他们部落的旧号称呼瓦剌王，比较得体。"皇帝采纳了他的建议。

大同猫儿庄本是北方胡虏入贡的正路。明宪宗成化初年，有使者从其他路线进入，宪宗接到守臣的奏报，准许他们进入。礼部尚书姚夔（谥文敏）奏请将一切宴赏的礼节降级。使者很不高兴，姚夔告诉他说："按惯例北方使臣进贡都从正路走，朝廷以隆重的礼节接待。现在你从小路来，被怀疑不是北方使臣，所以只以其他地方的使臣礼节来款待。"使者无话可说。

179. 苏子容

苏公子容充北朝生辰国信使，在虏中遇冬至。本朝历先北朝一日，北朝问公孰是。公曰："历家算术小异，迟速不同。如亥时犹是今夕，逾数刻即属子时，为明日矣。或先或后，各从本朝之历可也。"虏人深以为然，遂各以其日为节庆贺。使还奏，上喜曰："此对极中事理。"

【译文】

苏颂（字子容）担任北朝生辰国信使，在辽国境内遇到冬至。宋朝的历法比辽国早一日，辽人就问苏颂哪一种历法正确。苏颂说："历算家的算法小有差异，迟速不同。如亥时还是今天，过数刻就属子时，成了明天了。或先或后，各照自己的历法就可以了。"辽人认为他说得很对，于是各按自己的节日庆祝。苏颂回来禀奏皇帝，皇帝高兴地说："这样回答很合事理。"

180. 马 默

宋制：沙门岛罪人有定额，官给粮者才三百人，溢额则粮不赡，且地狭难容。每溢额，则取其人投之海中。寨主李庆一任，至杀七百余人。马默知登州，痛其弊，更定配海岛法，建言："朝廷既贷其生矣，即投之海中非朝廷本意。今后溢额，乞选年深、自至配所不作过人移登州。"神宗深然之，即诏可，著为定制，自是多全活者。默无子，梦东岳使者致上帝命，以移沙门岛罪人事，特赐男女各一。后果生男女二人。

【译文】

宋朝的规矩：沙门岛监禁的犯人有定额，官府供给粮食限定三百人，人数超过时粮食就不够用了，而且沙门岛地方狭小，人多了就难以容纳。每当人数超过限额，就把人投入海中。寨主李庆（管押犯人的主管官）一任就杀了七百多人。马默任登州知州时，痛恨这种弊端，重订配海岛法，建议："朝廷既然给他们生路，那么把他们投入海中就不是朝廷的本意。今后凡是有超额，请选那些到配所年代久，且没有继续犯错的人移送到登州（今蓬莱岛）。"神宗皇帝觉得有道理，就批准了，此后成为定制。从此保全了很多人性命。马默本来没有孩子，后来梦见东岳使者传达上帝的命令，因为移送沙门岛犯人的事，特别赐他儿女各一。后来果然生了一男一女。

181. 于 谦

永乐间，降虏多安置河间、东昌等处，生养蓄息，骄悍不驯。方也先入寇时，皆将乘机骚动，几至变乱。至是发兵征湖、贵及广东、西诸处寇盗。于肃愍奏遣其有名号者，厚与赏犒，随军征进。事平，遂奏留于彼。于是数十年积患，一旦潜消。

用郭钦徙戎之策而使戎不知，真大作用。

【译文】

明永乐年间，投降的胡虏多安置在河间、东昌等地，生养繁衍，桀骜不驯。正值也先入寇，他们都想乘机作乱，几乎演变成祸害。这时朝廷将出兵征讨湖广、贵州及广东、广西各地的强盗，于谦（谥肃愍）于是建议派那些有名号的胡虏随军征战，多给他们一点犒赏。叛乱平定后，于谦又奏请将他们留在该地。这样，数十年来所累积的忧患，一旦解除。

冯评：于谦用郭钦迁徙戎人之策而使戎人毫无所知，真是大手笔。

182. 李 贤

法司奏，石亨等既诛，其党冒夺门功升官者数千人，俱合查究。上召李贤曰："此事恐惊动人心。"贤曰："朝廷许令自首免罪，事方妥。"于是冒功者四千余人，尽首改正。

【译文】

明朝司法官员禀奏：石亨等人已经伏法被杀，他的党徒假冒参与夺门有功劳而升官的却有数千人之多，都应该查办。皇帝召见李贤说："这种事恐怕惊动人心。"李贤说："朝廷下令准许自首的人无罪，这样事情才能妥贴。"于是冒领功劳的四千多人都自首改正了。

183. 王 琼

武宗南巡还，当弥留之际，杨石斋（廷和）已定计擒江彬。然彬所领边兵数千人为彬爪牙者，皆劲卒也。恐其仓卒为变，计无所出，因谋之王晋溪。晋溪曰："当录其扈从南巡之功，令至通州听赏。"于是边兵尽出，彬遂成擒。

【译文】

明武宗巡幸南方回来，病重弥留之际，杨廷和已计划好要捕江彬。然而江彬所率领防守边境的士兵数千人都是江彬的爪牙，实力非常强大，恐怕他们在仓促之间发生变乱。杨廷和想不出办法，就找王琼（号晋溪）商议。王琼说："应封赏他们随从皇上南巡有功，命令他们到通州去领赏。"于是这些士兵都离开去领赏，江彬就被抓了起来。

184. 刘大夏 张居正

庄浪土帅鲁麟为甘肃副将，求大将不得，恃其部落强，径归庄浪，以子幼请告。有欲予之大将印者，有欲召还京予之散地者。刘尚书大夏独曰："彼虐，不善用其众，无能为也。然未有罪，今予之印，非法；召之不至，损威。"乃为疏，奖其先世之忠，而听其就闲。麟卒怏怏病死。

黔国公沐朝弼犯法当逮。朝议皆难之，谓朝弼纲纪之卒且万人，不易逮，逮恐激诸夷变。居正擢用其子，而驰单使缚之，卒不敢动。既至，请贷其死，而锢之南京，人以为快。

奖其先则内愧，而怨望之词塞；擢其子则心安，而巢穴之虑重。所以罢之锢之，唯吾所制。

【译文】

庄浪卫的土帅鲁麟是甘肃的副将，想当大将而不获准许，仗着自己的部落强大，就自行回庄浪去了，以儿子幼小为借口请辞。朝中的官吏有人主张封他为大将，也有人主张召他回京城封他闲散土地。只有刘尚书大夏说："鲁麟性情残暴，不善于调用他的部下，没什么用处。然而他并没有犯罪，现在给他大将印信不合法，召他而不来则有损朝廷的威严。"刘大夏于是上疏，褒奖鲁麟祖先的忠诚，而听任他闲居。鲁麟终于郁郁不乐而病死。

明朝黔国公沐朝弼犯法，应当逮捕。朝廷中的官员商议下来觉得很为难，说沐朝弼所辖的士卒一万多人不容易逮捕，去逮恐怕引起蛮夷变乱。张居正任用沐朝弼的儿子，然后派人去捉他，士卒都不敢动。捉到沐朝弼后，张居正奏请天子宽赦他死罪而禁锢在南京，人们都觉得很痛快。

冯评：褒奖鲁麟的祖先使他内心愧疚而无从发出抱怨的言词，提拔沐朝弼的儿子使他心安而对巢穴的顾虑加重。因此罢黜他、禁锢他，全都由我控制。

185. 刘　坦

坦为长沙太守，行湘州事。适王僧粲谋反，湘部诸郡蜂起应之，而前镇军钟玄绍者潜谋内应，将克日起。坦侦知之，佯为不省，如常理讼。至夜，故开城门以疑之。玄绍不敢发。且诣坦问故，坦久留与语，而密遣亲兵收其家书（边批：已知确有其书，故收亦以塞其口，非漫遣也）。玄绍尚在坐，收兵还，具得其文书本末，因出以质绍。绍首伏，即斩之，而焚其书以安余党，州部遂安。

【译文】

南北朝的刘坦任长沙太守，负责湘州事务。当时正逢王僧粲谋反，湘州各郡群起响应。前镇军钟玄绍暗地计划内应，也将按约定日期起兵。刘坦侦查清楚了，却假装不知道，照常处理讼案。晚上故意打开城门作疑兵之计。钟玄绍不敢起兵。第二天一早，钟玄绍找刘坦问情况，刘坦故意留他谈了很久，却私下派亲兵去收缴钟玄绍的家书。钟玄绍还在座，收书的士兵已经回来，且从文书中了解到了事情本末，刘坦就拿出书来质问钟玄绍。钟玄绍俯首认罪，随即被处斩。刘坦烧掉文书以安定余党，湘州于是平安无事。

186. 张忠献

叛将范琼拥兵据上流，召之不来，来又不肯释兵，中外汹汹。张忠献与刘子羽密谋诛之。一日遣张俊以千人渡江，若捕他盗者。因召琼、俊及刘光世诣都堂计事，为设饮食。食已，相顾未发，子羽坐庑下，恐琼觉事中变，遽取黄纸，执之趋前，举以麾琼曰："下！有敕，将军可诣大理置对。"琼愕不知所为。子羽顾左右，拥置舆中，以俊兵卫送狱，使光世出抚其众，且曰："所诛止琼，汝等固天子自将之兵也。"众皆投刀曰："诺。"悉麾隶他军，顷刻而定。琼伏诛。

【译文】

南宋叛将范琼拥兵占据上流，召他不来，来了又不肯解散军队，朝廷内外人心惶惶。张浚（谥忠献）与刘子羽暗地谋划要杀掉他。有一天，命张俊带一千人渡江，看来是去缉捕其他盗贼。于是请范琼、张俊及刘光世都到官署来商议，并为他们准备了饮食。饮食完毕，大家相顾对坐，没有实施抓捕。刘子羽坐在廊下，怕范琼发觉事情有异，立即取出一张黄纸，走上前去对范琼挥一挥，说："跪下！皇上有旨，将军可以到大理寺申辩。"范琼惊愕不已，不知所措，刘子羽示意左右拥着范琼上轿，用张俊的军卒护送到监狱，再由刘光世出去安抚范琼的兵士，说："要诛杀的只是范琼一人，你们是天子自己率领的军队。"众兵丢下武器，说："遵命。"于是把他们编入其他部队，顷刻之间事情就平息了。范琼伏诛。

187. 留志淑

中官毕贞，逆濠党也，至自江西，声势翕赫，拥从牙士五百余人，肆行残贼，人人自危。留志淑知杭州，密得其不可测之状，白台察监司阴制之。未几，贞果构市人，一夕火其居，延烧二十余家。淑恐其因众为乱，闭门不出，止传报诸衙门人毋救火。余数日，果与濠通。及贞将发应濠，台察监司召淑定计。先提民兵，伏贞门外，监司以常礼见，出。淑入，贞怒曰："知府以我反乎？"应曰："府中役从太多，是以公心迹不白。"因令左右出报监司。既入，即至堂上，执贞手与语当自白之状（边批：在我掌握中）。众共语遣所不籍之人，以释众疑。贞仓卒不得已，呼其众出，出则民兵尽执而置之狱，伪与贞入视府中，见所藏诸兵器，诘曰："此将何为也？"贞不能答，乃羁留之。奏闻，伏诛。

【译文】

明朝宦官毕贞是朱宸濠的党羽，从江西来，声势显赫，拥有爪牙五百多人，到处抢劫肆虐，人人自危。留志淑时任杭州知府，打探到他们准备谋反的情况，就告诉台察监司暗中控制他们。不久，毕贞果然残害市人，一天夜里火烧其家，大火又波及二十多家。留志淑怕他们借机作乱，闭门不出，只吩咐衙门的人不要救火。几天后，毕贞果然与朱宸濠暗通。毕贞将发兵响应朱宸濠，台察监司召留志淑商定计策，先派民兵埋伏在毕贞门外，监司以常礼求见，出来后，留志淑又进去。毕贞生气地说："知府认为我会造反吗？"留志淑说："府上仆役随从太多，所以你的心迹不容易表白。"于是命令左右的人去请监司。监司进入以后，在堂上拉着毕贞的手让他好好为自己分辨。众人都说应遣走没有登记名字的那些人，这样才能消除大众的疑虑。毕贞在仓卒之下不得已，叫他的随从都出去。一出门就被民兵抓起来送进了监狱。监司假装与毕贞入府检视，看见他收藏的兵器，就质问道："这些是干什么用的？"毕贞不能回答。于是将他拘捕，奏报天子后处死了。

188. 王 益

王益知韶州，州有屯兵五百人。代者久不至，欲谋为变。事觉，一郡皆骇。益不为动，取其首五人，即日断流之。或请以付狱，不听。既而闻其徒曰："若五人者系狱，当夜劫之。"众乃服。

【译文】

北宋王益任韶州知州时，州中有五百屯兵，因为代替的人一直没有赶到，就计划作乱。消息传出来，全郡的人都惊骇不已。王益不为所动，捉住为首的五人，当天便判决他们流放。有人请求将他们关进监狱，王益不听。后来才听五人的党羽说："如果这五人关进监狱，当天晚上就去劫狱。"大家于是非常叹服。

189. 贾 耽

贾耽为山南东道节度使，使行军司马樊泽奏事行在。泽既反命，方大宴，有急牒至，以泽代耽。耽内牒怀中，颜色不改，宴罢，即命将吏谒泽，牙将张献甫怒曰："行军自图节钺，事人不忠，请杀之！"耽曰："天子所命，即为节度使矣。"即日离镇，以献甫自随，军府遂安。

【译文】

唐朝贾耽任山南东道节度使，派行军司马樊泽到皇帝那里禀奏公事。樊泽回来复命时，正在举行宴会，有紧急公文送到，命令以樊泽代替贾耽的职务。贾耽将公文放入怀中，脸色一点没有改变。宴会完毕，就命令官吏都去拜见樊泽。牙将张献甫生气地说："行军司马自己觊觎节度使的位子，假造文书，事人不忠，请杀了他！"贾耽说："天子任命，他已经是节度使了。"贾耽当天就离开任所，由张献甫随侍，军府因而安定无事。

190. 处工字罗等

万历年间，女真虏人阿卜害等一百七员进贡到京。内工字罗、小厮哈额、真太三名为首，在通州驿递横肆需索。州司以闻。时沈演在礼部客司，议谓本东夷长，恭顺有年，若一概议革，恐孤远人向化之心。宜仍将各向年例正额赏赐，行移内府各衙门关出给散，以彰天朝旷荡之恩，止将工字罗等三名，革其额赏。行文辽东巡抚，执付在边酋长，谕以骚扰之故，治以虏法。俟本人认罪输服，方准补给。

沈何山演云：客司，古典属国。邮人骚于虏，不能不望钤束，然无以制其命。初工字罗等见告，谕以罚服，骜弗受也。与赏以安众，革三人赏以行法。三人头目，能使其众者，且积猾也，然离众亦不能哗，遂甘罚服。此亦处骚扰之一法。

【译文】

明朝万历年间，女真人阿卜害等一百零七人将贡品送到京城。其中工字罗、小厮哈额、真太三名为首，在通州驿站横行勒索。州官将此事奏报朝廷。当时沈演任职礼部客司，他建议朝廷：夷人首长数年来一向恭敬顺服，如果一概革除，恐怕损害夷人归化的诚心，应该依旧照每年例行额度赏赐，移到各衙门关口散发给他们，以显扬天朝的宽宏大量，只将工字罗等三名革除赏赐。再发公文给辽东巡抚，让他们转告边境的酋长，让他们明白骚扰事件的始末，由他们依法处置。等那三个人认罪心服后，才准补发赏赐。

冯评：沈演（号何山）说：客司，犹如古代的典属国一职。驿卒受夷人骚扰，必定希望能加以制约，可是无法可依。起初，工字罗等人被告知处罚时，傲慢地不肯接受。于是给赏安定群夷，革除三人的赏赐来进行处罚。三人本是夷人头目，能指使其属下，都是老奸巨猾之辈，但离开了众人的支持也就没法闹事了，只有甘受惩罚。这也是处置骚扰的办法之一。

191. 王钦若

王钦若为亳州判官，监会亭仓。天久雨，仓司以米湿，不为受纳。民自远方来输租者，深以为苦。钦若悉命输之仓，奏请不拘年次，先支湿米（边批：民利于透支，必然乐从）。太宗大喜，因识其名，由是大用。

绍兴间，中丞蒋继周出守宣城，用通判周世询议，欲以去岁旧粟支军食之半。群卒恶其陈腐，横梃于庭，出不逊语。金判王明清后至，闻变，亟令车前二卒传谕云："金判适自府中来，已得中丞台旨，令尽支新米。"群嚣始息。然令之不行，大非法纪。必如钦若，方是出脱恶米之法。

【译文】

北宋王钦若任亳州判官，监管会亭仓。因为天雨日久，仓库管理员因谷米潮湿，不肯接纳米粮。从远方来纳租的百姓都深以为苦。王钦若命令他们都运入仓库，然后奏报朝廷，准予不拘纳粮年次，先支付湿米（预先支付对百姓有利，他们当然乐于接受）。宋太宗非常高兴，因此知道了王钦若，从此加以重用。

冯评：南宋绍兴年间，中丞蒋继周出任宣城知县，用通判周世询的建议，想以去年的旧米支付军粮的半数。士兵们厌恶旧米陈腐，在庭前横着武器，谩骂叫嚣。金判王明清后来才到，听说有变乱，立刻命令车前两个士兵传令下去："金判刚从府中来到，已经带来中丞的命令，完全支付新米。"士兵的喧嚣才平息下来。然而，法令不能推行，就会破坏法纪，一定要像王钦若那样，才是出脱旧米的办法。

192. 令狐绹　李德裕

宣宗衔甘露之事，尝授旨于宰相令狐公，公欲尽诛之，而虑其冤，乃密奏牓子云："但有罪莫舍，有阙莫填，自然无类矣。"

今京卫军虚籍糜饩，无一可用。骤裁之，又恐激变。若依此法，不数十年，可以清伍。省其费以别募，又可化无用为有用。

先是诸镇宦者监军，各以意见指挥军事，将帅不得专进退。又监使悉选军中骁勇数百为牙队，其在阵战斗者皆怯弱之士。所以比年将帅出征屡败。李赞皇乃与枢密使杨钦义、刘行深议，约敕监军不得预军政，每兵千人听取十人自卫，有功随例沾赏。自此将帅得展谋略，所向有功。

【译文】

唐宣宗记恨甘露之变的事，曾经颁旨给宰相令狐绹。令狐绹想杀掉所有参与其事的人，又怕有人冤枉，就私下禀奏宣宗说："只要有罪就不要放过，有空缺职位也不要找人填补，自然他们就都完了。"

冯评：如今明朝京师的禁卫军很多只有军籍，空领军饷，没有一个有用处的。突然将他们裁撤的话，又怕引起哗变。如果用这种方法，不出几十年，就可以清理军队，省下很多经费另外招募新军，又可以化无用为有用。

原先，各镇由宦官监督军务，他们各以自己的想法指挥军事，将帅无权决定进退。此外，宦官又选用军中骁勇善战的士兵数百名担任自己的卫队，留在战场上的都是一些怯弱的士卒，所以出征常常战败。李德裕（赞皇人）因此和枢密使杨钧义、刘行深商议，下令监军不能干预军政，每千名士兵中只能任选十名亲卫，有功依例赏赐。从此将帅才能施展谋略，所到之处常有战功。

193. 吕夷简

西鄙用兵，大将刘平战死。议者以朝廷委宦者监军，主帅节制有不得专者，故平失利。诏诛监军黄德和，或请罢诸帅监军。仁宗以问吕夷简，夷简对曰："不必罢。但择谨厚者为之。"仁宗委夷简择之。对曰："臣待罪宰相，不当与中贵私交，何由知其贤否？愿诏都知、押班，但举有不称者，与同罪。"仁宗从之。翼日，都知叩头乞罢诸监军宦官。士大夫嘉夷简有谋。

杀一监军，他监军故在也。自我罢之，异日有失事，彼借为口实，不若使自请罢之为便。文穆称其有宰相才，良然。惜其有才而无度，如忌富弼，忌李迪，皆中之以小人之智，方之古大臣，邈矣！李迪与夷简同相，迪尝有所规画，吕觉其胜，或告曰："李子柬之虑事，过于其父。"夷简因语迪曰："公子柬之才可大用。"（边批：奸！）即奏除两浙提刑，迪父子皆喜。迪既失柬，事多遗忘，因免去。方知为吕所卖。

【译文】

西部边境发生战争，大将刘平战死。朝中官员认为朝廷委任宦官监管军务，使主帅无法全权调动军队，才导致刘平失利。希望皇帝下诏杀监军黄德和。有人请求罢除各部队的监军。仁宗以此问吕夷简。吕夷简回答说："不必罢除。只要选忠厚谨慎的人去担任即可。"仁宗就让吕夷简推举，吕夷简说："臣是宰相，不应当与宦官交往，怎么知道他们为人如何？希望让都知、押班这些宦官们去举荐，所举荐的人如果不称职，举荐的人同罪。"仁宗同意。第二天，都知叩头请求取消监军宦官。士大夫遂都赞许吕夷简有谋略。

冯评：杀掉一个监军，其他的监军还在。由我罢除，将来一有错失，他们就会拿来当借口，不如让他们自己来请求罢除更好。人称吕夷简有宰相之才，确实没错，可惜他有才干而无度量，如忌妒富弼，忌妒李迪，都用小人的伎俩暗算他们，比起古代大臣的风范，相差太远了！李迪与吕夷简同任宰相。李迪曾经规划事情，吕夷简觉得自己不如他。有人说："李迪的儿子李东之考虑事情更胜过他的父亲。"吕夷简就对李迪说："令郎东之的才能堪当大用。"于是禀奏天子命李东之为两浙提刑。李迪父子都很高兴。李迪失去儿子在身边后，做事就捉襟见肘，经常遗忘，因而被免职，李迪这才知道被吕夷简出卖了。

194. 王守仁　二条

阳明既擒逆濠，囚于浙省。时武庙南幸，驻跸留都。中官诱令阳明释濠还江西（边批：此何事，乃可戏乎），俟圣驾亲征擒获，差二中贵至浙省谕旨。阳明责中官具领状，中官惧，事遂寝。

杨继宗知嘉兴日，内臣往来，百方索赂，宗曰："诺。"出牒取库金，送与太监买布绢入馈，因索印券附卷归案，以便他日磨勘，内臣咋舌不敢受。事亦类此。

江彬等忌守仁功，流言谓"守仁始与濠同谋，已闻天兵下征，乃擒濠自脱"，欲并擒守仁自为功（边批：天理人心何在）。守仁与张永计，谓"将顺天意，犹可挽回万一；苟逆而抗之，徒激群小之怒"。乃以濠付永，再上捷音，归功总督军门，以止上江西之行，而称病净慈寺。永归，极称守仁之忠及让功避祸之意。上悟，乃免。

阳明于宁藩一事，至今犹有疑者。因宸濠密书至京，欲用其私人为巡抚，书中有"王守仁亦可"之语，不知此语有故。因阳明平日不露圭角，未尝显与濠忤。濠但慕阳明之才而未知其心，故犹冀招而用之，与阳明何与焉？当阳明差汀赣巡抚时，汀赣尚未用兵，阳明即上疏言："臣据江西上流，江西连岁盗起，乞假臣提督军务之权以便行事。"而大司马王晋溪覆奏："给与旗牌，大小贼情，悉听王某随机抚剿。"阳明又取道于丰城，盖此时逆濠反形已具，二公潜为之计，庙堂方略，已预定矣。濠既反，地方上变告，犹不敢斥言，止称"宁府"。独阳明上疏闻称"宸濠"，即此便见阳明心事。

【译文】

王守仁逮捕了叛逆朱宸濠后，将他囚禁在浙江。适逢武宗南巡，住在南京。宦官要王守仁把朱宸濠放回江西，让天子亲征逮捕，派两个宦官到浙江下令。王守仁便要求宦官写下提领囚犯的文书，宦官害怕了，事情就此平息。

冯评：杨继宗任嘉兴知府时，宦官来往都要百般索取贿赂。杨继宗说："好的。"发公文领取公库银两，送给太监买布绢入宫，并向太监索要收条，说要附在卷宗后面归档，以便日后作为升迁的依据。太监吓得不敢接受。这件事也和王守仁的做法类似。

江彬等人忌妒王守仁的功劳，散布谣言说"王守仁最初与朱宸濠同谋，后来听说天子的军队南征，才擒捕朱宸濠以求脱罪"，他们还想一并逮捕王守仁作为自己的功劳。王守仁与张永计议，认为顺天意而行，还多少有点挽回的机会，如果硬要抵抗，只会激起小人的愤怒。于是就把朱宸濠交给张永，再向上报告胜利的消息，把功劳归于总督军门，借以阻止皇帝江西之行，而自己则称病住在净慈寺。张永回京后，极力称赞王守仁的忠贞和让功避祸的用意。武宗领悟，王守仁才得以免罪。

冯评：王守仁和朱宸濠的事，至今还有怀疑的，因为朱宸濠曾有密函送到京师，想任用他的心腹之人为巡抚，信中有"王守仁也可以"的话，殊不知这句话是有缘故的。因为王守仁平日不露锋芒，不曾公开与朱宸濠作对，朱宸濠只仰慕他的才华，而不知他的心意，所以还希望收罗他，与王守仁有什么关系！当王守仁巡抚汀赣时，汀赣一带还未发生战事，王守仁就上疏道："臣现在据守江西上游，江西连年盗贼横行，请赋予臣提督军务的权力，以便行事。"大司马王琼（号晋溪）批复："给他发号施令的旗牌，大小贼情听他随机抚剿。"王守仁又取道丰城，因为当时朱宸濠叛逆的情形已经很明显，两位私下谋划，政府的讨贼方略此已安排好了。朱宸濠起兵造反，地方官上奏叛变之事，还不敢明白地指斥，只称呼"宁府"，只有王守仁上疏直称"朱宸濠"。即以此事而论，便可以看清他的心迹了。

195. 朱胜非

苗、刘之乱，勤王兵向阙。朱忠靖（胜非）从中调护，六龙反正。有诏以二凶为淮南两路制置使，令将部曲之任。时朝廷幸其速去，其党张达为画计，使请铁券，既朝辞，遂造堂袖札以恳。忠靖顾吏取笔，判奏行给赐，令所属检详故事，如法制造。二凶大喜。明日将朝，郎官傅宿扣漏院白急事，速命延入。宿曰："昨得堂贴，给赐二将铁券，此非常之典，今可行乎？"忠靖取所持贴，顾执政秉烛同阅。忽顾问曰："检详故事，曾检得否？"曰："无可检。"又问："如法制造，其法如何？"曰："不知。"又曰："如此可给乎？"执政皆笑，宿亦笑，曰："已得之矣。"遂退。

妙在不拒而自止。若腐儒，必出一段道理相格，激成小人之怒；怒而惧，即破例奉之不辞矣！

【译文】

南宋苗傅、刘正彦叛乱，勤王的军队奔向京师。由朱胜非（谥忠靖）从中协调，确立了高宗的地位，后高宗下诏以苗、刘两人为淮南两路制置使，命令他们率领部队赴任。当时朝廷都以让他们赶紧离开为幸，苗、刘的党张达却为了替两人留后路，请朝廷赐予免死铁券。就在上朝辞别时，上书恳请。朱胜非回头要役吏拿笔，判令准许，又命令属官详细考查以往的惯例，如法制造。苗、刘两人非常高兴。第二天将上朝时，郎官傅宿急着到待漏院对朱胜非说："昨天接到您签发的公文，要颁给苗、刘二将铁券。这是朝廷非常的恩典，现在能用吗？"朱胜非便拿着文书，和执政大臣在烛光下一起看，忽然问道："叫你们考查以往的惯例，找到了吗？""查不到。"朱胜非又问："如法制造，那制造法又是怎样的呢？""不知道。"朱胜非说："这样的话怎么赐给他们呢？"执政大臣们都笑了，傅宿也笑了，说："我知道了。"便退下了。

冯评：此事妙在不加拒绝而事情自然停止。如果是腐儒，一定讲出一段道理来争辩，从而激起小人的愤怒；小人愤怒恐惧，就是破例恭维他也不会推让。

196. 停胡客供

唐因河陇没于吐蕃，自天宝以来，安西、北庭奏事，及西域使人在长安者，归路既绝，人马皆仰给鸿胪。礼宾委府县供之，度支不时付直，长安市肆，不胜其弊。李泌知胡客留长安久者或四十余年，皆有妻子，买田宅，举质取利甚厚。乃命检括胡客有田宅者，得四千人，皆停其给，胡客皆诣政府告诉，泌曰:"此皆从来宰相之过,岂有外国朝贡使者留京师数十年不听归乎?今当假道于回纥,或自海道,各遣归国,有不愿者,当令鸿胪自陈,授以职位,给俸禄为唐臣。人生当及时展用,岂可终身客死耶?"于是胡客无一人愿归者。泌皆分领神策两军,王子使者为散兵马使或押衙,余皆为卒,禁旅益壮。鸿胪所给胡客才十余人,岁省度支钱五十万。

【译文】

唐朝因陇西黄河一带被吐蕃侵占,所以自天宝年间以来,安西、北庭有来奏事的人,以及西域来长安的使者,都因归路断绝无法返乡,这些人及马匹的生活完全仰赖鸿胪寺。礼部则交给府县来负责,度支不按时付钱给,长安附近不胜其扰。李泌知道这些留在长安的外国人久的已有四十多年,都有妻子儿女,买了土地房屋,抵押租赁收入不少。他于是命令人去调查,有土地房屋的外国人共有四千多人,都停止供给他们生活费。这些外国人因此到官府来投诉,李泌说:"这都是以往宰相的过失,哪有外国来朝贡的使者听任他们留在京师数十年而不回国的呢?现在可以借道回纥,也可以从海道,分别遣送回国。不愿回去的,就要到鸿胪寺说明,再授予职位,领取俸禄,做大唐的臣子。人生应当及时施展才华,怎能终老客死他乡呢?"结果没有一个外国人愿意回去。李泌便将他们分配在神策军,王子使者担任散兵马使,或押衙,其余编为士卒,禁军更为壮大。此后,鸿胪寺供给生活费的外国人只剩十余人,每年节省了五十万钱的开销。

197. 补儒士 袭土官

铸印局额设大使、副使各一员,食粮儒士二名。及满,将补投考者不下数千人,请托者半之,当事者每难处分。费宏为吏部尚书,于食粮二名外,预取听缺者四人,习字者四人,拟次第补,度可逾十数年。由是投考及请托者皆绝迹。

土官世及,辄转展结勘,索赂土官,土官以故怨叛,轻中朝诸人。胡公世宁令土官生子即闻府,子弟应世及者,年且十岁,朔望或有事调集,皆携之见太守,太守为识年数状貌。父兄有故,按籍为请官于朝。土官大悦服。

不唯省临时结勘之烦,且令土官从幼习太守之约束,而渐消其桀骜之气,真良策也。

【译文】

明朝铸印局的员额设大使、副使各一名，食粮儒士二名。任期届满，前来候补投考的不止数千人，请托的占了一半，负责的人很难处理。费宏任吏部尚书，在食粮儒士二名之外，预取候补四名，习字四名，将来依次递补，等补完大概要十几年。从此再没有投考及请托的人。

明朝土官世袭，须经多方审核，审核的人往往索取贿赂，土官因而怨恨叛乱，且轻视朝中的官员。胡世宁下令土官若生儿子须立即向郡府报告，被安排世袭的子弟年近十岁，每逢初一、十五日或有集会时，都要带来见太守，太守记下他们的年纪状貌。如果父兄去世，就按他的名籍向朝廷请官。土官因而心悦诚服。

冯评：这不只省略临时审核的麻烦，而且使土官从小就习惯接受太守的约束，而逐渐消除他们桀骜不驯的习气，真是好办法！

198. 蒋恭靖

蒋恭靖（瑶），正德时守维扬。大驾南巡，六师俱发，所须夫役，计宝应、高邮站程凡六，每站万人。议者欲悉集于扬，人情汹汹。公唯站设二千，更番迭遣以迎，计初议减五分之四，其他类皆递减。卒之上供不缺，民亦不扰。时江彬与太监等挟势要索，公不为动。会上出观鱼，得巨鱼一，戏言直五百金。彬从旁言："请以畀守。"促值甚急，公即脱夫人簪珥及绨绢服以进，曰："臣府库绝无缗钱，不能多具。"上目为酸儒，弗较也。一日中贵出揭帖，索胡椒、苏木、奇香异品若干，因以所无，冀获厚赂。时抚臣邀公他求以应，公曰："古任土作贡，出于殊方，而故取于扬，守臣不知也！"抚臣厉声令公自覆，公即具揭帖，详注其下曰："某物产某处。扬州系中土偏方，无以应命。"上亦不责。又中贵说上选宫女数百，以备行在，抚臣欲选之民间。公曰："必欲称旨，止臣一女以进。"上知其不可夺，即诏罢之。

【译文】

蒋瑶（谥恭靖）在明武宗正德年间担任扬州知府。武宗南巡，六军尽发，所需征调的民夫，共宝应、高邮等六站，每站一万人。安排事务的想先将民夫聚集在扬州，使得民情喧扰不已。蒋瑶只在每站准备二千人，轮番派出去迎接，比预算减少了五分之四，其他的安排也依此递减。最后供给并不缺乏，也没有骚扰百姓。当时江彬与太监等仗势索求财物，蒋瑶一概不理会。有一天武宗外出观鱼，捕得一条大鱼，武宗开玩笑说这鱼价值五百两，江彬在一旁附和说："卖给知府。"并催着蒋瑶给钱。蒋瑶就拿下夫人的发簪、耳环以及丝绢衣物进给皇上，说："臣的府库中没有钱，没法多给。"武宗认为他是头脑迂腐的读书人，就不多计较。一天，宦官拿出一份公文，索求胡椒、苏木等奇特香料若干，明知是没有的，希望因此得到贿赂。当时的巡抚找蒋瑶，让他想办法从别处弄来应付。蒋瑶说："自古依据土地所出设置贡品的种类，出产在别处的东西到扬州来索要，我不知如何处理。"巡抚大声地命令他自己去回复。蒋瑶拿过那份公文，在各种名目下详细注明，某物出产于某地，扬州属于中原的偏僻之地，没有办法供应。武宗也不责怪。宦官又说服武宗遴选数百名宫女用来充实行宫。巡抚想从民间挑选，蒋瑶说："如果一定要遵从圣旨，只有臣家中一个女儿。"武宗知道他志不可夺，就下诏取消这个计划。

199. 汪应轸

汪应轸当武宗南巡，率同馆舒芬等抗疏以谏，廷杖几毙，出守泗州。泗州民情，弗知农桑。轸至，首劝之耕，出帑金买桑于湖南，教之艺。募桑妇若干人，教之蚕事。邮卒驰报，武宗驾且至，他邑彷徨勾摄为具，民至塞户逃匿。轸独凝然弗动，或询其故，轸曰："吾与士民素相信，即驾果至，费旦夕可贷而集。今驾来未有期，而仓卒措办，科派四出，吏胥易为奸，倘费集而驾不果至，则奈何？"他邑用执炬夫役以千计，伺候弥月，有冻饿死者。轸命缚炬榆柳间，以一夫掌十炬。比驾夜历境，炬伍整饬反过他所。时中使络绎道路，恣索无厌。轸计中人阴懦，可慑以威，乃率壮士百人，列舟次，呼诺之声震远近，中使错愕，不知所为。轸麾从人速牵舟行，顷刻百里，遂出泗境。后有至者，方敛戢不敢私，而公复礼遇之。于是皆咎前使而深德公。武宗至南都，谕令泗州进美女善歌吹者数十人，盖中使衔轸而以是难之也。轸奏"泗州妇女荒陋，且近多流亡，无以应敕旨。"乃拘所募桑妇若干人，倘蒙纳之宫中，俾受蚕事，实于王化有裨。诏且停止。

【译文】

汪应轸在明武宗南巡时，率同僚舒芬等人上疏力谏，被责廷杖，几乎毙命。随后外放泗州。泗州的百姓原本不懂务农蚕桑，汪应轸到任后，首先劝他们耕种；拿出公款到湖南买桑树，教百姓种植；招募桑妇若干人，教她们养蚕。邮卒来报，武宗即将来到，其他各州县都征调百姓筹备迎驾，以致百姓纷纷闭门逃匿。只有汪应轸没什么动作。有人问他为什么，汪应轸说："我与百姓向来互相信任。如果皇上真的驾到，只要费一点时间就可以召集筹备。现在圣上驾临的日期尚未确定，而仓卒办理，四处指派，小吏容易从中为奸。如果筹备齐全而圣驾不来，又该怎么办？"其他州县举火把的役夫就数以千计，等了整整一个月，有些民夫冻饿而死。汪应轸则命人将火把系在路边榆柳树上，一个人管十支火把。等到武宗驾临州境的当夜，火把排列非常整齐，反而比别处做得更好。当时沿路的宦官络绎不绝，尽情索取，贪得无厌。汪应轸认为宦官性阴而懦弱，可以用威势来慑服他们，就率领一百名大汉排列在码头，呼应的声音震动远近，宦官们惊愕不已，不知道发生什么事。汪应轸指挥随从牵着船迅速前行，顷刻之间走了百里，出了泗州州境。后来到泗州的宦官，都有所收敛而不敢太放肆，汪应轸又对他们很有礼貌，于是他们都责怪以前的使臣，而感激汪应轸。武宗到南京时，诏令泗州进献能歌善舞的美女数十人。这是怀恨汪应轸的宦官故意习难。汪应轸禀奏道："泗州妇女丑陋，而且最近多流亡外地，无法奉命。"于是拘押先前所招募的种桑妇人若干，说如果能纳入宫中，让她们养蚕，对皇上教化天下大有好处。武宗只好下诏停止此事。

200. 沈 啓

世宗皇帝当幸楚，所从水道，则南京具诸楼船以从。具而上或改道，耗县官金钱；不具而上猝至，获罪。尚书周用疑以问工部主事沈啓。啓曰："召商需材于龙江关，急驿侦上所从道，以日计，舟可立办。夫舟而归直于舟，不舟而归材于商，不难也。"上果从陆，得不费水衡钱矣。中贵人请修皇陵，锦衣朱指挥者往视，啓乘间谓朱曰："高皇帝制：皇陵不得动寸土，违者死。今修不能无动土，而死可畏也。"朱色慑，言于中贵人而止。

【译文】

明世宗驾临湖北，计划经由水道，南京要准备楼船跟从。准备好而皇帝届时改道，便徒然浪费官府的金钱；如果不准备而皇帝突然驾临，就有罪过。尚书周用因而问工部主事沈启。沈启说："找要到龙江关运送材料的商人，并派人去侦察皇上所走的路程，计算好日期，船立刻可以准备好。如果皇上走水路，钱就给船主；不走水路，商人照样做他的生意，并不困难。"后来世宗走陆路，得以不费官钱。宦官奏请修建皇陵，锦衣卫的朱指挥负责监督。沈启找机会对朱说："高皇帝时规定，皇陵连泥土也不能动一点点，违背的人处死。如今要修建，就不可能不动土，死还是很可怕的。"朱指挥大为惶恐，于是告诉宦官，停办此事。

201. 范 槚

景藩役兴，王舟涉淮。从彭城达于宝应，供顿千里，舳舻万余艘，兵卫夹途，锦缆而牵者五万人。两淮各除道五丈，值民庐则撤之。槚傍庐置敝船，覆土板上，望如平地，居者以安。时诸郡括丁夫俟役，呼召甚棘。槚略不为储待，漕抚大忧之，召为语，槚谩曰："明公在，何虑耶？"漕抚怫然曰："乃欲委罪于我，我一老夫，何济？"曰："非敢然也，独仰明公，斯易集耳。"曰："奈何？"槚曰："今王船方出，粮船必不敢入闸，比次坐候，日费为难，今以旗甲守船，而用其十人为夫，彼利得儳直，趋役必喜，第须一纸牌耳！"曰："如不足何？"曰："今凤阳以夫数万协济于徐，役毕必道淮而反，若乘归途之便，资而役之，无不乐应者，则数具矣。"都御史大喜称服。槚进曰："然而无用也。"复愕然起曰："何故？"曰："方今上流蓄水，以济王舟。比入黄，则各闸皆泄，势若建瓴，安用众为？"曰："是固然矣，彼肯恬然自去乎？"曰："更计之，公无忧。"都御史叹曰："君有心计，吾不能及也！"先是光禄寺札沿途郡县具王膳，食品珍异，每顿直数千两。槚袖《大明会典》争于抚院曰："王舟所过州县，止供鸡鹅柴炭，此明证也，且光禄备万方玉食以办，此穷州僻县，何缘应奉乎？"抚按然之，为咨礼部。部更奏，令第具膳直，王每顿二十两，妃十两。省供费巨万计（边批，具直则宵小无所容其诈矣）。比至，槚遣人持锭金逆于途，遗王左右曰："水悍难泊，唯留意。"于是王舟皆穷日行，水漂疾如激箭。三泊，供止千三百。比至仪真，而一夕五万矣。

【译文】

明朝景王出藩之役，王船经过淮河，从彭城到宝应，沿途供应长达千里，随行船只万余艘，兵卒护卫罗列两岸，牵船缆的役夫有五万人。两淮之间要开路五丈宽，遇到民房就拆除。范槚在民房边放置破船，在船板上覆盖土，看起来就像平地，百姓都能安居。当时各郡都急着寻求役夫，催逼很急，范槚却一点都不储备。巡抚非常担忧，便召范槚来问。范槚随意地说："有大人在此，何必忧虑？"巡抚很生气地说："你想委罪于我啊！我一个老头子，有什么用？"范槚说："不敢，只是仰赖大人才容易招集。""怎么办呢？"范槚说："目前王船刚出发，运粮船必定不敢进入水门，在那里排队等候，每天费用繁多。现在去那里征召役夫，让首领留下看着船，每艘船用十人，他们看有佣金，一定很喜欢去做，只是需要一纸公文罢了。""如果人数不够怎么办？"范槚说："目前凤阳县的役夫有好几万人，在徐州协助船运，工作完毕必定取道淮河回去。如果利用他们归途之便，雇用他们服役，没有不乐于接受的，这样人数就可以齐全了。"巡抚听了既高兴又佩服。范槚又说："但是这样做没有什么作用。"巡抚听了，惊愕地站起来说："为什么？"范槚说："目前上流正在蓄水，使王船顺利通行，等到船队进入黄河以后，各水门打开放水，水速极快，何必用那么多人？""这是必然，但是他们肯如此平静地离去吗？"范槚说："我再想想办法，大人不必担忧。"巡抚说："你足智多谋，我不如你。"先前光禄寺发公函给沿途郡县，吩咐要准备藩王的膳食，食品必须山珍海味，每顿价值数千两。范槚揣着《大明会典》到巡抚院力争，说："王船所经过的州县只供应鸡鹅柴炭，这是明证。而且光禄寺备有各方进贡的珍奇异品可以照办，我们这些穷乡僻壤，怎么供奉得起？"巡抚认为很有道理，特地与礼部商议，礼部奏准后，只需按价准备膳食，王爷一顿二十两，王妃一顿十两，节省了数万的巨额花费（边批：制定标准则奸诈的人不能行其诈）。景王到时，范槚派人拿着银锭在路上欢迎，发放给天子左右的人，说："水流急，船只很难停靠，希望多多留意。"于是王船整日航行，水流又快，三处停泊只供应一千三百两。等船队到仪真时，一天便花了五万两。

202. 张　瀚

张瀚知庐州府，再补大名。庚戌，羽当薄都门，诏遣司马郎一人持节征四郡兵入卫。使者驰至真定，诸守相错愕，且难庭谒礼，踌躇久之。瀚闻报，以募召游食，饥附饱飏，不可用。披所属编籍，选丁壮三十之一，即令三十人治一人饷，得精锐八百人（边批：兵贵精不贵多）。驰谓诸守："此何时也，而与使者争苛礼乎。司马郎诚不尊于二千石，顾《春秋》之义，以王人先诸侯，要使令行威振耳。借令傲然格使者，其谓勤王何？"诸守色动，遂俱入谒。瀚首请使者阅师。使者端然曰："何速也？"比阅师，则人人精锐，绝出望外，使者乃叹服守文武才。

【译文】

张瀚任卢州知州，后来改任大名府知府。庚戌年，鞑靼酋长俺答逼近京师，世宗诏令派兵部郎中征调四郡的士兵入京守卫。使者来到真定，各郡守都仓卒惊愕，又以司马郎官位不高，不知道怎么进行拜见礼，踌躇不决。张瀚听说要征调，认为招募游手好闲的人不能派上用场，就翻阅自己属下的名册，每三十人中选一名壮丁，由三十人联合供给此人薪饷，共选得精锐士卒八百人。即刻赶来对其他郡守说："这是什么时候，还与使者争繁琐的礼节？司马郎的俸禄的确不比知府强，但是根据《春秋》的义法，王者的使臣优先于诸侯，不过是要使诏令得以施行，威严能够显赫而已。借着律令的限制，傲然阻碍使者，怎么能保护王室呢？"郡守们这才心服，一起进去拜见使者。张瀚首先请使者检阅军队，使者很惊奇地说："怎么这么快？"等到检阅军队时，不禁喜出望外，使者这才叹服张瀚文武全才。

203. 韩 琦

英宗初即位，慈寿一日送密札与韩魏公，谕及上与高后不奉事，有"为嬬妇作主"之语，仍敕中贵俟报。公但曰："领圣旨"。一日入札子，以山陵有事，取覆乞晚临后上殿独对（边批：君臣何殊朋友），谓："官家不得惊，有一文字须进呈，说破只莫泄。上今日皆慈寿力，恩不可忘，然既非天属之亲，但加承奉，便自无事。"上曰："谨奉教。"又云："此文字，臣不敢留，幸宫中密烧之。若泄，则谗间乘之矣。"上唯之，自后两宫相欢，人莫窥其迹。

宋盛时，贤相得以尽力者，皆以动得面对故。夫面对则畏忌消而情谊洽，此肺腑所以得罄，而虽宫闱微密之嫌，亦可以潜用其调停也。此岂章奏之可收功者耶？虽然，面对全在因事纳忠，若徒唯唯诺诺一番，不免辜负盛典。此果圣主不能霁威而虚受耶，抑亦实未有奇谋硕画，足以耸九重之听乎？请思之。

【译文】

宋英宗即位不久，有一天，慈寿太后送一封密信给韩琦（封魏国公），说英宗与高后不能尽人子之道，其中有"为孀妇做主"的话，又命令宦官要等候韩琦的回复。韩琦只回答说："领圣旨。"过了几天，韩琦上奏，又借着仁宗丧事要取得答复，在晚间临哭后单独与英宗面谈。韩琦说："请皇上不必惊讶，有一封信需要给皇上看一下，只是不能泄漏出去。皇上所以有今日，都是借了慈寿太后的力，这份恩情不能忘记。即使不是骨肉之亲，只要多加承奉，自然无事。"英宗说："谨奉教。"韩琦又说："这份文字臣不敢保留，就在宫中秘密烧毁，如果泄漏出去，小人就会乘机谗言离间。"英宗也应许了。此后英宗与太后相处愉悦，谁也看不出有什么不愉快的迹象。

冯评：宋朝兴盛时期，贤相能尽力施展，都是因为能单独谒见皇帝的缘故。能够单独谒见皇帝，则畏惧猜忌自然消除，情谊自然融洽，就能尽情表达肺腑之言，即使是宫廷间微妙隐密的嫌隙，也可以暗中调停，这哪里是奏章所能收到的功效？即便如此，单独谒见全在因其事而效忠，如果只是随意应诺一番，不免辜负皇上给的机会，这样到底是皇帝不能放下架子虚心接受意见，还是臣子没有高明的谋略打动皇帝？好好想想吧。

204. 赵令铄

崇宁初，分置敦宗院于三京，以居疏冗，选宗子之贤者莅治院中。或有尊行，治之者颇以为难。令铄初除南京敦宗院，登对，上问所以治宗子之略。对曰："长于臣者，以国法治之；幼于臣者，以家法治之。"上称善，进职而遣之。铄既至，宗子率教，未尝扰人，京邑颇有赖焉。

【译文】

北宋崇宁初年，分别设置敦宗院于三京（西京洛阳、东京开封、北京大名），安置关系较为疏远的皇室宗亲，挑选贤明的宗子去管理。但有些辈份高的长者，要管理也很为难。赵令铄刚接掌南京敦宗院，上朝回应皇帝问询，皇帝问他将如何管理。赵令铄回答说："年长于臣的，以国法来管理；年幼于臣的，以家法来管理。"皇帝十分赞赏，就派他前往就任。赵令铄到任后，宗子都接受他的教诲，不曾骚扰百姓，南京赖以安定。

明智部

　　冯子曰：有宇宙以来，只争明、暗二字而已。混沌暗而开辟明，乱世暗而治朝明，小人暗而君子明。水不明则腐，镜不明则锢，人不明则堕于云雾。今夫烛腹极照，不过半砖；朱曦霄驾，洞彻八海。又况夫以夜为昼，盲人瞎马，倪幸深溪之不陨也，得乎？故夫暗者之未然，皆明者之已事；暗者之梦景，皆明者之醒心；暗者之歧途，皆明者之定局。由是可以知人之所不能知，而断人之所不能断，害以之避，利以之集，名以之成，事以之立。明之不可已也如是，而其目为《知微》，为《亿中》，为《剖疑》，为《经务》。吁！明至于能经务也，斯无恶于智矣！

【解说】

　　冯梦龙说：自从有宇宙以来，就是争执明、暗二字而已。混沌是暗而开天辟地就是明，乱世是暗而治世就是明，小人是暗而君子就是明。水不明就会腐臭，镜不明就会被藏起，人不明就会掉入五里雾中。萤火虫的光芒，充其量就能照亮半块砖；太阳升起，全天下都被光辉普照。何况昼夜颠倒，盲人瞎马，靠侥幸而不坠入深渊，行吗？所以，对于暗者来说是未知的，但明者已了然于胸；暗者视为梦境，而醒者有清醒认识；暗者视若歧途，但明者早已有决择。这样就能洞见一般人所无法洞见的，决断一般人所无法决断的，灾祸可以躲避，利益可以获取，名望由之建成，事功由之树立。明，就是这样的玄妙广大，分别其目次为《知微》、《亿中》、《剖疑》、《经务》。啊，明能用于经世济国的大事，总不会再说智是讨厌的了。

卷五　知微

> 圣无死地，贤无败局；缝祸于渺，迎祥于独；彼昏是违，伏机自触。集《知微》。

—— 【解说】——

　　圣人没有死地，贤人没有败局。弥缝祸患总在细微之时，招来福瑞总在发现苗头的时候。只有昏昧的人才会违背规律，自己去撞上暗伏的灾祸。

　　这一卷讲的都是按照事物发展规律而趋吉避凶的故事，名为《知微》。

205. 箕子

　　纣初立，始为象箸。箕子叹曰："彼为象箸，必不盛以土簋，将作犀玉之杯。玉杯象箸，必不羹藜藿，衣短褐，而舍于茅茨之下，则锦衣九重，高台广室。称此以求，天下不足矣！远方珍怪之物，舆马宫室之渐，自此而始，故吾畏其卒也！"未几，造鹿台，为琼室玉门，狗马奇物充牣其中，酒池肉林，宫中九市，而百姓皆叛。

【译文】

　　商纣王初立的时候，开始命令人制造象牙筷子。箕子叹息说："用象牙筷子吃饭，一定不会用陶器盛食物，会做犀角美玉的杯子。有美玉杯、象牙筷，一定不会吃粗陋的食物、穿粗糙的衣服，也不会住在茅草房屋里，于是会锦衣玉食，建造楼阁亭台。按照这个标准，天下财力必定匮乏！远方珍奇的物品与车马宫室的需索，就从此开始了，我担心他会因此完蛋！”不久，纣王建筑鹿台，用美玉建宫室及门户，狗马及珍奇物品充满宫中，酒池肉林，并在宫中设立市集，百姓都背叛了他。

206. 殷长者

武王入殷，闻殷有长者，武王往见之，而问殷之所以亡。殷长者对曰："王欲知之，则请以日中为期。"及期弗至，武王怪之。周公曰："吾已知之矣。此君子也，义不非其主。若夫期而不当，言而不信，此殷之所以亡也。已以此告王矣。"

【译文】

周武王进入殷商以后，听说殷商有一位长者，便亲自去见他，问他殷商灭亡的原因。殷商的长者回答说："大王想知道原因，请约定中午见面。"到了时候长者没有来，武王觉得很奇怪。周公说："我已经知道原因了。这个人是君子，不肯批评自己君王的过失。至于约定而失约，说话不算数，这就是殷商灭亡的原因，他已经用这种方式告诉大王了。"

207. 周公　太公

太公封于齐，五月而报政。周公曰："何疾也？"曰："吾简其君臣，礼从其俗。"伯禽至鲁，三年而报政。周公曰："何迟也？"曰："变其俗，革其礼，丧三年而后除之。"周公曰："后世其北面事齐乎？夫政不简不易，民不能近；平易近民，民必归之。"周公问太公何以治齐，曰："尊贤而尚功。"周公："后世必有篡弑之臣。"太公问周公何以治鲁，曰："尊贤而尚亲。"太公曰："后寝弱矣。"

二公能断齐、鲁之敝于数百年之后，而不能预为之维；非不欲维也，治道可为者止此耳。虽帝王之法，固未有久而不敝者也，敝而更之，亦俟乎后之人而已。故孔子有变齐、变鲁之说。陆葵日曰："使夫子之志行，则姬、吕之言不验。"夫使孔子果行其志，亦不过变今之齐、鲁为昔之齐、鲁，未必有加于二公也。二公之孙子，苟能日儆惧于二公之言，又岂俟孔子出而始议变乎？

【译文】

姜太公被封于齐，五个月后就来报告政绩。周公说："怎么这么快呀？"太公说："我简化了君臣礼仪，根据当地风俗制定制度。"伯禽受封于鲁，三年后才回来报告政绩。周公说："为什么这么迟呀？"伯禽说："我改变他们的风俗，革新他们的礼仪，亲丧三年后才解除丧服。"周公说："后代鲁国会臣服于齐吧？政事不能简易，人民就不会亲近；只有平易近人，人民才会归顺他。"周公又问太公如何治理齐国，太公说："尊重贤者，崇尚立功。"周公说："齐国后代一定会出现篡位弑君的臣子。"太公问周公如何治理鲁国，周公说："尊重贤者，崇尚亲族。"太公说："鲁国以后一定会日渐衰弱。"

冯评：周公、太公能推断数百年后齐国与鲁国的弊病，而不能预先加以维系，并不是他们不想维系，而是政治家所能做的仅此而已。就算是五帝三王的法度，也没有永久合适不生弊端的，出现了弊端再做相应的调整，那就是后人的事了，所以孔子有变齐、变鲁之说。陆可教（号葵日）说："假使孔子的设想得以实施，那么周公、太公的话就不灵验了。"就算孔子的设想得以实施，也不过是把当时的齐鲁改造成早先的齐鲁，对于周公和太公的预言没什么影响。周公、太公的子孙如果时时刻刻对他们的预言心怀警惧，又哪里需要等孔子出面来议论变革呢？

208. 辛 有

平王之东迁也，辛有适伊川，见披发而祭于野者，曰："不及百年，此其戎乎？其礼先亡矣！"及鲁僖公二十二年，秦、晋迁陆浑之戎于伊川。

犹秉周礼，仲孙卜东鲁之兴基；其礼先亡，辛有料伊川之戎祸。

【译文】

周平王东迁，辛有到伊川，看见有人披散头发在野外祭祀，说："不到百年，这里就会变成戎人之地吧？礼仪已经先丢失了！"到鲁僖公二十二年，秦、晋将陆浑的戎人迁到伊川。

冯评：还能秉承周礼，仲孙湫预言鲁国基业兴盛；礼仪已经丢失，辛有预料伊川戎人之祸。

209. 何 曾

何曾，字颖考，常侍武帝宴，退语诸子曰："主上创业垂统，而吾每宴，乃未闻经国远图，唯说平生常事，后嗣其殆乎？及身而已，此子孙之忧也！汝等犹可获没。"指诸孙曰："此辈必及于乱！"及绥被诛于东海王越，嵩哭曰："吾祖其大圣乎？"（嵩、绥皆劭子，曾之孙也）

【译文】

西晋何曾字颖考，经常陪侍晋武帝饮宴。他回家后对儿子们说："皇上开创大业，传之子孙，但我每次侍宴，从未听到治理国家的谋略设想，只说些日常琐事，后代将陷入危险，太平的局面也只能维持到他生前，这是子孙的忧患。你们还可以得到善终。"又指着孙子们说："他们必定遭遇祸乱。"等到何绥被东海王司马越杀害，何嵩哭着说："我的祖父是大圣人啊！"（何嵩、何绥都是何劭的儿子，何曾的孙子。）

210. 管 仲

管仲有疾，桓公往问之，曰："仲父病矣，将何以教寡人？"管仲对曰："愿君之远易牙、竖刁、常之巫、卫公子启方。"公曰："易牙烹其子以慊寡人，犹尚可疑耶？"对曰："人之情非不爱其子也。其子之忍，又何有于君？"公又曰："竖刁自宫以近寡人，犹尚可疑耶？"对曰："人之情非不爱其身也。其身之忍，又何有于君？"公又曰："常之巫审于死生，能去苛病，犹尚可疑耶？"对曰："死生，命也；苛病，天也。君不任其命，守其本，而恃常之巫，彼将以此无不为也。"（边批：造言惑众）公又曰："卫公子启方事寡人十五年矣，其父死而不敢归哭，犹尚可疑耶？"对曰："人之情非不爱其父也。其父之忍，又何有于君？"公曰："诺。"管仲死，尽逐之。食不甘，宫不治，苛病起，朝不肃。居三年，公曰："仲父不亦过乎！"于是皆复召而反。明年，公有病，常之巫从中出曰："公将以某日薨。"（边批：所谓无不为也）易牙、竖刁、常之巫相与作乱，塞宫门，筑高墙，不通人，公求饮不得，卫公子启方以书社四十下卫。公闻乱，慨然叹，涕出，曰："嗟乎！圣人所见岂不远哉？"

昔吴起杀妻求将，鲁人谮之；乐羊伐中山，对使者食其子，文侯赏其功而疑其心。夫能为不近人情之事者，其中正不可测也。天顺中，都指挥马良有宠。良妻亡，上每慰问。适数日不出，上问及，左右以新娶对。上怫然曰："此厮夫妇之道尚薄，而能事我耶？"杖而疏之。宣德中，金吾卫指挥傅广自官，请效用内廷。上曰："此人已三品，更欲何为？自残希进，下法司问罪。"噫！此亦圣人之远见也。

【译文】

管仲生病，齐桓公去看望他，问道："仲父病重了，有什么可以教导寡人的？"管仲回答说："希望大王疏远易牙、竖刁、常之巫、卫公子启方四人。"桓公说："易牙把自己的儿子煮了给寡人吃，还有什么可疑吗？"管仲说："人的本性并非不爱儿子。对儿子能这样残忍，对国君又有什么做不出的？"桓公又问："竖刁阉割自己以亲近寡人，还有什么可疑吗？"管仲说："人的本性并非不爱惜身体，对自己的身体能这样残忍，对国君又有什么做不出的？"桓公又问："常之巫能明察生死，治疗疾病，还有什么可疑吗？"管仲说："生死是命，病患由天。大王不相信天命，固守本份，而依靠常之巫，他将借此为所欲为！"桓公又问："卫公子启方侍候寡人十五年了，父亲去世都不敢回去奔丧，还有什么可疑吗？"管仲说："人的本性并非不敬爱自己的父亲，对父亲能这样残忍，对国君又有什么做不出的？"桓公说："好。"管仲去世后，桓公就把这四个人全部赶走。但是，从此吃不到美味，宫室也没人管理，生病了也没人治疗，朝廷仪仗也乱七八糟。过了三年，桓公说："仲父也有点过分了！"于是把这四个人又找回来。第二年，桓公生病，常之巫在宫中传出话说："桓公将于某日去世。"易牙、竖刁、常之巫勾结作乱，堵死宫门，建筑高墙，不准任何人进出，桓公要喝水都得不到。卫公子启方带四十个书社（即一千户）归降卫国。桓公听说四人作乱，感慨地流着泪说："唉！圣人预见岂不深远！"

冯评：从前吴起为了成为鲁国的将领而杀死了妻子，鲁国人都说他的坏话。乐羊讨伐中山，当着使者的面吃儿子的肉，魏文侯奖赏他的功劳，却怀疑他的用心。能做出不近人情之事的人，其心正不可测。明英宗天顺年间，都指挥马良深得宠信。他妻子去世，英宗常常安慰他。有几天没见马良，英宗问及，左右的人说他刚娶妻。英宗很生气地说："这家伙夫妇的关系都如此淡薄，还能侍候我吗？"于是处以杖刑并疏远他。宣德年间，金吾卫指挥傅广阉割自己请求效命宫中。宣宗说："此人已官居三品，还想干什么？居然自残以求升官。交司法机构论罪！"唉！这也是圣人的远见。

211. 伐卫 伐莒

齐桓公朝而与管仲谋伐卫。退朝而入，卫姬望见君，下堂再拜，请卫君之罪。公问故，对曰："妾望君之入也，足高气强，有伐国之志也。见妾而色动，伐卫也！"明日君朝，揖管仲而进之。管仲曰："君舍卫乎？"公曰："仲父安识之？"管仲曰："君之揖朝也恭，而言也徐，见臣而有惭色。臣是以知之。"

齐桓公与管仲谋伐莒，谋未发而闻于国。公怪之，以问管仲。仲曰："国必有圣人也。"桓公叹曰："嘻！日之役者，有执柘杵而上视者，意其是耶？"乃令复役，无得相代。少焉，东郭垂至。管仲曰："此必是也。"乃令傧者延而进之，分级而立。管仲曰："子言伐莒耶？"曰："然。"管仲曰："我不言伐莒，子何故曰伐莒？"对曰："君子善谋，小人善意。臣窃意之也！"管仲曰："我不言伐莒，子何以意之？"对曰："臣闻君子有三色：优然喜乐者，钟鼓之色；愀然清静者，缞绖之色；勃然充满者，兵革之色。日者臣望君之在台上也，勃然充满，此兵革之色。君吁而不吟，所言者伐莒也；君举臂而指，所当者莒也。臣窃意小诸侯之未服者唯莒，故言之。"

桓公一举一动，小臣妇女皆能窥之，殆天下之浅人欤？是故管子亦以浅辅之。

【译文】

齐桓公上朝与管仲商议伐卫的事。退朝回宫，卫姬望见齐桓公，下堂再拜，请问卫君之罪。桓公问她什么缘故，她说："妾望见大王进来时，步伐高迈，神气强劲，有讨伐他国的心志。看见妾后脸色改变，那一定是要讨伐卫国了。"第二天桓公上朝，请管仲上前。管仲说："大王取消伐卫的计划了吗？"桓公说："仲父怎么知道的？"管仲说："大王上朝时，态度谦和，语气舒缓，看见微臣面露惭愧，微臣因此知道。"

齐桓公与管仲商讨伐莒，计划尚未发布国人却已有传闻。桓公觉得奇怪，就问管仲。管仲说："国内必定有圣人。"桓公叹息说："噢！白天工作的役夫中，有位拿着柘木杵向上望的，想必就是此人吧？"于是命令役夫再回来工作，而且不可找人顶替。不久，东郭垂到来。管仲说："一定是这个人了！"就命令侍从请他来晋见，分等级站立。管仲说："是你说我国要伐莒吗？"东郭垂回答："是的。"管仲说："我没说要伐莒，你为什么说要伐莒呢？"东郭垂回答："君子善于谋划，小人善于猜测。我只是私下猜测。"管仲说："我没说要伐莒，你怎么猜的？"东郭垂回答："我听说君子有三种脸色：悠然喜乐，是享受音乐的脸色；忧愁清静，是遭逢丧事的脸色；蓬勃充溢，是将要用兵的脸色。前些日子我望见大王站在台上，蓬勃充溢，这是要用兵的脸色。大王口型是撮口，说的应该是莒；大王抬手所指的也是莒国的方位。我想尚未归顺的小诸侯唯有莒国，所以这样猜测。"

冯评：桓公的一举一动，连贱民和妇女都能猜到，该算是浅薄的人吧？所以管仲也就用浅薄的方法辅佐他。

212. 臧孙子

齐攻宋，宋使臧孙子南求救于荆。荆王大悦，许救之甚劝。臧孙子忧而反，其御曰："索救而得，子有忧色，何也？"臧孙子曰："宋小而齐大，夫救小宋而患于大齐，此人之所以忧也。而荆王悦，必以坚我也。我坚而齐敝，荆之所利也。"臧孙子归，齐拔五城于宋，而荆救不至。

【译文】

齐国攻打宋国，宋派臧孙子往南方求救于楚。楚王非常高兴，十分踊跃地答应救宋。臧孙子回国时忧心忡忡，他的车夫问道："来求救而搬到救兵，您却面带忧虑，是什么道理？"臧孙子说："宋国弱小而齐国强大，为了救宋而得罪强大的齐国，这是一般人都会担忧的，但楚王却很高兴，这一定是为鼓励我们坚定信心和齐国抗争到底，我们坚定了，齐国就削弱了，楚国就可以从中得利。"臧孙子回国后，齐国攻占了宋国的五个城池，楚国的救兵果然没来。

213. 南文子

智伯欲伐卫，遗卫君野马四百、璧一。卫君大悦，君臣皆贺，南文子有忧色。卫君曰："大国交欢，而子有忧色何？"文子曰："无功之赏，无力之礼，不可不察也。野马四百、璧一，此小国之礼，而大国致之，君其图之。"卫君以其言告边境，智伯果起兵而袭卫，至境而反，曰："卫有贤人，先知吾谋也。"

韩、魏不爱万家之邑以骄智伯，此亦璧马之遗也。智伯以此蛊卫，而还以自蛊，何哉？

【译文】

　　智伯想要攻打卫国，送给卫君野马四百匹、璧玉一块。卫君大喜，群臣都来祝贺。南文子却面带忧愁。卫君说："大国交好，而你面带忧愁，为什么？"文子说："没有功劳而得到赏赐，没有尽力而得到礼物，不可不察。野马四百匹、璧玉一块，这是小国的礼物，而来自晋这样的大国，大王要仔细考虑。"卫君将这话告诉了边境的守军。智伯果然起兵袭击卫国，到了边境就退兵了，说："卫国有贤人，预先知道了我的谋略。"

　　冯评：韩、魏不肯接受万家之邑，使智伯骄傲，这也是赠送野马、璧玉的翻版。智伯用这种手段来迷惑卫，自己反而被同样的手段迷惑，为什么呢？

214. 智过　絺疵

　　张孟谈因朝智伯而出，遇智过辕门之外，智过入见智伯曰："二主殆将有变！"君曰："何如？"对曰："臣遇孟谈于辕门之外，其志矜，其行高。"智伯曰："不然。吾与二主约谨矣，破赵，三分其地，必不欺也。子勿出于口。"智过出见二主，入说智伯曰："二主色动而意变，必背君，不如今杀之。"智伯曰："兵著晋阳三年矣，且暮当拔而飨其利，乃有他心，不可。子慎勿复言。"智过曰："不杀，则遂亲之。"智伯曰："亲之奈何？"智过曰："魏桓子之谋臣曰赵葭，韩康子之谋臣曰段规，是皆能移其君之计。君其与二君约：破赵，则封二子者各万家之县一。如是，则二主之心可不变，而君得其所欲矣。"智伯曰："破赵而三分其地，又封二子者各万家之县一，则吾所得者少，不可。"智过见君之不用也，言之不听，出更其姓为辅氏，遂去不见。张孟谈（边批：正是智过对手）闻之，入见襄子曰："臣遇智过于辕门之外，其视有疑臣之心；入见智伯，出更其姓。今暮不击，必后之矣。"襄子曰："诺。"使张孟谈见韩、魏之君，夜期，杀守堤之吏，而决水灌智伯军。智伯军救水而乱，韩、魏翼而击之。襄子将卒犯其前，大败智伯军而擒智伯。智伯身死，国亡，地分，智氏尽灭，唯辅氏存焉。

按《纲目》，智果更姓，在智宣子立瑶为后之时，谓瑶"多才而不仁，必灭智宗"，其知更早。

智伯行水，魏桓子、韩康子骖乘。智伯曰："吾乃今知水可以亡人国也。"桓子肘康子，康子履桓子之跗。以汾水可以灌安邑，绛水可以灌平阳也。絺疵谓智伯曰："韩、魏必反矣。"智伯曰："子何以知之？"对曰："以人事知之，夫从韩、魏而攻赵，赵亡，难必及韩、魏矣。今约胜赵而三分其地，城降有日，而二子无喜志，有忧色，是非反而何？"明日，智伯以其言告二子（边批：蠢人）。二子曰："此谗臣欲为赵氏游说，使疑二家而懈于攻赵也。不然，二家岂不利朝夕分赵氏之田，而欲为此危难不可成之事乎？"二子出，絺疵入曰："主何以臣之言告二子也？"智伯曰："子何以知之？"对曰："臣见其视臣端而疾趋，知臣得其情故也。"

【译文】

张孟谈朝见智伯后出宫，在辕门外遇见智过。智过进去见智伯说："韩、魏二主大概会有变化！"智伯说："怎么回事？"智过回答说："臣在辕门外遇见张孟谈，见他神气骄矜，步态高昂。"智伯说："不对。我和韩、魏二主很慎重地约定好了，攻破赵氏之后就三分赵地，一定不会欺骗他们。你不要说出去。"智过出来拜见韩、魏二主后，又去劝说智伯："韩、魏二主神色游移，心意有变，一定会背叛您，不如现在就杀了他们。"智伯说："我们兵驻晋阳已经三年，早晚之间就能拿下而享有其利，这时候再有别的想法，不行。你不要再说了。"智过说："不杀他们，就亲近他们。"智伯说："怎么亲近他们呢？"智过说："魏桓子的谋臣叫赵葭，韩康子的谋臣叫段规，都是足以改变他们主人计划的。您可以和他们俩约定，攻破赵氏后各封他们一个万户的县邑。这样，韩、魏二主就不会改变心意，而您也可以实现您的心愿。"智伯说："破赵后要三分赵地，又要各封给这两人一个万户的县邑，那我得到的太少，不行。"智过见自己的计谋不被采纳，忠言不被听取，出来后将姓改为辅氏，离开了不再露面。张孟谈听到这件事后，入宫见赵襄子说："臣在辕门外遇见智过，他的目光闪烁，对臣有所怀疑。入宫见过智伯，出来后就改了姓，今天晚上我们不出兵，一定就晚了。"赵襄子说："好。"就派张孟谈去拜见韩、魏二主，约定晚上杀守堤防的官吏，放水淹智伯的军队。智伯的军队因为水中救援而大乱，韩、魏军队从两侧攻击，襄子带兵攻击其前军，大败智伯的军队，擒住智伯。智伯被杀，国家灭亡，土地被瓜分，智氏就此消灭，只有辅氏留了下来。

冯评：根据《通鉴纲目》记载，智果改姓，是在智宣子立智瑶为后嗣的时候。他以为智瑶有才能而不仁慈，必定会使智氏灭宗。这件事更早。

智伯观察水淹晋阳的情势，魏桓子，韩康子乘车陪同。智伯说："我现在才知道水可以使人亡国。"桓子用手肘捅了一下康子，康子踩了桓子的脚背一下，因为汾水可以淹灌魏都安邑，绛水可以淹灌韩都平阳。缔疵对智伯说："韩、魏二主一定反叛。"智伯说："你怎么知道？"缔疵回答："从道理上推想而知。韩、魏去攻打赵氏，赵氏灭亡，灾难一定会降临韩、魏。现在约定战胜赵氏以后三分赵地，成功在即，而桓子、康子不喜反忧，这不是要反叛是什么？"第二天，智伯将这些话告诉桓子和康子。二人说："这是谗佞之人想替赵氏游说，使您怀疑我们两家而懈怠于攻打赵氏。不然，我们两家难道不想早日分到赵氏的田地，反而做困难万分而不能成功的事吗？"二子出去后，缔疵进来说："主人为什么把臣的话告诉二人呢？"智伯说："你怎么知道？"缔疵回答："臣见他们看见我就很严肃，赶紧走开，显然是知道臣已洞悉他们的心思了。"

215. 诸葛亮

有客至昭烈所，谈论甚惬。诸葛忽入，客遂起如厕。备对亮夸客，亮曰："观客色动而神惧，视低而盼数，奸形外漏，邪心内藏，必曹氏刺客也。"急追之，已越墙遁矣。

【译文】

有客人到昭烈帝刘备那里，彼此谈论得很投缘。诸葛亮忽然进来，客人就起身上厕所。刘备对诸葛亮夸奖客人，诸葛亮说："我看这客人脸色变化，神情恐惧，视线低垂屡屡顾盼，奸诈之行显露于外，邪恶之心隐藏于内，一定是曹氏派来的刺客。"急忙追赶，客人已经翻墙逃走了。

216. 梅衡湘

少司马梅公衡湘（名国桢，麻城人）总督三镇，虏酋忽以铁数镒来献，曰：

"此沙漠新产也。"公意必无此事，彼幸我弛铁禁耳，乃慰而遣之，即以其铁铸一剑，镌云："某年月某王赠铁。"因檄告诸边："虏中已产铁矣，不必市釜。"其后虏缺釜，来言旧例，公曰："汝国既有铁，可自冶也。"虏使哗言无有，公乃出剑示之。虏使叩头服罪，自是不敢欺公一言。

按：公抚云中，值虏王款塞，以静镇之。遇华人盗夷物者，置之法，夷人于赏额外求增一丝一粟，亦不得也。公一日大出猎，盛张旗帜，令诸将尽甲而从，校射大漠。县令以非时妨稼，心怪之而不敢言。后数日，获虏谍云，虏欲入犯，闻有备中止。令乃叹服公之心计，非人所及。

【译文】

明朝少司马梅衡湘总督三镇，虏王忽然拿数十镒铁来奉献，说："这是沙漠新出产的。"梅国桢猜想一定没有这种事，只是他们希望能废除铁禁，于是慰劳使者并打发他走，再用这些铁铸造一把剑，剑上刻着："某年月某王赠铁。"发公文告示边境：虏中已经产铁，不必卖釜给他们。后来虏人缺釜，来使请求依照旧例卖给他们。梅国桢说："你们既然已经产铁，可以自己铸造啊。"虏使大喊冤枉，说是没有，梅国桢拿出剑来给他看，使者才叩头服罪，从此不敢欺骗梅国桢。

按：梅国桢巡查大同，正逢虏王通好，梅国桢稳重待之，遇到华人盗取夷人财物，则依法处置，夷人在固定的赏赐额度外多求一丝一米也没有。有一天，梅国桢带大队人马出猎，大张旗帜，命令诸将领全副武装，在大漠中射猎。县令认为时令不合，妨害农耕，心觉奇怪却不敢明说。几天后，捉到胡虏间谍，说："虏王本想入侵，听说中原有所防备而中止。"县令因而非常佩服梅国桢的心计，实在不是常人所比得上的。

217. 魏先生

隋末兵兴，魏先生隐梁、宋间。杨玄感战败，谋主李密亡命雁门，变姓名教授，与先生往来。先生因戏之曰："观吾子气沮而目乱，心摇而语偷，今方捕蒲山党，得非长者乎？"李公惊起，捉先生手曰："既能知我，岂不能救我与？"先生曰："吾子无帝王规模，非将帅才略，乃乱世之雄杰耳。"（边批：数句道破李密一生，不减许子将之评孟德也）因极陈帝王将帅与乱世雄杰所以兴废成败，曰："吾尝望气，汾晋有圣人生，能往事之，富贵可取。"李公拂衣而言曰："竖儒不足与计。"事后脱身西走，所在收兵，终见败覆，降唐复叛，竟以诛夷。

【译文】

隋朝战乱兴起，魏先生隐居在梁、宋之间。杨玄感战败，谋士李密亡命雁门关，变更姓名教书，与魏先生有所往来。魏先生开玩笑说："我看您的气色沮丧而视线紊乱，心志动摇而言语吞吐。当今正在追捕的李密贼党，该不是您吧？"李密惊讶地站起来，捉住先生的手说："既然能了解我，难道不能救我吗？"魏先生说："您没有帝王的气度，也没有将帅的才略，只是乱世的豪杰罢了。"接着陈述自古帝王将帅与乱世豪杰兴衰成败的道理，又说："我曾望气，知道山西有圣人出现，您能前去追随，就可以得到富贵。"李密愤愤地说："浅薄的儒生不值得与之商议。"后来李密向西逃走，所到之处招收士兵，最后还是失败，投降唐朝后又反叛，终于被杀。

218. 夏翁　尤翁

夏翁，江阴巨族，尝舟行过市桥。一人担粪，倾入其舟，溅及翁衣。其人旧识也，僮辈怒，欲殴之。翁曰："此出不知耳，知我宁肯相犯？"因好语遣之。及归，阅债籍，此人乃负三十金无偿，欲因以求死。翁为之折券。

长洲尤翁开钱典，岁底，闻外哄声，出视，则邻人也。司典者前诉曰："某将衣质钱，今空手来取，反出詈语，有是理乎？"其人悍然不逊。翁徐谕之曰："我知汝意，不过为过新年计耳。此小事，何以争为？"命检原质，得衣帏四五事，翁指絮衣曰："此御寒不可少。"又指道袍曰："与汝为拜年用，他物非所急，自可留也。"其人得二件，默然而去。是夜竟死于他家，涉讼经年。盖此人因负债多，已服毒，知尤富可诈，既不获，则移于他家耳。或问尤翁："何以预知而忍之？"翁曰："凡非理相加，其中必有所恃，小不忍则祸立至矣。"（边批：名言！可以喻大）人服其识。

吕文懿公初辞相位，归故里，海内仰之如山斗。有乡人醉而詈之，公戒仆者勿与较。逾年，其人犯死刑入狱，吕始悔之，曰："使当时稍与计较，送公家责治，可以小惩而大戒。吾但欲存厚，不谓养成其恶，陷人于有过之地也。"

议者以为仁人之言，或疑此事与夏、尤二翁相反。子犹曰：不然。醉詈者恶习，理之所有，故可创之使改；若理外之事，亦当以理外容之。智如活水，岂可拘一辙乎？

【译文】

夏翁是江阴县的大族，曾乘船经过市桥，有一个人挑粪倒入他的船，溅到夏翁的衣服。此人还是旧相识，僮仆很生气，想打他，夏翁说："这是他不知道，如果知道是我，怎会冒犯？"因而好言安抚把他打发走。回家后，夏翁翻阅债务帐册，原来这个人欠了三十两银子无法偿还，想借此求死。夏翁毁掉债券，免了他的债务。

长洲尤翁是开当铺的，年末，听到门外有吵闹声，出门一看，原来是邻居。当铺的店员上前对尤翁诉说："此人拿衣服来典押借钱，现在却空手前来赎取，而且出口骂人，有这种道理吗？"此人一副骠悍无礼的样子。尤翁慢慢对他说："我知道你的心意，不过是为新年打算而已。这是小事，何必争吵？"就命人检查他原来抵押的物品，共有四五件衣服。尤翁指着棉衣道："这件是御寒不可少的。"又指着长袍道："这件给你拜年用，其他不是急需，自然可以留在这里。"这个人拿了两件衣服，默默地离去，当夜竟然死在别人家，官司打了一年。原来这个人负债太多，已经服毒，知道尤翁有钱想去诈他，既然不成，又转移到别人家去。有人问尤翁："你怎么事先知道而强忍着？"尤翁说："凡是别人用不合常理的方式对待你，一定有所依仗，稍不能忍，灾祸立刻降临。"人们很佩服他的见识。

冯评：吕原（谥文懿）初辞相位回归故里，他德高望重，全国人都把他尊崇为泰斗。同乡有个人喝醉酒后大骂吕原，吕原告戒仆人不要与他计较。一年后，这个人犯死罪入狱，吕原才后悔说："假使当初稍微和他计较，送去官府责问，施以小小的惩罚，可以给他很大的警戒。我只想到自己要厚道，反而养成他的恶行，陷他于犯死罪的境地。"议论的人认为这是仁者的话。有人疑心这事与夏、尤二翁的做法相反。冯梦龙（字子犹）说：不对。酒醉骂人是坏习惯，是符合事理的，所以可以通过惩罚而使之悔改；如果是不合事理的事，就应该撇开事理加以宽容。智慧就像活水一样，怎能拘泥于一种方法呢？

219. 隰斯弥

隰斯弥见田成子，田成子与登台四望，三面皆畅，南望，隰子家之树蔽之，田成子亦不言。隰子归，使人伐之，斧才数创，隰子止之。其相室曰："何变之数也？"隰子曰："谚云：知渊中之鱼者不祥。田子将有事，事大而我示之知微，我必危矣，不伐树，未有罪也。知人之所不言，其罪大矣，乃不伐也。"

【译文】

春秋时，齐国大夫隰斯弥拜见田成子。田成子和他一起登台远望，看到三面都视野开阔，再望南面，被隰斯弥家的树遮蔽了，田成子也没有说什么。隰斯弥回家后，立刻派人把树砍掉，才砍了几斧，隰斯弥又突然叫停。他的家臣说："为什么一再改变主意呢？"隰斯弥说："俗话说：了解深渊中的鱼是不吉祥的。田成子即将有所行动，事情重大而我却表现出一副明察秋毫的样子，我必定会很危险。不砍树，没有罪；知道别人不说出来的隐私，罪就大了，所以不砍树。"

220. 邱成子

邱成子为鲁聘于晋，过卫，右宰谷臣止而觞之，陈乐而不乐，酒酣而送之以璧。顾反，过而弗辞。其仆曰："向者右宰谷臣之觞吾子也甚欢，今侯渫过而弗辞？"邱成子曰："夫止而觞我，与我欢也；陈乐而不乐，告我忧也；酒酣而送我以璧，寄之我也。若是观之，卫其有乱乎？"倍卫三十里，闻宁喜之难作，右宰谷臣死之。还车而临，三举而归；至，使人迎其妻子，隔宅而异之，分禄而食之；其子长而反其璧。孔子闻之，曰："夫知可以微谋，仁可以托财者，其邱成子之谓乎！"

【译文】

春秋时邱成子代表鲁国访问晋国，经过卫国时，右宰谷臣请他留下来喝酒，陈设鼓乐，却不显得快乐。酒酣之后送给邱成子璧玉。等邱成子回来再经过卫时，却不和谷臣打招呼。邱成子的仆人说："先前右宰谷臣请您喝酒喝得很高兴，如今再度经过卫国，为什么不和他打个招呼呢？"邱成子说："把我留下来喝酒，是要和我结好；陈设鼓乐而不快乐，是告诉我他有忧愁；酒酣后送我璧玉，是对我有所托付。如此看来，卫国将有动乱发生吧?"离开卫国才三十里，就听说宁喜之乱发生，右宰谷臣被杀。邱成子立刻将车掉头回到卫国，三次哭祭之后才回到鲁国。随后，派人迎接谷臣的妻子儿女，将自己的住宅分出一部分给他们住，将自己的俸禄分一部供他们生活，到谷臣的儿子长大后又将璧玉还给他。孔子听到这件事，说："智可以密谋大事，仁可以托付财物，说的就是邱成子吧!"

221. 庞仲达

庞仲达为汉阳太守，郡人任棠有奇节，隐居教授。仲达先到候之，棠不交言，但以薤一大本、水一盂置户屏前，自抱儿孙伏于户下。主簿白以为倨，仲达曰："彼欲晓太守耳。水者，欲吾清；拔大本薤者，欲吾击强宗；抱儿当户，欲吾开门恤孤也。"叹息而还，自是抑强扶弱，果以惠政得民。

【译文】

东汉庞参（字仲达）任汉阳太守，郡中有个任棠，品性高洁，隐居教授门徒。庞参上任后先到他家看望，任棠不与他交谈，只是把一大棵薤头、一盆水放在门口屏风前，自己抱着儿孙，蹲伏门下。主簿认为任棠这种态度过于倨傲，庞参说："他不过是想暗示太守罢了。水，是要我清廉；拔一大棵薤头，是要我打击强势宗族；抱着儿孙蹲伏门下，是要我敞开大门抚恤孤寡。"于是叹着气回去。从此庞参抑制豪强，扶持弱小，果然以惠政博得民心。

222. 张安道

富郑公自亳移汝，过南京。张安道留守，公来见，坐久之。公徐曰："人固难知也!"安道曰："得非王安石乎? 亦岂难知者。往年方平知贡举，或荐安石有文学，宜辟以考校，姑从之。安石既来，一院之事皆欲纷更，方平恶其人，即檄以出，自此未尝与语也。"富公有愧色。

曲逆之宰天下，始于一肉；荆公之纷天下，兆于一院。善观人者，必于其微。寇准不识丁谓，而王旦识之。富弼、曾公亮不识安石，而张方平、苏洵、

鲜于侁、李师中识之。人各有所明暗也。洵作《辨奸论》,谓安石"不近人情",
侁则以"沽激",师中则以"眼多白"。三人决法不同而皆验。

或荐宋莒公兄弟郊、祁可大用。昭陵曰:"大者可。小者每上殿,则廷臣
无一人是者。"已而莒公果相,景文竟终于翰长。若非昭陵之早识,景文得志,
何减荆公!

【译文】

北宋富弼(封郑国公)自亳州调任汝州,经过南京,张方平(字安道)任
南京留守,富弼去拜访他,坐谈很久。富弼慢慢地说:"人实在很难了解啊。"
张方平说:"是说王安石吗?有什么难了解的。往年我担任主考官的时候,有
人推荐王安石有文才,可以让他参与考试工作,我姑且听从。王安石来了以后,
整个考试院的事他都想变乱改动,我很讨厌他,就下一道公文把他调走,从此
不曾和他说过话。"富弼面有愧色。

冯评:曲逆侯陈平主宰天下,始于在乡里分社肉;荆国公王安石纷扰天
下,起于在考试院变乱制度。善于观察人的,一定从细微处着眼。寇准不了解
丁谓,而王旦了解;富弼、曾公亮不了解王安石,而张方平、苏洵、鲜于侁、
李师中了解。人各有他的明察与暗昧。苏洵作《辨奸论》,说王安石不近人情,
鲜于侁说他沽名钓誉,李师中则认为王安石眼白太多。三个人作出判断的方法
不同,却都得以应验。

有人推荐宋庠(封莒国公)、宋祁兄弟可以重用。宋仁宗说:"哥哥可以。
弟弟每次上殿,朝廷大臣就没一个好的。"不久,宋庠果然担任宰相,而宋祁
一直是个翰林学士。如果不是仁宗皇帝了解得早,宋祁一得志,带来的麻烦哪
会比王安石少!

223. 陈　瓘

陈忠肃公因朝会,见蔡京视日,久而不瞬,每语人曰:"京之精神如此,
他日必贵。然矜其禀赋,敢敌太阳,吾恐此人得志,必擅私逞欲,无君自肆
矣。"及居谏省,遂攻其恶。时京典辞命,奸恶未彰,众咸谓公言已甚。京亦
因所亲以自解。公诵杜诗云:"射人先射马,擒贼须擒王。"攻之愈力。后京得
志,人始追思公言。

【译文】

北宋陈瓘（谥忠肃）在上朝时见蔡京盯着太阳直视很久也不眨眼，便对人说："蔡京精神如此厉害，将来必定显贵。然而他自恃禀赋，敢与太阳敌对，我怕此人得志以后，一定放纵私欲，目无君长。"后来陈瓘担任谏官，就揭发蔡京的过失。当时蔡京掌管皇帝诏命的草拟，奸恶尚未显露，众人都认为陈瓘的话太过分了，蔡京也通过亲近的人来为自己辩护。陈瓘诵读杜诗说："射人先射马，擒贼须擒王。"攻击得愈加用力。后来蔡京得志，人们才想起陈瓘当时的话来。

224. 王禹偁

丁谓诗有"天门九重开，终当掉臂入"，王禹偁读之，曰："入公门，鞠躬如也。天门岂可掉臂入乎？此人必不忠。"后如其言。

【译文】

丁谓的诗句有"天门九重开，终当掉臂入"，王禹偁读了，说："入公门尚且要恭敬，天门怎可甩手掉臂地进入呢？此人一定不忠。"后来果然如此。

225. 何心隐

何心隐，嘉、隆间大侠也，而以讲学为名，善御史耿定向，游京师与处。适翰林张居正来访，何望见便走匿。张闻何在耿所，请见之。何辞以疾。张少坐，不及深语而去。耿问不见江陵之故，何曰："此人吾畏之。"耿曰："何为也？"何曰："此人能操天下大柄。"耿不谓然。何又曰："分宜欲灭道学而不能，华亭欲兴道学而不能。能兴灭者，此子也。子识之，此人当杀我！"后江陵当国，以其聚徒乱政，卒捕杀之。

心隐一见江陵，便知其必能操柄，又知其当杀我，可谓智矣。卒以放浪不检，自陷罥获，何哉？王弇州《朝野异闻》载，心隐尝游吴兴，几诱其豪为不轨；又其友吕光多游蛮中，以兵法教其酋长。然则心隐之死非枉也，而李卓吾犹以不能容心隐为江陵罪，岂正论乎？

李临川先生《见闻杂记》云：陆公树声在家日久，方出为大宗伯，不数月，引疾归。沈太史一贯当晚携榼报国寺访之，讶公略无病意，问其亟归之故。公曰:"我初入都,承江陵留我阁中具饭,甚盛意也。第饭间,江陵从者持鬃抿刷双鬓者再,更换所穿衣服数四,此等举动,必非端人正士。且一言不及政事,吾是以不久留也。"噫!陆公可谓见几而作矣!

【译文】

何心隐是明嘉靖、隆庆年间的大侠,而以讲学为名,和御史耿定向交情很好,他在京师游历时便与耿定向相处。正好翰林张居正来拜访,何心隐望见他立刻躲起来。张居正听说何心隐在耿家,请求见一面,何心隐托病推辞不见。张居正坐了不久也没深谈就离去了。耿定向问何心隐为什么不见张居正,何心隐说:"这个人我怕他。"耿定向说:"为什么?"何心隐说:"这个人将来会掌握天下的权柄。"耿定向不相信。何心隐又说:"严嵩(分宜人)想消灭道学而办不到,徐阶(华亭人)想扶持道学也做不到。能兴灭道学的只有这个人。你记住:这个人一定会杀我!"后来张居正当权,果然将何心隐以聚集门徒、扰乱朝政的罪名捕杀。

冯评:何心隐一见到张居正,便知道他一定能掌握政权,又知道他一定会杀自己,可算是聪明人。最后还是因为行为放荡不检点而自陷法网,为什么呢?王世贞(号弇州山人)所写的《朝野异闻》记载,何心隐曾游学吴兴,几乎诱使当地的大族做出不轨之事。另外,他的朋友吕光常到蛮地游历,教当地酋长带兵的方法。那么何心隐的死绝不是冤枉的。而李贽(号卓吾)还是认为不能容纳何心隐是张居正的罪过,这哪里是公正的言论呢?

李乐(号临川)先生《见闻杂记》说:陆树声赋闲在家很长一段时间,刚出来担任礼部尚书,几个月后就称病归去。沈一贯当晚带着酒菜到报国寺去探访他,很惊讶陆树声并没有生病的样子,就问他急着归乡的原因。陆树声说:"我初到京都时,承蒙张居正留我在府中吃饭,盛情厚意,只是在吃饭时张居正屡次让侍者拿着鬃刷刷他的双鬓,而且一再更换衣服。这种举动,不是正派人应有的。而且与他谈话,政事一句不提,所以我不久留。"唉!陆树声先生可算是见机行事!

226. 潘濬

武陵郡樊伷由尝诱诸夷作乱,州督请以万人讨之,权召问潘濬,濬曰:

"易与耳，五千人足矣。"权曰："卿何轻之甚也？"濬曰："仙虽弄唇吻而无实才。昔尝为州人设馔，比至日中，食不可得，而十余自起，此亦侏儒观一节之验也。"权大笑，即遣濬，果以五千人斩仙。

【译文】

三国时武陵郡樊仙诱使夷人作乱，州督军请求派一万人前去讨伐。孙权召问潘濬，潘濬说："这件事很容易，只要五千人就够了。"孙权说："你怎么如此轻视他？"潘濬说："樊仙虽然能说会道，却没有真才实学。他从前曾经请州人吃饭，一直到正午时分都还没上菜，自己起身十几次去催促。这就像判断侏儒，只要看他一段骨节就知道他是侏儒了。"孙权大笑，就派潘濬前去，果然以五千人杀了樊仙。

227. 卓 敬

建文初，燕王来朝，户部侍郎卓敬密奏曰："燕王智虑绝人，酷类先帝。夫北平者，强干之地，金、元所由兴也。宜徙燕南昌，以绝祸本。夫萌而未动者，几也；量时而为者，势也。势非至劲莫能断，几非至明莫能察。"建文见奏大惊。翌日，语敬曰："燕邸骨肉至亲，卿何得及此？"对曰："杨广、隋文非父子耶？"

齐、黄诸公无此高议。使此议果行，靖难之师亦何名而起？

【译文】

明朝建文初年，燕王朱棣来朝。户部侍郎卓敬秘密奏报："燕王智慧超人，酷似先帝。北平又是个强势的地方，金、元两朝都在那里发迹。应该把燕王迁到南昌，以断绝祸根。已有苗头尚未发动，叫几；把握时机有所作为，叫势。势要靠巨大的力量来决断，几要靠敏锐明智去辨识。"建文帝看了奏本大惊，第二天对卓敬说："燕王是朕的骨肉至亲，你怎么能说这些话呢？"卓敬回答："杨广和隋文帝不是父子吗？"

冯评：齐泰、黄子澄等人就没有这样高明的议论。假使这个奏议真的实行，那燕王的靖难之师还能用什么名义起兵呢？

228. 朱仙镇书生

朱仙镇之败，兀术欲弃汴而去。有书生叩马曰："太子毋走，岳少保且退。"兀术曰："岳少保以五百骑破吾十万，京城日夜望其来，何谓可守？"生曰："自古未有权臣在内而大将能立功于外者，岳少保且不免，况成功乎？"兀术悟，遂留。

【译文】

南宋时，朱仙镇之战失败后，兀术想放弃汴京回到北方。有书生拦住他的马说："太子不要走，岳飞就要退兵了。"兀术说："岳飞以五百骑兵击败我十万大军，京城的百姓日夜盼望他的到来，怎么说汴京可以守得住呢？"书生说："自古以来没有权臣在朝而大将能在外建立战功的，岳飞性命都将不保，还能建立大功吗？"兀术恍然大悟，于是留下不走。

229. 沈诸梁

楚太子建废，杀于郑，其子曰胜，在吴，子西欲召之。沈诸梁闻之，见子西曰："闻子召王孙胜，信乎？"曰："然。"子高曰："将焉用之？"曰："吾闻之，胜直而刚，欲置之境。"子高曰："不可。吾闻之，胜也诈而乱，彼其父为戮于楚，其心又狷而不洁。若其狷也，不忘旧怨，而不以洁悛德，思报怨而已。夫造胜之怨者，皆不在矣。若来而无宠，速其怒也；若其宠之，贪而无厌，思旧怨以修其心，苟国有衅，必不居矣。吾闻国家将败，必用奸人，而嗜其疾味，其子之谓乎？夫谁无疾眚，能者早除之。旧怨灭宗，国之疾眚也；为之关钥，犹恐其至也，是之谓日惕。若召而近之，死无日矣！"弗从，召之，使处吴境，为白公。后败吴师，请以战备献，遂作乱，杀子西、子期于朝。

【译文】

楚国太子建被废，被杀于郑国。他的儿子名胜，当时在吴国，楚公子子西想召他回国。沈诸梁（字子高）听说后，就去见子西说："听说您要召楚王的孙子胜回国，真的吗？"子西说："真的。"沈诸梁说："要他来作什么呢？"子西说："我听说王孙胜正直而刚猛，想要他镇守边境。"沈诸梁说："不可。我听说王孙胜诡诈而好作乱，他的父亲在楚国被杀，他的心又褊狭而邪佞。他褊狭，一定不忘旧怨，又没有正直的心来改变品行，就只想报怨而已。现在造成王孙胜怨恨的因素都不存在了，如果他回来而不受宠，会激发他的怒气；如受宠幸，就会贪得无厌，一直想要报复。如果国家内部发生矛盾冲突，他一定不肯安份。我听说国家将败，必定任用奸人而欣赏他那会带来灾难的味道，这话难道说的是您？谁都会生病，聪明人能及早除去病根。因为旧怨而遭到灭族的，是国家的疾病，关门上锁还是怕它会来到，必须要日日警惕。如果还召唤他到身边来，那就离死不远了。"子西不肯听从，还是召王孙胜镇守吴国的边境上，称为白公。后来王孙胜击败吴军，要求献上战利品，于是乘机作乱，在朝堂上杀了子西和子期。

230. 孙　坚　皇甫郦

孙坚尝参张温军事。温以诏书召董卓，卓良久乃至，而词对颇傲。坚前耳语温曰："卓负大罪而敢鸱张大言，其中不测。宜以召不时至，按军法斩之。"温不从。卓后果横不能制。

中平二年，董卓拜并州牧，诏使以兵委皇甫嵩，卓不从。时嵩从子郦在军中（边批：此子可用），说嵩曰："本朝失政，天下倒悬。能安危定倾，唯大人耳。今卓被诏委兵，而上书自请，是逆命也。又以京师昏乱，踌躇不进，此怀奸也。且其凶戾无亲，将士不附。大人今为元帅，仗国威以讨之，上显忠义，下除凶害，此桓、文之事也。"嵩曰："专命虽有罪，专诛亦有责。不如显奏其事，使朝廷自裁。"（边批：此时用道学语不着）于是上书以闻。帝让卓，卓愈憎怨嵩。及卓秉政，嵩几不免。

观此二条，方知哥舒翰诛张擢、李光弼斩崔众是大手段、大见识。事见《威克部》。

【译文】

东汉末年，孙坚曾任张温的参军，张温用皇帝的诏书召董卓，董卓过了很久才到，而且言词对答颇为傲慢。孙坚在张温耳边低声道："董卓身负大罪还敢口出狂言，一定心怀不测。应该以诏书相召不按时赶到的罪名，依军法处斩。"张温不听。董卓后来果然横行肆虐无法控制。

中平二年，董卓任并州牧，诏书命令他将军队指挥权交给皇甫嵩，董卓不服从命令。当时皇甫嵩的侄子皇甫郦在军中，对皇甫嵩说："本朝政事不修，天下百姓生活困苦，能解除危难匡扶国家的，只有大人您了。现在董卓接到诏书要他交出军队，他还上书自请保留军队，这是违抗君命。又因京城内局势混乱，踌躇不前，这是心怀奸诈。而且他凶狠残暴，将士们都不亲附。大人目前是元帅，正可以仗着国威来讨伐他，上能显示忠义，下可除去凶恶，这是齐桓、晋文的伟大事业！"皇甫嵩说："董卓专擅，不听命令，固然有罪；如果我擅自杀他，也要承担责任。不如向朝廷禀奏这件事，让朝廷裁定。"于是上书禀奏。灵帝下诏责备董卓，董卓更恨皇甫嵩。后来董卓掌握朝政，皇甫嵩差点保不住性命。

冯评：看了这两件事，才知道哥舒翰杀张擢、李光弼斩崔众是大手法、大见识。见《威克卷》。

231. 曹 玮

河西首领赵元昊反，上问边备，辅臣皆不能对。明日，枢密四人皆罢。王鬷谪虢州。翰林学士苏公仪与鬷善，出城见之。鬷谓公仪曰："鬷之此行，前十年已有人言之。"公仪曰："此术士也。"鬷曰："非也。昔时为三司盐铁副使，疏决狱因至河北，是时曹南院自陕西谪官初起为定帅。鬷至定，治事毕，玮谓鬷曰：'公事已毕，自此当还。明日愿少留一日，欲有所言。'鬷既爱其雄材，又闻欲有所言，遂为之留。明日，具馔甚简俭，食罢，屏左右，曰：'公满面权骨，不为枢辅即边帅，或谓公当作相，则不能也。不十年，必总枢于此，时西方当有警，公宜预讲边备，搜阅人材，不然无以应猝。'鬷曰："四境之事，唯公知之，何以见教？'曹曰：'玮在陕西日，河西赵德明尝使以马易于中国，怒其息微，欲杀之，莫可谏止。德明有一子，年方十余岁，极谏不已：'以战马资邻国已是失计，今更以资杀边人，则谁肯为我用者？'玮闻其言，私念之曰：'此子欲用其人矣，是必有异志！'闻其常往来于市中，玮欲一识之，屡使人诱致之，不可得。乃使善画者图其貌，既至观之，真英物也！此子必为边患，计其时节，正在公秉政之日。公其勉之！"鬷是时殊未以为然。今知其所画，乃元昊也。"

李温陵曰：对王鬷谈兵，如对假道学谈学也。对耳不相闻，况能用之于掌本兵之后乎？既失官矣，乃更思前语，滔滔者天下皆是也！

【译文】

北宋河西首领赵元昊反叛，皇帝问起边境上的守备情形，辅佐的大臣都回答不出来。第二天，枢密院四个人都被罢了官，王鬷被贬到虢州。翰林学士苏公仪与王鬷交情很好，出城送别他。王鬷对苏公仪说："我这次贬官之行，十年前就有人预言过。"苏公仪说："那是江湖术士吧？"王鬷说："不是的。我从前担任三司盐铁副使，因清理判决狱中囚犯到了河北。当时曹玮（曾任南院使）从陕西贬官到河北任定帅。我办完事以后，曹玮对我说：'公事已经办完了，要回去了。希望您明天再多留一天，我有话要和您说。'我既欣慕他的雄才，又听他说有话要讲，就留了下来。第二天，他准备了很简单的饭菜，吃完后，屏退左右的人，对我说：'您面相权骨很多，日后不是枢密就是边帅。有人说您会当宰相，我看不可能。不到十年，一定在这里总揽军事。那时西方会有外敌，您应为边境的守备作好预备，广揽人才，不然事到临头无法应对。'我说：'边境上的事，只有您最清楚，请问有何指教？'曹玮说：'我在陕西的时候，河西的首领赵德明曾经派使者带着马匹来中国交易，因为不满利润微薄而要杀使者，没有人可以劝止。德明有一个儿子，才十多岁，极力劝谏，认为用马匹去资助邻国，已是失策，现在更要为钱杀守边人，那以后还有谁肯为我们效力？我听了他的话，心想这个孩子想善用自己的族人，一定有不凡的志向。听说他常往来于市集，我很想认识他，一再派人诱使他来都没有做到，就找个擅长画像的人去画下他的容貌，拿来一看，真是英才。这个孩子一定成为我们边境上的祸患，算一算时间，那正是您主持政务的时期，希望您好好努力。'我当时没当回事，现在才知道，他所画的人就是赵元昊。"

冯评：李温陵说：对王鬷谈兵事，好像对假道学谈学问。对着他的耳朵讲都听不进去，何况在他掌兵权以后还想让他听这些话！贬官之后才想起以前的话来，这种人天下多的是。

232. 齐神武

齐神武自洛阳还，倾产结客。亲友怪问之，答曰："吾至洛阳，宿卫羽林相率焚领军张彝宅，朝廷惧乱而不问。为政若此，事可知也。财物岂可常守耶?"自是有澄清天下之志。

莽杀子灭后家而三纲绝，魏不治宿卫羽林之乱而五刑隳。退则为梅福之挂冠浮海，进则为神武之散财结客。

【译文】

南北朝高欢（北齐神武帝）从洛阳回来，尽散家财去结交朋友。亲友都奇怪，问他为什么这么做，他说："我这次到洛阳，羽林军聚众焚烧领军张彝的住宅，朝廷怕生出祸乱而不加过问。国政到了这种地步，局面可想而知。财物能守得住吗?"从此，高欢便有了澄清天下的理想。

冯评：王莽杀死儿子且诛灭皇后的家族，三纲断绝；北魏不治羽林军作乱，五刑败坏。要退就像梅福那样弃官浮海，要进就像高欢那样散财交友。

233. 任文公

王莽居摄，巴郡任文公善占，知大乱将作，乃课家人负物百斤，环舍疾走，日数十回。人莫知其故。后四方兵起，逃亡鲜脱者，唯文公大小负粮捷步，悉得免。

【译文】

王莽摄政时，巴郡有个任文公善于占卜，知道将要发生大乱，就督促家人都背负一百斤重的物品，绕着房舍跑，每天几十次，没有人知道为什么。后来各地发生战争，逃亡者能逃脱的很少，只有任文公一家大小背着粮食跑得飞快，全都幸免于难。

234. 东院主者

唐末，岐、梁争长。东院主者知其将乱，日以菽粟作粉，为土墼，附而墁之，增其屋木，一院笑以为狂。乱既作，食尽樵绝，民所窖藏为李氏所夺，皆饿死。主沃粟为糜，毁木为薪，以免。陇右有富人，预为夹壁，视食之可藏者，干之，贮壁间，亦免。

【译文】

唐朝末年，岐王李茂贞与梁王朱全忠争权。东院主人预知将有乱事发生，就每天将豆类、粟米磨成粉，作成砖块，砌成墙，又增加屋里的梁木。全院的人都笑他疯了。后来果然发生战乱，粮食吃完了，木柴也烧尽了，百姓地窖中所收藏的东西被李茂贞的军队抢掠一空，都饿死了。东院主人把那些砖泡成粥，把梁木砍下来当柴烧，因而免于饿死。陇右有个富翁，预先做夹层墙壁，把可以收藏的食物晒干存在墙壁间，也因而免祸。

235. 第五伦 魏 相

诸马既得罪，窦氏益贵盛，皇后兄宪、弟笃喜交通宾客。第五伦上疏曰："宪椒房之亲，典司禁兵，出入省闼，骄佚所自生也。议者以贵戚废锢，当复以贵戚浣濯之，犹解酲当以酒也。愿陛下防其未萌，令宪永保福禄。"宪果以骄纵败。

永元（和帝年号）初，何敞上封事，亦言及此，但在夺沁水公主田园及杀都乡侯畅之后，跋扈已著，未若伦疏之先见也。

魏相因平恩侯许伯奏封事，言："《春秋》讥世卿，恶宋三世为大夫，及鲁季孙之专权，皆危乱国家。自后元以来，禄去王室，政由冢宰。今霍光死，子复为大将军，兄子秉枢机，昆弟、诸婿据权势、任兵官，光夫人显及诸女皆通籍长信宫，或夜诏门出入，骄奢放纵，恐浸不制，宜有以损夺其权，破散阴谋，固万世之基，全功臣之世。"又故事，诸上书者皆为二封，署其一曰："副封"。领尚书者先发副封，所言不善，屏去不奏。魏相复因许伯白去副封，以防壅蔽。宣帝善之，诏相给事中，皆从其议。霍氏杀许后之谋始得上闻。乃罢其三侯，令就第，亲属皆出补吏。

茂陵徐福"曲突徙薪"之谋，魏相已用之早矣。《隽不疑传》云：大将军光欲以女妻之，不疑固辞，不肯当，久之病免。《刘德传》云：大将军欲以女妻之，德不敢取，畏盛满也。后免为庶人，屏居田间。霍光皆欲以女归二公而二公不受，当炙手炎炎之际，乃能避远权势，甘心摈弃，非有高识，孰能及此？观范明友之祸，益信二公之见为不可及。

【译文】

东汉时，外戚马氏获罪之后，窦氏一家更为显贵。皇后的哥哥窦宪、弟弟窦笃更喜欢结交宾客。第五伦上疏说："窦宪是皇后的亲戚，掌管禁军，可以随意出入宫廷，骄纵自此而生。有人议论说，权贵外戚马氏被废，应该用新的权贵外戚窦氏来洗刷，这就好像应该拿酒来解醉。希望陛下在事情未发生前加以防范，使窦宪能够永保福禄。"窦宪后来果然因骄纵而败亡。

冯评：永元（和帝年号）初年，何敞密奏也谈及此事，但这是在窦宪抢夺沁水公主的田园以及杀都阳侯刘畅的事之后，跋扈情状已非常明显，不如第五伦的先见之明。

汉朝人魏相因平恩侯许广汉上奏事议论道："《春秋》讥讽世袭的卿大夫，厌恶宋国三世内娶而无大夫，以及鲁国季孙的专权，这些都给国家造成危乱。从昭帝即位以来，禄位远离王室，政权归于宰相。现在霍光死了，他的儿子又当大将军，哥哥的儿子掌朝政枢机，兄弟及女婿都占据权要部门，掌握兵权，霍光夫人显，及其女儿们都登录在长信宫的簿籍中，有时夜间也持诏令进出，骄奢放纵，恐怕逐渐不能控制。应该裁减他们的权势，破解他们的阴谋，以巩固万世的基业，保全功臣的后代。"另外，按惯例臣民上书需写两封，其中一封写上"副封"的字样，领尚书者先拆副封，认为内容不好，就除去不予奏报。魏相又通过许广汉的奏白去掉副封，以防止奏疏被阻截。宣帝认为说得很好，下诏任命魏相为给事中，并采纳了他的建议。霍氏杀许后的阴谋才能被皇帝知道。于是罢去霍家三个侯爵，将其免职回家，亲属也调往郡县做小吏。

冯评：茂陵人徐福曲突徙薪的谋略，魏相早已使用了。《隽不疑传》说，大将军霍光想把女儿嫁给他，隽不疑坚决推辞不肯接受，后来因病免官。《刘德传》说，大将军想把女儿嫁给他，刘德不敢接受，怕过分显贵。后来免官，成为平民，住在乡间。霍光想把女儿嫁给这两人，而他们都不接受，在霍光如日中天的时候，还能避免接近权势，甘心放弃富贵荣华，不是有高远的见识，谁能做得到？看范明友（霍光女婿，霍家败后自杀）的灾难，更相信二位的见识非常人可及。

236. 马 援 二条

建武中，诸王皆在京师，竞修名誉，招游士。马援谓吕种曰："国家诸子并壮，而旧防未立，若多通宾客，则大狱起矣。卿曹戒慎之。"后果有告诸王宾客生乱，帝诏捕宾客，更相牵引，死者以数千。种亦与祸，叹曰："马将军神人也。"

援又尝谓梁松、窦固曰："凡人为贵，当可使贱，如卿等当不可复贱。居高坚自持，勉思鄙言。"松后果以贵满致灾，固亦几不免。

【译文】

东汉建武年间，各王都在京师，竞相树立自己的声誉，招请游士。马援对吕种说："王室的子弟都进入壮年了，但固有的法规制度却没有落实，如果他们多与宾客交往，恐怕会引起大规模的案件，你们要小心谨慎。"后来果然有人秘告诸王的宾客作乱，光武帝下诏逮捕宾客，互相牵连，因此而死者数以千计。吕种也受波及，感叹说："马将军真是神人！"

马援又曾对梁松、窦固说："凡人显贵，应当可以回归卑贱，像你们却无法再回到贫贱了，身居高位，勉力支撑，想一想我的话吧。"梁松后来果然因为过于显贵而招来祸害，窦固也几乎不保。

237. 申屠蟠

申屠蟠生于汉末，时游士汝南范滂等非讦朝政，自公卿以下皆折节下之。太学生争慕其风，以为文学将兴、处士复用。蟠独叹曰："昔战国之世，处士横议，列国之王至为拥彗先驱，卒有坑儒烧书之祸，今之谓矣。"乃绝迹于梁砀山之间，因树为屋，自同佣人。居二年，滂等果罹党锢，或死或刑，唯蟠超然免于疑论。

物贵极征贱，贱极征贵，凡事皆然。至于极重而不可复加，则其势必反趋于轻。居局内者常留不尽可加之地，则伸缩在我，此持世之善术也。

【译文】

申屠蟠生于东汉末年，当时游士汝南人范滂等人议论朝政，自公卿以下都折节下交，太学生也争相追赶这种潮流，认为儒学即将复兴，在野之士可以重新受到重用。只有申屠蟠感叹说："从前战国时代，在野之士肆意议论，列国的君主待若上宾，最后便有了焚书坑儒的灾祸。现在的情形也是这样！"于是隐居到梁砀山之间，以树木作屋子居住，所有杂役都自己动手。过了两年，范滂等人果然遭遇党锢之祸，有的死，有的被判刑，只有申屠蟠超然事外，没人怀疑议论他。

冯评：事物贵极则贱，贱极则贵，凡事都是如此。重到极点而没有办法再增加时，情势必趋向于减轻。局内者如果经常保留可以加减的余地，那么伸缩由我，这是维持世道最好的技巧。

238. 张翰等

齐王冏专政，顾荣、张翰皆虑及祸。翰因秋风起，思菰菜、莼羹、鲈鱼脍，叹曰："人生贵适志耳，富贵何为？"即日引去（边批：有托而逃，不显其名，高甚）。荣故酣饮，不省府事，以废职徙为中书侍郎。颍川处士庾衮闻冏期年不朝，叹曰："晋室卑矣，祸乱将兴。"帅妻子逃林虑山中。

【译文】

晋朝时齐王司马冏专政，顾荣、张翰都忧虑灾害临身。张翰因为秋风吹起，想起家乡的菰菜、莼羹和鲈鱼脍，叹息道："人生贵在舒适自得，富贵有什么用！"当天就辞官回乡。顾荣则故意酗酒，不管政事，因玩忽职守被贬为中书侍郎。颍川处士庾衮听说司马冏一年都不上朝理政，叹息道："晋室已经衰落了，祸乱就要兴起了。"于是带着妻子儿女逃到林虑山中。

239. 穆 生

楚元王初敬礼申公等，穆生不嗜酒，元王每置酒，常为穆生设醴。及王戊即位，常设，后忘设焉。穆生退曰："可以逝矣。醴酒不设，王之意怠，不去，楚人将钳我于市。"称疾卧。申公、白生强起之，曰："独不念先王之德与？今王一旦失小礼，何足至此？"穆生曰："《易》称：知几其神。几者，动之微，吉凶之先见者也。君子见几而作，不俟终日。先王所以礼吾三人者，为道存也。今而忽之，是忘道也。忘道之人，胡可与久处（边批：择交要诀）？吾岂为区区之礼哉？"遂谢病去。申公、白生独留，王戊稍淫暴，二十年，为薄太后服，私奸，削东海、薛郡，乃与吴通谋。二人谏不听，胥靡之，衣之赭衣，舂于市。

【译文】

西汉楚元王刘交当初对申公等人非常尊重，穆生不爱饮酒，元王每设酒席，常为穆生准备甜酒。后来他儿子刘戊继位，刚开始也常准备甜酒，后来就忘记了。穆生回去后说："可以离开了，甜酒不准备了，大王的心意已经懈怠，再不走，楚人就要把我当犯人抓到市集上去了。"于是称病不起。申公、白生勉强把他拉起来，说："你难道就不想想先王对我们的恩德吗？如今大王偶尔在细微的礼节有了缺失，何必如此？"穆生说："《易经》上说，能觉察事物隐微征兆的便是神。事物隐微的征兆，是其发生变化的端倪，由之可以预知吉凶。君子一旦发现征兆，便即刻作出相应的反应，毫不延误。先王之所以礼遇我们三人，是因为有道。现在大王忽略了，就是忘道。忘道的人，哪可与他长久相处呢？我哪里是为了区区的礼仪细节啊？"于是称病辞去。申公、白生仍留在刘戊身边。刘戊后来渐渐荒淫暴虐，到他继位二十年，便因在薄太后服丧期间私下淫乱，被削去东海和薛地两个封地，又与吴国暗中勾通谋反。申公、白生二人劝谏都不听，并发他们去服劳役，穿上赭红色衣服，在市集舂米。

240. 列御寇

子列子穷，貌有饥色。客有言之于郑子阳者，曰："列御寇，有道之士也。居君之国而穷，君毋乃不好士乎？"郑子阳令官遗之粟数十秉。子列子出见使者，再拜而辞。使者去，子列子入。其妻望而拊心曰："闻为有道者妻子，皆得逸乐。今妻子有饥色矣，君过而遗先生食，先生又弗受也，岂非命哉？"子列子笑而谓之曰："君非自知我也，以人之言而遗我粟也。夫以人言而粟我，至其罪我也，亦且以人言，此吾所以不受也。"其后民果作难，杀子阳。受人之养而不死其难，不义；死其难，则死无道也。死无道，逆也。子列子除不义去逆也，岂不远哉！

魏相公叔痤病且死，谓惠王曰："公孙鞅年少有奇才，愿王举国而听之。即不听，必杀之，勿令出境。"（边批：言杀之者，所以果其用也）王许诺而去。公叔召鞅谢曰："吾先君而后臣，故先为君谋，后以告子，子必速行矣！"鞅曰："君不能用子之言任臣，又安能用子之言杀臣乎？"卒不去。鞅语正堪与列子语对照。

【译文】

列子生活贫困，面有饥色。有人对郑国的相国子阳说："列御寇是有道之士，住在贵国却生活穷困，您难道不喜欢读书人吗？"子阳就派官吏给列子送去数十秉（数千斗）的粟米。列子出门见了使者，谢绝了馈赠。使者走后，列子进屋，妻子望着他拍着胸口说："听说做有道之士的妻子儿女，都可以过得安乐舒适，现在妻子面有饥色，相国派人拜访并赠送食物，你还不接受，难道这是命吗？"列子笑着对妻子说："相国不是自己了解我，而是因为别人的话才送我粟米。如果因为别人的话而送我粟米，那么，等他想要给我定罪，也只需要别人一句话。这就是我不接受的原因。"后来果然百姓作乱，杀了子阳。接受别人的供养而不殉难，是不义；要殉难，那就是为坏人去死；为坏人去死，就是叛逆。列子除去不义与叛逆的恶名，眼光难道不远吗！

冯评：魏相公叔痤病重将死，对魏惠王说："公孙鞅年轻又有奇才，希望大王把国事全托付他，一切听他的。如果不行，就一定要杀了他，不要让他离境。"惠王答应了他后离开了。公叔痤又把公孙鞅请来，向他谢罪说："我先君王而后臣子，所以先为君王定谋略，然后才告诉你，你一定要赶快离开！"公孙鞅说："如果国君不能采纳你的建议重用我，又怎么会采纳你的建议而杀我呢？"最终没有离开。公孙鞅的话，正可以拿来和列子的话相对照。

241. 韩平原馆客

韩平原（侂胄）尝为南海尉，延一士人作馆客，甚贤。既别，杳不通问。平原当国，尝思其人。一日忽来上谒，则已改名登第数年矣。一见欢甚，馆遇甚厚。尝夜阑酒罢，平原屏左右，促膝问曰："某谬当国秉，外间论议如何？"其人太息曰："平章家族危如累卵，尚复何言？"平原愕然问故，对曰："是不难知也！椒殿之立，非出平章，则椒殿怨矣；皇子之立，非出平章，则皇子怨矣；贤人君子，自朱熹、彭龟年、赵汝愚而下，斥逐贬死，不可胜数，则士大夫怨矣。边衅既开，三军暴骨，孤儿寡妇，哭声相闻，则三军怨矣；边民死于杀掠，内地死于科需，则四海万姓皆怨矣。从此众怨，平章何以当之？"平原默然久之，曰："何以教我？"其人辞谢。再三固问，乃曰："仅有一策，第恐平章不能用耳。主上非心黄屋，若急建青宫，开陈三圣家法，为揖逊之举（边批：此举甚难，余则可为，即无此举亦可为），则皇子之怨，可变而为恩，而椒殿退居德寿，虽怨无能为矣。于是辅佐新君，焕然与海内更始，曩时诸贤，死者赠恤，生者召擢。遣使聘贤，释怨请和，以安边境。优犒诸军，厚恤死士。

除苛解慝，尽去军兴无名之赋，使百姓有更生之乐。然后选择名儒，逊以相位，乞身告老，为绿野之游，则易危为安，转祸为福，或者其庶乎？"平原犹豫不决，欲留其人，处以掌故。其人力辞，竟去。未几祸作。

【译文】

南宋韩侂胄（封平原郡王）曾任南海尉，请一个士人做家庭教师，此人非常贤明，分别后就不再互通音讯。韩侂胄主持国政时，曾经想起过这个人。有一天，这个人忽然来拜见韩侂胄，他已经改名登第好几年了。韩侂胄一见到他非常高兴，盛情款待。有一次深夜喝完酒后，韩侂胄屏退左右，促膝问道："我主持国政，外界对我的议论如何？"此人叹息道："大人的家族危险得就如堆起来的蛋，还有什么好说的！"韩侂胄惊讶不已，问他为什么。他说："这不难了解。皇后不是大人立的，那么皇后就会怨恨您；皇子也不是大人立的，那么皇子就会怨恨您；贤人君子，从朱熹、彭龟年、赵汝愚以下，被贬官、处死的，不可胜数，那么士大夫就会怨恨您；边境开战，三军战死疆场，孤儿寡妇哭声相闻，那么三军就会怨恨您；边境上的人民死于杀伤掠夺，内地的人民死于苛捐杂税，那么天下百姓都会怨恨您。聚集这么多的怨恨，大人怎么面对？"韩侂胄沉吟良久，说："你有什么主意可以教我？"此人推辞不言，韩侂胄再三请问，他才说："只有一个办法，只怕大人不肯采用。皇上对帝位没多大兴趣，如果赶紧辅立太子登基，效仿高宗、孝宗、光宗的先例实行禅让，则皇子的抱怨可转变为感恩，皇后退居德寿宫为太后，即使怨恨也无计可施。于是大人可以辅佐新君，一切从头开始，海内外焕然一新。以往的贤明人士，死的追赠抚恤，活着的请回来升职任用。派遣贤能的使者，释清怨恨，谈判请和，安定边境。重重地犒赏军队，给战死的士兵优厚的抚恤，废除严苛的法令，把战争带来的各种赋税全部取消，使百姓有重生的快乐。然后选择有名的儒士，把相位让给他，乞求告老还乡，效仿当年裴度的做法回家养老，这样就能转危为安，转祸为福，或者还有希望。"韩侂胄犹疑不决，想留下此人做顾问。此人极力推辞，终于离去。不久，韩侂胄遇刺。

242. 唐六如

宸濠甚爱唐六如，尝遣人持百金至苏聘之。既至，处以别馆，待之甚厚。

六如住半年，见其所为不法，知其后必反，遂佯狂以处。宸濠遣人馈物，则倮形箕踞，以手弄其人道，讥呵使者。使者反命，宸濠曰："孰谓唐生贤，一狂士耳！"遂放归。不久而告变矣。

【译文】

明朝宁王朱宸濠很喜爱唐寅（号六如），曾派人带一百两银子到苏州聘请他。唐寅到后，安排他住在别墅，待遇十分优厚。唐寅住了半年，看朱宸濠行事不法，知道以后一定会造反，就假装发狂。朱宸濠派人送礼物给他，他就裸露身体，叉开腿坐着，玩弄自己的生殖器，讥骂使者。使者回报朱宸濠，朱宸濠说："谁说唐寅贤明，只是一个狂士罢了！"于是放他回去。不久朱宸濠叛乱。

243. 万 二

洪武初，嘉定安亭万二，元之遗民也，富甲一郡。尝有人自京回，问其何所见闻，其人曰："皇帝近日有诗曰：'百僚未起朕先起，百僚已睡朕未睡。不如江南富足翁，日高丈五犹披被。'"二叹曰："兆已萌矣。"即以家赀付托诸仆干掌之，买巨航，载妻子，泛游湖湘而去。不二年，江南大族以次籍没，独此人获令终。

【译文】

明朝洪武初年，嘉定安亭有个人叫万二，是元朝的遗民，富甲一方。曾经有人从京师回来，万二问他的见闻，他说："皇帝近来作了一首诗：'百僚未起朕先起，百僚已睡朕未睡。不如江南富足翁，日高五丈犹披被。'"万二叹息道："征兆已经萌芽了。"就将家产托付给管家，自己买大船载着妻子儿女，泛游于湖湘一带。不到两年，江南的大族接二连三登录财产抄家，只有万二得到善终。

244. 严 辛

分宜严相以正月二十八日诞，亭州刘巨塘令宜春，入觐时，随众往祝。祝后，严相倦，其子世蕃令门者且合门。刘不得出，饥甚。有严辛者，严氏纪纲仆也，导刘往间道过其私居，留刘公饭。饭已，辛曰："他日望台下垂目。"刘公曰："汝主正当隆赫，我何能为？"辛曰："日不常午，愿台下无忘今日之托。”不数年，严相败，刘公适守袁州。辛方以赃二万滞狱，刘公忆昔语，为减其赃若干，始得戍。

【译文】

明朝权相严嵩（分宜人）正月二十八日过生日，亭州刘廷举（字巨塘）任宜春县令时，入京觐见皇帝，就随着众人前去祝寿。祝寿完毕，严嵩累了，其子严世蕃命令看门的人把门关上。刘廷举出不去，肚子很饿。有个严辛，是严府仆人，带着刘廷举从小路出来，到他自己的住处，留刘廷举吃饭。饭后，严辛说：“将来希望阁下多多关照。”刘廷举说：“你的主人目前正是显赫的时候，我能做什么？”严辛说：“太阳并非总是正午时那样高高在上的，希望阁下不要忘记我今日的请托。”几年后，严嵩倒台，刘廷举当时正担任袁州知府，严辛因为二万赃款被关进监狱。刘廷举想起了以前的话，为他减了一些赃款，严辛从轻发落为戍边。

245. 陈良谟

陈进士良谟，湖之安吉州人，居某村。正德二年，州大旱，各乡颗粒无收，独是村赖堰水大稔。州官概申灾，得蠲租，明年又大水，各乡田禾淹没殆尽，是村颇高阜，又独稔。州官又概申灾，租又得免，且得买各乡所鬻产及器皿诸物，价廉，获利三倍。于是大小户冒越宴乐，无日不尔。公语族人曰：“吾村当有奇祸。”问：“何也？”答曰：“无福消受耳。吾家与郁、与张根基稍厚，犹或小可。彼俞、费、芮、李四小姓，恐不免也。”其叔兄殊不以为然。未几，村大疫，四家男妇，死无孑遗，唯费氏仅存五六丁耳。叔兄忆公前言，动念，问公：“三家毕竟何如？”公曰：“虽无彼四家之甚，损耗终恐有之。”越一年，果陆续俱罹回禄。

大抵冒越之利，鬼神所忌，而祸福倚伏，亦乘除之数。况又暴殄天物，宜其及也！

【译文】

明朝进士陈良谟，湖州安吉人，家住某村。正德二年，州中大旱，各乡颗粒无收，只有这个村子依赖水坝的水而大丰收，州官一律上报灾情，所以得以免除租税。第二年又发生大水灾，各乡的庄稼全部被淹，这个村子因为地势颇高，又丰收了。州官还是一律上报灾情，租税又免了。而且他们买到各乡所卖的田产和器皿等，价钱低廉，获利多倍。于是大小户人家都过度享乐，天天饮宴。陈良谟对族人说："我们村子将有大祸临头。"族人问："为什么？"陈良谟说："无福消受罢了。我们家和郁、张两家，根基稍厚，还会稍微好点，俞、费、芮、李四个小姓，恐怕难以幸免。"他的叔伯兄弟很不以为然。不久，村子发生大规模瘟疫，那四家男女全都病死，只有费家还剩五六个男子。叔伯兄弟想起陈良谟先前说过的话，心中一动，就问："陈、郁、张三家究竟会如何？"陈良谟说："虽然没有他们四家那么严重，损失恐怕还是难免的。"过了一年，果然三家陆续发生火灾。

冯评：大抵超越本分的获利，会招来鬼神的怨恨，祸福相倚，也是互相抵消。何况又奢侈浪费，糟蹋东西，活该倒霉！

246. 东海张公

东海张公世居草荡，既任官，其家以城中为便，买宅于陶行桥。公闻而甚悔之，曰："吾子孙必败于此。"公六子，其后五废产。

陈眉公曰：吾乡两张尚书：庄简公悦、庄懿公鎏，宅在东门外龟蛇庙左。孙文简公承恩，宅在东门外太清庵右。顾文僖公清，宅在西门外超果寺前。当时与四公同榜同朝者，其居在城市中，皆已转售他姓矣，唯四公久存至今。信乎城市不如郊郭，郊郭不如乡村，前辈之先见，真不可及。

【译文】

东海张公世代住在乡间草荡，当官以后，家人认为住在城里比较方便，就在陶行桥附近买了住宅。张公听了很后悔，说："我的子孙一定在此衰败。"张公六个儿子，后来有五个败了家产。

陈眉公说：我家乡有两位张尚书：庄简公张悦、庄懿公张鎏，他们的住宅在东门外龟蛇庙左侧。文简公孙承恩的住宅在东门外太清庙右侧。文僖公顾清的住宅在西门外超果寺前。当时与他们四位同榜登第、同朝为官而住在城市中的人，房子都已转卖给别人，只有他们四位的房子还保留到现在。确实城市不如郊区，郊区不如乡村。前辈的先见之明，真比不上啊。

247. 郗 超

郗司空（愔，字方回）在北府，桓宣武（温）忌其握兵。郗遣笺诣桓，子嘉宾（超）出行于道上，闻之，急取笺视，方欲共奖王室，修复园陵（边批：痴人不知）。乃寸寸毁裂，归更作笺，自陈老病不堪人间，欲乞闲地自养。桓得笺大喜，即转郗公为会稽太守。

超党于桓，非肖子也，然为父画免祸之策，不可谓非智。后超病将死，缄一箧文书，属其家人："父若哀痛，以此呈之。"父后哭超过哀，乃发箧睹稿，皆与桓谋逆语，怒曰："死晚矣。"遂止。夫身死而犹能以术止父之哀，是亦智也。然人臣之义，则宁为愔之愚，勿为超之智。

【译文】

晋朝司空郗愔（字方回）在京口驻兵，桓温（谥宣武侯）忌惮他手握兵权。郗愔派人送信给桓温，他儿子郗超（字嘉宾）外出走在路上，听到这件事，听说后拿信来一看，内容是想和桓温共同扶持王室，修复先帝陵墓。郗超立即将信撕毁，回去重写一封，说自己又老又病，不足以担负重任，想求一块空地养老。桓温收到信后非常高兴，就调郗愔为会稽太守。

冯评：郗超和桓温结党，不是好儿子，然而为父亲策划避祸的办法，不能说他不聪明。后来郗超病重将死，将一箱文书密封起来，嘱咐家人说："如果父亲过于哀痛，就拿这个给他看。"郗愔后来哭儿子过于伤心，家人就打开箱子取出文书给他看，都是与桓温图谋叛逆的内容。郗愔大怒，说："死晚了！"于是不再伤心。自己死了，还能用办法止住父亲的哀痛，也算有智。不过按照做人臣的道义，还是宁做郗愔这样的愚人，不做郗超这样的智者。

248. 张忠定

张忠定公视事退后，有一厅子熟睡。公诘之："汝家有甚事？"对曰："母久病，兄为客未归。"访之果然。公翌日差场务一名给之，且曰："吾厅岂有敢睡者耶？此必心极幽懑使之然耳，故悯之。"

体悉人情至此，人谁不愿为之死乎？

【译文】

北宋张咏（谥忠定）办公结束后下堂，看见一个差役睡着了。张咏问他："你家发生了什么事吗？"他说："家母病了很久，家兄离家外出又没回来。"张咏派人去察访，果然如此。第二天，张咏派一个场务带了东西去他家慰问，并且说："我的厅堂上怎么会有敢睡觉的差役呢？一定是内心极为忧伤烦闷才会如此，所以我怜悯他。"

冯评：能够体谅人到这种地步，谁不愿为他效死呢？

卷六 亿中

镜物之情，揆事之本。福始祸先，验不回瞬。藏钩射覆，莫予能隐。集《亿中》。

——【解说】——

照见万物的情由，揣测万事的本源。无论是福是祸，转眼之间便能应验。藏钩射覆这样的把戏，别想骗过我的眼睛。

这一卷都是猜中隐情的故事，名为《亿中》。

249. 子 贡

鲁定公十五年正月，邾隐公来朝，子贡观焉。邾子执玉高，其容仰；公受玉卑，其容俯。子贡曰："以礼观之，二君皆有死亡焉。夫礼，死生存亡之体也：将左右、周旋、进退、俯仰，于是乎取之；朝、祀、丧、戎，于是乎观之。今正月相朝而皆不度，心已亡矣。嘉事不体，何以能久！高仰，骄也；卑俯，替也。骄近乱，替近疾。君为主，其先亡乎？"五月公薨。孔子曰："赐不幸言而中，是使赐多言也！"

【译文】

鲁定公十五年正月，邾隐公来朝，子贡观礼。邾隐公执玉很高，仰着头；鲁定公接受时很谦卑，低着头。子贡看了，说道："从仪式来看，两位国君都有死亡之事。礼是生死存亡的根本，要左右周旋、进退俯仰，就在这里选取；

朝会、祭礼、丧事、征战，也在这里观摩。现在两位国君正月相朝却不合法度，可见内心已失。嘉礼都不合规格，怎么能维持国祚于长久呢？高仰是骄傲的表现，谦卑是衰弱的先兆。骄傲接近混乱，衰弱接近疾病。定公是主人，可能会先死吧？"五月，定公去世，孔子说："不幸被子贡说中了，这恐怕会让他成为一个多嘴的人。"

250. 希　卑

秦攻赵，鼓铎之音闻于北堂。希卑曰："夫秦之攻赵，不宜急如此，此召兵也，必有大臣欲衡者耳。王欲知其人，且日赞群臣而访之，先言衡者，则其人也。"建信君果先言横。

【译文】

战国时，秦兵攻击赵国，金鼓的声音传到赵王理事的北堂。希卑说："秦国攻击赵国，不应如此急切，这一定是给秦国做内应的士兵，一定有大臣想采用连横的策略。大王想知道是什么人，明天接见群臣的时候问一下，先说连横的人就是了。"次日，建信君果然先说要连横。

251. 范　蠡

朱公居陶，生少子。少子壮，而朱公中男杀人，囚楚。朱公曰："杀人而死，职也，然吾闻：千金之子，不死于市。"乃治千金装，将遣其少子往视之。长男固请行，不听。以公不遣长子而遣少弟，"是吾不肖"，欲自杀。其母强为言，公不得已，遣长子。为书遗故所善庄生，因语长子曰："至，则进千金于庄生所，听其所为，慎无与争事。"长男行，如父言。庄生曰："疾去毋留，即弟出，勿问所以然。"长男阳去，不过庄生而私留楚贵人所。庄生故贫，然以廉直重，楚王以下皆师事之。朱公进金，未有意受也，欲事成复归之以为信耳。而朱公长男不解其意，以为殊无短长。庄生以间入见楚王，言"某星某宿不利楚，独为德可除之。"王素信生，即使使封三钱之府。贵人惊告公长男曰："王且赦，每赦，必封三钱之府。"长男以为赦，弟固当出，千金虚弃，乃复见庄生。生惊曰："若不去耶？"长男曰："固也，弟今且赦，故辞去。"生知其意，令自入室取金去。庄生羞为儿子所卖，乃入见楚王曰："王欲以修德禳星，乃道路喧传陶之富人朱公子杀人囚楚，其家多持金钱赂王左右，故王赦，非能恤楚国之众也，特以朱公子故。"王大怒，令论杀朱公子，明日下赦令。于是朱公长男竟持弟丧归，其母及邑人尽哀之，朱公独笑曰："吾固知必杀其弟也，彼非不爱弟，顾少与我俱，见苦为生难，故重弃财。至如少弟者，生而见我富，乘坚策肥，岂知财所从来哉！吾遣少子，独为其能弃财也，而长者不能，卒以杀其弟。事之理也，无足怪者，吾日夜固以望其丧之来也！"

朱公既有灼见，不宜移于妇言，所以改遣者，惧杀长子故也。"听其所为，勿与争事。"已明明道破，长子自不奉教耳。庄生纵横之才不下朱公，生人杀人，在其股掌。然宁负好友，而必欲伸气于孺子，何德宇之不宽也！噫，其以为纵横之才也与！

【译文】

陶朱公范蠡住在陶，生了小儿子。小儿子长大以后，陶朱公的次子杀人，被囚禁在楚国。陶朱公说："杀人者死，这是天经地义的。然而我听说'富家子不应在大庭广众之间被处决'。"于是准备千金，要派小儿子前往探视。长子坚决请求前往，陶朱公不肯，长子认为父亲不派长子而派小弟，是认为自己不肖，想自杀。他母亲也极力劝说，陶朱公不得已，改派长子。他写了一封信给老朋友庄生，并告诉长子说："到了以后，就把这千金送给庄生，随他处置，千万不要和他争执。"长子前往，照父亲的话做。庄生说："你赶快离开，不要停留，即使令弟被放出来，也不要问他为什么。"长男假装离去，也不告诉庄生，而私下留在楚国一个贵人的家里。庄生很穷，但以廉洁正直被人尊重，楚王以下的人都以老师的礼数来敬事他，陶朱公送的金子，他无意接受，想在事成后归还以表诚信。而陶朱公的长子不了解庄生，以为他没什么救人的办法。庄生利用机会入宫见楚王，说某某星宿不利于楚，若能独自修德，则可以解除。楚王向来信任庄生，立刻派人封闭三钱之府。楚国贵人很惊奇地告诉陶朱公的长男说："楚王将要大赦了。因为每次大赦一定封闭三钱之府，以防被人知道要大赦而肆意盗窃。"长子认为遇到大赦，弟弟一定就会出狱，那千金就白扔了，于是又去见庄生。庄生惊讶地说："你没有离开吗？"长子说："是啊。我弟弟碰上楚王大赦，所以来告辞。"庄生知道他的意思，便叫他自己进去拿黄金回去。觉得被一个孩子出卖很没面子，就入宫见楚王说："大王想修德禳星，但外面百姓却传言富人陶朱公的儿子杀人，囚禁在楚国，他的家人拿了很多钱来贿赂大王左右的人，所以大王有这次大赦，并非真正怜悯楚国的民众，只是为了朱公子而已。"楚王很生气，立即下令杀了朱公子，第二天才下大赦令。于是陶朱公的长男最后运着弟弟的尸体回家了。他的母亲及乡人都很哀伤，陶朱公却笑着说："我本来就知道他一定会害死自己的弟弟。他并不是不爱弟弟，只是从小和我在一起，见惯了生活的艰苦，所以特别看重花钱的事；至于小弟，生下来就见到我富贵，坐好车骑好马，哪里知道钱财是怎么来的。我派小儿子去，只因为他能丢得下财物，而长子做不到，最后才害死了弟弟。这都是事之常理，不值得奇怪，我本来就日夜等着他死讯的到来！"

冯评：陶朱公既有明白的见解，就不该听妇人的话而改变主意，而所以改派长子，是怕长子自杀的缘故。临行指示长子要随庄生处理，不要和他争执，明明已经讲清楚了，只是长子自己不听话罢了。庄生的才能不输于陶朱公，救人杀人完全控制在他的手掌中。然而却宁愿背叛好友，一定要和孩子争这一口气，怎么心胸气度这么狭窄呢！唉！这就是他为什么只能算作纵横家的缘故吧！

252. 范 雎

王稽辞魏去，私载范雎，至湖关，望见车骑西来，曰："秦相穰侯东行县邑。"雎曰："吾闻穰侯专秦权，恶纳诸侯客，恐辱我。我且匿车中。"有顷，穰侯至，劳王稽，因立车语曰："关东有何变？"曰："无有。"又曰："谒君得无与诸侯客子俱来乎？无益，徒乱人国耳！"王稽曰："不敢。"即别去。范雎出曰："穰侯，智士也，其见事迟。向者疑车中有人，忘索，必悔之。"于是雎下车走。行数里，果使骑还索，无客乃已。雎遂与稽入咸阳。

穰侯举动不出雎意中，所以操纵不出雎掌中。

【译文】

王稽离开魏国，私自载着范雎，到了湖关，看见大队车骑从西边来，说："这是秦相穰侯东巡县邑。"范雎说："我听说穰侯在秦国专权，最讨厌人接纳他国诸侯的宾客，被他发现恐怕会羞辱我，我就躲在车里吧。"一会儿，穰侯到了，见了王稽，就下车慰劳，并站在车上问王稽："关东有什么变故吗？"王稽说："没有。"穰侯又说："你作为使者，没有带其他诸侯的宾客一起回来吗？那样没什么好处，只会扰乱我们的国家而已！"王稽说："不敢。"随即告辞离去。范雎出来说："穰侯是个聪明人，但觉察事机慢了点。刚才怀疑车里有人，忘了搜查，一定会后悔。"于是范雎下车步行，走了几里之后，穰侯果然派骑兵回来搜查，见没有宾客才罢休。范雎这才和王稽进入咸阳城。

冯评：穰侯的举动不出范雎的预料，所以被范雎控制于掌中。

253. 姚 崇 二条

魏知古起诸吏，为姚崇所引用，及同升也，崇颇轻之。无何，知古拜吏部尚书，知东道选事。崇二子并分曹洛邑，会知古至，恃其蒙恩，颇顾请托。知古归，悉以闻。上召崇，从容谓曰："卿子才乎？皆何官也？又安在？"崇揣知上意，因奏曰："臣有三子，两人分司东都矣，其为人多欲而寡交，以是必干知古，然臣未及闻之耳。"上始以丞相子重言之，欲微动崇意，若崇私其子，或为之隐；及闻所奏，大喜，且曰："卿安从知之？"崇曰："知古微时，是臣荐以至荣达。臣子愚，谓知古见德，必容其非，故必干之。"上于是明崇不私其子之过，而薄知古之负崇也，欲斥之。崇为之请曰："臣有子无状，挠陛下法，陛下欲特原之，臣为幸大矣。而由臣逐知古，海内臣庶，必以陛下为私于臣矣，非所以裨玄化也。"上久之乃许。翌日，以知古为工部尚书，罢知政事。

姚崇与张说同为相，而相衔颇深。崇病，戒诸子曰："张丞相与吾不协，然其人素侈，尤好服玩。吾身没后，当来吊，汝具陈吾生平服玩、宝带、重器罗列帐前。张若不顾，汝曹无类矣。若顾此，便录致之，仍以神道碑为请。既获其文，即时录进，先碞石以待，至便镌刻进御。张丞相见事常迟于我，数日后必悔，若征碑文，当告以上闻，且引视镌石。"崇没，说果至，目其服玩者三四。崇家悉如崇戒。及文成，叙致该详，时谓"极笔"。数日，果遣使取本，以为辞未周密，欲加删改。姚氏诸子引使者视碑，告以奏御。使者复，说大悔恨，抚膺曰："死姚崇能算生张说，吾今日方知才之不及！"

【译文】

唐朝魏知古出身小吏，被姚崇提拔任用，后来二人同时升任宰相，姚崇很轻视他。没多久，魏知古任吏部尚书，负责东都洛阳官员的铨选。姚崇的两个儿子都在洛阳任职，魏知古到洛阳后，两个人仗着父亲对魏知古有恩，常常私下找他办事。魏知古回朝后，将这些事全部禀奏皇帝。皇帝于是召姚崇来，从容地说："你的儿子有才能吗？有没有担任什么官职？现在在哪里呢？"姚崇揣测到皇帝的心思，便奏道："臣有三个儿子，两个都在东都任职，他们欲望很多但少与人交往，所以一定会去找魏知古帮忙，但我还没听到相关的消息。"皇帝本来因为宰相儿子有问题，故意提出来，想试探一下姚崇，猜想姚崇或偏袒自己的儿子，或为儿子隐瞒过失。等听了姚崇的回答，皇帝很高兴，说："你怎么知道的？"姚崇说："魏知古微贱的时候，是臣推荐他才得以身居高位。臣的儿子很愚蠢，认为魏知古感恩戴德，必定会包容他们做些出格的事，所以一定会去求他帮忙。"皇帝知道姚崇不偏袒自己儿子的过失，也看不起魏知古辜负姚崇，想免除魏知古的官职。姚崇为他请求说："臣的儿子不肖，扰乱陛下的法令，陛下能特别宽恕他们，已经是臣的大幸了。如果因此免除魏知古的官职，全国的官员百姓一定认为陛下对臣偏私，对皇上教化天下会有不利影响。"皇帝过了很久才答应他。第二天下诏，任魏知古为工部尚书，免知政事（副宰相）。

姚崇与张说同为宰相，但彼此矛盾很深。姚崇病重时，告诫儿子们说："张丞相与我不和，而他一向奢侈，更爱好服饰珍玩。我死了以后，他会来吊祭，你们把我平生珍藏的古玩、宝带、器物全部摆到帐前。如果他看都不看一眼，你们就都完了。如果他肯看，你们就把宝物收拾起来送给他，并请他写神道碑碑文（墓志铭）。碑文拿到之后，立即抄写进呈皇上。先磨好碑石等着，等皇上看完马上就刻好碑再进呈。张丞相洞察事机常比我慢，几天后一定后悔，要是再来索要碑文，你们就告诉他已经呈给皇上，再带他去看刻好的石碑。"姚崇死后，张说果然来吊祭，看中了几样珍玩，姚家人完全遵照姚崇的告诫行事。碑文完成，对姚崇的生平功业叙述得非常详尽，当时的人都认为是顶尖佳作。几天后，张说果然派人来要回碑文，说是文辞不够周密，想加以删改，姚崇的儿子们带着来人去看石碑，告诉他已经奏报皇上了。使者回去报告，张说很后悔，抚着胸口说："死姚崇能算计活张说，我现在才知道才力不如他。"

254. 王 应

王敦既死，王含欲投王舒。其子应在侧，劝含投彬。含曰："大将军平素与彬云何，汝欲归之？"应曰："此乃所以宜投也。江州（彬）当人强盛，能立异同，此非常识所及。睹衰危，必兴慈愍。荆州（舒）守文，岂能意外行事耶？"含不从（边批：**蠢才**），径投舒，舒果沉含父子于江。彬初闻应来，为密具船以待，待不至，深以为恨。

好凌弱者必附强，能折强者必扶弱。应嗣逆敦，本非佳儿，但此论深彻世情，差强"老婢"耳！敦每呼兄含为"老婢"。

晋中行文子出亡，过县邑，从者曰："此啬夫，公之故人，奚不休舍，且待后车。"文子曰："吾尝好音，此人遗我鸣琴；吾好佩，此人遗我玉环。是振我过以求容于我者也，吾恐其以我求容于人也。"乃去之，果收文子后车二乘而献之其君矣。蔺相如为宦者缪贤舍人，贤尝有罪，窃计欲亡走燕。相如问曰："君何以知燕王？"贤曰："尝从王与燕王会境上，燕王私握吾手曰：'愿结交。'以故欲往。"相如止之曰："夫赵强燕弱而君幸于赵王，故燕王欲结君。今君乃亡赵走燕，燕畏赵，其势必不敢留君，而束君归赵矣。君不如肉袒负斧锧请罪，则幸脱矣！"贤从其计。参观二事，足尽人情之隐。

【译文】

东晋大将军王敦死后，他哥哥王含想投靠王导的堂弟王舒。儿子王应在旁劝他投靠王敦的堂弟王彬。王含说："大将军生前和王彬的关系如何，你怎么想要去投靠他呢？"王应说："正因为如此才应该去投靠。王彬在大将军生前权势熏天的时候，都能坚持己见，这不是一般人的见识所能做到的。而如今大将军已死，权势冰消瓦解，现在见我们衰落，一定生出怜悯之心。而王舒只是个中规中矩的人，哪会做超出常规的事呢？"王含不肯听从，直接去投靠王舒，王舒果然将他们父子溺死于江中。王彬起初听说王应要来，暗中准备船只等待，没有等到王应，心里非常遗憾。

冯评：喜好欺凌弱者的人必定依附强者，能抑制强者的人必定扶持弱者。王应过继给王敦做儿子，本不是好孩子，只是他这番言论洞察世情，比起"老婢"强多了。王敦常管他哥哥王含叫"老婢"。

春秋时晋中行文子逃亡，经过一个县城。侍从说："这里的啬夫是大人的朋友，为什么不休息一下，等待后面的车子呢？"文子说："我喜爱音乐，这个人送我琴；我喜爱佩玉，这个人就送我玉环。这是个助长我的毛病来取悦于我的人，我怕他现在也会拿我去取悦别人。"于是迅速离开了。后来那人果然扣下文子后面的两辆车献给他的主子。蔺相如曾为宦者缪贤的家臣。缪贤犯罪，想要逃到燕国。蔺相如问他："您怎么知道燕王一定会接纳您呢？"缪贤说："我曾陪着大王在边境上和燕王聚会，燕王私下握着我的手说愿意和我交朋友。因而想去燕国。"蔺相如阻止他说："赵国强盛而燕国弱小，当初您受赵王宠幸，所以燕王才想与您结交。现在您是从赵国逃亡到燕国去，燕王畏惧赵王，一定不敢留您，反而会把您抓了遣返赵国。您不如脱了衣服，背着刑具亲自向赵王请罪，那样还能得到宽免。"缪贤依计而行。合看这两件事，足以认识人情的隐微。

255．陈同甫

辛幼安流寓江南，而豪侠之气未除。一日，陈同甫来访，近有小桥，同甫引马三跃而马三却。同甫怒，拔剑斩马首（边批：豪甚），徒步而行。幼安适倚楼而见之，大惊异，即遣人询访，而陈已及门，遂与定交。后十数年，幼安帅淮，同甫尚落落贫甚，乃访幼安于治所，相与谈天下事。幼安酒酣，因言南北利害，云：南之可以并北者如此，北之可以并南者如此。"钱塘非帝王居。断牛头山，天下无援兵；决西湖水，满城皆鱼鳖。"饮罢，宿同甫斋中。同甫夜思：幼安沉重寡言，因酒误发，若醒而悟，必杀我灭口。遂中夜盗其骏马而逃（边批：能杀马必能盗马），幼安大惊。后同甫致书，微露其意，为假十万缗以济乏。幼安如数与焉。

【译文】

南宋辛弃疾（字幼安）流落江南，豪侠的气概仍在。有一天陈亮（字同甫）来拜访，经过一道小桥，陈亮三次想带马跨越，马却向后退三次。陈亮大怒，拔剑斩下马头，自己徒步而行。辛弃疾正好在楼上看见，深感惊讶，立刻派人去邀请，而陈亮却已经到了，于是两人成为好朋友。十几年之后，辛弃疾已成为淮帅，而陈亮还贫困不得志。陈亮去公署拜见辛弃疾，一起谈论天下大事。辛弃疾在酒酣耳热之际，开始高谈阔论起南北方的形势，并说明南宋想收复北地要如何，而北方若想并吞南宋又要如何。辛弃疾说："钱塘不适合建为国都。占据牛头山，就能阻断四方来援的勤王之师；引西湖水灌城，整个京城的军民百姓都会成为鱼鳖。"喝完酒后，辛弃疾将陈亮留下住宿。陈亮夜里想起：辛弃疾一向沉稳寡言，酒后说了不少不该说的话，一旦酒醒回想起来，一定杀我灭口，于是半夜偷了辛弃疾的骏马逃走，辛弃疾大惊。后来陈亮写信给辛弃疾，隐约透露了当时的想法，并借十万缗钱济困。辛弃疾如数给了他。

256. 李 泌

议者言韩滉闻乘舆在外，聚兵修石头城，阴畜异志。上疑，以问李泌。对曰："滉公忠清俭，自车驾在外，滉贡献不绝，且镇抚江东十五州，盗贼不起，皆滉之力也。所以修石头城者，滉见中原板荡，谓陛下将有永嘉之行，为迎扈之备耳。此乃人臣忠笃之虑，奈何更以为罪乎？滉性刚严，不附权贵，故多谤毁，愿陛下察之，臣敢保其无他。"上曰："他议汹汹，章奏如麻，卿不闻乎？"对曰："臣固闻之。其子皋为考功员外郎，今不敢归省其亲，正以谤语沸腾故也。"上曰："其子犹惧如此，卿奈何保之？"对曰："滉之用心，臣知之至熟，愿上章明其无他，乞宣示中书，使朝众皆知之。"上曰："朕方欲用卿，人亦何易可保？慎勿违众，恐并为卿累。"泌退，遂上章，请以百口保滉。他日，上谓泌曰："卿竟上章，已为卿留中。虽知卿与滉亲旧，岂得不自爱其身乎？"对曰："臣岂肯私于亲旧以负陛下？顾滉实无异心。臣之上章，以为朝廷，非为身也！"上曰："如何为朝廷？"对曰："今天下旱蝗，关中米斗千钱，仓廪耗竭，而江东丰稔。愿陛下早下臣章，以解朝众之惑，而谕韩皋，使之归觐，令滉感激，无自疑之心，速运粮储，岂非为朝廷耶？"（边批：此唐室安危之机，所系非细）上曰："朕深谕之矣。"即下泌章，令韩皋谒告归觐，面赐绯衣，谕以"卿父比有谤言，朕今知其所以，释然不复信矣"，因言"关中乏粮，与卿父宜速置之。"皋至润州，滉感悦流涕，即日自临水滨，发米百万斛，听皋留五日即还朝。皋别其母，啼声闻于外。滉怒，召出挞之，自送至江上，冒风涛而遣之（边批：至诚感人，可悲可泣）。既而陈少游闻滉贡米，亦贡二十万斛。上谓李泌曰："韩滉乃能使陈少游亦贡米乎？"对曰："岂唯少游，诸道将争入贡矣！"

【译文】

　　唐末，朝中纷纷议论说韩滉听说天子不在京城，大规模地招募兵士修筑石头城，暗中有造反企图。皇帝生了疑心，就问李泌。李泌说："韩滉忠诚清廉，自从陛下离京在外，韩滉不断进贡钱粮，而且镇抚江东十五州，盗贼销声匿迹，这都是韩滉的功劳。至于修筑石头城，是因为韩滉见到中原纷乱，认为陛下可能南下，做好迎驾的准备而已。这是为人臣子出于忠诚的思虑，怎么能当成罪过呢？韩滉个性刚直严正，不攀附权贵，所以毁谤他的人很多，愿陛下明察。臣保证韩滉绝对没有二心。"皇帝说："可是，议论纷纷，章奏实在太多，你就没有听说吗？"李泌说："臣当然知道。他的儿子韩皋任考功员外郎，至今不敢回家省亲，正是因为毁谤的话太多了。"皇帝说："连他自己的儿子都怕成这样，你怎么还敢为他担保呢？"李泌说："韩滉的用心，臣非常清楚，臣愿上奏章说明他绝无二心，并宣示中书省，让朝中所有官员都能了解。"皇帝说："朕正想重用你，担保人哪有这么容易的？还是不要违逆众人的意见，要不然恐怕连你也受连累。"李泌退朝后，立刻上奏章，用全家性命来担保韩滉。几天后，皇帝对李泌说："你还是上奏章保韩滉了，我已将这份奏章留在宫中。我知道你和韩滉关系密切，但你就不为自己的身家性命想想吗？"李泌说："臣哪里会为自己的故旧而辜负陛下呢？只是韩滉实在没有叛逆之心，臣上奏章，是为朝廷，不是为自己。"皇帝说："怎么个为朝廷呢？"李泌说："如今天下又是旱灾又是蝗灾，关中米价一斗千钱，仓库存粮已经用空，而江东却大丰收。希望皇上尽快将臣的奏章下发朝廷，解除群臣的疑惑，同时下诏给韩皋，要他回家省亲，使韩滉感激圣上的信任，消除他的猜疑，速将江东的粮食运来，这难道不是为朝廷吗？"皇帝说："朕全明白了。"于是皇帝下发李泌的奏章，命令韩皋回家省亲，当面赐予绯衣，并告诉韩皋"曾经有人对你父亲有毁谤，如今朕已经完全了解，不再相信那些话了"，又说"关中缺乏粮食，与你父亲火速筹办支援。"韩皋到润州报告父亲，韩滉感动高兴得泪流满面，当天就亲自到江边运发百万斛粮食，让韩皋呆了五天就立即回朝。韩皋辞别母亲，哭声传到屋外。韩滉大怒，把他叫出去打一顿，亲自送到江边，冒着风浪把儿子送走。接着陈少游听说韩滉贡米，也进贡二十万斛。皇帝对李泌说："韩滉能使陈少游也贡米？"李泌说："岂只一个陈少游，各道都将争着贡米了。"

257. 荀 息

晋献公谋于荀息曰："我欲攻虞,而虢救之;攻虢,则虞救之。如之何?"荀息曰："虞公贪而好宝,请以屈产之乘与垂棘之璧,假道于虞以伐虢。"公曰："宫之奇存焉,必谏。"息曰："宫之奇之为人也,达心而懦,又少长于君。达心则其言略,懦则不能强谏,少长于君,则君轻之。且夫玩好在耳目之前,而患在一国之后,唯中智以上乃能虑之。臣料虞公,中智以下也。"晋使至虞,宫之奇果谏曰："语云:唇亡则齿寒。虞、虢之相蔽,非相为赐。晋今日取虢,则明日虞从而亡矣。"虞公不听,卒假晋道行。既灭虢,返戈向虞。虞公抱璧牵马而至。

【译文】

晋献公跟荀息商议说:"我想攻打虞国,而虢国一定出兵救援;攻打虢国,则虞国也会救援。这怎么办才好?"荀息说:"虞公生性贪婪,最爱宝物,请您用屈产的名马和垂棘产的玉璧为诱饵,向虞公借路攻打虢国。"献公说:"宫之奇在,一定会劝谏虞公。"荀息说:"宫之奇的为人,内心明达而性格柔弱,年龄比虞公稍大些。内心明达则说话只提纲挈领,个性柔弱则不能强谏,比虞公年龄稍大,虞公就会轻视他。而且宝物珍玩摆在眼前,祸患则躲在虢国灭亡之后,这样的危机只有才智中等以上的人才会顾及。臣料想,虞公的才智在中等以下。"晋国使者一到虞国,宫之奇果然劝谏虞公说:"俗语说,唇亡则齿寒。虞、虢互为屏障,互相保护,不能把对方当作礼物送人。晋国今天灭了虢国,明天虞国也会跟着灭亡。"虞公不听,终于借路给晋。晋灭了虢国,回兵攻打虞国。虞公只好抱着玉璧、牵着马来投降。

258. 虞 卿

秦王龁攻赵,赵军数败,楼昌请发重使为媾。虞卿曰："今制媾者在秦,秦必欲破王之军矣,虽往请,将不听。不如以重宝附楚、魏,则秦疑天下之合纵,媾乃可成也。"王不听,使郑朱媾于秦。虞卿曰："郑朱贵人也,秦必显重之以示天下。天下见王之媾于秦,必不救王。秦知天下之不救王,则媾不可成矣。"既而果然。

【译文】

战国时，秦将王龁攻打赵国，赵军多次战败，楼昌请赵王派担负重任的使者去求和。虞卿说："现在讲和的主动权在秦国手中，秦想彻底击破赵国的军队，即使派人去请和他们也不会听从。不如用贵重的宝物讨好楚国和魏国，则秦王怀疑天下合纵抗秦，和谈才有机会成功。"赵王不听，仍然派郑朱到秦国求和。虞卿说："郑朱是地位尊贵的人，秦王一定对天下人表示尊重他，各国见大王向秦国求和，一定不出兵援救。秦王知道天下不出兵援救，求和就不会成功。"后来果然如此。

259. 傅　岐

侯景叛魏归梁，封河南王。魏相高澄忽遣使议和，时举朝皆请从之。傅岐为如新令，适在朝，独曰："高澄方新得志，何事须和？必是设间以疑侯景，使景意不自安，则必图祸乱。若许之，正堕其计耳！"帝惑朱异言，竟许和。景未信，乃伪作邺人书，求以贞阳侯换景（边批：亦巧）。帝答书，有"贞阳旦至，侯景夕返"语，景遂反。

【译文】

南北朝时侯景归附南朝梁，封河南王。魏相高澄忽然派使者议和，当时朝廷百官都赞成议和。傅岐任如新县令，正好在朝，只有他说："高澄刚得志掌权，有什么必要议和？一定是设反间计要让侯景起疑，让他起兵作乱。如果答应，正中高澄的计谋。"梁武帝相信了朱异的意见，最终答应议和。侯景起初不相信，就伪造东魏的来信，假称要用被东魏俘虏的贞阳侯萧渊明交换侯景。梁武帝回信中有"贞阳侯白天送到，侯景晚上就返回"的话，侯景于是造反了。

260. 策陕城　策魏博

德宗时，陕虢都知兵马使达奚抱晖鸩杀节度使张劝，代总军务，邀求旌节，且阴召李怀光将达奚小俊为援。上以李泌为陕虢都防御水陆运使，欲以神策军送之。对曰："陕城之人不敢逆命，此特抱晖为恶耳。若以大兵临之，彼闭壁定矣。三面悬绝，未可以岁月下也。臣请以单骑入。"上曰："朕方用卿，当更使他人往。"对曰："他人必不能入。今事变之初，众心未定，故可出其不意，夺其奸谋。他人犹豫迁延，彼成谋，则不得前矣。"上许之（边批：**得先者**）。泌见陕州进奏官及将吏在长安者，语之曰："主上以陕、虢饥，故不授泌节而领运使，欲令督江淮米以赈之耳。陕州行营在夏县，若抱晖可用，当使将；将有功，则赐旌节矣。"觇者驰以告抱晖，稍用自安。泌具以上白，曰："使其士卒思米，抱晖思节，必不害臣矣。"泌出潼关，宿曲沃，将佐皆来迎。去城十五里，抱晖亦出谒。泌称其摄事保城之功，曰："军中烦言，不足介意，公等职事，皆安堵如故。"既入城视事，宾佐有请屏人白事者，泌曰："易帅之际，军中烦言，乃其常理，泌到自妥，不愿闻也。"泌但索簿书治粮储。明日，抱晖到宅，语之曰："吾非爱汝而不诛，恐自今危疑之地，朝廷所命，将帅不能入，故丐汝余生。汝为我赍版币祭节使，慎无入关，自择安处，潜来取家，保无他也。"（边批：**情法两尽，化有事为无事**）泌之行也，上籍陕将预乱者七十五人授泌，使诛之。泌既遣抱晖，日中，宣慰使至，泌奏："已遣抱晖，余不足问。"上复遣中使诣陕，必使诛之。泌不得已，械兵马使林滔等五人送京师，恳请赦宥，诏谪戍天德军，而抱晖遂亡命。

传称郈侯好大言，然才如郈侯方许大言。古来大言者二人，东方朔、李郈侯是也。汉武好大之主，非大言不投；唐肃倚望郈侯颇大，不大言不塞其望，望之不塞，又将迁迹他人，而其志不行矣。是皆巧于投主者也。荆公巧于投神宗而拙于酬相位，所谓言有大而夸者耶？诸葛隆中数语，不敢出一大言，正与先主局量相配。若卫鞅之干秦王，先说以帝道、王道，而后及富强，此借所必不入以坚其入，又非大言之比矣。

李绛在唐宪宗朝，值魏博田季安死，子怀谏弱，李吉甫请兴兵讨之。绛以为魏博不必用兵，当自归朝廷。吉甫盛陈不可不用兵之状。绛曰："臣窃观两河藩镇之跋扈者，皆分兵以隶诸将，不使专在一人，恐其权任太重，乘间而谋己故也。诸将势均力敌，莫能相制；欲广相连结，则众心不同，其谋必泄；欲独起为变，则兵少力微，势必不成。跋扈者恃此以为长策。然臣窃思之，若常得严明主帅，能制诸将之死命者以临之，则粗能自图矣。今怀谏乳臭子，不能自听断，军府大权，必有所归。诸将厚薄不均，怨怒必起。然则向日分兵之策，适足为今日祸乱之阶也。田氏不为屠肆，则悉为俘囚矣，何烦天兵哉？但愿陛下按兵养威，严敕诸道，选士马以观后效，使贼中知之，不过数月，必有自效于军中者。至时，唯在朝廷应之敏速，中其机会，不爱爵禄以赏其人，使两河藩镇恐其麾下闻而效之以取朝廷之赏，亦恐惧为恭慎矣，此所谓不战而屈人兵者也。"既而田怀谏幼弱，军政皆决于家僮蒋士则，以爱憎移易诸将，众皆愤怒。田兴晨入府，士卒数千人大噪，环兴而拜，请为留后，兴惊仆地，久之，度不免，乃谓众曰："汝肯听吾言乎？勿犯副大使，守朝廷法令，申版籍，请官吏，然后可。"皆曰："诺。"兴乃杀蒋士则等十余人，迁怀谏于外。冬十月，魏博监军以状闻。上亟诏宰相，谓李绛曰："卿揣魏博若符契。"李吉甫请遣中使宣慰以观其变，李绛曰："不可，今田兴奉其土地兵众，坐待诏命，不乘此际推心抚纳，结以大恩，必待敕使至彼，持将士表来为请节钺，然后与之，则是恩出于下，非出于上，将士为重，朝廷为轻矣。"上乃以兴为魏博节度使。制命至魏州，兴感泣流涕，士众无不鼓舞。李绛又言："魏博五十余年不沾皇化，一旦举六州之地来归，剖河朔之腹心，倾叛乱之巢穴，不有重赏过其所望，则无以慰士卒之心，使四邻劝慕。请发内库钱百五十万缗以赐之。"左右宦官以为太多，绛曰："田兴不贪专地之利，不顾四邻之患，归命圣朝，陛下奈何爱小费而遗大计，不以收一道人心哉？借使国家发十五万兵以取六州，期年而克之，其费岂止百五十万缗已乎？"上悦曰："朕所以恶衣菲食，蓄聚货财，正为平定四方。不然，徒贮之府库何为？"即遣知制诰裴度至魏博宣慰，以钱百五十万赏军士，六州百姓给复一年。军士受赐，欢声如雷。成德、兖郓使者数辈见之，相顾失色，叹曰："倔强果何益乎？"

李泌尝言："善料敌者，料将不料兵。"泌之策陕城，绛之揣魏博，皆料将法也。

【译文】

唐德宗时，陕虢都知兵马使达奚抱晖毒杀节度使张劝，代理他的军权，又请求朝廷任他为节度使，并暗地结交李怀光手下将领达奚小俊相助。德宗派李泌担任陕虢都防御水陆运使，并准备用神策军护卫李泌上任。李泌说："陕城的军民不敢造反，这只是达奚抱晖一个人作恶罢了。如果派大兵去，他们一定关起城门抗拒。而陕城三面悬崖，不是一年半载能攻下来的。臣请求一人前往。"德宗说："朕正要重用你，还是派别人去吧。"李泌说："别人一定进不去。现在变乱才刚开始，他们人心未定，所以可以出其不意，粉碎他的奸谋。换了别人，犹豫耽搁，让达奚抱晖一切安排妥当，那就不好办了。"德宗答应了。李泌先接见陕州进奏官以及在长安的将吏，对他们说："皇上因为陕虢正闹饥荒，所以不授我符节，只让我担任转运使，要我督运江淮的米去救灾而已。陕州节度使的行营在夏县，如果达奚抱晖可以任用，就先让他担任主将，将来有功，就升任节度使。"探子很快将这些回报给达奚抱晖，他听了稍觉安心。李泌对德宗说："让他们士兵想着粮食，达奚抱晖想着节度使的旌节，一定不会加害臣。"李泌出了潼关，夜宿于曲沃，将士们都出来迎接。离城十五里时，达奚抱晖也出来拜见李泌。李泌称赞他代理军务、保护城池的功劳，说："军中的闲言碎语不必介意，你们的职务都像以前一样安稳。"入城上任后，有手下请求屏退旁人汇报事情，李泌说："更换将领期间，军中有闲言闲语是正常的，我来到以后自然平息，不愿多听。"李泌只要来帐册处理粮食调配的工作。第二天，李泌把达奚抱晖叫来，对他说："我不是因为舍不得而不杀你，只是因为这里人心不稳，朝廷所派的将帅一时进不来，所以才留你一条小命。你先替我准备祭文祭品去祭吊张劝节度使，你不要进关，自己找个地方安顿好，暗中去接你的家人，保你无事。"李泌离开京师时，德宗曾将参与叛乱的七十五个陕将名单交给他，要李泌杀掉他们。李泌遣走达奚抱晖以后，中午时朝廷宣慰使到了，李泌奏报说已经遣走达奚抱晖，其余的人不值得再加追究。德宗又派宫中的使臣到陕，指示一定要杀这些人。李泌不得已，只好将兵马使林滔等五人戴上刑具遣送京师，恳请德宗宽赦。德宗诏令把他贬到天德军戍边，而达奚抱晖则逃亡了。

冯评：史书称邺侯李泌爱说大话，然而也要有邺侯这样的才智才能说大话。自古以来说大话的有两个人：东方朔、李邺侯。汉武帝是好大喜功的君主，不说大话不能投其所好；唐肃宗非常倚重邺侯，不说大话不能满足他的期望。期望不满足，就会转移到别人身上，邺侯的抱负就无法施展了。这二人都是善于迎合君主的。王安石善于投神宗所好，却无法做好宰相的工作，这大概就是大话中的夸夸其谈者吧？诸葛亮在隆中的一番话，不敢有一句大话，也正与刘备的气质相配合。如商鞅见秦王，先讲帝道、王道，而后谈到富强，这是先借听不进去的话来反衬听得进的话，又不是说大话所能比的。

李绛是唐宪宗时的宰相，适逢魏博节度使田季安去世，儿子田怀谏年纪幼小，李吉甫建议派兵讨伐。李绛认为魏博不必用兵，自然会归顺朝廷。李吉甫极力强调不可用兵的理由。李绛说："微臣私下观察两河藩镇中那些跋扈的，都将军队分属各个将帅，不专属一人，怕一人权势太重，会乘机造反。诸将势均力敌，谁也控制不了谁。若要彼此联合，又各人心思不同，谋划一定会被泄漏出去；想单独起兵叛变，则兵力微弱，一定不能成功。于是跋扈的节度使就以此为好办法。然而依臣想来，若是平时有严明的主帅，可以牢牢控制诸将，基本上可以自保。现在田怀谏还是个孩子，不能自己处理军务，那军府的大权一定有实际的操纵者；那样诸将待遇厚薄不均，一定会生出怨怒。这样，以往分散兵权的好办法，正好成为现在的祸乱源头。田氏不是被诛杀，就是沦为阶下囚，何须麻烦朝廷出兵呢？但愿陛下按兵不动，保养威仪，严令各道选好兵马，随时听候朝廷的指令，让贼兵知道这个消息，不用几个月，一定有主动效命朝廷的人出现。到时候，朝廷只要迅速应付，把握时机，不惜爵禄来赏赐那些人，让其他藩镇害怕他们的部下为取得朝廷的赏赐，起而效法，也由于心怀恐惧转为恭顺谨慎。这就是所谓不战而屈人之兵。"由于田怀谏幼弱，军政事务都取决于家僮蒋士则，他根据个人好恶任免将领，引起众人愤慨。有一天，田兴清晨进府，数千名士卒大声喧嚷，环绕着田兴跪拜，请他为节度使留后。田兴吓得仆倒在地，过了很久，估计躲避不了，就对众人说："你们肯听我的话吗？不要加害副大使，遵守朝廷法令，申报魏博的土地户籍资料，并请朝廷派任官吏，要能这样我就答应你们。"众人都表示同意。田兴于是杀死蒋士则等十余人，把田怀谏迁移到外地。冬十月，魏博监军将情况向朝廷报告，宪宗立即召来宰相，对李绛说："你预测魏博的事一点都不错！"李吉甫建议宪宗派使者去宣慰，以观察情势的变化。李绛说："不行。现在田兴掌握着土地兵马，等待诏命，不乘这个时机真诚地安抚接纳，用大恩惠加以笼络，一定要等特使到那里，拿着将士的表章来朝廷申请节钺，然后才颁赐，这样恩泽就出自下面，而非出自上面，将士为重，朝廷为轻了。"宪宗于是立即封田兴为魏博节度使。命令传到魏州时，田兴感动得落泪，士众无不欢心鼓舞。李绛又说："魏博已有五十多年脱离朝廷的管辖，如今以六州的土地前来归附，等于是挖去了河朔诸镇的心腹，倾覆了叛军的巢穴，如果没有超过他们期望的重赏，就无法抚慰士卒，促使四邻产生羡慕向往之心。请拨内库钱一百五十万缗来赏赐他们。"左右宦官认为花费太多，李绛说："田兴不贪割据一方的私利，不顾四邻的威胁，毅然归附圣朝，陛下怎能吝惜小小的花费而妨害大计，失去了笼络一方人心的机会呢？假使国家出动十五万兵力去攻取六州，就算一年时间能够成功，花费岂止一百五十万缗！"宪宗高兴地说："朕平日省吃俭用，储蓄财物，正为了平定四方，要不然那么多钱存在府库里有什么用？"于是立即派知制诰裴度到魏博宣慰，用一百五十万缗钱犒赏军士，六州百姓免除赋税一年。军士受到犒赏，欢声如雷。成德、兖郓等使者见了，相顾失色，叹息说："顽固地跟朝廷对抗，到底有什么好处呢？"

冯评：李泌曾说："善于揣测敌情的人，要揣测将领而不是揣测士兵。"李泌策划陕城事件，李绛揣测魏博情势，都是揣测将领的方法。

261. 料吐蕃

唐德宗时，吐蕃尚结赞请和，欲得浑瑊为会盟使，谬曰："浑侍中信厚闻于异域，必使主盟。"瑊发长安，李晟深戒之，以盟所为备不可不严。张延赏言于上曰："晟不欲盟好之成，故戒瑊以严备。我有疑彼之形，则彼亦疑我矣，盟何由成？"上乃召瑊，戒以"推诚待虏，勿以猜疑"。已而瑊奏："吐蕃决以辛未盟。"延赏集百官，以瑊表示之。晟私泣曰："吾生长西陲，备谙虏情，所以论奏，但耻朝廷为犬戎所侮耳。"将盟，吐蕃伏精骑数万于坛西，瑊等皆不知，入幕易礼服，虏伐鼓三声，大噪而至。瑊自幕后出，偶得他马乘之，唐将卒皆东走。虏纵兵追击，或杀或擒之。是日，上谓诸相曰："今日和戎息兵，社稷之福。"马燧曰："然。"柳浑曰："戎狄豺狼，非盟誓可结，今日之事，臣窃忧之。"李晟曰："诚如浑言。"上变色曰："柳浑书生，不知边计，大臣亦为此言耶？"皆伏地顿首谢，因罢朝。是日虏劫盟信至，上大惊。明日谓浑曰："卿书生，乃能料敌如此之审耶！"

初，吐蕃尚结赞恶李晟、马燧、浑瑊，曰："去三人则唐可图也。"于是离间李晟，因马燧以求和，欲执浑瑊以卖燧，使并获罪，因纵兵直犯长安，会失瑊而止。尚结赞又归燧之兄子弇，曰："河曲之役，春草未生，吾马饥，公若渡河，我无种矣。赖公许和，谨释弇以报。"帝闻之，夺燧兵权。尚结赞之谲智，亦虏中之仅见者。

【译文】

唐德宗时，吐蕃尚结赞请和，并要求由浑瑊担任会盟使者，假意说："浑侍中诚信忠厚，闻名于国外，一定要请他主持会盟。"浑瑊从长安出发时，李晟再三告诫他会盟的戒备不可不严密。张延赏对德宗说："李晟不想让会盟成功，所以才告诫浑瑊要严加戒备。我方有怀疑的形迹，对方也一定会怀疑，这样会盟怎么可能成功呢？"德宗于是召来浑瑊，告诫他"以诚意对待吐蕃，不要猜疑"。浑瑊奏报："吐蕃决定于闰五月辛未结盟。"张延赏召集百官，将浑瑊的奏章给大家看。李晟私下哭道："我生长在西方边境，非常熟悉吐蕃的情况，所以提出这个建议，是怕朝廷被外族羞辱罢了。"会盟之前，吐蕃埋伏数万精锐骑兵在盟坛西边，浑瑊等人完全不知情，进入帐幕更换礼服，吐蕃兵击鼓三通，高声喊杀而来。浑瑊从帐幕后面逃出，偶然找到一匹马，骑上逃走了。唐军将士都向东奔逃，吐蕃纵兵追击，唐兵不是被杀，就是被擒。当天，德宗在朝廷上对宰相们说："今天和吐蕃讲和停战，是国家的福祉。"马燧说："是的。"柳浑却说："吐蕃有如豺狼，不是盟誓可以结纳的，今天的事，臣很担忧。"李晟说："正如柳浑所说。"德宗生气地说："柳浑一个书生，不懂边境大计，你一个重臣也说这种话！"众人都伏地叩头谢罪，因而罢朝。这天，吐蕃劫盟的消息传到，德宗大惊。第二天德宗对柳浑说："你是一个书生，对敌情也能预料得如此精确啊！"

冯评：起初，吐蕃尚结赞讨厌李晟、马燧及浑瑊三人，说："除掉这三人，唐就好对付了。"于是离间李晟，通过马燧求和，并想活捉浑瑊来出卖马燧，使他们一起获罪，再进军侵犯长安。结果因浑瑊逃走才作罢。尚结赞又把马燧哥哥的儿子马弅放回去，说："河曲一战，春草尚未生长，我国的马匹饥饿，当时您若领兵渡河，我们就全活不成了。全靠您答应请和才救了我们，所以释放马弅作为回报。"德宗听说此事，就夺去了马燧的兵权。尚结赞的谲智，是胡房中仅见的。

262. 王晋溪

嘉靖初年，北虏尝寇陕西，犯花马池，镇巡惶遽，请兵策应。事下九卿会议，本兵王宪以为必当发，否恐失事。众不敢异。王琼时为冢宰，独不肯，曰："我自有疏。"即奏云："花马池是臣在边时所区画，防守颇严，虏必不能入；纵入，亦不过掳掠，彼处自足防御，不久自退。若遣京军远涉边境，道路疲劳，未必可用，而沿途骚扰，害亦不细，倘至彼而虏已退，则徒劳往返耳。

臣以为不发兵便。"然兵议实本兵主之，竟发六千人，命二游击将之以往（边批：只是不深知晋溪故）。至彰德，未渡河，已报虏出境矣。

按：晋溪在西北修筑花马池一带边墙，命二指挥董其役。二指挥甚效力，边墙极坚，且功役亦不甚费，有羡银二千余，持以白晋溪。晋溪曰："此一带城墙，实西北要害去处，汝能尽心了此一事，此琐琐之物何足问，即以赏汝。"后北虏犯边，即遣二指挥提兵御之，二人争先陷阵，其一竟死于敌。晋溪筹边智略类如此。又晋溪总制三边时，每一巡边，虽中火亦费百金，未尝折干，到处皆要供具，烧羊亦数头，凡物称是。晋溪不数商，尽撤去，散于从官，虽下吏亦沾及。故西北一有警，则人人效命。当时法网疏阔，故豪杰得行其意；使在今日，则台谏即时论罢矣。梅衡湘播州监军，行时请帑金三千备犒赏之需，及事定，所费仅四百金，登籍报部，无分毫妄用。虽性生手段大小不同，要亦时为之也。

【译文】

明朝嘉靖初年，北方胡虏曾入侵陕西花马池，巡抚害怕，奏请朝廷派兵应对。这件事交给九卿商议。兵部尚书王宪认为应该出兵，否则恐怕要出事。其他人都不敢有异议。王琼（号晋溪）时任礼部尚书，只有他不同意，说："我自有奏疏。"于是奏道："花马池是臣在边境时规划修建的，防守非常严密，胡虏一定进不去；纵使进去，也不过是掠夺财物而已，当地的兵力绝对足以防御，不用多少时间胡虏自然会撤退。如果派京师的部队长途跋涉到边境，一路上疲劳辛苦，到了也未必有用，而且沿途对百姓的骚扰，为害也不浅。假使部队到了而胡虏已经退了，那就是徒劳往返而已。臣认为不发兵才对。"但军事决策主要由兵部负责，最后还是派出六千士兵，命令两名游击率领前往。军队到达彰德，还没渡河，就闻报胡虏已经出境了。

按：王琼在西北修筑花马池一带的边墙，命令两名指挥负责督导。两名指挥非常尽力，边墙也筑得很坚固，而且费用也不太多，完成后尚有二千多两剩余的银子，来报告王琼。王琼说："这一带边墙是防御西北最重要的设施，你们能尽心尽力完成这件事就很好，这些琐碎的财物我不过问，就赏给你们吧！"后来北方胡虏侵犯边区，就派这两名指挥带兵去抵御，两人争先冲锋陷阵，其中一名竟然就此殉职。王琼筹备边防的才智，其做法和功迹大概都和这种情形类似。另外，王琼镇守边境时，每次到阵地巡视，寻常的一餐，也要花费百两银子，所到的地方都要准备宴会的用具，宰杀好几头羊，差不多都是这样的花费，这样的规模。王琼自己吃得不多，其余都分配给将领和士卒，连职位最低的小吏都分得好处，所以西北地方一旦有战事，人人都乐于效命。当时法网疏漏，所以豪杰之士能顺着自己的心志行事。假使在今日，谏议的官员马上就要加以弹劾，主事者甚至会被罢官。梅衡湘任播州监军时，临行请公款三千万钱，准备犒赏士兵，然而整个任务完成，却只花费四百万钱，其他如数报缴兵部，一点都没有乱用。处理的方式不可能永远是同一套做法，要看当时的时势而定。

263. 韦孝宽

韦孝宽镇玉壁，念汾州之北、离石以南，悉是生胡，抄掠居人，阻断河路，而地入于齐。孝宽欲当其要处置一大城，乃于河西征役徒十万，甲士百人，遣开府姚岳监筑之。岳以兵少为难，孝宽曰："计成此城十日即毕，彼去晋州四百余里，一日创手，二日魏境始知。设令晋州征兵，二日方集，谋议之间，自稽三日，计其军行，二日不到，我之城隍足为办矣。"乃令筑之。又令汾水以南，傍介山、稷山诸村，所在纵火。齐人谓是军营，遂收兵自固。版筑克就，卒如孝宽言。

【译文】

西魏韦孝宽镇守玉壁，想到汾州以北、离石以南一带，都是没有开化的胡人，抢劫居民，阻断交通，但土地是北齐所有。韦孝宽想在重要地点建筑一座大城，于是从河西征调民夫十万人，士兵百人，派开府姚岳去监工。姚岳认为士兵太少，韦孝宽说："估计建好这座城只需十天，这地方离晋州四百多里，第一天开工，第二天东魏才能知道（译者按：当时韦孝宽属西魏，后来成为北周。故对方是东魏，后来成为北齐。这段文字出自后人记载，所以魏、齐混称）。假设晋州征兵，也要两天才能调齐，议论兵事又要花费三天，预计正常行军速度两天走不到这里，这些时间足够让我们把城墙修好。"于是下令筑城。又命人在汾水以南、介山、稷山的村落四处点火，齐人以为是军营，于是收兵回去。城造好了，一切都像韦孝宽所说的那样。

264. 刘 惔

汉主李势骄淫，不恤国事。桓温帅师伐之，拜表即行。朝廷以蜀道险远，温众少而深入，皆以为忧，唯刘惔以为必克。或问其故，惔曰："以博知之：温，善博者也，不必得，则不为。但恐克蜀之后，专制朝廷耳。"

按：惔每奇温才，而知其有不臣之志，谓会稽王昱曰："温不可使居形势之地。"昱不从。及温既克蜀，昱惮其威名，乃引殷浩以抗之，由是浸成疑贰。至浩北伐无功，而温遂不可制矣。

【译文】

晋朝时成汉主李势骄奢淫逸，不关心国事。桓温率军讨伐，上奏章后即刻出发。朝廷认为四川道路险阻，桓温的士卒少而深入险境，令人担忧。只有刘惔认为必胜。有人问他什么原因，刘惔说："我是从赌博来推测的。桓温很擅长赌博，没把握赢的绝不会下注。只是桓温攻下四川之后，恐怕会总揽朝廷的大权。"

按：刘惔每每赞赏桓温的才智，而且预知他有叛逆之心。他曾对会稽王昱说："不可以使桓温处于形势险要之地。"王昱不听。后来桓温攻下四川，王昱害怕桓温威名，用殷浩与之抗衡。到殷浩北伐无功时，桓温已无法控制了。

265. 杨廷和

彭泽将西讨流贼鄢本恕等，入问计廷和。廷和曰："以君才，贼何忧不平？所戒者班师早耳。"泽后破诛本恕等，奏班师，而余党复猬起，不可制。泽既发而复留，乃叹曰："杨公之先见，吾不及也！"

张英国三定交州而竟不能有，以英国之去也。假使如黔国故事，俾英国世为交守，虽至今郡县可矣。故平贼者，胜之易，格之难，所戒于早班师者，必有一番安戢镇抚作用，非仅仅仗兵威以胁之已也。

【译文】

明朝彭泽率兵西讨流贼鄢本恕等，问计于杨廷和。杨廷和说："以你的才能，这些贼人还怕评定不了？唯一要注意的是，不要急着班师回朝。"彭泽杀了鄢本恕等人后，奏报朝廷班师回京，贼寇余党又纷纷作乱，无法控制。彭泽出发以后又留下来，于是叹息道："杨公的先见之明，我比不上。"

冯评：张英国三次平定交州（安南，今越南），最后竟不能占有，就是因为张英国离开的缘故。假使如当年黔国公沐英那样，使张英国世代为交州太守，则至今交州还是明朝的郡县。所以战胜贼寇很容易，要真正控制它们很难，所谓注意不要太早班师，就是要进行一番安抚的工作，不是仅仅靠兵力战胜威胁而已。

266. 卜偃

虢公败戎于桑田，晋卜偃曰："虢必亡矣！亡下阳不惧，而又有功，是天夺之鉴而益其疾也！必易晋而不抚其民矣，不可以五稔！"后五年，晋灭虢。

【译文】

春秋时虢公在桑田击败戎人，晋国卜偃说："虢一定会灭亡，下阳被晋国占领都不害怕，现在又战胜戎人，这是上天夺走虢国的镜子让他们的毛病加重而不自知。虢公一定轻视晋国，不能好好抚慰百姓。虢国坚持不了五年！"五年后，晋国灭虢。

267. 士鞅

晋士鞅奔秦。秦伯问于士鞅曰："晋大夫其谁先亡？"对曰："其栾氏乎？"秦伯曰："以其汰乎？"对曰："然。栾黡汰侈已甚，犹可以免，其在盈乎？"秦伯曰："何故？"对曰："武子（栾书，黡之父，盈之祖）之德在民，如周人之思召公焉，爱其甘棠，况其子乎？栾黡死，盈之善未能及人，武子所施没矣，而黡之怨实章，将于是乎在！"秦伯以为知言。

【译文】

晋国士鞅投奔秦国，秦伯问士鞅说："晋大夫哪一家会先灭亡？"士鞅说："大概是栾氏吧？"秦伯说："因为他奢侈吗？"士鞅说："是的。栾黡已经奢侈得太过分了，但还不会灭亡，灭亡的应该会是他儿子栾盈？"秦伯问："为什么？"士鞅说："武子栾书（栾黡的父亲，栾盈的祖父）生前对人民有恩德，这就像当年周人思念召公，人民连他生前所种的甘棠树都爱护有加，何况是他的亲生儿子！等到栾黡死后，栾盈不能施恩给人民，武子遗留下的恩泽又已消散，对栾黡的怨恨就凸现出来，所以我认为栾氏将在栾盈手中灭亡。"秦伯认为他的言论很明智。

268. 楚蔿贾

楚子将围宋，使子文治兵于睽，终朝而毕，不戮一人。子玉复治兵于蔿，终日而毕，鞭七人，贯三人耳。国老皆贺子文。蔿贾尚幼，后至，不贺。子文问之，对曰："不知所贺。子之传政于子玉，曰靖国也，靖诸内而败诸外，所获几何？子玉之败，子之举也。举以败国，将何贺焉？子玉刚而无礼，不可以治民；过三百乘，其不能以入矣。苟入而贺，何后之有？"及城濮之战，晋文公避楚三舍，子玉从之，兵败自杀。

【译文】

春秋时楚君将围攻宋国，派子文在睽地练兵，子文只花一个上午就完成，没有惩罚一个士兵。又派子玉在蔿地练兵，子玉花了一天时间，鞭打七个人，刺穿三人的耳朵。国中的大臣都来恭贺子文，蔿贾当时年纪还小，晚到，又不向子文道贺。子文问他为什么，蔿贾说："我不知道有什么好祝贺的。您把政事交给子玉，说是为了使国家安定。如果国内安定而对外作战失败，又有多少收益？子玉的失败，是由您举荐；举荐错人而使国家败亡，有什么可贺的？子玉刚强而无礼，不可以让他治理人民。假如让他指挥三百部以上的兵车作战，届时他一定败军覆将，回不了国。如果能侥幸回得来，到时候我再来祝贺也还不算晚吧？"果然，城濮之战时，晋文公退避三舍，子玉带兵进击，最后兵败自杀。

269. 班 超

班超久于西域，上疏愿生入玉门关，乃召超还，以戊己校尉任尚代之。尚谓超曰："君侯在外域三十余年，而小人猥承君后，任重虑浅，宜有以诲之。"超曰："塞外吏士，本非孝子顺孙，皆以罪过徙补边屯，而蛮夷怀鸟兽之心，难养易败。今君性严急，水清无鱼，察政不得下和，宜荡佚简易，宽小过，总大纲而已。"超去后，尚私谓所亲曰："我以班君尚有奇策，今所言平平耳。"

尚留数年而西域反叛，如超所戒。

【译文】

东汉时班超久在西域，上疏希望能在有生之年活着进入玉门关。于是皇帝诏令班超回国，以戊己校尉任尚代替他的职务。任尚对班超说："您在西域已经三十多年了，如今我将接任您的职务，责任重大，而我的智虑有限，请您多加教诲。"班超说："塞外的将士，本来都不是什么孝子贤孙，都是因为犯罪而被流放边境戍守的，而蛮人心如禽兽，难于教化，容易生事。你个性比较严厉急切，要知道水太清便养不了鱼，治政过于明察便得不到属下的心，我建议你稍微宽松一些，力求简易，对属下的小过失不必追究，凡事把握大原则就可以了。"班超离开后，任尚私下对亲近的人说："我以为班超会有什么奇谋，其实他所说的都是平常的话。"任尚留守数年后，西域就反叛了，果然如班超所说。

270. 蔡　谟

蔡谟，字道明。康帝时，石季龙死，中原大乱。朝野咸谓太平指日可俟，谟独不然，谓所亲曰："胡灭诚大庆，然将贻王室之忧。"或问何故，谟曰："夫能顺天而奉时，济六合于草昧者，若非上哲，必由英豪。度德量力，决非时贤所及。必将经营分表，疲民以逞志。才不副任，略不称心，财殚力竭，智勇俱屈，此韩卢、东郭所以双毙也！"未几，果有殷浩之役。

【译文】

蔡谟，字道明。晋康帝时，石季龙死后，中原又陷入割据纷乱的局面，朝野都认为太平的日子指日可待，只有蔡谟不认为如此。他对亲近的人说："胡人灭亡确实很值得庆幸，然而也将给王室带来忧患。"有人问他为什么，蔡谟说："凡是能顺从天理，顺应时势来行事，能带领天下万民从混乱中摆脱出来的，不是圣哲就是豪杰。从德行或从能力上来看，当世人物都够不上这种标准，所以一定会各自形成势力，耗尽国力来达到自己的愿望。个人的才能做不了这样的大事，个人的谋略满足不了这样的野心，最后财力人力全部耗完，智勇都无法施展，就像猎犬韩卢和狡兔东郭一样同归于尽！"不久，果然有殷浩北伐的失利。

271. 曹 操 四条

何进与袁绍谋诛宦官，何太后不听，进乃召董卓，欲以兵胁太后。曹操闻而笑之，曰："阉竖之官，古今宜有，但世主不当假之以权宠，使至于此。既治其罪，当诛元恶，一狱吏足矣，何必纷纷召外将乎？欲尽诛之，事必宣露，吾见其败也。"卓未至而进见杀。

袁尚、袁熙奔辽东，尚有数千骑。初，辽东太守公孙康恃远不服，及操破乌丸，或说操遂征之，尚兄弟可擒也。操曰："吾方使康斩送尚、熙首来，不烦兵矣。"九月，操引兵自柳城还，康即斩尚、熙，传其首。诸将问其故，操曰："彼素畏尚等，吾急之则并力，缓之则相图，其势然也。"

曹公之东征也，议者惧军出，袁绍袭其后，进不得战而退失所据。公曰："绍性迟而多疑，来必不速。刘备新起，众心未附，急击之，必败。此存亡之机，不可失也。"卒东击备。田丰果说绍曰："虎方捕鹿，熊据其穴而啖其子，虎进不得鹿，而退不得其子。今操自征备，空国而去，将军长戟百万，胡骑千群，直指许都，捣其巢穴，百万之师自天而下，若举炎火以焦飞蓬，覆沧海而沃熛炭，有不消灭者哉？兵机变在斯须，军情捷于桴鼓。操闻，必舍备还许，我据其内，备攻其外，逆操之头必悬麾下矣！失此不图，操得归国，休兵息民，积谷养士。方今汉道陵迟，纲纪弛绝，而操以枭雄之资，乘跋扈之势，恣虎狼之欲，成篡逆之谋，虽百道攻击，不可图也。"绍辞以子疾，不许（边批：奴才不出操所料）。丰举杖击地曰："夫遭此难遇之机，而以婴儿之故失其会，惜哉！"

操明于翦备，而汉中之役，志盈得陇，纵备得蜀，不用司马懿、刘晔之计，何也？或者有天意焉？操既克张鲁，司马懿曰："刘备以诈力虏刘璋，蜀人未附。今破汉中，益州震动。因而压之，势必瓦解。"刘晔亦以为言，操不从。居七日，蜀降者言："蜀中一日数十惊，守将虽斩之而不能安也。"操问晔曰："今可击否？"晔曰："今已小定，未可犯矣。"操退，备遂并有汉中。

安定与羌胡密迩，太守田丘兴将之官，公戒之曰："羌胡欲与中国通，自当遣人来，慎勿遣人往！善人难得，必且教羌人妄有请求，因以自利，不从，便为失异俗意，从之则无益。"兴佯诺去。及抵郡，辄遣校尉范陵至羌，陵果教羌使自请为属国都尉。公笑曰："吾预知当尔，非圣也，但更事多耳。"

【译文】

东汉末年何进与袁绍计划诛杀宦官，何太后不同意，何进只好召董卓带兵进京，想利用董卓的兵力胁迫太后。曹操听了，笑着说："太监古今都有，只是国君不应赋予他们权力和过分的宠信，使他们到这种地步。既然要治他们的罪，只要诛杀首恶就行了，一个狱吏就足够了，何必请外地的将领来呢？想把太监都杀光，事情一定会泄露出去，我预见他们会失败。"果然，董卓还没到，何进就被杀了。

袁尚、袁熙逃往辽东，手下还有数千名骑兵。起初，辽东太守公孙康仗着地盘远离京师，不听朝廷管制。等曹操攻破乌丸，有人劝曹操征讨公孙康，袁尚兄弟也可以捉到。曹操说："我正准备让公孙康自己把袁尚、袁熙的脑袋送来，不必动用兵力。"九月，曹操带兵从柳城回来，果然，公孙康就斩杀袁尚、袁熙，将首级送来。诸将问曹操是何缘故，曹操说："公孙康向来怕袁尚等人，我逼急了他们就会联合起来抵抗，我放松，他们就会互相争斗，这是情势决定的。"

曹操东征时，众人担心军队出动之后，袁绍会从后面袭击，进无法交战，退又失去根据地。曹操说："袁绍个性迟缓而多疑，来也不会很快。刘备刚兴起，人心尚未依附，急速攻击，一定可以打败。这是生死存亡的机会，不可失去。"于是向东攻击刘备。田丰果然劝袁绍说："老虎正在捕鹿，熊去占有虎穴而吃掉虎子，老虎向前得不到鹿，退后又失去虎子。现在曹操亲自去攻击刘备，军队尽出，将军您有雄厚的兵力，如果直接攻进许都，捣毁他的巢穴，百万雄师从天而下，就像点一把大火来烧野草，倒大海的水来浇灭炽热的炭火，哪有不能消灭的？用兵的时机变化迅速，军情的变动比鼓槌和鼓声的响应还快，曹操知道了，一定放弃攻击刘备，回守许都。我们占领他的领地，刘备又在外面夹攻，曹操的头颅，很快就会挂在您的旗杆上了。失去这个机会不去图谋，曹操回国，就会休养军民，储粮养士。如今汉室日渐衰微，法度废弛，以曹操的枭雄资质，乘着强劲的势头，必定会放纵他虎狼般的本性，做出篡逆的事来，那时再用什么办法也不能制住他了。"袁绍以儿子生病为由推辞。田丰气得拿手杖敲地说："得到这种千载难逢的机会，却为了一个婴儿而放弃，真是可惜啊！"

冯评：曹操在剪除刘备的问题上很明白，而汉中之役满足于得到陇地，而放任刘备占有蜀地，不采纳司马懿、刘晔的计策，是什么原因呢？或者是天意吧？曹操打败张鲁后，司马懿说："刘备以诈擒得刘璋，蜀人尚未依附，如今攻破汉中，整个益州都震动，乘势进军施压，刘备一定土崩瓦解。"刘晔也这样说。曹操却不肯。过了七天，听到投降过来的蜀人说："蜀中一天数十起变故，守将虽不惜杀人镇压，都控制不下来。"曹操问刘晔说："现在出击还来得及吗？"刘晔说："现在蜀地已经稍微安定了，没办法打了。"曹操于是撤退大军，刘备占领了整个汉中。

安定郡和羌人很接近，太守毌丘兴将上任时，曹操警告他说："羌人想与中国交往，自会派人来，不要派人去。因为好使者不容易找，派去的人一定会教羌人对中国做种种不当的请求，从中为自己谋利，到那时，若不应允便会失去当地的民心，如果应允又对我们没有好处。"毌丘兴假装答应而去，到了安定郡，就派遣校尉范陵到羌，范陵果然教羌使自己请求当中国的属国都尉。曹操笑着说："我预测必会如此，不是我圣明，只是经的事多而已！"

272. 郭嘉　虞翻

孙策既尽有江东，转斗千里，闻曹公与袁绍相持官渡，将议袭许。众闻之，皆惧。郭嘉独曰："策新并江东，所诛皆英杰，能得人死力者也。然策轻而无备，虽有百万众，无异于独行中原。若刺客伏起，一人之敌耳。以吾观之，必死于匹夫之手。"虞翻（字仲翔）亦以策好驰骋游猎，谏曰："明府用乌集之众，驱散附之士，皆能得其死力，此汉高之略也。至于轻出微行，吏卒尝忧之。夫白龙鱼服，困于豫且；白蛇自放，刘季害之。愿少留意。"策曰："君言是也！"然终不能悛，至是临江未济，果为许贡家客所杀。

【译文】

三国时，孙策占领整个江东地区，转战千里，听说曹操和袁绍在官渡相持不下，就打算攻打许都。曹操部属听了都很害怕，只有郭嘉说："孙策刚刚统一江东，诛杀的都是英雄豪杰，这些人其实都是能让人为他拼命的人物。而孙策却轻率无备，虽有百万大军，无异于孤身一人游走在原野上。若有埋伏的刺客突然跃起，一个人就可以对付他。以我看，他一定会死在小人手中。"虞翻因为孙策爱好驰骋打猎，劝他说："您能把乌合之众、散兵游勇都调教得愿效死力，这是汉高祖刘邦那样的雄才大略。但是您常私下外出，大家都非常担忧。

白龙变成大鱼，就被渔夫豫且捉住；白蛇自己乱跑，就被刘邦杀死道上。希望您稍微留意一些。"孙策说："你的话很对。"然而毛病还是改不掉，军队还没有渡江，果然被许贡的家客所杀。

273. 黄权等

初，刘璋遣人迎先主，主簿黄权怒而言曰："厝火积薪，其势必焚；及溺呼船，悔将无及。左将军有骁名，今迎到，欲以部曲遇之，则不满其心；欲以宾客待之，则一国不容二君。若客有泰山之安，则主有累卵之危，可且闭关以待河清。"从事王累自倒悬于州门而谏，曰："两高不可重，两大不可容，两贵不可双，两势不可同（边批：奇语）。重、容、双、同，必争其功！"皆弗听。从事郑度好奇计，从容说曰："左将军悬军袭我，兵不满万，士众未附，野谷是资，军无辎重。其计莫若尽驱巴西、梓潼民，由涪水以西，其仓廪野谷一皆烧除，高垒深沟，静以待之。彼至请战，勿许。久无所资，不过百日，必将自走。走而击之，此成擒耳。"先主闻而恶之，谓法正曰："度计若行，吾事去矣。"正曰："终不能用，无可忧也。"卒如正料，璋谓其群下曰："吾闻驱敌以安民，未闻驱民以避敌也。"（边批：头巾话）于是黜度，不用其计。先主入成都，召度谓曰："向用卿计，孤之首悬于蜀门矣。"引为宾客，曰："此吾广武君也！"

【译文】

三国时刘璋要派人迎接刘备，主簿黄权生气地说："在木柴堆下放火，必定烈焰焚烧；溺水了才叫船，后悔都来不及！左将军是出了名的骁勇人物，把他迎接过来，若以部属待他，不能让他满意；若以宾客待他，则一国不容有二君。宾客稳若泰山，主人就危如累卵。我们不妨闭关自守等看清形势再作决定。"从事王累则把自己倒吊在州门劝谏道："两座高山不可重，两个大物不可容，两个权贵不可双，两股势力不可同。重、容、双、同，必然争功。"刘璋都不肯听。从事郑度好出奇计，从容地说："左将军孤军深入想袭击我们，士兵不满一万，众心尚未依附，靠野外的粮食生存，没有自己的后勤补给。不如尽数驱赶巴西、梓潼的百姓，把他们收到涪水以西，仓库和野外的食物一概烧毁，深沟高垒，以静制动。他们请战，我们不出去。时间一长，粮草不足，不超过一百天，他们就会自己撤走，然后我们再从后面追击他们，刘备就可以被抓住。"刘备听说后十分恶心，对法正说："郑度的计划如果实行，我的大事就完了。"法正说："刘璋不会采用的，没什么可担心的。"果然像法正预料的，刘璋对部下说："我听说驱赶敌人以安定百姓，没听说驱赶百姓来躲避敌人的。"于是罢黜郑度，不采用他的策略。等刘备拿下成都，召来郑度，对他说："先前如果刘璋采用你的计策，我的头就挂在蜀国的城门上了！"于是聘用郑度为宾客，说："这是我的广武君！"

274. 罗　隐

浙帅钱镠时，宣州叛卒五千余人送款，钱氏纳之，以为腹心。时罗隐在幕下，屡谏，以为敌国之人，不可轻信。浙帅不听。杭州新治，城堞楼橹甚盛。浙帅携僚客观之，隐指却敌，阳不晓曰："设此何用？"浙帅曰："君岂不知备敌耶？"隐谬曰："若是，何不向里设之？"盖指宣卒也。后指挥使徐绾等挟宣卒为乱，几于覆国。

迩年辽阳、登州之变，皆降卒为祟，守土者不可不慎此一着！

【译文】

钱镠任武胜军防御使时，宣州的叛卒五千多人来投诚，钱氏接纳了，并把他们当作心腹。当时罗隐在幕下，屡次劝谏钱镠，说敌国的人不能轻易相信。钱镠不听。杭州城新近翻修，防御工事很壮观。钱镠带着部属幕僚去参观，罗隐指着敌楼，假装不懂，说："造这个东西有什么用？"钱镠说："你不知道要防敌吗？"罗隐故意说："要是这样，为什么不面向里造呢？"暗指宣州叛卒是敌人。后来指挥使徐绾等人果然率领宣州叛卒作乱，吴越几乎灭国。

冯评：当年辽阳、登州之变，都是降卒在作祟，镇守疆土者怎能不防这一手！

275. 夏侯霸

夏侯霸降蜀，姜维问曰："司马公既得彼政，当复有征伐之志否？"霸曰："司马公自当作家门，彼方有内志，未遑及外事也。公提轻卒，径抵中原，因食于敌，彼可窥而扰也。然有钟士季者，其人虽少，有胆略，精练策数，终为吴、蜀之忧，但非常之人，必不为人用，而人亦必不能用之，士季其不免乎？"后十五年，而会果灭蜀，蜀灭而会反，皆如霸言。

【译文】

三国时夏侯霸投降蜀汉，姜维问他说："司马公已经完全掌握曹魏的政权了，还会征伐我们吗？"夏侯霸说："司马公正忙着巩固自家的权力，没空顾及境外之事，您可带着轻装士卒，直接进军中原，在敌境就地取粮食，可以窥视敌情，骚扰敌军。但有一个钟会（字士季），虽然年轻，却有胆识，并精于谋略，终将是吴、蜀的忧患。不过这不是个一般的人，必不会甘心为人效命，也没有人能用得了他，钟会大概不会有好下场吧？"十五年后，钟会果然灭掉了蜀汉，蜀汉灭亡后钟会又造反，一切都如夏侯霸所言。

276. 傅 嘏

何晏、邓飏、夏侯玄并求傅嘏交，而嘏终不许。诸人乃因荀粲说合之，谓嘏曰："夏侯太初一时之杰士，虚心于子，而卿意怀不可。交合则好成，不合则致隙，二贤莫若睦，则国之休，此蔺相如所以下廉颇也。"傅嘏曰："夏侯太初志大心劳，能合虚誉，所谓利口覆国之人。何晏、邓飏有为而躁，博而寡要，外好利而内无关钥，贵同恶异，多言而妒前。多言多衅，妒前无亲。以吾观之，此三贤者皆败德之人尔，远之犹恐罹祸，况可亲之耶？"皆如其言。

蔡邕就董卓之辟，而不免其身；韦忠辞张华之荐，而竟违其祸。士君子不可不慎所因也。

【译文】

三国时，何晏、邓飏、夏侯玄三人都想结交傅嘏，而傅嘏始终不答应。三人就请荀粲从中说合。荀粲对傅嘏说："夏侯太初是当代的豪杰，虚心和您结交，而您一直不愿意。结交就互相友好，不结交则会产生仇隙。二位贤人能和睦，是国家的福祉，这是为什么蔺相如要屈居廉颇之下的原因。"傅嘏说："夏侯玄（字太初）志向太大，弄得自己很累，喜欢图虚名，是属于能说会道而倾覆国家的人。何晏、邓飏很有作为，但太浮躁，见闻虽广却不得要领，追逐名利却口无遮拦，喜欢别人附和，听不进不同意见，话太多，又妒贤嫉能。话多容易招惹是非，妒贤嫉能则没有亲密的朋友。以我看，这三个所谓的贤人都是败德的人，躲得远远地还怕被他们连累，哪敢去亲近他们！"后来傅嘏所说的都应验了。

冯评：蔡邕得到董卓任用，而免不了一死；韦忠谢绝张华的推荐，最终避免灾祸。士人君子对所结交的人不可不谨慎。

277. 陆逊　孙登

陆逊多沉虑，筹无不中，尝谓诸葛恪曰："在吾前者，吾必奉之同升；在吾下者，吾必扶持之（边批：长者之言）。君今气陵其上，意蔑乎下，恐非安德之基也！"恪不听，卒见杀。

嵇康从孙登游三年，问终不答。康将别，曰："先生竟无言耶？"登乃曰："子识火乎？生而有光，而不用其光，果在于用光；人生有才，而不用其才，果在于用才。故用光在乎得薪，所以保其曜；用才在乎识物，所以全其年。今子才多识寡，难乎免于今之世矣！"康不能用，卒死吕安之难。

【译文】

三国陆逊个性沉稳，深虑周详，所推测的事没有不应验的。他曾经对诸葛恪说："在我之上的人，我一定尊奉他和我一起上升；在我之下的人，我一定扶持他。你现在气势凌驾于在你之上的人，又轻蔑在你之下的人，恐怕不是安养德行的基础。"诸葛恪不听，最后果然被杀。

嵇康跟随孙登求学三年，对于任何提问孙登始终不回答。嵇康临走前说："先生没有什么话要说吗？"孙登才说："你知道火吗？火生来就有光，却不去刻意利用它的光，这才是真正地利用光；人生来就有才华，却不刻意运用自己的才华，这才是真正地运用才华。所以利用光，在于得到木柴，有了木柴才能保持光亮；运用才华，在于审时度势，审时度势才能保全自己。你才能不错，但见识太少，在当今这样的乱世很难保全自己。"嵇康不肯听，最后死于吕安之难。

278. 盛文肃

盛文肃度为尚书右丞，知扬州，简重，少所许可。时夏有章自建州司户参军授郑州推官，过扬州，盛公骤称其才雅，置酒召之。夏荷其意，为一诗谢别。

公先得诗，不发，使人还之，谢不见。夏殊不意，往见通判刁绎，具言所以。绎疑将命者有忤，诣公问故。公曰："无他也。吾始见其气韵清秀，谓必远器。今封诗，乃自称'新圃田从事'。得一幕官，遂尔轻脱。君但观之，必止于此官，志已满矣。"明年，除馆阁校勘，坐旧事寝夺，改差国子监主簿，仍带原官。未几卒于京。

【译文】

北宋盛度（谥文肃）任尚书右丞、扬州知州。他为人持重，很少称许人。当时夏有章从建州司户参军转任郑州推官，经过扬州，盛度称赞他才气雅正，设酒宴款待他。夏有章感念他的厚意，作了一首诗来道谢告别。盛度拿到诗也不打开看，派人退回，谢绝接见。夏有章很是觉得意外，去拜见通判刁绎，把情形告诉他。刁绎怀疑送诗的人得罪了盛度，就前去询问。盛度说："没有什么别的缘故，我起先看到他气韵清秀，认为前途一定很远大，现在看到他在装诗的信封上居然自称'新圃田从事'，做了这么个小官，就如此轻佻！你看着吧，他的官位就到此为止，因为他已经志得意满了。"过了一年，夏有章调任馆阁校勘，后因事停职，改任国子监主簿，仍带原职。不久即死在京城。

279. 邵康节　二条

王安石罢相，吕惠卿参知政事。富郑公见康节，有忧色。康节曰："岂以惠卿凶暴过安石耶？"曰："然。"康节曰："勿忧。安石、惠卿本以势利相合，今势利相敌，将自为仇矣，不暇害他人也。"未几，惠卿果叛安石。

按：荆公行新法，任用新进。温公贻以书曰："忠信之士，于公当路时虽龃龉可憎，后必得其力；谄谀之人，于今诚有顺适之快，一旦失势，必有卖公以自售者。"盖指吕惠卿也。

熙宁初，王宣徽之子名正甫，字茂直，监西京粮料院。一日约邵康节同吴处厚、王平甫食饭，康节辞以疾。明日，茂直来问康节辞会之故，康节曰："处厚好议论，每讥刺执政新法。平甫者，介甫之弟，虽不甚主其兄，若人面骂之，则亦不堪矣。此某所以辞也。"茂直叹曰："先生料事之审如此！昨处厚席间毁介甫，平甫作色，欲列其事于府。某解之甚苦，乃已。"呜呼，康节以道德尊一代，平居出处，一饭食之间，其慎如此。

【译文】

　　王安石被免去宰相之职，由吕惠卿继任。富弼（封郑国公）见到邵雍（谥康节），神色十分忧虑。邵雍问："难道因为惠卿比安石还要凶暴吗？"富弼说："是的。"邵康节说："不必忧虑，王安石与吕惠卿本来是因权势名利相结合，如今权势名利上有了矛盾，彼此将反目成仇，没空去害别人。"不久，吕惠卿果然背叛了王安石。

　　按：王荆公实行新法，任用很多新人。司马光（封温国公）写信给他说："忠信的人，在您当权时会因意见不合而令您觉得很可恨，以后一定会得到他们的帮助；谄媚的人，在当前虽然会因顺从而让您觉得很愉快，一旦您失去权势，一定会有为了自己迁升而出卖您的。"指的就是吕惠卿。

　　北宋熙宁初年，王宣徽的儿子名正甫，字茂直，任西京粮科院官。有一天，他约邵雍和吴处厚、王安国（字平甫）一同吃饭。邵康节借口生病推辞掉了。第二天，王正甫来问邵雍为什么推辞。邵雍说："吴处厚喜爱议论，往往会讥讽执政的新法。王安国是王安石（字介甫）的弟弟，虽然不太赞同哥哥的做法，但如果别人当面骂自己的哥哥，也会受不了的。这就是我推辞不去的原因。"王正甫叹道："先生料事如此精准！昨天处厚在酒席间诋毁介甫，平甫很生气，想把这些话一条一条记下来送到相府，我调解得好辛苦，这才作罢。"唉，康节先生一代道德楷模受人尊崇，平日行止，一饭一食之间，也这么谨慎！

280. 邵伯温

　　初，蔡确之相也，神宗崩，哲宗立。邢恕自襄州移河阳，诣确，谋造定策事。及司马光子康诣阙，恕召康诣河阳。邵伯温谓康曰："公休除丧，未见君，不宜枉道先见朋友。"康曰："已诺之。"伯温曰："恕倾巧，或以事要公休，若从之，必为异日之悔。"康竟往，恕果劝康作书称确，以为他日全身保家计。康、恕同年登科，恕又出光门下，康遂作书如恕言。恕盖以康为光子，言确有定策功，世必见信。既而梁焘与刘安世共请诛确，且论恕罪，亦命康分析，康始悔之。

【译文】

　　北宋时，蔡确任宰相，神宗崩逝，哲宗即位。邢恕从襄州调河阳，拜见蔡确商议尊立天子的事。司马光的儿子司马康赴京，邢恕请他先到河阳。邵伯温对他说："你刚除下丧服，没有晋见天子，不该绕道先去见朋友。"司马康说："我已经答应他了。"邵伯温说："邢恕是个狡诈的人，恐怕会有事要求你，如果答应他，将来一定会后悔。"司马康最终还是去了河阳，邢恕果然劝司马康上书称许蔡确推立哲宗有功，作为以后保全身家的伏笔。司马康与邢恕是同年登科，邢恕又出于司马光门下，司马康就依邢恕的话上书。邢恕认为司马康是司马光的儿子，若由他说蔡确有尊立哲宗之功，世人一定相信。不久梁焘与刘安世一起上书请求诛杀蔡确，而且要追究邢恕的罪责，也要求司马康自我辩白，司马康这才后悔了。

281. 范忠宣

元祐嫉恶太甚，吕汲公、梁况之、刘器之定王介甫亲党吕吉甫、章子厚而下三十人，蔡持正亲党安厚卿、曾子宣而下十人，榜之朝堂。范纯父上疏，以为"奸厥渠魁，胁从罔治"。范忠宣太息，语同列曰："吾辈将不免矣！"后来时事既变，章子厚建元祐党，果如忠宣之言。大抵皆出于士大夫报复，而卒使国家受其咎，悲夫！

王懋《野客丛谈》云：君子之治小人，不可为已甚，击之不已，其报必酷。余观《北史》，神龟之间，张仲瑀铨削选格，排抑武人，不使预清品。一时武人攘袂扼腕，至无所泄其愤。于是羽林武贲几千人至尚书省诟骂，直造仲瑀之第，屠灭其家。群小悉投火中，及得尸体，不复辨识，唯以髻中小钗为验。其受祸如此之毒！事势相激，乃至于此，为可伤也！庄子谓刻核太过，则不肖之心应之。今人徒知锐于攻击，逞一时之快，而识者固深惧之。

【译文】

北宋元佑诸臣嫉恶如仇太过头了，吕大防（封汲郡公）、梁焘（字况之）、刘安世（字器之）拟定王安石（字介甫）的亲党吕惠卿（字吉甫）、章惇（字子厚）等三十人，蔡确（字持正）的亲党安焘（字厚卿）、曾布（字子宣）等十人，把名单公布于朝堂上。范祖禹（字纯父）上疏，认为只要消灭首恶，被裹挟的从犯不必追究。范纯仁（谥忠宣）叹息着对同事们说："我们也将不保了！"后来时事转变，章惇建了元佑党的名目，果然如同范纯仁所说一样。大致都是由于士大夫互相报复，最后使国家蒙受损失，可悲啊！

冯评：王楙的《野客丛书》（译者按：原文书名有误。）说："君子对付小人，不能做得太过分，穷追猛打不肯罢休，必定会遭到残酷的报复。我读《北史》，见神龟年间，张仲瑀负责选用人才，他排挤武人，使他们不得进入清贵流品。一时武人愤怒至极，以致无法发泄。于是羽林军勇士近千人到尚书省诟骂，又直接到张仲瑀家，杀害他的全家，仆从全都丢入火中。等找到尸体时，已经无法辨认了，只能通过发钗来区分。他受到这样狠毒的报复，是情势激发所致，令人伤感。庄子说，逼得太紧，就会生出不善的心。现在的人只知道强劲地攻击，逞一时的快意，而有见识的人对此都深感忧惧。"

282. 常安民

吕惠卿出知大名府，监察御史常安民虑其复留，上言："北都重镇，而除惠卿。惠卿赋性深险，背王安石者，其事君可知。今将过阙，必言先帝而泣，感动陛下，希望留京矣。"帝纳之。及惠卿至京师，请对，见帝果言先帝事而泣。帝正色不答，计卒不施而去。

【译文】

吕惠卿调离京师，出任大名府知府。监察御史常安民怕他会留在朝中，就对皇帝说："大名府是北都重镇，如今派吕惠卿去管理。吕惠卿天性阴险，背叛王安石的就是他，他会如何事奉陛下也不难知道。现在他要进宫拜见陛下，一定会哭着提起先帝，借以感动陛下，希望陛下把他留在京师。"皇帝记下了这话，等吕惠卿到京师时，晋见皇帝，果然一见面就哭着提先帝。皇帝面色严肃，不予理会。吕惠卿的计谋终于行不通，只得离开京师。

283. 乔寿朋

嘉定间，山东忠义李全跋扈日甚，朝廷择人帅山阳，一时文臣无可使，遂用许国。国，武夫也，特换文资，除太府卿以重其行。乔寿朋以书抵史丞相曰："祖宗朝，制置使多用名将。绍兴间，不独张、韩、刘、岳为之，杨沂中、吴玠、吴璘、刘锜、王燮、成闵诸人亦为之，岂必尽文臣哉？至于文臣任边事，固有反以观察使授之者，如韩忠献、范文正、陈尧咨是也。今若就加本分之官，以重制帅之选，初无不可，乃使之处非其据，遽易以清班，彼修饰边幅，强自标置，求以称此，人心固未易服，恐反使人有轻视不平之心，此不可不虑也。"史不能从。国至山阳，偃然自大，受全庭参。全军忿怒，因而杀之。自此遂叛。

【译文】

南宋嘉定年间，山东忠义军首领李全日益跋扈，朝廷要选人去镇守山阳，一时没有文臣可派，就派了许国。许国是个武夫，朝廷专门换授文职，加封太府卿，以此加重他此次出任的分量。乔寿朋上书丞相史弥远说："祖宗设立制置使，多用名将。绍兴年间，不只张浚、韩世忠、刘光世、岳飞曾经担任过，杨沂中、吴玠、吴璘、刘锜、王燮、成闵等人也担任过。哪里都一定是文臣呢？至于文臣担任边帅，反有以观察使的身份出任的，如韩琦（谥忠献）、范仲淹（谥文正）、陈尧咨就是。现在若是就其本来的武职加官，以此加重选派制置使的分量，并无不可。而派他去一个完全没有根基的陌生地方，还一下子把他改成文官，他一定会尽力修饰边幅，刻意表现自己，力求名副其实。但是人心不是那么容易收服的，他这么做恐怕更让人生出轻视不平的心理，这不能不仔细考虑。"史丞相不肯听。许国到山阳以后，果然高傲自大，接受李全以属下见长官的庭参之礼相见。李全手下众军愤怒，因而杀了许国，从此反叛了。

284. 曹武惠王

曹武惠王既下金陵，降后主，复遣还内治行。潘美忧其死，不能生致也，止之。王言："吾适受降，见其临渠犹顾左右扶而后过，必不然也。且彼有烈心，自当君臣同尽，必不生降；既降，又肯死乎？"

或劝艺祖诛降王，入则变生。艺祖笑曰："守千里之国，战十万之师，而为我擒，孤身远客，能为变乎？"可谓君臣同智。

【译文】

曹彬（谥武惠）攻下金陵以后，接受南唐李后主投降，又让他入宫收拾行装。潘美担心后主会自杀，那就无法活捉他回去了，便加以阻止。曹彬说："我刚才接受投降时，看见他在水沟边还要找左右随从扶着过，这样的人一定不会寻死。他要是有一颗壮烈的心，早就君臣一起赴死了，不会活着投降；既然投降，又哪里肯自杀呢？"

　　冯评：有人劝宋太祖杀死投降的君王，入京难免生出变故。太祖笑着说："这些人守着千里的大国，拥有数十万的战斗部队，都被我擒住。现在一个人孤独地在远地作客，能造出什么变故？"可以说是君臣有相同的才智。

卷七　剖疑

诋口如波，俗肠如锢。触目迷津，弥天毒雾。不有明眼，孰为先路？太阳当空，妖魑匿步。集《剖疑》。

────【解说】────

散布谣言的利口如波涛般冲击，庸俗无聊的心肠如铸铁般顽固。满眼的迷途，漫天的毒雾，没有明亮的眼睛，谁能担当先驱？只有太阳当空，妖魔才会消失。

这一卷讲的都是独立判断，不信谣传的故事，名为《剖疑》。

285. 汉昭帝

昭帝初立，燕王旦怨望谋反。而上官桀忌霍光，因与旦通谋，诈令人为旦上书，言："光出都，肄郎羽（林肆习军官）道上称跸，擅调益幕府校尉，专权自恣，疑有非常。"俟光出沐日奏之，帝不肯下。光闻之，止画室中不入。上问："大将军安在？"桀曰："以燕王发其罪，不敢入。"诏召光入，光免冠顿首谢，上曰："将军冠，朕知是书诈也，将军无罪。"光曰："陛下何以知之？"上曰："将军调校尉以来未十日，燕王何以知之？"时帝年十四，尚书左右皆惊，而上书者果亡。

【译文】

汉昭帝初继位时，燕王刘旦心怀怨恨，图谋反叛。上官桀妒忌霍光，于是与燕王合谋，诈使人为燕王上书，说："霍光外出检阅郎官和羽林军演习时，以帝王出巡的仪节上路，并擅自增选大将军府的校尉，专权放纵，恐怕有反叛的意图。"上官桀特别选在霍光回家休假的日子上奏，昭帝不肯将此事下交有关部门处置。霍光听说后，躲在朝房不敢上殿。昭帝问道："大将军在哪里？"上官桀说："因为燕王纠举他的罪状，不敢上殿。"昭帝命霍光上殿，霍光脱掉帽冠叩头谢罪。昭帝说："将军请带好帽子，朕知道这份奏疏是假的，将军无罪。"霍光说："陛下怎么知道的？"皇上说："将军选校尉到现在不满十天，燕王怎么会知道？"当时昭帝年仅十四岁，尚书及左右官员都很惊奇，上书的人果然畏罪逃亡。

286. 张 说

说有材辩，能断大义。景云初，帝谓侍臣曰："术家言五日内有急兵入宫，奈何？"左右莫对，说进曰："此谗人谋动东宫耳（边批：破的）。陛下若以太子监国，则名分定，奸胆破，蜚语塞矣。"帝如其言，议遂息。

【译文】

唐朝张说有口才，在大事情上有很强的决断力。景云初年，睿宗对侍臣说："术士预言，在五天之内会有军队突然入宫，你们说怎么办？"左右的人不知怎么回答。张说进言道："这一定是奸人想让陛下更换太子的诡计。陛下如果让太子监理国事，就可以使名份确定下来，这样奸人气势就会破灭，流言自然消失。"睿宗照他的话做，谣言果然平息。

287. 李 泌 二条

德宗贞元中，张延赏在西川，与东川节度使李叔明有隙。上入骆谷，值霖雨，道路险滑，卫士多亡归朱泚。叔明子升等六人，恐有奸人危乘舆，相与啮臂为盟，更控上马，以至梁州。及还长安，上皆为禁卫将军，宠遇甚厚。张延赏知升出入郜国大长公主第（郜国大长公主，肃宗女，适驸马都尉萧升，女为德宗太子妃）；密以白上。上谓李泌曰："郜国已老，升年少，何为如是？"泌曰："此必有欲动摇东宫者（边批：破的），谁为陛下言此？"上曰："卿勿问，第为朕察之。"泌曰："必延赏也。"上曰："何以知之？"泌具言二人之隙，且曰：

"升承恩顾，典禁兵，延赏无以中伤，而郜国乃太子萧妃之母，故欲以此陷之耳。"上笑曰："是也。"

或告主淫乱，且厌祷，上大怒，幽主于禁中，切责太子。太子请与萧妃离婚。上召李泌告之，且曰："舒王近已长，孝友温仁。"泌曰："陛下唯一子（边批：急招），奈何欲废之而立侄？"上怒曰："卿何得间人父子！谁语卿舒王为侄者？"对曰："陛下自言之。大历初，陛下语臣：'今日得数子。'臣请其故，陛下言'昭靖诸子，主上令吾子之'。今陛下所生之子犹疑之，何有于侄？舒王虽孝，自今陛下宜努力，勿复望其孝矣。"上曰："卿违朕意，何不爱家族耶？"对曰："臣为爱家族，故不敢不尽言。若畏陛下盛怒而为曲从，陛下明日悔之，必尤臣云：'吾任汝为相，不力谏，使至此。'必复杀臣子。臣老矣，余年不足惜，若冤杀臣子，以侄为嗣，臣未得歆其祀也。"（边批：痛切）因呜咽流涕。上亦泣曰："事已如此，使朕如何而可？"对曰："此大事，愿陛下审图之。臣始谓陛下圣德，当使海外蛮夷皆戴之如父（边批：缓步），岂谓自有子而自疑。自古父子相疑，未有不亡国覆家者。陛下记昔在彭原，建宁何故而诛？"（边批，似缓愈切）上曰："建宁叔实冤，肃宗性急，谮之者深耳。"泌曰："臣昔以建宁之故辞官爵，誓不近天子左右。不幸今日又为陛下相，又睹诸事。臣在彭原，承恩无比，竟不敢言建宁之冤，及临辞乃言之，肃宗亦悔而泣。先帝（代宗）自建宁死，常怀危惧（边批：引之入港），臣亦为先帝诵《黄台瓜辞》，以防谗构之端。"上曰："朕固知之。"意色稍解，乃曰："贞观、开元，皆易太子，何故不亡？"对曰："昔承乾（太宗太子）屡监国，托附者众，藏甲又多，与宰相侯君集谋反，事觉，太宗使其舅长孙无忌与朝臣数十鞫之，事状显白，然后集百官议之。当时言者犹云：'愿陛下不失为慈父，使太子得终天年。'太宗从之，并废魏王泰。陛下既知肃宗性急，以建宁为冤，臣不胜庆幸。愿陛下戒覆车之失，从容三日，究其端绪而思之，陛下必释然知太子之无他也。若果有其迹，当召大臣知义理者二三人，与臣鞫实，陛下如贞观之法行之，废舒王而立皇孙，则百代之后有天下者，犹陛下之子孙也。至于开元之时，武惠妃谮太子瑛兄弟，杀之，海内冤愤，此乃百代所当戒，又可法乎？且陛下昔尝令太子见臣于蓬莱池，观其容表，非有蜂目豺声、商臣之相也，正恐失于柔仁耳。又太子自贞元以来，尝居少阳院，在寝殿之侧，未尝接外人、预外事，何自有异谋乎？彼谮者巧诈百端，虽有手书如晋愍怀、裹甲如太子瑛，犹未可信，况但以妻母有罪为累乎？幸赖陛下语臣，臣敢以宗族保太子必不知谋。向使杨素、许敬宗、李林甫之徒承此旨，已就舒王图定策之功矣！"（边批：危词以动之）上曰："为卿迁延至明日思之。"泌抽笏叩头泣曰："如此，臣知陛下父子慈孝如初也。然陛下还宫当自审，勿露此意于左右，露之则彼皆树功于舒王，太子危矣。"上曰："具晓卿意。"间日，上开延英殿，独召泌，流涕阑干，抚其背曰："非卿切言，朕今悔无及矣，太子仁孝，实无他也。"泌拜贺，因乞骸骨。

邺侯保全广平，及劝德宗和亲回纥，皆显回天之力。独郜国一事，杜患于微，宛转激切，使猜主不得不信，悍主不得不柔，真万世纳忠之法。

【译文】

唐德宗贞元年间，张延赏在西川，与东川节度使李叔明有矛盾。德宗经过骆谷时，正逢连绵大雨，道路险滑，很多卫士都逃亡归降了朱泚。李叔明的儿子李升等六人，恐怕有奸人危害天子，于是互相立誓结盟，轮流护卫圣驾一直到梁州。回到长安后，德宗任命六人为禁卫将军，宠幸有加。张延赏知道李升常常进出郜国大长公主的府第，就秘密告知德宗。德宗对李泌说："郜国公主已经老了，而李升还年少，为什么会这样？"李泌说："这一定是有人想动摇太子的地位，是谁对陛下说这些的？"德宗说："你不要管谁说的，只要为朕辨明就行了。"李泌说："一定是张延赏说的。"德宗说："你怎么知道？"李泌详细说明张延赏和李叔明的矛盾，又说："李升承受圣上恩典掌管禁军，延赏无法中伤他，而郜国公主乃是太子萧妃的母亲，所以想以此陷害他。"德宗笑着说："对！"

有人告郜国大长公主淫乱，而且用巫术害人，德宗很生气，将公主幽禁于宫中，且严厉地责备太子。太子请求和萧妃离婚。德宗召李泌来，把事情告诉他，说："舒王已经长大，为人仁慈孝顺。"李泌说："陛下只有一个儿子，怎么会想废儿子而立侄子呢？"德宗生气地说："你怎么可以离间父子关系！谁说舒王是朕侄子的？"李泌说："陛下自己说的。大历初年陛下对臣说，'今天我得到几个儿子'。臣请问何故，陛下说是'昭靖王的几个儿子，先帝命我认为自己的儿子'。现在陛下对亲生的儿子尚且怀疑，对于侄子又怎么不怀疑呢？舒王虽然孝顺，但从今以后陛下好自为之，不要再指望他的孝顺了。"德宗说："你违背朕的心意，难道不爱惜自己的身家性命吗？"李泌说："臣正是为了爱惜身家性命，所以不敢不尽言。如果害怕陛下盛怒而曲从，陛下明天后悔，一定会责怪臣说：'我任命你为宰相，你却不尽力劝谏，以至于到此地步。'一定将臣的儿了杀了。臣老了，死不足惜，如果臣的儿子含冤而死，只能以侄子为后嗣，臣死后恐怕不能享受奉祀了。"说完，李泌伤心痛哭起来。德宗也哭着说："事情已经如此，朕要怎么做才好呢？"李泌说："这是大事，希望陛下仔细考虑。臣原以为以陛下的圣德，就连海外蛮夷都拥戴您如父亲，哪知陛下连自己亲生儿子都要怀疑。自古以来，父子互相怀疑，没有不使国家灭亡的。陛下可还记得从前在彭原，建宁王为何被杀的吗？"德宗说："建宁王叔其实是冤枉的。他的死，只因为肃宗性急，而中伤他的人又特别阴险。"李泌说："臣过去因为建宁王被杀的缘故，辞去官职，发誓不再接近天子，今日不幸又担任陛下的宰相，又看到这样的事。臣在彭原，受到无比的恩宠，竟不敢申明建宁王的冤屈，一直到辞官离去时才敢说明。肃宗也后悔得痛哭起来。先帝代宗自从建宁王死后，常心怀危疑恐惧。臣也为先帝诵读《黄台瓜辞》，以防止小人进谗言。"德宗说："这些我都知道。"此时德宗的神色已稍微舒缓些了，说："贞观、开元时，也都曾换过太子，为什么没有灭亡？"李泌说："从前承乾太子多次监国理事，依附他的人很多，又私藏很多兵器，与宰相侯君集谋反，被发觉，太宗派舅子长孙无忌和数十位朝中的大臣勘问，谋反的事迹都很明显，然后集合百官商议。当时还有人进言，希望太宗不失慈父之意，使太子能终其天年。太宗答应，一并废了太子和魏王泰。陛下既然知道肃宗性急，认为建宁王是冤枉的，臣非常庆幸。希望陛下以此事为前车之鉴，暂缓三天，仔细想想事情的来龙去脉。陛下必然可以发现太子没有异心。如果真有叛逆的迹象，应召集两三名懂事理的大臣，与臣一起勘问事情的真象，陛下按贞观时的方法办理，废舒王而立皇孙，那么百代以后，拥有天下的人，还是陛下的子孙。至于开元时，武惠妃进谗言杀害了太子瑛兄弟，全国人都感到冤枉愤怒，这是后代应引以为戒的，怎么可以效法呢？而且从前陛下曾命令太子在蓬莱池和臣见面，观察太子的容貌仪表，并非商臣那样的蜂目豺声的凶相，反而令人担心他过于柔顺仁慈。而且太子从贞元年间以来，曾住在少阳院，就在陛下寝殿旁边，未尝接近外人，干预外事，怎么会无端生出反叛的念头？那些进谗言的人，用尽各种欺诈的花招，即使如晋代愍怀太子有手书为证，太子瑛内穿铠甲入宫，尚且不可相信，何况只是因为妻子的母亲有罪而受到连累呢？幸好陛下告诉臣，臣敢以宗族的性命来保证太子根本不知道这些阴谋。如果是杨素、许敬宗、李林甫这班人碰到这事，已经到舒王那里去安排张罗，为自己确立策定太子之功了。"德宗说："为了你这番话，我就把事情延缓到明天，再仔细想一想。"李泌取出笏板叩头哭道："这样，臣就知道陛下父子慈爱孝顺如初了。然而陛下回宫后，自己要留意，不要把这件事透露给左右的人，如果透露出去，那些人都想在舒王面前立功，太子就很危险了。"德宗说："我明白你的意思。"隔天，德宗命人开延英殿，单独召见李泌，泪流满面，抚着李泌的背说："没有你一番恳切的话，现在朕后悔都来不及了。太子仁慈孝顺，的确没有异心。"李泌跪拜道贺，接着请求辞官归乡。

冯评：李邺侯保全广平王，及劝德宗与回纥和亲，都显露出回天的力量。只有郜国公主这件事，在初露征兆时就加以防范，宛转激切，使猜忌的君主不得不相信，强悍的君主不得不柔顺，真是进献忠言的万世范本。

288. 寇 准

楚王元佐，太宗长子也，因申救廷美不获，遂感心疾，习为残忍；左右微过，辄弯弓射之。帝屡诲不悛。重阳，帝宴诸王，元佐以病新起，不得预，中夜发愤，遂闭媵妾，纵火焚宫。帝怒，欲废之。会寇准通判郓州，得召见，太宗谓曰："卿试与朕决一事，东宫所为不法，他日必为桀、纣之行，欲废之，则宫中亦有甲兵，恐因而招乱。"准曰："请某月日，令东宫于某处摄行礼，其左右侍从皆令从之。陛下搜其宫中，果有不法之事，俟还而示之；废太子，一黄门力耳。"太宗从其策，及东宫出，得淫刑之器，有剜目，挑筋，摘舌等物。还而示之，东宫服罪，遂废之。

搜其宫中，如无不法之事，东宫之位如故矣。不然，亦使心服无冤耳。江充、李林甫，岂可共商此事？

【译文】
楚王赵元佐是宋太宗的长子，因为救赵廷美（宋太宗之弟，被诬陷遭流放）失败，得了精神病，性情变得很残忍。左右的人稍有过失，就用箭射杀。太宗屡次教训他都不改过。重阳节时，太宗宴请诸王，赵元佐因生病不能参加，半夜发怒，把侍妾关闭于宫中，并纵火焚宫。太宗很生气，打算废除他太子的身份。寇准当时正在郓州任通判，太宗特别召见他，对他说："你来给朕解决一件大事。太子所作所为都属不法，将来若登上帝位一定会成为桀、纣般的暴君。朕想废掉他，但东宫也有自己的军队，恐怕因此引起动乱。"寇准说："请皇上于某月某日，命令太子到某地代理皇上祭祀，太子的左右侍从也都命令跟着去，陛下趁此机会派人去搜查东宫，若果真有不法的证物，等太子回来再当他面公布出来，那时要废太子，只须派个传令的黄门官就行了。"太宗采用了他的计策。等太子离去后，果然搜得一些残酷的刑具，包括有挖眼、挑筋、割舌等专用工具。太子回来后，当场展示出来，太子服罪，于是被废。

冯评：搜查东宫，如果没有不法的事，东宫的地位依旧。找到罪证，也可以使他心服而不觉冤枉。江充、李林甫之类的人，哪里能一起商议这种事呢！

289. 隽不疑

汉昭帝五年，有男子诣阙，自谓卫太子。诏公卿以下视之，皆莫敢发言。京兆尹隽不疑后至，叱从吏收缚，曰："卫蒯聩出奔，卫辄拒而不纳，《春秋》是之。太子得罪先帝，亡不即死，今来自诣，此罪人也。"遂送诏狱。上与霍光闻而嘉之曰："公卿大臣当用有经术、明于大谊者。"由是不疑名重朝廷。后廷尉验治，坐诬罔腰斩。

国无二君，此际欲一人心、绝浮议，只合如此断决。其说《春秋》虽不是，然时方推重经术，不断章取义亦不足取信。《公羊》以卫辄拒父为尊祖，想当时儒者亦主此论。

【译文】

汉昭帝五年，有男子入宫，自称是卫太子。诏令朝中公卿以下的大臣去检视，谁也不敢说什么。京兆尹隽不疑最后才到，却立刻命令侍从拿下他，说："卫蒯聩出奔，后来回国，他儿子卫辄拒绝接纳，《春秋》认为做得对。太子得罪先帝，不能一死而选择逃亡，现在自己跑来，他就是一个罪人。"于是将此人送入监狱。昭帝与霍光听了，嘉奖道："公卿大臣，应该任用精通经术而又明白大义的人。"隽不疑从此在朝中声名卓著。这案子后来经廷尉审查，此人犯诈骗罪被腰斩。

冯评：国无二君，这时候要安定人心、杜绝无根的议论，只能这样处置。

雋不疑解说《春秋》的义理固然不对，但是当时正推崇经术，不断章取义也不足以取信于人。《公羊传》认为卫辄拒绝父亲是出于对祖父的尊重，想必当时的儒者也采信这种观点。

290. 孔季彦

梁人有季母杀其父者，而其子杀之，有司欲当以大逆，孔季彦曰："昔文姜与弑鲁桓，《春秋》去其姜氏，《传》谓'绝不为亲，礼也'。夫绝不为亲，即凡人耳。方之古义，宜以非司寇而擅杀当之，不当以逆论。"人以为允。

【译文】

东汉时梁国有人因后母杀死父亲，他就把后母杀掉报父仇。主审官想按大逆罪名定罪，孔季彦说："从前文姜参与杀害鲁桓公，《春秋》就把姜氏称谓去除，《左传》所谓：'绝不为亲，礼也。'既然断绝了亲情关系，就是一个普通人而已。参比古义，这件案子应该适用非执法人员擅自杀人的罪名，不该以大逆论处。"大家都认为比较公允。

291. 张 晋

大司农张晋为刑部时，民有与父异居而富者，父夜穿垣，将入取赀，子以为盗也，瞷其入，扑杀之。取烛视尸，则父也。吏议子杀父，不宜纵；而实拒盗，不知其为父，又不宜诛。久不能决。晋奋笔曰："杀贼可恕，不孝当诛。子有余财，而使父贫为盗，不孝明矣。"竟杀之。

【译文】

元末大司农张晋任职刑部时，有个百姓与父亲分居，家里很有钱，他的父亲夜里穿墙进入他家窃取财物，这人以为是盗贼，瞅着他进来后就将其打死，拿蜡烛出来一照，才知道是自己的父亲。承办案件的官吏认为儿子杀父亲，不能宽纵；但这个人本意只是抗拒盗贼，并不知道那是自己的父亲，这么说又不该杀。于是拖延很久，无法决定。张晋提笔写道："杀死窃贼可以宽恕，不孝之罪却该诛杀。儿子家财有余，而让父亲穷困到做贼，不孝的事实明显无疑！"最后还是杀了这人。

292. 杜 杲

六安县人有嬖其妾者，治命与二子均分。二子谓妾无分法。杜杲书其牍曰："《传》云：'子从父命。'《律》曰：'违父教令'，是父之言为令也。父令子违，不可以训。然妾守志则可，或去或终，当归二子。'"部使者季衍览之，击节曰："九州三十三县令之最也！"

【译文】

南宋六安县有人宠爱他的妾，留下遗嘱将财产由妾与两个儿子均分。两个儿子则认为妾没有分享财产的道理，于是告官。杜杲在判决书上写道：《传》云：'子从父命。'《律》曰：'违父教令'，可见父亲的话就是命令。儿子违反父亲的命令，那是不对的。然而，妾能守节不再改嫁可以，如果改嫁或去世，财产仍然归两个儿子所有。"刑部使者季衍看了，赞赏地说："这是九州三十三县中最好的县令！"

293. 蔡 京

蔡京在洛。有某氏嫁两家，各有子；后二子皆显达，争迎养其母，成讼。执政不能决，持以白京。京曰："何难？第问母所欲。"遂一言而定。

【译文】

宋朝蔡京在洛阳时，有一名女子曾先后嫁给两家，分别生了儿子，后来两个儿子都地位显达，争着迎接母亲去奉养，因此告到官府。执政官不能决断，拿来问蔡京。蔡京说："这有什么困难的？只要问那个母亲想到哪个儿子家便是。"一句话就解决了。

294. 曹克明

克明有智略，真宗朝累功官融、桂等十州都巡检。既至，蛮酋来献药一器，曰："此药凡中箭者傅之，创立愈。"克明曰："何以验之？"曰："请试鸡犬。"克明曰："当试以人。"取箭刺酋股而傅以药，酋立死，群酋惭惧而去。

【译文】

北宋曹克明很有才略，真宗时累功升任融、桂等十州都巡检。到任后，有蛮夷酋长来奉献一罐药，说："这种药，凡是中箭的敷一敷，创伤立刻痊愈。"曹克明说："怎么能证明呢？"酋长说："可以用鸡狗做试验。"曹克明说："应当用人来试。"就用箭在酋长大腿上刺了一下，再用药敷，酋长立即死亡，其他蛮人都惭愧恐惧地离去了。

295. 大　水　二条

汉成帝建始中，关内大雨四十余日。京师民无故相惊，言"大水至"，百姓奔走相蹂躏，老弱号呼，长安中大乱。大将军王凤以为太后与上及后宫可御船，令吏民上城以避水。群臣皆从凤议，右将军王商独曰："自古无道之国，水犹不冒城郭，今何因当有大水一日暴至？此必讹言也。不宜令上城，重惊百姓。"上乃止。有顷稍定，问之，果讹言，于是美商之固守。

天圣中尝大雨，传言汴口决，水且大至。都人恐，欲东奔。帝以问王曾，曾曰："河决奏未至，必讹言耳。不足虑。"已而果然。

嘉靖间，东南倭乱，苏城戒严。忽传寇从西来，已过浒墅。太守率众登城，急令闭门。乡民避寇者万数，腾踊门外，号呼震天。任同知环愤然曰："未见寇而先弃良民，谓牧守何！有事，环请当之！"乃分遣县僚洞开六门，纳百姓，而自仗剑帅兵，坐接官亭以遏西路。乡民毕入，良久，而倭始至，所全活甚众。吴民至今尸祝之。又万历戊午间，无锡某乡构台作戏娱神。有哄于台者，优人不脱衣，仓皇趋避。观剧者亦雨散，口中戏云："倭子至矣！"此语须臾传遍，且云'亲见锦衣倭贼'，由是城门昼闭，城外人填涌，践踏死者近百人，迄夜始定。此虽近妖，亦有司不练事之过也。大抵兵火之际，但当远其侦探，虽寇果临城，犹当静以镇之，使人心不乱，而后可以议战守；若讹言，又当直以理却之矣。

开元初，民间讹言"上采女子以充掖庭"。上闻之，令选后宫无用者，载还其家，讹言乃息。语曰："止谤莫如自修。"此又善于止讹者。天启初，吴中讹言"中官来采绣女"，民间若狂，一时婚嫁殆尽。此皆恶少无妻者之所为，有司不加禁缉，男女之失所者多矣。

【译文】

汉成帝建始年间，关内下了四十多天大雨，京师民众无故互相惊扰，说马上有洪水要来。百姓逃难，互相践踏，老弱号呼，长安城里大乱。大将军王凤提议太后、成帝及后宫嫔妃立刻登船，再命令官吏百姓上城避水。群臣都赞同王凤的建议，只有右将军王商说："自古以来，再无道的国君当政，洪水尚且不会泛滥到越过城墙，现在怎么会有洪水在一天之间就骤然到来？这一定是谣言，不该命令百姓上城，以免他们更加惊慌。"成帝于是没有下诏。不久，混乱稍微平定，一问，果然是谣言。大家都赞美王商的镇定。

北宋天圣年间曾经下大雨，传说汴河决口，洪水将到，京都人非常恐惧，想向东逃。仁宗问王曾，王曾说："汴河决口的奏章没到，这一定是谣言，不值得忧虑。"结果果然如此。

冯评：明朝嘉靖年间，东南倭寇作乱，苏州城戒严。忽然传说倭寇从西边来，已经过了浒墅关。太守率士兵上城，紧急下命关闭城门。避寇的乡民上万人在城门外骚动扰攘，呼号声震动天地。同知任环愤怒地说："还没见到倭寇就舍弃百姓，称得上牧守吗？有事情我来担当。"就分派县吏打开六个城门，收容百姓，自己则持剑率领士兵，坐在接官亭阻断西边的道路。乡民全数入城，过了很久倭寇才到，任环此举救活了很多人，吴地百姓至今还在祀奉他。又万历戊午年，无锡某乡筑戏台演戏娱神，有人在戏台上起哄，演员来不及换下戏服就仓皇逃避，看戏的人也四散奔走，嘴里还开玩笑地喊着："倭寇来了！"这话一下子就传遍全城，且有人说亲眼看见锦衣的倭寇。因此城门白天就关闭起来，城外的人拥挤践踏，死了近百人，到深夜才安定。这虽然近乎妖言惑众，也是由于有关官员处事不够练达造成的过失。大抵战乱的时候，应当在远方安置侦探，即使盗寇真的逼近城来，仍须镇静地处理，使人心不乱，然后才能商议作战或防御的策略。如果是谣言，应当直接以事理消除它。

唐玄宗开元初年，民间谣传皇帝将选采宫女。玄宗听到这件事，便命人挑选后宫无用的宫女，用车子载返其家，谣言于是平息。俗语说："要制止毁谤，没有比自我修行更好的方法了。"这又是一个善于平息谣言的事例。明天启初年，苏州一带谣传宦官要来选秀女，民间遂紧张得如同发狂一般，一时之间，女子都出嫁了。这都是娶不到妻子的恶少散布的谣言，官吏也不加禁止缉捕，造成很多男女嫁娶不当。

296. 西门豹

魏文侯时，西门豹为邺令，会长老问民疾苦。长老曰："苦为河伯娶妇。"豹问其故，对曰："邺三老、廷掾常岁赋民钱数百万，用二三十万为河伯娶妇，与祝巫共分其余。当其时，巫行视人家女好者，云'是当为河伯妇'。即令洗沐，易新衣。治斋宫于河上，设绛帷床席，居女其中。卜日，浮之河，行数十里乃灭。俗语曰：'即不为河伯娶妇，水来漂溺。'（边批：邪教惑人类然）人家多持女远窜，故城中益空。"豹曰："及时幸来告，吾亦欲往送。"至期，豹往会之河上，三老、官属、豪长者、里长、父老皆会，聚观者数千人。其大巫，老女子也，女弟子十人从其后。豹曰："呼河伯妇来。"既见，顾谓三老、巫祝、父老曰："是女不佳，烦大巫妪为入报河伯。更求好女，后日送之。"即使吏卒共抱大巫妪投之河。有顷，曰："妪何久也？弟子趣之。"复投弟子一人河中。有顷，曰："弟子何久也？"复使一人趣之。凡投三弟子。豹曰："是皆女子，不能白事。烦三老为入白之。"复投三老。豹簪笔磬折，向河立待良久，旁观者皆惊恐。豹顾曰："巫妪、三老不还报，奈何？"复欲使廷掾与豪长者一人入趣之。皆叩头流血，色如死灰。豹曰："且俟须臾。"须臾，豹曰："廷掾起矣。河伯不娶妇也。"邺吏民大惊恐，自是不敢复言河伯娶妇。

娶妇以免溺，题目甚大。愚民相安于惑也久矣，直斥其妄，人必不信。唯身自往会，簪笔磬折，使众著于河伯之无灵，而向之行诈者计穷于畏死，虽驱之娶妇，犹不为也，然后弊可永革。

【译文】

战国魏文侯时，西门豹任邺县令，他会见地方上的长者，询问民间的疾苦。长老说："最苦的是为河伯娶亲。"西门豹问是何缘故，长老说："邺县的三老、廷掾每年向人民收取几百万钱，用二三十万为河伯娶亲，再和巫婆分享其余的钱。娶亲时，巫婆到每户人家去查看，看到美女就说她应当作为河伯的妻子，立即命令她沐浴，更换新衣，在河边搭建斋宫，布置红色的帐幕和床席，把美女安置在里面。选好日子，将床席和美女一起漂浮在河中，漂流几十里就沉没了。俗间传言：'如果不为河伯娶亲，河水就会泛滥成灾。'很多人家都带着女儿逃到远处去，所以城里越来越空。"西门豹说："到河伯娶亲的日子，希望你们来告诉我，我也要去送亲。"娶亲的日子当天，西门豹到了河边，三老、官吏、地方富豪、里长、父老都到了，围观的有几千人。大巫婆是个老女人，有女弟子十人跟随在后面。西门豹说："叫河伯的新娘子过来。"看过以后，西门豹回头对三老、巫婆及父老说："这个女子不漂亮，麻烦大巫婆去河里报告河伯，我们要再找更美的女子，后天送来。"就派吏卒抱起大巫婆投入河里。过了一会儿，西门豹说："老太婆为什么去这么久不回来？派个弟子去催她。"又投一个弟子入河。又过了一会儿，说："怎么这个弟子也一去这么久？"于是又下令派一名弟子去催。前后总共投了三个弟子。西门豹说："这些人都是女子，说不清楚事情。麻烦三老前去说明。"又把三老投下河。西门豹恭恭敬敬地站在河边拿着笔等候记录。过了很久，旁观的人愈来愈害怕。西门豹回头说："巫婆、三老都不回报。怎么办？"要派廷掾和豪富各一人前去催促。两人立刻跪下叩头流血，面如死灰。西门豹说："好吧，那就再等一会儿。"不久，西门豹说："廷掾起来吧，河伯不娶亲了。"邺县官民都非常害怕，从此不敢再提河伯娶亲的事。

冯评：为了避免水灾而替河伯娶亲，是很大的一个题目。无知的百姓相信这样的谣言已久，如果直接驳斥此事是虚妄的，人们一定不相信。只有亲自去参加聚会，恭敬地拿着笔等候记录，使众人明白河伯根本没有什么灵验，先前那些骗人的人因怕死而无计可施，就算有人赶他们去替河伯娶亲，也不敢再做，如此弊病才可以永久消除。

297. 宋 均

光武时，宋均为九江太守。所属浚遒县有唐、后二山，民共祠之。诸巫初取民家男女以为公姐，后沿为例，民家遂至相戒不敢娶嫁。均至，乃下教，自后凡为祠山娶者，皆娶巫家女，勿扰良民，未几祠绝。

【译文】
东汉光武帝时，宋均任九江太守，所属的浚遒县有唐、后二山，居民共同立祠祭祀。当地的巫师最初把民家的男女娶作山神的丈夫或妻子，后来成为惯例，于是民家都不敢婚嫁。宋均到任后下令，以后凡是为山神嫁娶，都用巫师家的人，不可骚扰百姓。不久山神祠的祭祀就消亡了。

298. 圣 水

宝历中，亳州云出圣水，服之愈宿疾。自洛及江西数十郡人，争施金往汲，获利千万，人转相惑。李德裕在浙西，命于大市集人置釜，取其水，用猪肉五斤煮，云："若圣水也，肉当如故。"须臾肉烂，自此人心稍定，妖亦寻败。

【译文】

唐朝宝历年间，亳州一带传说出产圣水，有病的人喝了立即痊愈。从洛阳到江西数十郡的人，争着捐钱取水，获利上千万钱，人们以讹传讹，所受迷惑越来越深。李德裕此时在浙西，在大集市上召集众人，用大锅装了所谓圣水，放五斤猪肉进去煮，他说："如果是圣水，猪肉应该不起任何变化。"一会儿，肉煮烂了。从此人心稍微安定，妖言也随着平息。

299. 佛 牙

后唐明宗时，有僧游西域，得佛牙以献。明宗以示大臣，学士赵凤进曰："世传佛牙水火不能伤，请验其真伪。"即举斧碎之，应手而碎，时宫中施物已及数千，赖碎而止。

正德时，张锐、钱宁等以佛事蛊惑圣聪。嘉靖十五年，从夏言议，毁大善殿。佛骨、佛牙不下千百斤，夫牙骨之多至此，使尽出佛身，佛亦不足贵矣。诬妄亵渎，莫甚于此，真佛教之罪人也。

【译文】

后唐明宗时，有和尚云游西域求法，带回佛牙献给皇上。明宗在大臣面前展示，学士赵凤进言道："传说佛牙不会被水火破坏，请让臣验证它的真伪。"就拿起斧头敲击，佛牙立即破碎。当时宫中为此施舍财物已达数千，因佛牙的破碎而得以停止。

冯评：正德年间，太监张锐、钱宁等人用佛事迷惑武宗。到世宗嘉靖十五年，依夏言的建议拆毁大善殿，发现殿中收藏的佛骨佛牙不下千百斤。佛牙佛骨多到这种地步，假使都是出自佛身，那佛也不可贵了。虚妄胡言，亵渎神明，没有比这种情形更严重了，真是佛教的罪人啊！

300. 活 佛

滇俗崇释信鬼。鹤庆玄化寺称有活佛，岁时士女会集，动数万人，争以金泥其面。林俊按鹤庆，命焚之。父老争言"犯之者，能致雹损稼"，俊命积薪举火："果雹即止！"火发，无他，遂焚之。得金数百两，悉输之官。代民偿逋。

五斗米、白莲教之祸，皆以烧香聚众为端，有地方之责者，不得不防其渐，非徒醒愚救俗而已。夫佛以清净为宗，寂灭为教，万无活理，且言"犯者致雹"，此山鬼伎俩，佛若有灵，肯受人诬乎？即果能致雹，亦必异物凭之，非佛所致也。况邪不胜正，异物必不能致雹乎？火举而雹不至，大众亦何说之辞哉！至金悉输官，佛亦谅其无私矣。近世有佛面刮金，致恶疮溃面以死。夫此墨吏，亦佛法所不容也。不然，苟有益生民，佛虽舍身犹可也。

【译文】

云南一带崇尚佛教，迷信鬼神。鹤庆的玄化寺声称有活佛，每逢过年过节，动辄几万名士女聚集，争着用金粉涂饰活佛的面部。林俊任职鹤庆时，命人把活佛烧毁。父老争着说，冒犯活佛会招致冰雹损伤庄稼。林俊命人堆积柴火，说："要是下冰雹就停止。"火越烧越大，并没有什么事情发生，于是烧了活佛。得到数百两金子，全部捐给官府，代替人民偿还积欠的租税。

冯评：五斗米道、白莲教的祸害，都以烧香聚众为开始，地方官不可不预先防范，不只是唤醒愚民、挽救习俗而已。佛教以清净为宗旨，寂灭为教义，绝无活佛的道理。而且说冒犯他会招致冰雹，这是山中怪物的伎俩，佛如果有灵，肯这样受人诬蔑吗？就算真能招致冰雹，也一定是怪物所为，不是佛招致的。何况邪不胜正，怪物一定不能招致冰雹。火烧起来后冰雹没有出现，大众又有什么话可说呢？至于金子全数捐给官府，佛也会相信他大公无私。近代有人在佛面刮金，以致脸部生恶疮溃烂而死。这种贪心的人，也是佛法所不容的。否则，如果有益人民，佛就是舍身也是可以的。

301. 蔡仙姑

宋元丰中，陈州蔡仙姑能化现丈六金身，堂设净水，至者必先洗目而入。

有廖县尉，一日率其部曲，约洗一目。及入，以洗目视之，宝莲台上金佛巍然，以不洗目视之，大竹篮中一老妪，箕踞而坐。乃叱其下，擒之。

【译文】

宋神宗元丰年间，陈州蔡仙姑能化为一丈六尺的金身，常准备净水，来到的人一定要先洗眼睛才能进入。有个廖县尉，一天率领部下前往，约定只洗一只眼睛。进入以后，用洗过的眼睛看，宝莲台上果然有高大的金佛，用没有洗过的眼睛看，却只见大竹篮中叉着腿坐着一个老太婆。廖县尉就命部下抓捕了她。

302. 程　珦

程珦尝知龚州。有传区希范家神降，迎其神，将为祠南海。道出龚，珦诘之，答曰："比过浔，浔守不信，投祠具江中，乃逆流上。守惧，更致礼，珦曰："吾请更投之。"则顺流去，妄遂息。珦，明道、伊川之父。

【译文】

程珦曾任龚州知州。当时传说区希范家有神降临，准备迎请神到南海立祠祭祀。路经龚州时，程珦加以盘问，回答说："先前经过浔州时，浔州知州不信，把祭祀的器具投入江中，谁知祭器却逆流而上，太守害怕了，就变得很恭敬。"程珦说："我就再投一次。"只见祭器都顺流而去，这个谎言才被揭穿。程珦是明道先生（程颢）、伊川先生（程颐）的父亲。

303. 石佛首

南山僧舍有石佛，岁传其首放光，远近男女聚观，昼夜杂处，为政者畏其神，莫敢禁止。程颢始至，诘其僧曰："吾闻石佛岁现光，有诸？"曰："然。"戒曰："俟复见，必先白，吾职事不能往，当取其首就观之。"自是不复有光矣。

【译文】

北宋时南山的寺庙中有座石佛，有一年传说石佛的头放出光芒，远近各地男女信徒都聚集围观，日夜杂处在一起。地方官畏惧神灵，不敢禁止。程颢一到，就问和尚说："我听说石佛每年会出现一次光芒，真的吗？"和尚说："真的。"程颢告诫他说："等下次再出现光芒时，一定要先告诉我，我如果有事不能前来，就拿佛首回来看。"从此不再听说石佛的头有光芒出现，

304. 妒女祠

狄梁公为度支员外郎，车驾将幸汾阳，公奉使修供顿。并州长史李玄冲以道出妒女祠，俗称有盛衣服车马过者，必致雷风，欲别开路。公曰："天子行幸，千乘万骑，风伯清尘，雨师洒道，何妒女敢害而欲避之？"玄冲遂止，果无他变。

【译文】

唐朝狄仁杰（封梁国公）任度支员外郎时，天子将驾幸汾阳，狄仁杰奉命沿途准备食宿供给。并州长史李玄冲认为路经妒女祠，地方传说有盛装车马的人经过，一定会刮风打雷，因此想另外开一条路。狄仁杰说："天子驾临，车马成千上万，风伯雨师都会来洒道清尘，什么妒女敢伤害天子而要去躲避她？"李玄冲因此取消了另开道路的打算，果然没有什么事发生。

305. 张 昺 三条

成化中，铅山有娶妇及门，而揭幕只空舆者。姻家谓娅欺己，诉于县；娅家又以戕其女互讼，媒从诸人皆云："女实升舆，不知何以失去。"官不能决。慈溪张进士昺新任，偶以勘田均税出郊，行至邑界，有树大数十抱，荫占二十余亩，其下不堪禾黍。公欲伐之以广田，从者咸谏，以为"此树乃神所栖，百姓稍失瞻敬，便至死病，不可忽视也"。公不听，移文邻邑，约共伐之。邻令惧祸，不从。父老吏卒复交口谏沮，而公执愈坚。期日率数十夫戎服鼓吹而往，未至数百步，公独见衣冠者三人拜谒道左，曰："我等树神也。栖息此有年矣，幸垂仁相舍。"公叱之，忽不见。命夫运斤，树有血出，众惧欲止。公乃手自斧之，众不敢逆。创三百，方断其树。树颠有巨巢，巢中有三妇人，堕地，冥然欲绝。命扶而灌之以汤，良久始苏。问："何以在此？"答曰："昔年为暴风吹至，身在高楼，与三少年欢宴，所食皆美馔。时时俯瞰楼下，城市历历在目，而无阶可下。少年往来，率自空中飞腾，不知

乃居树巢也。"公悉访其家还之。中一人，正舆中摄去者，讼始解。公以其木修公廨数处，而所荫地复为良田。

《田居乙记》载，桂阳太守张辽家居买田，田中有大树十余围，扶疏盖数亩地，播不生谷。遣客伐之，血出，客惊怖，归白辽。辽大怒曰："老树汗出，此何等血？"因自行斫之，血大流洒。辽使斫其枝，上有一空处，白头公可长四五尺，忽出往赴辽。辽乃逆格之，凡杀四头。左右皆怖伏地，而辽恬如也。徐熟视，非人非兽，遂伐其木。其年应司空辟侍御史、兖州刺史。事与此相类。

县有羊角巫者，能咒人死。前令畏祸，每优礼之。其法，书人年甲于木橛，取生羊向粪道一击，羊仆人死。张昺知之不发。一日有老妇泣诉巫杀其子，张昺遣人捕巫，巫在山已觉，谓其徒曰："张公正人，吾不能避，吾命尽矣。"乃束手就缚。至，杖百数，无损，反伤杖者手。张昺释其缚，谓之曰："汝能咒杖者死，复咒之生，吾即宥汝。"试之不验，遂收之狱。夜半，烈风飞石，屋瓦索索若崩。张昺知巫所为，起正衣冠，焚香肃坐。及旦，取巫至庭，众皆以巫神人，咸请释之。张昺不许，厉声叱巫。巫悚惧，忽堕珠一颗，光焰烛庭；又堕法书一帙，如掌大。张昺会僚属，焚其书，碎其珠，问曰："今欲何如？"巫不答，即仆而死。众请舁出之，张昺曰："未也。"躬往瘗于狱中，压以巨石。时暑月，越三日，发视，腐矣。巫患遂息。

有道士善隐形术，多淫人妇女。公擒至，痛鞭之，了无所苦，已而并其形不见。公托以他出，径驰诣其居，缚归，用印于背，然后鞭之，乃随声呼噪，竟死杖下。

【译文】

明朝成化年间，铅山有人娶亲到家后，揭开轿帘一看，只有空轿子。男家认为女家骗婚，就告到县府；女家又认为男家杀了他女儿，于是互相缠讼。媒婆及随嫁的人都说："女子确实上了轿，不知道为什么不见了。"县官无法决断。慈溪进士张昺新上任，偶然为了勘察田赋到郊外，一直走到县界，看见一棵大树，树身足以让数十人环抱，树荫占了二十多亩地，树下无法耕种。张昺想砍了这棵树以增加耕地，随从都劝他，说这棵树是神明住的，百姓稍有不敬，便会生病死亡，不可忽视。张昺不听，发公文给邻县县令，约定共同砍伐大树。邻县县令怕有灾祸降临，不肯依从。父老吏卒又一再劝阻，张昺的心意却更加坚定。到了约定的日期，张昺率领数十名壮丁，穿着军服，吹奏鼓乐前往。离大树还有数百步远，张杲看见三个士绅模样的人，在路边拜谒，说："我们是树神，已经在这棵树上栖息很多年了，希望大人仁慈为怀，放过我们。"张杲大声叱喝，三人忽然不见。于是命令壮丁挥斧砍伐，树身有血流出来，众人害怕，要停下来，张杲亲自持斧砍伐，众人不敢违逆，砍了三百斧才把它砍断。树顶有一个很大的巢，里面有三个妇人，坠落地面，昏死过去，张杲命令人将她们扶起，灌以热水，很久才醒过来。问她们为什么会在这里，回答说："以前被暴风吹来，发觉身处高楼之上，和三个少年一起饮酒作乐，吃的都是山珍海味，常常向楼下俯瞰，城市历历在目，却没有楼梯可下。少年往来，都从空中飞翔，不知道是住在树巢。"张杲问清楚她们家的位置，分别送回去，其中一人正是在轿子中被摄去的，这件案子因而得到解决。张杲用这些木材修了好几处官府的办公室，而树荫底下那块地也变为了良田。

冯评：《田居乙记》记载，桂阳太守张辽居家买田，田中有一棵大树，树身约十余人合抱，枝叶茂盛，遮盖好几亩地，不能生长谷物。张辽找人来砍伐，树有血流出来，砍伐的人非常恐惧，回来报告张辽。张辽很生气地说："老树汁水流出，哪里能叫血！"因而亲自砍伐，血大量流出来。砍树枝时，上面有一个空处，一个身长四五尺的白头老人忽然出来奔向张辽，张辽迎面格拒，砍下四个头。左右都恐惧得伏在地上，张辽却毫不在乎。仔细一看，那东西既不是人也不是兽，于是将这棵树砍了。这一年，张辽升任司空、侍御史及兖州刺史。这事和张杲的事相似。

县里有一个羊角巫师，能诅咒人死。前任县令怕招来祸害，往往很礼遇他。这个巫师害人的方法是，将人的生辰年月日写在一根木橛上，对着活羊的肛门一击，活羊倒地，人也就死了。张杲知道了却不揭发。有一天，一个老人来哭诉巫师杀了他的儿子，张杲派人去捉巫师，巫师在山上已经觉察，对他的徒弟们说："张杲是个正人君子，我无法逃避，我的寿命已到尽头了。"于是束手就擒。张杲派人用杖打他数百下都没受伤，反而伤到打他的人的手。张杲给他松绑，对他说："你能把打你的人咒死，再把他们咒活，我就饶了你。"巫师尝试作法但不灵验，于是被关入监狱。半夜时，刮起强风，飞沙走石，屋瓦索索作响，好像要崩塌。张杲知道这是巫师所为，就起来穿戴整齐，焚香静坐。天亮以后，将巫师带上公堂。众人都说巫师是神仙，请求释放他，张杲不准，大声叱骂巫师。巫师非常恐惧，忽然有一颗珠子掉出来，光芒照亮整个庭堂，然后又掉出一卷法书，像手掌一样大。张咼会合属下一起烧掉法书，击碎珠子，问巫师说："现在还想怎么样？"巫师不答，立即倒地而死。众人请求将他抬出去，张咼说："还不行。"亲自将他埋在监狱中，用大石头压着。当时天气炎热，经过两天以后，打开来看，尸身已经腐烂了，巫师的祸害于是平息。

有个道士擅长隐形术，经常奸淫人家的妇女，张咼把他捉来，狠狠地鞭打他，他却一点痛苦都没有，不久连身形都不见了。张咼假借其他事外出，直接赶到道士居处，将他捆绑回来，且在他背上盖上官印，然后鞭打他，他大声呼号，最后死于杖下。

306. 孔道辅

孔道辅（字原鲁）知宁州，道士缮真武像，有蛇穿其前，数出近人，人以为神。州将欲视验上闻，公率其属往拜之，而蛇果出，公即举笏击杀之。州将以下皆大惊，已而又皆大服。由是知名天下。

【译文】

北宋孔道辅字原鲁，任宁州知州时，有个道士造了个真武像，前面有蛇穿行，经常出来靠近人，人们都认为是神灵。宁州将领想去巡视后向皇帝报告，孔道辅率领部属前去拜访，蛇真的出来，孔道辅立即举起笏板把蛇打死。自将军以下众人都大吃一惊，很快又都非常佩服。从此孔道辅天下闻名。

307. 戚　贤

戚贤初授归安县。县有"萧总管"，此淫祠也。豪右欲诅有司，辄先赛庙，庙壮丽特甚。一日过之，值赛期，入庙中，列赛者阶下，谕之曰："天久不雨，若能祷神得雨则善。不尔，庙且毁，罪不赦也。"舁木偶道桥上，竟不雨，遂沉木偶如言。又数日，舟行，忽木偶自水跃入舟中，侍人失色走曰："萧总管来，萧总管来！"贤笑曰："是未之焚也！"命系之，顾岸傍有社祠，别遣黠隶易服入祠，戒之曰："伺水中人出，械以来。"已而果然，盖策诸赛者必且贿没人为之也。

【译文】

明朝戚贤初任归安县令，县中有萧总管庙，是一座不法的庙宇。地方上有权势的人如果想诅咒官吏，就先举行庙会。庙装饰得非常壮丽。一天，戚贤经过萧总管庙，正逢举行庙会，他走进庙中，让参加庙会的众人站在阶下，对神像说："很久没下雨了，你如果能祈神得雨就好，要不然，你的庙就要拆毁，你的罪过我也绝不宽恕。"于是派人把庙里的神偶抬到桥上，仍然没有下雨，于是就照刚才说的把神偶沉入水里。几天后，戚贤乘船，忽然间，神偶从水里跳入船中，侍从大惊失色，争相奔逃："萧总管来了！萧总管来了！"戚贤笑着说："这是因为没有将它烧毁。"立刻命人把它先绑起来。戚贤看见岸边有一个神祠，另外派一个聪明的小吏换了便衣藏在祠中，吩咐他说："等到水中有人出来，就把他捉来。"后来果然抓到一个人，原来他已料定那些举行庙会的人一定会请善于潜水的人来做这事。

308. 黄　震

震通判广德，广德俗有自婴桎梏、自拷掠，而以徼福于神者。震见一人，召问之，乃兵也，即令自状其罪。卒曰："无有也。"震曰："尔罪必多，但不敢对人言，故告神求免耳。"杖而逐之，此风遂绝。

吾郡杨山太尉庙，在东城，极灵，专主人间疮疖事，香火不绝，而六月廿四日太尉生辰尤盛。万历辛丑、壬寅间，阊门思灵寺有老僧梦一神人，自称周宣灵王，今寓齐门徽商某处，乞募建一殿相安，当佑汝。既觉，意为妄，置之。三日后，梦神大怒，杖其一足。明日足痛不能步，乃遣其徒往齐门访之，神像在焉。此像在徽郡某寺，最著灵验，有女子夜与人私而孕，度必败，诈言半夜有神人来偶，其神衣冠甚伟。父信然，因嘱曰："神再至，必绳系其足为信。"女以告所欢，而以草绳系周宣灵王木偶足下，父物色得之，大怒，乃投像于秽渎之中。商见之，沐以净水，挟之吴中，未卜所厝，是夜梦神来别。既征僧梦，乃集同侣舍材构宇于思灵寺，寺僧足寻愈。于是杨山太尉香火尽迁于周殿，远近奔走如鹜。太守周公欲止巫风，于太尉生辰日封锢其门，不许礼拜，而并封周宣灵王殿。逾月始开，则周庙绝无胏缬，而太尉之香火如故矣。夫宣灵之灵也，能加毒于老僧，而不能行报于女子之父；能见梦于徽商，而不能违令于郡守之封，且也能骤夺一时之香火，而终不能中分久后之人心，岂神之盛衰亦有数邪？抑灵鬼凭之，不胜阳官而去乎？因附此为随俗媚神者之戒。

【译文】

南宋黄震任广德通判时，广德地方有一种习俗，将自己戴上镣铐并自我拷打，然后向神明祈福。黄震见一人正在做这事，就叫他来问，这人是个士兵。黄震命令他自己说明罪状，士兵说："没有。"黄震说："你的罪一定很多，但不敢对人讲，所以祈求神明赦免你的罪。"于是命人杖打他之后把他赶走，从此这种风气就断绝了。

冯评：我家乡有座杨山太尉庙，在东城，很灵，专治人间疥疮病症，香火不断，而六月廿四日太尉生辰时香火特盛。万历辛丑、壬寅年间，阊门思灵寺有一个老和尚，梦见一个神人，自称是周宣灵王，现在住在齐门某徽商处，求老和尚帮忙募款建一座庙安居，一定会保佑他。老和尚醒来后，认为是毫无根据的荒诞事，未加理会。三天后，老和尚梦见神很生气，用杖打他的一只脚，第二天，老和尚脚痛得不能走路，就派他的徒弟到齐门去查看，神像果然在那里。这座神像原来在徽郡的某寺，一向灵验。有个女子半夜和人私通而怀孕，预料事情一定败露，就骗她父亲说半夜有神来找她，此神相貌雄伟，衣冠整齐，父亲信以为真，嘱咐她说："神再来时，用绳子绑在神脚上作证。"女子将这句话告诉情人，于是把草绳系在周宣灵王木偶脚上。女子的父亲找到周宣灵王，非常生气，将神像丢进臭水沟里。商人见到了，捡起来洗干净，带到苏州，尚未选好安置的地方，当天夜里，梦见神来告别。又从和尚的梦得到证验，就集合同伴捐赠建材，在思灵寺建筑殿宇，老和尚的脚也很快痊愈。于是杨山太尉的香火都迁移到周宣灵王殿来，远近的人都赶着来进香。太守周公想阻止迷信的风气，于是在太尉生辰日把太尉庙和周宣灵王殿一并封闭，不许人们礼拜。一个月后才打开，此后周宣灵王殿不再有人礼拜，而太尉庙的香火一如从前。周宣灵王的灵，能加害老和尚，而不能报复女子的父亲；能托梦给徽商，而不能违抗郡守的封祠；能骤然抢夺一时的香火，却不能长久留住人心。难道是神的盛衰也有运数吗？还是有鬼怪依附着，却敌不过阳间的官吏而离去呢？我于是附上这段文字，作为对谄媚鬼神者的警戒。

309. 席帽妖　白头老翁

真宗时，西京讹言有物如席帽，夜飞入人家，又变为犬狼状，能伤人。民间恐惧，每夕重闭深处，操兵自卫。至是京师民讹言帽妖至，达旦叫噪。诏立赏格，募告为妖者。知应天府王曾令夜开里门，有倡言者即捕之，妖亦不兴。

张咏知成都，民间讹言有白头老翁过，食男女。咏召其属，使访市肆中有大言其事者，但立证解来。明日得一人，命戮于市，即日帖然。咏曰："讹言之兴，沴气乘之。妖则有形，讹则有声。止讹之术，在乎明决，不在厌胜也。"

隆庆中，吴中以狐精相骇，怪幻不一，亦多病疠。居民鸣锣守夜，偶见一猫一鸟，无不狂叫。有道人自称能收狐精，鬻符悬之，有验。太守命擒此道人，鞫之，即以妖法剪纸为狐精者。毙诸杖下，而妖顿止。此即祖王曾、张咏之智。

【译文】

宋真宗时，西京谣传有妖物形状如草帽，夜晚飞入民家，又变为狗狼的模样，会伤害人。民间非常恐惧，每晚都关紧门躲着，拿着武器自卫。到后来京师百姓又谣传帽妖来了，通宵达旦地叫嚷喧哗。真宗下诏悬赏捉拿说有妖怪的人。应天府知府王曾命人夜间将里门打开，有人扬言有妖怪即行抓捕，妖怪的事也就不再闹腾了。

张咏任职成都时，民间谣传有白头老翁会吃人。张咏命部属到集市上去查访，有人谈论这件事最起劲的，要他立刻查证逮捕。第二天抓到一个人，张咏命令在市曹处死，谣言当天就止息了。张咏说："谣言一起，妖气就乘机而作。妖怪有形，谣言有声。阻止谣言的办法，在于当下果断地处理，而不在用作法除邪。"

冯评：明穆宗隆庆年间，吴中有狐狸精惊扰百姓，变化多端，也使很多人生病。居民都在夜间敲锣守夜，偶尔看见一只猫，一只鸟，也要狂叫一番。有个道士自称能收服狐狸精，卖符给人悬挂，很灵。太守命人捉拿这个道士来审问，果然就是他用妖法剪纸变为狐狸精。当场用杖打死他，妖精也就没了。这就是效法王曾、张咏的才智。

310. 钱元懿

钱元懿牧新定，一日间闾间辄数起火，居民颇忧恐。有巫杨媪因之遂兴妖言，曰："某所复当火。"皆如其言，民由是竞祷之。元懿谓左右曰："火如巫言，巫为火也。宜杀之。"乃斩媪于市，自此火遂息。

【译文】

五代人钱元懿任新定县令时，一天间闾里之间会发生数起火灾，居民非常惊恐担忧。有个巫婆姓杨，趁机四下宣传妖言说："某处又会失火。"结果她的话都应验了，百姓因而都来求她保佑。钱元懿对左右的人说："起火的地方都如巫婆所说，这火是巫婆放的。应该杀掉。"于是在市曹将巫婆斩首，从此火灾也不再发生了。

311. 梦 虎

苏东坡知扬州，一夕梦在山林间，见一虎来噬，公方惊怖，一紫袍黄冠以袖障公，叱虎使去。及旦，有道士投谒曰："昨夜不惊畏否？"公叱曰："鼠子乃敢尔？本欲杖汝脊，吾岂不知汝夜来术邪？"（边批：坡聪明过人）道士骇惶而走。

【译文】

苏东坡任扬州知州时，有一天晚上，梦见在山林之间，有一头老虎来咬他，苏东坡正紧张恐惧时，有一个穿着紫袍的道士用袖子挡住苏东坡，大声叱喝老虎离开。天亮后，有个道士来拜见苏东坡，说："昨天晚上你没有受惊吓吧？"苏东坡大骂说："鼠辈，竟敢如此，我正打算抓你来杖责一番，我难道不知道你昨夜来施妖术吗？"道士吓得赶快离开。

312. 张 田

张田知广州，广旧无外郭，田始筑东城，赋功五十万。役人相惊以白虎夜出。田迹知其伪，召逻者戒曰："今日有白衣出入林间者谨捕之。"如言而获。

嘉靖中，京师有物夜出，毛身利爪，人独行遇之，往往弃所携物骇而走。督捕者疑其伪，密遣健卒诈为行人，提衣囊夜行。果复出，掩之，乃盗者蒙黑

羊皮，着铁爪于手，乘夜恐吓人以取财也。近日苏郡城外，夜有群火出林间或
水面，聚散不常，哄传鬼兵至，愚民鸣金往逐之；亦有中刺者，旦视之，藁人
也。所过米麦一空，咸谓是鬼摄去。村中先有乞食道人传说其事，劝人避之。
或疑此道人乃为贼游说者，度鬼火来处，伏人伺而擒之，果粮船水手所为也。
搜得油纸筒，即水面物，众嚣顿息。

【译文】

北宋张田任广州知州，广州旧时没有外城，张田任上才开始修筑东城，征
发五十万的人力。被征发筑城的人互相惊扰，说晚上看到白虎出现。张田侦知
是谣言，召来巡逻的人说："今天要是有白衣人在树林中出入，就逮捕他。"果
然捕获一个白衣人。

冯评：明朝嘉靖年间，京城夜晚有怪物出现，全身是毛，又有锐利的爪子，
独行的人遇到，往往吓得丢弃所携带的财物逃跑。捕盗的官员怀疑是人假扮，
秘密派遣健壮的士卒假扮行人，提着行李夜行，怪物果然又出现了，士卒冲上
去捕捉，原来是蒙着黑羊皮、手上戴着铁爪的强盗，趁夜里恐吓人以抢夺财物。
近来苏州城外，夜里有一簇簇的火光在树林间或水面上出现，聚散无常。人们
纷纷传说是鬼兵到了，愚民都敲着锣去追赶，也有刺中东西的，白天一看，原
来是草人。所经过的地方，米麦一扫而空，民众都认为是被鬼取走了。村子里
先前有一个乞食道人来宣扬过这件事，劝人要逃避，有人怀疑这个道人是为盗
贼游说的，于是估算鬼火将出现的地方，派人埋伏，伺机擒捕，果然是运粮船
的水手假扮的。搜出油纸筒，就是漂流水面燃烧的东西。众人的骚动顿时平息。

313. 隋郎将

隋妖贼宋子贤潜谋作乱，将为无遮佛会，因举火袭击乘舆。事泄，鹰扬郎
将以兵捕之。夜至其所，绕其所居，但见火坑，兵不敢进。郎将曰："此地素
无坑，止妖妄耳。"乃进，无复火矣，遂擒斩之。

【译文】

隋朝有一个妖贼宋子贤阴谋作乱，准备举办一场无遮佛会，趁机举火袭击
天子圣驾。事情泄露，鹰扬郎将带兵擒捕，夜晚来到盗贼所住的地方，只见绕
着屋子到处都是火坑，士兵不敢靠近。郎将说："此地向来没有坑，只是妖术

罢了。"于是前进,果然不再有火,于是逮捕妖贼并杀了他。

314. 贺 齐

贺齐为将军,讨山贼。贼中有善禁者,每交战,官军刀剑不得击,射矢皆还自向。贺曰:"吾闻金有刃者可禁,虫有毒者可禁。彼能禁吾兵,必不能禁无刃之器。"乃多作劲木白棓,选健卒五千人为先登。贼恃善禁,不设备。官军奋棓击之,禁者果不复行,所击杀万计。

【译文】

三国吴将贺齐讨伐山贼。山贼中有善于使用禁咒的人,每次交战,官兵的刀剑都无法攻击,射出去的箭都转回来射向自己。贺齐说:"我听说有刃的兵器可以施禁咒,有毒的动物也可以施禁咒。他们能对我们的兵器施禁咒,一定不能对无刃的兵器施禁咒。"于是制造了很多坚硬的木棒,选健壮的士卒五千人为先锋冲上贼寨,贼兵仗着禁咒不设防备,官兵以木棒攻击,禁咒果然失效,杀死贼兵上万人。

315. 萧 瑀

唐萧瑀不信佛法。有胡僧善咒,能死生人。上试之,有验。萧瑀曰:"僧若有灵,宜令咒臣。"僧奉敕咒瑀,瑀无恙,而僧忽仆。

【译文】

唐朝萧瑀不信佛法,有个胡僧善于咒术,能使活人死亡。皇帝亲自测试,果然灵验。萧瑀说:"胡僧诅咒如果有灵,让他来咒臣。"胡僧奉命咒萧瑀,结果萧瑀没事,而胡僧自己却倒地而死。

316. 陆贞山

陆贞山(粲)所居前有小庙,吴俗以礼"五通神",谓之"五圣",亦曰:"五王"。陆病甚,卜者谓五圣为祟,家人请祀之。陆怒曰:"天下有名为正神、爵称侯王而挈母妻就人家饮食者乎?且胁诈取人财,人道所禁,何况于神?

此必山魈之类耳。今与神约，如能祸人，宜加某身。某三日不死，必毁其庙！"家人咸惧。至三日，病稍间，陆乃命仆撤庙焚其像。陆竟无恙。其家至今不祀"五圣"。

子云："智者不惑"。其答问智，又曰："敬鬼神而远之。"然则易惑人者，无如鬼神，此巫家所以欺人而获其志也。今夫人鬼共此世间，鬼不见人，犹人不见鬼，阴阳异道，各不相涉。方其旺也，两不能伤。及其气衰，亦互为制。惟夫惑而近之，自居于衰而授之以旺，故人不灵而鬼灵耳。西门豹以下，可谓伟丈夫矣。近世巫风盛行，瘟神仪从，侈于钦差；白莲名牒，繁于学籍。将未来知所终也，识者何以挽之？

【译文】

明朝陆粲（字贞山）所住的房子前面有一座小庙，吴地民间用它来祭祀五通神，称之为五圣，又称为五王。陆粲病重，占卜的人说是五圣作祟，家人请陆粲去祭拜。陆粲生气地说："天地之间有号称是正神、爵位称侯称王，却带着母亲妻子去别人家吃饭的吗？而且威胁诈骗他人的财物，在人间都不允许，更何况是神？这一定是山魈之类作怪罢了！现在我就和神约定，如果能降祸给人，就降在我身上。如果我三天不死，一定拆毁他的庙。"家人都很恐惧。到第三天，病情稍微好转，陆粲就命令仆人拆除神庙，烧毁神像，而陆粲最终也没事。他家至今都不祭祀五圣。

冯评：孔子说："智慧的人不会疑惑。"再回答关于"智"时又说："尊敬鬼神，但是要远离它们。"看来最容易迷惑人的莫如鬼神，这就是为什么巫人以此来骗人而屡屡得手的缘故。现在人鬼共处于这个世间，鬼见不到人，就如人见不到鬼一般。阴阳不同道，彼此不相干。他们兴旺时，互相不能伤害对方；他们衰落时，也互相牵制。只有迷惑于鬼神而去接近的人，自己甘心居于衰落的状态而把兴旺让给鬼神，那才会人不灵而鬼灵。从西门豹以下的破除鬼神迷信的人，可称得上是大丈夫！近世巫风盛行，瘟神的随从比钦差大臣还多，白莲教教徒比在校学生的人数还多，将来不知道怎么办，有远见的人要如何来挽救呢？

317. 魏元忠

唐魏元忠未达时，一婢出汲方还，见老猿于厨下看火。婢惊白之，元忠徐曰:"猿愍我无人,为我执爨,甚善。"又尝呼苍头,未应,狗代呼之。又曰:"孝顺狗也,乃能代我劳!"尝独坐,有群鼠拱手立其前。又曰:"鼠饥就我求食。"乃令食之。夜中鹠鹠鸣其屋端,家人将弹之。又止曰:"鹠鹠昼不见物,故夜飞,此天地所育,不可使南走越,北走胡,将何所之?"其后遂绝无怪。

【译文】

　　唐朝魏元忠尚未显达时,家中一个婢女出去汲水回来,看见老猿猴在灶下看火,婢女惊慌地报告魏元忠。魏元忠慢慢地说:"猿猴同情我没有人手,为我煮饭,很好啊!"又曾经叫仆人,仆人没有应答,狗代他去叫。魏元忠说:"这是孝顺的狗,能为我代劳。"魏元忠曾在家中独自坐着,有一群老鼠拱手站在他的前面。魏元忠说:"老鼠饿了,来向我求食物。"就命人拿食物喂老鼠。夜半时有猫头鹰在屋顶鸣叫,家人想用弹弓赶走它,魏元忠又阻止他们说:"猫头鹰白天看不见东西,所以在晚上飞,这是天地所孕育的动物,不能把它赶得上天无路入地无门,那让它怎么办?"从此以后,家里不再有怪事。

318. 鼓　妖

　　范仲淹一日携子纯仁访民家。民舍有鼓为妖,坐未几,鼓自滚至庭,盘旋不已,见者皆股栗。仲淹徐谓纯仁曰:"此鼓久不击,见好客至,故自来庭以寻槌耳。"令纯仁削槌以击之,其鼓立碎。

【译文】

　　有一天,范仲淹带着儿子范纯仁去拜访民家。民房里有鼓闹妖,没坐多久,鼓自己滚到庭院里,不停地打转,看见的人都害怕得发抖。范仲淹缓缓地对儿子说:"这个鼓许久不敲了,看见好客人来到,所以自己来庭院找鼓槌了。"就命令范纯仁去削了支鼓槌去敲鼓,这个鼓立刻破碎。

319. 李忠公

　　李忠公之为相也,政事堂有会食之案。吏人相传:"移之则宰臣当罢,不迁者五十年。"公曰："朝夕论道之所，岂可使朽蠹之物秽而不除？俗言拘忌，何足听也！"遂撤而焚之，其下铲去积壤十四畚，议者伟焉。

【译文】

李吉甫（谥忠懿）为宰相时，政事堂里有一张聚餐的桌子，官吏相传，移动桌子，宰相就会罢官，因此有五十年不曾移动这张桌子。李吉甫说："早晚谈论政事的场所，怎可任腐朽蠹蚀的秽物堆聚而不清除呢？这种乡俗的禁忌，哪里可以相信？"于是命令人把这张桌子拆除烧毁，并在桌下铲除了十四畚箕的积土，一时众人都认为他很了不起。

卷八　经务

中流一壶，千金争挈。宁为铅刀，毋为楮叶。错节盘根，利器斯别。识时务者，呼为俊杰。集《经务》。

——【解说】——

一个普通的葫芦并不值钱，但在河中间翻了船的话卖千金大家都抢着要（因为葫芦可以渡人）。宁可做拙钝而能有一用的铅刀，不要成为精美而不中用的楮叶。事情盘根错结的时候，就能检验出真正的利器。识时务的人，被人称为俊杰。

这一卷讲的都是用智慧来处理政务的故事，名为《经务》。

320．刘　晏　四条

唐刘晏为转运使时，兵火之余，百费皆倚办于晏。晏有精神，多机智，变通有无，曲尽其妙。尝以厚值募善走者，置递相望，觇报四方物价，虽远方，不数日皆达，使食货轻重之权悉制在掌握。入贱出贵，国家获利，而四方无甚贵甚贱之病。

晏以王者爱人不在赐与，当使之耕耘织纴，常岁平敛之，荒则蠲救之。诸道各置知院官，每旬月具州县雨雪丰歉之状。荒歉有端，则计官所赢，先令蠲某物、贷某户，民未及困而奏报已行矣。议者或讥晏不直赈救而多贱出以济民者，则又不然。善治病者，不使至危急；善救灾者，不使至赈给。故赈给少则不足活人，活人多则阙国用，国用阙则复重敛矣！又赈给多侥幸，吏群为奸，强得之多，弱得之少，虽刀锯在前不可禁——以为"二害"。灾沴之乡，所乏粮耳，他产尚在，贱以出之，易以杂货，因人之力，转于丰处，或官自用，则国计不乏；多出菽粟，资之枭运，散入村间，下户力农，不能诣市，转相沿逮，自免阻饥——以为"二胜"。

先是运关东谷入长安者，以河流湍悍，率一斛得八斗，至者则为成劳，受优赏。晏以为江、汴、河、渭，水力不同，各随便宜造运船，江船达扬州，汴船达河阴，河船达渭口，渭船达太仓，其间缘水置仓，转相受给。自是每岁运至百余万斛，无升斗沉覆者。又州县初取富人督漕挽，谓之"船头"；主邮递，谓之"捉驿"；税外横取，谓之"白著"。人不堪命，皆去为盗。晏始以官主船漕，而吏主驿事，罢无名之敛，民困以苏，户口繁息。

晏常言："户口滋多，则赋税自广。"故其理财常以养民为先，可谓知本之论，其去桑、孔远矣！王荆公但知理财，而实无术以理之，亦自附养民，而反多方以害之。故上不能为刘晏，而下且不逮桑、孔。

晏专用榷盐法充军国之用，以为官多则民扰，故但于出盐之乡置盐官，取盐户所煮之盐，转鬻于商人，任其所之，自余州县不复置盐官。其江岭间去盐乡远者，转官盐于彼贮之；或商绝盐贵，则减价鬻之，谓之"常平盐"。官获其利，而民不困弊。

常平盐之法所以善者，代商之匮，主于便民故也。若今日行之，必且与商争鬻矣。

【译文】

唐朝刘晏任转运使的时候，战乱刚结束，所有的费用都要靠刘晏筹措办理。刘晏精力旺盛，又多机智，能变通有无，尽得财用调度之妙。他曾经用高价招募善于长跑的人，设置驿站，让他们传递各地物价，即便是远方的讯息，不过几天就可以传到，因此各地百货价格的情况都在他掌握中。低价买进，高价售出，不仅国家获利，而且远近各地的物价也没有过分地贵贱。

刘晏认为君王爱护百姓不在于赏赐，而应当使他们安心于耕耘纺织，正常的年头平价征税，饥荒的年岁则通过减免赋税加以救济。刘晏在各道分别设置知院官，每十天或一月详细报告各州县天候及收成的情形。有歉收的端倪，则根据官方库存有盈余的东西先下令减免哪一类物品或赈贷哪一户人家，百姓尚未因歉收而受到困扰，各种救灾的措施已奏报朝廷了。有人责怪刘晏不直接救济百姓，只是贱价出售粮食物品。其实并非如此，好的医生不会让病人的病情拖到危急的地步才来医治，善于救灾的人不会使百姓困难到靠救助生存的地步。那样，救助少了则不足以全活百姓，要全活百姓则国家的财政会发生困难，国家的财政一旦出现困难则又必须征收重税了。另外，在救济时有很多不合理现象，官吏相互狼狈为奸，强横的人得到的多，孱弱的人得到的很少，即使以严刑峻法来威吓也无法禁止，这是两大祸害。发生灾害的地区，所短缺的只是粮食而已，其他的产品都还在，低价卖出去，交换其他的货品，借助人力转运到粮食丰收的地方，或者由官府自用，国家的生计就不会匮乏。国家拿出屯积的谷物供转运出售，散布到各村庄里巷，这样，一般的农家忙于务农，不能到市场上去购买的，也可以分享到，免于饥荒的困扰。这是两大好处。

先前，运送关东的谷物进入长安，因为河水湍急，大抵一斛（十斗）能运到八斗，完成了就算有功，负责的官员可以得到优厚的赏赐。刘晏认为长江、汴水、黄河、渭水等水力各不相同，应该因地制宜制造不同的运输船只，长江船从江南到扬州，汴水船从扬州到河阴，黄河船从河阴到渭口，渭水船从渭口到长安的官仓，沿途在河边设置仓库，辗转接送。从此，每年运谷量多达一百多万斛，没有一点损耗。另外，各州县起初找富人来监督水陆运输，称之为"船头"；主持邮递的叫做"捉驿"，在正当的税收之外还强制索取，叫做"白著"。很多百姓受不了这样的盘剥，都去做了盗贼。刘晏让官员主持运输，派小吏管理邮递，废除不正常的征敛，百姓的困苦才得到解脱，户口也逐渐增加。

冯评：刘晏经常说，人口多，税赋自然多。所以他理财是以养民为先，可谓是懂得根本的道理。比汉朝的桑弘羊、孔仅高明多了。王安石只知道理财，而实际上没有理财的方法，他也自认为在养民，结果反而多方残害人民，所以比上不如刘晏，比下也不及桑、孔。

刘晏主张盐由政府专卖，税收充作军队与国家之用。他认为官吏多会骚扰人民，所以只在产盐的地方设置盐官，直接把盐户所煮出的盐卖给商人，任随他们转卖到各地去。其余的州县不再设置盐官。在江岭间离盐乡远的地方，将官盐转运到当地贮藏起来。有时商人不到，盐价昂贵，就将官盐减价卖给人民，叫做"常平盐"，官府得到利益，百姓也不会因缺盐而生活困难。

冯评："常平盐"的方法所以理想，在于可补充商人供给的不足，能满足人民的需求。如果在当今推行，一定会造成政府和商人的争利。

321. 平 籴

李悝谓文侯曰："善平籴者，必谨观岁：有上、中、下熟。上熟其收自四，余四百石；中熟自三，余三百石；下熟自一，余百石。小饥则收百石，中饥七十石，大饥三十石。故上熟，则上籴三而舍一；中熟，则籴二；下熟，则籴一。使民适足，价平则止。小饥则发小熟之所敛，中饥则发中熟之所敛，大饥则发大熟之所敛而籴。故虽遭饥馑水旱，籴不贵而民不散，取有余而补不足也。"行之魏国，国以富强。

此为常平义仓之祖，后世腐儒乃以尽地力罪悝。夫不尽地力，而尽民力乎？无怪乎讳富强，而实亦不能富强也。

【译文】

战国时，李悝对魏文侯说："善于平价收购粮食，必须慎重地观察岁收的情形。一般的丰熟之年可分为上、中、下三等。上熟收成是平时的四倍，一般农家一年可剩余四百石粮食；中熟收成是平时的三倍，剩余三百石粮食；下熟收成是平时的两倍，剩余二百石粮食。饥荒年也分三等，小饥收成是一百石，中饥收成是七十石，大饥收成是三十石。所以在上熟时，由政府收购三百石，留给百姓一百石，中熟时收购二百石，下熟时收购一百石，使百姓粮食能自给自足，粮食市场保持平价即可。小饥时就发售小熟时所收购的粮食量，中饥时发售中熟所收购的粮食量，大饥时发售大熟收购的粮食量。所以即使遭遇水灾、旱灾，米价不会腾贵，百姓也不会离散，这就是取有余而补不足。"在魏国实行此法，国家因此富强。

冯评：这是常平义仓的始祖。后世迂腐的儒者却以竭尽地力来责备李悝，不竭尽地力难道要竭尽民力吗？难怪他们讳言富强，而实际上也没能力让国家富强。

322. 社 仓

乾道四年，民艰食，熹请于府，得常平米六百石赈贷。夏受粟于仓，冬则加息以偿；歉，蠲其息之半；大饥，尽蠲之。凡十四年，以米六百石还府，见储米三千一百石，以为社仓，不复收息。故虽遇歉，民不缺食，诏下熹社仓法于诸路。

陆象山曰："社仓固为农之利，然年常丰，田常熟，则其利可久。苟非常熟之田，一遇岁歉，则有散而无敛，来岁种时缺本，乃无以赈之。莫如兼制平籴一仓，丰时籴之，使无价贱伤农之患；缺时粜之，以摧富民封廪腾价之计。析所籴为二，每存其一，以备歉岁，代社仓之匮，实为长便也。"

听民之便，则为社仓法；强民之从，即为青苗法矣。此主利民，彼主利国故也。今有司积谷之法，亦社仓遗训，然所积只纸上空言，半为有司干没，半充上官，无碍钱粮之用。一遇荒歉，辄仰屋窃叹，不如留谷于民间之为愈矣。噫！

何良俊《四友斋丛说》云："今之抚按有第一美政所急当举行者；要将各项下赃罚银，督令各府县尽数籴谷；其有罪犯自徒流以下，许其以谷赎罪。大率上县每年要谷一万，下县五千。两直隶巡抚下有县凡一百，则是每年有谷七十余万，积至三年，即有二百余万矣。若遇一县有水旱之灾，则听于无灾县分通融借贷，俟来年丰熟补还，则东南百姓可免于流亡，而朝廷于财赋之地永无南顾之忧矣。善政之大，无过于此！"

【译文】

南宋乾道四年，百姓缺少粮食，朱熹向州府申请，借到常平米六百石来赈济，夏天从仓中借粮，冬天加利息偿还。歉收时免除一半利息，大饥荒时利息全免。十四年后，六百石米全数还给州府，尚有储米三千一百石，作为社仓，不再收利息。所以即使遇到歉收，百姓也不会缺少粮食。皇帝下诏在各路推行朱熹的社仓法。

冯评：陆九渊（人称象山先生）说："社仓固然对农民有利，但常年丰收，才能长期有利，如果不是常年丰收的田地，一遇到歉收，则社仓的米只有借出而没有收入，来年播种时缺少种子，就没有办法再借了。不如同时设立一个平籴仓，丰收时买粮，防止粮价太贱而伤农；歉收时售粮，以防止富家封仓屯积，哄抬粮价。把买进来的米粮分为两份，把其中一份保存起来，到歉收的年头使用，可以弥补社仓的不足，这是长久的便利。"

顺从百姓的方便，是社仓法；强迫百姓去听从，就是青苗法了。前者主张利民，后者主张利国。当今官府积存谷物的方法，也是社仓的遗训，然而所积的只是纸上的空言，一半已被相关官吏私吞，一半上交用掉了。一碰到荒年歉收，只能摇头叹息，后悔不如把粮食留在民间的好。唉！

何良俊《四友斋丛说》说："当今地方长官的第一善政，应该赶紧施行的，是将各项没收赃款及罚银，督促各府县全数购买谷物。犯徒刑、流放以下的罪犯，准他们用谷物来赎罪。大致上县每年要买谷一万石，下县要买五千石。南直隶巡抚下辖一百个县，则每年就有七十多万石谷物。累积三年之后，就有两百多万石了。如果遇到一个县有水旱灾，就向无灾的县通融借贷，等来年丰收补还，则东南百姓可以免于流离逃难，而朝廷对南方的财赋要地也不会再有忧虑了。善政之中，没有比这样更好了。"

323. 预备

河东路财赋不充，官有科买，则物价腾踊，岁为民患。明道先生度所需，使富家预备，定其价而出之。富室不失息，而乡民所费比旧不过十之二三。民税粟常移近边，载往则道远，就籴则价高。先生择富民之可任者，预使购粟边郡，所费大省。

用富民而不扰，是大经济，亦由廉惠实心，素孚于民故。不然，令未行而谤已腾矣。

【译文】

北宋河东路的税收不够充裕，政府到民间采购，则导致物价上涨，成为百姓的祸患。程颢（明道先生）仔细推算政府所需，让富裕人家事先预备，届时定价出售给政府。富家不损失正常的利润，而乡民的花费跟原来相比只有十分之二三。百姓交纳的税粮常常必须转运到边境，专程运送过去路程太遥远，到当地买粮食上交又太贵。程颢于是选用可信的富民，预先在边郡购买粮食，节省了很大的花费。

冯评：任用富民而不造成骚扰，这是经世济国的大手笔，也由于廉洁仁惠的心一向受百姓信任。不然，政令尚未实施，诽谤之言已满天飞了。

324. 周 忱

周文襄公巡抚江南，时苏州逋税七百九十万石。公阅牒大异，询父老，皆言吴中豪富有力者不出耗，并赋之贫民，贫民不能支，尽流徙。公创为平米，官田民田并加耗。苏税额二百九十余万石。公与知府况钟曲算，疏减八十余万。旧例不得团局收粮，公令县立便民仓水次，每乡图里推富有力一人，名粮长，收本乡图里夏秋两税，加耗不过十一。又于粮长中差力产厚薄为押运，视远近劳逸为上下，酌量支拨，京、通正米一石支三，临清、淮安、南京等仓以次定支，为舟樯剥转诸费，填出销入，支拨羡余，各存积县仓，号"余米"。米有余，减耗，次年十六征，又次年十五，更有羡。正统初，淮、扬灾，盐课亏，公巡视，奏令苏州等府拨剩余米，县拨一二万石，运贮扬州盐场，准为县明年田租，听灶户上私盐给米。时米贵盐贱，官得积盐，民得食米，公私大济。公在江南二十二年，每遇凶荒，辄便宜从事，补以余米，赋外更无科率。凡百上供，及廨舍、学校、贤祠、古墓、桥梁、河道修葺浚治，一切取给余米。

其后户部言济农余米，失于稽考，奏遣曹属，尽括余米归之于官，于是征需杂然，而逋负日多。夫余米备用，本以宽济，一归于官，官不益多而民遂无所恃矣。试思今日两税耗果止十一乎？征收只十五、十六乎？昔何以薄征而有余，今何以加派而不足？江南百姓安得不尸祝公而追思不置也。

何良俊曰："周文襄巡抚江南一十八年，常操一小舟，沿村逐巷，随处询访。遇一村朴老农，则携之与俱卧于榻下，咨以地方之事。民情土俗，无不周知。故定为论粮加耗之制，而以金花银、粗细布、轻赍等项，裨补重额之田，斟酌损益，尽善尽美。顾文僖谓'循之则治，紊之则乱'，非虚语也。自欧石冈一变为论田加耗之法，遂亏损国课，遗祸无穷。有地方之责者，可无加意哉！"

【译文】

明朝周忱（谥文襄）任江南巡抚时，苏州欠税有七百九十万石。周忱翻阅公文后非常惊异，询问地方父老，都说是吴中富豪有财力的人不肯缴纳额外的耗米，转由贫民负担。贫民难以支撑，只好流离四散。周忱于是创设平米的方法，官田、民田统一加耗。苏州的税额有二百九十余万石，周忱与知府况钟详细计算后上疏请求减免八十多万石。依照旧例，团局不可收粮，周忱命令各县在河边设立便民仓，每个乡里推选一个有财力的人，称之为粮长，负责征收本乡里夏秋两季的税，加收耗米不超过十分之一。此外，又在粮长之中依财力的多寡选派押运的人，视路途的远近险易估价，运到京师、通州的正米一石支付三斗，临清、淮安、南京等仓，依同样标准制订支付数目，作为舟船转运的各种费用。将支出和收入一一登记，支付后所余的米，分别存积在县仓，称之为"余米"。米有剩余，则征收耗米的指标就可以降下来，第二年只征十分之六，第三年征十分之五，米剩余更多。正统初年，淮扬有灾，盐税亏损。周忱巡视时，奏请朝廷诏令苏州等府拨付余米，每县拨一二万石，运到扬州盐场贮存，定为第二年的田租，听任制盐人家缴私盐来换取米。当时米价贵，盐价廉，官府可以存盐，而百姓得到米吃，公私都得到好处。周忱在江南二十二年之间，每遇凶灾荒年，就相机行事，用余米来补救。除了田赋之外，没有征收任何额外的税，凡是各种进贡，及官署、学校、祠堂、古墓、桥梁、河道的修理整治，一切都从余米支付。

冯评：后来户部说救济农民的余米失于考核，奏请派官吏将余米完全收归官府，于是征税名目繁杂，而百姓欠税的情形也愈来愈多。储备余米备用，本来是要救济百姓的，完全收归官府后，公家不见得增加多少存粮，而百姓却失去了依靠。试想当今春秋两次征收的耗米真的只收十分之一吗？还是征收十分之五、十分之六呢？从前为什么税收少而有剩余，现在为什么税赋重反而不够用？江南的百姓怎能不拜祀周忱而且对他思念不断呢？

何良俊说："周文襄任江南巡抚十八年，常常乘坐一艘小船，沿着村里巷道，随处探访。遇到一个纯朴的老农夫，就带他一起睡在榻下，问他地方上的事，民情习俗，无不一清二楚。因而定出论粮征收耗米的制度，用金花银、粗细布、轻赍等税收弥补税额高的良田，斟酌损益，尽善尽美。顾清（谥文僖）认为顺着民情就会安定，违逆民情就会大乱，绝不是空话。但是自从欧阳铎（号石冈）改变为论田征收耗米之后，就使国家税收亏损，留下无穷的祸害。治理地方政事的人，能不留意吗？"

325. 樊 莹

樊莹知松江府。松赋重役繁，自周文襄公后，法在人亡，弊蠹百出，大者运夫耗折，称贷积累，权豪索偿无虚岁，而仓场书手移新蔽陈，百计侵盗。众皆知之，而未有以处。莹至，昼夜讲画，尽得其要领，曰："运之耗，以解者皆齐民，无所统一，利归狡猾，害及良善。而夏税军需，粮运纲费与供应织造走递之用皆出自秋粮，余米既收复籴，展转迂回，此弊所由生也。"乃请革民夫，俾粮长专运，而宽其纲用以优之；税粮除常运本色外，其余应变易者，尽征收白银，见数支遣。部运者，既关系切身，无敢浪费，掌计之人又出入有限，无可蔽藏，而白银入官，视输米又率有宽剩，民欢趋之。于是积年之弊十去八九，复革收粮团户，以消粮长之侵渔；取布行人代粮长输布，而听其赍持私货，以赡不足。皆有惠利及民，而公事沛然以集。巡抚使下其法于他州，俾悉遵之。

【译文】

明朝人樊莹任松江府知府。松江的赋役繁重，自从周忱以后，法令虽在，却已无人真正执行，弊病百出，大者如拖欠应支付给漕运民夫的耗粮折银，债务累积，以致有权势的大族每年都要求偿还，而掌理仓库文书的人员又想尽各种方法侵占窃取。众人都知道这种事，却也没有什么办法应对。樊莹到任以后，日夜研究，很快掌握了问题的要领。他以为，漕运民夫的耗粮折银问题，主要是因为运夫都是普通百姓，缺乏统一管理，于是一些狡诈之徒有机会从中做手脚，坑害老实善良的人。夏季的田赋是供给军队的需要，而运粮食与供应织造递送的费用，都出自秋粮。余米又收又买，手续繁复，弊端也由此产生。于是樊莹请求不招募民夫，用粮长专职运送，宽减各种货物的费用作为优待。税赋除了常运实物田赋以外，其余应变化的一律征收白银，按数额支付费用。负责部运的官员，因为与切身利害有关，都不敢浪费，而掌管出纳的人收支数量有限，难以作弊，而以白银来纳税，比用粮食还有富余，百姓都很高兴地配合，于是累积多年的弊病一下子除去了十之八九。又革除收购米粮的大户，以消除粮长的侵占，又以民间布商来代粮长运送布匹，而准许其顺道运送私人的商品贩卖以弥补其损失。这些政策都给百姓带来好处，行政效率大大提高。巡抚下令其他各州都遵照这些方法执行。

326. 陈霁岩　三条

陈霁岩知开州，时万历己巳，大水，无蠲而有赈，府下有司议，公倡议：

极贫谷一石，次贫五斗，务沾实惠。放赈时编号执旗，鱼贯而进，虽万人无敢哗者。公自坐仓门小棚，执笔点名，视其衣服容貌，于极贫者暗记之。庚午春，上司行牒再赈极贫者，书吏禀出示另报，公曰："不必也！"第出前点名册中暗记极贫者，径开唤领，乡民咸以为神。盖前领赈时不暇妆点，尽见真态故也。

陈霁岩在开州。己巳之冬，仓谷几尽，抚台命各州县动支在库银二千两籴谷。此时谷价腾踊，每石银六钱，各县遵行，派大户领籴，给价五钱一石，每石赔己一钱，耗费复一钱，灾伤之余，大户何堪？而入仓谷止四千石，是上下两病也。公坚意不行，竟以此被参，以灾年仅免。至庚午秋，州之高乡大熟，邻境则尽熟，谷价减至三钱余。方申抚台动支银二千两，派大户分籴，报价三钱，即如数给之。自后时价益减至二钱五分，大户请扣除余银，公笑应之曰："宁增谷，勿减银也。"比上年所买，多谷三千余石，而大户无累赔。报上司外，余谷七百余石，则尽以给流民之复业者。先是本州土城十五，连年大雨灌注，凡崩塌数十处。庚午秋，当议填修，吏请役乡夫，公不许。会有两年被灾，流民闻已蠲荒粮，思还乡井。因遍出示招抚，云："亟归种麦，官当赈尔。"乃出前大户所籴余谷，刻期给散。另出四五小牌于各门一里外，令各将盛谷袋装土到城上，填崩塌处。总甲于面上用印，仓中验印发谷，再赈而城已修完。

北方州县，唯审均徭为治之大端。三年一审，合一州八十八里之民，集庭而校勘之，自极富至极贫，定为九则，赋役皆准此而派。区中首领，有里长、老人、书手，官唯据此三等人，三等人因得招权要贿。公莅任，轮审均徭尚在一年后，乃取旧册，查自上上至下上七则户，照名里开填，分作二簿。每日上堂，辄以自随，或放告，或听断，或理杂务，看有晓事且朴实者，出其不意，唤至案前，问是何里人，就摘里中大户，问其家道何如，比年间，何户骤富，何户渐消。随其所答，手注簿内，如此数次，参验之，所答略同。又一日，点查农民，本州概有二百余人，即闭之后堂，各给一纸，令开本里自万金至百金等家，严戒勿欺。又因圣节，先扬言齐点各役，至期，拜毕，即唤里老、书手到察院，分作三处，各与纸笔，令开大户近年之消乏者，或殷厚如故，不必开也。以上因事采访，编成底册。审时一甲人齐跪下堂，公自临视，择其中二三笃实人，作为公正，与里长同举大户应升应降诸人。因知底册甚明，咸以实举，遂从而酌验之，顷刻编定。一日审四五里，往往州官待百姓，不令百姓待州官也（边批：只此便是最善政）。

【译文】

陈霁岩任开州知府时，万历己巳年发生大水灾，没有减免税赋但有放粮救济。府中官吏共同商议救灾办法，陈霁岩建议最贫穷的发一石谷物，次贫的五斗，一定要让百姓能真正得到。发放救济粮时都拿着编号小旗，让灾民鱼贯而入，虽有上万人却无人敢喧哗吵闹。陈霁岩亲自坐在仓库门口的小棚下，拿着笔点名，看他们的衣服容貌，特别把特贫困的人记下来。庚午年春，上级又有公文通知再次救济最贫困的人，官吏禀告得再出告示另行申报，陈霁岩说："不必。"只拿出以前点名册中暗地记下的特贫户，直接开出名单通知他们来领，乡民都认为陈霁岩很神。因为前次领救济粮时人们都来不及装饰，完全可以看出他们各自的实情。

陈霁岩任职开州时，万历己巳年冬天，仓库中粮食几乎用尽，抚台命令各州县动用公库存银二千两买谷物。此时谷价大涨，每石值银子六钱。各县都遵照办理，且指派大户负责供应官府所需购买的谷物，统一给价五钱一石，大户们每石要自己贴进去一钱，又有一钱的耗费，在受灾之余，大户怎么能承受得了？因而收购的谷物只有四千石而已，上下都受到伤害。陈霁岩坚持不肯执行，最后因这件事被弹劾，只因遭遇荒年才被赦免。到庚午年秋天，州中高乡大熟，邻境的收成也都很好，谷价降到三钱多。陈霁岩才申请用官银二千两，指派大户分别将谷物卖给官府，报价三钱，一到就如数给付。很快谷价又降到二钱五分，大户请求官府扣除超支的银两，陈霁岩笑着回答说："宁可多交谷物，不必退还银两。"和前一年相比，官府多买进三千多石谷物，而大户也没有赔钱。除了定额上报外，多余七百多石谷物，全数分给回来复业的流民。先前本州的土城有十五座，因连年大雨浇灌，崩塌了数十处。庚午年秋天，商议填土修补，官吏请求在乡里征调役夫，陈霁岩不准。正逢这两年灾害，流浪他乡的贫民听说田赋免除，都想回乡。陈霁岩因而到处出告示说："赶快回乡种麦，官府会给予救济。"于是拨出先前从大户那里收购的余谷，限期发放给他们。另在各城门一里外挂出四五个小告示牌，命令领谷的人各用装谷的袋子先装泥土送到城上崩塌处去填补，保长在袋子上盖过印后，拿到谷仓查验再发谷，救济贫民的工作完成后，城也修好了。

北方的州县以审核徭役为治理的要务。每三年审核一次，聚集一州八十八里的百姓校勘核对，从极富到极贫定为九等，赋役都依这个标准来派定。每区的首领有里长、老人与文书，官府都依据这三种人，因此这三种人可以靠权力索贿。陈霁岩到任后，徭役的审查工作还有一年，他就把旧的纪录拿出来，从上上等到下上等的七级逐一审查，依照姓名里贯分写两册。每天上堂都随时带在身边，有时审案子，有时整理杂务，看到有懂事而朴实的人，就出其不意地把他叫到案前。问他是哪一里的人，便选出那一里中的大户，问他大户的家道如何，近年来有哪一户骤然富裕，哪一户渐渐没落，根据他的回答随手记在簿子上。如此这般，经过几次验证之后，所得的答复大致相同。又有一天查点农民，州内大概有二百多人，就把他们关在后堂，每人发一张纸，命令他们写出本里中拥有万金到百金的人家，并严厉地警告他们不可欺骗。又借着皇帝的生日，事先宣布要检查各项事务，到时大家行礼完毕，就把里长、老人、文书叫到察院，分为三处，分别给他们纸和笔，命令他们写出近年来逐渐没落的大户，依旧富有的不必写。把这些采访到的事实编成册子。等到审查的时候，一干人都跪在堂下，陈霁岩亲自检视，选择其中两三个忠厚诚实的人做为代表，与里长一起举出大户中该升级、降级的，因为册子里记录得很详细，他们都如实列举，于是斟酌验证，很快就编定了。一天可以审核四五里，往往是州官等百姓，而不是百姓等州官。

327. 平米价　二条

赵清献公熙宁中知越州。两浙旱蝗，米价踊贵，饥死者相望。诸州皆榜衢路立告赏，禁人增米价（边批：俗吏往往如此）。公独榜通衢，令有米者增价粜之。于是米商辐辏，米价更贱。

大凡物多则贱，少则贵。不求贱而求多，真晓人也。

抚州饥，黄震奉命往救荒，但期会富民耆老以某日至，至则大书"闭粜者籍，强粜者斩"八字揭于市，米价遂平。

【译文】

赵抃（谥清献）在北宋熙宁年间任越州知州。两浙同时发生旱灾与蝗害，米价昂贵，饿死了很多人。各州都在要道上贴出榜文，禁止哄抬米价。只有赵清献贴出榜文，命令有米的人提高价钱卖米，于是米商都聚集到越州来，米价也就降了下去。

冯评：凡是物品多价格就低廉，少则昂贵。不刻意压低米价而想办法增加供应，赵清献真是个明白人！

抚州闹饿荒，黄震奉命前往救灾，只与当地的富人和长老约定某日见面，到抚州以后，只在市场上大书"不卖米的抄家，强卖米的斩首"，米价立刻就降了下来。

328. 抚流民 三条

富郑公知青州。河朔大水，民流就食。弼劝所部民出粟，益以官廪，得公私庐室十余区，散处其人，以便薪水。官吏自前资、待缺、寄居者，皆赋以禄，使即民所聚，选老弱病瘠者廪之，仍书其劳，约他日为奏请受赏。率五日，遣人持酒肉饭糒慰藉，出于至诚（边批：要紧），人人为尽力。山林陂泽之利，可资以生者，听流民擅取，死者为大冢埋之，目曰丛冢。明年，麦大熟，民各以远近受粮归，募为兵者万计。帝闻之，遣使褒劳。前此救灾者皆聚民城郭中，为粥食之，蒸为疾疫，或待哺数日，不得粥而仆，名救之而实杀之。弼立法简尽，天下传以为式。

能于极贫弱中做出富强来，真经国大手。

滕元发知郓州，岁方饥，乞淮南米二十万石为备（边批：有此米便可措手）。时淮南、京东皆大饥，元发召城中富民，与约曰："流民且至，无以处之则疾疫起，并及汝矣。吾得城外废营地，欲为席屋以待之。"民曰："诺。"为屋二千五百间，一夕而成。流民至，以次授地，井灶器用皆具。以兵法部勒，少者炊，壮者樵，妇汲，老者休，民至如归。上遣工部郎中王右按视，庐舍道巷，引绳棋布，肃然如营阵。右大惊，图上其事。有诏褒美，盖活万人云。

祁尔光曰："滕达道之处流民，大类富郑公。富散而民不扰，滕聚而能整，皆可为法。"

成化初，陕西至荆、襄、唐、邓一路，皆长山大谷，绵亘千里，所至流逋藏聚为梗，刘千斤因之作乱，至李胡子复乱，流民无虑数万。都御史项忠下令有司逐之，道死者不可胜计。祭酒周洪谟悯之，乃著《流民说》，略曰："东晋时，庐、松、滋之民流至荆州，乃侨置滋县于荆江之南。陕西、雍州之民流聚襄阳，乃侨置南雍州于襄水之侧。其后松、滋遂隶于荆州，南雍遂并于襄阳，迄今千载，宁谧如故。此前代处置得宜之效。今若听其近诸县者附籍，远诸县者设州县以抚之，置官吏，编里甲，宽徭役，使安生理，则流民皆齐民矣，何以逐为？"李贤深然其说。至成化十一年，流民复集如前，贤乃援洪谟说上之（边批：贤相自能用言）。上命副都原杰往莅其事，杰乃遍历诸郡县深山穷谷，宣上德意，延问流民，父老皆欣然愿附籍为良民。于是大会湖、陕、河南三省抚按，合谋佥议，籍流民得十二万三千余户，皆给与闲旷田亩，令开垦以供赋役，建设州县以统治之。遂割竹山之地置竹溪县，割郧津之地置郧西县，割汉中洵阳之地置白河县，又升西安之商县为商州，而析其地为商南、山阳二县，又析唐县、南阳、汝州之地为桐柏、南台、伊阳三县，使流寓土著参错而居，又即郧阳城置郧阳府，以统郧及竹山、竹溪、郧西、房、上津六县之地，又置湖广行都司及郧阳卫于郧阳，以为保障之计。因妙选贤能，荐为守令（边批：要着），流民遂安。

今日招抚流移，皆虚文也。即有地，无室庐；即有田，无牛种。民何以归？无怪乎其化为流贼矣。倘以讨贼之费之半，择一实心任事者专管招抚，经理生计，民且庆更生矣，何乐于为贼耶？

【译文】

北宋富弼（封郑国公）任青州知州时，河朔地方发生水灾，人民流离他乡讨生活，富弼劝导所属的民众捐出粮食，加上官仓的粮食，找到公私的房屋十多处，分别安置灾民，以便让其生活。对退休的、等待补缺的和寄居青州的官吏，富弼都发给他们薪饷，派他们到这些灾民聚居的地方，选老弱疾病的人供应食物，富弼记下他们的功劳，约定将来奏请朝廷赏赐。大约每五天，就派人送酒肉饭食去慰问，处于真心实意，人人都肯尽力。山林泽中可供养活人的自然资源，富弼准许流民任意取用，对死难者建筑大坟来埋葬，称之为"丛冢"。第二年，麦子收成很好灾民各依路途远近领取粮食回乡，富弼从这些灾民中招募了上万名士兵。皇帝听到这件事，特别派使者来褒扬。以前救灾的人，都只是把人众聚集在城里，供应稀饭，热气熏蒸，往往引发瘟疫，很多人等了几天也没吃到稀饭就死了，名义上是救人，而实际上是杀人。富弼立法简便完善，天下的人都将其当作典范。

冯评：能在极贫弱的状况下做出富强来，真是处理国事的高手。

北宋滕元发任郓州知州时，正逢饥年，请得淮南的米粮二十万石作为预备。当时淮南和京东都发生大饥荒，滕元发召集城中的富豪，和他们约定说："流民就要来到，如果不合理安置他们就会发生瘟疫，也会波及你们。我找到城外的废营地，想用草席搭建屋子来安置他们。"富豪都答应了，二千五百栋席屋一夜之间就搭建完成。流民来到之后，依次分配给他们一个地方，井、灶、器具都很齐全。滕元发用兵法约束他们，少年人煮饭，壮丁砍柴，妇女汲水，老人休息，人们都有宾至如归的感觉。皇帝派遣工部郎中王右来巡视，房舍巷道方正整齐，整肃如军营一般。王右大惊，绘图将此事禀奏皇帝，皇帝下诏表扬。据说滕元发此举救活了上万人。

祁尔光评：滕元发（字达道）处置灾民的方法类似富弼，富弼将他们分散而百姓不受骚扰，滕元发将他们聚集而能整合，都可效法。

明朝成化初年，陕西到荆州、襄阳、唐、邓一带，一路上都是高山深谷，绵延千里。流窜的人往往在此聚集为盗，刘千斤借机作乱，李胡子再次作乱，流民不下几万。都御史项忠下令有关的官吏去清剿，因之而死的人不可胜数。祭酒周洪谟心生怜悯，就著《流民说》，大略是说："东晋时，卢、松、滋的流民到荆州，官方就侨建滋县在荆江。陕西雍州的人民流亡到襄阳，就把南雍州建置在襄水边。后来松滋遂属于荆州，南雍遂属于襄阳，到如今已过了一千年，依然安宁无事。这是从前处理得宜的效果。现在如果听任流落各县的人在这些县里附上户籍，距各县远的人，为他们设新州县来安抚，派官吏管理，编里甲，宽减徭役，使人民生活安定，那么流民就可以成为正常的平民了，怎么需要驱赶他们呢？"李贤认为他说得很对。到了成化十一年，流民又像以前一样聚集，李贤就引用周洪谟的说法奏报宪宗。宪宗命副都尉原杰前来办理此事，原杰走遍各郡县，深入山谷，宣扬宪宗的恩德，慰问流民，父老都高兴地愿意附籍做平民。原杰于是会合湖广、陕西、河南三省的巡抚和按察使，共同商议，将流民十二万三千多户正式编定户籍，分配空旷的土地，命令他们开垦以缴赋税，建设州县来统治他们，于是划分竹山地方设置竹溪县，划分郧津地方设置郧西县，划分汉中洵县的地方设置白河县，又升西安的商县为商州，将其分为商南、山阳二县，又分唐县、南阳、汝州的土地设桐柏、南台、伊阳三县，使流浪的土著参杂居住，又在郧阳城设置郧阳府，以统治郧县及竹山、竹溪、郧西、房、上津六县。此外，在郧阳设湖广行都司及郧阳卫，以为军事屏障。选任贤能的人担任地方长官，流民于是安定下来。

冯评：当今安抚流亡的人，都是虚应故事。即使有地，也没有房舍；即使有田，也没有耕牛和种子。人民怎么安居？难怪他们要转变为流窜的盗匪。假使能用讨贼的一半花费，选一个忠实肯做事的人，专门负责招抚流民，解决他们的生计，人民将欢庆重生，怎么会愿意做贼呢？

329. 耕　牛

治平间，河北凶荒，继以地震，民无粒食，往往贱卖耕牛，以苟岁月。是时刘涣知澶州，尽发公帑之钱以买牛，明年震摇息，逋民归，无牛可耕，价腾踊十倍，涣以所买牛，依元直卖与，故河北一路唯澶州民不失所。

【译文】

北宋治平年间，河北发生大灾荒，接着又地震，人民没有一点粮食，往往把耕牛廉价出售，苟且度日。刘涣在澶州任知州，把公款全拨出来买牛。第二年，地震停了，离散的百姓都回来，却没有牛耕田，牛价上涨十倍。刘涣将所买的牛依原价卖出，所以河北路只有澶州人民不致流离失所。

330. 义　船

先是制置使司岁调明、温、台三郡民船防定海，成淮东、京口，船在籍者率多损失。每按籍科调，吏并缘为奸，民甚苦之。吴潜至，立义船法，令三郡都县各选乡之有材力者，以主团结。如一都岁调三舟，而有舟者五六十家，则众办六舟，半以应命，半以自食其利，有余资，俾蓄以备来岁用。凡丈尺有则，印烙有文，调用有时，著为成式。其船专留江浒，不时轮番下海巡绰。船户各欲保护乡井，竞出大舟以听调发，且日于三江合兵，民船阅之，环海肃然。设永平寨于夜飞山，统以偏校，饷以生券，给以军舰，使渔户有籍而行旅无虞。设向头寨，外防倭丽，内蔽京师。又立烽燧，分为三路，皆发轫于招宝山，一达大洋壁下山，一达向头寨，一达本府看教亭。从亭密传一牌，竟达辕帐，而沿江沿海号火疾驰，观者悚惕。

海上如此联络布置，使鲸波蛟穴之地如在几席，呼吸相通，何寇之敢乘？

【译文】

南宋时，早先制置使司每年征调明州、温州、台州三郡的民船防守定海，戍守淮东、京口。民船被登录在籍的，大多都会受到损失。每回进行征调，官吏便借此作奸索贿，民间备受困扰。吴潜到任后，订立义船法，命令三郡所属的县分别选出乡里有财力的人，互相联合。比如一郡每年要调三艘船，而有船的有五六十家，就由这些船主共同准备六艘船，一半用来应对征调，一半用来自己谋利，得到多余的利润就储蓄起来预备明年使用。义船的长短有一定的标准，有各自的印烙记号，征调都有特定时段，所有规矩都形成制度。这些船专留在江边，不时轮流出海巡逻，船户都想保护自己的家乡，争着派出大船听候调发。每天一早在三江会合兵船、民船检阅，海域非常安定。吴潜又在夜飞山设永平寨，以一些次级军官负责统领，用专用粮票供给他们，并提供给他们军舰，使渔家都编有户籍，来往的旅客也没有安全上的顾虑。又设置向头寨，对外防御倭寇及高丽海贼，对内保护京师。又设立烽火传递军情，分为三路，都从招宝山出发，一到大洋壁下山，一到向头寨，一到本府看教亭。从看教亭设置一道秘密令牌，直到总部军营，沿江沿海信号烽火迅速往来传递，看到的人都不觉畏惧警惕。

冯评：这样的海上联络安排，使海中险要的地势如置于案桌之上，声息相闻，哪里还有海贼敢作乱？

331. 李邺侯

唐制：府兵平日皆安居田亩，每府有折冲领之，折冲以农隙教习战阵，国家有事征发，则以符契下其州及府，参验发之。至所期处，将帅按阅，有教习不精者，则罪其折冲，甚者罪及刺史。军还，则赐勋加赏，便道罢之。行者近不逾时，远不经岁。高宗以刘仁轨为洮河镇守，以图吐蕃，始有久戍之役。武后以来，承平日久，武备渐弛。开元之末，张说始募长征兵，谓之彍骑，其后益为六军。及李林甫为相，诸军皆募人为之，兵不土著，又无宗族，不自重惜，祸乱遂生（边批：近日募兵皆坐此病）。德宗与李泌议，欲复旧制，泌对曰："今岁征关东卒戍京西者十七万人，计粟二百四万斛。国家比遭饥乱，经费不充，未暇复府兵也。"上曰："呕减戍卒归之，如何？"对曰："陛下诚能用臣之言，可以不减戍卒，不扰百姓，粮食皆足，粟麦日贱，府兵亦成。"上曰："果能如是乎？"对曰："此须急为之，过旬月不及矣。今吐蕃久居原、兰之间，以牛运粮，粮尽，牛无所用。请发左藏恶缯，染为采缬，因党项以市之，每头二三匹，计十八万匹，可致六万余头。又命诸冶铸农器，籴麦种，分赐缘边军镇，募戍卒耕荒田而种之。约明年麦熟，倍偿其种，其余据时价五分增一，官为籴贮，来春种禾亦如之。关中土沃而久荒，所收必厚。戍卒获利，耕者浸多。边居人至少，军士月食官粮，粟麦无以售，其价必贱，名为增价，实比今岁所减多矣。"上曰："卿言府兵亦集，如何？"对曰："戍卒因屯田致富，则安于其土，不复思归。旧制戍卒三年而代，及其将归，下令有愿留者，即以所开田为永业，家人愿来者，本贯给长牒，续食而遣之。据募应之数移报本道，虽河朔诸帅，得免代戍之烦，亦喜闻矣。不过数番，卒皆土著，乃悉以府兵之法理之，是变关中之疲弊为富强也。"

屯田之议始于赵充国，然羌平，遂罢屯田。又置金城属国以处降羌，则善后之策未尽也。邺侯因戍卒复屯田，因屯田复府兵，其言凿凿可任，不知何以不行。

【译文】

唐朝的制度：府兵平日都安居耕作，每府有折冲领导。折冲利用农闲的时间教导府兵作战布阵之法，国家有战事须征调，就用符契下达州府，验证无误后发兵，到约定的地点，由将帅检阅，有训练不精的，就处罚折冲，甚至降罪刺史。军队回来时，依功劳加以赏赐，然后在归途中解散。外出作战，时间短的不超过一个季节，时间长的也不满一年。高宗时，派刘仁轨镇守洮河，计划进攻吐蕃，才有长久戍守的征役。武后以来，太平的日子长久，军备遂逐渐废弛。开元末年，张说才招募长征兵，称为彍骑，后来扩充为六军。到李林甫为宰相时，各路军队都用募兵方式组成，士兵既不是本土的人，又没有宗族，都不自重，祸乱于是发生。德宗与李泌商议，想恢复往日的制度。李泌说："今年征关东军来防守京西的士兵达十七万人，总计粮食要二百零四万斛，国家刚遭逢饥荒战乱，经费不足，还无法恢复府兵制。"德宗说："赶紧减少戍守的士兵遣返他们如何？"李泌说："陛下真能采用微臣的建议，可以不必减少戍守的士兵，不骚扰百姓，粮食可以充足，米麦价格将日渐低廉，府兵也可以建立。"德宗说："真能这样吗？"李泌说："这需要立即着手，过十天一个月以后就来不及了。目前吐蕃长久居住在原州、兰州之间，用牛运粮食，粮食运完后，牛就没有用了，请陛下派人取出左藏（大内仓库）的劣质丝帛，染成彩色的丝织品，通过党项人卖给吐蕃，每头牛只须花费二三匹，总计十八万匹可以买到六万余头牛。再下令由公家铸造农器，买入麦种，配给边境的军镇，招募戍卒耕种荒田，规定明年麦子成熟后，加倍偿还麦种，其余的由官府以时价增加五分之一的价格，由官方买进贮存，明年春天种禾谷时也如此办理。关中土壤肥沃而长久荒废，耕种之后收成一定很好，戍卒获利后，愿意耕田的人必逐渐增多，边境上居民很少，军士每个月都配有官粮可吃，米麦无处出售，价格必定低廉，名义上是比市价提高五分之一收购，实际上一定比今年收购的价格低很多。"德宗说："你说府兵也可以建立，又是怎么回事呢？"李泌说："士兵因为屯田而致富，就会在他们所耕的土地上安居下来，不想回乡。旧制戍卒三年以后就由新的戍卒替代，等旧的戍卒要撤离时，可以下令愿意留下来的士兵就以所开垦的田给他们作永久的产业，他们的家人愿意迁来的，由原籍官府发放长牒，沿途并由官方提供食物让他们过来。根据招募的人数报告本道，即使河朔各路的元帅也会因免除戍卒替代的麻烦而欣喜万分。不必几次，戍卒都成为土著，就完全用府兵的方法来管理他们，这样就可以把关中今日的疲敝化为富强了。"

冯评：屯田的建议始于赵充国，然而在平定羌人以后就废除了屯田，又设置金城郡来安置投降的羌人，处理善后的策略未尽完善。邺侯借着戍卒恢复屯田，又借着屯田恢复府兵，言论听起来十分可行，不知道为什么没有实行。

332. 虞　集

元虞集，仁宗时拜祭酒，讲罢，因言京师恃东南海运，而实竭民力以航不测，乃进曰："京东濒海数千里，皆葭苇之场，北极辽海，南滨青、齐，海潮日至，淤为沃壤久矣，苟用浙人之法，筑堤捍水为田，听富民欲得官者，分授其地而官为之限：能以万夫耕者，授以万夫之田，为万夫长；千夫、百夫亦如之。三年视其成，则以地之高下，定额于朝，而以次征。五年有积蓄，乃命以官，就所储给以禄。十年则佩之符印，俾得以传子孙，则东南民兵数万，可以近卫京师，外御岛夷，远宽东南海运之力，内获富民得官之用，游食之民得有所归，自然不至为盗矣。"说者不一，事遂寝。

其后脱脱言：京畿近水地，利召募江南人耕种，岁可收粟麦百余万石，不烦海运，京师足食。元主从之，于是立分司农司，以右丞悟良哈台、左丞乌古孙良正兼大司农卿，给分司农司印，西自西山，南至保定、河间，北抵檀顺，东及迁民镇，凡官地及元管各处屯田，悉从分司农司立法佃种，合用工价、牛具、农器、谷种，给钞五百万锭。又略仿前集贤学士虞集议，于江、淮召募能种水田及修筑围堰之人各千人为农师。降空名添设职事敕牒十二道，募农民百人者授正九品，二百人者正八，三百人者从七，就令管领所募之人。所募农夫每人给钞十锭，期年散归，遂大稔。

何孟春《余冬序录》云："国朝叶文庄公盛巡抚宣府时，修复官牛、官田之法，垦地日广，积粮日多，以其余岁易战马千八百余匹。其屯堡废缺者，咸修复之，不数月，完七百余所。今边兵受役权门，终岁劳苦，曾不得占寸地以自衣食，军储一切仰给内帑，战马之费于太仆者不资，屯堡尚谁修筑？悠悠岁月，恐将来之夷祸难支也！"

樊升之曰："贾生之治安，晁错之兵事，江统之徙戎，是万世之至画也，李邺侯之屯田，虞伯生之垦墅，平江伯之漕运（平江伯陈瑄，合肥人，永乐初董北京海漕，筑淮阳海堤八百里，寻罢海运，浚会通河，通南北饷道，疏清江浦以避淮险，议仪真瓜州坝港，凿徐州吕梁浜，筑刀阳、南旺湖堤，开白塔河通江，筑高邮湖堤，自淮至临清建闸四十七，建淮、徐临通仓以便转输，置舍卒导舟，设井树以便行者），是一代之至画也。李允则之筑围起浮屠（事见《术智部》），范文正、富郑公之救荒，是一时之至画也。画极其至，则人情允协，法成若天造，令出如流水矣。"

【译文】

元朝虞集在仁宗时官拜祭酒，一次在为仁宗讲课之后，说起京师仰仗东南的海运输送粮食，实在是耗竭民力去做冒险的航行，于是进言道："京师东面滨海数千里都是芦苇丛生的荒地，北到辽海，南到青州、齐州，潮每日冲积，长期已来已淤积为肥沃的土地。如果用浙江人的方法，筑堤挡住潮水使之成为耕地，让想做官的富民分别领取这些田地，由官府加以规定：有办法找到一万人耕田的，就给他一万人耕的田地，让他做万夫长；以下一千人、一百人也如此办理。三年之后看他的结果，根据土地的肥瘠程度由朝廷定额课税，依等级征收，五年之后能有积蓄，就任命他做官，依积蓄多少拿俸禄。十年后赐给他符节印信，使他能传给子孙。这么一来，东南就有数万民兵来，可以保卫京师，对外防御海贼，远能缓解东南海运，近可将富民当官员利用起来，四处游食的百姓能有归宿，自然不会做盗贼了。"但因众人讨论意见不一致，后来不了了之。

冯评：后来脱脱曾说，京师是近海的地区，利于招募江南人来耕种，每年可收成一百多万石米麦，不必麻烦通过海运，京师也可以保证足够的粮食。元主听从了这个建议，于是设立分司农司，以右丞悟良哈台、左丞乌古孙良正兼任大司农卿，给分司农司印，西自西山，南至保定、河间，北到檀顺，东到迁民镇，凡是官地及元朝朝廷所掌握的各处屯田，都听从分司农司立法办理租佃，合用工价、牛具、农器、谷种，朝廷出资五百万贯钞。脱脱又大略仿照前集贤学士虞集的建议，在江淮之间招募能种水田及修筑园圃、堤防的人各一千人，担任农师，又下发十二道空头委任状，招募一百个农民的人授予正九品官，二百人正八品官，三百人从七品官，所招募的农夫十贯钞，一年后放他们回去，于是大丰收。

何孟春在《余冬序录》里说："明朝叶盛（谥文庄）巡抚宣府时，重新修复官牛官田的法令，开垦的土地日渐广大，积存粮食日益增多，用每年节余的钱购买一千八百多匹战马。残缺不全的城堡都加以修复，没几个月，就整修好七百多个城堡。如今边境的士兵受权贵们的役使，整年劳苦，还得不到一点土地来供给自己的衣食，军中所需的一切费用都依靠国库的供应，养战马的费用由太仆寺供给的一点都不少，城堡的修筑又能靠谁呢？长此以往，恐怕将来东夷的祸患很难应付了。"

樊升之说："贾谊的《治安策》，晁错《言兵事疏》，江统的《徙戎论》，都是万世的顶级计划。李邺侯的屯田，虞集的开垦荒地，平江伯的漕运（平江伯陈瑄，合肥人，永乐初年管理北京海漕，筑淮扬海堤八百里。后来放弃海运，疏浚会通河，打通南北运粮道路，疏通清江浦以避险滩，设立仪真瓜洲坝港，凿徐州吕梁浜、筑刁阳、南旺湖堤，开通白塔河直通长江，建造高邮湖堤，从淮河到临清建四十七座闸门，又建造淮徐临通仓以便转运，设置舍卒导引来往船只，设井和树阴方便行路人），则是一代的顶级计划。"李允则筑园圃、造浮屠（事见《术智部》），范仲淹、富弼的救济饥荒，也是当时顶级的计划。计划能达到尽善尽美，则人情和谐，法度有如天成，命令一出，执行起来便有如行云流水般的顺畅。

333. 刘大夏

弘治十年，命户部刘大夏出理边饷，或曰："北边粮草，半属中贵人子弟经营，公素不与先辈合，恐不免刚以取祸。"大夏曰："处事以理不以势，俟至彼图之。"既至，召边上父老日夕讲究（边批：要着），遂得其要领。一日，揭榜通衢云："某仓缺粮若干石，每石给官价若干，凡境内外官民客商之家，但愿输者，米自十石以上，草自百束以上，俱准告。"虽中贵子弟亦不禁。不两月，仓场充牣。盖往时粮百石、草千束方准告，以故中贵子弟争相为市，转买边人粮草，陆续运至，牟利十五。自此法立，有粮草之家自得告输，中贵子弟即欲收籴，无处可得，公有余积，家有余财。

忠宣法诚善，然使不召边上父老日夕讲究，如何得知？能如此虚心访问，实心从善，何官不治？何事不济？昔唐人目台中坐席为"痴床"，谓一坐此床，骄倨如痴。今上官公坐皆"痴床"矣，民间利病，何由上闻？

【译文】

明弘治十年，朝廷命令户部刘大夏到边境管理粮饷。有人说："北方的粮草，大半属于宦官的子弟经营，您一向与朝中权贵不和，恐怕免不了因刚直而招来祸患。"刘大夏说："做事要讲求合理而不是以势压人，等我到那里以后慢慢想办法。"刘大夏到任后请来边境上的父老，早晚和他们研究，于是完全掌握了要领。有一天，刘大夏在交通要道上贴出告示说："某仓库缺少粮食若干石，每石给官价若干，凡是境内外的官吏、百姓和客商，只要愿意输送十石以上的米或一百束以上的草都准许上报请送。"对于宦官家的子弟也不禁止。不到两个月，仓库都堆满了。以往要求送米要一百石，草要一千束才准许上报，因而宦官子弟争相做生意，转手倒卖边境百姓的粮草，陆续运来，利润高达五成。自从订立这个制度，有粮草的人家可以自己输送，宦官子弟虽然想收买也买不到，于是公家得到更多的粮草，民家也得到相当的利润。

冯评：刘大夏的方法确实很好，然而假使不请边境上的父老来早晚研究，怎么能知道？能如此虚心请教，真心听从善言，有什么官做不好？有什么事做不成呢？从前唐朝人把御史台的座席看成"痴床"，说一坐上这个床，就骄傲自得如白痴一般。当今朝廷官员都是坐在这样的痴床上，民间的利病怎么上达天听呢？

334. 董搏霄

董搏霄，磁州人，至正十六年建议于朝曰："海宁一境不通舟楫，军粮唯可陆运。濒海之人，屡经寇乱，且宜曲加存抚，权令军人运送。其陆运之方：每人行十步，三十六人可行一里，三百六十人可行十里，三千六百人可行一百里。每人负米四斗，以夹布囊盛之，用印封识，人不息肩，米不着地，排列成行，日五百回，计路二十八里，轻行一十四里，重行一十四里，日可运米二百石，每运可供二万人——此百里一日运粮之数也。"

按夫长陵北征时，命侍郎师逵督饷。逵以道险车载，民疲粮乏，乃择平坦之地，均其里数，置站堡，每夫一人运米一石，此送彼接，朝往暮来，民不困而食足。亦法此意。

【译文】

董搏霄，磁州人，元顺帝至正十六年建议朝廷说："海宁一带不能通行船只，军粮只能由陆路运送。濒海的人民屡次遭逢盗寇之乱，应多加安抚，朝廷可暂且下令由军人担任运粮工作。陆运的方法是：每人走十步，三十六人可走一里，三百六十人可走十里，三千六百人可走一百里。每人背米四斗，用夹布袋装盛，用印加封作记号，人人肩不休息，米不着地，排列成行，每天五百回，总计路程走二十八里，背米走十四里，不背米走十四里，每天共可运米二百石，每次运米可供养二万人，这是一百里一天运粮的数目。

冯评：明太祖北征时，命令侍郎帅逵督运粮饷。帅逵认为道路艰险，以车辆运送既让运送的百姓疲惫不堪，粮食的运送总数也不够所需，于是帅逵选择平坦的路途，按距离均匀设置站堡，每一名运夫运一石米，这个送那个接，早上去晚上回来，百姓不受困扰，粮运供应也充足。这也是效法董搏霄的做法。

335. 刘本道

先是漕运京粮，唯通州仓临河近便。自通州抵京仓，陆运四十余里，费股而增耗不给。各处赴京操军，久役用乏。本道虑二者之病，奏将通州仓粮于各月无事之时，令歇操军旋运至京，每二十石给赏官银一两，而漕运之粮止于通州交纳，就彼增置仓廒三百间，以便收贮，岁积羡余米五十余万石，以广京储。上赐二品服以旌之。

按：本道常州江阴人，由掾吏受知于靖远伯王骥，引置幕下，奏授刑部照磨。从征云南，多用其策。正统中，从金尚书濂征闽贼，活胁从者万余，升户部员外郎。景泰初，西北多事，民不聊生，本道请给价买牛二千头，并易谷种与之。贵州边仓粮侵盗事觉，展转坐连，推本道往治，不逾月，而积弊洞然。上嘉其廉能，赐五云采缎。天顺初，进户部右侍郎，总督京畿及通州、淮安粮储。本道固以才进，而先辈引贤不拘资格，祖宗用人不偏科目，皆今日所当法也。

【译文】

明朝早先漕运京师的粮食，只有通州仓临近河边比较方便。自通州到京师的仓库，陆运四十多里，运费昂贵，而运送过程的损耗也无法填补。各地征调来京师操练的军队，往往长期服役却缺乏用度。刘本道考虑到这两个弊端，奏请将通州仓库的粮食在每月无事时，由停止操练的军士负责转运到京师，每运二十石赏赐官银一两，而漕运的粮食，则以通州为终点交付收纳，在通州增设仓库三百间，以便收藏，每年可积存余米五十多万石，以充实京师的存粮。皇帝因此赏赐二品官服以表扬他。

按：刘本道是常州江阴人，担任掾吏时得到靖远伯王骥的赏识，招到幕下任用，奏请授予刑部照磨。从征云南时，多用他的计策。正统年间，刘本道跟随尚书金濂征讨闽贼，保全了一万多被迫跟从的贼兵性命，因而升为户部员外郎。景泰初年，西北方多战乱，民不聊生，刘本道请求拨款买二千头牛，并卖谷种给他们。贵州边境上仓库的粮食被侵占的事揭发，辗转牵连很多人，朝廷派刘本道前往处理，不到一个月，所有的积弊全都查清。英宗嘉许他清廉与贤能，赏赐他五云彩缎。天顺初年，升户部右侍郎，总督京郊及通州、淮安的粮储。刘本道固然是凭着自己的才干受到重用，但朝中前辈大臣任用贤才能不拘资历，祖宗用人不单看科举考试成绩，都是当今所应该效法的。

336. 苏 轼

苏轼知杭州时，岁适大旱，饥疫并作。轼请于朝，免本路上供米三之一，故米不翔贵；复得赐度僧牒百，易米以救饥者。明年方春，即减价粜常平米，民遂免大旱之苦。杭州江海之地，水泉咸苦，居民稀少。唐刺史李泌始引西湖水作六井，民足于水，故井邑日富。及白居易复浚西湖，放水入运河，自河入田，取溉至千顷。然湖水多葑，自唐及钱氏，岁辄开治，故湖水足用。宋废而不理，至是湖中葑积，为田一十五万余丈，而水无几矣。运河失河水之利，则取给于江潮，潮浑浊，多淤河行，阛阓中三年一淘，为市井大患，而六井亦几废。苏轼始至，浚茅山、盐桥二河，以茅山一河专受江潮，以盐桥一河专受湖水。复造堰闸，以为湖水蓄泄之限，然后潮不入市，且以余力复完六井，民稍获其利矣。轼间至湖上，周视良久，曰：“今欲去葑田，将安所置之？湖南北三十里，环湖往来，终日不达，若取葑田积于湖中，为长堤以通南北，则葑田去而行者便矣。吴人种菱，春辄芟除，不遗寸草，葑田若去，募人种菱，收其利以备修湖，则湖当不复埋塞。”乃取救荒之余，得钱粮以万石数者，复请于朝，得百僧度牒，以募役者。堤成，植芙蓉、杨柳其上，望之如图画，杭人名之“苏公堤”。

华亭宋彦云：“西湖蓄水，专以资运河。湖滨多水田，春夏间苦旱，秋间又苦涝。莫若专设一司，精究水利，湖宜开广浚深，诸山水溢则能受，诸田苦旱则能泄，闸司又俟浅深以启闭，则运无阻滞，而三辅内膏腴可相望矣。”按：此宋人为都城漕计，其实今日亦宜行之。迩来西湖渐淤，有力者喜于占业，地方任事者，不可不虑其终也。

【译文】

苏轼任杭州知府时，正逢旱灾，收成不好，又有传染病流行。苏轼请朝廷免除上供粮食的三分之一，所以米价没有飙涨；又请朝廷赐与僧人的度牒百份，用来换米救济饥饿的百姓。第二年春天，将平常仓的存米减价卖出，百姓才免除旱灾带来的痛苦。杭州由于地处江海交汇处，水味咸苦，居民不多。唐朝刺史李泌开始引用西湖的水作六井，民用的水充足，地方上日渐富裕起来。

到白居易时又疏浚西湖，放水入运河，再由运河取水灌溉农田，广达千顷。但是西湖中长满水草，自唐朝到钱王时代，每年都要疏浚，所以湖水还够用。宋朝废弃不管，到此时湖中水草沉积，被垦为田地的有十五万丈多，而湖水已所剩无几，运河失去了湖水，只好依赖长江潮水，潮水混浊多淤塞河道，城里每三年要派人疏浚一次，成为市民的大患，而六井也几乎废弃无用。苏轼到任后，就疏浚茅山、盐桥二河，茅山河接受江潮，盐桥河接受湖水，又建造水闸，控制湖水的蓄泄，于是海潮才不流入市区，再以多余的财力修葺六井，百姓稍微得到一些好处。苏轼利用闲暇时走到西湖，四处观察了很久，说："要清除水草的话，挖出来后安置在哪里呢？西湖南北距离三十里，环湖来往一趟，一天都走不完，如果把水草淤泥堆积在湖中间，形成贯穿湖面的长堤，使南北直接相通，那么既可除去水草，又可方便行人通行。吴人种菱，到春天把野草彻底除尽，湖中水草清除，可以招募百姓来种菱，收得的利润可以用来维护西湖，这样西湖就不会再淤塞了。"于是用救济荒年所剩余的数以万石的钱粮以及再度向朝廷申请的百份度牒，招募人种菱。长堤完成后，堤上种植芙蓉、杨柳，望去景色如画，杭州人将它称为"苏公堤"。

冯评：华亭宋彦说："西湖蓄水，专门供给运河。湖滨很多水田，春夏之间常苦干旱，秋季又苦水涝，不如专设一个机关，精心研究水利，湖要挖深开广，各山所流下来的水都能容纳，田地干旱时，就可放出湖水来救旱。管水闸的要看水的深浅作出适当的开关，这样水运就无阻碍，而京师附近到处都可以看到肥沃的田地了。"按：这是宋人为了京城漕运所作的打算，其实目前也适合推行，近来西湖又逐渐有淤塞，地方有财力的人往往喜欢争占产业，地方的行政长官却不能不有长远的考虑。

337. 张 需

张需长于治民，先佐郓州，渠有淤者，废水田数十年，守相继者莫能疏。需甫至，守言及此，惮于动众，需往看之，曰："若得人若干，三日可毕。"守怪以为妄，需乃聚人得其数，各带器物，分量尺数，争效其力，三日遂毕。守大惊，以为神助。迁霸州守，见其民游食者多，每里置一簿列其户，每户各报男女大小口数，派其合种粟麦桑枣，纺绩之具、鸡豚之数，遍晓示之。暇则下乡，至其户簿验之，缺者罚之。于是民皆勤力，无敢偷惰，不二年，俱有恒产，生理日滋。

【译文】

明朝张需擅长治理百姓。先担任郧州的佐吏，当地河渠淤积，水田废弃了数十年，历任太守都无法疏浚，张需才到任，太守就和他谈起这事，担心太兴师动众。张需前往察看，说："只要找若干人，三天就可以完成。"太守很奇怪，以为他瞎吹牛。张需召集到需要的人数后，各自带着器具，分别量好长度，争相尽力，果真三天就完工了。太守非常惊奇，以为有神相助。后来张需转任霸州知州，看见很多游食的百姓，于是在每一里设置一本簿册，每户都要报告男女大小人口的数目，派他们一起种植米、麦、桑、枣，纺织的器具，鸡猪的数目，都明白地表示出来。闲暇的时候，张需就下乡到百姓家按簿查验，有短缺的就加以处罚，于是百姓都勤勉努力，不敢偷懒。不到两年，都有了固定的产业，生计日渐富足。

338. 李若谷　赵昌言

安丰芍陂县，叔敖所创。为南北渠，溉田万顷，民因旱多侵耕其间，雨水溢则盗决之，遂失灌溉之利。李若谷知寿春，下令陂决不得起兵夫，独调濒陂之民使之完筑，自是无盗决者。

天雄军豪家刍茭亘野，时因奸人穴官堤为弊。咸平中，赵昌言为守，廉知其事，未问。一旦堤溃，吏告急，昌言命急取豪家所积，给用塞堤，自是奸息。

近日东南漕务孔亟，每冬作坝开河，劳费无算，而丹阳一路尤甚。访其由，则居人岁收夫脚盘剥之值，利于阻塞；当起坝时，先用贿存基，俟粮过后，辄于深夜填土，至冬水涸，不得不议疏通。若依李、赵二公之策，竭一年之劳费，深加开浚，晓示居民，后有壅淤，即责成彼处自行捞掘，庶常、镇之间或可息肩乎？或言每岁开塞，不独夫脚利之，即官吏亦利之，此又非愚所敢知也。

【译文】

安丰芍陂县是孙叔敖所创的，有直通南北的河渠，可以灌溉万顷田地。在旱灾时，百姓多侵占其间，雨水溢出时就偷偷把河堤破坏，于是使河渠失去了灌溉的利益。李若谷任寿春知县时，下令河堤溃决时不可以调士兵去修理，只能调堤防周边的百姓去修筑，从此再也没有人去破坏堤防了。

天雄军的富豪种植的茭白到处都是，他们时常联合奸人挖掘官筑堤防。咸平年间，赵昌言任太守，他侦知这件事，并不查问。一天河堤溃决，官吏来报告事态紧急，赵昌言命令赶紧拿富家仓库的积蓄去堵塞堤防，从此这种奸谋就消失了。

冯评：近来东南漕运的事务很紧急，每年冬季都要修筑水坝，疏浚河道，耗费庞大，丹阳一带尤其严重。探查事由，是当地居民每年可收到工人盘剥的工资，运河阻塞对他们有利；每当修建水坝时，先贿赂掌管奠基的人，等粮食运过之后，往往在深夜时分去填土，到冬季时水干涸了，不得不疏通。如果依照李、赵两位先生的计策，深加开浚，同时明示居民，以后如果再有淤塞，就要附近的居民自行挖掘疏通，这样，或者可以让常州、镇江的居民稍事休息吧？有人说每年疏浚运河，不只工人有利，即使官吏也有利可图，这就不是我所能知道的事了。

339. 屯 牧

西番故饶马，而仰给中国茶饮疗疾。祖制以蜀茶易番马，久而寝弛，茶多阑出，为奸人利，而番马不时至。杨文襄乃请重行太仆宛马之官，而严私通禁，尽笼茶利于官，以报致诸番。番马大集，而屯牧之政修。

其抚陕西，则创城平虏、红古二地，以为固原援。筑垣濒河，以捍靖虏。其讨安化，则授张永策以诛逆瑾。出将入相，谋无不酬，当时目公为智囊，又比之姚崇，不虚也！

【译文】

西番盛产马匹，而仰赖中国的茶治疗疾病。历来的惯例是用四川茶叶交换番马，年代长久以后，逐渐废弛，茶叶多出自走私，而番马却不按时送到。明朝杨一清（谥文襄）奏请朝廷重新设置太仆寺专门养马的官职，严禁私自交易，把茶叶的利润完全收归官府所有，并通报到各番邦。于是番马大量送到，屯牧之政因而修明。

冯评：杨一清任陕西巡抚时，创建平虏、红古两座城，作为固原的后援。

在河边修筑城墙，以捍卫靖虏。他讨伐安化时，全力为张永提供谋划来诛杀奸官刘瑾。出将入相，谋略无不成功，当时把他看成智囊，又拿他与姚崇相比，真是一点都不假。

340. 张全义　二条

东都荐经寇乱，其民不满百户。张全义为河南尹，选麾下十八人材器可任者，人给一旗一榜，谓之屯将，使诣十八县故墟落中，植旗张榜，招怀流散。劝之树艺，蠲其租税，唯杀人者死，余俱笞杖而已。由是民归如市。数年之后，渐复旧规。

全义每见田畴美者，辄下马与僚佐共观之，召田主，劳以酒食。有蚕、麦善收者，或亲至其家，悉呼出老幼，赐以茶采衣物。民间言："张公不喜声妓，独见佳麦良蚕乃笑耳！"由是民竞耕蚕，遂成富庶。

全义起于群盗，及其为政，虽良吏不及。彼吏而盗者，不愧死耶！全义一笑而民劝，今则百怒而民不威，何也？

【译文】

五代时，东都洛阳屡遭盗寇侵掠，居民不满一百户。张全义任河南尹，选了十八个才能足以胜任的部下，每人给一面旗子、一张榜文，称为屯将，派他们到十八个县的旧村落中，竖立旗子，张贴榜文，招抚流民，劝他们回来农耕，减免他们的租税，只有杀人的必须处死，其余的只处以杖刑而已。从此百姓纷纷归来，数年以后，逐渐恢复旧日的模样。

张全义每见到田地肥美的，就下马与属下一起观看，并请田主来，用酒菜慰劳他们。有蚕、麦收成好的，张全义有时也会亲自到他们家去，把老人幼儿都叫出来，赏给他们茶叶和衣物。民间传言："张公不喜好声色，只有看见好的麦田和蚕才笑。"因此人民争着耕田养蚕，终于成为富庶的地方。

冯评：张全义是盗贼出身，等到他处理政务，就是一般的良好官吏也不如他。那些身为官吏却做盗贼之事的，能不愧死吗？张全义一笑而能劝诱百姓，如今的官吏上百次的发怒却也无法威慑百姓，为什么呢？

341. 植桑除罪

范忠宣公知襄城，襄俗不事蚕织，鲜有植桑者。公患之，因民之有罪而情轻者，使植桑于家，多寡随其罪之轻重，后按其所植荣茂与除罪，自此人得其利。公去，民怀之不忘。

愚于今日军、徒之罪亦有说焉。夫军借以战，徒借以役，非立法之初意乎？今不然矣，或佯死，或借差，或倩代，里甲有佥解之忧，卫所有口粮之费，而罪人之翱翔自如，见者不得而问焉。即所谓徒者，视军较苦，故谚有"活军死徒"之说。然而富者买替，贫者行丐，即驿中牵挽之事，所资几何？又安用此徒为哉！然则宜如何，曰："若以屯法行之，方今日议开垦，未有成效，诚酌军卫之远近，徒限之多寡，押赴某处开荒若干亩。俟成熟升科，即与准罪释放。其或愿留，即为世业。行之数年，将旷土渐变为熟土，且奸民俱化为良民，其利顾不大与？若夫安插有法，羁縻有法，稽核有法，劝相有法，是又非可以一言尽也。

【译文】

北宋范纯仁（谥忠宣）出任襄城县令时，襄城的习俗不养蚕纺织，很少有人种桑树。范纯仁很担忧，就让犯罪而情节较轻的人在家里种桑树，种多少依他犯罪的轻重而定，后来按其所种桑树的繁茂程度予以减罪免刑。这样一来，百姓得到利益。范纯仁离任后，人民还对他念念不忘。

冯评：我对当今充军和服役的刑罚也有话要说。充军是为了借助他们去战争，服役是为了借助他们去干活，这不是立法的本意吗？如今却不是这样，有人假死，有的雇人替代，而乡里有押送的麻烦，卫所又要负担口粮的耗费，罪人却逍遥自在，见了也无法查问。即使所谓服役的徒刑，比充军更苦，所以民谚说"活军死徒"，但富人出钱找人替代，穷人到处乞求这样的活儿干，就算是驿站里牵拉的体力活，能有什么价值？又何必用这些人呢！然而应该怎么办呢？我认为不如用屯田的方法。当今商议开垦还没有成效时，应该衡量军队的远近，徒夫的多寡，押送到某地去开垦若干田亩，等到成熟收成可以纳税后，就准他们抵罪释放。有愿留下来的，就作为永久的产业。实行几年以后，将废弃的土地变为有用的田亩，奸人都化为良民，这种好处不是很大吗？至于安插、拘禁、考核、劝勉各得其法，这又不是一两句话说得清的。

342. 铅铁钱

楚王马殷既得湖南，不征商旅，由是四方商旅辐辏。湖南地多铅铁，军都判官高郁请铸为钱，商旅出境，无所用之，皆易他货而去，国用富饶（边批：只济一境之用，周流不滞亦足矣）。湖南民不事蚕桑，郁令输税者皆以帛代钱，未几，民间机杼大盛。

官府无私，即铅铁尚可行，况铜乎？夫钱法所以壅而不行者，官出而不官入。即入也，以恶钱出而以良钱入，出价厚而入价廉，民谁甘之？故曰："君子平其政。"上下平则政自行矣。

【译文】

五代时楚王马殷据有湖南之地后，不向商旅征税，因此各地的商旅都聚集到湖南。湖南盛产铅铁，军都判官高郁请求铸成钱币，商旅出境后此种钱币在他处无法适用，都换成其他的货物离去，国家因而富足。湖南人不养蚕桑，高郁下令缴税的人都用帛代替钱币，不久，民间纺织大为流行。

冯评：官府无私，即使是铅铁钱也能通行，何况是铜钱？钱币法所以壅塞不通，是因为官府只发行钱币而不回收。即使回收，也用劣质钱币付出，而收入良质钱币，付出价钱高，回收价钱低，百姓哪会甘心？所以说："君子平其政。"上下公平，政令自然畅行无阻。

343. 钱 引

赵开既疏通钱引，民以为便。一日有司获伪引三十万，盗五十人。议法当死，张浚欲从之，开曰："相君误矣！使引伪，加宣抚使印其上，即为真矣。黥其徒，使治币，是相君一日获三十万之钱而起五十人之死也。"浚称善。

不但起五十人之死，又获五十人之用，真大经济手段。三十万钱，又其小者。

【译文】

宋朝赵开使钱引通行后，百姓都认为很方便。有一天，官吏查获伪造钱引三十万，盗印的五十人，依法当处死。张浚想依法而行，赵开说："相君错了。假使钱引是假的，加盖宣抚使印以后，就是真的了。盗印的人处以黥刑，然后派他们去印钱引，这样您一天就得到三十万钱，同时救活了五十人。"张浚认为很好。

冯评：不但救活五十人，又得到五十人可用，真是大大合算的做法。三十万钱只是小事而已。

344. 益 众

备依刘表，尝忧兵寡不足以待曹公，诸葛亮进曰："荆州非少人也，而著籍者寡。平居发调，则民心不悦，可语刘荆州，令凡有游户，皆使自实，因录以益众可也。"备从其计，其众遂强。

【译文】

刘备依附刘表后，曾忧虑士卒太少，不足以对抗曹兵。诸葛亮进言道："荆州人口并不少，只是编入户籍的太少。无事抽调，百姓会不高兴，可以告诉刘表，命令所有流动人口自报户籍，借此录取士兵就行了。"刘备依计去做，实力果然增强。

345. 陶 侃

陶侃性俭厉，勤于事。作荆州时，敕船官悉录锯木屑，不限多少。咸不解此意，后正会，值积雪始晴，厅事前除雪后犹湿，于是悉用木屑覆之，都无所妨。官用竹，皆令录厚头，积之如山。后桓宣武伐蜀，装船悉以作钉。又尝发所在竹篙，有一官长，连根取之，仍当足（边批：根坚可代铁足），公即超两阶用之。

【译文】

东晋陶侃生性节俭，勤于政事。任荆州刺史时，命令船官要尽数收集锯木屑，不论数量多少，众人都不了解他的用意。后来元旦朝会，正逢积雪融化，官府前虽已除雪，地面仍然湿滑，于是用木屑撒在地上，便通行无阻。官用的竹子，陶侃命令要留下粗厚的竹子头，堆积如山。后来桓温伐蜀，竹子头都用来当作造船的竹钉。又曾调用当地的竹篙，有一官员连竹根取用，竹根部分非常坚硬，可以替代篙头上的铁足。陶侃立刻超越两级升用此人。

346. 苏州堤

苏州至昆山县凡七十里，皆浅水，无陆途。民颇病涉，久欲为长堤。而泽国艰于取土。嘉祐中，人有献计，就水中以蘧除刍藁为墙，栽两行，相去三尺；去墙六尺，又为一墙，亦如此。漉水中淤泥，实蘧除中，候干，则以水车沃去两墙间之旧水，墙间六尺皆土，留其半以为堤脚，掘其半为渠，取土为堤。每三四里则为一桥，以通南北之水，不日堤成，遂为永利（今娄门塘是也）。

【译文】

苏州到昆山县共七十里，都是浅水，没有陆路可行。百姓苦于涉水，早就想筑长堤。但是水泽之地很难取土。北宋嘉祐年间，有人献计，就在水中用席子干草做墙，栽两行，相距三尺；离墙六尺，又做一墙，做法相同。把水中的淤泥过滤下来，留在席子中间，等干了以后，用水车除去两墙之间的积水，墙与墙之间的六尺都是泥土，留一半做为长堤的基础，挖另一半做河渠，把挖出来的土拿来筑堤。每三四里筑一座桥，以打通南北水域。不久长堤完成，成为长久之利。

347. 丁晋公

祥符中，禁中火。时丁谓主营复宫室，患取土远，公乃命凿通衢取土，不日皆成巨堑，乃决汴水入堑中，引诸道竹木牌筏及船运杂材，尽自堑中入，至公门事毕，却以拆弃瓦砾灰壤实于堑中，复为街衢，一举而三役济，计省费以亿万计。

此公尽有心计，但非相才耳，故曰："人不可大受，而可小知。"

【译文】

北宋祥符年间，宫中大火。当时丁谓主管营建修复宫室，因为担心取土太远，丁谓就下令挖城中道路取土，不久道路都变成大沟，于是打通汴水流入沟中，引用竹木筏及船来运送各种建材，都由大沟运来。等到事办完以后，把拆卸下来的瓦砾灰土填在沟中，又恢复为街道。这样一来同时完成了三项工作，节省了亿万的经费。

冯评：丁谓确实很有心计，但不是宰相之才，所以说，小人不能委以重任，但可以根据他的小聪明合理任用。

348. 郑端简公　三条

嘉靖丁巳四月，三殿二楼十五门俱灾，文武大臣会议修建。海盐郑公晓时协理戎政，率营军三万人打扫火焦。郑公白黄司礼：“砖瓦木石不必尽数发出，如石全者、半者、一尺以上者，各另团围，就便堆积。白玉石烧成石灰者，亦另堆积。砖瓦皆然。”不数日，工部欲改修端门外廊房为六科并各朝房，午门以里欲修补烧柱墙缺，又于谨身殿后、乾清宫前，隆宗、景运二门中砌高墙一道，拦断内外。内监、工部议从外运砖、运灰、运黄土调灰，一时起小车五千辆，民间骚动。公告黄司礼曰：“午门外堆积旧砖石并石灰无数，可尽与工部修端门外廊房。其在午门以内者，可与内监修理柱空，并砌乾清宫前墙。”黄甚喜。公又曰：“修砌必用黄土，今工部起车五千辆，一时不得集，况长安两门、承天、端门、午门止可容车夫出入，再加车辆，阻塞难行。见今大工动作，两阙门外多空地，可挖黄土，用却，命军搬焦土填上，用黄土盖三尺，岂不两便？”黄曰：“善。”公曰：“午门以里台基坏石，移出长安两门甚远，今厚载门修砌剥岸，若命军搬出右顺门，由启明门前下北甚近，就以此石作剥岸填堵，不须减工部估料，但省军士劳力亦可。”（边批：若减估必有梗者）黄又曰：“善。”公曰：“旧例，火焦木，军搬送琉璃、黑窑二厂，往回四十里，今焦木皆长大，不唯皇城诸门难出，外面房稠路狭，难行难转，况今灾变，各门内臣小房，非毁即折坏，必须修盖，方可容身，莫若将焦木移出左、右顺门外，东西宝善、思善二门前后，并启明、长庚两长街，听各内臣擘取焦皮作炭，木心可用者任便取去，各修私房，以皇城内物修皇城内房，不出皇城四门，亦省财力。”黄又曰：“善。”

锦衣赵千户持陆锦衣帖来言：“军士搬出火焦，俱置长安两门外，大街两旁，四夷朝贡人往来，看见不雅（边批：体面话），庆寿寺西夹道有深坑，可将火焦填满。”公曰：“三殿灾，朝廷已诏天下，如何说不雅？谁敢将朝廷龙文砖石填罪废太平侯故宅？况寿宫灾，九庙灾，火焦皆出在长安两门外。军士从长安大街重去空来，人可并行，官可照管，若从两夹道入，必从寺东夹道出，路多一半，三万人只做得一万五千人生活，岂有营军为人填坑？且火焦工部还有用处，待木石料完，要取火焦铺路，直从长安坊牌下填至奉天殿前，每加五寸，杵碎平实，又加五寸，至三尺许方可在上行大车、旱船、滚石，不然街道、廊道皆坏矣。见今午门外东西胁下数万担火焦积堆，若搬出，正虑不久又要搬入耳。"赵复语，公径出。

　　会议午门台基及奉天门殿楼等台基、阶级、石柱磉、花板、石面、纷纷不决。公欲言，恐众不肯信，特造大匠徐呆请教。呆虽匠艺，亦心服公，即屏左右。公曰："今有三事，一午门台基，众议将前三面拆去一丈，从新筑土砌石。如此，恐今工作不及国初坚固，万一楼成后旧基不动，新基倾侧，费巨万矣。莫若只将台下龟脚、束腰、墩板等石，除不被火焚坏者留之，其坏者凿出烬余，约深一尺五寸，节做新石补入，内土令坚，仍用木杉板障之，决不圮坏，三面分三工，不过一月可完。唯左右掖门两旁须弥座石最大且厚，难换，必须旁石换齐后，如前凿出，约深二尺五寸，做成新石垫上，与旧石空齐，用铁创肩进，亦易为力。"徐曰："善。"公又曰："奉天门阶沿石，一块三级，殿上柱磉大者方二丈，如此重大，不比往时皇城无门限隔，可拽进，近年九庙灾，木石诸料不能进，拆去承天门东墙方进得，今料比九庙又进三重门，尤难为力，莫若起开焦土，将旧阶沿磉石、地面花板石，逐一番转，尚有坚厚可用，番取下面，加工用之，至于殿上三级台基并楼门台基，俱如午门挖补皆可。公能力主此议，省夫力万万，银粮何至数百万，驴骡车辆又不知几，莫大功德也！"徐甚喜，后三日再议，悉如前说。

【译文】

　　明嘉靖丁巳年四月，皇城三座宫殿、两座楼和十五门都被烧毁。文武大臣商议如何修建，海盐郑晓当时任兵部侍郎，率领三万士兵打扫火灾后的烬土。郑晓对黄姓司礼太监说："砖瓦木石其实不必全部搬出去，如石材有完整的、有一半完好的、有一尺以上完好的，可以分门别类，就近堆积。白玉石烧成石灰，也另外堆积。砖瓦也都这样处理。"几天后，工部想将端门外廊房改修为六科办公室及各朝房，午门以内要修补烧坏的残缺墙柱，又在谨身殿后、乾清宫前，隆宗、景运二门中，要砌一道高墙，以隔绝内外。宦官与工部商议要从外面运砖、灰，及运黄土调灰，一时之间要起用小车五千辆，民间为之骚动。郑晓告诉黄司礼说："午门外堆积很多旧砖石和石灰，可全部供给工部改修端门外廊房。午门以内的可以给宦官修理墙柱，并砌乾清宫前的墙用。"黄司礼很高兴。郑晓又说："另外，修砌一定要用黄土，现在工部要起用五千辆车子，一时之间可能无法凑齐，何况长安两门、承天、端门、午门只可由车夫出入，再加上车辆，必定阻塞难行。如今大工程动工，两阙门外很多空地，可以挖黄土，用完后只要命令军士搬运焦土填上，再用黄土覆盖三尺，岂不是两便？"黄司礼说："很好。"郑晓又说："午门以内台基的坏石块，要搬出长安两门太远了，现在厚载门正在修砌剥岸，如果命令军士搬出右顺门，由启明门前向北过去很近，就用这些石块作为剥岸的材料，既不须减少工部预估的材料，只是节省军士的劳力就行。"黄司礼又说："很好。"郑晓说："按旧例，烧焦的木材，由军士搬送到琉璃、黑窑二厂，来回要四十里，焦木都很长大，不只从皇城各门很难出去，外面房屋稠密，道路狭窄，通行转弯都很困难，何况火灾之后，各门太监的小门房不是烧毁就是损坏，必须重新修盖，才能住人。不如将焦木移出左、右顺门外，东西宝善、思善二门前后，及启明、长庚两条长街，听任太监拿取焦木皮作木炭，可使用的木心也任由他们拿去修理各自的房间，用皇城内的东西来修理皇城内的房间，不用出皇城，也可节省很多财力。"黄司礼又说："好。"

锦衣卫赵千户拿着锦衣卫帅陆炳的帖子前来，说："军士搬出焦土，都放置在长安两门外大街两旁，四夷来朝贡的人看了不雅观。庆寿寺西边夹道上有深坑，可用焦土去填满。"郑晓说："三殿发生火灾，朝廷已经诏告天下，有什么不雅观可言？谁敢将朝廷的龙纹砖石填在因罪被废的太平侯故宅？何况寿宫火灾、九庙火灾，焦土都运到长安两门外，军士在长安大街，负重而去，空着回来，人可并行，官吏可以照应管理，如果从两个夹道进去，一定要从寺东的夹道出来，路程多了一半，三万人只能做一万五千人的工作，哪有军士为人填坑的？而且焦土工部还有用处，等木石材料用完后，要取焦土铺路，从长安坊牌下一直填到奉天殿前，每次填五寸厚，都捣碎压平，再加五寸，一直要填到三尺厚，才能在上面行走大车、旱船、滚石，不然街道廊道都坏了。现在午门外东西两侧堆积着数万担焦土，如果搬运出去，恐怕不久又得再搬回来。"赵千户还想往下说，郑晓直接走出去了。

众人商议修复午门及奉天门宫殿楼房的台基、台阶、柱下石、花板、石面的事，意见纷纷，无法决断。郑晓也想发表自己的意见，但考虑到众人未必肯信，就特地造访大匠徐杲，向他请教。徐杲虽是做工程的，却也对郑晓十分钦佩，随即摒退左右。郑晓说："现在有三件事：一是关于午门台基，大家商议认为应将前三面拆去一丈，重新筑土砌石，这样做的话，恐怕现在的施工质量比不上开国之初那么坚固，万一城楼盖好了，旧有的台基不动，新盖的台基却发生倾斜，那耗费就大了。不如只将台下龟脚、束腰、墩板等石材，除了保留那些未被大火烧坏的部分，其余损坏的地方将余烬挖凿出来，深约一尺五寸，然后用新的石材做填补，填上土令其坚固，再用木杉板保护，这样绝对不会倾坏，三面可以同时施工，不到一个月就可完工。只有左右掖门两旁的须弥座石又大又厚，很难置换，必须等其他部份的石料都已换齐后，按照先前的方式凿到约二尺五寸深，再做成新石，垫起来和旧的洞穴平齐，用铁棍撬进去，也很容易完成。"徐杲道："好！"郑晓又说："奉天门的阶沿石，一块石头要做成三级阶梯，还有殿上的柱下石，大的有两丈见方。这样的庞然大物，不比过去皇城没有门限阻隔时那样，可以拽进去。近年九庙发生火灾，木石等材料无法运进，结果拆去承天门东墙才运进去。这次的材料比九庙又要多经过三重门，更加困难。不如把焦土挖开，将旧的阶沿石、柱下石、地面花板石逐一翻转过来，如尚有坚厚可用的石材，就翻一面加工利用。至于殿上的三级台阶，以及楼门的台基，都像午门那样挖补便可。大人如能坚决主张这个做法，省下万万人力，也可省下数百万钱粮，至于驴骡车辆，则又更无法计算了。这是莫大的功德啊！"徐杲十分高兴，等到三天后再议此事时，全部采用了郑晓的意见。

349. 徐 杲

嘉靖间，上勤于醮事，移幸西苑，建万寿宫为斋居所。未几，万寿宫灾，阁臣请上还乾清宫。上以修玄不宜近宫闱，谕工部尚书雷礼兴工重建。礼以匠师徐杲有智，专委经营。皆取用于工部营缮司原收赎工等银，及台基、山西二厂原存木料，与夫西苑旧砖旧石，稍新改用，并不于各省派办。其夫力则以歇操军夫充之，时加犒赏，及雇募在京贫寒乞丐之民，因济其饥。是以中外不扰，军民踊跃，而功易成。杲历升通政侍郎及工部尚书职衔。

【译文】

　　嘉靖年间，皇帝忙着求仙学道，移驾西苑，兴建万寿宫做为斋居之所。不久万寿宫失火，内阁大臣请皇帝回乾清宫。皇帝认为修道不应接近后妃，命工部尚书雷礼重建万寿宫。雷礼认为匠师徐杲很有才智，就全交付给他办理，经费用工部营缮司原先收取的赎工等银两，木料用台基、山西二厂所存的，加上西苑的旧砖石，稍加修饰后使用，不让各省分派办理。人力则用操练间隙的军士，给予犒赏做为酬劳，又招募在京师的贫民乞丐，借此让他们得到收入。所以全国上下都不受骚扰，军民协力，事情办得很顺利。徐杲后来也升任通政侍郎及工部尚书。

350. 贺盛瑞　九条

　　嘉靖中，修三殿。中道阶石长三丈，阔一丈，厚五尺，派顺天等八府民夫二万，造旱船拽运。派府县佐贰官督之，每里掘一井以浇旱船、资渴饮，计二十八日到京，官民之费总计银十一万两有奇。万历中鼎建两宫大石，御史亦有佥用五城人夫之议。工部郎中贺盛瑞用主事郭知易议，造十六轮大车，用骡一千八百头拽运，计二十二日到京，费不足七千两。又造四轮官车百辆，召募殷实户领之，拽运木石，每日计骡给直。其车价每辆百金，每年扣其运价二十两，以五年为率，官银固在，一民不扰。

　　慈宁宫石础二十余，公令运入工所，内监哗然言旧。公曰："石安得言旧？一凿便新。有事我自当之，不尔累也！"

　　献陵山沟两岸，旧用砖砌。山水暴发，砖不能御也。年修年圮，徒耗金钱。督工主事贺盛瑞欲用石，而中贵岁利冒被，主于仍旧。贺乃呼工上作官谓之曰："此沟岸何以能久？"对曰："宜用黑城砖，而灌以灰浆。"公曰："黑城砖多甚，内官何不折二三万用？"作官对以"畏而不敢"，公曰："第言之，我不查也。"作官如言以告内监。中官怀疑，未解公意，然利动其心，遂折二万。久之不言，一日同至沟岸尽处，谓中官曰："此处旧用黑城砖乎？"中官曰："然。"公曰："山水暴发，砖不能御，砌之何益，不如用石。"中官曰："陵山之石，谁人敢动？"公笑曰："沟内浮石，非欲去之以疏流水者乎？"中官既中其饵，不敢复言。于是每日五鼓点卯，夫匠各带三十斤一石，不数日而成山矣，原估砖二十万，既用石，费不过五万。

坟顶石，重万余斤，石工言，非五百人不能秤起，公念取夫于京，远且五十余里，用止片时，而令人往返百里，给价难为公，不给价难为私，乃于近村壮丁借片时，人给钱三文，费不千余钱，而石已合榫矣。

神宫监修造，例用板瓦，然官瓦黑而恶，乃每片价一分四厘。民瓦白而坚，每片价止三厘。诸阉阴耗食于官窑久矣，民瓦莫利也。盛公督事，乃躬至监，谓诸阉曰："监修几年矣？"老成者应曰："三十余年。"公曰："三十余年而漏若此，非以瓦薄恶故耶？"曰："然。"公乃阴运官、民瓦各一千，记以字而参聚之，于是邀监工本陵掌印与合陵中官至瓦所，公谓曰："瓦唯众择可者。"金曰："白者佳。"取验之，民瓦也，公曰："民瓦既佳且贱，何苦而用官窑？"监者曰："此祖宗旧制，谁敢违之？"公曰："祖制用官窑，为官胜于民也，岂谓冒被钱粮，不堪至此？余正欲具疏，借监官为证耳！"遂去，监者随至寓，下气谓公曰："此端一开，官窑无用，且得罪，请如旧。"公不可，请用官民各半，复不可。监者知不可夺，乃曰："唯公命，第幸勿泄于他监工者。"于是用民瓦二十万，省帑金二千余。

金刚墙实土，而在工夫止二十余名，二人一筐，非三五日不可。公下令曰："多抬土一筐，加钱二文，以朱木屑为记。"各夫飞走，不终日而毕。

锦衣卫题修卤簿，计费万金，公嫌其滥，监工内臣持毁坏者俱送司。公阅之，谓曰："此诸弁畏公精明，作此伎俩（边批：谀使悦而后进言），以实题中疏语耳。不然，驾阁库未闻火，而铜带胡由而焦？旧宜腐，胡直断如切？"内臣如言以诘诸弁，且言欲参，诸弁跪泣求免，工完无敢哗。用未及千，而卤簿已焕然矣。

永宁长公主举殡。例搭席殿群房等约三百余间，内使临行时俱拆去。公令择隙地搭盖，以揪棍横穿于杉木缆眼下埋之，席用麻绳连合。在工之人，无不笑公之作无益也。殡讫，内官果来取木，木根牢固，席复连合，即以力断绳，取之不易，遂舍之去。公呼夫匠谓曰："山中风雨暴至，无屋可避，除大殿拆外，余小房留与汝辈作宿食，何如？"众金曰："便。"公曰："每一席官价一分五厘，今只作七厘，抵工价，拆棚日，悉听尔等将去，断麻作麻筋用，木作回料，何如？"众又曰："便。"

都城重城根脚下，为雨水冲激，岁久成坑，咔将及城，名曰"浪窝"。监督员外受部堂旨，议运吴家村黄土填筑，去京城二十里而遥，估银万一千余两。公建议："但取城壕之土以填塞，则浪窝得土而筑之固，城壕去土而浚之深，银省功倍，计无便此。"比完工，止费九百有奇。

两官之役，贺公为政，事例既开，凡通状到日即给帖，银完次日即给咨。事无留宿，吏难勒掯，赴者云集，得银百万两。公每事核实，裁去浮费，竟以七十万竣役，所省九十万有奇。工甫完，反以不职论去。冤哉！然余览公之子仲轼所辑《冬官纪事》，如抑木商、清窑税，往往必行其意，不辞主怨，宜乎权贵之侧目也！夫有用世之才，而必欲使绌其才以求容于世，国家亦何利焉？吁，可叹已！

徽州木商王天俊等十人，广挟金钱，依托势要，钻求札付，买木十六万根。贺念此差一出，勿论夹带私木，即此十六万根木，逃税三万二千余根，亏国课五六万两，方极力杜绝，而特旨下矣。一时奸商扬扬得意，贺乃呼至，谓曰："尔欲札，我但知奉旨给札耳，札中事尔能禁我不行开载耶？"于是列其指称皇木之弊：一不许希免关税，盖买木官给平价，即是交易，自应照常抽分；二不许磕撞官民船只，如违，照常赔补；三不许骚扰州县，派夫拽筏；四不许换越过关；五不给预支，俟木到张家湾，部官同科道逐根丈量，具题给价。"于是各商失色，曰："如此则札付直一空纸，领之何用？"遂皆不愿领札，向东厂倒赃矣。又工部屯田司主事差管通济局、广济局，局各设抽分大使一员、攒典一名、巡军十五名，官俸军粮岁支一百三十余石，每年抽分解部银多七八十两，少五六十两，尚不及费。贺公盛瑞欲具题裁革，左堂沈敬宇止之。公查初年税入，岁不下千金，该局所辖窑座，自京师及通州、昌平、良、涿等处，税岁砖瓦近百万万，后工部招商买办，而局无片瓦矣。公既任其事，稍一稽查，即如木商王资一项漏银一百零九两，他可知已。嗣查窑税，而中贵王明为梗，公谓中贵不可制而贩户可制，即出示通衢，严谕巡军军民人等：敢有买贩王明砖瓦者，以漏税论；官吏军余卖放者，许诸人详告，即以漏出砖瓦充赏。王明窑三十余座，月余片瓦不售，哀求报税矣。诸势要闻风输税，即一季所收，逾二十余万，一岁所积，除勋戚祭葬取用外，该局积无隙地，各衙门小修，五月取给焉。

【译文】

明嘉靖年间，整修三殿。正中道路的阶石长三丈，宽一丈，厚五尺，派顺天等八府的民夫二万名，制造旱船拖拽运送，派府县副职二人监督。每里挖一个井，取井水浇旱船，并供民夫饮水，共计二十八天到京师，官府与民间的花费，总计银子十一万多两。

万历年间，需要建造两宫的大石块，有御史建议全部用五城的民夫，工部郎中贺盛瑞采用主事郭知易的建议，制造十六轮的大车，用一千八百头骡子拉车，共计二十二天可到京师，花费不到七千两银子。又制造四轮的官车一百辆，招募家境殷实的人家领任务运木材、石块，每天计算骡子的数目付酬。车每辆一百两，每年从运费中扣下二十两，共计五年还清，公家的钱没动，百姓也不受骚扰。

慈宁宫需要二十多块石础，贺盛瑞命令运来，宦官们一见都吵嚷着说太旧。贺盛瑞说："石头哪有说旧的？凿一下就新了。有事我自会担当，不连累你们！"

献陵的山沟两岸旧时是用砖砌成的，山水暴发，砖不能挡，每年修理每年倒塌，白费很多钱。督工主事贺盛瑞想改用石头，而宦官贪图每年工程的回扣，都主张沿袭旧的做法。贺盛瑞就找来负责施工的官员，问他："这个沟岸怎样施工才能用得长久呢？"负责施工的官员说："应当用黑城砖再灌入灰浆。"贺盛瑞说："黑城砖那么多，宦官为什么不分出二三万块来用呢？"负责施工的官员说因为害怕而不敢说。贺盛瑞说："你尽管去说，我不追究。"工头就去跟宦官说，宦官心中怀疑，不知道贺盛瑞的用意，但见有利可图又很动心，就答应分出两万块砖。过了很久没提此事，有一天贺盛瑞和宦官一同到沟岸尽头巡视，对宦官说："这里以往是用黑城砖吗？"宦官说："是的。"贺盛瑞说："山水暴发，砖头无法抵挡，砌上去有什么用，不如改用石块。"宦官说："陵山的石头谁敢动？"贺盛瑞笑道："沟中堆积的杂石，不是要除掉才能使水流通吗？"宦官既然先前拿了好处，也不敢再多说。于是每天五更时分点名，民夫各带三十斤的石块，不过几天，就堆积如山。原估计用砖头要二十万钱，改用石头后，花费不过五万钱。

坟顶石重达一万多斤，石工说，没有五百个人不可能搬上去。贺盛瑞想，如果到京里头调民夫，则两地相隔有五十多里，用很短的时间，让人往返百余里，给足够的钱亏了公家，给很少的钱亏了百姓。于是在附近村庄借壮丁一用，每人发给三文钱，总共才花了一千多文钱，大石已经安置好了。

神宫监的修造，按例要使用板瓦，然而官窑生产的板瓦色黑质劣，每片价钱是一分四厘，民窑生产的板瓦色白质坚，每片只要三厘，太监们靠官窑中饱私囊由来已久，民窑则无从牟利。贺盛瑞主事后，亲自到神宫监，问太监们："你们神宫监修建了多少年了？"其中一位老成点的回答说："三十多年了。"贺盛瑞道："三十多年就漏成这样，不是瓦薄质量差的缘故吗？"太监说："的确如此。"贺盛瑞便私下选了官瓦和民瓦各一千片，在上头写了字作记号，搀杂在一起，邀集监工、本陵掌印及所有陵墓中的太监来到放置瓦片的地方，说道："你们来挑选合适的瓦片。"众人都说："白色的好。"取来一看，是民窑的产品。贺盛瑞道："民瓦既然品质好又便宜，何苦一定要使用官窑的产品？"太监道："这是祖宗立下的旧规矩，谁敢违背？"贺盛瑞道："当初祖宗要用官窑，是因为官窑的比民窑的好，哪里是为了让下面冒领开支，弄到这样无法收拾的地步？我正准备向朝廷上疏报告此事，请在场的监官为我作证。"说完贺盛瑞就走了，太监们跟着他到了官邸，低声下气地说："这项例子一开，官窑等于是报废了，会得罪不少人，请按旧例办理。"贺盛瑞不准，太监又要求官窑民窑各用一半，还是不准。太监知道无法强求，只好说："那就由大人做主了，但是请不要对其他监工透露。"于是这次工程共使用了二十万片民瓦，节省了二千多两的公款。

金刚墙的工程要进行填土时，在场工作的工人只有二十多人，二人合抬一筐，非要三至五日不能完工。贺盛瑞下令道："凡有多抬一筐泥土者，加发工资二文，用红色木屑作记号。"工人飞快地往来搬运，结果不到一天便完工了。

锦衣卫奏请要更新皇帝的仪杖装备，预算共需一万两银子，贺盛瑞认为太多。监督工部的宦官拿着损坏的仪仗送来审查，贺盛瑞看过后对他们说："这是武士畏惧大人的精明，特地做这些手脚，以证实奏章中的说法。否则，存放仪仗的驾阁库并没听说遭到火灾，铜带为什么会焦呢？用旧的仪仗理应腐朽断烂，为什么它们的断口都笔直如切削出来的？"监工太监便用这些疑点质问锦衣卫的武士，并说要参劾他们，武士们跪在地上哭泣请求饶恕，直到工程结束也没人敢再吵嚷，这次花费不到一千两银子，仪仗装备便已焕然一新。

永宁长公主出殡，按例要用席子搭盖临时殿房三百多间，临行时宫内宦官都将其拆走。贺盛瑞令民夫选择空地搭盖，并用木棍子横穿杉木缆眼下埋入土中，席子用麻绳联结起来，当时在场工作的民夫都暗自嗤笑贺盛瑞在做没用的事。殡葬结束后，宦官果然派人来取杉木，因木根牢固，草席又联结起来，就算用力拉断绳索，要取走也很费力，只好作罢。贺盛瑞召集工匠，对他们说："山里风雨暴至，你们无屋可避，除了将大殿拆除，剩下的小房子就留给你们起居之用，好不好？"大家都说没问题。贺盛瑞说："每一张席子官价钱是一分五厘，现在每张折价为七厘卖给你们，从工资中扣除，拆除的时候，听任你们将席子取走，麻绳割下来还可以作麻筋用，木材也拿去废物利用，如何？"大家又都说好。

京师外城的墙脚下因为雨水长期的冲刷，渐渐地形成一个大坑，即将侵蚀城墙，称之为"浪窝"。监督官员接受工部命令，建议到吴家村运黄土来修补，路程有二十里，估算总共要耗费一万一千多两银子。贺盛瑞提议：挖护城河河沟底下的泥土来填塞，浪窝能用土填补，护城河则挖去了河泥而得到疏浚，河水更深，既省钱又多做了事，没有比这更好的办法了。等竣工时，总共才不过花了九百多两银子。

冯评：两宫的工程由贺公主持，开了不少先例，凡有公文到来，即日给出收据，银钱交割的次日必定给咨文，一件公事都不拖拉，小吏无法从中勒索，因此各方款项纷纷聚集，总共筹得了一百多万两银子。贺公对每一项开支都亲自审核，删去浮滥的费用，结果只花了七十万两就将工程完竣，共节省了九十多万两的开支。工程才完毕，贺公却因不称职被罢免，真是太冤枉了！我曾看贺公之子仲轼先生所辑的《冬官纪事》，里头提到裁抑木商、清算窑税等事，贺公在处理时往往坚持己见，一点都不怕得罪主事者，难怪他会引起权贵的愤怒。有用的人才，如果一定要迫使压抑才能而求容身于官场，对国家来说又有什么好处呢？唉！令人感叹！

徽州有木材商人王天俊等十人，带着巨额资金，依托权贵，向官府索求手谕，购买木材十六万根。贺盛瑞思忖一旦答应他们的要求，姑且不论是否夹带私人货物，光是这十六万根木材，即已有三万二千余根逃税，使国家平白损失五六万两。他正要想办法阻止，但皇上的特旨已经下来。一时之间，奸商们都得意扬扬，贺盛瑞将他们召集起来说："你们要手谕，我只管奉旨发出，但是手谕中开列一些事项，你们能限制得了吗？"于是，贺盛瑞在手谕中严格规定了以下诸事：一、不得抵免关税，因为官府按平价给他们木材，就是一种交易行为，理当照常抽税。二、载运木材的船只不得冲撞官民船只，如有违犯，须照例赔偿。三、不得骚扰州县政府，要他们派民夫拉纤。四、不许携带私货通关。五、官府不预支经费，等木材运到张家湾，有关部门派官员逐根丈量木材尺寸大小，按规定付钱。众商人都大惊失色，说："这样的话，手谕简直就是一纸空文，要了有什么用？"于是都不肯领取，纷纷到东厂去索回贿赂的赃款。又工部屯田司主管官员兼管通济局、广济局两个单位，每个局又设抽分大使一人、攒典一人、巡军十五人，官俸军粮每年约耗费一百三十余石。这两个单位每年征收上缴工部的税款多则七八十两，少的时候只有五六十两，还不及他们自己的开销费用。贺盛瑞想申报裁撤它们，但被工部左侍郎沈敬宇阻止。贺盛瑞追查早先的税收，发现它们每年都可缴给工部不下一千两银子，它们所辖的窑场，从京师到通州、昌平、良、涿等地方，每年取自砖瓦的税款几达一百亿钱，后来工部招商买办砖瓦，就没有局办的了。贺盛瑞负责这个事情，稍一追查，就发现仅仅是木商王某一案漏税额便达一百零九两，其他的弊端可想而知。接着清查窑税，宦官王明从中作梗，贺盛瑞知道宦官不可制，但商贩可制，于是命人在交通要道张贴告示，严厉警告军民人等，凡敢有买卖王明的砖瓦者，一律按漏税论处；若有官府或军中收受贿赂与之交易，准许知情人检举，即以漏出的砖瓦作为奖赏。王明所经营的三十余座窑场，一个多月片瓦不售，只好主动报缴税款。各方权贵听说这事后，纷纷主动缴税，一个季度的税收就超过了二十万两，一年下来所收到的税，除了支用勋族贵戚的祭葬费用，剩下来的钱连局里头的府库都堆放不下，于是通令所辖各衙门整修房舍，前后五个月的各项开支都从中支付。

351. 陈懋仁

陈懋仁云：泉州库贮败铁甚夥，皆先后所收不堪军器也。余尝监收，目击可用，乃兵丁饰虚，利在掊饷，不论堪否，故毁解还。余议：堪者，官给工料，分发各营，修理兼用；不堪者作器与之，于军器银内，银七器二，照额搭给，解验查盘，一如新造之法。并散雨湿火药，而加硝提之，计省二千余金，即于饷银内扣库，以抵下年征额，节军费以纾民力，计无便此。乃当事者泛视不行，终作朽物，惜哉！

【译文】

明朝陈懋仁说：泉州府库贮存很多废铁，都是先后收来的报废兵器。我曾经负责监收，亲眼看见有些还可以使用的，都是军人修饰后骗取兵饷，不论兵器还能不能使用，都故意破坏后缴回来。我建议，将这些常可以使用的兵器，由官府付工料，分发给各军营修理后再用。无法再使用的兵器，做成器用发给他们，在购买军器的开支里，七成给银子，三成给旧兵器，依数量搭配，并详细查验，完全如新法制造处理，并分给他们被雨水淋湿的火药，加硝提炼，如此估计可节省二千多两银子，就由饷银内扣下缴库，以抵下一年征收的税额，节省军费而纾解人民的负担，没有比这样做更方便了。但执政的人视而不见，最后都成了废物，可惜啊！

352. 叶石林

叶石林（梦得）在颍昌，岁值水灾，京西尤甚，浮殍自唐、邓入境，不可胜计，令尽发常平所储以赈。唯遗弃小儿，无由处之。一日询左右曰：“民间无子者，何不收畜？”曰：“患既长或来识认。”叶阅法例：凡伤灾遗弃小儿，父母不得复取（边批：作法者其虑远矣）。遂作空券数千，具载本法，即给内外厢界保伍，凡得儿者，皆使自明所从来，书券给之，官为籍记，凡全活三千八百人。

【译文】

南宋叶梦得（号石林）在颍昌时，正逢水灾，京师西边一带特别严重，从唐、邓等地漂来的浮尸不可胜数。叶梦得命令以库存的常平米救济灾民，只是很多被遗弃的小孩却不知该如何处理。有一天，叶梦得问左右的人说：“民间没有孩子的人为什么不收养他们呢？”左右说：“怕养大以后又被亲生父母认领回去。”叶石林翻阅法例：凡是因为灾害而被遗弃的小孩，亲生父母不能再认领回去。于是制作数千份空白契券，详细记录这条法令，发给城内外乡里之间的保长、伍长，凡是领养到小孩的，都让他们自己说明从哪里得来的，写好契券后发给他们，并由官府登记在户籍里。这样，一共救活了三千八百人。

353. 虞允文

先是浙民岁输丁钱绢绸，民生子即弃之，稍长即杀之。虞公允文闻之恻然，访知江渚有荻场利甚溥，而为世家及浮屠所私。公令有司籍其数以闻，请以代输民之身丁钱。符下日，民欢呼鼓舞，始知有父子生聚之乐。

【译文】

南宋时，浙江人民每年都须缴纳丝绸为人口税，百姓往往生了儿子就丢弃，或是还没有长大就杀掉。虞允文听说后十分怜悯，查访到江边沙洲有荻场，经济收入很高，被豪门世家及僧侣占为私有。虞允文于是命令手下统计这些荻场，并要求他们代替百姓缴人口税。命令下达的那一天，百姓欢呼鼓舞，从此才能体会父子活着团聚的快乐。

354. 植槐 置鼓

韦孝宽为雍州刺史。先是，路侧一里置一土堠，经雨辄毁。孝宽临州，勒部内当堠处但植槐树，既免修复，又便行旅。宇文泰后见之，叹曰："岂得一州独尔？"于是令诸州皆计里种树。

魏李崇为兖州刺史，兖旧多劫盗，崇命村置一楼，楼皆悬鼓；盗发之处，乱击之，旁村始闻者，以一击为节，次二，次三，俄顷之间，声布百里，皆发人守险。由是盗无不获。

袁了凡曰：薛季宣令武昌，乡置一楼，盗发，伐鼓举烽，瞬息遍百里，事与李崇合。乱世弭盗之法，莫良于此。独宋向子韶知吴江县，太守孙公杰令每保置一鼓楼，保丁五人，以备巡警，盗发则鸣鼓相闻。子韶执不可，曰："斗争自此始矣。"是亦一见也。大抵相机设法，顾其人方略何如。唯明刑、薄赋、裕民为弭盗之本。

【译文】

韦孝宽任雍州刺史时，早先道旁每一里设立一个记里程的土台，下雨之后就被冲毁。韦孝宽到任后，命令部下在每个土台处种植槐树。既免了修复，又方便行人旅客。后来宇文泰见了，叹息道："哪能只有一州这样做呢？"于是各州都详细计算道路的里程，并种树为记。

后魏李崇任兖州刺史。兖州本来有很多盗贼，李崇下令每村建一座楼，楼上都悬挂着鼓。盗贼出现时则立刻急鼓告警。邻村一听到鼓声，先敲一响，再连敲二响，再连敲三响。顷刻间，鼓声传遍百里，各村都派人防守险要处，于是盗贼没有不很快就被抓获的。

袁了凡说：南宋薛季宣任武昌县令时，每乡建一座楼，有盗贼出现，就敲鼓并举烽火作为信号，瞬间传遍百里，做法和李崇相同。乱世消弭盗贼的方法，没有比这更有效的了。只有北宋向子韶任吴江县令时，太守孙公杰命令每一保设置一鼓楼，每保五个壮丁，负责巡逻警戒，有盗贼就敲鼓相告。向子韶坚持认为不可以，他说："这样做会开启争斗的先机。"这也是有见地的。一般说来，相机行事，采取对策，就看各人的谋略如何。只有刑罚公允、减轻赋税、使人民富足，才是消弭盗贼的根本。

355. 分　将

仲淹知延州。先是，总官领边兵万人，钤辖领五千人，都监领三千人，寇出，则官卑者先出御。仲淹曰："将不择人，以官为次第，败道也。"乃大阅州兵，得万八千人，分六将领之，将各三千，分部训练，使量贼多寡，更番出御。

梅少司马克生疏云："古之诏爵也以功，今之叙功也以爵。"二语极切时弊。夫临阵，则卑者居先；叙功，又卑者居后。是直以性命媚人耳，宜志士之裹足而不出也！分将选出之议固当，吾谓论功尤当专叙汗马，而毋轻冒帷幄，则豪杰之气平，而功名之士知奋矣！

【译文】
北宋范仲淹任延州知州时，当时惯例是总官率领边境士兵一万人，钤辖率领五千人，都监率领三千人。盗寇一出现，官位低的先率兵出去抵御。范仲淹说："将领的任用不加选择，只以官位的高低排序，这是必败的做法。"于是大规模检阅州兵，共得精兵一万八千人，分派六个将领来率领，每个将领各领三千士兵，分别训练，派兵时根据贼兵的多寡，轮流出兵抵御。

冯评：少司马梅国桢（字克生）的奏章说："古人依实际的功勋来颁赐爵位，如今则依爵位高低来评判功勋。"这两句话真是切中时弊。在作战时官阶低的在前，在论功行赏时他们又在后面。这简直是拿低级军士的性命来讨好上方，难怪有志之士不愿向前。范仲淹分派将领轮流出兵的方法固然很恰当，我认为论功行赏时更应当根据实际的战功，而不是把功劳归给那些自称安排作战计划谋略的人。这样豪杰之气才能平和，功名之士也知道奋发了。

356. 徐 阶 二条

世庙时，倭蹂东南，抚按亟告急请兵，职方郎谓："兵发而倭已去，谁任其咎？"尚书惑之。阶相持不可，则以羸卒三千往。阶争之曰："江南腹心地，捐以共贼久矣。部臣于千里外，何以遥度贼之必去，又度其去而必不来，而阻援兵不发也？夫发兵者，但计当与不当耳，不当发，则毋论精弱皆不发以省费。当发，则必发精者以取胜，而奈何用虚文涂耳目，置此三千羸卒与数万金之费以喂贼耶？"尚书惧，乃发精卒六千，俾偏将军许国、李逢时将焉。国已老，逢时敢深入而疏。骤击倭，胜之；前遇伏，溃。当事者以发兵为阶咎，阶复疏云："法当责将校战而守令守。今将校一不利辄坐死，而府令偃然自如；及城溃矣，将校复坐死，而守令仅左降。此何以劝惩也？夫能使民者，守令也，今为兵者一，而为民者百，奈何以战守并责将校也！夫守令勤，则粮饷必不乏；守令果，则探哨必不误；守令警，则奸细必不容；守令仁，则乡兵必为用。臣以为重责守令可也。"

汉法之善，民即兵，守令即将，故郡国自能制寇。唐之府兵，犹有井田之遗法，自张说变为𬳶骑，而兵农始分，流为藩镇，有将校而无守令矣。迄宋以来，无事则专责守令，而将校不讲韬钤之术；有事则专责将校，而守令不参帷幄之筹，是战与守两俱虚也。徐文贞此议，深究季世阘茸之弊。

阶又念虏移庭牧宣、大，与虏杂居，士卒不得耕种，米麦每石值至中金三两，而所给月粮仅七镪，米菽且不继。时畿内二麦熟，石止直四镪，可及时收买数十万石，石费五镪，可出居庸，抵宣府；费八镪，可出紫荆，抵大同。大约合计之，费止金一两，而士卒可饱一月食，其地米麦，当亦渐平。上疏行之。

【译文】

明世宗时倭寇侵犯东南，巡抚和按察使一再向朝廷告急，请派援兵。职方郎中说："如果大军派出，而倭寇早已逃逸，责任由谁来负？"尚书因此犹豫不决。宰相徐阶坚持不能这样，于是派了三千老弱残兵。徐阶争辩道："江南原是我国心腹之地，朝廷放任贼兵蹂躏已经很久了。中央官员在千里之外，如何能凭空揣测贼兵一定会离开，又揣测他们离开以后一定不会再回来，并以这样无根据的臆测来阻止调派援兵？调派援兵，要考虑的只有应不应该。若不应派兵，则不论精兵弱兵都不派，以节省费用。若应当派兵，就必须调派精兵，以求胜利。怎么能只做表面工夫，拿三千老弱残兵和数万军费去喂贼兵呢！"

尚书害怕了，于是调派六千精兵，由偏将军许国、李逢时率领。许国年岁已高，李逢时则敢于深入敌境，却往往疏于戒备。初次和倭寇作战时旗开得胜，后来遇到伏兵而溃败。当事者把派兵剿寇算作徐阶的过错，徐阶又上疏道："依法应该责成将校作战，郡守县令守御。如果将校作战不利就得死罪，而郡守、县令却安然无事。等到城被攻下，被处死刑的又是将校，而郡守和县令仅是降职而已。这样怎么能有奖惩的效果呢？能调动百姓的是郡守和县令，如今士兵与百姓的比率是一比一百，怎能把作战与守御的责任都归于将校呢？郡守和县令若能克尽职守，粮饷必定不缺乏；郡守和县令若行事果敢，委派的间谍必定不会误事；郡守和县令若能保持警觉，敌方间谍必定无法得逞；郡守和县令若对民仁厚，地方的兵卒必能派上用场。臣认为应该严厉处分郡守和县令。"

冯评：汉朝的做法很好，百姓就是士兵，郡守和县令就是将领，

守、令僷然自如。及城潰矣，將校復坐死，而守、令僅一左遷而已。為守、令者僷然，何以為懲也。夫能使民者，守、令也。今兵民之數，一而百，奈何以戰守并責將校也？守、令果能守，則糧餉必不乏；守、令果能探哨，則諜必不誤；守、令果能警，則奸細必不為用；守、令果能仁，則鄉兵必為用。臣以為重責守、令可也。

莫如今之軍區黨委制。黨政軍民統一于黨委。

漢法之善，民即兵，守令即將，故郡國自能制寇。唐之府兵猶有井田之遺法，自張說變為彍騎，而兵始分，流為藩鎮，有將校而無守令矣。迄宋以來，農……

— 460 —

◎毛泽东评：莫如今之军区党委制，党政军民统一于党委。

所以郡国自能抵御贼寇。唐朝的府兵制度，还保存一些井田的用意，从张说改为骡骑之后，兵农才分开，后来遂演变为藩镇割据，有将校而没有郡守和县令。自从宋朝以来，和平时期专门督促郡守和县令，将校不研究用兵之术。一旦战事来临，就专门追究将校，而郡守和县令又不参与作战谋划，这样战守两方面都薄弱了。徐阶（谥文贞）的这个说法，深刻地揭示了衰败时代庸碌无能的弊端。

徐阶又顾虑敌虏移其部族放牧于宣府、大同一带，和百姓杂居，屯田士卒无法耕种，米麦每石涨到中等成色的银子三两，但军方每月发给士卒的伙食费只有七钱，粮食供应不上。当时京畿附近大麦小麦都已熟稔，每石只值四钱，可及时收买数十万石，每石出价五钱，就能运出居庸关直抵宣府；如果出价八钱，可出紫荆关运抵大同。大略合计，每石只要花上一两银子，就可让士卒饱食一个月，当地的米麦价格也将平抑。奏疏呈上之后，朝廷批准实施。

357. 习射 习骑

种世衡所置青涧城，逼近虏境，守备单弱，刍粮俱乏。世衡以官钱贷商旅，使致之，不问所出入。未几，仓廪皆实。又教吏民习射，虽僧道、妇人亦习之，以银为的，中的者辄与之。既而中者益多，其银重轻如故，而的渐厚且小矣。或争徭役轻重，亦令射，射中者得优处。或有过失，亦令射，射中则免之。由是人人皆射，富强甲于延州。

杨揆本书生，初从戎习骑射，每夜用青布藉地，乘生马跃，初不过三尺，次五尺，次至一丈，数闪跌不顾。孟珙尝用其法，称为"小子房"。

按《宋史》，揆尝贷人万缗，游襄、汉间，入娼楼，箧垂尽。夜忽自呼曰："来此何为？"辄弃去。已在军中，费官钱数万，贾似道核其数，孟珙以白金六百与偿，揆又费之，终日而饮。似道欲杀之，揆曰："汉祖以黄金四万斤付陈平，不问出入，如公琐琐，何以用豪杰？"似道姑置之。盖奇士也。其参杜杲军幕，能出奇计，解安丰之围，惜乎不尽其用耳。

【译文】

北宋种世衡所筑青涧城，非常靠近胡虏的地盘，守备的军力薄弱，粮草又缺乏。种世衡于是用官钱借给商人，叫他们拿去做生意，对他们具体如何用钱则完全不加过问。不久，府库充实。种世衡又教官吏百姓练习射箭，连僧侣、妇人都要练习，用银子作箭靶，射中的就给他。后来射中的人越来越多，银子的重量不变，但箭靶变厚变小。有人为徭役的轻重而争执，也命令他们比赛射箭，射中的可以减轻徭役。有过失的人也命令他射箭，射中的可以免于处罚。这样人人都会射箭，清涧城的富强成为延州第一。

南宋杨揲本是书生，刚从军学习骑马射箭的时候，每天晚上用青布铺在地上，骑着悍马跳跃。最初跳不过三尺，后来跳过五尺，再后来跳过一丈，屡次摔倒也不管。孟珙曾经采用他的方法，并称杨揲为"小子房"。

冯评：按《宋史》记载，杨揲曾经向人借一万缗钱，浪荡于襄汉一带，在妓院里几乎把钱全数用光。有天夜晚忽然对自己说："我干什么到这里来！"于是离开妓院。后来在军中，又私自花费官钱数万缗。贾似道来审核官钱，孟珙为他偿还六百两银子，杨揲又大把花钱，整天饮酒作乐。贾似道想杀了他。杨揲说："汉高祖给陈平黄金四万斤，而不过问他怎么花。像您这样斤斤计较，怎么能任用豪杰！"贾似道听了，也就姑且放下这事不管。杨揲真是奇特之士。后来他担任杜杲的幕僚，能出奇计，解除安丰之围，可惜不能完全施展他的才智。

358. 曹 玮

曹玮在泰州时，环庆属羌，田多为边人所市，单弱不能自存，因没彼中。玮尽令还其故，以后有犯者，迁其家内地。所募弓箭手，使驰射较强弱，胜者与田二顷（边批：诱之习射）。再更秋获，课市一马，马必胜甲，然后官籍之，则加五十亩（边批：官未尝不收其利）。至三百人以上，因为一指挥，要害处为筑堡，使自堑其地为方田环之。立马社，一马死，众皆出钱市马（边批：马不缺矣）。后开边壕，悉令深广丈五尺，山险不可堑者，因其峭绝治之，使足以限敌。后皆以为法。

【译文】

曹玮任职泰州时，环、庆二州原属于羌人的田地，多数被边境的汉人收购，因此羌人势力单薄，无法生存，纷纷逃往西夏。曹玮于是归还羌人的田地，若再有违犯，一律将他们迁到内地。曹玮招募好弓箭手，并要他们比赛骑马射箭，胜的人赏给二顷田。到第二次秋收之后，要去买一匹马，这马必须足以承载武士作战，然后由官方统一登记，这样可以再加赏田地五十亩。到三百人以上便成立一个指挥使，在地势险要处建筑堡垒，让士卒自己开挖壕沟形成方田围绕于城堡之外。又建立马社，一匹马死了，由众人共同出钱买马。曹玮又在边境上挖掘濠沟，要求濠沟的深度、宽度都要达到一丈五尺。山势险峻无法挖掘的，就利用峭壁修建工事，使之能防御敌人。后来这些做法都成为定制。

359. 虞 诩

永初四年，羌胡反乱，残破并、凉，大将军邓骘以军役方费，事不相赡，欲弃凉州，并力北边，譬如衣败，用以相补，犹有所完，不然，将两无所保。议者咸以为然。诩说太尉李修曰："窃闻公卿定策，当弃凉州。夫凉州既弃，即以三辅为塞。三辅为塞，则园陵单外，此不可之甚者也。谚曰：'关西出将，关东出相。'观其习兵壮勇，实过余州。今羌胡所以不敢入据三辅，为腹心之害者，以凉州在后故也。其土人所以摧锋执锐无反顾之心者，为臣属于汉故也。若弃其境域，徙其人庶，安土重迁，必生异念。如使豪杰相聚，席卷而东，虽贲育为卒，太公为将，犹恐不足当御。议者喻以补衣犹有所完，诩恐其疽食浸淫而无限极。弃之非计。"修曰："然则计将安出？"诩曰："今凉土扰动，人情不安，窃忧卒然有非常之变，诚宜令四府九卿各辟彼州数人，其牧守令长子弟，皆除为冗官，外以劝励，答其功勤，内以拘制，防其邪计。"修善其言，更集四府，皆从诩议。于是辟西川豪杰为掾属，拜牧守长吏为郎，以安慰之。

虞诩凉州之议，成于李修之公访；德裕维州之议，格于僧孺之私憾。夫不为国家图万全，而自快其私，以贻后世噬脐之悔，斯不忠之大者矣。河套弃而陕右警，西河弃而甘州危，太宁弃而蓟州逼，三坌河弃而辽东悚。国朝往事，可为寒心。昔单于冒顿不惜所爱名马与女子，而必争千里之弃地，遂因以灭东胡，并诸王。堂堂中国，而谋出丑虏下，恬不知耻，何哉？凉州之议，尤妙在辟其豪杰而用之，此玄德之所以安两川也。嘉靖东南倭警，漕台郑晓奏："倭寇类多中国人，其间尽有勇智可用者，每苦资身无策，遂甘心从贼，为之向导。乞命各巡抚官于军民白衣中，每岁查举勇力智谋者数十人，与以'义勇'名色，月给米一石，令其无事则率人捕盗，有事则领兵杀贼，有功则官之。如此，不唯中国人不为贼用，且有将才出于其间。其从贼者谕令归降，如才力可用，一体立功叙迁。不然，数年后或有如卢循、孙恩、黄巢、王仙芝者，益至滋蔓，难拨灭矣。"愚谓端简公此策，今日正宜采用。

【译文】

东汉永初四年，羌人反叛作乱，侵略并州、凉州，大将军邓骘认为军费支出太高，难以顾及周全，想放弃凉州，集中力量去对付北方的南匈奴。譬如两件破衣服，用一件来补另一件，会有一件是完整的，否则两件都不保。众人都认为这种想法很对。虞诩对太尉李修说："听说公卿已决定要放弃凉州。凉州一放弃，三辅就成为边塞，而历代天子的陵墓就孤悬塞外，这是绝对不可以的。俗话说：'关西出将，关东出相。'凉州人熟习军事，兵将英勇，远远超过其他各州。现在羌人所以一直不敢入侵三辅之地，而直接成为我们的心腹之患，就是因为有凉州在后的缘故。而当地人所以手执兵器奋勇抗敌，义无反顾，是因为他们自认是大汉的子民。如果放弃这个地方，要迁徙当地人民到内地，则人民安居本土，不肯轻易迁徙，必然产生叛变的念头。如果当地的豪杰之士聚集起来，挥军向东，就算我们有孟贲、夏育这样的勇士为士卒，有姜太公这样足智多谋者为将帅，恐怕还是抵挡不了。有人用补两件破衣服还能保有其中一件的完整来作譬喻，我却认为这犹如毒疮一般会不断侵蚀健康的肌肤而没有尽头。放弃凉州不是好办法。"李修说："然而要怎么做才对呢？"虞诩说："如今凉州骚动，民心不安，我担心突然间有意外的变故。应当由四府、九卿各自召凉州人数名，让凉州各级地方官员的子弟都做闲官。表面上是对凉州官员守土有功的酬奖，实质上也对这些人构成控制，防止他们有不轨的举动。"李修认为他的话有道理，就召集四府合议，依虞诩的计策行事。于是征召凉州一地的豪杰之士担任属官，地方长官的子弟为郎，用来劝慰他们。

冯评：虞诩对凉州的建议，成于李修的公开访问；李德裕对维州的建议，败于牛僧儒的私人仇怨。不为国家长久的利益打算，只图满足自己的私意，给后人留下莫大的悔恨，实在是最大的不忠。河套丢了，陕右就形势危急；西河丢了，甘州就陷入危险；太宁丢了，蓟州就状况紧张；三岔河丢了，辽东就担忧恐惧。本朝的往事，令人寒心！当年匈奴的冒顿单于，不吝惜自己心爱的名马与女子，而一定要争取千里的荒地，因而能消灭东胡，兼并诸王。堂堂中国，谋略居然不如塞外胡人，还恬不知耻，为什么呢？虞诩对凉州问题的建议，特别妙的是任用当地的豪杰，这也是刘玄德安抚两川的方法。嘉靖年间东南倭寇之乱，漕台郑晓奏道："倭寇中有很多是中国人，其中也颇有智勇双全可以任用的人才，往往因为没有机会建功立业，所以甘心沦为盗贼，为倭寇做向导。请命令各巡抚在军民百姓中，每年查访推举数十名有勇力智谋的人，给予'义勇'的称号，每月给一石米，命令他们平时带人缉捕盗匪，有战乱就带军队攻杀贼兵，立功以后就授与他官位。如此，不只中国人不会被倭寇所用，而且可从中发掘将帅之才。那些已经追随贼兵的，劝导他们反正，如果其才力可以任用，全部论功升迁。不然，数年之后可能出现卢循、孙恩、黄巢、王仙芝这样的反贼，乱事蔓延，就很难消灭了。"我认为郑晓的计策，正适合当今采用。

360. 款　夷　二条

俺答孙巴汉那吉，与其奶公阿力哥，率十余骑来降。督抚尚未以闻，张江陵已先知之（边批：宰相不留心边事，那得先知），贻书王总督（崇古）查其的否，往复筹之曰："此事关系甚重，制虏之机实在于此。顷据报俺酋临边索要，正恐彼弃而不取，则我抱空质而结怨于虏，今其来索，我之利也。第戒励将士，坚壁清野以待之，使人以好语款之。彼卑词效款，或斩我叛逆赵全等之首，誓以数年不犯吾塞，乃可奉闻天朝，以礼遣归。但闻老酋临边不抢，又不明言索取其孙，此必赵全等教之（边批：看得透），诱吾边将而挑之以为质，伺吾间隙而掩其所不备。唯当并堡坚守，勿轻与战，即彼示弱见短，亦勿乘之（边批：我兵被劫，往往坐此）。多行间谍，以疑其心，或遣精奇骑出他道，捣其巢穴，使之野无所掠，不出十日，势将自遁，固不必以斩获为功也。续据巡抚方金湖差人鲍崇德亲见老酋云云，其言未必皆实。然老酋舐犊之情似亦近真，其不以诸逆易其孙，盖耻以轻博重（边批：看得透），非不忍于诸逆也。乳犬驽驹，蓄之何用？但欲挟之为重，以规利于虏耳。今宜遣宣布朝廷厚待其孙之意，以安老酋之心，却令那吉衣其赐服绯袍金带，以夸示虏使。彼见吾之宠异之也，则欲得之心愈急，而左券在我，然后重与为市，而求吾所欲，必可得也！俺酋言虽哀恳，身犹拥兵驻边，事同强挟，未见诚款。必责令将有名逆犯，尽数先送入境，挈回游骑，然后我差官以礼送归其孙。若拥兵要质，两相交易，则夷狄无亲，事或中变，即不然，而聊以胁从数人塞责，于国家威重岂不大损？至于封爵、贡市二事，皆在可否之间。若鄙意，则以为边防利害不在那吉之与不与，而在彼求和之诚与不诚。若彼果出于至诚，假以封爵，许其贡市，我得以间，修其战守之具，兴屯田之利，边鄙不耸，稽人成功。彼若寻盟，则我示羁縻之义，彼若背盟，则兴问罪之师，胜算在我，数世之利也。诸逆既入境，即可执送阙下，献俘正法，传首于边，使叛人知畏。先将那吉移驻边境，叛人先入，那吉后行，彼若劫质，即斩那吉首示之，闭城与战。彼曲我直，战无不克矣。阿力哥本导那吉来降，与之，必至糜烂（边批：牛僧孺还悉怛谋于吐蕃，千古遗恨）。今彼既留周、元二人，则此人亦可执之以相当，断不可与。留得此人，将来大有用处，唯公审图之。"后崇古驰谕虏营，俺答欲我先出那吉，我必欲俺答先献所虏获。俺答乃献被掳男妇八十余人。夷情最躁急，遂寇抄我云石堡。崇古亟令守备范宗儒以嫡子范国囿及其弟宗伟、宗伊质虏营，易全等。俺答喜，收捕赵全等，皆面缚械系，送大同左卫。是时周、元闻变，饮鸩死，于是始出那吉，遣康纶送之归。那吉等哭泣而别。巡抚方逢时诚夷使火力赤猛克，谕以毋害阿力哥。既行，次河上，祖孙呜呜相劳，南向拜者五，使中军打儿汉等入谢，疏言："帝赦我逋迁裔，而建立之德无量，愿为外臣，贡方物。"请表笺楷式及长书表文者。江陵复移书总督曰："封贡事，乃制虏安边大机大略，时人以狷嫉之心，持庸众之议，计目前之害，忘久远之利，遂欲摇乱而阻坏之，不唯不忠，盖亦不智甚矣。议者以讲和示弱，马市起衅，不知所谓和者，如汉之和亲，宋之献纳，制和者在夷狄，不在中国，故贾谊以为'倒悬'，寇公不肯主议。今则彼称臣乞封，制和者在中国，不在夷狄，比之汉、宋，万万不侔。至于昔年奏开马市，彼拥兵压境，恃强求市，以款段驽罢索我数倍之利，市易未终，遂行抢掠，故先帝禁不复行。今则因其入贡，官为开集市场，使与边民贸易，其期或三日二日，如辽开原事例耳，又岂马市可同语乎？至于桑土之防，戒备之虑，自吾常事，不以虏之贡不贡而有加损也。今吾中国，亲父子兄弟相约也，而犹不能保其不背，况夷狄乎？但在我制驭之策，自合如是耳。数十年无岁不掠，无地不入，岂皆以背盟之故乎？即将来背盟之祸，又岂有加于此者乎？议者独以边将不得捣巢，家丁不得赶马，计私害而忘公利，遂失此机会。故仆以为不唯不忠，盖亦不智甚矣。"已乃于文华殿面请诏行之，又以文皇帝封和宁、太平、贤义三王故事，拣付本兵，因区画八策属崇古。崇古既得札，遂许虏，条上封贡便宜，诏从之。俺答贡名马三十，乃封俺答为顺义王，余各封赏有差，至今贡市不绝。

板升诸道既除，举朝皆喜。张江陵语督抚曰："此时只宜付之不知，不必通意老酋，恐献以为功，又费一番滥赏，且使反侧者益坚事虏之心矣。此辈宜置之虏中，他日有用他处。不必招之来归，归亦无用。第时传谕以销兵务农，为中国藩蔽，勿生歹心；若有歹心，即传语顺义，缚汝献功矣。然对虏使却又云：'此辈背叛中华，我已置之度外，只看他耕田种谷，有犯法，生歹心，任汝杀之，不必来告。'以示无足轻重之意。"

【译文】

明朝鞑靼酋长俺答的孙子巴汉那吉和他的奶公阿力哥率领十几个骑兵来降。总督巡抚尚未上报，张居正已先知道此事，就写信给总督王崇古查问事情确实与否，在来往信中仔细计议说："这件事关系重大，制住鞑靼的关键就在这里。刚接获报告说鞑靼酋长到边境上来要人，正怕他放弃不要，则我们空持有人质而结怨于鞑靼。现在他既来要人，就对我们有利。只要勉励将士们，坚壁清野以待敌，并派人向鞑靼好言抚慰。如果他们肯屈从降服，或斩杀我方叛逆赵全等人，立誓数年之间不侵犯我国边境，我们必当禀奏皇上，依礼遣送回去。但我听说老酋长这回到边境上既不抢劫，又不明言索要他的孙子，这一定是赵全等人教他的，这是要引诱我方边境将士出来，把他捉了当人质，再趁我们不备时进去。我们应关起城堡坚守，不要轻易出兵作战。即使他们故意示弱，也不要进攻。多派间谍，使对方疑心。或派遣精锐骑兵绕路去直接攻击他们的巢穴，使他们无处抢掠，不出十天，势必自行离去，不必以斩获多少为立功的指标。又听说巡抚方逢时派鲍崇德去会见老酋长等等，这些传闻未必是事实。但老酋长对孙子的亲情看起来不假，他不用我方叛降的人来交换他的孙子，是耻于用无足轻重的人来换取重要的人，而不是舍不得那些叛降的逆贼。巴汉那吉犹如小狗劣马，留着有什么用？只不过可以借此挟制鞑靼，谋求利益罢了。现在应当派人宣布朝廷厚待他的孙子，使老酋长安心。然后命令那吉穿着朝廷赏赐的红袍金带去见鞑靼的使者，他们见我方对那吉的宠爱，要回那吉的心意将更急切，那主动权就在我们手中，然后重新和他们交易，我方有什么要求，一定会得到。俺答言语虽然哀婉恳切，但在边境上还拥有大批军队，这种态势有如武力要胁，尚未表现出诚意。一定要让他将所有我方的叛逆先全数送入边境，且撤回骑兵，然后我们才派官吏依礼送回他的孙子。如果他带兵来要回人质，双方交易，那戎狄之人六亲不认，恐怕中途发生变故。退一步说，就算他们拿几个无关紧要的小人物来搪塞我们，岂不是严重损害国家的威望？至于封爵位、进贡交易两件事，都可做可不做。我的意见是边防的利害问题，不在那吉送不送回去，而在俺答有没有求和的诚意。如果俺答果真出于至诚，封给他爵位，准许进贡交易，我们也可以得以修整兵器守备，推行屯田。边境情势不紧张，农夫也能放心耕种收获。俺答如果要求和盟，我们就用大义怀柔；如果他们背叛盟约，我们立刻兴师问罪。胜算掌握在我们手中，这是几世的利益。那些叛逆的人入境后，就立刻送到京师处死，然后将首级送到边境，使心怀背叛的人知道畏惧。那吉则可先移送到边境，等叛逆先入境，那吉再出发。他们如果打算劫持人质，我们就立即将那吉斩首，并关闭城门与之作战。他们理屈，我们理直，一定可以获胜。阿力哥是引导那吉来投降的人，送回去一定会被处死，如今他们既然留下周、元二人，我们也同样可以留下阿力哥，绝不可以送回去。留下这个人，将来会有很大用处，希望您仔细考虑。"后来王崇古派人去虏营告诉俺答，俺答要我方先交出那吉，我方一定要俺答先献出他虏获的人。俺答于是先献出被他俘虏的八十多名男女。胡虏性情最是急躁，开始攻击我方的云石堡。王崇古立即命令守备范宗儒派其长男范国囤及弟弟宗伟、宗伊到俺答军营为人质，交换赵全等叛徒。俺答很高兴，就收捕赵全等人，都戴上手铐脚镣送到大同左卫。此时周、元二人听说状况有变，就饮毒酒自杀，于是我方放出那吉，派康纶送他回去，那吉等人哭着道别。巡抚方逢时告诫鞑靼使者火力赤猛克不要加害阿力哥。那吉走到黄河边时，俺答亲自来迎，祖孙相见，伤心落泪，互相问候，并向南方拜了五次。俺答又派中军打儿汉进京道谢。上疏说："皇上赦免我擅自逃亡的孙儿，恩德无量，俺答愿意以皇上远方的臣子自居，进贡我地的产物。"同时请求颁赐表章书信的格式及擅长文书章奏的人员。张居正又写信给总督说："封爵位、进贡的事是控制胡虏、安定边塞的重要方略。现在有人怀着嫉忿的心理，主张一些庸俗无知的提议，只看到眼前的利害，置国家久远的利益于不顾，于是想扰乱甚至阻止和议的进行，这不只是不忠，更是愚昧至极。议论的人认为议和是示弱，答应和鞑靼人开放马匹交易一定会引发战乱，这是不了解议和的意义。例如汉朝的和亲、宋朝的献纳，和议的主动权在夷狄手中，不在中国，所以贾谊称之为倒悬，寇准坚决反对和议。如今鞑靼对我国称臣求封，和议与否的主动权在中国手里，不在夷狄，比起汉朝、宋朝，绝不相同。至于从前奏请开马市，他们带兵侵犯边境，仗恃强势要求交易，用瘦弱的劣马向我方索取数倍的利润。交易未完，就进行抢劫。所以先帝下令禁止不再实行贸易。如今趁鞑靼入贡，官方为他们开办市场，让他们和边民贸易。为期或三天，或两天，这就像辽东开原的先例，又哪里能和当年马市的事同日而语？至于国土的防卫，戒备的谋划，自然是我们日常的工作，不可因为胡虏入贡与否而有增减。如今我们中国人亲生父子兄弟互相约定，尚且不能保证不违背，何况是夷狄呢？只是我们对付夷狄的策略理当如此罢了。鞑靼数十年来没有一年不入关掠夺，难道都是违背盟约才发生的吗？就算将来因违背盟约而产生祸患，难道会比这更严重吗？议论的人只说边将不能直捣胡虏的老巢将其消灭，士兵不能马放南山，计较私利而不顾国家大计，于是失去这样的机会，所以我认为这些人不只不忠，更是愚昧至极。"随后，张居正在文华殿当面奏请皇帝下令实行，又仿成祖封和宁、太平、贤义三王的故事，交付兵部拟定八项原则交王崇古执行。王崇古接到公文，就答应俺答的要求，请求进贡交易，皇帝下诏书同意。俺答进贡名马三十四，皇帝封俺答为顺义王，其余依次各有封赏，至今进贡交易依然不绝。

聚集板升的汉人叛逆被清除，朝廷上下为之大喜。张居正对总督巡抚说："这个时候最好假装不知道，不必通知俺答，否则他们以此邀功，又得多花一番赏钱，且会使那些叛国者投靠胡虏之心益发坚定。这些人就让他们留在虏地，会有用到他们的时候。不必招他们回来，他们回来也没用。只要不时训谕他们放下兵器，专心务农，为我中国之屏障，勿生反叛之心；若有反叛之心，我们就会传话给顺义王，要他抓他们来献功。但是面对北虏使者时，又要说：这些人是叛国者，我朝已放弃他们，只要他们耕田种粮。如果他们犯法叛乱，任由你们处置，不必告知中国。表示这些人无足轻重。"

361. 安黎峒

顾玠《海槎余录》云：儋耳七坊黎峒，山水险恶，其俗闲习弓矢，好战，峒中多可耕之地，额粮八百余石。弘治末，困于征求，土官符蚺蛇者恃勇为寇，屡败官军。后蚺蛇中箭死，余党招抚讫，嘉靖初，从侄符崇仁、符文龙争立，起兵仇杀，因而扇动诸黎，阴助作逆。余适拜官莅其境，士民蹙额道其故。余曰："可徐抚也。"未几，崇仁、文龙弟男相继率所部来见，劳遣之。余知二人已获系狱，故发问曰："崇仁、文龙何不亲至？"众戚然曰："上司收狱正严。"余答曰："小事，行将保回安生。"众欣然感谢。郡士民闻之骇然，曰："此辈宽假，即鱼肉我民矣！"余不答。既而阅狱，纵系囚二百人，州人咸赏我宽大之度。黎众见之，尽阍首祝天曰："我辈冤业当散矣。"余随查该峒粮，俱无追纳，因黎众告乞保主，余谕之曰："事当徐徐，此番先保各从完粮，次保其主何如？"众曰："诺。"前此土官每石粮征银八九钱，余欲收其心，先申达土司，将该峒黎粮品搭见征无征，均照京价二钱五分征收。示各黎俱亲身赴纳，因其来归，人人抚谕，籍其名氏，编置十甲。办粮除排年外，每排另立知数、协办、小甲各二名，又总置、总甲、黎老各二名，共有百余人，则掌兵头目各有所事，乐于自专，不顾其主矣。日久浸向有司。余密察识其情，却将诸首恶五十余名解至省狱二千里外，相继牢死，大患潜消。后落窑峒黎闻风向化，亦告编版籍，粮差讫，州仓积存，听征粮斛准作本州官军俸粮敷散，地方平安。

【译文】

　　明朝人顾玠的《海槎余录》记载：儋耳（今海南岛）七坊黎山一带山势险恶，当地人民一向熟习弓箭，好斗成性。黎峒有很多耕种的田地，每年可生产八百多石米粮。明孝宗弘治末年，当地人民因不堪忍受重税的课征，于是土官符峒蛇仗恃勇武率众为寇，屡次打败官军。后来符峒蛇中箭死亡，余党被官军招抚。世宗嘉靖初年，符峒蛇的侄儿符崇仁、符文龙争夺官位的继承，起兵互相仇杀，继而煽动各黎族部落，暗中准备叛乱。我正好到当地任知府，当地的百姓非常忧虑乱事将起，向我报告了这个事情，我说："没问题，可以慢慢安抚他们。"不久，符崇仁、符文龙的弟弟及儿子相继率领部落的人来求见，我慰劳他们，后来知道符崇仁、符文龙已被捕下狱，就故意问他们："崇仁、文龙为什么不亲自来呢？"众人难过地说："已经被官府抓去关起来了。"我笑着说："这是小事，我就去保他们回来。"众人都高兴地道谢。郡里的百姓听了，害怕地说："这些恶人一放出来，马上就会来残害我们百姓了。"我也不理会。不久我巡视监狱，放了两百名囚犯，州人都称赞我宽怀大量，黎族人见了全体低着头祈祷说："我们的冤屈终于可以得到平反了。"我随后详查黎峒的粮食，都没有缴纳粮税，就借着黎族人来请求我保释他们的首领时，告诉他们说："事情要一步一步来，我们先办好纳粮完税的事，再谈保释首领怎样？"众人说："好的。"前任官吏每石粮食征收银子八到九钱，我想收笼他们的心，先请求上司将黎峒的各种粮税均依照京师的征收金额二钱五分来征收，并要求各黎族亲自缴纳，等他们来缴税时，都加以安抚开导。把名氏登录在簿籍上，编成十甲。办理粮务时，除了当年负责领导的人外，每排又设立知数、协办、小甲各两名，又总会整个十甲设立总甲、黎老各两名，于是共设立了一百多名掌兵头目，每人分层负责。这些人都很高兴得到自己权责范围的权力，便不再肯听令于原来的首领了。黎族人渐渐地心向着官府，我仔细察明各种情况，又将五十多名带头作乱的人押送到省监狱，让他们相继死于两千里外的监狱中，于是大患遂消除于无形。往后落窑峒黎也来归化，都正式编入户口簿籍里，催收公粮的差事完成后，州仓所积存的粮食，准许分配作本州官军的俸粮，地方因而平安。

362. 平军民变

浙故有幕府亲兵四千五百人，分为九营，岁以七营防海汛，汛毕乃归，其饷颇厚。万历十年间，吴中丞善言奉新例减饷三之一，又半给新钱，钱法壅不行，诉之不听，遂为乱。其魁马文英、杨廷用实倡之，拥吴令至营所，窘辱备至，迫书朘削状，以库金二千为酒食资，姑纵之。明日二魁阳自缚诣吴及两台，言："我实首事，请受法，他无与也。"众皆匿刃以俟，诸公惧稔祸，姑好言慰遣，而具其事上闻。少司马张肖甫奉便宜命抚浙代吴，未至而民变复作。初，杭城诸栅各设役夫司干揪（边批：多事），应役者自募游手充之。前二岁始严其法，必亲受役。惮役者相率倚豪有力以免，而游手遂失募利，亦怨望。上虞人丁仕卿侨居，素舞文，与市大猾相结，假利便言之监司守令，俱不听，意忿忿，且谓"官无如乱兵何，而如我何？"以此挑诸大猾。会仕卿坐他法荷校，诸大猾遂鼓众劫之，响应至千人，于是焚劫诸豪有力家以快憾，遂破台使者门，监司而下悉窜匿。张公抵嘉禾闻变，问候人曰："兵哨海者发耶？"曰："发矣。""所留二营无恙耶？"曰："然。"公曰："速驱之，尚可离而二也。"（边批：兵民合则不可为矣）从者皆恐，公谈笑自如，既抵台治事，而群不逞啸聚益众，揭竿立帜，执白刃而向台者可二千余，且欲毁垣以入，公乃从数卒乘肩舆出迎，谓之曰："汝曹毋反，反则天子移六师至族汝矣！且汝必有所苦与甚不平，何不告我？"众以司夜役不公为言，公曰："易耳！奈何以一愤易一族？"即下令除之，众始散。然其气益张，夜复掠他巨室，火光烛天，公秉烛草檄，谕以祸福，质明，张之通衢，众取裂之。公怒曰："吾奉命戢悍兵，宜自悍民始。"已而计曰："过可使也，乌合可刈也。"命游击徐景星以二营兵入，召伍长抚之曰："前幕府诚用汝死力而不汝饷，汝宁无怏怏（边批：先平其气，安其心而后用之）？众唯唯，则又曰："市无赖子乱成矣，彼无他劳，非汝曹例，能为我尽力计捕之，我且令汝曹以功饱也，然无多杀，多杀不汝功。"众踊跃听命。复召马文英、杨廷用，密谓之曰："向自缚而请者汝耶？"二魁谢死罪，公曰："壮士故不畏死。虽然，死法无名，汝为我帅众捕乱，讵论赎，且赏矣，即不幸死，宁死义乎！"二魁亦踊跃听命。公乃召徐景星出所从骁勇为中军，俾营兵次之，郡邑土团又次之，严部伍，明约束，遂前薄乱民，连败之，缚百五十余人，而仕卿与焉。公讯得其倡谋，挟刃而腰金帛者凡五十余人，皆斩枭之辕门，余悉释去。于是群不逞皆散，公念此悍卒犹未伏法，急之或生变，假他事罪之或密掩之则非法，因阳奖二魁功，予之冠带。榜于营，复其饷如初，咸帖然，当二魁自缚时，要众曰："吾以一死蔽若等，姑予我棺殓，给妻子费。"众为敛金数百，既免而不复反橐，众颇恨，又各营倡乱者数十，公俱廉得之。届明年春汛，七营当复发，公于誓师时密令徐景星以名捕营各一人，数其首乱罪斩之，已后捕马、杨二魁至，曰："汝故自请死，今晚矣。且汝既倡乱，又欺众而攘其资，我即欲贷汝，如众怒何？"又斩之，凡九首，陈辕门外，而使使驰赦诸营，曰："天子不忍尽僇汝，汝自揣合死否，今而后当尽力为国御圉也！"众尽感泣。

　　兵之变，未有不因朘削激成者；民之变，未有不因势豪激成者。至于兵民一时并变，危哉乎浙也！幸群不逞仓卒乌合，本无大志，而二魁特好言之慰遣，自幸不死，故不至合而为一，于此便有个题目可做。

　　张公此举，大有机权，大有次第，尤妙在于不多杀。若贪功之臣，我不知当如何矣。

【译文】

　　浙江旧时有幕府亲兵四千五百人，分为九营，每年海潮期时派七营去防汛，汛期结束后才回去，他们的粮饷颇为优厚。万历十年间，中丞吴善说奉行新法，依新规定减少三分之一粮饷，又发给一半新钱，随即新钱废而不用，亲兵申诉又得不到结果，于是起而叛乱。首领马文英、杨廷用带头作乱，挟持吴中丞到军营，羞辱备至，并强迫他写下克扣粮饷的事实，用公库银二千两做为营兵的酒食费，才暂且放他回去。第二天，两名首领假意自己捆绑来拜见吴中丞及藩臬司，说："是我们挑起事端，请求接受刑罚，其他人都不相关。"众人都暗藏兵器蓄势待发。诸官员害怕再引起祸患，只有好言相慰，将他们遣走，再将此事向朝廷奏报。少司马张肖甫奉命到浙江代替吴中丞，人未到而平民又起叛变。起初，杭州城的哨楼各设役夫巡夜，担当役夫的往往自行招募无业游民充任，前两年还严格执行，一定要由百姓亲自担任役夫。害怕担任役夫的人，便纷纷投靠权势之家而免除劳役，无业游民便失去谋利的途径，产生怨恨。上虞人丁仕卿寄居杭州，向来喜欢舞文弄墨，和城中的一些狡诈不法的人互相勾结，趁机对地方长官说及此事，都没有被采纳，丁仕卿很生气，说："官府不敢拿叛乱士兵怎么样，又敢把我怎么样？"以此挑拨城中的不法之徒。适逢丁仕卿触犯其他法令被捕，不法之徒就鼓动群众去劫狱，一时闻风响应的达上千人，暴民于是到权贵人家打劫放火以泄愤，并击破台使衙门，监司以下的官员都逃匿无踪。张肖甫抵达嘉禾，听说军民叛变，问侍从说："海防的七营士兵出发了没有？""出发了。"张肖甫又问："另外留守的两营没事吧？"侍从回答："是的。"张肖甫说："立刻调动他们，还来得及。"随从的人员都很害怕，张肖甫却谈笑自如。张肖甫抵达官府以后，乱民越聚越多，树立旗帜，拿着武器包围官府的有近二千人，而且想破墙而入。张肖甫带着数名士卒乘轿子出迎，对他们说："你们不要作乱，乱事一起，朝廷一定会派大军来讨平，你们都会得到灭门的下场！你们心里一定有痛苦与不平，何不告诉我呢？"众人都说是巡夜的事不公平。张肖甫说："这很容易，何必因一时愤怒，拿灭族之罪来换取？"于是张肖甫当场就下令废除巡夜，众人这才散去。但是他们气焰却更嚣张，夜里又去抢劫大户，弄得火光冲天。张肖甫连夜写告示，晓以祸福利害。天刚亮时，张贴在重要路口。众人却把它扯下来撕碎。张肖甫发火了："我奉命来平定悍兵，现在应该从悍民着手。"张肖甫认为，营兵虽有过失，但还可以驱使，至于那些乱民不过是乌合之众，很容易平定。于是命令游击将军徐景星带二营士卒入城，召伍长来安抚说："前任幕府要你们尽力效命却克扣你们的粮饷，难怪你们心里不满。"众兵连连称是。又说："城中无赖已开始闹事，他们没有什么功劳，不可和你们相提并论。你们若能尽力去逮捕他们，我就让你们因功受到足够的封赏，但是要记住不要杀太多人，多杀人不算功劳。"众兵踊跃听命。又召马文英、杨廷用来，私下说："先前自己捆绑来请罪的是你们吗？"二人谢罪，张肖甫说："男子汉大丈夫本来就应该不怕死，但也不要死得不明不白，你们为我率兵缉捕乱民，不要说赎罪，还能得到奖赏。就算不幸牺牲，死得大义凛然不是更好吗！"二人也积极表示听命。张肖甫又召徐星卿，派出骁勇士卒为中军，营兵居第二线，当地的民兵跟随其后，严整队伍，明定规矩，然后开始逼近乱民，果然接连击败乱民，逮捕一百五十多人，丁仕卿也在其中。张肖甫升堂审问，查到主谋的、挟带兵器的、身上有劫来的财帛的共五十多人，都处以死刑，并将首级悬挂军门之上，其余的人则当场释放，于是众人都各自散去。张肖甫担心这些人还没有真正伏法，逼急了还会再度闹事，若是借其他缘由处置他们或秘密杀死他们都不合法，因此假装奖励马、杨二人的功劳，给予冠带，榜示于军营，又恢复他们的粮饷，众人都很服贴安顺。当初马文英和杨廷用在自我捆绑请罪时，曾和众人约定说："我俩以死来让你们脱罪，你们应该给我们两人出丧葬费和妻儿的生活费。"众人因此为他们凑了数百两的费用，但马、杨二人无罪后又不退还，大家都十分怨恨。此外，各营带头作乱的有数十人，张肖甫也都查清楚了。到第二年春季海潮期，七营军士又将出发，张肖甫在军士宣誓时秘密命令徐星卿在每一营中各逮捕一名带头作乱的人，宣布其罪状后处死，然后又逮捕马、杨两名首领，张肖甫说："你们当初自己请死，现在已经晚了。你们带头作乱，又欺骗众人的钱，即使我想赦免你们，众人的愤怒又怎么平息？"又杀死他们两人，一共九个首级，一齐陈列在军门外。最后，张肖甫派使者去告诉各营军士："天子不忍心将你们全部处死，你们自己想想该不该死？今后应当尽力防卫国土。"众人都感动得落泪。

冯评：军士叛变，没有不是因为上级剥削激成的；平民叛变，没有不是因为权贵压迫导致的。至于军民一起叛变，当时浙江的情势真是万分危急！幸好乱民只是仓卒聚集的乌合之众，本来就没有什么大志，而马、杨两个首领又仗着张肖甫的好言慰藉，自己庆幸不死，所以不至军民合而为一，这样就有办法可想了。

张肖甫这番作为，很有谋略，又很有步骤，最好的是不多杀人。如果是贪功的臣子，我不知道会怎么样。

363. 三受降城　钓鱼山

朔方军与突厥以河为境，时默啜悉众西击突骑施，总管张仁愿请乘虚夺取漠南地，于河北筑三受降城，首尾相应，以绝其南寇之路。六旬而成，以佛云祠为中城，距东西城各四百余里，皆据津要，于牛头朝那山北置烽堠千八百所。自是突厥不敢度山畋牧。

今皆弃为荒壤矣，惜哉！

余玠帅蜀，筑召贤馆于府左，供帐一如帅所。时播州冉琎、冉璞兄弟隐居蛮中，前后阃帅辟召，皆不至，至是身自诣府。玠素闻其名，与之分庭均礼。居数月，无所言，玠乃为设宴，亲主之。酒酣，坐客纷纷，竞言所长，琎兄弟卒默然。玠曰："是观我待士之礼何如耳。"明日更辟馆以处之，因使人窥之，但见兄弟终日对踞，以垩画地为山川城池，起则漫去。如是又旬日，乃请玠屏人言曰："某蒙明公礼遇，今日思有以少报，其在徙合州城乎？"玠不觉跃起，执其手曰："此玠志也，但未得其所耳！"曰："蜀中形胜之地莫如钓鱼山，请徙诸砦，若任得其人，积粟以守之，贤于十万师远矣！"余玠大喜，密闻于朝，请不次官之。卒筑青居、大获、钓鱼、云顶、天生凡十余城，皆因山为垒，棋布星分，于是臂指联络，蜀始可守。

张仁愿筑三受降城，而河北之斥堠始远；吴玠筑钓鱼山十余城，而蜀之形胜始壮。皆所谓一劳而永逸，一费而百省者也。嘉靖中，大同巡抚张文锦议于镇城北九十里筑五堡，徙镇卒二千五百家往戍之，堡五百家，为大同藩篱，此亦百世之利也。然五堡孤悬几百里，戍卒惮虏不愿往。必也兴屯田、葺庐舍，使民见可趋之利，而又置训练之将，严互援之条，使武备饬而有恃无恐，民谁不欣然而趋之？乃不察机宜，而徒用峻法以驱民于死地，所任贾鉴者，又不能体国奉公，以犯众怒，遂致杀身辱国，赖蔡天祐相机抚定，仅而无恙。欲建功任事者，先在体悉人情哉！

【译文】

唐朝朔方军和突厥以黄河为界，当时突厥首领默啜率军向西攻击突骑施，总管张仁愿奏请乘突厥空虚之时夺取漠南，在河北建筑三座受降城，首尾相应，以断绝突厥南侵的路。六十天后完工，以佛云祠为中城，距东西二城各四百多里，都在地势险要处，在牛头朝那山北设置烽火台一千八里座。从此突厩不敢越过山来放牧。

冯评：现在弃置为荒地了，可惜！

南宋余玠在蜀统军时，在元帅府左边建筑召贤馆，陈列布置完全依照元帅府。当时播州人冉琎、冉璞兄弟隐居蛮中，前数任将帅屡次征召，都不肯出来做官。到此时才亲身拜访，余玠听说过他们的大名，就用对等的礼节对待他们。住了几个月，冉氏兄弟没有任何建言。余玠特地准备酒宴，亲自主持招待，喝到兴头上，在座客人纷纷说自己的专长，冉氏兄弟却始终沉默不语。余玠说："这是他们在观察我对待贤士的礼节如何罢了。"第二天，余玠又请冉氏兄弟迁入新的居室，派人偷偷监视他们，只见兄弟俩整天对坐，用白土在地上画山川城池，起身后就马上涂掉。这样过了十天，两兄弟请见余玠，摒退旁人说："我们兄弟承蒙大人礼遇，现在想给大人少许报答，您是否有意迁移到合州城（今涪陵）呢？"余玠听了一跃而起，握着他们的手说："这正是我的愿望，只是一直不知道怎么实施。"冉氏兄弟说："蜀中没有比钓鱼山更险要的了，请您把营寨迁移过去。如果能任用适当的人选，并积存粮食来防守，远胜过十万大军。"余玠非常高兴，秘密奏报朝廷，请求破格提拔冉氏兄弟。后来造了青居、大获、钓鱼、云顶、天生等十多个城寨，都依山势而成堡垒，星罗棋布，互相呼应，蜀地才能固守。

冯评：张仁愿兴建三座受降城，河北的斥堠才无法接近；吴玠建造了钓鱼山十多个城寨，蜀中的形势才显得壮观。这都是所谓的一劳永逸，一费百省。嘉靖年间，大同巡抚张文锦建议在镇城北九十里处建五座城堡，将二千五百户士卒家庭迁往当地戍守，每座城堡各五百家，作为大同的屏障，这也是百世之利。但那五座城堡孤悬于几百里外，戍守的士卒畏惧辛劳不愿前往。因此必须兴建屯田，修葺庐舍，使民众看得到利益，又必须设置训练有素的将领，严密设定互相援助的制度，充分建立防卫体系，有恃无恐，民众谁不欣然愿往？若是不能明察其中的关键，光是用严苛的法令将百姓赶入绝境，所任命的贾鉴又不能忠公体国，犯了众怒，最终杀身辱国，最后还靠蔡天祐相机行事抚平乱事，也仅仅做到没出大事。要建功立业，还是必须先学会体察人情事理吧！

364. 孟 珙

淳祐中，孟珙镇江陵。初至，登城周览，叹曰："江陵所恃三海，不知沮
洳有变为桑田者。今自城以东，古岭先锋，直至三汊，无所限隔，敌一鸣鞭，
不即至城外乎？"乃修复内隘十有一，而别作十隘于外，沮、漳之水旧自城西
入江，则障而东之，俾绕城北入于汉，而三海遂通为一，随其高下，为匮蓄
泄，三百里间，渺然巨浸，土木之工百七十万，而民不知役。

【译文】

南宋淳祐年间，孟珙镇守江陵。初到任时，他登上城楼四处观看，叹息
道："江陵历来依仗的是三面临水，不知沧海有变为桑田的。如今从江陵城以
东，自古岭先锋一直到三汊，一点都没有阻隔，敌人只要扬鞭催马，岂不是立
刻就到城外！"于是他在城里修复十一处要塞，城外另建十个要塞，沮水、漳
水原来是从城西流入长江，如今把它引导向东，环绕城北流入汉水，三面的湖
水连通为一，根据地势高下，设置蓄水泄水的机关，三百里之间都成为辽阔的
水域，土木工程费用总共一百七十万，但百姓并不觉得辛苦。

365. 中兴十策

建炎中，大驾驻维扬，康伯可上《中兴十策》：一请皇帝设坛，与群臣六
军缟素戎服，以必两宫之归；二请移跸关中，治兵积粟，号召两河，为雪耻
计，东南不足立事；三请略去常制，为马上治，用汉故事，选天下英俊日侍左
右，讲究天下利病，通达外情；四请河北未陷州郡，朝廷不复置吏，诏士人自
相推择，各保乡社，以两军屯要害为声援，滑州置留府，通接号令；五请删内
侍、百司、州县冗员，文书务简，以省财便事；六请大赦，与民更始，前事一
切不问，不限文武，不次登用，以收人心；七请北人避胡、挈郡邑南来以从吾
君者，其首领皆豪杰，当待之以将帅，不可指为盗贼；八请增损保甲之法，团
结山东、京东、两淮之民，以备不虞；九请讲求汉、唐漕运，江淮道途置使以
馈关中；十请许天下直言便宜，州郡即日缴奏，置籍亲览，以广豪杰进用之
路。宰相汪、黄辈不能用，惜哉！

康伯可后来附会贼桧，擢为台郎，两宫宴乐，专应制为歌词，名节扫地

矣。然此十策正大的确，虽李伯纪、赵元镇未或过也，可以人废言乎？

【译文】

南宋建炎年间，天子移驾扬州，康与之（字伯可）上《中兴十策》：一、请皇帝设坛，和群臣六军穿白色军服祈祷，决心迎徽宗、钦宗回朝；二、请皇帝移驾关中，整军积粮，号召两河军民为国雪耻，光是东南地方不足以成就中兴大业；三、暂时废除平时的制度，改为战时制度，用汉朝的先例，选天下杰出的人才陪侍皇帝身边，讨论国家政策的利弊得失，掌握国家的真实情况；四、河北未沦陷的州郡，朝廷不再设置官吏，命当地人自己互相推选，各自保护自己的乡里，再派两支军队屯驻要害地方作声援，在滑州设置留府，负责传达号令；五、裁减内侍、百官和州县冗员，文书从简，以节省公款，提高办事效率；六、大赦天下，和百姓一起重新开始，以往种种一律不再过问，不论文武官员，不必依常法任用，以收揽人心；七、凡是北方逃避金人、带着乡民南来归顺我朝的，首领都是豪杰，应封以将帅，不可以把他们当作盗贼；八、调整保甲法，团结山东、京东及两淮的百姓，以防备各种意外事件；九、研究汉唐漕运的方法，在长江、淮河沿途设置官员，将粮食运到关中；十、准许全国官员百姓直言进谏，州郡即日起呈上奏本，由皇帝亲自审阅，以扩大豪杰进用的途径。宰相汪伯彦、黄潜善等人不能采用，真是可惜！

冯评：康伯可后来依附奸贼秦桧，被任用为尚书，两宫设宴作乐时，专门负责写作歌词，因而名节扫地。然而这十策，立意正大准确，即使李纲、赵鼎也未必能超过他，怎能因人废言呢？

366. 李 纲 二条

纲疏经略两河大要云：河北、河东，国之藩蔽也，料理稍就，然后中原可保，而东南可安。今河东所失者，恒、代、太原、泽、潞、汾、晋，余郡尚存也；河北所失者，不过真定、怀、卫、濬四州而已，其余二十余郡皆为朝廷守。两路士民兵将，戴宋甚坚，皆推豪杰以为首领，多者数万，少亦不下万人。朝廷不因此时置司遣使，以大抚慰而援其危，臣恐粮尽力疲，危迫无告，愤怨必生，金人因得抚而用之，皆精兵也。莫若于河北置招抚司，河东置经制司，择有材略如张所、傅亮者为之，使宣谕天子不忍弃两河于敌国之意，有能全一州复一郡者，即如唐藩镇之制，使自为守。如此，则不唯绝其从敌之心，又可资其御敌之力，最今日先务。

李纲当金人围城死守时，有京师不逞之徒乘机杀伤内侍，取其金帛，而以所藏器甲弓剑纳官请功。纲命集守御使司，以次纳讫，凡二十余人，各言姓名，皆斩之。并斩杀伤部队将者二十余人，及盗衲袄一领者、强取妇人绢一匹者、妄矸伤平民者，皆即以徇。故外有强敌月余日，而城中窃盗无有也。

【译文】

李纲关于经营两河的奏疏，大意说：河北、河东是国家的屏障，只要稍稍加以整顿，中原就可以保全，而东南也可以安定。现在河东失守的有恒、代、太原、泽、潞、汾、晋等，其余州郡都在；河北失守的，不过是真定、怀、卫、濬四州，其余二十多郡都还在朝廷掌控之中。而两路的百姓和军队拥戴宋室的心意很坚决，都推举豪杰之士为首领，人数多的有数万，少的也不低于一万。朝廷如果不趁此时设置官府，派遣官吏，大力抚慰并援助他们的困难，臣恐怕他们粮食用尽，力量枯竭，危险急迫又无处求助，必定心生怨恨，金人乘机安抚而任用他们，他们将都成为敌人的精兵强将。不如在河北设置招抚司，在河东设置经制司，选择有才略的官员如张所、傅亮等管理，宣扬天子不忍放弃两河给金人的态度，能够保全一州、恢复一郡的，就像唐朝藩镇的制度，由他们自行守卫。这样，不仅能断绝他们归附敌国的想法，又可以借助他们来抵御金人，这是现在的当务之急。

李纲在金人围攻京城，死守国都之时，京城中有不法之徒乘机杀伤内侍，取走财物，而将劫来的库藏兵甲上缴邀功。李纲命令他们集中在守御使司依次缴纳完毕，一共二十多人，各自报告姓名后，全部处斩。同时斩杀了杀伤部队将领的乱民二十多人，还有盗取夹袄的、强夺妇人一匹绢的、随意砍伤平民的，都一概处死。所以城外虽然有强敌围攻一个多月，而城里却没有盗贼。

367. 沈 晦

沈晦除知信州，高宗如扬州，将召为中书舍人。侍御史张守论晦为布衣时事，帝曰："顷在金营，见其慷慨。士人细行，岂足为终身累耶？"绍兴四年，用知镇江府、两浙西路安抚使。过行在面对，言"藩帅之兵可用。今沿江千余里，若今镇江、建康、太平、池、鄂五郡，各有兵一二万，以本郡财赋易官田给之，敌至五郡，以舟师守江，步兵守隘，彼难自渡；假使能渡，五郡合击，敌虽善战，不能一日破诸城也。若围五郡，则兵分势弱，或以偏师缀我大军南侵，则五郡尾而邀之，敌安能远去？"时不能用。

【译文】

南宋沈晦任信州知州。宋高宗驾临扬州，将召他任中书舍人。侍御史张守谈论他为平民时的往事，高宗说："不久之前，朕在金营见他气度不凡。读书人的细节，怎能成为他终身的牵累呢！"绍兴四年，沈晦任镇江知府、两浙西路安抚使，曾面见高宗进言："各地方的兵力可用。现在沿着长江一千多里，如镇江、建康、太平、池、鄂五郡，各有士兵一二万，以本郡的财赋收入购买官田供养他们，若敌兵进攻五郡，则用水师守长江，用步兵守隘口，敌军很难得手；就算能通过，由五郡部队联合攻击，敌人再善战，也不可能一天之内拿下五郡。如果敌军分兵围攻五郡，则必然军力分散，力量削弱。若敌方分兵牵制我主力大军后南下，则五郡的部队随后截击，敌军又怎敢深入？"可惜当时不能采用。

368. 汪立信　文天祥

襄阳围急，将破，立信遗似道书，云："沿江之守，不过七千里，而内郡见兵尚可七十余万，宜尽出之江干，以实外御。汰其老弱，可得精锐五十万，于七千里中，距百里为屯，屯有守将；十屯为府，府有总督。其尤要害处，则参倍其兵。无事则泛舟江、淮，往来游徼，有事则东西互援，联络不断，以成率然之势，此上策也。久拘聘使，无益于我，徒使敌得以为辞，莫若礼而归之，请输岁币以缓目前之急。俟边患稍休，徐图战守，此中策也。"后伯颜入建康，闻其策，叹曰："使宋果用之，吾安得至此？"

北人南侵，文天祥上疏，言："朝廷姑息牵制之意多，奋发刚断之意少，乞斩师孟衅鼓，以作将士之气。"且言："宋惩五季之乱，削藩镇，建邑郡，一时虽足以矫尾大之弊，然国以变弱，故敌至一州则一州破，至一县则一县残，中原陆沉，痛悔何及？今宜分天下为四镇，建都督统御于其中，以广西益湖广，而建阃于长沙；以广东益江西，而建阃于隆兴；以福建益江东，而建阃于番阳；以淮西益淮东，而建阃于扬州。责长沙取鄂，隆兴取蕲、黄，番阳取江东，扬州取两淮。使其地大力众，足以抗敌，约日齐奋，有进无退，日夜以图之，彼备多力分，疲于奔命。而吾民之豪杰者，又伺间出于其中。如此，则敌不难却也！"

靖康有李纲不用，而用黄潜善、汪伯彦；咸淳有汪立信不用，而用贾似道；德祐有文天祥不用，而用陈宜中。然则宋不衰于金，自衰也；不亡于元，自亡也。

【译文】

南宋时襄阳城被蒙古军围攻，情势急迫，汪立信写信给贾似道说："沿长江的防线不过七千里，而内郡现有的士兵还有七十多万，应该都派到江边，充实对外防御的兵力。淘汰掉老弱不能作战的，可得五十万精锐。在七千里之间，每距一百里设一屯，每屯有守将，十屯为一府，每府有总督。特别重要的地方兵力设为三倍。平时在江淮之间来往巡查，战时东西互相支援，保持联络，以成长蛇阵的情势，这是上策。扣留蒙古的使臣，对我们没有好处，只会给敌人以进攻的借口。不如礼遇他们，放他们回去，并请求进贡钱财以缓解目前压力。等边境的压力缓和下来，再计议战守的策略，这是中策。"后来伯颜攻入建康，听说汪立信策略，叹息道："假使宋人真的采用这个策略，我们怎么可能到这里呢！"

蒙古人南侵，文天祥上疏说："朝廷迁就姑息的意图太多，奋发果决的用意太少。请斩吕师孟祭旗，来激励三军士气。"又说："宋朝吸取五代之乱的教训，削弱藩镇，建立邑郡，一时可以矫正军人拥兵作乱的弊病，然而国家军力由此衰弱。所以敌人到一州一州就被攻破，到一县一县也被摧残，中原沦陷，悔之何及！如今应将天下分为四镇，设都督负责统领：将广西并入湖广，军府建于长沙；将广东并入江西，军府建于隆兴；将福建并入江东，军府建于番阳；将淮西并入淮东，军府建于扬州。责成长沙负责收复鄂，隆兴收复蕲、黄，番阳收复江东，扬州收复两淮。这样，各镇地大兵多，足以对抗敌军，然后找适当时机约定日期一起进军，有进无退，全力攻击，敌军战线过长，力量分散，疲于奔命，我方敌后的百姓可以在敌后实施打击。这样，敌人不难击退。"

冯评：靖康年间有李纲不用，而用黄潜善、汪伯彦；咸淳年间有汪立信不用，而用贾似道；德祐年间有文天祥不用，而用陈宜中。如此看来，宋朝不是因金人而衰弱，而是自己衰弱；不是被元灭亡，而是自己灭亡。

察智部

　　冯子曰：智非察不神，察非智不精。子思云："文理密察，必属于至圣。"而孔子亦云："察其所安。"是以知察之为用，神矣广矣。善于相人者，犹能以鉴貌辨色，察人之富贵福寿贫贱孤夭，况乎因其事而察其心？则人之忠佞贤奸，有不灼然乎？分其目曰《得情》，曰《诘奸》，即以此为照人之镜而已。

　　冯子曰：语云："察见渊鱼者不祥。"是以圣人贵夜行，游乎人之所不知也。虽然，人知实难，己知何害？目中无照乘摩尼，又何以夜行而不踬乎？子舆赞舜，明察并举，盖非明不能察，非察不显明；譬之大照当空，容光自领，岂无覆盆，人不憾焉。如察察予好，渊鱼者避之矣。吏治其最显者，得情而天下无冤民，诘奸而天下无黠民，夫是之谓精察。

【解说】

冯梦龙说：智慧非明察而不能神奇，明察非智慧而不能精审。子思说：对事物的条理详细明察，是至圣才能做到的。孔子也说"察其所安"。由此可知明察的作用广大而神奇。善于看相的人，尚且能从观察一个人的长相神色，从而判断其贫富贵贱乃至寿命短长，何况从一个人的处事来鉴别其心，其人是忠直还是奸佞当然也清清楚楚。本部分为《得情》和《诘奸》两卷，以此来做为照见人心的明镜。

冯梦龙说：俗话说"察见渊鱼者不祥"。所以圣人推崇如夜行一样低调做事，徜徉在不为人知的境界中。这样，别人要了解我很难，但并不妨碍我了解别人。眼中没有一颗光芒四射的摩尼珠，如何能保证夜行而不摔跤呢？孟子（字子舆）称赞大舜说"明于庶物，察于人伦"，既说到"明"，也说到"察"，因为不明就无法察，不察就无以体现明，比如太阳当空，幽隐之处也被照亮，尽管不是绝对没有阳光照不到的地方，但也不必有什么遗憾了。那些过于精明察见渊鱼的，还是敬而远之吧。最有效的吏治，应该做到"得情"则天下没有冤屈的百姓；"诘奸"则天下没有受刑罚的百姓，这样才是精察。

卷九　得情

口变缁素，权移马鹿。山鬼昼舞，愁魂夜哭。如得其情，片言折狱。唯参与由，吾是私淑。集《得情》。

——【解说】——

能说的可以把黑的说成白的，有权的可以把鹿说成是马。青天白日之下鬼魅横行，凄清暗夜之中冤鬼哭泣。如能分辨种种人事的情由，片言只语足以审断任何疑案。只有古代的曾参和子路，我景仰他们明察秋毫的能力。

这一卷都是断案时能明辨案情的故事，名为《得情》。

369. 唐御史

李靖为岐州刺史，或告其谋反，高祖命一御史案之。御史知其诬罔，请与告事者偕。行数驿，诈称失去原状，惊惧异常，鞭挞行典，乃祈求告事者别疏一状。比验，与原状不同，即日还以闻，高祖大惊，告事者伏诛。

【译文】

唐初李靖任岐州刺史时，有人告他谋反，高祖李渊命令一位御史审案。御史知道李靖是被诬告的，就请求和原告同行。走过几个驿站后，御史假装把原来的诉状弄丢了，非常惊恐，鞭打随行的官吏，并哀求原告再另外写一张状子。写好后拿来比对，果然和原状大不相同。当天回到京师报告，高祖大惊，原告被判死罪。

370. 张楚金

湖州佐史江琛，取刺史裴光书，割取其字，合成文理，诈为与徐敬业反书，以告。差御史往推之，款云："书是光书，语非光语。"前后三使并不能决，则天令张楚金劾之，仍如前款。楚金忧懑，仰卧西窗，日光穿透，因取反书向日视之，其书乃是补葺而成，因唤州官俱集，索一瓮水，令琛取书投水中，字字解散。琛叩头伏罪。

【译文】

唐朝湖州佐史江琛用刺史裴光的书信，割取其中文字组合成文，伪造了一份写给徐敬业的谋反书，并以此上告。派御史前往调查，裴光只说："字是我写的，话不是我说的。"前后派了三个人都无法判决。武则天命令张楚金再去调查，结果也和先前一样。张楚金非常烦闷，仰卧在西窗下，日光透过窗子射进来，于是拿出谋反信对着阳光看，发现信都是缀补而成的。因而把州官都叫来，要了一瓮水，命令江琛把信投入水中，果然信上的字一一散开，江琛叩头服罪。

371. 崔思竞

崔思竞，则天朝或告其再从兄宣谋反，付御史张行岌按之。告者先诱藏宣妾，而云："妾将发其谋，宣乃杀之，投尸洛水。"行岌按，略无状。则天怒，令重按，奏如初。则天怒曰："崔宣若实曾杀妾，反状自明矣。不获妾，如何自雪？"行岌惧，逼思竞访妾。思竞乃于中桥南北多置钱帛，募匿妾者。数日略无所闻，而其家每窃议事，则告者辄知之。思竞揣家中有同谋者，乃佯谓宣妻曰："须绢三百匹，雇刺客杀告者。"而侵晨伏于台前。宣家有馆客，姓舒，婺州人，为宣家服役，宣委之同于子弟。须臾见其人至台，赂阁人以通于告者，告者遂称"崔家欲刺我"。思竞要馆客于天津桥，骂曰："无赖险獠，崔家破家，必引汝同谋，何路自雪！汝幸能出崔家妾，我遗汝五百缣，归乡足成百年之业；不然，亦杀汝必矣！"其人悔谢，乃引至告者之家，搜获其妾，宣乃得免。

一个馆客尚然，彼食客三千者何如哉！虽然，鸡鸣狗盗，因时效用则有之，皆非甘为服役者也，故相士以廉耻为重。

【译文】

武则天时，有人告崔思竞的远房堂兄崔宣谋反，交付御史张行岌审查。原告先引诱崔宣的小妾，把她藏匿起来，宣扬说："崔宣的小妾要检举他的阴谋，崔宣杀了她，把尸体投入洛水。"张行岌调查一番，发现这说法完全没有证据。武则天很生气，命令他重新再审，回复依旧。武则天大怒："崔宣如果真的杀了小妾，谋反的证据就很明显了，不找到他的小妾，怎么证明他的清白？"张行岌害怕了，逼着崔思竞去找小妾。崔思竞在中桥南北摆了很多钱和丝帛，用来悬赏藏匿小妾的人。好多天都没有收获，而崔宣家每天私下讨论的事，

崔家破家必引汝同謀何路自雪汝幸能出崔家妾、
我遣汝五百縑歸鄉足成百年之業不然亦殺汝必
免其人悔謝乃引至告者之家搜獲其妾宣乃得免
一個館客尚然彼食客三千者何如哉雖然雞鳴
狗盜因時效用則有之皆非甘為服役者也故相
士以廉恥為重。

○邊郡中

開封屠子胡婦行素不潔夫及舅姑日加笞罵一日
出汲不歸胡訴之官遣安業坊申有婦屍在眢井中

— 508 —

◎毛泽东评：未必。

原告往往很快知道了。崔思竞猜想家中一定有内奸，就假装对崔宣的妻子说："准备三百匹绢，我要去雇刺客杀原告。"然后天快亮时埋伏于原告府门前。崔宣家有个门客，姓舒，婺州人，为崔宣家服役，崔宣待他如同自家子弟。不久，崔思竞看见这个人走到门前，贿赂看门的人去通报原告，原告就宣称"崔家要刺杀我"。崔思竞在天津桥截住那个姓舒的骂道："无赖阴险的家伙，崔家要是被抄家，也一定拉你作同谋，你哪有办法洗脱？你最好交出崔家小妾，我可以送你五百匹丝绢，回乡可以建一个长久的产业，要不然你一定也是被杀的下场。"那人后悔谢罪，就带领崔思竞去原告家，搜出崔宣的小妾，崔宣才免于罪责。

冯评：一个门客尚且如此，那些有三千食客的该是什么情况啊！尽管如此，鸡鸣狗盗之徒有机会发挥点作用是有的，但都不是甘心效命的人，所以鉴别人才要以廉耻为重。

372. 边郎中

开封屠子胡妇，行素不洁，夫及舅姑日加笞骂。一日，出汲不归，胡诉之官。适安业坊申有妇尸在眢井中者，官司召胡认之，曰："吾妇一足无小指，此尸指全，非也。"妇父素恨胡，乃抚尸哭曰："此吾女也！久失爱于舅姑，是必挞死，投井中以逃罪耳！"时天暑，经二三日，尸已溃，有司权瘗城下，下胡狱，不胜掠治，遂诬服。宋法，岁遣使审覆诸路刑狱。是岁，刑部郎中边某一视成案，即知冤滥，曰："是妇必不死！"宣抚使安文玉执不肯改，乃令人遍阅城门所揭诸人捕亡文字，中有贾胡逃婢一人，其物色与尸同，所寓正眢井处也。贾胡已他适矣。于是使人监故瘗尸者，令起原尸，瘗者出曹门，涉河东岸，指一新冢曰："此是也。"发之，乃一男子尸，边曰："埋时盛夏，河水方涨，此辈病涉，弃尸水中矣，男子以青帛总发，必江淮新子无疑。"讯之果然。安心知其冤，犹以未获逃妇，不肯释。会开封故吏除洺州，一仆于迓妓中得胡氏妇，问之，乃出汲时淫奔于人，转娼家。其事乃白。

【译文】

北宋时开封胡屠夫的妻子一向行为不检点，丈夫和公婆天天打她骂她。有一天，她出去打水后没有回家，胡屠夫就告到官府。刚好安业坊报告有一具妇人尸体在废井中，官府便召胡屠夫去认尸，胡屠夫说："我的妻子一只脚缺了小指，这具尸体脚趾齐全，不是我妻子。"胡妻的父亲向来恨胡屠夫，就抱着尸体哭道："这是我的女儿，久失公婆的宠爱，一定是被打死后投入井中以逃罪。"当时天气炎热，经过两三天后，尸体已经溃烂，官府暂把尸体埋在城下，将胡屠夫关进监狱，因受不了拷问，胡屠夫胡乱认罪。宋朝法律规定，每年都要派特使复审各路的刑案。这一年，刑部郎中边某一看到这个案子，立即知道是冤案，他说："这个妇人一定没死。"宣抚使安文玉坚持不肯改判，于是边郎中派人去查看城门所贴的所有寻人启事，其中有一则是外国商人寻找逃婢一人，所说的特征和尸体相同，而所住的地点也正在废井附近，但那名外国商人已经搬走了。边郎中于是派人找来当初埋尸的人，命令他挖出尸体。埋尸者走出曹门，涉水渡河到东岸，指着一个新坟说："这个就是了。"挖开一看，却是一具男尸。边郎中说："埋尸的时候是夏天，河水上涨，这些人怕涉水，就把尸体丢弃水中了。男子用青巾扎束头发，一定是江淮间的年轻人。"一问，果然如此。安文玉这时已经知道胡屠夫是冤枉的，但还因为没有找到逃妇，还是不肯释放犯人。正逢前任开封官吏调到洺州，一个仆人在欢迎的妓女中看到胡妻，问她，说是出去汲水时和人私奔，转到妓院。这件事才真相大白。

373. 解思安狱

定州流人解庆宾兄弟坐事，俱徙扬州。弟思安背役亡归，庆宾惧后役追责，规绝名贯，乃认城外死尸，诈称其弟为人所杀，迎归殡葬，颇类思安，见者莫辩。又有女巫杨氏，自云见鬼，说思安被害之苦、饥渴之意。庆宾又诬疑同军兵苏显甫、李盖等所杀，经州讼之，二人不胜楚毒，各诬服。狱将决，李崇疑而停之，密遣二人非州内所识者，伪从外来，诣庆宾告曰："仆住北州，比有一人见过，寄宿，夜中共语，疑其有异，便即诘问，乃云是流兵背役，姓解字思安，时欲送官，苦见求，乃称有兄庆宾，今住扬州相国城内，嫂姓徐，君脱矜愍为往告报，见申委曲。家兄闻此，必相重报。今但见质，若往不获，送官何晚？是故相造，君欲见顾几何？当放令弟，若其不信，可现随看之。"庆宾怅然失色，求其少停，此人具以报崇，摄庆宾问之，引伏。因问盖等，乃云自诬，数日之间，思安亦为人缚送。崇召女巫视之，鞭笞一百。

【译文】

定州流浪者解庆宾、解思安兄弟犯事，一同流放扬州。弟弟解思安中途逃亡，解庆宾怕被追究责任，想除去弟弟的人口记录，就诈称城外的死尸就是弟弟，被人杀死，迎回安葬。死尸的模样很像解思安，见到的人都无法分辨。又有女巫杨氏说见到解思安鬼魂，告诉她被害的痛苦、受饥渴的情形。解庆宾又诬陷同军的苏显甫、李盖等是凶手。州官审问，苏、李两人因受不了拷打而认罪。案子即将判决，李崇因怀疑而叫停，秘密派遣两个州人不认识的人，假装从外地来，拜访解庆宾说："我们从北方来，有一个人经过，在我们那里寄宿，夜里一起谈话，我们看他神情有异，便盘问他，他说是流放的逃兵，姓解名思安，当时我们想把他送到官府，他苦苦哀求，说他有个哥哥解庆宾，现在住在扬州相国城内，嫂嫂姓徐，如果出于同情替他来向你报告，洗清他的冤屈，他哥哥听说后，一定重重报答。现在他自愿当人质，如果我们找不到你，再送官府又怎么嫌晚？所以我们前来拜访。你要是照顾一些，就释放令弟。如果不信，可以现在就跟我们去看。"解庆宾怅然失色，求他们稍作停留。这两人就把实情报告李崇，带解庆宾来盘问，解庆宾伏首认罪，又询问李盖等人，都说是受不了逼供而认罪。几天之后，解思安也被缚绑送到，李崇又找到女巫杨氏，鞭刑一百。

374. 欧阳晔

欧阳晔治鄂州，民有争舟相殴至死者，狱久不决。晔自临其狱，出囚坐庭中，出其桎梏而饮食。讫，悉劳而还之狱，独留一人于庭，留者色动惶顾。公曰："杀人者，汝也！"囚不知所以，曰："吾观食者皆以右手持匕，而汝独以左。今死者伤在右肋，此汝杀之明验也！"囚涕泣服罪。

【译文】

北宋欧阳晔治理鄂州，有州民为争船互殴而死，案子很久没能判决。欧阳晔亲自到监狱，把囚犯带出来，让他们坐在大厅中，除去他们的手铐脚镣，给他们食物，吃完后一一慰问再送回监狱，只留一个人在大厅上，这个人显得惶恐不安。欧阳晔说："杀人的就是你！"这个人不知缘故。欧阳晔说："我看众人饮食都用右手，只有你是用左手拿筷子。被杀的人伤在右肋，这就是你杀人的明证。"这个人哭着服罪。

375. 尹见心

民有利侄之富者，醉而拉杀之于家。其长男与妻相恶，欲借奸名并除之，乃操刀入室，斩妇首，并取拉杀者之首以报官。时知县尹见心方于二十里外迎上官，闻报时夜已三鼓。见心从灯下视其首，一首皮肉上缩，一首不然，即诘之曰："两人是一时杀否？"答曰："然。"曰："妇有子女乎？"曰："有一女方数岁。"见心曰:"汝且寄狱,俟旦鞫之。"别发一票,速取某女来,女至,则携入衙,以果食之,好言细问,竟得其情,父子服罪。

【译文】

　　元朝有个人贪侄儿的财富,趁侄儿喝醉酒时将他杀死。他的长子与媳妇不睦,想用通奸罪名把他们一起除掉,就拿着刀子进入卧室,斩下妻子的首级,连同被父亲杀死的那个的首级去告官。当时的知县尹见心正在二十里外迎接上司,接到报告时已半夜三更。尹见心在灯下观察首级,一个皮肉已经上缩,另一个没有,于是问道:"这两个人是同时杀的吗?"回答说:"是的。"又问:"这个女人有子女吗?"答道:"有一个女儿,才几岁。"尹见心说:"你暂且留在监狱,等天亮以后再查办。"随即派人将他的女儿带来。女孩来到后带入衙门,尹见心给她果果吃,很和善而详细地询问,最后问出实情,父子伏首认罪。

376. 王　佐

　　王佐守平江,政声第一,尤长听讼。小民告捕进士郑安国酒。佐问之,郑曰:"非不知冒刑宪,老母饮药,必酒之无灰者。"佐怜其孝,放去,复问:"酒藏床脚笈中,告者何以知之,岂有出入而家者乎?抑而奴婢有出入者乎?"以幼婢对,追至前得与民奸状,皆杖脊遣。闻者称快。

【译文】

　　南宋王佐任平江太守时,处理政务的声望很高,最擅长审判诉讼案件。有一个百姓报告进士郑安国私自酿酒。王佐查问,郑安国说:"不是故意触犯法令,只是老母吃药必须清酒。"王佐同情郑安国的孝心,就放他走,又问他:"酒藏在床脚的箱子里,告你的人怎么会知道?难道有人在你家出入?还是有奴婢出入呢?"郑安国回答有个小婢女知道。追究下来,小婢女与和原告有奸情,于是将两人处以杖刑。听说的人都拍手叫好。

377. 殷云霄

　　正德中,殷云霄字近夫,知清江。县民朱铠死于文庙西庑中,莫知杀之者。忽得匿名书,曰:"杀铠者某也。"某系素仇,众谓不诬。云霄曰:"此嫁贼以缓治也。"问左右："与铠狎者谁？"对曰："胥姚。"云霁乃集群胥于堂，曰："吾欲写书，各呈若字。"有姚明者，字类匿名书，诘之曰："尔何杀铠？"明大惊曰："铠将贩于苏，独吾候之，利其资，故杀之耳。

【译文】

明正德年间，殷云霁字近夫，任清江知县。县民朱铠死于文庙西边廊下，不知道凶手是谁。随后有一封匿名信，说："杀死朱铠的是某人。"某人和朱铠素来有仇，大家都认为很可信。殷云霁说："这是真凶嫁祸他人，要误导我们的调查方向。"又问左右，朱铠和谁亲近。都回答说："姚姓属吏。"殷云霁就将所有属吏聚集于公堂，说："我要找个写字的人，你们各自呈上字迹。"属吏之中有个姚明，字迹像匿名信的笔迹，殷云霁就问他："为什么杀朱铠？"姚明大惊，只好招认说："朱铠将到苏州做生意，只有我知道，我贪图他的财物，所以杀了他。"

378. 周 纡

周纡为召陵侯相。廷掾惮纡严明，欲损其威，侵晨，取死人断手足立寺门。纡闻辄往，至死人边，若与共语状，阴察视口眼有稻芒，乃密问守门人曰："悉谁载藁入城者？"门者对："唯有廷掾耳。"乃收廷掾，拷问具服，后人莫敢欺者。

【译文】

周纡任召陵侯相时，廷掾忌惮周纡严明，想损他的威严，就在拂晓时把一个死人斩断手足立在公署门外。周纡知道后立即前往，走到死人身边，好像和死人讲话，暗地观察死人，发现口眼处有稻芒，就悄悄问守门人说："知道有谁载稻草入城的？"守门人说："只有廷掾。"周纡就收押廷掾拷问，廷掾认罪。从此没有人敢再欺骗周纡。

379. 高子业

高子业初任代州守，有诸生江槔与邻人争宅址，将哄，阴刃族人江孜等，匿二尸图诬邻人。邻人知，不敢哄，全畀以宅，槔埋尸室中。数年，槔兄千

户楩枉杀其妻，楩嗾妻家讼楫，并诬楫杀孜事，楫拷死，无后，与弟槃重袭楫
职。讼上监司台，付子业再鞫。业问楩以孜等尸所在，楩对曰："楫杀孜埋尸
其室，不知所在。"曰："楫何事杀孜？"楩愕然，对曰："为楩争宅址。"曰："尔
与同宅居乎？"对曰："异居。"曰："为尔争宅址，杀人埋尸己室，有斯理乎？"
问吏曰："搜尸楩室否？"对曰："未也。"乃命搜楩室，掘地得二尸于楩居所，
刀迹宛然，楩服罪。州人曰："十年冤狱，一旦得雪。"

州豪吴世杰诬族人吴世江奸盗，拷掠死二十余命，世江更数冬不死。子
业覆狱牍，问曰："盗赃布裙一，谷数斛，世江有田若庐，富而行劫，何也？"
世杰曰："贼饵色。"即呼奸妇问之曰："盗奸若何？"对曰："奸也。""何时？"
曰："夜。"曰："夜奸何得识贼名？"对曰："世杰教我贼名。"世杰遂伏诬杀
人罪。

【译文】

高叔嗣（字子业）初任代州知府时，有秀才江楩和邻人争夺宅基，几乎发
生殴斗，江楩暗中杀死族人江孜等两人，把尸体藏匿起来，准备诬陷邻人。邻
人知道后不敢斗殴，把住房都给了江楩，江楩就将尸体埋在房子里。数年后，
江楩的哥哥千户江楫杀了他妻子，江楩唆使妻子的家人去告江楫，同时诬陷江
楫杀死江孜等两人。江楫被拷打而死，没有后代，就由弟弟江槃继承职位。讼
案呈上监司，交付高子业再审查。高子业问江楩江孜等尸体在哪里，江楩说：
"江楫杀死江孜后，把尸体埋在房子里，不知道确实的地点在何处。"高子业问：
"江楫为什么要杀死江孜？"江楩一愣，说："为我和邻人争宅基。"高子业问道：
"你和江楫住在一起吗？""不住一起。"高子业说："他为你去争宅基，杀人后
把尸体埋在自己房子里，有这种道理吗？"又问差役说："在江楩的房子搜查
过尸体没有？"差役回答："还没有。"于是高子业命人搜查江楩的房子，果然
在地下挖到两具尸体，刀刃砍伤的痕迹还很清楚。江楩服罪。州人都说："十
年的冤狱，如今才洗清。"

州中的大族吴世杰诬陷族人吴世江盗窃，逼供拷打致死二十多人，吴世
江却经过数年不死。高子业重新审理，问吴世杰道："窃盗的赃物有布裙一
条、谷物数斛。吴世江有田有房产，家境富裕，为什么行窃？"吴世杰说："是
要劫色。"于是高子业又叫奸妇来问道："窃贼怎么对你？""强奸。""什么时
候？""半夜。""半夜强奸，怎么知道窃贼是谁？""是吴世杰告诉我窃贼名字

的。"吴世杰这才承认诬告杀人罪。

380. 程 戡

程戡知处州。民有积仇者。一日诸子谓其母曰："母老且病，恐不得更寿，请以母死报仇。"乃杀其母，置仇人之门，而诉于官。仇者不能自明，戡疑之，僚属皆言无足疑。戡曰："杀人而自置于门，非可疑耶？"乃亲自劾治，具得本谋。

【译文】

北宋程戡任处州知府时，有百姓与人积仇，有一天，这家的几个儿子对他们的母亲说："母亲年老又生病，怕活不了多久，请以母亲的生命来报仇。"于是杀死了母亲，把尸体放在仇人家门前，再向官府告状。仇人没有办法为自己脱罪，程戡却有所怀疑，同僚都说没有什么可怀疑的。程戡说："杀了人而将尸体放在自己家门前，不是很可疑吗？"于是亲自审问，把实情都查了出来。

381. 张 举

张举为句章令，有妻杀其夫，因放火烧舍，诈称夫死于火。其弟讼之。举乃取猪二口，一杀一活，积薪焚之，察死者口中无灰，活者口中有灰。因验夫口，果无灰，以此鞫之，妻乃服罪。

【译文】

张举任句章县令，有妻子杀死丈夫，并放火烧焯房子，谎称丈夫是被火烧死的。丈夫的弟弟去衙门告状。张举拿来两头猪，一头杀死，一头活着，将它们放在柴堆中焚烧，观察后发现死猪口中无灰，而活的口中有灰。再检验丈夫口中，果然没有灰，以此讯问妻子，妻子于是服罪。

382. 陈 骐

陈骐为江西金宪。初至，梦一虎带三矢登其舟，觉而异之。会按问吉安女子谋杀亲夫事，有疑。初，女子许嫁庠生，女富而夫贫，女家恒周给之。其夫感激，每告其友周彪，彪家亦富，闻其女美，欲求婚而无策。后贫士亲迎时，彪与偕行，谚谓之伴郎。途中贫士遇盗杀死，贫士父疑女家嫌其贫，使人故要于路，谋杀其子，意欲他适，不知乃彪所谋，欲得其女也。讼于官。问者按女有奸谋杀夫，骐呼其父问之，但云"女与人有奸"而不得其主名。使稳婆验其女，又处子，乃谓其父曰："汝子交与谁最密？"曰："周彪。"骐因思曰："虎带三矢而登舟，非周彪乎？况彪又伴其亲迎，梦为是矣。"越数日，伪移檄吉安，取有学之士修郡志，而彪名在焉。既至，骐设馔以饮之，酒半，独召彪于后堂，屏左右，引手叹息，阳谓之曰："人言汝杀贫士而取其妻，吾怜汝有学，且此狱一成，不可复反。汝当吐实。吾救汝。"彪错愕战栗，跪而悉陈，骐录其词。潜令人捕同谋者，一讯而狱成。一郡惊以为神。

【译文】

明朝陈骐任江西佥都御史。初到任时，梦见一只老虎带着三支箭登上船来，陈骐醒后觉得很奇怪。后来审问到一桩吉安女子谋杀亲夫的案件，颇有可疑之处。原来女子嫁给一个秀才，女家富有，夫家贫穷，女家常常接济夫家，丈夫心存感激，常常告诉朋友周彪。周彪家也很富有，听说该女子貌美，想求婚却没有办法。后来秀才迎亲时，周彪随行，就是俗称伴郎。途中，秀才遇到强盗被杀，秀才的父亲怀疑女家嫌弃他们贫穷，故意派人在半路截杀，害死了他的儿子，再将女子改嫁，却不知道其实是周彪的计谋，目的是想得到该女子。告到官府后，审问的官员认定女子设计谋害亲夫。陈骐叫秀才的父亲来问，只说女子和别人有奸情，但不知道对方姓名。陈骐派产婆检查女子身体，又是处女。就问死者父亲："你儿子和谁来往最密切？"答说"周彪。"陈骐因而想到："老虎带三支箭登船，不是周（舟）彪吗？何况周彪又伴随秀才去迎亲，这个梦居然是真的。"经过几天后，陈骐假送一份公文到吉安，说要选有学之士编修郡志，而周彪的姓名也在其中。众人到齐后，陈骐便设宴款待他们，酒到半酣，陈骐把周彪单独叫到后堂，屏退左右，拉着周彪的手叹息，假意说："别人说你杀了秀才娶他妻子，我同情你有学问，而且案子一定，就无法翻案，你应当老实交待，我才能救你。"周彪惊惧发抖，跪着陈述事情的经过，陈骐录下他的口供，暗中派人捕捉同谋的人，一次审问就定了案。全郡的人都认为他很神奇。

383. 范 槚

范槚为淮安守，时民家子徐柏及婚而失之，父诉府，槚曰："临婚当不远游，是为人杀耶？"父曰："儿有力，人不能杀也。"久之莫决，一夕秉烛坐，有濡衣者臂系甓，偻而趋，默诧曰："噫！是柏魂也，而系甓，水死耳！"明日问左右曰："何池沼最深者，吾欲暂游。"对曰某寺，遂與以往。指池曰："徐柏尸在是。"网之不得，将还。忽泡起如沸，复于下获焉。召其父视之，柏也，然莫知谁杀。槚念柏有力人，杀柏者当勍。一日忽下令曰："今乱初已，吾欲简健者为快手。"选竟，视一人反袄，脱而观之，血渍焉，呵曰："汝何杀人？"曰："前阵上浣耳。"解其里，血渍霉纩。槚曰："倭在夏秋，岂须袄？杀徐柏者汝也。"遂具服，云："以某童子故。"执童子至，曰："初意汝戏言也，果杀之乎？"一时称为神识。

【译文】

明朝范槚任淮安太守时，有一民家子徐柏在成婚前失踪，其父告到官府，范槚说："结婚前不应该远游，是被人杀了吗？"父亲说："我儿子力气很大，别人杀不了他。"这案子过了很久也没能解决。有一天晚上，范槚独自坐在烛下，有个身穿湿衣手臂上系着砖头的人，弯着身子快步走来。范槚十分惊奇，说："啊，这是徐柏的鬼魂，臂上绑着砖头淹死的！"第二天，范槚问左右："哪里池塘最深，我想去游览一下。"左右回答说是在某座寺庙，于是坐着轿子去了。范槚指着池塘说："徐柏的尸体在这里。"众人用网捞，却捞不到，将要回去时，池水忽然像沸水一般起泡，再到起泡的地方一捞，终于找到了尸体。请徐父来看，果然是徐柏，然而还不知道是谁杀的。范槚想徐柏既是有力的人，能杀徐柏的人更强健。有一天，范槚忽然下令说："现在大乱刚刚平定，我想选一些身手矫健的人来当捕快。"选完以后，看到一个人反穿棉袄，脱下来一看，里面都是血迹，范槚大声叱喝说："你为什么杀人！"那人说："这是以前在战场上沾到的血。"拆开衣里，只见血迹都已沾到棉絮。范槚说："倭寇之乱是在夏秋之间，哪里需要穿棉袄？杀徐柏的人就是你！"于是服罪，并说是因为某童子而杀人。把童子叫来，童子说："还以为你瞎说呢，你真的杀了他？"一时人们都赞称范槚见识如神。

384. 杨评事

湖州赵三与周生友善，约同往南都贸易，赵妻孙不欲夫行，已闹数日矣。及期黎明，赵先登舟，因太早，假寐舟中，舟子张潮利其金，潜移舟僻所沉赵，而复诈为熟睡。周生至，谓赵未来，候之良久，呼潮往促，潮叩赵门，呼三娘子，因问："三官何久不来？"孙氏惊曰："彼出门久矣，岂尚未登舟耶？"潮复周，周甚惊异，与孙分路遍寻，三日无踪，周惧累，因具牍呈县。县尹疑孙有他故，害其夫。久之，有杨评事者阅其牍曰："叩门便叫三娘子，定知房内无夫也！"以此坐潮罪，潮乃服。

【译文】

湖州有个赵三和周生关系很好，约定一同到南都做生意。赵妻孙氏不想让丈夫远行，闹了好几天。临行当天的清晨，赵三先上船，因为时间太早，在船中打盹。船夫张潮贪图他的钱财，偷偷将船划到偏避的地方，将赵三杀死沉入水底，再假装睡得很熟。周生到后，看到赵三还没来，等了很久，叫张潮前去催促。张潮敲赵家大门，叫三娘子，问："赵三怎么这么久还不来？"孙氏惊讶地说："他已经出门很久了，难道还没有上船吗？"张潮回来告诉周生，周生也很惊奇，就和孙氏分头寻找，找了三天都没有踪迹，周生怕被连累，于是写了文书送到县府，县令怀疑孙氏有其他原因害死了丈夫。过了很久，有位杨评事浏览案卷，说："敲门就叫三娘子，一定知道她的丈夫不在家。"因此判定张潮杀人，张潮于是服罪。

385. 杨茂清

杨茂清升直隶贵池知县。池滨大江，使传往来如织，民好嚣讼，茂清因俗为治，且遇事明决。时泾县有王赞者，逋青阳富室周鉴金而欲陷之，预购一丐妇蓄之，鉴至索金，辄杀妇诬鉴，讯者以鉴富为嫌，莫敢白。御史以事下郡，郡檄清往按，阅其狱词，曰："见知何不指里邻，而以五十里外麻客乎？赞既被殴晕地，又何能辨麻客姓名，引为之证乎？"又云："其妻伏赞背护赞，又何能殴及胸胁死乎？"已乃讯证人，稍稍吐实。诘旦至尸所，益审居民，则赞门有沟，沟布椽为桥，阳出妇与鉴争，堕桥而死，赞乃语塞，而鉴得免。

石埭杨翁生二子，长子之子标，次子死，而妇与仆奸，翁逐之，仆复潜至家，翁不直斥为奸，而比盗扑杀之。时标往青阳为亲故寿，仆家谓标实杀之，而翁则诉己当伏辜。当道不听，竟以坐标，翁屡以诉。清密侦其事，得之。而当道亦以标富，惮于平反。清承檄，则逮青阳与标饮酒者十余人，隔而讯之，如出一口，乃坐翁收赎而贷标。后三年，道经其家，尽室男女罗拜于道，且携一小儿告曰："此标出禁所生也，非公则杨氏斩矣。"

又铜陵胡宏绪，韩太守试冠诸生。有一家奴，挈其妻子而逃。宏绪诉媒氏匿之，踪迹所在，相与执缚之。其奴先是病甚，比送狱，当夕身死。其家亟陈于官，而客户江西人，其同籍也，纷至为证。御史按部，诉之，辄以下清。清三讯之，曰："所谓锁缚者，实以送县，非私家也，况奴先有病乎？"遂原胡生会试且迫，夙夜以狱牒上，胡生遂得不坐。是年登贤书。公之辨冤释滞多类此。

【译文】

明朝杨茂清升任直隶贵池县知县。贵池濒临长江，邮差往来不绝，百姓喜好打官司。杨茂清根据民俗实施治理，而且处事明快果决。当时泾县有个叫王赞的，欠青阳富翁周鉴的钱而想陷害他，预先买下一个女乞丐养着，等周鉴来讨钱时，就杀死女乞丐诬陷周鉴。主审的官员因为周鉴富有，怕惹嫌疑，不敢为他辩白。御史将此交给郡里处理，郡府下公文请杨茂清前往审理。杨茂清看过案卷，说："证人为什么不找邻里间的人，而要找五十里外的麻商呢？王赞既然被打晕倒在地上，又怎么能辨别麻商的姓名从而让他作证呢？"又说："王赞的妻子伏在王赞的背上来保护他，又怎么会被打伤胸部致死呢？"随后传讯证人，问出一些实情。天亮后到命案现场，又审问当地居民，知道王赞门前有一条大水沟，铺上椽木架桥，王赞先叫女乞丐出来假装和周鉴争执，因而坠落桥下死亡。王赞没话可说，而周鉴也得以免罪。

石埭有个杨翁生了两个儿子，长子的儿子名标。次子死了，其妻与仆人通奸，杨翁将他们赶出去，而仆人又偷偷跑回家，杨翁不斥责仆人通奸，而以盗贼名义杀了他。当时杨标到青阳为亲戚祝寿，仆人的家人控诉杨标杀人，而杨翁则自首说自己才是罪犯。主审官吏不听，最终判定杨标有罪。杨翁屡次申诉，杨茂清暗中查明真相，主审官却因为杨标富有，不敢为他平反。杨茂清接手案件后，就派人到青阳将与杨标一起喝酒的十多人带来，隔离审问，所说的完全相同，于是将杨翁判罪，而释放了杨标。三年后，杨茂清路经他家，一家老小都在路上跪拜，而且带着一个幼儿说："这是杨标被释放以后所生的，如果没有大人，杨氏就绝后了。

冯评：又，铜陵胡宏绪，在韩太守主持的试场中独占鳌头。有一个家奴带着老婆孩子逃走，胡宏绪控诉媒婆藏匿他们，查到他们的藏身处，于是捆绑送进官府。家奴先前已患重病，送到监狱后，当天晚上就死了。他的家人赶紧告官，而胡家的一些江西佃户是他的同乡，也都纷纷来作证。御史审查时，就交给杨茂清办理，杨茂清反复审讯，说："所谓锁缚，是将家奴送到县府审讯，并非滥用私刑，何况家奴已先得重病。"由于胡宏绪会试日期逼近，杨茂清连夜呈上公文，胡生才免受牵连，这一年考中举人。杨茂清明辨冤狱，释放无辜者的事迹，大多与此相似。

386. 郑洛书

郑洛书知上海县，尝于履端谒郡，归泊海口，有沉尸，压以石磨，忽见之，叹曰："此必客死，故莫余告也。"遣人侦之，近村民家有石磨失其牡，执来，相吻合，一讯即伏。果江西卖卜人，岁晏将归，房主利其财而杀之。

【译文】

明朝郑洛书任上海知县，曾在过年时拜见郡守，回来船泊于海口，发现有沉尸被石磨压着，郑洛书见了叹息道："这一定是客死异乡的人，所以没人告官让我得知。"郑洛书派人去调查，查出附近村民家有一口石磨遗失了上半部分，拿来比对，互相吻合，一审问立即服罪。原来死者是江西来的算命先生，岁末将回家乡时，房东贪图他的钱财而杀了他。

387. 许襄毅公 三条

单县有田作者，其妇饷之。食毕，死。翁故曰："妇意也。"陈于官。不胜箠楚，遂诬服。自是天久不雨。许襄毅公时官山东，曰："狱其有冤乎？"乃亲历其地，出狱囚遍审之。至饷妇，乃曰："夫妇相守，人之至愿；鸩毒杀人，计之至密者也。焉有自饷于田而鸩之者哉？"遂询其所馈饮食，所经道路，妇曰："鱼汤米饭，度自荆林，无他异也。"公乃买鱼作饭，投荆花于中，试之狗彘，无不死者。妇冤遂白，即日大雨如注。

苏人出商于外，其妻蓄鸡数只，以待其归。数年方返，杀鸡食之，夫即死。邻人疑有外奸，首之太守姚公。鞫之，无他故。意其鸡有毒，令人觅老鸡，与当死囚遍食之，果杀二人，狱遂白。盖鸡食蜈蚣百虫，久则蓄毒，故养生家鸡老不食，又夏不食鸡。

张御史昺，字仲明，慈溪人，成化中，以进士知铅山县。有卖薪者，性嗜鳝。一日自市归，饥甚，妻烹鳝以进，恣啖之，腹痛而死。邻保谓妻毒夫，执送官，拷讯无他据，狱不能具。械系逾年，公始至，阅其牍，疑中鳝毒。召渔者捕鳝得数百斤，悉置水瓮中，有昂头出水二三寸者，数之得七。公异之，召此妇面烹焉，而出死囚与食，才下咽，便称腹痛，俄仆地死。妇冤遂白。

陆子远《神政记》载此事，谓公受神教而然，说颇诞。要之凡物之异常者，皆有毒，察狱者自宜留心，何待取决于冥冥哉！

【译文】

明朝单县有农夫在田里耕作，他的妻子给他送饭，吃完后他就死了。公公说："是媳妇毒死了我儿子。"于是告到官府，妇人受不了鞭打之苦，只好承认有罪。从此很久都没下雨。许进（谥襄毅）当时任职山东，他说："久不下雨，是不是因为有冤案呢？"于是亲自到单县来，将囚犯一一提出来审问。问到送饭妇人的案子时，许进说："夫妇相守，是人最乐意的；而用毒杀人，是最机密的事。哪有自己送饭在田里毒死人的道理呢！"于是问她所送的食物和所经过的道路，妇人说："送的是鱼汤米饭，从荆林通过，没有别的异样。"许进就叫人买鱼作饭，放入荆花，让猪狗来尝试，没有不死的。妇人的冤枉才被洗清，当天就下起倾盆大雨。

有个苏州人出外经商，他的妻子养了几只鸡等他回来。几年后，苏州人才回家，妻子杀鸡给他吃，这人吃了立即死亡。邻人怀疑妻子有奸情，告到太守姚公那里。经过审查之后，没发现有什么别的问题，就猜想是鸡有毒，派人找来老母鸡，煮给死囚吃，果然毒死两人，冤案于是洗清。因为鸡吃蜈蚣等各种毒虫，日子久了就在体内累积毒素，所以养生家是不吃老鸡的，也不在夏天吃鸡。

明朝御史张昺，字仲明，慈溪人，成化年间以进士任铅山知县。有个卖木柴的人，喜爱吃鳝鱼，有一天从市场回来，肚子很饿，妻子煮了鳝鱼给他吃，大吃一通之后，腹痛而死。邻居认为是妻子毒死丈夫，将她捉到官府，拷打审问，没有得到其他证据，案子一直不能结。这个妻子被囚禁了一年多，张杲到任，看了案卷，怀疑是鳝鱼有毒，请渔夫捕来数百斤鳝鱼，全部放在水缸里，有的鳝鱼头昂出水面二三寸的，数了一下，有七条，张杲感觉奇怪，然后召来这个妇人当面将这几条鳝鱼煮了给牢里的死囚吃，才下咽就说肚子痛，不久倒地死亡。妇人的冤情于是得以洗清。

冯评：陆子远《神政记》记载这件事，说张公受神仙指导而这么做的，说法甚为荒诞。总之大凡异常的东西都有毒，审案的人自己应当留心，何必要等幽冥神灵来帮忙呢！

388. 藏 金

李汧公勉镇凤翔，有属邑耕夫得马蹄金一瓮，送于县宰，宰虑公藏之守不严，置于私室。信宿视之，皆土块耳，瓮金出土之际，乡社悉来观验，遽有变更，莫不骇异，以闻于府。宰不能自明，遂以易金诬服。虽词款具存，莫穷隐用之所，以案上闻。汧公览之甚怒。俄有筵宴，语及斯事，咸共惊异。时袁相国滋在幕中，俯首无所答。汧公诘之，袁曰："某疑此事有枉耳。"汧公曰："当有所见，非判官莫探情伪。"袁曰："诺。"俾移狱府中，阅瓮间，得二百五十余块，遂于列肆索金溶泻与块相等，始称其半，已及三百斤，询其负担人力，乃二农夫以竹担舁至县，计其金数非二人所担可举，明其在路时金已化为土矣。于是群情大豁，宰获清雪。

【译文】

唐朝李勉（封汧国公）镇守凤翔府时，所辖县里有一个农夫在耕田时挖到一瓮马蹄金，就送到县府去。知县担心公库的防守不够严密，就放在自己屋里。第二天打开一看，都是土块。瓮金出土的时候，乡里的人都来观看证实，突然变成土块，大家都十分惊异，就将此事上报凤翔府。知县无法为自己辨白，只有承认将黄金掉包的罪名，虽然供词都有了，却不知道黄金被藏到哪或用到哪里去了，又将此案上报李勉。李勉看了以后，非常生气，正好碰上宴会，李勉在席间说到这件事，大家都很惊异。当时袁滋也在李勉幕府中，低着头不说话。

李勉问他，袁滋说："我怀疑这件事县令是冤枉的。"李勉说："你一定有自己的见解，这案子要靠你来查明了。"袁滋说："好的。"于是将此案移到凤翔府审理，袁滋检查那个瓮，里面共有二百五十多个土块，就到市场的店铺借来金子，熔铸成与土块大小相同的金块，刚到半数，就已经重达三百斤了。讯问当初搬运的人力，说是两个农夫用竹担抬到县府的，计算金子的全部数量，不是两个人所能抬得动的，表明在路上的时候金子就已经化成土块了。至此人们的疑惑解开了，知县也洗清了冤枉。

389. 甘露寺常住金

李德裕镇浙右，甘露寺僧诉交代常住什物被前主事僧耗用常住金若干两，引证前数辈，皆有递相交领文籍分明，众词指以新得替人隐而用之，且云："初上之时，交领分两既明，及交割之日，不见其金。"鞠成具狱，伏罪昭然。未穷破用之所，公疑其未尽，微以意揣之。僧乃诉冤曰："积年以来，空交分两文书，其实无金矣，众乃以孤立，欲乘此挤之。"公曰："此不难知也。"乃召兜子数乘，命关连僧人对事，遣入兜子中，门皆向壁，不令相见；命取黄泥各摸交付下次金样以凭证据，僧既不知形状，竟摸不成，前数辈皆伏罪。

【译文】

唐朝李德裕镇守浙西时，甘露寺的僧侣上告在移交寺院资产时被前任主事的和尚用掉常住金若干两，引证前几任主事僧，都有互相移交的记录，清清楚楚，众僧都指证前任主事僧私自挪用，且说："初上任时，移交的银两数目很清楚，到交割之日，银两却不见了。"审结定案，犯人服罪，只是不知道银两用到什么地方去了。李德裕怀疑案子还有隐情，就暗中试探僧人，僧人就说他冤枉："多少年来，都是只移交记录银两的文书，其实没有银两。众僧因为我孤立，想乘此机会排挤我。"李德裕说："这种事不难查清楚。"就找来几顶轿子，命令相关的僧侣前来对质，让僧人都钻进轿子，轿门对着墙壁，彼此看不见。给他们黄泥，让每个僧侣分别捏出交付给下任的银两的模样作为证据，僧侣既不知道形状，当然捏不出来，前数任住持僧侣都认罪伏法。

390. 藏　钱

程颢为户县主簿，民有借其兄宅以居者，发地中藏钱，兄之子诉曰："父所藏也。"令曰："此无证佐，何以决之？"颢曰："此易辨尔。"问兄之子曰："汝父藏钱几何时矣？"曰："四十年矣。""彼借宅居几何时矣？"曰："二十年矣。"即遣吏取钱十千视之，谓借宅者曰："今官所铸钱，不五六年即遍天下，此钱皆尔未藏前数十年所铸，何也？"其人遂服。

【译文】

北宋程颢任户县主簿时，有个百姓借用哥哥的宅第居住，挖掘贮藏在地下的钱。哥哥的儿子便告状说："那是家父所贮藏的。"县令说："这件事没有证据，怎么判决呢？"程颢说："这很容易辨别。"就问哥哥的儿子说："你父亲钱藏多久了？""四十年。"又问："他借宅居住有多久了？""二十年了。"程颢立即派遣吏役去拿来十贯钱看，然后对借住的人说："现在官府所铸的钱，不到五六年就可以流行天下，这些钱都是在你未住前几十年所铸造的，是何道理？"这个人于是服罪。

391. 李若谷

李若谷守并州，民有讼叔不认其为侄者，欲擅其财，累鞫不实。李令民还家殴其叔，叔果讼侄殴逆，因而正其罪，分其财。

【译文】

北宋李若谷在并州任职，有百姓控告叔叔不认他为侄子，想霸占家财，屡次审查无法坐实。李若谷叫此人回家殴打他的叔叔，叔叔果然来告侄子忤逆，因而定罪，分了家财。

392. 吕　陶

吕陶为铜梁令，邑民庞氏者，姊妹三人共隐幼弟田。弟壮，讼之官，不得直，贫甚，至为人佣奴。陶至，一讯而三人皆服罪吐田。弟泣拜，愿以田之半作佛事为报。陶晓之曰："三姊皆汝同气，方汝幼时，非若为汝主，不几为他人鱼肉乎？与其捐米供佛，孰若分遗三姊？"弟泣拜听命。

分遗而姊弟之好不伤，可谓善于敦睦。若出自官断，便不妙矣。

【译文】

北宋吕陶任铜梁县令，县中庞家姊妹三人共同吞没幼弟的田地。弟弟长大以后，向官府申诉，没有得到支持，生活非常贫困，以至为别人去做了奴仆。吕陶到任后一审问，三个人都服罪且交出田地。弟弟感动得哭泣跪拜，愿意拿出一半田地作佛事来报答。吕陶告诉他说："三个姊姊都是你的同胞，在你幼小时，如果不是她们为你做主，你的田产不被他人侵占了吗？与其捐一半田产作佛事，怎比得上分给三个姊姊？"弟弟哭拜听命。

冯评：分送田产则不伤姊弟之间的亲情，可说是善于使人和睦相处，如果依法执行，就不妙了。

393. 裴子云　赵和

新乡县人王敬戍边，留犊牛六头于舅李进处，养五年，产犊三十头。敬自戍所还，索牛。进云"两头已死"，只还四头老牛，余不肯还。敬忿之，投县陈牒。县令裴子云令送敬付狱，叫追盗牛贼李进，进惶怖至县，叱之曰："贼引汝同盗牛三十头，藏于汝家！"唤贼共对，乃以布衫笼敬头，立南墙之下。进急，乃吐款云："三十头牛总是外甥犊牛所生，实非盗得。"云遣去布衫，进见，曰："此外甥也。"云曰："若是，即还他牛。"但念五年养牛辛苦，令以数头谢之。一县称快（一作武阳令张允齐事）。

咸通初，楚州淮阴县东邻之民，以庄券质于西邻，贷得千缗，约来年加子钱赎取。及期，先纳八百缗，约明日偿足方取券。两姓素通家，且止隔信宿，谓必无他，因不征纳缗之籍。明日，赍余锱至，西邻讳不认，诉于县，县以无证，不直之；复诉于州，亦然。东邻不胜其愤，闻天水赵和令江阴，片言折狱，乃越江而南诉焉。赵宰以县官卑，且非境内，固却之，东邻称冤不已，赵曰："且止吾舍。"思之经宿，曰："得之矣。"召捕贼之干者数辈，赍牒至淮壖口，言"获得截江大盗，供称有同恶某，请械送来"。唐法，唯持刀截江，邻州不得庇护。果擒西邻人至，然自恃农家，实无他迹，应对颇不惧。赵胁以严刑，囚始泣叩不已。赵乃曰："所盗幸多金宝锦彩，非农家物，汝宜籍舍中所有辨之。"囚意稍解，且不虞东邻之越讼，遂详开钱谷金帛之数，并疏所自来，而东邻赎契八百缗在焉。赵阅之，笑曰："若果非江寇，何为讳东邻八百缗?"遂出诉邻面质，于是惭惧服罪，押回本土，令吐契而后罚之。

【译文】

唐朝新乡人王敬被派戍守边境，留下六头母牛在舅舅李进家，养了五年后，生下三十头小牛。王敬从边境回来，想讨回牛，李进说两头母牛已死，只还他四头母牛，其余不肯归还。王敬很生气，到县府投状，县令裴子云命人将王敬监禁，然后派人去追捕偷牛贼李进，李进很惶恐地来到县府，裴子云责骂李进说："贼人带着你一起偷三十头牛，藏在你家。"叫贼来对质，用布衫笼罩在王敬头上，让他站在南墙下。李进情急，便招供道："三十头牛都是外甥的母牛生的，实在不是偷来的。"裴子云叫人拿走王敬头上的布衫，李进见了说："他是我的外甥。"裴子云说："这样的话，就还他牛吧。"念在李进养牛五年的辛苦，命令王敬用数头牛作答谢。全县的人都叫好（一说是武阳令张允济时事）。

唐懿宗咸通年间，楚州淮阴县东邻的百姓以田契向西邻借贷一千缗钱，约定第二年加利息赎回。到期后他先还八百缗，约定次日还足后拿回田契。两家是世交，而且只隔一夜，认为一定没有问题，因而没有写收据。第二天东邻把剩下的钱送到后，西邻人却不认账。于是东邻人就告到县府，县府因为没有证据，判东邻人败诉。又向州府上诉，也得到同样的结果。东邻人非常愤怒，听说天水人赵和任江阴县令，片言只语就能决断案件，于是渡江起诉。赵和因为县令官地位低，而且不属于自己的辖区，一再推辞。东邻人不停地喊冤，赵和说："你暂且住在我这里。"赵和想了一整夜，说："有办法了!"于是招来几名捕盗的能手，送公文到淮壖口，说"捉到江洋大盗，供出有同伙某某，请求押送来"。唐朝法律规定，只有持刀在江面抢劫的恶徒，邻州不能庇护。果然把西邻人捕到，然而西邻人仗着是农家，又没有参与其事，应对时毫无畏惧。赵和威胁说要动用严刑，西邻人才不停地叩头哭泣。赵和说："你所盗取的幸好都是些金银丝绸，不是农家的物品，你可以将家中所藏的财物拿出来辨认。"西邻人放心了，也没想到东邻人会越境诉讼，于是详细开列钱谷金帛的数目，并注明从哪里得来，而东邻人赎田契的八百缗也写在里面。赵和看了以后笑着说："你果然不是江洋大盗，但为什么吞没东邻人的八百缗呢？"把东邻人传出来对质，于是西邻人惶恐认罪，押回本地，命令他交出田契然后加以处罚。

394. 何武　张咏

汉沛郡有富翁，家资二十余万，子才年三岁，失其母。有女适人，甚不贤，翁病困，为遗书，悉以财属女，但遗一剑，云："儿年十五，以付还之。"其后又不与剑，儿诣郡陈诉，太守何武录女及婿，省其手书，顾谓掾吏曰："此人因女性强梁，婿复贪鄙，畏残害其儿。又计小儿得此财不能全护，故且与女，实守之耳。夫剑者，所以决断；限年十五者，度其子智力足以自居，又度此女必复不还其剑，当关州县，得见申转展。其思虑深远如是哉！"悉夺取财与儿，曰："敝女恶婿，温饱十年，亦已幸矣。"论者大服。

张咏知杭州，杭有富民，病将死，其子三岁，富民命其婿主家赀，而遗以书曰："他日分财，以十之三与子，而七与婿。"其后子讼之官，婿持父书诣府，咏阅之，以酒酹地曰："汝之妇翁，智人也。时子幼，故以子属汝，不然，子死汝手矣。"乃命三分其财与婿，而子与七。

【译文】

汉朝沛郡有个富翁，家产二十多万，儿子才三岁，已经失去母亲。富翁有个女儿已经嫁人，很不贤惠。富翁病重时，写下遗书，将财产全部留给女儿，只留一把剑，说"儿子十五岁以后交给他"。到了时候，女儿又不把剑给儿子，儿子到郡府告状，太守何武抓来富翁的女儿、女婿，看过遗书，对属官说："富翁因为女儿个性强悍，女婿又贪心，怕他的儿子受到残害。又考虑到儿子得到财产后也无法保护，所以暂且交给女儿。剑，是决断的意思；约定十五岁，是考虑到他儿子的智力已经足以处事，又估计女儿一定不还剑，定会告到州县，会得到地方官支持。他的思虑实在很深远啊！"御史将全部家产取回归还富翁的儿子，并说："顽劣的女儿和女婿，能有十年温饱已经很幸运了。"谈论的人都非常佩服。

张咏任杭州知府，杭州有个富翁病重将死，儿子才三岁，富翁命令他的女婿主管家产，而且写遗书说："将来分财产，十分之三给儿子，十分之七给女婿。"后来儿子向官府起诉，女婿拿着岳父的遗书给官府看。张咏看过之后，用酒祭奠富翁，说："你的岳父是聪明人，当时儿子年幼，所以把七份给你，不然他的儿子就死在你的手上了。"于是命令十分之三财产给女婿，而十分之七给儿子。

395. 奉使者

有富民张老者，妻生一女，无子，赘某甲于家。久之，妾生子，名一飞，育四岁而张老卒。张病时谓婿曰："妾子不足任，吾财当畀汝夫妇，尔但养彼母子，不死沟壑，即汝阴德矣。"于是出券书云："张一非吾子也家财尽与吾婿外人不得争夺。"婿乃据有张业不疑。后妾子壮，告官求分，婿以券呈官，遂置不问。他日奉使者至，妾子复诉，婿仍前赴证，奉使者乃更其句读曰："张一非，吾子也，家财尽与。吾婿外人，不得争夺。"曰："尔父翁明谓'吾婿外人'，尔尚敢有其业耶？诡书'飞'作'非'者，虑彼幼为尔害耳。"于是断给妾子，人称快焉。

【译文】

有个富翁张老，妻子生了一个女儿，没有儿子，招赘某甲入家门。后来，张老的妾生一个儿子，取名一飞。一飞四岁时，张老去世。张老生病时，曾对女婿说："妾生的儿子靠不住，我的家产应该给你们夫妇，你们只要养他们母子，不使他们流离失所，就是你的阴德了。"于是拿出契券写上："张一非吾子也家财尽与吾婿外人不得争夺。"女婿毫不怀疑已经拥有了张家的产业。后来张一飞长大了，告官要求分割家产，女婿将契券送到官府，然后官府就不管了。过了一阵子，奉命出巡的官吏来到，张一飞又去告状，女婿还是拿着契券应付。这位官吏就更改断句读道："张一非，吾子也，家财尽与，吾婿外人，不得争夺。"又说："你岳父明明说'吾婿外人'，你还敢拥有他的产业吗？将'飞'写作'非'，是怕他儿子幼小会被你伤害而已。"于是将产业断给张一飞，众人都拍手称快。

396. 张齐贤

戚里有分财不均者，更相讼。齐贤曰："是非台府所能决，臣请自治之。"

齐贤坐相府，召讼者问曰："汝非以彼分财多、汝分少乎？"曰："然。"具款，乃召两吏，令甲家入乙舍，乙家入甲舍，货财无得动，分书则交易，明日奏闻，上曰："朕固知非君不能定也。"

【译文】

北宋皇亲外戚有因为财产分配不均而互相告状的。张齐贤说："这不是行政所能判决的，让微臣亲去处理吧。"张齐贤在相府坐堂，对告状的人问道："你是不是认为他分的财产多、你分的少？""是的。"签字画押之后，张齐贤找两名差役，让甲家搬入乙家，乙家搬入甲家，所有的财物都不能动，分配财物的文件也交换。第二天就向皇帝奏报，皇帝说："朕就知道非你不能决断！"

397．王 罕

罕知潭州，州有妇病狂，数诣守诉事，出语无章，却之则悖骂，前守屡叱逐。罕至，独引令前，委曲问之，良久，语渐有次第，盖本为人妻，无子，夫死，妾有子，遂逐而据其资，以屡诉不得直，愤恚发狂也。罕为治妾，而反其资，妇寻愈。罕，王珪季父。

【译文】

北宋王罕任职潭州时，州中有一个疯妇人，屡次找太守申诉，但语无伦次，赶她走就会骂人，前任太守一再叱喝驱赶她。王罕到任后，独自叫她到面前来，婉转地询问。过了很久，她的话才逐渐有了条理。原来她本是人妻，没有儿子，丈夫死后，妾生有儿子，就把她赶走，独占家产，因为屡次申诉都不得支持，所以愤怒发狂。王罕为她收治了妾并取回家产，不久，妇人就痊愈了。王罕，是王珪的叔父。

398．韩 亿

韩亿知洋州，大校李甲以财豪于乡里。兄死，诬其兄子为他姓，赂里妪之貌类者，使认为己子，又醉其嫂而嫁之，尽夺其资。嫂、侄诉于州，积十余年，竟未有白其冤者。公至，又出诉。公取前后案牍视之，皆未尝引乳医为验。一日，尽召其党至庭下，出乳医示之，众皆服罪，子母复归如初。

【译文】

北宋韩亿任洋州知府,大校李某是乡里最富有的大户,哥哥死后,诬陷哥哥的儿子是别人的,收买乡里容貌相似的,使之认他侄儿为儿子,又灌醉嫂嫂后将她改嫁,把家产全部侵占。嫂嫂与侄儿到州府告状,拖了十多年,竟然没有官员洗清他们的冤情。韩亿到任后,他们又来申诉,韩亿取来屡次的案卷,发现都没有官员请接生婆来作证。一天,韩亿将这群人全部叫到堂下,叫接生婆出来作证,众人才都服罪。母子终于得以回家。

399. 于文傅

于文傅迁乌程县尹,有富民张某之妻王无子。张纳一妾于外,生子未晬,王诱妾以儿来,寻逐妾,杀儿焚之。文傅闻而发其事,得死儿余骨。王厚赂妾之父母,买邻家儿为妾所生儿,初不死,文傅令妾抱儿乳之,儿啼不受,妾之父母吐实,乃呼邻妇至,儿见之,跃入其怀,乳之即饮。王遂伏辜。

【译文】

于文傅调任乌程县尹,有富翁张某的妻子王氏没有儿子,张某在外娶了一个妾,生了个儿子尚未满周岁,王氏诱骗妾带儿子过来,随后赶走了妾,杀儿焚尸。于文傅听说后调查此事,找到了小孩的骸骨。王氏去贿赂妾的父母,收买邻家的小孩假装是妾的儿子,说小孩并没有死。于文傅命令妾抱着小孩喂奶,小孩啼哭不肯吃。妾的父母说了实话,又把邻家妇人请来,小孩见到,高兴地扑到她的怀里,一喂奶就吃。于是王氏服罪。

400. 张三翁

有富民张氏子,其父死,有老父曰:"我,汝父也,来就汝居。"张惊疑,请辨于县。程颢诘之,老父探怀取策以进,记曰:"某年某月日某人抱子于三翁家。"颢问张及其父年几何,谓老父曰:"是子之生,其父年才四十,已谓之三翁乎?"老父惊服。

【译文】

有个张姓富翁的儿子,父亲去世,有个老头说:"我是你的亲生父亲,来和你一起住。"张某惊疑不定，请求县官为他辨别。程颢负责查问，老头从怀里取出一份文书，上面记着："某年某月某日，某人抱儿子到三翁家。"程颢问张某以及他父亲的年纪，接着对老头说："这个孩子出生时，他父亲才四十岁，已经称呼三翁了吗？"老头惊叹服罪。

401. 黄霸　李崇

颍川有富室，兄弟同居，妇皆怀妊。长妇胎伤，弟妇生男，长妇遂盗取之。争讼三年，州郡不能决。丞相黄霸令走卒抱儿，去两妇各十步，叱令自取，长妇抱持甚急，儿大啼叫，弟妇恐致伤，因而放与，而心甚怀怆，霸曰："此弟子！"责问乃伏。

陈祥断惠州争子事类此。祥知惠州，郡民有二女嫁为比邻者，姊素不孕，一日妹生子，而姊之妾适同时产女，诡言产子，夜烧妹傍舍，乘乱窃其儿以归。妹觉之，往索，弗予，讼于府，无证。祥佯自语："必杀此儿事即了耳。"乃置瓮水堂下，引二妇出曰："吾为汝溺此儿以解汝纷。"密谕一卒谨视儿，而叱左右诈为投儿状，亟逐二妇使出，其妹失声争救不可得，颠仆堂下，而姊竟去不顾。祥即断儿归妹而杖姊、妾，一郡称神。

寿春县人苟泰，有子三岁，遇贼亡失，数年不知所在。后见在同县赵奉伯家，泰以状告，各言己子，并有邻证，郡县不能断。李崇令二父与儿分禁三处，故久不问。忽一日，密遣人分告二父曰："君儿昨不幸遇疾暴死。苟泰闻即号咷，悲不自胜，奉伯咨嗟而已。崇察知之，乃以儿还泰，诘奉伯诈状，奉伯款引云："先亡一子，姑妄认之。"

【译文】

西汉时颍川有个大户人家，兄弟住在一起，两人的妻子同时怀孕。后来长嫂流产，弟媳生了男孩，长嫂便把男孩偷走。官司打了三年，州郡都不能判决。丞相黄霸命令差役抱着小孩，离两名妇女各十步，命令她们自己来取。长嫂抢得很急，小孩大声哭叫，弟媳唯恐伤了孩子，只好放手，但是心里很悲伤。黄霸说："这是弟弟的儿子。"加以追问，长嫂服罪。

冯评：陈祥判决惠州争孩子的事与此类似。陈祥任职惠州时，郡民有两个女儿嫁给相邻的两家，姊姊一直不孕，一天，妹妹生了儿子，而姊姊家的妾正好同时生下女儿，于是诈称也生的男孩，半夜时放火烧了妹妹的邻居家，乘乱偷走妹妹的儿子回去。妹妹发觉后来讨，姊姊不给，告到官府，又拿不出证据。陈祥故意自言自语道："一定要杀死这个孩子，事情才能了结。"就在堂下放置一瓷水，带出两个妇人说："我为你们溺死这个孩子来排解纠纷。"暗中吩咐一个小卒谨慎看护孩子，然后命令左右作出要投孩子入水的样子，并且要赶两个妇人走开，妹妹痛哭失声，要救孩子却够不着，摔倒在堂下，姊姊则看都不看径直走了。陈祥即刻判决孩子归妹妹，并对姊姊和她家的妾施以杖刑。全郡的人都称其神明。

寿春县人苟泰有个孩子三岁，遭遇盗贼后遗失，好几年都没找到，后来发现在同县赵奉伯家，苟泰于是向县府投状控告，两人都说那孩子是自己的，并有邻居作证，郡县不能决断。李崇命令两个父亲与儿子分别关押在三个地方，故意很久都不闻不问。忽然有一天，秘密派人分别告诉两个父亲说："你的儿子昨天不幸生病去世。"苟泰听了，号啕大哭，悲不自胜，奉伯却只是叹气而已。李崇侦知后，就把孩子还给苟泰。又质问赵奉伯为什么作伪，奉伯从实招供："我先前失去一个孩子，所以就随便认了一个。"

402. 宣彦昭　范邰

宣彦昭仕元，为平阳州判官，天大雨，民与军争簦，各认己物。彦昭裂而为二，并驱出，卒踵其后。军忿噪不已，民曰："汝自失簦，于我何与？"卒以闻，彦昭杖民，令买簦偿军。

范邰为浚仪令，二人挟绢于市互争，令断之，各分一半去。后遣人密察之，有一喜一愠之色，于是擒喜者。

李惠断燕巢事，即此一理所推也。魏雍州厅事有燕争巢，斗已累日。刺史李惠令人掩护，试命纪纲断之，并辞。惠乃使卒以弱竹弹两燕，既而一去一留。惠笑谓属吏曰："此留者，自计为巢功重；彼去者，既经楚痛，理无固心。"群下服其深察。

【译文】

宣彦昭在元朝担任平阳州判官。有一天下大雨，百姓与士卒争一把伞，都认定是自己的，宣彦昭将伞撕为两半，并赶二人出门，派士兵跟在他们后面。

那个士卒边走边骂,百姓却说:"你自己丢了伞,与我何干?"跟随的士兵把这个情况告诉宣彦昭,宣彦昭对百姓处以杖刑,并命令他买伞赔偿士卒。

范邵任浚仪令时,有两个人在市场上抢夺一匹绢,范邵命令将绢裁断,两人各取一半拿走。随后派人暗中观察,有一个很高兴,一个很生气,于是逮捕了高兴的那个人。

冯评:北魏李惠判断燕子争巢的事,也是从同一个道理推出的。北魏雍州官衙屋檐下有燕子争巢,互相斗了好几天。刺史李惠派人保护燕子,又命手下判断双方是非,手下都推辞无法判断。李惠就派人用细竹子弹两只燕子,后来一只飞走,一只留着,李惠笑着对手下说:"这留着的燕子,认为筑巢的功夫大;那飞走的,既然挨了打,当然就没有坚决留下的心思。"属下都佩服他的明察。

403. 安重荣　韩彦古

安重荣虽武人而习吏事。初为成德节度,有夫妇讼其子不孝者,重荣拔剑,授其父使自杀之。其父泣不忍,其母从旁诟夫,面夺剑而逐其子。问之,乃继母也。重荣为叱其母出,而从后射杀之。

韩彦古(字子师,延安人,蕲王世忠之子),知平江府,有士族之母,讼其夫前妻子者,以衣冠扶掖而来,乃其嫡子也。彦古曰:"事体颇重,当略惩戒之。"母曰:"业已论诉,愿明公据法加罪。"彦古曰:"若然,必送狱而后明,汝年老,必不能理对,姑留扶掖之子,就狱与证,徐议所决。"母良久云:"乞文状归家,俟其不悛,即再告理。"由是不敢复至。

【译文】

五代的安重荣虽然是武人,但熟习文吏执法的事务。当初任成德节度使时,有一对夫妇控告自己的儿子不孝,安重荣拔剑交给父亲,叫他自己杀掉儿子,父亲哭着不忍心下手,而母亲却在旁边责骂丈夫,并且抢下剑来追逐儿子。经查问,母亲乃是继母,安重荣因而勒令母亲出去,而从后面射杀了她。

南宋韩彦古字子师(延安人,蕲王世忠之子),任平江知府时,有一位士族的母亲前来控告她丈夫前妻的儿子,当时有一位士绅搀扶着她,原来是她的亲生子。韩彦古道："这件官司关系重大，需要略加惩戒。"妇人道："状子已经上递了，愿大人依法论罪。"韩彦古道："若是如此，就必须走司法程序进行审断才能辨明，你年纪大了，不适合到堂对质，就留下这个搀扶你的年轻人到堂作证，再考虑如何判决。"妇人想了很久，说："请先将诉状撤回，他如果仍不悔改，再来请求公断。"从此，那名妇人再也不敢来告状了。

404. 孙　宝

孙宝为京兆尹，有卖馔者（今之饼也），于都市与一村民相逢，击落皆碎，村民认赔五十枚，卖者坚称三百枚，无以证明。公令别买一枚称之，乃都秤碎者，细拆分两，卖者乃服。

【译文】

西汉孙宝任京兆尹时，有个卖油炸饼的，在城里和一个村民相撞，饼掉在地上，全都碎了。村民认赔五十个，卖饼的却坚持说有三百个，无法证明。孙宝于是命人另外买一个来称一称，再将破碎的饼聚集在一起称，仔细折算重量，卖饼的人心服口服。

405. 杖羊皮　杖蒲团

魏李惠为雍州刺史，有负薪、负盐者同弛担憩树阴。将行，争一羊皮，各言藉背之物，惠曰："此甚易辨。"乃令置羊皮于席上，以杖击之，盐屑出焉，负薪者乃服罪。

江淮省游平章显泌，为政清明，有城中银店失一蒲团，后于邻家认得，邻不服，争詈不置，游行马至，问其故，叹曰："一蒲团直几何，失两家之好，杖蒲团七十，弃之可也。"及杖，得银星，遂罪其邻。

【译文】

北魏李惠任雍州刺史时，有挑柴与挑盐的两个人，同时放下担子在树荫下休息。将上路时，两人争夺一张羊皮，都说是自己用来垫在肩背上的。李惠说：

"这很容易分辨。"于是命令将羊皮放在席子上，用木杖拍击，掉落出来的都是盐屑。挑木柴的人于是服罪。

元朝江淮省平章游显（译者按，元朝有游显。据《疑狱集》，"泐"当作"公"。）为政清明，城里有家银店遗失一个蒲团，后来在邻居家认出来，但邻居不服，双方争骂不休。游显骑马路过，问明原因，叹息道："一个蒲团值多少钱，而伤了两家的和气，杖打蒲团七十下，把它丢弃就可以了。"打的时候掉出一些银屑，因而判邻居有罪。

406. 傅 琰

傅琰仕齐为山阴令，有卖针、卖糖二老姥共争团丝，诣琰。琰取其丝鞭之，密视有铁屑，乃罚卖糖者。又二野父争鸡，琰各问何以食鸡，一云粟，一云豆，乃破鸡得粟，罪言豆者。

《南史》云，世传诸傅有《理县谱》，子孙相传，不以示人。琰子刘尝代刘玄明为山阴令，玄明亦夙称能吏，政为天下第一。刘请教，玄明曰："吾有奇术，卿家谱所不载。"问："何术？"答曰："日食一升饭而莫饮酒，此第一义也！"刘子岐为如新令，世为循吏。

【译文】

南齐的傅琰任山阴县令，有卖铁和卖糖的两个老太争一团丝，一起来见傅琰。傅琰把丝团拿过来鞭打，细看其中有铁屑，就处罚卖糖的。又有两个乡下老翁争一只鸡，傅琰分别问他们用什么喂的鸡，一个说是粟，一个说是豆。于是杀鸡剖开肚子，从中取出了粟，就判说喂豆的人有罪。

冯评：《南史》记载，世人相传傅家有《理县谱》，子孙相传，不对外人公开。傅琰的儿子傅刘曾取代刘玄明为山阴令，刘玄明一向被称赞为贤能的官吏，理政能力天下第一。傅刘请教刘玄明，他说："我有奇妙的方法，是你们家那本秘谱所没有记载的。"问他是什么方法，他说："每天吃一升饭而不喝酒，这是第一要义。"傅刘的儿子傅岐当如新县令，世代都是好官。

407. 孙主亮

亮出西苑，方食生梅，使黄门至中藏取蜜渍梅，蜜中有鼠矢。亮问主藏吏曰："黄门从汝求蜜耶？"曰："向求之，实不敢与。"黄门不服，左右请付狱推，亮曰："此易知耳。"令破鼠矢，里燥，亮曰："若久在蜜中，当湿透；今里燥，必黄门所为！"于是黄门首服。

【译文】

东吴主孙亮走出西苑，正在吃生梅，派宦官到宫内仓库去取蜂蜜来浸渍生梅。取来的蜜中有老鼠屎，孙亮便问管仓库的官吏说："宦官是从你这儿拿的蜜吗？"回答说："他曾来讨蜜，我没敢给他。"宦官不服，左右的人请求交给相关部门去审，孙亮说："这很容易弄清楚。"就剖开老鼠屎，发现里面是干燥的，孙亮说："老鼠屎如果在蜜中很久，就应该湿透了，现在里面还是干的，一定是宦官后来放进去的。"宦官于是坦白服罪。

408. 乐 蔼

梁时长沙宣武王将葬，东府忽于库失油络，欲推主者。御史中丞乐蔼曰："昔晋武库火，张华以为积油幕万匹，必燃。今库若有灰，非吏罪也。"既而检之，果有积灰，时称其博物弘恕。

【译文】

南朝梁时，长沙宣武王即将安葬，东府仓库中忽然找不到油络（一种丝质的用于车上的装饰物）。想追究管理仓库官员的责任，御史中丞乐蔼说："从前晋武帝时仓库大火，张华认为是堆积涂油的一万匹帐幕自燃所造成的。现在仓库中如果有灰，就不是仓库管理员的罪过了。"接着派人去检查仓库，果然有积灰。当时的人都称赞他见识广博，心地宽弘。

409. 李南公

李南公为河北提刑，有班行犯罪下狱，案之不服，闭口不食者百余日，狱吏不敢拷讯。南公曰："吾能立使之食。"引出问曰："吾以一物塞汝鼻，汝能终不食乎。"其人惧，即食，因具服罪。盖彼善服气，以物塞鼻则气结，故惧。此亦博物之效也。

【译文】

北宋李南公任河北提刑时，有个官员犯罪下狱，经过审问不肯认罪，一百多天都不吃饭，狱吏不敢拷问他。李南公说："我能够立即使他吃饭。"命人带他出来问道："我用东西塞住你的鼻子，你还能不吃饭吗？"那个人一听怕了，立即吃饭，因而详细地供出罪行。原来此人精于服气的吐纳之法，塞住他的鼻子，气便淤结，所以害怕。这也是见识广博的功效。

410. 韩绍宗

樊举人者，寿宁侯门下客也。侯贵震天下，樊负势结勋戚贵臣，一切奏状皆出其手，然驾空无事实，为怨家所发，事下刑部。部郎中韩绍宗具知其实，乃摄樊举人。时樊匿寿宁侯所甚深，乃百计出之。下狱数日，韩一旦出门，见地上一卷书，取视，则备书樊举人罪状，宜必置之死，不死不可。韩笑曰："此樊举人所自为书也！"诘之果服。同僚问樊："何以自为此？"对曰："韩公者，非可摇动以势，蕲生则必死；今言死者，左计也。"韩曰："不然，若罪原不至死。"于是发戍辽。

【译文】

明朝的樊举人是寿宁侯的门客。寿宁侯地位显贵，威震天下，樊举人仗势结交权贵，所有的奏状都出自他手，但由于是凭空写来，没有依据，被仇家揭发出来，案子交由刑部办理。刑部郎中韩绍宗调查后了解了实情，就派人去抓樊举人。当时樊举人躲藏在寿宁侯府中，隐藏得很深，韩绍宗想尽各种方法才把他引诱出来。樊举人关进监狱几天，韩绍宗出门时，看见地上有一个卷轴，拿来一看，其中详细地记述樊举人的罪状，说应该处死，不处死不行。韩绍宗笑着说："这是樊举人自己写的。"一问果然承认。同僚问樊举人："为什么要自己写这么一份材料？"樊举人说："韩公其人没有办法用权势去动摇，求生则必死。现在我故意说死，也是反其道而行之的计谋。"韩绍宗说："不对，你的罪还不到要死的地步。"于是发配戍守辽东。

卷十 诘奸

王轨不端，司寇溺职。吏偷俗弊，竞作淫慝。我思老农，剪彼蟊贼；摘伏发奸，即威即德。集《诘奸》。

——【解说】——

王朝的法度不够端正，那些法官就不能克尽职守。小吏奸猾风俗败坏，争相做那些邪恶的勾当。我想到那些老农，精细地除去害虫。能够揭发隐藏的奸邪，就是最大的威严和功德。

这一卷都是关于揭示奸邪的故事，名为《诘奸》。

411. 赵广汉　二条

赵广汉为颍川太守。先是颍川豪杰大姓相与为婚姻，吏俗朋党。广汉患之，察其中可用者，受记。出有案问，既得罪名，行法罚之。广汉故漏泄其语，令相怨咎；又教吏为缿筒，及得投书，削其主名，而托以为豪杰大姓子弟所言。其后强宗大族家家仇怨，奸党散落，风俗大改。

广汉尤善为钩距以得事情。钩距者，设欲知马价，则先问狗，已问羊，又问牛，然后及马，参伍其价，以类相准，则知马之贵贱，不失实矣。唯广汉至精，能行之，他人效者莫能及。

【译文】

西汉赵广汉任颍川太守，当时颍川豪门大族互相联姻，官吏和他们也互相勾结。赵广汉很为此事担忧，挑选其中可以利用的加以奖励。自己外出办案，一旦罪名确立，就依法处罚，同时故意泄露当事人的供词，使他们互相猜疑。此外又命属官使用检举信箱，得到检举信就消去检举人姓名，然后假托是豪门大族的子弟所写。后来豪门大族互相结仇，他们的利益团体解散，社会风气由此大为改观。

赵广汉特别擅长用钩距之术来刺探情报。所谓钩距，假设想了解马的价钱，就先打听狗的价钱，然后再问羊的价钱，再问牛，到最后才问到马的价钱，互相比较，以此类推，从而可以得出一个比较精确的马价。这个法子只有赵广汉最精，而且行之有效，其他人模仿的都学不像。

412. 周文襄

周文襄公忱巡抚江南，有一册历，自记日行事，纤悉不遗，每日阴晴风雨亦必详记。人初不解。一日某县民告粮船江行失风，公诘其失船为某日午前午后，东风西风，其人所对参错。公案籍以质，其人惊服。始知公之日记非漫书也。

蒋颖叔为江淮发运，尝于所居公署前立占风旗，使日候之置籍焉。令诸漕纲吏程亦各记风之便逆。每运至，取而合之，责其稽缓者，纲吏畏服。文襄亦有所本。

【译文】

明朝的周忱（谥文襄）任江南巡抚时，身边有一本日记，详细记载每日的行事，每天天气情况也一并详加记录。刚开始，人们不明白周忱为什么这么做。一天，有县民报告一艘粮船因暴风失事，周忱问失事的日期以及午前还是午后，当时刮东风还是西风，那人的回答错误百出。周忱翻开日记本跟他对质，他惊惧服罪。这时众人才明白，周忱的日记不是随意乱写的。

冯评：北宋蒋颖叔任江淮发运使，曾在公署前竖立一面测风的旗子，每天观测并记录风向，命各漕运船队的官员沿途也要记录风向顺逆。每次船队到达，便拿出各自的记录进行比对，对无故迟到的进行责罚，漕运官吏既怕且服。周忱的做法也是有所本的。

413. 陈霁岩

陈霁岩为楚中督学。初到任，江夏县送进文书千余角，书办先将"照详"、"照验"分作两处。公夙闻先辈云："前道有驳提文书难以报完者，必乘后道初到时，贿嘱吏书，从'照验'中混交。"公乃费半日功，将照验文书逐一亲查，中有一件驳提，该吏者混入其中。先暗记之，命书办细查，戒勿草草。书办受贿，径以无弊对。公摘此一件而质之，重责问罪革役。后照验文书更不敢欺。

【译文】

明朝陈霁岩任楚中督学，初到任时，江夏县送进公文一千多件，小吏先将公文按照其内容是否需要详细辨析审核，分作"照详"和"照验"两部分。陈公很早就听前辈说起："有被前任学道驳回、难以批准的公文，往往会趁下任学道新上任时贿赂小吏，让他把公文放入照验一类里蒙混过关。"于是陈公花了半天的时间，将所有照验文书逐一亲自查验，发现其中有一件被驳回的，被小吏混入其中。陈公暗中记下，再命小吏仔细检查，告诫他不要马虎草率。小吏受了贿，所以就说没有错误。陈公挑出那份公文加以质问，并对小吏重责问罪。后来小吏再也不敢在照验文书的环节做手脚了。

414. 张敞　虞诩

长安市多偷盗，百贾苦之。张敞既视事，求问长安父老。偷盗酋长数人，居皆温厚，出从童骑，间里以为长者。敞皆召见责问，因赦其罪，把其宿负，令致诸偷以自赎。偷长曰："今一旦召诣府，恐诸偷惊骇，愿一切受署。"敞皆以为吏，遣归休。置酒，小偷悉来贺，且饮醉，偷长以赭污其衣裾。吏坐里闾阅出者，见污赭，辄收缚，一日捕得数百人。穷治所犯，市盗遂绝。

朝歌贼宁季等数千人攻杀长吏，屯聚连年，州郡不能禁，乃以诩为朝歌长。始到，谒河内太守马棱，愿假辔策，勿令有所拘阂（批：要紧）。及到官，设三科以募壮士，自掾史而下，各举所知：其攻劫者为上，伤人偷盗者次之，不事家业者为下。收得百余人，诩为飨会，悉赦其罪，使入贼中，诱令劫掠，乃伏兵以待之，遂杀贼数百人。又潜遣贫人能缝者佣作贼衣，以彩线缝其裾为识，有出市里者，吏辄擒之，贼由是骇散。

【译文】

西汉长安市上小偷很多，商人们都很苦恼。张敞出任京兆尹以后，询问长安父老，听说小偷的几个头目平时待人温厚，外出时还随身带几个随从，百姓都视之为长者。于是张敞把他们都叫来责问，说愿意赦免他们的罪行，但要还清先前的旧账，得把那些小偷都抓来才算是赎罪。小偷的头头们说："要是现在就贸然把他们叫到衙门里，恐怕他们会受到惊吓而逃跑，请让我们接受任命来办理此事。"于是张敞都让他们做了小吏，并回家休假。他们回家后在家摆了酒宴，小偷们都来道贺，喝得大醉，小偷头目就在他们衣襟上作了红色记号。坐在里巷门外等候的衙役见到衣襟上有红色记号的就予以逮捕，结果在一日之间竟抓到几百人。张敞彻底查办盗贼，从此长安市上的小偷就绝迹了。

朝歌县贼人宁季率几千人攻杀地方官，聚众数年，州郡无法剿灭，朝廷于是派虞诩出任朝歌令。他一到任就去拜见河内太守马棱，希望马棱能让自己剿匪，不要制约自己。虞诩上任后，首先设立三种标准招募壮士，掾史以下官吏各自推荐人选：能攻击抢掠的为上，伤人偷盗的为中，凡不事生产游手好闲的为下。总共募得一百多人，虞诩设盛宴款待他们，全部赦免他们的罪状，让他们混入贼营，诱使他们出营抢掠，虞诩在外伏兵埋伏守候，杀死贼匪数百人。另外，他又暗中派会缝制衣服的穷人去替贼人做衣服，在贼人的衣襟上缝了彩线作为标记，一旦在城中发现，就抓捕他们，贼人于是惊慌溃散。

415. 王世贞　三条

王世贞备兵青州，部民雷龄以捕盗横莱、潍间，海道宋购之急而遁，以属世贞。世贞得其处，方欲掩取，而微露其语于王捕尉者，还报又遁矣。世贞阳曰："置之。"又旬月，而王尉擒得他盗，世贞知其为龄力也，忽屏左右召王尉诘之："若奈何匿雷龄？往立阶下闻捕龄者非汝邪？"王惊谢，愿以飞骑取龄自赎。俄龄至，世贞曰："汝当死，然汝能执所善某某盗来，汝生矣。"而令王尉与俱，果得盗。世贞遂言于宋而宽之（边批：留之有用）。

官校捕七盗，逸其一。盗首妄言逸者姓名，俄缚一人至，称冤。乃令置盗首庭下差远，而呼缚者跻阶上，其足蹑丝履，盗数后窥之。世贞密呼一隶，蒙缚者首，使隶肖之，而易其履以入。盗不知其易也，即指丝履者。世贞大笑曰：

"尔乃以吾隶为盗！"即释缚者。

【译文】

　　明朝王世贞统兵青州时，当地有个叫雷龄的盗匪在莱、潍一带流窜作案，海道宋公全力追捕他，雷龄就逃了，宋公把这事交给王世贞。王世贞打听出雷龄藏匿的地方，正计划偷袭，露了点口风给捕头王尉，结果报告说雷龄又跑了。王世贞假意说："那就算了。"过了十多天，王尉擒获一名盗匪，王世贞知道他是替雷龄效力的，就屏退左右召来王尉质问说："你为什么要藏匿雷龄？那天站在台阶听到缉捕雷龄计划的不是你吗？"王尉大惊谢罪，请求立刻飞马抓捕雷龄以赎罪。不多时，雷龄被抓来了，王世贞说："你犯的是死罪，但如果你能把跟你要好的盗贼某某抓来，你就能活了。"说完命王尉与他一同前去，果然顺利擒获那个盗贼。王世贞将此事告诉宋公，赦免了雷龄。

　　官差抓获七名盗贼，逃了一个。盗贼首领故意谎报逃逸者的姓名，不久，抓来一名人犯，那人大喊冤枉。于是王世贞下令把盗贼首领带到庭下稍远处，而让那个被抓来的跪在阶上，他脚上穿的丝鞋，盗贼首领不断从后面窥视。王世贞暗中叫来一个差役，把抓来那人脸上蒙了布罩，让差役假扮那人并且换上丝鞋，盗贼首领并不知道人已调包，指称穿丝鞋的是同伙人。王世贞大笑道："你竟把我的差役当盗贼！"说完立即释放了那人。

416. 王璥　王阳明

　　贞观中，左丞李行德弟行诠前妻子忠烝其后母，遂私匿之，诡敕追入内行，廉不知，乃进状问，奉敕推诘至急，其后母诈以领巾勒项卧街中。长安县诘之，云："有人诈宣敕唤去，一紫袍人见留宿，不知姓名，勒项送至街中。"忠惶恐，私就卜问，被不良人疑之，执送。县尉王璥引就房内推问，不允。璥先令一人于褥下伏听，令一人走报长史唤璥，锁房门而去。子母相谓曰："必不得承！"并私密之语。璥至开门，案下人亦起，母子大惊，并具承伏法云。

　　贼首王和尚，攀出同伙有多应亨、多邦宰者，骁悍倍于他盗，招服已久。忽一日，应亨母从兵道告办一纸，准批下州，中引王和尚为证。公思之，此必王和尚受财，许以辨脱耳。乃于后堂设案桌，桌围内藏一门子，唤三盗俱至案前覆审。

预戒皂隶报以寅宾馆有客，公即舍之而出。少顷还入，则门子从桌下出云："听得王和尚对二贼云：'且忍两夹棍，俟为汝脱也。'"三盗惶遽，叩头请死。

【译文】

　　唐太宗贞观年间，尚书左丞李行德之弟李行诠与前妻所生的儿子李忠，和后母通奸，随后将其藏匿起来，诈称有敕命将她叫进宫去了。查问了很久也没搞清怎么回事，就上奏状向皇帝询问，皇帝下令紧急追查此事。后母用领巾勒住自己脖子倒在街头。长安县衙门审问，她说："有人假传敕命将我叫去，有一身穿紫袍的人留宿我，不知道他的姓名，之后我就被勒住脖子，送到了大街上。"李忠听说后非常害怕，四下打听，结果被巡街的差役怀疑，送到县府，县尉王璩带他到屋里盘问，李忠很不配合。王璩事先派了个人躲在床下偷听，另叫一人跑来报告王璩说长史正在找他，于是王璩匆忙锁了房门而去。母子互相关照："绝对不能承认！"又私下说了些秘密的话。王璩回来之后，偷听者也出来了，母子二人大惊，只好认罪伏法。

　　明朝强盗首领王和尚，招出同伙有多应亨、多邦宰二人，骁勇强悍倍于其他盗匪，早已招认。忽然有一天，多应亨的母亲通过兵备道转来一份公文，准批下州审理，并注明要王和尚作证。王阳明想：王和尚一定被买通，答应为二人开脱。于是命令在衙门后堂摆设案桌，桌围里暗藏一个差役，然后传唤三个人到案前应讯。预先又安排一个小吏在审讯到一半时通报，说客馆有人求见，王阳明便丢下三人出去了。不久，王阳明回来，躲在桌下的差役出来说："刚才王和尚对那两个贼人说：'你们暂且忍受一两顿夹棍，等我为你们开脱。'"三人大惊失色，纷纷叩头请罪。

417. 苏 涣

　　苏涣知衡州时，耒阳民为盗所杀而盗不获。尉执一人指为盗，涣察而疑之，问所从得，曰："弓手见血衣草中，呼其侪视之，得其人以献。"涣曰："弓手见血衣，当自取之以为功，尚肯呼他人？此必为奸。"讯之而服。他日果得真盗。

【译文】

　　唐朝苏涣治理衡州时，有耒阳百姓被盗贼所杀，但一直没抓到凶手。一天县尉抓来一人，指称他是凶手，苏涣观察后觉得很可疑，于是召来捕役，就问这人是怎么抓到的，回答说："是弓手发现草堆中有件血衣，招来同伴检视，然后将这人抓获献上。"苏涣说："弓手看到血衣，应该自己拿去领功，怎肯再叫来同伴呢？这人有鬼！"抓来讯问后果然服罪。后来果然抓到了真凶。

418. 范 槚

范槚，会稽人，守淮安。景王出藩，大盗谋劫王，布党起天津至鄱阳，分徒五百人，往来游奕。一日晚衙罢，门卒报有贵客入僦潘氏园寓孥者，问："有传牌乎？"曰："否。"命诇之，报曰："从者众矣，而更出入。"心疑为盗，阴选健卒数十，易衣帽如庄农，曰："若往视其徒入肆者，阳与饮，饮中挑与斗，相执絷以来。"而戒曰："慎勿言捕贼也。"卒既散去，公命舆谒客西门，过街肆，持者前诉，即收之。比反，得十七人。阳怒骂曰："王舟方至，官司不暇食，暇问汝斗乎？"叱令就系。入夜，传令儆备，而令吏饱食以需。漏下二十刻，出诸囚于庭，厉声叱之，吐实如所料。即往捕贼，贼首已遁。所留孥，妓也。于是飞骑驰报徐、扬诸将吏，而毙十七人于狱，全贼溃散。

【译文】

会稽人范槚镇守淮安。有一次景王离京赴封地，有大盗谋划劫持景王，将党羽安排在天津到鄱阳间，共五百人，来往徘徊。一天夜晚衙门快关门时，有门吏报告说有贵客到潘家租房寄放家眷。范槚问："有通知官府的传牌吗？"答："没有。"于是范槚命人侦察，得到回报说："对方随从人员众多，而且进出频仍。"范槚怀疑他们是盗匪，暗中挑选几十名身体强健的士卒，扮成农夫的模样，范槚吩咐他们："你们看到那批人进酒馆，就跟着进去，和他们喝酒，然后故意挑起冲突相斗，然后将其抓来。"又告诫道："你们千万不能声言是捕贼。"士卒散去，范公备轿到西门拜谒宾客，经过街市，方才派出的士卒抓了人来告状，范槚命人全部收押，一共抓了十七人。范槚故意怒骂："王爷的船刚到，上上下下忙得吃饭都没工夫，谁有空管你们打架的事！"下令将一干人全部关入牢中。天黑后，范槚下令警戒，并要属下吃饱待命。午夜一过，将一干人带至庭上，厉声叱问，他们吐露实情，果真如范槚所猜测的那样。范槚立即率兵前往抓贼，贼人首领已经逃逸，所留下的家眷原来都是妓女假扮。于是范槚飞骑给徐州、扬州官员传送紧急公文，将捕获的十七人全部处死，其余盗贼就此溃散。

419. 总辖察盗

临安有人家土库中被盗者，绝无踪迹，总辖谓其徒曰："恐是市上弄猢狲者，试往胁之。不伏，则执之；又不伏，则令唾掌中。"如其言，其人良久觉无唾可吐，色变俱伏：乃令猢狲从天窗中入内取物。或谓总辖何以知之，曰："吾亦不敢取必，但人之惊惧者，必无唾可吐，姑以卜之，幸而中耳。"

又一总辖坐在坝头茶坊内，有卖熟水人，持两银杯，一客衣服济然若巨商者，行过就饮，总辖遥见，呼谓曰："吾在此，不得弄手段。将执汝。"客惭悚谢罪而去。人问其故，曰："此盗魁也，适饮汤，以两手捧盂，盖阴度其广狭，将作伪者以易之耳。"

比韩王府中忽失银器数件，掌器婢叫呼，为贼伤手。赵从善尹京，命总辖往府中，测试良久，执一亲仆讯之，立服。归白赵云："适视婢疮口在左手（边批：拒刃者必以右手），盖与仆有私，窃器与之，以刃自伤，谬称有贼；而此仆意思有异于众，是以得之。"

【译文】

临安有户人家土库被盗，现场没有留下痕迹。总辖对属下说："这件窃案，恐怕是街上耍猴的艺人干的，你们不妨去逼问。如不服，就抓来。再不服，就要他朝手掌吐口水。"属下照办，耍猴人过了很久也吐不出口水，不由神色大变，俯首认罪：原来是他命猴子从天窗进入屋舍窃取来财物。有属下问总辖是怎么知道的，总辖说："我也没有绝对的把握，只是人心中害怕就会吐不出口来，所以我姑且试一试，幸运地被我猜中了。"

另有一名总辖坐在茶坊喝茶时，有个卖水的取出两个银杯，有个衣冠楚楚富商模样的人路过，顺手拿起银杯喝水，远处的总辖高声说道："我在这儿，不要玩花样，否则我把你抓起来。"那人惭愧谢罪离去。有人问总辖怎么回事，总辖说："这人是个大盗，刚才他喝水时，用两手捧着银杯，是在暗中测试银杯大小，准备用假银杯替换。"

后来韩王府中丢失了几件银器，管银器的婢女大喊，被贼人弄伤了手。京兆尹赵从善命总辖前去韩王府调查，总辖查问许久，逮住一个王爷的仆人讯问，那仆人即刻招认。总辖向赵从善报告说："我刚才检视婢女的伤口在左手，原来她和那仆人有私情，想偷了银器送给他，用刀割伤手腕，诈称有贼。另外，这个仆人神色异常，这样我就查出了实情。"

420. 董行成

唐怀州河内县董行成能策贼。有一人从河阳长店盗行人驴一头并皮袋，天欲晓至怀州。行成至街中一见，呵之曰："个贼在！"即下驴承伏。人问何以知之，行成曰："此驴行急而汗，非长行也；见人则引驴远过，怯也。以此知之。"有顷，驴主已踪至矣。

【译文】

唐朝怀州河内县有个叫董行成的擅长辨识盗贼。有个人在河阳长店偷得路人一头驴及一个皮袋，在天快亮时赶到怀州。董行成走在街上看到他，大声喝道："这儿有个贼！"那人立即下驴认罪。有人问董行成怎么知道的，董行成说："这头驴走得急，浑身是汗，显然不是长途赶路的，而这人见了路人则牵着驴绕开，说明心里害怕。我就是这么知道的。"不一会儿，驴的主人就追踪而来了。

421. 维亭张小舍

相传维亭张小舍善察盗。偶行市中，见一人衣冠甚整，遇荷草者，捋取数茎，因如厕。张俟其出，从后叱之，其人惶惧，鞠之，盗也。又尝于暑月游一古庙之中，有三四辈席地鼾睡，傍有西瓜劈开未食，张亦指为盗而擒之，果然。或叩其术，张曰："入厕用草，此无赖小人，其衣冠必盗来者。古庙群睡，夜劳而昼倦，劈西瓜以辟蝇也。"时为之语云："天不怕，地不怕，只怕维亭张小舍。"（舍，吴音沙，去声）。后遇瞽丐于途，疑而迹之，见其跨沟而过，擒焉，果盗魁，其瞽则伪也，请以重赂免，期某日，过期不至。久之，张复遇于途，责以渝约，盗曰："已输于卧床之左足，但夜至，不敢惊寝耳。"张犹未信，曰："以何为征？"盗即述是夜其夫妇私语，张始大骇，归视床足，有物系焉，如所许数，兼得一利刃，悚然曰："危哉乎！"自是察盗颇疏。

【译文】

据说维亭的张小舍善于辨识盗贼。一次他走在街上，遇到一个衣冠整齐的人，碰上一个挑着草的人，他随手揪了几根草就去上厕所了。张小舍等这人出来后，突然在他背后高声呵斥，这人十分惊慌，经审问果然是盗贼。又有一次大暑天，张小舍到古庙游玩，庙中有三四人席地酣睡，旁边还放着切开没吃的西瓜，张小舍也指认他们是盗贼，逮捕审问后，果然如此。有人问张小舍是如何识别的，张小舍说："上厕所要用草的，那是无赖小人的习惯，他这身衣冠必定是偷来的。在古庙里结伙睡觉的，说明晚上活动白天疲倦，切开西瓜不吃，只是用来吸引苍蝇罢了。"因此，当时人们说："天不怕，地不怕，只怕维亭张小舍。"后来张小舍在路上遇到一个瞎乞丐，一见就起了疑心，见瞎乞丐跳过水沟，就把他抓住，原来是个盗贼首领，瞎子是假装的。盗贼首领说可以支付重金让张小舍放过他，并且约定了给钱的日子，过了约定的时间，也没见他拿钱来。过了很久，张小舍又遇见这个盗贼首领，张小舍责备他失信，盗贼首领说："我已经把钱放在你家床的左下角了，因为我是半夜去的，所以不敢吵醒你。"张小舍不相信，就问："有什么证据？"盗贼首领就复述了当夜他们夫妻的对话，张小舍才感到惊恐。回家一看，床脚下果然有包东西，里面是答应要给他的钱，还有一把利刃。张小舍紧张地说："好险哪！"从此他不怎么再去辨识盗贼了。

422. 苏无名

天后时，尝赐太平公主细器宝物两食盒，所直黄金百镒。公主纳之藏中，岁余，尽为盗所得。公主言之，天后大怒，召洛州长史谓曰："三日不得盗，罪死！"长史惧，谓两县主盗官曰："两日不得贼，死！"尉谓吏卒、游徼曰："一日必擒之，擒不得，先死！"吏卒、游徼惧，计无所出。衢中遇湖州别驾苏无名，素知其能，相与请之至县。尉降阶问计，无名曰："请与君求对玉阶，乃言之。"于是天后问曰："卿何计得贼？"无名曰："若委臣取贼，无拘日月，且宽府县，令不追求，仍以两县擒盗吏卒尽以付臣，为陛下取之，亦不出数日耳。"天后许之。无名戒吏卒缓至月余,值寒食,无名尽召吏卒约曰:"十人五人为侣,于东门北门伺之,见有胡人与党十余,皆缞绖相随出赴北邙者,可蹑之而报。"吏卒伺之,果得,驰白无名曰:"胡至一新冢,设奠,哭而不哀,既撤奠,即巡行冢旁,相视而笑。"无名喜曰:"得之矣。"因使吏卒尽执诸胡,而发其冢,剖其棺视之,棺中尽宝物也。奏之,天后问无名:"卿何才智过人而得此盗?"对曰:"臣非有他计,但识盗耳。当臣到都之日,即此胡出葬之时,臣见即知是偷,但不知其葬物处。今寒食节拜扫,计必出城,寻其所之,足知其墓。设奠而哭不哀,明所葬非人也;巡冢相视而笑,喜墓无损也。向若陛下迫促府县擒贼,贼计急,必取之而逃。今者更不追求,自然意缓,故未将出。"天后曰:"善。"赠金帛,加秩二等。

【译文】

武则天曾赏赐给太平公主两食盒的细软宝物,总价超过黄金百镒。公主将这批宝物收藏在仓库里,一年多后全被盗贼偷了去。公主将这事禀告武则天,天后大怒,召来洛州长史,对他说:"若三天之内抓不到偷宝物的小偷,你就是死罪!"长史很害怕,召来二县的捕盗官,对他们说:"两天之内找不到小偷,就去死!"捕盗官又对手下的差役说:"一天之内一定要给我抓到小偷,抓不到,你们先死!"捕役们害怕了,又没什么好办法。在街上碰到湖州别驾苏无名,差役们素来知道他有本事,便请他到县衙。捕盗官客气地请教,苏无名说:"我们一起去面见天后,然后再说办法。"天后问道:"你有什么办法能抓到小偷?"苏无名答道:"若是派我去抓小偷,那就不要规定期限,对于府县也不要施加压力,让他们不要严查。至于两县负责抓捕盗贼的差役都要交给我指挥,这样,为陛下抓住小偷也就是几天的事。"天后答应苏无名的请求。苏无名让差役们把捕盗一事延缓了一个多月,到了寒食节,苏无名召集所有的差役对他们说:"每五到十人为一组,在东门、北门监视,如果发现胡人和十几个随从披麻戴孝出城朝北邙山走去,就在后面跟踪,并向我报告。"监视的差役果然发现这么一群人,跟踪后报告苏无名说:"胡人来到一座新坟祭奠,哭得不哀伤,祭奠完毕就检视坟墓四周,接着相视而笑。"苏无名高兴地说:"找到了!"于是命令差役将那批胡人全部逮捕,并且挖开那座坟墓,打开棺材,只见里面全是宝物。奏报之后,天后问苏无名:"你靠什么样的过人才智抓到了这些盗贼?"苏无名答:"臣并没有别的计谋,只是能辨识盗贼罢了。当臣抵达京都那天，就是这胡人出葬的日子。臣一见他们就知道是小偷，只是不知道埋藏赃物的地方。今天是寒食节，扫墓的日子，料想他们一定会出城，跟着他们，就能知道埋葬的地点。他们虽设奠祭拜但哭声却不哀伤，说明所埋的不是死人；检视坟墓四周，然后相视而笑，那是高兴坟墓完好无损。如果先前陛下催促府县严加缉拿，贼人被逼急了，一定拿了宝物逃逸。现在官府不再追究，他们自然也就放松了，所以没有取出宝物。"天后听了，说："好！"赐他金帛，还给他升官两级。

423. 千里急

陈懋仁《泉南杂志》云：城中一夕被盗，捕兵实为之。招直巡两兵，一以左腕，一以胸次，俱带黑伤而不肿裂，谓贼棍殴，意在抵饰。当事督责司捕，辞甚厉。余意棍殴处未有不致命且折，亦未有不肿且裂者。无之，是必赝作，问诸左右曰："吾乡有草可作伤色者，尔泉地云何？"答曰："此名'千里急'。"余令取捣碎，别涂两人如其处，少焉成黑，以示两兵，两兵愕然，遂得奸状。自是向道绝，而外客无所容也。按《本草》，千里急，一名千里及，藤生道旁篱落间，叶细而厚，味苦平，小有毒，治疫气，结黄症、蛊毒，煮汁服取吐下，亦敷蛇犬咬，不入众药。此草可染肤黑，如凤仙花可染指红也。

【译文】

陈懋仁所著《泉南杂志》中记载，有一夜，城中遭强盗抢掠，实际上是官兵干的，召来两个当夜执勤的士兵，两人都受了伤，一个在左腕，另一个在胸前，伤口都呈黑色，但没有肿胀开裂，他们说是被盗贼用棍打的，意在掩饰。主事官员下令搜捕，口气很严厉。我认为棍棒殴打的伤不致命就骨折，至少没有不肿胀开裂的，这些症状都没有，一定假装的。问其他人说："在我的家乡有一种草，可以将皮肤染成类似伤口的颜色，你们泉州管这个草叫什么？"答说："这种草叫千里急。"于是我命人采来千里急，捣碎后，分别涂在两外人的相应部位，一会儿皮肤就黑了，给那两个士兵看，两人惊呆了，于是审出案件的原委。从此内奸绝迹，外面的贼人无法进入。据《本草》记载，千里急，一名千里及，藤生于路边篱笆之间，叶细而厚，味苦性平，稍具毒性，能治疫气、黄症、蛊毒，煮成汁后服用，可以呕吐下泻，也能敷治蛇犬咬伤的伤口，并不和其他药物配方。这种草能染黑皮肤，就如同凤仙花可染红手指甲一般。

424. 京师指挥

京师有盗劫一家，遗一册，且视之，尽富室子弟名。书曰："某日某甲会饮某地议事。"或"聚博挟娼"云云，凡二十条。以白于官，按册捕至，皆跅弛少年也，良以为是。各父母谓诸儿素不逞，亦颇自疑。及群少饮博诸事悉实，盖盗每侦而籍之也。少年不胜榜毒，诬服。讯赇所在，浪言埋郊外某处，发之悉获。诸少相顾骇愕云："天亡我！"遂结案伺决。一指挥疑之而不得其故，沉思良久，曰："我左右中一髯，职拳马耳，何得每讯斯狱辄侍侧？"因复引囚鞫数四，察髯必至，他则否。猝呼而问之，髯辞无他。即呼取炮烙具，髯叩头请屏左右，乃曰："初不知事本末，唯盗赂奴，令每治斯狱，必记公与囚言驰报，许酬我百金。"乃知所发赃，皆得报宵瘗之也。髯请擒贼自赎，指挥令数兵易杂衣与往，至僻境，悉擒之，诸少乃得释。

成化中，南郊事竣，撤器，失金瓶一。有庖人执事瓶所，捕之系狱，不胜拷掠，竟诬服。诘其赃，谬曰："在坛前某地。"如言觅之，不获。又系之，将毙焉。俄真盗以瓶系金丝鬻于市，市人疑之，闻于官，逮至，则卫士也。招云："既窃瓶，急无可匿，遂瘗于坛前，只掫取系索耳。"发地，果得之，比庖人谬言之处相去才数寸，使前发者稍广咫尺，则庖人死不白矣，岂必拳马髯在侧乃可疑哉？讯盗之难如此。

【译文】

京师有一户人家遭窃，小偷在现场留下一本小册子，天亮后打开一看，里面全记载着富家子弟的名字，写道"某日某甲与人在某地聚饮商议事"，或是"聚众赌博嫖娼"等，一共有二十多条。失主将册子呈送官府，官府按册子所记姓名抓人，都是本乡的纨绔子弟，觉得没抓错人。他们的父母认为自己的儿子平日胡作非为，也疑心他们真的犯了案。而那群少年喝酒聚赌等都是事实，盗贼们平时侦知后就记下来。少年在严刑拷问下都自承有罪，讯问他们赃物的所在，少年们就胡乱说埋在郊外某处，派人一挖，还真挖出了财物。少年们面面相觑，惊恐地说："这是天要我死！"于是结案，人犯等候处决。有一个指挥使总觉得此事可疑，但又说不出所以然来，沉思许久后说："我手下有一个大胡子马夫，为什么每次审这个案子他就在边上呆着？"于是又召来少年讯问，连续几次，发现大胡子马夫总会到场，审别的案子他就不来。指挥使突然叫来大胡子质问，胡子说没什么。指挥使命人取来炮烙刑具，大胡子叩头，请指挥使摒退旁人后说："我原来不知道这件案子的原委，只因盗贼贿赂我，要我每次审这个案子时，都要记下大人及少年们的对话，然后飞马向他们报告，答应给我一百两酬金。"指挥使这才知道挖出的赃物，是盗贼得到大胡子的报告后连夜埋下的。大胡子请求抓贼以赎罪，指挥使命士兵换上各式便装与马夫一同前去，到了一个偏僻的地方，将贼人全部抓获，少年们于是被释放了。

冯评：明朝成化年间，皇帝在京师南郊举行祭天礼，典礼结束后撤除祭器，发现丢了一个金瓶。有个厨子是在金瓶附近工作的，所以被当成嫌犯逮捕下狱，受不了严刑拷打，厨子就认罪了。问厨子赃物的下落，厨子胡乱说："埋在祭坛前某处。"按厨子所说的地点挖掘，没有找到，又拿厨子拷问，厨子奄奄一息。不久，真凶拿了瓶上的金链子在集市上出售，有人觉得可疑，就向官府报告，抓来一看，原来是个卫士。卫士招供说："窃得金瓶后，一时没地方藏匿，就埋在祭坛前，只揪下了瓶上的金链子。"照卫士所说去挖，果然找到瓶子，离厨子所说的地点相距不过几寸。如果先前挖的时候再加宽一尺，那厨子就不明不白地死了，哪里一定要有个大胡子马夫在边上才算可疑呢！侦讯犯人就是这样地困难。

425. 耿叔台

某御史巡按蜀中，交代，亡其资。新直指至，又穴而肚箧焉。成都守耿叔台（定力）察胥隶皆更番，独仍一饔人，亟捕之。直指恚曰："太守外不能诘盗，乃拘吾卧榻梗治耶？"固以请。比至，诘之曰："吾视穴痕内出，非尔而谁？"即咋舌伏辜。

【译文】

明朝某御史巡按四川，离任移交时丢失了公款，新的巡按到任后，又遭到凿洞偷窃。成都地方长官耿叔台发现巡按府的差役全部更换过了，只有一个伙夫没换，连忙将他逮捕。巡按很生气地说："大人不能去外面追查盗匪，就抓我身边的人治罪吗？"耿叔台坚持已见，把伙夫抓来后诘问道："我见凿洞的痕迹是由内向外的，不是你会是谁？"伙夫惊讶地服罪了。

426. 张 鷟

张鷟为河阳县尉日，有一客驴缰断，并鞍失之，三日访不获，告县。鷟推勘急，夜放驴出而藏其鞍，可直五千钱，鷟曰："此可知也。"令将却笼头放之，驴向旧喂处，搜其家，得鞍于草积下。

【译文】

唐朝张鷟任河阳县尉时，有个行路人的驴被割断缰绳，连鞍子一起丢了，找了三天也没找到，告到县衙。张鷟追查得很紧，偷驴的就趁夜把驴放了出来，但把鞍子留下了，这鞍子也值五千钱。张鷟说："这样可以破获。"于是他把驴放开，驴就回到先前吃草料的地方，搜索那家人家，在草堆下找到了鞍子。

427. 李复亨

李复亨年十八登进士第，调临晋主簿，护送官马入府，宿逆旅，有盗杀马。复亨曰："不利而杀之，必有仇者。"尽索逆旅商人过客，同邑人橐中盛佩刀，谓之曰："刀蓁马血，火煅之则刃青。"其人款伏，果有仇。以提刑荐迁南和令，盗割民家牛耳。复亨尽召里人至，使牛家牵牛遍过之，至一人前，牛忽惊跃，诘之，乃引伏。

煅刀而得盗，所以贵格物也。然庐州之狱，官不能决，而老吏能决之，故格物又全在问察。太常博士李处厚知庐州县，有一人死者，处厚往验，悉糟截灰汤之法不得伤迹。老书吏献计：以新赤油伞日中覆之，以水沃尸，其迹必见，如其言，伤痕宛然。

【译文】

金朝李复亨十八岁考中进士（译者按：原文作"年八十"，据《金史》本传改），被任命为临晋主簿，护送官马入府，夜晚投店住宿时，有贼人将马杀死。李复亨说："不为牟利而杀马，那一定是寻仇。"于是把全部住宿旅客召集起来，发现有个同县的客人橐中有刀，李复亨对他说："刀沾过马血，用火煅烧就会呈青色。"那人听了，俯首认罪，果然是有仇的。后来李复亨由提刑按察使荐举擢升为南和县令，有人偷割了民家牛耳。李复亨把村里所有人召集起来，让主人牵着牛从他们面前一一走过，走到一人面前时，牛突然惊慌跃起，上前盘问，果然就是割牛耳的人。

冯评：用锻刀法找到盗贼，说明深究事物原理的可贵。然而庐州的案子，长官无法断决，老吏却能，所以深究事物原理又要靠问询和明辨。北宋太常博士李处厚任庐州知县时，遇到一起命案，李处厚前去验尸，用糟肉灰汤等抹在尸体上仍然不见伤痕。一个老书吏献计：在日光下用新赤油伞撑在尸体上，再用清水浸泡尸体，伤痕必然显现。按照这个方法一试，伤痕清晰呈现。

428. 向敏中

向敏中在西京时，有僧暮过村求寄宿，主人不许，于是权寄宿主人外车厢。夜有盗自墙上扶一妇人囊衣而出，僧自念不为主人所纳，今主人家亡其妇人及财，明日必执我。因亡去，误堕眢井，则妇人已为盗所杀，先在井中矣。明日，主人踪迹得之，执诣县，僧自诬服：诱与俱亡，惧追者，因杀之投井中，暮夜不觉失足，亦坠；赃在井旁，不知何人取去。狱成言府，府皆平允，独敏中以赃不获致疑，乃引僧固问，得其实对。敏中密使吏出访，吏食村店，店妪闻自府中来，问曰："僧之狱何如？"吏绐之曰："昨已笞死矣。"妪曰："今获贼何如？"曰："已误决此狱，虽获贼亦不问也。"妪曰："言之无伤矣，妇人者，乃村中少年某甲所杀也。"指示其舍，吏就舍中掩捕获之。案问具服，并得其赃，僧乃得出。

前代明察之官，其成事往往得吏力。吏出自公举，故多可用之才。今出钱纳吏，以吏为市耳，令访狱，便鬻狱矣；况官之心犹吏也，民安得不冤？

【译文】

北宋向敏中任西京留守时，有个和尚路经一村落找一人家请求借宿，主人不肯接纳，和尚就在屋外的车厢里过夜。到了半夜，和尚看见一个贼人扶着一个妇人提着包袱翻墙而出，和尚想到自己被主人拒绝，现在要是主人发现女人和财物不见了，明天肯定会来抓我。于是和尚准备溜走，一不小心却掉进了一口枯井中。那个妇人已经被贼人杀死并扔在了井里。第二天，主人循着踪迹追至到井边，抓住和尚送进县府，和尚无法辩白，就招认：自己勾引妇人私奔，害怕被追捕，就杀了妇人投尸井中，因为天黑看不清，自己也掉了下去。财物本来放在井边，不知被什么人拿去。定案后呈报府台，府台核准无疑，只有向敏中认为赃物没找到而有怀疑，于是召来和尚仔细盘问，和尚如实相告。向敏中暗派小吏下去查访，小吏在村中一家小吃店吃饭，老板娘听说他从府城来，就问他："和尚杀人的案子怎么样了？"小吏骗她说："昨天已处死了。"老板娘问："如果现在抓到真凶会怎么样呢？""既然已经结案，就算是错了，抓到真凶也不会再过问了。"老板娘说："那我说了也没事，那妇人是村里的年轻人某甲杀的。"还把某甲的家指给他看。小吏在其家中将某甲抓获，经审问，全部招认，并且起获赃物，和尚被无罪释放。

冯评：前代明察秋毫的好官，能顺利办案往往借助小吏的力量，吏是公众推举出来的，因此多半是可用之才。现在的吏都是出钱买的，吏成了商品，让他们去查案，当然就受贿枉法。何况官的心态和吏一样，百姓哪能不冤情百出！

429. 钱 藻

钱藻备兵密云，有二京军劫人于通州，获之，不服，州以白藻。二贼恃为京军，出语无状，藻乃移甲于大门之外，独留乙鞫问数四，声色甚厉，已而握笔作百许字，若录乙口语状，遣去。随以甲入，绐之曰："乙已吐实，事由于汝，乙当生，汝当死矣！"甲不意其绐也，忿然曰："乙本首事，何委于我？"乃尽白乙首事状，藻出乙证之，遂论如法。

【译文】

明朝钱藻带兵驻扎密云，有两个京城来的军人在通州抢劫，被抓获后拒不认罪，通州府把二人移交给钱藻。两人仗着自己是京城的军人，说话无礼，钱藻命人把甲带到营门外，单独留下乙反复审问，声色俱厉，拿着笔写了几百字，做出记录乙口供的样子，然后把乙带下去，再带上甲兵，并骗甲说："乙已招供，事情是你挑起的，乙可以活命，你是死罪。"甲不知这是骗他，生气地说："乙才是挑起事端的，为什么要嫁祸给我！"于是甲把乙的所作所为一一陈述，钱藻命人带出乙对质，按罪论处。

430. 吉安老吏

吉安州富豪娶妇，有盗乘人冗杂，入妇室，潜伏床下，伺夜行窃。不意明烛达旦者三夕，饥甚奔出，执以闻官，盗曰："吾非盗也，医也，妇有癖疾，令我相随，常为用药耳。"宰诘问再三，盗言妇家事甚详，盖潜伏时所闻枕席语也。宰信之，逮妇供证。富家恳免，不从。谋之老吏，吏白宰曰："彼妇初归，不论胜负，辱莫大焉。盗潜入突出，必不识妇，若以他妇出对，盗若执之，可见其诬矣。"宰曰："善。"选一妓，盛服舆至，盗呼曰："汝邀我治病，乃执我为盗耶？"宰大笑，盗遂伏罪。

【译文】

吉安州有个富豪娶媳妇，一个窃贼趁着人多混乱之际，暗中潜入新妇卧室，躲在床下，想等到半夜再伺机行窃。没想到房里三天三夜都灯火通明，窃贼饿得逃了出来，被抓住送到官府。窃贼说："我不是贼，是医生。新娘子有不便说的病，命我陪在边上，好随时为她配药。"县令再三讯问，窃贼把新娘子家的私事说得很详细，原来都是躲在床下听来的。于是县令相信了窃贼的话，要召新娘子来对质，富人再三恳求不要这么做，县令不答应。富人找老吏商量对策，老吏对县令说："人家新娘子刚出嫁，不论官司输赢，传出去都很丢人。那窃贼趁乱进入，狂奔而出，一定不认识新娘子，不如让别的妇女和她对质，要是窃贼认定她就是新娘子，就可证明他在说谎。"县令说："好！"于是挑选了一个妓女盛装打扮，用轿子抬来，窃贼大叫道："你请我替你治病，为什么又要把我当盗贼抓起来？"县令听了大笑，窃贼俯首认罪。

431. 周新异政 二条

周新按察浙江，将到时，道上蝇蚋迎马首而聚，使人尾之，得一暴尸，唯小木布记在。及至任，令人市布，屡嫌不佳，别市之，得印志者。鞫布主，即劫布商贼也。

一日视事，忽旋风吹异叶至前，左右言城中无此木，独一古寺有之，去城差远。新悟曰："此必寺僧杀人，埋其下也，冤魂告我矣。"发之，得妇尸，僧即款服。

冯按：新，南海人，由乡科选御史，刚直敢言，人称为"冷面寒铁"。公在浙多异政，时锦衣纪纲擅宠，使千户往浙缉事，作威受赂。新捕治之，千户走脱，诉纲，纲构其罪，杀之。呜呼！公能暴人冤，而身不能免冤死，天道可疑矣！

【译文】

明朝周新任浙江按察使，赴任的路上，遇到大群苍蝇迎着马头聚拢过来，周新派人追踪这些苍蝇的由来，找到一具被遗弃的尸体，身上只有一枚布商用的木戳。周新到任后，命人到市集买布，总嫌布料不好，又到另行购买，终于买到所盖印记和木戳相同的布料，抓来布的主人审讯，正是劫杀布商的凶手。

一天周新正在办公，忽然有阵旋风吹来一片奇怪的叶子到他面前，左右对周新说，城里没有这种树，只有一座古寺中有，古寺离城很远。周新明白了，说："这一定是寺中和尚杀人，将尸首埋在树下，冤魂显灵来告诉我！"命人至古寺树下挖掘，果然挖到一具女尸，和尚认罪。

冯评：周新是南海人，由举人选为御史，为人刚正，敢仗义直言，人称他是"冷面寒铁"。周新在治理浙江期间有很多优异的政绩。当时锦衣卫纪纲特宠专权，曾派一名千户赴浙江缉拿人犯，然而千户到浙江后作威作福，贪污索贿，周新将千户逮捕治罪，不料千户乘隙逃脱，回去找纪纲告状，纪纲罗织罪名杀了周新。唉！周公能替人伸冤，自己却不免冤死，天道是否公正真的很可疑！

432. 吴 复

溧水人陈德，娶妻林，岁余，家贫佣于临清。林绩麻自活，久之，为左邻张奴所诱，意甚相惬。历三载，陈德积数十金囊以归，离家尚十五里，天暮且微雨。德虑怀宝为累，乃藏金于水心桥第三柱之穴中，徒步抵家。而林适与张狎，闻夫叩门声，匿床下，既夫妇相见劳苦，因叙及藏金之故，比晨往，而张已窃听，启后扉出，先掩有之矣。林心不在夫，既闻亡金，疑其诳，怨詈交作。时署县事者晋江吴复，有能声，德为诉之。吴笑曰："汝以腹心向妻，不知妻别有腹心也。"拘林至，严讯之，林呼枉，德心怜妻，愿弃金，吴叱曰："汝诈失金，戏官长乎？"置德狱中，而释林以归，随命吏人之黠者为丐容，造林察之，得张与林私问慰状。吴并擒治，事遂白。

【译文】

明朝溧水县有个叫陈德的人，娶妻林氏，一年多后，由于家贫，到临清县替人帮佣。林氏在家靠纺麻度日，时间一长，林氏被邻居张奴引诱，两人感情很好。三年后，陈德攒下几十两银子回家，离家还有十五里地时，天色将晚并且下着小雨。陈德心想身上带着这么多钱走夜路很危险，就把钱藏在水心桥下第三根柱子的孔洞里，然后徒步回家。林氏正跟张奴在屋里亲热，听见丈夫的敲门声，叫张奴躲在床底下。夫妻两人见了面，互相慰问，陈德就将桥下藏金的事告诉妻子。等天亮后去拿，不料被躲在床下的张奴听见后，从后门溜出，抢先跑到水心桥下把银子拿走。林氏本来就不把丈夫放在心上了，一听丢了银子，便怀疑丈夫原来就在撒谎，立刻抱怨谩骂。当时县令是晋江人吴复，以善于断案闻名，陈德前来告状，吴复笑着对他说："你把妻子当作心腹，却不知道你的妻子另有心腹！"于是吴复就传讯林氏，严加审讯，林氏大喊冤枉，陈德心疼妻子，表示愿意放弃追查丢失的银子。吴复斥道："你这是假装丢了银子来告状，开玩笑啊！"于是命人将陈德押入大牢，释放林氏回家，随后命有心计的小吏伪装成乞丐，跟踪林氏进行调查，发现张奴和林氏互相慰问。吴复下令逮捕林氏和张奴两人，事情终于调查清楚了。

433. 彭城王浟

北齐高浟为定州刺史。有人被盗黑牛，背上有白毛，浟乃诈为上符，若甚急，市牛皮，倍酬价值。使牛主认之，因获其盗。定州有老母，姓王，孤独。种菜二亩，数被偷。浟乃令人密往书菜叶为字。明日市中看叶有字，获贼。尔后境内无盗。

【译文】

北齐高浟（高欢第五子，后封彭城王）任定州刺史时，有人的被偷走一头黑牛，背上长有白毛（译者按，原文无"白"，据《北齐书》等补）。高浟就故意宣布皇帝下诏，急需牛皮，开出很高的价钱收购，收到很多牛皮后让牛主前来指认，于是查出了盗贼。定州有个老太太姓王，一人独居，种了两亩菜地，地里的菜屡屡被偷。高濲派人暗中在菜叶上写字。第二天到市场，见到卖菜上有字的贩子就抓，结果抓到贼人。后来定州境内再也没有盗贼了。

434. 高湝 杨津

北齐任城王湝领并州刺史。有妇人临汾水浣衣，有乘马行人换其新靴，驰而去。妇人持故靴诣州言之，湝乃召居城诸妪，以靴示之，绐云："有乘马人于路被贼劫害，遗此靴焉，得无亲族乎？"一妪抚膺哭曰："儿昨着此靴向妻家也。"捕而获之，时称明察。

杨津为岐州刺史，有武功人赍绢三匹，去城十里为贼所劫。时有使者驰驿而至，被劫人因以告之。使者到州以状白津，津乃下教云："有人着某色衣，乘某色马，在城东十里被杀，不知姓名，若有家人，可速收视。"有一老母行哭而出，云是己子。于是遣骑追收，并绢俱获，自是合境畏服。

【译文】

北齐任城王高湝（高欢第十子）任并州刺史，有妇人在汾水边洗衣时，被一骑马而过的行人换穿了她正要刷洗的新靴骑马离去。妇人拿着留下的旧靴到州府告状，高湝召来城中的妇人，拿出那双旧靴给她们看，骗她们说："有个骑马的人在路上遭抢劫遇害，留下这双靴子，你们中间有没有他的亲人？"一个老妇捂着胸哭道："我的儿子昨天就是穿这双靴子到他妻子家去呀！"高湝立即命人抓捕其子，当时人称高湝明察秋毫。

北魏杨津任歧州刺史，有一个武功人带着三匹绢在离城十里的地方遭到抢劫，当时有出使的公差骑着驿马经过，遭抢的人就托他去报案。公差到州里将事情告诉杨津，杨津命人贴出告示："有人穿某色衣服，骑着某色马，在城东十里处被人杀害，不知死者姓名，若有其家人，可速至官府认尸。"有个老太太从人群中哭着走出来，说死者是她的儿子。于是杨津派人捉拿，连人带绢全部缴获，从此境内畏惧服帖。

435. 柳 庆

柳庆领雍州别驾。有贾人持金二十斤，寄居京师。每出，常自执钥。无何，缄闭不异，而并失之。郡县谓主人所窃，自诬服。庆疑之，问贾人置钥何处，曰："自带。"庆曰："颇与人同宿乎？"曰："无。""与同饮乎？"曰："日者曾与一沙门再度酬宴，醉而昼寝。"庆曰："沙门乃真盗耳。"即遣捕，沙门乃怀金逃匿。后捕得，尽获所失金。

又有胡家被劫，郡县按察，莫知贼，所邻近被囚者甚多。庆乃诈作匿名书，多榜官门，曰："我等共劫胡家，徒侣混杂，终恐泄露，今欲首伏，惧不免罪，便欲来告。"庆乃复施免罪之牒。居一日，广陵王欣家奴面缚自告牒下，因此尽获余党。

【译文】

西魏的柳庆任雍州别驾。有商人带了二十斤黄金寄居京城，每次出门总是随身携带钥匙。没多久，金子全丢了，但锁却没有被破坏。官府认为房东偷的，房东屈打成招。柳庆心有怀疑，问商人平日钥匙放置何处，商人说："随身携带。"又问："最近曾与人同宿吗？"答："没有。""曾与人一起喝酒吗？"答："日前曾跟一个和尚喝过几次酒，喝醉了就在那里白天睡过。"柳庆说："和尚就是真正的盗贼！"于是派人抓捕，和尚已经带着黄金逃逸。后来抓到了和尚，丢失的金子也悉数追回。又有一次，一胡人家遭抢劫，官府调查后仍没有收获，胡人的邻居倒有很多被怀疑而抓进大牢的。柳庆就伪造一封匿名信，在官府门前到处张贴，上面写道："我等曾共同抢劫胡人家，由于我们同伙人多而杂，恐怕最终不免泄露，想要自首，又怕官府不肯赦免我们的罪行，所以特来禀告。"柳庆就发出免罪通牒。一天后，广陵王欣家中的奴仆把自己捆绑了到官府通牒之下自首，由此将这伙盗匪一网打尽了。

436. 刘　宰

宰为泰兴令，民有亡金钗者，唯二仆妇在，讯之，莫肯承。宰命各持一芦去，曰："不盗者，明日芦自若；果盗，明旦则必长二寸。"明视之，则一自若，一去芦二寸矣，盖虑其长也。盗遂服。

【译文】

南宋刘宰为泰兴县令，百姓报案遗失金钗，案发现场只有两个仆妇，经过审讯，两人都不肯承认。刘宰命两人分别各拿一段芦苇，说："不是小偷的，明天芦苇保持原状；若是小偷，那芦苇明天就会长两寸。"第二天拿来一看，一段芦苇保持原状，另一段短了两寸，原来那偷金钗的怕芦苇变长截去了两寸。小偷于是服罪了。

437. 陈　襄

襄摄浦城令，民有失物者，贼曹捕偷儿数辈至，相撑拄。襄曰："某庙钟能辨盗，犯者扪之辄有声，否则寂。"乃遣吏先引盗行，自率同列诣钟所，祭祷而阴涂以墨，蔽以帷，命群盗往扪。少焉呼出，独一人手不污。扣之，乃盗也。盖畏钟有声，故不敢扪云。

【译文】

北宋陈襄为浦城令，百姓报案失窃财物，差役们抓到好几名小偷，小偷互相抵赖。陈襄说："有座庙里的大钟能分辨盗贼，小偷去摸钟就会发出声响，不是小偷就不会发出任何声音。"于是派差役押着小偷先走，自己率其他官员到大钟前祭祷，暗中在钟上涂了墨汁，再用幕帘遮住，让小偷们上前摸钟。之后，把小偷们叫出来，只有一人手上没有墨汁。经过审问，这人就是真正的小偷。因为他害怕钟会发声，所以不敢摸。

438. 胡汲仲

胡汲仲在宁海日，有群妪聚佛庵诵经，一妪失其衣。适汲仲出行，讼于前，汲仲以牟麦置群妪掌中，令合掌绕佛诵经如故。汲仲闭目端坐，且曰："吾令神督之，盗衣者行数周，麦当芽。"中一妪屡开视其掌，遂命缚之，果窃衣者。

【译文】

南宋胡汲仲在宁海任职，有一群妇人群聚佛堂诵经，其中一人丢了衣服，正巧胡汲仲出行到此，妇人就来告状，胡汲仲将大麦放在每个妇人手中，要她们像原来一样合掌绕着佛像诵经，胡汲仲闭着眼睛端坐一旁，并且说："我要神明在天监督，偷衣服的那个绕佛几圈之后，手中的大麦就会发芽。"其中一个妇人频频分开手掌看其中的大麦，于是胡汲仲命人将她拿下，果真就是偷衣服的。

439. 杨 武

佥都御史杨北山公名武，关中康德涵之姊丈也，为淄川令，善用奇。邑有盗市人稷米者，求之不得。公摄其邻居者数十人，跪之于庭，而漫理他事不问。已忽厉声曰："吾得盗米者矣！"其一人色动良久。复厉声言之，其人愈益色动。公指之曰："第几行第几人是盗米者。"其人遂服。

又有盗田园瓜瓠者，是夜大风雨，根蔓俱尽。公疑其仇家也，乃令即取夜盗者足迹，布灰于庭，摄村中之丁壮者，令履其上，而曰："合其迹者即盗也！"其最后一人辗转有难色，且气促甚。公执而讯之，果仇家而盗者也，瓜瓠宛然在焉。

又一行路者，于路旁枕石睡熟，囊中千钱人盗去。公令舁其石于庭，鞭之数十，而许人纵观不禁。乃潜使人于门外候之，有窥觇不入者即擒之。果得一人，盗钱者也。闻鞭石事甚奇，不能不来，入则又不敢。求其钱，费十文尔，余以还枕石者。

【译文】

明代佥都御史杨武，号北山，是关中康海（字德涵）的姊夫，任淄川县令时，以善用奇计破案而出名。有一次，发生盗窃商人粟米的案子，但抓不到小偷。杨公下令将失主住处附近的几十名邻居全带到府衙，让他们全跪在庭上，自己处理其他的事，对这些人不闻不问。过了一会儿，忽然厉声说道："我找到那个偷米的人了。"人群中有一人神色有变，杨公又重复一遍："抓到小偷了。"那人的神色更加惊惶。杨公指着他说："第几行第几人就是盗米者。"这人立即认罪。

又有一件偷瓜的案子，当晚风雨交加，瓜田中的根叶藤蔓都被连根拔起。杨公判断这一定是仇家所干，就要手下采集偷瓜者遗留下的脚印，然后在庭中铺上灰，要村中的成年人在上面走过，说："脚印相合就是偷瓜贼。"最后一个磨磨蹭蹭不想走，并且呼吸急促，杨公抓住他加以审讯，果然是因仇偷瓜，偷的瓜还都在。

又有一个行人枕着路旁的一块大石头睡着了，醒来后，发觉囊中的一千钱被人盗走。杨公接获报案后，命人将那块大石抬到堂上，命人鞭打几十下，并且允许百姓观看。暗中派人在门外监视，如果发现有人窥视却不敢进门的，就立即拿下。果然抓到一个人，就是那个偷钱的。原来他听说县令要鞭打石头，觉得好奇，不能不来看看，但因为心虚又不敢进门。追查他偷去的钱，只花掉了十文，其余全部还给了失主。

440. 劫 麦

王恺为平原令，有麦商夜经村寺被劫，陈牒于县。恺故匿其事，阴令贩豆者和少熟豆其中，夜过寺门，复劫去。令捕兵易服，就寺僧货豆，中有熟者，遂收捕，不待讯而服，自是群盗屏迹。

【译文】

明朝王恺当平原县令时，有麦商夜晚路过一所寺庙遭人抢劫，到县府报案。王恺故意不张扬此事，暗中找来豆贩子，让他在生豆中掺杂少许的熟豆，故意在夜晚路过寺庙，又遭抢掠。接着，王恺下令差役换上便服找寺里僧人买豆，果然发现生豆里掺杂着熟豆，于是下令逮捕僧人，僧人不经审讯就认罪了，从此县内盗贼绝迹。

441. 窃 茄

李亨为鄞令，民有业圃者，茄初熟，邻人窃而鬻于市，民追夺之，两诉于县。亨命倾其茄于庭，笑谓邻人曰："汝真盗矣，果为汝茄，肯于初熟时并摘其小者耶？"遂伏罪。

【译文】

李亨任鄞县县令，有种菜的县民茄子刚熟，被邻人盗取拿到集市去卖，他追去抢夺，双双告到县衙。李亨把茄子全倒在庭院里，笑着对邻人说："你才是真正的小偷。如果这些茄子真是你种的，你肯在刚成熟时把小茄子也摘下来？"邻人服罪。

442. 盗牛舌

包孝肃知天长县，有诉盗割牛舌者，公使归屠其牛鬻之。既有告此人盗杀牛者，公曰："何以割其家牛舌，而又告之？"盗者惊伏。

【译文】

北宋包拯（谥孝肃）任天长县知县时，有县民告官说有人割了他家牛的舌头，包公要他回去把牛杀了卖掉。随后，有人来县府举报这人私自屠杀耕牛，包公说："你为什么先前割掉他家牛的舌头，又来告他的状？"那人一听，吃惊认罪了。

443. 盗石榴　盗樱

秦桧为相，都堂左揆前有石榴一株，每著实，桧默数焉。亡其二，桧佯不问。一日将排马，忽顾左右取斧伐树，有亲吏在旁，仓卒对曰："实佳甚，去之可惜？"桧反顾曰："汝盗食吾榴。"吏叩头服。

有献新樱于慕容彦超，俄而为给役人盗食，主者白之。彦超呼给役人，伪慰之曰："汝等岂敢盗新物耶，盖主者诬执耳！勿怀忧惧。"各赐以酒，潜令左右入"藜芦散"。既饮，立皆呕吐，新樱在焉，于是伏罪。

【译文】

南宋秦桧任宰相时，前任留下一株石榴，每次结果时，秦桧都默默记下果实的数目。一天发现少了二颗石榴，秦桧装作不知，不加过问。有一天要排马，秦桧忽然命手下拿斧子把石榴砍掉。旁边一个亲信脱口说道："这株石榴果实很甜，砍掉太可惜了。"秦桧回头对他说："你偷我的石榴吃！"那亲信叩头认错。

五代时，有人给慕容彦超送来新采的樱桃，转眼被仆人偷吃，主事者把这事告诉慕容彦超。慕容彦超召来仆人，假装安慰他说："你们怎敢偷吃时鲜果物呢，一定是主事的冤枉了你们，不要怕。"说完又赐他们酒，暗中命左右在酒中放入"藜芦散"，仆人们喝下酒后，都开始呕吐，樱桃也被吐了出来，于是只好认罪。

444. 子产　严遵

郑子产晨出，过束匠之闾，闻妇人之哭也，抚其御之手而听之。有间，遣吏执而问之，则手绞其夫者也。异日其御问曰："夫子何以知之？"子产曰："其声惧。凡人于其亲爱也，始病而忧，临死而惧，已死而哀。今夫哭已死不哀而惧，是以知其有奸也！"

严遵为扬州行部，闻道旁女子哭而不哀。问之，云夫遭火死。遵使舆尸到，令人守之，曰："当有物往。"更日，有蝇聚头所，遵令披视，铁锥贯顶。考问，乃以淫杀夫者。

【译文】

春秋时子产一天早晨坐车出门，路过束匠的里弄，听见妇人的哭声。子产按住车夫的手示意他停车，一面仔细倾听。过了一会儿，子产命吏卒逮捕那妇人并加以讯问，查明那妇人亲手勒死了丈夫。过了几天，车夫问子产："您是怎么知道的？"子产说："那妇人的哭声中充满畏惧。人对于他所亲爱的家人，在他们生病时会担忧，病危快死时会畏惧，死了之后会哀伤。现在这妇人的丈夫已死，哭声不哀伤却畏惧，所以我才认定其中有鬼。"

东汉严遵任扬州行部，一天听到路旁有女子在哭，然而哭声并不哀伤。严遵前去询问，女子说丈夫被火烧死了。严遵派人将尸首用车运到府衙，命人严密看守，并且说："会有东西前来。"隔日，果然发现一群苍蝇聚集在死者的头部附近。严遵命人检视，发现死者头部被铁锥钉入，经拷问，原来是因有奸情而杀人。

445. 元绛

江宁推官元绛摄上元令。甲与乙被酒相殴，甲归卧，夜为盗断足。妻称乙，执乙诣县，而甲已死。绛敕其妻曰："归治夫丧，乙已服矣。"阴遣谨信吏迹其后，望一僧迎笑，切切私语。绛命取系庑下，诘妻奸状，即吐实。人问其故，绛曰："吾见妻哭不哀，且与伤者共席而襦无血污，是以知之。"

【译文】

北宋江宁县推官元绛治理上元县，有甲、乙两人酒醉后互殴，甲回到家睡觉，半夜竟被人砍断了脚。甲妻指称凶手是乙，于是乙被逮捕入狱，甲因伤重不治身亡。元绛对甲妻说："回去料理你丈夫的后事吧，乙已招供认罪了。"元绛暗中派稳重的小吏尾随甲妻，见她迎着一个和尚面带笑容，二人低声谈论，元绛派人逮捕甲妻，问她与和尚勾搭的情况，她只好吐露实情。有人问元绛怎么知道的，元绛说："我见甲妻虽哭但并不悲哀，而且和死者睡在一起衣服上却没有血迹，因此我知道这里有问题。"

446. 张 升

张升知润州日，有妇人夫出数日不归。忽有人报菜园井中有死人，妇人惊往视之，号哭曰："吾夫也！"遂以闻官。公令属官集邻里，就井验是其夫与否，皆以井深不可辨，请出尸验之。公曰："众皆不能辨，妇人独何以知其是夫？"收付所司鞫问，果奸人杀其夫，而妇人与谋者。

【译文】

北宋张升任润州知州时，有妇人的丈夫出门几天都没有回家，忽然有人报称菜园的井中发现有死人，妇人慌忙前往探看，然后哭着说："那就是我丈夫。"于是众人报官。张升命属吏召集邻人前往井边辨认尸体是不是她丈夫，众人都说井太深，看不清，请求将尸首取到地面上验看。张升说："众人都说无法辨识，这妇人何以知道死者是她丈夫？"于是交付有关官员审问，果然是奸夫杀了丈夫，妻子是同谋。

447. 陆 云

陆云为浚仪令，有见杀者，主名不立，云录其妻而无所问。十许日，遣出，密令人随后，谓曰："其去不远十里，当有男子候之，与语，便缚至。"既而果然，问之具服，云与此妻通，共杀其夫，闻妻得出，欲与语，惮近县，故远相伺候。于是一县称为神明。

【译文】

西晋陆云任浚仪令时，有人被杀，不知凶手是谁。陆云逮捕县民的妻子，却不加讯问，关了十多天就放了。暗中派人跟踪，说："她离开这里不出十里，应该会有男子等候，他们一对话，就把他们抓来。"事情果如陆云所料。后经审问，二人服罪，男子说他与那人的妻子私通，共同杀死她丈夫，听说妇人被释放，想来探问，又怕离县城太近，所以在远处守候。全县百姓都说陆云断案如神。

448. 蒋 恒

贞观中，衡州板桥店主张迪妻归宁，有卫三、杨真等三人投宿，五更早发。夜有人取卫三刀杀张迪，其刀却内鞘中，真等不知之。至明，店人追真等，视刀有血痕，囚禁拷讯，真等苦毒，遂自诬服。上疑之，差御史蒋恒覆推。恒命总追店人十五已上毕至，为人不足，且散。唯留一老婆，年八十，至晚放出，令狱典密觇之，曰："婆出，当有一人与婆语者，即记其面貌。"果有人问婆："使君作何推勘？"如此三日，并是此人。恒令擒来鞫之，与迪妻奸杀有实。上奏，敕赐帛二百段，除侍御史。

【译文】

唐太宗贞观年间，衡州板桥店主张迪的妻子回娘家探亲时，有卫三、杨真等三人到店投宿，拂晓时出发。夜里有人用卫三的刀杀了张迪，然后再把凶刀放回刀鞘，杨真等人都不知道。等到天亮，店里的人追上杨真等人，见刀上有血迹，就将他三人送到官府，关押拷问之下，杨真等人受不了，就承认有罪。太宗皇帝对此案很怀疑，就派御史蒋恒重新审理。蒋恒悉数传唤那天在店里的十五岁以上的人，因为人没有全部找到，要他们暂且先回去，只单独留下一个八十岁的老婆婆，一直到晚上，才把老婆婆放出来。蒋恒要狱吏暗中监视，说："老婆婆出去后，会有人跟老婆婆说话，记住他的长相。"果然有人上前询问老婆婆："御史大人怎么问的？"一连三天，都是同一人。于是蒋恒下令逮捕此人，经审讯，原来这人与张迪的妻子有染，所以谋杀张迪，均有证据。蒋恒上奏太宗，太宗赐帛二百匹，并任命蒋恒为侍御史。

449. 杨逢春

南京刑部典史王宗，闽人。一日当直，忽报其妾被杀于馆舍，宗奔去旋来，告尚书周公用。发河南司究问，欲罪宗。宗云："闻报而归，众所共见。且是妇无外行，素与宗欢，何为杀之？"官不能决。既数月，都察院令审事，檄浙江道御史杨逢春。杨示约某夜二更后鞠王宗狱。如期，猝命隶云："门外有觇示者，执来。"果获两人，甲云："彼挈某伴行，不知其由。"乃舍之，用刑穷乙，乙具服。言与王宗馆主人妻乱，为其妾所窥，杀之以灭口。即置于法，释宗。杨曰："若日间，则观者众矣，何由踪迹其人？人非切己事，肯深夜来看耶？"由是称为神明。

【译文】

明朝南京刑部典史王宗是福建人，一天正在值班，忽然有人报告说他的小妾在寓所被人杀害。王宗跑回去看了一下，立即回来报告尚书周用。案件交由河南司审理，主审官要判王宗有罪，王宗说："我听到报告后回家，那么多人都看见的，而且这个小妾没有什么不轨行为，与我感情一向融洽，我为什么杀她？"主审官也无法决断。几个月后，都察院下令审案，命浙江道御史杨逢春为主审。杨逢春出告示宣布某夜二更后审王宗的案子。到了时候，杨逢春突然对差役说："门外有人窥伺，抓进来！"果然抓到两人。甲说："他拉我一起来的，我也不知道为什么。"于是杨逢春放下甲不管，用刑逼问乙，乙全部招供，说他与王宗房东的妻子通奸，被王宗的小妾看到，于是杀人灭口。杨逢春将乙绳之以法，释放了王宗。杨逢春说："若在白天审案，围观的人太多，如何追踪凶手？如果事不关己，谁肯在半夜时看审案？"从此杨逢春被人称若神明。

450. 马光祖

马裕斋知处州，禁民捕蛙。一村民将生瓜切作盖，刳虚其腹，实蛙于中，黎明持入城，为门卒所捕。械至庭，公心怪之，问："汝何时捕此蛙？"答曰："夜半。"问："有人知否？"曰："唯妻知。"公疑妻与人通，逮妻鞫之，果然。盖人欲陷夫而夺其妻，故使妻教夫如此。又先诫门卒，以故捕得。公遂置奸淫者于法。

【译文】

　　南宋马光祖（号裕斋）治理处州时，禁止百姓捕蛙。有一村民把瓜切了一个小盖子，掏空瓜瓤，再将蛙藏在瓜中，天亮时拿着瓜进城，被守城兵抓住。绑送到公堂上后，马光祖觉得很奇怪，就问他："你什么时候去捕的这些蛙？"答："半夜。"问："有人知道你半夜捕蛙吗？"答："只有我妻子知道。"马光祖怀疑村民的妻子和人私通，于是传她来审问，果然如此。原来奸夫想谋害其夫而占有其妻，就唆使妻子教他丈夫如此做，又事先通知了守城兵，所以顺利抓到。马公于是将奸夫法办。

451. 苻　融

　　秦苻融为司隶校尉。京兆人董丰游学三年而反，过宿妻家。是夜妻为贼所杀，妻兄疑丰杀之，送丰有司。丰不堪楚掠，诬引杀妻。融察而疑之，问曰："汝行往还，颇有怪异及卜筮否？"丰曰："初将发，夜梦乘马南渡水，反而北渡，复自北而南，马停水中，鞭策不去。俯而视之，见两日在水下，马左白而湿，右黑而燥，寤而心悸，窃以为不祥，问之筮者。云：忧狱讼，远三枕，避三沐。既至，妻为具沐，夜授丰枕。丰记筮者之言，皆不从，妻乃自沐，枕枕而寝。"融曰："吾知之矣。《易》：坎为水，马为离。乘马南渡，旋北而南者，从坎之离，三爻同变，变而成离；离为中女，坎为中男；两日，二夫之象。马左而湿，湿，水也，左水右马，冯字也；两日，昌字也——其冯昌杀之乎？"于是推验获昌，诘之，具首服，曰："本与其妻谋杀丰，期以新沐枕枕为验，是以误中妇人。"

【译文】

　　前秦人苻融任司隶校尉，京兆人董丰在外游学三年后返乡，途中路过妻子娘家，当晚就妻家过夜，当夜，妻子被人谋杀，妻子的哥哥怀疑凶手是董丰，将董丰送到官府，董丰禁不住严刑拷打，承认有罪。苻融觉得案子可疑，就问董丰说："你启程返乡前，有没有遇到怪异的事，是否卜卦算命？"董丰说："我出发的前一夜，晚上做梦自己本应骑马渡水向南，回来向北过河，又由北往南，马站在河中，怎么鞭打它就是不走。低下头看见水下有两个太阳，马的左边白而湿，右边黑而干。我醒来心跳很快，认为不祥。去问占卜者，告诉我说恐怕会有牢狱之灾，要我'远三枕，避三沐'。到家后，妻子为我准备好洗澡水，并且拿了一个枕头给我。我记着占卜者的话，不洗澡也不用枕头，妻子就自己洗了澡，枕着枕头睡觉。"符融说："我明白了。在《易经》中坎代表水，离代表马。骑马南渡，不久又由北往南，是从坎变为离卦，三爻同变，变成离。离是中女，坎是中男。两个太阳有二夫的象。马左边沾湿，湿是水，左水右马合成一字是'冯'，两日合成'昌'字，难道凶手是冯昌？"于是派人调查，抓到冯昌，经讯问，冯昌认罪："本来与董丰的妻子谋杀董丰，以洗完澡、枕枕头作为识别的记号，所以误杀了他的妻子。"

452. 王 明

西川费孝先善轨革，世皆知名。有客王旻因售货至成都，求为卦。先曰："教住莫住，教洗莫洗；一石谷，捣得三斗米；遇明则活，遇暗则死。"再三戒之，令"诵此足矣！"旻受乃行，途中遇大雨，趋憩一屋下，路人盈塞，乃思曰："得非此邪？"遂冒雨行。未几，屋倾覆，旻独免。旻之妻与邻之子有私，许以终身，侯夫归毒之。旻既至，妻约所私曰："今夕但洗浴者，乃夫也。"及夜，果呼旻洗浴，旻悟曰："教洗莫洗，得非此耶？"坚不肯沐，妇怒，乃自浴，壁缝中伸出一枪，乃被害。旻惊视，莫测其故。明日，邻人首旻害妻，郡守酷刑，旻泣言曰："死则死矣，冤在覆盆，何日得雪，但孝先所言无验耳！"左右以是语达上，郡守沉思久之，呼旻问曰："汝邻比有康七否？"曰："有之。"曰："杀汝妻者，必是人也。"遂捕至，果服罪，因语僚佐曰："一石谷舂得三斗米，得非康七乎？"此郡守，乃王明也。

【译文】

北宋西川人费孝先善于占卜，远近知名。有个叫王旻的商人到成都做买卖，准备返乡前，求费孝先替他卜上一卦。费孝先说："教住莫住，教洗莫洗；一石谷，捣得三斗米；遇明则活，遇暗则死。"费孝先再三告诫，说："牢记这几句就足够了！"王旻记下后就出发了，途中碰上大雨，跑到一所屋子的屋檐下躲雨，很多过路人都挤在一起。王旻暗想："教住莫住，该不是就说的这个情况吧？"于是坚持冒雨赶路。没走多远，那屋子倒塌了，只有王旻幸免。王旻的妻子与邻居的儿子通奸，两人以终身相许，想等王旻回来伺机谋害。王旻到家后，他妻子对奸夫说："今晚在浴室洗澡的就是我丈夫。"到了夜里，王妻果然要他洗澡，王旻突然想到："教洗莫洗，该不是指的这事吧？"坚持不肯洗。他妻子一生气，自己去洗澡，突然由壁缝中伸出一支长枪，王妻遇害。王旻大惊，查看一番也不知道是怎么回事。第二天，邻人告发王旻谋害妻子，郡守对王旻施以酷刑，王旻哭着说："死就死吧，只是我的冤情有如被扣在盆下，何时能见天日！费孝先的断卦无法应验了。"差役把这话上报，郡守沉思许久，突然叫来王旻问："你的邻居中有叫康七的人吗？"回答说有。太守说："杀害你妻子的一定是他。"命人抓来康七，康七果然认罪。郡守对僚属说："一石谷春出三斗米，那就是康（糠）七（斗）吗？"这位郡守名叫王明（译者按：应验"遇明则活"）。

453. 范纯仁

参军宋儋年暴死，范纯仁使子弟视丧，小殓，口鼻血出。纯仁疑其非命，按得其妾与小吏奸，因会，置毒鳖肉中。纯仁问食肉在第几巡，曰："岂有既中毒而尚能终席者乎？"再讯之，则儋年素不食鳖，其曰毒鳖肉者，盖妾与吏欲为变狱张本以逃死尔，实儋年醉归，毒于酒而杀之，遂正其罪。

【译文】

北宋参军宋儋年暴死，范纯仁派子弟吊丧，给死者穿衣服时发现口鼻有血，范纯仁怀疑他死于非命，经调查得知宋儋年的妾和小吏通奸，趁着宴会在鳖肉中下毒。范纯仁问鳖肉是第几道菜，说："哪有中毒了还能支撑到宴席结束？"再加审问，这宋儋年从来不吃鳖肉，这么说只是妾和小吏为日后翻案埋下的伏笔，事实上是宋儋年酒醉回家后，妾在酒里下毒杀了他，于是将二人法办了。

454. 刘宗龟

刘宗龟镇海南，有富商子少年泊舟江岸，见高门一妙姬，殊不避人。少年挑之曰："黄昏当访宅矣。"姬微哂。是夕，果启扉候之，少年未至，有盗入欲行窃，姬不知，就之。盗谓见执，以刀刺之，遗刀而逸。少年后至，践其血，仆地，扪之，见死者，急出，解维而去。明日，其家迹至江岸，岸上云："夜有某客船径发。"官差人追到，拷掠备至，具实吐之，唯不招杀人。视其刀，乃屠家物，宗龟下令曰："某日演武，大犒军士，合境庖丁，集球场以俟。"烹宰既集，又下令曰："今日已晚，可翼日至。"乃各留刀，阴以杀人刀杂其中，换下一口。明日各来请刀，唯一屠者后至，不肯持去，诘之，对曰："此非某刀，乃某人之刀耳。"命擒之，则已窜矣。乃以他死囚代商子，侵夜毙于市。窜者知囚已毙，不一二夕果归，遂擒伏法。商子拟以奸罪，杖背而已。

【译文】

刘宗龟镇守海南时，有个年轻的富商子弟将船停泊江岸，抬头见一大户人家门前站着一个美女，见人也不回避，富商子弟就挑逗她说："黄昏后我到府上拜访你。"美女微微一笑。当晚，美女果然开门等候。富商子弟还没到，有个小偷却溜进来偷东西，美女不知道来的是小偷，就凑上去。小偷以为被主人发现要抓他送官，用刀杀了美女，然后扔了刀逃逸。富商子弟随后也到了，一脚踩在血迹上滑倒在地，用手一摸，发现美女已被人杀死，急忙逃出，回到船上解缆离去。第二天，美女的家人循着血脚印追踪到岸边，岸上人说："昨夜有某家的船开走了。"官府派人追捕到富商子弟，经过严刑拷问，富商子弟据实回答，只是不承认杀人。检视凶刀，是屠夫所用的刀。于是刘宗龟下令说："某日要演练军马，犒赏军士，全县所有屠夫厨师都到球场集合待命。"屠夫厨师到齐后，又下令说："今天时间已晚，明天再来。"把各人带的刀一律留下，暗中将那把凶刀与其中一把调换。第二天，屠夫们前来领刀，只有一名屠夫落在最后不肯领刀，问他原因，他说："这不是我的刀，是某某人的。"刘宗龟下令追捕那人，却被他已先一步逃走了。于是刘宗龟用其他死囚假冒富商子弟，晚上将其在集市上斩首。逃走的屠夫听说富商子弟已死，没几天就回家了，于是被逮捕正法。那个富商子弟按照奸淫罪的相关条律，只判了杖刑。

455. 郡从事

有人因他适回，见其妻被杀于家，但失其首，奔告妻族。妻族以婿杀女，讼于郡主，刑掠既严，遂自诬服。独一从事疑之，谓使君曰："人命至重，须缓而穷之。且为夫者，谁忍杀妻？纵有隙而害之，必为脱祸之计，或推病殒，或托暴亡。今存尸而弃首，其理甚明。请为更谳。"使君许之，从事乃迁系于别室，仍给酒食。然后遍勘在城仵作行人，令各供近来与人家安厝坟墓多少文状。既而一一面诘之，曰："汝等与人家举事，还有可疑者乎？"中一人曰："某于一豪家举事，共言杀却一奶子，于墙上舁过，凶器中甚似无物，见在某坊。"发之，果得一妇人首。令诉者验认，则云"非是"。遂收豪家鞫之，豪家款伏。乃是与妇私好，杀一奶子，函首而葬之，以妇衣衣奶子身尸，而易妇以归，畜于私室。其狱遂白。

【译文】

有人因其他缘故正好回家，发现妻子遭人杀害，但头颅却不见了，这人急忙奔告妻子的家人。妻子家人认为是女婿杀了女儿，于是告到郡里。这人禁不住严刑拷打，招供认罪。只有一个从事表示怀疑，对郡守说："人命关天，还应慢慢地详细审问。做丈夫的，谁狠得下心杀妻子？就算因为有矛盾而杀妻，一定会想尽办法让自己免遭惩罚，要么说对方病死，要么说是暴毙。现在留着尸身不见人头，明显不合理，请允许我重审。"郡守点头答应，从事把嫌犯迁到别的囚室，每天仍照常供应酒食。然后召集城中所有仵作，要他们详细报告最近这段日子有多少人家办丧事，然后一一询问："你们为丧家办丧事，是否发现有什么不寻常的事？"其中一个说："我在一富豪家办丧事，说是死了一个奶妈，当我从墙头把棺木抬出时，感觉分量很轻，里面好像没有尸体，就在某坊。"从事派人挖掘坟墓，果然挖得一颗妇女的头颅，要那死者丈夫辨认，却说并非自己妻子。于是抓来富豪审问，富豪招供。原来富豪与那人妻子有私情，杀了一个奶妈，割下人头下葬，把那人妻子的衣服穿在奶妈尸身上，把那人妻子换出来藏在家里。至此案情大白。

456. 徽商狱

徽富商某，悦一小家妇，欲娶之，厚饵其夫。夫利其金以语妇，妇不从，强而后可。卜夜为具招之，故自匿，而令妇主馔。商来稍迟，入则妇先被杀，亡其首矣，惊走，不知其由。夫以为商也，讼于郡，商曰："相悦有之，即不从，尚可缓图，何至杀之？"一老人曰："向时叫夜僧，于杀人次夜遂无声，可疑也。"商募人察僧所在，果于傍郡识之，乃以一人着妇衣居林中，候僧过，作妇声呼曰："和尚还我头。"僧惊曰："头在汝宅上三家铺架上。"众出缚僧，僧知语泄，曰："伺其夜门启，欲入盗，见妇盛装泣床侧，欲淫不可得，杀而携其头出，挂在三家铺架上。"拘上三家人至，曰："有之，当时惧祸，移挂又上数家门首树上。"拘又上数家人至，曰："有之，当日即埋在园中。"遣吏往掘，果得一头，乃有须男子。再掘而妇头始出，问："头何从来？"乃十年前斩其仇头。于是二人皆抵死。

【译文】

徽州一富商喜欢一小户人家的妻子，想娶她为妾，用厚礼想收买那女子的丈夫。丈夫禁不住金钱诱惑跟妻子商量，妻子起初不肯，在丈夫逼迫下勉强同意。到了约定的夜晚，丈夫把妻子打扮好招富商来，自己故意离开，让妻子陪富商喝酒。富商略微迟到了一会儿，进门发现妇人被杀，头颅不翼而飞，于是慌忙地逃走，不知道发生了什么事。女子的丈夫以为富商杀了自己妻子，告到郡府。富商说："我喜欢那女子是实情，就是她不肯依我，我也可以慢慢想办法，何必杀她呢？"有一个老人说："平时报更的和尚，在发生杀人案的次夜就没动静了，这事很可疑。"富商雇人追查和尚行踪，果然在邻郡发现这名和尚，于是，要一人穿上妇人的衣服在树林中等候，和尚经过时，那人装出妇人的声音大叫："和尚还我头来！"和尚大惊，说："头在你家上首第三家的铺架上。"众人现身抓住和尚，和尚知道自己说漏了嘴，只好招认说："那夜我见她家大门开着，想进屋偷东西，见那女人盛装坐在床边哭泣，我想对她非礼，她不肯，就杀了她，割下她的头带走，挂在她家上首第三家的铺架上。"抓来上首第三家的人，说："确有此事，当时害怕惹祸，把人头挂到再上首几家门口的树上了。"又把再上首几家的人抓来，说："那人头当天就埋在园子里了。"派差役去园里挖掘，果然挖出一颗人头，却是一个男人头。再挖才发现那女子的头。又审问男人头的来历，原来是十年前斩下的仇人头。于是两人都被判死刑抵命。

457. 临海令

临海县迎新秀才适簧宫，有女窥见一生韶美，悦之。一卖婆在傍曰："此吾邻家子也，为小娘子执伐，成，佳偶矣。"卖婆以女意诱生，生不从。卖婆有子无赖，因假生夜往，女不能辨。一日，其家舍客，夫妇因移女，而以女榻寝之，夜有人断其双首以去，明发以闻于县，令以为其家杀之，而橐装无损，杀之何为？乃问："榻向寝谁氏？"曰："是其女。"令曰："知之矣。"立逮其女，作威震之曰："汝奸夫为谁？"曰："某秀才。"逮生至，曰："卖婆语有之，何尝至其家！"又问女："秀才身有何记？"曰："臂有痣。"视之无有。令沉思曰："卖婆有子乎？"逮其子，视臂有痣，曰："杀人者，汝也！"刑之，即自输服。盖其夜扪得骈首，以为女有他奸，杀之。生由是得释。

【译文】

临海县学宫迎接新秀才入学，有个女子窥见一个秀才长相俊美，心生爱慕。一个做小买卖的老太太在旁边说："这秀才是我邻家的孩子，我替你撮合，成的话也是一桩好婚姻。"于是老太太就把女子的心意转达给秀才，秀才却拒绝接受。老太太有个不成器的儿子，知道这事就假扮成书生趁夜到女子家去，女子也分辨不出。一天，女子家有客人，主人就把女儿移到别的屋去睡，把女儿的房间让给客人。夜里，有人把两个客人双双砍断了脖子后离开。第二天事发，到衙门报案。县令认为是女子的家人杀了客人，但被害人的行囊俱在，杀人的动机是什么呢？于是县令问这床原本是谁睡的，家人回答说是女儿。县令说："我明白了！"立刻传讯女子，严厉地问道："你的奸夫是谁？"少女回答说是某秀才。县令把秀才抓来，秀才说："老太太提到过这女子的事，可我哪里去过她家啊！"县令又问少女："秀才身上有什么特征？"少女说："他胳膊上有一颗痣。"经查看，秀才的手臂上并没有痣。县令沉思了一会儿，说："老太太有儿子吗？"于是抓来老太太的儿子，发现他的胳膊上有一颗痣，县令就说："杀人的就是你！"经过刑讯，犯人认罪。原来老太太的儿子夜里摸进女子房中，摸到两个脑袋睡在一起，以为女子另有奸夫，便将二人双双杀死。秀才这才被释放。

458. 王安礼

王安礼知开封府。逻者连得匿名书告人不轨，所涉百余人，帝付安礼令亟治之。安礼验所指略同，最后一书加三人，有姓薛者，安礼喜曰："吾得之矣。"呼问薛曰："若岂有素不快者耶？"曰："有持笔求售者，拒之。快快去，其意似相衔。"即命捕讯，果其所为。枭其首于市，不逮一人，京师谓之神明。

【译文】

北宋王安礼任开封知府时，巡逻的人连连接获匿名信检举他人图谋不轨，涉及一百余人。皇帝命令王安礼抓紧查办。王安礼发现匿名信举告的人大致相同，只有最后一封多写三个人的名字，其中一个是姓薛的。王安礼高兴地说："我有办法了。"于是传唤姓薛的，问他："你是否和什么人有矛盾？"回答说："有过一个人拿了笔来兜售，被我拒绝了，很不高兴地离去，似乎怀恨在心。"王安礼立即派人逮捕讯问，果然是这个人干的，于是将这人推上市曹斩首示众，并没有多抓一人就破了案，京师人称赞王安礼神明。

459. 母讼子　二条

李杰为河南尹，有寡妇讼子不孝，杰物色非是，语妇曰："若子法当死，得无悔乎？"答曰："子无状，不悔也。"（边批：破绽）杰乃命妇出市棺为敛尸地，而阴令使踪迹之，妇出，乃与一道士语。顷之，棺至，杰捕道士按之，故与妇私，而碍于其子不得逞者。杰即杀道士，纳之棺（边批：快人）。

包恢知建宁。有母诉子者，年月后作"疏"字。恢疑之，呼其子问，泣不言。恢意母孀与僧通，恶其子谏而坐以不孝，状则僧为之也。因责子侍养勿离跬步，僧无由至，母乃托夫讳日入寺作佛事，以笼盛衣帛出，旋纳僧笼内以归。恢知，使人要其笼，置诸库。逾旬，吏报笼中臭，恢乃命沉诸江，语其子曰："吾为若除此害矣。"

【译文】

唐朝李杰任河南尹，有寡妇起诉儿子不孝。李杰调查后发觉不是这么回事，便对寡妇说："你儿子罪该处死，你不后悔吗？"寡妇说："儿子对我无礼，我不后悔。"李杰命寡妇到街上买棺材，好为儿子收尸，暗中派人跟踪。寡妇出门后，就和一个道士交谈。不多时，棺材送到，李杰下令逮捕道士讯问，原来道士与寡妇私通，碍于寡妇的儿子不能恣意妄为。李杰下令将道士处斩，把尸首放进棺材里。

南宋包恢治理建宁时，有一桩母亲起诉儿子的案件，状子末了用了一个僧道常用的"疏"字结尾。包恢觉得可疑，就传妇人的儿子来问话。妇人的儿子只哭而不答。包恢推测是孀居的母亲与和尚私通，嫌儿子劝阻，就以不孝的罪名告他，而状子是和尚写的。于是责令儿子好好侍奉母亲，寸步不离，和尚也就无法接近。妇人就借口丈夫忌日要为庙里做法事，用大竹箱装着衣物出去，回来时把和尚装在箱子里运回来。包恢知道后，派人把竹箱截下来放进了仓库。过了十多天，管仓库的小吏报告那个竹箱发出恶臭，包恢就命人将其沉入江中，然后对妇人的儿子说："我已为你除去那祸害了。"

460. 僧寺求子　二条

广西南宁府永淳县宝莲寺有子孙堂，傍多净室，相传祈嗣颇验，布施山积，凡妇女祈嗣，须年壮无疾者，先期斋戒，得圣筶方许止宿。其妇女或言梦佛送子，或言罗汉，或不言；或一宿不再，或屡宿屡往。因净室严密无隙，而夫男居户外，故人皆信焉。闽人汪旦初莅县，疑其事，乃饰二妓以往，属云："夜有至者，勿拒，但以朱墨汁密涂其顶。"次日黎明，伏兵众寺外，而亲往点视，众僧仓惶出谒，凡百余人，令去帽，则红头墨头者各二，令缚之，而出二妓使证其状，云："钟定后，两僧更至，赠调经种子丸一包。"汪令拘讯他求嗣妇女，皆云"无有"，搜之，各得种子丸如妓，乃纵去不问，而召兵众入，众僧慑不敢动，一一就缚。究其故，则地平或床下悉有暗道可通，盖所污妇女不知几何矣。既置狱，狱为之盈。住持名佛显，谓禁子凌志曰："我掌寺四十年，积金无算，自知必死，能私释我等暂归取来，以半相赠。"凌许三僧从显往，而自与八辈随之，既至寺，则窖中黄白灿然，恣其所取。僧阳束卧具，而阴收寺中刀斧之属，期三更斩门而出。汪方秉烛，构申详稿，忽心动，念百僧一狱，卒有变莫支，乃密召快手持械入宿。甫集，而僧乱起，僧所用皆短兵，众以长枪御之，僧不能敌，多死。显知事不谐，扬言曰："吾侪好丑区别，相公不一一细鞫，以此激变，然反者不过数人，今已诛死，吾侪当面诉相公。"汪令刑房吏谕曰："相公亦知汝曹非尽反者，然反者已死，可尽纳器械，明当庭鞫分别之。"器械既出，于是召僧每十人一鞫，以次诛绝。至明，百僧歼焉。究器械入狱之故，始知凌志等弊窦，而志等则已死于兵矣。

黄绂，封丘人，为四川参政时，过崇庆，忽旋风起舆前，公曰："即有冤，且散，吾为若理。"风遂止。抵州，沐而祷于城隍，梦中若有神言州西寺者。公密访州西四十里，有寺当孔道，倚山为巢。公旦起，率吏民急抵寺，尽系诸僧，中一僧少而状甚狞恶，诘之，无祠牒。即涂醋垩额上，晒洗之，隐有巾痕。公曰："是盗也。"即讯诸僧，不能隐，尽得其奸状。盖寺西有巨塘，夜杀投宿人沉塘中，众共分其资；有妻女，则又分其妻女，匿之窖中，恣淫毒久矣。公尽按律杀僧，毁其寺。

【译文】

明朝广西南宁府永淳县宝莲寺有个子孙堂，旁边有很多净室，相传求子非常灵验，因此信徒布施的金银财物堆积如山。凡是前来祈愿求子的妇女，必须年轻而身体健康，要事先斋戒，还要先摇签，得到吉签才能进住净室。曾经留宿的妇女有的说曾梦到佛仙送子，有的说是罗汉送子，也有的妇女什么也不说；有妇女住过一夜就不再留宿，也有再三留宿的妇女。因每间净室除了正门再没有其他通道，而妇女的丈夫就住在净室外，所以人们也都没什么怀疑。福建人汪旦初到永淳县任县令，对这事感到怀疑，就召来两名妓女扮成民妇入寺求子，并嘱咐二人说："如果夜晚有人潜入，你们不要抗拒，只要暗中用红黑墨汁涂在对方头顶就可以了。"第二天一早，汪旦命士兵在寺外埋伏，自己亲自入寺查点验看。众僧听说县令来了，慌忙出迎，一共有一百多人。汪旦命他们全部摘下僧帽，发现头顶上有红色记号和黑色记号的各两个。汪旦将他们拿下，并让妓女出面说明情况，妓女说，夜深之后，有两个和尚进入净室，给了一包调经种子丸。汪旦又拘讯其他曾来求子的妇人，她们却说没有此事。汪旦命人搜查，果然找到和妓女所拿一样的种子丸，汪旦释放了那些妇女，然后召来埋伏的士兵，寺僧们吓得不敢动，一一束手就缚。经过仔细搜查，净室的地面和床下都有暗道，被奸污的妇女不知有多少。僧人们被押入狱后，牢房爆满。宝莲寺的住持叫佛显，对看守凌志说："我主持宝莲寺四十年，积聚了无数财物，我知道这次必死无疑，如果你能暂时放我们回去取出财物，我愿意分你一半。"凌志就答应佛显带三名弟子回去，自己则带了八个人跟随。到了寺里，只见地窖中金银无数，佛显让凌志等人随便拿。僧人们假装收拾床铺被子，暗中却收罗寺中的刀斧兵器，约定三更时分破门出逃。汪旦正在灯下构思上报的公文，忽然心中一动，想到一百多名和尚囚禁在一座监狱，万一发生变乱很难应付，于是秘密召集差役带着兵器住进衙门。刚集合完毕，僧人就开始造反。僧人们使用的都是短兵器，公差们用的长枪，僧人抵挡不住，伤亡惨重。佛显见大势已去，就高喊："我们这些僧人有好有坏，大人不一一审问，才会引发这场变乱。但作乱的也不过是几个人，现在都已经死了，我们希望面见大人申诉。"汪旦让狱吏转告："大人也知道你们并不都是造反的，既然造反的已死，那你们就交出武器，明天当庭审问再加区分。"僧人们交出武器后，汪旦把十个和尚编为一组审讯，依次杀光，天亮后，一百多名僧人全部处决。追查僧人兵器进入监狱的原因，才知道凌志等人干的好事，而凌志等人已在暴乱中丧生。

封丘人黄绂任四川参政时，路经崇庆，忽然轿前刮起一阵旋风。黄绂说："如果有冤情，你先散去，我为你伸冤。"说完，那股旋风就停息了。黄绂抵达州府，沐浴斋戒后到城隍庙前上香祝祷，冥冥中似乎听见神明说州西的寺庙。黄绂暗中寻访，在州西四十里有座寺庙在大路口，背靠大山。黄绂一大早率领吏民冲进寺庙，擒下寺中所有僧人。其中一名僧人面目狰狞，经审问，发现他没有度牒，就把醋泥涂在他额头上，再用清水冲洗，额上隐隐显出头巾的痕迹。黄绂说："你是盗贼！"接着讯问寺中其他僧人，僧人们无法隐瞒，招出实情。原来庙西有个大池塘，僧人们趁夜劫杀投宿的客人，将尸体丢入池塘，然后众僧瓜分财物；如果死者有妻女，就分占妻女，藏在地窖里，长期恣意凌辱。黄绂依法将全部寺僧处斩，并拆毁寺庙。

461. 鲁永清

成都有奸狱，一曰和奸，一曰强奸，臬长不能决，以属成都守鲁公。公令隶有力者去妇衣，诸衣皆去，独里衣妇以死自持，隶无如之何。公曰："供作和奸。盖妇苟守贞，衣且不能去，况可犯邪？"

【译文】

成都有一起奸案，一方说是通奸，一方说是强奸，长官无法判决，就交给成都知府鲁永清。鲁公令身强体健的差役去脱女方的衣服，外衣脱去，妇人拼死保住内衣，差役无可奈何。鲁公说："案子性质属于通奸。如果妇人保守贞洁，男人脱她衣服都做不到，如何能侵犯她呢？"

462. 张 辂

石晋魏州冠氏县华林僧院有铁佛长丈余，中心且空，一旦云"铁佛能语"，徒众称赞，闻于乡县，士众云集，施利填委。时高宗镇邺，命衙将尚谦赍香设斋，且验其事。有三传张辂请与偕行，暗与县镇计，遣院僧尽赴道场。辂潜开僧房，见地有穴，引至佛座下。乃令谦立于佛前，辂由穴入佛空身中，厉声俱说僧过，即遣人擒僧。取其魁首数人上闻，戮之。

【译文】

五代后晋魏州冠氏县有座华林僧院，寺中有一尊高一丈多的铁佛像，佛像的内部是空心的。忽然传说铁佛能开口说话，信徒们纷纷前来膜拜，这件事传开后，附近的信徒纷纷前来，布施的金银堆积如山。当时高宗刘知远镇守邺州，命衙将尚谦带着香火前来参拜，同时验证这件事的真假。一个叫张辂的说书先生请求跟尚谦一起去（译者按：原文作张骆，据《疑狱集》改），暗中和地方官商量好，把寺中所有僧侣赶赴道场。张辂潜入僧房，见僧房中有一地道，通道佛像的基座下，于是要尚谦站在佛前，张辂借由地道走进中空的佛身，然后大声数落和尚们的罪行，随即下令逮捕僧人，把其中的几个主谋上报给高宗，将他们斩首了。

463. 慕容彦超

慕容彦超为泰宁节度使，好聚敛。在镇常置库质钱，有奸民为伪银以质者，主吏久之乃觉。彦超阴教主吏夜穴库垣，尽徙金帛于他所，而以盗告。彦超即榜市，使民自言所质以偿，于是民争来言，遂得质伪银者。超不罪，置之深室，使教十余人为之，皆铁为之质而包以银，号"铁胎银"。

得质伪银者，巧矣；教十余人为之，是自为奸也。后周兵围城，超出库中银劳军。军士哗曰："此铁胎耳！"咸不为用，超遂自杀。此可为小智亡身之戒。

【译文】

五代时慕容彦超任泰宁节度使，他喜欢聚敛财物。在任上开当铺牟利，有个奸民用伪造的银子典当，过了很久才被管事的小吏发觉。慕容彦超暗中命小吏在库房墙上凿了个大洞，把全部财物搬到别处，再对外宣称遭窃。慕容彦超在市集张贴告示，要民众自行前来登记曾来典押的财物并按价赔偿。民众见了告示，纷纷前来登记，于是抓到那个典押假银的。慕容彦超没有将他治罪，把他藏到一间隐秘的屋子里，让他带十几个徒弟，一起造铁质的假银，号称"铁胎银"。

冯评：慕容彦超用计诱捕造假银的，很高明；再让十几个人跟着他造假银，那就是自己做坏事了。后周兵临城下的时候，慕容彦超拿出府库银两犒赏士兵，军士们大声喧哗说："这是铁胎银！"士兵不肯效力，慕容彦超只好自杀。这就是卖弄小聪明招致杀身之祸的教训。

464. 韩魏公

中书习旧弊，每事必用例。五房吏操例在手，顾金钱唯意所去取。于欲与，即检行之；所不欲，或匿例不见。韩魏公令删取五房例及刑房断例，除其冗谬不可用者，为纲目类次之，封誉谨掌，每用例必自阅，自是人始知赏罚可否出宰相，五房吏不得高下其间。

"例"之一字，庸人所利，而豪杰所悲。用例已非，况由吏操纵，并例亦非公道乎！寇莱公作相时，章圣语两府择一人为马步军指挥使，公方拟议，门吏有以文籍进者，问之，曰："例簿也。"公叱曰："朝廷欲用一牙官，尚须一例，又安用我辈？戕坏国政者正此耳！"今日事事为例，为莱公不能矣；能为魏公，其庶乎？

【译文】

北宋中书沿袭旧弊，所有事务都要援引惯例。五房小吏掌握惯例，为了钱就可以随意增减。要想放行，就按惯例通过；不想放行，就故作不知道这个惯例。韩琦（封魏国公）下令删定五房旧例，除去那些荒谬不实用的，再分类编排，所有内容都亲自制定，操作时也亲自审查。此后，人们知道赏罚出自宰相，而五房小吏不能在其中做手脚。

冯评：一个"例"字，能让小人得利，让豪杰悲哀。用惯例做事已经不对，何况让小吏操作，而所用的惯例又有失公道呢！寇准（封莱国公）当宰相时，章圣太后让两府推选一人担任马步军指挥使，寇准正在草拟文书，属吏呈上文籍，问是什么，说是例簿。寇准大怒，说："朝廷想任命一个牙将，还要援引惯例，那还要我们干什么？败坏朝纲的就是这些烂规矩！"现在事事都要按例，没法做寇准，能做个韩琦的话是不是会有所改善？

465. 江点

江点，字德舆，崇安人。以特恩补官调郓州录参时，郡常平库失银。方缉捕，有刘福者因贸易得银一筒，上有"田家抵当"四字，一银工发其事，刘不能直。籍其家，约万余缗，法当死。点疑其枉，又见款牍不圆，除所发者皆非正赃，点反覆诘问，刘苦于锻冶，不愿平反。点立言于守，别委推问，得实与点同，然未获正贼，刘终难释。未几，经总、军资两库皆被盗，失金以万计，点料必前盗也。州司有使臣李义者，馆一妓，用度甚侈，点疑之，未敢轻发，会制司行下，买营田耕牛。点因而阴遣人袭妓家，得金一束，遂白于府，即简使臣行李，中皆三库所失之物，刘方得释，人皆服点之明见。

【译文】

南宋的江点，崇安人，字德舆。因特殊恩典补官调郓州录参时，郡中常平库的银两丢失，正在追查窃贼，有个叫刘福的做买卖赚了一筒银子，上有"田家抵当"四字，被一个银工揭发，刘福无法为自己辩白，抄家搜查，找到一万多缗，按律应当判处死罪。江点怀疑刘福是冤枉的，又见案情疑点颇多，除了被揭发的那筒其余都不是失窃的库银，江点反复审问，刘福怕再受酷刑，不愿翻供。江点立即报告知府，另派他人查问，结论和江点的相同。然而在没有寻获失银前，刘福也不能释放。不久，经总、军资两库都遭窃，失窃的银两总数以万计，江点料想必是同一盗贼所为。州内有个差役叫李义的，蓄养一个女妓，平日花费甚大，江点怀疑他，但没敢轻举妄动。正好上司下发公文购买屯田用的耕牛，江点趁机派人偷袭妓女家，搜出一堆官银，于是告到府里，再检查李义的行李，里面都是三库丢失的银两。刘福终于被释放。人们都佩服江点有先见之明。

胆智部

  冯子曰：凡任天下事，皆胆也；其济，则智也。知水溺，故不陷；知火灼，故不犯。其不入不犯，非胆也，智也。若自信入水必不陷，入火必不灼，何惮而不入耶？智藏于心，心君而胆臣，君令则臣随。令而不往，与夫不令而横逞者，其君弱。故胆不足则以智炼之，胆有余则以智裁之。智能生胆，胆不能生智。刚之克也，勇之断也，智也。赵思绾尝言"食人胆至千，刚勇无敌。"每杀人，辄取酒吞其胆。夫欲取他人之胆，益己之胆，其不智亦甚矣！必也取他人之智，以益己之智，智益老而胆益壮，则古人中之以威克，以识断者，若而人，吾师乎！

【解说】

　　冯梦龙说：凡担当天下的事，都是有胆的；事情成了，那才是有智的。知道水会溺人，所以不会被淹；知道火会灼人，所以不会被伤。不淹不伤，不是无胆的表现，正体现了有智。若自信能入水而不淹，进火而不伤，那为什么不进去呢？智是藏于心中的，心是君，胆是臣，君发令而臣听命。若是有令不行或不听指令任意作为，那是君弱的表现。所以胆气不足的用智加以历练，胆气有余的便用智加以裁抑。智能生胆，但胆不能生智。用刚毅克服困难，用勇气决断取舍，那都是智。五代的赵思绾曾说："吃上一千副人胆，就能勇猛无敌。"于是每每杀了人，便取其胆用酒吞服。用别人的胆来壮自己的胆，这人的不智也太过了。应该用他人的智慧来增加自己的智慧，智慧越发成熟自然胆气越发豪壮，那就是古人中能用威猛去克服困难，用见识去决断取舍的，这样的人，我愿意向他学习。

卷十一　威克

履虎不咥，鞭龙得珠。岂曰溟涬，厥有奇谋。集《威克》。

———【解说】———

踩了老虎的尾巴却没有被咬，鞭打了龙的身体却得到龙珠。这哪里是不着边际的妄想，而是胸有奇谋赢得的结果。

这一卷都是用威猛去克服巨大困难的故事，名为《威克》。

466. 侯　生

夷门监者侯嬴，年七十余，好奇计。秦伐赵急，魏王使晋鄙救赵，畏秦，戒勿战。平原君以书责信陵君，信陵君欲约客赴秦军，与赵俱死，谋之侯生，生乃屏人语曰："嬴闻晋鄙兵符在王卧内，而如姬最幸，力能窃之。昔如姬父为人所杀，公子使客斩其仇头进如姬，如姬欲为公子死无所辞，顾未有路耳。公子诚一开口，如姬必许诺，则得虎符，夺晋鄙军，北救赵而西却秦，此五霸之功也。"公子从其计，请如姬。如姬果盗符与公子。公子行，侯生曰："将在外，主令有所不受。公子即合符，而晋鄙不授公子兵而复请之，事必危矣。臣客屠者朱亥可与俱，此人力士。晋鄙听，大善；不听，可使击之。"于是公子请朱亥，朱亥笑曰："臣乃市井鼓刀屠者，而公子亲数存之。所以不报谢者，以为小礼无所用。今公子有急，此乃臣效命之秋也。"遂与公子俱。公子至邺，矫魏王令代晋鄙兵，晋鄙合符，果疑之，欲无听。朱亥袖四十斤铁椎椎杀晋鄙（边批：既矫其令，必责以逗留之罪，非漫然为无名之谋）。公子遂将晋鄙兵进，大破秦军。

信陵邯郸之胜，决于椎晋鄙；项羽巨鹿之胜，决于斩宋义。夫大将且以拥兵逗留被诛，三军有不股栗愿死者乎？不待战而力已破矣。儒者犹以擅杀议刑，是乌知扼要之策乎？

【译文】

战国时魏国东门的守门人叫侯嬴，七十多岁，喜欢研究奇谋异策。当时秦国攻打赵国，情势紧急，魏王派将军晋鄙率军救赵，但又畏惧秦国，叮嘱晋鄙不要出战。赵国的平原君就写信责备魏信陵君，信陵君准备带领门客去攻打秦军，与赵国共存亡。他就此事与侯生商量，侯生支开旁人说："我听说晋鄙的兵符放在魏王的寝宫里，如姬是魏王最宠爱的妃子，她有办法可以窃得兵符。以前如姬的父亲被人杀害，是公子派门客斩了仇人的头颅献给如姬的，所以如姬想对公子舍生相报，只是一直没有机会。现在只要公子开口，如姬一定会答应，那么公子就能得到兵符，进而夺得晋鄙的军权，北上救赵，西退强秦，这能与五霸的功业相媲美。"信陵君依侯生之计，请如姬帮忙。如姬果然偷来晋鄙的兵符交给信陵君。信陵君要出发了，侯生又说："将在外，君令有所不受。公子的兵符虽能相合，但晋鄙也可以不把兵权交给你，而要求再次请魏王加以确认，那事情就危险了。我有一个名叫朱亥的屠夫朋友，是个大力士，可以带他同行。晋鄙肯交出兵权，那最好；如果不肯，可叫朱亥击杀他。"于是信陵君便去邀请朱亥。朱亥笑道："我是个在市井挥刀卖肉的屠夫，公子却屡次亲自慰问，之所以一直不曾答谢，是我认为琐碎的小事用不上我。现在公子有急事，正是我一展身手的时机。"于是跟信陵君一起出发。信陵君到达邺，假传魏王的命令要接替晋鄙指挥军队。晋鄙验合了兵符，果然心中怀疑，想不交兵权，朱亥从袖中拿出一柄四十斤重的大铁椎打死了晋鄙。信陵君于是带领晋鄙的军队进发，大败秦军。

冯评：信陵君邯郸大捷，取决于椎杀晋鄙；项羽巨鹿的胜利，取决于斩杀宋义。大将都因拥兵不前而被杀，三军将士怎会不激昂奋发、拼死向前？不必交战就已经在气势上压倒了敌人。有些儒者还在那里讨论杀人是否合法的问题，这哪里是明白大策略的关键所在呢？

467. 班 超

窦固出击匈奴,以班超为假司马将兵别击伊吾,战于蒲类海,多斩首虏而还。固以为能,遣与从事郭恂俱使西域。超到鄯善,鄯善王广奉超礼敬甚备,后忽更疏懈。超谓其官属曰:"宁觉广礼意薄乎?此必有北虏使来,狐疑未知所从故也。明者睹未萌,况已著耶?"乃召侍胡,诈之曰:"匈奴使来数日,今安在?"侍胡惶恐,具服其状。超乃闭侍胡,悉会其吏士三十六人,与共饮,酒酣,因激怒之曰:"卿曹与我俱在西域,欲立大功以求富贵,今虏使到数日,而王广礼敬即废,如令鄯善收吾属送匈奴,骸骨长为豺狼食矣,为之奈何?"官属皆曰:"今危亡之地,死生从司马。"超曰:"不入虎穴,焉得虎子!当今之计,独有因夜以火攻虏,使彼不知我多少,必大震怖,可殄尽也!灭此虏,则鄯善破胆,功成事立矣!"众曰:"当与从事议之。"超怒曰:"吉凶决于今日,从事文俗吏,闻此必恐而谋泄,死无所名,非壮士也。"众曰:"善。"初夜,遂将吏士往奔虏营(边批:**古今第一大胆**),会天大风,超令十人持鼓,藏虏舍后,约曰:"见火然后鸣鼓大呼。"余人悉持弓弩,夹门而伏(边批:**三十六人用之有千万人之势**),超乃顺风纵火,前后鼓噪。虏众惊乱,超手格杀三人,吏兵斩其使及从士三十余级,余众百许人,悉烧死。明日乃还告郭恂,恂大惊,既而色动。超知其意,举手曰:"掾虽不行,班超何心独擅之乎?"恂乃悦。超于是召鄯善王广,以虏使首示之,一国震怖。超晓告抚慰,遂纳子为质,还奏于窦固。固大喜,具上超功效,并求更选使使西域,帝壮超节,诏固曰:"吏如班超,何故不遣而更选乎?今以超为军司马,令遂前功。"超复受使(边批:**明主**)。因欲益其兵,超曰:"愿将本所从三十余人足矣。如有不虞,多益为累。"

是时于阗王广德新攻破莎车,遂雄张南道,而匈奴遣使监护其国。超既西,先至于阗,广德礼意甚疏,且其俗信巫,巫言神怒:"何故欲向汉?汉使有骍马,急求取以祠我。"广德乃遣使就超请马,超密知其状,报许之。而令巫自来取马。有顷,巫至,超即斩其首以送广德,因辞让之。广德素闻超在鄯善诛灭虏使,大惶恐,即攻杀匈奴使而降超。超重赐其王以下,因镇抚焉。

必如班定远,方是满腹皆兵,浑身是胆。赵子龙、姜伯约不足道也。辽东管家庄,长男子不在舍,建州虏至,驱其妻子去。三数日,壮者归,室皆空矣,无以为生。欲佣工于人,弗售。乃谋入虏地伺之,见其妻出汲,密约夜以薪积舍户外焚之，并积薪以焚其屋角。火发，贼惊觉，裸体起出户，壮者射之，贼皆死。挈其妻子，取贼所有归。是后他贼惮之，不敢过其庄云。此壮者胆勇一时，何减班定远。使室家无恙，或佣工而售，亦且安然不图矣。人急计生，信夫！

【译文】

东汉窦固带兵出击匈奴时，命班超为代理司马，另率一支部队攻打伊吾，两军大战于蒲类海，斩获了大量敌人首级。窦固认为班超很有才能，于是就派他与从事郭恂一起出使西域。班超到了鄯善国，名叫广的鄯善王对他礼遇有加，后来态度突然变得很冷淡。班超就对部下说："你们不觉得广的态度变得冷淡了吗？这一定是有匈奴使者来到的缘故，所以在犹豫到底倾向于哪一方。一个善于观察的人，能在事情还未发生前就感觉到，何况现在事情已经明摆着了！"于是，班超召来鄯善的服侍人员问道："匈奴使者已经来好几天了，现在在哪里？"侍者十分惊恐，只好据实一一回答。班超就扣押了侍者，召集他手下的三十六人一起喝酒，酒至半酣，班超故意激怒众人说："诸位跟我都身在西域，想建立大功以求富贵。现在匈奴使者一到，广对我们的礼遇就没了。要是让鄯善人把我们逮捕后交给匈奴，那我们连尸首都要成为豺狼的食物了！怎么办？"众人都说："现在处于危险的境地，我们和司马生死与共！"班超说："不入虎穴，焉得虎子！为今之计，只有趁夜火攻匈奴使者，让他们摸不清我们有多少人，必定惊慌失措，被我们一举歼灭。消灭了这些匈奴使者，鄯善人就会被镇住，我们也就成功了。"大家说："这事还应该和从事商量一下。"班超生气地说："成败吉凶取决于今晚的行动，从事是个没用的文官，听了这计划肯定害怕而泄露机密，我们都得跟着不明不白地死，不算英雄好汉！"众人都表示赞成。于是，天黑之后班超率领众人奔向匈奴使者的营地。正巧这时刮起大风，班超派十个人手持战鼓躲在营地后面，约定说："见到火光就击鼓高喊。"其余人则各拿弓弩，埋伏在营门两侧。然后班超顺着风势放火，前后两拨人击鼓呐喊。匈奴使者都惊慌失措，班超亲手杀死三人，其他手下斩杀了使者及其三十多个随从，剩下的一百来人则全被大火烧死。天亮后，班超把夜袭匈奴营地的事情告诉郭恂，郭恂大为惊讶，继而面色起了变化。班超看出了郭恂的心思，就举手施礼："你虽没有参加，我班超又岂会独居其功？"郭恂这才高兴起来。于是班超再要求召见鄯善王广，把匈奴使者的头颅拿给他看，鄯善国上下为之震惊。班超安抚一番之后，鄯善王答应把儿子作为人质，送班超凯旋返回。班超将事情的经过报告了窦固，窦固非常高兴，详奏班超的功绩，并请朝廷另派使者前往西域。明帝对班超的事迹十分赞赏，诏令窦固："有像班超这样的出色吏员，为什么不派为西域使者而要另选他人呢？现在就任命班超为军司马，让他继续完成未竟的事业。"班超成为出使西域的使者后，明帝想给班超添加士兵时，班超说："我只要带领以前的三十多人就足够了，如果有什么事，人多了反而是累赘。"

当时，名叫广德的于阗王刚刚攻占莎车，在南道一带气势正盛，而匈奴又派使者对于阗国进行监护。班超西行，首先来到于阗。广德对他态度冷淡。于阗风俗笃信巫术，巫师说天神正在发怒："为什么我们要投靠汉朝？汉使有匹好马，赶紧拿这马来祭祀我。"于阗王就派人向班超要马。班超暗中查问明白是怎么回事，就给了肯定的回复，但要巫师自己来取马。不多时，巫师到了，班超将巫师的头砍下送回给广德，并对他加以责备。广德早就听说班超在鄯善国杀死匈奴使者的事，内心非常害怕，就杀了匈奴使向班超投降。班超重赏了于阗君臣，于阗被成功安抚。

冯评：一定要像班超这样，才真正称得上是满腹皆兵，浑身是胆。赵云、姜维这样的都不值一提。辽东管家庄的男主人不在，女真贼人到了，把他老婆孩子全抓走了。几天后男主人回家了，家里的一切都没了。为了生活，他想给人去做佣人，但没有人雇他。于是他悄悄来到贼人的地盘窥伺，正巧碰上他妻子出来打水，两人约定在屋内外堆积柴草同时放火。到了半夜，火势很快就蔓延开来，贼人惊慌失措，裸着身体逃出屋外，男主人弯弓搭箭，把贼人全部杀死，带着老婆孩子和贼人的财物回家。此后，其他贼人对他十分忌惮，不敢经过他的村庄。这个男主人的胆量勇气闻名一时，比班超差得了多少？可若是他家里没出事，或者他找到了打工的地方，也许就安稳过日子而不想别的了。人在危急中才会产生智慧，真的是这样啊！

468. 耿 纯

东汉真定王扬谋反，光武使耿纯持节收扬。纯既受命，若使州郡者至真定，止传舍。扬称疾不肯来，与纯书，欲令纯往。纯报曰："奉使见侯王牧守，不得先往，宜自强来！"时扬弟让、从兄绀皆拥兵万余。扬自见兵强而纯意安静，即从官属诣传舍，兄弟将轻兵在门外。扬入，纯接以礼，因延请其兄弟，皆至，纯闭门悉诛之。勒兵而出，真定震怖，无敢动者。

【译文】

东汉时真定王刘扬起兵谋反，光武帝派耿纯持使节抓捕刘扬。耿纯接受诏命后，装作巡视州郡的使者的样子到了真定，住在驿舍里。刘扬自称有病，不肯前来，只写了一封信给耿纯，希望耿纯能到他那里去见他。耿纯回复说："我身负天子使命来接见地方长官，先到你那里是不合适的，还是你勉强来一趟吧。"当时刘扬的弟弟刘让、堂兄刘纮都有一万多兵力，刘扬见自己兵多，而耿纯又没有什么异常举动，就从自己的官署来到驿舍，他的兄弟则带少量卫兵在门外等候。刘扬进屋后，耿纯以礼接待，并邀请他的兄弟进屋，等他们都到齐后。耿纯关起门把他们全杀了。然后率兵而出，真定人马受到震撼，没有人敢乱动。

469. 温　造

宪宗时，戎羯乱华，诏下南梁起甲士五千人，令赴阙下。将起，师人作叛，逐其帅，因团集拒命岁余。宪宗深以为患，京兆尹温造请以单骑往。至其界，梁人见止一儒生，皆相贺无患。及至，但宣召敕安存，一无所问。然梁师负过，出入者皆不舍器杖，温亦不诫之。他日毬场中设乐，三军并赴。令于长廊下就食，坐宴前临阶南北两行，设长索二条，令军人各于向前索上挂其刀剑而食。酒至，鼓噪一声，两头齐力抨举其索，则刀剑去地三丈余矣。军人大乱，无以施其勇，然后合户而斩之。南梁人自尔累世不复叛。

【译文】

唐宪宗时，戎羯等蛮族纷纷作乱，宪宗命由南梁征兵五千人入京。军队出发前，突然兵变，士兵们赶走了指挥官，聚在一起抗命长达一年多。宪宗对此十分担忧。京兆尹温造请求独自前往招抚。温造抵达对方地界，南梁兵见他一个书生，都庆幸没有什么大碍。温造到南梁的营地后，只是宣读皇帝的敕命安抚存问，并没有多问其他的事。不过南梁兵自知犯了错误，平时出入兵器都不离手，温造也不加禁止。一天，温造在毬场设宴犒赏三军，士兵的座位安排在长廊下，座位前面靠台阶南北方向架设两根长索，让士兵各自先将随身兵器挂在面前的绳索上再入座，等酒菜送到，只听得一声大喝，有人在绳索的两头一齐用力，绳索猛然绷紧，上面的刀剑都飞到了三丈多高的半空中。南梁兵大乱，没了兵器无法施展，温造下令关上大门将南梁兵全部处斩。自此以后，南梁人世代不敢再反叛。

470. 哥舒翰 李光弼

唐哥舒翰为安西节度使，差都兵马使张擢上都奏事，逗留不返，纳贿交结杨国忠。翰适入朝，擢惧，求国忠除擢御史大夫兼剑南西川节度使。敕下，就第谒翰，翰命部下捽于庭，数其罪，杖杀之，然后奏闻。帝下诏褒奖，仍赐擢尸，更令翰决尸一百（边批：圣主）。

太原节度王承业军政不修，诏御史崔众交兵于河东。众侮易承业，或裹甲持枪突入承业厅事，玩谑之。李光弼闻之，素不平，至是交众兵于光弼，众以麾下来，光弼出迎，旌旗相接而不避。光弼怒其无礼，又不即交兵，令收系之。顷中使至，除众御史中丞，怀其敕，问众所在。光弼曰："众有罪，系之矣。"中使以敕示光弼，光弼曰："今只斩侍御史；若宣制命，即斩中丞；若拜宰相，亦斩宰相。"中使惧，遂寝之而还。翼日，以兵仗围众至碑堂下，斩之。威震三军，命其亲属吊之。

或问擢与众诚有罪，然已除西川节度使及御史中丞矣，其如王命何？盖军事尚速，当用兵之际而逗留不返、拥兵不交，皆死法也。二人之除命必皆夤缘得之，而非出天子之意者，故二将得伸其权，而无人议其后耳。然在今日，莫可问矣。

【译文】

唐朝哥舒翰任安西节度使时，曾派都兵马使张擢进京奏事，张擢竟逗留不归，并且贿赂结交杨国忠。后来，哥舒翰进京，张擢心虚害怕，就求杨国忠任命他为御史大夫兼剑南西川节度使。诏命下达后，张擢去见哥舒翰，哥舒翰命人当场将其拿下，一一陈述他的罪状，然后将他一顿乱棍打死。随后哥舒翰把处死张擢的经过奏报朝廷，玄宗下诏褒奖他，并把张擢的尸首赐给他，让他亲手再鞭尸一百下。

太原节度使王承业治军不力，朝廷下令让御史崔众将王承业的部队交给河东节度使李光弼。崔众十分轻视王承业，身披铠甲、手持长枪闯进王承业的办公室胡闹。李光弼听说这些，很生气。现在崔众将部众交给李光弼，崔众以下属身份而来，李光弼出营迎接，双方仪仗交接，崔众竟不加回避。李光弼对他的无礼行为非常气愤，崔众又不肯立即交付兵马，于是将崔众抓了起来。这时，皇宫特派的宦官来了，要宣布任命崔众为御史中丞，怀里揣着诏书，问李光弼崔众在哪里。李光弼说："崔众有罪，已经被抓起来了。"宦官把诏书拿给李光弼看。李光弼说："现在只是杀一个侍御史；你要是宣布诏命，那就是杀一个御史中丞；如果宣布拜他宰相，那就是杀一个宰相。"宦官听了十分害怕，只好按下这事不提独自回京了。第二天，李光弼派兵把崔众围在碑堂下斩首，三军震动，李光弼还让崔众的亲属来祭吊。

冯评：有人问：张擢和崔众确实有罪，但张擢已经被朝廷任命为西川节度使，崔众也被任命为御史中丞，有朝廷诏命而被杀，难道不要朝廷的法度吗？其实军事上最注重速度，张擢有军务在身无故滞留京师不回，崔众带着兵马该交割而无故不交，这都是死罪。而二人接受的任命也都是托关系走后门得来的，并不是皇帝的本意。所以，哥舒翰和李光弼可以自主行使权力，而没有人在事后多加议论。然而在现在，这样的事就没法说了。

471. 柴克宏

南唐柴克宏有将略。其奉命救常州也，枢密李征古忌之，给以羸卒数千人，铠杖俱朽蠹者。将至常州，征古复以朱匡业代之，使召克宏，宏曰："吾计日破贼，汝来召吾，必奸人也。"命斩之。使者曰："李枢密所命。"克宏曰："即李枢密来，吾亦斩之。"乃蒙船以幕，匿甲士其中，袭破吴越营。

奸臣在内，若受代而还，安知不又以无功为罪案乎？破敌完城，即忌口亦无所施矣！

【译文】

后唐柴克宏很有谋略。他奉命援救常州时，枢密李征古嫉妒他，只拨给他数千名体弱的士兵，铠甲武器也都是破烂不堪的。当柴克宏率军即将抵达常州时，李征古又用朱匡业来替代，派使者召回柴克宏。柴克宏说："我破贼指日可待，现在你来召我回京，一定是奸人。"命人将使者处斩。使者说："我是奉李枢密命令前来。"柴克宏说："就是李枢密亲自来，我也杀他！"柴克宏下令在战船外蒙上帐幕，把士兵藏匿在船中，一举攻破吴越兵的大营。

冯评：朝内有奸臣，如果柴克宏被替代回去，谁知道不会被按上无功的罪名呢？攻破了敌人的坚固堡垒，就是要进谗言也找不到由头了。

472. 杨 素

杨素攻陈时，使军士三百人守营。军士惮北军之强，多愿守营。素闻之，即召所留三百人悉斩之，更令简留，无愿留者。又对阵时，先令一二百人赴敌，或不能陷阵而还者，悉斩之。更令二三百人复进，退亦如之。将士股栗，有必死之心，以是战无不克。

素用法似过峻，然以御积惰之兵，非此不能作其气。夫使法严于上，而士知必死，虽置之散地，犹背水矣。

【译文】

隋朝的杨素攻打陈国时，要派三百名士兵留下守营。士兵们都惧怕北军的强大（译者按：此是杨素平定汉王杨谅的事，杨谅是并州总管，故称北军。前面所说攻陈有误，陈在南方，不可称北军），纷纷要求守营。杨素听说后，就召来守营的三百人全部处死，然后再下令挑选留守的，再没有人敢留。到对阵作战时，杨素先派一二百名士兵与敌交战，凡是不能尽力冲锋陷阵苟且生还的，一律斩首。然后再派二三百人进攻，退败的同样处死。将士大为惊惧，人人抱定必死之心，所以这支队伍战无不克。

冯评：杨素带兵看似过于严苛，但统领怠惰成性的士兵，非这样不能振作士气。如果带兵者立法严苛，将士都知道上战场有死无生，那么即使在兵法所说的散地作战，效果和背水一战也是一样的。

473. 安禄山

安禄山将反前两三日，于宅集宴大将十余人，赐赏绝厚。满厅施大图，图山川险易、攻取剽劫之势。每人付一图，令曰："有违者斩！"直至洛阳，指挥皆毕。诸将承命，不敢出声而去。于是行至洛阳，悉如其画（出《幽闲鼓吹》）。

【译文】

安禄山举兵谋反前两三天，在府中宴请十多名手下大将，并给每人丰厚的赏赐。大厅里张挂巨大的地图，图中标示各地山川的险易及攻取的路线，另外给每人一幅图。安禄山下令说："有违者，斩。一直攻到洛阳的部署，这里都已安排完毕。"众将领命，全不敢作声退出。后来军马打到洛阳，果然全都如其策划。

474. 吕公弼　张咏

公弼，夷简子，其治成都，治尚宽。人嫌其少威断。适有营卒犯法，当杖，扞不受，曰："宁以剑死。"公弼曰："杖者国法，剑者自请。"为杖而后斩之，军府肃然。

张咏在崇阳，一吏自库中出，视其鬓旁下有一钱，诘之，乃库中钱也。咏命杖之，吏勃然曰："一钱何足道，乃杖我耶？尔能杖我，不能斩我也！"咏援笔判云："一日一钱，千日千钱，绳锯木断，水滴石穿。"自仗剑下阶斩其首。申府自劾。崇阳人至今传之。

咏知益州时，尝有小吏忤咏，咏械其颈，吏恚曰："枷即易，脱即难。"咏曰："脱亦何难？"即就枷斩之，吏俱悚惧。

若无此等胆决，强横小人，何所不至！

贼有杀耕牛逃亡者，公许自首。拘其母，十日不出，释之；再拘其妻，一宿而来。公断曰："拘母十夜，留妻一宿，倚门之望何疏？结发之情何厚？"就市斩之。于是首身者继至，并遣归业。

袁了凡曰："宋世驭守令之宽，每以格外行事，法外杀人。故不肖者或纵其恶，而豪杰亦往往得借以行其志。今守令之权渐消，自笞十至杖百仅得专决，而徒一年以上，必申请待报，往返详驳，经旬累月。于是文案益繁，而狴犴之淹系者亦多矣！"子犹曰："自雕虫取士，资格困人，原未尝搜豪杰而汰不肖，安得不轻其权乎？吾于是益思汉治之善也！"

【译文】

北宋吕公弼是吕夷简的儿子，他治理成都时法令宽松，人们认为他缺少决断。有一名小兵犯法当受杖刑，他却拒绝惩罚，说："我宁可死于剑下。"吕公弼说："杖刑是国法，剑是你自己申请的。"于是下令先杖刑，后砍头，军府上下无不畏惧。

北宋张咏在崇阳任县令时，一名小吏自府库中走出，张咏见他鬓发下有一枚钱币，经查问后，是府库里的钱。张咏下令对小吏施以杖刑，小吏火了："一枚钱币有什么了不起，还要用杖打我！你能打我，还能杀我不成！"张咏提笔判道："一日一钱，千日千钱，绳锯木断，水滴石穿。"然后亲自提着剑走下台阶，斩下小吏的头，后亲自到府衙请罪。崇阳百姓至今还传颂此事。

张咏任益州知府时，有一名小吏冒犯张咏，张咏命人给他戴上枷，小吏生气地说："你要我戴上枷容易，脱下就难了！"张咏说："脱下有什么难的！"然后就把戴着枷的小吏斩了。其他官吏大为惊恐。

冯评：若没有这样的果决，强横小人什么事做不出来！

有个贼杀了耕牛后逃亡，张咏允许他投案自首。张咏把贼的母亲拘留了十天，贼仍然不见来投案，就把他母亲放了。又拘留他妻子，只过了一夜，贼就来投案了。张咏判道："拘母十夜，留妻一宿，母子何疏，夫妻之情何厚。"随后将这个贼推到市曹斩首。后来，其他嫌犯相继来自首，张咏命他们各自返乡种田。

冯评：袁了凡说："宋朝管理州县的行政长官自决权较大，所以他们常能根据情况超越规定处理事情，超越法律处人死刑。所以，坏官常借此作恶，而那些出色的好官也往往能借此发挥才能。现在的地方官权限日益削减，从十下的鞭刑到一百下的杖刑还能做主，一年以上的徒刑，就必须申报上级，公文的往返加上批复驳议的手续，少则十来天，多则几个月。于是文书繁复，狱中被长期关押的人犯越来越多。"冯梦龙说：自来用八股取士后，用资历限制官员的任用，本来就不是提拔好官、淘汰坏官的做法，怎么能不减轻他们的权限呢？我就更加怀念汉朝吏治的好处了。

475. 黄盖 况钟

黄盖尝为石城长。石城吏特难检御，盖至，为置两掾，分主诸曹，教曰："令长不德，徒以武功得官，不谙文吏事。今寇未平，多军务，一切文书，悉付两掾，其为检摄诸曹，纠摘谬误。若有奸欺者，终不以鞭朴加！"教下，初皆怖惧恭职，久之，吏以盖不治文书，颇懈肆。盖微省之，得两掾不法各数事，乃悉召诸掾，出数事诘问之。两掾叩头谢，盖曰："吾业有敕，终不以鞭朴相加，不敢欺也。"竟杀之，诸掾自是股栗，一县肃清。

况钟，字伯律，南昌人，始由小吏擢为郎，以三杨特荐为苏州守。宣庙赐玺书，假便宜。初至郡，提控携文书上，不问当否，便判"可"。吏貌其无能，益滋弊窦。通判赵忱百方凌侮，公唯"唯唯"。既期月，一旦命左右具香烛，呼礼生来，僚属以下毕集。公言有敕未宣，今日可宣之。内有"僚属不法，径自拿问"之语，于是诸吏皆惊。礼毕，公升堂，召府中胥，声言"某日一事，尔欺我，窃贿若干，然乎？某日亦如之，然乎？"群胥骇服。公曰："吾不耐多烦。"命裸之，俾隶有力者四人，舁一胥掷空中，立毙六人，陈尸于市。上下股栗，苏人革面。

盖武人，钟小吏，而其作用如此。此可以愧口给之文人、矜庄之大吏矣！王晋溪云："司衡者，要识拔真才而用之，甲未必优于科，科未必皆优于贡，而甲与科、贡之外，又未必无奇才异能之士，必试之以事，而后可见。如黄福以岁贡，杨士奇以儒士，胡俨以举人，此皆表表名臣也。国初，冯坚以典史而推都御史，王兴宗以直厅而历布政使。唯为官择人，不为人择官，所以能尽一世人才之用耳！"

况守时，府治被火焚，文卷悉烬。遗火者，一吏也。火熄，况守出坐砾场上，呼吏痛杖一百，喝使归舍。亟自草奏，一力归罪己躬，更不以累吏也。初吏自知当死，况守叹曰："此固太守事也，小吏何足当哉！"奏上，罪止罚俸。公之周旋小吏如此，所以威行而无怨。使以今人处此，即自己之罪尚欲推之下人，况肯代人受过乎？公之品，于是不可及矣！

【译文】

三国的黄盖曾当过石城长，而石城的小吏很难管束，黄盖到任后，设了两个属官，分别管理各部门的事务。黄盖对众人说："作为你们的长官，我只是因战功而得官，不懂文书方面的事。现在贼寇尚未铲平，军务繁重，所以一切文书全交付这两个属官，他们负责督导各部门，纠正各种失误。若有人耍奸欺瞒，也不以鞭杖责打。"命令宣布后，刚开始众人还能小心尽职。时间久了，小吏们认为黄盖不懂公文，就开始怠惰放肆。黄盖暗中调查，得知两个属官各有几件不法的事情，就召集所有僚属，拿这几件事加以责问，两个属官叩头谢罪，黄盖说："我说过了，不以鞭杖责打。我说话算数。"下令将二人斩首。众小吏从此胆战心惊，一县的面貌也大为改观。

况钟字伯律，南昌人，最初由一名小吏擢升为郎中，最后由三杨特别推荐为苏州太守，宣宗曾赐他玺书，授予便宜行事的权利。况钟初到任时，小吏拿了公文上来，他也不管合不合适，一律批示"可"。所以属吏都认为他无能，以致诸弊丛生。通判赵忱，更是对他百般欺侮，况钟只是频频点头称是。况钟到任满一个月后，一天，忽命左右准备香烛并召来司仪，命全体僚属集合。况钟说有诏命没有宣布，今天宣布。诏书内有"僚属不法，径自拿问"的话，所有官吏都吃了一惊。行礼完毕后，况钟升堂，召来府中小吏问道："某某日有这样一件事，你骗了我，偷着受贿若干，对不对？又某某日，另一件事也大致如此，对不对？"群吏既惊又服。况钟说："我这个人最怕烦。"说完，命人将不法小吏剥下衣服，叫来四名力士，合力将一个小吏扔到半空后落下摔死，顷刻处死六人，将尸首陈列集市。苏州上下人心惊惧，从此痛改前非。

冯评：黄盖一个武将，况钟一个小吏，他们却有这么大的作用，足以使夸夸其谈的文人羞惭、一本正经的大员羞愧。王琼（号晋溪）说："负责考试铨选的官员，要辨识真正的人才加以任用。进士未必优于举人，举人未必优于贡生，而除了进士和举人、贡生外，也未必找不到具有特殊能力的人才。一定要经由事实的验证，然后才能得知。如黄福是岁贡出身，杨士奇是秀才出身，胡俨是举人出身，他们最终都成为一代名臣。明朝初年冯坚以典史推举为都御史，王兴宗以守厅堂的小吏做到布政使。只有依官职来择取适当的人才，不是为人选择官位，这才能人尽其才。"

况钟任太守时，府衙遭火焚毁，所有文卷付之一炬。不小心造成火灾的是一名小吏，火被扑灭后，况钟坐在瓦砾堆中，命人痛打那名小吏一百杖，然后喝令他回家去。随后况钟急忙亲自拟表上奏，一力承担火灾的过失，对那名失火的小吏只字未提。当初那名小吏料想自己是死定了，况钟叹道："这本就是太守的事，一名小吏如何能承当呢！"奏表呈上后，皇帝只下给了罚俸的惩罚。况公对小吏尚且如此极力回护，所以行事威严却无人埋怨。要是现在的人遇到这样的事，即使是自己的过失还想推诿给属下，哪肯替人受过呢？况公的人品在这个方面非常人可及。

476. 宗威恩

金寇犯阙，銮舆南幸。贼退，以宗公汝霖尹开封。初至，而物价腾贵，至有十倍于前者，郡人病之。公谓参佐曰："此易事，自都人率以饮食为先，当治其所先，缓者不忧于平也。"密使人问米麦之值，且市之。计其值，与前此太平时初无甚增，乃呼庖人取面，令作市肆笼饼大小为之，乃取糯米一斛，令监军使臣如市酤酝酒，各估其值，而笼饼枚六钱，酒每觚七十足。出勘市价，则饼二十，酒二百也。公先呼作坊饼师至，讽之曰："自我为举子时来京师，今三十年矣，笼饼枚七钱，而今二十，何也，岂麦价高倍乎？"饼师曰："自都城经乱以来，米麦起落，初无定价，因袭至此，某不能违众独减，使贱市也。"公即出兵厨所作饼示之，且语之曰："此饼与汝所市重轻一等，而我以目下市直，会计薪面工值之费，枚止六钱，若市八钱，则有二钱之息，今为将出令，止作八钱，敢擅增此价而市者，罪应处斩，且借汝头以行吾令也。"（边批：出令足矣，斩之效曹瞒故智，毋乃太甚）即斩以徇，明日饼价仍旧，亦无敢闭肆者。次日呼官沽任修武至，讯之曰："今都城糯米价不增，而酒值三倍，何也？"任恐悚以对曰："某等开张承业，欲罢不能，而都城自遭寇以来，外居宗室及权贵亲属私酿甚多，不如是无以输纳官曲之值与工役油烛之费也。"公曰："我为汝尽禁私酿，汝减值百钱，亦有利入乎？"任叩额曰："若尔，则饮者俱集，多中取息，足办输役之费。"公熟视久之，曰："且寄汝头颈上，出率汝曹即换招榜，一觚止作百钱，是不患乎私酝之挽夺也！"明日出令："敢有私造曲酒者，捕至不问多寡，并行处斩。"于是倾糟破觚者不胜其数。数日之间，酒与饼值既并复旧，其他物价不令而次第自减，既不伤市人，而商旅四集，兵民欢呼，称为神明之政。时杜充守北京，号"南宗北杜"云。

借饼师头虽似惨，然禁私酿，平物价，所以令出推行全不费力者，皆在于此，亦所谓权以济难者乎？当湖冯汝弼《祐山杂说》云："甲辰凶荒之后，邑人行乞者什之三，逋负者什之九。明年，本府赵通判临县催征，命选竹板重七斤、梭长三寸者，邑人大恐，或诳行乞者曰：'赵公领府库银三千两来赈济，汝何不往？'行乞者更相传播，须臾数百人相率诣赵。赵不容入，则叫号跳跃，一拥而进，逋负者随之，逐隶人，毁刑具，呼声震动。赵惶惧莫知所措。余与上莘辈闻变趋入，赵意稍安，延入后堂。则击门排阆，势益猖獗。问欲何为，行乞者曰：'求赈济。'逋负者曰：'求免征。'赵问为首者姓名，余曰：'勿问也，知其姓名，彼虑后祸，祸反不测，姑顺之耳。'于是出免征牌，及县备豆饼数百以进，未及门辄抢去，行乞者率不得食。抵暮，余辈出，则号呼愈甚，突入后堂矣。赵虑有他变，逾墙宵遁。自是民颇骄纵无忌。又二月，太守郭平川应奎推为首者数人于法，即惕然相戒，莫敢复犯矣。向使赵不严刑，未必致变；郭不正法，何由弭乱？宽严操纵，唯识时务者知之。"

【译文】

北宋末年，金兵进犯京师，皇帝逃往南方。金人退兵后，宗泽（字汝霖）任开封府尹。初到开封时，物价暴涨，有些东西比以前贵上十倍，百姓叫苦连天。宗泽对属下说："要平抑物价很容易，民以食为天，就先从日常饮食开始治理，此后其他并不重要的物价不怕不回跌。"他暗中派人到市集打听米麦的价格并购买米面回来。算了一下价钱，和以前太平时相差无几。于是叫府中厨子，命他照市场上常规的尺寸做了馒头，又取来一斛糯米，让监军使臣仿照集市上酒家的方式酿酒，各自估算其价值，得出馒头成本是六钱，酒是每觚七十足钱（译者按：唐宋以来，因应对各种经济困难，曾有将货币打折使用的情况，如八十五钱当百即八五折。所以这里特称七十足钱，即不算折扣，纯粹的七十文钱），但外面调查市价却是馒头二十钱，酒二百钱。宗泽先召来作坊里做馒头的师傅说："从我做为举子入京，到今天已经三十年了，一个馒头一直七文钱，现在却涨到二十，这是什么原因，难道是麦价涨了好几倍？"馒头师傅说："自从京师遭逢战火后，米麦价钱的涨涨跌跌，也没个统一定价，胡乱承袭就成了这样。我也不能别出心裁降价，那样就扰乱市场了。"宗泽拿出厨子做的馒头给他看，并告诉他说："这个馒头和你所卖的重量相同，而我用当下的成本加上面粉、柴火和人工费用，一个只有六文钱，如果卖八文钱，那么就有二文钱的利润。所以现在我下令，每个馒头只能卖八文钱，敢擅自加价卖的就判死罪，暂借你项上人头来推行我的命令！"说完下令杀了馒头师傅。第二天，馒头回复旧价，也没有任何一家商户敢关门歇业。又过了一天，宗泽召来官营卖酒的任修武，问他说："现在京师糯米价格并没有涨，但酒价却涨了三倍，是什么原因呢？"任修武惶恐地答道："我们开店做卖买也是没办法，自从京师遭金人入侵后，住在民间的皇室和权贵家属私自酿酒的很多，不这样就没法缴纳官方酒税和应对工人工资以及日常开支。"宗泽说："要是我为你禁私酒，而你降价一百钱，是否还有利润呢？"任修武叩头说："如果能这样，喝酒的都来我这里买，薄利多销，足够各项开销。"宗泽审视他许久后，说："你这颗脑袋暂且寄在你脖子上！赶紧带领你的同行把招牌全换了，一觚就卖一百文，不用担心私酒来和你们竞争了。"第二天，宗泽发布命令："凡敢私自酿酒者，一经查获，不管数量多少，一律处斩。"于是有很多人家倒掉酒糟、砸毁器皿不再酿酒。短短几天之内，酒和馒头都恢复旧价，而其他的物价不用命令也纷纷下跌，既不让生意人吃亏，更吸引各地商人云集，军民一致叫好，称宗泽推行的是神明之政。当时杜充守北京，人称"南宗北杜"。

冯评：宗泽借糕饼师傅人头的做法，虽然看来有些残忍，但日后能禁酿私酒、平稳物价，命令得以完全彻底执行，毫不费力，都是因为有这事例在先。这也正是所谓的"权以济难"。

当湖人冯汝弼在《祐山杂记》中记载：甲辰荒年过后，城中十人中就有三人靠乞讨度日，而无力缴租税者更高达九成。第二年，府城赵通判带上重刑具到县城催讨租税，城中百姓大为恐慌。有人故意散播谣言说："赵公从府库中领取了三千两纹银，用来赈济县城百姓，你们何不赶快去赵府领救济呀？"乞丐们口耳相传，不一会儿，就有好几百人相继前往赵的住处。赵命人驱赶群众，乞丐们大声叫跳，一拥而上，而欠税者也随之跟进，一时殴打属隶，毁坏刑具，喊声震天。赵这才心惊害怕，不知该如何是好。我与赵上莘听说有暴动就急忙入城，赵这才稍感安心，请我们进入后堂。而聚集的群众却不停地拍击大门，大声吼叫，声势更加猖獗。问他们的目的，乞丐说："要求救济！"欠税者说："要求免除课税。"赵问他们带头者的姓名，我劝赵不要追问："知道带领者的姓名，万一带头者顾虑官府日后追究，反而会为自己带来灾祸，现在不如暂时答应他们的要求。"于是赵命人贴出免课税的告示，并且准备了数百枚豆饼。豆饼才运到门口，就被民众抢取一空，大部份的乞丐仍然分不到食物。快近傍晚时，我们出来了，群众的吼叫声愈来愈大，最后突破防卫闯入后堂。赵怕发生其他暴动，就趁夜翻墙逃逸，自此暴民益发骄纵，难以约束。两个月后，太守郭平川将为首的暴民绳之以法后，其他暴民也就开始自我约束，不敢再任意滋事。当初如果赵不用严刑镇压，或许不致产生暴动；而郭平川不将为首的暴民正法，暴乱就没有平复的一天。如何能切确掌握宽严间的尺度，就只有深识时务者才能知道了。

477. 杨守礼

嘉靖间，直隶安州值地震大变，州人乘乱抢杀，目无官法。上司闻风畏避，莫知所出。杨少保南涧公（讳守礼）家食已二十余年矣，先期出示，晓以朝廷法律。越二日，乱如故，公乃升牛皮帐，用家丁，率地方知事者击斩首乱四人，悬其头于城四门，乱遂定。

李彦和云："公虽抱雄略，倘死生利害之念一萌于中，则不在其位而欲便宜行事，浩然之气不索然馁乎？此豪杰大作用，难与拘儒道也。"

【译文】

明朝嘉靖年间，安州发生大地震，州人趁乱抢劫杀人，无视法律。地方官见局势混乱，都纷纷逃得不知去向。少保杨守礼致仕居家已二十多年，率先出面安抚民众，并向他们宣传朝廷律法。过了两天，局势仍然混乱，杨公于是架起牛皮帐，率领家丁，会同地方上的志愿者斩杀为首暴乱的四名歹徒，并把他们的脑袋分别悬挂在四个城门上，终于平息了暴乱。

冯评：李乐（字彦和）说："杨公虽有雄才伟略，但如果心中存有一丝死生利害的念头，不在其位不仅要谋其政，更要在特定情况下便宜行事杀人镇乱，那股浩然之气怎会不有所退缩？这正是豪杰的大作为，很难和书呆子讨论。

478．苏不韦

东汉苏不韦，父谦，尝为司隶校尉李暠挟私忿论杀。不韦时年十八，载丧归乡，瘗而不葬，仰天叹曰："伍子胥独何人也！"遂藏母武都山中（边批：要紧），变姓名，尽以家财募剑客，邀暠于诸陵间，不值。久之，暠迁大司农。时右校刍廥在寺北垣下，不韦与亲从兄弟潜入廥中，夜则凿地，昼则伏匿，如是则经月，遂达暠寝室，出其床下，会暠如厕，杀其妾及小儿，留书而去（边批：好汉）。暠大惊，自是布棘于室，以板籍地，一夕九徙。不韦知其有备，即日夜驰至魏郡，掘其父阜冢，取阜头以祭父，又标之市曰："李暠父头。"暠心痛不敢言，愤恚呕血死。不韦于是行丧，改葬父。

郭林宗论曰："子胥犹见用强吴，凭阖闾之威，而苏子力止匹夫，功隆千乘，比子胥尤过云。"子犹曰：李暠私忿不戢，辱及墓骨，妻子为戮，身亦随之，为天下笑，可谓大愚。然能以私忿杀其父，而竟不能以官法治其子，何也？将侠士善藏，始皇之威，犹不行于博浪，况他人乎？顾子房事秘，无可物色，而兹留书标市，显行其意，莫得而谁何之，不独过子胥，且过子房矣！东汉尚节义，或怜其志节而庇护之未可知。要之一夫含痛，不报不休，死生非所急也。不韦真杰士哉！

楚悼王薨，贵戚大臣作乱，攻吴起。起走之王尸而伏之，击起之徒因射起并中王尸。既葬，肃王即位，使令尹尽诛为乱者，坐起夷宗者七十家。齐大夫与苏秦争宠，使人刺之，不死，殊而走，齐王求贼不得，苏秦且死，乃谓齐王曰："臣即死，车裂臣以徇于市，曰：'苏秦作乱于齐。'如此则臣之贼必得矣。"于是如其言，而杀苏秦者果自出，齐王因而诛之。若起与秦，身死而能以术自报其仇，智更足多矣。

【译文】

东汉人苏不韦的父亲苏谦，被司隶校尉李暠挟私报复，死在狱中。那时苏不韦才十八岁，将父亲的遗体运回乡埋葬，却并不举行葬礼，仰天长叹道："伍子胥是什么样的人啊！"于是他就把母亲藏在武都山中，然后隐姓埋名，散尽家财来招募剑客，在诸陵间等候李暠，但没有碰上。过了很久，李暠调任大司农，当时右校营的马草房正在大司农寺的北墙下，苏不韦和他的弟兄们潜入草房，晚上挖地道，白天则躲藏起来，大约经过一个多月，地道挖到了李暠寝室下面，于是苏不韦从李暠床下出来，李暠正好上厕所去了，于是苏不韦杀了他的侍妾和小儿子，留下一封信后离开。李暠回房之后大惊失色，从此在屋里布满荆棘，在地面铺上木板，一夜之间换好几个地方睡觉。苏不韦知道李暠有所防备，就连夜前往魏郡，挖开李暠父亲李阜的坟墓，砍下李阜的头来祭奠自己的父亲，然后把头拿到市场上插了草标出售，上写"李暠父头"四个字。李暠心中痛恨，又不敢声张，最后激愤吐血而死。于是苏不韦为父亲举行葬礼，并另择墓地安葬。

冯评：郭泰（字林宗）议论说："伍子胥还要利用强大的吴国，凭借阖闾的威势，而苏不韦仅凭一人之力，事功却超过了千乘大国的君主，远远胜过伍子胥。"冯梦龙说：李暠挟私报复，过于张扬，致使先人的墓中骨骸受辱，妻子儿女被杀，自己也因此而死，成为天下人的笑柄，可算得上是大愚！然而既能挟私害死父亲，却不能用法律制裁儿子，这是怎么回事？侠士善于隐藏自己，以秦始皇的威势，还在博浪沙受到狙击，何况其他人呢？因为张良刺杀秦始皇事情隐秘，无从调查，而苏不韦留下书信、插标卖头，所有事都是公开做的，谁也没把他怎么样，他不仅胜过伍子胥，而且也还在张良之上。东汉时代特别重节义，或许人们赞赏他的气节而加以庇护也未可知。总之一个大丈夫背负巨大痛苦，不加报复誓不罢休，这时候生死都是小事了。苏不韦真是豪杰之士啊！

楚悼王死后，贵族们作乱，攻打吴起。吴起躲到悼王的遗体上边卧下，追杀吴起的人用箭射吴起，也射中了悼王的遗体。安葬悼王后，肃王即位，命令尹处死所有的叛乱者（因他们射中了悼王的遗体，按律满门抄斩），因为箭射吴起而获罪的就有七十家满门抄斩。齐国大夫与苏秦争宠，派人暗杀苏秦，苏秦带着致命伤逃逸。齐王一直抓不到凶手，苏秦临死时对齐王说："我就要死了，请大王处我车裂重刑，并且在集市上展示，就说'苏秦在齐阴谋叛乱'，如此，杀我的凶手就能抓到。"于是齐王照苏秦的遗言去做，刺杀苏秦的凶手果然自己露面，齐王将其处死了。吴起和苏秦，都是身死而能为自己在死后报仇，这就更有智慧了！

479. 诛恶仆 二条

张咏少学剑，客长安旅次，闻邻家夜哭。叩其故，此人游宦远郡，尝私用官钱，为仆夫所持，强要其长女为妻。咏明日至其门，阳假仆往探一亲。仆迟迟，强之而去。导马出城，至林麓中，即疏其罪。仆仓惶间，咏以袖椎挥之，坠崖而死。归曰："盛仆已不复来矣，速归汝乡，后当谨于事也。"

柳仲途赴举时，宿驿中，夜闻妇人哭声，乃临淮令之女。令在任贪墨，委一仆主献纳，及代还，为仆所持，逼娶其女。柳访知之，明日谒令，假此仆一日。仆至柳室，即令往市酒果。夜阑，呼仆叱问，即奋匕首杀而烹之。翌日，召令及同舍饮，云"共食卫肉"。饮散亟行，令追谢，问仆安在，曰："适共食者是也。"

亦智亦侠，绝似《水浒传》中奇事。张咏未第时，尝游荡阴，县令馈与束帛万钱，咏即负之而归。或谓此去遇夜，坡泽深奥，人烟疏阔，可俟徒伴偕行。咏曰："秋暮矣，亲老未授衣。"但捽一短剑去。行三十余里，止一孤店，唯一翁洎二子，夜始分，其子呼曰："鸡已鸣，秀才可去矣。"咏不答，即推户，咏先以床拒左扉，以手拒右扉，其子既呼不应，即排闼入。咏忽退立，其子闪身入，咏摛其首毙之；少时，次子又至，如前，复杀之。咏持剑视翁，翁方燎火爬痒，复断其首。老幼数人，并命于室，乃纵火，行二十余里，始晓，后来者相告曰：

"前店失火，举家被焚也。"事亦奇，因附之。

【译文】

北宋张咏年轻时曾学习剑术。一次住在长安旅店，夜里听见隔壁有人哭，便去询问原因，那人是在很远的地方做官的，因曾私自挪用公款，被手下仆人知道了，以此相要挟要娶他的大女儿为妻。张咏第二天来到他家拜访，说要借一个仆人去探访亲戚。那个仆人磨磨蹭蹭，张咏硬把他带走，牵马出城，到了山上林子里，张咏一一历数仆人的罪状，仆人正惊慌间，张咏抽出袖中铁锤将仆人从山崖上打落而死。张咏回去对那官员说："你的好仆人不回来了，你赶紧回乡吧，以后做事要小心点。"

柳开（字仲涂）参加举人考试时，夜宿驿站，听见有妇人啼哭，原来啼哭的女子是临淮县令的女儿。县令在任时贪污受贿，进出账目都由一个仆人管理，等他任满之后，仆人要胁他，要强娶他女儿。柳开问明原因后，第二天去见县令，并指明要借这个仆人一天。仆人到了柳家，柳开就命他到市集买来酒菜蔬果，夜深后，叫来那个仆人叱问，随后抽出匕首将他杀死并煮了。第二天，邀请县令和朋友来喝酒，说是"一起吃驴肉"。酒宴散后，县令道谢，并询问仆人的下落，柳开说："我们刚才吃的就是！"

冯评：即有智慧，又有侠气，很像《水浒传》中的故事。张咏没取得功名前，曾游历荡阴，县令送他一束帛和一万钱，张咏背着就要回家。有人劝张咏，天色已晚，路不好走，人烟稀少，等有伴同行再上路吧。张咏说："已是深秋了，还没给父母准备好衣物，得赶紧回去。"于是张咏带着一柄短剑就出发了。走了三十多里路，来到一家孤零零的小店，店里只有一个老头和他两个儿子。半夜，老头的大儿子大叫："鸡叫了，秀才你可以走了。"张咏没有答话，那人就来推门。张咏先用床抵住左边那扇门，再用手撑住右边那扇门。那大儿子见张咏不答话，就用力推门，张咏突然后退一让，大儿子摔进屋里，张咏随即切下他的脑袋。一会儿，老头的小儿子又来了，张咏也如法炮制将他杀了。接着张咏拿着剑找老头，只见老头正在烤着火挠痒痒，于是张咏又把老头的脑袋切下来。一家老小同时毙命之后，张咏放火烧了客店，走出了二十多里路，这时天才亮。后面走来的人告诉张咏说："前面有家客店失火，一家三口全被烧死。"也算是奇事一桩，所以我附记在这里。

480. 窦建德

夏主窦建德微时，有劫盗夜入其家，建德知之，立户下，连杀三盗，余盗不敢入，呼取其尸。建德曰："可投绳下系取去。"盗投绳而下，建德乃自系，使盗曳出，捉刀跃起，复杀数盗。由是益知名。

【译文】

夏主窦建德没成名时，有一天夜里盗贼闯进他家。窦建德发觉了，站在门下，接连杀了三个盗贼。其他盗贼不敢再进来，就在墙头上要求把同伴的尸体取走。窦建德说："你们丢下绳索，我把尸体绑上，你们自己拉上去。"盗贼扔下绳索，窦建德将绳索绑在自己身上，盗贼把他拉上去，窦建德持刀跳起，又杀了好几个盗贼。从此更加出名了。

481. 陈星卿

嘉定、青浦之间有村焉。陈星卿者，年少高才，贫不遇，训蒙村中，人未之奇也。村有寡妇，屋数间，田百余亩，有子方在抱。侄欺之，阴献其产于势家子，得蝇头，遁去。势家子择吉往阅新庄，而先期使干仆持告示往逐寡妇。寡妇不知所从来，抱儿泣于门，乡人俱愤愤，而爱莫能助。星卿适过焉，叩得其故，谓邻人曰："从吾计，保无恙。"邻人许之，令寡妇谨避他处。明日，势家子御游船，门客数辈，箫鼓竞发，从天而下。既登岸，指挥洒扫，悬匾，召谕诸佃，粗毕，往田间布席野饮。星卿率乡之强有力者风雨而至，举枪捅其舟，舟人出不意，奔告主人。主人趋舟，舟既沉矣（边批：快）。遥望新庄，所悬匾已碎于街，众汹汹索斗，乃惧而窜。方召主文谋讼之，而县牒已下（边批：又快）。盖嘉定新令韩公颇以扶抑为己任，星卿率其邻即日往控，呈词既美，情复惨激，使捕衙往视，则匾及舟在焉，势家子使人居间，终不听，竟置诸干仆及寡妇之侄于法。寡妇鬻其产而他适。星卿遂名重郡邑间（张君山谈，是万历年间事）。

郡中得星卿数辈，势家子不复横矣。保小民，亦所以保大家也。虽然，星卿之敢于奋臂者，乘新令扶抑之始，用其旦气耳，星卿亦可谓智矣！

【译文】

嘉定、青浦之间有个村子，村里住着一个叫陈星卿的年轻人，怀才不遇，生活贫困，平日在村中教小孩读书，人们也不觉得他有什么特别之处。村里有个寡妇，有几间房子和一百多亩田，还有一个尚在襁褓的儿子。寡妇有个侄子欺负她，为了贪图蝇头小利，暗中将寡妇家产全部献给一个有权势人家的少爷，得了些好处就逃走了。少爷选了个吉日前往接收新房产，事先命手下一个能干的仆人拿着告示去驱赶寡妇，寡妇不知道怎么回事，只好抱着儿子在门口哭。乡人知道此事后，都为寡妇感到愤愤不平，却又爱莫能助。正巧陈星卿经过，问明原因，对邻人说："只要照我说的做，保证没事。"邻人都点头同意，让寡妇带着孩子先到别处躲避。第二天，少爷坐着游船，带着手下，鼓乐齐鸣，好似仙人从天而降。上岸后，指挥仆人打扫屋舍，并悬挂匾额，又召集佃农训话，这些事办得差不多了，一群人便到乡间空地上饮宴。陈星卿带领乡里一批壮汉如疾风暴雨般赶来，举枪就捅恶霸的船，船夫不知道是怎么回事，飞跑着去报告主人，等主人赶到岸边，船已经沉了。回头看自己的新家，悬挂的匾额已被人当街砸碎，一群人气势汹汹地要打架，于是少爷一伙害怕地逃走了。回去后正想找师爷写状子告状去，县府的公文已经到了。原来嘉定新上任的县令韩公以扶弱抑强为己任，陈星卿带着邻人当天就去起诉，诉状用辞典雅，事情本身也令人气愤，县令命衙役前去查证，匾额及船只等俱在。少爷找人从中调停，韩公不予理会，最后将那能干的仆人、寡妇的侄子绳之以法。后来，寡妇变卖了家产迁到别处。陈星卿从此在当地声名大噪。

冯评：郡中如果多几个像陈星卿这种人，权势之家的少爷们也不敢到处横行了。保护小民就是保护大家。尽管如此，陈星卿敢于出手，还是借了新县令上任的那三把火，利用了他的朝气。陈星卿也是一个智者。

482. 李 福

唐李福尚书镇南梁。境内多朝士庄产，子孙侨寓其间，而不肖者相效为非。前牧弗敢禁止，闾巷苦之。福严明有断，命织篾笼若干，召其尤者，诘其家世谱第、在朝姻亲，乃曰："郎君借如此地望，作如此行止，毋乃辱于存亡乎？今日所惩，贤亲傥闻之必快！"命盛以竹笼，沉于汉江，由是其侪惕息，各务戢敛。

【译文】

唐朝的李福镇守南梁时，境内有许多当朝官员的产业，其子孙搬来居住，有些不成器的便为非作歹。前任地方官不敢禁止，百姓深以为苦。李福做事严明果断，命人编了几个竹笼，召来恶名最大的子弟，盘问他的家世谱系、在朝做官的亲戚族人，接着说："你借着如此高的门第声望，却做出这样的事，不是辱没你家族中在世的、过世的这些名人吗？今天对你的惩罚，你的家人听到后一定会很高兴的。"于是命人将其装入竹笼，沉入汉江。从此这些世家子弟都惊恐小心，纷纷收敛。

483．薛元赏

李相石在中书，京兆尹薛元赏尝谒石于私第。故事，百僚将至相府，前驱不复呵。元赏下马，石未之知，方在厅，若与人诉竞者。元赏问焉，曰："军中军将。"元赏排闼进曰："相公朝廷大臣，天子所委任，安有军中一将而敢无礼如此？夫纲纪凌夷，犹望相公整顿，岂有出自相公者耶？"即疾趋而去，顾左右："可便擒来。"时仇士良用事，其辈已有诉之者，宦官连声传士良命曰："中尉奉屈大尹。"元赏不答，即命杖杀之。士良大怒，元赏乃白衣请见士良，士良出曰："何为擅杀军中大将？"元赏具言无礼状，且曰："宰相，大臣也；中尉，亦大臣也。彼既可无礼于此，此亦可无礼于彼乎？国家之法，中尉宜保守，一旦坏之可惜，某已白衫待罪矣。"士良以其理直，顾左右取酒饮之而罢。

【译文】

唐朝宰相李石任中书侍郎，京兆尹薛元赏去拜访李石的私宅。按照往例，百官将到相府时，前面的仪仗队不可再呼喝开道。薛元赏已经在门口下马，但李石并不知道有客人来，好像正与人在大厅争吵。薛元赏问是什么人在屋里，有人答道："是位军中的将军。"薛元赏推门进去说："相公您身为朝廷大臣，接受天子的任命委托，怎能容许一名军中将军对您如此无礼呢！朝廷纲纪败坏，还希望相公大力整顿，这样的事怎么反在相公家里出现！"说完立即策马离去，并命左右把那位将军拿下。当时仇士良当权，已有人将此事报告他。仇士良命宦官传令："中尉请京兆尹屈驾。"薛元赏不搭理，下令杀了那军官。仇士良大为生气。薛元赏换上平民衣服去见仇士良，仇士良说："为什么随意杀死军中大将？"薛元赏就说了当时那个将军无礼的情形，并且说："宰相是国家大臣，中尉也是朝廷大臣，一件事上已经无礼了，难道还能在另一件事上继续无礼吗？国家礼法，中尉应当谨守维护，毁坏了就很可惜。薛某已经穿上便服等候领罪了。"仇士良听他说得有理，命左右备酒款待，不再追究。

484. 罗 点

罗点（春伯）为浙西仓司，摄平江府。忽有雇主讼其逐仆欠钱者，究问已服，而仆黠狡，反欲污其主，乃自陈尝与主馈之姬通。既而访之，非实，于是令仆自供奸状，因判云："仆既负主钱，又污主婢，事之有无虽不可知，然自供已明，合从奸罪，宜断徒配施行。其婢候主人有词日根究。"闻者莫不快之。

【译文】

南宋罗点，字春伯，任浙西仓司，代理平江府事。有一天，一个雇主状告他的仆人欠钱不还，经查问属实，但仆人狡黠，还想污蔑他的主人，就说自己曾与主人的管家婆私通。罗点调查后，发现并非事实。于是命仆人自己供诉通奸的情状，写下判词："仆人既欠主人钱，又与主人侍婢私通，事情是否属实虽不可知，但仆人自己的供词很明白，所以应根据奸罪量刑，判发配流放。那名侍婢等主人再上告时另案处理。"听说这事的人都觉得很痛快。

卷十二　识断

智生识，识生断。当断不断，反受其乱。集《识断》。

——【解说】——

　　有了智慧才能生出见识，有了见识才能生出决断。当断不断，反受
其乱。这一卷都是关于临事决断的故事，名为《识断》。

485. 齐桓公

　　宁戚，卫人，饭牛车下，扣角而歌。齐桓公异之，将任以政。群臣曰："卫
去齐不远，可使人问之，果贤，用未晚也。"公曰："问之，患其有小过，以小
弃大，此世所以失天下士也。"乃举火而爵之上卿。

　　韩、范已知张、李二生有用之才，其不敢用者，直是无胆耳。孔明深知魏
延之才，而又知其才之必不为人下，故未免虑之太深，防之太过，持之太严，
宁使有余才，而不欲尽其用，其不听子午谷之计者，胆为识掩也。呜呼，胆盖
难言之矣（魏以夏侯楙镇长安。丞相亮伐魏，魏延献策曰："楙怯而无谋，今
假延精兵五千，直从褒中出，循秦岭而东，当子午而北，不过十日，可到长
安，楙闻延奄至，必弃城走，比东方相合，尚二十许日。而公从斜谷来，亦足
以达。如此则一举而咸阳以西可定矣！"亮以为危计，不用）。

任登为中牟令，荐士于襄主曰瞻胥己，襄主以为中大夫。相室谏曰："君其耳而未之目也？为中大夫若此其易也！"襄子曰："我取登，既耳而目之矣，登之所取，又耳而目之，是耳目人终无已也！"此亦齐桓之智也。

【译文】

宁戚是卫国人，在车子下面喂牛，敲打着牛角唱着歌。齐桓公对此觉得很诧异，准备任用他。大臣们说："卫国离齐国并不远，不如先派人打听一下，如果他真是贤人，再任用也不迟。"齐桓公说："去打听的话，就怕他有小毛病，那就因小弃大了，这是失去天下贤士的常见原因。"于是齐桓公连夜拜宁戚为上卿。

冯评：韩、范知道张、李二人是有用的人才，但不敢任用，只是由于没胆识（译者按：事见卷一《假书》）。三国时诸葛亮深知魏延的才能，也知道以魏延之才不肯久居人下，因此不免顾虑太深，防犯太多，戒备太严，宁可让魏延的才能无法完全发挥，诸葛亮不肯采纳魏延所提子午谷的计策，是由于胆气被见识所蒙蔽。唉！看来"胆识"还真不容易说清楚（魏国派夏侯楙镇守长安，蜀相丞相诸葛亮伐魏。魏延献计："夏侯楙胆小无谋，如果丞相能拨给我精兵五千，从褒中出兵，绕秦岭东进，然后再从子午谷北行，不用十天，就可到达长安。夏侯楙见我杀到，必然弃城而逃，等他们东方的部队聚来救援，还要二十来天才能到达。丞相从斜谷出兵，二十来天也足以到达。如此一来，咸阳以西可一举平定。"诸葛亮认为此计过于冒险，没有采纳）。

战国时，任登任中牟令时，他曾向赵襄子推荐一个人，名叫瞻胥己，赵襄子任命这人为中大夫。相国劝阻说："大王只是听别人说这人有才干，自己却没有亲眼看见，怎能轻易就任用为中大夫呢！"赵襄子说："我任用任登既是根据耳闻，也是根据眼见。任登推荐他，也是根据他的耳闻和眼见。过分纠缠于耳闻和眼见那就没完没了了。"这也体现的是齐桓公的智慧。

486. 卫嗣君

卫有胥靡亡之魏，嗣君以五十金买之，不得。乃以左氏（地名）。易之。左右曰："以一都买一胥靡，可乎？"嗣君曰："治无小，乱无大，法不立，诛不必，虽有十左氏无益也。法立诛必，虽失十左氏，无害也。"

【译文】

卫国有一个服劳役的犯人逃亡到魏国，卫嗣君悬赏五十金，魏国不肯交人，卫嗣君就用左氏（地名）换回了这个犯人。手下人对卫嗣君说："用一座城邑交换一个囚犯，合适吗？"卫嗣君说："治乱之事没有大小。如果法令不能树立，诛杀不能执行，有十个左氏也没用；法令能树立，诛杀严格执行，即使失去十个左氏也没关系。"

487. 高　洋

高洋内明而外晦，众莫知也。独欢异之，曰："此儿识虑过吾。"时欢欲观诸子意识，使各治乱丝，洋独持刀斩之，曰："乱者必斩。"

【译文】

高洋的个性，心里明白，外表平庸，只有他父亲高欢特别看重他，说："这孩子的见识谋略超过我。"有一次高欢想试试儿子们的见识，就交给每人一团乱丝，要他们整理，只有高洋一人拿起刀斩断乱丝，说："乱者必斩！"

488. 周瑜等　三条

曹操既得荆州，顺流东下，遗孙权书，言"治水军八十万众，与将军会猎于吴。"张昭等曰："长江之险，已与敌共，且众寡不敌，不如迎之。"鲁肃独不然，劝权召周瑜于鄱阳。瑜至，谓权曰："操托名汉相，实汉贼也。将军割据江东，兵精粮足，当为汉家除残去秽，况操自送死，而可迎之耶？请为将军筹之：今北土未平，马超、韩遂尚在关西，为操后患；而操舍鞍马，仗舟楫，与吴越争衡；又今盛寒，马无藁草；中国士众，远涉江湖之险，不习水土，必生疾病。此数者，用兵之患也。瑜请得精兵五万人，保为将军破之！"权曰："孤与老贼誓不两立！"因拔刀砍案曰："诸将敢复言迎操者，与此案同。"竟败操兵于赤壁。

契丹寇澶州，边书告急，一夕五至，中外震骇。寇准不发，饮笑自如。真宗闻之，召准问计，准曰："陛下欲了此，不过五日。愿驾幸澶州。"帝难之，欲还内，准请毋还而行，乃召群臣议之。王钦若临江人，请幸金陵，陈尧叟阆州人，请幸成都。准曰："陛下神武，将臣协和，若大驾亲征，敌当自遁，奈何弃庙社远幸楚、蜀？所在人心崩溃，敌乘势深入，天下可复保耶？"帝乃决策幸澶州，准曰："陛下若入宫，臣不得到，又不得见，则大事去矣。请毋还内。"驾遂发，六军、有司追而及之。临河未渡，是夕内人相泣。上遣人睍准，方饮酒鼾睡。明日又有言金陵之谋者，上意动。准固请渡河，议数日不决。准出见高烈武王琼，谓之曰："子为上将，视国危不一言耶？"琼谢之，乃复入，请召问从官，至皆嘿然。上欲南下，准曰："是弃中原也！"又欲断桥因河而守，准曰："是弃河北也！"上摇首曰："儒者不知兵。"准因请召诸将，琼至，曰："蜀远，钦若之议是也，上与后宫御楼船，浮汴而下，数日可至。"众皆以为然，准大惊，色脱。琼又徐进曰："臣言亦死，不言亦死，与其事至而死，不若言而死。今陛下去都城一步，则城中别有主矣，吏卒皆北人，家在都下，将归事其主，谁肯送陛下者？金陵亦不可到也！"准又喜过望，曰："琼知此，何不为上驾？"琼乃大呼逍遥子，准掖上以升，遂渡河，幸澶渊之北门。远近望见黄盖，诸军皆踊跃呼万岁，声闻数十里。契丹气夺，来薄城，射杀其帅顺国王挞览。敌惧，遂请和。

　　按是役准先奏请，乘契丹兵未逼镇、定，先起定州军马三万南来镇州，又令河东兵出土门路会合，渐至邢、洺，使大名有恃，然后圣驾顺动。又遣将向东旁城塞牵拽，又募强壮入虏界，扰其乡村，俾虏有内顾之忧。又檄令州县坚壁，乡村入保，金币自随，谷不徙者，随在窖藏。寇至勿战，故虏虽深入而无得。方破德清一城，而得不补失，未战而困。若无许多经略，则渡河真孤注矣。

　　金主亮南侵，王权师溃昭关，帝命杨存中就陈康伯议，欲航海避敌。康伯延之入，解衣置酒。帝闻之，已自宽。明日康伯入奏曰："闻有劝陛下幸海趋闽者，审尔，大事去矣！盍静以待之？"一日，帝忽降手诏曰："如敌未退，散百官。"康伯焚诏而后奏曰："百官散，主势孤矣。"帝意始坚。康伯乃劝帝亲征。

　　迟魏之帝者，一周瑜也；保宋之帝者，一寇准也；延宋之帝者，一陈康伯也。

【译文】

　　曹操取得荆州后，准备顺流而下攻打东吴，给孙权写了一封信，说："训练水军八十万，想和将军在吴地一起打猎"。张昭等人说："现在长江天险已经和敌人共有，而且敌众我寡，不如迎降。"只有鲁肃不同意，劝孙权从鄱阳召回周瑜商议。周瑜赶到后，对孙权说："曹操虽名为汉朝丞相，其实却是汉朝的奸贼。将军割据江东，兵精粮足，应当为汉室除去奸贼，况且曹操自己来送死，我们哪有迎降的道理？请让我为将军分析一下：现在北方并未完全平定，马超、韩遂还在关西，是曹操的后患；曹操的军队放弃骑兵，划船操桨和吴越军队打水战；现在正值隆冬季节，马草不足；中原士兵千里迢迢来到南方，水土不服，定会生病。这些都是曹操用兵的隐患。请给我精兵五万人，我保证为将军去败曹操！"孙权说："我与曹操这老贼势不两立！"说完抽出佩刀，一刀砍掉桌角，说："诸将再有敢说迎降曹操的，就会和这桌子同样下场！"后来果然大败曹操于赤壁。

北宋真宗时，契丹人出兵攻打澶州，边关的告急文书一夜之间来了五道，朝野震惊。宰相寇准也不拆看文书，仿佛平常般谈笑饮酒。真宗听说后，就召来寇准问计。寇准说："陛下要了断此事，只要五天的时间就够了。臣恳请陛下驾临澶州。"真宗听了颇感为难，想回内宫，寇准却坚持不要回内宫直接出发，真宗就召集群臣商议。王钦若临江人，建议真宗去金陵；陈尧叟阆州人，则建议前往成都。寇准奏道："陛下英明神武，手下文武同心协力，如果御驾亲征，敌军必会闻风而逃，为什么要舍弃宗庙，远逃楚、蜀呢？要是那样，人心涣散，敌人乘势深入，那大宋的天下还能保得住吗？"真宗于是下定决心前往澶州。寇准说："陛下要是回到内宫，臣又进不去，见不到陛下，那就误了大事了，所以请不要回宫。"于是真宗下令立即启驾，大军和相关官员随后追上。到了河边还没渡河，这晚，嫔妃个个哭成一团。真宗又派人侦察寇准的状况，寇准喝了酒正在大睡。第二天，又有大臣向真宗建议迁都金陵，真宗有些心动，虽然寇准坚持请求渡河，真宗却商议了几天还做不了决定。寇准去见烈武王高琼，对他说："你身为大将军，见国家的情势危急，就这么一言不发？"高琼谢罪，于是寇准再去见真宗，请他不妨问问其他官员的意思。官员们到后都一言不发。真宗就想南下，寇准说："这是舍弃中原。"真宗又想毁坏桥梁，凭借黄河防守。寇准说："这是舍弃河北。"真宗不由摇头说道："读书人不懂兵法！"于是寇准建议召将军们征求意见。高琼来了，说："四川太远，王钦若的建议好。陛下和后妃乘坐楼船，顺着汴河而下，几天就可抵达金陵。"在场的大臣纷纷表示赞同，寇准大惊失色。高琼不慌不忙地接着说："臣直言也是死，不说也是死，与其到事情发生时死，不如今日直言而死。现在陛下离开京师一步，城中就另有主人。士兵们都是北方人，家小都在京师附近，到时候回去侍奉新主人了，谁肯护送陛下？那样的话，就是金陵陛下也到不了。"寇准听高琼如此说，又大喜过望，说："你高琼明白这道理，为什么还不为皇上备驾出征？"高琼大喊一声："逍遥子！"别名逍遥子的竹轿抬来了，寇准立刻将真宗扶上轿，顺利渡河，抵达澶州北门。远近的士兵们看见皇帝伞盖，不由欢声雷动，高呼万岁，数十里外都听得到。契丹人见宋真宗御驾亲征，气势大减，等攻城时，元帅顺国王挞览被射杀。敌军恐惧，向宋请和。

按：这场战役，寇准事先曾奏请：乘契丹兵马尚未抵达镇州、定州之前，先征调定州三万兵马南下镇守，又命河东兵由土门路前来会合，再控制邢州、洺州，让大名有所倚仗，然后真宗御驾顺势行动。同时寇准派兵力在东部牵制，又招募强壮的兵丁混入契丹境内，骚扰契丹村庄，使契丹有内忧。又发文各州县坚壁清野，各乡村组织自卫，财物随身携带，不方便搬运的粮食就地埋藏。契丹兵至不要交战，即使契丹人深入内地也毫无所获。契丹只攻下德清一城，得不偿失，未与宋兵交战前已经困乏。若事先没有这许多部署，那么渡河之举真的是孤注一掷了。

南宋时金主完颜亮南侵，王权的军队败于昭关，高宗命杨存中找陈康伯商议，想走海路躲避敌军。陈康伯请杨存中进府，脱了外衣摆酒饮宴。高宗听说两人还有心情喝酒，宽心不少。第二天，陈康伯入宫奏道："听说有人劝陛下渡海去福建，真这样做，大势去矣。何不静心等待？"一天，高宗突然颁下手谕："如果无法击退敌兵，文武百官可自动解散。"陈康伯一见，立刻将诏书焚毁，然后启奏说："百官一旦解散，陛下就势单力孤了。"高宗听了才坚定信心，陈康伯趁机力劝高宗亲征。

冯评：延迟曹魏称帝的，是周瑜；保住北宋帝位的，是寇准；延长南宋帝祚的，是陈康伯。

489. 筑大虫巉堡

初，原州蒋偕建议筑大虫巉堡，宣抚使王素听之。役未具，敌伺间要击，不得成。偕惧，来归死。王素曰："若罪偕，乃是堕敌计。"责偕使毕力自效。总管狄青曰："偕往益败，不可遣。"素曰："偕败，则总管行；总管败，素即行矣。"青不敢复言，偕卒城而还。

【译文】

　　北宋原州的蒋偕建议修筑大虫巉堡，宣抚使王素批准执行。城堡尚未筑好，敌兵趁隙来攻，工程就没有完成。蒋偕非常害怕，回来向王素请死。王素说："如果将你治罪，那就正中敌计。"于是，督责蒋偕一定要尽全力将筑堡的工程完成。总管狄青说："蒋偕去只会再失败，不能再派他了。"王素说："蒋偕失败，那就你去；你再失败，那就我去。"狄青听了，不敢再说，蒋偕终于完成任务后返回来了。

490. 清涧城

　　种世衡既城宽州，苦无泉。凿地百五十尺，见石，工徒拱手曰："是不可井矣！"世衡曰："过石而下，将无泉邪？尔其屑而出之，凡一畚，偿尔一金！"复致力，过石数重，泉果沛然。朝廷因署为清涧城。

【译文】

　　北宋种世衡驻守宽州，苦于没有水源。凿地深达一百五十尺，却只见石头，工人们拱手说："这地方没法打井。"种世衡说："越过石头往下挖，还能没水？你们把石头凿碎给我拿上来，一畚箕石渣给你们一两银子！"于是工人们奋力挖掘，凿穿了几层石头，果然泉水源源涌出。朝廷因此将这座城命名为清涧城。

491. 韩 浩

　　夏侯惇守濮阳，吕布遣将伪降，径劫质惇，责取货宝。诸将皆束手，韩浩独勒兵屯营门外，敕诸将案甲毋动。诸营定，遂入诣惇所，叱劫质者曰："若等凶顽，敢劫我大将军，乃复望生耶？吾受命讨贼，宁能以一将军故纵若？"因涕泣谓惇曰："当奈国法何！"促召兵击劫质者，劫质者惶遽，叩头乞资物。浩竟捽出斩之，惇得免。曹公闻而善之，因著令：自今若有劫质者，必并击，勿顾质。由是劫质者遂绝。

【译文】

　　三国时，夏侯惇任濮阳太守，吕布派将诈降，劫持夏侯惇为人质，索要财宝。诸将个个束手无策，只有韩浩率兵驻守营门外，命令诸将按兵不动。各营平静后，韩浩进入夏侯惇营帐，对劫持者怒斥道："你们这些顽劣的凶徒，胆敢劫持大将军，你们还想活命吗？现在我奉命讨贼，岂能为了一个将军而放纵你们！"又哭着对夏侯惇说："国法威严，我也没办法啊！"说完，韩浩下令攻击劫持者，劫持者慌乱中还在索要财物，韩浩下令将他们拖出斩首，夏侯惇也保住了性命。曹操听说后十分赞赏，下令：从今以后若再有绑架人质的事件发生，坚决出击，不要顾虑人质的安危。从此再也没有这样的事件发生。

492. 寇恂

高峻久不下，光武遣寇恂奉玺书往降之。恂至，峻第遣军师皇甫文出谒，辞礼不屈，恂怒，请诛之。诸将皆谏，恂不听，遂斩之。遣其副归，告曰："军师无礼，已戮之矣。欲降即降，不则固守！"峻恐，即日开城门降。诸将皆贺，因曰："敢问杀其使而降其城，何也？"恂曰："皇甫文，峻之腹心，其所取计者也（边批：千金不可购。今自送死，奈何失之）。今来辞意不屈，必无降心。全之则文得其计，杀之则峻亡其胆，是以降耳。"

唐僖宗幸蜀，惧南蛮为梗，许以婚姻。蛮王命宰相赵隆眉、杨奇鲲、段义宗来朝行在，且迎公主。高太尉骈自淮南飞章云："南蛮心膂，唯此数人，请止而鸩之。"迄僖宗还京，南方无虞。此亦寇恂之余智也。

【译文】

东汉时高峻占据高平，汉军久攻不下，光武帝派寇恂前往招降。寇恂到后，高峻只派军师皇甫文出面拜见，言辞礼节都不卑不屈，寇恂大怒，下令将皇甫文斩首，诸将纷纷劝阻，寇恂没有理会，斩了皇甫文。寇恂命皇甫文的副使回去禀告说："由于军师态度无礼，已经被杀，你要投降就投降，否则就好好守城。"高峻非常惊恐，当天就大开城门请降。诸将纷纷向寇恂道贺，并且问道："为什么杀了高峻的使者后，他就献城请降呢？"寇恂说："皇甫文是高峻的心腹大臣，一切行事都出自皇甫文的策划。皇甫文来时言辞礼节不屈服，必定没有归顺之心。不杀皇甫文就正中他的下怀，杀了皇甫文高峻就丧胆了，所以投降了。"

冯评：唐僖宗逃往成都，恐怕蛮人作梗，就答应与之联姻。蛮王命宰相赵隆眉、杨奇鲲、段义宗到行宫拜谒僖宗，并且迎接公主。太尉高骈从淮南紧急传书说："南蛮王的心腹就这几个，请毒死他们。"杀了这三人后，直到僖宗回京，南方一直平安无事。这也是寇恂一类的智慧。

493. 刘玺 唐侃

嘉靖中，戚畹郭勋怙宠，率遣人市南物，逼胁漕统领俵各船，分载入都以牟利。运事困惫，多缘此故。都督刘公玺时为漕总，乃预置一棺于舟中，右手持刀，左手招权奸狠干，言："若能死，犯吾舟。吾杀汝，即自杀卧棺中，以明若辈之害吾军也！吾不能纳若货以困吾军！"诸干惧而退，然终亦不能害公。

权奸营私，漕事坏矣。不如此发恶一番，弊何时已也！从前依阿酿弊者，只是漕总怕众狠干耳。众狠干怎敢与漕总为难、决生死哉！按：刘玺，字国信，居官清苦，号刘穷，又号刘青菜。御史穆相荐刭中曾及此语。及推总漕，上识其名，喜曰："是前穷鬼耶？"亟可其奏。则权奸之终不能害公也，公素有以服之也。公晚年禄入浸厚，自奉稍丰。有觊代其职者，喋言官劾罢之，疏云："昔为青菜刘，今为黄金玺。"人称其冤。因记陈尚书奉初为给谏，直论时政得失，不弹劾人，曰："吾父戒我勿作刑官枉人；若言官，枉人尤甚！吾不敢妄言也！"因于刘国信三叹。

章圣梓宫葬承天，道山东德州。上官裒民间财其巨以给行，犹恐不称。武定知州唐侃丹徒人。奋然曰："以半往足矣！"至则舁一空棺旁舍中，诸内臣牌卒奴叱诸大吏，鞭挞州县官，宣言"供帐不办者死"，欲以恐吓钱。同事者至逃去，侃独留。及事急，乃谓曰："吾与若诣所受钱。"乃引之旁舍中，指棺示之，曰："吾已办死来矣，钱不可得也！"于是群小愕然相视，莫能难。及事办，诸逃者皆被罢，而侃独受旌。

人到是非紧要处，辄依阿徇人，只为恋恋一官故。若刘、唐二公，死且不避，何有一官！毋论所持者正，即其气已吞群小而有余矣。蔺之渑池，樊之鸿门，皆是以气胜之。

【译文】

明朝嘉靖年间，外戚郭勋等人仗恃受宠，都派属下搜购南方特产，然后胁迫漕运官员分配到各船上载运入京，获取暴利。漕运情况不佳，多半都是因为这缘故。都督刘玺时任漕运总督，事先在船中准备一副棺木，然后右手拿刀，左手指着那些权贵家的恶仆说："你们不要命，就上我的船，我杀了你们，然后躺在棺材里自杀，让人明白是你们祸害我军！我不能接收你们的货物而给我军惹麻烦！"恶仆们都害怕退去，最后也无法加害刘玺。

冯评：弄权的奸人谋求私利，漕运败坏，不这样发一通脾气，流弊要到何时才能中止？以前曲意阿附，只是漕运官员惧怕恶仆。但恶仆又怎敢与漕运总督为难甚至一决生死呢！按：刘玺字国信，居官清廉，生活困苦，人称刘穷，又称刘青菜。御史在推荐书中曾经提到这话。后来被推选为漕运总督，皇帝还记得他的名字，高兴地说："就是那个穷鬼吗？"立刻批准对他的任命。奸臣最终不能加害刘公，也是因为他素有威望足以服众。刘公晚年俸禄渐多，生活也宽裕了一些。有人觊觎他的职位，便唆使谏官弹劾他，上疏说："昔日青菜刘，现为黄金玺。"许多人为刘玺抱屈。想起尚书陈奉任谏官时，只议论政务得失，不弹劾官员，他说："我父亲曾告诫我不要做刑官，以免冤枉好人；若是当谏官，那会害人更多，所以我不敢随便弹劾他人。"于是对刘玺的遭遇再三感叹。

明朝章圣太后的灵柩在承天安葬，沿途要经过山东德州。宦官们大肆搜刮民财作为沿途经费，却仍不满足。武定知府唐侃丹徒人，慷慨地说："拿一半去就足够了！"于是抬了一副棺材放在旁屋。宦官差役对官员们如同对待奴仆一样大声叱责，甚至鞭打州府官员，扬言"饮食仪仗置办不周者死"，想借此恐吓州官敛取更多民财。同事们纷纷逃逸，只有唐侃留下。宦官催得急了，唐侃就说："我带你们到地方去拿钱。"于是带宦官来到旁屋，指着棺材说："我是办好了后事来的，钱没有。"宦官们一听，惊讶地面面相觑，也没法再为难他。事后，逃逸的官员都被免职，而唐侃则受到表彰。

冯评：人在大是大非面前还阿谀奉承，往往只是因为贪恋着官职，像刘玺、唐侃二公连死都不怕，又哪会把官职放在心上。不要说二公所持的理由堂堂正正，光是那股气势，就足以震慑那群小人了。渑池会中的蔺相如、鸿门宴中的樊哙，都是以气势取胜。

494. 段秀实　孔镛

段秀实以白孝德荐为泾州刺史。时郭子仪为副元帅，居蒲，子晞以检校尚书领行营节度使，屯邠州。邠之恶少窜名伍中，白昼横行市上，有不嗛，辄击伤人，甚之撞害孕妇，孝德不敢言。秀实自州至府白状，因自请为都虞侯，孝德即檄署府军，俄而晞士十七人入市取酒，刺杀酒翁，坏酿器。秀实列卒取之，断首置槊上，植市门外。一营大噪，尽甲，秀实解去佩刀，选老躄一人，控马，径造晞门。甲者尽出，秀实笑而入，曰："杀一老兵，何甲也？吾戴吾头来矣。"甲者愕眙。俄而晞出，秀实责之曰："副元帅功塞天地，今尚书恣卒为暴，使乱天子边，欲谁归罪乎？罪且及副元帅矣！今邠恶子弟窜名籍中，杀害人藉藉如是，人皆曰'尚书以副元帅故不戢士'，然则郭氏功名，其与存者几何？"晞乃再拜曰："公幸教晞。"即叱左右解甲。秀实曰："吾未晡食，为我设具。"食已，又曰："吾疾作，愿一宿门下。"遂卧军中。晞大骇，戒候卒击柝卫之。明日，晞与俱至孝德所陈谢，邠赖以安。

　　孝宗时，以孔镛为田州知府。莅任才三日，郡兵尽已调发，而峒獠仓卒犯城，众议闭门守，镛曰："孤城空虚，能支几日？只应谕以朝廷恩威，庶自解耳。"众皆难之，谓"孔太守书生迂谈也"。镛曰："然则束手受毙耶？"众曰："即尔，谁当往？"镛曰："此吾城，吾当独行。"众犹谏阻，镛即命骑，令开门去。众请以土兵从，镛却之。贼望见门启，以为出战，视之，一官人乘马出，二夫控络而已。门随闭，贼遮马问故，镛曰："我新太守也，尔导我至寨，有所言。"贼叵测，姑导以行。远入林菁间，顾从夫，已逸其一。既达贼地，一亦逝矣。贼控马入山林，夹路人裸胃于树者累累，呼镛求救。镛问人，乃庠生赴郡，为贼邀去，不从，贼

— 665 —

◎毛泽东评：广西早已种麦。

将杀之。镛不顾，径入洞，贼露刃出迎，镛下马，立其庐中，顾贼曰："我乃尔父母官，可以坐来，尔等来参见。"贼取榻置中，镛坐，呼众前，众不觉相顾而进。渠酋问镛为谁，曰："孔太守也。"贼曰："岂圣人儿孙邪？"镛曰："然。"贼皆罗拜，镛曰："我固知若贼本良民，迫于冻馁，聚此苟图救死，前官不谅，动以兵加，欲剿绝汝。我今奉朝命作汝父母官，视汝犹子孙，何忍杀害？若信能从我，当宥汝罪，可送我还府，我以谷帛赉汝，勿复出掠。若不从，可杀我，后有官军来问罪，汝当之矣。"众错愕曰："诚如公言，公诚能相恤，请终公任，不复扰犯。"镛曰："我一语已定，何必多疑。"众复拜，镛曰："我馁矣，可具食。"众杀牛马，为麦饭以进，镛饱啖之，贼皆惊服。日暮，镛曰："吾不及入城，可即此宿。"贼设床褥，镛徐寝。明日复进食，镛曰："吾今归矣，尔等能从往取粟帛乎？"贼曰："然。"控马送出林间，贼数十骑从。镛顾曰："此秀才好人，汝既效顺，可释之，与我同返。"贼即解缚，还其巾裾，诸生竞奔去。镛薄暮及城，城中吏登城见之，惊曰："必太守畏而从贼，导之陷城耳。"争问故，镛言："第开门，我有处分。"众益疑拒，镛笑语贼："尔且止，吾当自入，出犒汝。"贼少却，镛入，复闭门，镛命取谷帛从城上投与之，贼谢而去，终不复出。

晞奉汾阳家教，到底自惜功名。段公行法时，已料之审矣。孔太守虽借祖荫，然语言步骤，全不犯凶锋。故曰："天下之至柔，驰骋天下之至刚。"

【译文】

唐朝的段秀实因白孝德的推荐当了泾州刺史。当时郭子仪为副元帅，驻扎在蒲，儿子郭晞以检校尚书兼行营节度使屯兵邠州。邠州的恶少有混进郭晞队伍的，白天横行街市，稍不顺心，动辄出手伤人，甚至故意冲撞孕妇。白孝德对此不敢多加干涉。段秀实从泾州到军府汇报，自己请调为都虞侯，白孝德立即发文任命。不久，郭晞手下十七人到街市买酒，刺杀了卖酒的老头，还砸坏店中酿酒的器皿。段秀实得知，带兵捉拿，当场砍下他们的人头挂在长矛上，竖立在集市门外。郭晞的军营群情激动，立即全副武装。段秀实则解下身上佩刀，选一个跛脚老人作为随从骑马来到郭晞的营门。全副武装的士兵们从营中蜂拥而出，段秀实笑着走入营中，说："杀一个老兵，用得着全副武装吗？我带着脑袋来的！"士兵们都目瞪口呆。一会儿，郭晞出来了，段秀实责备他说："副元帅功盖天地，现在尚书纵容士兵横行暴虐，给天子的边境造成骚乱，这罪该由谁为承当呢？这会连累副元帅的！现在邠州的恶少混迹军属中，杀了这么多人，人们都批评说'尚书仗着副元帅的威风才敢放纵手下',那么郭氏一家的功名,还能剩多少?"郭晞拜谢说:"多谢教诲!"说完立即命士兵放下武器。段秀实说:"我还没吃饭呢,给我备饭。"吃完饭后,又说:"我的老毛病发作了,在你这里住一夜吧。"说完,就睡在营中。郭晞大为惊慌,派巡逻兵整夜严加护卫。第二天,郭晞和段秀实一起去见白孝德,向他谢罪,从此邠州得以安宁无事。

明孝宗时,孔镛任田州知府,到任才三天,郡中的士兵都已外调,而这时峒獠忽然来攻城。众人提议闭城固守,孔镛说:"孤零零一座空城,能守几天?只有晓谕贼人朝廷的恩威,才能解除危机。"众人纷纷质疑,说"孔太守真是书生迂腐之谈"。孔镛说:"那我们该束手待毙?"众人说:"就算照你说的做,该派谁去?"孔镛说:"这是我的城,我自己去。"众人还是纷纷劝阻。孔镛却下令准备马匹,打开城门而去。众人要孔镛带些士兵,孔镛也拒绝了。贼人见城门打开,以为城中士兵准备出城迎战,仔细一看,见是一个当官模样的骑马过来,只有两个随从牵着缰绳而已。他们出城后,城门又随即关闭。孔镛说:"我是新上任的太守,你带我去你们寨子,我有话要说。"贼人不知道是怎么回事,只好姑且带着他们走。走到远处一片树林,孔镛的随从已逃了一个。等到达贼营时,另一个也跑了。贼人骑马带孔镛进入山林,见路两旁有不少人光着身子被挂在树上,这些人向孔镛求救。孔镛一打听,原来是要去郡中的秀才,被贼人抓去,他们不肯入伙,贼人准备要杀他们。孔镛放下他们不管,直接到了贼人洞中。贼人亮着兵器出寨迎接,孔镛下马,站在屋内对贼人说:"我是你们的父母官,给我拿个座位来,你们向我参拜。"贼人取来坐榻,放在屋子中间,孔镛坐定后要众贼上前,众贼相互相看了看都不自觉地走上前。贼首问孔镛是谁,孔镛说:"我是孔太守。"贼首问:"你可是孔圣人的子孙?"孔镛说:"正是。"于是群贼行礼叩拜。孔镛说:"我知道你们本来都是良民,只因生活所迫,聚集在这里苟且求活。前任太守不能体谅你们的处境,动辄派兵围剿,想要将你们赶尽杀绝。我现在奉朝廷之命,做你们的父母官,把你们当成我自己的子孙,哪忍心杀害你们?如果你们相信我,我会赦免你们的罪,你们护送我回府,我给你们稻谷布帛,你们日后则不要再抢掠。如果你们不肯这样,也可以杀了我,日后官军前来问罪,你们自己去担当。"众贼十分惊讶地说:"果真如太守所说,您能体恤我等处境,那在您任期内我们不再侵扰抢掠。"孔镛说:"我话说出口就算数,你们何必多疑!"众贼再次拜谢。孔镛说:"我饿了,你们替我准备饭菜吧。"众贼杀了牛马，煮了麦饭奉上。孔镛一顿饱餐，众贼又惊讶又服气。天色已晚，孔镛说："我来不及进城了，就在这里暂住一夜吧。"贼人铺床整褥，孔镛从容入睡。第二天吃过饭后，孔镛说："今天我要回去了，你们能跟随我回府城去拿米和布帛吗？"贼人说："行。"于是骑马护送孔镛出林，后面数十个贼人骑马跟随。孔镛说："这些秀才是好人，你们既然已经归顺，就放了他们跟我一起回城吧。"于是贼人就放了秀才，把衣物也奉还，秀才们却争相逃跑了。快到黄昏时，孔镛到了城下，城中官员登城望见，都大惊说："一定是太守怕死降贼，引导贼人来攻城了。"于是争相询问孔镛，孔镛说："只管开门，我自有道理。"官员一听更加怀疑害怕。孔镛笑着对贼人说："你们先停在这里，我自己先进城，再来犒赏你们。"贼人后退一段距离。孔镛进城后，城门又关上了。孔镛命人取来稻米和布帛，从城上丢给贼人，众贼叩谢离去，从此不再出来骚扰。

冯评：郭晞自幼秉承郭子仪（封汾阳王）的家教，终究珍惜功名，段秀实执法时，早已料定。孔太守虽借重了祖先的声望，但他所说所做完全没有和贼人产生正面冲突。所以说"天下之至柔，驰骋天下之至刚。"

495. 姜 绾

姜绾以御史谪判桂阳州，历转庆远知府。府边夷，前守率以夷治。绾至，一新庶政，民獠改观。时四境之外皆贼窟，绾计先翦其渠魁，乃选健儿教之攻战，无何自成锐兵，贼盗稍息。初，商贩者舟由柳江抵庆远。柳、庆二卫官兵在哨者，阳护之，阴实以为利。绾一日自省溯江归，哨者假以情见迫，遽讙言贼伏隩，诳绾陆行便。绾曰："吾守也，避贼，此江复何时行邪？"麾民兵左右翼，拥盖树帜，联商舟，徜徉进焉。贼竟不敢出。自是舟行者无所用哨。

决意江行，为百姓先驱水道，固是。然亦须平日训练，威名足以詟敌，故安流无梗。不然，尝试必无幸矣。

【译文】

明朝姜绾由御史谪判桂阳州，又转任庆远知府。庆远和夷民地界接壤，前任知府完全以夷人治夷。姜绾到任后，政务气象一新，官民面貌完全改观。当时庆远府外四境都是贼穴，姜绾打算先翦除贼首，于是挑选强健的男子，教导他们攻防的技术，不多久，就成为一支骁勇善战的精锐部队，盗贼也收敛了很多。早先，商贩走水路都是由柳江到庆远，柳、庆两地营卫设有岗哨，哨中官兵表面上是保护商船安全，暗中却勒索谋利。一天姜绾从省城乘船上行回庆远，哨兵谎称情况紧急，纷纷说有贼兵埋伏岸边，劝姜绾走陆路更安全。姜绾说："我是知府，如果我怕贼人，那这条江到什么时候才能通航？"于是指挥民兵在左右护卫，打着伞盖举着旗帜，联合其他商船慢慢前行。贼人最终也没敢现身。从此江上行船再也用不到岗哨。

冯评：决心在江上走一回，为百姓做开路先锋，这没什么错。但这也必须平日训练到位，而且威名足以震慑贼人，所以平安无事。要不，贸然去尝试一定无法幸免于难。

496. 文彦博

潞公为御史时，边将刘平战死。监军黄德和拥兵观望，欲脱己罪，诬平降虏，而以金带赂平奴，使附己（边批：监军之为害如此）。平家二百口皆冤系，诏彦博置狱河中。彦博鞫治得实。德和党援谋翻狱，已遣他御史来代之矣。彦博拒之，曰："朝廷虑狱不就，故遣君。今狱具矣。事或弗成，彦博执其咎，与君无与也。"德和并奴卒就诛。

【译文】

北宋文彦博（封潞国公）当御史时，边将刘平阵亡。监军黄德和拥兵观望，事后为了替自己脱罪，诬陷刘平降敌，并且用金带贿赂刘平的家奴，让他附和自己。刘平一家二百多口都蒙冤入狱，文彦博奉诏在河中审案。文彦博审问之后，查明了真相。黄德和等人又准备翻案，上面已经派下其他御史来代替文彦博，文彦博拒不交接，对接任者说："朝廷是担心案子审不下来，才派你来代替。现在案子审好了，如果有任何差错，我承担一切责任，和你没有任何关系。"结果，文彦博把黄德和及被收买的家奴全部处死。

497. 陆庄简公

平湖陆太宰光祖，初为浚令。浚有富民，枉坐重辟，数十年相沿，以其富，不敢为之白。陆至访实，即日破械出之，然后闻于台使者（边批：先闻则多掣肘矣）。使者曰："此人富有声。"陆曰："但当问其枉不枉，不当问其富不富。

果不枉，夷、齐无生理；果枉，陶朱无死法。"台使者甚器之。后行取为吏部，黜陟自由，绝不关白台省。时孙太宰丕扬在省中，以专权劾之。即落职，辞朝遇孙公，因揖谓曰："承老科长见教，甚荷相成。但今日吏部之门，嘱托者众，不专何以申公道？老科长此疏实误也！"孙沉思良久，曰："诚哉，吾过矣。"即日草奏，自劾失言，而力荐陆。陆由是复起。时两贤之。

为陆公难，为孙公更难。

葛端肃以秦左伯入觐，有小吏注考"老疾"，当罢，公复为请留，太宰曰："计簿出自藩伯，何自忘也？"公曰："边吏去省远甚，注考徒据文书，今亲见其人甚壮，正堪驱策，方知误注。过在布政，何可使小吏受枉？"太宰惊服，曰："谁能于吏部堂上自实过误？即此是贤能第一矣！"此宰与孙公相类。葛公固高，此吏部亦高。因记万历己未，闻左伯黄琮，马平人，为一主簿力争其枉，当轴者甚不喜，曰："以二品大吏为九品官苦口，其伎俩可知。"为之注调。人之识见不侔如此！

【译文】

明朝吏部尚书陆光祖，平湖人，起先任浚县令。当地一个富人受冤枉吃了重罪，几十年来历任县令都因为他有钱，不敢为他洗刷罪名。陆光祖到任后访得实情，当日就放他出狱，然后再呈报御史。御史说："这人是出名的有钱。"陆光祖答道："只问这人是不是冤枉，不该问他是不是有钱。如果不冤枉，就是伯夷、叔齐也活不成；如果确实冤枉，就是陶朱公这样的大财主也没有去死的道理。"御史听了非常器重他。后来，陆光祖经保荐去了吏部，对官员的升降调动全按照自己的主张办，然后向上级申报。当时老尚书孙丕扬在中书省，以独断专权的罪名弹劾他。陆光祖被免官后，一天退朝遇到孙丕扬，对他施礼后说："承蒙老领导教诲，扶持我这个晚辈。只是现今吏部门前托关系的人不断，如果不独断专权，何以主持公道？老领导的奏疏实在是有些失误的。"孙丕扬沉思许久，说："的确如此，我错了！"当即起草上奏，自承失言的过失，极力保荐陆光祖。于是陆光祖又得以官复原职。时人称二者都是大贤。

冯评：做陆光祖难，做孙丕扬更难。

葛守礼（谥端肃）为陕西布政使，晋见吏部尚书，有一名小吏的考核资料注上"年老多病"，要免职了，葛公为他来请求留任，尚书说："这些资料都出自布政司自己之手，你自己糊涂了？"葛公说："驻边小吏离府太远，全凭文字资料判断，现在我亲眼见他身体强壮，正堪大用，才知道记录有错，过失是布政使的，怎可让小吏受冤枉？"尚书很佩服，说："有谁能在吏部堂上自承过失？这就是天下第一贤人！"这事和孙公的事相似。葛公固然高，这位吏部尚书也高。我想起万历己未年福建布政使马平人黄琮为一个主簿洗脱冤枉，当权者很不高兴，说："二品大员为一个小小的九品官费尽唇舌，看来也就这么点本事了。"竟将他调离本职。人的见识就是这样无法相提并论！

498. 陆文裕

陆文裕（树声）为山西提学。时晋王有一乐工，甚爱幸之，其子学读书，前任副使考送入学。公到任，即行文黜之。晋王再四与言，公曰："宁可学宫少一人，不可以一人污学宫。"坚意不从。

自学宫多假借，而贱妨贵、仆抗主者纷纷矣！得陆公一扩清，大是快事。

【译文】

明朝陆树声（谥文裕）任山西提学，当时晋王府中有一名乐工，很得晋王的宠爱。乐工的儿子读书，前任的副使就将他保送入学。陆公到任后，立即发文免他学籍。晋王一再地求情，陆公说："宁可让学宫少一个学生，不能让一个学生而玷污学宫。"执意不答应晋王的请托。

冯评：自从学宫多收冒牌货，贱妨贵、仆抗主的事件屡有发生。陆公这么一整顿，真是大快人心！

499. 韩魏公 二条

英宗初晏驾，急召太子。未至，英宗复手动。曾公亮愕然，亟告韩琦，欲止勿召。琦拒之，曰："先帝复生，乃一太上皇。"愈促召之。

内都知任守忠奸邪反覆，间谍两宫。韩琦一日出空头敕一道，参政欧阳修已佥书矣，赵概难之，修曰："第书之，韩公必自有说。"琦坐政事堂，以头子勾任守忠立庭下，数之曰："汝罪当死，谪蕲州团练副使，蕲州安置。"取空头敕填之，差使臣即日押行。

韩魏公生平从未曾以胆字许人，此等神通，的是无两。

【译文】

北宋英宗刚死，内臣急召太子入宫，太子还没到，英宗的手动了一下。曾公亮呆住了，急忙告诉韩琦（封魏国公），想要阻止太子入宫。韩琦不同意，说："先帝就是死而复活，也只是一个太上皇了。"说完再次派人催太子入宫。

内都知任守忠为人奸邪，反复无常，常在两宫之间传递消息。一天，韩琦请了一道空白诏书，参政欧阳修签了字，赵概却有些为难。欧阳修说："你只管签字，韩公一定自有他的理由。"韩琦坐在政事堂上，下牒传唤任守忠站立庭下，列举他的罪状，说："你依罪该死，现贬为蕲州团练副使，蕲州安置。"接着取出空白诏书填上，派差役立即押送上路。

冯评：韩魏公一生从未以"胆"字赞许别人，他的本事，的确无人能比。

500. 吕 端

太宗大渐，内侍王继恩忌太子英明，阴与参知政事李昌龄等谋立楚王元佐。端问疾禁中，见太子不在旁，疑有变，乃以笏书"大渐"二字，令亲密吏趣太子入侍。太宗崩，李皇后命继恩召端，端知有变，即绐继恩，使入书阁检太宗先赐墨诏，遂锁之而入，皇后曰："宫车已晏驾，立子以长，顺也。"端曰："先帝立太子，正为今日。今始弃天下，岂可遽违命有异议耶。"乃奉太子。真宗既立，垂帘引见群臣。端平立殿下，不拜，请卷帘升殿审视，然后降阶，率群臣拜呼"万岁"。

不糊涂，是识；必不肯糊涂过去，是断。

【译文】

宋太宗病势沉重，内侍王继恩（由后周入宋，受宠于太宗，真宗时更加骄横，因泄机密贬为右监门卫将军）忌怕太子英明，暗中勾结参知政事李昌龄（字天赐）等人，想扶立楚王元佐为太子。吕端（太宗时为户部侍郎平章事，欲拜为相，人谓吕端糊涂，帝曰："端小事糊涂，大事不糊涂。"于是拜吕端为相，卒谥正惠）进宫探望太宗，见太子不在皇上寝宫，怕有人借机生变，就在手板上写上"病危"二字，命亲信交给太子，召太子进宫服侍太宗。太宗驾崩后，李皇后命王继恩召吕端入宫，吕端知道一定有变故发生，就骗王继恩进御书房，说要检视先皇遗墨诏命等物件，随即将王继恩反锁在御书房，这才入内宫。李皇后见到吕端，便对他说："先皇已驾崩，立长子为帝才合于礼制。"吕端答："先帝曾预立太子，为的就是在先皇百年后，太子能顺利继承帝位。今天先皇才崩逝，就遽然违抗先皇遗命，我怕会引起其他大臣的非议。"于是奉太子为帝，即宋真宗。真宗即位后，垂帘接见群臣。吕端直身站立不叩拜，请真宗卷起帘幕，然后登上殿阶仔细端详，看清楚的确是真宗本人，才走下殿阶，率百官高呼万岁。

冯评：不糊涂，是识；一定不肯糊涂过去，是断。

501. 辛企季

辛参政企季守福州。有主管应天启运宫内臣武师说，平日群中待之与监司等。企季初视事，谒入，谓客将曰："此特监珰耳，待以通判，已为过礼。"乃令与通判同见。明日，郡官朝拜神御，企季病足，必扶掖乃能拜。既入，至庭下，师说忽叱候卒退，曰："此神御殿也。"企季不为动，顾卒曰："但扶，自当具奏。"（边批：有主意）雍容终礼。既退，遂自劾待罪。朝廷为降师说为泉州兵官云（边批：处分是）。

【译文】

参政辛次膺（字企季）镇守福州时，有个主管应天启运宫的宦官名叫武师说，平日属僚把他当监司对待。辛次膺刚上任，武师说来拜见，辛对僚属说："这只是个宦官，以对通判的礼节对他已经很过分了。"就让他和通判一起来参见。第二天，百官朝拜先帝的肖像，辛次膺腿脚不便，一定要人扶着他才能参拜。来到殿下后，武师说突然叱令伺候的士兵退下，说："这是供奉先帝肖像的殿堂。"辛次膺不为所动，回头对士兵说："你们只管扶我，我自会把这事上奏。"说完神情从容地完成了仪式。回去后，立即上奏请罪，等候处分。结果朝廷把武师说降为泉州兵官。

502. 王安石

荆公裁损宗室恩数，宗子相率马首陈状，云："均是宗庙子孙，那得不看祖宗面？"荆公厉声曰："祖宗亲亦变祧，何况贤辈！"（边批：没得说）

【译文】

北宋王安石（封荆国公）裁减皇室子孙的特殊待遇和爵位。皇室子孙们纷纷拦道陈情，说："我们都是皇室亲族，哪能不看祖宗的情面？"王安石厉声说道："即便直系祖先，隔了几代之后也要迁到远祖庙另祭，何况是你们呢！"

503. 毛 澄

太仓毛文简公，嘉靖初，上议选婚，锦衣卫千户女与焉。内侍并皇亲邵蕙俱得重赂，咸属意。公在左顺门厉声曰："卫千户是卫太监家人，不知自姓，何以登玉牒？此事礼部不敢担当，汝曹自为之！"众议遂息。

【译文】

明朝太仓人毛澄任礼部尚书，嘉靖初年，皇帝下令择婚，锦衣千户卫某的女儿也参与了。内侍和皇亲邵蕙都接受贿赂替卫千户的女儿说话。毛澄在左顺门当众厉声说道："卫千户是卫太监家人，自己姓什么都不知道，如何名列帝王谱系？这事礼部不敢承办，你们自己看着办吧！"这事就此作罢。

504. 祝知府

南昌祝知府以廉能名。宁府有鹤，为民犬咋死，府卒讼之云："鹤有金牌，乃出御赐。"祝公判云："鹤带金牌，犬不识字；禽兽相伤，岂干人事？"竟纵其人。又两家牛斗，一牛死，判云："两牛相争，一死一生；死者同享，生者同耕。"

【译文】

南昌的知府祝守以廉洁能干出名。宁王府有一只鹤，被百姓家的狗咬死。府吏到官府告状，说："鹤的脖子上挂有金牌，是皇帝御赐。"祝公判道："鹤带金牌，犬不识字；禽兽相伤，岂干人事？"于是放了狗主人。又有一次，两家人所养的牛相斗，其中一头牛斗死了。祝知府判道："两牛相争，一死一生。死者同享，生者同耕。"

智囊全集

（下）

冯梦龙◎编著　穆公◎译

华东师范大学出版社

目 录

术智部

卷十三　委蛇

卷十四　谬数

卷十五　权奇

捷智部

卷十六　灵变

语智部

卷十九 辩才

卷二十 善言

兵智部

卷二十一　不战

卷二十二　制胜

卷二十三　诡道

卷二十四　武案

闺智部

卷二十五　贤哲

杂智部

卷二十七　狡黠

卷二十八　小慧

术智部

冯子曰：智者，术所以生也；术者，智所以转也。不智而言术，如傀儡百变，徒资嘻笑而无益于事。无术而言智，如御人舟子，自炫执辔如组，运楫如风，原隰关津，若在其掌，一遇羊肠太行、危滩骇浪，辄束手而呼天，其不至颠且覆者几希矣。蠖之缩也，蛰之伏也，麝之决脐也，蚌之示创也，术也。物智其然，而况人乎？李耳化胡，禹入裸国而解衣，孔尼较猎，散宜生行贿，仲雍断发文身，裸以为饰，不知者曰：贤之智，有时而殚；知者曰：贤之术，无时而窘。婉而不遂，谓之委蛇；匿而不章，谓之谬数；诡而不失，谓之权奇。不婉者，物将格之；不匿者，物将倾之；不诡者，物将厄之。呜呼！术神矣，智止矣！

【解说】

　　冯梦龙说：智是术产生的基础，术是智运作的前提。没有智而谈术，就像木偶变化演绎，只能给人提供娱乐，遇到正事实在没什么用处。没有术而只说智，就像驾车行船的人，自诩能完美地协调拉车的马，能飞快地挥动划船的桨，水陆之间的平夷险要，一切尽在掌握——一旦真的遇到崎岖难走的山路或惊险澎湃的风浪，便束手无策，呼天抢地，不沦入颠覆灭亡的少之又少。尺蠖的收缩，蛰虫的潜伏，麝咬掉自己的脐，蚺蛇展示自己的伤口，这都是术。动物都有这样的聪明，况且身为万物之灵的人呢？老子西去而教化胡人，大禹到了裸国也脱去衣衫，孔子依从鲁国的风俗争夺猎物，散宜生为了救周文王而向纣王行贿，王子仲雍在蛮夷之地断发纹身作为装饰，对这些众所周知的掌故，不明白的人会说：圣贤的智，免不了山穷水尽；明白的人却说：圣贤的术，从来不会走投无路。委婉而不直截，那叫委蛇；隐匿而不彰显，那叫谬数；诡谲而不失败，那叫权奇。不懂得委婉，必将受到外物的抗拒；不懂得隐匿，必将受到外力的倾覆；不懂得诡谲，必将受到外来的阻挠。啊！术是神奇的，智是无限的！

卷十三　委蛇

道固委蛇，大成若缺。如莲在泥，入垢出洁。先号后笑，吉生凶灭。集《委蛇》。

—— 【解说】 ——

大道就像那蜿蜒屈曲的蛇，真正的圆满总会看似有所缺憾。仿佛那洁净的莲花，出淤泥而不染。智慧的光芒可以使你先哭后笑，逢凶化吉。

这一卷都是屈伸有致的故事，名为《委蛇》。

505. 箕　子

纣为长夜之饮而失日，问其左右，尽不知也。使问箕子，箕子谓其徒曰："为天下主，而一国皆失日，天下其危矣；一国皆不知，而我独知之，吾其危矣！"辞以醉而不知。

凡无道之世，名为天醉。夫天且醉矣，箕子何必独醒？观箕子之智，便觉屈原之愚。

【译文】

殷商的末代帝王纣王，夜夜痛饮狂欢，连日子都记不清了，问手下左右，都说不知道。于是派人去问他的叔叔箕子，箕子对他的徒众说："身为天下之主都搞不清日子，那就意味着全国人民都迷失了日子，这可是全天下的危机。全国人民都不知道日子，要是就我一个知道，那我可危险大了！"于是箕子就对使者说自己喝多了，也搞不清日子。

冯评：昏庸无道的时代，那可以称为天醉。天都喝醉了，那箕子又何必独自清醒呢？看箕子的智，就觉得屈原够傻——他非要来个"举世皆醉我独醒"。

506. 孔 融

荆州牧刘表不供职贡，多行僭伪，遂乃郊祀天地，拟斥乘舆。诏书班下其事，孔融上疏，以为"齐兵次楚，唯责包茅，今王师未即行诛，且隐郊祀之事，以崇国体。若形之四方，非所以塞邪萌"。

凡僭叛不道之事，骤见则骇，习闻则安。力未及剪除而章其恶，以习民之耳目，且使民知大逆之逋诛，朝廷何震之有？召陵之役，管夷吾不声楚僭，而仅责楚贡，取其易于结局，度势不得不尔。孔明使人贺吴称帝，非其欲也，势也。儒家"虽败犹荣"之说，误人不浅。

【译文】

后汉末年的荆州牧刘表不向朝廷进贡，还冒用天子的排场，甚至像皇帝一样祭祀天地，简直有自己称帝的企图。献帝下诏议论这件事，孔融上书，认为："当年齐桓公兴兵讨伐楚国，也只是责备楚国进贡的礼节不到位。现在我们还没有讨伐刘表，那就先别提什么祭祀天地了，这样也给国家留个体面。如果把这事四处张扬，恐怕不是阻止不良念头的好办法。"

冯评：举凡叛逆的事，一下子遇到总是骇人听闻，慢慢地听说也就习以为常了。官方的力量不足以把叛逆扼杀在摇篮里的时候，就让人们渐渐熟知这样的事，并且使人们都知道这样的大逆可以逃避惩罚，那朝廷还有什么威望可言？就说那召陵一战，实际上是管仲给齐桓公出的主意，故意不说楚国叛逆，只说他进贡的礼节不到位，就是为了容易收场，因为楚国也不是软柿子，根据当时的情形，齐国也不得不如此。三国时候诸葛亮派使臣向孙权道贺称帝，也不是出于真心，不过是形势所迫。儒家常说"虽败犹荣"，怂恿了多少人冒冒失失不计实力对比，去强做一些不合时宜的事，真是害人不浅！

507. 翟子威

清河胡常，与汝南翟方进同经。常为先进，名誉出方进下，而心害其能，议论不右方进。方进知之，伺常大都授时（谓总集诸生大讲）遣门下诸生至常所问大义疑难，因记其说。如此者久之，常知方进推己，意不自得，其后居士大夫间，未尝不称方进。

尊人以自尊，腐儒为所用而不知。

【译文】

西汉时，清河人胡常与汝南人翟方进都是研习《春秋》的经学博士。胡常是前辈，但名声却不及翟方进，因此对翟方进心存嫉妒，发表议论的时候常常贬抑翟方进。翟方进知道后，每逢胡常公开讲学的时候，就派自己的学生去请教经学中的疑难，并且详细记录。这样做的时间久了，胡常终于认定翟方进是很推许自己的，心里也觉得有些过意不去，后来，胡常与士大夫交游，总不忘称赞翟方进。

冯评：给别人尊重，其实就是自尊。世间腐儒常常被这样的法则利用了，还不明白。

508. 魏 勃

勃少时，尝欲见齐相曹参，家贫无以自通，乃常独早扫齐相舍人门，相舍怪，以为物而伺之，得勃。曰："愿见相君无因，故为子扫，欲以求见耳。"于是舍人见勃于参。

曹相国最坦易不为崖岸者，魏勃犹难于一见如此，况其他乎！

【译文】

西汉的魏勃年轻时曾想求见齐相曹参，但家境贫困，无法得到机会。于是他每天早上都到曹参的属官家门前洒扫。一来二去，曹参的属官发现家门前总是被清扫过，觉得很奇怪，以为是有什么精灵作怪，就守候伏击，结果抓住了魏勃。魏勃说："我只是想见曹参大人，却没有机会，所以到您门前打扫，就是为了得到这样一个机会。"于是，属官就带魏勃去见了曹参。

冯评：曹参是最平易近人，不搭架子的，魏勃要见他都如此困难，其他的人，那就更不用说了。

509. 叔孙通

叔孙通初以儒服见汉王，憎之。通即变服，服短衣楚制，王喜。时从弟子百许，通无所言，独言诸故群盗壮士进。诸儒皆怨。通闻之曰："诸生宁能斗乎？且待我，毋遽。"

【译文】

叔孙通是秦末汉初的儒生，他初次拜见刘邦的时候穿着儒服，刘邦露出讨厌的神情。于是，叔孙通就换了装扮，改作刘邦喜欢的楚人服饰，这样一来，刘邦就高兴了。当时，叔孙通也算个教授，跟着他的弟子大概有一百来号，叔孙通进言从来不推荐自己的弟子，光举荐那些没文化的江洋大盗、亡命之徒。他的弟子们当然对此颇有怨言。叔孙通听说后，便对他们说："你们都是书生，叫你们去作战，行吗？现在时机不到，文人书生的时代还没有来，先等等，不要急！"

510. 王守仁

王龙溪妙年任侠，日日在酒肆博场中，阳明亟欲一会不能也。阳明却，日令门弟子六博投壶，歌呼饮酒。久之，密遣一弟子眴龙溪，随至酒肆家，索与共赌。龙溪笑曰："腐儒亦能博乎？"曰："吾师门下，日日如此。"龙溪乃大惊，求见阳明，一睹眉宇，便称弟子。

才如龙溪，阳明所必欲收也；然非阳明，亦何能得龙溪乎？使遇今之讲学者，且以酒肆博场获罪矣。耿楚侗欲收李卓吾而不能，遂为劲敌，方知阳明之妙用。

【译文】

王守仁是明朝的大思想家，后来号称龙溪先生的王畿是他主要的传人之一。不过，这个王龙溪年轻的时候却不是个安份人，豪侠使气，每天都混迹在酒楼赌场。王守仁知道他是个好苗子，想结识他，却始终没法找到机会。于是，王守仁回去让弟子们去学习赌博、游戏、喝酒，把那些娱乐圈里时髦的东西都学会了。然后，暗派一名弟子尾随王畿到酒楼，邀请他一起赌钱。王畿笑着说：

"你们这些书呆子也会赌博啊？"

"我们在老师门下，天天都赌！"

王畿惊奇不已，就要这个弟子带他去见老师王守仁。见到王守仁的威仪气度，王畿立刻折服了，从此成了王守仁的弟子。

冯评：王畿这样的人才，是王守仁一定要收罗的。然而不是王守仁这样的智术，又哪能笼络到王畿呢？要是碰到现在的讲学先生，王畿甚至难免因为混迹酒肆赌场而获罪呢！当年的耿定向（楚侗）也想网罗叛逆型的人才李贽（卓吾），不过他只知道正面说服，随后双方成了辩论的对手而已。由此看来，王守仁的智术真有不可说的妙用。

511. 王 曾

丁晋公执政，不许同列留身奏事，唯王文正一切委顺，未尝忤其意。一日，文正谓丁曰："曾无子，欲以弟之子为后，欲面求恩泽，又不敢留身。"丁曰："如公不妨。"文正因独对，进文字一卷，具道丁事，丁去数步，大悔之。不数日，丁遂有珠崖之行。

王曾独委顺丁谓，而卒以出谓，蔡京首奉行司马光，而竟以叛光，一则君子之苦心，一则小人之狡态。

【译文】

北宋的丁谓（封晋国公）是仁宗时候的一个权臣，为了维持自己的权力，他从不允许同僚在退朝后单独向皇帝奏事。朝中重臣只有王曾（谥文正）对他百依百顺，凡事从来不跟他对着干。有一天，王曾突然对丁谓说："我没有儿子，想把弟弟的孩子过继过来为后，我们做大臣的，这样的事情最好向皇帝报告，请求批准，但是，我又不敢单独留下向皇帝奏事……"丁谓说："像你这样的人，没关系。"于是，王曾就破例留下单独向皇帝禀奏，进呈了一卷文字，上面详细罗列了丁谓的种种恶行。丁谓随口答应了王曾和皇帝独处，但是没多久就觉得不妥，但后悔也来不及了，总不能再闯进去掺和。没过几天，丁谓被贬崖州。

冯评：只有王曾对丁谓顺从有加，最后却是他将丁谓贬至崖州。蔡京率先奉行司马光的政策，最后背叛司马光的也是他。一个是君子的苦心，一个是小人的狡诈。道德评判不同，手法却没什么区别。

512. 周忱 唐顺之

周文襄巡抚江南日，巨珰王振当权，虑其挠己也。时振初作居第，公预令人度其斋阁，使松江作剪绒毯遗之，不失尺寸。振益喜，凡公上利便事，振悉从中赞之，江南至今赖焉。

秦桧构格天阁。有某官任江南，思出奇媚之，乃重赂工人，得其尺寸，作绒毯以进，铺之恰合。桧谓其伺己内事，大怒，因寻事斥之。所献同而喜怒相反，何也？谓忠佞意殊，彼苍者阴使各食其极，此恐未然。大抵振暴而骄，其机浅，桧险而狡，其机深。振乐于招君子以沽名，桧严于防小人以虑祸。此所以异与？

世之訾文襄者，不过以媚王振，及出粟千石旌其门，又为子纳马得官二事，皆非高明之举，愚谓此二事亦有深意。时四方灾伤洊告，司农患贫，而公复奏免江南苛税若千万，唯是劝输援纳为便宜之二策，公故以身先之。明示旌门之为荣，而纳官之不为辱，欲以风励百姓。此亦卜式助边之遗意，未可轻议也。

倭蹒姑苏，戴婴儿为戏。唐公顺之时家居，一见痛心，愤不俱生。时督师海上者赵文华，严分宜幸客也。公挺身往谒，与陈机略，且言非专任胡梅林不可。赵乃首荐起职方郎中，视师浙直，因任胡宗宪。宗宪亦厚馈严相以结其欢，故无掣肘之虞，始得展布，以除倭患。

焦弱侯曰：应德（顺之字）晚年为分宜所荐，至今以为诟病。尝观《易》之否，以"包承小人"为大人吉，甚且包畜不辞。洁一身而委大计于沟渎，固志天下者所不忍也。汉人有言，中世选士，务于清悫谨慎，此妇女之检柙，乡曲之常人耳。呜呼！世多隐情，惜己之人，殆难与道此也。正德时逆瑾鸱张，刘健、谢迁皆逐去，而李东阳独留，益务沉逊，时时调剂其间，缙绅之祸，往往恃以获免。人皆责东阳不去为非，不思孝宗大渐时，刘、谢、李同在榻前，承受顾命，亲以少主付之，使李公又随二人而去，则国事将至于不可言，宁不负先帝之托耶？则李义不可去，有万万不得已者。李晚年，有人谈及此，辄痛哭不能已。呜呼！大臣心事，不见谅于拘儒者多矣，岂独应德哉！

【译文】

明朝的周忱（谥文襄）任江南巡抚的时候，大宦官王振当权，周忱担心王振跟自己过不去。正好当时王振家里盖房子，周忱派人预先量好了他各间房屋的尺寸，然后到松江定做剪绒地毯送过去，尺寸大小丝毫不差。王振非常高兴，此后凡是周忱上书对江南事宜提出动议的，王振都从中附和支持，至今还因为许多合理的改革得以实施而使江南百姓受益。

冯评：秦桧曾经修建格天阁。当时也有个任职江南的官员，想出新奇的办法巴结秦桧，于是花重金贿赂工人，得到建筑物的详细尺寸，定做了绒毯献给秦桧，铺上去也是严丝合缝。但秦桧认为这官员打探他的隐私，非常生气，找机会贬斥了他。呈现绒毯的事情乃至经过都如出一辙，结果喜怒相反，为什么呢？有人说忠臣奸臣用心不同，老天爷暗中给他们相应的报应，这种说法恐怕不够准确。简单地说，王振是个暴戾骄横的没文化的宦官，心机比较浅；秦桧读书多，阴险狡诈，城府很深。王振喜欢通过结交君子来获取声誉，秦桧却总是在提防小人的暗算。这才是两件事结果不同的原因吧。

世间对周忱的批评，不过是说他巴结王振，用粟米千石在家乡给自己立牌坊，又捐了马匹给自己的儿子求官，这都不是高明的举动。我认为这两件事都有深意。当时天下灾祸不断，国库空虚，让户部十分头疼，而周忱又上奏朝廷免除江南大量的苛捐杂税，因此，鼓励百姓积极纳税，同时由朝廷提拔录用其子弟为具体手段，可以说是因时制宜的经济策略。所以周忱率先垂范，告诉百姓立牌坊旌表门楣是光荣的，而花钱买官也不是可耻的，想借此给百姓树立一个导向。这也和西汉时候卜式捐出家财，支持国家开疆拓土的用意相近，不宜随便评论。

倭寇蹂躏姑苏城的时候，凶残暴虐，以杀戮婴儿为乐。唐顺之当时在家闲居，见状十分痛心，悲愤欲绝。当时海上的军事首领赵文华是丞相严嵩（江西分宜人）的宠客，唐顺之出面求见，向他陈述对敌策略，并说一定要一心任用胡宗宪（号梅林）。于是赵文华出面举荐唐顺之为职方郎中，统领浙江、南直隶军队，接着启用胡宗宪。胡宗宪也以厚礼馈赠严嵩以讨欢心，所以做事没有什么掣肘，可以放手安排，剿除倭患。

焦弱侯（竑）评：唐顺之（字应德）晚年接受严嵩举荐，至今仍遭人讥评。曾读《周易》的否卦，说"包承小人"是大人的吉兆，甚至可以不惜做到忍耻包羞的容忍。为了一己的高洁清誉，把国家大计都丢弃不顾，那是有志于天下的人所不忍心做的。汉朝有人说：将衰之世选拔人才，一定要求清白谨慎，这是妇人的规矩，只能招来乡里的凡俗常人。唉，世事复杂，多有隐情，那些爱惜自己的人，很难跟他们谈论其中的道理。正德年间，太监刘瑾权势熏天，刘健、谢迁都被逐出朝廷，只有李东阳留了下来，他越发谨慎低调，常常在刘瑾和众大臣之间进行协调，很多人因此免祸。然而人们都责备李东阳不辞官是错误的，却不想想当年孝宗驾崩前，刘健、谢迁、李东阳三人就在床前，是接受先皇亲托孤之命的三位老臣，如果李东阳也跟着他们二人一走之了，那国事将败坏到什么程度更不堪设想，这岂不是辜负先帝的重托吗？那么，从大义上说，李东阳不能走，也有他万不得已的苦衷。李东阳晚年时，有人谈起这段往事，他总会痛哭不已。唉！大臣的良苦用心不能被浅陋的儒生体谅，也是屡见不鲜的事，又何止唐顺之呢？

513. 杨一清

杨文襄（一清）与内臣张永同提兵讨安化王，杨在军中语及逆瑾事，因以危言动永（边批：可惜其言不传），即于袖中出二疏，一言平贼事，一言内变事，嘱永曰："公班师入京见上，先进宁夏疏，上必就公问，公诡言请屏人语，乃进内变疏。"永曰："即不济，奈何？"公曰："他人言，济不济未可知，公言必济。顾公言时，须有端绪，万一不信公，公可顿首请上即时召瑾，没其兵器，劝上登城验之：'若无反状，杀奴喂狗'。又顿首哭泣，上必大怒瑾。瑾诛，公大用，尽矫其所为。吕强、张承业，与公千载三人耳。但须得请即行事，勿缓顷刻。"永勃然作曰："老奴何惜余年报主乎？"已而永入见，如公策，事果济。瑾初缚时，得旨降南京奉御。瑾上白帖，乞一二敝衣盖体，上怜之，令与故衣百件。永惧，谋之内阁，令科道劾瑾，劾中多波及阿瑾诸臣。永持疏至左顺门，谓诸言官曰："瑾用事时，我辈亦不敢言，况尔两班官。今罪止瑾一人，勿动摇人情也！可领此疏去，急易疏进。"此疏入，瑾遂正法，止连及文臣张彩一人、武臣杨玉等六人而已。

除瑾除彬，多借张永之力。若全仗外庭，断不济事。永不欲旁及多人，更有识见，然非杨文襄智出永上，永亦不为之用。吁！此文襄所以称"智囊"也！

【译文】

明朝的杨一清（谥文襄）与宦官张永共同带兵征讨谋反的安化王朱寘鐇（刘瑾是明朝有名的大宦官，恶名仅次于魏忠贤的。朱寘鐇是镇守宁夏的藩王，他造反的公开理由就是要除掉刘瑾。当时刘瑾还在台上，杨一清和张永算是一个统帅、一个监军前去平叛。不过，他们真正的敌人却是刘瑾，要搬倒这个皇帝亲信的权奸并非易事），杨一清曾在军中说到刘瑾，一番坦诚的言语打动了张永，接着从衣袖中取出两道奏疏，一道说平定安化王谋反的事，另一道则是揭发刘瑾造反的。杨一清嘱咐张永："您班师回京见皇上，先呈奏平定安化王的奏疏，皇上一定会详细询问，您就可以借机请皇上摒退左右，再进呈揭发刘瑾的奏疏。"张永说："要是不成，怎么办？"杨一清说："别人去说，成不成我不敢肯定，如果是您，肯定行，只要您说的时候稍作调整，有条有理就成了。万一皇上不相信您，您可以叩请皇上即刻召刘瑾入见，同时查抄他家私藏的兵器，力劝皇上亲自登城查验，并说'如果找不到刘瑾谋反的证据，就把我剁了喂狗。'再一面叩头一面哭。这时皇上一定对刘瑾大为生气。刘瑾一死，您必受皇上重用，那就可以矫正以往刘瑾的种种罪错，吕强、张承业和您就是千年以来的三人了（这两位都是历史上著名的忠义宦官）。只是这事要赶紧，不能稍有拖延。"张永激昂地说："老奴我不惜竭尽余生报效主上！"不久，张永回京见了皇上，一切都按杨一清策划的进行，事情果然成功了。刘瑾刚被抓起来时，皇上降旨把他贬为南京奉御。刘瑾还上书恳请要几件破衣服穿。皇上动了恻隐之心，下令给了他一百件旧衣服。张永感到这很可怕，便与内阁大臣们商量，让各部专门负责进言的官员弹劾刘瑾。弹劾的奏章上来了，其中有很多都波及到当年依附刘瑾的大臣。张永拿着这些奏疏到左顺门前，对众言官说："刘瑾当权的时候，我们内侍都不敢说什么，何况你们这些普通官员？现在有罪的就是刘瑾一人，不要搞得人心惶惶！你们现在把这些奏疏各自领回去，赶快换了呈进！"后来奏疏呈进，刘瑾正法，受株连的文臣只有张彩一个人，武将也只有杨玉等六个而已。

冯评：除去刘瑾、江彬，多半是依靠了张永的力量。如果全都仰仗外臣，断然不能成功。张永不希望牵连太多大臣，更是远见卓识。然而若不是杨一清的智略比张永更胜一筹，张永也不会听他的，就不能起到这样的作用了。啊，这就是杨一清被称为"智囊"的缘故罢！

514. 许 武

阳羡人许武，尝举孝廉，仕通显，而二弟晏、普未达。武欲令成名，一日谓二弟曰："礼有分异之义，请与弟析资，可乎？"于是括财产三分之，武自取肥田广宅，奴婢强者，而推其薄劣者与弟。时乡人尽称二弟克让，而鄙武贪。晏、普竟用是名显，并选举。久之，武乃会宗亲，告之曰："吾为兄不肖，盗声窃位。二弟年长，未沾荣禄，所以向求分财，自取大讥，为二弟地耳。今吾意已遂，其悉均前产。"遂出所赢，尽推二弟。

让财犹易，让名更难。

【译文】

东汉时的阳羡人许武，被推举为孝廉，仕途十分顺利；但他的两个弟弟许晏和许普，却仍默默无闻。（在那个时代，要出人头地并不是靠读书科举，主要是靠良好的品行得到地方上的举荐，许武就是这样走上仕途的）为了让两个弟弟也成名，有一天，他就对两个弟弟说："礼也有关于兄弟分家的规定，我想和你们分家，你们看行不？"于是，许武将家产分成三份，把好房子好地以及体力强壮的奴仆都分给自己，把其余劣等的都分给弟弟。两个弟弟都没争什么，乡里乡亲都看在眼里，大家都称赞两个弟弟能礼让，又说许武是个贪婪卑劣的人。因为这件事，许晏、许普也出了名，都被推举为孝廉。过了一阵子，许武召集宗族亲属，告诉大家说："我这个做哥哥的不怎么样，侥幸被推举为孝廉做了官，但两个弟弟年龄不小了，却还没有找到理想的出路。当初我要求分家，多拿多占给自己招来很多非议，这都是为了给两个弟弟做打算。现在目的达到了，也应该重新把财产公平地分割一下了。"于是把自己先前多拿的悉数还给了两个弟弟。

冯评：让财还容易，让名更难。

515. 廉 范

廉范，字叔度。永平初，陇西太守邓融辟范为功曹。会融为州所举案，范知事谴难解，欲以权相济，乃托病求去。融不达其意，大恨之。范乃东至洛阳，变姓名求代廷尉狱卒。未几，融果征下狱。范遂得卫侍左右，尽心护视。融怪其貌类范，而殊不意，乃谓曰："卿何似我故功曹？"范诃之曰："君困厄，瞀乱耶？"后融释系出，病困，范随养视。及死，送丧至南阳，葬毕而去，终不言姓名。

一辟之感，诎身求济。士之于知己，甚矣哉！

【译文】

后汉人廉范字叔度。永平初年的时候，陇西太守邓融曾招廉范为功曹（太守的属官）。后来，邓融被牵进一桩复杂的官司，廉范知道这事极难化解，邓融免不了要坐牢，所以他想用变通的办法更有效地帮助邓融。于是廉范托病辞职了。邓融不知道廉范的打算，只是对他见势不好、撒腿就跑的不仗义颇为气愤。廉范到了首都洛阳，改名换姓当上了狱卒。不久，邓融被捕下狱，廉范便得以在身边尽心照顾他。邓融觉得这狱卒长得很像廉范，但怎么也想不到他就是廉范，就说："你很像我以前手下的功曹啊！"廉范喝斥道："你这是蹲监狱蹲的，都神志不清了！"后来邓融算是出狱了，却又生了大病，还是廉范看护照顾，直到去世之后，廉范把他送回南阳老家，安葬好之后才离开。自始至终，廉范也没有说出自己的姓名。

冯评：荐举征用带来的感动，能成为委屈自己而去帮助对方的动力，所谓"士为知己者死"，这也算是一种境界了！

516. 周 新

周新为浙江按察使，尝巡属县，微服触县官，取系狱中，与囚语，遂知一县疾苦。明往迓，乃自狱出。县官惭惧，解绶而去。由是诸郡县闻风股栗，莫不勤职。

【译文】

明朝的周新做浙江按察使的时候，曾经巡视所属的州县，他微服出巡，有意触怒县官，因此被捕入狱。在狱中周新和囚犯们交谈，了解了县里百姓的疾苦。第二天，县里迎接按察使大人，结果把周新从监狱里接了出来，县官又惭愧又害怕，引咎辞职。这一来，各州县听说后都十分紧张，各级官员都勤于政事，丝毫不敢大意。

517. 陈瓘

陈瓘尝为别试所主，蔡卞曰："闻陈瓘欲尽取史学而黜通经之士，意欲沮坏国是而动摇荆公之学也！"卞既积怒，谋因此害瓘，而遂禁绝史学。计画已定，唯俟瓘所取士，求疵立说而行之。瓘固预料如此，乃于前五名悉取谈经及纯用王氏之学者。卞无以发，然五名之下往往皆博洽稽古之士也。瓘尝曰："当时若无矫揉，则势必相激，史学往往遂废矣。故随时所以救时，不必取快目前也。"

元祐之君子与"甘露"之小人同败，皆以取快目前，故救时之志不遂。

【译文】

（北宋时候，王安石在宋神宗的支持下全力推行新政，他曾自注经书，作为考试的内容。科举考试是面向全体国民的，掌管科举的官员为了避嫌，他们的亲友子弟参加科举就要去特定的"小灶"，那就是别试所，别试所的官员都由国家专门指派。）陈瓘作为别试所的主考之后，王安石的女婿蔡卞就扬言说："听说陈瓘上任，那他一定会全部选取史学学士，而罢黜精通经学的学者，他是一个破坏现有制度，和王荆公（王安石）学术作对的人。"蔡卞对陈瓘心怀不满，就想借这个机会陷害他，进而达到禁绝史学的目的。打定主意后，一切就只等陈瓘取士，找到错处借题发挥了。陈瓘当然也知道蔡卞的打算，于是他录取的前五名，全都是专门研究经学或研习王氏学说的，跟史学毫无瓜葛，蔡卞也就找不到什么借口了。但第五名以下大多是博学多才的史学之士。陈瓘说："当时若不做些妥协，那就必然形成正面冲突，史学可能因此废止。所以附和一下当时的新学正是为了挽救时弊，不必逞一时之快。"

冯评：宋神宗去世后，王安石失势，宋哲宗元祐元年，新法废除，王安石的反对者后来又遭到蔡京等人报复，被列为"元祐党人"，他们与唐文宗时宰相李训等人在条件不成熟的情况下实施"甘露之变"一样，都是为逞一时之快，致使挽救时局的大志无法完成。

518. 王翦等　二条

秦伐楚，使王翦将兵六十万人，始皇自送至灞上。王翦行，请美田宅园地甚众，始皇曰："将军行矣，何忧贫乎？"王翦曰："为大王将，有功终不得封侯；故及大王之向臣，臣亦及时以请园地，为子孙业耳。"始皇大笑。王翦既至关，使使还请善田者五辈。或曰："将军之乞贷亦已甚矣！"王翦曰："不然。夫秦王恒中粗而不信人，今空秦国甲士而专委于我，我不多请田宅为子孙业以自坚，顾令秦王坐而疑我耶？"

汉高祖专任萧何关中事。汉三年，与项羽相距京、索间，上数使使劳苦丞相，鲍生谓何曰："今王暴衣露盖，数劳苦君者，有疑君心也（边批：**晁错使天子将兵而居守，所以招祸**）。为君计，莫若遣君子孙昆弟能胜兵者，悉诣军所。"于是何从其计，汉王大悦。

吕后用萧何计诛韩信，上已闻诛信，使使拜何为相国，益封五千户，令卒五百人，一都尉为相国卫。诸君皆贺，召平独吊，曰："祸自此始矣！上暴露于外，而君守于内，非被矢石之难，而益封君置卫，非以宠君也，以今者淮阴新反，有疑君心，愿君让封勿受，悉以家财佐军。"何从之，上悦。其秋黥布反，上自将击之。数使使问相国何为。曰："为上在军，拊循勉百姓，悉取所有佐军，如陈豨时。"客又说何曰："君灭族不久矣！夫君位为相国，功第一，不可复加。然君初入关中，得百姓心十余年矣，尚复孳孳得民和。上所为数问君，畏君倾动关中，今君胡不多买田地，贱赏贷以自污（边批：**王翦之智**）。上心必安。"于是何从其计。上还，百姓遮道诉相国，上乃大悦。

汉史又言，何买田宅必居穷僻处，不治垣屋，曰："令后世贤，师吾俭；不贤，无为势家所夺。"与前所云强买民田宅似属两截。不知前乃免祸之权，后乃保家之策，其智政不相妨也。宋赵韩王普强买人第宅，聚敛财贿，为御史中丞雷德骧所劾。韩世忠既罢，杜门绝客，口不言兵，时跨驴携酒，从一二奚童，纵游西湖以自乐。尝议买新淦县官田，高宗闻之，甚喜，赐御札，号其庄曰"旌忠"。二公之买田，亦此意也。夫人主不能推肝胆以与豪杰功，至令有功之人，不惜自污以祈幸免。三代交泰之风荡如矣！然降而今日，大臣无论有功无功，无不多买田宅自污者，彼又持何说耶？

陈平当吕氏异议之际，日饮醇酒，弄妇人。裴度当宦官薰灼之际，退居绿野，把酒赋诗，不问人间事。古人明哲保身之术例如此，皆所以绝其疑也。国初，御史袁凯以忤旨引风疾归。太祖使人觇之，见凯方匍匐往篱下食猪犬矢，还报，乃免。盖凯逆知有此，使家人以炒面搅沙糖，从竹筒出之，潜布篱下耳。凯亦智矣哉！

【译文】

秦始皇派王翦率六十万大军伐楚，秦始皇亲自到灞上送行。临行前，王翦向始皇大量申请美田豪宅。始皇说："将军都要率大军出征了，还担心生活贫穷啊？"王翦说："我身为大王的将军，有些功劳也不得封侯，所以趁大王还用得着我，及时申请一些田宅土地，也好当作产业留给子孙。"始皇大笑。王翦率军到达潼关后，还三番五次派使者向始皇申请好田产。王翦的手下都有些看不过去，说："将军要求封赏的举动似乎有些过分了吧？"王翦说："不是的。我们秦王是个不相信人的人，现在秦国所有的兵力都交在我手上，我不多为子孙申请田产而自求私利，难道等着大王来怀疑我有什么野心吗？"

汉高祖派萧何镇守关中，汉高祖三年，汉王与项羽在京、索一带相持，汉王屡次派使者慰问丞相萧何。鲍生对萧何说："现在大王戎马征战，自己都顾不上多讲究，还屡次派使者来慰劳您，那是怀疑您啊。为您打算，最好把您的子孙亲友，凡能打仗的都送到前线去。"萧何听从了鲍生的建议，刘邦很高兴。

后来，吕后用萧何的计策诛杀了韩信。高祖听说韩信已经被杀，就派使者任命萧何为相国，加封五千户，又派士兵五百人和一名都尉作为相国的护卫。群臣都向萧何道贺，只有召平表示哀悼："相国的灾祸就要从此开始了！皇上在外领兵打仗，您留守关中，没有前线厮杀的危难，反而封为相国，还配置护卫，这是因为淮阴侯韩信刚刚造反，以致对您的忠心也有所疑虑。希望您还是不要接受这个封赏，并且把家财全部捐出，充作军费。"萧何听从了召平的建议，刘邦也很高兴。这年秋天，英布又造反了，高祖亲自带兵征伐，几次派使者回长安打探萧何在做什么。萧何对使者说："因为皇上御驾亲征，所以我在家安抚百姓，并尽力汇集各种物资支援前方，和上次讨伐陈豨时候的情形差不多。"这时，又有人对萧何说："您灭门的日子不远了！您已经身为相国，功劳第一，没法再升了。但自从您进入关中这十几年来，勤奋工作，深得百姓爱戴。

皇上一外出就老派使臣慰问您，那是担心您在关中的影响力会对他不利。您现在何不搜刮点田产，再拿去抵押借贷，让自己的形象打点折扣？这样皇上就安心了。"萧何又听从了这个建议。高祖得胜归来，百姓沿途告状，都是说萧何的种种不良行为，刘邦又很高兴。

冯评：汉史曾记载，萧何购买田宅都是选择偏远荒僻的地方，也不建造什么高墙大院。他说："要是后代子孙贤德，就会效仿我的节俭；子孙不肖，这样的田产不至于被有势力的人家抢夺去。"这和前面所记萧何强买民田的做法似乎有些矛盾。其实强买民田只是免祸的权宜之计，而这才是保持家族延续发展的策略，二者的深谋远虑正如出一辙。宋宰相赵普（死后追封韩王）因为强买百姓宅第，受贿敛财，遭到御史中丞雷德骧的弹劾。韩世忠罢官后，杜门谢客，绝口不谈兵事，时常骑着一头驴，带上一壶酒，领着一二童仆，在西湖上畅游自娱。他又曾打算买下新淦县官田，宋高宗听说这事非常高兴，颁赐手诏，将其田庄命名为"旌忠"。宋朝这两位的买田宅的举动，也大致是这样的用意。君主不能推心置腹地封赏，致使有功的大臣不惜自损清誉而求自保。三代时君臣关系和谐默契的风尚消失殆尽了！到了现在，大臣不论有没有功劳，个个都大肆购买田宅，自损清誉，他们这么做的理由又是什么呢？

陈平在吕氏掌权时，整天沉醉于酒色之间。唐朝的裴度在宦官气焰正甚时，隐居在绿野堂，以喝酒作诗为事，不问朝廷政务。古人明哲保身的策略大抵如此，都是为了消除君主等权势人物的疑虑。明朝初年，御史袁凯因事触怒了太祖，托病辞归。太祖派人窥探，只见袁凯卧在竹篱下，一本正经地吃着猪屎狗屎。密探汇报后，太祖得出结论：袁凯一定疯了。由此得以保住性命。原来袁凯早知道太祖不会放过他，便事先叫家人在炒面中拌上沙糖，再从竹筒里挤出来做成猪狗屎的模样散放于竹篱之下。袁凯也是够聪明的！

519. 王 戎

戎族弟敦，有高名，戎恶之（边批：先见）。每候戎，辄托疾不见。孙秀为琅琊郡吏，求品于戎从弟衍，衍将不许，戎劝品之（边批：更先见）。及秀得志，有夙怨者皆被诛，而戎、衍并获济焉。

借人虚名，输我实祸，此便知衍不及戎处。

【译文】

晋朝的王敦是王戎的族弟，名气很大，但王戎却很讨厌他。王敦每次去看望王戎，王戎就借口生病回避（王敦后来成了著名的反贼）。孙秀是琅琊郡的郡吏，想请王戎的另一个族弟王衍品评一下（那时候的风尚如此，跻身上流社会的人，被名流品评过，就能声名大噪）。王衍不想答应，王戎劝他还是品评一下。后来，孙秀在八王之乱中显赫一时，凡是过去曾和他有过节的人都被诛杀，唯独王戎、王衍兄弟平安无事。

冯评：满足别人的虚名，用来免除自己的杀身之祸，就此便能看出王衍不及王戎。

520. 阮嗣宗

魏、晋之际，天下多故，名士鲜有全者。阮籍托志酣饮，绝不与世事。司马昭初欲为子炎求昏于籍，籍一醉六十日，昭不得言而止。钟会数访以时事，欲因其可否致之罪，竟以酣醉不答获免。

【译文】

魏晋时期，政治局势混乱，名士中很少有人能保全性命的。阮籍把自己的全部情趣都放在酒上，整天喝得酩酊大醉，绝口不谈时事。司马昭想跟阮籍攀亲家，让儿子司马炎娶阮籍的女儿（司马炎就是后来的晋武帝）。阮籍不想拒绝司马昭，更不想同意这门亲事，于是连续两个月保持醉酒状态，司马昭实在等得没耐性了，最后放了这个想法。还有个钟会也屡次拜访阮籍谈论时事，想在阮籍的话中抓到把柄，给他治罪，阮籍也是每次都大醉不醒，当然也就没什么把柄可抓了。

521. 郭德成

洪武中，郭德成为骁骑指挥。尝入禁内，上以黄金二锭置其袖，曰："第归勿宣。"德成敬诺。比出官门，纳靴，佯醉，脱靴露金（边批：示不能为密）。阍人以闻，上曰："吾赐也。"或尤之，德成曰："九阍严密如此，藏金而出，非窃耶？且吾妹侍宫闱，吾出入无间，安知上不以相试？"众乃服。

【译文】

　　明朝洪武年间，郭德成任骁骑指挥，有事进宫，太祖把两锭黄金塞进郭德成的袖子，并说："拿着回去就行了，别张扬。"他恭恭敬敬答应了。出宫门时，他又把黄金放进靴子，接着假装醉酒，脱了靴子掉出黄金。守门人向皇帝汇报了这件事。太祖说："那是朕赏赐给他的。"有人责怪郭德成太不小心，郭德成说："皇宫戒备如此森严，揣着黄金走出去，那不成了偷盗吗？再说我妹妹是皇妃，我出入宫中比较自由，怎知不是皇上在试探我呢？"于是大家对郭德成都很佩服。

522. 郭崇韬　宋　主

　　郭崇韬素廉，自从入洛，始受四方赂遗，故人、子弟或以为言，崇韬曰："吾位兼将相，禄赐巨万，岂少此耶？今藩镇诸侯多梁旧将，皆主上斩袪、射钩之人，若一切拒之，能无疑骇？"明年，天子有事南郊，崇韬悉献所藏，以佐赏给。

　　南唐主以银五万两遗赵普，普以白宋主，主曰："此不可不受，但以书答谢，少赂其使者可也。"普辞，宋主曰："大国之体，不可自为削弱，当使之弗测。"及从善（南唐主弟）来朝，常赐外密赍白金，如遗普之数。唐君臣皆震骇，服宋主之伟度。

　　赂遗无可受之理，然廉士或始辞而终受，而明主亦或教其臣以受，全要看他既受后作用如何，便见英雄权略。三代以下将相，大抵皆权略之雄耳！

【译文】

　　五代后唐的郭崇韬一向廉洁，自从到了洛阳，才开始收受各方的贿赂。他的故旧属下对此很有意见，郭崇韬说："我现在官至将相，每年俸禄赏赐数以万计，也不会缺这一点贿金吧？现在据守各地的藩镇将领多半是后梁的降将，当初曾和我们主上兵戎相见，有过对抗。如果我拒绝一切贿赂，他们心中能不起疑害怕吗？"第二年，皇帝在京师南郊举行祭祀，郭崇韬把收受的财物全部捐献出来，以供赏赐功臣。

　　南唐君主派人送五万两白银给赵普，赵普禀告太祖赵匡胤。太祖说："南唐主的银子不可不接受，只是你要写一封信表示感谢，另外略微给使臣一些赏钱就可以了。"赵普还是推辞，太祖说："我们大国自有仪体，不能自己贬低自己，关键要让对方感到高深莫测。"等李从善（南唐后主李煜的弟弟）进京朝见的时候，太祖除了例行的赏赐外，另外派人秘密赏赐了银子，数目和当初送给赵普的一样。南唐君臣对此无不震惊，佩服太祖的宏大器度。

冯评：贿赂是没有收受的理由的，但清廉的人往往开始拒绝而最后收受，而英明的君主也许会教他的臣下接受，不过要看接受以后的作用，这样就可以看出英雄的权谋。三代以后的将相，大致都是玩弄权术的高手！

卷十四　谬数

似石而玉，以锝为刃。去其昭昭，用其冥冥。仲父有言，事可以隐。集"谬数"。

——【解说】——

看似石头实际上却是宝玉，用兵器的末端当作锋刃。放弃明显的用途，运用隐微的妙处。管仲说，国家大事都可以隐藏在冠冕堂皇的制度之下。

这一卷讲的都是通过暗示或诱惑达到政治目的的故事，名为《谬数》。

523. 宋　祖

宋祖闻唐主酷嗜佛法，乃选少年僧有口辩者，南渡见唐主，论性命之说。唐主信重，谓之"一佛出世"，由是不复以治国守边为意。

茅元仪曰："与越之西子何异，天下岂独色能惑人哉？"

【译文】

宋太祖赵匡胤听说南唐主十分喜好佛法，就挑选一个口才好的年轻僧人南渡去见南唐主，讨论性命轮回的佛理。南唐主对他非常相信，看成是出世的仙佛，从此不再关心治国的政策、边境的防守。

茅元仪说："这和越国派西施迷惑吴王的事如出一辙，天下岂止女色能迷惑人呢？"

524. 武 王

武王立重泉之戍，令曰："民有百鼓之粟者不行。"民举所最（聚也）粟以避重泉之戍，而国谷二十倍（见《管子》）。

假设戍名，欲人惮役而竞收粟，倘亦权宜之术，而或谓圣王不应为术以愚民，固矣！至若《韩非子》谓，汤放桀欲自立，而恐人议其贪也，让于务光，又虞其受，使人谓光曰："汤弑其君，而欲以恶名予子。"光因自投于河；文王资费仲而游于纣之旁，令之间纣以乱其心，此则孟氏所谓"好事者为之"。非其例也。

【译文】

周武王下令派百姓去重泉这个地方守卫，又说："如果百姓捐粟一百鼓（当时的容量单位），可以免于服役。"百姓纷纷捐出家中积蓄的粟米来躲避守卫重泉的兵役，国库的粮食增加了二十倍。

冯评：假立一个戍守任务的名义，让百姓因为害怕离家远戍而主动上交粟米，可能也是一时要的手段，有人却说武王这样的圣贤君王不应该用术来欺骗百姓，这种说法真够鄙陋的。至于《韩非子》说，商汤流放夏桀之后想自立为帝，又怕旁人议论他有贪心，就假意把天下让给务光。但又怕务光真的接受，便派人对务光说："汤做了弑君的大逆之事，却想把这个罪名嫁祸于你。"务光因此投河自尽。文王花钱贿赂纣王的宠臣费仲，要他盘桓在纣王身边惑乱其心智。这样的说法则是孟子所谓"好事者编造出来的"，不属于"术"的运用。

525. 散谷　藏谷

桓公曰："大夫多并其财而不出，腐朽五谷而不散。"管子对曰："请以令召城阳大夫而请之。"桓公曰："何哉？"管子对曰："城阳大夫嬖宠被缔绤，鹅鹜含余秣，齐钟鼓，吹笙篪，而同姓兄弟寒不得衣，饥不得食，欲其尽忠于国人，能乎？"乃召城阳大夫，灭其位，杜其门而不出。功臣之家皆争发其积藏，以予其远近兄弟，以为未足，又收国之贫病孤独老不能自食之萌，皆与得焉，国无饥民。此之谓"缪数"。

既夺城阳之宠，又劝功臣之施。仲父片言，其利大矣！

籴贱，桓公恐五谷之归于诸侯，欲为百姓藏之，问于管子。管子曰："今者夷吾过市，有新成囷京者二家，君请式璧而聘之。"桓公从之，民争为囷京以藏谷。

文王葬枯骨，而六州归心；勾践式怒蛙，而三军鼓气；燕昭市骏骨，而多士响应；桓公聘囷京，而四境露积。诚伪或殊，其以小致大，感应之理则一也。

【译文】

齐桓公说："大夫们多聚敛家财，不愿支出，粮食就是烂在仓库里也不愿分给需要的人。"管仲答道："请下令召城阳大夫问一下。"桓公说："为什么？"管仲回答说："城阳大夫的宠妾都身穿精细的衣服，所养的鹅鸭都吃上好的粮食，天天歌舞升平，而他的族人却吃不饱穿不暖，这样的人要他尽心对待封地的百姓，可能吗？"桓公于是召来城阳大夫，并免去了他的爵位，且不准他出门。其他大族听说后，都争相把家里的积蓄拿出来帮助远近亲属，有些觉得这么做还不够，又收容封地内贫困孤寡以及不能自食其力的百姓，从此整个齐国再没有饥民，这就叫"谬数"（真真假假的治国权术）。

冯评：既剥夺了城阳大夫的骄宠，又劝诱大族施舍家财。管仲的片言只语，给齐国带来了莫大的利益！

米价下跌，桓公怕其他诸侯国借机囤积，希望为百姓贮存粮食，于是问管仲该怎么办。管仲说："今天我经过集市，看见有两家新建了谷仓，请大王用璧玉庄重地对他们行聘礼。"桓公采纳了管仲的建议，百姓就争相新建谷仓来贮存粮食。

冯评：文王埋葬死人的骸骨，而全国百姓纷纷归顺；勾践尊重颇有勇武之气的怒蛙，而越国三军的士气得到鼓舞；燕昭王重金买了千里马的尸骨，而引来各路人才的投奔；齐桓公礼聘粮仓的主人，而齐国四处粮食堆积。这些事有的出于真心，有的出于假意，但因小致大，形成感应，道理都是相通的。

526. 范仲淹

皇祐二年，吴中大饥，时范仲淹领浙西，发粟及募民存饷，为术甚备。吴人喜竞渡，好为佛事。仲淹乃纵民竞渡，太守日出宴于湖上。自春至夏，居民空巷出游。又召诸佛寺主守，谕之曰："今岁工价至贱，可以大兴土木。"于是诸寺工作并兴，又新仓廒吏舍，日役千夫。监司劾奏杭州不恤荒政，游宴兴作，伤财劳民。公乃条奏："所以如此，正欲发有余之财以惠贫者，使工技佣力之人，皆得仰食于公私，不致转徙沟壑耳。"是岁唯杭饥而不害。

《周礼》荒政十二，或兴工作以聚失业之人。但他人不能举行，而文正行之耳。凡出游者，必其力足以游者也。游者一人，而赖游以活者不知几十人矣。万历时吾苏大荒，当事者以岁俭禁游船。富家儿率治馔僧舍为乐，而游船数百人皆失业流徙，不通时务者类如此。

【译文】

北宋皇祐二年，吴地大闹饥荒，当时范仲淹在浙西执政，散发库存粮食，并募集百姓存粮，措施非常完备。吴地的百姓喜欢赛舟，并且信奉佛教。范仲淹就听任百姓赛舟，身为太守，自己也每天在湖上宴饮。从春至夏，百姓全部在外游玩。范仲淹又召集各佛寺的住持，对他们说："今年用工的价钱非常便宜，适合于大兴土木。"于是各寺庙都开始进行各种基础建设，官府也翻修谷仓和吏卒的办公室，每天雇用的工人上千。监察官举报杭州不积极救荒，反而游乐饮宴，大兴土木，实属劳民伤财。范仲淹上奏说："这样做可以充分利用平时蓄积的财力来救助真正贫困的百姓，让他们通过佣工打杂，从官府、寺院等处获取报酬，不至于逃荒要饭，走投无路。"这一年，只有杭州一地虽是荒年，却没有对百姓的正常生活造成很大的祸害。

冯评：《周礼》记载应对饥荒的施政要点有十二项，其中就包括通过增加工作来聚拢失业的百姓。只是别人都做不到，只有范仲淹做到了。荒年里外出游玩的，都必定具有相应的财力，一人出游，以此而得到衣食的就不止几十个人。明万历年间，我们苏州大饥荒，主政者说荒年要节俭开支，就禁止了游船，富家子弟只好天天在僧院吃喝玩乐，结果几百家靠经营游船为生的船户都因失业而背井离乡。不识时务的，大都是这类情况。

527. 服　紫

桓公好服紫，一国之人皆服紫。公患之，访于管子。明日公朝，谓衣紫者曰："吾甚恶紫臭，子毋近寡人。"于是国无服紫者矣。

【译文】

齐桓公喜欢穿紫色的衣服，全国人都跟风穿紫衣。桓公好困扰，向管仲求助。第二天，早朝，桓公没穿紫衣，对着一个穿紫衣的大臣说："别凑过来！

我讨厌紫色的气味！"于是，全国再也没有穿紫衣的人了。

528. 服　练

王丞相善于国事。初渡江，帑藏空竭，唯有练数千端。丞相与朝贤共制练布单衣。一时士人翕然竞服，练遂踊贵。乃令主者卖之，每端至一金。

此事正与"恶紫"对照。谢安之乡人有罢官者，还，诣安。安问其归资，答曰："唯有蒲葵扇五万。"安乃取一中者捉之。士庶竞市，价遂数倍。此即王丞相之故智。

【译文】

东晋的丞相王导擅长处理国事。刚渡江时，国库空虚，只有几千匹绢。王导和朝中大臣都用绢做了身单衣穿，一时之间士人都竞相仿效，丝绢价格涨得很厉害。于是王导下令管理府库的官员把那些绢卖了，每匹居然卖到一两黄金。

冯评：这事可以和齐桓公讨厌紫服对照。后来，谢安的同乡辞官回乡，临行前向谢安辞行。谢安问他回乡的路费是否准备好，同乡答道："只有五万把蒲葵扇。"于是谢安选了一把大小适中的，拿在手里摇。没几天，士人百姓争相购买，蒲葵扇的价格翻了好几倍——这是王丞相的老把戏了。

529. 禁毂击

齐人甚好毂击相犯以为乐。禁之，不止，晏子患之。乃为新车良马，出与人相犯也，曰："毂击者不祥。臣其祭祀不顺，居处不敬乎？"下车弃而去之，然后国人乃不为。

【译文】

春秋时候，齐国人驾车时喜欢用车毂相互撞击来取乐，这种现象屡禁不止。宰相晏婴对此很担忧，于是晏婴坐了一辆新车，出门就和其他车撞了，然后说："车毂相撞是不吉利的。难道我祭祀的时候时不够慎重、平日居家不够诚敬吗？"于是弃车而去。此后国人不再玩撞车的游戏了。

530. 东方朔

武帝好方士，使求神仙、不死之药。东方朔乃进曰："陛下所使取者，皆天下之药，不能使人不死；唯天上药，能使人不死。"上曰："天何可上？"朔对曰："臣能上天。"上知其谩诞，欲极其语，即使朔上天取药。朔既辞去，出殿门，复还曰："今臣上天似谩诞者，愿得一人为信。"上即遣方士与俱，期三十日而返。朔既行，日过诸侯传饮，期且尽，无上天意，方士屡趣之，朔曰："神鬼之事难豫言，当有神来迎我。"于是方士昼寝，良久，朔觉之曰："呼君极久，不应我，今者属从天上来。"方士大惊，具以闻，上以为面欺，诏下朔狱，朔啼曰："朔顷几死者再。"上曰："何也？"朔对曰："天帝问臣：'下方人何衣？'臣朔曰：'衣虫。''虫何若？'臣朔曰："虫喙髯髯类马，色邠邠类虎。'天公大怒，以臣为谩言，使使下问，还报曰：'有之，厥名蚕。'天公乃出臣。今陛下苟以臣为诈，愿使人上天问之。"上大笑曰："善。齐人多诈，欲以喻我止方士也。"由是罢诸方士不用。

【译文】

汉武帝喜欢方士，让他们四处去寻找神仙和长生不老药。东方朔于是上奏道："陛下派人去找的，都是天下之药，并不能使人不死。只有天上的药才能使人不死。"武帝说："天怎么能上得去呢？"东方朔说："我能上。"武帝知道东方朔吹牛，想让他露馅，索性下令让东方朔上天取药。东方朔领命离开，刚出殿门又回来了，说："现在臣要上天，看着好像是吹牛，所以能有个人一起去，也好做个见证。"武帝就派了个方士给东方朔，并且约定三十天后回来交差。东方朔走了以后，天天去找那些贵族大户喝酒，三十天的期限快到了，也没见他有上天去的意思。那方士几次催他，东方朔说："神鬼之事难以预言，会有神迎接我上天的。"方士这天白天睡觉，过了好久，东方朔叫醒他："叫你那么半天也不理我！我刚从天上下来。"方士大吃一惊，立即向武帝报告。武帝认为东方朔当面欺骗，下诏把东方朔关进监狱。东方朔哭着说："我刚才都不止一次要丢掉性命了。"武帝问："这话怎么说？"东方朔回答说："天帝问臣，下界那些人穿什么衣服。臣回答说：'穿虫子。'又问：'虫什么样子？'臣说：'这虫子嘴毛茸茸的有须，颜色花里胡哨像老虎。'天帝大发脾气，认为臣瞎扯，派使者下凡查问。使者回报说：'有的，那虫子叫蚕。'天帝这才把臣放回来。陛下如果认为臣瞎扯，那就请派人上天查问。"武帝大笑："好啊！齐人就是多诈，你不过是想讽喻我不再相信方士罢了。"从此武帝赶走了那些方士，不再任用。

531. 留 侯

高帝欲废太子，立戚夫人子赵王如意。大臣谏，不从。吕后使吕泽劫留侯画计。留侯曰："此难以口舌争也。顾上有不能致者四人，四人者老矣，以上慢侮人故，逃匿山中，义不为汉臣。然上高此四人。诚能不爱金帛，令辩士持太子书，卑词固请（边批：辩士说四皓出商山，必有一篇绝妙文章，惜不传），宜来。来以为客，时时从入朝，令上见之，则一助也。"吕后如其计。汉十二年，上疾甚，愈欲易太子。叔孙太傅称说古今，以死争（边批：言者以为至理，听者以为常识），上佯许之，犹欲易之。及宴，置酒，太子侍，四人者从，年皆八十余，须眉皓然，衣冠甚伟。上怪而问之，四人前对，各言姓名，曰：东园公、用里先生、绮里季、夏黄公。上乃大惊曰："吾求公数载（边批：谁谓高皇慢士），公避逃我，今何自从吾儿游乎？"四人皆曰："陛下轻士善骂，臣等义不受辱，窃闻太子仁孝，恭敬爱士，天下莫不延颈欲为太子死者，故臣等来耳。"上曰："烦公幸卒调护太子。"四人为寿已毕，趋去。上目送之，曰："羽翼已成，难摇动矣。"

左执鬼中，右执殇宫，正以格称说古今之辈。夫英明莫过于高皇，何待称说古今而后知太子之不可易哉！称说古今，必曰某圣而治，某昏而乱。夫治乱未见征，而使人主去圣而居昏，谁能甘之？此叔孙太傅所以窘于儒术也！四老人为太子来，天下莫不为太子死，而治乱之征，已惕惕于高皇之心矣。为天下者不顾家，尚能惜赵王母子乎？王弇州犹疑此汉庭之四皓，非商山之四皓。毋论坐子房以欺君之罪，而高皇之目亦太眊矣！夫唯义能不为高皇臣者，义必能不辞太子之招。别传称子房辟谷后，从四皓于商山，仙去。则四皓与子房自是一流人物，相契已久。使子房不出佐汉，则四皓中亦必有显者，固非藏拙山林，饱落樗朽可方也。太子定，而后汉之宗社固，而后子房报汉之局终，而后商山偕隐之志可遂，则四皓不独为太子来，亦且为子房来矣（边批：绝妙四皓论）。呜呼，千古高人，岂书生可循规而度，操尺而量者哉！

【译文】

汉高祖想废黜太子，立戚夫人之子赵王如意。大臣们都加以劝谏，高祖都不听从。吕后让哥哥吕泽胁迫留侯张良想个办法。张良说："这事难以用语言争辩。如今皇上不能招抚的有四个人，这四人年事已高，都认为陛下为人傲慢，爱轻侮人，所以逃到山中隐居，坚决不做汉臣。但陛下又非常推崇这四个人。如果能不惜金银财宝，派一位能言善道的使者，带上太子的亲笔信，言词恳切地去邀请他们，我想他们会来的。来了之后，太子要把他们当成助手，再让他们不时陪同太子入朝，让皇上看到，这么一来一定有所帮助。"吕后一切照办了。汉高祖十二年，高祖身体越来越差，也就更加想赶紧废黜太子。太傅叔孙通引用古今事例以死相争，高祖假装答应，心里却仍想着如何废黜太子。直到有一次酒宴，太子作陪，高祖发现太子身边有四位老者随侍，年纪都八十多，须发皆白，容貌不俗。高祖奇怪地问他们是谁，四人上前应对，各自报出姓名，分别是东园公、角里先生、绮里季和夏黄公。高祖大惊："我请你们好几年了，你们一直逃避我，现在怎么又跟着我儿子了呢？"四人说："陛下轻视读书人，动不动就骂人，臣等不愿受辱。听说太子仁孝，恭敬士人，天下人无不希望为太子效命，所以臣等特来侍奉太子。"高祖说："那就麻烦诸位把太子调教好吧。"四皓向高祖敬酒祝寿之后告辞退下。高祖望着他们的背影说："羽翼已成，难以改变了。"

冯评：昔日周灵王说自己"左执鬼中，右执殇宫"（这两样都是通鬼神的东西——所以用不着听这些凡人的什么谏言）。事实上，汉高祖也的确是个明白人，哪里用得着叔孙通讲古论今之后，才知道太子废不了呢？讲古说今的套路，无非是说古代哪个君主圣明，所以天下大治；哪个君主昏庸，所以天下大乱。此时此地，治乱还没看出来，就先判定皇上不圣明、有昏庸的嫌疑，哪个皇上甘心啊？叔孙通的儒术之不得施展，问题就出在这里。四位老者前来为太子效力、天下人无不希望为太子效命，这治乱的征兆早已在高祖心中产生了警觉。为了天下是顾不上小家的，高祖哪里还能顾惜赵王母子呢？王世贞（号弇州山人）还怀疑这出现在汉宫廷的四皓，并不是真正的商山四皓。真的如此，且不说张良有欺君之罪，就是高祖刘邦也不至于如此老眼昏花。四皓为义而不臣服于高祖，这种义自然也使之不能推辞太子相招。别传记载，张良不吃五谷，最后随同四皓到了商山，一起成仙而去。那么，四皓和张良自然是一流人物，早已有了默契。即使张良不出山辅佐汉室，四皓中也必有显现于世的，他们绝非那种躲在山林里的有名无实之辈可比。太子的地位稳定了，而后大汉帝国的宗社才稳固，然后张良辅佐汉室的事业才真正完成，然后才能和四皓一起去商山成仙。那么，四皓不仅是为太子而来，也是为张良而来。唉，千古高人哪里是书生按照常理能推断品评的呢？

532. 梁文康

正德中，秦藩请益封陕之边地。朱宁、江彬辈皆受赂，许之。上促大学士草制。杨廷和、蒋冕私念，草制，恐为后虞；否，则忤上意，俱引疾。独梁储承命草之曰："昔太祖著令曰：'此土不畀藩封。'非吝也，念此地广且饶，藩封得之，多蓄士马，必富而骄，奸人诱为不轨，不利社稷。今王恳请畀地与王。王得地，毋收聚奸人，毋多养士马，毋听狂人导为不轨，震及边方，危我社稷。是时虽欲保亲亲，不可得已。王慎之，勿忽。"上览制，骇曰："若是可虞，其勿与。"事遂寝。

英明之主，不可明以是非角，而未始不可明以利害夺。此与子房招四皓同一机轴。

【译文】

明武宗正德年间，封地在陕西的秦王请求把陕西的边地加封给他。朱宁、江彬等人收受了贿赂，都应允此事，武宗就敦促大学士们起草诏命。杨廷和、蒋冕等心里盘算：起草这个诏命，以后会有麻烦；如果拒绝起草，又违背了皇帝的意思。于是两人都请了病假。只有梁储受命起草："从前太祖曾颁布命令说这一片土地不能赐给藩王。这不是吝啬，而是考虑到这片土地广大富饶，藩王得到后，必定多养兵马，由此富足骄横，一旦坏人引诱其图谋不轨，将对社稷不利。现在秦王恳求朝廷赏赐这片土地，请秦王得到土地之后，一定不要收揽坏人，不要蓄养太多兵马，一定不要听信谗言图谋不轨，威胁边境安全，危害国家安危。否则，想让一家人平安无事都不可能！秦王一定要谨慎啊！"武宗看了这诏书，大惊失色说："如此说来，这事让人担心，还是不给他这片地了吧！"这件事就此作罢。

冯评：英明的君主，不能用是非跟他硬讲道理，但未必不能通过讲明利害来改变他。这和张良招请四皓的事是同样的用意。

533. 傅 珪

康陵好佛，自称"大庆法王"。外廷闻之，无征以谏。俄内批礼部番僧请腴田千亩，为大庆法王下院，乃书"大庆法王与圣旨"。傅尚书珪佯不知，执奏："孰为大庆法王者，敢并至尊书，亵天子、坏祖宗法，大不敬！"诏勿问，田亦竟止。

【译文】

明武宗（死后葬于康陵）笃信佛法，自称大庆法王。官员们有所耳闻，想进谏却找不到由头。不久，宫内传出诏命，让礼部应番僧请求提供千亩良田作为大庆法王的寺院，署名"大庆法王与圣旨"。尚书傅珪假装不知道，拿着诏命上奏："大庆法王是谁啊？竟敢和皇帝陛下并驾齐驱，亵渎天子，破坏祖法，大不敬！"宫里批复，这事就不要再提了。当然，千亩良田的事自然也就没下文了。

534. 洪武中老胥

洪武中，驸马都尉欧阳某偶挟四妓饮酒。事发，官逮妓急。妓分必死，欲毁其貌以觊万一之免。一老胥闻之，往谓之曰："若予我千金，吾能免尔死矣。"妓立予五百金。胥曰："上位神圣，岂不知若辈平日之侈，慎不可欺。当如常貌哀鸣，或蒙天宥耳。"妓曰："何如？"胥曰："若须沐浴极洁，仍以脂粉香泽治面与身，令香远彻，而肌理妍艳之极。首饰衣服，须以金宝锦绣，虽私服衣裙，不可以寸素间之。务尽天下之丽，能夺目荡志则可。"问其词，曰："一味哀呼而已。"妓从之。比见上，叱令自陈，妓无一言。上顾左右曰："榜起杀了。"群妓解衣就缚，自外及内，备极华烂，缯采珍具，堆积满地，照耀左右，至裸体，装束不减，而肤肉如玉，香闻远近，上曰："这小妮子，使我见也当惑了，那厮可知。"遂叱放之。

【译文】

明太祖洪武年间，有个姓欧阳的驸马偶尔召了四名妓女陪酒。事情泄露，官府极力搜捕陪酒的妓女。妓女们自觉没有生路，想自行毁容从而侥幸保住一命。一个官府老吏听说后，找到妓女们说："要是肯出千金，我能保你们不死。"妓女们马上给了他五百金。老吏说："你们要毁容就错了。皇上圣明，哪会不清楚你们平日的奢侈华丽？毁容装可怜去骗皇上，你们必死无疑。就以平常的模样去哀求，或许还能得到宽恕。"妓女说："到底怎么做？"老吏说："你们先干干净净洗个澡，用香水脂粉从头到脚细细擦抹，要做到隔好远就能闻到香气，肌肤柔滑润泽。至于穿戴，一定要用最考究的，就是贴身小衣也不能有一点普通料子。总而言之，一定要做到尽可能的华丽，要让男人一见就动心。"妓女又问该说什么，老吏说："什么也不用说，哀号哭泣就行。"妓女们听从了老吏的建议。见到太祖后，呵斥她们自陈罪状，妓女哭天喊地没一句整话。太祖下令："把她们绑起来杀了！"妓女就脱衣就缚，这衣服从外脱到内，一件件都是华丽无比、奢靡异常，堆在地上光艳夺目，直到脱光，衣服都那么考究，肌肤也温润如玉，而且香气袭人。太祖苦笑道："这些小妮子，就是我也要被她们诱惑了，别说那小子了！"于是呵斥一声把她们放了。

535. 王　振

北京功德寺后宫像极工丽。僧云，正统时，张太后常幸此，三宿而返。英庙尚幼，从之游，宫殿别寝皆具。太监王振以为，后妃游幸佛寺，非盛典也，乃密造此佛。既成，请英庙进言于太后曰："母后大德，子无以报，已命装佛一堂，请致功德寺后宫，以酬厚德。"太后大喜，许之，命中书舍人写金字藏经置东西房。自是太后以佛、经在，不可就寝，不复出幸。

君子之智，亦有一短。小人之智，亦有一长。小人每拾君子之短，所以为小人；君子不弃小人之长，所以为君子。

【译文】

北京城的功德寺后宫的佛像十分精致华丽。据和尚说，正统年间，张太后常游幸功德寺，会住上几晚才回宫。当时英宗年纪还小，也跟着太后游寺，所以寺里有备用的寝宫。太监王振认为后妃常游幸佛寺不是什么好事，于是暗中命人造了这佛像，完成后，王振请英宗对太后说："母后大德，儿臣无以为报，特命人打造一尊佛像，准备请到功德寺后宫安置，以此报谢母后大德。"太后听了非常高兴，立即答应，又命中书舍人抄写金字经书放在东西两厢房。从此太后因寺里供有佛像和经书，不适合住宿，也就不再游幸。

冯评：君子的智虑也有不足，小人的智巧也有长处。小人老是挑君子的短处，所以才成为小人；君子不轻易放弃小人的长处不用，所以才成为君子。

536. 贺儒珍　二条

两宫工完，所积银犹足门工之费。户、兵二部原题协济银各三十万，通未用也。西河王疏开矿与采木，并奏部，久不覆。一日，文书房口传，诘问工部不覆之故，立等回话。部查无此疏，久之，方知停阁于户部也。户部仓皇具咨稿，工堂犹恐见累。郎中贺儒珍曰："易耳！首叙某月日准户部咨云云，咨到日即具覆日。复疏曰：照得两宫鼎建，事关宸居，即一椽一桷，纯用香楠、杉木，犹不足尽臣等崇奉之意。沿边不过油松杂木。工无所用，相应停采。"

按：此事关边防，西河特借大工为名耳。尔时事在必行，公恐激而成之，故从容具覆，但言其无所用，而不与争，事遂寝。

工部一日得旨买金六千两，铺户极言一时难办，必误，赔不惜也。且言户部有编定金行甚便。公思：户部安肯代工部买金耶？唯有协济一项，今已不需，户部尚未知也。时司徒杨本庵胞弟毓庵正在衡司。公夜过之，谓曰："户协工三十万金，欲具题，何如？"毓庵入言于兄，出告曰："吾兄深苦此事，欲求少减。"公曰："户果不足，如肯代工买金六千，则前银可无烦设处。"毓庵复入言，本庵亟许。公归，遂收工商买金之票。掌稿力禀不可，公叱之出。及具题，掌稿复言户必不肯，公曰："第上之。"既报可，户无难色。公去部后，再有买金之事，仍如公行之户部。而户部怒裂其札，掌稿者竟不知所以也。

【译文】

　　乾清、坤宁二宫的修建工程完工后，所剩下的经费还足以支付修建殿门的工程。原先说户部和兵部各下拨三十万两银子，也统统没用上。封地在山西的西河王曾上奏请求开矿、采伐，奏章到了工部，许久不见答复。一天，处置公文的办公室传来消息，说上面调查不答复西河王的原因，要求立即答复。工部官员查了半天，发现没有这道奏章，又查了很久，才知道是搁置在了户部。户部官员匆忙准备公文稿，工部尚书担心因此受到牵连。这时郎中贺儒珍说："这事好办。就按常规格式写'某某日准户部咨'，日期做成当日回复。回复说：乾清、坤宁两宫的营建，关乎帝后的起居，就算是每根橼子都用上好的楠木、杉木，也不足以表达臣子的尊崇。西北边境一带只出产油松一类杂木，工程上用不着，应该停止开采。"

冯评：此事事关边防，西河王只是借资助大工程的名义提出罢了。当时事在必行，贺公怕正面冲突会引发严重后果，所以只是就事论事地说他那里的木材没有用，其他的一律不与之争执，这事最终也就不了了之了。

工部某日奉旨购买六千两黄金。经营金银的商户说数额太大，一时间没法办，时间上肯定会耽误，就是赔钱也没办法。又说户部有他们定点的金银行，储备丰厚，找他们办应该很容易。贺儒珍想，户部怎么肯无端替工部代买黄金呢？只有先前说要户部拨给两宫工程三十万两银子，现在用不着了，但户部还不知道。从这里可以做些文章。当时户部尚书杨本庵的胞弟杨毓庵在工部的衡司任职，贺儒珍晚上去造访，说："户部上奏答应协助工部三十万两，现在我们要向上汇报结果了，怎么办呢？"杨毓庵进去转达给兄长，出来道："家兄也深为此事苦恼，希望能将额度减少一些。"贺儒珍道："户部拿三十万两银子要是有困难，那也就不便勉强，我们想办法就是了，不过条件是代工部买六千两黄金。"杨毓庵又进去转述，杨本庵立马答应了。贺儒珍回到工部，下令收集商人购买金银的票帖，掌管公文的官员极力陈说不可行，贺儒珍把他轰了出去。后来要正式回复买黄金的公文，申请通过户部的金银行购进，那个官员还在说户部肯定不会帮忙，贺儒珍道："你只管发文过去。"申请通过了，户部也没有刁难。贺儒珍离开工部后，再碰到买黄金的事，工部官员还是依样画葫芦请求户部协办，户部把他们的公函撕了个粉碎。那位掌管公文的到最后也没明白是怎么回事。

537. 满宠　郭元振

太尉杨彪与袁术婚，曹操恶之，欲诬以图废立，收彪下狱，使许令满宠按之。将作大匠孔融与荀彧嘱宠曰："但受词，勿加考掠。"（边批：惜客误客，书生之见）宠不报，考讯如法。数日，见操言曰："杨彪考讯无他词。此人有名海内，若罪不明白，必大失民望。窃为明公惜之。"操于是即日赦出彪。初，或与融闻宠考掠彪，皆大怒。及因是得出，乃反善宠。

郭元振迁左骁卫将军、安西大都护。西突厥酋乌质勒部落强盛，款塞欲和。元振即其牙帐与之计事。会天雨雪，元振立不动，至夕冻冽。乌质勒已老，数拜伏，不胜寒冻，会罢即死。其子娑葛以元振计杀其父，谋勒兵来袭。副使解琬劝元振夜遁。元振不从，坚卧营中（边批：畏其袭者决不敢杀，敢杀则必有对之矣）。明日，素服往吊，赠礼，哭之甚哀（边批：奸甚）。留数十日，为助丧事。娑葛感悦，更遣使献马五千、驼二百、牛羊十余万。

考掠也，而反以活之；立语也，而乃以杀之，其情隐矣。怒我者，转而善我，知其情故也；欲袭我者，转而感悦我，不知其情故也。虽然，多智如曹公，亦不知宠之情，况庸才如解琬，而能知元振乎？

【译文】

三国时太尉杨彪和袁术结成儿女亲家，曹操对此深感不满，想诬陷杨彪图谋不轨，就把他关进监狱，让许县县令满宠负责审讯。时任将作大匠的孔融与荀彧都嘱咐满宠说："请先生只听取供词，不要用刑。"满宠对两个人不予回复，像平时一样用刑拷问。几天后，满宠见曹操说："这个杨彪，经过拷问，并没有得到什么有价值的供词。这个人名气不小，如果不明不白获罪，肯定会失去民心，如果这样，对您来说是很遗憾的事。"曹操听了，当天就释放了杨彪。当初，荀彧与孔融听说满宠拷问杨彪，都非常生气，等到杨彪因为挨了打而出狱，又反过来对满宠很友好。

唐朝的郭元振任左骁卫将军、安西大都护。当时西突厥的酋长乌质勒所统率的部落势力强大，乌质勒又主动表示愿意与唐朝修好。郭元振就来到乌质勒的军帐和他商议。这天正值雨雪，郭元振进帐后站立不动，直到夜晚气温更是达到极点。乌质勒年事已高，受不了寒冷，几次叫饶。会谈结束后，他就得病死了。乌质勒的儿子娑葛认为是郭元振用计杀死自己的父亲，于是准备率兵袭击郭元振。郭元振的副使解琬劝说他趁夜遁逃，郭元振不听，就在自己的营帐里守候。第二天，郭元振穿着一身素服前往乌质勒的灵前吊祭，致赠奠仪，而且哭得很伤心。并且还主动留在营里几十天，帮忙料理丧事。娑葛深受感动，反而派使者送给郭元振五千匹骏马、二百头骆驼及十万多头牛羊。

冯评：严刑拷问，反而使之得到活命的机会；站着对话，反而使之命丧九泉。这些内情都很隐微。对我很生气的，终于对我很友好；打算袭击我的，转而对我十分感铭。聪明的曹操，尚且看不透满宠的心思，平庸的解琬，怎能知道郭元振的底细呢？

538. 梅衡湘

梅少司马衡湘初仕固安令。固安多中贵，狎视令长；稍强项，则与之争。公平气以待。有中贵操豚蹄饷公，乞为征负。公为烹蹄设饮，使召负者前，呵之。负者诉以贫，公叱曰："贵人债何债，而敢以贫辞乎？今日必偿，徐之，死杖下矣！"负者泣而去，中贵意似恻然。公觉之，乃复呼前，蹙额曰："吾固知汝贫甚，然无如何也，亟鬻而子与而妻，持镪来。虽然，吾为汝父母，何忍使汝骨肉骤离？姑宽汝一日，夜归与妻子诀，此生不得相见矣！"负者闻言愈泣，中贵亦泣，辞不愿征，为之破券。嗣是，中贵家征负者，皆从宽焉。

【译文】

明朝的兵部右侍郎梅国桢（号衡湘）开始在固安县做县令。固安是个盛产太监的地方，当地百姓常常不把官员放在眼里，地方官稍微有些硬气，他们就会故意刁难。梅公都平和地对待这一切。有个太监送给梅公一副猪蹄，想让梅公为他讨债，于是梅公命人煮了猪蹄，摆下宴席，把欠钱的叫来，申斥他还钱。欠钱的说家里穷，梅公怒斥道："宦官的债是什么分量？你们敢哭穷？今天你一定要还清，慢了，我叫你杖下做鬼！"欠钱的哭着离开了。太监对此似乎动了恻隐之心。梅公有所察觉，又把欠钱的找回来，皱着眉说："我也知道你很穷，但是没别的办法。赶紧回家，把老婆孩子卖了，拿钱来还债吧。话是这么说，我好歹也是你们父母官，不忍心让你们骨肉骤然分离，就宽限你一天，晚上回去跟老婆孩子告别，此生不能再相聚了。"欠钱的听了，哭得更加厉害。太监听了也不禁掉泪，当场表示不再讨债，销毁了借条。从此以后，所有的太监债主都不再那么严厉催逼了。

539. 宁 越

齐攻廪丘，赵使孔青将死士而救之，与齐人战，大败之，齐将死，得车二千，得尸三万，以为二京。宁越谓孔青曰："惜矣！不如归尸以内攻之，使车甲尽于战，府库尽于葬。"孔青曰："齐不延尸，如何？"宁越曰："战而不胜，其罪一；与人出而不与人入，其罪二；与之尸而弗取，其罪三。民以此三者怨上，上无以使下，下无以事上，是之谓重攻之。"宁越可谓知用文武矣，武以力胜，文以德胜。

【译文】

齐国人攻打廩丘，赵国派孔青率领敢死队前往救援，和齐人战斗，结果大败齐军，齐将阵亡，俘获战车两千辆，得到齐军尸首三万具，准备以之修筑两座大坟鼓舞士气。宁越对孔青说："那样太可惜了。不如把齐兵的尸首还给齐人，这样可以从他们内部再发动一次进攻，让他们的车辆兵甲都消耗在战争中，让他们府库里的钱粮都消耗于埋死人。"孔青说："那齐人要是拒绝收尸，怎么办呢？"宁越说："他们出战而不得胜，是罪一；带人出来打仗没给带回去，是罪二；还给他尸体再不接受，就是罪三。就这三罪，足以让百姓怨恨君主，君主无法驱使百姓，百姓不愿效力君主，这就是更为致命的打击。"宁越可算是个文武双全的人，用武能以力取胜，用文能以德取胜。

540. 慎 子

楚襄王为太子之时，质于齐。怀王薨，太子辞于齐王而归，齐王隘之（阨之也）："予我东地五百里，乃归子。不予，不得归！"太子曰："臣有傅，请退而问傅。"傅慎子曰："献之地，所以为身也。爱地不送死父，不义，臣故曰献之便。"太子入，致命齐王曰："敬献地五百里。"齐王归楚太子。太子归，即位为王。齐使车五十乘来取东地于楚。楚王告慎子曰："齐使来求东地，为之奈何？"慎子曰："王明日朝群臣，皆令献其计。"上柱国子良入见，王曰："寡人之得反，主坟墓、复群臣、归社稷也，以东地五百里许齐，齐令使来求地，为之奈何？"子良曰："王不可不与也，王身出玉声，许强万乘之齐而不与，则不信，后不可以约结诸侯，请与而复攻之。与之，信；攻之，武。臣故曰与之。"子良出，昭常入见，王曰："齐使来求东地五百里，为之奈何？"昭常曰："不可与也。万乘者，以地大为万乘，今去东地五百里，是去战国之半也，有万乘之号而无千乘之用也，不可。臣故曰勿与，常请守之。"昭常出，景鲤入见，王曰："齐使来求东地五百里，为之奈何？"景鲤曰："不可与也。虽然，楚不能独守。王身出玉声，许万乘之强齐也而不与，负不义于天下，楚亦不能独守，臣请西索救于秦。"景鲤出，慎子入，王以三大夫计告慎子曰："子良见寡人曰：'不可不与也，与而复攻之。'常见寡人曰：'不可与也，常请守之。'鲤见寡人曰：'不可与也。虽然，楚不能独守。臣请索救于秦。'寡人谁用于三子之计？"慎子对曰："王皆用之。"王怫然作色曰："何谓也？"慎子曰："臣请效其说，而王且见其诚然也。王发上柱国子良车五十乘，而北献地五百里于齐；发子良之明日，遣昭常为大司马，令往守东地；遣昭常之明日，遣景鲤车五十乘，西索救于秦。"王如其策，子良至齐，齐使人以甲受东地，昭常应齐使曰："我典主东地，且与死生，悉五尺至六十，三十余万，敝甲钝兵，愿承下尘！"齐王谓子良曰："大夫来献地，今常守之，何如？"子良曰："臣身受命敝邑之王，是常矫也，王攻之！"齐王大兴兵攻东地，伐昭常，未涉疆，秦以五十万临齐右壤，曰："夫隘楚太子弗出，不仁；又欲夺之东地五百里，不义。其缩甲则可，不然，则愿待战。"齐王恐焉，乃请子良南道楚，西使秦，解齐患。士卒不用，东地复全。

【译文】

楚襄王做太子的时候，曾作为人质住在齐国。楚怀王去世，太子向齐王请求回国，齐王却故意刁难不放行："你割让东地五百里，就放你回去。否则，不让你回去！"太子说："臣有一位师傅，请准许我回去请教一下再答复。"太子的师傅慎子对太子说："给他土地，是为了把你自己解脱出来。如果因为吝惜土地，不回国为父奔丧，这是违反道义的。所以臣主张应该割地。"太子回复齐王说："愿意敬献五百里土地。"齐王也就准许太子回国。太子回国后，即位为楚王，齐国派出五十辆兵车前来接收东地。楚王对慎子说："齐国派人来要东地了，怎么办呢？"慎子说："大王明日早朝见群臣时，让他们各自献计。"第二天，上柱国子良首先晋见。楚王说："寡人所以能回国为先王送葬、再见到众位大臣，并得以主持国政，是因为先前答应把东地五百里割给齐国。现在齐王派人来要土地，该怎么办呢？"子良说："大王不能不给齐王土地，因为身为君主，金口玉言，答应了强大的齐国而不兑现，那是不讲信用，以后就没法和诸侯缔结盟约了，所以请先把土地割给齐王，再发兵抢回来。给他，那是我们守信；再抢回来，那是我们实力强大。所以臣主张把土地给齐国。"子良退出后，昭常晋见。楚王说："齐国派人来要东地五百里，该怎么办？"昭常说："不能给他们。所谓万乘大国，凭的是土地广阔，把东地五百里割让了，国土就去掉了一半，那就只有万乘的空名，而实际上连千乘之国都比不上，那万万不行。所以臣主张不给。请让我率兵去镇守。"昭常退出去，景鲤晋见。楚王说："齐国派人来索要东地五百里，该怎么办好呢？"景鲤说："不能给。不过，大王金口玉言，答应强大的齐国又不兑现承诺，那要背负一个不义之名。楚国不能单独守护东地，请准许我西去向秦国求援。"景鲤退了出去，慎子晋见。楚王把前面三位大臣的话告诉慎子，说："子良见我说：不能不给他们，给了之后再抢回来。昭常见我说：不能给他们，让我去守着。景鲤见我说：不能给他们，但是楚国也不能独力守卫，请让我西去秦国求救。我到底应该听谁的呢？"慎子回答："三个人的都听。"楚王听了很生气，说："这叫什么话！"慎子回答说："请大王听臣做个分析，大王就会知道这是怎么回事了。大王先派子良领战车五十辆，北去向齐国献地五百里。子良出发的第二天，派昭常为大司马镇守东地。派昭常的第二天，再派景鲤率战车五十辆西去秦国求救。"楚王照此办理。子良到了齐国，齐国便派兵接收东地。昭常对齐使说："我负责镇守东地，与之共存亡，我楚国老少三十万人，带着破旧的装备，愿意沾上贵国军队的征尘。"齐王对子良说："大夫你来献地，昭常又率军镇守，这是什么意思？"子良回答说："臣亲奉敝国大王之命前来献地，是昭常矫命用兵，请大王攻打他。"于是齐王发动大军攻打东地的昭常，可是大军还没到达边境，秦国的五十万大军就已开到齐国的西境，扬言说："齐王阻止楚太子回国，这是不仁；又要掠夺楚国东地五百里，这是不义。除非立刻退兵，否则我们期待一战。"齐王听了非常害怕，就请子良分别向楚王和秦王致意，解除齐国的威胁。这样，楚国不用战争就保全了东地。

541. 颜真卿

真卿为平原太守，禄山逆节颇著，真卿托以霖雨，修城浚濠，阴料丁壮，实储廥，佯命文士饮酒赋诗。禄山密侦之，以为书生不足虞。未几禄山反，河朔尽陷，唯平原有备。

小寇以声驱之，大寇以实备之。或无备而示之有备者，杜其谋也；或有备而示之无备者，消其忌也。必有深沉之思，然后有通变之略。微乎，微乎！岂易言哉？

【译文】

唐朝的颜真卿任平原太守。安禄山造反的迹象十分明显，颜真卿假托天降大雨，需要修补城墙、疏浚城河，又暗中挑选兵丁、储备粮食，表面上则时常和文人饮酒赋诗。安禄山派密探调查，但他认为颜真卿不过一介书生，不足为虑。没多久，安禄山果然造反了，河北的主要据点全都沦陷，只有平原郡早有防范而得以幸免。

冯评：碰到小毛贼就虚张声势吓跑他，碰到大盗贼就得认真准备，靠实力对付他。自己没什么准备却故意让对方觉得准备充分，那是为了让对方放弃固有的蓄谋；自己有准备却故意让对方觉得没什么准备，那是为了消除对方的戒备。必须先要有深沉的思考，然后才能有变通自如的策略。微妙啊微妙！哪里是很容易说得明白的呢？

542. 李允则

雄州北门外居民极多，旧有瓮城甚窄。刺史李允则欲大展北城，而以辽人通好，嫌于生事。门外有东岳祠，允则出白金为大香炉及他供器，道以鼓吹，居人争献金帛，故不设备，为盗所窃。乃大出募赏，所在张榜，捕贼甚急，久之不获。遂声言盗自北至，移文北界，兴版筑以护神祠，不逾旬而就，虏人亦不怪之。——今雄州北关城是也。既浚濠，起月堤，岁修禊事，召界河战棹为竞渡，纵北人游观，而不知其习水战也。州北旧多陷马坑，城下起楼为斥堠，望十里，自罢兵后，人莫敢登。允则曰："南北既讲和矣，安用此为？"命撤楼夷坑，为诸军蔬圃，浚井疏洫，列畦陇，筑墙垣，纵横其中，植以荆棘，而其地益阻隘。因治坊巷，徙浮屠北原上，州民旦夕登，望三十里。下令安抚司：所治境有隙地悉种榆。久之，榆满塞下，顾谓僚佐曰："此步兵之地，不利骑战，岂独资屋材耶？"

允则不事威仪，间或步出，遇民有可语者，延坐与语，以此洞知人情。子犹曰此便是舜之大智。今人以矜慢为威严，以刚愎为任断；千金在握，而不能构一谋臣；百万在籍，而不能得一死士；无事而猴冠，有事则鼠窜。从目及矣，尚何言乎？

【译文】

雄州（就是现在的河北雄县）在北宋时候是和辽国接壤的要塞，城北门外居民人数众多。古代的城墙出于军事防御目的，往往会在城门外再筑一道半圆形的小城，可以在上面安排人马守卫，称为瓮城。雄州北门本来有瓮城，不过很窄。刺史李允则想全面加固一下面对辽国的北城，但当时宋辽关系比较好，贸然这样做恐怕生出事端。北门外有一座东岳祠，李允则就出资造了白金的香炉和其他做法事用的器皿，让吹鼓手演奏，引来附近的居民纷纷前来祭献。李允则又故意放松戒备，结果被盗贼偷去了很多财物。李允则就重金悬赏捉拿盗贼，到处张贴告示，做出很紧急的样子，但过了很久还是一无所获。这时李允则就说盗贼一定是从北边辽国过来的，于是一边往辽国发公文请求协助，一边筑城墙工事保护神祠，不到十天就完工了，辽人对此也没有什么特殊反应，这就是现今（本文作者是北宋的沈括——译者注）的雄州北门城。疏浚了护城河之后，又建造月堤，举行传统的修禊活动，还召来界河的战船进行划船比赛，任辽国百姓参观，他们却不知道这实际上是李允则训练水战的方式。州北原先挖了很多陷马坑，城下造了小楼作瞭望用，十里之内都可以观望，宋辽停战后，人们都不敢上去。李允则说："宋辽既然已经讲和了，这些东西还有什么用呢？"于是命人拆楼填坑，让部队种起了蔬菜，并且挖井掘沟，又在其中排布田垄，建造墙垣，栽种荆棘，这里的地形就变得愈发不便通行。进而又建造街道，把佛塔移到北原，居民登塔可以望到三十里开外。又命令安抚司，在管辖区空地种植榆树，结果到处长满了榆树。李允则对左右说："这样，这里就只适合步兵战场，不利于骑兵作战了，岂只是为了多一些造房子的木材啊！"

冯评：李允则不喜欢摆官架子，有时步行外出，遇到可以交谈的百姓，就请他们坐下聊天，借以了解民情。冯梦龙说这样的做法是舜的大智慧。现在的官员把傲慢当作威严，把刚愎当成决断。府库里虽有千金，却不能引进一位谋臣；军队有百万之众，却得不到一名敢死勇士。太平无事的时候，衣冠楚楚；遇到变故的时候，抱头鼠窜。这样的官放眼望去比比皆是，还有什么可说的呢。

543. 何承矩

瓦桥关北与辽为邻，素无关河之阻。何承矩守澶州，始议因陂泽之地，潴水为塞。欲自相度，恐其谋泄，乃筑爱景台，植蓼花，日会僚佐，泛舟置酒，作《蓼花吟》数篇，令座客属和，画以为图，刻石传至京师，人谓何宅使爱蓼花，不知其经始塘泊也。庆历、熙宁中相继开浚，于是自保州西北沉远泺，东尽沧州泥枯海口，几八百里，悉为潴潦，倚为藩篱。

【译文】

雄州的瓦桥关北面与辽国相邻，其间无高山大河为屏障。何承矩镇守澶州的时候，开始考虑利用当地的湖泽蓄水作为防御屏障。想要对此进行考察，又怕暴露用意，于是何承矩修建了一座爱景台，种植了蓼花，每天与僚属在那里坐着船饮宴，又作了几篇《蓼花吟》，要在座的宾客唱和，又把这场景绘成图画，刻石印制传到京城。人们都以为何承矩对蓼花有特殊的癖好，却不知道这是他筹划建设池塘湖泊御敌的方法。庆历至熙宁年间，水塘相继开浚，于是从保州西北的沉远泺，一直东到沧州的泥枯海口，八百里尽成水塘，宋人赖以作为抵御辽人入侵的屏障。

544. 苏秦

苏秦、张仪尝同学，俱事鬼谷先生。苏秦既以合纵显于诸侯，然恐秦之攻诸侯败其约，念莫可使用于秦者，乃使人微感张仪，劝之谒苏秦以求通。仪于是之赵，求见秦。秦诚门下人不为通，又使不得去者数日。已而见之，坐之堂下，赐仆妾之食，因而数让之曰："以子才能，乃自令困辱如此。吾宁不能言而富贵子，子不足收也。"谢去之。仪大失望，怒甚，念诸侯莫可事，独秦能苦赵，乃遂入秦。苏秦言于赵王，使其舍人微随张仪，与同宿舍，稍稍近就之，奉以车马金钱，张仪遂得以见秦惠王。王以为客卿，与谋伐诸侯，舍人乃辞去，仪曰："赖子得显，方且报德，何故去也？"舍人曰："臣非知君，知君乃苏秦也。苏君忧秦伐赵，败从约，以为非君莫能得秦柄。故感怒君，使臣阴奉给君资，今君已用，请归报。"张仪曰："嗟乎！此吾在术中而不悟，吾不及苏君明矣；吾又新用，安能谋赵乎？为我谢苏君，苏君之时，仪何敢言？且苏君在，仪宁渠能乎？"自是终苏秦之世，不敢谋赵。

绍兴中，杨和王存中为殿帅。有代北人卫校尉，曩在行伍中与杨结义。首往投谒，杨一见甚欢，事以兄礼，且令夫人出拜，款曲殷勤。两日后忽疏之，来则见于外室。卫以杨方得路，志在一官，故间关赴之，至是大失望。过半年，疑为人所谮，乃告辞。又不得通，或教使伺其入朝回，遮道陈状，杨亦略不与语，但判云："执就常州于本府某庄内支钱一百贯。"卫愈不乐，然无可奈何，倘得钱，尚可治归装，而不识杨庄所在。正彷徨旅邸，遇一客，自云："程副将，便道往常、润，陪君往取之。"既得钱，相从累日，情好无间，密语之曰："吾实欲游中原，君能引我偕往否？"卫欣然许之，迤逦至代郡，倩卫买田：

"我欲作一窟于此。"卫为经营，得膏腴千亩，居久之，乃言曰："吾本无意于斯，此尽出杨相公处分，初虑公贪小利，轻舍乡里，当今兵革不用，非展奋功名之秋，故遣我追随，为办生计。"悉取券相授，约直万缗，黯然而别。此与苏秦事相类。

按苏从张衡，原无定局。苏初说秦王不用，转而之赵，计不得不出于从。张既事秦，不言衡不为功，其势然也。独谓苏既识张才，何不贵显之于六国间，作自己一帮手，而激之入秦，授以翻局之资，非失算乎？不知张之狡谲，十倍于苏，其志必不屑居苏下，则其说必不肯袭苏套，厚嫁之于秦，犹可食其数年之报。而并峙于六国，且不能享一日之安。季子料之审矣。若杨和王还故人于代北，为之谋生，或豢之以待万一之用也。英雄作事，岂泛泛哉？

杨和王有所亲爱吏卒，平居赐予无算，一旦无故怒而逐之，吏莫知其罪，泣拜而去。杨曰："无事莫来见我。"吏悟其意，归以厚资俾其子入台中为吏，居无何，御史欲论杨干没军中粪钱十余万，其子闻之，告其父，父奔告杨。即具札奏，言军中有粪钱若干，桩管某处，惟朝廷所用。不数日，御史疏上，高宗出存中札子示之，坐妄言被黜，而杨眷日隆。其还故人于代北，亦或此意。

【译文】

战国时候，苏秦与张仪两人曾是同学，都是鬼谷先生的学生。苏秦因主张联合六国共同抗秦名噪一时，这个主张称为合纵，但苏秦担心秦国会攻打诸侯，使其策略受到破坏。因为忧虑没有可派遣秦国的人选，就暗中派人诱导张仪，劝他拜谒苏秦谋求发达。于是张仪真的跑到赵国求见苏秦。苏秦一面命门客不许为张仪引见，一面又暗中设法使张仪不得离开赵国。几天之后，苏秦终于接见了张仪，却让他坐在堂下，给他仆妾吃的食物，又不断责备他说："以你的才能，让自己困窘到这样的地步！我现在说句话就能让你得到富贵，这还有什么难处吗？只是你实在不值得我收留！"说完就走了。张仪大失所望，也很生气，盘算了一下，诸侯中没有谁值得效命，只有秦国能压制赵国，于是去了秦国。苏秦把这事告诉了赵王，同时派人暗中尾随张仪，和他同路同宿，慢慢接近他，并提供他车辆马匹及盘缠，这样，张仪终于见到了秦惠王，秦惠王奉张仪为客卿，与他商议如何攻打诸侯。苏秦派来的手下向他辞别。张仪说："靠您的帮助，我才得以显贵，我正要报答您的恩德，您为什么要离我而去呢？"这人说："了解您的不是我，而是苏秦。苏秦担心秦国攻打赵国会破坏合纵的盟约，认为非您不能操控秦国，所以故意触怒您，派我暗中资助。现在您已得到秦王重用，请让我回去交差吧。"张仪说："唉，这是我身在苏秦的权谋术中而不自知，我比苏秦差得太多了。现在我刚被任用，怎么会图谋攻打赵国呢？替我谢谢苏先生，只要苏先生在，我怎敢谋划伐赵的事呢？"从此，苏秦在世的年代，张仪不敢图谋攻赵。

冯评：宋高宗绍兴年间，杨存中（封和王）任殿帅，有个代北的卫校尉昔日在军中曾经和杨结为兄弟的，前来投奔。相见之后，杨十分高兴，以兄长之礼相待，还命夫人出来拜见，招待十分周到。两天后，杨突然疏远了，卫校尉来，也只在外厅接见。卫校尉本以为杨正春风得意，所以远道来投，想请他为自己谋个一官半职，事情变成这样，不免大失所望。半年之后，卫校尉怀疑自己是被人说了坏话，呆下去也没意思，想告辞回乡，却又没人通禀。有人指点等杨存中上朝回来的时候拦下他上书陈情，杨也不和他多说什么，只回复说："去常州本府某庄领一百贯钱。"卫校尉越发不高兴了，但又无可奈何，想着能拿到一百贯钱，也算有了回乡的路费，可又不知道所谓的某庄究竟在哪里。正在旅馆中发愁，遇到一位客人，自称程副将，说正要去常州、镇江一带，愿意顺道陪他去取钱。顺利拿到钱之后，两人因为相处多日而交情日深，程副将悄悄对他说："我是想去中原的，你愿意跟我一起去吗？"卫校尉欣然同意。一路游历之后，两人最后到了代州，程副将请卫校尉帮忙买些田产，并表示自己打算在此营造一份家业。卫校尉就帮他谋划，买了千亩良田。过了很久，程副将对卫校尉说："我对这里根本没有兴趣，这都是杨相公的主意。当初他担心你贪图小利，而轻易离开故里，现在天下太平，不是我们武将建功立业的时候，所以派我一路追随，并为你谋划生计。"说完拿出所有的票据，总值有一万多缗，然后黯然告别。这和苏秦的那个故事差不多。

苏秦合纵，张仪连横，局势本来就扑朔迷离。苏秦曾游说秦王而没有被采纳，后来转投赵国，他不得不用合纵的计谋。张仪既然投奔秦国，不主张连横就不能建功，这都是情势所迫。只是有人说苏秦既然知道张仪的才能，为什么不让张仪在同盟的六国中显贵，成为自己的帮手，非要把他激到敌对的秦国去，给张仪提供破坏合纵的机会，这不是失算吗？这么说，是不了解张仪，他比苏秦狡诈得多，他是必定不会甘心在苏秦的布局下张罗合纵事业的，所以不如好好地把他送到秦国，还能享受几年张仪的报答。如果两人同为六国的要人，苏秦恐怕一天也不得安生，苏秦考虑真是审慎啊。至于杨和王送老友回代北，并为他添置家业，也许只是养着他图个万一的机会用到他吧。英雄做事，哪里是随随便便的？

杨和王有位亲信的吏卒，平日对他赏赐丰厚，一天突然无故发怒，把他撵走了。这吏卒不知自己到底犯了什么错，只能含泪拜别。杨说："没事不要来见我。"吏卒领悟了话中的深意，回到家乡后，花大笔钱把儿子送进御史台做小吏。御史台是专门监察官员的部门，没多久，御史想上书弹劾杨存中贪污军中的马粪钱，吏卒的儿子知道了，告诉他父亲，父亲又连忙告诉了杨存中。杨存中便上奏，说军中有一笔马粪钱现存放某处，等候朝廷使用。没几天，御史上书弹劾，高宗拿出杨存中的奏折给他看，结果这御史因诬告被免官，而杨存中却日渐受宠。他遣送故人回代北，或许也是这样的用意。

545. 王 尼

尼，字孝孙，本兵家子，为护军府军士，然有高名。胡母辅之与王澄、傅畅等诸名士，迭属河南功曹及洛阳令，请解之，不许。辅之等一日赍羊酒诣护军门，门吏疏名呈护军，护军大喜，方欲出迓。时尼正养马，诸公直入马厩下，与尼炙羊饮酒，剧饮而去，竟不见护军。护军大惊，即与尼长假。

《余冬序录》载，杨文贞士奇在阁下时，其婿来京。婿久之当归，念无装资，会有知府某犯赃千万，婿缘是婿，赂至数千，为其求救。此知府已入都察院狱矣，杨不得已，于该道问理日，遣一吏持盒食至院，云："阁下杨与某知府送饭。"御史大惊，即命释其刑具，候饭毕，一切听令分雪，遂得还职。此与王尼事同，但所释者，名士墨吏既殊，而释人者，畏名又与畏权势亦异。文贞贤相，果有此，未免白璧之瑕矣！

【译文】

晋朝的王尼字孝孙，本是兵家子弟，任护军府的军士，但名气很大。胡母辅之、王澄、傅畅等名士多次嘱托河南功曹和洛阳令，请求让王尼复员，但是一直没有成功。一天，胡母辅之等人带着酒肉来到护军府，门房进去通报，护军一见，以为是名士前来犒劳，十分高兴，正准备出府迎接。当时王尼负责养马，胡母辅之等人进府后直奔马厩，跟王尼大吃大喝了一通，酒足饭饱，扬长而去，至于护军，根本就没见。护军对这事吃惊不小，知道这王尼颇有来头，立刻给他放了长假（准其长期不在军中）。

冯评：《余冬序录》记载，杨士奇（谥文贞）作大学士的时候，他女婿进京探访。过了一段日子，女婿该回家了，但缺少盘缠。正好有个知府涉嫌贪赃千万，知道杨士奇女婿的情况，就花了几千贿赂，希望以此让杨士奇救自己。这时，这个知府已被关进都察院的大牢，杨士奇也没办法相救，只在受理诉讼的日子，派一个小吏拿着食盒来到都察院，说"阁臣杨大人给某知府送饭"。御史一听大吃一惊，立即命人卸下知府身上的刑具。等知府吃完饭，立刻任其辩白，结果这个知府最终官复原职。这和王尼的事相同，只是被开释者一个是名士，一个是贪官；下令开释的，一个畏惧名声，一个畏惧权势。杨士奇是一代贤相，果有此事，未免属于白璧之瑕。

546. 王 随

王文惠公随举进士时甚贫，游翼城，逋人饭，被执入县。石务均之父为县吏，为偿钱，又馆给之于其家，其母尤加礼焉。一日务均醉，令王起舞，舞不中节，殴之，王遂去。明年登第，久之，为河东转运使，务均惧而窜。及文潞公为县，以他事捕务均，务均急往投王，王已为御史中丞矣，乃封一锭银至县，令葬务均之父，事遂解。

【译文】

北宋的王随考进士时穷得要命，在翼城还曾经欠人饭钱，被抓进了县衙。当时石务均的父亲是县吏，替王随还了饭钱，还请王随到家里住下，石务均的母亲对王随更是以礼相待。有一天，石务均喝多了，一定要王随跳舞，王随跳得不好，石务均就打了王随，于是王随便离开了石家。第二年，王随中了进士，过了一段时间升为河东转运使。石务均害怕了，躲着王随。等到文彦博做翼城县令时，因为别的事要抓捕石务均，石务均情急之下去投奔王随，这时王随已是御史中丞了。王随命人拿一锭银子送到县衙，只说是给石务均用于安葬父亲的费用。石务均的事情就这样化解了。

547. 王忠嗣

王忠嗣，唐名将也。安禄山城雄武，扼飞狐塞，谋为乱，请忠嗣助役，欲留其兵。忠嗣先期至，不见禄山而还。

【译文】

王忠嗣是唐朝的名将。当初安禄山在雄武筑城，扼守飞狐塞，准备叛乱，想请王忠嗣帮忙，并且利用王忠嗣的兵力。王忠嗣也没有拒绝安禄山，只是故意提前赴约，当然没见到安禄山，于是就独自回去了。

548. 谢安　李郃

桓温病笃，讽朝廷加己九锡。谢安使袁宏具草，安见之，辄使宏改，由是历旬不就。温薨，锡命遂寝。

按袁宏草成，以示王彪之。彪之曰："卿文甚美，然此文何可示人？"安之频改，有以也。

大将军窦宪内妻，郡国俱往贺。汉中太守亦欲遣使，户曹李郃谏曰："窦氏恣横，危亡可立俟矣。愿明府勿与通。"太守固遣，郃乃请自行，故所在迟留，以观其变。行至扶风，而宪已诛，诸交通者皆连坐，唯太守以不预得免。

【译文】

东晋的桓温病得快要死了，还在暗示朝廷给自己加九锡——这是一个想篡位的信号。谢安把起草文稿的事情交给自己的参军袁宏，文稿完成后，谢安要袁宏修改，折腾了十多天也没完成。这么一拖，桓温死了，加九锡的事情也就黄了。

冯评：当初袁宏的草稿写成，曾拿给王彪之看，王彪之说："你的文章写得很优美，不过这文章怎么能拿给人看啊？"谢安频频修改，是有缘故的啊！

东汉时大将军窦宪纳妾，地方官员、王爷都前往道贺。汉中太守也想派使前往，户曹李郃劝谏说："窦氏专权骄横，覆灭的日子不远了，希望大人不要和他们有什么往来。"太守坚持要派人道贺，李郃就自请充当使者，一路上他故意拖延停留，以观其变。等走到扶风的时候，窦宪已经被诛，所有和窦宪有来往的官员都受到株连，只有汉中太守没有瓜葛，幸免于祸。

549. 段秀实 冯瓒

泾州王童之谋作乱，期以辛酉旦警严而发。前夕有告之者，段秀实阳召掌漏者怒之，以其失节，令每更来白，辄延之数刻。遂四更而曙，童之不果发。

吕翰据嘉州版，曹翰夺其城，贼约三更复来攻。翰觇知，密戒司更使缓，向晨犹二鼓，贼众不集而溃，因而破之。

冯瓒知梓州，才数日，会伪蜀军将上官进啸聚亡命三千余众，劫村民，夜攻州城。瓒曰："贼乘夜掩至，此乌合之众，以箠梃相击耳，可持重以镇之，待旦自溃矣。"城中止有骑兵三百，使守诸门。瓒坐城楼，密令促其更筹，未夜分，击五鼓，贼惊遁，因纵兵追之，擒进，斩于市，郡境以安。

孙膑减灶，虞诩增之；段秀实延更，冯瓒促之。事反功同，用之不穷。

【译文】

唐朝泾州的王童之想作乱，准备在辛酉那天的早上五鼓时分起事。头天晚上，有人向刺史段秀实告发，段秀实就召来更夫，假装生气地责怪他报时不准，让他每个更次都来汇报，由此每更报更的时间都有所耽搁，报到四更时天已见亮，王童之的计划也因此没法实施。

冯评：北宋时候的军校吕翰占据嘉州叛乱，将军曹翰攻下了嘉州。吕翰一伙打算三更时分聚兵再夺回嘉州，曹翰侦知了这一情报，密令更夫延迟报更，天都快亮了才报二更，贼兵失去了集合时间，成了一盘散沙，曹翰得以将其一举击溃。

北宋初年，冯瓒任梓州知州，上任没几天，就碰到伪蜀将军上官进啸率三千亡命之徒，抢劫村民，又趁夜攻打州城。冯瓒闻报，说："这班贼人趁夜而来，不过是一群扛着棍子的乌合之众，小心防守，等到天亮后，他们自然就散去了。"城里只有三百名骑兵，冯瓒命他们镇守各城门，自己坐在城楼上，暗中命令更夫压缩报更的时间间隔，没到半夜就已打到五更，贼人以为天快亮了，便开始惊慌逃窜。冯瓒趁势下令出兵追击，活捉上官进，将其斩首市朝，这一带又重新恢复了平静。

冯评：孙膑用减灶之计，虞诩反用增灶；段秀实延滞报更，冯瓒反而压缩更次。做法相反，效果相同，其中的妙用无穷无尽。

550. 仆散忠义

仆散忠义为博州防御使。一夕阴晦，囚徒谋反狱，仓卒间，将士皆皇骇失措。忠义从容，但使守更吏挝鼓鸣角。囚徒以为天且晓，不敢出，自就桎梏。

【译文】

金朝的仆散忠义任博州防御使时，一个天气阴沉的夜晚，监狱里的囚徒谋反越狱。事出突然，众兵士有些手足无措。仆散忠义十分镇定，只是叫守更的小吏击鼓吹号。因为天气不好，囚犯们只当真的天快亮了，都不敢再往外逃，老老实实回到监狱里呆着去了。

551. 晏 婴

公孙接、田开疆、古冶子同事景公，恃其勇力而无礼，晏子请除之，公曰："三子者搏之不得，刺之恐不中也。"晏子请公使人馈之二桃，曰："三子何不计功而食桃？"公孙接曰："接一搏狷，而再搏乳虎，若接之功，可以食桃而无与人同矣。"援桃而起。田开疆曰："吾伏兵而却三军者再，若开疆之功，亦可以食桃而无与人同矣。"援桃而起。古冶子曰："吾尝从君济于河，鼋衔左骖，以入砥柱之流。当是时也，冶少不能游，潜行逆流百步，顺流九里，得鼋而杀之，左操骖尾，右挈鼋头，鹤跃而出，津人相惊，以为河伯。若冶之功，亦可以食桃而无与人同矣，二子何不反桃？"抽剑而起。公孙接、田开疆曰："吾勇不子若，功不子逮，取桃不让，是贪也；然而不死，无勇也。"皆反其桃，挈领而死。古冶子曰："二子死之，冶独生之，不仁；耻人以言而夸其声，不义；恨乎所行不死，无勇。"亦反其桃，挈领而死。使者复命，公葬之以士礼。其后诸葛亮作《梁甫吟》以哀之。

【译文】

公孙接、田开疆、古冶子都是春秋时候齐景公的大臣，他们自恃勇力，傲慢无礼，因此晏子请求景公除掉他们。景公说："这三人徒手打打不过，用兵器砍杀也难以击中，很不好对付啊。"晏子就出主意让景公派人给他们送去两个桃子，说："你们三位就比较一下各自功劳大小，谁功劳大谁吃桃子。"公孙接说:"我徒手杀过一头野猪、两只幼虎,按我的功劳,当然没人比我更有资格吃桃子。"说完就起身拿了一个桃子。田开疆说:"我曾屡次率伏兵击退敌人的大军,按我的功劳,也是没人比我更有资格吃桃子的。"说完也起身拿了一个桃子。古冶子说:"我曾随国君渡河,水里冒出一头大鼋把国君车上左侧的马叼进了水里,那时我年纪轻,不会游泳,只好闭气在水中潜行,逆流而行上百步,又顺流走了九里,这才抓到那头大鼋并杀了它。我左手拉着那匹马的尾巴,右手提着大鼋的头,像鹤一般冲出水面,河上的船夫都很震惊,以为是河神显灵。我的功劳才是最有资格吃桃子的,你们俩还不快把桃子还给我!"说完拔剑而起。公孙接和田开疆说:"我们的勇力不如你,功劳也不如你,抢了桃子不谦让,那是贪婪;这样子还不去死,那是没有勇气。"于是两人把桃子放了回去,自刎而死。古冶子说:"你们俩死了,我一个人活着,那是不仁;用言语羞辱别人来夸耀自己的声望,那是不义;对自己的行为深感遗憾还不去死,那是无勇。"说完也把桃子放了回去,自刎而死。使者回宫向景公复命,景公按照士的规格为他们举行了葬礼。后来诸葛亮曾作《梁甫吟》哀悼他们三人。

552. 王守仁

逆濠反,张忠、朱泰诱上亲征,而守仁擒濠报至,群奸大失望,肆为飞语中公,又令北军肆坐慢骂,或故冲导以起衅。公一不为动,务待以礼,预令巡捕官谕市人移家于乡,而以老赢应门,始欲犒赏北军,泰等预禁之,令勿受。守仁乃传谕百姓:北军离家苦楚,居民当敦主客礼。每出遇北军丧,必停车问故,厚与之椽,嗟叹乃去。久之,北军咸服。会冬至节近,预令城市举奠。时新经濠乱,哭亡醉酒者,声闻不绝(边批:好一曲楚歌),北军无不思家,泣下求归。

【译文】

明朝的宁王朱宸濠叛乱,张忠、朱泰等人劝诱皇帝亲征,而王守仁擒获朱宸濠的捷报恰在此时传到京城,奸臣们大失所望,一面造谣中伤王守仁,一面纵容北军肆意谩骂,或者故意冲撞王守仁的仪仗。对此,王守仁不为所动,对各种挑衅以礼相待,他先命巡捕官通知城中百姓搬迁到乡下暂住,只派老弱看守屋舍。王守仁本打算犒赏北军，朱泰等人早已事先禁止北军接受王守仁的犒赏，于是王守仁便教育百姓：北军背井离乡，很不容易，百姓应像对待客人一样厚待北军。王守仁外出遇到北军出丧，一定会停车慰问，叹息哀悼后才离去。经过一段时间，北军都被这样的真情折服。祭奠亡人的冬至将至，王守仁全城举行祭典，因为刚经历了朱宸濠的叛乱，因此哭悼亡人、洒酒祭奠的声音不绝于耳。北军听了，都十分思念家乡，纷纷流着泪要求返乡。

553. 鸱夷子皮

鸱夷子皮事田成子。田成子去齐，走而之燕。鸱夷子皮负传而从，至望邑。子皮曰："子独不闻涸泽之蛇乎？涸泽，蛇将徙，有小蛇谓大蛇曰：'子行而我随之，人以为蛇之行者耳，必有杀子，不如相衔负我以行，人必以我为神君也。'今子美而我恶，以子为我上客，千乘之君也；以子为我使者，万乘之卿也。子不如为我舍人。"田成子故负传而随之，至逆旅，逆旅之君待之甚敬，因献酒肉。

【译文】

鸱夷子皮侍奉田成子。田成子离开齐国去燕国，鸱夷子皮背着包袱做随从，到了望邑，子皮说："您没听过涸泽里的蛇的故事吗？干涸的沼泽里蛇要搬家，小蛇对大蛇说：'你在前头走，我跟在后头，人们肯定认为我们是过路的蛇，有人就会杀你。不如你背着我走，那么人们一定会以为我是神灵，我们就安全了。'现在您看上去很体面，我很落魄，如果您扮成我的上客，我也就是千乘之国的主君的样子；若扮成我的仆人，我大约是万乘之邦的公卿。要不，您就当我的舍人吧。"于是田成子背着包袱跟着子皮走，来到旅店，老板对他们十分恭敬，拿出好酒好肉殷勤招待。

554. 严养斋

海虞严相公（讷）营大宅于城中，度基已就，独民房一楹错入，未得方圆。其人鬻酒腐，而房其世传也。司工者请厚价乞之，必不可，愤而诉公。公曰："无庸，先营三面可也。"工既兴，公命每日所需酒腐皆取办此家，且先资其值。其人夫妇拮据，日不暇给，又募人为助，已而鸠工愈众，获利愈丰，所积米豆充牣屋中，缸仗俱增数倍，屋隘不足以容之，又感公之德，自愧其初之抗也。遂书券以献，公以他房之相近者易焉。房稍宽，其人大悦，不日迁去。

势取不得，以惠取之。我不加费而人反诵德，游于其术而不知也，妙矣哉！

【译文】

常熟的严讷相公想在城中营造一座大宅院，规划设计已经完成，唯独有一座民房占了个位置，尚不能完全按图施工。这座民房的主人是卖酒腐的，房子是他家的祖产。工头去跟他商量愿意出高价收购，那人横竖不肯，还为此把严家告到官府。严讷说："没关系，咱先造其他三面，他这面姑且不动工。"开工以后，严讷让府里每天所需的酒腐都从这家人采购，而且都先给钱。这家人平时没做过这么大买卖，夫妻俩一下子忙不过来，连忙找帮手。多找了帮手，生意愈发做得大了，连做酒腐用的粮食和器皿都堆满了一屋子，大有装不下的趋势。这人又回头想想严讷对自己这么好，自己当初还跟他对着干，心里觉得很惭愧，就自己写了契据把房子给了严讷。严讷在城中另找了一处房子来跟他作交换，那房子比这个更大一些，那人当然非常高兴，没几天就搬走了。

冯评：用权势取不到，不妨用恩惠获取，我没多花钱，人家反而还说我好，身在我的把戏之中却浑然不知，妙啊！

555. 周玄素

太祖召画工周玄素，令画"天下江山图"于殿壁。对曰："臣未尝遍迹九州，不敢奉诏。唯陛下草建规模，臣润色之。"帝即操笔，倏成大势，令玄素加润，玄素进曰："陛下山河已定，岂可少动。"帝笑而唯之。

举笔一不称旨，事且不测，玄素可谓巧于避祸矣。

【译文】

明太祖朱元璋召来画工周玄素，命他在大殿的墙壁上画一幅"天下江山图"。周玄素说："臣不曾遍游九州，所以我不敢奉诏下笔。请陛下先画个草图，臣再做些润色。"太祖就拿起笔，一番挥洒勾勒，壁画的基本框架就出来了，于是太祖就让周玄素接着修饰。周玄素又说："陛下山河已定，那哪能随便乱动啊？"太祖被他这话说得笑了出来，点头作罢。

冯评：下笔作画，一旦不合太祖心意，后果难以预料。周玄素可算是一个善于避祸的。

556. 唐太宗

薛万彻尚丹阳公主。太宗尝谓人曰："薛驸马村气。"主羞之，不与同席数月。帝闻而大笑，置酒召对握槊，赌所佩刀，帝佯不胜，解刀以佩之。罢酒，主悦甚，薛未及就马，遽召同载而还，重之逾于旧。

省却多少调和力气。

【译文】

唐朝的薛万彻娶丹阳公主为妻，太宗皇帝曾跟人说起："薛驸马有些土气。"后来被公主知道了，一气之下几个月不与驸马同席共枕。太宗知道了，不由大笑。一天，太宗设宴招待驸马，席间玩起了握槊的游戏，并拿身上的佩刀作赌注。太宗故意输了，就解下佩刀挂在薛万彻身上。酒宴结束后，公主很开心，驸马还没找到自己的马就被公主叫上，同车而返，此后两人感情比以前更好了。

冯评：省了多少调解的力气。

557. 狄 青

陕西豪士刘易多游边，喜谈兵。韩魏公厚遇之。狄青每宴设，易喜食苦马菜，不得，即叫怒无礼。边地无之，狄为求于内郡。后每燕集，终日唯以此菜啖之。易不能堪，方设常馔。

【译文】

陕西刘易，是北宋时候的一个豪客，常到边关游历，喜欢谈论兵事，和当时的很多高级将领关系不错，韩琦（封魏国公）对他就很器重。狄青跟他也很要好，每次请他吃饭都要准备刘易最喜欢的苦马菜，要是没有这道菜刘易就会大声叫骂，一点不给面子。这菜边境地区还没有，狄青总要派人到内地买来。

后来每次请刘易吃饭，就都只有苦马菜，别的什么都没有。最后刘易实在受不了了，狄青这才给他恢复正常的饭菜。

558. 王安石

王舒王越国吴夫人性好洁成疾，王任真率，每不相合。自江宁乞骸归私第，有官藤床，吴假用未还，郡吏来索，左右莫敢言。王一旦跣而登床，偃仰良久。吴望见，即命送还。

【译文】

王安石（封舒王）的太太吴夫人（封越国夫人）有洁癖，偏偏这王安石是个率性自然、不拘小节的，所以他们俩很是合不来。王安石从江宁知府的位置上退下来回家后，吴夫人借了一张官府的藤床没还，负责的官员上门来要，家人知道吴夫人脾气大，都不敢通禀。王安石知道了，就找了个机会，光着臭脚上了藤床，然后在上面打了几个滚。吴夫人远远地望见了，马上吩咐下人，把藤床送回了官府。

卷十五　权奇

尧趋禹步，父传师导。三人言虎，逾垣叫跳。亦念非仪，虞其我暴。诞信递君，正奇争效，嗤彼迂儒，漫云立教。集《权奇》。

——【解说】——

　　尧走路一副帝王相，禹却因治水落下病根一瘸一拐，每个人处事的方式都是学来的，本没有什么定数。老虎跑到集市上连蹦带跳，谁都知道不可能，多少人一再说这是事实，最后就成了真事。咱们虽然要对人讲基本的礼仪，却也必须防备各种可能的侵害。对人来说诡诈和诚信应该兼容并包，就像打仗有正式的攻防也有下三滥的诡计。可笑那些迂腐的儒生，只是空谈什么道德教化。

　　这一卷讲的，都是不按常理出牌的成功案例，名为《权奇》。

559. 孔　子

　　孔子居陈，去，过蒲，会公叔氏以蒲叛。蒲人止孔子，谓之曰："苟无适卫，吾出子。"与之盟，出孔子东门。孔子遂适卫，子贡曰："盟可负耶？"孔子曰："要盟也，神不听。"

　　大信不信。

【译文】

　　孔子曾经在陈国呆了三年，后来离开了，路上经过卫国的蒲这个地方，正碰上卫国贵族公叔氏叛乱。蒲人将孔子一行截住，对他们说："只要你们不去卫国，我们就放你们过去。"于是孔子就跟蒲人盟约，蒲人把孔子从东门放了出去。一出门，孔子就往卫国赶。子贡说："订下的盟约，可以反悔吗？"孔子说："受到要挟而订下的盟约，在神明那里是作不得数的。"

冯评：大信是不能用常人的小信来衡量的。

560. 淮南相

孝景三年，七国反。吴使者至淮南，淮南王欲发兵应之，其相曰："王必欲应吴，臣愿为将。"王乃属之。相已将兵，因城守，不听王而为汉（边批：欺王不害为信）。淮南王以故得完。

若腐儒必痛言切谏，如以水投石，何益？此事比郦寄卖友，嫁太尉于北军同一轴，而更觉撒脱。

【译文】

汉景帝三年，七个诸侯国造反，史称七国之乱。叛乱的首领吴王派使者到七国之外的淮南请求协助，淮南王刘安想发兵响应。淮南王的相国说："大王一定要出兵响应吴王的话，臣愿率兵前往。"淮南王就把兵权交给了他。相国拿到了兵权，并没有出征，而是据守自己的领地。七国之乱很快被平定了，淮南王因为没有参与叛逆而未受株连。

冯评：这件事交给那些迂腐的儒生处理，必定对着淮南王苦口婆心反复说理，那就好比把石头扔到河里，有什么用呢？这事和西汉初年郦寄出卖朋友吕禄，让太尉周勃接管北军的故事如出一辙，但显得更加干净利落。

561. 王敬则

王敬则尝任南沙县。时方兵荒，县有劫贼，群聚匿山中，为民患，官捕之不得。敬则遣人致劫帅曰："若能自出首，当为申白，请盟之庙神，定无负。"盖县有庙神，甚酷烈，乡民多信之，故云。劫帅许之，即设宴庙中致帅。帅至，即席收之，曰："吾业启神矣。若负誓，当还神十牛。"遂杀十牛享神，而竟斩帅，贼遂散。

【译文】

南北朝时，王敬则曾任南沙县令。当时兵荒马乱，县里有群盗贼躲在山里，经常骚扰百姓，官府始终抓不住他们。王敬则派人转告盗贼首领："只要能出来自首，一定为你们求情辩白，这都在神庙里发过誓，绝无反悔。"原来县里有一座庙，非常灵验，当地乡民对之十分信奉，所以才有此一说。听了这话，盗贼首领就答应了，于是王敬则就在神庙中设宴接待盗贼首领。等他一到，王敬则却当场把他收押，说："我已经禀告神明了，要是我违背誓言，就赔给神十头牛。"于是当场杀了十头牛祭神，最后杀了盗贼首领。剩下的盗贼自然也就鸟兽散了。

562. 宋太祖

艺祖既以杯酒释诸将兵权，又虑其所蓄不资，每人赐地一方盖第，所费皆数万。又尝赐宴，酒酣，乃宣各人子弟一人扶归，太祖送至殿门，谓其子弟曰："汝父各许朝廷十万缗矣。"诸节度使醒，问所以归，不失礼于上前否？子弟各以缗事对，疑醉中真有是言，翌日，各以表进如数。

【译文】

宋太祖赵匡胤杯酒释兵权之后，又疑心他们已经收罗了不少的钱财，便每人赏一块地皮让他们去造房子，花费都要上万。又把他们召集起来赐宴，统统灌醉，然后每家叫一个子弟来各自搀扶回家。太祖把他们送到殿门口，还对这些子弟们说："你们的老爸都答应给朝廷捐钱十万缗。"这些节度使回去之后酒醒了，大都不知道自己怎么回来的，便问子弟自己有没有什么失态的地方。子弟们就都提到了十万缗钱的话。这些节度使都喝糊涂了，听子弟们这么说，都以为酒桌上真有过这话，第二天个个上表如数捐钱。

563. 宋太宗

宋太宗即位初年，京师某街富民某，有丐者登门乞钱，意未满，遂詈骂不休。众人环观，靡不忿之。忽人丛中一军尉跃出，刺丐死，掷刀而去。势猛行速，莫敢问者。街卒具其事闻于有司，以刀为征。有司坐富民杀人罪。既谳狱，太宗问："某服乎？"曰："服矣。"索刀阅之，遂纳于室，示有司曰："此吾刀也，向者实吾杀之，奈何枉人？始知鞭笞之下，何罪不承，罗钳吉网，不必浊世。"乃罚失入者而释富民。谕自今讯狱，宜加慎，毋滥！

此事见宋小史。更有一事：金城夫人得幸于太祖，颇恃宠。一日宴射后苑，上酌巨觥劝晋王，晋王固辞。上复劝，晋王顾庭中曰："金城夫人亲折此花来，乃饮。"上遂命之，晋王引弓射杀之，抱太祖足泣曰："陛下方得天下，宜为社稷自重。"遂饮射如故。夫投鼠忌器，晋王未必卤莽乃尔，此事恐未然也。

【译文】

宋太宗刚即位的时候，京城一家有钱人遇到一个乞丐上门讨钱，嫌少，便在那里不停地谩骂。路人围观，都愤愤不平。突然人群中跳出一个军校，一下子刺死了乞丐，然后丢下刀就跑了。军官的行动突然，而且速度很快，没人敢上前过问。街面巡逻的差役把事情报告了治安官，那把刀成为证据。治安官判那有钱人犯了杀人罪，定了案。太宗问："那有钱人肯服法吗？"治安官回答："服了。"太宗又要过那把刀来看，随后又收到屋里，告诉治安官说："这是我的刀，乞丐实际是我杀的，你为什么冤枉人呢！我现在算明白了，严刑逼供之下，什么罪行不能承认！唐朝罗希奭、吉温滥用酷刑，而这不是政治混乱的年代特有的。"于是太宗惩罚了执法不当的治安官，释放了那个有钱人，又下令：从今以后，审犯断案要更加谨慎，不可草率。

冯评：上述的故事记载在宋朝野史中。还有一个小故事：金城夫人深得太祖宠爱。一天太祖在后花园饮酒射箭，太祖用大杯给晋王（即后来的宋太宗）劝酒，晋王推辞，太祖继续力劝，晋王看着花园一处说："如果金城夫人亲自把那朵花摘来，我就喝。"太祖就命金城夫人去摘花。金城夫人一过去，晋王就拉弓把她射死了，然后跪下抱着太祖的脚大哭说："皇上刚得到天下，应为了国家自重，不能沉迷女色。"说完，继续饮酒射箭。俗话说，投鼠忌器，在皇帝面前杀人总有些离谱，晋王不应该如此鲁莽，这件事恐怕不是真的。

564. 高皇帝

滁阳王二子忌太祖威名日著，阴置毒酒中，欲害之。其谋预泄，及二子来邀，上即与偕往，了无难色。二子喜其堕计，至半途，上遽跃起马上，仰天若有所见，少顷，勒马即转，因骂二子曰："如此歹人。"二人问故，上曰："适上天相告，尔设毒毒我，我不往矣。"二子大骇，下马拱立，连称"岂敢！"自是息谋害之意。

【译文】

滁阳王郭子兴是朱元璋岳父，他的两个儿子顾忌朱元璋的威望越来越大，就暗中在酒里下毒，想谋害朱元璋，不过他们的这个计划泄漏了。等他二人前来相邀，朱元璋就很痛快地跟他们一起前往，没有任何推托为难。看到朱元璋中计，二人暗自高兴。走到半路，朱元璋突然在马上挺身抬头，看着天空仿佛注视着什么。过了一会儿，他调转马头，冲着二人骂道："原来你们是这么歹毒的人！"二人问为什么，朱元璋说："刚才天神告诉我，你们想下毒谋害我，我不去了！"二人大为吃惊，急忙下马，拱手站立，连连说："岂敢岂敢！"从此再不敢有毒害朱元璋的念头了。

565. 吴官童

英庙在虏中，也先以车载其妹，请配焉。上以问吴官童（官童，驿使也，正统十三年使虏被拘，至是自请从上），对曰："焉有天子而为胡婿者？后史何以载？然却之则拂其情。"乃绐之曰："尔妹朕固纳之，但不当为野合，使朕还中国以礼聘之。"也先乃止，又选胡女数人荐寝，复却之曰："留候他日为尔妹从嫁，当并以为嫔御。"也先益加敬焉。

天子不当为胡婿，中国又可给胡人乎？如反正而胡人效女，虽纳之可也。厥后英庙复辟，虏使至，官童叩以不来效女之故，使者曰："已送至边，为石亨杀媵而纳女。"上命隐其事，而亨祸实基于此。

【译文】

明英宗在土木堡之变中做了瓦剌人的俘虏，瓦剌首领也先用车带来他的妹妹，想许配给英宗。英宗就问吴官童（负责送信的差役，正统十三年派往瓦剌时被扣押，到这时自己申请跟随皇帝），吴官童说："天子岂能做胡人的女婿？让以后的史书怎么记载啊？不过要是拒绝，又怕触逆了也先。"于是，就哄也先说："你的妹妹我很愿意娶，不过不能这样随便，等我回国之后我要按中原的礼节正式迎娶。"这么一说，也先也就打住此事。后来又挑选了几个美女来陪英宗，英宗又推辞道："等以后你妹妹嫁过来时让她们作陪嫁，我一定让她们都做妃嫔。"也先对英宗更加尊敬了。

冯评：天子不能做胡人女婿，中原大国欺骗胡人就对吗？如果英宗回去重做天子，胡人献女通婚，那也是可以的。后来，英宗真的回到北京继续做皇帝，瓦剌使者来的时候，吴官童曾问他们为什么不把也先的妹妹送来。使者说："已经送到边境了，后来被你们的石亨抢了去，把陪嫁的都杀了。"英宗命令不要声张这事，但后来石亨被满门抄斩，与此不无关系。

566. 郑公孙申

　　鲁成公时，晋人执郑伯。公孙申曰："我出师以围许，示将改立君者，晋必归君。"故郑人围许，示不急君也。晋栾书曰："郑人立君，我执一人焉，何益？不如伐郑而归其君以求成。"于是诸侯伐郑而归郑伯。

　　子鱼立而宋襄返，叔武立而卫成还，此春秋之已事，亦非自公孙申始也。国朝土木之变，也先挟上皇为名，邀求叵测，于肃愍谢之曰："赖社稷之神灵，已有君矣。"虏计窘，竟归上皇，识者以为得公孙申之谋。

　　王旦从真宗幸澶州，雍王元份留守东京，遇暴疾，命旦驰还，权留守事。旦曰："愿宣寇准，臣有所陈。"准至，旦曰："十日之内无捷报，当如何？"帝嘿然良久，曰："立皇太子。"此又用廉颇与赵王约故事。大臣谋国，远虑至此，亦由君臣相得，同怀社稷之忧而无猜忌故也。

　　项羽欲烹太公，高帝曰："我翁即若翁，必欲烹而翁，愿分我一杯羹。"陈眉公谓太公以此归汉，亦瓦注之意也。

【译文】

　　春秋鲁成公的时候，晋国扣留了郑伯，郑国大夫公孙申说："我们应该立即出兵攻打许国，并且宣布将改立新君，晋人就会释放我们国君。"于是郑国围攻许国，表示对郑伯的被扣并不着急。晋国大夫栾书说："郑人改立新君，我们扣他一个人有什么用？不如讨伐郑国，再借着归还他们国君的名义跟郑国议和。"于是晋国会同诸侯伐郑，并把郑伯放了回去。

　　冯评：宋国子鱼立为国君，被楚国劫持的宋襄公就得以回国；卫国叔武立为国君，被晋国劫持的卫成公才能够返还。这都是春秋时候的旧事，并不是从公孙申开始的。我朝遭遇土木堡之变，也先挟持着英宗皇帝，不知想要勒索多少好处。于谦（谥肃愍）婉言谢绝："赖神明保佑，我们已有皇帝了。"瓦剌人没了主意，最后放回了英宗。明白人都知道于谦是用了公孙申的计策。

北宋王旦跟随真宗率军亲征澶州，留守东京的雍王元份突然得了急病，真宗命王旦赶回东京负责留守任务。王旦说："请陛下宣寇准晋见，臣有事禀奏。"寇准到后，王旦说："如果十天之内澶州这里没有得胜的消息传回，我们东京怎么办？"真宗默然沉思许久，说道："立太子为帝！"这又是效仿廉颇与赵王赴渑池之会时互相约定的故事。大臣对国事的谋划，可以深远到这样的程度，当然这也依赖真宗君臣之间的默契，共同为国家社稷操心而没有彼此之间的猜忌。

楚汉相争时，项羽抓住了刘邦的父亲太公，并威胁刘邦说要把太公煮了。刘邦说："我们曾约为兄弟，那我爹就是你爹，你一定要煮了你爹，那到时候也分我一杯羹吃。"陈眉公说，太公因此而最终得以平安回归，也是刘邦豪赌一把的结果。

567. 胡 松

绩溪胡大司空松，号承庵，先为嘉兴推官，署印平湖，有惠政。适倭寇猖獗，郡议筑城，公夜入幕府，曰："民难与虑始，请缚某居军前御倭，百姓受某恩，必相急，乃可举事。"从之，民大震，各任版筑，不阅月城成。

【译文】

明朝工部尚书绩溪人胡松，号承庵，早先在嘉兴做过分管司法的推官，管理平湖县，政绩颇佳。当时倭寇猖獗，郡里准备发动百姓兴筑防御工事。胡松听说后，连夜到嘉兴见郡守说："具有前瞻性的重要计划很难让老百姓理解。请把我押到前线去抗倭，老百姓平日曾受过我的恩惠，看到这种状况一定会着急，那时我们就能开始筑城了。"按照胡松的建议，老百姓果然受到了很大的震动，纷纷加入修筑城垣的行列，不到一个月，城池的防御工程就完成了。

568. 狄 青

南俗尚鬼，狄武襄征侬智高时，大兵始出桂林之南，因祝曰："胜负无以为据。"乃取百钱自持之，与神约："果大捷，投此钱尽钱面。"左右谏止："倘不如意，恐阻师。"武襄不听，万众方耸视，已而挥手倏一掷，百钱皆面，于是举军欢呼，声震林野。武襄亦大喜，顾左右取百钉来，即随钱疏密，布地而帖钉之，加以青纱笼，手自封焉，曰："俟凯旋，当谢神取钱。"其后平邕州还师，如言取钱。幕府士大夫共视，乃两面钱也。

桂林路险，士心惶惑，故假神道以坚之。

【译文】

南方人崇尚鬼神。狄青（谥武襄）征讨广西的侬智高叛乱时，大军从桂林南部出发，狄青祷告说："此战胜负没有什么依据。"于是拿了一百个铜钱在手里，跟鬼神约定："如果能够大胜而归，就让我这一百钱扔出去都是钱面向上。"手下急忙劝阻："这要是不成功，恐怕会影响军队的士气啊！"狄青没有理会，在大军将士的注视下，狄青挥手一掷，一百个铜钱果然个个正面向上。于是全军欢呼，响彻山林。狄青也十分高兴，命手下拿来一百个钉子，将铜钱一一钉在原地，罩上青纱的罩子，亲自封好，说："我们凯旋回来之后，再来感谢鬼神，取回铜钱。"后来在邕州平定了叛乱班师而回，按照当初的承诺前来取回铜钱。狄青的幕僚都在场，发现那些钱都是定制的，两面都是钱面。

冯评：桂林一带路途艰险，军士心里不免惶惑，所以假借鬼神来坚定大家的信念。

569. 王　琼

王晋溪在本兵时，适湖州孝丰县汤麻九反，势颇猖獗。御史以闻，事下兵部。晋溪呼赍本人至兵部，大言数之曰："汤麻九不过一毛贼，只消本处数十火夫缚之，何足奏报？欲朝廷发兵，殊伤国体，巡按不职，考察即当论罢矣！"赍本人回，传流此语，皆以本兵为玩寇，相聚忧之。贼知朝不发兵，遂恣劫掠，不设备。先是户部为查处钱粮，差都御史许延光在浙，晋溪即请密敕许公讨之（边批：不别遣将），授以方略。许命彭宪副潜提民兵数千，出其不意，乘夜往。贼方掳掠回，相聚酣饮（边批：毕竟小寇），兵适至，即时擒斩，遂平之。

尔时若朝廷命将遣兵，彼必负固拒命，弄小成大。此举不烦一旅，不费一钱，而地方晏如。晋溪之才，信有大过人者，虽人品未醇，何可废也。

【译文】

明朝的王琼（字晋溪）任兵部尚书时，湖州孝丰县的汤麻九作乱，在当地造成很大影响，御史将此事奏报朝廷，朝廷转交兵部处置。王琼把送信人叫到兵部，口气很大地数落道："汤麻九不过是个小毛贼，当地派几十个火夫就能把他捆来，还用得着上报朝廷？要朝廷出兵，实在有损国家的体面。巡按也有失职，到时候考察下来要罢官的。"送信人回去之后，这话就传开了，大家都觉得兵部不把盗贼当回事，心中十分忧虑。贼人也听说朝廷无意发兵围剿，就放开胆子抢劫，并不多加戒备。早些时候户部派都御史许延光在浙江查处钱粮，于是王琼请朝廷密旨令许延光负责讨贼，并告诉他相应的征讨策略。许延光命彭副将悄悄率领数千民兵乘夜偷袭。贼人刚抢劫完回来，正聚集在一起喝酒，大兵突至，毫无防范，贼人纷纷落网被杀，叛乱就这样平定了。

冯评：如果当时朝廷调兵遣将，贼人必定负隅顽抗，小事就弄成大事了。现在这么做，不用专门调集军队，也不用另外花钱，地方就恢复了平静。王琼的才能确实有过人之处，这不能因为他人品不好而加以否定。

570. 杨云才

杨云才多心计，每有缮修，略以意指授之，人不知所为。及成，始服其精妙。为荆州同知日，当郡城改拓，时钱谷之额已有成命，而台使者檄下，欲增二尺许。监司谋诸守令，欲稍益故额，云才进曰："某有别画，不烦费一钱也。"次日驰至陶所，命取其模以献，怒曰："不佳！"尽碎之，而出己所制模付之，曰："第如式为之！"诸人视其式，无以异也，然云才实于中阴溢二分许，积之得如所增数。城成，白其故，监司乃大服。

砖厚而陶者不知，城增而主者不费。心计之妙，侔于思神！

【译文】

明朝的杨云才工于心计，每当遇到修缮工程的时候，常出一些主意，别人往往不知道是什么用意，直到全部完成之后，才叹服他的计谋精妙。杨云才任荆州同知的时候，正碰上城墙改造，费用预算已经确定了，朝廷却突然下令城墙要增高二尺左右，负责监工的官员就找守令，请求增加工程费用。杨云才说："我另有办法，不用另外花钱。"第二天，杨云才骑马来到砖厂，要他们把制砖的模子拿来，看罢，杨云才很生气地说："不好！"就把那些砖模全打碎了，然后拿出自己做的砖模说："就按这个样子做。"大家看了半天，觉得跟原来的模子没什么不同。实际上，杨云才的砖模暗中增加了两分左右的高度，城墙砌好之后，两尺的高度也就累积而得。完工之后，杨云才道出了其中的原委，监工对之十分佩服。

冯评：砖厚了，造砖的却不知道；城高了，造墙的确没多花钱。这心思的巧妙，可以说出神入化了。

571. 种世衡

种世衡知渑池县，旁山有庙，世衡葺之。其梁重大，众不能举。世衡乃令县干剪发如手搏者，驱数对于马前，云："欲诣庙中教手搏。"倾城人随往观，既至，谓观者曰："汝曹先为我致庙梁，然后观手搏。"众欣然趋下山，共举之，须臾而上。

近于欺矣。褒姒虽启齿，恐烽火从此不灵也。必也真教手搏，为两得之。

【译文】

北宋种世衡担任渑池县知县时，附近山上有座年久失修的庙，种世衡找工匠将庙修葺一下。要用的主梁过于沉重，工人们无力将它搬上山。于是种世衡让县里的衙役剪了头发，打扮摔跤手的样子，整队出发，并宣布："要到山上的庙里教他们摔跤。"城里的人们纷纷跟着他们去看热闹。到了庙里，种世衡对看热闹的百姓说："你们先帮我把这庙的大梁扛上来，然后我们再教摔跤。"大家高高兴兴跑下山去，一起扛了大梁，很快就到了山上。

冯评：这件事近乎是欺诈！就像周幽王虽然让褒姒开颜一笑，但恐怕示警告急的烽火就再也不灵了。如果种世衡接下来真的教衙役们摔跤，那这事才可算是两全其美。

572. 雄山智僧

雄山在南安，其上有飞瓦岩。相传僧初结庵时，因山伐木，但恐山高运瓦之难，积瓦山下，诳欲作法，飞瓦砌屋，不用工师。卜日已定，远近观者数千人。僧伪为佣人挑瓦上山。观者欲其速于作法，争为搬运，顷刻都尽。僧笑曰："吾飞瓦只如是耳。"

【译文】

雄山坐落在南安境内，山上有飞瓦岩。据说和尚当初在山上建寺的时候，在山中伐木作为建材，只是山高路远，运瓦比较困难，于是把要用的瓦堆在山下，诈称要用法术完成"飞瓦砌屋"，不用任何工匠。到了选定的日子，附近人们来看热闹的凑了几千人。和尚装模作样雇了几个人慢慢把瓦挑上山。围观的人们为了快一点看到他施展法术，都帮着搬瓦，一会儿就都搬上了山。和尚对众人笑道："我说的'飞瓦'，就是这么回事。"

573. 李抱真　刘玄佐

李抱真镇潞州，军资匮阙，计无所出。有老僧大为郡人信服，抱真因请之曰："假和尚之道以济军中，可乎？"僧曰："无不可。"抱真曰："但言择日鞠场焚身，某当于便宅凿一地道通连，候火作，即攒以相出。"僧喜从之，遂陈状声言，抱真命于鞠场积薪贮油，因为七日道场，昼夜香灯，梵呗杂作。抱真亦引僧视地道，使之不疑。僧乃升坛执炉，对众说法，抱真率监军僚属及将吏膜拜其下，以俸入檀施，堆于其旁，由是士女骈填，舍财亿计。计满七日，遂聚薪发焰，击钟念佛。抱真密已遣人填塞地道，俄顷，僧薪并灰。籍所得货财，即日悉辇入军资库，别求所谓舍利者，造塔贮焉。

汴州相国寺言佛有汗流，节度使刘玄佐遽命驾，自持金帛以施。日中，其妻亦至。明日复起斋场，由是将吏商贾奔走道路，唯恐输货不及，因令官为簿以籍所入。十日，乃闭寺，曰："佛汗止矣。"得钱巨万，以赡军资。

不仗佛力，军资安出？王者并存三教，有所用之也！

【译文】

唐朝的李抱真任潞州节度使时，军饷缺乏，一时也没什么好办法。当地有个老和尚，很受百姓的尊重，李抱真就找到和尚说："借助大师的道行，帮我们筹集一些军饷，行吗？"老和尚说："有何不可？"李抱真说："那我们选个吉日，您就声称要在鞠场（古代足球场）上自焚献佛，我叫人事先挖一条地道通向附近的房子，等火起之后，您就从地道钻出火场。"和尚很高兴地答应了，到处去宣扬这件事。李抱真则命人在足球场堆上柴，放上油脂，又做了七天七夜的道场，长明灯等香火不绝，众僧诵经不断。为了让老和尚放心，李抱真亲自陪同老和尚察看地道。和尚坐上法坛，手执香炉，开始说法，李抱真也带着属下顶礼膜拜，纷纷把自己的俸禄拿出来布施，全堆在法坛边上。于是善男信女纷纷云集，布施的钱财上亿。等到了第七天，聚拢了木柴开始引火，和尚击钟，口念佛号。李抱真却已派人堵死了地道，一会儿，和尚和木柴都化为灰烬。清点了所得财物，全部用车拉进了军需库。至于和尚火化留下的舍利子，则另建一塔供奉。

汴州相国寺传闻，所供奉的佛像有汗冒出。节度使刘玄佐马上乘车来到寺中，布施金银财帛。中午，他的夫人也来到寺中。第二天又搭建了一个斋戒场子，军人、官吏、商旅都络绎赶来，争先恐后地布施财物。刘玄佐命人将捐献的财物造册登记，十天后关闭寺庙，说："佛的汗不冒了。"得到的好大一笔钱钱，则全部用作了军费。

冯评：不仰仗佛力，军费从那里筹措？圣贤明君能容儒、道、释三教并存，还是有利益所在的。

574. 陕西铁钱

起居舍人毋湜，至和中上言，乞废陕西铁钱。朝廷虽不从，其乡人多知之，争以铁钱买物，卖者不肯受，长安为之乱。民多闭肆，僚属请禁之，文彦博曰："如此是愈惑扰也。"乃召丝绢行人，出其家缣帛数百匹，使卖之，曰："纳其直尽以铁钱，勿以铜钱也。"于是众知铁钱不废，市肆复安。

【译文】

北宋的起居舍人毋湜在至和年间曾奏请朝廷废止陕西铁钱流通。朝廷虽未准所奏，但当地百姓都听说了，于是争相用铁钱买东西，商家又拒绝接受铁钱，长安一片混乱，很多店铺关门歇业。当地官员请求制止这种现象的蔓延，知州文彦博说："官方出面制止，只能越描越黑，老百姓会更乱。"文彦博招了城中的丝绢行老板，把自己家中几百匹的丝绸交给他们请求代售，并说："收钱只收铁钱，不要铜钱。"这一来，百姓都知道铁钱不会被废止，市场秩序也就恢复了正常。

575. 出现钱

京下忽阙现钱，市间颇皇皇。忽一日，秦相桧呼一镊工栉发，以五千当二钱犒之（边批：示以贱征），谕曰："此钱数日有旨不使，可早用也。"镊工遂与外人言之。不三日，京下现钱顿出。

又都下货壅，乏现镪，府尹以闻，桧笑曰："易耳。"即召文思院官，未至，促者络绎，奔而来，谕之曰："适得旨，欲变钱法，可铸样钱一缗进呈，废现镪不用。"约翌午毕事。院官唯唯而出，召工为之。富家闻者尽出宿镪市金粟，物价大昂，钱溢于市。既而样钱上省，寂无闻矣。

贼桧亦尽有应变之才，可喜。然小人无才，亦不能为小人。

【译文】

南宋时候，京城中突然发生货币短缺，在集市上造成了一定的影响。一天，丞相秦桧突然叫来一个镊工（相当于现在的理发师，但古代的理发在形式上和现代人大相径庭）服务之后，赏了他五千当二钱（当时一种以一当二的钱币），秦桧还特地关照说："这钱没几天就要下旨停用了，你要花可得赶紧。"镊工把这话传了出去，没两三天，京城里的现钱就在市场上涌出。

又有一次，京城中的货物滞销囤积，因为缺少流动资金。地方官上报后，秦桧笑道："容易。"立即召见文思院（掌管铸造金银等事务的部门）的官员，人还没到，又派了好几拨人去催。院官气喘吁吁跑来了，秦桧告诉他说："刚接圣旨，要改变币制，你赶紧去造一缗样钱呈上，现在的钱要停止使用了。"并叮嘱这事情务必于第二天中午完成。院官连声答应，离开相府就召工人做样钱。有钱人家听说此事，连忙将家中藏的钱拿出来换成金银首饰，结果物价上涨，市场上资金充裕。院官造的样钱如期呈上，但再也没有下文。

冯评：奸贼秦桧也确有应变的之才，很不错。如果小人没有才能，也就不成其为小人了。

576. 令狐楚

令狐楚除守兖州，州方旱俭，米价甚高。迓使至，公首问米价几何、州有几仓、仓有几石。屈指独语曰："旧价若干，诸仓出米若干，定价出粜，则可赈救。"左右窃听，语达郡中，富人竞发所蓄，米价顿平。

【译文】

唐朝令狐楚调任兖州，正值州中大旱，米价很高。迎接令狐楚上任的使者一到，令狐楚先问现在米价多少、州里有多少粮仓、每仓可存放多少粮食。然后掰着手指自言自语道："原来米价是多少多少，各粮仓调出米多少多少，定价出售，这样应该就能够赈灾了。"旁边的人听到这番话，很快就传了出去，富人们纷纷卖出囤积的粮食，米价很快得到平抑。

577. 俵 马

俵马以高三尺八寸，齿少而形肥者为合式。各州县无孳生驹，必从马贩买解。开州居各县之中，马贩自外来，先被各县拦截买完，然后放过。州官比解严迫，马头枉受鞭笞，马价腾踊，求速反迟。陈霁岩为知州，洞知之，故缓其事，待马贩到齐，方出示看马。先一日，唤马头到堂，面问之云："各县俵马已行，汝知之乎？"咸叩头应曰："知之。"又密谕曰："我心甚忙，明日看马，只做不忙，汝辈宜知之。"又叩头感激而去。明日，各马贩随马头带马，有高至四尺者，令辄置不用，曰："高低怕相形，宁低一寸，我有禀贴到太仆寺，只说是孳生驹耳。"众禀再迟三日，至临濮会上买，易得。公许之，不责一人而出，各马贩气索然，争愿贱卖，两日而办。在他县争市高马，刻期早解，以求保荐，腾价至四五十金，在本州无过二十余金者。

真心为民，实政及民，必然置保荐于度外。善保荐者，正不干求保荐者也。

【译文】

明朝时候，各地有向中央交纳马匹的任务，称为俵马。这马匹有严格的要求，必须高三尺八寸、年轻而体型丰满才合乎标准。各州县没那么多自然繁殖的马匹，就必须从马贩子手里购买了交差。开州居于各县之中，马贩从边地过来，手里的好马先被其他州县拦截买完了再放行。所以州官常常严厉催逼，负责此事的马头也经常受到责罚，马价十分昂贵，往往欲速不达。陈霁岩到开州任知州，知道了这个情况，故意把这事放慢了做。一直等马贩子都到齐了，才下令去看马。头一天，他先把马头们叫来，当面问道："其他州县俵马都已办妥上路了，你们知道吗？"马头们叩头回答："知道。"陈霁岩又悄悄对他们说："这事我心里很急，但明天看马，会做出不急的样子，你们要心里有数。"马头们心中感激，叩谢而去。第二天，各马贩由马头领着带马来看，有高达四尺的反而不收，说："马的高低怕比较，太高一眼就看出来了，实在不行宁可低一寸，我就跟太仆寺打个招呼，说是本地自然繁衍的，可以通融一下。"马贩子们又说，能否再宽限三天，到临濮集会上去买，那样会有些好马。陈霁岩点头答应，也没有责怪任何人，就离开了。马贩子碰到这么一个一点不着急的知州都很泄气，纷纷减价出售，两天之内就办完了。其他州县都争着要高马，又想尽早完成任务，好争取得到保举升官的机会，马价就升到四五十金，而在开州最多不超过二十余金。

冯评：真心为民，为老百姓做实事的官员，不会去考虑保举升官。真正能得到保举推荐的，恰恰是那些不刻意营求的人。

578. 徐道覆

徐道覆，卢循妹夫也，始与循密谋举事，欲治舟舰，使人伐材南康山，伪云将下都货之。后称力少，不能得致，即于郡减价发卖。居人贪贱，争取市，各储之家。如是数四，故船板大积。及道覆举兵，按卖券而取，无敢隐者，乃并力装船，旬日而办。

道覆虽草窃，其才略有过人者。脱卢循能终用其计，何必遽为"水仙"？其临死，叹曰："吾为卢循所误。使吾得事英雄，天下不足定也！"呜呼！奇才策士郁郁不得志，而狼藉以死者比比矣！天后览骆宾王檄，叹曰："使此人沉于下僚，宰相之过也！"知言哉！

【译文】

东晋末年的反贼徐道覆是卢循的妹夫，二人当初密谋起事，要建造船只，让人在南康山伐木，伪称要运到下都卖掉。后来又说人力不够，无法完成，就在当地贱卖。当地的百姓贪图便宜，争相购买，屯放家中。这样做了几次以后，船板就够用了。等徐道覆起兵时，按照当初买卖木材的契约到各家回收，没有人敢隐藏，于是合力拼装船只，没几天就完成了。

冯评：徐道覆虽是草寇，但他的才能有过人之处，倘使卢循能始终听从徐道覆的计谋行事，又怎么会最后落一个投水自杀而被人称为"水仙"的结果呢。徐道覆临死前感叹道："我被卢循耽误了！如果我能跟随真正的豪杰英雄，天下真不够我平定的。"唉，有才能的谋士因为不得志而抑郁死去的比比皆是！武则天看到骆宾王所写讨伐她的檄文后，曾叹道："让这样的人才居于下位，那是宰相的过失。"真是至理名言。

579. 秦王祯等

魏秦王祯为南豫州刺史。大胡山蛮时出抄掠，祯计召新蔡、襄城蛮首，使观射。先选左右能射者二十余人，而以一囚易服参其间。祯先自射，皆中，因命左右以次射。及囚，不中，即斩。蛮相视股栗。又预令左右取死囚十人，皆着蛮衣以候。祯临坐，会微有风动，辄举目瞻天，顾望蛮曰："风气少暴，似有钞贼入境，不过十许人，当在西角五十里。"即命驰骑掩捕十人至。祯告诸蛮曰："非尔乡里耶？作贼合死不？"即斩之。蛮慑服，不知其为死囚也。自是境无暴掠。

回纥还国，恃功恣睢，所过皆剽伤。州县供饩不称，辄杀人。李抱玉将馈劳，宾介无敢往，马燧自请典办具，乃先赂其酋，与约，得其旌章为信，犯令者得杀之。燧又取死囚给役左右，小违令，辄戮死。虏大骇，至出境，无敢暴者。

真宗幸澶渊，丁谓知郓州，兼齐、濮等州安抚使。时契丹深入，民大惊，争趋杨刘渡。舟人邀利，不急济。谓取死罪囚，诈作驾舟人，立命斩之，舟遂集，民乃得渡。遂立部分，使沿河执旗帜，击刁斗自卫，契丹乃引去。

死罪也，而亦不令徒死，祯借之以威蛮，燧借之以威虏，谓借之以威兵。其大者为檇李之克敌，而最下供御囚亦假之以代无辜之命。正如圣药王，尘垢土木，皆入药料。

【译文】

北魏时的秦王元祯曾担任南豫州刺史，大胡山的蛮子经常出来抢劫。元祯想了个计策，召集了新蔡、襄城的蛮子头领，让他们观看射箭表演。元祯预先挑选了二十多个善于射箭的手下，其中混杂了一个死囚。元祯先自己射，结果都命中目标。又命令手下按顺序射。轮到那个死囚，没有射中，元祯当即下令斩首。蛮子面面相觑，大为害怕。又预先找了十个死囚，穿上蛮子的衣服待命。元祯坐在那儿，忽然一阵风吹过，就抬头看天，转头对蛮子们说："风尘气息中有点暴虐的味道，好像有贼人入境，只有十来个人，在西面五十里处。"遂即命人骑马抓了十个人回来。元祯对蛮子们说："这是你们的乡亲吧？做盗贼是不是该杀啊？"于是就地处决。蛮子都伏贴了，他们不知道那都是死囚。从此边境上再没有抢劫掳掠的事。

唐朝遭遇安史之乱，曾经请回纥人帮助平定，他们回国的时候，仗着有功于唐朝，一路上残害百姓。各州县接待稍不称意，就杀人泄恨。李抱玉准备慰问回纥军，没有官员敢作为使者前往。马燧却自己申请去张罗这事。马燧先贿赂回纥人的首领，与之相约，得到了他的旗帜作为信物，有违反命令的人可以处死。马燧又选了一批死囚带在身边，稍有违令立刻处死。回纥人大吃一惊，直到出境，再也不敢乱来。

宋真宗率军驻扎澶州。丁谓当时是郓州知州，兼任齐、濮等州的安抚使，契丹人深入内地，百姓惊扰，纷纷从杨刘渡逃跑。船家为抬价，故意拖延。丁谓就找来一个死囚，扮成船夫，立即斩首。船家见了立刻聚集过来渡人，百姓都得以顺利过河。丁谓又作出部署，沿河悬挂旗帜，组织警戒，进行防御。契丹人见无机可乘，就退走了。

冯评：就是死囚，也不让他们白死。元祯借死囚压制蛮子，马燧借死囚震撼回纥，丁谓借死囚威吓契丹。死囚的作用，大可以如勾践伐吴那样克敌制胜，小也可以借来替代无辜者的性命。这就像精于医道的药王，尘埃土木都能当药材用。

580. 杨 琠

杨琠授丹徒知县。会中使如浙，所至缚守令置舟中，得赂始释。将至丹徒，琠选善泅水者二人，令着耆老衣冠，先驰以迎（边批：奇策奇想）。中使怒曰："令安在，汝敢来谒我耶？"令左右执之，二人即跃入江中，潜遁去。琠徐至，绐曰："闻公驱二人溺死江中，方今圣明之世，法令森严，如人命何？"中使惧，礼谢而去。虽历他所，亦不复放恣云。

【译文】

明朝的杨琠被任命为丹徒知县，有宫里派出的使者到浙江巡视，每到一地就把当地的守令扣押在船上，得到贿赂才释放。使者快到丹徒县时，杨琠挑选两个善于潜水的人扮成年老乡绅的样子先行去迎接。使者很生气地说："县令在哪儿？你们这样的也敢随便来迎接我？"命随从把两人抓起来。二人立即跳入江中潜水而去。杨琠慢腾腾地过来了，骗使者说："听说大人把刚才的两人逼到江里淹死了。当今太平盛世，法度严明，出了人命该怎么办呢？"使者怕了，连忙谢罪而去。以后他到别处巡视，也不敢再胡来了。

581. 韩 雍

公镇两广，防患甚严，心腹一二人外，绝不许登阶，亦多以权术威镇之。一日与乡人宴于堂后，鞠蹴为戏，既散，潜使人置石炮。有观者，因指示曰："此公适所蹴戏也。"众吐舌，咸以公为绝力。所张盖内暗藏磁石，以铁屑涂毛发间，每出坐盖下，须鬓翕张不已，貌既魁岸，复睹兹异，惊为神明焉。

【译文】

明成化年间，韩雍镇守两广，除了一二亲信外，其他人一律不许登阶入室，他也很喜欢用权术威震下人。一天，韩雍在后厅宴请乡绅，并踢球助兴。活动结束后，韩雍暗中派人在踢的球里放进一个石炮弹。有上前围观的人就指着那个球说："这就是韩公刚才踢的球。"听见的人都吐出了舌头，认为韩雍力大无比。韩雍平时用的伞盖下暗藏磁石，又在须发里暗藏铁屑，每当韩雍坐在伞盖之下，须发就冉冉微动，加上韩雍本来体态魁梧，又见这样的情状，都惊奇地认为他是神。

582. 王 导

王敦威望素著，一旦举兵内向，众咸危惧。适敦寝疾，王导便率子弟发哀，众闻，谓敦死，咸有奋志。

【译文】

东晋王敦造反，原先他在东晋朝中声望很高，一下子举兵进攻，大家都很害怕。朝廷派王敦的本家兄弟王导前去征讨，正巧王敦得了急病，王导便率族中子弟发丧。人们听说之后，都认为王敦死了，都恢复了平定叛乱的斗志。

583. 程 婴

屠岸贾攻赵氏于下宫，杀赵朔、赵同、赵括、赵婴齐，皆灭其族。赵朔妻，成公姊也，有遗腹，走匿公宫。赵朔客曰公孙杵臼。杵臼谓朔友人程婴曰："胡不死？"程婴曰："朔之妇有遗腹，若幸而生男，吾奉之；即女也，吾徐死耳。"居无何，而朔妇娩身生男。屠岸贾闻之，索于宫中，夫人置儿裤中，祝曰："赵宗灭乎，若号；即不灭，若无声。"及索儿，竟无声。已脱，程婴谓公孙杵臼曰："今一索不得，后必且复索之，奈何？"公孙杵臼曰："立孤与死孰难？"（边批：只一问，便定了局）程婴曰："死易，立孤难耳。"公孙杵臼曰："赵氏先君遇子厚，子强为其难者。吾为其易者，请先死。"乃谋取他人婴儿负之，衣以文葆，匿山中（边批：妙计）。程婴出，谬谓诸将军曰："婴不肖，不能立赵孤，谁能与我千金，我告赵氏孤处（边批：更妙）。诸将军皆喜，许之。发师随程婴攻公孙杵臼。杵臼谬曰："小人哉程婴！昔下宫之难不能死，与我谋匿赵氏孤儿，今又卖我，纵不能立，而忍卖之乎？"抱儿呼曰："天乎！天乎！赵氏孤儿何罪？请活之，独杀杵臼可也！"诸将不许，遂杀杵臼与孤儿。诸将以为赵氏孤儿良已死，皆喜。然赵氏真孤乃反在，程婴卒与俱匿山中。居十五年，晋景公疾，卜之："大业之后不遂者为祟。"（边批：安知非略卜者使为此言）景公问韩厥，厥知赵孤在（边批：妙人），乃以赵氏对。景公问："赵尚有后子孙乎？"厥具以实告。于是景公乃与韩厥谋立赵孤儿，召而匿之宫中。诸将入问疾，景公因韩厥之众以胁诸将而见赵孤。赵孤名曰武。诸将不得已，皆委罪于屠岸贾。于是武、婴遍拜诸将，相与攻岸贾，灭其族。复与赵武田邑如故。及武既冠成人，婴曰："吾将下报公孙杵臼。"遂自杀。

赵氏知人，能得死士力，所以蹶而复起，卒有晋国。后世缙绅门下，不以利投，则以谀合，一旦有事，孰为婴、杵？鲁武公与其二子括与戏朝周，宣王爱戏，立为鲁世子。武公薨，戏立，是为懿公。时公子称最少，其保母臧寡妇与其子俱入宫养公子称。括死，而其子伯御与鲁人作乱，攻杀懿公而自立，求公子称，将杀之。臧闻之，乃衣其子以称之衣，卧于称处，伯御杀之。臧遂抱称以出，遂与称舅同匿之。十一年，鲁大夫知称在，于是请于周而杀伯御，立称，是为孝公。时呼臧为"孝义保"。事在婴、杵前，婴、杵盖袭其智也。然婴之首孤，杵之责婴，假装酷似，不唯仇人不疑，而举国皆不知，其术更神矣，其心更苦矣。

【译文】

春秋时候，晋灵公的宠臣屠岸贾在下宫攻打大贵族赵氏，杀了赵朔、赵同、赵括和赵婴齐，诛灭了整个赵氏家族。赵朔的妻子是晋成公的姐姐，当时怀有身孕，逃出后藏在成公的宫中。赵朔的门客有个叫公孙杵臼，他问赵朔的朋友程婴："你怎么没死呢？"程婴说："赵朔的妻子有遗腹子，如果有幸生了男孩，我要拥立他成为赵氏的继承人；如果是女孩，我慢慢再死也不迟。"没多久，赵朔的妻子生下一个男孩。屠岸贾听说后，立即派人到宫中搜捕。夫人将婴儿藏在裤子里，暗中祷告："赵氏要是注定灭亡，你就哭；要是不该灭亡，你就不要出声。"等屠岸贾的手下前来搜查时，婴儿始终没有声息。逃过一劫之后，程婴对公孙杵臼说："一次没搜到婴儿，日后一定会再来搜，怎么办？"公孙杵臼说："抚育孤儿并使他继承家业和一死了之，哪件事更难？"程婴说："死容易，抚育孤儿更难。"公孙杵臼说："赵朔待你不薄，你就做难的事情吧，我来做容易的，让我先死。"于是两人另找了个婴儿，用个华丽的包裹裹着，逃到山中藏了起来。随后，程婴逃出，骗那些搜捕的将军说："我程婴没能耐，不能抚育赵氏孤儿。谁给我千金，我就告诉他赵氏孤儿的藏身之处。"将军们听了都很高兴，答应了程婴的条件。于是，大队人马跟随程婴来抓公孙杵臼和赵氏孤儿。公孙杵臼见到程婴，便假意说："程婴你这个小人，下宫之难的时候你不能以死相报，跟我谋划隐匿赵氏孤儿，又来出卖我。就算你不能抚育孤儿，又怎么忍心出卖他呢！"公孙杵臼抱着婴儿高呼："天哪，天哪！赵氏孤儿有什么罪过？请你们放过他，把我一个人杀了吧！"诸将没有答应，把公孙杵臼及孤儿都杀了。众将认为赵氏孤儿真的已经死了，非常高兴。然而真的赵氏孤儿仍然活着，程婴始终和他一起藏在山中。十五年后，晋景公生病，请人占卜，卜辞说有不得志的大业的后代作祟。景公去问韩厥，韩厥知道赵氏孤儿还活着，便告诉景公说这个大业的子孙应该指赵氏。景公问："赵氏还有后人吗？"韩厥就把事情的原委如实向景公禀告。于是景公便和韩厥商议立孤儿为赵氏之主，召回了他，并将他藏在宫中。众将听说景公病了，前来问候，景公借韩厥的人马挟持众将参见赵氏孤儿。孤儿名叫赵武。众将无奈，就把罪过全推给屠岸贾。于是赵武和程婴拜谢众将，一起攻打屠岸贾，并灭了他一族。景公将赵氏原有的田地归还赵武。等赵武成年后，程婴说："我可以入土去见公孙杵臼了。"说完就自杀了。

冯评：赵氏知人善任，能结交到敢死的勇士，所以败落之后还能复兴，最终瓜分了晋国而成为一方诸侯。后世那些大族贵人的门客，都是为利益而投奔，靠谄媚而相合，一旦遇到变故，到哪里去找程婴和公孙杵臼？春秋时鲁武公带着两个儿子括、戏晋见周天子，周天子非常喜欢戏，就立他为鲁世子。武公死后，戏继位，是为懿公。懿公的公子称年纪尚小，由保姆臧寡妇带着儿子入宫照料。括死后，括的儿子伯御造反，杀了懿公，并自立为鲁君，并且四处搜捕公子称，想杀掉他。臧寡妇知道后，就把公子称的衣服给自己儿子穿上，并且把儿子放在公子称的床上。伯御杀掉了床上的孩子。臧寡妇于是抱着公子称逃出宫外，与公子称的舅舅一起把孩子藏了起来。十一年后，鲁国大夫得知公子称还活着，于是请求周天子发兵杀了伯御，立公子称为国君，这就是鲁孝公。当时人称臧寡妇为"孝义保"。这事发生在程婴、公孙杵臼的事之前，程婴和公孙杵臼是用她的老办法。然而程婴出卖婴儿、公孙杵臼痛斥程婴，可谓演技高超，不仅仇家没起疑心，全国上下都不知底细，他们的智术运用得更加神奇，用心也更良苦。

584. 太史慈

北海相孔融闻太史慈避地东海，数使人馈问其母。后融为黄巾贼所围，慈适还，闻之，即从间道入围，见融。融使告急于平原相刘备。时贼围已密，众难其出，慈乃带鞬弯弓，将两骑自从，各作一的持之，开门出，观者并骇。慈径引马至城下堑内，植所持的射之，射毕还。明日复然，如是者再。围下人或起或卧，乃至无复起者。慈遂严行蓐食，鞭马直突其围。比贼觉，则驰去数里许矣。竟从备乞兵解围。

【译文】

东汉末年，东莱人太史慈逃到辽东避祸，北海相孔融很敬重太史慈，经常派人给他母亲送东西。后来，孔融被黄巾军围困，太史慈正好回来，听说后就从小道潜入，见到了孔融。孔融就请太史慈突围向平原相刘备求援。这时黄巾军的包围更严了，大家都觉得很难突围。太史慈拿着弓，带上箭，率两名骑士，让他们各拿一个箭靶，开了城门就往外走。外面军兵大吃一惊。但太史慈只是跑到城下的壕沟里，插上带来的靶子练射箭，射完了就回去了。第二天仍然如此。反复几次之后，外面的军兵见怪不怪，坐的坐，躺的躺，最后干脆看见太史慈出来也没人理会了。这一天，太史慈早早起来飞马疾驰，突然冲出包围。等到黄巾军发觉，太史慈已经跑出去好几里地了。最后找到刘备，搬求救兵，解了孔融之围。

585. 陈子昂

子昂初入京，不为人知。有卖胡琴者，价百万，豪贵传视，无辨者。子昂突出，顾左右曰："辇千缗市之！"众惊问，答曰："余善此乐。"皆曰："可得闻乎？"曰："明日可集宜阳里。"如期偕往，则酒肴毕具，置胡琴于前，食毕，捧琴语曰："蜀人陈子昂，有文百轴，驰走京毂，碌碌尘土，不为人知。此乐贱工之役，岂宜留心？"举而碎之，以文轴遍赠会者，一日之内，声华溢都下。

唐人重才，虽一艺一能，相与惊传赞叹，故子昂借胡琴之价，出奇以市名，而名果成矣。若今日，不唯文轴无用处，虽求一听胡琴者亦不可得。伤哉！

【译文】

初唐诗人陈子昂刚到京城时，不为人们所知。一天，有个卖西域乐器的人开价百万，富豪显贵争相传看，但没人认识这个乐器。陈子昂突然站出来说："我买了，回头叫车拉一千贯来。"大家都很诧异，纷纷询问，陈子昂说："我擅长演奏这种乐器。"人们就说："那你演奏给我们听听如何？"陈子昂说："那就明天都到宜阳里去。"第二天人们纷纷去了，陈子昂准备了酒菜，把乐器也放在面前。吃完饭，陈子昂捧着琴说："我是四川陈子昂，写过上百卷诗文，奔走京城，平庸碌碌犹如尘土，不为人知。这乐器只是下贱乐工的差事，哪值得刻意钻研！"于是举起乐器摔得粉碎，把自己所写的诗文分赠在场的宾客。一天之内，陈子昂的名声在整个长安城到处传扬。

冯评：唐朝人看重才华，任何技艺才能，都会被人惊奇地赞叹和传颂，所以陈子昂借西域乐器的高价，出奇招招来名声，也真的就此成名。要是在现在，不要说诗文没用，就是想找个愿意倾听西域乐器的人也很困难，可悲啊！

586. 爱盎等 三条

爱盎常引大体慷慨。宦者赵谈以数幸，常害盎。盎患之。兄子种为常侍骑，谓盎曰："君众辱之，后虽恶君，上不复信。"于是上朝东宫，赵谈骖乘，盎伏车前曰："臣闻天子所与共六尺舆者，皆天下英豪。今汉虽乏人，陛下独奈何与刀锯之余共载？"于是上笑，下赵谈。谈泣下车。

王敦用温峤为丹阳尹，置酒为别。峤惧钱凤有后言，因行酒至凤，未及饮，峤伪醉，以手板击之堕帻，作色曰："钱凤何人，温太真行酒，敢不饮！"凤不悦。敦以为醉，两释之。明日，凤曰："峤与朝廷甚密，未必可信，宜更思之。"敦曰："太真昨醉，小加声色，岂得以此便相谗贰。"由是峤得还都，尽以敦逆谋告帝。

尔朱兆以六镇屡反，诛之不止，问计于高欢。欢谓宜选王心腹私将统之，有犯则罪其帅。兆曰："善。谁可行？"贺拔允时在坐，劝请用欢。欢拳殴允，折其一齿，曰："生平天柱时，奴辈伏处分如鹰犬，今天下安置在王，而允敢诬下罔上如此！"兆以欢为诚，遂委之，欢以兆醉，恐醒而悔之，遂出宣言，受委统州镇兵，可集汾东受号令。军士素乐欢，莫不皆至。欢去，遂据冀州。

【译文】

西汉的爱盎（即袁盎）常慷慨激昂地对政务据理辩争。宦官赵谈深受皇帝宠幸，对爱盎十分不满，爱盎对此很担心。爱盎的侄子爱种是皇帝的侍从，对爱盎说："你可以当众羞辱他，日后他即使在皇上面前说你坏话，皇上也不会相信了。皇帝要到东宫去朝见太后，赵谈和皇帝共乘一车，爱盎跪在车前说："臣听说天子与之共乘一车的，都是天下的英才豪杰，我们汉朝虽然人才紧缺，也不致于让皇帝和一个受过宫刑的小人共乘一车吧？"皇帝大笑，让赵谈下车，赵谈哭着下了车。

晋朝的逆贼王敦任命温峤为丹阳郡守，并为他置酒饯行。温峤怕王敦的智囊钱凤会在他离开后在王敦面前说坏话，所以敬酒到钱凤的时候，借故钱凤没及时喝，假装酒醉，用笏板把钱凤的头巾打掉，愤愤地说："钱凤是什么东西，我温太真向你敬酒，竟敢不喝！"钱凤非常不高兴。王敦认为温峤喝多了，两头都没怪罪。第二天，钱凤对王敦说："温峤和朝廷关系密切，并不可靠，您要小心谨慎才是。"王敦说："昨晚温峤酒醉，对你有点不太尊敬，你怎么能因此而谗毁他呢？"就这样，温峤安全返回都城，把王敦谋反的计划全都告诉了皇帝。

南北朝时候，北魏的尔朱兆因六镇动乱频仍，反复镇压都不见效，便向高欢问计。高欢建议尔朱兆派心腹将领去做六镇的统帅，如果再有事就拿主帅问罪。尔朱兆说："好。但是派谁去呢？"贺拔允当时正好在座，就建议尔朱兆任用高欢。高欢当即给了贺拔允一拳，打掉他一颗牙，说道："天柱大将军（尔朱兆的父亲尔朱荣）在的时候，奴才们都老老实实像鹰犬般听话。现在大事都有大王作抉择，你贺拔允竟敢如此上蹿下跳！"听了这话，尔朱兆认为高欢十分忠诚，就任命他为六镇的统帅。高欢怕尔朱兆喝多了，酒醒之后反悔，出门之后立刻宣布自己受命统领六镇军队，要召集汾水以东的军队接受号令。士兵们一向爱戴高欢，纷纷投到他帐下。于是，高欢离去后占据了冀州。

587. 王东亭

王绪素谮殷荆州于王国宝，殷甚患之，求术于王东亭。曰："卿但数诣王绪，往辄屏人，因论他事，如此则二王之好离矣。"殷从之。国宝见王绪，问曰："比与仲堪何所道？"绪云："故是常谈。"国宝谓绪于己有隐，情好日疏，谮言用息。

此曹瞒间韩遂马超之故智。张浚杀平阳牧守，亦用此术。平阳牧张姓，蒲帅王珂之大校。

【译文】

东晋时候，王绪经常在他本家哥哥王国宝面前说殷仲堪（镇守荆州的统帅）的坏话，殷仲堪对此很担忧，向王珣（封东亭侯）请教对策。王珣说："你就经常去拜见王绪，一去就把旁人支开，然后谈论一些琐碎的小事，这样，二王的交情就没那么密了。"殷仲堪听从了这个建议。王国宝见了王绪问道："那天殷仲堪到你那儿跟你说了些什么？"王绪说："没什么，都是些无关紧要的小事。"王国宝觉得王绪有事隐瞒，两人的关系也就日渐疏远，关于殷仲堪的谮言也就销声匿迹了。

冯评：这是曹操离间韩遂和马超的老办法。张浚杀平阳牧守，也是用的同样手法。平阳牧姓张，河中节度使王珂的大将。

588. 吴 质

丞相主簿杨修谋立曹植为魏嗣，曹丕患之，以车载废簏，纳吴质，与之谋。修白操。丕惧，告质。质曰："无害也。"明日复以簏载绢入。修复白之，推验无人，操由是不疑。

植之夺嫡，操固疑之。疑植，则其不疑丕也易矣；不然，多猜如操，何一推验而即止耶？其杀修也，亦以孤植而安丕。而说者谓"黄绢"取忌，"鸡肋"误军，亦浅之乎论操矣！

【译文】

曹操的丞相主簿杨修想拥立曹植为魏国的继承人，世子曹丕对此十分担忧，于是把吴质藏在车上的破竹篓里载入宫中商议对策。杨修知道这件事后，向曹操告状。曹丕十分害怕，告诉了吴质。吴质说："没关系。"第二天，曹丕又用同样的破竹篓装了一堆绢帛回来。杨修又去曹操那里告状，派人检查之后，证明车上没有人，于是曹操不再疑心曹丕。

冯评：曹植想夺取继承权，这是曹操早就怀疑的事。曹植既然被怀疑了，那么要让曹操对曹丕没有疑心就比较容易了。要不然，像曹操这样多疑的人，怎么会仅凭一次检查就收手呢？曹操后来杀杨修也是想孤立曹植以安慰曹丕。有人说杨修猜出"绝妙好辞"的谜底、用"鸡肋"这样的把戏扰乱军心，所以被杀，这实在太小看曹操了！

589. 司马懿等　四条

曹爽擅政，懿谋诛之，惧事泄，乃诈称疾笃。会河南尹李胜将莅荆州，来候懿，懿使两婢侍持衣，指口言渴，婢进粥，粥皆流出沾胸。胜曰："外间谓公旧风发动耳，何意乃尔？"懿微举声言："君今屈并州，并州近胡，好为之备，吾死在旦夕，恐不复相见，以子师、昭为托。"胜曰："当忝本州，非并州。"懿故乱其词曰："君方到并州？"胜复曰："忝荆州。"懿曰："年老意荒，不解君语。"胜退告爽曰："司马公尸居余气，形神已离，不足复虑。"于是爽遂不设备。寻诛爽。

安仁义、朱延寿，皆吴王杨行密将也，延寿又行密朱夫人之弟。淮徐已定，二人颇骄恣，且谋叛。行密思除之，乃阳为目疾，每接延寿使者，必错乱其所见以示之，行则故触柱而仆，朱夫人挟之，良久乃苏，泣曰："吾业成而丧明，此天废我也。诸儿皆不足任事，得延寿付之，吾无恨矣。"朱夫人喜，急召延寿。延寿至，行密迎之寝门，刺杀之。即出朱夫人，而执斩仁义。

孙坚举兵诛董卓，至南阳，众数万人，檄南阳太守张咨，请军粮。咨曰："坚，邻二千石耳，与我等，不应调发。"竟不与。坚欲见之，又不肯见。坚曰："吾方举兵而遂见阻，何以威后？"遂诈称急疾，举军震惶，迎呼巫医，祷祠山川，而遣所亲人说咨，言欲以兵付咨。咨心利其兵，即将步骑五百人，持牛酒诣坚营。坚卧见，亡何起，设酒饮咨，酒酣，长沙主簿入白："前移南阳，道路不治，军资不具，太守咨稽停义兵，使贼不时讨，请收按军法。"咨大惧，欲去。兵阵四围，不得出，遂缚于军门斩之。一郡震栗，无求不获，所过郡县皆陈糗粮以待坚军。君子谓："坚能用法矣。法者，国之植也，是以能开东国。"

正德五年，安化王寘鐇反，游击仇钺陷贼中，京师讹言钺从贼，兴武营守备保勋为之外应。李文正曰："钺必不从贼，勋以贼姻家，遂疑不用，则诸与贼通者皆惧，不复归正矣。"乃举勋为参将，钺为副戎，责以讨贼。勋感激自奋。钺称病卧，阴约游兵壮士，候勋兵至河上，乃从中发为内应。俄得勋信，即嗾人谓贼党何锦："宜急出守渡口，防决河灌城。遏东岸兵，勿使渡河。"锦果出，而留贼周昂守城。钺又称病亟，昂来问病，钺犹坚卧呻吟，言且夕且死。苍头卒起，捶杀昂，斩首。钺起披甲仗剑，跨马出门一呼，诸游兵将士皆集，遂夺城门，擒寘鐇。

【译文】

三国时候，魏国大将军曹爽专权，司马懿想诛杀他，又恐事情泄密，于是对外宣称得了重病。正好曹爽的心腹河南令尹李胜准备去做荆州刺史，临行前就来探望司马懿。司马懿让两个婢女服侍着拿着衣服，指着嘴说自己口渴。婢女拿来一碗粥，司马懿喝得满身都是。李胜说："外间传闻您风病发作，没想到这么严重！"司马懿发出微弱的声音道："听说你屈居并州，并州地近胡人，要小心防备啊。我快死了，以后恐怕再也见不到了，小儿司马师、司马昭，就拜托你了。"李胜说："我要去荆州，不是并州。"司马懿故意打岔说："你刚到并州啊？"李胜又说："去荆州任职。"司马懿说："老了，糊涂了，完全不明白你在说什么。"李胜回去告诉曹爽说："司马懿已经是行尸走肉，魂都不在身上了，大可不必担心。"于是曹爽对司马懿不再防备。最后，司马懿诛杀了曹爽。

安仁义、朱延寿都是唐末的吴王杨行密的将军，朱延寿又是杨行密朱夫人的弟弟。自从淮南各州平定后，安、朱二人做事张扬，并且准备谋反。杨行密想除去二人，于是假装得了眼病。每次接见朱延寿的使者，都把看到的东西胡乱描述、指点，走路时还故意撞到柱子上跌倒。朱夫人把他扶起来，过了很久才醒过来，哭着说："我大事已成却失明了，这是老天要废我啊！我的几个儿子都不足以托付大事，要是能让朱延寿继续我的事业，这辈子也没有什么可遗憾的了。"朱夫人听了很高兴，连忙召朱延寿商议。朱延寿一到，杨行密在内室门口迎接，手起一剑杀了他。随后废黜了朱夫人，又抓住安仁义斩首。

东汉末年，孙坚举兵讨伐董卓，兵马有数万之多。孙坚发文请南阳太守张咨支援军粮。张咨说："孙坚和我一样是二千石的太守，没权力向我征调军需！"于是不加理会。孙坚想见他，张咨又推辞不见。孙坚说："我刚起兵就受到阻碍，以后怎么建立威信呢？"于是假称得了急病，全军士兵都非常惊慌，又是请医生诊治，又是焚香祝祷山川神灵，同时派亲信告诉张咨，说准备将大军交由张咨统领。张咨很想得到孙坚这些兵，于是率领五百兵士，带着牛羊美酒来到孙坚的营地探望。孙坚躺在床上见他，不一会就起身了，设酒款待张咨。二人喝得正高兴时，长沙主簿进来禀告，说："日前发文到南阳，前行的道路没修好，军需物资也没准备好，太守张咨有意滞留大军，使得讨贼大事无法及时推进，请按军法处置。"张咨十分惊惶，想逃出去，但四周已经被孙坚的部队包围，逃不出去了，于是张咨被绑至军门斩首。一郡上下大为震惊，从此对孙坚的要求无不照办，凡孙坚大军所到之处，都准备好充足的军粮供应。有君子说，孙坚善于用法。法是国家的根本，所以后来孙坚能开创吴国。

明正德五年，安化王朱寘鐇造反，游击仇钺被滞留在贼营。京师谣传仇钺降贼，而兴武营守备保勋则是外应。李东阳（谥文正）说："仇钺一定不会投降贼人。保勋和朱寘鐇有姻亲关系，就此怀疑他的话，那凡是和贼人有过交往的就都会害怕，再也不敢投诚了。"于是推荐保勋为参将，仇钺为副总兵，将讨贼的任务交给他们。保勋十分感激，暗自发奋。仇钺在贼营中假称生病，暗中约集属下士兵，单等保勋部队到了河上，便从营中起兵接应。很快得到保勋传来的消息，仇钺便指使人对贼将何锦说："要赶紧出兵把守渡口，防止敌人决堤灌城。同时要拦截东岸来敌，不要让他们过河。"何锦果然出城，留下周昂守城。仇钺假称病情加重，周昂前去探视，仇钺躺在床上呻吟，说了些自己快死了之类的话。说话间，暗中埋伏的仆人突然跳起捶杀了周昂，并将其斩首。仇钺起身披上盔甲拿着剑，骑上快马冲出营门，高呼一声，先前召集好的士兵立刻聚拢起来，占据了城门，擒获了朱寘鐇。

590. 杜 畿

高干举并州反。前河东太守王邑被征，掾卫固、范先以请邑为名，实与干通谋。曹操拜杜畿为河东太守，固等以兵绝陕津，畿不得渡。或谓宜须大兵，畿曰："河东三万户，非皆欲为乱也。今兵迫之急，必惧而听于固。固等势专，必以死战。讨之不胜，为难未已；讨之而胜，是残一郡之民也（边批：谁省念及此）。吾单车直往，出其不意。固为人多计而无断（边批：贼已在掌中），必伪受吾，得居郡一月，以计縻之，足矣。"遂诡道从郖津渡。范先欲杀畿，固曰："杀之何益？徒有恶名，且制之在我。"遂奉之。畿谓固、先曰："卫、范，河东之望也，吾仰成而已。然君臣有定义，成败同之，大事当共平议。"以固为都督，行丞事，将校吏兵三千余人，皆范先督之（边批：使之不疑）。固等喜，虽阳事畿，不以为意。固欲大发兵，畿患之，说固曰："夫欲为非常之事，不可动众心。今大发兵众，必扰，不如徐以资募兵。"固以为然，从之。调发数十日乃定，诸将贪多应募而少遣兵。又入喻固等曰："人情顾家，诸将掾吏可分遣休息，急缓召之不难。"固等恶逆众心，又从之。时善人在外，阴为己援；恶人分散，各还其家，则众离矣。会高干入濩泽，上党诸县杀长吏，弘农执郡守。固等密调兵，未至。畿知诸县附己，因出单将数十骑，赴张辟拒守，吏民多举城助畿者。比数十日，得四千余人。固等与干、晟共攻畿，不下，略诸县，无所得。会大兵至，干、晟败，固等伏诛，其余党与皆赦之。

【译文】

后汉时袁绍的旧将高干在并州举兵谋反，原河东太守王邑被调入朝中，属吏卫固、范先请求仍以王邑为河东太守，暗中却与高干互相勾结。曹操任命杜畿为新任河东太守。卫固等人派兵占据渡口，杜畿无法渡河上任。有人建议调动军队前来解决，杜畿说："河东三万户百姓，并非人人都想作乱。调派军队只会让百姓惊慌失措，反而听从卫固。卫固等人势力扩大，一定会死战到底。我们如果无法取胜，战乱就不会停止；即使取胜，也会给一方百姓带来巨大的灾难。索性我单车前去，一定出乎他们的意料。卫固这个人虽有计谋，但做事没有决断，一定会假意接受我。给我一个月时间，就足够用计解决他们。"于是杜畿绕道从郖津渡河。杜畿到后，范先想杀了他，卫固说："杀了他有什么好处？只不过给我们增加坏名声。况且他完全受我们控制。"于是两人尊奉杜畿为太守。杜畿对卫固、范先说："你们卫、范都是河东的大姓，我还要仰仗两位才能做事。不过在名分上我们还有上下尊卑的区别，成败得失的利益是共同的，遇到大事还是应该共同商议。"于是任命卫固为都督，代理郡丞。而三千多官兵则交由范先统领。卫固等人很高兴，假意把杜畿当作领导，却对他并不多加提防。卫固想大规模征兵，杜畿很担忧，便劝卫固说："想做大事，不能轻易惊扰民心。要是大量征兵，百姓一定受到骚扰，不如慢慢花钱招募。"卫固觉得有理，听从了这个建议，花几十天去募兵，而手下的将领在其间又多报空额借机敛财。杜畿又对卫固等人说："顾家是人之常情，将士差役们都很辛苦，不妨让他们轮流休息，一旦有事再召集也不难。"卫固等人怕失人心，又听从了这个建议。就这样，好人在外围暗中形成了我方的支持力量，坏蛋们却各自分头回家，贼众已分崩离析了。这时高干去了濩泽，上党郡几个县百姓袭杀地方官，弘农郡更是连郡守都被抓了去。卫固等开始秘密调兵，却没有调来。杜畿知道下面各县都站在自己一边，就带着几十个人到张辟驻守防御，官吏百姓很多都是倾城相助，才十几天，杜畿就有了四千多人。卫固与高干、张晟联手围攻杜畿，屡攻不下，又到各县去抢劫，也没有什么收获。这时曹操派来的大军到达，高干、张晟战败，卫固等人被杀，其余部众则全部免罪。

591. 曹 冲

曹公有马鞍在库，为鼠所伤。库吏惧，欲自缚请死。冲谓曰："待三日。"冲乃以刀穿其单衣，若鼠啮者，入见，谬为愁状。公问之，对曰："俗言鼠啮衣不吉，今儿衣见啮，是以忧。"公曰："妄言耳，无苦。"俄而库吏以啮鞍白，公笑曰："儿衣在侧且啮，况鞍悬柱乎！"竟不问。

【译文】

曹操的一副马鞍放在仓库里被老鼠咬坏了，管仓库的小吏十分害怕，想把自己捆起来去见曹操请死。曹操的幼子曹冲对他说："等三天再说。"曹冲用刀把衣服戳了个洞，做成被老鼠咬的样子，然后去见曹操，装出一副愁眉苦脸的样子。曹操问他怎么了，曹冲说："听人说衣服被老鼠咬坏了很不吉利，所以我很担心。"曹操说："那是瞎说！不用担心。"一会儿，库吏来报告马鞍被老鼠咬坏的事，曹操笑道："孩子的衣服就在身边还被老鼠咬了，何况是挂在柱子上的马鞍呢！"根本没理会这事。

592. 杨倭漆

天顺间，锦衣指挥门达用事。同时有袁彬指挥者，随英宗北狩，有护跸功。达恶其逼，令逻卒摭其阴私，欲致于死。时有艺人杨埙（一作埙）者，善倭漆画器（宣庙喜倭漆之精，令埙往学），号杨倭漆，愤甚，乃奏达违法二十余事，且极称彬枉。疏入，上令达逮问，埙至，神色不变，佯若无所与者。达历询其事，皆曰不知。且曰："埙贱工，不识书字，又与君侯无怨，安得有此？望去左右，埙以实告。"因告曰："此内阁李贤授埙，使埙投讦，埙实不知所言何事。君侯若会众官廷诘我，我必对众言之，李当无辞。"达闻甚喜，劳以酒肉。早朝，以情奏，上命押诸大臣会问于午门外，方引埙至，达谓贤曰："此皆先生所命，埙已吐矣。"贤正惊讶，埙即大言曰："死则我死，何敢妄指！我一市井小人，如何见得阁老？鬼神昭鉴，此实达教我指也！"因剖析所奏二十余条，略无余蕴。达气沮。词闻于上，由是疏达。彬得分司南都。居一载，驿召还职。后达坐怨望，谪戍广西以死。

此与张说斥张昌宗，保全魏元忠事同轴。然说故多权智，又得宋璟诸人再三勉励，而后收蓬麻之益。杨埙一介小人，未尝读书通古，而能出一时之奇，抗天威而塞奸吻，不唯全袁彬，并全李贤。不唯全二忠臣，且能去一大奸恶。智既十倍于说，即其功亦十倍于说也。一时缙绅之流，依阿事达者不少，睹此事有不吐舌、闻此事有不愧汗者乎？岂非衣冠牵于富贵之累，而匹夫迫于是非之公哉！洪武时，上尝怒宋濂，使人即其家诛之。马太后是日茹素。上问故，后曰："闻今日诛宋先生，妾不能救，聊为持斋以资冥福耳。"上悟，即驰驿使人赦之。薛文清瑄既忤王振，诏缚诣市杀之。振有老仆，是日大哭厨下。振问："何哭？"仆对曰："闻今日薛夫子将刑故也。"振闻而怒解。适王伟申救，遂得免。夫老仆之一哭，其究遂与圣母同功，斯亦奇矣！语曰：是非之心，智也。智岂以人而限哉！

土木之变，内侍喜宁本胡种也。从太上于虏中，数导虏入寇，以败和议。上患之。袁彬言于太上，遣宁传命于宣府参将杨俊，索春衣，因使军士高磐与俱。彬刻木藏书，系磐髀间，以示俊，俾因其来执之。俊既得书，与宁饮城下，磐抱宁大呼，俊从兵遂缚宁解京，处以极刑。于是虏失向导，厌兵，遂许返跸。按，彬周旋虏中，与英庙同起处，其宣力最多，而诛宁尤为要着，亦宁武子之亚也。

【译文】

明英宗天顺年间，锦衣卫指挥门达掌权。同时还有一个指挥叫袁彬，在土木之变时跟随英宗护驾有功。门达觉得袁彬对他来说是个威胁，就派手下巡逻的士兵探访袁彬的隐私，想置他于死地。当时有个叫杨瑄（一作埙）的手艺匠，擅长日本式漆器画（明宣宗喜爱日本漆器，派杨瑄特地去学习），外号叫杨倭漆的，听说门达想陷害袁彬，非常气愤，写了二十条门达的罪状上奏英宗，并极力说袁彬冤枉。奏疏递上之后，英宗命门达传讯审问。杨瑄见了门达，神情自若，好像跟这事情完全无关一样。门达问他什么，他都说不知道，并且说："我是一个低微的手艺匠，不识字不读书，和大人您无冤无仇，怎会做这种事。请大人摒退左右，我就将实情禀告。"于是，杨瑄告诉门达："这是内阁李贤教我做的，他要我把奏疏递给皇上，我实在不知道里面写了些什么。如果大人召集朝廷百官当面问我，我一定对大家说明白，李贤肯定没话说。"门达听了非常高兴，便以酒肉招待他。第二天早朝，门达上奏此事，英宗命众大臣在午门外会审。刚把杨瑄带上来，门达就对李贤说："这都是你指使的，杨瑄已经交待了。"李贤正莫名其妙时，杨瑄大声说："我死就死，怎敢随便指证不相干的人！我一个小百姓，怎么见得到内阁大臣？鬼神可鉴，是门达教我诬指的！"接着把呈奏皇上有关门达的二十多条罪状——分析，毫无保留。门达在一旁垂头丧气。英宗听了汇报，对门达就开始疏远了。袁彬则被派去分管南京锦衣卫，一年后又奉旨回京。后来门达以对朝廷不满的罪名发配广西而死。

冯评：这与唐朝的张说痛斥张昌宗，保全魏元忠的事如出一辙。但张说本来就是很有智谋的，又得到宋璟等人很大的鼓励和支持，然后才略见成效。杨瑄不过一个小老百姓，没有读过书，而能一下子出此奇策，直接面对皇帝的威严，让奸臣哑口无言，不仅救了袁彬，也保全了李贤，不仅保护了两位忠臣，又能除掉一大奸臣。杨瑄的智谋胜过张说十倍，功劳也大于张说十倍。当时的高官显贵巴结门达的不在少数，看到这事哪有不惊得吐舌头、听到这事哪有不惭愧得汗流满面的？这不正说明贵人们都被富贵蒙住了良心，平民百姓反倒更能接近是非公道吗？明太祖朱元璋曾对宋濂发怒，派人到他家去杀他。马太后这天就吃素。太祖问她原因，她说："听说今天是杀宋先生的日子，臣妾救不了他，只好吃斋祈福。"太祖一下子明白了，立即派人赦免宋濂。

薛瑄（谥文清）因得了罪宦官王振，英宗下诏逮捕薛文清绑至刑场杀头。

王振有一个老仆，这天在厨房号啕大哭。王振问他："哭啥？"老仆说："因为听说今天薛先生要上刑场。"王振听了怒气全消。正好侍郎王伟正在努力营救薛瑄，薛瑄终于得以免死。老仆这一哭，竟产生了和马皇后相同的功效，也是件奇事。《论语》（译者注：其实是《孟子》里的话）说："是非之心就是智。"智哪里会因人身份地位的不同而有所局限呢？

土木之变时，内侍喜宁本是鞑靼族胡人，跟随英宗一起被俘于瓦剌军中，引导胡人入寇，破坏双方和议。明代宗对喜宁很发愁，又没什么办法。袁彬让英宗派喜宁到宣府参将杨俊那里传命索要春衣，并派军士高磐随行。袁彬在木板上刻了一封信，绑在高磐大腿上，要杨俊趁机逮捕喜宁。杨俊得信后，邀请喜宁在城下喝酒，高磐突然抱住喜宁大叫，杨俊的随从立即抓住喜宁押解进京，处以死刑。于是胡人失去了向导，不愿意再打下去，就允许英宗回国。袁彬在瓦剌军中，和英宗同甘共苦，出力最多，杀喜宁是其中最大的功劳，可以和春秋时卫国大夫宁武子相媲美。

593. 乔白岩

武宗南巡，江提督所领边兵皆西北劲兵，伟岸多力。乔白岩命于南方教师中，取其最矮小而精悍者百人，每日与江相期，至教场中比试。南人轻捷，跳跃如飞，北人粗坌，方欲交手，或撞其胁，或触其腰，皆倒地僵卧。江气大沮丧，而所蓄异谋，亦已潜折一二矣。

时应天府丞寇天叙，山西人，署尹事，每日带小帽，穿一撒衣坐堂，自供应朝廷外，毫不妄用。江彬有所需索，每使至，佯为不见，直至堂上，方起立，呼为钦差，语之曰："南京百姓穷，仓库竭，钱粮无可措办，府丞所以只穿小衣坐衙，专待拿问耳。"每次如此，彬无可奈何而止。此亦白岩一时好帮手也。又是时，边军于市横行，强买货物，寇公亦选矬矮精悍之人，每日早晚祇候行官，必以自随，若遇此辈，即与相持，边军大为所挫，遂敛迹。想亦与白岩共议而为者。

【译文】

明武宗南巡，提督江彬所率领的边兵都是西北人，体型魁梧，力气很大。乔白岩命人从南方的武术教头中挑选最矮小而精悍的一百人，每天与江彬相约在校场中比武。南人身体轻健，跳跃如飞，北人粗大笨拙，总是在刚要交手时候，被对方撞了肋骨，或是击中腰部，纷纷倒地不起。江彬看了大为泄气，原有谋反的盘算也暗自打消了一二。

冯评：应天府丞寇天叙，山西人，负责管理府中事务。他每天头戴小帽，身穿小衣坐在堂上理事，除了供给朝廷每日所需外，从不随便动用其他财物。江彬常派人前来勒索，每次使者来，寇天叙就假装没看见。等使者走到堂上，才起身高呼"钦差"。然后说："南京百姓穷，仓库空，钱粮没处弄，所以我这府丞只穿小衣坐在衙里办公，随时等着被上方抓去问罪。"每次都是这样，江彬也无可奈何，只好不再去要了。寇天叙也是乔白岩的好帮手。另外，当时边军常在城中横行，强买民众物品。寇天叙也挑选一批矮小精悍的武人，每天早晚给皇上请安，一定把这些人带在身边，要是遇上闹事的边军，就和他们过招，边军的气焰受到很大打击，从此不敢再放肆。想来寇天叙是和乔白岩商量过，才一起这么做的。

594. 宗威愍

宗汝霖，建中靖国间为文登令。同年青州教授黄荣上书，自姑苏编置某州，道经文登，感寒疾不能前进。牙校督行甚厉，虽赂使暂留，坚不可得。不得已，使人致殷勤于宗。宗即具供帐于行馆，及命医诊候。至调理安完，而了不知牙校所在。密讯其从行者，云：自至县，即为县之胥魁约饮于营妓，而以次胥吏日更主席。此校嗜酒而贪色，至今不肯出户。屡迫促之，乃始同进。

探知嗜酒贪色，便有个题目可做。只用数胥吏，而行人之厄已阴解矣。道学先生道理全用不着。此公可与谈兵。

【译文】

宗泽（字汝霖，谥威愍）建中靖国年间任文登县令。他的同年、青州教授黄荣因为上书，被判从姑苏发到某州编管，路经文登，受风寒无法继续赶路。押解的武官催得很急，就是花钱贿赂，也不肯休息。事出无奈，只好派人向宗泽打招呼求救。宗泽就在行馆中安置好他，又请医生来给他看病。所有事情办完，直到黄荣休养得差不多了，也不见那个武官的影子。黄荣向随行人员一打听，才有人告诉说，自从到了文登，武官就被县令手下的衙役头儿请到营妓那儿喝酒，衙役们每天轮流作东。这个武官好酒贪色，到现在也不肯离开。后来催了他好几次，这才勉强上路。

冯评：打探出来这武官好酒贪色，那就有题目可做了，只要用几个小小的衙役，黄荣的麻烦就悄悄化解了。道学先生那些道理全用不上。这个人可以和他谈论兵法。

595. 张　易

张易通判歙州，刺史朱匡业使酒陵人，果于诛杀，无敢犯者。易赴其宴，先故饮醉，就席，酒甫行，寻其少失，遽掷杯推案，攘袂大呼，诟责蜂起。匡业愕然不敢对，唯曰："通判醉，性不可当也。"易嵬峨喑噁自如。俄引去，匡业使吏掖就马。自是见易加敬，不敢复使酒，郡事亦赖以济。

事虽琐，颇得先发制人之术。在医家为以毒攻毒法，在兵家为以夷攻夷法。

【译文】

南唐时候的张易任歙州通判，刺史朱匡业常借酒欺人，甚至动辄杀人，没有人敢冒犯他。张易到朱匡业那里赴宴，故意先喝醉，入席开喝没多久，便找茬摔酒杯、掀桌子，卷起袖子大呼小叫，粗话脏话不绝于口。朱匡业惊讶得不知道该怎么办，只是说："通判喝醉了，这么大脾气不好办。"张易醉醉歪歪，却仍然怒气不消。不久，张易要走，朱匡业派人扶他上马。此后朱匡业看见张易就毕恭毕敬，也不敢再借酒欺人，郡中的很多事情变得好办了。

冯评：事情很琐碎，但很得先发制人之术的要领。说医术，这叫以毒攻毒；说用兵，这叫以夷制夷。

596. 张循王老兵

张循王（俊）尝春日游后圃，见一老卒卧日中，王蹴之曰："何慵眠如是？"卒起，声喏对曰："无事可做，只索眠耳。"王曰："汝会做甚事？"对曰："诸事薄晓，如回易之类亦粗能之。"王曰："汝能回易，吾以万缗付汝，何如？"对曰："不足为也，"王曰："付汝五万。"对曰："亦不足为也。"王曰："汝需几何？"对曰："不能百万，亦五十万乃可耳。"王壮之，即予五十万，恣其所为（边批：大手段）。其人乃造巨舰，极其华丽，市美女能歌舞者、乐者百余人，广收绫锦奇玩、珍羞佳果及黄白之器，募紫衣吏轩昂闲雅若书司、客将者十数辈，卒徒百人。乐饮逾月，忽飘然浮海去（边批：奇想）逾岁而归，珠犀香药之外，且得骏马，获利几十倍。时诸将皆缺马，唯循王得此马，军容独壮，大喜，问其何以致此，曰："到海外诸国，称大宋回易使，谒戎王，馈以绫锦奇玩，为招其贵近，珍羞毕陈，女乐迭奏。其君臣大悦，以名马易美女，且为治舟载马。以犀珠香药易绫锦等物，馈遗甚厚，是以获利如此。"王咨嗟，褒赏赐予优隆，问："能再往乎？"对曰："此戏也，再往则败矣。愿退老园中如故。"

罗景纶云：一弊衣老卒，循王慨然捐五十万畀之，不问其出入。此其度量恢弘，足使人从容展布，以尽其能矣。勾践以四封内外分授种、蠡，高帝捐黄金四十万斤于陈平，由此其推也，盖不知其人而轻任之，与知其人而不能专任，皆不足以成功。老卒一往之后，辞不复再，又几于知进退存亡者。异哉！

【译文】

南宋张俊（追封循王）在一个春日游赏后花园，看见一个老兵在太阳底下睡觉。张俊踢了他一脚，问："怎么这样睡懒觉？"老兵起身施礼说："没事可做，只好睡觉。"张俊说："你会做什么事？"老兵答："都会一点，就像长途贩运做买卖之类的，也多少会点。"张俊说："你会做买卖，我给你一万缗本钱，如何？"老兵说："不值得一做。"张俊说："那给你五万。"老兵说："也不值得做。"张俊说："你要多少？"老兵说："就算没有一百万，也得五十万才行。"张俊觉得他很有气魄，当即给了他五十万，随他怎么用。老兵拿了钱先造一艘大船，布置得极为华丽，买来一百多能歌舞或演奏乐器的美女，又买了大量锦缎和古玩、美食、水果以及金银器物，又招募气度潇洒的紫衣吏以及文武随从一共十几个，外加一百普通随从。一群人每天饮酒作乐，一个多月后，突然扬帆渡海而去。过了一年，这群人回来了，除了载着满船的珍珠、犀角、香料、药材之外，还有很多骏马，获利差不多有十倍。当时各军将领都缺马匹，只有张俊得到这些马匹，军容显得格外雄壮。张俊非常高兴，问他是怎么做到的。老兵说："到了海外各国，我自称是大宋派来作交易的使者，拜谒夷王，送他许多丝绸古玩，为结交当地的贵人，我拿出美食，先上女乐。他们君臣都很高兴，纷纷用名马交换美女，并且给我准备船只运载马匹。他们又用犀角、香料、药材来换取绸缎等，对我的回馈十分丰厚，所以我获利如此之多。"张俊感慨万分，赏赐他很多财物。又问："能否再去一趟？"老兵说："这是把戏，再去就穿帮了！我还是回到您后花园养老吧。"

罗景纶说：一个破衣烂衫的老兵，张俊就慷慨拿出五十万给他，也不过问他如何使用，这是张俊的大度，足以让人从容自由地发挥，以尽量施展其才能。勾践把内外事务分别交给文种、范蠡，高祖以黄金四十万斤交付陈平，都是这样的大手笔。但由此推论，不了解一个人就轻易相信他，与了解一个人却不能相信他，都不足成就大事业。老兵出海一次之后，就拒绝再次前往，又近乎是一个懂得成败进退的人，神奇啊！

597. 司马相如

卓文君既奔相如，相如与驰归成都，家居徒四壁立。卓王孙大怒，不分一钱。相如与文君谋，乃复如临邛，尽卖其车骑，置一酒舍沽酒，而令文君当垆，身自穿犊鼻裈，与庸保杂作，涤器市中。王孙闻而耻之，不得已，分予文君僮百人、钱百万，乃复还成都为富人。

卓王孙始非能客相如也，但看临邛令面耳；终非能婿相如也，但恐辱富家门面耳。文君为之女，真可谓犁牛骍角矣！王吉始则重客相如，及其持节喻蜀，又为之负弩前驱，而当垆涤器时，不闻下车慰劳如信陵之于毛公、薛公也，其眼珠亦在文君下哉。

【译文】

西汉的卓文君和司马相如私奔，司马相如和她一起乘车回成都，生活贫困，家徒四壁。卓文君的爸爸卓王孙是富豪，对此十分生气，所以一文钱也不给。司马相如和卓文君商议，回到临邛，卖了马匹车辆，买下一间酒铺卖酒，文君掌柜，司马相如穿着大裤衩和酒保们一起打杂、洗碗。卓王孙听说这些事，觉得很丢脸，就给了卓文君一百个奴仆和一百万钱。夫妻俩就回到成都做富人去了。

冯评：卓王孙一开始并不是真的能把司马相如当门客，只是照顾临邛县令的面子；最后也不是真的能把司马相如当女婿，只是怕有损豪门的颜面罢了。有卓文君这么个女儿，真可说鸡生凤凰了。王吉已开始对司马相如礼遇有加，等司马相如持节到蜀国时，王吉又亲自奉承，但当司马相如打杂洗碗时，却没听说王吉像信陵君对待毛公、薛公一般嘘寒问暖，王吉的眼光还是不如卓文君啊！

598. 智医 二条

唐时京城有医人，忘其姓名。有一妇人，从夫南中，曾误食一虫，常疑之，由是成疾，频疗不痊。请看之，医者知其所患，乃请主人姨妳中谨密者一人，预戒之曰："今以药吐泻，即以盘盂盛之。当吐之时，但言有一小蝦蟆走去，然切不得令病者知是诳语也。"其妳仆遵之，此疾永除。

又有一少年，眼中常见一小镜子，俾医工赵卿诊之。与少年期，来晨以鱼鲙奉候。少年及期赴之，延于内，且令从容，候客退后方接。俄而设台，止施一瓯芥醋，更无他味，卿亦未出。追久促不至，少年饥甚，闻醋香，不觉屡啜之，觉胸中豁然，眼花不见，因啜尽。赵卿乃出，少年惭谢。卿曰："郎君先因吃脍太多，饮醋不快，又有鱼鳞于胸中，所以眼花。适来所备芥醋，只欲郎君因饥以啜之，今果愈疾。烹鲜之会，乃权诈耳！请退谋朝餐。"

【译文】

唐朝时京城有位医生，记不得姓名了。有一个妇人随丈夫到南方时，不小心误吞了一只虫，常常担心，因此成病，始终治不好。最后请这位医生诊治，医生知道妇人的患病的缘由，就请来妇人的一个闺蜜，先告诉她说："我要用药让她上吐下泻，你就用盆子接着。她一边吐，你就告诉她看见一个小蛤蟆逃跑了，但万万不能让她察觉是在骗她。"闺蜜一切照办，妇人的病也从此根除了。

另有一个少年，常觉得眼睛里有一面小镜子，请一位赵姓医生诊治。赵医生和少年约定第二天早晨请少年吃鱼，少年准时赴约，医师请少年进屋，请他稍候，说等送走其他客人后再招呼他。一会儿，仆人摆上桌案，但桌上只有一瓶芥醋，别的什么都没有。赵医生也不露面。少年催请几次，仍不见医生来，少年觉得很饿，闻到桌上醋香，不知不觉就喝了起来，顿觉胸中豁然开朗，不再眼花，于是把剩下的醋全喝了。这时赵医生才出来，少年觉得很不好意思，向医生道歉。赵医生说："你吃鱼太多，吃醋不够，又不小心把鱼鳞梗在胸口，所以才会觉得眼花。刚才所准备的芥醋，就是希望你会因为肚子饿忍不住去喝它，现在果然痊愈了。鲜鱼之约是我骗你的，我们另外安排一顿吧。"

捷智部

　　冯子曰：成大事者，争百年，不争一息。然而一息固百年之始也。夫事变之会，如火如风。愚者犯焉，稍觉，则去而违之，贺不害斯已也。今有道于此，能返风而灭火，则虽拔木燎原，适足以试其伎而不惊。尝试譬之足力，一里之程，必有先至，所争逾刻耳。累之而十里百里，则其为刻弥多矣，又况乎智之迟疾，相去不啻千万里者乎！军志有之，"兵闻拙速，未闻巧之久。"夫速而无巧者，必久而愈拙者也。今有径尺之樽，置诸通衢，先至者得醉，继至者得尝，最后至则干唇而返矣。叶叶而摘之，穷日不能髡一树；秋风下霜，一夕零落：此言造化之捷也。人若是其捷也，其灵万变，而不穷于应卒，此唯敏悟者庶几焉。呜呼！事变之不能停而俟我也审矣，天下亦乌有智而不捷，不捷而智者哉！

【译文】

成大事的人争的是百年，而不是片刻。然而，片刻正是百年的开始。在事物变化的当口，有如狂风烈火，愚昧的人一旦触及便觉得不妙，于是远远地躲开，只要不给自己带来伤害就很高兴了。对那些有道的智者来说，狂风可以遏制，烈火可以扑灭，风和火再猛烈，也完全能从容应对。试用脚力作比方，以一里路为限进行比赛，总有人先到目的地，但所争的不过是片刻之工。但如果累积到十里百里，前后相差得就很多了，脚力之争尚且如此，何况智力的角逐，优劣相比，何止千万里。兵书上说：出兵行军可以粗劣而神速，却不能精巧而迟缓。有速而无巧，必然愈久愈拙。假如有一大坛子美酒放在大街上，先到的人就能一醉方休，后到的只能尝几口，最后到的连润润嘴唇的份都没有。树上的叶子一片片摘，一整天也不能摘秃一棵树；秋风一起，霜一打，一夜之间树叶就掉光了：这是天地造化的迅捷。人要是也能如此迅捷，灵动变化而不穷于应付，大概只有聪慧敏悟的人可以做到吧！唉！事物的变化不会停下来等我去应对，所以，天底下哪有智慧而不敏捷，敏捷而不智慧的呢？

吾見其人矣

未聞巧之久。夫速而無巧者必久而愈拙。今有徑尺之樽，實諸通衢，先至者得醉，繼至者得嘗，最後至則乾脣而返矣。葉葉而摘之，窮日不能禿一樹。秋風下霜，一夕零落。此言造化之捷也。人若是其捷也，其重萬變而不窮於應，辛此惟敏悟者庶幾焉。嗚呼，事變之不能停而俟我也，審矣。天下亦烏有智而不捷，不捷而智者哉。

◎毛泽东评：吾见其人矣。

卷十六　灵变

一日百战，成败如丝。三年造车，覆于临时。去凶即吉，匪夷所思。集"灵变"。

─── 【解说】 ───

一日之内身经百战，胜负之机稍纵即逝。花两三年造好的车，倾覆毁坏只在刹那间。远离凶危就是大吉，其中的奥妙匪夷所思。

这一卷讲的都是用新奇巧妙的办法转危为安的故事，名为《灵变》。

599. 鲍叔牙

公子纠走鲁，公子小白奔莒。既而国杀无知，未有君。公子纠与公子小白皆归，俱至，争先入。管仲扦弓射公子小白，中钩。鲍叔御，公子小白僵，管仲以为小白死，告公子纠曰："安之，公子小白已死矣！"鲍叔因疾驱先入，故公子小白得以为君。鲍叔之智，应射而令公子僵也，其智若镞矢也。

王守仁以疏救戴铣，廷杖，谪龙场驿。守仁微服疾驱，过江，作《吊屈原文》见志，寻为投江绝命词，佯若已死者。词传至京师，时逆瑾怒犹未息，拟遣客间道往杀之，闻已死。乃止。智与鲍叔同。

【译文】

春秋时齐襄公被大夫所杀，立公孙无知，公孙无知又旋即被杀，齐国无君。这时，襄公的两个弟弟都不在齐国，公子纠流亡鲁国，公子小白则在莒国。

听到消息后，两人往齐国赶，谁先回国，就意味着谁会成为新的国君。路上，两人的车队相遇，公子纠的手下管仲弯弓一箭射中了公子小白的衣带钩。当时鲍叔牙正为公子小白驾车，弓弦响处只见公子小白倒在车里一动不动。管仲见状，以为小白已死，便对公子纠说："放心吧，公子小白已经死了。"他们这么一放心，鲍叔牙就载着公子小白疾驰而去，率先到达齐国，公子小白由此成为齐君。鲍叔牙足智多谋，能在箭射来的同时让公子小白僵卧不动，他的应变速度简直就跟飞行的箭矢一样快。

冯评：明朝兵部主事王守仁为救戴铣上疏，结果被武宗打了一顿，贬到贵州龙场驿。王守仁穿着便服迅速出京，过长江时作了一篇《吊屈原文》表明心志，又写了一首投江自尽的绝命词，假装自己已死。诗文传到京师的时候，宦官刘瑾对王守仁余怒未消，正准备派杀手半途劫杀王守仁，这时听说王守仁已死，便取消了计划。王守仁的谋略和鲍叔牙是一样的。

600. 管夷吾

齐桓公因鲍叔之荐，使人请管仲于鲁，施伯曰："是固将用之也。夷吾用于齐，则鲁危矣！不如杀而以尸授之。"（边批：智士）鲁君欲杀仲，使人曰："寡君欲亲以为戮，如得尸，犹未得也！"（边批：亦会话）乃束缚而槛之，使役人载而送之齐。管子恐鲁之追而杀之也，欲速至齐，因谓役人曰："我为汝唱，汝为我和。"其所唱适宜走，役人不倦，而取道甚速。

吕不韦曰："役人得其所欲，管子亦得其所欲。"陈明卿曰："使桓公亦得其所欲。"

【译文】

齐桓公因为鲍叔牙的推荐，派人到鲁国索要管仲。鲁国大夫施伯对鲁君说："看来他们这要重用管仲啊。如果管仲在齐得到重用，鲁国就危险了。不如杀了管仲，把尸首交给齐君。"鲁君准备杀掉管仲，齐国的使者说："管仲是我们国君的仇人，他想亲手杀死管仲，如果只得到管仲的尸体，那是不能令我们国君满意的。"于是，鲁君派人把管仲绑起来打入囚车送往齐国。管仲怕鲁国再派人前来追杀，想尽快到达齐国，因此对押送的人说："我给你们唱歌，你们跟着我唱。"于是，管仲尽挑些适合赶路的提精神的歌，押送的差役们精神大振，很快就到了齐国。

冯评：吕不韦说："差役们得到他们想要的，管仲也得到了他想要的。"陈仁锡（字明卿）说："齐桓公也得到了他想要的。"

601. 延安老军校

宝元元年，党项围延安七日，邻于危者数矣。范侍御雍为帅，忧形于色。有老军校出，自言曰："某边人，遭围城者数次（边批：言之有据），其势有近于今日者。虏人不善攻，卒不能拔。今日万万无虞，某可以保任。若有不可，某甘斩首。"范嘉其言壮人心，亦为之小安。事平，此校大蒙赏拔，言知兵善料敌者，首称之。或谓之曰："汝敢肆妄言，万一不验，须伏法。"校曰："若未之思也，若城果陷，谁暇杀我耶？聊欲安众心耳。"

【译文】

北宋仁宗宝元元年，党项人围攻延安城七日，范雍帅军防守，对当时情势危急非常担忧。有个年老的军校主动站出来说："我就是边境一带的人，遭到敌人围城也不止一次了，情势和今天差不多的也见过。党项人不善攻城，到最后也打不下来。像现在这个情形，可以说万无一失。对此我可以做担保，如果我说得不对，甘愿献上我的人头！"范雍很赞许他这番激励人心的话，大家的忧虑也减轻了。战事平定后，范雍对这个军校大加提拔，给以重赏，说他是懂兵法、能料敌先机的高手。有人就对那老军校说："你倒真敢乱说，万一战事不利，你可要掉脑袋的！"军校说："你也没想想，要是延安城真的陷落了，谁还有空来杀我啊？我只不过是安慰一下大家罢了。"

602. 吴 汉

吴汉亡命渔阳，闻光武长者，欲归，乃说太守彭宠，使合二郡精锐，附刘公击邯郸王郎，宠以为然。官属皆欲附王郎，宠不能夺。汉乃辞出，止外亭，念所以谲众，未知所出。望见道中有一人似儒生者，使人召之，为具食，问以所闻。生言："刘公所过，为郡县所归，邯郸举尊号者实非刘氏。"汉大喜，即诈为光武书移檄渔阳（边批：来得快），使生赍以诣宠，令具以所闻说之，汉随后入。宠遂决计焉。

【译文】

汉末王莽时期，吴汉逃亡到渔阳，听说刘秀是个忠厚长者，想要归顺他，便游说渔阳太守彭宠，让他带渔阳、上谷二郡的精锐骑兵依附刘秀去进攻邯郸王郎。彭宠接受这个主张，但他的属下却都想归附王郎，彭宠也难以勉强。吴汉只好告辞出来，在路边找了个歇处，琢磨用什么办法才能改变彭宠这些手下的主意。还没想出什么好办法，却远远看见路上走来一个儒生模样的人，就派人把他叫来，准备了酒菜招待，同时向他询问一路上的见闻。儒生就说："刘秀军队所到之处，各郡县百姓都十分拥戴。在邯郸自称天子的王郎，其实不像他自己说的那样是大汉皇族。"吴汉非常高兴，立即伪造刘秀发往渔阳的公文，请儒生送交彭宠，并要儒生对彭宠说及那些见闻。等儒生见了彭宠，吴汉稍后再进去，这时已经不必多费唇舌，彭宠已经决定归顺刘秀了。

603．汉高祖

楚、汉久相持未决，项羽谓汉王曰："天下汹汹，徒以我两人。愿与王挑战决雌雄，毋徒罢天下父子为也。"汉王笑谢曰："吾宁斗智，不能斗力。"项王乃与汉王相与临广武间而语，汉王数羽罪十，项王大怒，伏弩射中汉王，汉王伤胸，乃扪足曰："虏中吾指。"汉王病创卧，张良强起行劳军，以安士卒，毋令楚乘胜下汉。汉王出行军，病甚，因驰入成皋。

小白不僵而僵，汉王伤而不伤。一时之计，俱造百世之业！

【译文】

楚汉两军对峙，未分胜负。项羽对刘邦说："现在天下动荡，就因为我们俩在斗。不如我们两人单挑一决胜负，省得连累天下那么多人。"刘邦笑道："我宁可和你斗智，不能跟你斗力。"随后项羽和刘邦在广武山隔着深涧对话，刘邦举出项羽十条罪状，项羽听了大怒，命埋伏的弓箭手放箭，一箭正中刘邦前胸。刘邦忍痛弯身摸着脚说："贼人射中了我的脚趾。"刘邦这一下伤得不轻，只能卧床静养。张良却一定要拉他起来巡视军队，安定军心，以免楚军乘机进攻。刘邦支撑着视察了一番，因为伤重，很快返回了成皋。

冯评：小白本来不僵却僵卧不动，刘邦明明受伤却假装没事。一时的机智，都成就了百年的基业。

604. 晋明帝

王敦将举兵内向，明帝密知之，乃乘巴賓骏马微行，至于湖，阴察敦营垒而出。有军人疑明帝非常人，又敦正昼寝，梦日环其城，惊起曰："此必黄须鲜卑奴来也！"（帝母荀氏，燕代人，帝状外氏，须黄，故云）于是使五骑物色追帝。帝亦驰去，见逆旅卖食妪，以七宝鞭与之，曰："后有骑来，可以此示。"俄尔追者至，问妪，妪曰："去已远矣。"因以鞭示之，五骑传玩，稽留良久，帝遂免。

【译文】

东晋时王敦准备从武昌举兵造反进攻晋都建康。晋明帝得到了情报，于是换上便服骑上骏马来到鄱阳湖窥伺王敦的军营。有士兵觉得明帝看起来不像普通人，而王敦正在睡午觉，梦中见到太阳环绕他的城池，惊叫着跳起来说："这一定是那个黄须的鲜卑人来了。"（明帝母亲荀氏是西北人，明帝长相像外域人，胡须是黄色的，所以有这样的称呼）于是王敦命五个骑兵去寻找、追赶明帝。而这时明帝也已经奔驰而去，路过一家客店的时候，有个卖小吃的老妇人，明帝便把随身带的七宝鞭交给她，说："待会儿会有骑兵追来，你就把这个给他们看。"一会儿，追兵到了，向老妇人打听，老妇人说："已经走远了。"说完拿出七宝鞭给他们看。五个人轮流把玩这稀罕宝物，耽搁了很久，明帝就顺利逃了回去。

605. 尔朱敞

齐神武韩陵之捷，尽诛尔朱氏。荣族子敞（字乾罗，彦伯子）小随母养于宫中，及年十二，自窦而走，至大街，见群儿戏，敞解所着绮罗金翠之服，易衣而遁。追骑寻至，便执绮衣儿，比究问，非是。会日暮，遂得免。

【译文】

南北朝的高欢（其子高洋建立北齐，追尊高欢为神武皇帝）在韩陵获得大捷，尽数诛杀尔朱氏一族。尔朱荣的侄子尔朱敞（字乾罗，尔朱彦伯的儿子）

自小随母亲在宫中长大，这时年才十二岁，从宫墙的洞里逃出，来到大街，看见一群小孩正在做游戏，尔朱敞脱下自己华丽的锦罗衣服，换了其中一个孩子的衣服穿上，然后继续逃跑。追兵赶到，抓住那个穿着华丽的小孩，问了半天，才发现并不是尔朱敞，天色已黑，尔朱敞终于逃出了。

606. 韦孝宽

尉迟迥先为相州总管。诏韦孝宽代之，又以小司徒叱列长文为相州刺史，先令赴邺，孝宽续进。至朝歌，迥遣其大都督贺兰贵赍书候孝宽。孝宽留贵与语以察之，疑其有变，遂称疾徐行。又使人至相州求医药，密以伺之。既到汤阴，逢长文奔还。孝宽密知其状，乃驰还，所经桥道，皆令毁撤，驿马悉拥以自随。又勒驿将曰："蜀公将至，可多备肴酒及刍粟以待之。"迥果遣仪同梁子康将数百骑追孝宽，驿司供设丰厚，所经之处皆辄停留，由是不及。

【译文】

北周的尉迟迥因功封为蜀公，后任相州刺史。丞相杨坚，也就是后来的隋文帝准备篡位，就命自己的亲信韦孝宽代理尉迟迥的职务，又命叱列长文为相州刺史，并要叱列长文先行，韦孝宽再上路。韦孝宽行至朝歌时，尉迟迥派手下的大都督贺兰贵带着书信前往问候。韦孝宽款留贺兰贵，并和他交谈。交谈中韦孝宽觉得这个贺兰贵好像心里有鬼。于是，韦孝宽自称身体不好，放慢了行进速度。又派人到相州以求医问药为名打探消息。到了汤阴，正好碰到叱列长文奔离相州。韦孝宽得到了这些情报之后，也调头返还，凡经过的桥梁一律拆毁，路过驿站，把其中的马匹也全数带走，又嘱咐驿丞："蜀公的人就要到了，你们要多准备酒菜及草料好接待。"不久，尉迟迥果然派开府仪同三司梁子康带数百骑兵来追赶韦孝宽，沿途驿站对他们款待极为热情，为此耽搁了不少时间，终于没有追上韦孝宽。

607. 宗典等 三条

晋元帝叔父东安王繇，为成都王颖所害，惧祸及，潜出奔。至河阳，为津吏所止。从者宗典后至，以马鞭拂之，谓曰："舍长，官禁贵人，而汝亦被拘耶?"因大笑，由是得释。

宇文泰与侯景战，泰马中流矢，惊逸，泰坠地。东魏兵及之，左右皆散。李穆下马，以策击泰背，骂之曰："笼东军士，尔曹主何在?"追者不疑是贵人，因舍而过。穆以马授泰，与之俱逸。

王廞之败，沙门昙永匿其幼子华，使提衣幞自随。津逻疑之，昙永呵华曰："奴子何不速行?"捶之数十，由是得免。

【译文】

晋元帝的叔父东安王司马繇被成都王司马颖陷害，害怕大祸临身，偷偷逃出京城。到了河阳，被看守渡口的军士拦下。随从宗典从后面赶上来，用马鞭扫了扫司马繇，说："舍长，官家禁止贵人渡河，你也被当成贵人了啊?"军士以为他真的是负责看守馆驿的舍长，便哈哈大笑起来，司马繇也因此得到释放。

南北朝时期西魏丞相宇文泰与侯景作战，宇文泰的坐骑被流矢射中，受到惊吓而狂奔，宇文泰掉下马来。东魏士兵赶上来，宇文泰的左右都已走散，正好手下将军李穆在场，便跳下马用鞭子抽打宇文泰，骂道："你这窝囊废，你的首领在什么地方?"东魏兵于是并不怀疑这是个贵人，继续往前追去。李穆把自己的坐骑让给宇文泰，两人都逃了出来。

东晋的王廞战败后，有个叫昙永的和尚收容了王廞的幼子王华，命王华提着包袱跟在自己身后。在渡口巡逻的士兵对他们颇有怀疑，昙永便对着王华骂道："你这杂种还不赶快走!"接着一阵拳打脚踢，就这样他们安然脱险了。

608. 王羲之

王右军幼时，大将军甚爱之，恒置帐中眠。大将军尝先起，须臾，钱凤入，屏人论逆节事，都忘右军在帐中。右军觉，既闻所论，知无活理，乃剔吐污头面被褥，诈熟眠。敦论事半，方悟右军未起，相与大惊曰："不得不除之。"及开帐，乃见吐唾纵横，信其实熟眠，由是得全。

【译文】

东晋王羲之（曾任右将军）幼年时，深得大将军王敦宠爱，常把他安置在自己的帐中睡觉。一次，王敦先起床，不久手下钱凤进来，屏退仆从之后，两

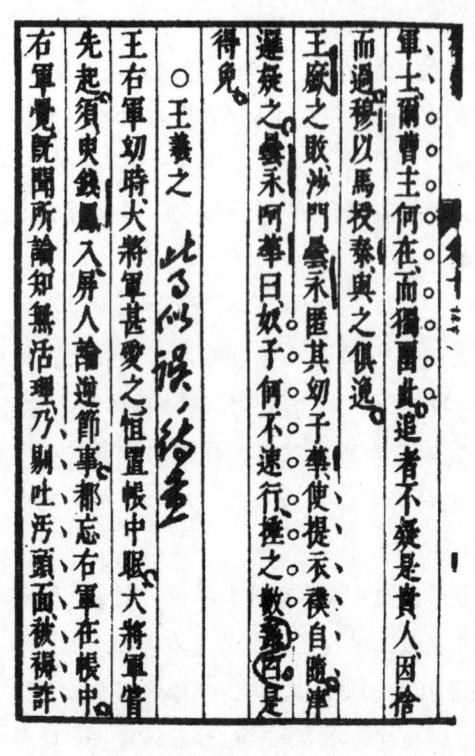

— 690 —

◎毛泽东评：此事似误，待查。

人商议谋反的事，完全忘了王羲之还睡在床上。王羲之醒来，听见二人谈话的内容，知道难逃一死，于是把口水涂在头上、脸上、被褥上，假装熟睡。王敦谈到一半，突然想起王羲之还没起床，大惊道："这样只好杀掉他了。"等掀开帐子，看到王羲之满脸口水，相信他真是睡熟了，王羲之因此保住了性命。

609. 吴郡卒

苏峻乱，诸庾逃散。庾冰时为吴郡，单身奔亡。吏民皆去，唯郡卒独以小船载冰出钱塘口，以蘧蒢覆之。时峻赏募觅冰属，所在搜括甚急，卒泊船市渚，因饮酒醉还，舞棹向船曰："何处觅吴郡？此中便是！"冰大惊怖，然不敢动，监司见船小装狭，谓卒狂醉，都不复疑。自送过浙江，寄山阴魏家，得免。后事平，冰欲报卒，问其所愿，卒曰："出自厮下，不愿名器，少苦执鞭，恒患不得快饮酒。使酒足余年，毕矣。无所复须。"冰为起大舍，市奴婢，使门内有百斛酒终其身。时谓此卒非唯有智，且亦达生。

【译文】

东晋时苏峻叛乱，仇家庾氏家族四散奔逃。庾冰时任吴郡内史，也只身逃亡。官员百姓都不见了，只有一个郡卒用小船载着庾冰直到钱塘江口，用席子盖在庾冰身上。这时苏峻到处悬赏捉拿庾冰等人，搜查得很紧。郡卒把船停在码头，进城痛饮之后回来，挥舞着船桨指着船说："到哪里找庾吴郡啊，就在这里耶！"庾冰吓得半死，但一点也不敢动。正在附近搜查的军士望见船身狭窄，不像能藏人的样子，只道是郡卒喝多了撒酒疯，便不疑心。于是把庾冰平安送过浙江，放到山阴魏家避难。后来叛乱平定，庾冰想报答郡卒，问他想要什么。郡卒说："我出身卑微，对官禄爵位没兴趣，一辈子苦于当差做事，最遗憾的就是常常不能痛痛快快喝酒。要是后半辈子能让我总有足够的酒喝，那就别无所求了。"于是庾冰为郡卒造了幢大房子，买了奴婢来侍候他，直到郡卒去世，屋中随时存有上百坛的美酒。当事人评论说这个郡卒不仅足智多谋，而且心胸十分豁达。

610. 伯　颜

有告乃颜反者，诏伯颜窥觇之。乃多载衣裘，入其境，辄以与驿人。既至，乃颜为设宴，谋执之。伯颜觉，与其从者趋出，分三道逸去。驿人以得衣裘故，争献健马，遂得脱。

【译文】

元朝的乃颜是皇族宗室，有人告发他有意谋反，世祖就命伯颜暗中调查。伯颜带了很多裘衣进入了乃颜的领地，每到驿站就送一些裘衣给里面的工作人员。见到了乃颜，乃颜很客气地设宴款待，暗中却想借机把他抓起来。伯颜有所察觉，便和随从一起分三路逃跑。各驿站由于先前都接受了裘衣的馈赠，争相为他们准备快马，于是众人顺利逃走了。

611. 徐敬业

徐敬业十余岁，好弹射。英公每曰："此儿相不善，将赤吾族。"尝因猎，命敬业入林趁兽，因乘风纵火，意欲杀之。敬业知无所避，遂屠马腹伏其中。火过，浴血而立，英公大奇之。

凡子弟负跅弛之奇者，恃才不检，往往为家门之祸。如敬业破辕之兆，见于童年。英公明知其为族祟，而竟不能除之，岂终惜其才智乎？抑英公劝立武氏，杀唐子孙殆尽，天故以敬业酬之也？诸葛恪有异才，其父瑾叹曰："此子不大昌吾宗，将赤吾族！"其后果以逆诛。隋杨智积，文帝侄。有五男，止教读《论语》、《孝经》，不令通宾客。或问故，答曰："多读书，广交游，才由是益。有才亦能产祸。"人服其识。弘正间，胡世宁（字永清，仁和人）有将略，

按察江西时，江西盗起。方议剿，军官来谒，适世宁他出，乃见其幼子继。继
曰："兵素不习，岂能见我父哉？"（边批：语便奇）军官跪请教，继乃指示进
退离合之势甚详。凡三日，而世宁归，阅兵，大异之，顾军官不辨此："谁教
若者？"以实对。继初不善读书，父以愚弃之，至是叹曰："吾有子自不知乎？"
自此每击贼，必从继方略。世宁十不失三，继十不失一也。世宁上疏，乞以礼
法裁制宁王。继跪曰："疏入，必重祸。"不听，果下狱。继因念父，病死。世
宁母独不哭，曰："此子在，当作贼，胡氏灭矣。"此母亦大有见识。

【译文】

　　徐敬业十多岁时喜欢骑马射箭。他的祖父徐勣（封英国公）常说："这孩
子面相凶恶，会让我们家族灭亡的。"一次打猎，徐勣命徐敬业进入树林驱赶
野兽，随即顺着风势纵火，想烧死徐敬业。徐敬业眼看大火烧来，无处可躲，
当下杀了马匹，躲在马腹中。等大火烧过，徐敬业浑身是血站在那里，徐勣大
为吃惊。

　　冯评：大凡子孙有着不循规矩的奇特才能，往往就仗着小聪明而不知检
点，终于成为家门的祸害。拿徐敬业来说，他那不受羁绊的叛逆性格，早在童
年时就已见端倪，徐勣明知他是家族的祸根，最终却仍不能除掉他，究竟是爱
惜他的才智呢，还是因为徐勣拥立武则天做皇后，以致日后大唐子孙几乎被屠
戮殆尽，上天要以此酬答徐勣呢？诸葛恪有过人的才智，他的父亲诸葛瑾叹息
道："这孩子日后不会让我们家族大为兴旺，反而会毁灭我们家族。"后来诸葛
恪果然以谋逆的罪名被杀。隋朝杨智积是隋文帝的侄子，家里有五个男孩，只
教他们读《论语》《孝经》，也不让他们见客人。问其原因，答道："多读书，
多交朋友，才能可以得到长进。但有才能也会带来灾祸。"人们都佩服他的见
识。明朝弘治、正德年间，胡世宁（字永清，仁和人）很有军事才能，出任江
西按察使。江西盗匪四起，众将商议剿匪事宜，有位军官求见，碰巧胡世宁
外出，见到他的幼子胡继。胡继说："士兵平时都缺乏训练，你还能来见我父
亲？"军官便跪下请教，胡继就细细地为他解释进退攻守的方略。三天后，胡
世宁回来，检阅部队，大为吃惊，认为靠那个军官绝对做不到这么专业："谁
给你出过主意了？"军官如实禀告。胡继小时候不会读书，胡世宁认为他比较
笨，不抱什么希望。这时才感叹道："我有这么个孩子，自己竟然还不知道！"
从此，每次剿匪都按照胡继的安排。胡世宁能做到十不失三，胡继却能十不失

一。后来，胡世宁上疏奏请皇帝依礼法制裁宁王，胡继跪着说："这奏疏上去，我们家必遭大祸。"胡世宁不听，果然下狱。胡继因思念父亲，不久也病死了。胡世宁的母亲却没哭，只说："这孩子要是活着，早晚也是个叛贼，那胡氏真的就灭族了。"这个母亲也真是很有见识。

612. 陈 平

陈平间行仗剑亡，渡河。船人见其美丈夫独行，疑其亡将，腰中当有金宝，数目之。平恐，乃解衣，裸而佐刺船。船人知其无有，乃止。

平事汉，凡六出奇计：请捐金行反间，一也；以恶草具进楚使，离间亚父，二也；夜出女子二千人，解荥阳围，三也；蹑足请封齐王信，四也；请伪游云梦缚信，五也；使画工图美女，间遣人遗阏氏说之，解白登之围，六也。六计中，唯蹑足封信最妙。若伪游云梦，大错！夫云梦可游，何必曰伪？且谓信必迎谒，因而擒之。既度其必迎谒矣，而犹谓之反乎？察之可，遽擒之则不可。擒一信而三大功臣相继疑惧，骈首灭族，平之贻祸烈甚矣！

有人舟行，出镴石杯饮酒，舟人疑为真金，频瞩之。此人乃就水洗杯，故堕之水中。舟人骇惜，因晓之曰："此镴石杯，非真金，不足惜也。"又，丘琥尝过丹阳，有附舟者，屡窥寝所。琥心知其盗也，佯落簪舟底，而尽出其衣箧，铺陈求之，又自解其衣以示无物。明日其人去，未几，劫人于城中，被缚，语人曰："吾几误杀丘公。"此二事与曲逆解衣刺船之智相似。

【译文】

陈平带着剑潜行逃亡，渡河时，船夫见陈平相貌俊美，单身一人，怀疑他是逃亡的将军，身上一定带着许多钱财，于是不停地打量他。陈平颇为害怕，就脱下衣服，主动帮着撑船。船夫知道陈平身上没带钱财，也就打消了谋害他的主意。

冯评：陈平侍奉汉高祖刘邦，曾六出奇计：花重金对项羽的手下武将实施反间计，这是其一；故意用粗劣食物招待项羽使者，让项羽怀疑亚父范增私通刘邦，这是其二；在荥阳趁夜放二千女子出城，声东击西，使刘邦成功逃出包围圈，这是其三；脚踢刘邦，让他封韩信为齐王，这是其四；建议刘邦诡称游云梦而捉拿韩信，这是其五；用美女图游说匈奴首领的夫人，使被困的刘邦从平城突围，这是其六。六计之中，以脚踢刘邦封韩信为齐王最妙。至于诡称游云梦捉拿韩信，那是个巨大的错误。云梦本就可游，何必要诡称？再说这个计划本来就是料定韩信要迎接刘邦，才能借机拿下。那么既然料定韩信一定会亲自迎接刘邦，还能说他想谋反吗？当时的韩信，可以审查，但不能贸然抓捕。抓了一个韩信，三大功臣纷纷惊疑，相继造反进而被灭族，陈平留下的祸患可是够大的！

有个人乘船出行，用铜矿石做的杯子饮酒，船夫怀疑是金杯，一个劲盯着看。这人到水里洗杯子，故意让杯子掉到河里。船夫惊叫可惜。这人就告诉船夫："那是铜矿石杯子，不是真金，不必可惜。"另外，明朝的丘琥乘船路过丹阳，有个搭船的人频频打量丘琥的寝舱，丘琥知道他是个盗贼，于是假装丢了个簪子，翻箱倒柜，把所有衣物都摊了出来，又脱去身上衣服，显示没有什么财物。第二天，那个人离船而去。不久，那人因抢劫被捕，对人说："我差点误杀了丘公。"这两件事和陈平（封曲逆侯）脱衣撑船的智谋很相似。

613. 刘 备

曹公素忌先主。公尝从容谓先主曰："今天下英雄，唯使君与操耳！本初之徒，不足数也！"先主方食，失匕箸。适雷震，因谓公曰："圣人云，迅雷风烈必变，良有以也。一震之威，乃至于此。"

相传曹公以酒后畏雷，闲时灌圃轻先主，卒免于难。然则先主好结氄，焉知非灌圃故智？

【译文】

曹操对刘备素来心存忌惮。曹操曾对刘备说："放眼天下，能称得上英雄的只有你和我。袁绍之流，根本算不上。"刘备正在吃饭，吓得筷子都掉到了地上。正好这时天上打了个响雷，刘备趁势对曹操说："孔子说：遇到迅雷疾风一定要惊惧变色。这话实在有道理，一个响雷，威力如此之大。"

冯评：相传曹操因为酒后怕雷、闲时种菜而轻视刘备，最终让刘备幸免于难。然而刘备还喜欢编结毛织物，怎知不是和种菜一样的套路呢？

614. 崔巨伦

北魏崔巨伦（字孝宗）尝任殷州别将。州为贼陷，葛荣闻其才名，欲用之。巨伦规自脱。适五月五日，会集百僚，命巨伦赋诗。巨伦诗曰："五月五日时，天气已大热。狗便呀欲死，牛复吐出舌。"闻者哄然发噱，以此自晦获免。已潜结死士数人，乘夜南走。遇逻骑，众危之。巨伦曰："宁南死一寸，岂北生一尺。"遽绐贼曰："吾受敕行。"贼方爇火观敕，巨伦辄拔剑斩贼帅，余众惊走，因得脱还。

嘉靖中，倭乱江南，昆山夏生为倭所获，自称能诗。倭将以竹舆乘之，令从行，日与唱和，竟免祸。久之，夏乞归，厚赠而返。此又以不自晦获全者也。夏称倭将亦能诗，其《咏文菊》诗云："五尺阑干遮不尽，还留一半与人看。"

【译文】

北魏人崔巨伦曾在殷州做官，葛荣叛乱，殷州被攻陷，葛荣听说崔巨伦有才，想用他为官。崔巨伦则谋划着逃脱的办法。五月五日端阳节，葛荣召集手下，命崔巨伦当场作诗。崔巨伦吟道："五月五日时，天气已大热。狗便呀欲死，牛复吐出舌。"众人哄堂大笑，崔巨伦终于因自隐才能而使葛荣不再关注他。随后，崔巨伦暗中结交几个死士，趁着夜色向南出逃。途中遇到巡逻的士兵，情况危急。崔巨伦说："宁可向南一寸而死，决不向北一尺而活。"崔巨伦骗贼兵说："我们是奉军令出行。"贼兵就点火把检视军令，崔巨伦趁机抽剑杀了贼兵首领，其余众人四散奔逃，崔巨伦等终于得以逃脱。

冯评：明朝嘉靖年间，倭寇扰乱江南，昆山有位姓夏的书生被倭人俘获，夏生自称会作诗。倭将听了，便派给他一项竹轿，让他跟在自己身边，每天作诗唱和，就这样夏生幸免于难。过了很久，夏生向倭将要求回家，倭将送了他许多财物放了他。这又是因不自隐才能而得以保命的例子。夏生说倭将也很会作诗，他的《咏文菊》诗有两句是："五尺阑干遮不尽，还留一半与人看。"

615. 仓卒治盗

娄门二布商舟行,有北僧来附舟,欲至昆山。舟子不可,二商以佛弟子容之。至河,胡僧拔刀插几上,曰:"汝要好死要恶死?"二子愕曰:"何也?"僧曰:"我本非良士,欲得汝财耳! 速跃入湖中,庶可全尸。"二子泣下曰:"师容我饱餐,就死无恨。"笑曰:"容汝作一饱鬼。"舟子为煮肉,多沃以汁,乃以巨钵盛之,呼二子肉已熟,二子应诺,舟子出僧不意,急举肉汁盖其顶,热甚,僧方两手推钵,二子即拔几上刀斩之,掷尸于湖,涤舟而去。

吴有书生假借僧舍,见僧每出,必锁其房甚谨。一夕忘锁,生纵步入焉,房甚曲折,几上有小石磬,生戏击之,旁小门忽启,有少妇出,见生,惊而去。生亦仓惶外走。僧适挈酒一壶自外入,见门未钥,愕然,问生适何所见,答曰:"无有。"僧怒,挈刀拟生曰:"可就死,不可令吾事败,死他人手。"生泣曰:"容我醉后,公断吾头,庶懵然无觉也。"僧许之,生佯举杯告曰:"庖中盐菜乞一茎。"僧乃持刀入厨,生急脱布衫塞其壶口,酒不泄,重十许斤,潜立门背。伺僧至,连击其首数十下,僧闷绝而死。问少妇,乃谋杀其夫而夺得者,分僧橐而遣之。

【译文】

有两位布商在娄门乘船出行,有个北方和尚想搭船到昆山。船夫不肯,两位布商看在是佛门子弟,就答应了。船到河中,和尚突然拔刀插在桌上说:"你们要死得舒服些,还是死得难看些?"两位布商吓了一跳,说:"为什么这样?"和尚道:"我本来就不是好人,只是想得到你们的财物罢了。你们赶紧自己跳河,还可留个全尸。"布商哭道:"请大师让我俩饱餐一顿,死而无憾。"和尚笑道:"好吧! 就让你们做个饱死鬼。"船夫给他们烧了一锅肉,在肉里加上许多汤汁,用大钵装上,对布商喊着肉已经熟了。布商答应着去拿,船夫趁和尚不注意连肉带汤扣在他头上,肉汤滚烫,和尚只顾用手推那钵,布商连忙拔起桌上的刀杀了和尚,把尸体丢入湖中,洗干净船上的血迹,继续赶路。

吴郡有位书生,借宿在一座寺庙,发现庙里和尚每次外出,一定锁住房门,非常小心。一天和尚忘了锁门,书生就推门入室。屋内结构十分曲折,桌上有一小石磬。书生出于好玩,随手敲了一下,旁边的一扇小门立刻自动开启,有一名少妇从里面走出来，看见书生，吃了一惊，连忙离去，书生也吓得匆忙往外走。迎面碰到和尚带着一壶酒从外回来，见房门没锁，十分吃惊，忙问书生刚才看见了什么。书生说："什么也没有。"和尚很生气，拔刀抵着书生的脖子说："你就去死吧，不能让你坏了我的事，死于别人之手。"书生哭着说："那让我喝醉了，你再砍我的头，我也就没什么感觉了。"和尚答应了书生的要求。书生举起酒杯，又请求道："拜托给我到厨房里找点咸菜。"和尚就拿着刀进了厨房。书生连忙脱下衣服塞住酒壶嘴，让酒漏不出来，这样连酒带壶重有十多斤，书生拿着酒壶躲在门背后。等和尚一进门，书生抢起酒壶朝着和尚头部连打数十下，和尚气绝身亡。书生又去问那少妇，才知是和尚谋害她的丈夫，把她掳来的。二人瓜分了和尚的财物，各自离去。

616. 张佳胤

张佳胤令滑。巨盗任敬、高章伪称锦衣使来谒，直入堂阶，北向立。公心怪之，判案如故。敬厉声曰："此何时，大尹犹倨见使臣乎？"公稍动容，避席迓之。敬曰："身奉旨，不得揖也。"公曰："旨逮我乎？"命设香案。敬附耳曰："非逮公，欲没耿主事家耳。"时有滑人耿随朝任户曹，坐草场火系狱。公意颇疑，遂延入后堂。敬扣公左手，章拥背，同入室坐炕上。敬掀髯笑曰："公不知我耶？我坝上来，闻公帑有万金，愿以相借。"遂与章共出匕首，置公颈。公不为动，从容语曰："尔所图非报仇也，我即愚，奈何以财故轻吾生？即不匕首，吾书生孱夫能奈尔何（边批：缓一着），且尔既称朝使，奈何自露本相？使人窥之，非尔利也。"贼以为然，遂袖匕首。公曰："滑小邑，安得多金？"敬出札记如数，公不复辩，但请勿多取以累吾官（边批：又缓一着）。反覆开谕。久之，曰："吾党五人，当予五千金。"公谢曰："幸甚，但尔两人囊中能装此耶？抑何策出此官舍也？"贼曰："公虑良是（边批：恬尽其计）。当为我具大车一乘，载金其上，仍械公如诏逮故事，不许一人从，从即先刺公。俟吾党跃马去，乃释公身。"公曰："逮我昼行，邑人必困尔，即刺我何益？不若夜行便。"（边批：语忠告，又缓他一着）二贼相顾称善。公又曰："帑金易辨识，亦非尔利，邑中多富民，愿如数贷之。既不累吾官，尔亦安枕。"二贼益善公计。公属章传语召吏刘相来。相者，心计人也。相至，公谬语曰："吾不幸遭意外事，若逮去，死无日矣。今锦衣公有大气力，能免我，心甚德之，吾欲具五千金为寿。"相吐舌曰："安得办此？"公蹑相足曰："每见此邑人富而好义，吾令汝为贷。"遂取纸笔书某上户若干、某中户若干，共九人，符五千金数。九人，素善捕盗者。公又语相曰："天使在，九人者宜盛服谒见（边批：讽使改装），勿以贷故作窭人状。"相会意而出，公取酒食酬酢，而先饮啖以示不疑。且戒二贼勿多饮，贼益信之。酒半，曩所招九人各鲜衣为富客，以纸裹铁器，手捧之，陆续门外，谬云："贷金已至，但贫不能如数。"作哀祈状。二贼闻金至，且睹来者豪状，不复致疑。公呼天平来，又嫌几小，索库中长几，横之后堂，二僚亦至，公与敬隔几为宾主，而章不离公左右，公乃持砝码语章曰（边批：步步精细）："汝不肯代官长校视轻重耶？"章稍稍就几，而九人者捧其所裹铁器竞前。公乘间脱走，大呼擒贼。敬起扑公不及，自到树下。生缚章，考讯又得王保等三贼主名，亟捕之，已亡命入京矣。为上状，缇帅陆炳尽捕诛之。

祁尔光曰："当命悬呼吸间，而神闲气定，款语揖让，从眉指目语外，另构空中筹画，歼厥剧盗，如制小儿。经济权略，真独步一时矣。"

【译文】

张佳胤任滑县县令，大盗任敬、高章扮作锦衣卫使者前来求见，二人径直闯入大堂阶下，面朝北方而立。张佳胤觉得奇怪，仍然照常判案。任敬大声说道："什么时候了，还如此傲慢，不接待使臣？"张佳胤略有反应，起身迎接。任敬说："圣旨在身，不能下拜。"张佳胤说："是有旨要拘捕我吗？"同时命人摆设香案恭迎圣旨。任敬在张佳胤耳边说道："不是拘捕你，是要抄耿主事的家。"本地人耿随朝本是县里的户曹，因草场失火的事被关在狱里。张佳胤觉得十分可疑，就把两人请到后堂。任敬扣住张佳胤左手，高章搭着张佳胤的背，三人一同进内室坐在坑上。任敬将着胡子笑道："你不知道我是谁吧？我从坝上来，听说你府库里钱财上万，想借用一下。"说完用匕首抵着张佳胤脖子。张佳胤不慌不忙地说："你们既然不是寻仇的，我再笨，还会为省几个钱赔上性命？不用匕首，我这么个手无缚鸡之力的书生又能拿你们怎样？而且你们自称朝廷派来的锦衣卫，为啥又要自己暴露呢？让人看到，可是对你们不利啊。"二人觉得有理，就把匕首藏在袖中。张佳胤说："滑州是个小地方，哪有很多钱啊？"任敬听了，拿出一个账本，上面记载县衙的各项收入。张佳胤就不再跟他们理论，只说不要拿得太多，连累上上下下不好交待。反复沟通了很久，二人说："我们兄弟五人，你就给我们五千两吧。"张佳胤连忙谢道："那再好不过，你们的口袋能装下五千两吗？再说，你们怎么走出县衙呢？"二人说："你考虑的也有道理。那就请你先为我们准备一辆大车，把钱放在车上，然后我们就像逮捕你一样给你戴上刑具，不能带随从，有人凑上来我们就先杀了你。等我们走远之后，自然放你回去。"张佳胤说："你们若是在白天押着我走，县里的人会围住你们的，那样就是杀了我也没用，不如等到晚上走更方便些。"二人互相看了看，都连声称好。张佳胤又说："府库官银容易辨认，你们用着不方便，县里有钱人不少，我向他们借来给你，这样我不会害了我们这些做官的，你们也用着放心。"二人更加称赞张佳胤考虑周到。张佳胤叫高章去把小吏刘相找来。这刘相是个很有心计的人。刘相到了，张佳胤假意对他说："我不幸碰到了意外，若被逮进京，离死就不远了。现在锦衣卫大人有能力为我脱罪，我内心非常感激，想送五千两作为谢礼。"刘相听了，吐了吐舌头说："到哪儿弄这许多钱啊？"张佳胤暗中踢了刘相一脚说："我常见县中富人热心助人，你替我跑一趟去借来就是了。"于是取来纸笔，写下某大户多少，某中户又多少，一共九人，加起来正好五千两。这九人其实是县中捕盗高手。张佳胤又对刘相说："锦衣卫大人在这里，叫他们九个穿戴整齐来见，不要因为我向他们借钱，就装出一副穷相。"刘相明白张佳胤的意思，告辞出去。张佳胤命人送上酒菜，并且先动筷解除二人的疑虑，又劝二人不要多喝。二人更加信任张佳胤。饮酒至半，所召九人各自穿着光鲜，打扮成富豪的样子，双手捧着用纸包裹的兵器，陆陆续续站到门外，说："要借的钱已经拿来，可是我们实在拿不出这么多。"一副可怜相。二贼听说钱到了，又见来人都是富人打扮，也不怀疑。张佳胤命人取来天平，又嫌桌子小，命人取库房中长条几案横放在后堂，二名役卒也跟着进来。张佳胤与任敬隔着长几分为宾主，而高章却始终不离张佳胤身旁。张佳胤拿着砝码，对高章说："你难道不为你的长官看好分量吗？"高章稍一靠近长几，九人立即捧着手中的兵器冲上前去，张佳胤乘机脱身，大喊捉贼。任敬想扑向张佳胤已经来不及，逃往树下自杀了。高章被活捉，经拷问，供出王保等三名同党，立即下令逮捕，三人已逃往京师。张佳胤为此上报，最后锦衣卫首领陆炳将三人全部逮捕正法。

冯评：祁尔光说：当命悬一线之际，仍能气定神闲，礼让交谈，在眉目暗示之外，构建一个完美的计划，最终歼灭巨盗，有如制服孩童。这种才能谋略，真是无人能比。

617. 罗巡抚

罗某初出使川中，泊舟河边，川中有一处，男女俱浴于河，即嬉笑舟边。罗遣人禁之（边批：多事），男女鼓噪大骂，人多，卒不可治。反抛石舟中而去。乃诉之县，稍鞭数人。既而罗公巡抚蜀中，县民大骇。罗公心计之，是日又泊舟旧处，大言之曰："此处民前被我惩创一番，今乃大变矣。"嗟叹良久，川民前猜遂解。

不但释其猜，且可诱之于善，妙哉！

【译文】

罗姓某人初次出使四川，官船停在河边，有一群男女在河里共浴，就在船边嬉闹。罗公命人制止，那群男女就跟他们对骂，对方人多，最后没法收拾，他们还向船上丢石头。罗公告到县里，县里派人来抓了几个闹事的，鞭打一顿了事。不久，罗公出任四川巡抚，县民大为惊慌。罗公心里也自有主意，这天又把船停在了昔日停船的老地方，大声说道："这里的百姓先前曾被我惩戒一番，现在的面貌有了很大的改善！"感慨了很久才离开。从此川民对罗公不再猜疑。

冯评：不但消除他们的猜疑，同时又导他们向善，妙啊！

618. 沈 括

沈括知延州时，种谔次五原，值大雪，粮饷不继。殿值刘归仁率众南奔，士卒三万人皆溃入塞，居民怖骇。括出东郊饯河东归师，得奔者数千，问曰："副都总管遣汝归取粮（边批：谬言以安其心），主者为何人？"曰："在后。"即谕令各归屯。未旬日，溃卒尽还。括出按兵，归仁至。括曰："汝归取粮，何以不持兵符？"因斩以徇（边批：众既安，则归仁一匹夫耳）。

括在镇，悉以别赐钱为酒，命廛市良家子驰射角胜。有轶群之能者，自起酌酒劳之。边人欢激，执弓传矢，皆恐不得进。越岁，得彻札超乘者千余，皆补中军义从，威声雄他府。真有用之才也！

【译文】

北宋的沈括任延州知府时，种谔驻军五原。天降大雪，军队粮饷接继不上，殿值刘归仁带领兵士三万多人南下奔逃，百姓大为惊惶。沈括亲自到东郊外声称犒赏军队，遇到数千逃兵，就问他们："副都总管命你们回来取粮，那你们的领队是谁啊？"士兵们顺口答道："在后面呢。"沈括就命令他们各自返回驻地。不到十天，所有的逃兵都回去了。沈括外出巡查军务时，刘归仁到了。沈括问："你带兵来取粮，为什么不带兵符？"于是将刘归仁斩首示众。

冯评：沈括在任时，总是拿出额外收入来买酒，然后邀集城里的良家子弟比赛骑马、射箭、角力等。碰到本领高强的优胜者，沈括就亲自斟酒祝贺。边境的百姓受到鼓舞，纷纷拿弓带箭前来参赛，个个争先恐后。一年后，得到身手矫健的高手上千人，沈括皆把他们编入中军，当了义务兵，延州军队比其他州府更为雄壮。沈括真是个有用的人才啊！

619. 河清卒

河清卒于法不他役。时中人程昉为外都水丞，怙势蔑视州郡，欲尽取诸埽兵治二股河。程颢以法拒之。昉请于朝，命以八百人与之。天方大寒，昉肆其虐，众逃而归。州官晨集城门，吏报河清兵溃归，将入城。众官相视，畏昉，欲弗纳。颢言："弗纳，必为乱。昉有言，某自当之。"既亲往，开门抚纳，谕归休三日复役。众欢呼而入。具以事上闻，得不复遣。后昉奏事过州，见颢，言甘而气慑。既而扬言于众曰："澶卒之溃，乃程中允诱之，吾必诉于上。"同列以告。颢笑曰："彼方惮我，何能尔也！"果不敢言。

此等事，伊川必不能办，纵能抚溃卒，必与昉诘讼于朝，安能令之心惮而不敢为仇耶！

【译文】

按照北宋时候的法规，治理黄河的役卒，是不必服其他劳役的。宦官程昉外放监管水利，依仗权势，把州郡地方官根本不放在眼里，想把修黄河堤的士卒全部调去治理二股河。时任地方官的程颢以不合律法加以拒绝。程昉便上奏朝廷，朝廷下令程颢拨八百人给他。时正值天寒，被程昉一催逼，士卒们纷纷逃散。第二天早晨，城门上报告说黄河役卒溃逃回来了，正准备进城。州里的官员都到了城上，为了不得罪程昉，大家想关闭城门把这些逃兵堵在城外。程颢说："如果不开城门，他们就要造反了！程昉有什么话，我自己去应对。"说完亲自下令开城迎接，并让这些役卒休假三天再回去服役。士兵们在一片欢呼声中进城。程颢又将这事上报朝廷，这一件额外的劳役终于得以免除。后来，程昉来到州中办事，见到程颢，说话也比较客气，气势也不嚣张了。然而，程昉又当众扬言："黄河役卒的溃逃，是受了程颐的鼓动，我一定要到皇上那里去告发！"同僚们把这话告诉了程颢，程颢笑着说："他正怕我呢，哪会这么做！"后来程昉果然没去告状。

冯评：这样的事，程颐（译者注：程颢、程颐兄弟是北宋的大理学家，前者称明道先生，后者称伊川先生）一定办不了，就算他能安抚逃归的役卒，之后也一定会和程昉到朝廷上对质，又怎能令程昉心生畏惧而不敢与他作对呢？

620. 吕颐浩

建炎之役，及水滨，而卫士怀家流言。吕相颐浩以大义谕解，且怵以利曰："先及舟者，迁五秩，署名而以堂印志之。其不逊倡率者，皆侧用印记。"事平，悉别而诛赏之。

六合之战，周士卒有不致力者。宋祖阳为督战，以剑斫其皮笠。明日遍阅皮笠有剑迹者数十人，悉斩之。由是部兵莫不尽死。此与吕相事异而智同。

【译文】

南宋建炎之役时，兵士因想家厌战而流言四起。宰相吕颐浩对兵士晓以大义，并且对他们分析利害，说："先到船上的升官五级，记下姓名并加盖正印。至于那些带头闹事捣乱或心怀疑虑的，都把印章倾斜加盖，以示区别。"战事平定后，则根据印章正斜分别予以赏罚。

冯评：六合之战时，后周的部分士卒厌战，后来的宋太祖赵匡胤正是指挥官，他假借督战之名，见有不认真作战的兵士，就顺势以剑在其皮帽上划上痕迹。第二天，宋太祖检查士兵的皮帽，几十个有剑痕的一律处死。从此兵士没有不尽力作战的。这事和吕颐浩的不同，但所用的智计是一样的。

621. 段秀实

段秀实为司农卿，会朱泚反。时源休教泚追逼天子，遣将韩旻领锐师三千疾驰奉天。秀实以为此系危逼之时，遣人谕大吏岐灵岳窃取姚令言印，不获，乃倒用司农印，追其兵。旻至骆谷驿，得符而还。

按：《抱朴子》云："古人入山，皆佩黄神白章之印，行见新虎迹，以顺印印之，虎即去；以逆印印之，虎即还。"今人追捕逃亡文书，但倒用印，贼可必得。段公倒印，亦或用此法。

【译文】

唐朝的段秀实任司农卿，朱泚谋反，源休教朱泚威逼唐天子，派将军韩旻率领精兵三千人疾奔当时唐德宗所在的奉天。段秀实认为情势危急，命人请孔目官（文书官吏）岐灵岳盗取朱泚手下元帅姚令言的官印，没有成功，只好在公文上倒盖自己的司农印追赶韩旻。韩旻行军到骆谷驿，接到段秀实的军令，便即回兵。

冯评：按，《抱朴子》上说："古人入山都佩戴黄神白章的印符，途中看见新鲜的老虎脚印，就正向盖印，老虎一定会离去；若是逆向盖印，老虎就会回来。"现在追捕逃犯的文书，也倒盖印记，一定可以追捕到贼人。段秀实倒盖司农印，或许就是用的这种办法。

622. 黄 震

宋尝给两川军士缗钱。诏至西川，而东川独不及。军士谋为变。黄震白主者曰："朝廷岂忘东川耶？殆诏书稽留耳！"即开州帑给钱如西川，众乃定。

【译文】

北宋时候，朝廷曾犒赏两川军士，诏书已送抵西川，而东川却不见诏书，东川军士因此想举兵谋反。黄震对为首的军士说："朝廷怎会特地不犒赏东川呢？一定是诏书在路上耽搁了。"立即下令挪用府库的银钱，按照西川的指标犒赏军士。这才平息了士兵的骚动。

623. 赵 葵

赵方，宁宗时为荆湖制置使，一日方犒将士，恩不偿劳，军欲为变。子葵时年十二三，觉之，亟呼曰："此朝廷赐也，本司别有赏赍。"军心一言而定。

按：赵葵，字南仲，每闻警报，与诸将偕出，遇敌辄深入死战。诸将唯恐失制置子，尽死救之，屡以此获捷。

【译文】

赵方在宋宁宗时任荆湖制置史。一天，赵方犒赏军士，赏金太少，士兵们大为不满，有哗变倾向。赵方的儿子赵葵当时才十二三岁，察觉苗头不对，突然大声叫道："这是朝廷的赏赐，我们军队里另有奖赏！"赵葵的一句话立刻稳定了军心。

冯评：赵葵字仲南，每遇敌人来袭就与将士们一同上阵，常常深入重围奋死拼杀。将士怕置制使的儿子有闪失，每每出死力加以救护，所以赵葵屡次获胜。

624. 周 金

周襄敏公（名金，字子庾，武进人）抚宣府，总督冯侍郎以苛刻失众心。会诸军诣侍郎请粮，不从，且欲鞭之，众遂愤，轰然面骂，因围帅府。公时以病告，诸属奔窜，泣告公，公曰："吾在也，勿恐。"即便服出坐院门，召诸把总官阳骂曰："是若辈剥削之过，不然，诸军岂不自爱而至此！"欲痛鞭之，军士闻公不委罪若也，气已平。乃拥跪而前，为诸把总请曰："非若辈罪，乃总制者罔利不恤我众耳！"公从容为陈利害，众嚣曰："公生我。"始解散去。

【译文】

明朝的周襄敏公（名金，字子庾，武进人）任宣府巡抚时，总督冯侍郎对待下属十分苛刻，不得人心。适逢诸军到冯侍郎那里请拨粮草，侍郎不但不给，反而要鞭打他们。诸将十分气愤，当面辱骂，并率兵包围帅府。周金当时正请病假，属下跑来哭诉其事。周金说："有我在，不必担心！"随即周金身穿便服坐在门口，把几个把总叫来，假意呵斥道："一定是你们盘剥克扣，否则军士们怎会如此不自重？"随后下令鞭打他们。军士们见周金不怪罪他们，怒气已消，于是纷纷跪在周金面前替把总们求情说："不是他们的错，是总督只谋私利而不顾我们，才闹到这个地步。"周金就对军士们详尽分析其中利害，安抚他们的情绪。军士齐声说道："大人是我们的重生父母！"于是解散各自回去。

625. 徐文贞

留都振武军邀赏投帖，词甚不逊，众忧之。徐文贞面谕操江都御史："出居龙江关，整理江操之兵。万一有事，即据京城调江兵，杜其入孝陵之路。"且曰："事不须密，正欲其闻吾意，戒令各自为计。"变遂寝。

【译文】

明朝留守南京的振武军曾上书请赏，言词傲慢，大臣们对此十分担忧。徐阶（谥文贞）命操江都御史："出守龙江关，整顿防江水兵，万一有乱事发生，即刻坐镇京城指挥江兵，保卫孝陵。"同时嘱咐说："这事无需保密，我就是要让振武军知道我的意思，叫他们不要乱来。"于是振武军不敢再生事变。

626. 王守仁

王公守仁至苍梧时，诸蛮闻公先声，皆股栗听命。而公顾益韬晦，以明年七月至南宁，使人约降苏、受。受阳诺而阴持两端，拥众二万人投降，实来观衅。公遣门客龙光往谕意，受众露刃如雪，环之数十里，呼声震天。光坐胡床，引蛮跪前，宣朝廷威德与军门宽厚不杀之意，辞恳声厉，意态闲暇。光貌清古，鼻多髭，颇类王公。受故尝物色公貌，窃疑公潜来，咸俯首献款，誓不敢负。议遂定，然犹以精兵二千自卫，至南宁，投见有日矣。而公所爱指挥王佐、门客岑伯、高雅知公无杀苏、受意，使人言苏、受，须纳万金丐命，苏、受大悔，恚言："督府诳我。且仓卒安得万金？有反而已。"守仁有侍儿，年十四矣，知佐等谋，夜入帐中告公（边批：强将手下不畜弱兵）。公大惊，达旦不寐，使人告苏、受："毋信谗言，我必不杀若等。"受疑惧未决，言"来见时必陈兵卫。"公许之。受复言："军门左右祗候，须尽易以田州人，不易即不见。"公不得已，又许之。苏、受入军门，兵卫充斥，郡人大恐。公数之，论杖一百，苏、受不免甲而杖，杖人又田州人也。由是安然受杖而出，诸蛮咸帖。

按：龙光，字冲虚，吉水人，以县丞致仕。王公督军虔南日，辟为参谋。

宸濠之变，公易舟南趋吉安，光实赞之，一切筹画，多出自光。后九年，田州之役，公复檄光以从，卒定诸蛮。亦异人也。陈眉公惜其功赏废阁，为之立传。

【译文】

明朝的王守仁来到广西时，当地蛮人都十分害怕，对他俯首贴耳，而王守仁也更加的低调。第二年七月，王守仁到南宁，派人招降卢苏、王受。二人表面接受，内心却另有打算，带领两万人马前来投降，实则想伺机作乱。王守仁派门客龙光前往接收，卢苏、王受的部众个个刀出鞘外，环聚几十里，喊声震天。龙光端坐在胡床上，叫蛮人跪在跟前，向他们宣讲朝廷的威德，以及大军对他们宽大处理的决定。龙光相貌清奇，鼻下多髭须，外貌很像王守仁。王受曾打听过王守仁的相貌，疑心这龙光就是王守仁本人，于是都老老实实接受招安，发誓绝不再反，协议就这样达成了。不过卢苏和王受还是保留了二千精兵作护卫。等到了南宁，很快就要拜见王守仁了，王守仁手下的亲信王佐和岑伯、高雅知道王守仁无意杀掉卢苏和王受，就派人对他们说：必须交纳万金才能保住一命。二人听了十分后悔，愤愤地说："督府骗我们！而且，一时到哪里去搞那么多钱？没说的，只能反了！"王守仁有一个侍童，年仅十四岁，得知王佐等人的事，连夜进帐禀报王守仁。王守仁大吃一惊，一夜未睡，派人告诉卢苏、王受说："不要听信谣言，我肯定不会杀你们。"二人将信将疑，说见面时要带兵来。王守仁答应了。二人又说："你那里的护卫一定要全换成田州人，不换就不来相见。"王守仁不得已，也答应下来。卢苏、王受来了，带的人挤了个满满当当，声势很是吓人。王守仁把二人申斥一通，判责一百大板，但允许穿着铠甲挨板子，而行刑的也都是田州人。于是二人象征性地挨了一顿板子，安然而回，当地的蛮人从此都真正顺服了。

冯评：龙光字冲虚，吉水人，只做到县丞。王守仁在虔南督军时，聘他为参谋。朱宸濠谋反，王守仁乘船到吉安，主要就是龙光参与的，许多事务的安排统筹也多是龙光的主意。九年之后有田州之役，王守仁又召龙光跟随，终于平定蛮人。这龙光也是个奇人。陈眉公很惋惜他功劳不小却不能得到朝廷重用，专门为他作传。

627. 换字　添字

顾岕为儋耳郡守，文昌海面当五月有大风飘至船只，不知何国人，内载有金丝鹦鹉、墨女、金条等件，地方分金坑女，止将鹦鹉送县，申呈镇巡衙门。公文驳行，镇守府仍差人督责。原地方畏避，相率欲飘海，主其事者莫之为谋。岕适抵郡，咸来问计，岕随请原文读之，将"飘来船"作"覆来船"改申，遂止。

益民乔蠢，小眚累累大辟。耿恭简公（定力）为守，多所平反。有男子妇死而论抵者，牍曰："妇詈夫兽畜。"庭讯之，则曰："詈侬为兽畜所生耳。"遂援续二字于牍，而投笔出之，盖妇詈姑嫜，律故应死也。

只换一字，便省许多事；只添两字，便活一性命。是故有一字之贬，亦有一字之师。

【译文】

顾岕为儋耳郡守，文昌海上五月有大风吹来一艘船，不知是什么国家的，船上载有金丝鹦鹉、墨女、金条等物，当地百姓分了黄金，埋了女人，只将鹦鹉送交县衙，县里又呈送镇巡衙门。不想送上去的公文被驳回，镇守府仍然来派人查问。当地百姓害怕追究，纷纷想逃往海外。承办的官员也不知如何是好。正巧顾岕到任，大家都来请教对策，顾岕把原来呈送的公文拿来读了一遍，将原文中的"飘来船"改为"覆来船"，重新申报，事情就这样过去了。

益州的百姓狡黠而愚蠢，往往因小错不断，最终酿成大罪。耿恭简为太守时，曾平反许多案件。有个男子打死老婆要抵命的，案卷中有"妇骂夫畜生"的话，耿恭简便问究竟是怎么回事，男子说："她骂我是畜生所生。"于是耿恭简拿起笔在案卷上添了"所生"两个字，然后就退堂了。按当时律法，媳妇辱骂公婆的，本来就是死罪。

冯评：改一个字，省了很多事；加两个字，救了一条命。所以有"一字之贬"的说法，又有"一字之师"的美谈。

628. 胡　兴

祁门胡进士兴令三河。文皇封赵王，择辅以为长史。汉庶人将反，密使至，赵王大惊,将执奏之。兴曰:"彼举事有日矣,何暇奏乎?万一事泄,是趣之叛。"(边批:大是)一日尽歼之。汉平,赵王让还护卫兵。宣庙闻斩使事,曰:"吾叔非二心者!"赵遂得免。

【译文】

　　明朝祁门人胡兴任三河县令,明成祖朱棣封三子朱高燧为赵王,挑选胡兴作为长史加以辅佐。朱棣去世后,皇长子朱高炽皇帝做了不到一个月,也死了。传位给宣宗朱瞻基,也就是宣德皇帝。这样,朱高燧就成了皇帝的三叔。还有个做二叔、封为汉王的朱高煦却准备谋反夺取帝位,派密使求见赵王,赵王大惊,想押解密使奏报朝廷,胡兴说:"汉王密谋起事的日子不远了,哪有时间奏报朝廷?万一消息走漏,那反倒催促他起事了。"后来宣宗御驾亲征,一天内就全歼了汉王叛军。叛乱平定后,赵王主动放弃了自己的护卫兵马。宣宗又听说赵王斩密使一事,说:"看来叔叔对我没有二心。"赵王因此没有收到牵连。

629. 张 浚

　　建炎初,驾幸钱塘,而留张忠献于平江为后镇。时汤东野(字德广,丹阳人)适为守将,一日闻有赦令当至,心疑之,走白张公。公曰:"亟遣吏属解事者往视。"缓驿骑而先取以归。汤遣官发视,乃伪诏也。度不可宣,而事已彰灼。卒徒急于望赐,惧有变,复谋之张公,公曰:"今便发库钱,示行赏之意。"乃屏伪诏,而阴取故府所藏登极赦书置舆中,迎登谯门,读而张之,即去其阶禁,无敢辄登者。而散给金帛如郊赉时,于是人情略定,乃决大计。

【译文】

　　南宋高宗建炎初年,皇上驾幸钱塘,命张浚(谥忠献)在平江殿后,汤东野(字德广,丹阳人)任守将。一天,听说皇帝下诏书,汤东野感到奇怪,立即报告张浚。张浚说:"赶紧派个会办事的官员前往打探。"结果比前去接旨的驿丞早一步取得圣旨回来。汤东野检视取回的圣旨,发觉是伪造的,觉得不能公布,但这事已尽人皆知,军士们更希望能得到皇上的赏赐,怕引发动乱,又急忙和张浚商量。张浚说:"你先挪用郡府的库银,宣称是皇上的赏赐。"张浚暗中收起了假诏,拿出郡府中所收藏的登基大赦的旧诏书放在轿子里,登上谯门当众宣读,拿去了台阶上的栏杆,也没人敢随意登上。随即犒赏军士金帛，和皇帝郊祭时发放的数目相同，于是众人的情绪才平稳下来，这才有了后来的一番大事。

630. 张咏　徐达

张乖崖守成都，兵火之余，人怀反侧。一日大阅，始出，众遂嵩呼者三。乖崖亦下马，东北望而三呼，复揽辔而行。众不敢讙（边批：石敬塘斩三十余人犹不止，咏乃不劳而定）。

上尝召徐中山王饮，迨夜，强之醉。醉甚，命内侍送旧内宿焉。旧内，上为吴王时所居也。中夜，王酒醒，问宿何地，内侍曰："旧内也。"即起，趋丹陛下，北面再拜，三叩头乃出。上闻之，大说。

乖崖三呼，而军哗顿息；中山三叩头，而主信益坚。仓卒间乃有许大主张，非特恪谨而已。

【译文】

北宋张咏（号乖崖）镇守成都，时值战乱方定，人心浮动。一天阅兵，刚出发，军士们便高声三呼万岁，张咏也下马面向东北三呼，随后上马继续前行。所有的人都不敢随意喧哗。

明太祖朱元璋曾召中山王徐达饮酒，饮至夜晚还不停灌徐达酒。徐达大醉，太祖命内侍送徐达到旧宫休息。旧宫就是太祖做吴王时候所住的宫殿。半夜，徐达酒醒，问内侍这是什么地方？内侍说："旧宫。"徐达立即起身，走到台阶下三叩首后离去。朱元璋听说后，非常高兴。

冯评：张咏三呼万岁，军中的哗变顿时消除；徐达三叩首，太祖对他愈发的信任。在极短的时间里能有这样出色的表现，这可不是什么简单的行事谨慎。

631. 颜真卿　李揆

安禄山反，破东都，遣段子光传李憕、卢奕、蒋清首以徇河北。真卿绐诸将曰："吾素识憕等，其首皆非是。"乃斩子光而藏三首。

李尚书揆素为卢杞所恶，用为入蕃会盟使。揆辞老，恐死道路，不能达命。帝恻然。杞曰："和戎当择练朝事者，非揆不可，揆行，则年少于揆者，后无所避矣。"（边批：佞口似是）揆不敢辞。揆至蕃，酋长曰："闻唐有第一人李揆，公是否？"揆畏留，因绐之曰："彼李揆安肯来耶？"

【译文】

　　唐玄宗时安禄山谋反，攻陷洛阳，让手下段子光带着洛阳三位高官李憕、卢奕和蒋清的人头到河北各郡展示。平原太守颜真卿对诸将说："我认识李憕他们三个，这些人头都是假冒的。"于是颜真卿斩了段子光，把三个人头收敛起来。

　　唐德宗时的宰相卢杞一向讨厌尚书李揆，正值朝廷要派人去吐蕃结盟，卢杞便推荐了李揆。李揆以年老为由推辞，说去吐蕃道路艰险，恐怕要死在路上。皇帝也很同情。卢杞说："和番邦修好，必须选择熟悉政务的老练大臣，这事非李揆不可。如果李揆这次去了，那以后更年轻的官员碰上类似的任务也没有理由推辞了。"于是李揆没法再推辞。到了吐蕃后，吐蕃首领问："听说大唐有位号称第一的李揆，可是阁下么？"李揆怕被吐蕃挽留，就骗他们说："那个李揆怎么肯来呢？"

632. 顾 琛

　　宋文帝遣到彦之经略河南，大败，悉委弃兵甲，武库为之空虚。帝宴会，有归化人在座，帝问库部郎顾琛："库中仗有几许？"琛诡辞答有十万人仗。旧库仗秘，不知多少。帝既发问，追悔失言，得琛此对，甚喜。

【译文】

　　南朝宋文帝派遣到彦之北伐攻魏，遭到大败，兵士们纷纷丢下武器辎重溃逃，所以兵器库中是空空荡荡的。有一天，文帝赐宴，有北魏的降将在座。文帝突然问管兵库官员的顾琛："库里现在还有多少兵器？"顾琛编瞎话说有十万套。按惯例，武库中的军仗储备数量是机密，不该随便乱说。文帝问了之后，就觉得失言了，好在顾琛的回答非常得当，文帝很高兴。

633. 李 迪

　　真宗不豫，李迪与宰执以祈禳宿内殿。时仁宗幼冲，八大王元俨素有威名，以问疾留禁中，累日不出。执政患之，无以为计。偶翰林司以金盂贮熟水，曰："王所需也。"迪取案上墨笔搅水中尽黑，令持去。王见之，大惊，意其毒也，即上马驰去。

【译文】

北宋真宗病重，李迪与宰相为祈神消灾而留宿宫中。当时，仁宗岁数还小，八大王赵元俨，也就是真宗的弟弟，素有威名，以探病为由进住宫中，很长时间也不出去，这是一个很危险的信号，辅政大臣十分担忧，又无计可施。碰巧翰林司用金盆盛了开水，说要给赵元俨端去，李迪顺手拿起案桌上毛笔在水里一涮，然后命翰林司端去。赵元俨一见盆水是黑的，以为有人暗中下毒想谋害他，立刻骑马离宫了。

634. 叛卒　叛将

曹武穆玮知渭州，号令明肃，西人惮之。一日方召诸将饮，会有叛卒数千亡奔贼境，候骑报至，诸将相视失色。公言笑如平时，徐谓骑曰："吾命也，汝勿显言。"西人闻，以为袭己，尽杀之。

统制郦琼缚吕祉，叛归刘豫。张魏公方宴，僚佐报至，满座失色。公色不变，乐饮至夜，乃为蜡书，遣死士持遗琼，言"事可成，成之；不可成，速全军以归"。虏得书，疑琼，分隶其众困苦之，边赖以安。

此即冯睢杀宫他之智。西周官他亡之东周，尽以国情输之。西周君大怒。冯睢曰："臣能杀他。"君予金三十斤，睢使人操金与书问遗宫他云云。东周君杀宫他。

【译文】

北宋时，曹玮（谥武穆）任渭州知府，军纪严明，西夏人对他敬畏不已。有一天，曹玮宴请各将领，手下报告有数千名士兵叛变往西夏那边跑，将领们都面面相觑。曹玮神色如常，不慌不忙地对来报的士兵说："他们是奉我的命令去的，不要张扬出去。"西夏人听说了，以为这些降兵是来偷袭的，就把他们全部斩首了。

南宋的郦琼是张浚（封魏国公）手下的副统制，因为和吕祉发生矛盾，绑架了吕祉投降反贼刘豫。得到报告时，张浚正在饮宴，满座的宾客大惊失色。

张浚却神色如常，喝到夜里，才写了一封密信，派一名死士送交郦琼，信中写道："事情能办就办，不能办赶紧带兵回来。"刘豫截下这封信，对郦琼十分怀疑，于是派人牵制郦琼，边境情势由此得到安宁。

冯评：这就是冯睢杀宫他的计谋。西周的宫他逃亡到东周，并把西周的机密泄露给东周。西周君王大为生气。冯睢说："我能杀掉宫他。"于是西周君给了冯睢三十斤黄金，然后有了冯睢派人拿着黄金带着书信见宫他的事。最后，东周君杀了宫他。

635. 太史慈

太史慈在郡，会郡与州有隙，曲直未分，以先闻者为善。时州章已去，郡守恐后之，求可使者。慈以选行，晨夜取道到洛阳，诣公车门，则州吏才至，方求通。慈问曰："君欲通章耶？"吏曰："然。""章安在？题署得无误耶？"因假章看，便裂败之。吏大呼持慈，慈与语曰："君不以相与，吾亦无因得败，祸福等耳，吾不独受罪，岂若默然俱去？"因与遁还，郡章竟得直。

【译文】

东汉末年，太史慈在东莱郡做小吏，郡、州之间有冲突，是非难辨，谁先告状可能就是有利的。州府的奏章已送出，郡守怕落后，便找能胜任的来办理此事。太史慈便成为合适的人选，他日夜兼程赶到洛阳，到了相关部门，州府的小吏才到，正要请人通报。太史慈问道："你是来呈送州府奏章的吗？"小吏回答："正是。""奏章在哪儿？题署没有错误吗？"于是假意检视，却把奏章给撕了。小吏大叫要人抓捕太史慈，太史慈说："你不把奏章给我，我也撕不了，我们都有罪过，也不是我一个人的事，不如我们都这么作罢。"于是两人一起回去了，郡里的奏章最后也因为得以呈送而赢了官司。

636. 涿人杨四

天顺中，承天门灾，阁臣岳正以草诏得罪，降广东钦州同知。道潮，以母老留阅月。尚书陈汝言素憾正，至是嗾逻者以私事中，逮系诏狱，拷掠备至，谪戍肃州镇夷所。至涿州，夜宿传舍，手梏急，气奔欲死。涿人杨四者素闻正名，为之祈哀，解人不肯，因醉以醇酒，伺其熟睡，谓正曰："梏有封印，奈何？"正曰："可烧鏊令热，以酒喷封纸，就炙之，纸得燥，自然昂起。"杨乃如其言，去钉脱梏，刳其中，复钉而封之。其人既醒，觉有异，杨乃告曰："业已然，可如何？今奉银数十两为寿，不如纳之。"正以此得至戍所。

【译文】

明英宗天顺年间，承天门发生火灾，内阁大臣岳正因起草诏书而获罪，被贬为广东钦州同知。路经潮县，因母亲年岁已大，岳正停留了一个月。尚书陈汝言一向和岳正有矛盾，便指使锦衣卫找由头拘捕岳正，严刑拷打后发配肃州镇夷所。走到涿州，岳正因为刑具束缚，气息急促。涿州有个叫杨四的，久仰岳正大名，便向差官为岳正求情。差官不答应，杨四就请差官喝酒并将其灌醉，然后对岳正说："手铐上有封条，该怎么办？"岳正说："找个平底锅烧热，把酒喷在封条上，用锅去熨烤，封条受热之后自然会翘起来。"杨四照岳正的话去做，打开手铐，并把里面的机关放松，再重新戴好手铐，贴上封条。差官醒来后，发现了异常，杨四就对他说："事已至此，又能如何？这里有纹银几十两给你，你就收下了吧。"于是岳正得以平安到达肃州。

637. 李文达

天顺初，德、秀等王皆当出阁，英庙谕李文达公贤慎选讲读官。文达以亲王四位，用官八员，翰林几去半矣，乃请于新进士内选人物俊伟、语言正当、学问优长者，授以检讨之职，分任讲读。遂为定例。

【译文】

明英宗天顺初年，德王、秀王等皇子即将离开朝廷去自己的封地，英宗派李贤（谥文达）慎重挑选皇子们的讲读官。李文达认为四位皇子，讲读官要用八人，全部安排现任的翰林，那翰林就得少去一半，所以上奏请英宗准许由新科进士中挑选相貌英俊、身材挺拔、言行得体、学识丰富的，授以检讨的官位并担任讲读。从此这就成为了惯例。

638. 周文襄

己巳之难，也先将犯京城，声言欲据通州仓。举朝仓皇无措，议者欲遣人举火烧仓，恐敌之因粮于我也。时周文襄公忱适在京，因建议，令各卫军预支半年粮，令其往取。于是肩负者踵接，不数日，京师顿实，而通州仓为之一空。

一云，己巳之变，议者请烧通州仓以绝虏望。于肃愍曰："国之命脉，民之膏脂，奈何不惜！"传示城中有力者恣取之，数日粟尽入城。郦生以楚拔荥阳不坚守为失策，劝沛公急取敖仓。又李密据黎阳仓，开仓恣民就食，浃旬得兵三十余万。徐洪客献策谓："大众久聚，恐米尽人散，难以成功，宜乘锐进取。"密不从而败。刘子羽守仙人关，预徙梁、洋公私之积。金人深入，馈饷不继，乃去。自古攻守之策，未有不以食为本者，要在敌未至而预图耳。若搬运不及，则焚弃亦是一策，古名将亦往往有之，决不可赍盗粮也。

◎毛泽东评：赍盗粮亦何所不可，地不能毁，民不能迁，皆赍盗粮也。

【译文】

明英宗时瓦剌举兵入侵，准备进攻北京，并扬言要占领通州粮仓。朝廷百官手足无措，甚至有人建议烧毁粮仓，以免敌人得到我们的粮食。当时周忱（谥文襄）正巧在京城，便建议下令各卫守军预支半年军粮，全部去通州领取。于是各军派人肩挑手扛，没几天，京中各军粮草储备丰厚，而通州粮仓则被清空。

冯评：另有一说是：瓦剌入侵时有人曾建议烧毁通州粮仓以杜绝瓦剌的觊觎。于谦（谥肃愍）说："粮食是国家命脉、人民膏脂，怎能如此不珍惜？"

于是下令城中百姓，只要有力气，尽管前去搬运粮食。没几天，通州的粮食就全部搬进京了。楚汉相争时，郦食其认为项羽攻取荥阳而不坚守是一大失策，劝刘邦夺取敖仓。隋末李密占领黎阳后，曾打开粮仓任由百姓取粮，十来天就得到三十万人报名加入。徐洪客向李密建议："人越来越多，时间长了，粮食用光，就麻烦了，不如趁现在一鼓作气继续进攻。"李密没有采纳这建议，终于失败。南宋将军刘子羽守仙人关，事先运走梁州、洋州官府和私人所藏的所有粮食。金人打过来后，因粮食供应不上，只好退兵。自古攻防作战，没有不把粮食当作根本的，关键要在敌人没到之前先做好安排。如果来不及搬运，烧毁也是一种策略，古代许多名将往往也用这一招，绝不能将粮食白白送给敌人。

639. 韩襄毅　二条

韩雍弱冠为御史，出按江西。时有诏下镇守中官，而都御史误启其封，惧以咨雍。雍请宴中官而身为解之，明日伪为封识，而藏旧封于怀，俟会间，使邮卒持以付己，佯不知而启之，稍读一二语，即惊曰："此非吾所当闻。"遽令吏还中官，则已潜易旧封矣。雍起谢罪，复欲与邮卒杖，中官以为诚，反为救解，欢饮而罢。

此即王韶欺郭逵之计，做得更无痕迹。郭逵为西帅，王韶初以措置西事至边。逵知其必生边患，因备边财赋连及商贾，移牒取问。韶读之，怒形颜色，掷牒于地者久之，乃徐取纳怀中，入而复出，对使者碎之。逵奏其事，上以问韶，韶以原牒进，无一字损坏也。上不悟韶计，不直逵言。自是凡逵论，诏皆不报，而韶遂得志矣。

韩襄毅在蛮中，有一郡守治酒具进，用盒纳妓于内，径入幕府。公知必有隐物，召郡守入，开盒，令妓奉酒毕，仍纳于盒中，随太守出。

此必蛮守欲假此以窥公耳，公不拂其意，而处之若无事然，此岂死讲道理人所知！

【译文】

明朝的韩雍二十来岁就当上御史，巡按江西。有次皇帝下诏给当地驻守的宦官，都御史没看清楚，随手误拆，发现拆错了，十分害怕，便问韩雍该怎么办。韩雍说他自会设宴请太监，同时解决这个问题。第二天，他先伪造一个信封，把原来的信封藏在怀里，让信差故意在宴席上拿着假信封套着的信交给自己，然后假装不知道，拆信便读，读了几句后，惊讶地说："这不是我该知道的。"连忙把信当场还给了宦官，其间则已经把假信封换成了原来的真信封。韩雍起身谢罪，并要责打那个邮差。宦官觉得韩雍很诚恳，反而替邮差求情，宾主继续畅饮，尽兴而罢。

冯评：这就是王韶欺骗郭逵之计，但韩雍做得更是天衣无缝。北宋的郭逵在西部边境任统帅时，王韶也奉命到西部统领收复边地的事。郭逵知道王韶一定会在边境上惹出事端，于是，就王韶筹备军费而损害商人利益的问题发文加以询问。王韶看了，十分生气，就把公文扔在地上，许久之后又捡起来揣入怀中。进屋之后再度出来，当着使者的面将公文撕毁。郭逵将此事奏禀皇帝，皇帝向王韶查问。王韶将公文原本呈上，没有丝毫毁损。皇帝没有察觉这是王韶的计谋，以为郭逵没有说实话，从此凡是郭逵的奏疏，都不批复，王韶则如鱼得水。

韩雍（谥襄毅）到广西，当地郡守准备了酒菜，把一名妓女藏在箱中，命人送到韩雍那里。韩雍知道其中藏着东西，便召郡守进到府内，郡守打开箱子，命妓女陪酒。酒宴结束后，又把妓女装到箱子里，跟太守一起离开。

冯评：这一定是蛮子郡守想借此试探韩公，韩公也不违逆他的心意，泰然处之。这哪里是那些只知道死讲道理的书呆子能明白的！

640. 耿司马

耿司马公（定力）知成都府。益俗不丧而冠素，亟禁之。适两台拨捕蝗，公寝未发。道逢三素冠，皆豪子弟也，数之曰："法不汝贳，能掠蝗自雪乎？"其人击颡，遍募人掠之。蝗尽，民无扰者。

本欲掠蝗，借素冠以济。一举两得。灵心妙用，可以类推。

【译文】

明朝兵部尚书耿定力做成都知府时，当地人没有丧事也戴白帽子，这风俗必需禁止。正好省里闹蝗灾，调拨人力灭蝗虫，这件事还没有正式着手。耿定力在路上碰到三个头戴白帽的富家子弟，于是责备他们说："无故戴白帽，这是违法的，你们能不能消灭蝗虫，将功赎罪?"三人叩头谢罪，立即募人捕蝗，蝗灾被平息，百姓也没有受到多大骚扰。

冯评：本来要消灭蝗虫，借着矫正无端戴白帽的恶俗来完成，可谓一举两得。心智随机应变的妙用，可依此类推。

641. 御史失篆

有御史罪其县令。县令密使嬖儿侍御史，御史昵之，遂乘机窃其箧中篆去。御史顾篆箧空，心疑县令所为而不敢发，因称疾不视事。尝闻某教谕有奇才，因其问疾，召至床头诉之。教谕教御史夜半于厨中发火，火光烛天，郡县俱赴救。御史持篆箧授县令，他官各有所护。及火灭，县令上篆箧，则篆在矣。或云此教谕乃海瑞也，未详。

山尽水穷处，忽睹天台、雁荡、洞庭、彭蠡，想胸中有走盘珠万斛在。

【译文】

明朝的一位御史开罪了县令，县令派自己嬖幸的童仆去服侍御史，御史非常宠爱这个童仆，这童仆乘御史不注意，偷偷将御史的官印偷走。御史发觉箱子里的官印遗失，怀疑是县令干的，但又不敢随便张扬，只好请病假不上班。听说有个教谕很有主意，便趁他前来探病，把他叫到床前向他请教。教谕教御史半夜在厨房放把火，火光冲天，人们纷纷去救火，御史便把装印的箱子交给县令保管，其他官员也都相应保护各自的重要物品。火灭之后，县令交还箱子，官印就在箱子里。有人说这教谕就是海瑞，不详。

冯评：在山穷水尽的困境时，忽然看到天台山、雁荡山、洞庭湖和彭蠡湖，这样的人，想必智慧圆融，如胸中有万斛珍珠在盘中滚动。

642. 王 安

神庙虽定储，而郑贵妃权谲有宠，东宫不无危疑，侍卫单微，资用多匮，弥缝补救，司礼监王安力为多。福邸出藩，贵妃倾宫畀之。或迎附东宫，勒止最后十箱，舁至宫门。安知之，谏曰："此非太子之道也。"或曰："业已舁至，奈何?"安曰："即舁还之。"更简箱之类此者十枚，实以器币而赠也。乃谓妃曰：

"适止箱于宫门，欲以仿箱制也。"上及贵妃皆大喜。

【译文】

明朝万历皇帝已选定长子朱常洛为太子，但郑贵妃有宠而多心计，一直想将她的儿子朱常洵推上太子宝座，朱常洛的情况很是堪忧，不但侍卫少，日常开支也不足，全靠司礼监王安出力协调。朱常洵被封为福王，封地在洛阳，郑贵妃拿出宫内所有的财力为他送行。有迎合太子的，截留了最后十箱财物，堆放在太子宫门口。王安知道后说："这种行为不是太子该有的。"有人说："那已经抬到这儿了，怎么办？"王安说："抬回去。"另外找了十个类似的箱子，装上礼器玉帛作为赠礼。王安又派人对郑贵妃说："刚才在宫门拦下贵妃的箱子，只是想照式样仿制箱子。"皇上和贵妃都非常高兴。

643. 朴 恒

尝有觅亲尸于战场，溃腐不可物色者。高丽臣朴恒父母殁于蒙古之兵，恒从积尸中得相似者辄收瘗，凡三百余人。此亦一法。

元祐间有大臣某，父贬死珠崖，寓柩不归。既贵，自过海迎取。岁久，无能识者。僧房中有数柩枯骨，无款识。不获已，挈一棺归，与其母合葬。后竟传误取亡僧骨者，方知朴恒有见。

【译文】

有人在战场上寻找亲人的尸骨，但尸首溃烂，无法辨认。高丽人朴恒的父母死于蒙古兵之手，朴恒从众多尸首中选取相似的便予以收葬，结果一共埋葬了三百多具尸体。这也是一种办法。

冯评：北宋元祐年间有位大臣，父亲被贬死于珠崖，灵柩始终没有回乡。后来这个大臣发达了，便亲自过海前来迎取父亲的尸骨。但是时间太长，实在分不清哪具尸骨是他父亲的。只在存放尸骨的僧房里看见几具无名尸骨，没办法，只好随意选取其一运回来与他母亲合葬。事后曾经传出他误取了死去和尚的尸骨。这么看来，朴恒的做法还是很有见地的。

卷十七 应卒

西江有水，遐不及汲。壶浆箪食，贵于拱璧。岂无永图，聊以纾急。集《应卒》。

―――【解说】―――

西江的水滚滚滔滔，但太遥远而无法去汲取。一碗饭一壶水，有时候就是价值连城。不是没有长远的打算，只是遇到紧急情况必需要用变通的办法化解。

这一卷说的都是应对紧急情况的小故事，名为《应卒》。

644. 张 良

高帝已封大功臣二十余人，其余日夜争功不决。上在洛阳南宫，望见诸将往往相与坐沙中偶语。以问留侯，对曰："陛下起布衣，以此属取天下，今为天子，而所封皆故人，所诛皆仇怨，故相聚谋反耳。"上忧之。曰："奈何？"留侯曰："上生平所憎，群臣所共知，谁最甚者？"上曰："雍齿数窘我。"留侯曰："今急，先封雍齿，则群臣人人自坚矣。"乃封齿为什方侯。群臣喜曰："雍齿且侯，吾属无患矣。"

温公曰："诸将所言，未必反也。果谋反，良亦何待问而后言邪？徒以帝初得天下，数用爱憎行诛赏，群臣往往有触望自危之心，故良因事纳忠以变移帝意耳！"袁了凡曰："子房为雍齿游说，使帝自是有疑功臣之心，致三大功臣相继屠戮，未必非一言之害也！"由前言，良为忠谋；由后言，良为罪案。

要之布衣称帝，自汉创局，群臣皆比肩共事之人，若触望自危，其势必反。帝所虑亦止此一着，良乘机道破，所以其言易入，而诸将之浮议顿息，不可谓非奇谋也。若韩、彭菹醢，良亦何能逆料之哉！

【译文】

汉高祖刘邦平定天下，封赏了二十多位功臣。其余还没有封赏的将领，每天在那里互相争功。高祖在洛阳南宫时，远远望见将军们聚坐在沙地上交谈，便问张良是怎么回事。张良说："陛下从平民百姓，在这班人的辅佐下取得了天下。现在身为天子，分封的都是早有交往的旧友，诛杀的则都是曾与陛下有过节的，所以这些将军聚在那里商量造反呢。"高祖十分担忧，说："那该怎么办呢？"张良说："陛下生平最讨厌的，而大臣也都知道的人，是谁？"高祖答："雍齿多次让我难堪，最可恶。"张良说："那现在情况紧急，请陛下先封雍齿为侯，那么其他大臣就不会再心存疑虑了。"于是高祖封雍齿为什方侯。群臣都很高兴："连雍齿都封侯了，我们还有什么可担心的！"

冯评：司马光（封温国公）说："将军们所谈论的未必是有关谋反的事。要真是在谋反，张良也不会等到高祖问了才说。张良只因高祖初即帝位，多以个人的爱憎行赏论罪，造成群臣普遍不满和不安，所以张良接这个事加以劝谏，改变高祖的做法。"袁黄（号了凡）说："张良为雍齿游说，使高祖从此开始猜忌功臣，最终导致三大功臣相继被杀，未尝不是张良的一句话所种下的祸根。"按前一种说法，张良是忠言进谏；按后一种说法，这就是张良的罪状了。总之，以平民称帝建立新王朝，那是从汉刘邦开始的，手下群臣都是当年并肩征战的伙伴，要是他们集体感到不满和不安，造反是顺理成章的事。高祖所忧虑的也正在于此，张良乘机说破，所以高祖很容易接受，诸将的议论也立刻得平息，不能不说是高明的计谋。至于诛杀韩信、彭越，张良哪能事先预料呢！"

645. 救积泽火

鲁人烧积泽，天北风，火南倚，恐烧国。哀公自将众趋救火者，左右无人，尽逐兽，而火不救。召问仲尼，仲尼曰："逐兽者乐而无罚，救火者苦而无赏，此火之所以无救也。"哀公曰："善。"仲尼曰："事急，不及以赏救火者；尽赏之，则国不足以赏于人。请徒行罚。"乃下令曰："不救火者，比降北之罪；逐兽者，比入禁之罪。"令下未遍，而火已救矣。

贾似道为相，临安失火，贾时方在葛岭，相距二十里。报者络绎，贾殊不顾，曰："至太庙则报。"俄而报者曰："火且至太庙。"贾从小肩舆，四力士以椎剑护，里许即易人，倏忽即至，下令肃然，不过曰："焚太庙者斩殿帅。"于是帅率勇士一时救熄。贾虽权奸，而威令必行，其才亦自有快人处。

【译文】

鲁人放火烧积泽，天刮北风，火势向南蔓延，有烧到国都的危险。哀公亲自主持救火，却发现左右没人，都去追赶被火烧出来的野兽了，没人救火。哀公请来孔子，孔子说："追逐野兽很快乐又不会受到责罚，救火却很辛苦，又没有奖赏，所以没有人去救火。"哀公认为有理。孔子又说："事情紧急，来不及行赏。再说救火的人个个都赏，那也赏不过来。就执行惩罚条例吧。"于是哀公下令："凡是不参与救火的，与战败降敌同罪；追逐野兽的，与擅闯禁区同罪。"命令还未遍及国都，积泽的大火已被扑灭。

冯评：南宋贾似道任丞相。首都临安失火，贾似道正在二十里外的葛岭，不断有人到葛岭向贾似道报告临安大火的消息，贾似道不慌不忙，说："等火势蔓延到太庙时再说。"不久，有人报告说火势蔓延已快至太庙了。贾似道乘坐小轿，由四名力士带着兵刃护卫，每行一里多路就更换轿夫，一会儿便来到太庙前。接着，贾似道庄重宣布："若太庙被焚，就斩殿帅问罪。"很快，兵将一起奋力扑救，大火很快熄灭了。贾似道虽是奸臣，但他令出必行，才能自有令人欣赏的地方。

646. 直百钱

刘备攻刘璋，备与士众约："若事定，府库百物，孤无预焉。"及拔成都，士众皆舍戈赴诸藏竞取宝物，军用不足，备甚忧之，刘巴曰："易耳，但当铸直百钱，平诸物价，令吏为官市。"备从之，数月之间府库充实。

无官市则直百钱不能行。但要紧在平价，则民不扰而从之如水矣。

【译文】

三国的刘备攻打刘璋，先前曾对士兵宣布："只要获胜，府库中所有财物都归各位所有，孤王不加干预。"攻下成都后，兵士们果然纷纷放下武器直奔府库争抢财宝。结果刘备财政窘困，军需不足，烦恼不已。刘巴说："这事好办，只需铸造以一当百的大钱，平抑物价，派小吏设立官市。"刘备接纳这建议，几个月后府库充盈了。

冯评：不设立官市，大钱也不能流通，但关键还在于平抑物价，那样，百姓不会受到骚扰，当然就会顺应政令了。

647. 知县买饭

嘉熙间，峒丁反吉州。万安宰黄炳鸠兵守备。一日五更探报："寇且至！"遣巡尉引兵迎敌，皆曰："空腹奈何？"炳曰："第速行，饭且至矣。"炳乃率吏辈携竹箩木桶，沿市民之门曰："知县买饭。"时人家晨炊方熟，皆有热饭熟水，厚酬其值，负之以行。于是士卒皆饱餐，一战破寇。由此论功，擢守临川。

【译文】

南宋理宗嘉熙年间，峒民在吉州造反。万安县令黄炳召集军队严密防守。一天五更时分，探报说峒民即将攻来，黄炳命巡尉领兵迎敌，可是士兵还没吃饭，黄炳说："你们只管先出发，饭马上送到。"接着黄炳亲自率领手下带着竹箩木桶，沿街敲百姓家门，说："知县买饭。"这时正是百姓煮早饭的时候，家家都有热饭开水，黄炳付给很高的价钱，满载米饭而去。这样，士兵们都饱餐一顿，一战击退敌人。因为这件事，黄炳升任临川太守。

648. 造红桌　赁瓦

赵从善尹京日，宦寺欲窘之，敕办设醮红桌子三百只，内批限一日办集。从善命于酒坊茶肆取桌相类者三百，净洗，糊以白纸，用红漆涂之。又两宫幸聚景园，夜过万松岭，立索火炬三千，从善命取诸瓦舍妓馆，不拘竹帘芦帘，实以脂，卷而绳之，系于夹道松树，左右照耀，比于白日。

高宗南渡，驻跸临安，草创行在，方造一殿，无瓦，而天雨，郡与漕司忧之。忽一吏白曰："多差兵士，以钱锱分俵关厢铺店，赁借楼屋腰檐瓦若干，旬月新瓦到，如数赔还。"郡司从之，殿瓦咄嗟而办。辛幼安在长沙，欲于后圉建楼赏中秋，时已八月初旬矣，吏曰："他皆可办，唯瓦不及。"幼安命先于市上每家以钱一百，赁檐瓦二十片，限两日以瓦收钱，于是瓦不可胜用。

二事皆一时权宜，可为事役之法。

【译文】

赵从善任京兆尹时，有宦官想为难他，就承皇帝旨意，命他置办道士设坛祈祷用的红桌子三百张，并限令一日内办齐。赵从善派人到京城中各酒楼、茶馆收购来式样相仿的桌子三百张，洗干净后，糊上白纸，再刷上红漆，就交了差。又有一次，皇帝及太后驾临聚景园，晚上路过万松岭，当即需要三千支火把照路。赵从善派人到各娱乐场所、妓院去取，不管竹编的、苇编的，凡是帘子统统拿来，卷起来灌上油脂，绑在万松岭道路两旁的松树上，点燃后明亮如昼。

高宗南渡后以临安为都，宫殿也是刚造的，还没铺上瓦，就碰上下雨天，郡守与漕司都很烦心。有一名小吏道："不如多派些士兵拿着钱，分送到城外的商家，向他们借楼层之间的那些装饰檐瓦，等十天半月之后，新瓦到了，再赔还他们。"郡守照这方法，殿瓦很快就筹齐了。辛弃疾在长安时，想在后花园搭一座小楼赏中秋月，这时已是八月初了，手下小吏说："别的都好办，就是瓦来不及。"辛弃疾就命人到城里说，每家给钱一百，借瓦二十片，愿意的限两日内带着瓦片来领钱，于是得到了大量的瓦片。

冯评：两件事都是一时的权宜之计，可以作为具体办事的参考。

649. 周忱 二条

正统中，采绘宫殿，计用牛胶万余斤，遣官敕江南上供甚急。时巡抚周忱以议事赴京，遇诸途，敕使请公还治，公曰："第行，自有处置。"至京，言"京库所贮牛皮，岁久朽腐，请出煎胶应用。俟归，市皮还库，以新易旧，两得便利。"王振欣然从之。

时边事紧急，工部移文，索造盔甲、腰刀数百万，其盔俱要水磨。公取所积余米，依数成造，且计水磨明盔非岁月不可，暂令摆锡，旬日而办。

【译文】

明朝正统年间因装修宫殿，预计需一万多斤牛胶，紧急命人传令江南筹备。当时江南巡抚周忱因公进京，途中正遇使臣，使臣请周忱立即返回江南置办。周忱说："只管进京，这事我自会处理。"来到京城，周忱找到大太监王振说："京城库房中所贮藏的牛皮已有多年，不少已经烂了，不妨先拿出来熬胶，等下官回到江南，买了新牛皮归还库房，以新换旧，对仓库也是好事。"王振很高兴地答应了周忱的请求。

鞑靼入侵时，工部下达命令，需打造数百万具盔甲和腰刀，头盔都要水磨的。周忱用府中的积蓄尽数打造，只是水磨明盔在工艺上耗时不少，姑且都暂用镀锡工艺达到效果，所以不到十天就全部完成了。

650. 张 恺

张恺，鄞县人。宣德三年，以监生为江陵令。时征交趾大军过，总督日晡立取火炉及架数百，恺即命木工以方漆桌锯半脚，凿其中，以铁锅实之。已又取马槽千余，即取针工各户妇人，以棉布缝成槽，槽口缀以绳，用木桩张其四角，饲马食过便收卷，前路足用。遂以为法。

后周文襄荐为工部主事，督运大得其力。嗟乎！此监生也，用人可以资格限乎？

【译文】

明朝的张恺是浙江鄞县人，宣德三年以监生的资历任江陵县令。当时出征交趾的军队路过，总督傍晚要求立刻备办数百具火炉及架子。张恺就找来木匠，把方桌桌脚锯去一半，再把桌面中央挖空，架上铁锅。接着又要一千多马槽，张恺就叫来做针线的妇女用棉布缝制马槽，槽口系上绳索，四角用木桩撑起，喂完马后可以卷起收好，以备下次再用。这个做法后来成为一种标准。

冯评：后来周忱（谥文襄）推荐张恺为工部主事，在运送物资的工作上发挥了很大作用。唉！这不过是一个监生啊，选用人才怎能以资格来限定呢！

651. 张 毂

张毂为同州观察判官，是时出兵备边州，征箭十万，限以雕雁羽为之，其价翔踊，不可得。毂曰："矢，去物也，何羽不可？"节度使曰："当须省报。"

觳曰：“州距京师二千里，如民急何？一有责，下官任之。”一日之间，价减数倍，尚书省竟如所请。

【译文】

金朝的张觳任同州观察判官。当时军队调动布防，向同州征调十万支箭，并且规定箭羽一定要用雕雁的羽毛，一时雕羽价格暴涨，无法置办。张觳说："箭属于有去无回的消耗品，用什么鸟的羽毛不行？"节度使怕出问题，认为应该上报请示。张觳说："同州距京师两千里，来去时间长，老百姓这里被任务逼得走投无路怎么办？就用别的羽毛造，万一怪罪，下官一人承担。"这么一来，一日之间雕羽价格下跌了好几倍，而最后尚书省也认可了张觳的做法。

652. 陶 鲁

陶鲁，字自立，郁林人，年二十，以父成死事，录补广东新会县丞。都御史韩公雍下令索犒军牛百头，限三日具。公令出如山，群僚皆不敢应，鲁逾列任之。三司及同官交责其妄，鲁曰："不以相累。"乃榜城门云："一牛酬五十金。"有人以一牛至，即与五十金。明日牛争集，鲁选取百头肥健者，平价与之，曰："此韩公命也。"如期而献，公大称赏，檄鲁麾下，任以兵政。其破藤峡，多赖其力，累迁至方伯。

本商鞅徙木立信之术，兼赵清献增价平籴之智。

【译文】

明朝的陶鲁，字自立，郁林人，二十岁时因父亲陶成殉国，任广东新会县丞。都御史韩雍下令三天内备齐一百头牛犒赏军士。韩雍军令森严，官员们都不敢接这个活儿。陶鲁自告奋勇主动接受这个任务。上司和同僚都交相责备陶鲁不知好歹，陶鲁说："绝不牵连各位。"于是陶鲁在城门张贴告示说："买牛，一头五十金。"有人牵了一头牛，陶鲁立即给他五十金。第二天百姓牵了很多牛来，陶鲁仔细挑选了一百头最肥硕的牛，按市价买下，并说："这是韩公的命令。"陶鲁如期交出了牛，韩雍对陶鲁大加赞赏，把他收为幕僚，让他处理军中事务。韩雍攻藤峡的时候，陶鲁起了很大作用，后来官至布政使。

冯评：用的是商鞅徙木立信之法，又兼用赵抃（谥清献）增价平籴的故智。

653. 边老卒

丁大用征岭南，京军乏食，掠得寇稻，以刀盔为杵舂。边鄙老卒笑其拙，教于高阜择净地，坎之如臼然，燃茅锻之，令坚实，乃置稻其中，伐木为杵以舂，甚便。

【译文】

明朝的丁大用征讨岭南，军粮短缺，抢来敌人的稻谷若干，士兵纷纷用刀和盔当杵臼来捣米。有位边境的老兵看了，笑他们太笨，便教士兵们选一块干净的高地，挖一个臼形的坑，用茅草放在坑里把周边的土烧硬，再把稻谷放在坑里，找一段大木头做成杵，这样舂米就十分方便了。

654. 蒺藜棒

韦丹任洪州，值毛鹤叛。仓卒无御敌之器，丹乃造蒺藜一千具，并于棒头以铁钉钉之如猬毛，车夫及防援官健各持一具，其棒疾成易办，用亦与刀剑不殊。

【译文】

唐朝的韦丹在洪州任职，碰到毛鹤作乱，一时间没有足够御敌武器，韦丹命人造了一千副蒺藜棒，并在棒头密密地钉上铁钉，好像刺猬毛一样，车夫及守卫军卒人手一副。这兵器造起来很方便，用起来效果和刀剑也不相上下。

655. 冰 炮

宋真宗时，李允则知沧州。虏围城，城中无炮石，乃凿冰为炮，虏解去。近时陈规守安州，以泥为炮，城亦终不可下。

【译文】

宋真宗时，李允则任沧州知州。敌人围城，城里炮弹用光了，李允则命人拿冰块凿成炮弹用，敌人退去。后来陈规守安州时，又用泥做炮弹，也守城成功。

656. 猪脬渡淮

太宗以北兵渡淮，时无一苇之楫。有人于囊中取干猪脬十余，内气其中，环着腰间，泅水而南，径夺舟以济。

【译文】

明太宗朱棣率北方兵渡淮河，河边一条船也没有，有个士兵从囊中取出十多个干的猪膀胱，吹胀之后环系在腰间，游到河对岸，抢来船只把全军渡过了河。

657. 塞城窦

颜常道曰：某年河水围濮州，城窦失戒，夜发声如雷，须臾巷水没骭。士有献衣袘之法，其要：取绵絮胎，缚作团，大小不一，使善泅卒沿城扪漏穴便塞之。水势即弭，众工随兴，城堞无虞。

【译文】

北宋的颜常道说：有一年河水暴涨，濮州被水围困，城墙上大大小小的窟窿没有修补好，夜晚河水涌入，声如巨雷，一会儿功夫，城中巷道内的积水已到膝头。有人提出一个破棉絮堵洞法，取来大大小小不等的棉团，命善游泳的士卒沿着城墙，遇到窟窿就塞入棉团。大水得到了遏止，工人们立即动工修补，最终城墙也没有被冲坏。

658. 治 堤

熙宁中，睢阳界中发汴堤淤田，汴水暴至，堤防颇坏陷，人力不可制。时都水丞侯叔献莅役相视，其上数十里有一古城，急发汴堤注水入古城中，下流遂涸，使人亟治堤陷。次日，古城中水盈，汴流复行，而堤陷已完矣。徐塞古城所决，内外之水，平而不流，瞬息可塞。众皆伏其机敏。

【译文】

北宋神宗熙宁年间，睢阳一带掘开汴河堤引水灌田，汴河突然涌入，堤防崩陷，进入失控状态。当时分管水利的侯叔献到场视察，发现上游数十里外有一座废弃古城，连忙命人掘开一部分堤防，引水入古城，下游的水量顿时减少，便令工人紧急修堤。第二天，古城积水已满，下游水流恢复如初，但堤防已修复了。再将古城处掘开的堤防堵塞，内外水位相当，所以水流平稳，堵塞工作很快完成。众人都对侯叔献的机智聪明佩服不已。

659. 窨 石

陕西因洪水下大石塞山涧中，水遂横流为害。石之大有如屋者，人力不能去，州县患之。雷简夫为县令，乃令人各于石下穿一穴，度如石大，挽石入穴窨之，水患遂息。

【译文】

北宋时候陕西有一次山洪爆发，带下一块巨石落到山涧中，使水流横溢，造成灾害。石头很大，有如一间屋子，人力无法搬动，州县备感困扰。当时雷简夫任县令，他命人在巨石的下方挖一个大洞，和巨石的大小相仿，再顺势将巨石堆入洞中，水患就此平息。

660. 筑 垣

陆光祖初授濬县令。庚戌贺阑入塞，大司马赵锦议役三辅民筑垣以御，陆持不可。司马怒，以挠军兴劾之。陆屹不动，已复言于直指，谓必役本地民，莫若出钱与边民如雇役法。直指上其议，竟得请，三辅乃安。

【译文】

明朝陆光祖任濬县县令。1550年贺兰山一带的鞑靼人入侵，兵部尚书赵锦建议征调京城附近的百姓修筑城墙御敌，陆光祖坚决反对。赵锦很生气，以阻挠军事行动的罪名弹劾陆光祖。陆光祖不为所动，对朝廷派来调查的使者说，征调本地百姓，不如按照雇役法的形式，出钱雇边境上的百姓。使者将这个建议上报，得到了批准，京城附近的百姓免去了一次巨大的骚扰。

661. 曹 操

魏武尝行役，失汲道，军皆渴，乃令曰："前有大梅林，饶子甘酸，可以解渴。"士卒闻之，口皆出水，乘此得及前源。

【译文】

有一次曹操率兵行军，没找到水源，士兵都十分干渴。曹操对士兵们说："前面有一座大梅林，梅子很多，酸甜可口，可以用来解渴。"士兵们听了，都流出了口水，乘着这个间隙，终于走到前面有水源的地方。

662. 孙 权

濡须之战，孙权与曹操相持月余。权尝乘大船来观公军，公军弓弩乱发，箭著船旁，船偏重。权乃令回船，更一面以受箭，箭均船平。

【译文】

三国濡须之战的时候，孙权与曹操相持一个多月。孙权曾乘大船窥伺曹营，曹营弓箭手万箭齐发，箭都射在了船身的一侧，造成两面轻重不均而倾斜。孙权就下令调转船头，用船的另一侧接受射来的箭，两面都射满了箭，分量均衡了，船身也不再倾斜。

663. 书城壁

金主亮性多忌。刘锜在扬州，命尽焚城外居屋，用石灰尽白城壁，书曰："完颜亮死于此。"亮见而恶之，遂居龟山，人众不可容，以是生变。

【译文】

金主完颜亮性多猜忌。大将刘锜在扬州，命人将城外的屋舍全部焚毁，城壁涂上白色石灰，上面写着"完颜亮死于此"。完颜亮见了很不舒服，于是屯兵龟山寺。龟山寺太小，金兵人多，后来终于发生兵变。

664. 韩 琦

英宗即位数日，挂服柩前，哀未发而疾暴作，大呼，左右皆走，大臣骇愕痴立，莫知所措。琦投杖，直趋至前，抱入帝，以授内人，曰："须用心照管。"仍戒当时见者曰："今日事唯众人见，外人未有知者。"复就位哭，处之若无事然。

【译文】

北宋仁宗驾崩，英宗即位才没几天，仁宗大殓，英宗还没有开始履行正常的仪式就突然发病，大声喊叫，侍从都跑了，大臣们都被惊呆了，不知所措。韩琦扔了手里的拐杖，上前把英宗抱入内室交给宫人，并嘱咐宫人要小心照料。又出来对在场的人们说："今天所发生的事只有你们看到了，别人都是不知道的。"说完回到自己的位置继续举办葬礼，好像什么事都没发生。

665. 榆木川

榆木川之变，杨荣、金幼孜入御幄密议，以六师在外，离京尚远，乃秘不发丧，亟命工部官括行在及军中锡器，召匠人销制为椑，敛而锢之，杀匠以灭口。命光禄官进膳如常仪，号令加肃，比入境，寂无觉者。

梓宫至开平，皇太子即遣皇太孙往迎，濒行，启曰："有封章白事，非印识无以防伪。"时行急，不及制。侍从杨士奇请以大行皇帝初授东宫图书权付皇太孙，归即纳上。皇太子从之，复谓士奇曰："汝言虽出权宜，亦事几之会。昔大行临御，储位久虚，浮议喧腾。吾今就以付之，浮议何由兴也。"

【译文】

明成祖在榆木川（今内蒙多伦西北）驾崩，大学士杨荣、金幼孜进入皇帝行帐秘密商议，认为大军在外，榆木川离京城尚远，应该秘不发丧，紧急命令工部官员搜集军中所有锡器，让工匠销熔后打造一口棺材，将遗体装进去封好，又将承造的工匠杀死灭口。同时命光禄官每天三餐照常进奉膳食，军纪号令更加严明，直到入境，没有人察觉。

成祖灵柩运到开平后，皇太子朱高炽命皇太孙朱瞻基迎灵，临行前太孙启奏道："若有机密奏章上报，没有印信，难以防伪。"但时间紧急，来不及制印，侍从杨士奇请求把先帝当初授与太子的东宫印信交予皇太孙，等回京后再归还。朱高炽同意了，又对杨士奇说："你所说的办法固然是权宜之计，也是事情机缘所致。当年先帝登基，太子之位长期空缺，引起很多议论。我现在就把印信交付太孙，那日后还有什么可议论的？"

666. 邵　薄

靖康之变，金人尽欲得京城宗室。有献计者，谓宗正寺玉牒有籍可据。虏酋立命取牒，须臾持至南薰门亭子。会虏使以事暂还，此夜唯监交官物数人在焉，户部邵泽民（薄）其一也。遽索视之，每揭二三板，则掣取一板投火炉中，叹曰："力不能遍及也。"通籍中被爇者十二三。俄顷虏使至，吏举籍授之。遂按籍以取，凡京城宗室获免者，皆泽民之力。

昔裴谞为史思明所得，伪授御史中丞。时思明残杀宗室，谞阴缓之，全活者数十百人。乃知随地肯作方便者，皆有益于国家，视死抄忠孝旧本子者，不知孰愈？

【译文】

北宋末年靖康之难，金人想把京城中所有皇族都抓到。有人向金主献计，说宗正寺藏有皇室族谱，可以作为搜捕的依据。金主立即派人前往宗正寺，不久把族谱拿到南薰门亭子。正巧这夜管事的金人头目有事回去了，只关了几个交割官方物品的官员，户部侍郎邵泽民（薄）就是其中之一。他拿过宗谱检视，每看二三页就撕一页丢入火炉中，叹道："不能全部都救啊。"整本族谱中被邵薄烧掉的约有二三成。不久金人头目回来了，小吏呈上宗谱，金主就照着宗谱所载拘捕皇亲。凡京城皇族躲过了这场劫难的，都是仰赖邵泽民的暗中相助。

冯评：从前，唐朝的裴谞被史思明所俘，史思明任命他为御史中丞。当时史思明残杀唐宗室，裴谞暗中救援，因此救下了百十人之多。可见能随缘做些好事的，都会有益于国家，比那些只知道抄写忠孝道德的破书的呆子，不知哪个更好一些？

667. 盛文肃

盛文肃在翰苑日，昭陵尝召入，面谕："近日亢旱，祷而不应，朕当痛自咎责，诏求民间疾苦。卿只就此草诏，庶几可以商量，不欲进本往复也。"文肃奏曰："臣体肥，不能伏地作字，乞赐一平面子。"上从之，逮传旨下有司而平面子至，则诏已成矣。上嘉其敏速，更不易一字。或曰："文肃属文思迟，乞平面子，盖亦善用其短也。"（边批：反迟为疾，妙妙！）

【译文】

北宋的盛度（谥文肃）做翰林的时候，曾被仁宗召见，仁宗说："近日大旱，祈祷也不见效果，朕要做自我检讨，征求民间疾苦。你只管就这个意思起草诏书，有什么可以直接商量，不必来回传递文本了。"盛度奏道："臣身体肥胖，趴在地上写不了字，请皇上赐臣一张桌子。"皇帝答应了，等传旨让人把桌子送来，盛度的诏书已经想好，挥笔立就。皇帝对盛度的速度十分赞赏，看过之后一字未改。有人说盛度写文章本来是比较慢的，向皇帝要桌子，也是善于处理自己的短处。

卷十八　敏悟

剪彩成花，青阳笑之。人工则劳，大巧自如。不卜不筮，匪虑匪
思。集《敏悟》。

——【解说】——

人工巧匠剪纸成花，春天看了笑他笨拙。人力所成总不免辛劳而粗
糙，真正的大巧必定是行云流水般自如。不要算卦不要占卜，不要思考
不要盘算。

这一卷讲的，都是关于天然浑成的机敏智慧的小故事，名为《敏悟》。

668. 司马遹

晋惠帝太子遹，自幼聪慧。宫中尝夜失火，武帝登楼望之，太子乃牵帝衣
入暗中。帝问其故，对曰："暮夜仓卒，宜备非常，不可令照见人主。"时遹才
五岁耳，帝大奇之。尝从帝观豕牢，言于帝曰："豕甚肥，何不杀以养士，而
令坐费五谷？"帝抚其背曰："是儿当兴吾家。"后竟以贾后谗废死，谥愍怀，
吁，真可愍可怀也！

此大智识人，何以不禄？噫！斯人而禄也，司马氏必昌，而天道僭矣。遹
谥愍怀，而继惠世者，一怀一愍，马遂革而为牛，天之巧于示应乎？

【译文】

晋惠帝的太子司马遹从小聪明，宫中一次夜里失火，武帝登楼观望，司
马遹拉着爷爷的衣角往暗处走。武帝问他为什么，他说："夜里突然着火，

一片混乱，须小心防犯意外，皇上不应该站在明处。"这时司马遹才五岁，武帝大感惊异。司马遹又曾随同晋武帝去猪圈，他问武帝："这些猪很肥，为什么不杀了犒劳将士，反而让它们白白浪费粮食呢？"武帝听后拍着他的背说："这孩子必能兴旺我家。"后来司马遹因贾后谗言被废而死，谥愍怀，实在是可悯可怀！

冯评：这样的聪明人，何以如此短命呢？唉！如果这人活得长些，司马氏必然昌盛，那天理又何在呢（译者按：司马氏本来就是篡逆得天下，故有此说）？司马遹谥号愍怀，而惠帝之后，继承帝位的正好一个怀帝、一个愍帝。随后司马氏被牛氏暗中取代（译者按：传闻晋元帝司马睿之母与小吏牛氏私通，故有马变为牛之说）？难道上天真的善于用巧妙的方式昭示因果报应？

669. 李德裕

李德裕神俊，父吉甫每向同列夸之。武相元衡召谓曰："吾子在家，所读何书？"意欲探其志也。德裕不应，翌日，元衡具告吉甫，吉甫归责之。德裕曰："武公身为帝弼，不问理国调阴阳，而问所读书。书者，成均、礼部之职也。其言不当，是以不应。"吉甫复告，元衡大惭。

便知是公辅之器。

【译文】

唐朝的李德裕自幼聪明，其父李吉甫每每向同僚夸赞。宰相武元衡便叫李德裕来问道："孩子，你在家都念些什么书？"想借此试探德裕的志向。李德裕不作回答。第二天武元衡把这件事告诉李吉甫。李吉甫回家后责备儿子，李德裕说："武公身为宰相，不问兴邦治国的道理，却问我所读何书。读什么书是国子学和礼部管的事。所问不当，所以我没有回答他。"李吉甫将这话告知武元衡，武元衡大为惭愧。

冯评：这就能看出他日后必为相才。

670. 洪 钟

崇仁洪钟，生四岁，随父朝京以训导考满之京。舟中朝京与客弈，钟在旁谛观久之，悟其行势，导父累胜。比至临清，见牌坊大字题额，索笔书之，遂得字体。至京师，即设肆鬻字，京师异为神童。宪宗闻之，召见，命书，即地连画数字，又命书"圣寿无疆"四字，钟握笔久之，不动。上曰："汝容有不识者乎？"钟叩头曰："臣非不识字，第为此字不敢于地上书耳。"上嘉其言，即命内侍异几，复以蹋凳立其上，书之，一挥而就。上喜，命翰林给廪读书，其父升国子助教，以便其子。

钟弘治庚戌年十八登进士，策授中书。不幸婴疾，未三十而夭。岂佛家所谓"修慧未修福"者邪？

【译文】

明朝崇仁人洪钟四岁时跟随做训导任满的父亲洪朝京搭船进京，途中洪朝京与人下棋。洪钟在边上观察一阵子后，竟能领悟其中的门道，洪父在其指点下连连获胜。船行至临清，见牌坊上的题字，洪钟就找来纸笔临摹，竟然模仿得很像。到京城后，洪钟就在街市设摊卖字，一时被人称为神童。宪宗听说了，便召洪钟入宫，让他就地写字，洪钟就连写数字。宪宗又命他写"圣寿无疆"四字，洪钟手握毛笔久久不动，宪宗说："或许有你不认识的字吧？"洪钟叩头说："小民并非不识字，只是这几个字不敢写在地上。"宪宗听了大为高兴，立即命人抬来桌子，又放了个凳子让他站在上面写字，洪钟立刻写罢。宪宗十分欢喜，让翰林院拨供他读书，并升洪朝京为国子助教，方便教导儿子。

冯评：洪钟在弘治庚戌年也就是十八岁的时候登进士，曾任中书舍人。不幸染病，不满三十岁便去世了。这难道是佛家所谓"修慧未修福"的吗？

671. 高 定

高定年七岁，读《尚书》至《汤誓》，问父郢曰："奈何以臣伐君？"父曰："应天顺人。"定曰："'用命赏于祖，不用命戮于社。'岂是顺人？"父不能答。

夷、齐争之千年，高童决之一语。彼獐鹿、松槐之对，徒齿牙得利，不足道矣。

贾嘉隐七岁，以神童召见。时长孙无忌、徐勣于朝堂立语。徐戏之曰："吾所倚何树？"曰："松树。"徐曰："此槐也，何言松？"贾云："以公配木，何得非松？"长孙亦如徐问之，答曰："槐树。"长孙曰："不能复矫对耶？"曰：

"木旁加鬼,何烦娇对?"王雱数岁时,客有以一獐一鹿同器以献荆公者,问雱:"何者是鹿,何者是獐?"雱实未辨,乃熟视曰:"獐边者鹿,鹿边者是獐。"客大奇之。

【译文】

唐朝的高定七岁时读《尚书》,读到其中《汤誓》篇时问其父高郢:"怎么能以臣子的身份讨伐君上呢?"父亲回答:"那是为了顺天应人。"高定说:"效命的在祖庙里封赏,不效命的在社庙里处死,这也算是顺应人心?"父亲无以应答。

冯评:伯夷叔齐的事千年以来争执不下,高家小子一句话就道出了关键。那些獐鹿松槐的应答,不过是伶牙俐齿,不值一提。

唐朝的贾嘉隐七岁时以神童被召入宫,长孙无忌、徐勣当时正在朝堂上说话。徐跟贾嘉隐玩笑说:"我靠着的是什么树啊?""松树。"徐勣说:"明明是槐树,怎么说是松呢?"贾曰:"以公配木,怎么不是松?"长孙无忌问他同样的问题,贾嘉隐说:"槐树。"长孙无忌说:"你不能再像刚才那样耍嘴皮子了吧?""木旁有鬼就是槐嘛,哪用得着耍嘴皮子呢?"王安石的儿子王雱年幼时,有客人在笼中装了一头鹿和一头獐献给王安石,问王雱:"哪个是鹿,哪个是獐?"王雱其实并不认识,看了一会儿说:"獐旁边的是鹿,鹿旁边的是獐。"客人大为惊奇。

672. 杜镐

杜镐侍郎兄仕江南为法官。尝有子毁父画像为近亲所证者,兄疑其法未能决,形于颜色。镐尚幼,问知其故,辄曰:"僧、道毁天尊、佛像,可以比也。"兄甚奇之。

【译文】

北宋礼部侍郎杜镐的哥哥在江南担任司法官。一次,一个儿子损毁了父亲的画像被亲属举证,杜兄以为律法中并没有相关的明文规定,十分烦闷。杜镐当时年纪很小,问哥哥遇到了什么麻烦,听完原委后说:"和尚道士毁坏佛道神像的罪行可以类比。"杜兄听了,连连称奇。

673. 文彦博　司马光

彦博幼时，与群儿戏，击毬，毬入柱穴中，不能取。公以水灌之，毬浮出。

司马光幼与群儿戏，一儿误堕大水瓮中，已没，群儿惊走。光取石破瓮，遂得出。

二公应变之才，济人之术，已露一斑。孰谓"小时了了者，大定不佳"耶？

【译文】

北宋文彦博幼时和同伴一起玩球，球掉进一个柱状的洞里拿不出来，文彦博取来水灌进洞中，球就浮了出来。

司马光和同伴们嬉戏，一个小孩不小心掉进大水缸里，已经沉了下去，其他小孩都吓得四散奔逃。司马光搬起一块大石头把水缸打破，那小孩才得以出来。

冯评：二人应变的才能、救助人的办法，在儿时已露端倪。谁说小时候聪明，大了必定不怎么样呢？

674. 王　戎

王戎年七岁时，尝与诸小儿游，瞩见道旁李树，有子扳折，诸小儿竞走之，唯戎不动。人问之，答曰："树在道旁而多子，此必苦李。"试之果然。

许衡少时，尝暑中过河阳，其道有梨，众争取啖之，衡独危坐树下自若。或问之，曰："非其有而取之，不可。"曰："人亡世乱，此无主矣。"衡曰："梨无主，吾心独无主乎？"（边批：真道学）合二事观，戎为智，衡为义，皆神童也。

【译文】

晋朝王戎七岁时，曾和同伴游玩，见路旁有棵李树果实累累，有个孩子前去攀折，其他的都跟着去，只有王戎留在原地。有人问他为什么不去，他说："李树在路旁，果实那么多而无人摘采，可见一定是苦李。"那些摘了李子的一尝，果然是苦的。

冯评：元朝许衡年少时路过河阳，路旁有棵梨树，人们争相摘食，只有许衡独自坐在树下不动。有人问他原因，他说："梨不是我的，不能随意摘采。""现在兵荒马乱，这是无主之梨。"许衡说："梨无主，难道我的心也无主吗？"两件事合起来看，王戎多智，许衡重义，都是神童。

675. 曹 冲

曹冲（字仓舒）自幼聪慧。孙权尝致巨象于曹公，公欲知其斤重，以访群下，莫能得策。冲曰："置象大船之上，而刻其水痕所至，称物以载之，一较可知矣。"冲时仅五六岁，公大奇之。

【译文】

曹操的幼子曹冲字仓舒，从小聪明。孙权曾派人送一头大象给曹操，曹操想知道大象有多重，问遍所有官员也没有想出秤大象的方法。曹冲说："把大象牵到船上，刻下船身吃水的位置，再在船上装其他物品，让船身吃水这个深度，根据这些物品的重量，就可知道大象的重量。"当时曹冲只有五六岁，曹操十分惊奇。

676. 张 峋

张峋知处州时，有人欲造大舟，不能计其所费，问之，云："可造一小舟，以寸分尺，便可计算。"

【译文】

南宋的张峋任处州知州时，有人想造一艘大船，但无法预估造船所需的费用，请教张峋。张峋说："可先造一艘小船，按一比十的比例，那就可以计算大船的费用了。"

677. 戴 颙

自汉世始有佛像，形制未工。宋世子铸丈六铜像于瓦官寺。既成，恨面瘦，工人不能改，迎戴颙（字仲若）。视之。颙曰："非面瘦，乃臂胛肥耳。"为减臂胛，遂不觉瘦。

用侈便觉财匮，官贪便觉民贫，将弱便觉敌强。举隅善反，所通者大。

【译文】

汉朝开始才有佛像，外观款式还都不够精美。南朝宋太子在瓦官寺造了一座高一丈六的大佛铜像。佛像塑好后，太子觉得佛面显瘦，但工人已经无法修改了。请戴颙来看了之后，说："不是脸瘦，而是手臂肩膀太肥。"工人便对佛像的手臂肩膀做了些削减，果然佛面不再显瘦。

冯评：生活奢侈就觉得钱不够用，官员贪腐就觉得百姓贫穷，将军孱弱就觉得敌人强大。举一反三，可以推出许多道理来。

678. 杨 佐

陵州有盐井，深五十丈，皆石作底，用柏木为干，上出井口，垂绠而下，方能得水。岁久，干摧败，欲易之，而阴气腾上，入者辄死。唯天雨则气随以下，稍能施工，晴则亟止。佐官陵州，教工人用木盘贮水，穴隙洒之，如雨滴然，谓之水盘。如是累月，井干一新，利复其旧。

【译文】

北宋陵州有盐井深达五十丈，井底为岩石，井架用柏木支撑，高出井口，垂下绳索才能汲取。由于使用多年，柏木已腐朽，想更换新木，但井中阴气很重，人一入井就中毒而死，只有雨天时毒气随着雨水下降，勉强可以施工，天一放晴就要立刻停工。杨佐任陵州推官，教工人在井口用一只大木盘盛水，让水由缝隙中像雨滴般漏下，称为水盘。这样一来，便可以连续几个月施工，井架更换一新，井可以照常使用了。

679. 尹见心

尹见心为知县。县近河，河中有一树，从水中生，有年矣，屡屡坏人舟。见心命去之，民曰："根在水中甚固，不得去。"见心遣能入水者一人，往量其长短若干，为一杉木大桶，较木稍长，空其两头，从树杪穿下，打入水中，因以巨瓢尽涸其水，使人入而锯之，木遂断。

【译文】

元朝的尹见心做知县，县附近的河中有棵树，生长在水里很多年了，经常刮坏过往船只。尹见心命人砍去大树，百姓说："树根在水里长得很牢固，砍不断。"尹见心找了个会潜水的人潜入河底测量树的尺寸，然后造了一只氣鬱上入者輒死，唯天雨則氣盡以下，稍能施工，嘗則丞止，佐官陵州教工人用木盤貯水穴隙灌之，雨滴然聞之水盤如是累月井幹一新利復其舊

○○尹見心

尹見心為知縣，縣近汾河，河中有一樹從水中生有年英、屢、屢、壞人舟，見心命去之，民曰根在水中甚固，不得去，見心遭能入水者一人，徙量其長短若干，爲一杉木大桶，較木稍長，空其兩頭，從樹杪穿下，扞入水中，因以巨瓢盪洞其水，使人入而鋸之，術遂斷。

无底无盖的杉木木桶，比树稍微长一点，从树顶套下去，从上敲实，然后大瓢将桶中的水全舀出来，命人入桶锯树，大树就被除掉了。

680. 怀 丙

宋河中府浮梁，用铁牛八维之，一牛且数万斤。治平中，水暴涨绝梁，牵牛没于河。募能出之者，真定僧怀丙以二大舟实土，夹牛维之，用大木为权衡状钩牛，徐去其土，舟浮牛出。转运使张焘以闻，赐之紫衣。

— 762 —

◎毛泽东评：此即造桥柱新法。

【译文】

北宋时河中府黄河上有座浮桥，用八头铁牛固定，一头牛就有几万斤。治平年间河水暴涨，冲毁浮桥，把铁牛也拉走沉入了河底。官员悬赏能打捞铁牛的人。真定的怀丙和尚接了任务，用两艘装满泥土的大船分列铁牛两侧，用绳索拴好铁牛，再用一根大木头像秤杆一样搭在两船上，系好拴在牛身上的绳

索，慢慢减去船里的泥土，船身浮起后铁牛就被拉了出来。转运使张焘将此事上报，朝廷赐给怀丙一件紫色袈裟。

681. 功德碑

成祖勒高皇帝功德碑于钟山。碑既巨丽非常，而龟趺太高，无策致之。一日梦有神人告之曰："欲竖此碑，当令龟不见人，人不见龟。"既寤，思而得之。遂令人筑土与龟背平，而辇碑其上，既定而去土，遂不劳力而毕。

【译文】

明成祖朱棣为太祖朱元璋在钟山上建了一座功德碑，碑巨大而华丽，但当座基用的石刻乌龟太高了，无法将碑石立上去。一天成祖梦到神人指示说："想竖起功德碑来，就要让龟不见人，人不见龟。"醒后，成祖想了很久，终于明白了。于是命人在石龟周围填土，直到与龟背平，用车子将碑石拉上去，安置好之后再除去泥土，没费多大力气就完成了。

682. 修龙船腹

宋初，两浙献龙船，长二十余丈，上为宫室层楼，设御榻，以备游幸。岁久腹败，欲修治而水中不可施工。熙宁中，宦官黄怀信献计，于金明池北凿大澳，可容龙船，其下置柱，以大木梁其上。乃决汴水入澳，引船当梁上，即车尽澳中水。完补讫，复以水浮船，撤去梁柱，以大屋蒙之，遂为藏船之室，永无暴露之患。

苏郡葑门外有灭渡桥。相传水势湍急，工屡不就。有人献策，度地于田中，筑基建之。既成，浚为河道，导水由桥下，而塞其故处，人遂通行，故曰"灭渡"。此桥巨丽坚久，至今伟观。或云鲁般现身也。事与修船相似。

【译文】

北宋初，两浙献龙船，长二十多丈，上面建有亭台楼阁，又设有供皇帝休憩的房间，以备游赏之用。时日久了，船腹部分腐朽，想修理一下，但船腹浸在水中无法施工。熙宁年间宦官黄怀信献计，在金明池北边开凿一个水湾，大小足以停进龙船，水底打上立柱，柱上架起横梁。挖开边缘引入汴河水，将龙船驶入，停在横梁的上方，然后将水湾封好，抽光湾里的河水。修补工作完成后，再放水进来浮起龙船，把下面的横梁撤去，在水湾上方搭建屋子，这就成了停船的船库，龙船再也不会日晒雨淋了。

冯评：苏州的葑门外有座灭渡桥。传说以前因水势湍急无法建桥，有人献计，在河道附近找一块合适的田地筑桥，桥成后再在桥下挖成新河道，使河水由新河道流淌，再将原河道填死，人就能从桥上过河了，所以桥名"灭渡"。这桥宏伟壮观，至今还是一大景观。有人说是鲁班显灵出来献计。这事跟修龙船类似。

683．虞世基

隋炀幸广陵。既开渠，而舟至宁陵界，每阻水浅。以问虞世基。答曰："请为铁脚木鹅，长一丈二尺，上流放下，如木鹅住，即是浅处。帝依其言验之，自雍丘至灌口，得一百二十九处。

【译文】

隋炀帝开凿大运河，乘船去扬州游玩。虽然河道已经开辟，但船行到宁陵地界，常常因搁浅而无法前行。炀帝问虞世基如何解决。虞世基说："请制作长一丈二尺的铁脚木鹅，由上游放入水里，凡木鹅搁浅不动的地方，就是水浅的地方。"炀帝依计而行，从雍丘到灌口，一共探出一百二十九处水浅的地方。

684．周之屏

周之屏在南粤时，江陵欲行丈量，有司以瑶壮田不可问。比入觐，藩、臬、郡、邑合言于朝，江陵厉声曰："只管丈！"周悟其意，揖而出。众尚嗫嚅，江陵笑曰："去者，解事人也。"众出以问云何，曰："相君方欲一法度以齐天下，肯明言有田不可丈耶？伸缩当在吾辈。"众方豁然。

【译文】

明朝周之屏在南粤时，张居正（江陵人）下令要丈量土地，有关官员认为当地少数民族的田地没法过问。各级官员入宫晋见时在朝堂上七嘴八舌。张居正厉声说道："只管丈量！"周之屏明白了，拜退而出。其他众官还在嘀咕，张居正笑道："出去的那个是个明白人。"众人追出来问周之屏，周之屏说："相国想通过丈量土地而建立统一的法度，怎肯明说有些田是不能丈量的呢？如何灵活处置，那是我们这些人的事了。"众官这才豁然开朗。

685. 杜琼　谯周

汉末杜琼（字伯瑜）尝言："古名官职，无言曹者。始自汉以来，官尽言曹。吏言属曹，卒言侍曹，此殆天意乎！"谯周因曰："灵帝名二子曰史侯、董侯。后即帝皆免为侯，亦此类矣。然则先帝讳备，备者，具也；后主讳禅，禅者，授也。言刘已具矣，当授他人也。"又言："曹者，众也；魏者，大也。众而大，天下其当会也。具而授，其无后矣！"及蜀亡，竞神其语。周曰："由杜君之词广之，非有独至之异也！"咸熙二年，周书板曰："典午忽兮，月酉没兮。"典午，谓司马；月酉，八月也。至八月而晋文帝崩。

【译文】

汉末杜琼（字伯瑜）说："古代官名没有叫曹的，自汉立朝以来，官名中多有曹字，如吏称属曹，卒称侍曹，这大概是天意吧！"谯周接着说："汉灵帝把两个儿子分别取名为史侯，董侯，后来就是做了皇帝的也被贬为侯，也是这类情况吧。然而先帝名备，备是具备的意思；后主名禅，禅是授予的意思。就是说刘家已经具有了，该授予他人了。"又说："曹是众多的意思，魏是大的意思，又大又多，天下应为其所有。具有了之后授予他人，所以没有后继者了。"蜀国灭亡后，人们竞相议论这些如神的预言。谯周说："只是由杜琼的话推而广之，也没什么独到见解。"咸熙二年，谯周在手板上写道："典午忽兮，月酉没兮"。典午意即司马，月酉指八月。至八月，晋文帝司马昭驾崩。

686. 梁武帝

台城陷，武帝语人曰："侯景必为帝，但不久耳。破'侯景'字，乃成'小人百日天子'。"景篡位，果百日而亡。

【译文】

南朝时，侯景造反，台城陷落，梁武帝对人说："侯景一定能当皇帝，但时间不长。'侯景'二字拆开来看便是'小人百日天子'。"果然侯景篡位，几个月后被杀。

687. 熊　火

绍兴己酉，有熊至永嘉城下。州守高世则谓其倅赵元镭曰："熊，于字为'能火'。郡中宜慎火烛。"后数日，果烧官民舍十七八。弘治十年六月，京师西直门有熊入城，兵部郎中何孟春亦以慎火为言。未几，礼部火。又未几，乾清宫毁焉。

【译文】

南宋绍兴己酉年（译者按：绍兴无己酉年，原文有误），有头熊跑到永嘉城下。镇守当地的高世则对副手赵元镭说："熊就是'能火'，城里要小心防火。"几天后果然发生大火灾，公私房屋烧掉了七八成。明弘治十年六月，京城西直门有头熊进城，兵部侍郎何孟春也提醒小心防火。不久，礼部失火；又没多久，乾清宫毁于大火。

688. 柏人　牛口

汉高祖过柏人，欲宿，心动，询其地名，曰柏人。"柏人者，迫于人也。"不宿而去。已而闻贯高之谋。高祖不礼于赵王，故贯高等欲谋弑之。

窦建德救王世充，悉兵至牛口。李世民喜曰："豆入牛口，必无全理。"遂一战擒之。

后汉岑彭伐蜀，至彭亡，遇刺客而死。唐马燧讨李怀光，引兵下营，问其地，曰："埋光村。"喜曰："擒贼必矣。"果然。辽主德光寇晋，回至杀胡林而亡。宋吴璘与金人战，大败于兴州之杀金坪。弘治中，广西马参议玹与都司马某征瑶，至双倒马关，皆为贼所杀。宁王反，兵败于安庆，舟泊黄石矶，问左右："此何地名？"左右以对。江西人呼"黄"如"王"音，濠叹曰："我固应'失机'于此。"无何就擒。谶其可尽忽乎？文皇兵至怀来城，毁五虎桥而进。又如狼山、土墓、猪窝等处，俱不驻营，恶其名也。弘治乙丑，昆山顾鼎臣为状元。尹阁老值家居，谓人曰："此名未善。盖'臣'与'成'声相似，鼎成龙驾，名犯嫌讳。"至五月，果验。人谓尹之言亦有本也。景泰辛未状元乃柯潜，时人云："'柯'与'哥'同音。"未几，英庙还自北，退居南宫，固"哥潜"之谶。

【译文】

汉高祖有一次路经柏人县，想停留住宿，但觉得心里不安。问手下人，知道地名是柏人。刘邦说："柏人，就是被人逼迫。"于是不再留宿，继续赶路。不久就听说了贯高的阴谋。高祖曾对赵王不礼貌，所以贯高等人想谋害高祖。

隋末窦建德率兵救援王世充，全军人马行至牛口，李世民非常高兴："豆（窦）入牛口，必无生还之理！"果然一战成功，生擒窦建德。

冯评：后汉大将岑彭伐蜀，兵至彭亡山，遇刺身亡。唐朝马燧讨伐李怀光，安营扎寨后问及地名，说叫埋光村。马燧高兴地说："一定能抓住这个贼子！"后来真的如此。辽主耶律德光入侵后晋，回兵至杀胡林丧命。南宋大将吴璘与金人开战，在兴州的杀金坪大败金兵。明朝弘治年间，广西参议马玹带着一个马姓都司征讨瑶人时，走到双倒马关都被贼人所杀。宁王朱宸濠谋反，在安庆吃了败仗，停船在黄石矶。问手下人这是什么地方，手下如实相告。江西人念"黄"音如"王"，朱宸濠感叹道："我恐怕要在这里'失机'了。"不久朱宸濠被擒。谶语之说，哪可完全不信呢？明成祖朱棣率兵途径怀来城，下令拆毁五虎桥后继续前进，又遇到狼山、土墓、猪窝等地，一律不扎营，就是因为厌恶这些不祥的名字。弘治乙丑年，昆山人顾鼎臣高中状元，阁老尹直当时在家，听到后说："这个名字不好。'臣'、'成'音相近，按传说典故，黄帝造成了宝鼎，就要驭龙宾天了，这名字有点犯忌讳。"到了五月，果然皇帝驾崩。有人说尹阁老的话是有根据的。景泰辛未年的状元叫柯潜，当时有人说"柯"、"哥"同音。没多久，景泰皇帝朱祁钰的哥哥、被瓦剌掳到北方去的英宗皇帝朱祁镇回来了，被安置在南宫隐居，应了"哥潜"之谶。

689. 曹 翰

曹翰从征幽州，方攻城，卒掘土得蟹以献。翰曰："蟹，水物，而陆居，失所也。且多足，彼援将至，不可进拔之象。况蟹者，解也，其班师乎？"已而果验。

【译文】

曹翰随军征讨幽州，正准备攻城，有士卒挖土得到一只螃蟹，拿来进献。曹翰说："蟹是水中的动物，跑到陆地上来，是离开居所；蟹多脚，表示敌人援军将到。蟹，又表示解，难道是要班师而回吗？"不久果真一一验证。

690. 郑钦说

钦说天性敏慧，精历术，开元后累官右补阙内供奉。初，梁之大同四年，太常任昉于钟山圹中得铭曰："龟言土，蓍言水，甸服黄钟起灵址。瘗在三上庚，堕遇七中己，六千三百浃辰交，二九重三四百圮。"昉遍穷之，莫能辨，因遗戒子孙曰："世世以铭访通人，有得其解者，吾死无恨。"昉五世孙升之隐居商洛，写以授钦说，钦说时出使，得之于长乐驿，至敷水三十里辄悟，曰："此卜宅者廋葬之岁月，而先识墓圮日辰也。甸服，五百也；黄钟，十二也。由大同四年却求汉建武四年，凡五百一十二年。葬以三月十日庚寅，三上庚也。圮以七月十二日己巳，七中己也。浃辰，十二也。建武四年三月至大同四年七月，六千三百一十二月，月一交，故曰六千三百浃辰交。二九，十八也；重三，六也。建武四年三月十日，距大同四年七月十二日，十八万六千四百日，故曰二九重三四百圮。"升之大惊，服其超悟。

【译文】

唐朝的郑钦说天性聪慧，精通历术，开元年间官至右补阙内供奉。在梁朝大同四年时，太常任昉在钟山一座墓穴得到一块碑铭，写着："龟言土，蓍言水，甸服黄钟起灵址，瘗在三上庚，堕遇七中己，六千三百浃辰交，二九重三四百圮。"任昉询问了许多人，都读不明白，因此给子孙留下遗言："世世代代拿这个碑铭寻访通人，若能解出碑辞，我死也无恨。"任昉五世孙名升之，隐居商洛，把这段文字抄下来请教郑钦说。郑钦说正奉命出差，在长乐驿得到抄件，走到敷水的三十里间，就想明白了，说："这是选墓地的人惯于下葬时间的隐语，并且预测坟墓损毁的时间。甸服，代表五百（译者注：《书·禹贡》："五百里甸服。"）；黄钟，代表十二（译者注：黄钟乃十二律之首）。由梁武帝大同四年倒推到后汉光武帝建武四年，共计五百一十二年。下葬日期在三月十日庚寅，所以说三上庚（译者按：三月上旬的庚日）。墓损毁于七月十二日己巳，所以说七中己（译者按：七月中旬的己日）。十二为浃辰，建武四年三月至大同四年七月共六千三百一十二月，每月一交，所以说六千三百浃辰交。二九为十八，重三得六。建武四年三月十日距大同四年七月十二日共为十八万六千四百日，所以说二九重三四百圮。"任升之大惊，叹服郑钦说的超强领悟力。

691. 杨德祖 四条

杨修为魏武主簿。时作相国门，始构榱桷。魏武自出看，题门作"活"字，便去。杨见，便令坏之，曰："门中活，'阔'字，王正嫌门大也。"

人饷魏武一杯酪，魏武啖少许，盖头上题"合"字以示众。众莫能解，次至杨修。修便啖之，曰："公教人啖一口也，复何疑？"

魏武尝过"曹娥碑"下，杨修从。碑背上见题作"黄绢幼妇外孙齑臼"八字。魏武谓修曰："解否？"答曰："解。"魏武曰："卿未可言，俟我思之。"行三十里，魏武乃曰："吾已得。"令修别记所知。修曰："黄绢，色丝，于字为绝；幼妇，少女，于字为妙；外孙，女子，于字为好；齑臼，受五辛之器，于字为辞（辤）。所谓绝妙好辞（辤）也！"魏武亦记之，与修同，叹曰："吾才去卿乃三十里。"

操既平汉中，欲讨刘备而不得进，欲守又难为功。护军不知进止，操出教，唯曰："鸡肋。"外曹莫能晓，杨修曰："夫鸡肋，食之则无所得，弃之则殊可惜。公归计决矣。"乃私语营中戒装。俄操果班师。

德祖聪颖太露，为操所忌，其能免乎？晋、宋人主多与臣下争胜诗字，故鲍照多累句，僧虔用拙笔，皆以避祸也。

【译文】

杨修担任曹操军中的主簿。有一次曹操建造相府大门，刚开始搭椽子，曹操走出察看，在门上题一"活"字后离去。杨修见了，便叫人将门拆毁，说："门中活，为阔字，大王嫌门太宽阔了。"

有人献给曹操一杯乳酪，曹操吃了一点，在杯盖上写了一个"合"字拿给其他官员。众官都不知曹操用意，到了杨修，拿过来就吃，说："曹公教我们每'人一口'，还有什么好迟疑的！"

杨修有一次随曹操经过曹娥碑，见碑上题有"黄绢幼妇外孙齑臼"八字。曹操问杨修："知道什么意思吗？"杨修说："知道。"曹操说："先不要说，等我想想。"走了三十里路后，曹操说："我明白了。"要杨德祖写下他的答案。杨修的解释是："黄绢，是色丝，合为绝字；幼妇，是少女，合为'妙'字；外孙，是女儿之子，合为'好'字；齑臼是接受各种辛辣调料的器皿，合为'辤'字（辤的别体）。所以是'绝妙好辤'。"曹操所写的和杨修一样。曹操叹道："我的才能比你差三十里。"

曹操平汉中后，想继续讨伐刘备，却无法向前推进，想坚守又没多大意义。军官们茫然不知进退，曹操发布教令只说："鸡肋。"谁也不明白什么意思。杨修说："鸡肋，吃起来没多少肉，丢掉又觉得可惜。曹公已经决定班师了。"于是私下要兵士们准备行装。不久曹操果然下令班师。

冯评：杨修聪明太露，遭曹操忌恨，灭顶之灾哪能得免？晋、宋两朝君主多喜欢与大臣在诗文上争高下，所以鲍照写文章多病句，王僧虔写字总用秃笔，这都是为了避祸。

692. 刘显　东方朔

梁时有沙门讼田，武帝大署曰："贞。"有司未辨，遍问莫知。刘显曰："贞字文为'与上人'。"

武帝尝以隐语召东方朔。时上林献枣，帝以杖击未央前殿，曰："叱叱！先生来束！"朔至曰："上林献枣四十九枚乎？"朔见上以杖击槛，两木为林，上林也；束束，枣也，叱叱，四十九也。

【译文】

南朝梁时有个出家人打田地官司，武帝写了一个"贞"字。主管官员不明白武帝之意，问遍百官也没人知道。刘显说："贞字拆开就是'与上人'。"（译者注：旧称和尚为上人）

汉武帝曾用谜语召见东方朔。有一天正巧上林苑献枣，武帝用手杖敲击未央宫前殿，说："叱叱，先生来束。"东方朔到后，对武帝说："可是上林苑献枣四十九枚？"原来东方朔见皇上以杖击栏杆，两木为"林"，合为上林；束束为"枣（棗）"；叱叱，就是七七——四十九。

693．开元寺沙弥

乾符末，有客寓广陵开元寺，不为僧所礼，题门而去。题云："龛龙去东涯，时日隐西斜。敬文今不在，碎石入流沙。"僧众皆不解，有沙弥知为谤语，是"合寺苟卒"四字。

【译文】

唐僖宗乾符末年，有客人寄宿广陵开元寺，寺中僧侣对他不礼貌，于是此人在寺门上题了字离开。写的是："龛龙去东涯，时日隐西斜。敬文今不在，碎石入流沙。"众僧都不明白，只有一个小沙弥明白这是骂人的话，原来是"合寺苟卒"四字［龛去龙为合，时（時）隐日为寺，敬去文为苟，碎去石为卒］。

694．令狐绹

令狐绹镇淮海日，尝游大明寺，见西壁题云："一人堂堂，二曜同光；泉深尺一，点去冰旁；二人相连，不欠一边；三梁四柱烈火燃，除却双钩两日全。"诸宾幕莫辨，有支使班蒙，一见知是"大明寺水，天下无比"八字。

【译文】

唐朝人令狐绹镇守淮海时，曾到大明寺游览，见寺壁上题着："一人堂堂，二曜同光；泉深尺一，点去冰傍；二人相连，不欠一边；三梁四柱烈火燃，除去双钩两日全。"同游的幕僚都不能理解，有个支使叫班蒙的，一看就知道是"大明寺（译者注：尺一即十一寸，合为寺）水，天下（译者注："不"去掉左边一点为"下"）無比（译者按：两个"日"分别去掉"丁"）"八字。

695．丁晋公

广州押衙崔庆成抵皇华驿，夜见美人，盖鬼也。掷书云："川中狗，百姓眼，马扑儿，御厨饭。"庆成不解，述于丁晋公，丁解云："川中狗，蜀犬也；百姓眼，民目也；马扑儿，瓜子也；御厨饭，官食也。乃'独眠孤馆'四字。"

【译文】

广州有个叫崔庆成的押衙抵达皇华驿站后，晚上碰到一个美女，其实是个鬼。女鬼丢给他一张字条，上面写着："川中狗，百姓眼，马扑儿，御厨饭。"崔庆成看不懂，拿去请教丁谓。丁谓解释说："川中狗就是蜀犬，合为'独'（译者按：独繁体作獨）；百姓眼就是民目，合为'眠'；马扑儿是瓜子，合为'孤'（译者按：应该是爪子，就是抓子的意思。古人手写瓜、爪常通用，所以"孤"的右半也有写作"爪"的）；御厨饭就是官食，合为'馆'。是'独眠孤馆'四字。"

696. 相国寺诗

荆公柄国时，有人题相国寺壁云："终岁荒芜湖浦焦，贫女戴笠落柘条。阿侬去家京洛遥，惊心寇盗来攻剽。"人皆以为夫出妇忧乱荒也。及荆公罢相，子瞻召还，诸公饮苏寺中，以此诗问之。苏曰："于'贫女'句，可以得其人矣。'终岁'，十二月也，十二月为'青'字；'荒芜'，田有草也，草田为'苗'字；'湖浦焦'，水去也，水傍去为'法'字；'女戴笠'为'安'字；柘落木条为'石'字；'阿侬'乃吴言，合之为'误'字；'去家京洛'为'国'字；寇盗攻剽，为贼民。盖隐'青苗法安石误国贼民'也。"

【译文】

王安石（封荆国公）当权时，有人在相国寺墙壁上题诗一首："终岁荒芜湖浦焦，贫女戴笠落柘条。阿侬去家京洛遥，惊心寇盗来攻剽。"人们都认为是写丈夫外出，妻子担忧兵荒马乱。后来，王安石罢相，苏轼也被召还，众人在苏寺相聚饮酒，便拿这首诗问苏轼。苏轼说："由'贫女'一句可以看出写的什么人。终岁，十二月，合起来是青字。荒芜，田里有草，合起来是苗字。湖浦焦，就是水去，合起来是法字。女戴笠，那就是安字。柘落木条，就是石。阿侬是吴方言，合起来是误字。去家京洛，就是国字。寇盗剽攻，就是贼民。诗中隐藏的是'青苗法安石误国贼民'。"

697. 李 彪

后魏孝文尝宴群臣，举卮言曰："三三横，两两纵。谁能辨之赐金钟。"御史中尉李彪曰："沽洒老妪瓮注坻，屠儿割肉与称同。"尚书左丞甄琛曰："吴人浮水自云工，技儿掷袖在虚空。"彭城王勰悟曰："此'习'字也。"孝文即以金钟赐彪。

【译文】

后魏孝文帝曾宴请群臣，举起酒杯说道："三三横，两两纵。谁能辨之赐金钟。"御史中尉李彪说："沽洒老妪瓮注坻，屠儿割肉与称同。"尚书左丞甄琛说："吴人浮水自云工，技儿掷袖在虚空。"彭城王勰明白了，说："这是'习'字。"孝文帝就把金钟赐给最先猜出来的李彪。

698. 刘 瑊

辛未会试，江阴袁舜臣作谜诗于灯上，云："六经蕴籍胸中久，一剑十年磨在手。杏花头上一枝横，恐泄天机莫露口。一点累累大如斗，掩却半床何所有？完名直待挂冠归，本来面目君知否？"诸人不辨，唯刘瑊一见知之。乃"辛未状元"四字。刘瑊，辛未榜眼，吴县人。

【译文】

明朝隆庆五年辛未会试，江阴人袁舜臣在灯上题了一首谜诗："六经蕴籍胸中久，一剑十年磨在手（译者注：六、一、十合为"辛"）。杏花头上一枝横，恐泄天机莫露口（译者注："杏"上部"木"加横去口为"未"）。一点累累大如斗，掩却半床何所有（译者注：床也写作牀。一点、大、爿，合起来就是"狀"）？完名直待挂冠归（译者注：挂冠就是摘掉帽子。完字摘了帽子，就是"元"），本来面目君知否？"谁都猜不出来，只有刘瑊一看就知道是"辛未状元"。刘瑊，是辛未年会试的榜眼，吴县人。

699. 木马谜

秦少游为谜难东坡，云："我有一间房，半间租与转轮王。有时射出一线光，天下邪魔不敢当。"坡公应声曰："我有一张琴，琴弦藏在腹。凭君马上弹，弹尽天下曲。"小妹曰："我有一只船，一人摇橹一人牵。去时牵缆去，来时摇橹还。"三谜皆指木马（墨斗），而后二谜更胜。

【译文】

秦少游做谜语考苏东坡："我有一间房，半间租与转轮王。有时射出一线光，天下邪魔不敢当。"苏东坡应声道："我有一张琴，琴弦藏在腹。凭君马上弹，弹尽天下曲。"苏小妹说："我有一只船，一人摇橹一人牵；去时牵缆去，来时摇橹还。"三个谜语都是指墨斗，后面两则更好一些。

700. 拆字谢石等　四条

谢石润夫，成都人，宣和间至京师，以拆字言人祸福。求相者但随意书一字，即就其字离析而言，无不奇中，名闻九重。上皇因书一"朝"字，令中贵人持往试之。石见字，即端视中贵人曰："此非观察所书也。"中贵人愕然曰："但据字言之。"石以手加额曰："'朝'字，离之为'十月十日'字，非此月此日所生之天人，当谁书也！"一座尽惊。中贵驰奏。翌日，召至后苑，令左右及宫嫔书字示之，论说俱有精理，锡赉甚厚，补承信郎。缘此四方求相者，其门如市。有朝士，其室怀娠过月，手书一"也"字，令其夫持问。是日坐客甚众，石详视，谓朝士曰："此阁中所书否？"曰："何以言之？"石曰："谓语助者，焉、哉、乎、也，固知是公内助所书。"问："盛年三十一否？"曰："是也。""以'也'字上为'三十'，下为'一'字也。""然吾官寄此，当力谋迁动，还可得否？"曰："正以此为挠耳。盖'也'字着'水'则为'池'，有'马'则为'驰'，今池运则无水，陆驰则无马，是安可动也？又尊阁父母兄弟近身亲人，皆当无一存者。以'也'字着'人'，则是'他'字，今独见'也'字而不见'人'故也。又尊阁其家物产亦当荡尽否？以'也'字着'土'则为'地'字，今不见'土'只见'也'。俱是否？"曰："诚如所言。然此皆非所问者。贱室忧怀娠过月，所以问耳？"石曰："是必十三个月也。以'也'字中有'十'字，并两旁二竖下画为十三也。"（边批：或三十一，或十三，数而参之以理）石熟视朝士曰："有一事似涉奇怪，固欲不言，则吾官所问，正决此事。可尽言否？"朝士因请其说。石曰："'也'字着'虫'为'虵'字，今尊阁所娠，殆蛇妖也。然不见虫，则不能为害。谢石亦有薄术，可为吾官以药下验之，无苦也。"朝士大异其说，固请至家，以药投之，果下数百小蛇。都人益共神之，而不知其竟挟何术。

后石拆"春"字，谓"秦"头太重，压"日"无光，忏相桧，死于戌。

建炎间，术者周生善相字。车驾至杭，时虏骑惊扰之余，人心危疑，执政呼周生，偶书"杭"字示之，周曰："惧有警报。"乃拆其字，以右边一点配"木"上即为"兀术"。不旬日，果传兀术南侵。当赵、秦庙谟不协，各欲引退，二公各书"退"字示之。周曰："赵必去，秦必留。日者君象，赵书'退'字，'人'去'日'远；秦书'人'字，密附'日'下，字在左笔下连，而'人'字左笔斜贯之，踪迹固矣，欲退得乎？"既而皆验。

往年有叩试事者，书"串"字，术者曰："不特乡闱得隽，南宫亦应高捷。盖以'串'寓二'中'字也。"一生在傍，乃亦书"串"字令观，术者曰："君不独不与宾兴，更当疾。"询其所以，曰："彼以无心书，故当如字；君以有心书，'串'下加'心'，乃'患'字耳。"已而果然。

相传文皇在燕邸时，尝微行，诣一相字者，写"帛"字令看，其人即跪拜，称"死罪"。王惊问故，对曰："'皇'头'帝'脚，必非常人也。"后有人亦书"帛"字，其人曰："是为'白巾'，君必遭丧。"

【译文】

谢石字润夫，成都人，宋徽宗宣和年间来到京师后，就以拆字法言人祸福。想算命的人只要随意写一字，谢石能就根据所写的字，分合拆解，灵验无比，因此名震京师。徽宗听说后就写了一个"朝"字命内臣送去做试验，谢石见了字，看着内臣说："这字不是你老人家所写。"内臣十分诧异，说："那就只根据字来分析吧。"谢石十分虔诚地说："朝字拆开是'十月十日'，不是此月此日所生的大人物，谁会写呢？"（十月十日为徽宗生辰，被定为圣节，天下共知）在场的人都惊讶不已。内臣立刻回宫禀奏。第二天，徽宗召谢石至后苑，命左右及妃嫔分别写字给他看，谢石一一解说，都能讲出很多精妙的道理，皇帝给了他丰厚的赏赐，又加封他承信郎的官职。从此各地前来求谢石算命的人门庭若市。有一个官员，其妻已过预产期而没有生产，于是写了一个"也"字，要丈夫拿去测。当天客人很多，谢石仔细端详官员，说："这字是闺阁里写的吧？"官员问："为什么这么说？"谢石说："谓语助者，焉哉乎也，所以知道是贤内助所写。"又问："是否正好三十一岁？""是。""因为'也'上为卅，下为一。"官员又问："我现在这里做官，想能有调动，不知能否如愿？"谢石答："这个很麻烦。'也'字有水成池，有马为驰，现在要从池里调运则无水，要在陆地奔驰则无马,哪里动得成?另外,您府上父母兄弟及亲人都已过世了吧?因为'也'字有人则为'他',现只见'也'不见'人'。还有,府上家产也都耗费殆尽了吧?因为'也'有'土'为'地',现在不见'土'只见'也'。这些话都说对了吗?"官员说:"都说对了,但是这都不是我要问的。贱内的产期已过,所以前来一问。"谢石说:"夫人一定要怀足十三个月,才会分娩。因为'也'字有'十',两旁二竖,下有一画为十三。"谢石又凝视着官员说:"有一件事我觉得奇怪,本不想说,既然您问了,正和这个有密切关系,能否让我都说出来?"官员请谢石明说。谢石说:"'也'字加'虫'为'虵'字,尊夫人所怀怕是蛇妖。但幸好不见'虫',还不能害人,我也有些不值一提的方术,可代为配药打下蛇虫,以验证所言不假。放心,不会给尊夫人带来什么痛苦。"官员对谢石的说法感到十分新奇,把谢石邀请到家,开了药给夫人吃下后,果然打下数百条小蛇。京城的人们更加把他的法术吹得神乎其神,但就是不知道他用的法术究竟是什么路数。

冯评:后来谢石因测"春"字,说"秦"头太重,压得"日"头无光,得罪了宰相秦桧,被充军戍边,最后死在充军的地方。

南宋建炎年间,有位周姓术士,善于测字。高宗驾幸杭州,在金兵压境的惊扰下,民心浮动。于是有个高官写了一个"杭"字拿给周生看。周生说:"怕不久会有战事发生。"于是拆解其字,把"杭"字右边一点移到"木"上,就成了"兀术"二字。不到十天,果然传来兀术南侵的警报。秦桧、赵鼎二人在朝廷意见不合,都有退休不干的意思。两人各写了一个"退"字请周生测,周说:"赵必去,秦必留。'日'代表君,赵鼎写的'退'字,人离日远;秦桧写的'退'字,人紧附日下,'日'的左边一笔与下面相联,'人'的左面一笔又斜向贯穿,这痕迹十分明显,还能引退吗?"不久果然应验。

从前,有找术士询问赴京赶考的事的,写了一个"串"字。术士说:"不仅可中乡试,而且会试也能高中。因为'串'字包含两个'中'。"另一位书生在旁边听了,也写了一个"串"字给术士,术士说:"你不仅不能考中,恐怕还要生病。"问及原因,术士说:"他是无心写的'串',所以是那么个说法。你是有心写的'串','串'下加'心',就是'患'了。"后来也应验了。

相传明成祖朱棣做燕王时,有一次微服出巡,来到一测字先生那里随意写了一个"帛"字,测字先生立即跪地连称"死罪",朱棣问他原因,测字先生说:

"这个字是'皇'头'帝'脚,所以知道必定不是普通百姓。"后来又有人故意写"帛"字,那个测字先生说:"帛就是'白巾',你家必会有丧事。"

701. 苏黄迁谪

苏子瞻谪儋州,以"儋"字与"瞻"相近也。子由谪雷州,以"雷"字下有"田"字也;黄鲁直谪宜州,以"宜"字类"直"字也。此章子厚谐谑之意。当时有术士曰:"'儋'字从立人,子瞻其尚能北归乎?'雷'字'雨'在'田'上,承天之泽也,子由其未艾乎?'宜'字有盖棺之义,鲁直其不返乎?"后子瞻归,至毗陵而卒;子由老于颍,十余年乃终;鲁直竟没于宜。

【译文】

苏轼(字子瞻)谪贬儋州,因为瞻、儋字形相近;苏辙(字子由)谪贬雷州,因雷字下有"田";黄庭坚(字鲁直)谪贬宜州,因为直、宜字形相近。这都是章惇(字子厚)拿这些人的名字开玩笑。当时有位术士说:"儋字从人部,苏轼恐怕还能北上返京吧;雷字是雨在田上,承上天的恩泽,苏辙恐怕没有太大的麻烦吧;宜字有盖棺的含意,鲁直可能就回不来了吧。"后来,苏轼在回京途中死于毗陵;苏辙退休到颍滨养老,十多年后才逝世;而黄庭坚就死在了宜州。

702. 子 犯

城濮之役,晋文公梦与楚子搏,楚子伏己而盬其脑,是以惧。子犯曰:"吉!我得天,楚伏其罪,我且柔之矣!"

【译文】

春秋时晋楚城濮之战,晋文公曾梦到与楚成王搏斗,楚成王趴在自己身上,并吸食他的脑浆。晋文公非常害怕,狐偃(字子犯)说:"这是大吉的征兆。您仰面表示我们得天,楚成王趴着表示他们服罪,我们将弱化他们。"

703. 刘伯温

高祖方欲刑人,刘伯温适入,亟语之梦:"以头有血而土傅之,不祥,欲以应之。"公曰："头上血，'众'字也，傅以土，得众且得土也，应在三日。"
上为停三日待之，而海宁降。

【译文】

明太祖正要行刑杀人，刘基（字伯温）正好进来，太祖便告诉他自己的梦："头上有血，又涂裹了泥土，不祥，所以要应对一下。"刘基说："头上有血是'众'字，又涂裹了泥土，既得民众又得土地，三天之内必有应验。"于是太祖停止行刑，耐心等了三天，盘据海宁的张士诚投降了。

704. 董伽罗

通海节度使段思平为杨氏所忌，逃之。剖野核桃，有文曰："青昔"。思平拆之曰："青乃十二月，昔乃二十一日，吾当以是日举义。"遂借兵东方，及河，欲渡，思平夜梦人斩其首，又梦玉瓶耳缺，又梦镜破，惧不敢进兵。军师董伽罗曰："三梦皆吉兆也。公为大夫，夫去首为'天'，天子兆也；玉瓶去耳为'王'；镜中有影，如人相敌，镜破影灭，无对矣。"思平乃决。遂逐杨氏而有其国。改蒙曰"大理"。

小说载，秦王梦日落、山崩、海干、花谢，群臣莫能解者。甘罗年十二，进曰："日落帝星现，山崩地大平，海干龙献宝，花谢子收成。"事虽不经，亦云善对。

【译文】

五代时，通海节度使段思平为东川节度使杨乾真所忌恨，便外出逃亡。路上，段思平捡到一个野核桃，剖开一看，里面有"青昔"二字，段思平将二字拆解："青"字拆开是十二月，"昔"字拆开是二十一日，"我要在这一天兴兵起事！"于是他向东方各部落借兵，如期举事。到了河边准备渡河，段思平先是梦到有人砍他头，又梦到玉瓶缺了一耳，又梦到镜子破了，不由得心惊，不敢进军。军师董伽罗说："这三梦都是大吉的征兆。您是大夫，夫字去头就是'天'，是天子的征兆；玉瓶去一耳就是'王'；镜中有影，就好像与人相对为敌，而镜子破了，影子也就消亡了，那就不再有敌人了。"段思平于是下定决心，最终果真赶走了杨乾真，占有他的领土，改国号为大理。

冯评：小说记载，秦王有一次梦到太阳陨落，高山崩裂，海水枯干，百花凋谢。群臣无人能解释梦的涵意，甘罗这时才十二岁，说："日落帝星现，山崩地太平，海干龙献宝，花谢子收成。"这事虽然只是无根的传闻，但也是很得体的应对。

705. 河水干

宋王有疾，夜梦河水干，忧形于色。以为君者，龙也；河无水，龙失其居，不祥。值宰辅问疾，以此询之。或曰："河无水，乃'可'字；陛下之疾当可矣。"帝欣然，未几疾愈。

【译文】

宋王生病，夜里做梦河水干涸，为此十分担忧，认为人君是龙，河水干涸则龙失去了居所，不祥。等到王公大臣前来探望，他便把这个梦对他们说了。有人就说："河没了水，那就是'可'，陛下的病不久便会痊可。"皇上很高兴，很快病就好了。

706. 王昙哲等　三条

北齐文宣将受禅，梦人以笔点额。王昙哲贺曰："'王'上加点，乃'主'字，位当进矣。"（《吴祚国统志》载熊循占吴大帝之梦同此）

隋文帝未贵时，尝夜泊江中，梦无左手，觉甚恶之。及登岸，诣一草庵，中有一老僧，道极高，具以梦告之。僧起贺曰："无左手者，独拳也，当为天子。"后帝兴，建此庵为吉祥寺。

唐太宗与刘文静首谋之夜，高祖梦堕床下，见遍身为虫蛆所食，甚恶之。询于安乐寺智满禅师，师曰："公得天下矣！床下者，陛下也；群蛆食者，所谓群生共仰一人活耳。"高祖嘉其言。

【译文】

北齐文宣帝高洋即将受禅于东魏时，梦到有人在他额头上点了一笔。王昙哲立即道贺："王上加点是'主'，地位即将更进一步。"（《吴祚国统志》记载熊循占吴大帝孙权之梦与此相同）

隋文帝杨坚还没有发迹之前，曾夜宿江边，梦见自己没了左手，醒后感觉很不好。上岸后来到一草庵，庵中有一老和尚，道行极高。杨坚就把这个梦告诉了老和尚。和尚起身道贺："少了左手就是'独拳'，独揽大权的意思，您一定能成为天子。"杨坚做皇帝后，把草庵改建为一座大庙，取名吉祥寺。

唐太宗李世民与刘文静在起事前，高祖李渊曾梦到自己翻落床下，全身被蛆虫蚕食，李渊十分厌恶，于是去问安乐寺的智满禅师，禅师说："您定能得天下！床下就是陛下。被群蛆所食，表示众生全仰一人而活。"李渊对他的话十分赞赏。

707. 先进场

昔一士子将赴试，梦先进场，觉而语妻，喜曰："今秋必魁多士矣！"妻曰："非也，子不忆《鲁论·先进第十一》乎？"后果名在十一。

【译文】

从前，有一位即将进京赶考的书生，梦到自己最先进入试场。醒来后对妻子说："今年我一定能高中状元了。"妻子说："恐怕不是吧，难道夫君忘了《论语》中《先进》是第十一篇吗？"放榜后，这位书生果然名列十一。

708. 曹良史

河东裴元质初举进士，明朝唱策，夜梦一狗从窦出，挽弓射之，其箭遂撇，以为不祥。曹良史曰："吾往唱策之夜，亦为此梦，梦神为吾解之曰：狗者，'第'字头也；弓，'第'字身也；箭者，'第'竖也；有撇，为'第'也。"寻唱策，果如梦焉。

【译文】

唐朝的河东人裴元质第一次参加进士考试，放榜的前夜梦到有一只狗从洞里出来，自己拿着弓箭射狗，不料箭却撇开了，认为这是不祥之兆。曹良史对他说："我考试放榜之前也做过这个梦，又梦到神明为我解梦，说：狗是'第'的头（译者按：狗、苟谐音，第也写作弟），弓是'第'字身，箭代表'第'中间那一竖，再加上一撇，就是进士及'第'了。"第二天放榜，裴元质果然高中。

709. 占状元 二条

孙龙光状元及第，前一年，尝梦积木数百，龙光践履往复。既而请一李处士圆之，处士曰："贺郎君喜，来年必是状元。何者？已居众材之上。"

郭俊应举时，梦见一老僧着屐，于卧榻上蹒跚而行。既寤，甚恶之。占者曰："老僧，上座也；著屐于卧榻上，行屐高也；君其巍峨矣。"及见榜，乃状元也。

【译文】

唐朝的孙龙光高中状元。之前一年，他曾梦见自己来回走在数百根木头上。随后他找一个李姓处士替他圆梦，李说："给郎君道喜了，来年一定是状元。为什么呢？因为你在众材之上。"

唐朝郭俊参加举人考试时，梦到一位老和尚穿着木屐，在床上步履蹒跚地走动。醒后觉很厌恶。占梦的人对他说："老僧，被人称为上座。穿着木屐在床上走，代表行屐高（译者按：原文作行屐高，不词。姑且按其文意译作行履，有经历、行为的意思），你会高举榜首的。"等到放榜，果然中了状元。

710. 剃髭 剃发

宋李迪美须髯，御试日，梦剃削俱尽。占者曰："剃者，替也，解元是刘滋，今替滋矣。"果状元及第。

曹确判度支，亦有台辅之望，或梦剃发为僧，心甚恶之。有一士善占梦，确召而诘之。此士曰："前贺侍郎，旦夕必登庸。出家者，剃度也，度、杜同音，必代杜为相矣。"无何，杜相出镇江西，而确大拜。

【译文】

北宋李迪是个美髯公，殿试前夜梦见胡须全被剃光了。占梦的人说："剃，就是替，今年乡试的解元是刘滋，现在殿试，您就替代刘滋的首位了。"果然中了状元。

唐朝的曹确任判度支，也被认为是宰相的人选之一。一天，他梦到自己剃发为僧，觉得很不舒服。正好有个善于解梦的士人，曹确就把他请来询问。那人说："贺喜侍郎，不久必登相位。出家，也叫剃度，'度'、'杜'同音，那就是替代杜审权做宰相了。"没多久，杜审权调任江西，曹确拜相。

711. 舌生毛

马亮知江陵府，任满当代，梦舌上生毛。僧占曰："舌上生毛，剃不得，当在任。"果然。

【译文】

北宋马亮任江陵知府，任期已满等人替代，这时他梦见自己舌头长毛。一个和尚说："舌上长毛剃不得，知府也就替不得，一定会留任。"果真如此。

712. 季 毅

王濬梦悬三刀于梁上，须臾又益一刀。季毅曰："三刀为州，又益者，明府其临益州乎？"果迁益州刺史。

【译文】

西晋的王濬有一次梦到梁柱上悬着三把刀，一会儿又添了一把。季毅说："三刀就是一个州字（译者按，隶书"州"形如三"刀"），又加一刀，加就是益，阁下莫不是要去益州？"后来果然成为益州刺史。

713. 郭乔卿

后汉蔡茂家居，梦取得一束禾，又复失之。郭乔卿曰："禾失为秩，君必膺禄秩矣。"旬日内征为司徒。

【译文】

后汉人蔡茂因病辞官在家，梦到自己拿到一把禾苗，一会儿又没了。郭乔卿说："禾加失为秩，秩就是俸禄，你要得到俸禄了。"十天后蔡茂被任命为司徒。

714. 李仙药 二条

给事陈安平子年满赴选，与乡人李仙药卧，夜梦十一月养蚕。仙药占曰：

"十一月养蚕，冬丝也，君必送东司。"数日果送吏部。

饶阳李瞿昙勋官番满选，夜梦一母猪极大，李仙药占曰："母猪，犹主也，君必得屯主。"数日，果如其言。

【译文】

唐朝给事中陈安平的儿子参加吏部铨选，与同乡李仙药同睡一榻，夜晚梦到在十一月养蚕。李仙药说："十一月养蚕，所吐的丝就是冬丝。你一定会被送到东司任职。"几天后果然被派到东都洛阳的吏部。

隋朝李瞿昙因祖上功绩而有世袭官爵，但当时又没有什么空缺职位。他梦见一头很大的母猪，李仙药就对他说："母猪就是犹（小猪）主，你一定得到屯主的官位。"几天后果然应验。

715. 杨廷式

伪吴毛贞辅累为邑宰，应选之广陵，梦吞日，既寐腹犹热，以问侍御史杨廷式。杨曰："此梦至大，非君所能当，若以君言，得赤乌场官也。"果如其言。

【译文】

五代时吴国的毛贞辅做了几任县宰，到广陵接受铨选，梦到把太阳吞进肚子，醒来后还隐隐感到腹部有热气。便问侍御史杨廷式，杨廷式说："这梦太大了，不是你能担当的。要是真照你说的，那就是到赤乌场做官了。"（译者按：原文作赤坞场，检《稽神录》《太平广记》，俱作赤乌场。赤乌场乃江西地名，由三国孙权年号得名。又赤乌即太阳的别称，所以能应合毛贞辅梦吞日）日后证明所言不假。

716. 索 纮

晋索充梦舅脱去上衣，索纮占曰："'舅'字去其上，乃'男'字也，当生男。"又，张邈尝奉使，梦狼啖一脚，索纮曰："'脚'肉被啖，为'却'字，子必不行。"后二占俱验。又，宋桷梦内有人著赤衣，桷把两杖极打之，纮曰："'内'有人，'肉'字。朱衣赤色，乃干肉也。两杖箸象，极打之，必饱食。"亦验。

【译文】

　　晋朝的索充梦见舅舅脱掉上衣。索纮占道："'舅'去上半部分就是'男'字，你会生个儿子。"又张邈奉命出使，梦到自己一只脚被狼咬。索纮说："'脚'的'肉'被咬掉就成了'却'，你一定走不了了。"后来这两件事都应验了。又有个叫宋桶的人梦到屋内有人穿着红衣服，宋桶拿着两根棍子一个劲打他。索纮说："'内'有'人'是肉。红衣服就是赤色，这代表干肉。两根棍子代表筷子，一个劲打，那一定能饱餐一顿。"这个也应验了。

717. 周　宣

　　魏周宣善占梦。有人梦刍狗，询之，宣曰："当得美食。"已验矣，其人复往，谬曰："吾夜来复梦刍狗。"宣曰："宜防倾蹶。"未几因堕车损足。其人怪之，复谬曰："夜来又梦刍狗。"宣曰："慎防失火。"俄而家中火起。乃诣宣问曰："吾梦刍狗，三占不同，而皆验，何也?"宣曰："刍狗，祭物，故始梦当得食；祭讫则车轹之矣，故堕车伤足也；既经车轹，必且入樵爨，故虞失火。"其人曰："吾前实梦，后二次妄言耳。"宣曰："吉凶悔吝生乎动，汝意既动，与真梦同，是以占之皆验。"

【译文】

　　三国时候的周宣善于解梦。有人梦见祭祀用的刍狗，前来问他，周宣说："你会有一顿美食。"这个判断应验了，那人又对周宣说："我又梦见刍狗了。"周宣说："小心摔跤。"没多久，那人从车上摔下，伤了腿。那人觉得十分奇怪，又一次说："我又梦见刍狗了。"周宣说："小心着火。"很快，那人家里失火了。于是，那人去找周宣问："我同样梦到刍狗，三次预言都不相同，但三次都应验，这是什么道理?"周宣说："草扎的刍狗只是祭品，第一次受人供奉，所以梦到时会有人请你吃饭。祭礼完毕刍狗就会被车轮辗过，所以你会伤了腿。被辗过的刍狗，接下来就被当作柴禾做饭了，所以你就遭遇火灾。"那人说："我第一次是真的梦到刍狗，其余两次都是瞎说的。"周宣说："占卜出来的吉凶悔吝都在动中生成，你意念已动，就和真梦一样，所以三次都会应验。"

718. 顾　琮

顾琮为补阙，尝有罪系诏狱，当伏法。琮忧愁，坐而假寐，忽梦见其母下体，琮谓不详之甚，愈惧，形于颜色。时有善解者，贺曰："子其免乎！太夫人下体，是足下生路也，重见生路，何吉如之？"明日，门下侍郎薛稷奏刑失人，竟得免，琮后至宰相。

【译文】

唐朝的顾琮任补阙时，曾因罪入狱，罪当斩首。顾琮非常忧愁，坐在牢房中打盹，忽然梦见了他母亲的下体，顾琮认为十分不祥，更加担心，忧形于色。有个善于解梦的却十分高兴地祝贺他："你能被免罪了！太夫人的下体就是你的出生之路，再见生路，还有什么比这更吉利啊？"第二天门下侍郎薛稷上奏用刑不当，顾琮因此得到赦免，后来官至宰相。

719. 苻　坚

苻坚将欲南伐，梦满城出菜，又地东南倾。其占曰："菜多，难为酱，东南倾，江左不得平也。

【译文】

前秦的苻坚想率兵攻晋，梦到满城的青菜，又梦到东南方塌陷。术士说："菜多了，酱（将）就很难调配。东南方塌陷，江东就难以平定了。"

720. 张　猷

右丞卢藏用、中书令崔湜坐太平党，被流岭南。至荆州，湜一夜梦讲坐下听法而照镜。占梦张猷谓卢右丞曰："崔令公乃大恶。梦坐下听讲，法从上来也；'镜'字，'金'旁'竟'也。其竟于今日乎？"得敕，令湜自尽。

【译文】

唐朝的尚书右丞卢藏用、中书令崔湜因系太平公主同党，被流放岭南。走到荆州的时候，崔湜梦到自己坐在讲席下听说法，同时又在照镜子。占梦的张猷对卢右丞说："崔公要倒霉了。在讲席下听说法，表示法从上来；'镜'字是

'金'旁加'竟',金、今同音,那就是竟于今日。"不久得到皇帝诏命,命崔湜自尽。

721. 卫中行

卫中行为中书舍人时,有故旧子弟赴选,投卫论嘱,卫欣然许之。驳榜将出,其人忽梦乘驴渡水,蹶坠水中,登岸而靴不沾湿。选人与秘书郎韩众有旧,访之。韩被酒半戏曰:"公今年选事不谐矣。据梦,'卫生相负,足下不沾。'"及榜出,果驳放。

【译文】

卫中行为中书舍人时,有熟人家的孩子来京城参加选官,拜访卫中行,请他关照。卫中行欣然答应。落选的榜文发出之前,这个应选者梦到自己骑驴过河,掉进水里,爬上岸后却发现靴子没有湿。他和秘书郎韩众是旧相识,去拜访他,酒至半酣,韩众半开玩笑地说:"你今年应选的事不成了!因为你的梦说:'卫生相负,足下不沾。'(译者按:驴别名卫。负,可以解释为背负,也可以解释为辜负。足下是常用的对称敬词)"榜单公布,此人果然被黜。

722. 王 戎

王戎梦有人以七枚椹子与之,著衣襟中。既觉,得之。占曰:"椹,桑子。自后男女大小凡七丧。"

梦椹代丧,明用甚雅。

【译文】

晋朝王戎梦见有人给他七个桑椹,放在衣襟里。醒来之后,果真得到了桑椹。于是占道:"椹,就是桑子。此后必定经历七次子女的大小丧事。"

冯评:梦用"椹"指代丧事,这个用法十分雅致。

723. 曾 进

江西曾迥当大比之秋,梦抱一小儿,忽见此儿右边又生一耳,少顷,见此儿无两手，以为不祥，语其兄进。进曰："又添一耳，'耳'与'又'乃'取'字；小儿，子也，子无两手，乃'了'字。尔已取了。"已而果然。

【译文】

明朝江西人曾迥在乡试之后梦见自己抱着个孩子，忽然孩子右边又生出一个耳朵。一会儿，这孩子的两只手又没了，认为是不祥的征兆，便告诉哥哥曾进。曾进说："又加出一个耳朵，'耳'和'又'相加，是'取'。孩子就是'子'，'子'没了两只手，就是'了'。你已经取了！"后来果然中了举人。

724. 挂 冰

韩皋素与李锜不协，锜一日梦万岁楼上挂冰，因自解曰："冰者，寒也；楼者，高也。岂韩皋来代我乎？"意甚恶之。皋果移镇浙右。

【译文】

唐朝的韩皋和李锜素来不和。李锜一天梦见万岁楼上挂着冰，便自己解释说："冰，寒；楼，高。难道是韩皋要来替代我吗？"心里很不舒服。后来韩皋果然替代了他镇海节度使的位置。

725. 筮 疾

有人父官刺史，得书云有疾。是人诣赵辅和馆，别托相知者筮，遇泰。筮者云："甚吉。"是人出后，辅和语筮者云："泰，乾下坤上，则父已入土矣，岂得言吉？"果凶问至。顾士群母病，筮得归妹之随，或以为男女有家之卦，必无恙。郭璞曰："归妹，女之终也，兑主秋，至立秋日终矣。"果然。

【译文】

北齐时候有个人得到任职刺史的父亲的书信，说身体有病。于是派人到术士赵辅和开设的算卦馆去占卜，他找的是馆中一个熟悉的术士。那个术士卜得泰卦，说："这是大吉之卦。"算卦人走了，赵辅和对那个术士说："泰卦是乾下坤上，乾代表父亲，坤是土地，这分明是他父亲已入土了，怎能说是吉卦呢？"不久果然传来丧讯。晋朝顾士群的母亲生病，卜得归妹之随卦，有人认为这是表示男女成家的吉卦，他母亲一定没事。郭璞说："'归妹，女之终也。'

（译者按：这是《易·杂卦》中的原话）归妹卦是兑下震上，兑主秋，到立秋日就要病终了。"后来果如其言。

726. 占兄弟　占子

成化甲午，江西乡试，揭晓之期，泰和尹公值在京，命卜者占弟嘉言中否，得"明夷"卦，内离外坤，三爻五爻发，三爻皆兄弟。占者以书云"兄弟雷同，难上榜"，嗫嚅不敢对。公曰："三为白虎，五为青龙，龙虎榜动，有中之兆。兄弟发者，以兄问弟，弟当动而来矣。"不数日，喜报果至。

有父占子病者，卦得"父母当头克子孙"，凶象，而子孙爻又不上卦，占者断其必死，父泣而归。途遇一友，问得其故，友曰："父母当头克子孙，使子孙上卦，则受克矣。今之生机，全在不上卦。譬如父持大杖欲击子，不相值则已耳，郎君必无恙。"未几果愈。

【译文】

明朝成化甲午年，江西的乡试揭晓的时候，泰和尹公正在京城，让占卜的人算他弟弟嘉言能否考中，占得明夷卦，内卦为离，外卦为坤，第三爻和第五爻发动，卦中有三个爻代表的六亲都是兄弟爻。占卜的人依据卦书认为此卦"重复出现兄弟爻，所以难以上榜"，吞吞吐吐不敢告诉尹公算卦结果。尹公说道："这个卦的第三爻为白虎，第五爻为青龙，青龙和白虎同时发动，有高中上榜之兆。之所以兄弟爻发动，是因为此卦是哥哥帮弟弟求测，弟弟应当有动而来。"过了没几天，果然传来了弟弟高中上榜的喜讯。

有一个父亲占儿子的病情，算卦的结果是"父母爻当头克子孙爻"，是凶卦，并且子孙爻在此卦中没有出现，算卦的人断其儿子必死，父亲哭着回家，途中遇到一个朋友，见他哭泣，问明其中原因之后，这个朋友说："父母爻当头克子孙爻，假如子孙爻出现在卦中，正好被克，算卦的说的自然没错。现在之所以有生机，完全是因为子孙爻没有上卦，没上卦反而不受克。就如同父亲拿着大杖想打儿子，没有遇到儿子，则儿子不会受伤。你儿子的病情一定无碍。"不多久，儿子的病果然好了。

语智部

　　冯子曰：智非语也，语智非智也，喋喋者必穷，期期者有庸，丈夫者何必有口哉！固也，抑有异焉。两舌相战，理者必伸；两理相质，辨者先售。子房以之师，仲连以之高，庄生以之旷达，仪衍以之富贵，端木子以之列于四科，孟氏以之承三圣。故一言而或重于九鼎，单说而或强于十万师，片纸书而或贤于十部从事，口舌之权顾不重与？谈言微中，足以解纷；言之无文，行之不远。君子一言以为智，一言以为不智。智泽于内，言溢于外。《诗》曰："唯其有之，是以似之。"此之谓也。

【解说文】

　　冯梦龙说：智慧不等同于言语，言语的智巧也不等同于智慧，话多的人终究不免困窘，不善言词的人中有大用，一个堂堂的人何必一定要能言善辩呢？话虽如此，但也有另外一面。双方争辩，通常是有理的一方获胜；而两种不同的理论冲突，往往是善于争辩者得到先机。雄辩使张良成为王者之师，使鲁仲连成为一代高人，使庄周成为旷达的典范，使张仪、公孙衍获得富贵，使端木赐名列孔子的高足，使孟轲传播了儒家的学问。所以，一番言辞的分量可能重于九鼎，一段议论的力量可能强过十万军队，一封书信的作用可能优于众多官僚，口舌的作用何尝微不足道？《史记》说："言谈精微而在理，足以解决各种纠纷。"《左传》说："言语没有华丽的文采，作用和影响会很有限。"对一个君子来说，能因一句话而显得智慧，也能因一句话而显得愚昧，只有修养和学识达到了相应的程度，才会从言语中得到体现。《诗经》说："因为有这样的本质，所以表象看来是这么回事。"说的正是这个意思。

卷十九　辩才

侨童有辞，郑国赖焉；聊城一矢，名高鲁连；排难解纷，辩哉仙仙；百尔君子，毋易諞言。集《辩才》。

───【解说】───

子产言辞辩驳，郑国仰赖于他；鲁仲连以一封绑在箭上的信说服燕军退兵，以此享名千载。排解各种疑难纷争，雄辩之士的口才就能得到从容的发挥。各位仁人君子啊，不要轻视言辞的力量。

这一卷讲的都是靠口才论辩达到目的的故事，名为《辩才》。

727．子贡　二条

吴征会于诸侯，卫侯后至，吴人藩卫侯之舍。子贡说太宰嚭曰："卫君之来，必谋于其众，其众或欲或否，是以缓来。其欲来者，子之党也；其不欲来者，子之仇也。若执卫侯，是堕党而崇仇也。"嚭说，乃舍卫君。

田常欲作乱于齐，惮高、国、鲍、晏，故移其兵，欲以伐鲁。孔子闻之，谓门弟子曰："夫鲁，坟墓所处，二三子何为莫出？"子路请出，孔子止之。子张、子石请行，孔子弗许。子贡请，孔子许之。遂行至齐，说田常曰："君之伐鲁，过矣！夫鲁，难伐之国。其城薄以卑，其地狭以泄，其君愚而不仁，大臣伪而无用，其士民又恶甲兵之事。此不可与战。君不如伐吴，夫吴城高以厚，地广以深，甲坚以新，士选以饱，重器精兵，尽在其中，又使明大夫守之，此易伐也。"田常忿然作色，曰："子之所难，人之所易；子之所易，人之所难，而以教常，何也？"（边批：正是辞端）子贡曰："臣闻之：'忧在内者攻强，忧在外者攻弱。'今君破鲁以广齐，战胜以骄主，破国以尊臣，而君之功不与焉，而交日疏于王。是君上骄主心，下恣群臣，求以成大事，难矣！夫上骄则恣，臣骄则争，是君上与主有隙，下与大臣交争也，如此则君之立于齐，危矣！故曰不如伐吴，伐吴不胜，民人外死，大臣内空，是君上无强臣之敌，下无民人之过，孤主制齐者，唯君也。"田常曰："善。虽然，吾兵业已加鲁矣，去而之吴，大臣疑我，奈何？"子贡曰："君按兵无伐，臣请往使吴王，令之救鲁而伐齐，君因以兵迎之。"田常许之，使子贡南见吴王，说曰："臣闻之：'王者不绝世，霸者无强敌。''千钧之重，加铢而移。'今以万乘之齐，而私千乘之鲁，与吴争强，窃为王危之。且夫救鲁，显名也；伐齐，大利也。以扶泗上诸侯，诛暴齐而服强晋，利莫大焉，名存亡鲁，实困强齐，智者不疑也。"吴王曰："善。虽然，吾尝与越战，栖之会稽。越王苦身养士，有报我心，子待我伐越而听子。"子贡曰："越之劲不过鲁，强不过齐，王置齐而伐越，则齐已平鲁矣。且王方以存亡继绝为名，夫伐小越而畏强齐，非勇也。夫勇者不避难，仁者不穷约，智者不失时。今存越示诸侯以仁，救鲁伐齐，威加晋国，诸侯必相率而朝，吴霸业成矣。且王必恶越，臣请东见越王，令出兵以从，此实空越，名从诸侯以伐也。"吴王大说，乃使子贡之越。越王除道郊迎，身御至舍，而问曰："此蛮夷之国，大夫何以惠然辱而临之？"子贡曰："今者吾说吴王以救鲁伐齐，其志欲之而畏越，曰：'待我伐越乃可。'如此破越必矣。且夫无报人之志而令人疑之，拙也；有报人之意使人知之，殆也；事未发而先闻，危也。三者举事之大患。"勾践顿首再拜，曰："孤尝不料力，乃与吴战，困于会稽，痛入于骨髓，日夜焦唇干舌，徒欲与吴王接踵而死，孤之愿也。"遂问子贡，子贡曰："吴王为人猛暴，群臣不堪，国家敝于数战，士卒弗忍，百姓怨上，大臣内变；子胥以谏死，太宰嚭用事，顺君之过，以安其私，是残国之治也。今王诚发士卒佐之，以徼其志，重宝以说其心，卑辞以尊其礼，其伐齐必也。彼战不胜，王之福矣；战胜，必以兵临晋。臣请北面晋君，令共攻之，弱吴必矣。其锐兵尽于齐，重甲困于晋，而王制其敝，此灭吴必矣。"越王大说，许诺，送子贡金百镒、剑一、良矛二。子贡不受，遂行。报吴王曰："臣敬以大王之言告越王，越王大恐，曰："孤不幸，少失先人，内不自量，抵罪于吴，军败身辱，栖于会稽。国为虚莽，赖大王之赐，使得奉俎豆而修祭祀，死不敢忘，何谋之敢虑！"后五日，越使大夫种顿首言于吴王曰："东海役臣孤勾践使者臣种，敢修下吏问于左右，今窃闻大王将兴大义，诛强救弱，困暴齐而抚周室，请悉起境内士卒三千人，孤请自被坚执锐，以先受矢石，因越贱臣种奉先人藏器甲二十领、屈卢之矛、步光之剑，以贺军吏。"吴王大说，以告子贡曰："越王欲身从寡人伐齐，可乎？"子贡曰："不可，夫空人之国，悉人之众，又从其君，不义。君受其币，许其师，而辞其君。"吴王许诺，乃谢越王。于是吴王乃遂发九郡兵伐齐。子贡因去之晋，

◎毛泽东评：什么圣贤门风，儒术伪耳。孟轲、韩非、叔孙通辈，都是纵横家。

谓晋君曰："臣闻之：'虑不先定，不可以应卒；兵不先辨，不可以胜敌。'今夫吴与齐将战。彼战而胜，越乱之必矣；与齐战而胜，必以其兵临晋！"晋君大恐，曰："为之奈何？"子贡曰："修兵休卒以待之。"晋君许诺。子贡去而之鲁，吴王果与齐人战于艾陵，大破齐师，获七将军之兵而不归，果以兵临晋，与晋人相遇黄池之上。吴、晋争强，晋人击之，大败吴师。越王闻之，涉江袭吴，去城七里而军，吴王闻之，去晋而归，与越战于五湖。三战不胜，城门不守，越遂围王宫，杀夫差而戮其相。破吴三年，东向而霸。故子贡一出，

存鲁、乱齐、破吴、强晋而霸越，十年之中，五国各有变。

直是纵横之祖，全不似圣贤门风。

【译文】

吴王邀约诸侯会盟，卫侯到得最晚，吴兵包围了卫侯所住的行馆要问罪。子贡得知此事，对吴太宰伯嚭说："卫侯前来，一定先和众臣商议，众臣中一定有人赞成，有人反对，所以卫侯才到得晚。赞成卫侯前来的大臣是您的朋友，持反对意见的就是您的敌人。今天您派兵包围卫侯行馆，这是害了朋友，帮了敌人。"伯嚭认同子贡的话，就下令撤兵放过了卫侯。

齐国的权臣田常想作乱篡国，但顾忌高、国、鲍、晏等大贵族，所以打算讨伐鲁国来削弱他们的实力。孔子听说后，对门下弟子说："鲁国是我的祖国，现在情势危急，你们怎不想办法去为救鲁国而奔走呢？"子路请出救鲁，孔子阻止了。子张、子石自愿请命，但孔子不同意。子贡表示愿意前往，孔子准许了。于是子贡来到齐国，对田常说："您出兵攻鲁，是错误的主意。鲁国是个难以征服的国家，鲁国城墙又薄又矮，国土狭小，君王愚蠢而凶暴，大臣虚伪而无用，士兵反战情绪高涨，这样的国家不能打。您不如伐吴，吴国城墙又高又厚，国土辽阔，兵甲精良，将士经过挑选且待遇很好，国中藏有大量优良武器，又有高明的指挥官坐镇，这样的国家才好打。"田常一听，怒形于色，说："您说的困难，是一般人说的容易；您说的容易，却是一般人说的困难。跟我这么说，你什么意思？"子贡说："我听人说：'国家内部有问题，要选择强国来攻击；相反的，国家外部有问题，则选择弱国来攻击。'现在假如打败了鲁国，必定造成齐国疆域扩张，这只会使齐王骄傲，众臣因功得宠，您的功劳就不值一提了，然后您和齐王的关系也会日渐疏远。这岂不是上使君主高傲，下使大臣发达吗？您要成就大事，就困难了。而且，君主高傲了必定会乱来，大臣发达了必定会争功，您在中间，上要提防君主，下要与群臣斗争，麻烦大了！所以我说不如出兵伐吴。就算伐吴不胜，齐国的兵力损耗于战场，大臣失意于朝堂，大臣百姓对您的威胁都大大削弱了，有能力掌握整个齐国的只有您一人了。"田常说道："分析得很好，但我已经派兵攻鲁了，没来由地命令军队掉头伐吴，大臣们会质疑我的，怎么办呢？"子贡说："请您先按兵不动，我立即前往吴国，让他救鲁伐齐，您再出兵迎敌。"田常答应了，让子贡南下去见吴王。子贡对吴王夫差说："臣听说，王者不会灭绝别人的世族，霸者没有真正的强敌。千钧之重互相较量，只需一铢就可使天平倾斜。现在强大的齐国想并吞鲁国，进而和吴国争夺霸权，对您来说是一大威胁。如果能救鲁，可以获得一个好名声，而伐齐能得到大利。作为吴国，如果真能扶持泗水一带以鲁国为首的各个小国，扼制残暴的齐国，进而慑服强大的晋国，这个利益可说够大了。名义上是保护鲁国免遭灭顶之灾，实际上压制了强大的齐国，聪明人不会质疑这样的策略。"吴王说："好是好，不过我曾与越国开战，把他们赶到了会稽山。越王勾践一直励精图治，想对我进行报复。所以，得先等我剿灭了越国之后再按你的计策行事。"子贡说："越国的实力比不上鲁国，更比不上齐国，等大王您击破越国，齐国也早已拿下鲁国了。再说大王是以存亡继绝的名义出兵伐齐，讨伐小小的越国，会被看成是惧怕齐国的强大，这不是勇敢的表现。真正的勇者不怕困难，真正的仁者不会使人困顿，真正的智者也不会错失良机。现在先留着越国，可以让诸侯看到大王的仁德，然后救鲁伐齐，威慑晋国，诸侯必会相继折服，那么吴国的霸业也就大功告成了。如果大王对越国实在放心不下，我愿东去越国，让越王出兵随大王伐齐，这样能以跟从吴国讨伐的名义抽空越国的实力。"吴王非常高兴，就让子贡去了越国。越王勾践听说子贡来了，立即令人清扫道路，亲自出来迎接，亲自驾车送子贡去馆驿。越王说："越国地处偏僻，您怎么会突然屈驾光临？"子贡说："先前我说服吴王救鲁伐齐，但吴王虽想出兵却担心越国趁机攻击吴国，说要剿灭越国之后才肯伐齐，如此，吴国攻打越国是必然的。而且对越国来说如果没有报仇之心而令人生疑，这是笨拙的；有雪耻之心却让人预知，这是危险的；还没有行动就让人预测到，那太可怕了。这三点都是成就大事的隐患。"勾践起身拜道："孤曾不自量力和吴开战，被困于会稽，对此经历痛入骨髓，日夜寝食难忘、苦心焦思，就算与吴王同归于尽也心甘情愿。"于是问计于子贡。子贡说："吴王性格刚猛暴烈，群臣早就难以忍受，再加上吴国连年争战，士卒也不堪忍受，百姓更是怨声载道，大臣内怀变心。伍子胥因谏诤而死，太宰伯嚭弄权，一味顺从吴王，满足自己的私欲，这是国政败坏的表现。如果大王肯发兵随吴王伐齐，迎合吴王称霸的野心，用宝器取悦吴王，以卑词尊奉吴王，那么吴王一定出兵伐齐。吴王一旦失败，就是大王的福气；若伐齐成功，吴王一定乘胜伐晋。那时我北上见晋君，请晋君一起攻打吴国，吴国一定会受到重创。他们的精锐消耗于对齐、晋的战斗中，大王就能乘机攻吴，吴国必灭。"越王非常高兴，并赏子贡黄金百镒、宝剑一把、良矛二支，子贡坚持不受，离开越国，回报吴王："臣把大王的话转告勾践，勾践万分惶恐，说：'我勾践不幸年少时丧父，缺少教诲，自不量力，得罪吴国，军队败亡，身为囚虏，困守会稽，国家凋敝。仰赖吴王恩赐，才能保有祖先的宗庙，这份恩德至死不忘，怎么还敢有报复的想法呢？'"五天后，越王派大夫文种至吴，向吴王叩拜说："东海贱臣勾践的使者文种特地前来拜见大王：听说大王为伸张正义，锄强扶弱，讨伐强暴的齐国，维持周王朝的秩序，请允许越国把国内所有的三千士卒发动起来，勾践身先士卒，并特派下臣文种奉上先人所收藏的盔甲二十副，以及屈卢之矛、步光之剑，为大王壮军威。"吴王听了非常高兴，对子贡说："越王想跟随我一起讨伐齐国，您看可行吗？"。子贡说："不行。让越国全部士兵随军出征，再让越王也亲上战场，那就有些不义了。您可以收下礼物、接纳其士兵，但要辞谢越王。"吴王听取了子贡建议，谢绝了越王。吴王出兵伐齐，子贡离开吴王赶往晋国，对晋君说："臣听说，'事情没有明确的考虑，遇到突发情况就难以应对；用兵没有预先的了解，对敌作战就很难取胜。'现在吴国和齐国即将开战，齐人获胜，越国一定会趁乱进攻；若吴人获胜，则必定加兵于晋国。"晋君大惊，问子贡："那怎么办才好？"子贡说："应该立刻整理军备、修养士卒，等待事机的到来。"晋君答应了，子贡也回到鲁国。吴王与齐兵在艾陵开战，大破齐军，俘获大量士卒，之后果然率军攻晋，与晋军在黄池遭遇，结果晋人大败吴军。越王听说吴王惨败，立即过江攻打吴国，在离吴都城七里的地方扎营，吴王听说，立即放弃晋国回师，与越王战于五湖，三战皆败，都城被攻破，越军包围了吴王宫殿，杀了夫差及伯嚭。勾践在灭吴三年后，称霸诸侯。所以，子贡一出，存鲁、乱齐、灭吴、强晋而霸越，十年之间，五国的情势都起了剧烈的变化。

冯评：这简直是纵横家的祖师爷，完全没有孔门弟子的风格。

728. 鲁仲连

秦围赵邯郸，诸侯莫敢先救。魏王使客将军辛垣衍间入邯郸，欲与赵尊秦为帝。鲁仲连适在赵，闻之，见平原君胜。胜为介绍，而见之于辛垣衍。鲁连见辛垣衍而无言，辛垣衍曰："吾视居此围城之中者，皆有求于平原君者也，今观先生之玉貌，非有求于平原君者，曷为久居此围城之中而不去也？"鲁连曰："秦弃礼义、上首功之国也，权使其士，虏使其民，彼肆然而为帝，则连有赴东海而死耳，不忍为之民也。所为见将军者，欲以助赵也。"辛垣衍曰："助之奈何？"鲁连曰："吾将使梁及燕助之，齐、楚固助之矣。"辛垣衍曰："燕吾不知；若梁，则吾乃梁人也。先生恶能使梁助之耶？"鲁连曰："梁未睹秦称帝之害故也，使睹秦称帝之害，则必助赵矣。"辛垣衍曰："秦称帝之害奈何？"鲁连曰："昔齐威王尝为仁义矣，率天下诸侯而朝周。周贫且微，诸侯莫朝，而齐独朝之。居岁余，周烈王崩，诸侯皆至，齐后往，周怒，赴于齐曰：'天崩地坼，天子下席，东藩之臣田婴齐后至，则斩之！'威王勃然怒曰：'叱嗟，而母婢也！'卒为天下笑。故生则朝周，死则叱之，诚不忍其求也。彼天子固然，其无足怪。"辛垣衍曰："先生独未见夫仆乎？十人而从一人者，宁力不胜，智不若耶？畏之也！"鲁连曰："梁之比于秦若仆耶？"（边批：激之）辛垣衍曰："然。"鲁连曰："然则吾将使秦王烹醢梁王。"（边批：重激之）辛垣衍怏然不悦，曰："嘻，亦太甚矣，先生又恶能使秦王烹醢梁王？"鲁连曰："固也，待吾言之。昔者鬼侯、鄂侯、文王，纣之三公也。鬼侯有子而好，故入之于纣，纣以为恶，醢鬼侯。鄂侯争之急，辩之疾，并脯鄂侯。文王闻而叹息，拘于羑里之库百日，而欲令之死。曷为与人俱称帝王，卒就脯醢之地也？齐湣王将之鲁，夷维子执策而从，谓鲁人曰：'子将何以待吾君？'鲁人曰：'吾将以十太牢待子之君。'夷维子曰：'吾君，天子也。天子巡狩，诸侯避舍，纳管键，摄衽抱几，视膳于堂下，天子已食，退而听朝也。'鲁人投其钥，不果纳。将之薛，假途于邹。当是时，邹君死，湣王欲入吊，夷维子谓邹之孤曰：'天子吊，主人必将倍殡柩，设北面于南方，然后天子南面吊也。'邹之群臣曰：'必若此，吾将伏剑而死。'故不敢入于邹。邹鲁之臣，生则不能事养，死则不得饭含（边批：为齐强横故）。然且欲行天子之礼于邹鲁之臣，不果纳。今秦万乘之国，梁亦万乘之国，交有称王之名，睹其一战而胜，欲从而帝之，是使三晋之大臣，未如邹鲁之仆妾也。且秦无已而帝，则且变易诸侯之大臣，彼将夺其所谓不肖，而予其所谓贤，夺其所憎，而予其所爱。彼又将使其子女谗妾为诸侯妃姬，处梁之宫，梁王安得晏然而已乎？而将军又何以得故宠乎？"于是辛垣衍起，再拜谢曰："吾乃今知先生为天下之士也，吾请去，不敢复言帝秦矣。"秦将闻之，为却军五十里。

苏轼曰："仲连辩过仪、秦，气凌髡、衍，排难解纷，功成而逃赏，实战国一人而已。"穆文熙曰："仲连挫帝秦之说，而秦将为之却军，此《淮南》之所谓'庙战'也。"

【译文】

秦兵围攻赵国都城邯郸，诸侯都不愿意带头出兵救赵。魏王派客将辛垣衍由小道进入邯郸城，想与赵王相约一起尊秦王为帝。鲁仲连当时正好在赵国，听说后就去见平原君赵胜。平原君介绍鲁仲连与辛垣衍见面。鲁仲连见了辛垣衍，一言不发。辛垣衍说："我看凡是住在邯郸这座围城里的人，都是有求于平原君的。我看先生的形象，却并非有求于平原君，那为什么要待在这围城里而不离开呢？"鲁仲连说："秦国是个背弃礼义、崇尚杀戮的国家，用权术操纵士大夫，把百姓当奴隶使。如果秦王公然称帝，那我宁可投东海而死，不愿意作秦国之民。今天我来见将军，目的就是想对赵国有所帮助。"辛垣衍说："请问先生要怎样帮赵国呢？"鲁仲连说："我准备再说服魏、燕两国援赵，而齐、楚两国本来就准备如此。"辛垣衍说："燕国我不清楚，至于魏，我就是魏国人，先生怎么可能使魏援赵呢？"鲁仲连说："魏国还没有看见秦国称帝的害处，如果能明了其中的害处，魏国一定会帮助赵国。"辛垣衍说："秦王称帝的害处在哪里呢？"鲁仲连说："以前齐威王推行仁政，率天下诸侯朝拜周天子，当时的周既穷又弱，天下诸侯都不肯朝贡，只有齐国愿意。但过了一年多，周烈王驾崩，诸侯都前去吊丧，齐国最后到达，周王大怒，派使臣对齐王说：'天子驾崩，新即位的天子都因为丧事不坐菌席，而东藩之臣齐国的田婴齐居然迟到，该杀！'齐威王一听，勃然大怒："叱！婢子养的！'这事成了个大笑话。齐国在周天子生前去朝拜他，死后却如此辱骂他，实在是因为做不到周天子所要求的诸侯义务。做天子就是如此，不必大惊小怪。"辛垣衍说："先生难道没有见过仆人吗，十个人服侍一个人，并不是真的因为力气和智慧不如主人，而是出于畏惧。"鲁仲连说："那么魏国和秦国的关系，就如同主仆吗？"辛垣衍说："是的。"鲁仲连说："那我就叫秦王剁了魏王。"辛垣衍很不高兴，说："唉，这话说得也太离谱了，先生又怎能叫秦王剁了魏王呢？"鲁仲连说："这不难做到，请听我慢慢说。当年鬼侯、鄂侯、文王，是殷纣王的三公。鬼侯有个女儿长得很漂亮，于是献给纣王，可是纣王却觉得她不好，结果纣王就剁了鬼侯。鄂侯为这件事和纣王争辩，因为太急，结果纣王将鄂侯做成了肉干。

文王听说后，不禁长叹一声，纣王让他在羑里度过了一百天的囚禁生涯，想困死他。为什么拥护人为帝王，结果反倒被杀死，晒成肉干，剁成肉酱呢？齐湣王要去鲁国时，夷维子负责驾车，他对鲁国人说：'你们准备如何接待我的国君？'鲁人回答说：'我们用十头牛款待你们国君。'夷维子说：'我们国君是天子，天子到各地巡察，诸侯都要避退，交出国库的钥匙，并且撩起衣裳，端着桌子亲自在殿堂下侍候天子进餐，天子吃完，诸侯才能退下听政。'鲁人一听，扔掉城门钥匙，不让齐湣王入境。齐王打算从邹国前往薛国。当时邹君逝世，齐闵王要去吊丧，夷维子对邹国新君说：'天子来吊丧，丧家必须把灵柩反过来放，改为坐北朝南，然后请天子面向南方祭吊。'邹国的臣子说："如果一定要我们这样做，我们宁可伏剑而死。'因此齐湣王君臣也不敢进入邹国。邹鲁两国的臣子，在国君生时不能尽奉养之职，死不能供葬仪之具。尽管如此，要他们行朝拜天子的大礼，他们仍不肯让齐湣王进入自己的国家。现在秦国是大国，魏国也是大国，双方共同称王，见秦国打了一场胜仗，就想尊秦王为帝，那就是三晋的一干文武大臣，还远不如邹鲁两个小国的仆妾。再说秦王称帝之后，必定更换诸侯的大臣，罢黜他所谓的不肖臣子，把官位赐给他心目中的贤人，削夺他所憎恨的人的官职，任命他所喜欢的人为官，同时也一定会要他的女儿作为诸侯的妃子住在魏宫，魏王又怎能太平，而将军又怎能得到荣宠呢？"辛垣衍起身拜谢说："现在我才明白先生是天下奇人，我现在就离开，再也不谈论尊秦王为帝的事。"秦国将军听说这事后，下令秦军后退五十里。

冯评：苏轼说：鲁仲连的辩才超过张仪、苏秦，气势驾凌于淳于髡、公孙衍之上，排解危难，达成使命却逃避封赏，在战国谋士中仅此一人而已。穆文熙说：鲁仲连挫败了尊秦为帝的计划，使得秦将退军五十里，这就是《淮南子》所说的"庙战"了。

729. 虞 卿

秦攻赵于长平，大破之，引兵而归，因使人索六城于赵而讲。赵计未定，楼缓新从秦来，赵王与楼缓计之曰："与秦城何如？不与何如？"楼缓辞让曰："此非臣之所能知也。"王曰："虽然，试言公之私。"楼缓曰："王亦闻夫公甫文伯母乎？公甫文伯官于鲁，病死，妇人为之自杀于房中者二人。其母闻之，不哭也，相室曰：'焉有子死而不哭者乎？'其母曰：'孔子，贤人也，逐于鲁，是人不随。今死而妇人为死者二人，若是者，其于长者薄，而于妇人厚。'故从母言之，为贤母也；从妇言之，必不免于妒妇也。故其言一也，言者异，则人心变矣。今臣新从秦来，而言'勿与'，则非计也；言'与之'，则恐王以臣之为秦也。故不敢对。使臣得为王计之，不如予之。"王曰："诺。"虞卿闻之，入见王。王以楼缓言告之，虞卿曰："此饰说也。"王曰："何谓也？"虞卿曰："秦之攻赵也，倦而归乎？王以其力尚能进，爱王而不攻乎？"王曰："秦之攻我也，不遗余力矣，必以倦而归也。"虞卿曰："秦以其力攻其所不能取，倦而归，王又以其力之所不能攻而资之，是助秦自攻也。来年秦复攻王，王无以救矣。"王以虞卿之言告楼缓，楼缓曰："虞卿能尽知秦力之所至乎？诚知秦力之所不至，此弹丸之地犹不予也！今秦来复攻，王得无割其内而媾乎？"王曰："诚听子割矣，子能必来年秦之不复攻我乎？"楼缓对曰："此非臣之所敢任也，昔日三晋之交于秦，相善也，今秦释韩、魏而独攻王，王之所以事秦，必不如韩、魏也。今臣为足下解负亲之攻，启关通币，齐交韩、魏。至来年，而王独不取于秦，王之所以事秦者，必在韩、魏之后也。此非臣之所以敢任也。"王以楼缓之言告虞卿，虞卿曰："楼缓言不媾，来年秦复攻王，得无更割其内而媾；今媾，楼缓又不能必秦之不复攻也，虽割何益？来年复攻，又割其力之所不能取而媾也。此自尽之术也。不如无媾，秦虽善攻，不能取六城；赵虽不能守，亦不至失六城。秦倦而归，兵必罢。我以六城收天下，以攻罢秦，是我失之于天下，而取偿于秦也。吾国尚利，孰与坐而割地，自弱以强秦？今楼缓曰：'秦善韩、魏而攻赵者，必王之事秦不如韩、魏也。'是使王岁以六城事秦也，即坐而地尽矣。来年秦复求割地，王将予之乎？不予，则是弃前资而挑秦祸也；与之，则无地而给之。语曰：'强者善攻，而弱者不能自守。'今坐而听秦，秦兵不敝而多得地，是强秦而弱赵也。以益强之秦，而割愈弱之赵，其计固不止矣！且秦虎狼之国也，无礼义之心，其求无已。而王之地有尽，以有尽之地，给无已之求，其势必无赵矣。故曰：此饰说也，王必勿与！"王曰："诺。"楼缓闻之，入见于王，王又以虞卿之言告之，楼缓曰："不然，虞卿得其一，未知其二也。秦、赵构难，而天下皆说。何也？曰：我将因强而乘弱。今赵兵困于秦，天下之贺战胜者，则必在于秦矣。故不若亟割地求和，以疑天下，慰秦心；不然，天下将因秦之怒，乘赵之敝而瓜分之（边批：连衡者皆持此说为恐吓，却被虞卿揭破）。赵且亡，何秦之图？王以此断之，勿复计也。"虞卿闻之，又入见王曰："危矣，楼子之为秦也！夫赵兵困于秦，又割地为和，是愈疑天下，而何慰秦心哉！不亦大示天下弱乎！且臣曰勿与者，非固勿予而已也，秦索六城于王，王以六城赂齐。齐，秦之深仇也，得王六城，并力而西击秦也！齐之听王，不待辩之毕也。是王失于齐，而取偿于秦，一举结三国之亲，而与秦易道也。"赵王曰："善。"因发虞卿东见齐王，与之谋秦。虞卿未反，秦之使者已在赵矣。楼缓闻之，逃去。

从来议割地之失，未有痛切快畅于此者！

【译文】

秦国在长平大败赵军，引兵而回，派人向赵国索取六城作为讲和的条件。赵王还没有拿定主意，这时楼缓从秦国回来，于是赵王就和他商量："给秦国六城好呢，还是不给好呢？"楼缓推辞说："这不是臣所能知道的。"赵王说："没关系，就说说你个人的看法好了。"楼缓说："大王知道公甫文伯母亲的事吧？公甫文伯在鲁国做官，当他病死后，两个妇人为他自杀。他母亲知道儿子的死讯后并不哭泣。管家说：'哪有儿子死了不哭的呢？'他母亲说：'孔子是大贤，被鲁国放逐时，我的儿子不追随孔子。现在我儿子死了，两个妇人为他自杀，这样看来，他对德高望重的长者很轻视，对女人倒是很好。'这样一句话，母亲说出来，就说明是位贤母。若是由他妻子口中说出，那就是一个妒妇了。所以，同样一句话，由于说话的人不同，听的人理解也不同。现在臣刚从秦国回来，如果臣说不要答应秦的要求，那不是个办法；如果说给秦六城，又怕大王误会臣是替秦说话，所以臣才不敢回答。如果一定要臣拿个主意，臣认为最好还是给秦六城。"赵王说："好。"虞卿知道后，去见赵王。赵王把楼缓的话告诉他，他说："楼缓这是虚诈之辞。"赵王说："怎么说呢？"虞卿说："君王认为，秦攻赵是由于力气耗尽而撤兵呢，还是秦还有进攻能力，因与大王有感情才不进攻？"赵王说："秦兵进攻时已动用全部兵力，必然是因为力量用尽才撤兵。"虞卿说："秦尽了最大的努力来进攻，但不能打下赵国，最后力竭撤兵。现在大王要把他们用尽力气都没得到的一切送给他们，这是帮助秦攻打赵国。如果明年秦兵卷土重来，那赵国就真的没救了。"赵王把虞卿的话告诉楼缓，楼缓说："虞卿能完全了解秦国真正的实力吗？他真是不了解秦国的力量，这么一点地都不肯给，如果秦兵来年再攻赵国，恐怕要讲和就要割让更多的土地了。"赵王说："那就听你的，但如果这样你能否保证秦兵来年不再攻赵呢？"楼缓说："这个臣不敢保证，以前赵、魏、韩跟秦国结交，和秦的关系都很好。现在秦不去攻打魏、韩，只打赵国，说明大王对待秦国，远不如韩、魏殷勤友善。现在臣为君王化解昔日有负秦国而招来的战争，修缮外交关系，让赵国和秦国的关系如同韩、魏一样，即便如此，到了来年就算秦国不来攻打赵国，赵国在秦国心目中的地位仍然会在韩、魏之下。所以臣不敢保证什么。"赵王又把楼缓的话告诉虞卿，虞卿说："楼缓说如果不割城讲和，明年秦兵会再攻赵，到那时还要割更多的城池给秦。但现在如果割城讲和，楼缓又不能保证秦兵不再来攻，那割城给秦对赵国有什么好处呢？来年秦兵真的再来攻赵，又要割让秦兵所攻不下的城池来讲和，这对赵国来说不是自杀吗？所以不如不讲和。秦国进攻力虽强，却攻不下赵国六城；赵军防御力虽弱，也不致于六城丢失殆尽。秦国力竭撤兵，战事就会结束。到时候再用六城结交天下诸侯，合力攻打疲弱的秦国，那样我们就把割让给诸侯的土地从秦国取回来，对赵国来说可能还能赚一点。比起什么也不做，只是白白在这里割地，削弱自己、增强秦国，哪个做法更好呢？楼缓又说秦国攻赵是因为大王对待秦国不如韩、魏殷勤友善，这是要大王每年用六城来伺候秦国，很快就会把土地用光的。假如明年秦再要求割地，大王是给还是不给？不给，今年的六城算是白给了，又要重新和秦国开战；给，赵国还有多少可给？俗话说：强者善攻，而弱者不能自守。现在听凭秦国摆布，秦国不消耗实力而得到土地，这就是壮大秦国而削弱赵国。越来越强的秦国分割蚕食越来越弱的赵国，那样发展下去会没完没了直到赵国灭亡。而且秦国是狼虎之国，不讲信义，他们的索求永远不会停止，但赵国的土地是有限的，以赵国有限的土地来应付秦国无尽的索求，最后肯定是赵国灭亡。所以臣认为楼缓是虚诈之辞，大王千万不能答应割城。"赵王说："说得好。"楼缓听说后又晋见赵王，赵王又把虞卿的话告诉了他。楼缓说："虞卿只知其一，不知其二，秦、赵交战，天下诸侯都很高兴，为什么呢？因为他们都在想：我可以依附强大的一方去袭击弱小的一方。现在赵军被秦兵围困，天下诸侯看好的赢家肯定是秦国。所以，赵国不如赶紧割地求和，让诸侯疑虑、让秦国宽慰。否则天下诸侯会利用秦国对赵国的愤怒，乘赵国疲惫不堪时瓜分赵国土地。赵国都要灭亡了，还攻打什么秦国呢？希望大王快下决心，不要犹豫了。"虞卿听说以后，又晋见赵王说："危险了！楼缓完全是为秦国着想的。赵军败于秦又割地求和，这会使天下诸侯更加疑虑,但哪里能宽慰秦国呢?这不是公开向天下诸侯示弱吗!而且臣说不要割地,不是一味不给而已。秦向赵索要六城,君王可以用六城贿赂齐国。齐国是秦国的仇家,齐王得六城后,就会与我军合力攻秦,那时齐国绝对会听从王的号令,这是无需证明的必然道理,那样赵国把土地给齐国,会从秦国那儿得到补偿,并且一举和三个大国交好,形成对抗秦国的阵营。"赵王说:"好。"于是派虞卿东去齐国,缔结盟约合力攻秦。虞卿还没有从齐国回来,秦国的使臣已经来到赵国了。楼缓听说了,马上闻风而逃。

　　冯评:从来议论割地求和的弊端,没有像虞卿这般痛快淋漓的。

730. 苏代　二条

　　雍氏之役,韩征甲与粟于周,周君患之,告苏代。苏代曰:"何患焉?代能为君令韩不征甲与粟于周,又能为君得高都。"周君大悦,曰:"子苟能,寡人请以国听。"苏代往见韩相国公仲,曰:"公不闻楚计乎?昭应谓楚王曰:'韩氏罢于兵,仓廪空,无以守城。吾攻之以饥,不过一月,必拔之。'今围雍氏五月不能拔,是楚病也,楚王始不信昭应之计矣。今公乃征甲与粟于周,是告楚病也。昭应闻此,必劝楚王益兵守雍氏,雍氏必拔。"公仲曰:"善。然吾使者已行矣。"代曰:"公何不以高都与周?"公仲怒曰:"吾无征甲与粟于周,亦已多矣,何为与高都?"代曰:"与之高都,则周必折而入于韩。秦闻之,必大怒,而焚周之节,不通其使,是公以敝高都得完周也。"公仲曰:"善。"不征甲与粟于周,而与高都,楚卒不拔雍氏而去。

　　田需死,昭鱼谓苏代曰:"田需死,吾恐张仪、薛公、犀首之有一人相魏者。"代曰:"然则相者以谁而君便之也?"昭鱼曰:"吾欲太子之自相也。"代曰:"请为君北见梁王,必相之矣。"昭鱼曰:"奈何?"代曰:"若其为梁王,代请说君。"昭鱼曰:"奈何?"对曰:"代也从楚来,昭鱼甚忧。代曰:'君何忧?'曰:'田需死,吾恐张仪、薛公、犀首有一人相魏者。'代曰:'勿忧也。梁王,长主也,必不相张仪。张仪相魏,必右秦而左魏;薛公相魏,必右齐而左魏;犀首相魏,必右韩而左魏。梁王长主也,必不使相也。'王曰:'然则寡人孰相?'代曰:'莫如太子之自相,是三人皆以太子为非固相也,皆将务以其国事魏,而欲丞相之玺。以魏之强,而持三万乘之国辅之,魏必安矣。故曰:

不如太子之自相也！'"遂先见梁王，以此语告之，太子果自相。

【译文】

楚国围攻韩国的雍氏，韩国向周索要兵甲和军粮，周天子感到十分苦恼，跟苏代商量。苏代说："不必烦恼，臣能使韩国不向周要兵甲和军粮，还能让大王得到韩国的高都。"周王听了这话，非常高兴地说："如果你能为寡人解难，那么寡人就任你为相。"于是苏代前往韩国，拜见相国公仲侈，说："难道相国没有听说楚国的计划吗？楚将昭应曾对楚王说：'韩国因连年争战，兵马疲惫，仓库空虚，没有力量守城。假如我军乘韩国粮食不足率兵攻打，不超过一个月，一定能打下来。'现在楚军围困雍氏已有五个月，还是没能攻下，这是楚国的尴尬，而楚王也开始怀疑昭应的计策了。现在相国向周索要兵甲和军粮，这不是把韩国的困难告诉楚国吗？昭应知道以后，一定会力劝楚王向雍氏增兵，雍氏就守不住了。"公仲侈说："说得很好，可是我派的使者已经出发了。"苏代说："相国为什么不把高都送给周呢？"公仲侈很生气地说："我不向周索要兵甲和军粮已经不错了，为什么还要把高都送给周呢？"苏代说："把高都送给周，那么周一定会与韩国交好，秦国知道后，必然大为震怒，而焚毁西周的符节，断绝使臣的往来。相国就是用一个破烂的高都换来一个完整的周。"公仲侈说："好。"于是公仲侈不但不向周索要兵甲和军粮，并且把高都也送给周。楚国打不下雍氏，也只有退兵而去。

魏相田需死了，楚国的昭鱼对苏代说："田需死了，我担心张仪、薛公、公孙衍中有一人继任魏相。"苏代说："那么你认为由谁作魏相，对你比较有利呢？"昭鱼说："我希望由太子自己任相。"苏代说："让我为你北上见魏王，必能使太子任相。"昭鱼说："如何才能达到目的？"苏代说："那你来当魏王，我来说服你。"昭鱼说："好。那你为什么到魏国来？"苏代说："臣这次从楚国来时，楚国的昭鱼非常担忧，臣问他：'你担心什么？'昭鱼说：'魏相田需死了，我担心张仪、薛公、公孙衍中有一人继任魏相。'臣说：'不用担心，魏王是位老成的君主，一定不会任用张仪为相，因为张仪出任魏相，就会偏向秦而损害魏；薛公为魏相，必会偏向齐而损害魏；公孙衍为魏相，必会偏向韩而损害魏。魏王是老成的君主，一定不会任命他们为相。'"昭鱼扮演的魏王说："那我该让谁为相呢？"苏代说："最好由太子自己任相，因为他们三人知道太子早晚会继承王位，任相只是暂时性的，那么，他们三个一定都会尽力让他们偏向的国家与魏国交好，这样就可以在日后获得丞相的宝座。魏国本来就很强，再加上三个万乘之国的协助，魏国必然得以安定。所以说不如由太子自己任相。"于是苏代去见魏王，把这番话说了一遍，果然太子继任为相了。

731. 陈轸

陈轸去楚之秦。张仪谓秦王曰："陈轸为王臣，常以国情输楚，仪不能与从事，愿王逐之，即复之楚，愿王杀之！"王曰："轸安敢之楚也？"王召陈轸告之曰："吾能听子，子欲何之，请为子约车。"对曰："臣愿之楚。"王曰："仪以子为之楚，吾又自知子之楚，子非楚且安之也。"轸曰："臣出，必故之楚，以顺王与仪之策，而明臣之楚与否也。楚人有两妻者，人诮其长者，长者詈之；诮其少者，少者许之。居无几何，有两妻者死。客谓诮者曰：'汝取长者乎，少者乎？''取长者。'客曰：'长者詈汝，少者和汝，汝何为取长者？'曰：'居彼人之所，则欲其许我也。今为我妻，则欲其为我詈人也。'今楚王，明主也；而昭阳，贤相也。轸为人臣，而常以国情输楚，楚王必不留臣，昭阳将不与臣从事矣，以此明臣之楚与不。"轸出，张仪入，问王曰："陈轸果安之？"王曰："夫轸，天下之辩士也，熟视寡人曰：'轸必之楚。'寡人遂无奈何也。寡人因问曰：'子必之楚也，则仪之言果信也。'轸曰：'非独仪之言，行道之人皆知之。昔者子胥忠其君，天下皆欲以为臣；孝己爱其亲，天下皆欲以为子。故卖仆妾不出里巷而取者，良仆妾也；出妇嫁于乡里者，善妇也。臣不忠于王，楚何以轸为忠？忠且见弃，轸不之楚而何之乎？'"王以为然，遂善待之。

【译文】

陈轸离开楚国到秦国做官。张仪对秦王说："陈轸身为臣子，竟然经常把秦国的情报泄露给楚国。臣不愿和这种人同朝共事。希望大王能把他赶走，如果他说想要回楚国，那大王就把他杀掉！"秦王说："陈轸怎么敢明说要回楚国呢？"接着召来陈轸说："我可以让你去你想去的地方，你说想去哪里，我这就给你准备车马。"陈轸回答说："臣愿意回楚国。"秦王说："张仪认为你一定会回楚国，而我也知道你将回楚国，你如果不去楚国，又能去哪儿呢？"陈轸说："臣离开秦以后，一定要特地去一下楚国，一方面顺从大王和张仪的策略，同时可以表明臣以前是否暗中帮助过楚国。有个楚国人娶了两个妻子，有人去调戏年纪较大的妻子，挨了一顿臭骂；又去挑逗年轻的妻子，却得到了默许。没多久，楚人死了，有人问挑逗者说：'你准备娶年纪大的还是年轻的呢？''我娶年纪大的。''年纪大的曾经骂过你，而年轻的却顺从你，你为什么反要娶年纪大的呢？'挑逗者说：'当他们是别人妻子时，我希望她们默许我。但做我的妻子，我当然喜欢她们去骂人。'现在楚王是位贤明的君王，而宰相昭阳也是位贤臣，我陈轸身为大王的臣子，如果经常把国事泄漏给楚王，那么楚王必定不会收留臣，而昭阳也不会愿意跟臣同朝共事。这样就可以判定臣以前是否暗中帮助过楚国了。"陈轸离开后，张仪进来问秦王："陈轸到底要去哪里？"秦王说："陈轸真是天下一流的雄辩家，他注视着寡人说：'我一定会回楚国。'寡人对他也无可奈何，于是接着问他说：'你一定要回楚国，那张仪就说对了。'陈轸说：'不但张仪说对了，随便哪个人都知道：从前伍子胥对他的君王很忠贞，天下君王都希望他做自己的臣子；孝己孝敬他的双亲，因此天下父母都希望他是自己的儿子。所以当人卖仆妾时，如果邻居肯买，那就证明是好仆妾；被休了的妻子，如果改嫁到本乡，就证明她是位好妻子。臣如果不忠于大王，那楚王怎么会认为我忠诚？做忠臣都得不到大王的信任，我不回楚国，又将去哪里？"秦王觉得陈轸的话有理，此后便善待他了。

732. 左师触龙

秦攻赵，赵王新立，太后用事，求救于齐。齐人曰："必以长安君为质。"太后不可，齐师不出。大臣强谏，太后怒甚，曰："有复言者，老妇必唾其面。"左师触龙请见，曰："贱息舒祺最少，不肖，而臣衰，窃爱之，愿得补黑衣之缺，以卫王宫，愿及臣未填沟壑而托之。"太后曰："丈夫亦爱少子乎？"对曰："甚于妇人。"太后笑曰："妇人异甚。"对曰："老臣窃以为媪之爱燕后，贤于长安君。"太后曰："君过矣，不如长安君之甚。"左师曰："父母爱其子，则为之计深远。媪之送燕后也，持其踵而哭，念其远也，亦哀之矣。已行，非不思也，祭祀则祝之曰：'必勿使反。'岂非为之计长久，愿子孙相继为王也哉？"太后曰："然。"左师曰："今三世以前，至于赵王之子孙为侯者，其继有在者乎？"曰："无有。"曰："此其近者祸及身，远者及其子孙，岂人主之子侯则不善！位尊而无功，奉厚而无劳，而挟重器多也。今媪尊长安之位，封以膏腴之地，多与之重器，而不及今令有功于赵，一旦山陵崩，长安君何以自托于赵哉？”太后曰：“诺，恣君之所使之。”于是为长安君约车百乘，质于齐。齐师乃出，秦师退。

【译文】

　　秦国发兵攻赵，这时赵孝成王刚登位，太后执掌朝政，向齐国求援。齐王说：“一定要用孝成王同母兄弟长安君作人质才行。”太后不答应，于是齐国不派兵。大臣们都极力劝谏，太后十分生气，说：“如果再有人跟我提这事，我就往他脸上吐口水。”左师触龙请见，对赵太后说：“老臣有一个小儿子名叫舒祺，没有出息，臣现在年纪大了，很疼爱他，希望能让他补缺担任王宫卫士。臣希望趁自己尚在世时把他亲自托付给您。”赵太后说：“男人也会这么疼爱小儿子吗？”触龙说：“比女人还要疼爱呢。”赵太后笑着说：“女人才疼得厉害。”触龙说：“臣以为太后疼爱女儿燕后远超过儿子长安君。”赵太后说：“你错了，我疼爱燕后远不如长安君。”左师说：“父母疼爱子女，就会替他们深谋远虑。当年燕后远嫁，太后拉着燕后哭泣，为她的远离悲伤。她出嫁之后，并非不想念她，可是在祭祀时却祝告说：‘不要让她回来。’这不就是为她作长远打算，希望她的子孙能继承王位吗？”赵太后说：“是的。”触龙说：“从现在追溯到三代以前，我们赵王子孙被封侯的，还有把爵位传续至今的吗？”赵太后说：“没有了。”触龙说：“这就是缺乏长远打算，近的祸及自身，远的祸及子孙。难道国君的子孙封侯之后都变坏了？不过是因为他们爵位高却没有相应的功迹，俸禄厚却没有相应的付出，又占有了很多宝器。现在太后给长安君很高的爵位，又封给他肥沃的土地和贵重的宝器，却不趁现在的机会让他为国立功，有一天太后过世，长安君如何在赵国立足呢？”太后说：“好吧，就照你说的做吧。”于是替长安君准备了一百辆兵车，送长安君到齐国作人质。齐国按约发兵救赵，秦军撤退。

733. 庸 芮

　　秦宣太后爱魏丑夫。太后病将死，出令曰：“为我葬，必以魏子为殉。”魏子患之。庸芮为魏子说太后曰：“以死者为有知乎？”太后曰：“无知也。”曰：“若太后之神灵，明知死者之无知矣，何为空以生所爱葬于无知之死人哉？若死者有知，先王积怒之日久矣，太后救过不赡，何暇私魏丑夫乎？"太后曰："善。"乃止。

【译文】

秦宣太后宠爱魏丑夫。太后重病将死，下令说："日后我下葬时，必须让魏丑夫殉葬。"魏丑夫听后很害怕。庸芮出面替魏丑夫说情："太后认为人死了以后，还能有知觉吗？"太后说："没有知觉。"庸芮说："像太后这样明白的人，当然知道人死后不再有知觉，那为什么要把自己生前所宠爱的人殉葬在已经毫无知觉的死人旁边呢？假如人死后还能有知觉，那先王对太后的愤怒已经憋了很久了，届时太后见到先王，补救过失都来不及，哪还有工夫去宠爱魏丑夫呢？"太后说："好吧。"于是让魏丑夫殉葬的事就不再提了。

734. 狄仁杰

武承嗣、三思营求为太子，狄仁杰从容言于太后曰："姑侄与母子孰亲？陛下立子，则千秋万岁后配食太庙；若立侄，则未闻侄为天子，而祔姑于庙者也。"太后乃寤。

议论到十分醒快处，虽欲不从而不可得。庐陵反正，虽因鹦鹉折翼及双陆不胜之梦，实姑侄子母之说有以动之。凡恋生前，未有不计死后者。时王方庆居相位，以其子为眉州司士参军，天后问曰："君在相位，子何远乎？"对曰："庐陵是陛下爱子，今犹在远；臣之子，安敢相近？"此亦可谓善讽矣。然慈主可以情动，明主当以理格。则天明而不慈，故梁公辱昌宗而不怒，进张柬之而不疑，皆因其明而用之。

【译文】

武则天当皇帝时，武承嗣、武三思苦心钻营想做太子。狄仁杰不慌不忙地对武后说："姑侄与母子，哪种关系更亲密？陛下立儿子为太子，那千秋万代之后还能在太庙有一席之地，享受子孙的祭享供奉；如果立侄子为太子，那可从来没听说过侄儿做天子后，在太庙中还祭祀姑妈的。"太后这才明白过来。

冯评：这番议论简洁流畅，在情在理，想不接受都不行。后来庐陵王李显复位，虽说和梦到鹦鹉折断翅膀以及玩双陆棋不胜的梦有关，但根本上却是被这番姑侄母子的议论打动了她。大凡贪恋生前的人，很少有不在意死后的。当时王方庆位居宰相，儿子远赴眉州当司士参军。武后问他："你自己做宰相，为什么让儿子离得那么远？"王方庆回答说："庐陵王是陛下的爱子，尚且远在他乡，臣的儿子怎敢留在身边？"这也可说是对武后的一次很好的讽谏。然而仁慈的君主可以动之以情，睿智的明君应当晓之以理。武则天明智而不仁慈，所以狄仁杰当面侮辱张昌宗她不动怒，举用张柬之她不起疑，这都是由于她的明智。

735. 陆贾等　二条

平原君朱建，为人刚正而有口。辟阳侯得幸吕太后，欲知建，建不肯见。及建母死，贫未有以发丧，方假贷。陆贾素善建，乃令建发丧，而身见辟阳侯，贺之曰："平原君母死。"（边批：奇语）辟阳侯曰："平原君母死，何乃贺我？"贾曰："前君侯欲知平原君，平原君义不知君，以其母故。夫相知者，当相恤其灾危，今其母死，君诚厚送丧，则彼为君死矣。"辟阳侯乃奉百金祱。列侯贵人以辟阳侯故，往赙凡五百金。久之，人或毁辟阳侯，惠帝大怒，下吏，欲诛之。吕太后惭，不可言，大臣多害辟阳侯行，欲遂诛之。辟阳侯困急，使人欲见建，建辞曰："狱急，不敢见。"建乃求见孝惠幸臣闳孺，说之曰："君所以得幸帝，天下莫不闻。今辟阳侯下吏，道路皆言君谗欲杀之，今日辟阳侯诛，且日太后含怒，亦诛君。君何不肉袒，为辟阳侯言于帝？帝听，出辟阳侯，太后大欢，两主俱幸，君之富贵益倍矣。"于是闳孺大恐，从其计，言帝，帝果出辟阳侯。辟阳侯始以建为背己，大怒。及其出之，乃大惊。吕太后崩，大臣诛诸吕。辟阳侯于诸吕至深，而卒免于诛，皆陆生、平原君之计画也。

不但陆贾、朱建智，辟阳侯亦智。

梁孝王既刺杀袁盎，事觉，惧诛，乃赍邹阳千金，令遍求方略以解。阳素知齐人王先生，年八十余，多奇计，即往求之。王先生曰："难哉，人主有私怨深怒，欲施必行之诛，诚难解也。子今且安之？"阳曰："邹、鲁守经学，齐、楚多辩智，韩、魏时有奇节，吾将历问之。"王先生曰："子行矣，还，过我而西。"阳行月余，莫能为谋者，乃还过王先生，曰："臣将西矣，奈何？"先生曰："子必往见王长君。"邹阳悟，辄辞去，不过梁，径至长安，见王长君。长君者，王美人兄也。阳乘间说曰："臣愿窃有谒也。臣闻长君弟得幸后宫，天下无有，而长君行迹多不循道理。今陛下穷竟袁盎事，即梁王恐诛，太后怫郁，无所发怒，必切齿侧目于贵臣，而长君危矣！"长君瞿然曰："奈何？"阳曰："第能为上言，得无竟梁事，则太后必德长君，金城之固也。"长君如其计，梁事遂寝。

朱建一篇程文抄得恰好，不唯王先生智，邹阳亦智。

【译文】

西汉初年的平原君朱建为人刚正，又有口才。辟阳侯审食其深受吕太后宠爱，想结交朱建，朱建却总是推辞不见。后来朱建母亲去世，家贫无力发丧，正到处借钱。陆贾和朱建关系很好，就要朱建先张罗丧事，自己去见辟阳侯，贺喜道："平原君的母亲死了。"辟阳侯说："平原君的母亲死了，你给我贺的什么喜？"陆贾说："从前侯爷想结交平原君，平原君不愿相交，就是因为他母亲的缘故。真正的知心朋友应该在困难的时候排忧解难，现在平原君母亲死了，只要你能花大钱为他料理丧事，日后他一定会为你效死命的。"于是辟阳侯出百金协助办理丧事，其他贵族看到辟阳侯送此厚礼，纷纷前往吊唁赠礼，总共多达五百金。过了一段时日，有人谗毁辟阳侯，惠帝大怒，把他交给司法官员审讯，想杀了他。吕太后不方便出面求情，而朝中大臣早就对辟阳侯平时的行为深为不满，都巴不得趁此机会让皇帝杀了他。辟阳侯深陷危机，急忙派人找朱建，说要见他。朱建推辞说："你这官司风声太紧，我不敢来见你。"朱建去求见惠帝的宠臣闳孺，对他说："你受皇帝宠爱的原因，天下人都知道。现在辟阳侯吃了官司，人们都在议论说是你在皇上耳边进了谗言，想置他于死地。今天辟阳侯一死，明天太后一火，也把你杀了。你现在何不亲自到皇上面前恳切地为辟阳侯解脱？皇上要是能听你的话放了辟阳侯，太后一定非常高兴。得到皇上、太后二人的宠爱，你的荣华富贵可就翻倍了！"闳孺听了十分惶恐，于是就照朱建所说去跟皇帝求情，皇帝果然放了辟阳侯。辟阳侯开始还以为朱建背弃了自己，非常生气，等到出狱后，听说了原委，十分吃惊。吕太后去世后，大臣们诛杀诸吕，辟阳侯和诸吕往来密切，却没有被杀，都是陆贾和平原君的计谋。

冯评：不但陆贾、朱建聪明，辟阳侯也很聪明。

西汉梁孝王杀袁盎的事被人揭发，梁孝王害怕获罪被杀，就请邹阳带重金去寻找解决的办法。邹阳早就听说齐人王先生，已八十多岁，足智多谋，就前去拜访他。王先生说："这事难啊！皇帝家的恩怨深重，下决心要杀的人，难救！你打算到哪儿去呢？"邹阳说："邹、鲁多经学之士，齐、楚多辩才和智者，韩、魏常出有节操的人，我将一一拜访他们。"王先生说："那你就去吧，回来时，再到我这儿来一趟之后再西去长安。"邹阳寻访了一个多月，也没找到能帮忙的人，于是回去见王先生，说："我要去长安了，该怎么办呢？"王先生说："你回去后一定要去见王长君。"邹阳明白了，立刻告辞，不到梁国，直奔长安，见到王长君。王长君是王美人的哥哥。邹阳对王长君说："我很早就想来拜访你，听说你妹妹甚得皇上的宠幸，而你平时做事太过张扬。现在皇上追究梁王杀袁盎的事，梁王恐怕要定死罪，太后十分不高兴，又无从发火，必定会拿权贵们出气，那样你就危险了！"王长君惶恐地说："我该怎么做？"邹阳说："只要你能说服皇上不要再追究梁王杀袁盎的事，太后一定会感激你，你的地位就再没有什么可担忧的了。"王长君依计而行，梁王的案子也就不再追究了。

冯评：朱建的一段范文抄得正好。不只王先生聪明，邹阳同样聪明。

736. 厮养卒

赵王武臣遣韩广至燕，燕人因立广为燕王。赵王与张耳、陈余北略地至燕界。赵王间出，为燕军所得。燕将囚之，欲与分赵地半，乃归王。使者十辈，往辄见杀。张耳、陈余患之。有厮养卒，谢其舍中曰："吾为公说燕，与王载归。"舍中皆笑。养卒走燕壁，问燕将曰："知臣何欲？"燕将曰："若欲得赵王耳。"曰："君知张耳、陈余何如人？"燕将曰："贤人也。"曰："知其志何欲？"曰："欲得王。"养卒笑曰："君未知此两人所欲也。夫武臣、张耳、陈余，杖马箠下赵数十城，此亦各欲南面而王，岂欲为卿相终已耶？夫臣与主，岂可同日而道哉！顾其势初定，未敢参分而王；且以少长，先王武臣，以持赵心。今赵地已服，此两人亦欲分赵而王，时未可耳。今乃囚赵王，此两人名为求赵王，实欲燕杀之（边批：剖明使者辈急于求王之意），此两人分赵自立。夫以一赵尚易燕，况以两贤王左提右挈，而责杀王之罪，灭燕必矣。"燕将以为然，乃归赵王。养卒为御而归。

【译文】

秦末陈胜起义，派武臣、张耳、陈余经营赵地。武臣自立为赵王，又派手下韩广到燕地，燕人又把韩广立为燕王。赵王和张耳、陈余打到燕地边界。赵王从军营外出，被燕军俘获，燕将把赵王囚禁起来，要赵割让一半土地来交换赵王。去洽谈的赵使臣被杀了十多个，张耳、陈余烦恼不已。有个干杂活的小兵告别他的伙伴们，说："我要去游说燕人，然后带着赵王一起回来。"伙伴们都笑他吹牛。小兵来到燕军壁垒，问燕将："你可知我来干什么？"燕将说："想来要赵王呗。"小兵说："那你知道张耳、陈余是什么样的人？"燕将说："他们都是贤人。"小兵说："他们想怎么样？"燕将说："想让赵王回去。"小兵笑道："你不知道他们想要什么。武臣、张耳、陈余很容易地拿下赵地数十城池，心里都想自立为王，谁愿意终生做卿相呢？做臣子和做君主，那怎么能相比嘛！只不过先前局势还不平静，他们还不敢各自称王，暂且论资排辈，让武臣先做赵王来稳定赵人之心。现在赵地基本收服，这两人也想平分赵国各自称王，但时机尚未成熟。现在你们囚禁赵王，这两人表面上希望燕人释放赵王，实际上希望燕人将赵王杀了，好让两人瓜分赵国，自立为王。以一个赵王尚且不把燕国放在眼里，要是有两位贤明的赵王相互合作，以杀赵王的名义攻打燕，燕国肯定就完蛋了。"燕将觉得小兵的话很有道理，就放了赵王，小兵亲自驾车把赵王带了回去。

737. 杨　善

土木之变，上皇在虏岁余，虏屡责奉迎，未知诚伪，欲遣使探问，而难其人。左都御史杨善慨然请往（边批：尊官难得如此，其胸中已有主张矣）。虏将也先密遣一人黠慧者田氏来迎，且探其意。相见，云："我亦中国人，被虏于此。"因问："向日土木之围，南兵何故不战而溃？"善曰："太平日久，将卒相安，况此行只是扈从随驾，初无号令对敌，被尔家陡然冲突，如何不走？虽然，尔家幸而得胜，未见为福。今皇帝即位，聪明英武，纳谏如流，有人献策云：'虏人敢入中国者，只凭好马扒山过岭，越关而来。若今一带守边者，俱做铁顶橛子，上留一空，安尖头锥子，但系人马所过山岭，遍下锥橛，来者无不中伤。'即从其计。又一人献策云：'今大铜铳，止用一个石炮，所以打的人少。若装鸡子大石头一斗打去，迸开数丈阔，人马触之即死。'亦从其计。又一人献策云：'广西、四川等处射虎弩弓，毒药最快，若傅箭头，一着皮肉，人马立毙。'又从其计，已取药来，天下选三十万有力能射者演习，曾将罪人试验。又一人献策云：'如今放火枪者，虽有三四层，他见放了又装药，便放马来冲踩，若做大样两头铳，装铁弹子数个，擦上毒药，排于四层，候马来齐发，俱打穿肚。'曾试验三百步之外者皆然。献计者皆升官加赏，天下有智谋者闻之，莫不皆来，所操练军马又精锐，可惜无用矣！"（边批：收得妙）虏人曰："如何无用？"善曰："若两家讲和了，何用？"虏人闻言，潜往报知。次日，善至营，见也先，问："汝是何官？"曰："都御史。"曰："两家和好许多年，今番如何拘留我使臣，减了我马价，与的段匹，一匹剪为两匹，将我使臣闭在馆中，不放出，这等计较如何？"善曰："比先汝父差使臣进马，不过三十余人，所讨物件，十与二三，也无计较，一向和好。汝今差来使臣，多至三千余人，一见皇帝，每人便赏织金衣服一套，虽十数岁孩儿，也一般赏赐，殿上筵宴。为何？只是要官人面上好看！临回时，又加赏宴，差人送去，何曾拘留？或是带来的小厮，到中国为奸为盗，惧怕使臣知道（边批：都是揄扬语），从小路逃去，或遇虎狼，或投别处，中国留他何用？若减了马价一节，亦有故。先次官人家书一封，着使臣王喜送与中国某人。会喜不在，误着吴良收了，进与朝廷，后某人怕朝廷疑怪，乃结权臣，因说：'这番进马，不系正经头目，如何一般赏他。'以此减了马价。及某人送使臣去，反说是吴良诡计减了，意欲官人杀害吴良，不想果中其计。"也先曰："者！"胡语"者"，然词也。又说买锅一节："此锅出在广东，到京师万余里，一锅卖绢二匹，使臣去买，只与一匹，以此争斗，卖锅者闭门不卖，皇帝如何得知？譬如南朝人问使臣买马，价少便不肯卖，岂是官人分付他来？"也先笑曰："者。"又说剪开段匹："是回回人所为（边批：跟随使人者），他将一匹剪将两匹，若不信，去搜他行李，好的都在。"也先又曰："者！者！都御史说的皆实，如今事已往，都是小人说坏。"善因见其意已和，乃曰："官人为北方大将帅，掌领军马，却听小人言语，忘了大明皇帝厚恩，便来杀掳人民。上天好生，官人好杀，有想父母妻子脱逃者，拿住便剜心摘胆，高声叫苦，上天岂不闻知。"答曰："我不曾着他杀，是下人自杀。"善曰："今日两家和好如初，可早出号令，收回军马，免得上天发怒降灾。"也先笑曰："者！者！"问："皇帝回去，还做否。"善曰："天位已定，谁再更换？"也先曰："尧、舜当初如何来？"善曰："尧让位于舜，今日兄让位于弟，正与一般。"有平章昂克问："汝来取皇帝，将何财物来。"善曰："若将财物来，后人说官人爱钱了，若空手迎去，见得官人有仁义，能顺天道，自古无此好男子。我临修史书，备细写上，着万代人称赞。"也先笑曰："者！者！都御史写的好者！"次日，见上皇。又次日，也先遂设宴，与上皇送行。

　　杨善之遣，止是探问消息，初未有奉迎之计。被善一席好语，说得也先又明白，又欢喜，即时遣人随善护送上皇来归，奇哉！晋之怀、愍，度其必不得而不敢求者也；宋之徽、钦，求之而不得者也。庶几赵之厮养卒乎，然机有可乘者三：耳、余辈皆欲归王，一也；继使者十辈之后，二也；分争之际，易以利害动，三也。虏狃于晋、宋之故事，方以奇货可居。而中朝诸臣，一则恐受虏之欺，二则恐拂嗣立者之意，相顾推诿而莫敢任。善义激于心，慨然请往，不费尺帛半镒，单辞完璧，此又岂厮养卒敢望哉？土木是一时误陷，与晋、宋之削弱不同；而也先好名，又非胡刘、女真残暴无忌之比。其强势亦远不逮，所以杨善之言易入。使在晋、宋往时，虽百杨善无所置喙矣。然尔时印累累，绶若若，而慨然请往，独一都御史也。即无善之口舌，独无善之心肝乎？

【译文】

　　明朝土木堡之变后，英宗在瓦剌营中被囚禁了一年多。鞑子多次要求明朝派人接回英宗，但明朝搞不清他们用意到底如何，想派个人去试探一下，但这个人选很难找。左都御史杨善自愿请求为使臣前往瓦剌。瓦剌首领也先得知杨善将来，先派了个聪明机灵的人来迎接杨善，并借机刺探明朝的用意。二人见面后，使者说："我本也是中国人，自从被瓦剌人俘虏后一直留在此地。"接着问："当年土木堡之役，明朝军队怎会在双方未交战的情况下溃散？"杨善说："太平的日子过久了，将帅士兵都已习惯安逸。再说当时只是奉命护卫随从，并没有对敌作战的安排，被你们突然冲杀，怎能不败走？不过，那次你们虽然获胜，也不见得就是好事。当今皇上即位后，聪明睿智，善于采纳各种建议。有人献计说：'瓦剌人侵犯中国，只是凭借好马翻山越岭，抢关夺寨。如果现在让边境守卫做一批铁顶橛子，上留小孔，插上锥子，凡瓦剌人必经的山路上都布下橛子，来犯之敌必遭重创。'皇上采纳了。又有人说：'现在我军使用的大炮，每次只能发射一枚炮弹，所以杀伤力小，若是换装像鸡蛋般大的炮弹一斗发射，落地后就能迸开几丈的范围，敌人被炸到的便会死亡。'皇上也采纳了。又有人说：'广西、四川一带猎杀老虎的弩箭都用毒药，涂在箭头上，一触到皮肉，不管是人是马立即毙命。'建议也被采纳，而且毒药已送来，选拔国内善于射箭的人三十万，以罪犯为箭靶举行演习。又有人建议：'现在火枪队虽有三四排，敌人每次都趁我军填装弹药时骑马冲入我军阵地。若是建造大型双头火枪，一次可装填数发铁弹，涂上毒药，排在火枪队之后，等敌人骑马冲杀时同时发弹，一定会让敌人肠穿肚破。'后来，远在三百步距离外测试，果然有用。凡是献计的人，都升官加赏，所以有智谋的人没有不争相献计的，再加上操练的军马十分精锐，可惜现在全用不上了。"使者说："怎么用不上了呢？"杨善说："若大明与瓦剌讲和了，那还有什么用啊？"使者听了立刻回报。第二天，杨善到敌营和也先会面，也先问："你是什么官？"杨善说："都御史。"也先说："明与瓦剌友好多年，这次为什么要扣留我的使臣，降低我的马价，拿来的锦缎也都一匹剪断为二，又把我派去的使者扣押在行馆中不放，这些都怎么说？"杨善说："当年您父亲派使臣进贡马匹，所派不过三十多人，赏赐东西也就现在的两三成，即便如此也从来不加计较，两国素来友好。现在您派往中国的使臣多达三千人，见了皇上每人都赏得一套织金衣服，即使十几岁的孩童，也和成人般同样赏赐，在殿上饮宴，这都是为什么？为了使您有面子。等他们临走前又另外赐宴，派人护送，哪有拘留使者的事？可能是随使臣同来的奴仆，在中国作奸为盗，害怕使臣知道，畏罪由小路逃走，中途或是遇到虎狼，或是落脚别处。中国留下他们又有什么用？至于降低马价也是有原因的。先前您曾写了一封信，派使臣王喜送交中国某人，正巧王喜不在，信件让吴良误收了呈给朝廷。后来某人怕朝廷误会，就结交权贵，说这次瓦剌前来献马不是正规进献，怎能照往例赏赐？所以降低了马价。等某人送走了使者，反说是吴良用计降了马价，想借您手杀了吴良，不想您果然中计。"也先说："者。"胡语中"者"就是"对"的意思。杨善又说："再说买锅的事，这种锅出产于广东，运到京师有一万多里，所以一只锅定价两匹绢，贵国使者买锅，只肯出一匹绢，由此争执，卖锅的人索性关门不做生意，这种事皇上又怎么会知道？就好比中国人向贵国使者买马，出价太低使者当然不肯卖，难道能说是您的授意不成？"也先笑着说："者。"杨善又说："剪断锦缎都是回回人做的，他们将一匹锦缎剪成两匹，若您不信，搜他们的行李，完好的锦缎都在他们的行李中。"也先又说："者，者，都御史说的都是实话。如今事情都过去了，都是小人谗言。"杨善见也先态度缓和，就说："您是瓦剌统领兵马的大将军，却听信小人谗言，忘了大明皇帝恩德，常常侵犯边境，杀害百姓。上天有好生之德，您却好杀戮，所俘的明朝士兵，或因思念家人而逃跑，抓到便挖心摘胆，他们凄厉的惨叫声，上天哪有听不到的？"也先说："我没有下令杀人，都是下面的人杀的。"杨善说："现在两国和好如初，请您下令撤兵，免得上天发怒降灾。"也先笑着说："者，者！"又问："皇帝回去后，还继续做皇帝吗？"杨善说："新天子已登帝位，谁能再更换？"也先说："尧、舜那时候是如何传承的？"杨善说："尧让位给舜，和今天兄让位给弟是同样道理。"有个叫昂克的平章问："你来迎接皇帝回国，带了什么财物来？"杨善说："如果带财物来，后世的人会嘲笑你们贪财。若空手把皇上接回去，表现你们的仁义之心，能顺应天道，自有历史来从没有这样顶天立地的男子汉，我到修史书的时候，一定把这些详细写上，让后世万代人人称颂你们的作为。"也先笑着说："者，者！都御史好好写。"第二天，也先见英宗，又过了一天，也先设宴款待杨善，并为英宗饯行。

冯评：本来派杨善出使瓦剌，任务只是探问也先意图，没有奉迎英宗回国的计划。然而杨善一番好话，说得也先心里既明白又高兴，立即派人随杨善护送英宗回国，实在是不可思议啊。晋朝的怀、愍二帝被俘，晋人料想求不到，所以根本不敢开口；至于宋朝徽、钦二帝却是屡次要求送回被拒。至于赵国那个小兵（见上篇）干得不错，但他具备三个有利条件：张耳、陈余都想让赵王回来，这是其一；小兵在十来个使者去过之后再去，这是其二；局势纷乱的时候，容易实施利诱，这是其三。也先只知道比照晋、宋时候的往事，才认为俘虏了英宗奇货可居。而明朝大臣一则害怕受也先威胁，二则又不愿违逆代宗的心思，相互推诿而不敢担任使臣。杨善凭着胸中一股正气，慷慨请往瓦剌，不费一绢一币，靠一番说辞就迎奉英宗回国，这又哪是那小兵所能相比的？土木堡之役的失败，只是一时大意，与晋、宋时国势积弱不振不同。也先又看重名声，跟刘聪、女真人的残暴贪狠、无所顾忌不同，而瓦剌的国势也远不如刘聪和女真人强盛，所以杨善的话容易打动也先。若是处在晋、宋，即使有一百个杨善，也说不上一句话。然而在当时位高权重的大臣比比皆是，能自愿出任使臣前往瓦剌的只有这么一个小小的都御史。这些人啊，即使没有杨善的口才，难道也没有杨善的正义之心吗？

738. 富 弼

契丹乘朝廷有西夏之忧，遣使来言关南之地。地是石晋所割，后为周世宗所取。富弼奉使，往见契丹主曰："两朝继好，垂四十年，一旦求割地，何也？”契丹主曰："南朝违约，塞雁门，增塘水，治城隍，籍民兵，将以何为？群臣请举兵而南，吾谓不若遣使求地，求而不获，举兵未晚。"弼曰："北朝忘章圣皇帝之大德乎？澶渊之役，苟从诸将言，北兵无得脱者。且北朝与中国通好，则人主专其利，而臣下无所获；若用兵，则利归臣下，而人主任其祸。故劝用兵者，皆为身谋耳。今中国提封万里，精兵百万，北朝欲用兵，能保必胜乎？就使幸胜，所亡士马，群臣当之与，抑人主当之与？若通好不绝，岁币尽归人主，群臣何利焉？"契丹主大悟，首肯者久之。弼又曰："雁门者，备元昊也。塘水始于何承矩，事在通好前。城隍修旧，民兵亦补阙，非违约也。"契丹主曰："虽然，吾祖宗故地，当见还耳。"弼曰："晋以卢龙赂契丹，周世宗复取关南地，皆异代事，若各求地，岂北朝之利哉。"既退，刘六符曰："吾主耻受金币，坚欲十县，何如？"（边批：占上风）弼曰："本朝皇帝言：'为祖宗守国，岂敢妄以土地与人？北朝所欲，不过租赋耳，朕不忍多杀两朝赤子，故屈地增币以代之。'"（边批：占上风）若必欲得地，是志在败盟，假此为辞耳。"明日契丹主召弼同猎，引弼马自近，谓曰："得地则欢好可久。"弼曰："北朝既以得地为荣，南朝必以失地为辱，兄弟之国，岂可使一荣一辱哉？"猎罢，六符曰："吾主闻公荣辱之言，意甚感悟，今唯结姻可议耳。"弼曰："婚姻易生嫌隙，本朝长公主出嫁，赍送不过十万缗，岂若岁币无穷之利哉？"弼还报，帝许增币。契丹主曰："南朝既增我币，辞当曰'献'。"弼曰："南朝为兄，岂有兄献于弟乎？"（边批：占上风）契丹主曰："然则为'纳'"，弼亦不可。契丹主曰："南朝既以厚币遗我，是惧我矣，于二字何有？若我拥兵而南，得无悔乎？"弼曰："本朝兼爱南北（边批：占上风）故不惮更成，何名为惧？或不得已而至于用兵，则当以曲直为胜负，非使臣之所知也。"契丹主曰："卿勿固执，古有之矣。"弼曰："自古唯唐高祖借兵突厥。当时赠遗，或称献纳，其后颉利为太宗所擒（边批：占上风）岂复有此哉？"契丹主知不可夺，自遣人来议。帝用晏殊议，竟以"纳"字与之（边批：可恨）。

　　富郑公与契丹主往复再四，句句占上风，而语气又和婉，使人可听。此可与李邺侯参看，说辞之最善也。弼始受命往，闻一女卒；再往，闻一男生，皆不顾。得家书，未尝发，辄焚之，曰："徒乱人意。"有此一片精诚，自然不辱君命。

【译文】

　　契丹趁宋朝正遭西夏人侵犯边境，派使者前来要求归还关南之地。地是石晋所割,后为周世宗所取。富弼奉命前往契丹,见契丹主说:"两国修好已近四十年,为什么今天突然有割地的要求?"契丹主说:"宋违盟约,派兵防守雁门关,在河北增辟水塘,整修城墙,征调民兵,这是要干什么?臣子们都要求出兵南下,我说:'不如先派使者要求割地,若宋不答应,再出兵也不迟。'"富弼说:"北朝难道忘了我们真宗皇帝的恩德吗?当年澶渊之役,若真宗皇帝采纳将军们的意见,北朝士兵谁能活着回去?再说北朝与中国修好,君王可独享所有的好处,而臣下没有丝毫的利益。一旦双方交战,带来的好处归大臣所有,坏处却要君主承受。所以劝君王用兵的,都是为自身利益打算。现在中国疆域辽阔,精兵百万,契丹想要用兵,能保证一定会获胜吗?就算侥幸获胜,阵亡的士兵,损失的战马,是要群臣承担,还是要君王承担呢?若是两国修好,每年君王都可收到金银丝绢的赠予,大臣能分到什么好处呢?"契丹主恍然大悟,不断点头。富弼又说:"防守雁门关是为防备西夏的元昊;辟建水塘是由何承矩开始兴建,那是辽宋通好之前的事;至于城墙旧了总要修补,民兵有缺额总要增补,并不是违约行为。"契丹主说:"就算如此,关南是我祖先的土地,也该归还我们。"富弼说:"后晋以卢龙之地贿赂契丹,周世宗又取回关南,这都是前朝的事了,若是各自索讨旧地,北朝能讨到好处吗?"富弼告辞退下后,契丹的翰林学士刘六符对富弼说:"我们大王都耻于接受南朝的金银,坚持要关南十县的土地,你觉得如何?"富弼说:"本朝皇帝曾说:'要为祖先固守国土,怎敢随便把土地割让给人?北朝所要的不过是土地带来的田租赋税,朕不忍心两国无辜百姓因战争而死去,所以尽量增加每年岁币来替代。'若北朝坚持一定要土地,就是有心毁弃盟约,而以此为借口。"第二天契丹主邀富弼一同打猎,其间把富弼拉到身边说:"如果能让我们得到土地,那么两国的友谊可以保持长久。"富弼说:"假如北朝以得到土地为荣,那么南朝必定以损失土地为辱。兄弟之邦,怎能一荣一辱呢?"狩猎结束后,刘六符对富弼说:"我们大王听了荣辱之说,很有感想,现在只能商议两国通婚的事了。"富弼说:"婚姻容易产生磨擦。本朝长公主出嫁,陪嫁的嫁妆不过十万钱,哪里比得上年年获赠的岁币呢?"富弼回国报告出使经过,仁宗答应增加岁币。契丹主说:"南朝既答应增加岁币,那就应该用'献'一词。"富弼说:"两国兄弟,南朝为兄,哪有兄长献于弟的道理?"契丹主又说:"那称之为'纳'如何?"富弼也不同意。契丹主说:"南朝既然每年给我们丰厚的岁币,那就是怕我们,为什么计较两个字呢？要是我率兵南侵，不怕后悔吗？"富弼说："我们兼爱两国人民的生命，所以不惜再度议和，怎么能说是害怕呢？即便万不得已而开战，也自有是非曲直来分判胜负，这就不是我所能预知的了。"契丹主说："你不要太固执，这都是有先例的。"富弼说："历史上只有唐高祖曾经向突厥人借兵，当时为酬谢突厥人，称为献纳。可是后来颉利可汗被唐太宗生擒，哪里还有这一说呢？"契丹主知道无法说服富弼，就私下派人到宋朝议和。结果仁宗采纳晏殊的意见，最终用了"纳"字。

　　冯评：富弼（封郑国公）与契丹主反复交流，句句话占上风，而语气温和委婉，让人听得进去。可以和当年的邺侯李泌比美，是外交辞令的最高境界。富弼第一次奉命前往契丹，一个女儿去世；第二次再往契丹，一个儿子出生，但富弼都没有理会，收到家书也是不拆阅就顺手烧毁，说："这东西只会扰乱我的思虑。"有这样的一片忠诚，自然能不辱君命。

739. 王守仁

　　土官安贵荣，累世骄蹇，以从征香炉山，加贵州布政司参政，犹怏怏薄之，乃奏乞减龙场诸驿，以偿其功。事下督府勘议，时兵部主事王守仁以建言谪龙场驿丞，贵荣甚敬礼之。守仁贻书贵荣，略曰："凡朝廷制度，定自祖宗，后世守之，不敢擅改。改在朝廷，且谓之变乱，况诸侯乎？纵朝廷不见罪，有司者将执法以绳之。即幸免一时，或五六年，或八九年，虽远至二三十年矣，当事者犹得持典章而议其后。若是，则使君何利焉？使君之先，自汉、唐以来千几百年，土地人民，未之或改，所以长久若此者，以能世守天子礼法，竭忠尽力，不敢分寸有所违越，故天子亦不得无故而加诸忠良之臣。不然，使君之土地人民，富且盛矣，朝廷悉取而郡县之，谁云不可？夫驿可减也，亦可增也，驿可改也，宣慰司亦可革也，由此言之，殆甚有害，使君其未之思耶？所云奏功升职，意亦如此。夫划除寇盗，以抚绥平良，亦守土常职。今缕举以要赏，则朝廷平日之恩宠禄位，顾将何为？使君为参政，已非设官之旧，今又干进不已，是无抵极也，众必不堪。夫宣慰，守土之官，故得以世有其土地人民。若参政，则流官矣，东西南北，唯天子所使，朝廷下方尺之檄，委使君以一职，或闽或蜀，弗行，则方命之诛不旋踵而至。若捧檄从事，千百年之土地人民，非复使君有矣。由此言之，虽今日之参政，使君将恐辞之不速，又可求进乎？"后驿竟不减。

【译文】

土司安贵荣骄傲狂妄，因曾随军出征香炉山，加封贵州布政司参政，仍觉得不满足，还上奏请求裁撤龙场等驿站，将其土地交他管辖以作为封赏。朝廷将此事交由云贵总督府审议。当时兵部主事王守仁为上书营救戴铣，被贬为龙场驿丞，安贵荣对他十分敬重。王守仁给安贵荣写了一封信，信中说："大凡朝廷制度都由祖先制定，后世子孙严格遵守，不敢擅自更改。朝廷加以更改，尚称之为变乱，更何况是大臣加以改动呢？纵使朝廷不降罪，有关责司也会绳之以法。即使当时幸免，但五六年之后，或者八九年之后，甚至二三十年后，相关官员仍能拿着章程进行议论、批驳。那样的话，对你有什么好处呢？你的先祖自汉、唐以来千百年拥有这片土地及人民，从没有变动过。能这样长久，原因就在于世世代代遵守天子礼法，竭尽忠诚，努力办事，不敢有丝毫的违越，所以天子也不能随便拿忠良之臣怎么样。要不然，你的土地人民众多，朝廷都取来划为郡县，谁又敢说不行？驿站可以裁减，也可以增加，驿站可以改，你宣慰司也可以取消，由此说来，害处不小，你就没考虑过吗？你上奏表功，要求升职，也是同样道理。剿灭盗匪，安抚百姓本来是地方官份内的职责，现在一一列举出来邀赏，那么朝廷平日给你的官职俸禄是干什么用的呢？你被任命为参政，已经超越了原来的职权，现在还在谋求晋升，那就没底了，谁都会觉得难以忍受。你本来做宣慰使，那是坐守一方的官员，所以能世代保有土地人民。而参政官是流动的官员，皇上让去哪里就得去哪里。朝廷下一道命令，任命你一个官职，或去福建，或到四川，你不去，抗命的罪名立即就来了；你奉命去了，这世代传袭的土地人民就不再归你所有了。这么说来，就是现在参政这个职位，你应该推辞都来不及，怎么还会再要求晋升呢？"撤驿的事就这么结束了。

740. 张嘉言

张公嘉言司理广州时，边海设有总兵、参、游等官，幕下各数千防兵，每日工食三分。然参、游兵每岁涉远出汛，而总兵官所辖兵，皆借口坐镇不远行。

每三年五年修船，其参、游部下兵，止给每日工食之半。即非修船，而仅不出汛也，亦减工食每日三分之一，俱贮为修船之用。独总兵官部下兵毫无所减，当修船时，另凑处于民间。积习已久，彼此皆视为固然。忽巡道申详军门，欲将总兵官所辖兵，以后稍视裁其工食，留备修船之用。军门适与总兵有隙，乃仓卒允行。各兵哄然而哗，知张公为院道耳目，直逼其堂。张公意色安闲，命呼知事者五六人登阶述其故。众兵俱拥而前，即叱下堂，曰："人言嚣乱，殊不便听。"众兵乃下。时天雨甚，兵衣尽湿，张公亦不顾，但令此六人者好言之。六人哓哓，称旧无减例。张公曰："此事我亦与闻，汝等全不出汛，却难怪上人也。汝欲不减亦使得，虽然，亦非汝之利也。上司自今使汝等与参、游兵每岁更迭出汛，汝宁得不往乎？若往，则汝等且称参、游兵，工食减半矣（边批：怵之以害）。汝所争而存者，非汝所能享，而参、游兵之来代者所得也。何不听其稍减，而汝等犹得岁岁称大将军兵乎（边批：欣之以利）？汝等试思之！"此六人俯首不能对，唯曰："愿爷爷转达宽恤。"张公曰："汝等姓名为谁？"各相顾不肯言。张公骂曰："汝等不言姓名，上司问我'谁来禀汝'，何以对之？不妨说来，自有处也。"乃始各言姓名而记之。张公曰："汝等传语诸人，此事自当有处，甚无哗。诸人而哗，汝之六人者各有姓名，上司皆斩汝首矣。"六人失色，唯唯而退。后议诸兵每月减银一钱，兵竟无哗者。

说得道理透彻，利害分明，不觉气平而心顺矣。凡以减省激变者，皆不善处分之过！

【译文】

明朝张嘉言任广州推官时，海防设有总兵、参将、游击等官职，各统领数千海防兵。每位士兵每日可领工资三分银子。但每年参、游属下都要远出巡逻，而总兵的属下都以镇守海防为借口，从不出海。而每逢三五年要修船一次，参、游兵日工资减半；即使不修船，只是不出海巡逻，工资也要扣减三分之一，这些扣下的钱都作为修船费用。但总兵属下却是一分钱都不扣，每次修船，另行向民间筹募。这种做法日子久了，大家都视为理所当然。忽然一天，巡道上报总督，想将总兵的士兵也比照参、游所属的官兵扣减工资，作为修船的经费。正巧总督和总兵之间有过节，所以当即批准了巡道的请求。士兵们听说之后一片哗然，知道张嘉言有权向上级申报情况，就包围了张嘉言的公堂。张嘉言从容淡定，命士兵派五六个代表上前说明情况。所有士兵都挤上前来。张嘉言大声叱责说:"人多嘴杂,根本听不清楚。"其他士兵这才退下。这时天下大雨,士兵们的衣服都已湿透,张嘉言也不管,只叫六个代表好好说明白。六个人吵吵嚷嚷,大意是说从来没有扣他们工资的先例。张嘉言说:"这事我也有耳闻。但你们从不出海巡逻,也难怪上方会有这样的决定。你们想不扣工资也行,但是这样做对你们未必有好处。如果上面有令,你们从现在开始和参、游兵一样每年轮流出海巡逻,你们能不去吗?如果去了,那么你们也和参游兵一样,工资减半。你们极力所争取的,到最后不是你们享有,反而是那些替你们镇守的参、游兵得到了。你们为什么不任其稍扣工资,而安安稳稳地当年年坐镇、不用出海的总官的部属呢?你们想想看是不是这个道理。"这六人低头答不出话来,最后只有说:"请张公代为转达:请长官体恤我们的处境。"张嘉言说:"你们几个叫什么名字?"六人你看我、我看你,都不愿意报姓名。张嘉言骂道:"你们不肯留下姓名,上面长官问我是谁来陈情,我怎么回答?你们只管报上姓名,我自有主张。"六人这才留下名字。张嘉言说:"你们回去后告诉底下那些人,这事自有处置,不要再闹事。如果闹事,你们这六人都留有名字,长官会下令砍你们头的。"六人听了非常惊恐,点头告退。后来,总兵所辖每个士兵每月扣减工资一钱,所有士兵没有再闹事。

冯评:话说得道理清晰,利害分明,士兵们听了不觉心平气顺。凡因削减报酬而引发的动乱,都是处理不当造成的。

741. 王 维

弘治时,有希进用者上章,谓山西紫碧山产有石胆,可以益寿。遣中官经年采取,不获,民咸告病。按察使王维,祥符人,令采小石子类此者一升,以示中官。中官怒,曰:"此搪塞耳,其物载诸书中,何以谓无?"公曰:"凤凰、麒麟,皆古书所载,今果有乎?"

【译文】

明弘治年间,有人为了谋官,上报称,山西的紫碧山蕴藏石胆,有延年益寿的功效。朝廷于是派宦官监督采石,但一直找不到石胆,当地百姓因此劳苦不堪。按察使王维,祥符人,他下令百姓采集形状类似石胆的小石子一升,交给宦官。宦官见了,大为生气地说:"这是敷衍搪塞,石胆在书籍中早有详细的记载,怎会没有呢？"王维说："凤凰、麒麟在古书上也有记载，现在真的有吗？"

742. 秦 宓

吴使张温聘蜀，百官皆集，秦宓（字子敕）独后至。温顾孔明曰："彼何人也？"曰："学士秦宓。"温因问曰："君学乎？"宓曰："蜀中五尺童子皆学，何必我？"温乃问曰："天有头乎？"曰："有之。"曰："在何方？"曰："在西方。《诗》云，'乃眷西顾'。"温又问："天有耳乎？"曰："有。天处高而听卑，《诗》云，'鹤鸣九皋，声闻于天。'"曰："天有足乎？"宓曰："有。《诗》云：'天步艰难'，非足何步？"曰："天有姓乎？"宓曰："有姓。"曰："何姓。"宓曰："姓刘。"曰："何以知之？"宓曰："以天子姓刘知之。"温曰："日生于东乎？"宓曰："虽生于东，实没于西。"时应答如响，一坐惊服。

【译文】

三国时吴国派遣张温出访蜀国，蜀国召集百官迎接，只有秦宓姗姗来迟。张温问诸葛亮说："这人是谁？"孔明答："学士秦宓。"张温便对秦宓说："你读过书吗？"秦宓说："我蜀国连五尺的孩童都读书，何况是我？"张温就问："天有头吗？""有。"张温说："天的头在哪里呢？"秦宓说："在西方。《诗经》上说：'乃眷西顾'。"张温又问："天有耳朵吗？"秦宓说："有。天在高处，听着下界的种种声音。《诗经》上说，'鹤鸣九皋，声闻于天。'""那天有脚吗？"秦宓说："有。《诗经》说，'天步艰难'，若没有脚，哪里来的步？""天有姓吗？"秦宓说："有姓。"张温问："姓什么？"秦宓说："姓刘。""怎么知道姓刘？"秦宓说："因为天子姓刘，所以知道天姓刘。"张温说："太阳是不是由东方升起？"秦宓说："太阳虽由东方升起，却由西方落下。"秦宓对答如流，在场百官无不佩服。

卷二十　善言

唯口有枢，智则善转。孟不云乎，言近指远。组以精神，出之密微。不烦寸铁，谈笑解围。集"善言"。

——【解说】——

嘴里有个精妙的机关就是舌头，充满智慧的人便擅长让它完美地运转。就像孟子说的那样，会说话的人用词浅显而用意深刻。用心智加以编排，用微妙的方式表达。用不着武力和争斗，谈笑间就能化解危机。

这一卷讲的都是用巧妙的语言排忧解难的故事，名为《善言》。

743．凌阳台

陈侯起凌阳之台，未终，而坐法死者数人。又执三监吏，群臣莫敢谏者。孔子适陈，见陈侯，与登台而观之，孔子前贺曰："美哉台乎！贤哉主也！自古圣人之为台，焉有不戮一人而能致功若此者？"陈侯默然，使人赦所执吏。

【译文】

春秋时陈侯建造凌阳台，还没有完工，就杀了好几个人，又收押了三个监工，大臣们都不敢进谏劝阻。孔子来到陈国拜见陈侯，和陈侯一起登台观景。孔子上前贺道："美妙的高台啊！贤能的君主！自古以来，即使圣人修建楼台，也从没有不杀一人就能建成这样规模的！"陈侯没说什么，命人放了那三个监工。

744. 说秦王

秦王与中期争论不胜，秦王大怒，中期徐行而去。或为中期说秦王曰："悍人耳，中期适遇明君故也。向者遇桀、纣，必杀之矣。"秦王因不罪。

【译文】

秦王与中期发生争论，秦王辩不过，非常生气。中期从容离去。有人替中期圆场，对秦王说："真是个犟驴！也就是他碰上明君了，如果遇到桀、纣这样的昏庸残暴的君主，早就宰了他了！"秦王于是没有降罪于中期。

745. 晏 子 二条

齐有得罪于景公者，公大怒，缚置殿下，召左右肢解之："敢谏者诛。"晏子左手持头，右手磨刀，仰而问曰："古者明王圣主肢解人，不知从何处始？"公离席曰："纵之，罪在寡人。"

时景公烦于刑，有鬻踊者（踊，刖者所用）。公问晏子曰："子之居近市，知孰贵贱？"对曰："踊贵履贱。"公悟，为之省刑。

晏子之谏，多讽而少直，殆滑稽之祖也。其他使荆、使吴、使楚事，亦皆以游戏胜之。觉他人讲道理者，方而难入。晏子将使荆，荆王与左右谋，欲以辱之。王与晏子立语，有缚一人过王而行，王曰："何为者？"对曰："齐人也。"王曰："何坐？"对曰："坐盗。"王曰："齐人故盗乎？"晏子曰："江南有橘，取而树之江北，乃为枳。所以然者，其地使然。今齐人居齐不盗，来之荆而盗，荆地固若是乎？"王曰："圣人非所与戏也，只取辱焉。"晏子使吴，王谓行人曰："吾闻婴也，辩于辞，娴于礼。命傧者：客见则称天子。"明日，晏子有事，行人曰："天子请见。"晏子慨然者三，曰："臣受命敝邑之君，将使于吴王之所，不佞而迷惑，入于天子之朝，敢问吴王乌乎存？"然后吴王曰："夫差请见。"见以诸侯之礼。晏子使楚。晏子短，楚人为小门于大门之侧而延晏子。晏子不入，曰："使狗国者，从狗门入；臣使楚，不当从此门。"傧者更从大门入。见楚王，王曰："齐无人耶？"晏子对曰："齐之临淄三百间，张袂成帷，挥汗成雨，何为无人？"王曰："然则何为使子？"晏子对曰："齐命使，各有所主。其贤者使贤主，不肖者使不肖主，婴最不肖，故使楚耳。"

【译文】

春秋时候，有人得罪了齐景公，景公非常生气，命人把他绑在大殿下，处以分尸的极刑，并且说："谁敢劝阻，一律格杀勿论。"晏子左手抓着人犯的头，右手磨刀霍霍，抬头问景公："古时圣王明君肢解人犯时，不知先从哪个部位下刀？"景公立刻站起身说："放了他吧，是寡人的错。"

景公时，刑罚苛刻而繁杂，砍掉腿的刖刑是比较常用的刑罚，所以滋生了很多卖假肢的商人。有一天景公问晏子："你住的地方靠近市集，你知道现在市场上行情如何，什么东西贵，什么东西便宜？"晏子答："假肢贵，鞋便宜。"景公有所领悟，修改制度，减轻刑罚。

冯评：晏子劝谏君王多半以讽喻代替直言，可算是滑稽派的祖师爷。其他如晏子出使荆楚和吴国的故事，都开着玩笑就占了上风，让人觉得那些只知道硬讲道理的，反而很难收到成效。晏子出使楚国，楚王与大臣们计划羞辱晏子。楚王与晏子正站着闲聊，看见有人押着一个犯人从面前经过，楚王问手下："那是什么人？"手下答："齐国人。"楚王说："他犯了什么罪？"手下说："窃盗罪。"楚王对晏子说："难道齐国人都喜欢偷东西吗？"晏子说："江南有橘树，移植到江北就变成了枳树，之所以会这样，是因为环境的影响。齐人在齐国不偷东西，来到楚国却变成小偷，难道楚国的环境就是这样的吗？"楚王说："圣人是不能和他乱开玩笑的，只会自取其辱。"晏子出使吴国，吴王对负责接待的官员说："我听说晏婴善于言辞，熟悉礼制，告诉负责通禀的人，他来见我的时候我方自称天子。"第二天，晏子进宫见吴王，通报人说："天子有请晏婴晋见。"晏子长叹不已，说："我受齐王之命出使吴国，居然稀里糊涂跑到天子那里来了，请问那个吴王在哪里呢？"吴王重新传话说："夫差有请。"于是以诸侯的礼仪接待晏子。晏子出使楚国。他身材矮小，楚人专门在大门旁开了一个小门让晏子进去。晏子不进去，说："如果出使狗国就走狗门。我是出使楚国的，不该走这门。"于是接待人员打开大门请晏子进入。见了楚王，楚王说："齐国难道没有人了吗？"晏子回答说："齐国都城临淄就有三百闾，连结衣袖可以搭成一座大营帐，滴下的汗珠就像下雨一样，怎会没有人呢？"楚王说："那么为什么会派你充当使臣呢？"晏子答："齐王任命使臣有一个原则，去见贤明的君王，就派能干的大臣前往，去见无能的君王，就派无能的臣子。我晏婴是齐国大臣中最无用的，所以派来楚国了。"

746. 马圉　中牟令

景公有马，其圉人杀之。公怒，援戈将自击之。晏子曰："此不知其罪而死，臣请为君数之。"公曰："诺。"晏子举戈临之曰："汝为我君养马而杀之，而罪当死！汝使吾君以马之故杀圉人，而罪又当死！汝使吾君以马故杀圉人，闻于四邻诸侯，而罪又当死！"公曰："夫子释之，勿伤吾仁也。"

后唐庄宗猎于中牟，践蹂民田，中牟令当马而谏。庄宗大怒，命叱去斩之。伶人敬新磨率诸伶走追其令，擒至马前，数之曰："汝为县令，独不闻天子好田猎乎？奈何纵民稼穑，以供岁赋？何不饥饿汝民，空此田地，以待天子驰逐？汝罪当死，亟请行刑！"诸伶复唱和，于是庄宗大笑，赦之。

【译文】

齐景公有一匹心爱的马，被马倌杀了。景公非常愤怒，拿起戈想亲手杀了马倌。晏子说："这家伙还不知道他的罪有多大，请让我列举他的罪状。"景公说："好。"于是晏子举起戈站到马倌面前说："你为我们君主养马而杀了它，罪该死！你使我们君主为了一匹马而杀养马倌，罪又该死！你使我们君主因为马而杀死马倌，被其他诸侯听说，罪又该死！"景公说："放了他吧，别损害我仁德的形象。"

后唐庄宗在中牟狩猎，附近百姓的田地遭到践踏。中牟县令拦在庄宗马前谏阻，庄宗非常生气，命左右将县令带走处斩。伶人敬新磨立刻带着其他伶人把被押走的县令追回，押至庄宗马前，数落道："你身为县令，难道没有听说天子喜欢狩猎吗？为什么要纵容百姓耕田种地，缴纳赋税？为什么不让百姓忍饥受饿，把这田地空出来，好让天子尽情奔驰狩猎？你真是罪该万死，请立刻行刑。"其他伶人也在旁边唱和。于是庄宗大笑着下令赦免县令。

747. 郑　涉

刘玄佐镇汴，尝以谗怒，欲杀军将翟行恭，无敢辨者。处士郑涉能谐隐，见玄佐曰："闻翟行恭抵刑，愿付尸一观。"玄佐怪之。对曰："尝闻枉死人面有异，一生未识，故借看耳。"玄佐悟，乃免。

【译文】

唐朝的刘玄佐镇守汴州时，听信谗言，要杀军将瞿行恭，左右无人敢为他辩白。处士郑涉擅长微言讽谏，见了刘玄佐，对他说："听说瞿行恭要上刑场了，请您稍后把他的尸体借我看一下。"刘玄佐觉得奇怪，郑涉说："我听说受冤而死的人，脸上会有奇异的征状，我平生从未见过，所以借来看看。"刘玄佐明白了，于是赦免了瞿行恭。

748. 李忠臣

辛京杲以私杖杀部曲，有司奏，京杲罪当死。上将从之，李忠臣曰："京杲当死久矣！"上问其故。忠臣曰："京杲诸父兄弟俱战死，独京杲至今日尚存，故臣以为久当死。"上恻然，乃左迁京杲。

【译文】

唐朝的辛京杲动用私刑，打死了部下，有关官员上奏朝廷，依法论辛京杲死罪，皇帝准备批准。李忠臣说："辛京杲早该死了！"肃宗问为什么。李忠臣说："辛京杲的伯叔兄弟们都是战死沙场，只有辛京杲一个人活到现在，所以臣认为他早就该死了。"皇帝动了恻隐之心，于是下令将辛京杲贬官。

749. 武帝乳母

武帝乳母尝于外犯事，帝欲申宪，乳母求东方朔。朔曰："此非唇舌所争，尔必望济者，将去时，但当屡顾帝，慎勿言。此或可万一冀耳。"乳母既至，朔亦侍侧，因谓之曰："汝痴耳。帝今已长，岂复赖汝乳哺活耶？"帝凄然，即敕免罪。

【译文】

汉武帝的奶妈在宫外犯法，武帝想按律论罪以明法纪，奶妈向东方朔求救。东方朔说："这件事不是可以用讲道理的办法解决的。你如果真的想渡过难关，在你向皇上辞别时，只需频频回头看皇上，千万不要说话。这或许还有一点希望。"奶妈被押解来，东方朔也在一旁，就对奶妈说："你不要痴心妄想了，现在皇上已长大了，哪里还用得着你的奶水养活？"武帝听了，心中凄楚，立即下命赦免奶妈的罪。

750. 简 雍

先主时天旱，禁私酿，吏于人家索得酿具，欲论罚。简雍与先主游，见男女行道，谓先主曰："彼欲行淫，何以不缚？"先主曰："何以知之？"对曰："彼有其具。"先主大笑而止。

【译文】

三国时候，蜀国遭遇旱灾，刘备曾下令禁止百姓酿私酒，官吏在百姓家中搜出酿酒的器具，就要按律问罪。一天简雍与刘备一同出游，见路上有一对男女，简雍对刘备说："他们要做淫乱之事，为什么不把他们抓起来？"刘备说："你怎么知道？"简雍说："因为他们有淫乱用的器具。"刘备听了大笑，停止了原来的做法。

751. 昭 陵

文德皇后即葬。太宗即苑中作层观，以望昭陵，引魏征同升。征熟视曰："臣眊昏，不能见。"帝指示之。征曰："此昭陵耶？"帝曰："然。"征曰："臣以为陛下望献陵。若昭陵，则臣固见之矣。"帝泣，为之毁观。

【译文】

唐太宗长孙皇后年仅三十六岁去世，谥文德，葬在昭陵。唐太宗非常思念她，于是命人在苑中搭建一座高台，好常常眺望昭陵。一天太宗邀魏征一同登台眺望。魏征说："臣年纪大了，老眼昏花，看不见啊。"太宗便指点给他看。魏征说："这是昭陵吧？"太宗说："对。"魏征说："老臣以为皇上是来眺望献陵的（译者按：唐高祖李渊葬于献陵），若是昭陵，那老臣当然看见了。"太宗泪流满面，命人拆毁高台。

752. 吴　瑾

石亨矜功（夺门功）恃宠。一日上登翔凤楼，见亨新第极伟丽，顾问恭顺侯吴瑾、抚宁伯朱永曰："此何人居？"永谢不知，瑾曰："此必王府。"上笑曰："非也。"瑾顿首曰："非王府，谁敢僭妄如此？"上不应，始疑亨。

【译文】

明朝的石亨自恃功高（夺门功），恣意妄为。一日英宗登翔凤楼眺望风景，看见石亨新建的府邸华丽壮伟，便问恭顺侯吴瑾、抚宁伯朱永："那是谁的宅邸？"朱永推说不知。吴瑾说："这一定是王府。"英宗笑道："不是王府。"吴瑾叩头道："如果不是王府，是谁如此胆大，不顾身份造如此华丽的宅院？"英宗虽没说什么，但从此开始怀疑石亨了。

753. 香草根

炀帝幸榆林，长孙晟从。晟以牙中草秽，欲令突厥可汗染干亲自芟艾，以明威重，乃故指帐前草谓曰："此根大香。"染干遽嗅之，曰："殊不香也。"晟曰："天子行幸，所在诸侯躬亲洒扫，芸除御路，以表至敬。今牙中芜秽，谓是留香草耳。"染干乃悟，曰："是奴罪过。"遂拔所佩刀，亲自芟草，诸部贵人争效之，自榆林东达蓟，长三千里，广百步，皆开御道。

【译文】

隋炀帝巡幸榆林，长孙晟随从。长孙晟见牙帐中杂草丛生，想要前来迎驾的突厥可汗染干亲自除草，以展现天子的威仪，于是长孙晟故意指着帐前的草对染干说："这草根很香。"染干拔起来闻了闻，说："一点都不香啊！"长孙晟说："天子所临幸的地方，诸侯都要亲自洒扫，天子走的路要亲自除去杂草，这样才能表示尊敬。现在牙帐里杂草那么多，我还以为是传说中的留香草呢。"染干明白了，说："是奴才有罪。"说完拔出佩刀亲自割草。其他各部落首领也纷纷效仿，从榆林到蓟门，开辟了长三千里、宽百步的御道。

754. 贾 诩

贾诩事操。时临淄侯植才名方盛，操尝欲废丕立植。一日屏左右问诩，诩默不对，操曰："与卿言，不答，何也？"对曰："属有所思。"操曰："何思？"诩曰："思袁本初、刘景升父子。"操大笑，丕位遂定。

卫瓘"此座可惜"一语，不下于诩，晋武悟而不从，以致于败。

【译文】

三国时贾诩侍奉曹操。当时临淄侯曹植才名极盛，曹操有意废太子曹丕而改立曹植。一天，曹操命左右退下，把这个想法告诉了贾诩，贾诩默不作声，曹操说："我跟你说话，你怎么不理我啊？"贾诩说："我正好在想事。"曹操说："想什么呢？"贾诩说："想袁本初和刘景升父子。"（译者按：袁绍字本初，刘表字景升，二人都曾因为废长立幼惹出大乱）曹操听了哈哈大笑，曹丕太子的地位也就得以稳固。

冯评：卫瓘也有"此座可惜"的话劝晋武帝改立太子，水平不下于贾诩。可惜晋武帝听懂了却不采纳，以致最后酿成大乱。

755. 解 缙 二条

解缙应制题"虎顾众彪图"，曰："虎为百兽尊，谁敢触其怒。唯有父子情，一步一回顾。"文皇见诗有感，即命夏原吉迎太子于南京。

文皇与解缙同游。文皇登桥，问缙："当作何语？"缙曰："此谓'一步高一步'。"及下桥，又问之，缙曰："此谓'后面更高似前面'。"

【译文】

明朝的解缙受成祖诏命为"虎顾众彪图"题诗，诗句是："虎为百兽尊，谁敢触其怒。唯有父子情，一步一回头。"成祖看了诗句，心中有感，立即命夏元吉到南京迎太子回宫。

有一次成祖与解缙一同出游，成祖登上一座桥，问解缙："这情景该怎么形容？"解缙说："这叫一步高一步。"下了桥，成祖又问，解缙说："这叫后面更高似前面。"

756. 史 丹

汉元帝不喜太子。时中山哀王薨,太子前吊。哀王者,帝之少弟,与太子同学,相长大。上望见太子,感念哀王,悲不自止,睹太子不哀,大恨曰:"安有人不慈仁而可奉宗庙、为民父母乎?"太傅史丹免冠谢曰:"臣诚见陛下哀痛中山王,至于感损。向者太子当进见,臣切戒属,无涕泣感伤陛下,罪乃在臣,当死。"上以为然,意乃解。

此与上官桀"意不在马"之对同,而忠佞自分。

【译文】

汉元帝不喜欢太子。中山哀王逝世,太子前往吊祭。哀王是元帝的幼弟,和太子一起读书,年龄相差不大。元帝看见太子不由想起哀王,更是悲伤。见太子并没有多少哀痛的表情,十分生气,说:"哪有不存仁慈之心而能够继承社稷、为百姓父母的呢?"太傅史丹摘下帽子请罪说:"臣见陛下哀痛中山王,恐怕损伤陛下的身体。先前太子准备晋见,臣特别叮嘱太子,千万不要流泪痛哭使陛下感怀伤情。老臣有罪,罪该万死!"元帝听了史丹的解释,就不再生气了。

冯评:这和上官桀"意不在马"的回答类似,但忠奸自有分别。

757. 谷那律

高宗出猎遇雨,问谷那律曰:"油衣若为不漏。"对曰:"以瓦为之则不漏。"上因此不复出猎。

【译文】

唐高宗外出狩猎时突遇大雨,问谷那律说:"如何能让雨衣不漏?"谷那律说:"如果用瓦做就不漏了。"高宗听了,从此不再出猎。

758. 裴 度

裴度为相时,宪宗将幸东都,大臣切谏,不纳。度从容言:"国家建别都,本备巡幸,但自艰难以来,宫阙署屯,百司之区,荒圮弗治,必假岁月完新,然后可行。仓卒无备,有司且得罪。"帝悦曰:"群臣谏朕不及此,如卿言,诚有未便,安用往耶?"因止不行。

【译文】

　　唐人裴度任宰相时,宪宗有意前往东都,大臣们虽极力劝阻,但宪宗都不听。裴度不慌不忙地说:"国家建有别都,本来就是为皇上出游巡视准备的。但安史之乱以来,宫阙官署所管理的机构都荒废破败,需要花很长时间才能修复,那时皇上再去就行了。现在他们仓促之间难以准备周全,负责的官员不免因此而获罪。"宪宗说:"别的大臣们都没有说到这一层,照你所说,下面确实不方便,朕又何必非去不可呢?"于是取消了计划。

759. 李　纲

　　李纲欲用张所,然所尝论宰相黄潜善,纲颇难之。一日遇潜善,款语曰:"今当艰难之秋,负天下重责,而四方士大夫,号召未有来者。前议置河北宣抚司,独一张所可用。又以狂妄有言得罪,如所之罪,孰谓不宜?第今日势迫,不得不试用之,如用以为台谏,处要地,则不可;使之借官为招抚,冒死立功以赎过,似无嫌。"潜善欣然许之。

【译文】

　　南宋的李纲想重用张所,但张所曾弹劾宰相黄潜善,李纲颇感为难。一日,李纲路遇黄潜善,便委婉地说:"现在国家处境艰难,身为朝廷命臣,对天下安危负有重责,但是各地的士大夫多招而不来。前次提议设置河北宣抚司,只有一个张所可以用,但张所此前曾狂言获罪,他犯错受责罚,谁说不应该呢?只是现在国家情势紧迫,不得不用他试一试。让他在中央的要害部门任职,那不行;让他做招抚使,戴罪立功,似乎没什么妨碍。"黄潜善欣然同意。

760. 苏子由

　　《元城先生语录》云:"东坡下御史狱,张安道致仕在南京,上书救之,欲附南京递进,府官不敢受,乃令其子恕至登闻鼓院投进。恕徘徊不敢投。久之,东坡出狱。其后东坡见其副本,因吐舌色动。人问其故,东坡不答。后子由见之,曰："宜吾兄之吐舌也，此事正得张恕力！"仆曰："何谓也？"子由曰："独不见郑昌之救盖宽饶乎？疏云：'上无许、史之属，下无金、张之托'，此语正是激宣帝之怒耳！且宽饶何罪？正以犯许、史辈得祸，今再讦之，是益其怒也。今东坡亦无罪，独以名太高，与朝廷争胜耳。安道之疏乃云'实天下之奇才'，独不激人主之怒乎？"仆曰："然则尔时救东坡者，宜为何说？"子由曰："但言本朝未尝杀士大夫，今乃是陛下开端，后世子孙必援陛下以为例。神宗好名而畏义，疑可以止之。"

【译文】

《元城先生语录》记载：苏东坡被捕下狱，张安道正致仕在南京家居，想上书救苏东坡，本想从南京就近呈递，可是本地官员不敢受理，于是张安道就命儿子张恕到专门告状的登闻鼓院投递。张恕在登闻鼓院门口徘徊许久后，仍不敢投递。过了一段日子，苏东坡出狱。后来他见到当年张安道为他求情的奏章副本时，不禁吐着舌头，神情紧张。有人问他为什么，他也不说。后来苏辙（字子由）看了副本，说："难怪我哥哥要吐舌头了，这事还真是张恕立了功。"我问（译者按：《元城先生语录》中记载的都是刘安世说的话，这个"我"就是刘安世）："什么意思？"苏辙说："你难道没听说汉朝郑昌为营救盖宽饶，上疏说'上无许、史之属，下无金、张之托'，这话正激怒了宣帝。盖宽饶有什么罪？他的罪就是冒犯许、史这些权贵，郑昌再攻击他们，不是火上浇油吗？现在东坡也没什么罪，就是名气太大，风头压过了朝廷。张安道奏疏中却说'实天下之奇才'，不也是在激怒皇上吗？"我说："那么当时如果要救东坡，该怎么说呢？"苏辙说："只要说大宋立朝以来，从不杀士大夫，现在陛下要是开先例，日后子孙会援例效仿。神宗好美名，对道义也有敬畏，或许能制止他。"

761. 施仁望

南唐周邺为左衙使，信州刺史本之子也，与禁帅刘素有隙（刘即长公主婿）。升元中，金陵告灾，邺方潜饮人家，醉不能起，有闻于主者，主顾亲信施仁望曰："率卫士十人诣灾所，见其驰救则释，不然，就戮于床！"仁望既往，亟使召邺家语之。邺大怖，衣女子服，奔见仁望，仁望留之。泊火息，复命，至便殿门，会刘先至，亦将白灾事。仁望揣刘意不能蔽邺，又惧与偕罪，计出仓卒，遽排刘，越次见主，曰："火不为灾，邺诚如圣旨。"主曰："戮之乎？"仁望曰："邺父本方临敌境，臣未敢即时奉诏。"主抚几大悦曰："几误我事！"仁望自此大获奖用，邺乃全恕。

【译文】

南唐周邺担任左衔使，是信州刺史周本的儿子，与禁军元帅刘某素有仇怨（刘即长公主婿）。升元年间，金陵火灾，周邺正在别人家喝酒，大醉不起。有人向南唐国主汇报，国主对亲信施仁望说："率十名卫士赶往火灾现场，如果周邺在现场指挥救火就罢了，要是他醉在床上，就地正法！"施仁望一面出发，一面派人到周邺喝酒的那家通知他。周邺一听大为惊恐，胡乱穿了妇人的衣服就去见施仁望。施仁望留下周邺，等大火扑灭后，回去交差。走到便殿门口，刘某已先到，正要向皇帝禀报火灾的事。施仁望估计刘某一定不会袒护周邺，那就把自己也连累进去了，情急之间他一把推开刘某，抢在前面见国主说："火势已被扑灭，周邺的情况果真如陛下所说。"国主说："杀了他吗？"施仁望答："周业的父亲周本正深入敌境作战，臣没敢当场行刑。"国主拍着桌子高兴地说："差点坏了大事！"施仁望因这件事大获重用，周邺也得到了宽免。

762. 李 晟

李怀光密与朱泚通谋，事迹颇露。李晟累奏，恐其有变，为所并，请移军东渭桥，上犹冀怀光革心，收其力用，奏寝不下。怀光欲缓战期，且激怒诸军，言"诸军粮赐薄，神策独厚，厚薄不均，难以进战"。上以财用方窘，若粮赐皆比神策，则无以给之；不然，又逆怀光意，恐诸军觖望，乃遣陆贽诣怀光营宣慰，因召李晟参议其事。怀光欲晟自乞减损，使失士心，沮败其功，乃曰："将士战斗同，而粮赐异，何以使之协心？"贽未有言，数顾晟，晟曰："公为元帅，得专号令，晟将一军，受指纵而已。至于增减衣食，公当裁之。"怀光嘿然。

【译文】

唐朝的李怀光暗中勾结朱泚想造反，迹象已十分明显，李晟（当时统领神策军）为此多次上奏朝廷，恐怕发生变乱，自己的队伍被吞并，请求移驻东渭桥。皇帝却还在希望李怀光幡然悔悟，洗心革面仍为朝廷效力，所以对李晟的奏章迟迟没有批复。李怀光为争取时间，想延缓谋反的日期，并煽动军士的不满情绪，说："诸军粮饷微薄，只有神策军特别丰厚，待遇不均，难以尽力作战。"由于国库空虚，如果都比照神策军的待遇发饷，皇上给不起；但若不这么做，又怕违逆了李怀光，诸军产生抱怨情绪，于是德宗命陆贽到李怀光军营宣慰。同时，又叫上了李晟。李怀光希望李晟自己要求减损军饷，这样他就会失去军心，不能有所作为，于是说："军士们出力打仗、报效朝廷是相同的，但所领的军饷却不一样，这怎能让大家同心协力呢？"陆贽没说话，频频看着李晟。李晟说："您是元帅，负责发号施令。我只负责一支军队，听命行事。至于增减军饷的事，由您决定。"李怀光无话可说。

763. 折契丹　二条

契丹遣使与中国书，所称"大宋"、"大契丹"，似非兄弟之国，今辄易曰"南朝"、"北朝"。上诏中书、密院共议，辅臣多言："不从将生隙。"梁庄肃曰："此易屈耳，但答言宋盖本朝受命之土，契丹亦北朝国号，无故而自去，非佳兆。"其年贺正使来，复称"大宋"如故。

皇祐末，契丹请观太庙乐人，帝以问宰相，对曰："恐非享祀，不可习也。"枢密副使孙公沔曰："当以礼折之，云：'庙乐之作，皆本朝所以歌咏祖宗功德也，他国可用耶？使人如能助吾祭，乃观之。'"仁宗从其言，使者不敢复请。

【译文】

契丹派使者到中国，用"大宋"、"大契丹"字样，看起来不像是兄弟之国，现在改为"南朝"、"北朝"。皇帝下诏书交由中书、密院共同审议，大臣们都认为：如果不顺从契丹的做法，恐怕会生出事端。梁适（谥庄肃）说："这很容易，只要说'宋'是本朝天子接受天命的地名，'契丹'也一样是北朝的国号，随便去掉不是好的征兆。"结果这年契丹的贺正使来时，仍如以往一样称"大宋"。

宋仁宗皇祐末年，契丹请求观赏太庙乐工奏乐。仁宗询问宰相的意见，宰相说："恐怕契丹人不是为了享祀，不能让他们观摩。"枢密副使孙沔说："应该以礼折服他们，说：太庙乐曲是本朝祭祀时为歌诵祖宗功德而演奏的，别的国家能用吗？如果有谁能帮我们祭祀祖先，那就来观摩吧。"仁宗照孙沔的话答复契丹使者，使者从此不敢再提此事。

764．韩 亿

亿奉使契丹，时副使者为章献外姻，妄传太后旨于契丹，谕以南北欢好、传示子孙之意。亿初不知也，契丹主问亿曰："皇太后即有旨，大使何不言？"亿对曰："本朝每遣使，皇太后必以此戒约，非欲达之北朝也。"契丹主大喜曰："此两朝生灵之福。"是时副使方失词，而亿反用以为德，时推其善对。

【译文】

北宋的韩亿奉命出使契丹，任副使的是章献刘太后家的外戚，向契丹主误传了太后旨意，表示南北双方愿意永结盟好，传于子孙。韩亿开始并不知道，后来契丹主对韩亿说："皇太后既有旨意，大使怎不早说呢？"韩亿说："本朝每次派遣使者前来契丹，太后总会对使者表达这样的意思，并非是要传达给契丹的话。"契丹主很高兴地说："这真是两朝生灵的福气啊！"当时本来是副使失言，而韩亿回答得体，反而体现了大宋的仁德，当时人都说韩亿善于应对。

765．冯当世

王定国素为冯当世所知，而荆公绝不乐之。一日，当世力荐于神祖，荆公即曰："此孺子耳。"当世忿曰："王巩戊子生，安得谓之孺子！"（边批：尖甚，恶甚）盖巩之生与同天节同日也，荆公愕然，不觉退立。

【译文】

北宋的冯京（字当世）一直很赏识王巩（字定国），但王安石不喜欢他。一天，冯京在神宗面前力荐王巩，王安石说："王巩只是个乳臭未干的小子罢了。"冯京很生气地说："王巩是戊子年生，怎能说是乳臭未干的小子呢？"原来王巩和神宗是一天生日。王安石大惊，只得退立一旁。

766．邵康节

司马公一日见康节曰："明日僧颙修开堂说法。富公、吕晦叔欲偕往听之，晦叔贪佛，已不可劝；富公果往，于理未便。某后进，不敢言，先生曷止之？"

康节唯唯。明日康节往见富公,曰:"闻上欲用裴晋公礼起公。"公笑曰:"先生谓某衰病能起否?"康节曰:"固也,或人言'上命公,公不起;僧开堂,公即出',无乃不可乎?"公惊曰:"某未之思也!"(时富公请告)

【译文】

北宋的司马光一天求见邵雍(字康节)说:"明天僧人颙修开堂讲佛法。富弼、吕公著(字晦叔)都想去听讲。吕公著沉迷佛法,是劝不动他的;但如果富弼去听讲,在情理上或许不太合适。我是晚辈,不敢劝阻,先生何不制止呢?"邵雍点头答应。第二天邵雍去见富弼,说:"听说皇上将用唐朝任命裴晋公(裴度)的礼仪重新启用您。"富弼笑着说:"先生看我现在这个病弱的样子能重新任事吗?"邵雍说:"尽管如此,还是有人会说:皇上差你你不动,和尚开讲你就去。这好像不太好吧?"富弼吃惊地说:"这我倒真的没想到!"(当时富弼已向皇帝请了病假。)

767. 谢 庄

庄,字希逸,孝武尝赐庄宝剑,庄以与鲁爽。后爽叛,帝偶问及剑所在,答曰:"昔与鲁爽别,窃借为陛下杜邮之赐矣。"

【译文】

南朝宋孝武帝曾赐予谢庄(字希逸)一把宝剑,他又转送给了鲁爽。后来鲁爽谋反,孝武帝偶然问起宝剑的下落,谢庄说:"当年臣与鲁爽离别时,就悄悄代陛下行'杜邮之赐(白起被谗,行至杜邮,秦昭王赐剑令其自杀)'了。"

768. 裴楷等 四条

晋武始登阼,采策得一,王者世数,视此多少。帝既不悦,君臣失色。侍中裴楷进曰:"臣闻:天得一以清,地得一以宁,侯王得一以为天下贞。"帝悦,君臣叹服。

梁武帝问王侍中份:"朕为有耶,为无耶?"对曰:"陛下应万物为有,体至理为无。"

宋文帝钓天泉池,垂纶不获,王景文曰:"良由垂纶者清,故不获贪饵。"

元魏高祖名子恂、愉、悦、怿，崔光名子劭、勖、勉。高祖曰："我儿名旁皆有心，卿儿名旁皆有力。"对曰："所谓君子劳心，小人劳力。"

王弇州曰："诸人虽取捷供奉，然语不妨雅致。若桓玄篡位，初登御床而陷，殷仲文曰：'将由圣德深厚，地不能载。'梁武宫门灾，谓群臣曰：'我意方欲更新。'何敬容曰：'此所谓先天而天弗违。'又，武帝即位，有猛虎入建康郭，象入江陵，上意不悦，以问群臣，无敢对者。王莹曰：'昔击石拊石，百兽率舞。陛下膺箓御图，虎象来格。'纵极赡辞，不能不令人呕秽。"

【译文】

晋武帝初登皇位，用抽签的办法卜算他的王朝能够延续几世，结果抽到个"一"。武帝非常不高兴，众臣们也都很慌张。侍中裴楷说道："臣听说：天得一以清，地得一以宁，侯王得一以为天下贞。"（译者按：这是《道德经》中的名句）武帝转怒为喜，众臣们也都叹服。

有一天梁武帝问侍中王份说："朕是'有'呢，还是'无'呢？"王份说："陛下顺应万物是'有'，体悟真理是'无'。"

南朝宋文帝到天泉池钓鱼，无所收获。王景文说："因为垂钓者清，所以得不到贪饵的鱼。"

元魏高祖为皇子们分别取名恂、愉、悦、怿，崔光则分别为儿子们取名劭、勖、勉。高祖说："我儿名旁都有心，你儿名旁都有力。"崔光说："这就是所谓君子劳心，小人劳力。"

冯评：王世贞说：这些人虽然是靠思维敏捷、能言善辩

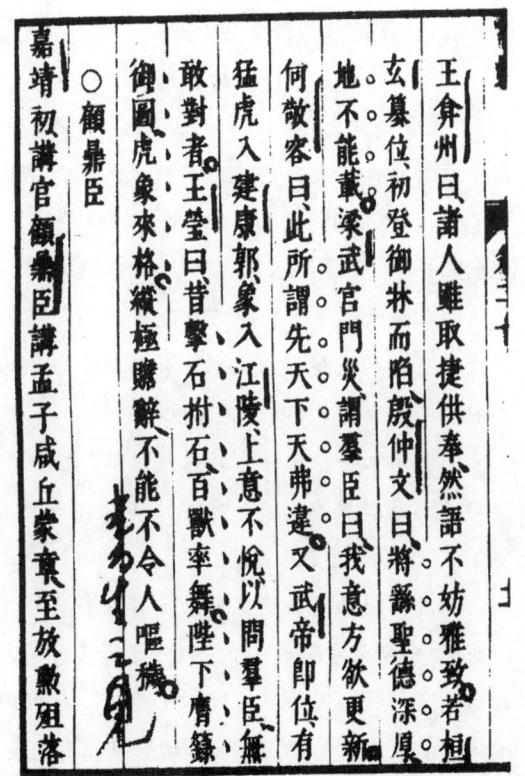

◎毛泽东评：书生之见。

而取悦皇上，但话都还算说得雅致。要是如桓玄篡位后，初次睡龙床时，龙床发生塌陷，殷仲文说："因为圣德深厚，大地都承载不了。"梁武帝时，宫门起火，武帝对群臣说："我正想翻新宫门。"何敬容说："这就叫'先天而天弗违'。"又武帝即位时，老虎来到京城外，大象跑进江陵城，武帝很不高兴，询问大臣们的看法，大臣们都不回答。王莹说："古圣人'击石拊石，百兽率舞'。现在陛下亲受天命，所以虎象来临！"虽然极其能说会道，但不能不令人作呕。

769. 杨廷和　顾鼎臣

辛巳，肃庙入继大统，方在冲年。登极之日，御龙袍颇长，上俯视不已，大学士杨廷和奏云："陛下垂衣裳而天下治。"圣情甚悦。

嘉靖初，讲官顾鼎臣讲《孟子》"咸丘蒙"章，至"放勋殂落"语，侍臣皆惊，顾徐云："尧是时已百有二十岁矣。"众心始安。

世宗多忌讳，是时科场出题，务择佳语，如《论语》"无为而治"节，《孟子》"我非尧舜之道"二句题，主司皆获遣。疑"无为"非有为，"我非尧舜"四字似谤语也。又命内侍读乡试录，题是"仁以为己任，不亦重乎"，上忽问："下文云何？"内侍对曰："下文是'兴于诗'云云。"此内侍亦有智。

【译文】

明正德十六年辛巳，万历皇帝登基，当时他还是个小孩子。即位当天的仪式上，万历的龙袍显得太长，他不断低头俯视。大学士杨廷和启奏说："陛下垂衣裳而天下治。"万历显得很高兴。

明嘉靖初年，讲读官顾鼎成讲解《孟子》"咸丘蒙章"时，说到"放勋殂落"这句，大家心里都一紧。顾鼎成不慌不忙地接着说："尧这时已有一百二十多岁了。"大家这才放心。

冯评：明世宗嘉靖皇帝平日有许多忌讳，科举的试题都必须用好句子，出《论语》中"无为而治"节，及《孟子》中"我非尧舜之道"两句为题的主考官都遭到了惩罚，因为皇帝疑心"无为"是影射他的作为，而"我非尧舜"则近乎诽谤。又嘉靖曾命内臣读乡试题目，有题是"仁以为己任，不亦重乎"，世宗突然问内臣下句是什么，内臣答："下句是'兴于诗'之类的。"（译者按：下句其实是"死而后已，不亦远乎"，再下句才是"兴于诗"）看来这内臣很聪明的。

770. 宗汝霖

宗汝霖（泽）政和初知莱州掖县时，户部著提举司科买牛黄，以供在京惠民和剂局合药用，督责急如星火。州县百姓竞屠牛以取黄。既不登所科之数，则相与敛钱以赂吏胥祈免（边批：弊所必至）。汝霖独以状申提举司，言"牛遇岁疫则多病有黄，今太平日久，和气充塞，县境牛皆充腯，无黄可取。"使者不能诘，一县获免，无不欢戴。

【译文】

宗泽（字汝霖）在北宋徽宗政和初年为莱州掖县知县时，户部命提举司采购牛黄，为的是供应京师的惠民和剂局配药，而且任务催逼得很紧。州县百姓连忙杀牛取牛黄。但数量达不到户部的要求，便纷纷花钱贿赂小吏设法免征。宗泽上书提举司，说："年岁不好，疫病流行，牛才会生病而有牛黄，现在天下太平好多年了，天地之气和谐平正，县内牛都膘肥体壮，没有牛黄可取。"提举司没法辩驳，全县免征牛黄，百姓们都十分感激。

771. 潘 京

晋良吏潘京为州所辟，谒见射策，探得"不孝"字。刺史戏曰："辟士为不孝耶？"答曰："今为忠臣，不得为孝子。"

【译文】

晋朝的潘京是出色的小吏，州官征召他，面试的时候他抽到的题目是"不孝"。刺史开玩笑说："难道招了个不孝子吗？"潘京回答说："现在要做朝廷的忠臣，也就无法做孝子了。"

772. 布政司吏

相传某布政请按台酒，坐间，布政以多子为忧，按君只一子，又忧其寡。吏在傍云："子好不须多。"布政闻之，因谓曰："我多子，汝又云何？"答曰："子好不愁多。"二公大称赞，共汲引之。

【译文】

　　相传有个布政使请按台喝酒，席间，布政使因自己孩子太多而担忧，而按台只有一子，又忧心太少。一个小吏在边上说："儿子好就不需要多。"布政使说："那我儿子多，你怎么说？"小吏说："儿子好就不愁多。"二人都很高兴，一起提拔了这个小吏。

773. 朱文公

　　廖德明，字子晦，朱文公高弟也。少时梦谒大乾，阍者索刺，出诸袖，视其题字云"宣教郎廖某"，遂觉。后登第改秩，以宣教郎宰闽。思前梦，恐官止此，不欲行。亲友相勉，为质之文公。公沉思良久，曰："得之矣。"因指案上物曰："人与器不同。如笔止能为笔，不能为砚；剑止能为剑，不能为琴。故其成毁久远有一定不易之数。唯人不然，有朝为跖暮为舜者，故其吉凶祸福亦随而变，难以一定言。今子赴官，但当力行好事，前梦不足芥蒂。"廖拜而受教，后把麾持节，官至正郎。

【译文】

　　南宋的廖德明字子晦，是朱熹（谥文）的高足。年轻时曾梦到自己拜谒见大乾惠应祠，看门的问他要名片，他就从袖中拿出一张，看到上面写着"宣教郎廖某"，之后就醒了。后来廖德明中了进士做官，被任命为福建的宣教郎。廖德明想起做的梦，怕自己官职仅止于此，不想赴任。但亲友都劝他，又去请教朱熹。朱熹沉思良久，说："我知道了。"于是指着桌上器物说："人和器物不同，像笔只能是笔，不能当砚台用；剑只能是剑，不能当琴弹。所以它们从生成到毁坏都有一个定数。只有人不同，有早上做盗跖，晚上变尧舜的，于是一个人的吉凶祸福随之改变，很难先有定论。现在你上任做官，只要努力好好干，先前那个梦大可不必挂怀。"廖德明拜谢离去，后来历任多种职务，官至正郎。

774. 吴　山

　　丹徒靳文僖（贵）之继夫人，年未三十而寡，有司为之奏请旌典，事下礼部，而仪曹郎与靳有姻娅，因力为之地。礼部尚书吴山曰："凡义夫节妇、孝子顺孙诸旌典，为匹夫匹妇发潜德之光，以风世耳。若士大夫，何人不当为节义孝顺者！靳夫人既生受殊封，奈何与匹夫争宠灵乎？"（确论名言）会赴直入西苑，与大学士徐阶遇。阶亦以为言，山正色曰："相公亦虑阁老夫人再醮耶？"阶语塞而止。

今日"节义"、"孝顺"诸旌典，只有士大夫之家，可随求随得；其次则富家，犹间可力营致之。匹夫匹妇绝望矣！若存吴宗伯之说，使士大夫还而自思，所以求旌异其亲者，反以薄待其亲，庶乎干进之路稍绝，而富家营求之余，或可波及单贱，世风稍有振乎？推之"名宦"、"乡贤"，莫不皆然。名宦载在祭统，非有大功德及民者不祀，乡贤则须有三不朽之业。若寻常好官好人，分内之事，何以祠为？又推之"乡饮"亦然。乡饮须年高有德望者，乃可以表帅一乡。今封公无不大宾者，而介必以贿得，国家尊老礼贤之典，止以供人腹诽而已，此皆吴宗伯所笑也。

【译文】

明朝丹徒人靳贵（字文僖）的继室，不到三十岁就守寡，有官员奏请皇帝建坊题匾进行表彰，皇帝交礼部商议，而仪曹郎和靳家是姻亲，又极力促成此事。礼部尚书吴山说："表彰义夫节妇、孝子贤孙，那是为了激发普通百姓内心深处的美德，从而树立良好的社会风尚。至于士大夫，哪个不该做到节义孝顺呢？靳夫人生前已经受到特别的册封，为什么还要和普通百姓争荣宠呢？"后来在去西苑上班的路上，正巧碰到学士徐阶，徐阶也来促成此事，吴山严肃地说："难道相公是怕靳阁老的夫人再嫁吗？"徐阶无言以对。

冯评：今天"节义"、"孝顺"之类的表彰仪典，只有士大夫之家能很容易得到。其次是富豪大户，有的能花些钱办下来。普通百姓根本没有希望。若是依吴山的说法，让士大夫们反省一下，他们要表彰自己的亲属，实际上是亏待了他们，或许他们不太热衷于钻营这种事，而富豪大户在用钱营求之余，也许会留一些份额给底层百姓，从而对振兴社会的道德风尚有些好处吧？推而广之，为所为"名宦"、"乡贤"树碑立传的事，也都是如此。在乡里，那些著名的官宦如果不是对百姓有大恩德的，不必专门立祠祭祀，而所谓乡贤则必须有立德、立功、立言三不朽的功业才行，若只是普通的好官、好人，那都是分内之事，为什么要特别祭拜呢？再说到乡饮之礼也是一样。乡饮本来都要推举年高德劭者主持，才能作为一乡表率。现在的乡饮，做大宾的都是儿子做大官的，做介的则都是花钱买的（译者按：明清时乡学三年一次举行乡饮酒礼，由德高望重的乡绅主持，一人为宾，也叫大宾，其次者叫介，此外还有一些被称为众宾），国家尊老礼贤的典礼只能给人当笑话看。这种种现象，都是被吴山耻笑的。

775. 附：奇谈　二条

东汉宋均常言："吏能宏厚，虽贪污放纵犹无所害（边批：甚言之）。唯苛察之人，身虽廉，而巧黠刻剡，毒加百姓。"识者以为确论（边批：廉吏无后，往往坐此）。

唐卢坦，字保衡，始仕为河南尉，时杜黄裳为尹，召坦谕曰："某巨室子，与恶人游，破产，盍察之。"坦曰："凡居官廉，虽大臣无厚蓄。其能积财者，必剥下致之。如子孙善守，是天富不道之家；不若恣其不道，以归于人也！"黄裳惊异其言。

只说得"酷"、"贪"二字，但议论痛快，便觉开天。

【译文】

东汉宋均曾说："官吏若是心地宽厚，纵使贪污放纵也没什么大害。只是那些苛刻明察的，虽自身廉洁，但心机太重，处事刻薄，反而给百姓带来灾难。"有识之士认为他的说法有道理。

唐朝人卢坦字保衡，早年做河南尉时，杜黄裳为府尹。一天，召见卢坦说："有个大户人家的孩子交了坏朋友，现在家财败尽，何不调查一下？"卢坦说："凡是为官清廉的，做多大的官也不会有丰厚家产。能有万贯家财的，必是盘剥下民而来。如果子孙能守财，那是上天要使胡作非为的人家富有，倒不如由他胡作非为，把家财败光，那也算是取于人还于人。"杜黄裳对他的话非常诧异。

冯评：只说了"酷"、"贪"二字，但议论痛快，别开生面。

兵智部

冯子曰：岳忠武论兵曰："仁，智，信，勇，严，缺一不可。"愚以为"智"尤甚焉。智者，知也。知者，知仁、知信、知勇、知严也。为将者，患不知耳。诚知，差之暴骨，不如践之问孤；楚之坑降，不如晋之释原；偃之迁延，不如嫠之斩嬖；季之负载，不如孟之焚舟。虽欲不仁、不信、不严、不勇而不可得也。又况夫泓水之襄败于仁，鄢陵之共败于信，阆中之飞败于严，郏河之毅败于勇。越公委千人以尝敌，马服须后令以济功，李广罢刁斗之警，淮阴忍胯下之羞。以仁、信、勇、严而若彼，以不仁、不信、不严、不勇而若此，其故何哉？智与不智之异耳！愚遇智，智胜；智遇尤智，尤智胜。故或不战而胜，或百战百胜，或正胜，或谲胜，或出新意而胜，或仿古兵法而胜。天异时，地异利，敌异情，我亦异势。用势者，因之以取胜焉。往志之论兵者备矣，其成败列在简编，的的可据。吾于其成而无败者，择著于篇，首"不战"，次"制胜"，次"诡道"，次"武案"。岳忠武曰："运用之妙，在乎一心。"武案则运用之迹也。儒者不言兵，然儒者政不可与言兵。儒者之言兵恶诈，智者之言兵政恐不能诈。夫唯能诈者能战，能战者，斯能为不诈者乎！

【解说】

冯梦龙说：岳飞（谥忠武）议论兵法说："仁、智、信、勇、严，为将用兵者缺一不可。"我个人以为，"智"最重要。智，就是知。知，就是知仁、知信、知勇、知严。做武将的，就怕不知。真能做到知，知仁，则夫差的穷兵黩武、骨暴中原不如勾践的励精图治、吊死问孤；知信，则项羽的背信弃义、坑杀降卒不如晋文公的重信轻原邑、退兵受降；知严，则荀偃的姑息纵容、延误军机不如知罃的当机立断、斩嬖立威（译者按：嬖，受宠者。知罃并无斩杀受宠者的事迹。原文"罃"可能是"苴"之误，司马穰苴有斩杀庄贾的事）；知勇，则季孙氏委曲求全、结盟乞和不如孟明视孤注一掷、焚身勇进。能够如此，想不仁、不信、不严、不勇也难。另外，泓水之战宋襄公败于仁，鄢陵之战楚共王败于信，阆中的张飞败于严，郊河的先縠败于勇；杨素用千人的生命试探敌情，赵奢用出尔反尔的命令走向胜利，李广宽容到军中不用刁斗警戒，韩信窝囊到身受胯下之辱——努力做到仁、信、勇、严的是这样，故意不仁、不信、不严、不勇的又是那样，这里究竟有什么奥妙呢？就是智与不智的区别罢了。愚者碰到智者，智者胜；智者碰到更智慧的人，更智慧的人胜。所以有不战即胜的，有百战百胜的，有用正道获胜的，也有用诡道获胜的，有别出心裁获胜的，有仿效兵法获胜的。天时不同，地利不同，敌情不同，我方的情况也不同，善于分析利用情况的，就能因此取胜。这种种应敌获胜的方法如何选择，便靠智慧。古书上议论兵法的内容很多，其成败得失也都历历见诸记载，明明白白可以考据。我选择其中完美的成功案例收入书中，依次分为"不战"、"制胜"、"诡道"、"武案"四篇。岳飞说："运用之妙，在乎一心"。"武案"便是巧妙运用的真实例子。儒者不谈军事，儒者也真不能和他们谈论兵法。儒者论兵总对诈充满了反感，智者论兵则恐怕少不得诈。只有能行诈的人才能战，能战的人，怎能不诈呢？

卷二十一　不战

形逊声，策绌力。胜于庙堂，不于疆场。胜于疆场，不于矢石。庶可方行天下而无敌。集"不战"。

――【解说】――

　　在战场上，有形之兵不如无形之兵，通过计谋可以战胜强敌。能在庙堂谋定胜算，就不必奔赴战场对决。在战场上能够获胜，就不必亲冒矢石。这样就能横行天下无敌手。

　　这一卷讲的都是战场上不靠武力就取胜的故事，集在一起名为《不战》。

776. 荀罃　伍员

　　鲁襄时，晋、楚争郑。襄公九年，晋悼公帅诸侯之师围郑，郑人恐，乃行成。荀偃曰："遂围之，以待楚人之救也，而与之战。不然，无成。"（边批：亦是）知罃曰："许之盟而还师以敝楚，吾三分四军，与诸侯之锐，以逆来者，于我未病，楚不能矣，犹愈于战。暴骨以逞，不可以争。大劳未艾。君子劳心，小人劳力，先王之制也。"乃许郑成，后三驾郑，而楚卒道敝，不能争，晋终得郑。

　　吴阖闾既立，问于伍员曰："初而言伐楚，余知其可也，而恐其使余往也，又恶人之有余之功也。今余将自有之矣，伐楚何如？"对曰："楚执政众而乖，莫适任患。若为三师以肄焉，一师至，彼必皆出；彼出则归，彼归则出，楚必道敝。亟肄以罢之，多方以误之。既罢，而后以三军继之，必大克之。"阖闾从之，楚于是乎始病。

晋、吴敝楚，若出一辙。然吴能破楚，而晋不能者，终少柏举之一战也。宋儒乃以城濮之战咎晋文非王者之师。噫！有此议论，所以养成南宋为不战之天下，而竟奄奄以亡。悲夫！

按：吴璘制金，亦用此术。虏性忍耐坚久，令酷而下必死，每战非累日不决。于是选据形便，出锐卒，更迭挠之，与之为无穷，使不得休暇，以沮其坚忍之气，俟其少息，出奇胜之。

【译文】

春秋鲁襄公时，晋楚争夺郑国。襄公九年，晋悼公联合其他诸侯的军队围攻郑国，郑人大为恐慌，遣使求和。荀偃说："继续围攻郑国，等楚人救郑时，再和楚军作战；否则，不可能让郑国归顺。"知䓨（又称荀䓨）说："应该与郑结盟引兵而归，然后使楚国疲敝。我们的四军（晋有上、中、下、新四军）分成三路，加上其他诸侯的精锐部队迎战楚军，对我们来说没有多大压力，但楚军就不行了。用大量士兵的生命去争胜，不可取。更大的战争还在后面呢。君子用心，小人出力，这是先王定下的规矩。"于是接受郑国的求和。后来楚国果然三度出兵讨郑，但是由于长途行军而精疲力竭，根本无法作战，晋国终于取得了郑国。

吴王阖闾即位后，曾问伍员说："当年你曾提议伐楚，我知道可行，但是我怕吴王僚命我亲自率军前往，也不希望由吴王僚去而抢了我的功劳。现在我能做主了，你看伐楚怎么样？"伍员答道："楚国政治混乱，管事的多，意见不合，又谁都不敢担责。如果派三支部队去作试探性攻击，一支部队到位，他们会全力应敌，他们出动我们就撤，他们回去我们再攻，如此一来楚军肯定疲于奔命，这样多次反复，使之疲惫，也对他们充分误导，然后用主力大军进攻，一定能大获全胜。"阖闾采纳了伍员的建议，楚国的麻烦也从此开始了。

冯评：晋与吴削弱楚国实力，用的都是同一手法。但是吴能击破楚国而晋不能，就在于柏举之战这样关键的战役。宋儒居然以城濮之战来批评晋文公并非王者之师。唉！有这种议论，才使南宋成为不能打仗只会求和的朝廷，终于无精打采地灭亡，真是可悲！

按，宋将吴璘对付金兵，也用这种方法。金兵的长处在于耐力好，军令严酷，一旦令下，必誓死执行任务，每次战斗都要打上几天。吴璘就选择有利地形，派出精锐兵卒，轮番骚扰，跟他们打车轮战，让他们不得休息，消磨他们坚忍的士气，等到金兵稍有懈怠的时候，立刻出奇制胜。

777. 高昭元

开皇初，帝尝问高颎以取陈之策。颎曰："江北地寒，田收差晚；江南土热，水田早熟。量彼收获之际，微征士马，声言掩集，彼必屯兵御守，便可废其农时。及彼聚兵，我还解甲，再三若此。贼以为常，后更集兵，彼必不信，犹豫之顷，我忽济师，出其不意，破贼必矣！又江南土薄，舍多竹茅，所有储积，皆非地窖，密遣行人，因风纵火。待彼修立，更复烧之。不出数年，自可令彼财力俱困。"帝用其策，卒以敝陈。

【译文】

隋文帝开皇初年，文帝曾问高颎进攻陈国的策略。高颎说："江北气候寒冷，收获时间晚；江南气候温暖，水田收成早。我们趁陈国人忙着收获的时候，稍稍征调兵马，号称集结大兵进攻，陈国必定会屯兵防守，这必然会影响陈国的收获。等他们结集防备，我们就退兵。反复多次后，他们就习以为常了，我们再说集结他们也不信了。就在陈国松懈之时，我们突然发兵进攻，一定能攻破陈国。另外，江南土层薄，民舍多半是用竹茅搭建，贮藏谷物的仓库也不用地窖，我们可以派遣奸细顺风纵火，等他们把谷仓整建好了，放火再烧。不出几年，他们自然财力困乏。"文帝用了高颎的计策，终于削弱了陈国。

778. 周德威

晋王存勖大败梁兵，梁兵亦退。周德威言于晋王曰："贼势甚盛，宜按兵以待其衰。"王曰："吾孤军远来，救人之急，三镇乌合，利于速战。公乃欲按兵持重，何也？"德威曰："镇、定之兵，长于守城，短于野战。吾所恃者骑兵，利于平原旷野，可以驰突。今压城垒门，骑无所展其足，且众寡不敌，使彼知吾虚实，则事危矣。"王不悦，退卧帐中，诸将莫敢言。德威往见张承业，曰："大王骤胜而轻敌，不量力而务速战，今去贼咫尺，所限者一水耳，彼若造桥以薄我，我众立尽矣，不若退军高邑，诱贼离营，彼出则归，彼归则出，别以轻骑，掠其馈饷，不过逾月，破之必矣！"承业入，褰帐抚王曰："此岂王安寝时邪？周德威老将知兵，言不可忽也。"王蹶然而兴，曰："予方思之。"时梁王闭垒不出，有降者，诘之，曰："景仁方多造浮桥。"王谓德威曰："果如公言。"

【译文】

五代十国时，晋王李存勖大败梁兵，梁暂时退兵。周德威对晋王说："敌人气势正盛，我们应该先按兵不动，等待梁兵气势衰落。"晋王说："我孤军远征救急，对方三镇兵乌合之众，适合速战。现在你建议按兵不动，什么道理？"周德威说："对方兵卒善于守城，不善于野战。我军依仗的是骑兵，平原旷野是最有利的地形，可以驰骋突袭。现在全压到城边，骑兵根本无法施展，再说敌众我寡，让敌人摸清了我军的实力，对我军大大不利。"晋王很不高兴，就退回帐休息，其他将军也都不敢多说什么。周德威去见张承业，说："大王一下子取胜，有轻敌之心，自不量力，务求速战。现在敌我相距仅一水之隔，敌人若造浮桥逼近我军，我军立刻会全军覆没。不如退守高邑，再出兵引诱对方离营，他们出兵我们回营，他们回营我们出兵，再另外派一支轻骑专门抢夺梁兵的粮食。不出一个月，一定能破梁。"张承业于是来到晋王的营帐，掀起帘帐说："这哪是您安稳睡觉的时候呢？周德威是老将，深通兵法，他的话不可忽视！"晋王跳起来说："我正在想这件事。"当时梁王军队坚守不出，抓到的降卒供述说："梁王正命人建造多座浮桥。"晋王对周德威说："果然不出将军所料。"

779. 诸葛恪

诸葛恪有才名，吴主欲试以事，令守节度。节度掌钱谷，文书繁猥，非其好也。武侯闻之，遗陆逊书，陆公以白吴主，即转恪领兵。恪启吴主曰："丹阳山险，民多果劲，虽前发兵，徒得外县平民而已，其余深远，莫能擒尽。恪请往为其守，三年可得甲士四万。"朝议皆以为，丹阳地势险阻，周旋数千里，山谷万重，其幽邃民人，未尝入城邑、对长吏，皆仗兵野逸，白首于林莽；逋亡宿恶，咸共逃窜，铸山为甲兵；俗好武习战，高气尚力，其升山赴险，抵突丛林，若鱼之走渊，猿狖之腾木也；时观间隙，出为寇盗。每致兵征伐，寻其窟藏，战则蜂至，败则鸟窜，自前世以来，不能驭而羁也。恪固言其必捷，吴主拜恪丹阳太守。恪至府，乃遗书四郡属城长吏，令各保其疆界，明立部伍，其从化平民，悉令屯居，乃分内诸将罗兵幽阻，但缮藩篱，不与交锋，候其谷熟，辄引兵芟刈，使无遗种，旧谷既尽，新田不收，平民屯居，略无所得，于是山民饥穷，渐出降首。恪乃复敕下曰："山民去恶从化，皆当抚慰，徙出外县，不得嫌疑，有所执拘。"长吏胡伉获降民周遗。遗，旧恶民，困迫暂出，内图叛逆。伉执送于恪，恪以伉违教，遂斩以徇，民闻伉坐戮，知官唯欲出之而已，于是老幼相携而出，岁期，人数皆如本规。

【译文】

三国的诸葛恪以有才干出名，东吴主孙权想派他个任务试试他的能力，就让他掌管钱粮调度，这个工作要处理大量的文书，诸葛恪并不喜欢。诸葛亮听说后，就给陆逊去信说诸葛恪的工作并不合适，陆逊又禀告孙权，孙权改派诸葛恪为带兵武将。诸葛恪向孙权进言说："丹阳山势险阻，山民剽悍，以前虽也派兵征讨，但所平定的不过是外围各县的平民而已，其余深居内部的山民无法抓捕。我请求去做丹阳太守，三年内可招抚四万山民入伍。"朝中官员都认为，丹阳地势险阻，道路延绵盘绕数千里，山谷层叠，其中的山民从不进入县城、接受长官管理，只是带着刀枪在山中游弋，终老一生。而盗贼逃犯也都往那里逃窜躲藏，开采矿藏打造兵刃铠甲。所以那里形成了好勇斗狠、崇尚武力的风俗，他们翻山越岭就像鱼儿游水、猿猴爬树一般自如，瞅准机会就出来抢掠，官方出动军队讨伐、寻找他们的老巢时，他们作战则蜂拥而至，败退则一哄而散，所以历来都拿他们没办法。但诸葛恪却保证一定能获胜。孙权于是任命诸葛恪为丹阳太守。诸葛恪上任后，立即写信给周边各郡的长官，叫他们各自整理防务，加强军备，凡有愿意归化的平民，给他们提供聚居的条件。然后派属下官兵分头设点阻防，但不与之交战，等到稻谷成熟，就命士兵出动收割，颗粒不剩。山民的存粮吃光了，新粮又被抢光了，一无所有，渐渐就出山投降。诸葛恪又下令："凡山民自愿归化的，都应妥善安抚，愿意逃到外县去的，也不要随意扣押逮捕。"之后，长吏胡伉抓了一个叫周遗的山民，周遗本是一个恶贼，因为无奈而暂时出来投降，但内心却仍然想伺机作乱。胡伉把周遗抓了送到诸葛恪那里，诸葛恪却以胡伉违抗军令而下令斩首。山民听说胡伉因违法被杀，知道诸葛恪只是希望他们能下山投降而已，于是扶老携幼纷纷出山，一年后，招降的人数就达到了诸葛恪当初保证的。

780. 杨 侃

魏雍州刺史萧宝夤反，攻冯翊，尚书仆射长孙稚讨之。左丞杨侃谓稚曰：

"昔魏武与韩遂、马超据潼关相拒。遂、超之才，非魏武敌，然而胜负久不决者，扼其险要故也。今贼守御已固，不如北取蒲坂，渡河而西，入其腹心，置兵死地，则华州之围不战自解，长安可坐取也。"稚曰："子之计则善矣。然今薛修义围河东，薛凤贤据安邑，宗正珍孙守虞坂，兵不得进，如何？"曰："珍孙行阵一夫，因缘为将，可为人使，安能使人？河东治在蒲坂，西逼河湄，封疆多在郡东。修义驱卒士民，西围郡城，其父母妻子，皆留旧村。一旦闻官军至，皆有内顾之心，势必望风自溃矣。"稚乃使其子子彦与侃帅骑兵，自恒农北渡，据石锥壁。侃声言："停此以待步兵，且以望民情向背。而今送降名者，各自还村，俟台举三烽，即举烽相应。其无应烽者，乃贼党也，当进击屠之，以所获赏军士。"于是村民转相告语，虽实未降者，亦诈举烽，一宿之间，火光遍数百里。贼围城者不测，各自散归。修义亦逃还，与凤贤俱请降。稚克潼关，遂入河东，宝夤出奔。

【译文】

北魏雍州刺史萧宝夤占据长安造反，攻打冯翊郡。尚书仆射长孙稚奉命征讨，左丞杨侃对长孙稚说："以前魏武帝曹操和据守潼关的韩遂、马超对峙。韩遂、马超的才智比不上曹操，但双方长久不能决出胜负，原因就是韩遂他们占据了险要位置。如今贼兵防守稳固，不如我们先打下北方的蒲坂，再渡河向西，进入敌人的腹地，置之死地而后生，不仅可解冯翊之围，长安也能唾手而得。"长孙稚说："你的主意好是好，但现在薛修义包围河东，薛凤贤据守安邑，而宗正珍孙则镇守虞坂，我军无法进兵，这该怎么办呢？"杨侃说："宗正珍孙不过是个武夫，凭关系而被任命为将军，这种人只能受人驱使，怎能指挥部队呢？河东郡的治所在蒲坂，西临近黄河岸，大部分地盘在郡东。薛修义出兵西征包围蒲坂，但士兵的父母妻子都留在家里。一旦他们知道官军到来，一定会担心故乡，势必望风而溃。"于是长孙稚就派自己的儿子长孙子彦与杨侃一同率领骑兵，从恒农北渡黄河，占据石锥壁。杨侃声言："军队先驻扎此地等候步兵前来会合，同时观察民心的向背。凡是自动前来投降的敌兵，一律遣返回乡，见到烽火台上燃起三把烽火时，也举烽火回应。如果见到烽火而不回应，就表示是贼党，那么我军出兵击杀，所获得的战利品，都将作为对军士的奖赏。"村民得到消息后争相转告，有的其实并没有投降，也点起烽火，一夜间方圆几百里处处火光。围城的贼党不明就里，纷纷溃散回乡，薛修义也逃回家，与薛凤贤一起请降。长孙稚攻占潼关后，进入河东，萧宝夤出逃了。

781. 高仁厚

邛州牙将阡能叛，侵扰蜀境，都招讨高仁厚帅兵讨之。未发前一日，有黥面者到营中，逻者疑，执而讯之，果阡能之谍也。仁厚命释缚，问之（边批：善用间者，因敌间而用之），对曰："某村民，阡能囚某父母妻子于狱，云'汝诇事归，得实则免汝家，不然尽死'，某非愿尔也。"仁厚曰："诚知汝如是，我何忍杀汝？今纵汝归，救汝父母妻子，但语阡能云：'高尚书来日发，所将止五百人，无多兵也。'然我活汝一家，汝当为我潜语寨中人，云：'仆射愍汝曹皆良人，为贼所制，情非得已。尚书欲拯救湔洗汝曹，尚书来，汝曹各投兵迎降，尚书当以"归顺"二字书汝背，遣汝还复旧业。所欲诛者，阡能、罗浑擎、句胡僧、罗夫子、韩求五人耳，必不使横及百姓也。'"谍曰："此皆百姓心上事，尚书尽知而赦之，其谁不舞跃听命！"遂遣之。明日仁厚兵发，至双流，把截使白文现出迎。仁厚周视堑栅，怒曰："阡能役夫，其众皆耕民耳，竭一府之兵，岁余不能擒，今观堑栅，重复牢密如此，宜其可以安眠饱食，养寇邀功也！"命引出斩之，监军力救，乃免。命悉平堑栅，留五百兵守之，余兵悉以自随。又召诸寨兵，相继皆集。阡能闻仁厚将至，遣浑擎立五寨于双流之西，伏兵千人于野桥箐，以邀官军。仁厚诇知，遣人释戎服，入贼中告谕如昨所以语谍者。贼大喜呼噪，争弃甲来降，仁厚因抚谕，书其背，使归语寨中未降者。寨中余众争出，浑擎狼狈逾堑走，其众执以诣仁厚，仁厚械送府，悉命焚五寨及其甲兵，唯留旗帜。明旦，仁厚谓降者曰："始欲即遣汝归，而前途诸寨百姓未知吾心，借汝曹为我前行，过穿口、新津寨下，示以背字，告谕之，比至延贡，可归矣。"乃取浑擎旗倒系之，每五十为队，授以一旗，使前扬旗疾呼曰："罗浑擎已生擒，送使府，大军且至，汝寨中速如我出降，立得为良人，无事矣。"至穿口，句胡僧置十一寨，寨中人争出降。胡僧大惊，拔剑遏之，众投瓦石击之，共擒以献仁厚，其众五千人皆降。明旦又焚寨，使降者又执旗先驱。至新津，韩求置十三寨，皆迎降。求自投深堑死，将士欲焚寨，仁厚止之，曰："降人皆未食，先运出资粮，然后焚之。"新降者竞炊爨，与先降来告者共食之，语笑歌吹，终夜不绝。明日，仁厚纵双流、穿口降者先归，使新津降者执旗前驱，且曰：

"入邛州境，亦可散归矣。"罗夫子置九寨于延贡，其众前夕望新津火光，已待降不眠矣。及新津人至，罗夫子脱身弃寨奔阡能。明日，罗夫子、阡能谋悉众决战，计未定，日向暮，延贡降者至，阡能走马巡塞，欲出兵，众皆不应。明旦大军将近，呼噪争出，执阡能、罗夫子，泣拜马首。出军凡六日，五贼皆平。

只用彼谍一人，而贼已争降矣；只用降卒数队，而二十四寨已望风迎款矣，必欲俘馘为功者，何哉？

【译文】

唐朝的邛州牙将阡能反叛，侵扰蜀境，都招讨使高仁厚率军征讨。在发兵的前一天，营地中来了个卖面的小贩，巡营的士兵觉得小贩形迹可疑，一经盘查，果真是阡能派来的间谍。高仁厚命人为他松绑，并且对他进行询问。那人说："我本是村民，阡能囚禁了我的父母妻小，让我来探听情报，说如果打探到了实情，就释放我的家人，否则杀我全家，我不是自愿的。"高仁厚说："我知道了，我不会狠心杀你的，现在就放你回去，让你去救你的家人，你回去只要对阡能说：'高尚书明日发兵，只带了五百人。'但我救你全家性命，你也要帮我做事。你回去后，暗中对寨子里的人说：'高大人同情你们这些善良百姓，只因被阡能胁迫，情非得已。尚书想为你们洗刷罪名，等尚书发兵前来，你们只要放下武器投降，尚书就会派人在你们的背上写上'归顺'二字，立刻道送你们复归旧业。必须要杀的，只有阡能、罗浑擎、句胡僧、罗夫子、韩求这五个人而已，不会殃及无辜的百姓。'"间谍说："这都是我们百姓的心思，尚书都知道而且还宽恕我们，大伙儿怎么会不欢欣雀跃地听您吩咐呢？"于是高仁厚遣送那人回去。第二天，高仁厚发兵，行军到双流，把截使白文现亲自迎接。高仁厚环顾军营四周的堑壕和栅栏，生气地说："阡能不过是个下贱人，手下的士兵也多半是耕田的农人，动用了全府的兵力，一年多却无法擒住。看这堑壕栅栏，如此繁复坚固，难怪你们能睡得着、吃得饱，养贼邀功了！"下令将白文现拖出去砍了。监军苦苦求情，这才免其一死。高仁厚下令拆去栅栏，填平堑壕，留五百名士兵守卫，其余士兵都跟着自己。又召集其他营寨的部队，相继集结。阡能听说高仁厚大兵将到，就派遣罗浑擎在双流以西设立五个军寨，另在野桥菁埋伏千人迎战官军。高仁厚探听到阡能的计谋，就派人脱下军装换上便服，混入敌营，散布前一天对间谍所说的那番话。敌兵都高兴得大声欢呼，纷纷放下武器前来投降。高仁厚对投降者都亲切慰问，命人在他们背上写了"归顺"的字，让他们回去告诉寨中还没来投降的。于是，寨中军兵不断出来投降，罗浑擎爬过堑壕狼狈逃走，被众人擒住，押到高仁厚面前。高仁厚将他押送到府衙，然后把五军寨烧毁，但旗帜留下。第二天一早，高仁厚对降兵说："本想立刻遣送你们返乡，但前路各寨的百姓并不了解我的心意，所以想请你们替我开路，走过穿口、新津两处营寨时，将各位背上的字让沿路众人看到，并把我的意思传达给他们，等到达了延贡，各位就可以回家了。"于是五十人编为一队，每队都发给罗浑擎的军旗一面，队前扛旗的挥舞着倒挂的军旗高呼："罗浑擎已被活捉，现已押送府衙，官军不久便到，你们寨中人等赶紧像我们一样投降，就可恢复良民的身份，平安无事。"到了穿口，句胡僧在此设立了十一个军寨，寨中士兵争相投降，句胡僧大为震惊，拔剑阻止，众人用石头瓦块扔他，合力把他拿下送交高仁厚，所部五千人也全部投降。第二天，高仁厚又下令焚毁军寨，并命降兵举旗为先锋，来到新津，韩求在此所设置的十三个营寨全部投降，韩求也跳进深沟自杀了。将士们又想焚毁寨子，高仁厚阻止说："降兵们还没有吃东西，先把寨中存粮运出后再烧。"新降的士兵竞相做饭，与先前的降兵一起吃，歌声笑语不绝于耳。第二天，高仁厚又放双流、穿口的降兵先行返乡，让新津的降兵掌旗为前驱，对他们说："等进入邛州县境，你们也就可以各自回家了。"罗夫子在延贡设置了九个军寨，他的部下前一晚看见新津的火光，就兴奋得彻夜不眠，准备投降了。等新津降兵到了之后，罗夫子只能弃寨投奔阡能。第二天，罗夫子和阡能商议带全部人马与高仁厚决一死战，计划还没有定好，天色已晚，延贡的降兵也到了。阡能正骑在马上巡视军寨，想出兵攻击，士兵竟全不响应。第二天，大军将至，寨中士兵喧闹着出迎，押着阡能、罗夫子纷纷哭拜在高仁厚马前。出兵六天的时间，阡能等五人悉数落网。

冯评：只用了对方的一个间谍，敌人就争相投降。只用了几队降兵，而二十四个贼寨望风相迎。那些一定要以多杀人作为战功的，何必呢？

782. 岳 飞

杨幺为寇。岳飞所部皆西北人，不习水战。飞曰："兵何常，顾用之何如耳！"先遣使招谕之，贼党黄佐曰："岳节使号令如山，若与之敌，万无生理，不如往降，必善遇我。"遂降。飞单骑按其部，拊佐背曰："子知逆顺者，果能立功，封侯岂足道！欲复遣子至湖中，视其可乘者擒之，可劝者招之，如何？"

佐感泣，誓以死报。时张浚以都督军事至潭，参政席益与浚语，疑飞玩寇（边批：**庸才何知大计**），欲以闻。浚曰："岳侯忠孝人也。兵有深机，何可易言？"益惭而止。黄佐袭周伦砦，杀伦，擒其统制陈贵等。会召浚还防秋，飞袖小图示浚，浚欲待来年议之。飞曰："王四厢以王师攻水寇，则难；飞以水寇攻水寇，则易。水战，我短彼长，以所短攻所长，所以难。若因敌将用敌兵，夺其手足之助，离其腹心之托，使孤立，而后以王师乘之，八日之内，当俘诸酋。"浚许之。飞遂如鼎州。黄佐招杨钦来降，飞喜曰："杨钦骁悍，既降，贼腹心溃矣！"表授钦武义大夫，礼遇其厚，乃复遣归湖中。两日，钦说全琮、刘锐等降。飞诡骂曰："贼不尽降，何来也？"杖之，复令入湖。是夜掩敌营，降其众数万。幺负固不服，方浮舟湖中，以轮激水，其行如飞；旁置撞竿，官舟迎之，辄碎。飞伐君山木为巨筏，塞诸港汊，又以腐木乱草，浮上流而下。择水浅处，遣善骂者挑之，且行且骂。贼怒来追，则草壅积，舟轮碍不行。飞亟遣兵击之，贼奔港中，为筏所拒，官军乘筏，张牛革以蔽矢石，举巨木撞其舟，尽坏。幺投水中，牛皋擒斩。飞入贼垒，余酋惊曰："何神也！"俱降。飞亲行诸砦慰抚之，纵老弱归籍，少壮为军，果八日而贼平。浚叹曰："岳侯神算也！"

　　杨幺据洞庭，陆耕水战，楼船十余丈，官军徒仰视，不得近。岳飞谋亦欲造大舟，湖南运判薛弼谓岳曰："若是，非岁月不胜。且彼之所长（边批：**名言可以触类**），可避而不可斗也。今大旱，河水落洪，若重购舟首，勿与战。遂筏断江路，藁其上流，使彼之长坐废，而精骑直捣其垒，则彼坏在目前矣。"岳从之，遂平幺。人知岳侯神算，平幺于八日之间，而不知计出薛弼。从来名将名相，未有不资人以成功者。岳忠武善以少击众，尝以八百人破群盗王善等五十万众于南薰门，以八千人破曹成十万众于桂岭。其战兀术于颍昌，则以背嵬八百，于朱仙镇则以五百，皆破其众十余万。凡有所举，尽召诸统制与谋，谋定而后战。故有战无败，猝遇敌，不动，敌人为之语曰："撼山易，撼岳家军难！"其御军严而有恩，卒有取民麻一缕以束刍者，立斩以徇。卒夜宿，民开门愿纳，无敢入者。军虽冻死不拆屋，饿死不卤掠。卒有疾，则亲为调药；诸将远戍，则遣妻问劳其家。死事者，哭之而育其孤，或以子婚其女。凡有颁赏，分给军吏，秋毫不私。每有功，必归之将士。吁！此则其制胜之本也。近日将官事事与忠武反，欲功成，得乎？

【译文】

　　南宋的杨幺盘踞在洞庭湖作乱，岳飞带的部队多半是西北人，不熟悉水战。

岳飞说："军事哪里是一成不变的呢，就看做将军的如何运用了。"于是他先派人去招降。杨幺的手下黄佐说："岳帅号令如山，若是与之为敌，绝对没有生路，不如投降岳帅，他必会善待重用我。"于是答应归降。岳飞单身骑马来到黄佐营地探视，并且轻拍黄佐的背说："你识时务，如能立功，日后何止是封侯而已！本帅想派你再回洞庭湖，所有那些贼众头目，如果有机可乘，能捉的就活捉，可劝的就劝他归降，如何？"黄佐深受感动，发誓以死相报。这时张浚在潭州都督军事，参政席益对张浚表示怀疑岳飞有轻敌之心。张浚说："岳帅是忠孝的人，况且大将用兵自有深意，岂能随意评说？"席益听了，深感惭愧。黄佐袭击贼寇周伦的寨子，杀了周伦，擒获统制陈贵等人。这时，皇帝召张浚去边塞防秋，临行前，岳飞取出袖中的战略草图给张浚看。张浚准备等明年再商议，岳飞说："王躞（龙神卫四厢都指挥使）用正规军打水寇，就难打；我用水寇打水寇，就容易打。打水仗，对我军来说是短处，对敌人来说是长处，以短攻长，所以难打。如果借助敌方兵将的力量，将其手足心腹全部剥离，使之孤立，然后用我们的军队乘虚袭击，那么，八天之内就能抓住这些贼首。"张浚答应了。于是岳飞到了鼎州。黄佐说服杨钦前来归降，岳飞高兴地说："杨钦是勇冠三军的悍将，他投降了，贼人内部就已经瓦解了。"岳飞上表请求授杨钦武义大夫的官职，给他很高的礼遇，随后也让杨钦回到洞庭湖。两天后，杨钦说服全琮、刘锐等人归降。岳飞故意骂道："贼人没有全部投降，你们来此地做什么？"命人打了他们一顿，又让他们回洞庭湖。这晚岳飞率兵偷袭贼营，虏获了几万贼兵。杨幺困守老巢，拒不投降，乘船在湖中，用轮子打水，船行得飞快。船边又装了撞竿，官船迎面相遇就会被撞得粉碎。岳飞命人砍伐君山上的巨木做成木筏，分布在各个小河汊里。又命人从上游抛下大量的腐木杂草，顺流而下。又挑选水浅的地方叫士兵骂阵，边走边骂，贼人来追，遇到腐木杂草，轮子便被卡住了，船也就不能前行。岳飞立刻下令官兵攻击，贼兵纷纷往小河汊里逃窜，被守候的木筏候个正着。官兵乘在木筏上架起牛皮，挡住乱箭飞石，同时用大木头把贼船纷纷撞坏。杨幺跳进水中，被牛皋擒获斩首。岳飞进入贼营，残余的贼首都惊叹："太神奇了！"全部投降。岳飞亲自到各营寨安抚众人，释放老弱的贼兵回家，而年轻力壮的则编入部队，果然只用了八天就平定了贼人。张浚叹道："岳侯真是神算。"

冯评：杨幺盘踞洞庭湖，在陆上耕种，在水上作战，楼船高达十多丈，官军只能抬头仰视，却无法靠近。岳飞本来也想造大船，但湖南运判薛弼对岳飞说："若要这么做，会花很长时间，也难取胜。这是他们的强项，我们应该规避而不是硬斗。现在天气干旱，水位很低，如果重金买通他们战船的首领，不要开战，然后阻断入江的各个水路要道，再从上游流放下杂草，使贼人长处无法施展，我们派精锐骑兵直捣贼营，那贼人很快就会被击溃。"岳飞听从了薛弼的建议，于是平定了杨幺。一般人都只知道岳飞神算，在八天之内平定杨幺，却不知是出自薛弼的计谋。从来名将名相，没有不借助他人而成功的。岳飞擅长以寡击众。曾在南熏门以八百人破贼人王善的五十万人，也曾在桂岭以八千士兵大破曹成的十万大军；和兀术在颍昌会战，用的是八百背嵬军，朱仙镇之战则只带了五百人，都击破了十万之敌。即使突然遇敌，也不会慌乱骚动，敌人曾说："撼山易，撼岳家军难。"岳飞带兵虽严，却也对属下恩重如山。士兵拿了民家一束麻来捆草，当即斩首。夜晚休息，即使百姓开门愿意收留住宿，士兵们也没有敢进门的。岳家军的口号是：冻死不拆屋，饿死不掳掠。士兵生病，岳飞都亲自煎药服侍。军士戍守远方，岳飞便派妻子上门慰问。有作战牺牲的，岳飞哭祭哀悼，并抚育他们的孩子，或者让儿子娶其女。每每得到赏赐，都分发给属下，自己从不私藏。有功劳，都归于将士。唉，这就是岳飞屡战屡胜的根本啊！现在的将官所有的做法都与岳飞相反，那还可能成功吗？

783. 李愬 三条

宪宗讨吴元济。唐邓节度使高霞寓既败，袁滋代将，复无功。李愬求自试，遂为随唐邓节度使。愬以军初伤夷，士气未完，乃不为斥候部伍。或有言者，愬曰："贼方安袁公之宽，我不欲使震而备我。"乃令于军中曰："天子知愬能忍耻，故委以抚养，战非我事也。"（边批：能而示之不能）齐人以愬名轻，果易之。愬沉鸷，能推诚待士，贼来降，辄听其便，或父母与孤未葬者，给粟帛遣还，劳之曰："而亦王人也，无弃亲戚。"众愿为愬死，故山川险易与贼情伪，皆能晓之（边批：虏在目中，不然不轻战）。居半岁，知士可用，乃请济师。于是缮铠厉兵，攻马鞍山，下之。拔道口栅，战楂枒山，以取炉冶城，平青陵城。擒骠将丁士良，异其才，不杀，署捉生将。士良策曰："吴秀琳以数千兵不可破者，陈光洽为之谋也，我能为公取之。"乃擒以献，于是秀琳举文城栅降。遂以其众攻吴房，残外垣，始出攻。吏曰："往亡日，法当避。"愬曰："彼谓我不来，此可击也。"众决死战，贼乃走。或劝遂取吴房，愬曰："不可，吴房拔，则贼力专，不若留之，以分其力。"初，秀琳降，愬单骑抵栅下与语，亲释缚，署以为将。秀琳为愬策曰："必破贼，非李祐无以成功者。"祐，贼健将也，守兴桥栅，其战常易官军。愬候祐护获于野，遣史用诚以壮士三百伏其旁，见羸卒若将燔聚者，祐果轻出，用诚擒而还。诸将素苦祐，请杀之（边批：能苦诸将，定是有用之人）。愬不听，以为客将，间召祐及李忠义，屏人语至夜艾。忠义亦贼将，军中多谏此二人不可近，愬待益厚。乃募死士三千为突将，自教之。会雨，自五月至七月不止，军中以为不杀祐之罚（边批：不通）。将吏杂然不解，愬力不能独完祐，乃持以泣，曰："天不欲平贼乎？何见夺者众耶？"则械而送之朝，表言："必杀祐，无与共谋蔡者。"诏释以还愬，愬乃令佩剑出入帐下，署六院兵马使，祐奉檄呜咽。诸将乃不敢言，由是始定袭蔡之谋矣。

　　不械送祐，则谤者不息。此与司马懿祁山请战奉诏而止同一机轴，皆成言先入，度其必忤而后行之者也。辛毗持节而蜀师老，李祐还幕而吴寇平。虽将之善，君亦与焉。

　　岳侯平杨幺，李愬克元济，无一不资才于敌，亦由威信素孚，操纵在手故也。后人漫然学之，鲜不堕敌之间矣！岑彭、费祎亡其身，俱为降人刺杀。曹瞒、苻坚亡其师，赤壁之役，操信黄盖之降以取败；淝水之战，降将朱序谋归晋，阴导晋败秦。彼皆老于兵事者，而犹如此，可不慎与？

　　李愬之将袭蔡也，旧令敢舍谍者族。愬刊其令，一切抚之，故谍者反效以情，愬益悉贼虚实。

　　能用谍，不妨舍谍。然必先知谍，方能用谍；必能使民不隐谍，方能知谍；必恩威有以服民，方能使民不隐谍。呜呼，难言矣！近有邑宰，急欲弭盗，谓诸盗往往获自妓家，必驱妓出境，乃清盗薮。夫妓家果薮盗，正宜留之，以为捕役耳目之径。若薮之境外，与薮之境内庸愈？假令盗薮民家，亦将尽民而驱之乎？不深严捕役之督，而求盗无薮，斯无策之甚者也。

　　时李光颜战数胜，元济率锐师屯洄曲以抗光颜。愬知其隙可乘，乃夜起师，祐以突将三千为前锋，李忠义副之，愬率中军三千，田进诚以下军殿，出文城栅，令曰："引而东。六十里止，袭张柴，歼其戍。"敕士少休，益治鞍铠，发刃彀矢。会大雨雪，天晦，凛风偃旗裂肤，马皆缩栗，士抱戈冻死于道十一二。张柴之东，陂泽阻奥，众未尝蹈也，皆谓投不测。始发，吏请所向，愬曰："入蔡州取吴元济。"（边批：抖然）。士失色，监军使者泣曰："果落祐计。"然业从愬，人人不敢自为计（边批：士有必死之心矣）。愬分轻兵断桥道，以绝洄曲道；又以兵绝朗山道。行七十里，夜半，至悬瓠城，雪甚。城旁皆鹅鹜池，愬令击之，以乱军声。贼吴房、郎山戍晏然无知者。祐等坎墉先登，众从之，杀门者开关，留持柝，传夜自如。黎明雪止，愬入驻元济外宅，蔡吏惊曰："城陷矣！"元济尚不信，曰："是洄曲子弟来索褚衣耳。"及闻号令曰"常侍传语"，始惊曰："何常侍得至此！"率左右登牙城。田进诚进兵薄之。愬计元济且望救于董重质，乃访其家慰安之，使无怖，以书召重质。重质以单骑白衣降。进诚火南门。元济请罪，梯而下，槛送京师。

【译文】

　　唐宪宗讨伐蔡州叛乱的藩帅吴元济。先派去的是唐邓节度使高霞寓，后来又派袁滋，二人都相继失败了。李愬自告奋勇愿意担当此事，于是宪宗任命他为唐邓节度使。李愬认为官军先前与吴军交战受到挫折，士气尚未恢复，于是下令撤去侦察守望的岗哨。有人对此提出疑义，李愬说："贼人已习惯袁大人以宽厚，我不想惊动他们而防备我。"接着又传令全军："皇上知道我能隐忍，所以派我抚养之职，战斗不是我的事。"贼人也因李愬的名号并不响亮，确实产生了轻视之心。李愬为人城府很深，又能以诚待人。遇有贼人来降，李愬对他们都比较宽容，有的家里有丧事尚未料理，还支给钱粮让其回乡操办，说："你们也是天子的臣民，不可遗弃亲人。"于是众人都愿意为李愬赴汤蹈火。所以有关附近的地理及贼营的虚实，李愬都能充分掌握。半年后，李愬认为将士们的准备已经充足，便请求增兵。首先发精兵攻打并占据马鞍山，击破道口栅，战于楂枒山，取下炉冶城，平定青陵城。生擒了敌方悍将丁士良，李愬欣赏他的才能，没有杀他，并让他在军中担任侦察的捉生将。丁士良献计说："吴秀琳虽只有数千兵力，但官军屡攻不下，是因有陈光洽为他出主意，我能为李公拿下陈光洽。"于是，丁士良生擒陈光洽，吴秀琳随即以文城栅投降官军。李愬便用这些降兵攻吴房，摧毁了它的外城。刚出兵的时候，有人提醒李愬："今天是不宜出兵的凶日，应该换一天。"李愬说："正因为如此，他们必定想不到我会来，这正是攻打他们的好时机。"结果众将士一起死战，贼人纷纷溃逃。有人建议趁势拿下吴房，李愬说："不行。拿下了吴房，贼人的兵力就会集中，不如留着吴房，分散他们的兵力。"当初，吴秀琳投降时，李愬只身来到文城栅下与之交谈，并亲自为他松绑，任命他为将领。吴秀琳也献计说："要想击破吴元济，非李祐不行。"李祐是吴元济手下大将，负责防守兴桥栅，他打仗素来看不起官军。李愬趁李祐带兵出城守护收获的庄稼时，命将军史用诚率领三百精兵在附近，另派一些老弱残兵在明处摆出一副做饭的样子，李祐果然轻率地出兵袭击，被史用诚生擒。官军多次吃过李祐的苦头，请求李愬杀了他。李愬没答应，反而用他为客将，有空时便叫来李祐、李忠义两人，屏退旁人，单独谈上半天。李忠义也是贼将。军官们纷纷劝说李愬不要与此二人太接近，李愬却反更加厚待二人。李愬也募集三千人作为突击敢死队，亲自加以操练。适逢大雨连绵，由五月一直下到七月，于是军中纷纷传言这是上天对不杀李祐的惩罚。军士们都不理解李愬的做法。李愬眼看靠自己的力量保不住李祐，于是拉着李祐哭道："难道是天意不让我平贼吗？为什么那么多人要让我失去你？"然后，他命人将李祐押解进京，并且上表说："一定要杀李祐，那就没人能一起商议夺取蔡州了。"宪宗却下诏放回李祐，李愬就命李祐任六院兵马使，可以佩着剑出入帐下。李祐手捧任命公文，感动得泣不成声。其他将官也就不敢再说什么了。从此，才开始商议袭击蔡州的计划。

冯评：不把李祐押送京城，那些说坏话的人就没个完。这和当年司马懿在祁山请战，等着皇帝诏令所用的心机是一样的，都是自己先有了主张，估计不会遭到反对再施行。辛毗持节到来后，蜀国的军队就疲惫了。李祐重回李愬的帐下，吴贼就平定了。将领虽然善于用兵，也要靠君主从中助力。

岳侯平杨幺、李愬灭吴元济，都是借用敌方降将的力量，这也是由于将帅本身素有威望，能够控制局面。后来的人胡乱模仿，很少有不上敌方间谍的当的。岑彭、费祎都是因此被杀，曹操、符坚也因此导致大败。赤壁之战，曹操相信黄盖之降而败；淝水之战，降将朱序反水，暗中引导晋军败秦。他们都是用兵的老手，尚且如此，能不谨慎小心吗？

李愬准备袭击蔡州时，先前的军令规定：留宿间谍的，灭族。李愬改了这条命令，对间谍一律安抚。所以敌方的间谍出于感激，反而给李愬提供情报，他就更加能掌握敌人的动静虚实了。

冯评：能利用间谍，不妨窝藏间谍。然而，必须先了解间谍，才能利用他们；必须让百姓不隐藏间谍，才能了解间谍；必须恩威并施让百姓心悦诚服，才能使百姓不隐藏间谍。唉，这可不是三言两语说得清楚的！近来有个地方官急于平息盗匪，认为盗匪多半是在妓女家里被捕的，一定要把妓女都赶出辖区，那么盗匪的窝点就被清除了。如果妓女家真的是盗匪窝点，那正应该保留下来作为捕快打探消息的渠道。对于抓捕盗匪的工作来说，让盗匪的窝点在境外好，还是在境内好？要是盗匪把窝点安在老百姓家，难道要把老百姓都赶出辖区？不知道好好管理治安工作，只求境内没有盗匪窝点，也是没脑子之极了。

当时忠武军节度使李光颜一连打了几次胜仗，吴元济率领精锐主力驻扎洄曲对抗李光颜。李愬知道有机可乘，就趁着夜色起兵。李祐率三千突击敢死队担任前锋，李忠义为副将，李愬自己亲率中军三千人，田进诚带下军殿后。出了文城栅后，李愬下达命令说："向东六十里停下，袭击张柴，歼灭防守的敌军。"随后让军士们稍作休息，整理盔甲兵器。这时天降大雪，天色晦暗，寒风凛烈，军中大旗都被吹倒，士兵皮肤也被冻裂，连马都畏缩颤抖，士兵拿着武器冻死在路上的也有十之一二。张柴东面是一片沼泽，路途艰难，没人走过，大家都认为走这条路的后果不可预料。出发时，军吏前来请示目的地，李愬说："入蔡州拿下吴元济。"军士们都大惊失色，监军也哭着说："果真中了李祐的圈套。"但既然跟随李愬到此，谁也不敢自作主张。李愬派出小部队破坏桥道，断绝洄曲的退路，又派兵切断朗山道后。继续向前推进七十里后，半夜时来到悬瓠城，这时雪下得更大了。城旁都是饲养鹅、鹜的池塘，李愬命人惊扰鹅、鹜，以遮掩兵马行进的声音。戍守吴房、朗山的贼兵毫无知觉。李祐等人率先登城，后续部队跟进，杀死城门守卫后大开城门，留下打更的士兵照常报时。第二天天亮，雪停了。李愬进入吴元济城外的住宅，蔡州的官吏惊呼："城已失陷了。"吴元济还不相信，说："是洄曲的兵来领取棉衣吧。"等到听了传令兵说"常侍有令"，才惊奇地问："哪位常侍到此？"急忙率领亲信登上牙城。此时田进诚已领兵把他们团团围住。李愬知道吴元济一定指望董重质相救，于是亲自到董家慰问安抚，让他们不要惊慌，并亲自写了一封招降书。董重质看了信后，身穿白衣，单人独骑来降。田进诚火烧南门。吴元济下城梯请降，被押送京师。

784. 赵充国

先零、罕、开皆西羌种，各有豪，数相攻击，成仇。匈奴连合诸羌，使解仇作约。充国料其到秋变必起，宜遣使行边预为备。于是两府白遣义渠安国行视诸边，分别善恶。安国至，召先零诸豪三十余人，以尤桀黠，皆斩之，纵兵击斩千余级，诸降羌悉叛，攻城邑，杀长吏。上问："谁可将者。"充国对曰："无逾于老臣者矣。"充国时年七十余。上问："将军度羌虏何如？当用几人？"充国曰："百闻不如一见，兵难隃度。臣愿驰至金城，图上方略。"充国至金城，须兵满万骑，方渡河，恐为虏所遮，即夜遣三校衔枚先渡，渡辄营阵。及明，以次尽渡。虏数十百骑来，出入军旁。充国意此骁骑难制，且恐为诱，戒军勿击，曰："吾士马新倦，不可驰逐，击虏以殄灭为期，小利不足贪也。"遣骑候四望峡中（地名），亡虏。夜引兵至落都，谓诸校司马曰："吾知羌无能为矣。使发数千人守杜四望峡中，兵岂得入哉！"遂西至西部都尉府，日飨军士，士皆欲为用。虏数挑战，充国坚守（边批：节节持重）。初罕、开豪靡当儿使弟雕库来告都尉曰："先零将反。"后数日，果反。雕库种人颇在先零中，都尉即留雕库为质。充国以为亡罪，遣归告种豪："大兵诛有罪，毋取并灭，能相捕斩者，除罪：斩大豪有罪者一人，赐钱四十万，中豪十五万，下豪二万，大男三千，女子及老小千钱。又以所捕妻子财物与之。"欲以威信招降罕开及劫略者，解散虏谋。酒泉太守辛武贤上言："今虏朝夕为寇，土地寒苦，汉马不能冬，可益马食，以七月上旬赍三十日粮，分兵并出张掖、酒泉，合击罕、开。"天子下其议，充国以为："佗负三十日食，又有衣装兵器，难以追逐。据前险，守后阸，以绝粮道，必有伤危之患。且先零首为畔逆，宜捐罕、开暗昧之过，先诛先零以震动之。"朝议谓："先零兵盛而负罕、开之助，不先破罕、开，则先零未可图。"（边批：似是而非）天子遂敕充国进兵。充国上书谢罪，因陈利害曰："臣闻兵法：'攻不足者守有余。''善战者致人，不致于人。'即罕羌欲为寇，宜简练以俟其至，以逸代劳，必胜之道也。今释致虏之术，而从为虏所致之道，愚以为不便。先零羌欲为背畔，故与罕、开解仇结约。然其私心，亦恐汉兵至而罕、开背之。其计常欲先赴罕、开之急，以坚其约。先击罕羌，先零必助之。今虏马肥食足，击之未见利，适使先零得施德于罕羌以坚其约。党坚势盛，附者浸多，臣恐国家之忧不二三岁而已。于臣之计，先诛先零，则罕、开不烦兵而服；如其不服，须正月击之未晚。"上从充国议。充国引兵至先零，虏久屯聚，解弛，望见大军，弃车重，欲渡湟水，道阸狭，充国徐行驱之（边批：又持重）。或曰："逐利宜亟。"充国曰："此穷寇，不可迫也，缓之则走不顾，急之则还致死。"诸校皆曰："善。"虏赴水溺死数百，降及斩首五百余人。兵至罕地，令军毋燔聚落、刍牧田中。罕羌闻之，喜曰："汉果不击我矣。"豪靡忘来自归，充国赐饮食，遣还谕种人，时羌降者万余人。充国度羌必坏，请罢骑兵，留万人屯田，以待其敝。

【译文】

西汉西北部的先零、罕、开都是西羌种族，各有酋长，彼此互相攻击而成了仇家。后来匈奴联合众羌族部落，命他们化解仇恨，缔结盟约。赵充国认为到了秋天他们一定会生出变故，应先派使者去边境巡视防备。于是丞相和大将军两府就奏遣义渠安国去巡视边境，了解当地人的动向。义渠安国到了羌地，便召集先零的首长共三十多人，因为他们傲慢而狡诈，把他们都杀了，还派军队攻击先零人，斩首一千多，各部族的羌人都起而反叛，攻占城池，杀死长吏。听到消息后，皇帝便问："谁可以作为将军带兵平乱呢？"赵充国回答说："再没有比老臣更好的人选了。"充国时年七十余。皇帝说："将军估计羌人的情况如何？打算带多少人？"赵充国说："百闻不如一见，打仗的事很难凭空设想。老臣想先到金城，再计划具体的方案。"赵充国到了金城，征集了一万名骑兵才渡河，怕遭到羌人截击，连夜派三个军校先悄悄渡河，过河后，立刻扎营。到了天亮，军士们已依次全部安然渡河。羌人派了百十个骑兵，在汉军营附近出没骚扰。赵充国知道这些都是善战的骑兵，很难制服，而且也可能是诱饵，于是禁止手下出击："我军兵马刚渡河，十分疲倦，不要追击敌人。平定羌人要以消灭他们为目标，不可贪图区区小利。"赵充国派骑兵去四望峡中侦察，发现没有敌兵。于是趁夜带兵到落都山，召集各部将领说："我就知道羌人没办法了，如果他们调派几千人防守在四望峡中，我们怎么能长驱直入呢？"于是向西推进到西部都尉府，每天宴请军士，士卒都希望为他立功。羌人好几次前来挑衅，赵充国都下令坚守不出。起初，罕、开的酋长靡当儿派他的弟弟雕库来告诉都尉说："先零人想造反。"过了几天，先零人果然造反了。但雕库的族人有许多也在先零那里，都尉便留下雕库做人质。赵充国认为雕库无罪，便放了他，要他回去告诉各部首领："汉朝大军是来诛讨有罪的人，并不是要把羌人赶尽杀绝，能帮助抓捕斩杀罪人的，不但可以免罪，另外还有赏：杀大首领的赏钱四十万，中头领十五万，小头领二万，男人三千，女子及老弱一千，同时虏获的女子及财物也都完全归其所有。"赵充国想凭借威信去招降罕、开族人及被劫持而反叛的人，从而瓦解敌人的阴谋。酒泉太守辛武贤上奏说:"现在羌人早晚都来骚扰边境,这里天气苦寒,汉马无法适应,希望增加马食,在七月上旬携带三十天的粮食,分别从张掖、酒泉,合攻罕、开。"皇帝把奏章发给大臣们计议。赵充国认为:背着三十天的粮食,再加上衣服、武器,行军的速度一定追赶不上敌人。如果敌人前据险关,后守要塞,断绝粮道,我军就有危险。而且先零是叛逆的首领,应该忽略罕、开愚昧的过错,先讨伐先零来威服他们。然而群臣却认为:先零兵力强大,又有罕、开帮助,如果不先消灭罕、开,先零就无法收服。于是皇帝下令赵充国进军。赵充国上书请罪,剖陈利害,说:"臣听说兵法有云:'攻不足者守有余',又说:'善战者致人,不致于人'。即便罕、开意欲作乱,我们也应该训练整备,以逸待劳,才是致胜之道。如果放弃牵制敌人的战术,把主动权交给敌人,我认为不是好主意。先零想要反叛大汉,所以才与罕、开化解过去的仇恨,订立盟约。但是他们心里也担心汉兵一来,罕、开或许会背叛他们,所以先零也希望我们先攻打罕、开,他们好出兵相救,他们的盟约就能够更加牢固。先攻打罕、开,先零必然相救。现在羌人马肥粮足,我们出兵攻击不见得有利,反倒让先零有机会施恩于罕、开,更坚定了他们之间的盟约。同盟稳固,势力壮大,归附的也会越来越多。臣担心到那时,国家边境上的麻烦不是两三年可以解决的。依臣之见,如果能先诛灭先零,即使不讨伐罕、开,他们也自然会归顺。即便他们不服,来年正月时再去攻打也不迟。"皇帝接纳了赵充国的意见。赵充国于是率兵到先零地界,先零因居安日久,敌兵驻守,十分松懈,望见汉朝大军,纷纷丢下辎重,想渡过湟水逃命,而道路又很狭窄,赵充国不紧不慢地追着敌兵。有人说:"追击溃散的逃兵,正是建功的好机会,应该抓紧时间。"赵充国说:"这些都是走投无路的穷寇,不可以过分逼迫他们。慢慢地追赶,他们便会只顾逃跑;如果追急了,他们会回过头来拼命的。"诸将都认为说得有理。敌兵掉进水里淹死的有好几百,投降和被砍头的有五百多人。当汉军来到罕、开人居住的地方,赵充国下令全军:不得烧毁他们的部落,也不可以到他们田里砍柴割草或放牧马匹。罕、开人听说此事,都很高兴地说:"汉军果然不是来打我们的啊。"首领靡忘自动前来归顺,赵充国赏赐他饮食,放他回去劝说他的族人,一时有一万多羌人请降。赵充国预料羌人会发生内乱,所以请求遣回骑兵,留下一万名兵士在当地屯田,静待其变。

785. 析 公

晋、楚遇于绕角，栾武子书不欲战，析公曰："楚师轻窕，易震荡也。若多鼓钧声，以夜军之，楚师必遁。"晋人从之，楚师宵遁。

【译文】

春秋时，晋、楚两军在绕角相遇。晋卿栾书（谥武子）不想与楚军开战。析公说："楚军轻浮，容易受到扰乱。我军要是大造鼓声，趁夜佯攻，楚军一定会逃跑。"晋人采用了这个办法，楚人果真连夜逃跑了。

786. 王德用

王德用为定州路总管，日训练士卒，久之，士殊可用。会契丹有谍者来觇，或请捕杀之。德用曰："第舍之，吾正欲其以实还告，百战百胜，不如以不战胜也。"明日故大阅，士皆踊跃思奋，乃阳下令："具糗粮，听吾旗鼓所向。"觇者归告，谓："汉兵且大入。"遂来议和。

【译文】

北宋的王德用出任定州路总管，每天训练士卒，一段时日后，士卒都具有了很强的战斗力。正巧这时有契丹间谍前来窥探，有人建议将其抓起来杀掉。王德用说："先放过他，我正需要他把我们的实情报告给契丹主。百战百胜，不如不战而胜。"第二天，王德用特地下令举行大规模检阅，士卒们个个摩拳擦掌，王德用假装下令："准备好粮食，按照我的指挥进军！"间谍回去报告，说："宋军就要大举入侵了。"不久，契丹主遣使向宋朝求和。

787. 韩世忠

广西贼曹成拥众在郴、邵，世忠既平闽寇，旋师永嘉，若将就休息者。忽由处、信径至豫章，连营江滨数十里，群贼不虞其至，大惊，世忠遣人招之，成遂降，得战士八万。

【译文】

南宋时广西盗贼曹成在郴州、邵州一带聚众作乱，韩世忠在讨平福建盗寇后，立即班师回永嘉，好像要进行休整的样子。韩世忠的大军突然由处州、信州抄小路到了豫章，在江边扎营延绵数十里。贼人没想到韩世忠的军队会突然到达，大为惊恐。韩世忠派人招降，曹成就投降了，得到了八万战士。

788. 程　昱

程昱守鄄城，兵仅七百人。操闻袁绍在黎阳将南渡，欲以兵三千益之，昱不肯，曰："袁绍拥十万众，自以所向无前，今见昱兵少，必不来攻。若益以兵，则必攻，攻则必克。"绍果以昱兵少，不肯攻，操谓贾诩曰："程昱之胆，过于贲、育。"

七百与三千，均非十万敌也，而益兵之名，足以招寇。昱之见胜于曹公远矣！

【译文】

三国时，程昱负责守甄城，手下只有七百士兵。曹操听说袁绍准备从黎阳渡河往南推进，想调三千人给程昱。程昱不要，说："袁绍有十万兵力，自认为所向无敌，现在见我兵力少，一定不来攻。若增加了兵力，袁绍必定来攻，而且我一定守不住。"袁绍果真因程昱兵少而没有来攻。曹操后来对贾诩说："程昱的胆识，胜过孟贲、夏育啊！"

冯评：不管七百还是三千，都不是十万大军的对手，增兵的举动却足以招来敌人。程昱所见远胜于曹公。

789. 陆　逊

嘉禾三年，孙权北征，使陆逊与诸葛瑾攻襄阳。逊遣亲人韩扁赍表奉报，还遇敌于沔中，钞逻得扁。瑾闻之甚惧，书与逊云："大驾已旋，贼得韩扁，具知我阔狭，且水干，宜当急去。"逊未答，方催人种葑豆，与诸将弈棋射戏如常。瑾曰："伯言多智略，其当有以。"自来见逊，逊曰："贼知大驾已旋，无所复戚，得专力于吾，又已守要害之处，兵将已动，且当自定以安之，施设变术，然后出耳。今便示退，贼当谓吾怖，仍来相蹙，必败之势！"乃密与瑾立计，令瑾督舟船，逊悉上兵马，以向襄阳城。敌素惮逊，遽还赴城。瑾便引舟出，逊徐整部伍，张拓声势，走趋船。敌不敢干，全军而退。

【译文】

嘉禾三年，孙权北征，命陆逊与诸葛瑾攻襄阳。陆逊派亲信韩扁专程持表章奏报孙权，回来时在沔中遇敌被俘。诸葛瑾听说后很害怕，给陆逊写信说："陛下已班师，贼人俘获韩扁，已知我军虚实，现在天旱水枯，我们应火速退兵。"陆逊也不答复，忙着催人种菜，还照常和诸将下棋、射箭。诸葛瑾说："陆逊（字伯言）足智多谋，他一定自有道理。"于是诸葛瑾亲自来见。陆逊说："贼人已知陛下班师，不再有什么牵制，可以专心对付我们。加上已经据守险要之处，兵马已经调配到位，那就必须泰然处之，然后再设计谋想法撤出。如果现在骤然下令退兵，贼人就会知道我们害怕了，出兵相逼，那么我们必败无疑！"于是与诸葛瑾商议，由诸葛瑾率领水军，陆逊率马步军朝襄阳方向进发。敌人一向忌惮陆逊，见陆逊军朝襄阳方向来，立即退回严守。诸葛瑾率船队由水路出发，陆逊调整好队伍，虚张声势，慢慢向船队靠近。敌人不敢进逼，全军安然撤退。

790. 高仁厚

高仁厚攻东川杨师立。夜二鼓，贼党郑君雄等出劲兵掩击城北副使寨。杨茂言不能御，帅众弃寨走。其旁寨见副走，亦走。贼直薄中军，仁厚令大开寨门，设炬火照之，自帅士卒为两翼，伏道左右。贼见门开，不敢入，还去。仁厚发伏击之，贼大败。仁厚念诸弃寨者所当诛杀甚众，乃密召孔目官张韶，谕之曰："尔速遣步探子将数十人，分道追走者，自以尔意谕之曰：'仆射幸不出寨，皆不知，汝曹速归，来旦，牙参如常，勿忧也。'"（边批：不唯省事，且积德）韶素长者，众信之（边批：择而使之），至四鼓，皆还寨，唯杨茂言走至张把，乃追及之。仁厚闻诸寨漏鼓如初，喜曰："悉归矣。"诘旦，诸将牙集，以为仁厚诚不知也，坐良久，谓茂言曰："昨夜闻副使身先士卒，走至张把，有诸？"对曰："闻贼攻中军，左右言仆射已去，遂策马骖随，既而审其虚，乃复还耳。"曰："仁厚与副使俱受命天子，将兵讨贼，若仁厚先走，副使当叱下马，行军法，代总军事，然后奏闻（边批：近日辽阳之役，制阃者若识此一看，何至身名俱丧）。今副使既先走，又为欺罔，理当何如？"茂言拱手曰："当死。"仁厚曰："然。"命左右扶下斩之。诸将股栗。仁厚乃召昨夜所获俘虏数十人，释缚纵归。君雄闻之惧，曰："彼军法严整如是，又可犯乎？"自是兵不复出。后君雄斩师立，出降。

孙武戮宠姬以徇阵，穰苴斩幸臣（齐景幸臣庄贾）以立法。法行则将尊，将尊则士致死。士有必死之气，则敌有必败之形矣。仁厚用法固善，尤妙在遣张韶一事，不尽杀之，威胜于尽杀，更驱而用之，不患逃卒不尽为死士也！孙武子齐人，以兵法见于吴王阖庐，阖庐曰："子之十三篇，吾尽观之矣，可以小试勒兵乎？"对曰："可。"阖庐曰："可试以妇人乎？"曰："可。"于是出宫中美女，得百八十人。孙子分为二队，以王之宠姬二人各为队长，皆令持戟。令之曰："汝知而心与左右手、背乎？"妇人曰："知之。"孙子曰："前则视心，左视左手，右视右手，后即视背。"妇人曰："诺。"约束既布，乃设斧钺，即三令五申之。于是鼓之右，妇人大笑。孙子曰："约束不明，申令不熟，将之罪也。"复三令五申，而鼓之左，妇人复大笑。孙子曰："约束不明，申令不熟，将之罪也，既已明，而不如法者，吏士之罪也。"乃欲斩左右队长。吴王从台上观，见且斩爱姬，大骇，趣使使下令曰："寡人知将军能用兵矣！寡人非此二姬，食不甘味，愿勿斩也。"孙子曰："臣既已受命为将，将在军，君命有所不受。"遂斩队长二人以徇，用其次为队长。于是复鼓之，妇人左右前后跪起皆中规矩绳墨，无敢出声。于是孙子使使报王曰："兵既整齐，王可试下观之，唯王所欲用，虽赴水火犹可也。"吴王曰："将军罢休就舍，寡人不愿下观。"孙子曰："王徒好其言，不能用其实。"于是阖庐知孙子能用兵，卒以为将，西破强楚，入郢，北威齐、晋，显名诸侯，孙子与有力焉。齐景公时，师败于燕、晋，晏婴荐司马穰苴，公以为将军。穰苴曰："臣素卑贱，人微权轻（边批：实话），愿得君之宠臣以监军。"（边批：少不得下此一着）公使庄贾往。苴与贾约，日中会于军门。苴先驰至军，立表下漏待贾，夕时贾始至。苴曰："何后期？"贾曰："亲戚送之，故留。"苴曰："将受命之日，则忘其家；临军约束，则忘其亲；援枹鼓之急，则忘其身。何相送乎？"召军正问曰："军法期而后至，云何？"对曰："当斩。"贾始惧，使人驰报景公求救。未及返，遂斩贾以徇三军。久之，公遣使者持节赦贾，驰入军中，穰苴曰："将在军，君命有所不受。"问军正曰："军中不驰。今使者驰，云何？"对曰："当斩。"苴曰："君之使不可斩。"乃斩其仆、车之左驸、马之左骖，以徇三军。乃阅士卒次舍井灶饮食，问疾医药，身自抚循之，悉取将军之资粮飨士卒，而自比其赢弱者。三日而后勒兵，于是病者皆求行，争出赴战，大败晋师。

【译文】

唐末，高仁厚率兵攻打反叛的东川节度使杨师立。夜晚二更时分，敌将郑君雄等出动精兵突击城北的副使杨茂言军寨。杨茂言无法抵御，弃寨逃逸，附近军寨看见副使逃走了，也纷纷出逃。贼人直逼中军。高仁厚命人大开寨门，并且点燃火炬，亲自领军埋伏两侧。贼人见寨门大开，反而不敢入寨，准备离去，高仁厚立即发动埋伏的士兵围攻，贼人大败。高仁厚顾念要是完全按律处置这些弃寨逃走的，杀人太多，于是秘密叫来孔目官张韶，对他说："你赶快派几十个探子，分头追赶逃走的将士，就用你的名义说：'幸好大帅没出营寨，什么都不知道，你们赶紧回营，明天早上照常到中军帐参见，不要担心。'"张韶一向是宽厚长者，大家就都相信了他的话。到了四更时分，众军士都已回营。只有杨茂言一直追到张把才追上他。高仁厚听到各营寨的更鼓声恢复如常，高兴地说："都回来了！"第二天一早，诸将到中军参见，都以为高仁厚完全不知昨夜的事。坐了很久，高仁厚对杨茂言说："听说昨晚副使身先士卒，跑到张把，可有此事？"杨茂言答："听说贼人攻打中军，左右说元帅离营，于是末将才骑马追随而至。等探清了敌情，才回营。"高仁厚说："我与副使都受皇命率兵讨贼，若本帅先逃跑，副使该叱责命我下马，行使军法，代理统军之职，然后将事件经过呈报朝廷。现在副使逃跑在先，说谎在后，应该如何？"杨茂言拱手说："该死。"高仁厚说："好。"命左右扶下去斩首。将领不由得心惊肉跳。高仁厚召来前一夜俘获的数十贼兵，命人松绑，放他们回去。郑君雄听说这事，也十分害怕，说："他们军纪如此严明，怎能随意攻打？"从此不再出兵。后来郑君雄斩了杨师立后归降了。

冯评：孙武杀宠姬维护阵法，穰苴杀幸臣确立军纪。法度得以实施，将帅才有威信；将帅有威信，军士才肯效死命。军士有视死如归的杀气，敌人就有必败无疑的迹象了。高仁厚善于运用法度，最高明的地方是张韶一事。不全杀逃兵，威慑力比全杀更强；继续驱遣这些人，不必担心这些逃兵不成为拼死作战的勇士。孙武是齐国人，因精通兵法而拜见吴王阖庐。阖庐对他说："您所著的兵法十三篇，我都读过了。您能不能演示一下如何带兵？"孙武说："可以。"吴王说："可以用妇女吗？"孙武说："可以。"于是吴王挑选宫中美女一百八十人。孙武把宫女分成两队，任命吴王的两位宠妃为队长，发给她们武器拿着。说："你们都知道前心、左手、右手和后背吧？"宫女们说："知道。"孙武说："那么前就是看前心的方向，左就是看左手的方向，右就是看右手的方向，后就是看背后的方向。”宫女们说："好的。"孙武宣布完了指令之后,就拿出斧钺等刑具,对她们三令五申。于是孙武击鼓命令她们向右,宫女们都哈哈大笑起来。孙武说:"指令不明,告诫不够,是将军的错。"于是孙武再度解释指令,告诫她们严格遵守。他第二次击鼓命令她们向左时,宫女们又哈哈大笑起来。孙武说:"指令不明,告诫不够,是将军的错。既然都已分析明白,还不按照指令执行,那就是军官的责任了。"于是下令斩左右队长。吴王在台上观看,一见自己宠妃要被处斩,大惊失色,急忙派人对孙武说:"寡人知道将军能带兵了!寡人要是没有这两个宠妃,吃饭都不香,请不要杀她们!"孙武说:"臣既受君命为将,将在军中,不必接受君主的命令。"于是还是把左右队长处斩,把副队长提升为队长。接着再击鼓发令,宫女们都老老实实,左、右、前、后、起身、卧倒都完全合乎要求,没人敢出声。于是孙武对吴王说:"兵已练好,请大王检阅。这支队伍能完全听命于大王,赴汤蹈火在所不辞。"吴王说:"将军辛苦了,请先回去休息吧。我不想检阅了。"孙武说:"看来大王只是喜欢臣的兵法理论,却不能用我的实际能力。"阖庐知道孙武确实是位杰出的军事家,后来任命他为大将,吴国西破强楚,进兵楚国都城郢,北服齐、晋,威震诸侯,都是仰仗孙武的力量。齐景公时,齐军败给了燕军和晋军。宰相晏婴向景公推荐司马穰苴。景公命他为将军。穰苴说:"臣出身卑贱,人微权轻,请大王给我派个宠臣担任监军。"齐景公就派庄贾为监军。穰苴和庄贾约定:中午在军营会面。穰苴先骑马来到军营,摆上日晷和沙漏等庄贾来,直到傍晚庄贾才到。穰苴说:"为什么迟到?"庄贾说:"亲友为我送行,所以被留住了。"穰苴说:"将领从受命之日起,就要忘掉家;临阵指挥时,就要忘掉亲人;听到进攻的号令时,就要忘掉自身。怎能还送别呢?"于是召军法官问:"按军法规定,约定了时间而迟到,该当何罪?"回答说:"当斩。"庄贾这才害怕了,派人飞马向景公求救。使者还没回来,穰苴已将庄贾斩首遍示三军。过了很久,齐景公派使者驾车飞驰冲入军营令穰苴释放庄贾,穰苴说:"将在军中,不必接受君王的命令。"说完又问军法官:"军营中不能奔驰车马,现在大王使者的马车在军营奔驰,该当何罪?"军法官说:"当斩。"穰苴说:"大王的使臣不能杀。"于是下令斩了车夫,砍断了左边车厢的立木,又杀了左边的副马,遍示三军。随后到士兵的宿舍巡查他们的起居饮食和医疗条件。把自己的军粮、薪饷全部拿出来犒赏士兵,自己只拿最低标准的报酬。三天后起兵,就连有病的士兵也都争相请求出战,于是大败晋军。

791. 李光弼

史思明屯兵于河清，欲绝光弼粮道。光弼军于野水渡以备之。既夕，还河阳，留兵千人，使将雍希颢守其栅，曰："贼将高廷晖、李日越，皆万人敌也，至勿与战，降则俱来。"诸将莫谕其意，皆窃笑之。既而思明果谓日越曰："李光弼长于凭城，今出在野，汝以铁骑宵济，为我取之，不得，则勿反。"日越将五百骑，晨至栅下，问曰："司空在乎？"希颢曰："夜去矣。"日越曰："失光弼而得希颢，吾死必矣！"遂请降，希颢与之俱见光弼。光弼厚待之，任以心腹。高廷晖闻之，亦降。或问光弼："降二将何易也？"光弼曰："思明常恨不得野战，闻我在外，以为可必取。日越不获我，势不敢归。廷晖才过于日越，闻日越被宠任，必思夺之矣。"

传云："作事威克其爱，虽小必济！"然过威亦复偾事，史思明是也。

【译文】

安史之乱的时候，史思明在河清屯兵，想阻断李光弼的粮道。李光弼驻兵野水渡加以防备。傍晚，李光弼回到河阳，命将领雍希颢率领一千士兵防守营地，并对他说："贼将高廷晖、李日越都是力敌万人的勇将，他们来的话不要同他们作战，要是他们投降，就带来见我。"众将官都莫名其妙，暗中窃笑。不久，史思明果真对李日越说："李光弼善于据城防守，现在移师郊野，你带五百骑兵，连夜渡河，替我把他抓来，抓不到不准回来见我。"李日越带了五百骑兵第二天早上来到野水渡，问道："司空在吗？"雍希颢说："昨晚回去了。"李日越暗想："就算抓了雍希颢，但抓不到李光弼，我回去还是难逃一死。"于是索性向雍希颢请降，雍希颢就带他一同去见李光弼，李光弼热情地接受了他，待他如同心腹。高廷晖听说后，也投降了。有人问李光弼："怎么这么容易就让两名贼将投降了呢？"李光弼说："史思明常遗憾没有机会跟我进行野战，听说我出城了，认为一定能抓住我。李日越抓不到我，一定不敢回营。而高廷晖的才略胜过李日越，听说李日越投降后受到重用，一定想来夺取这份待遇。"

冯评：《书》传说："做事能够以立威为主，以恩爱为辅，那就容易成功。"但是威严太重也要坏事，史思明就是个例子。

卷二十二　制胜

危事无恒，方随病设。躁或胜寒，静或胜热。动于九天，入于九渊。风雨在手，百战无前。集“制胜”。

———【解说】———

战场上的事变化无常，就像药方必需根据病情随机掌握。躁动或许正好治了寒症，静养或许正好对付热病。善战者动于九天之上，善守者藏于九地之下。掌握风云变幻的契机，面对所有战局都能一往无前。

这一卷讲的都是战场上灵活机变、出奇制胜的故事，名为《制胜》。

792. 孙　膑　二条

孙子同齐使之齐，客田忌所。忌数与齐诸公子逐射，孙子见其马足不甚相远，马有上、中、下，乃谓忌曰：“君第重射，臣能令君胜。”忌然之，与王及诸公子逐射千金。及临质，孙子曰：“今以君之下驷与彼上驷，取君上驷与彼中驷，取君中驷与彼下驷。”既驰三辈毕，而田忌一不胜而再胜，卒得五千金。

唐太宗尝言：“自少经略四方，颇知用兵之要，每观敌阵，则知其强弱。常以吾弱当其强，强当其弱。彼乘吾弱，奔逐不过数百步。吾乘其弱，必出其阵后，反而击之，无不溃败。”盖用孙子之术也。宋高宗问吴璘以胜敌之术。璘曰：“弱者出战，强者继之。”高宗亦曰：“此孙膑驷马之法。”

魏伐赵，赵急请救于齐。齐威王欲将孙膑，膑以刑余辞，乃将田忌，而

忌一不勝而再勝卒得五千金

唐太宗嘗言自少經略四方頗知用兵之要每觀

敵陣則知其強弱常以吾弱當其強強當其弱彼

乘吾弱奔逐不過數百步吾乘其弱必出其陣後

反而擊之無不潰敗蓋用孫子之術也○宋高宗

問吳璘以勝敵之術璘曰弱者出戰強者繼之高

宗亦曰此孫臏駉馬之法○

魏伐趙趙急請救于齊齊威王欲將孫臏臏以刑餘

辭乃將田忌而孫子為師居輜車中坐為計謀田忌

◎毛泽东评：所谓以弱当强，就是以少数兵力佯攻敌诸路大军。所谓以强当弱，就是集中绝对优势兵力，以五六倍于敌人一路之兵力，四面包围，聚而歼之。自古能军无出李世民之右者，其次则朱元璋耳。

孙子为师，居辎车中，坐为计谋。田忌欲引兵救赵，孙子曰："夫解纷者不控卷，救斗者不搏撠；批亢捣虚，形格势禁，则自为解耳。今梁、赵相攻，轻兵锐卒必尽于外，老弱罢于内，君不若引兵疾走大梁，冲其方虚（边批：致人），彼必释赵而自救，是我一举解赵之困，而收弊于魏也。"忌从之，魏果去邯郸，与齐战于桂陵（边批：致于人），大破梁军。

【译文】

战国时孙膑被同学庞涓陷害，在魏国受了膑刑，后来随齐国使臣一起到了齐国，在田忌那里做了门客。田忌常常和其他的贵族赌赛马。孙膑看了几次后发现彼此马匹的脚力相差不大，各自都分上、中、下三级。于是孙膑对田忌说："您只管用重金下注，我能让您必胜。"田忌相信了，和齐王以及众贵族开了一个千金的赌局。到了上场比赛的时候，孙膑对田忌说："现在您用下等的马跟对方的上等马比赛，用您的上等马和对方中等马比赛，再用您的中等马跟对方下等马比赛。"三场比赛结束，田忌输了一场，胜了两场，获得赌金五千金。

冯评：唐太宗曾说："我从少年时代起征战四方，颇知用兵之道，每次察看敌军阵势，就知道对方的虚实强弱。我经常先以弱兵对其强，再以强兵攻击其弱。但敌人攻我之弱，不过追杀数百步，而我以强兵攻敌之弱时，必定从其阵后杀出，反向突袭，敌军没有不溃散的。"这就是运用孙膑的战术。宋高宗也曾询问大将吴璘的致胜战术，吴璘说："用弱兵出战，用强兵跟进。"高宗也说："这是孙膑赛马的办法。"

魏国进攻赵国，赵国急忙派使者向齐国求援。齐威王要任命孙膑为主将，孙膑说自己是受过刑罚的废人，不适合做主将，于是改派田忌

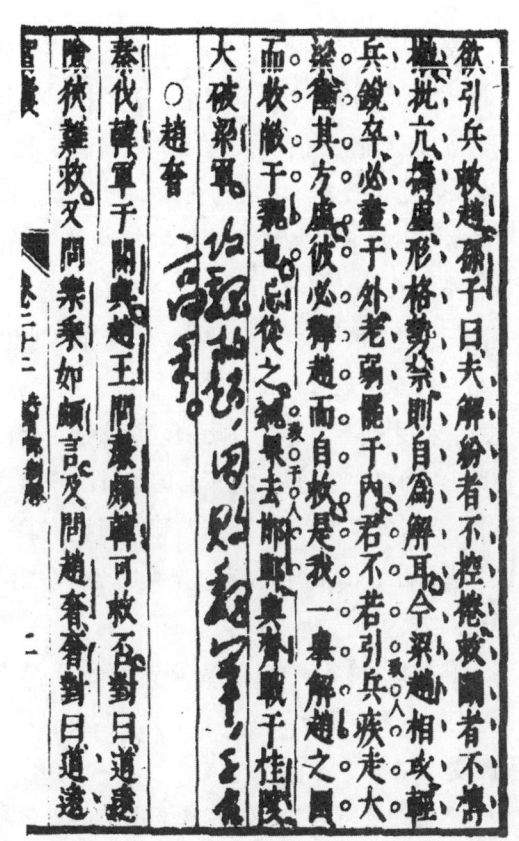

◎毛泽东评：攻魏救赵，因败魏军，千古高手。

为主将，任命孙膑为军师，让他坐在车中出谋划策。田忌想率兵救赵，孙膑说："要解开纷乱的线团不能捏着拳头，要拉开打架的双方不能操着家伙；攻击对方的要害，他们就会为情势所迫，不得不放弃纷争，这样争斗自然化解了。现在魏、赵两国互相攻伐，强兵劲卒都外出作战，留在国内的必是老弱残兵，将军不如带兵攻击魏国首都大梁，冲击他们的薄弱环节，魏军一定会放弃攻打赵国而回师自救，这样我们可以一举解除赵国的围困，又可坐收魏国兵疲力竭的利益。"田忌采纳了孙膑的意见，魏军果然从邯郸退兵，并和齐军在桂陵发生激战。齐军大败魏军。

793. 赵 奢

秦伐韩，军于阏与。赵王问廉颇："韩可救否？"对曰："道远险狭，难救。"又问乐乘，如颇言。及问赵奢，奢对曰："道远险狭，譬之两鼠斗于穴中，将勇者胜。"乃遣奢将而往，去邯郸三十里，而令军中曰："有以军事谏者，死。"（边批：主意已定，不欲惑乱军心也）秦军军武安西，鼓噪勒兵，屋瓦皆振。军中候有一人言急救武安，奢立斩之。坚壁留二十八日，不行，复益增垒（边批：坚秦人之心）。秦间来入，奢善食而遣之，间以报秦将，秦将大喜曰："夫去国三十里而军不行，乃增垒，阏与非赵地也！"奢既遣秦间，乃卷甲而趣之，一日一夜至（边批：出其不意）。令善射者去阏与五十里而军。军垒成，秦人闻之，悉甲而至。军士许历请以军事谏，奢曰："内之。"许历曰："秦人不意赵师至，此其来气盛，将军必厚集其阵以待之，不然必败。"奢许诺，许历请就诛，奢曰："胥后令。"至邯郸，历复请谏，曰："先据北山上者胜，后至者败。"奢许诺，即发万人趋之。秦兵后至，争山不得上，奢纵兵击之，大破秦军，遂解阏与之围。

孙子曰："反间者，因敌间而用之。"又曰："我得亦利，彼得亦利，为争地。"阏与之捷是也。许历智士，不闻复以战功显，何哉？于汉广武君亦然。

【译文】

秦国为攻打韩国，驻军在阏与。赵王问廉颇："韩国有救吗？"廉颇回答："距离远而且道路艰险陕隘，难救。"赵王又问乐乘，他的见解也和廉颇相同。赵王再问赵奢，赵奢回答说："距离远，而且道路艰险陕隘，这就好像是两只老鼠在洞穴里打斗，谁家的将军勇敢谁就获得胜利。"于是赵王命赵奢率兵前往。赵奢行军到距邯郸三十里的地方时，下令军中："凡敢议论军事的，一律处死。"当时秦军驻扎在武安以西，鼓噪喧哗，声震屋瓦。赵军有一名武官建议急救武安，赵奢立刻将他斩首。全军留守二十八天，不仅不向前推进，反而不断增强壁垒。秦军派间谍混入赵营，赵奢好食款待之后放他回去。间谍回报秦将，秦将十分高兴地说："离国三十里就不敢前进，反而增强壁垒，阏与不会属于赵国了！"赵奢送走秦军间谍后，突然下令急行军，一天一夜之间扑到前线，派弓箭手在距离阏与五十里处扎营。阵营扎好，秦军接到情报，也全军赶到。军士许历请求发表军事意见，赵奢说："叫他进来。"许历说："秦人绝对料想不到我军兵马会到，而且来势凶猛，将军一定要严阵以待。否则，这一仗必败。"赵奢点头称是。许历请死，赵奢说："等候命令吧。"到快要开仗前（译者按：邯郸乃赵都，于此无关，当系原文有误，此处按情理翻译），许历又请求发表意见，说："两军谁能先占领北山头，谁就胜利，迟到的就失败。"赵奢同意他的看法，派一万士兵直奔北山头。秦军晚

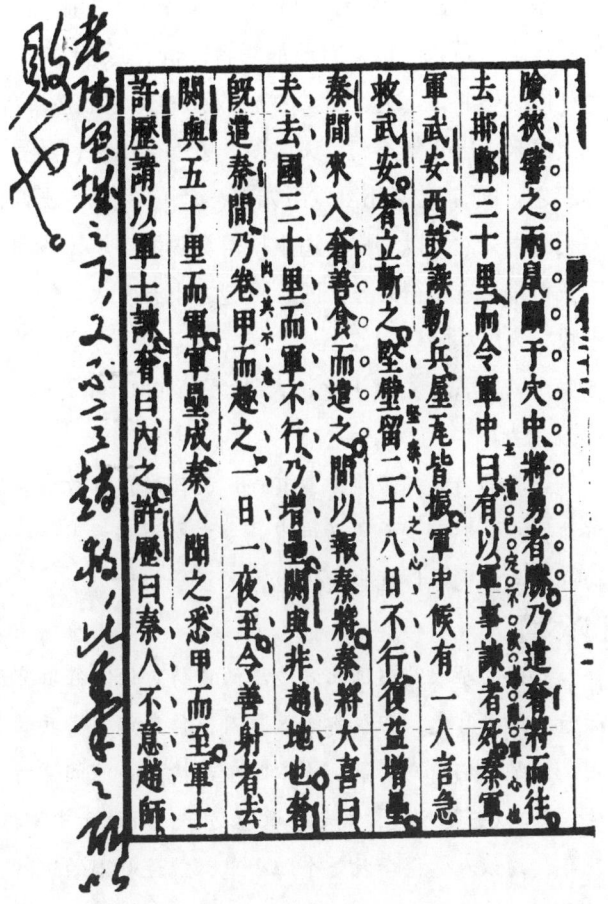

◎毛泽东评：老师坚城之下，又不意赵救，此秦之所以败也。

到，想上山却不行。赵奢下令全面攻击，秦军大败，成功解除了阏与之围。

冯评：孙子说："反间就是在利用敌人派遣的间谍。"又说："我军得到有好处，敌军得到也有好处的地方，叫做争地。"阏与大捷，就体现了这两句话。许历是一位智谋之士，后来再没有听说他有什么战功，这是什么缘故呢？汉朝的广武君也是如此。

794. 李 牧

李牧，赵北边良将也。尝居雁门备匈奴，以便宜置吏，市租皆输入幕府，为士卒费。日击牛飨士，习骑射，谨烽火，多间谍，厚遇战士，为约曰："匈奴即入盗，急入收保，有敢捕虏者，斩。"如此数岁，匈奴以牧为怯，虽赵边兵亦以为吾将怯。赵王让李牧，牧如故。赵王怒，召之，使他人代将。岁余，匈奴每来，出战数不利，失亡多，边不得田畜，乃复请李牧。牧固称疾，赵王强起之。牧曰："必用臣，臣如前，乃可奉令。"王许之，李牧如故约。匈奴终岁无所得，然终以为怯。边士日得赏赐而不用，皆愿一战。于是乃具选车，得千三百乘，选骑得万三千四，百金之士五万人，彀者十万人，悉勒习战。大纵畜牧，人民满野。匈奴小入，佯北，以数千委之。单于闻之，大率众来入。牧多为奇阵，张左右翼击之，大破，杀匈奴十余万骑，单于奔走，其后十余岁，不敢近边。

厚其遇，故其报重；蓄其气，故气发猛。故名将用死士。兵之力，往往一试而不再，亦一试而不必再也。今之所谓兵者，除一二家丁外，率丐而甲、尪而立者耳。呜呼！尪也，丐也，又多乎哉！

【译文】

战国的李牧是赵国北方边境的良将。他曾经驻守雁门，防御匈奴，根据实际情况设置官吏，租税都缴入幕府，作为犒赏士兵的费用。每天杀牛给士兵享用，训练他们骑马射箭，小心瞭望敌情，多派间谍打探，厚待军卒，并与之约法："匈奴若是入侵，就赶紧收缩防守，有敢于出军抓捕的，斩首。"这样过了几年，匈奴人觉得李牧是个胆小鬼，就连赵国的边防士兵也认为自己的主将很怯懦。赵王责备李牧，可李牧一如既往。赵王生气了，把李牧召回，派其他的将领取代他。经过一年多，匈奴每次来骚扰，赵军出战都失利，损伤众多，边境无法耕种、放牧，赵王只有再度请李牧出山。李牧称病推辞，赵王一定要他答应，于是李牧说："如果大王一定要用臣，臣必然按先前的做法行事，那样才能接受任命。"赵王答应了。李牧来到边境，又和士兵做了当年的约定，匈奴一年下来也没有什么收获，但始终认为李牧胆怯。边境的士兵每天都得到赏赐，却没有立功的机会，都希望能上战场作战。于是李牧挑选坚固的战车一千三百辆，良马一万三千匹，能征善战足以拿到百金赏赐的勇士五万人，射箭手十万人，要求他们加强训练。又让百姓散布郊外，任意放牧牲畜。匈奴派小股部队前来试探时，就假装败退，让数千人被擒。单于听到消息，遂率领大军入侵。李牧排出许多奇阵，两翼夹攻，大破匈奴，杀散其十多万大军。单于奔逃而去，此后十多年间，不敢再靠近赵国边境。

冯评：待遇丰厚，回报也就深切；积聚士兵的士气，这士气发作起来才猛烈。所以名将往往多用死士。军事打击的力量用过一次往往就不能再用，用了一次也不必再用。现在的所谓士兵，除了偶尔有些养得得法的家丁，其余都是穿着铠甲的乞丐、站着的废人。唉，乞丐和废人，怎么就那么多呢？

795. 周亚夫　二条

吴、楚反，景帝拜周亚夫太尉击之。既发，至霸上，赵涉遮说之曰："吴王怀辑死士久矣，此知将军且行，必置人于淆、渑阸峡之间。且兵事尚神密，将军何不从此右去，走蓝田，出武关，抵洛阳，间不过差一二日，直入武库，击鸣鼓，诸侯闻之，以为将军从天而下也。"太尉如其计，至洛阳，使搜淆、渑间，果得伏兵。

太尉会兵荥阳，坚壁不出。吴方攻梁急，梁请救，太尉守便宜，欲以梁委吴，不肯往。梁王上书自言，帝使使诏救梁，太尉亦不奉诏，而使轻骑兵绝吴、楚后，吴兵求战不得，饿而走，太尉出精兵击破之。

吴王之初发也，其大将田禄伯曰："兵屯聚而西，无他奇道，难以立功，臣愿得五万人，别循江、淮而上，收淮南、长沙，入武关，与大王会，此亦一奇也。"（边批：魏延子午谷之计相似）吴太子谏曰："王以反为名，若借人兵，亦且反王。"（边批：何不谏他勿反）于是吴王不许。少将桓将军说王曰："吴多步兵，利险；汉多车骑，利平地。愿大王所过城不下，直去疾西，据洛阳武库，

○周亞夫

吳楚反，景帝拜周亞夫大尉擊之，既發至霸上，趙涉遮說之曰：吳王懷輯死士久矣，此知將軍且行，必置人于殽黽阨之間，且兵事尚神密，將軍何不從此右去，走藍田，出武關，抵雒陽，間不過差一二日，直入武庫，擊鳴鼓，諸侯聞之，以爲將軍從天而下也。太尉如其計，至雒陽，使搜殽黽間，果得伏兵。太尉會兵滎陽，堅壁不出，吳方攻梁急，梁請救太尉，守便宜，欲以梁委吳不肯往，梁王上書自言，帝使使

食敖倉粟，阻山河之險，以令諸侯，雖無入關，天下固已定矣，大王徐行，留下城邑，漢軍車騎至，馳入梁、楚之郊，事敗矣。吳老將皆言：此少年摧鋒可耳，安知大慮。吳王于是亦不許。假令二計得行，亞夫未遽得志也。亞夫之功，涉與吳王分半，而後世第功亞夫，竟無理田、桓二將軍之言者，悲夫！李牧、周亞夫，皆不萬全不戰者，故一戰而功成。趙括以輕戰而敗，夫差以累戰而敗。君知不可戰而不禁之，子玉之敗是也。將知不可戰而迫使之，楊無敵之敗是也。

◎毛泽东评：非荥阳，乃定陶。

【译文】

　　西汉景帝时，吴、楚等国谋反，景帝拜周亚夫为太尉带兵平叛。大军出发来到灞上，赵涉拦住周亚夫说："吴王招揽敢死之士已经很久了，这次他知道将军率兵而来，一定会在殽、渑等狭隘的山道间设埋伏。行军贵秘密，将军为什么不由此西行，经蓝田、武关再到洛阳，时间不过相差一两天，但那可以直接率军入军械库敲响战鼓。诸侯听到，会以为将军部队是从天而降呢。"周亚夫接纳了赵涉的建议，到了洛阳后，派人到殽、渑一带搜查，果然逮捕到吴王

的伏兵。

太尉在荥阳会兵，坚守不出。吴国正尽力攻打梁国，梁国派使者求救。周亚夫根据便宜行事的原则，把梁国放弃给吴国，并不出兵相救。梁王又写信向景帝申诉，景帝命周亚夫出兵救援，周亚夫也不接受诏命，只派了轻骑兵抄了吴、楚军的后路。吴军前不能作战，后方粮草又供应不上，只好退兵，这时周亚夫才出动精兵大破敌军。

冯评：吴王在刚开始发兵时，他的大将军田禄伯建议："聚集大军一起向西推进，没有什么妙策可用，是不容易成功的。臣愿意率领五万士卒，另外沿着江、淮向上游前进，收复淮南、长沙，进入武关，再和大王军队会合，这也算是一个好办法。"吴太子劝阻说："父王出兵是造反，轻易地把军队交予他人，别人也有谋反父王的可能。"于是吴王没有答应田禄伯的要求。吴少将桓将军劝说吴王道："吴国多步兵，步兵擅长在险恶地形作战；汉多车骑兵，擅长在平地作战。希望大王不要攻占沿途所经过的城池，直接向西攻占洛阳的军械库，夺取敖仓的粮食，凭恃地形险阻号令诸侯，这样，即使没有入关，天下也已尽在掌握了。如果大王缓慢前进，在沿途城市留下守兵，汉军的骑兵一到，快马进入梁、楚的郊野，那大势就不妙了。"吴王的老将们都说："这年轻人冲锋陷阵还行，怎知道如何战略布局呢？"于是吴王也没有采纳桓将军的意见。如果当初吴王能接受他们二人的计策并付诸实施，周亚夫也不能那么顺利地大获全胜。所以，周亚夫的功劳中，赵涉和吴王要占了一半。后人只知道周亚夫平乱有功，而不提田禄伯、桓将军，可悲！李牧与周亚夫都是没有十足致胜的把握，不轻言出战的人，所以能一战成功。赵括因轻易出战而败，夫差因长期征战而败。君王明明知道不该作战却不加制止，楚国子玉的失败就是这样；将军明知不可作战而被强迫出征，北宋杨业的失败就是如此。

796. 周　访

贼帅杜曾屡败官军，威震江、沔，元帝命周访击之。访有众八千，进至沌阳。曾等锐气甚盛。访曰："先入有夺人之心，军之善谋也。"使将军李常督左甄，许朝督右甄，访自领中军，高张旗帜。曾果畏访，先攻左右甄。曾勇冠三军，访甚恶之，自于阵后射雉，以安众心，令其众曰："一甄败，鸣三鼓，两甄败，鸣六鼓。"赵胤兵属左甄，力战，败而复合，胤驰马告访，访怒叱，令更进，胤号哭复战，自旦至申，两甄皆败。访闻鼓音，选精锐八百人，自行酒饮之，敕不得妄动，闻鼓响乃进，贼未至三十步，访亲鸣鼓，将士皆腾跃奔赴（边批：**出其不意**）。曾遂大溃，杀千余人。访夜追之，诸将请待明日，访曰："曾骁勇善战，向之败也，彼劳我逸，是以克之，宜及其衰，乘之可灭。"鼓行而进，遂定汉、沔。曾等走固武当，访出不意，又击破之，获曾。

先委之以两甄，以敝其力，以骄其气，卒然乘之，乃可奏功。然兵非素有节制，两甄先不为尽力矣。

【译文】

西晋时的贼帅杜曾屡次打败官兵，威震江、沔。晋元帝派周访出兵清剿。周访有八千部众，进军到沌阳。杜曾的军队士气十分旺盛，周访说："争取主动，夺人之志，这是军事上的上策。"命将军李常指挥左军，许朝指挥右军，周访亲自率领中军，高举旗帜。杜曾果然畏惧周访的声势，先攻打左右两军。杜曾勇冠三军，周访十分憎恨，亲自在阵后射箭来安定军心。下令说："一军败，击鼓三通；两军败，击鼓六通。"赵胤所部属于左军，奋力作战，溃散之后再度聚拢。赵胤骑马向周访报告，周访斥责了他，命他继续攻击。赵胤哭叫着继续战斗。从早上打到傍晚，左右两军都战败了。周访听到报告战败的六通鼓声，挑选精兵八百人，亲自给他们敬酒，并要求他们不可轻举妄动，只有在听到鼓声后才能前进。贼人进逼到三十步外时，周访亲自击鼓，将士都踊跃冲杀。于是杜曾大败，贼兵被杀一千多人。周访下令趁夜追击，其他将领却请求等到天亮再追。周访说："杜曾勇敢善战，刚才的失败，是因我军以逸待劳，所以才能取胜。现在应该趁着他们士气衰落的时候，一举消灭他们。"于是击鼓前进，平定了汉、沔地区。杜曾逃往武当休整守备，周访出其不意攻破了他，擒获了杜曾。

冯评：周访先以左右两军消耗杜曾的力量，同时滋长他们的骄气，再突然发动猛烈攻击，于是建功。但若不是军士们训练有素，左右两军恐怕就先不肯出死力了。

797. 陆逊　陆抗

昭烈率众伐吴，自巫峡至夷陵，连营七百余里，而先遣吴班将数千人，平地立营以挑战。吴诸将皆欲击之，陆逊不许，曰："此必有谲。"坚壁良久，昭烈知计不行，乃引伏兵从谷中出，凡八千人。逊谓诸将曰："所以不听击班者，正为此也。今而后吾知所以破之矣！"乃敕于暮夜，人各持茅一把，每间一营辄攻一营，同时火举，首尾不能相救，于是四十余营，一战俱破。

魏文帝闻昭烈树栅连营状，顾谓群臣曰："备不知兵，必破矣。岂有七百里连营，而可以拒敌者乎？包原隰险阻以营军者，必为敌擒，此兵忌也！"后七日，而孙权捷书至，以昭烈之老于行间，而识不及曹丕，何也？岂所谓"老将至而耄及之"乎？

昭烈之伐吴，符坚之寇晋，皆倾国之兵也。然昭烈之谋狡，故宜静以待之；符坚之气骄，故宜急以挫之。狡谋穷则敌困，骄气挫则敌衰，所以虽众无所用之也（按：淝水之役，符融攻硖石，坚留大军于项城，自引轻骑八千就之。朱序私于谢石曰："若秦兵尽至，诚难与为敌，今乘诸军未集，宜速击之，若败其前锋，则彼已夺气，可遂破也。"石从之）。

西陵督步阐以城降晋。抗闻，日夜督兵赴西陵，别筑严围，使内可围阐，外可御寇，而不攻城。诸将咸谏曰："及兵之锐，宜急攻阐。比晋救至，阐必拔矣。何事于围而以敝士民之力？"抗曰："此城甚固，而粮又足，其缮修备御具皆抗所亲规。攻之急未能克，而救且至，救至而无备，表里受敌，何以御之？"诸将犹不谓然。抗欲服众，乃听令一攻，果不利，于是围备始力。未几，晋杨肇帅兵来救，时我军都督俞赞忽亡诣肇。抗曰："赞，军中旧吏也，知吾虚实，吾尝虑夷兵素不简练，若敌来攻，必先此处。"是夜易夷兵，而悉以旧将统之。明日，肇果攻故夷兵处，抗击之，矢石雨下。肇夜遁，抗不追，而但令鸣鼓发喊，若将攻者。肇大溃，引去。遂复西陵，诛阐。

【译文】

三国时蜀主刘备率军伐吴，从巫峡到夷陵扎营长达七百多里，又派遣吴班率几千人在平地扎营，出兵挑战。吴国将领看到这种情形，都主张下令攻击，陆逊说："这其中必定有诈。"坚守很久之后，刘备知道诱敌不成，只好让伏兵从山谷中撤出，共八千人。陆逊对众将说："这就是不让你们攻击吴班的原因。现在我已经知道破敌的战术了。"于是下令夜里每人各持一把茅草，每间隔一个敌营发动火攻，使其首尾不能相顾。刘备四十多个营寨，一战都被攻破。

冯评：当初魏文帝曹丕听说刘备设立营寨的情形，对群臣说："刘备不懂军事，一定会被打败！哪里有连营七百里还能抵御敌军的呢？扎营在各种各样的复杂地形上，一定会被敌人击破，这是兵家大忌！"七天后，果然接到孙权的捷报。以刘备这样的征战老手，竟不如曹丕有见识，怎么回事？难道是所谓年纪大了就会被后生赶上吗？

刘备伐吴，苻坚攻晋，都是倾尽全国的兵力。然而，刘备狡猾，所以应该静观其变等待时机；苻坚骄躁，所以要急攻猛打挫败其锐气。狡猾的计谋无法施展，自然陷入困境；骄躁的威风受挫，自然士气低落，即使兵力众多，也起不到作用（按：淝水之战，苻融出兵攻击硖石，苻坚留大军坚守项城，自己率领轻骑八千跟随。朱序私下对谢石说："如果秦兵都来，很难与之抗衡。现在乘他们军队没有全部集结到位，应该迅速出击。如果击败他们的先头部队，那他们全军的士气就没了，接下来就会被攻破。"谢石接受了朱序的建议）。

西陵都督步阐是吴国元老步骘的儿子，后来连同西陵城一起投降了西晋。陆抗听说后，火速带兵开赴西陵，绕着西陵城墙另外修筑工事，既把步阐围困在内，又可抵御外来的攻击，就是不攻西陵城。将领们都劝谏说："应该趁着我军士气正盛攻打步阐，等晋国援军赶到，步阐早就被拿下了，何必围他，徒然耗费军民之力？"陆抗说："这座城非常坚固，城内粮食又充足，所有防御器械和方案都是我亲自规划的。如果仓促进攻，一定难以取胜，而晋军援兵马上就到，救兵来了，我们又无法防备，内外受敌，怎么办呢？"将领们都听不进陆抗的话，陆抗为了让众人心服，就让将领们出击，果然失利，于是全军才尽力防守。不多久，晋杨肇率兵赶来救援，吴军都督俞赞突然跑去投奔杨肇。陆抗说："俞赞是军中的老军官，深知我军的虚实。我曾想我军的夷人部队素来缺乏训练，如果敌人来攻，一定先打此处。"当夜，陆抗就把夷人部队防御的据点全部撤换，由旧将统兵防守。第二天，杨肇果然攻打原来由夷人防守的位置，陆抗立刻下令攻击，箭石如同雨下，杨肇趁夜逃走，陆抗并不追赶，只下令击鼓喧哗，作出要攻击的样子。杨肇军队大败溃逃而去。陆抗随即收复了西陵，杀了步阐。

798. 邓 艾

邓艾与郭淮合兵以拒姜维，维退，淮因西击羌。艾曰："贼去未远，或能复还，宜分诸军以备不虞。"于是留艾屯白水北。三日，维遣廖化自水南向艾结营。艾谓诸将曰："维今卒还，吾军少，法当来渡，而不作桥（边批：棋逢对手），此维使化持吾，令吾不得动，维必自东袭取洮城矣。"洮城在水北，去艾屯六十里。艾即夜潜军，径到洮城，维果来渡，而艾先至据城，得以不破。

【译文】

三国时，魏国的邓艾与郭淮合兵防御蜀国的姜维。姜维撤兵之后，郭淮带兵西进攻打羌人。邓艾说："敌人撤退，但是还没有走远，或许还会回来，应该分兵守卫，以防意外。"于是邓艾留下驻守白水之北。三天后，姜维派廖化在白水南边面向邓艾军扎营。邓艾对诸将说："姜维现在突然回来，我军兵力不足，按理他们应当渡河，而不是浪费时间去造桥，这一定是姜维派廖化的部队来牵制我，使我不得动弹，而由姜维引军向东袭取洮城。"洮城在白水北边，距邓艾防地六十里。于是，邓艾连夜行军直奔洮城，姜维果然渡河而来，但是邓艾已经先占领洮城，所以洮城没有丢。

799．唐太宗 三条

唐兵围洛阳，夏主窦建德悉众来援，诸将请避其锋。郭孝恪曰："世充穷蹙，垂将面缚，建德远来助之，此天意欲两亡之也。宜据武牢之险以据之，伺间而动，破之必矣。"记室薛收曰："世充府库充实，所将皆江淮精锐，但乏粮食，故为我持。建德自将远来，亦当挫其精锐（边批：亦是朱序破苻秦之策）。若纵之至此，两寇合从，转河北之粟以馈洛阳，则战争方始，混一无期。今宜分兵守洛阳，深沟高垒，勿与战。大王亲帅骁锐，先据成皋，以逸待劳，决可克也。建德既破，世充自下，不过二旬，两主就缚矣。"世民从之。由是夏主迫于武牢，不得行。

按：是时，凌敬言于建德曰："大王宜悉兵济河，攻取怀州、河阳，使重将守之，遂建旗鼓，逾太行，入上党，徇汾晋，趣薄津，蹈无人之境，拓地收兵，则关中震惧，而郑围自解矣。"妻曹氏亦曰："祭酒之言是也。"夫此特孙子旧策，妇人犹知之，而建德不能用，以至败死，何哉？

谍告："夏主伺唐牧马于河北，将袭武牢。"世民乃北济河，南临广武而还，故留马千余匹，牧于河渚以疑之。建德果悉众出牛口，置阵亘二十里，鼓行而进。诸将皆惧，世民升高望之，谓诸将曰："贼起山东，未尝见大敌，今度险而嚣，是无纪律，逼城而阵，有轻我心。我按兵不出，彼勇气自衰，阵久卒饥，势将自退，追而击之，无不克矣。"建德列阵，自辰至午，士卒饥倦，皆坐列，又争饮水。世民命宇文士及将三百骑，经建德阵西，驰而南上。建德阵动，世民曰："可击矣。"帅轻骑先进，大军继之，直薄其阵。方战，世民又率史大奈等卷旆而入，出于阵后，张唐旗帜。夏兵见之，惊溃。

秦王世民至高墌，薛仁杲使宗罗睺将兵拒之，世民坚壁不出。诸将请战，世民曰："我军新败，士气沮丧，贼恃胜而骄，有轻我心，宜闭垒以待之。彼骄我奋，可一战而克也。"乃令军中曰："敢言战者，斩。"相持六十余日，仁杲粮尽，所部多降，世民乃命梁实营于浅水原以诱之。罗睺大喜，尽锐攻之。数日，世民度其已疲，谓诸将曰："可以战矣。"使庞玉阵于原南，罗睺并兵击之，玉几不能支，世民乃引大军自原北出其不意，自帅骁骑陷阵。罗睺军溃，世民帅骑追之，窦轨叩马苦谏，世民曰："破竹之势，不可失也。"遂进围之，仁杲将士多叛，计穷出降，得其精兵万人。诸将皆贺，因问曰："大王一战而胜，遽舍步兵，又无攻具，直造城下，众皆以为不可，而卒取之，何也？"世民曰："罗睺所将，皆陇外骁将悍卒，吾特出其不意破之，斩获不多。若缓之，则皆入城，仁杲抚而用之，未易克也。急之则散归陇外，折墌虚弱，仁杲破胆，不暇为谋，此吾所以克也。"众皆悦服。

【译文】

唐军包围洛阳的王世充，窦建德发兵前来援救。唐军诸将请求先避开窦建德军队的锐锋，郭孝恪说："王世充已经穷途末路，很快就要做俘虏了。窦建德又老远赶来救援，这是天意要让他们双双灭亡。我们应该守住虎牢关，伺机而动，一定能打败他们。"记室薛收说："王世充府库充实，率领的军队也都是江、淮的精锐，只是缺少粮食，才被我军困住。窦建德亲率大军远道而来，也必须挫其锐气。若是把窦建德放到这里来，两军联合，转运河北的粮食补给洛阳，那可意味着战争刚刚开始，天下统一就遥遥无期了。现在应该分出一部分人马守在洛阳，深沟高垒，死守不出。大王则亲率精兵，占据成皋，以逸待劳，这样窦建德就能够制服。只要窦建德兵败，王世充也自然不攻而破，不出二十天，两个家伙就都得束手就擒！"李世民听从了这些建议，于是窦建德大军被阻截在虎牢关，不得前进。

冯评：当时，凌敬曾对窦建德说："大王应率军渡过黄河，攻取怀州、河阳，派大将防守，然后整军越过太行，进入上党，再过汾晋地区，直逼蒲津，这些地方都没有多少防守兵力，我军可如入无人之境，既能扩张领土，又可招募士兵，同时也能震慑关中，王世充的围自然也就解了。"窦建德的妻子曹氏也说："祭酒的话说得有理。"这不过是孙膑围魏救赵的老办法，连妇人都知道，而窦建德就是不能采纳，以致败亡，算怎么回事呢！

间谍报告说："窦建德探知唐军牧草已尽，在河北牧马，打算偷袭武牢。"李世民一得知这个情报，立即北渡黄河，南到广武，侦察形势后回来，故意留下千余匹牧马疑惑敌军。窦建德果然全军由牛口布阵绵延二十里，击鼓进军。诸将不禁心生恐惧。李世民登高眺望，对诸将说："贼人起于山东，没遇到过强敌。现在看他们路过险地而喧哗，这是无纪律的表现；迫近城池列阵，这是有轻敌之心。我军按兵不动，他们气势自然衰落，列阵时间长了，士兵们一定会饿，自然就退兵了，那时我军再追击，没有不胜的道理！"窦建德的士兵列阵迎敌，从早晨直到中午，士兵又饿又累，纷纷坐在地上，又争着喝水。此时，李世民命宇文士及率三百骑兵掠过窦建德队伍的西面，急驰南上。窦建德的阵脚有了骚动。李世民说："可以攻击了！"于是率领轻骑先行发动攻势，大军继进，直逼敌阵。双方交战时，李世民又率史大奈等人卷着大旗冲进敌阵，在敌军阵后扬起唐军的旗帜。窦建德的士兵见了唐旗，纷纷惊慌溃逃。

秦王李世民领军来到高墌，薛仁杲派宗罗睺领兵抵御。李世民坚守不出战。诸将纷纷请战，李世民说："我军刚打过败仗，士气低落。贼人仗着获胜，心骄气傲，有轻敌心理，应该坚守不战，等待机会。让他们的骄气滋生到一定程度，我军奋力搏击，就能一战而胜！"于是传令："再有人敢说出战，立刻斩首！"两军相持六十多天，薛仁杲粮食用尽，手下兵将也多来投降，李世民于是命梁实在浅水原扎营引诱敌兵，宗罗睺很高兴，派出所有的精兵进攻。几天后，李世民估计敌兵已经疲惫，对诸将说："可以出战了。"于是派将军庞玉在浅水原南边布阵，宗罗睺集合兵力攻他，庞玉几乎抵挡不住。李世民率兵出其不意地自浅水原北边突袭，并身先士卒冲入敌阵。宗罗睺大败，李世民率骑兵乘胜追杀，窦轨拦马苦苦劝阻，李世民说："现在势如破竹，机不可失。"于是进兵围攻。薛仁杲的将士多半叛降，薛仁杲无计可施也只能投降，李世民得到薛仁杲的精兵一万多人。诸将纷纷向李世民道贺，并问："大王一战而胜，不用步兵，又没有攻城装备，轻骑直逼城下，大家都认为不行，但最终竟然成功，这是什么原因呢？"李世民说："宗罗睺所率领的士兵多是陇西的骁勇兵将，我仅仅是出其不意地击破他，斩获不多。若是我放慢攻势，那么敌兵都会逃入城中，薛仁杲加以安抚重用，一时也就很难把城拿下。但急追不舍，他们就四散奔逃，城中力量必然虚弱，薛仁杲也心虚害怕，不能想出更好的办法，这就是我战胜的原因。"诸将听了，都心悦诚服。

800. 李 靖

萧铣据江陵。诏李靖同河间王孝恭安辑，阅兵夔州。时秋潦，涛濑涨恶，铣以靖未能下，不设备。诸将亦请江平乃进，靖曰："兵事以速为神。今士始集，铣不及知，若乘水傅垒，是震雷不及塞耳，仓卒召兵，无以御我，此必擒也。"孝恭从之，帅战舰二千余艘东下，拔其荆门、宜都二镇，进至夷陵。萧铣之罢兵营农也，才留宿卫数千人。闻唐兵至，大惧，仓卒征兵，皆在江岭之外，道途阻远，不能遽集，乃悉见兵出拒战。孝恭将击之，李靖止之曰："彼救败之师，策非素立，势不能久，不若且驻南岸，缓之一日，彼必分其兵，或留拒我，或归自守。兵分势弱，我乘其懈而击之，蔑不胜矣！今若急之，彼则并力死战，楚兵剽锐，未易当也。"孝恭不从，留靖守营，自帅锐师出战，果败走，趣南岸。铣众委舟，收掠军资，人皆负重。靖见其众乱，纵兵奋击，大破之。乘胜直抵江陵，入其外郭，大获舟舰。李靖使孝恭尽散之江中。诸将皆曰："破敌所获，当借其用，奈何弃以资敌？"靖曰："萧铣之地，南出岭表，东距洞庭，吾悬军深入，若攻城未拔，援兵四集，吾表里受敌，进退不获，虽有舟楫，将安用之？今弃舟舰，使塞江而下，援兵见之，必谓江陵已破，未敢轻进，往来窥伺，动淹旬月，吾取之必矣。"铣援兵见舟舰，果疑不进。

【译文】

初唐时萧铣占据江陵，唐高祖诏命李靖同河间王李孝恭前往平定，从夔州发兵。此时正当秋雨连绵，江水恶涨，萧铣认定李靖无法顺江而下，因此并不设防。唐军诸将也请求等江水平复后再进兵。李靖说："兵贵神速，现在我军刚集合，萧铣还未获得情报，若是趁着大水突然攻到敌人城下，迅雷不及掩耳，他们仓促之间一定无法召集军队，我军必能擒获敌人。"李孝恭依计而行，率领战舰二千多艘东下，攻下荆门、宜都二镇，进到夷陵。萧铣这时正让士兵归家务农去了，才留下几千人守卫，听说唐兵到来，大为恐惧，仓皇间征兵，兵士却都在江岭之外，路途遥远，不能立即会合，只好尽集现有兵力出战。李孝恭想发动攻击，李靖阻止说："他们应急救援的部队，并没有完整的计划，不耐久战，我军不如暂时在南岸驻扎，缓他一天，故军必会分兵部署，有的留下抵拒，有的回营自守。兵力一分散，势力就弱了，我军趁其松懈时攻击，没有不胜的道理。如果急于攻击，敌兵一定合力死战。楚兵剽悍，不易抵挡。"李孝恭不听，留下李靖守营，自率精锐出击，果然战败，退守南岸。萧铣的部众纷纷弃船，抢夺军需用品，人人都背了很多东西。李靖见敌兵纷乱，立即下令攻击，大败敌兵，乘胜直抵江陵，来到外城，获得大量战船。李靖要李孝恭将这些战船散置江中。诸将都说："打败敌人缴获来的战利品应该善加利用，为何要白白放到江里去资助敌人呢？"李靖说："萧铣的地盘，南出岭南，东抵洞庭湖。我们孤军深入，如果攻城不下，他们的援军从四面聚拢过来，我军腹背受敌，进退两难，即使有战船又有什么用？现在扔掉这些战船，让它们顺流而下，敌人援军看见，必定以为江陵已破，就不敢贸然进兵，派遣间谍窥探回报，来来回回一拖延就是十多天，那时我军一定可以攻下敌城了。"萧铣的援兵看见江上的战船，果然心生疑虑，不敢进兵。

801. 朱儁

黄巾贼党韩忠，以十万人据宛，诏朱儁以八千人讨之。儁张围结垒，起土山以临城内，鸣鼓攻其西南。贼悉众赴西南，儁自将精兵五千掩其东北，乘城而入。忠乃退保子城，惶惧乞降。时司马张超等议听之，儁曰："不可！今海内一统，独黄巾造逆，纳降徒长逆萌，非长计！"急攻之，不克。儁乃登土山望之，顾谓张超曰："吾知之矣，贼外围周固，乞降不受，欲出不得，所以死战。不如撤围，并兵入城，忠见围解，势必自出，出则意散，易破之道也。"即解围，忠果出，因击，大破之。

【译文】

东汉末年时，黄巾贼将韩忠聚众十万人盘踞宛城，汉灵帝下令朱儁率八千人讨伐。朱儁包围城池，修堡筑城，堆起土山俯瞰城内，击鼓进军攻城西南。

贼人全力奔赴城西南防守。这时朱儁亲率五千精兵从东北偷袭，翻越城墙攻了进去。韩忠仓皇退入内城，派人请降。当时司马张超等人主张接受韩忠的请降，朱儁说："不行。现在天下一统，只有黄巾贼造反，接受投降，只能助长贼人造反的决心，并非长久之计。"下令猛攻，却一时也拿不下。朱儁登上土山眺望，回头对张超说："我明白了，贼人被我们死死围住，请降又不成，出又出不去，所以只能死战。我军不如撤兵，聚集兵力进城。韩忠见围兵解除，一定率贼出城，出来之后他们的意志就涣散了，也容易被击溃。"包围解除，韩忠果然出城，于是朱儁下令出击，大破韩忠。

802. 耿 弇

张步弟蓝将精兵二万守西安，而诸郡合万人守临淄，相距四十里。耿弇进军二城之间，视西安城小而坚，临淄虽大实易取，乃下令，后五日攻西安。蓝闻，日夜警备。至期，夜半，弇敕诸将皆蓐食，及旦，径趋临淄。半日拔其城。蓝惧，弃城走。诸将曰："敕攻西安而乃先临淄，竟并下之，何也？"弇曰："西安闻吾攻，必严守具。临淄出不意而至，必自惊扰，攻之必立拔。拔临淄则西安孤，此击一而得二也！若先攻西安，顿兵坚城，死伤必多，即拔之，吾深入其地，后乏转输，旬月间不自困乎？"诸将皆服。

【译文】

东汉初年，张步的弟弟张蓝率精兵二万人据守西安城，而其他郡县集合一万人守临淄，两城之间相距四十里。汉将耿弇率军来到两城之间，发觉西安城虽小，却很坚固；临淄虽是大城，但比较容易攻取。于是下令，五天后进攻西安。张蓝听说后，日夜加强戒备。到了第四天的半夜，耿弇下令全体士兵吃过战饭，天亮时来到临淄城下，只用半天的时间就攻占了临淄。张蓝惊恐之下，弃城而逃。诸将问耿弇："元帅先前下令进攻西安，到时候却先打临淄，最后两城都拿下了，这是什么原因？"耿弇说："西安城听说我军将要进攻，必定加强戒备。临淄守兵料想不到我军会到，一定惊慌害怕，所以一打就破。临淄被攻克，西安城就了孤城，这就是攻一城而得两地的原因。如果先打西安，西安城坚兵强，双方交战，死伤必然惨重，即使获胜，我军深入敌境，后方粮草供应困难，如果拖上个把月，岂不要陷入困境？"诸将听后，大为佩服。

803. 韦睿 三条

梁天监四年，王师北伐，命韦睿督军，攻小岘城。既至，城中忽出数百人，阵于门外，睿曰："城中二千余人，闭门坚守，足以自完，而无故出人于外，此必其骁劲者也，先挫其劲，城一鼓可拔。"诸将疑不前，睿指其节曰："朝廷授此，非以为饰，法不可犯也！"兵遂进，殊死战，魏兵大溃，急攻之，城遂拔。

睿进攻合肥，先按行山川，曰："吾闻之：汾水可灌平阳，绛水可灌安邑。"乃为之堰肥水，堰成，而魏援兵大至。诸将惧，请表益兵。睿笑曰："贼已至而请兵，虽鞭之长，能及马腹乎？"初战不利，诸将议退巢湖，又议走保三叉，睿怒曰："将军死绥，有前无却，妄动者斩！"乃取伞扇麾幢树堤下，示无动意，而更筑垒于堤以自固。久之，堰水满，魏救兵无所用，城竟溃。

魏中山王元英以百万众寇北徐州，围刺史昌义之于钟离。帝遣曹景宗将大兵往救，敕睿师所部往会之。睿自合肥径进，时魏兵声势甚盛，诸将惧，请缓行。睿曰："钟离望救甚急，车驰卒奔，犹恐其后，而可缓乎？魏兵深入，已堕吾腹中，勿忧也。"不旬日，至，遂于景宗营前二十里，一夜掘长堑，树鹿角，截土为城，比晓而营立。元英惊以为神。英先于邵阳洲两岸为两桥，树栅数百步，跨淮通道。睿乃装大艘，乘淮水暴涨，竞发以临其垒，而令小船载苇藁，灌之膏油，乘风纵火，烟焰障天，倏忽之间，桥栅尽坏，我军乘势奋勇，呼声动天地，无一当百。魏兵大溃，元英仅以身免。昌义之得报，不暇语，但直叫曰："更生！更生！"

时魏人歌曰："不畏萧娘与吕姥，但畏合肥有韦虎！"韦即睿，吕，吕僧珍，萧者，临川王宏也。

【译文】

南朝梁天监四年，梁武帝北伐北魏，命韦睿率军攻击小岘城。来到城外，城中派出数百人在城外列阵，韦睿说："城中只有二千多人，但闭门坚守，足以自保，现在无故派人出城，这一定是他们最精锐的军士，如果能打败他们，必能挫其锐气，一举拿下小岘。"诸将却犹豫不前，韦睿指着符节说："朝廷颁赐符节，不是用来当装饰品的，法令不可违抗！"全军攻击，士兵拼死作战，魏兵大败，韦睿攻占了城池。

韦睿进兵合肥，先观察山川地势，说："我听说汾水可灌平阳，绛水可淹安邑。"于是率部众筑堤，堵住肥水。堤坝筑成，北魏援兵开到，诸将深感恐惧，上书奏请增派援兵。韦睿笑着说："敌人已经兵临城下才要求增援，马鞭再长，能够到马肚吗？"一开始战况不利，诸将商议退守巢湖，又想回守三叉，韦睿生气地说："领兵作战，后退者死，只有前进没有后退，乱动者斩！"于是命人拿来伞扇及麾幢，树立在堤堰下，表示决不后退的决心。同时在堤上修筑营垒巩固防御。过了很久，蓄水已满，魏军的援兵竟无法发挥作用，合肥被攻溃。

北魏中山王元英率众百万攻打北徐州，在钟离城包围刺史昌义之。皇帝派遣曹景宗率大军增援，并命韦睿率所部前往会合。韦睿直接从合肥赶到钟离。当时北魏军马士气正盛，诸将畏惧，劝韦睿放慢行军速度。韦睿说："钟离城急切盼望救援，即使战车飞驰，兵卒狂奔，还嫌太迟，慢慢走怎么行？魏兵孤军深入我腹地，不用担心。"不到十天，已与曹景宗会合，趁夜在曹景宗的营前二十里处花了一晚上掘了一条长沟，树立鹿角，垒土成城，天亮时，营寨已筑好，元英惊叹为神人。先前元英曾派人在邵阳洲的两岸架设便桥，树立围栅数百步，作为跨越淮河的通道。韦睿乘着淮水暴涨，发出大战舰冲向北魏营垒，另外用小船载着干草，灌上油脂，顺着风势放火，一时烟焰迷漫，刹那间便桥围栅都被烧毁。韦睿的军队乘势奋勇杀敌，喊声震天，个个以一当百。魏兵大败，元英只身逃走。昌义之得到魏军大败的报告，说不出别的，只喊着："绝处逢生啊！绝处逢生！"

冯评：当时北魏有一首歌谣："不畏萧娘与吕姥，但畏合肥有韦虎。"韦指韦睿，吕指吕僧珍，萧指临川王萧宏。

804. 马燧 三条

马燧既败田悦，会救至，悦复振。悦壁洹水，淄青军其左，恒冀军其右。燧进屯邺，请益兵。诏河阳李芃以兵会，次于漳。悦遣将王光进兵守漳之长桥，筑月垒以扼军路。燧于下流以铁锁维车数百绝河，载土囊遏水而渡。悦知燧食乏，坚壁不战。燧令士赍十日粮，进营仓口，与悦夹洹而军，造三桥，逾洹日挑战。悦不出，阴伏万人，欲以掩燧（边批：亦谲）。燧令诸军夜半食，鸡鸣时鸣鼓角，而潜师并洹（边批：攻其所必救），趋魏州，下令曰："须贼至，止为阵。"留百骑持火匿桥旁，待悦众尽渡，乃焚桥。燧行十余里，悦果率众逾桥。乘风纵火，鼓噪而前。燧令兵士无动，除蓁莽广百步，勇士五千人先为阵以待悦（边批：以逸待劳）。比悦至，火止，气少衰。燧将兵奋击，大败之。悦还走，而三桥已焚矣。悦众赴水死者不可胜计。

【译文】

唐朝的马燧打败了田悦，但援军赶到，田悦的部队士气又振作起来。田悦在洹水，淄青军在其左，恒冀军在其右。马燧进军邺城，并报请朝廷增兵支援。朝廷诏令河阳节度使李芃率兵驰援，驻军于漳水。田悦派部将王光进领兵守漳水边的长桥，修筑半月型的城垒扼制行军的道路。马燧在下游用铁链串起数百战车，放上装土的口袋阻断河流，让兵士可以过河。田悦知道马燧缺粮，就坚守营地不出战。马燧让士兵携带十天口粮，进兵驻扎仓口，与田悦的部队在洹水两岸对峙，派兵搭建三座桥，天天渡过洹水到田悦营前挑战。田悦不出战，却暗中埋伏一万人想掩杀马燧。马燧半夜里下令士兵起床吃饭，天刚破晓，鼓角齐鸣，佯作进攻，却偷偷地命队伍沿着洹水直奔魏州，下令说："等贼兵到后，停止行军，立即布阵。"留下一百名骑兵，拿着火种藏匿在桥旁，等田悦的兵士全部渡河后，就烧毁桥梁。马燧率军走了十几里，田悦果然率众过桥，乘着风势纵火，并且高喊着前进。马燧让士兵不要乱动，清除阵前百步内的草木，命勇士五千人为先锋，列阵等待田悦。等田悦到时，火势已熄，士气也略微衰落。马燧这时发兵攻击，大败敌军，田悦返身逃走，但三桥已经被毁，田悦的部众跳水淹死的难以计数。

805. 郑子元　李晟

桓王怒郑不朝，以诸侯伐之。王为中军，虢公林父将右军，蔡人、卫人属焉；周公黑肩将左军，陈人属焉。郑子元请为左拒，以当蔡人、卫人，为右拒，以当陈人，曰："陈乱，民莫有斗心，若先犯之，必奔。王卒顾之，必乱。蔡、卫不支，固将先奔，既而萃于王卒，可以集事。"从之，曼伯为右拒，祭仲为左拒，原繁、高渠弥以中军奉郑伯，为鱼丽之阵，先偏后伍（二十五乘为偏，五人为伍），伍乘弥缝。战于繻葛，命二拒曰："旝动而鼓！"蔡、卫、陈皆奔，王卒乱，郑师合以攻之，王卒大败。

吐蕃尚结赞兵逾陇岐，李晟选兵三千，使王佖伏汧阳旁，诫之曰："蕃军过城下，勿击首尾，首尾纵败，中军力全，但候其前军已过，见五方旗、武豹衣，则其中军也，突其不意，可建奇功。"佖如晟节度，遇结赞，即出奋击，贼皆披靡。佖军不识结赞，故结赞仅而免。

犯王不祥，而三国非郑敌，故先动其左右以摇之。尚结赞劲而狡，小挫未可得志，故专力于中军，出不意以突之。若鄢陵之战，苗贲皇言于晋侯曰："楚之良，在于中军王族，请分良以击其左右，而以三军萃于王卒，必大败之。"此又因晋、楚力敌而然。故曰："知彼知己，兵法何常之有？"

【译文】

春秋时周桓王对郑国不朝拜天子很生气，率诸侯讨伐郑国。周桓王亲自指挥中军，虢公林父指挥右军，蔡、卫两军附属。周公黑肩率领左军，陈军附属。郑子元请求组成左方阵抵挡蔡、卫两军，再组右方阵抵抗陈军。他说："陈国刚刚发生内乱，百姓都缺乏斗志，假如先攻打陈军，他们一定会狼狈奔逃。周王的士兵看到这种情形，一定会乱。蔡、卫军支持不住，也会溃逃。这时我们就可集中兵力攻打周王的中军，一定能够成功。"郑庄公采纳了郑子元的建议，派大夫曼伯组成右方阵，祭仲组成左方阵，原繁、高渠弥率领中军保护郑庄公，排成鱼丽之阵。前面是偏，后面是伍（二十五乘为偏，五人为伍），伍负责弥缝偏留下的空隙。两军在繻葛展开激战，郑庄公命左右两方阵："看到大将之旗移动时，就击鼓前进。"结果蔡、卫、陈三军纷纷溃散奔逃，周桓王所率领的中军也阵势大乱，郑军全力攻击，周王军队大败。

唐朝时，吐蕃尚结赞入侵陇岐，李晟挑选了三千士兵，派王佖埋伏在汧阳城旁，并告诫他说："蕃兵走过城下，不要去攻击他们的前锋或后队，即使打败了他们的前后部队，中间的主力部队仍然完整。等他们的前锋部队过去，看到五方旗、虎豹衣出现，那就是他们的中军。你出其不意地进攻，一定能建立奇功。"王佖照着李晟的指挥去做，遇到尚结赞后就出兵猛攻，敌军大败逃走。由于王佖不认识尚结赞，而让他孤身逃脱了。

冯评：与周天子的部队作战不是好事，但蔡、卫、陈三个都不是郑国的对手，所以郑子元先动摇左、右两军的士气，瓦解他们的斗志。尚结赞彪悍而狡诈，小小挫折不能彻底击溃他们，所以要全力攻击他的主力，出其不意地突袭。晋楚鄢陵之战时，苗贲皇曾对晋侯说："楚国的精兵都在中军的王族，请大王派兵给我攻击其左右两军，以主力攻击楚国中军，这样一定能大获全胜。"所以说："重要的是知己知彼，兵法哪有固定不变的套路？"

806. 刘 锜

刘锜，字叔信，赴官东京。至涡口，方食，忽暴风拔坐帐。锜曰："此贼兆也，主暴兵。"即下令兼程而进。闻金人败盟南下，已陷东京，锜与将佐舍舟陆行，急趋至顺昌。知府陈规见锜问计。锜询知城中有米万斛，乃议敛兵入城，为守御计。诸将谓金不可敌，请以精锐遮老稚顺流还江南。锜曰："东京虽失，幸全军至此，有城可守，奈何弃之？敢言去者，斩！"置家寺中，积薪于门，戒守者曰："脱有不利，即焚吾家！"（边批：李光弼纳刀于鞴中，相似）乃分命诸将守诸门，明斥堠，募土人为间谍。于是军士皆奋。时守备一无可恃。锜督取车轮辕埋城上，又撤民户扉，周匝蔽之。凡六日，粗毕，而金兵已至城下矣。初锜傅城筑羊马垣，穴垣为门，至是蔽垣为阵，金人纵矢，皆自垣端轶着于城，或止中垣上。锜用破敌弓，翼以神臂、强弩，自城上或垣门射敌，无不中者。敌稍却，即以步兵邀击，溺河水死者无算。金兵移砦二十里。锜遣阎充募壮士五百人夜斫其营。是夕，天欲雨，电光四起，见辫发者辄歼之。金兵复退十五里。锜复募百人以往，命折竹为器，如市井儿以为戏者，人持一以为号，直犯金营，电一闪则奋击，电止则匿不动。敌众大乱，百人者闻吹声而聚（边批：用百人如一人，又如千人万人。兵至此神矣），金人益不能测。终夜自战，积尸盈野，兀术在汴闻之，即索靴上马，帅十万众来援。诸将谓："宜乘方胜之势，具舟全军而归。"锜曰："敌营甚迩，而兀术又来，吾军一动，彼蹑其后，则前功俱废矣！"锜募得曹成等二人，谕之曰："遣汝作间，事捷重赏，第如吾言，敌必不杀汝，今置汝绰路骑中，汝遇敌，则佯坠马，为敌所得。敌帅问我何如人，则曰：'太平边帅子，喜声妓，朝廷以两国讲好，使守东京，图逸乐耳。'"已而二人果如其言，兀术大喜（边批：兀术之败，只为太自恃轻敌故），即置鹅车炮具不用。翌日，锜登城，望见二人来，缒而上之，乃敌械成等来归，以文书一卷系于械上，锜惧惑军，立焚之（边批：有主意）。兀术至城下，谴责诸将，诸将皆曰："南朝用兵非昔比，元帅临城自见。"

适锜遣耿训请战，兀术怒曰："刘锜何敢与吾战？以吾力破尔城，直用靴尖趯倒耳！"训曰："太尉非但请与太子战，且谓太子必不敢济河，愿献浮桥五所，济而大战。"（边批：怒而致之）迟明，锜果为五浮桥于河上，敌用以济。锜遣人毒颍上流及草中，戒军士虽渴死，毋饮于河，饮者夷其族。时大暑，敌远来，昼夜不解甲，锜军番休更食羊马垣下，而敌人马饥渴，饮食水草者辄病。方晨气清凉，锜按兵不动。逮未申间，敌气已索，忽遣数百人，出西门接战。俄以数千人出南门，戒令勿喊，但以锐斧犯之。敌大败，兀术遂拔营北去。是役也，锜兵不盈二万，出战仅五千人；金兵数十万，营西北，亘十五里，每暮，鼓声震山谷，营中喧哗，终夜有声。而我城中肃然不闻鸡犬，唯能以逸待劳，是以大胜。

朱晦庵曰：顺昌之役，正值暑天。刘锜分部下兵五千为五队，先备暑药，饮酒食肉。以一副兜牟与甲，晒之日下，时令人以手摸看，热如火不可着手，乃换一队。军至，令吃酒饭；少定，与暑药。遂各授兵出西门战，少顷，又换一队，出南门，如此数队，分门迭出送入，虏遂大败。缘虏众多，其立无缝，仅能操戈，更转动不得；而我兵执斧直入人丛，掀其马甲以断其足，一骑才倒，即压数骑，杀伤甚众。虏人至是方有怯中国之意，遂从和议耳。

【译文】

南宋刘锜字叔信，赴任东京副留守，中途行经涡口，正吃饭时，突然刮起一阵暴风，把中军帐都吹倒了。刘锜说："这是贼人来袭的征兆，一定有急兵。"于是下令加紧赶路。不久，果然听说金人背盟南侵，已经攻陷东京。刘锜与众将弃船走陆路，连夜赶到顺昌城。知府陈规见到刘锜，就急忙问计。刘锜得知城中尚有存粮万斛，于是决定收兵进城，计划防守。诸将都说金兵难以抵御，请求先派兵护送城内的老弱妇孺顺流而下前往江南。刘锜说："东京虽已失陷，但我军完好无损，这里有城可守，为什么要弃城而逃？谁再敢说逃跑，斩！"随后安家在寺庙里，在门前堆放了许多柴草，交代守卫："万一战事不利，就点火烧毁我家。"另外分别派将领把守各城门、严格盘查，并且招募当地人做间谍打探消息。一时军心大为振奋。当时顺昌毫无防御工事，刘锜命人取来车轮埋在城上，又拆去民家的大门，围在城墙的四周，花了六天的时间，大致整理完毕，金兵也已来到城下。最初，刘锜即在城边修筑小型防御工事羊马垣，再在垣上挖洞为门，此时，封闭羊马垣结为阵地。金人以射箭进攻，箭支都从垣顶折向城墙，或者只射到垣壁。刘锜调弓箭手用破敌弓为主，神臂弓和强弩为辅，在城上或垣门射击敌军，百发百中，敌人稍稍退下，刘锜就出动步兵掩杀，金兵逃命落水而死的不计其数。金兵退后二十里扎营，刘锜派阎充召募五百壮士，乘夜杀入敌营。这天夜里，天气阴沉，雷电交加，宋军见到有辫子的就杀，金人再退败十五里。刘锜又招募一百名勇士增援，折来竹子做成乐器，就如市井小儿平时玩耍的那种，每人拿一个作为号角，直奔金兵的营地，天空电光一闪，众人就奋勇冲杀，电光停止就潜伏不动，敌营大乱。一百名勇士听见号角声，便齐聚进攻，金人更摸不着头脑，整夜自相混战，横尸遍野。兀术在汴京接到消息，即刻上马出发，率十万大军赶来救援。诸将都说："应该趁着胜利，赶紧备船只全军而退。"刘锜说："敌营离我军很近，而兀术也在赶过来，如果我军一动，金兵一定出兵追击，那样就前功尽弃了。"刘锜又召募曹成等二人，对他们说："现在我派你们当间谍，事成之后必有重赏，只要你们照着我的话去做，金人就绝对不会杀你们。现在把你们安排到巡哨的骑兵队里，看到金兵就假装掉下马来，被他们俘虏去，敌方统帅问你们我是怎样的人，你们就说：'太平盛世长大的元帅公子，喜欢听歌饮宴。朝廷因为两国已经讲和，所以派他镇守东京，是来享福的。'"二人照刘锜之计行事，兀术非常高兴，就放弃了鹅车、大炮等大型攻城器械。第二天，刘锜登上城楼，看见曹成二人回来，立刻用绳索吊他们上来，敌人给他们戴了枷锁，还附了一封信。刘锜怕动摇军心，立刻把信件烧毁。兀术来到城下，责备金将攻击不力。金将们说："南朝用兵今非昔比，元帅到了城下就知道了。"正好这时刘锜派耿训请战，金兀术勃然大怒，说："刘锜竟敢向本帅挑战！凭我的实力攻破你的城，用脚尖踢一下就行！"耿训说："我们太尉不但请求与太子决战，还说太子一定不敢过河，所以我们愿意献上五座浮桥，让你们过河来战。"第二天天快亮时，刘锜果然在河上架起五座浮桥，金兵从桥上渡河而来。刘锜已在颍河的上游和草中都撒上毒药，告诫士卒说："渴死也不能喝河水，敢喝的诛灭九族。"这时正是大热天，金兵远道而来，日夜都不能解下盔甲睡觉。刘锜的军队都能轮流休息，并且在羊马垣下吃饭。金兵人马又饥又渴，凡就地喝水吃草的无不中毒生病。清晨较凉爽时，刘锜一直按兵不动。等到下午最热的时候，金兵士气已经衰微，刘锜突然派几百人从西门冲出杀敌，接着又派几千人从南门向金兵进攻，同时命兵士不要喊杀，只管用大斧砍。金兵大败，兀术只好拔营北归。这场战役，刘锜的兵力不到两万，出战的只有五千人，而金兵有几十万，扎营西北连绵十五里，每晚鼓声响彻山谷，营中喧哗终夜不绝，而宋军城内一片寂静，鸡犬之声都听不到。就凭着以逸待劳的战术，获得了重大胜利。

朱熹说：顺昌之战正当大热天，刘锜把手下五千人分成五个队，先准备好避暑药，饮酒吃肉，拿一副盔甲放在烈日下晒，不时让人去摸，等觉得烫手了，才换一队。军队一到，就让喝酒吃饭，停一会儿再给避暑药。于是从西门出兵突袭，接着再派一队由南门出击。就这样几队人马从各城门出出入入，金兵就大败而逃。因为金兵人太多，拥挤在一起没有间隙，只能手持兵器站立，完全无法转动，我军手持大斧冲入敌阵，掀起马甲砍断马脚，一匹马倒了，就能压倒好几匹马，所以杀伤极多。至此，金兵对中国才生出怯意，开始进行议和了。

807. 韩世忠

世忠驻镇江，金人与刘豫合兵分道入侵。帝手札命世忠饬守备，图进取，辞旨恳切。世忠遂自镇江渡师，俾统制解元守高邮，候金步卒；亲提骑兵驻大仪，当敌骑。伐木为栅，自断归路。会遣魏良臣使金，世忠撤炊爨，诒良臣："有诏移屯守江。"（边批：灵变）良臣疾驰去，世忠度良臣已出境，而上马令军中曰："视吾鞭所向。"于是引军至大仪，勒五阵，设伏二十余所，约闻鼓即起击。良臣至金军，金人问王师动息，具以所见对。聂儿孛堇闻世忠退，喜甚，引兵至江口，距大仪五里，别将挞孛也引千骑过五阵东。世忠传小麾，鸣鼓，伏兵四起，旗色与金人旗杂出。金军乱，我军迭进，背嵬军各持长斧，上揕人胸，下斫马足。敌披重甲，陷泥淖。世忠麾劲骑四面蹂躏，人马俱毙，遂擒挞孛也等。

【译文】

南宋韩世忠镇守镇江时，金人与刘豫分头入侵。宋高宗亲笔下诏，命韩世忠整顿守备外，以图进取，诏书言辞十分恳切。韩世忠便由镇江率军渡江，除了命统制官解元防守高邮，抗击金人步兵；自己则亲率骑兵驻守大仪，抵挡金人骑兵。韩世忠命人伐木做成栅栏，阻断自己的退路。正好要派魏良臣出使金国，韩世忠命令撤去行军灶，骗魏良臣说："有诏书命令移师驻防长江。"魏良臣策马疾驰而去，韩世忠估计魏良臣已出边境后，就上马命令全军士兵说：

"看我马鞭所指的方向前进。"于是引领全军到大仪，排列了五个军阵，设了二十多处埋伏，约定以鼓声为出击信号。魏良臣到达金人营地后，金人询问魏良臣宋军的动向，魏良臣把所知的都说了。聂儿孛堇听说韩世忠退兵，非常高兴，率兵来到江口，距大仪只有五里路。这时副将挞孛也率领一千名骑兵，经过宋军五阵的东面。韩世忠传下令旗，击鼓出击，一下子伏兵四起，宋军的旗帜与金人的旗帜混杂一起，金兵顿时大乱，宋军轮番猛攻，背嵬兵手持长斧一把，上刺人胸，下砍马脚，金兵都身披重甲，纷纷陷在泥地里。韩世忠指挥精锐骑兵由四面砍杀，金兵人马均亡，于是擒获了挞孛也等人。

808. 曹 玮

曹玮知渭州，时年十九。尝出战小捷，虏引去，玮侦虏去已远，乃缓驱所掠牛马辎重而还。虏闻玮逐利行迟，师又不整，遂还兵来袭。将至，玮使谕之曰："军远来，必甚疲，我不乘人之急，请休憩士马，少选决战。"虏方甚疲，欣然解严，歇良久。玮又使谕之："歇定，可相驰矣！"于是鼓军而进，大破之。因谓其下曰："吾知虏已疲，故为贪利以诱之，比其复来，几行百里矣。若乘锐以战，犹有胜负。远行之人，小憩则足痹，不能立，人气亦阑，吾以此取之。"玮在军，得人死力，平居甚暇，及用师，出入若神。一日，张乐饮僚吏，中坐失玮所在，明日徐出视事，则贼首已掷庭下矣。贾同造玮，欲按边，邀与俱。同问："从兵安在？"曰："已具。"既出就骑，见甲士三千环列，初不闻人马声。

只看城中肃然不闻鸡犬，便知刘锜必能胜敌；只看甲士三千环列，初不闻人马声，便知敌必不能犯曹玮。

【译文】

北宋曹玮主管渭州时才十九岁，有一次与西夏人交战，小胜，西夏人率兵退走。曹玮侦知西夏人已经走远，就慢慢驱赶着所掠得的牛马辎重往回走。西夏人听说曹玮为了这些战利品而走得很慢，队伍也不整齐，于是掉头回来袭击。两军相距不远时，曹玮派人告诉西夏人说："你们大军远来，一定非常疲惫，我不愿趁人之急，请你们稍事休息，等一会儿再战。"西夏人确实很累，就高兴地休息了一段时间。曹玮又派人对西夏人说："休息够了，可以交战了。"

于是击鼓进军，大破敌兵。曹玮对属下说："我知道他们很累，所以做出一副贪小利的样子诱使他们再来，等他们再来，已经走了百八十里了。但若双方立即交战，结果还是互有胜负。走远路的人，稍微休息一下，脚就会发麻，站都站不住，士气也变得消沉，我就趁这时机打败了他们。"曹玮带兵，军卒都愿意出死力，平日处事从容悠闲，到了出兵打仗，动作就十分神速。一天宴饮僚属，吃到一半突然找不见曹玮了，第二天曹玮仍如平日般慢条斯理地处理事务，众人却赫然发现贼首已经扔在地上了。贾同前来拜访曹玮，想视察边防，邀曹玮一起前往。贾同问："要带去的士兵在哪儿？"曹玮说："都安排好了。"贾同出帐上马，只见三千名士兵环列而立，事先一点也没听见人马声。

冯评：只看城中一片寂静听不到鸡鸣犬吠声，就知道刘锜定能克敌制胜。只看三千士兵环列而立事先没有人马之声，就知道敌人打不败曹玮。

809. 狄武襄

狄青字汉臣，汾州人。在泾原，常以寡当众。密令军中闻钲一声则止，再声则严阵而阳却，声止即大呼驰突。士卒皆如教，才遇敌，未接，遽声钲，士卒皆止，再声再却。虏大笑曰："孰谓狄天使勇？"钲声止，忽前突之，虏兵大乱，相躁多死。追奔数里，前临深涧，虏忽壅遏山隅，青遽鸣钲而止，虏得引去。时将佐悔不追击，青曰："奔命之际，忽止而拒我，安知非谋？军已大胜，残寇不足贪也。"侬智高反邕州，诏以青为宣抚使击之，或言："贼标牌不可当。"青曰："标牌，步兵也，遇骑兵必不能施，愿得西边蕃落民自从。"或又言："南方非骑兵所宜。"青曰："蕃部善射，耐艰苦，上下山如平地，当瘴未发时，疾驰破之，必胜之道也。"及行，日不过一驿，所至州，辄休士一日（边批：未战养力）。至潭州，遂立行伍，明约束。军人有夺逆旅菜一把者，立斩以徇，于是一军肃然。时智高还守邕州，青惧昆仑关险阨为所据，乃按兵不动，下令宾州具五日粮，休士卒。值上元节，令大张灯烛，首夜宴将佐，次夜宴从军官，三夜飨军校。首夜乐饮彻晓，次夜大风雨，二鼓时，青忽称病，暂起如内，久之，使人谕孙沔，令暂主席行酒，少服药乃出，数使劝劳座客，至晓，客未敢退。忽有驰报者，云："夜时三鼓，元帅已夺昆仑关矣。"（边批：自营中且不知，况敌人乎）青既渡，喜曰："贼不知守此，无能为也。"已近邕州，贼方觉，逆战于归仁铺，青登高望之，贼据坡上，我军薄之，青使步卒居前，匿骑兵于后。蛮使骁勇者当前，尽执长枪。前锋孙节战不利，死。将士畏青，莫敢退（边批：畏主将，必不畏敌矣）。青登高山，执五色旗，麾骑兵为左右翼，出其后，断蛮军为三，旋而击之。左者右，右者左，已而右者复左，左者复右，贼不知所为。贼之标牌军，为马军所冲突，皆不能驻，枪立如束，我军又纵马上铁连枷击之，遂皆披靡。智高焚城遁去。

　　按：是役，谏官韩绛言："青武人，不足专任，请以侍从文臣为之副。"（边批：顾其人何如，岂在文武）时庞籍独为相（边批：赖有此人），对曰："属者王师屡败，皆由大将轻，偏裨自用，不能制也。今青起于行伍，若以侍从之臣副之，号令复不得行。青昔在鄜延，居臣麾下，沉勇有智略，若专以智高事委之，必能办贼。"（边批：兵法：将能而君不御者胜）于是诏岭南用兵，皆受节制（边批：成功在此）。青临行上言："古之俘馘奏凯，割耳鼻则有之，不闻以获首者，秦、汉以来，获一首，赐爵一级，因谓之'首级'。故军士争首级，以致相杀。又其间多以首级为货，售于无功不战之人（边批：大弊），愿一切皆罢之。"二条皆名言，可为命将成功之法。又青行时，有因贵近求从行者。青谓之曰："君欲从行甚善，然智高小寇，至遣青行，可以知事急矣。从青之士，击贼有功，当有厚赏；不然，军中法重，青不能私。君自思之，愿行则即奏取君矣。"于是无复敢言求从行者，即此一节，知青能持法，必能成功。又青既入邕州，敛积尸内有衣金龙之衣者，又得金龙楯于其旁，或言"智高已死，当亟奏！"青曰："安知非诈，宁失智高，敢欺朝廷耶？"合观二事，不唯不敢使人冒功，即己亦不敢冒不可知之功。

【译文】

　　北宋名将狄青字汉臣，汾州人。他在泾原时，常能以寡击众。他密令全军士卒在听到一声钲音时全军肃立，两声钲音就做好防御但假装败退，钲声停止，则立即高喊并突击。全军士卒都能遵守狄青的教令。刚和敌人相遇，还没交手，突然敲了一声钲，全军止步不前，两声钲音响起，士兵们纷纷后退，敌人大笑说："谁说狄青勇猛！"钲音停止，宋兵突然冲向敌阵，敌人大乱，相互践踏，死伤惨重。宋兵乘胜追击了几里后，前方忽遇山涧，敌人都挤到山上一角，狄青立即鸣钲止住军队，敌人得以逃脱。将领们却后悔没有继续追击，狄青说："亡命奔逃的敌人，忽然停下与我军对抗，怎知这其中没有别的阴谋？反正我军已大获全胜，这些残兵败寇也不值得贪图。"侬智高在邕州叛乱，仁宗命狄青为宣抚使出兵征讨。有人说："侬智高的标牌兵锐不可当。"狄青说："标牌是步兵，碰到骑兵就无法施展，我要带西部边境的蕃民出征。"又有人说："南方的地形不适宜骑兵作战。"狄青说："蕃人善于射箭，能吃苦耐劳，翻山越岭如履平地，只要趁着当地瘴气未起时，疾驰冲杀，一定能够取胜。"大军出发，每天行军的路程不超过一个驿站，每到州城，狄青就下令士卒休假一天。来到潭州后，狄青整编部伍，申明军纪。有士兵抢了旅店里一把青菜，狄青当场下令处斩，于是全军纪律严谨。当时侬智高据守邕州，狄青因害怕昆仑关的险要被侬智高占据，于是先按兵不动，命宾州准备五日的军粮，让士卒们就地休养。当时正逢上元节，狄青命人张灯结彩，第一晚宴请高级军官，第二晚宴请下层军官，第三晚宴请众士官。第一晚欢歌畅饮到天亮，第二晚正碰上大风雨，大约二更时分，狄青突然说不舒服，暂时离座进入内室。过了很久，命人告诉孙沔，请他暂代主人招待宾客，等服过药休息一会儿就出来。席中，更数次派人劝客饮酒，一直到天亮，客人都不敢离席。这时忽然有人骑着马前来禀报说："昨夜三更时分，元帅已攻占昆仑关了。"狄青夺取昆仑关后，很高兴地说："贼人不知据守这里，他们不再有别的办法可想了。"临近邕州时，贼人才有所惊觉，两军交战于归仁铺。狄青站在高地观望。贼人据守土坡，我军进逼。狄青命步兵在前，骑兵隐藏在后。贼人派出善战者在前，手中都拿着长枪。前锋孙节战败而死，将士们畏惧狄青，没有人敢退。狄青站在高地上，手执五色旗，指挥骑兵分左、右从贼人队伍后面包抄，把敌军截成三段，回旋攻击，左右两军反复在敌阵中穿插换位，贼人看不懂这是在干什么。标牌军被骑兵冲杀，立足不稳，长枪都向上竖立无所施展，我军骑兵又在马上用铁连枷打击，贼兵溃散而逃，侬智高也在焚城后逃跑了。

冯评：这场战役之前，谏官韩绛曾上言："狄青是个武人，不能单独担当大任，请任命文臣作为他的副手。"当时庞籍独任宰相，说："以往我军屡战屡败，都是由于武将权轻，副手瞎指挥，根本无法控制。狄青出身军旅，若是派文臣为副帅，军令又无法贯彻。从前狄青在鄜、延两地曾做我的部属，他为人沉稳勇敢有谋略，若把征讨侬智高的事交付给他，他一定能制服反贼。"于是仁宗下诏，此次征伐岭南的兵事，全都受狄青指挥。狄青出发前上奏说："古时作战记功是计算俘虏的多少，也有割敌人耳朵、鼻子的，却不曾听说砍人头颅。秦汉以来，取敌人一颗头颅，就赐爵位一级，所以称为'首级'，所以军士争夺敌人首级，以致自相残杀的都有，还有把敌军的脑袋当成货物，卖给那些想要军功却没有作战的人，希望能废除这些制度。"这两条都是至理名言，可以看作是受命将领的成功之法。又，狄青出发前，有人请托权贵要求随军出征，狄青对他说："你要随军出征很好，但侬智高这样的小毛贼，以致派我狄青征讨，可知事态紧急。随我出征的，杀贼立功，必有重赏；否则，军法严明，我也不能循私。你好好想想，愿意随军出征，我就奏请皇上批准。"于是再没有人敢随便要求同行。仅就这一件事，就知道狄青能严守法纪，日后必能成功。另外，狄青进入邕州后，收敛死尸的时候发现有个身穿金龙衣的，身旁还有一副刻有金龙图案的盾牌。有人说："这一定是侬智高，他死了，应该赶紧上奏。"狄青说："怎么知道这不是假的？宁可找不到侬智高，怎敢欺骗朝廷？"把这两件事合起来看，狄青不但不敢让人冒功求赏，即使自己也不敢冒领不确定之功。

810. 威宁伯

王越抚大同。一日大雪，方坐地炉，使诸妓抱琵琶捧觞侍，而一千户调虏还，即召入，与谈虏事甚析，大喜，曰："寒矣！"手金卮饮之。复谈则益喜，命弦琵琶而侑酒，即并金卮与之（边批：高）。已又谈，则又喜，指妓中最姝丽者曰："欲之乎？以乞汝。"（边批：更高）自是千户所至为效死力，积功至指挥。其夜袭虏帐，将至，风暴起，尘翳目，众惑欲归，一老卒前曰："天赞我也！去而风，使虏不觉。归而卒遇虏人掠者还，而我据上游。皆是风也！"越不觉下马拜。功成，推卒功以为千户（边批：今人谁肯）。

平蔡乘雪，夺昆关乘雨，破大同虏乘风，而皆以夜，所谓出其不意也。威宁恩结千户，是大手段，至推功小卒，即淮阴北面左车，意何以加此！文臣中哪得此等快士！其雄略又出韩襄毅、杨文襄上矣，百陈钺何敢望之！而阿丑以"两钺"为戏，老、韩同传，非公论也！

【译文】

明朝的王越（封威宁伯）出任大同巡抚。一天，天下大雪，王越刚坐在地炉边，命歌妓们弹奏琵琶侍候饮酒，正巧有一个千户侦察敌情回来，王越立即召他进来，和他谈论敌情，说得十分投机，王越非常高兴，说："天冷啊！"手持金杯给他敬酒。继续谈下去，王越更高兴了，命歌妓弹奏琵琶助兴，连金杯都一并送给了那个千户。再谈下去，王越兴致更高，指着歌妓中最美艳的一位对千户说："喜欢吗？送给你了。"从此千户对王越竭尽忠诚，以死相报，后来累官至指挥使。某夜，王越命人突袭敌人营地，快到达时，突然刮起风暴，眼睛都睁不开，众人都想回营。有一名老兵上前说："这是天助我军啊！我们来到敌营，天刮大风让敌人无法察觉。回去的时候，还能遇上掠夺而归的敌军，我们又占上风。都是这阵好风啊！"王越一听立即下马拜谢，得胜后，立刻归功于老兵，升他为千户。

冯评：李愬平蔡州是利用下雪，狄青夺昆仑关是借下雨，而王越破大同则是趁暴风，这三次战役都是利用夜晚，正是所谓出其不意啊！王越用恩惠笼络千户，是大手段，而把功劳归于老兵，就是当年韩信（封淮阴侯）师事李左车的遗意也不过如此。在文臣之中竟有这样的豪爽人物！他的才略在韩雍（谥襄毅）和杨一清（谥文襄）之上，一百个陈钺又怎能望其项背？中官阿丑居然拿他和陈钺开涮，演了"两钺"的戏，简直就是《史记》把老子与韩非子列在同一传中，于理不通。

811. 尔朱荣

葛荣举兵向京师，众百万。相州刺史李神隽闭门自守。尔朱荣率精骑七千，马皆有副，倍道兼行，东出滏口。葛荣列阵数十里，箕张而进。荣潜军山谷为奇兵，分督将以上三人为一处，处有数百骑，令所在扬尘鼓噪，使贼不测多少，又以人马逼战，刀不如棒，密勒军士，马上各赍袖棒一枚，至战时，虑废腾逐，不听斩级（边批：斩级大误事），使以棒棒之而已。号令严明，将士同奋。荣身自陷阵，出于敌后，表里合击，大破之，擒葛荣，余众率降。荣以贼徒既众，若即分辖，恐其疑惧，乃普令各从所乐，亲属相随，任所居止。于是群情喜悦，数十万众，一朝散尽。待出百里之外，乃始分道押领，随便安置，咸得其宜。擢其渠帅，量才授用，新附者咸安。时人服其处分机速。

【译文】

北魏葛荣举兵造反，拥众近百万杀向京师。相州刺史李神隽紧闭城门坚守不战。尔朱荣率精锐骑兵七千人，带着备用的马匹，日夜赶路东出滏口赴援。葛荣的军阵延绵数十里，张开两翼前进。尔朱荣暗中在山谷埋伏，让督将以上三人为一组，各带领数百骑兵，在自己的位置上扬起尘土、大声喊叫，让贼人弄不清楚我方有多少兵力。又派出人马进行接近战。刀剑不如棍棒，尔朱荣叮嘱军士，每人都带上一根短棒。为避免士兵因为抢首级而耽误了追杀敌军，尔朱荣又废除了首级记功制，叫他们只管用棒子打。号令严明，士气旺盛，尔朱荣也亲自冲入敌阵，从敌阵后面杀出，前后夹击，大破贼人，擒获葛荣。葛荣的部众也纷纷放下武器投降。尔朱荣见葛荣部众人数众多，若是立即下令分别管束，怕贼人心生疑惧，于是下令众人可自行选择归属，或与亲友相聚，都不限制。于是人人欢欣不已，数十万人在一天之内全部散尽。等大军行到百里之外，才重新调整组合，根据情况分别安置，使之各得其所。对贼人的将领也都量才任用，新归降的贼人都能安心。当时人都称赞尔朱荣处理事情简洁果断。

812. 刘江　二条

建文三年七月，平安自真定率兵攻北平，营于平村，离城五十里，扰其耕牧。世子督众固守。上闻北平被围，召刘江（宿迁人）问策。江慷慨请行，遂与上约曰："臣至北平，以炮响为号，一次炮响，则决围；二次则进城。若不闻第三次炮响，则臣战死矣。臣若得入城，守城者闻救至，勇气自倍，宜令军士人带十炮，俟三次炮响后，为殿者放炮常不绝声，则远近皆谓大军继至，平安必骇散矣。"江遂进兵，与安战，悉如其策，大败之。

永乐十七年，江为左都督，镇守辽东，巡视诸岛，相度地形，以金州卫金线岛西北之望海埚，地高可望，诸岛寇所必由，实滨海襟喉之地，请筑城堡，立烟墩瞭望。一日，瞭者言东南夜举火有光，江计寇将至，亟遣马步官军赴埚上小堡备之，令犒师秣马，略不为意。以都指挥徐刚伏兵于山下，百户姜隆帅壮士潜烧贼船，截其归路，乃与之约曰："旗举炮鸣，伏兵奋击。不用命者，斩！"翌日倭贼二千余人，乘海鳛直逼埚下登岸，鱼贯而行，如入无人之境。江被发举旗鸣炮，伏兵尽起，为两翼而进，贼大败，横尸草莽，余众奔樱桃园空堡中。官兵环而攻之，将士欲入堡剿杀，江不许，故开西壁以纵之，俾两翼夹击，生擒数百，斩首千余级，有遁入鳍者，悉为隆所缚，无一人得免。师还，诸将请曰："明公见敌，意思安闲。及临阵披铠而战，追贼入堡，不杀而纵之，何也？"江曰："寇远来必饥且劳，我以逸待劳，以饱待饥，固兵家治力之法耳。贼始鱼贯而来，成长蛇阵，故作真武阵以镇服之。贼既入堡，有死之心，我师攻之，宁无伤乎？故纵之出路而后掩击，即围城必缺之意耳。此皆在兵法，诸君未察乎？"

【译文】

明朝建文三年七月，平安从真定率兵进攻朱棣的老巢北平，大军驻扎在平村，离北平只有五十里路，平安的部众常常侵扰当地百姓耕田放牧。世子朱高炽率众人坚守。朱棣听说北平被包围，召来刘江（宿迁人）询问对策。刘江慷慨请战，并且与朱棣约定："臣到北平后，以炮声为信号，第一声炮响表示臣已杀入重围，第二声炮响表示臣已率兵入城，若是听不到第三声炮响，就表示臣已经战死。若是臣能入城，守城的兵卒听说援兵来，自然勇气倍增，宜命军士携带十枚号炮，等第三次炮声响过后，令殿后的部队接连放炮，让远近都认为援军源源不断赶来，平安的队伍一定惊慌溃散。"刘江出兵与平安交手，一切都如他先前预料的那样进行，果真大败平安。

明成祖永乐十七年，刘江官左都督，镇守辽东，他巡视附近各岛，观察地形，发现金州卫的金线岛西北的望海埚，地势高，视野开阔，又是往来各岛间海寇的必经之地，属于滨海地带的咽喉要地，于是请求修筑城堡设立烽火瞭望台。一天，瞭望士兵报告东南方在夜晚有火光出现。刘江估计倭寇马上要到了，立即派遣军队到城堡守备，同时犒赏士兵，表现出很轻松的样子。又命都指挥史徐刚率兵在山下埋伏，百户长姜隆带领壮士暗中烧毁敌船，阻其退路。刘江与各军约定："举旗发炮为号，所有伏兵同时出击，不奋勇作战的，一律斩首。"第二天，二千多倭寇乘坐海鳅船直逼望海埚，上岸后倭兵鱼贯而行，如入无人之境。刘江举旗鸣炮，埋伏的士兵全数杀出，分两翼包夹倭寇。倭兵大败，横尸遍地，残余的倭寇溃逃入樱桃园空堡中，受到官军围攻。将士们想冲入堡中剿灭倭兵，刘江不许，故意撤去西边的围兵放走倭兵，再由两翼包夹，生擒数百倭寇，斩首千余，有逃上海鳅船的倭寇都被姜隆擒获，无一人能幸免。得胜回来后，诸将问刘江说："元帅听说倭兵来犯，表现出一副意态安闲的样子，临阵对敌时，披挂冲杀，把贼人追杀得逃入城堡，这时不许我们进入剿杀，反而放他们逃逸，这是什么原因？"刘江说："倭寇远道而来，士卒一定又饿又累，我军以逸待劳，以饱待饥，这正是兵家最得力的做法。倭兵刚登岸入山时，排成一列，鱼贯而行，是为长蛇阵，所以我排出玄武阵压制敌兵。敌人逃进城堡，已有拚死一战的决心，我军如果攻堡，怎能没有伤亡？所以放他们出来，再从后掩杀，这就是兵法上说的围城必缺。这些都是兵书上的成法，诸位难道没有察觉吗？"

813. 马　隆

晋泰始中，凉州刺吏杨欣失羌戎之和，马隆陈其必败。俄而欣败后，河西断绝。帝每有西顾之忧，临朝叹曰："谁能为我讨此虏，通凉州者？"隆进曰："陛下若能任臣，臣能平之。"帝曰："必能灭贼，何为不任，顾卿方略何如耳？"隆曰："陛下任臣，当听臣自任（边批：名言），臣请募勇士三千人，无问所从来。率之鼓行而西，禀陛下威德，丑虏不足灭也。"乃以隆为武威太守。公卿佥谓不宜横设赏募，帝不听。隆募限要引弩三十六钧、弓四钧，立标简试，自旦至申，得三千五百人。隆曰："足矣。"因请自至武库选仗，并给三年军资（边批，要紧）。隆随西渡温水，虏树机能等众万许，乘险遏隆，或设伏以绝隆后。隆依八阵图作扁箱车，地广则为鹿角车营，路狭则为木屋施于车上，且战且前，弓矢所及，应弦而倒。奇谋间发，出敌不意，转战千里，河西遂通。

【译文】

西晋泰始年间，凉州刺史杨欣与羌戎不和，马隆认为杨欣一定会失败。不久，果然杨欣战败，通往河西的道路就此阻断。武帝对西部边境的局势大为担忧，在朝上叹息说："有谁能为我讨伐羌戎，打通与凉州之间的通路呢？"马隆说："陛下若是能任用微臣，臣一定能讨平羌戎。"武帝说："能够灭贼，为什么不能任用，只是要看你准备用什么对策。"马隆说："陛下任用微臣，一切就应由臣来安排。臣请招募三千名勇士，不问出身来历，带领他们击鼓西征，仗陛下天威，那些贼子不堪一击！"武帝就任命马隆为武威太守。朝中公卿都认为不应该额外重赏招募的士卒，武帝不听。马隆规定应募的勇士要能拉开三十六钧的弩和四钧的弓，设置标靶进行测试，从早到晚一共募得勇士三千五百人。马隆说："够了。"然后请求能自行到军械库挑选军器，并要求发给够三年用的物资。马隆随即率兵西渡温水，贼将树机能率众近万人扼守险要，迎战马隆，又伏兵阻断马隆的后路。马隆依照八阵图作扁箱车，在地势宽广的地方就用鹿角车营，在狭窄的路面就在车上架设木屋，边作战边向前推进，弓箭所到之处敌人纷纷应弦而倒。马隆还常常使出一些奇招，出其不意地袭击敌人，就这样转战千里，终于打通了河西通路。

814. 陶　鲁

天顺初，韩襄毅公征广东峒贼，忧其险阻难下，方食踌躇，适新会丞陶鲁直膳在侧，公顾之，问曰："丞揣我何意？"鲁曰："得非谋贼耶？"雍曰："然，丞能为我击贼否？"曰："匪直能，且易耳。"（边批：韩公异人，非大言不足以动之）公怒曰："吾部下文武百千人，熟视无可当吾寄者（边批：真无当）。若妄言，合笞！"鲁不拜，抗言曰："夫贼难攻者，非贼难也，我难其攻贼者也。公特未悉我能耳。"公异之，改容问曰："若所将几何而办？"曰："三百人足矣。"公曰："何少也？"曰："兵在精不在多。"公曰："唯汝择。"鲁乃标式曰："孰能力举百钧，矢射二百步者。"军士凡十五万，其比于式者，才二百五十人，曰："未也。"复下令募数日，始足，鲁乃为别将，日操练阵法，劳以牛酒，甘苦共之。士乐为死，率以先登，大破贼，斩首无算，所得贼穴中金帛，悉分给三百人，己无与者（边批：要紧）。贼闻陶家军至，不遁即降，无敢抗。语有之："一夫决，万夫避。"况三百人乎？

今塞下征兵，动数十万，其中岂无三百人哉！谁为鲁者？即有鲁，谁为用鲁者？噫！王弇州云："鲁机明内运，而神观不足，县事多不治。或从令、尉列见上官，时时昏睡，虽督榜不恤也。韩公威严拟王者，三司长吏见，长跪白事，慑悚失措。鲁事之，若不为意，诚异人哉！"使在今日，先以不治事、不敬上官罢去久矣，孰知此丞之有用如是乎？

【译文】

明英宗天顺初年，韩雍（谥襄毅）出兵征讨广东峒贼，因地势险阻，难以攻克，所以韩雍吃饭时也在为此事伤脑筋。正巧，新会县丞陶鲁也在一旁服侍韩雍用饭，韩雍转头问他："县丞知道我在想什么吗？"陶鲁说："是在谋划对付峒贼的策略吧？"韩雍说："对，县丞能为本帅击败峒贼吗？"陶鲁答："不但能，而且很容易。"韩雍生气地说："我帐下文武成百上千，看了半天也找不出一个值得托付的。你要是胡说，小心我鞭笞你！"陶鲁一听，也不下拜，高声说："贼人难攻，并不是贼人真的难对付，而是我们能力不足才显得难。您只是不了解我的本领罢了。"韩雍听了大感惊异，于是神情严肃地问道："你要多少兵马才行？"陶鲁答："三百人足够了。"韩雍说："怎么这么少？"陶鲁答："兵贵精不贵多。"韩雍说："那就随你挑。"于是陶鲁提出两个标准："谁能举重百钧、射箭到二百步开外就合格。"韩雍部众有十五万人，合格的才二百五十人。陶鲁说："还不够。"于是再下令招募了几天，才凑够人数。陶鲁担任副将，日夜操练阵法，每天以酒肉慰劳受训的士兵，与他们同甘共苦，士卒都甘心为他效命。攻城时陶鲁的士兵争先恐后登城，大破贼人，斩获无数。在贼巢缴获的金银财宝全部分给三百勇士，陶鲁自己丝毫不取。此后贼人一听陶家军来了，不是逃跑就是投降，没有敢抵抗的。俗话说，一人拼命万人躲，更何况是三百人呢？

冯评：现在边境打仗征兵，动辄几十万，其中难道找不出三百个壮士？谁又是当今的陶鲁呢？即使有了陶鲁，谁又是用陶鲁的人呢？唉！王世贞说："陶鲁心里有主意，外表看来却很不怎么样，县里的事务常常都办不好。有时候跟着县令、县尉参见长官还动不动打瞌睡，就是责打他也改不了。韩雍神态威严，有如王者，省级高官见了他，也都跪着说话，诚惶诚恐。陶鲁事奉他，却并不怎么当回事。真是个怪人！"要是现在，陶鲁早就因为荒废政务、不敬长官而被免职了，谁会知道这个县丞还有这样的大用？

815. 韩雍 二条

天顺初，两广乱，韩公雍往讨。师次大藤峡，道隘，旁夹水田。有儒生、里老数百人跪持香曰："我辈苦贼久矣，今幸天兵至，得为良民，愿先三军锋。"公遽叱曰："是皆贼也，为我缚斩之。"左右初亦疑。既缚而袂中利刃出，乃悉断颈，截手足，刳肠胃，分挂箐棘中，累累相属，贼大惊沮。

公尝出兵，令五鼓战，将领闻贼已觉，恐迟失事，二更即发，大破之。公赏其功，而问以违令之罪，以军令当斩，乃具闻，请释，曰："万一不用命而败，奈何？"人谓公得将将之体。

街亭（马谡）、好水川（任福）之败，皆以违令致之。必不贪功，而后功成于万全，公之虑远矣。

【译文】

明英宗天顺初年，两广境内盗匪作乱，韩雍率兵征讨。大军来到大藤峡，道路狭窄，路两旁都是水田，有数百名书生和年老百姓手持案香跪在路旁，说："我们受匪盗侵扰很久了，现在天兵降临，我们又能再做安善良民了，我们愿意为大军领路！"韩雍大声怒叱说："你们这些贼人，统统给我拿下斩首。"左右起初还有疑虑，等把他们捆起来，从袖中果然找到了兵器。于是将这些贼人砍掉脑袋和四肢，挖出他们的内脏，分别挂在竹林里，望去比比皆是。贼人大为惊恐沮丧。

韩雍曾下令五更出兵，将领听说贼人已有警觉，唯恐延误战机，二更时分就出发，结果大破贼兵。事后，韩雍按功行赏，然后又以违抗军令问罪，按军令当斩。此事上报后，上方希望赦免这个将领。韩雍说："他不听号令，万一失败了该怎么办？"时人认为韩雍深得带将之道。

冯评：街亭的马谡、好水川的任福的失败，都是违抗军令所致。只有不贪功，才能获取有把握的胜利，韩雍的思虑深远啊！

816. 李继隆

淳化中，李继捧为定难军节度使，阴与弟继迁谋叛。朝廷遣李继隆率兵讨之。继隆夜入绥州，欲径袭夏州。或谓夏州贼帅所在，我兵少，恐不能克，不若先据石堡以观贼势。继隆曰："不然，我兵既少，若径入夏州，出其不意，彼亦未能料我众寡。若先据石堡，众寡一露，岂能复进？"乃引兵驰入抚宁县，继捧犹未觉。遂进攻夏州，继捧狼狈出迎，擒之以归。

【译文】

北宋太宗淳化年间，李继捧任定难军节度使，暗中与弟弟李继迁勾结图谋反叛。朝廷命李继隆率兵讨伐。李继隆夜入绥州，准备直接袭取夏州。有人说，夏州是叛贼的大本营，我们兵力少，恐怕难以取胜，不如先占领石堡了解敌情。李继隆说："不对，正因为我军兵力少，若现在直接打进夏州，出其不意，他们也搞不清楚我军有多少人。如果先占领石堡，我们的实际兵力就暴露了，哪能再有机会进攻呢？"于是率兵急入抚宁县，李继捧还没有察觉，李继隆军队进攻夏州，李继捧才仓皇应战，终于擒获李继捧，胜利班师。

817. 吴成器

休宁吴成器由吏员为余姚主簿时，胡梅林用兵之际，闻倭至绍兴，欲择能事者往探。县令已遣丞，丞惧，不欲行。吴大言曰："探一信便畏缩，况交锋耶？"丞以告令，令壮其言，荐于院。胡公召见，问："吴簿能探贼乎？"曰："能。"公曰："若果能往，当以某部二千人畀汝，听汝指挥。"吴曰："不须如许，但容某自选择，乃可从之。"吴于教场立格，选得五百人，帅之往。见所过山村俱束装谋遁，吴谕之："无畏，大兵随后至矣。但尔曹须从我戒。"众唯唯听命。吴指山间草积，谓曰："尔若遁，此皆非汝有，今与汝约，以炮声为号，为我举火焚之，我为尔杀贼。"众许诺，夜半行至陶家畈，探知倭船十三只泊河下，群倭掳掠既饱，聚饮村中，搂妇人而卧。乃分遣五百人歼其守船者，徙其舟，连举大炮，山民如约，皆举火，倭于梦中闻炮声，惊起，则火光烛天，疑大兵至，争窜至河下，已失舟。方彷徨寻觅，吴率众呼噪而至，斩获数百级。倭自此绝不敢犯绍兴。胡公上其功，随升绍兴府判，后升佥事。

如此吏员，恐科甲中亦不易得也。

【译文】

明朝休宁人吴成器本是吏员，后升至余姚县主簿。当时胡宗宪（号梅林）正忙于平定倭乱，听说倭寇到了绍兴，就想派个能干的前去打探。县令派县丞前去，但县丞害怕，不想去。吴成器大声说："去打探个消息还怕成这样，碰上两军交锋怎么办？"县丞把这番话告诉县令，县令非常欣赏吴成器的气概，于是把他推荐给巡抚院。胡宗宪召见他，问道："吴主簿能为我打探倭贼的消息吗？"吴成器说："能。"胡宗宪说："如果你真愿意去，我拨两千人给你。"吴成器说："不需要那么多，只是要让在下自行挑选才行。"吴成器在校场定下条件，选出五百人，带着一起出发了。沿途经过山村，见村民们收拾穿戴好准备逃跑，吴成器告诉他们说："不用怕，大军随后就到了，只是你们必须听我的话。"众人点头答应。吴成器指着山间的草垛说："反正你们要是逃走了，这些也就不属于你们了。现在我和你们约好，听我炮声为信号，把这些统统放火给我烧，我就为你们斩杀倭寇。"众人答应。半夜时，吴成器率军来到陶家畈，探知有十三艘倭船停泊在河边，倭寇大肆抢掠后，正在村中喝酒，喝醉了就搂着女人睡觉。吴成器派人杀了船上守卫，将船转移，随后连连发炮。山里村民听到炮声，按照约定放火。倭寇听到炮声梦中惊醒，只见满天火光，以为大军前来围剿，争相逃到河边，却找不到自己的船。正慌张寻找，吴成器率兵喊杀而来，斩杀数百倭兵。倭寇从此不敢再侵扰绍兴。胡宗宪奏报吴成器的战功，晋升他为绍兴府判官，后升至佥事。

冯评：这样的吏员，在进士里也挑不出几个。

818. 王阳明

王阳明以勘事过丰城，闻逆濠之变，兵力未具，亟欲溯流趋吉安。舟人闻濠发千余人来劫公，畏不敢发，公拔剑劙其耳，遂行。薄暮，度不可前，潜觅渔舟，以微服行，留麾下一人服已冠服居舟中。濠兵果犯舟，得伪者，知公去远，乃罢。公至中途，恐濠速出，乃为间谍，假奉朝廷密旨，行令两广、湖襄都御史及南京兵部，各命将出师，暗伏要害地方，以俟宁府兵至袭杀。复取优人数辈，各将公文置夹衣絮中。将发间，又捕捉伪太师家属至舟尾，令其觇知，公即佯怒，牵之上岸处斩，已而故纵之，令其奔报。濠获优，果于衣中搜得公文，遂迟疑不发。公至吉安，调度兵粮粗备，始传檄征兵，暴濠罪恶。濠知为公所卖，愤然欲出。公谓："急犯其锋，非计也。宜示以自守不出之形，必俟其出，然后尾而图之。先复省城，以倾其巢。彼闻，必回兵来援，我则出兵邀而击之，此全胜之策。"濠果使人探公不出，乃留兵万余守省城，而自引兵东下，公闻濠已出，遂急促各府兵，刻期会于丰城，时濠兵已围安庆，众议宜急往救，公谓："九江、南康皆已为贼所据，而南昌城中精悍万余，食货重积，我兵若抵安庆，贼必回军死斗，安庆之兵仅足自守，必不能出而夹攻。贼令南昌兵绝我粮道，九江、南康合势挠掣，而四方之援又不可望，事其危矣！今我师骤集，先声所加，城中必恐，并力急攻，其势必下，此孙子救韩趋魏之计也！"侦者言："新、旧厂伏兵万余，以备犄角。"公遣兵从间道袭破之，溃卒入城，城中知王师雨集，皆大骇，遂一鼓下之。濠闻我兵至丰城，即欲回舟，李士实谏，以为"必须径往南京，既登大宝，则江西自服"。濠不听，遂解安庆之围，移兵泊阮子江，为归援计。公闻濠兵且至，召众议之，众云："宜敛兵入城，坚壁待援。"公曰："不然，彼闻巢破，胆已丧矣，先出锐卒，要其惰归，一挫其锐，将不战而溃，所谓'先声有夺人之气'也。"乃指授伍文定等方略，先以游兵诱之，复佯北以致之，俟其争前趋利，然后四面合击，伏兵并起，又虑城中宗室或内应为变，亲慰谕之，出给告示，凡胁从者不问，虽尝受贼官职，能逃归者，皆免死，能斩贼徒归降者，皆给赏。使内外居民及乡导人等四路传布。又分兵攻九江、南康，以绝其援。于是群力并举，逆首就擒。

按：陈眉公《见闻录》谓宸濠之败，虽结于江西，而实溃于安庆。虽收功于王阳明，而实得力于李梧山。李讳充嗣，四川内江人，正德十四年巡抚南畿，闻宸濠请增护卫，叹曰："虎而翼，祸将作矣。"遂力陈反状，廷议难之。公乃旦夕设方略，饬武备，以御贼为念。谓安庆畿辅，适当贼冲，非得人莫守。当诸将庭参，于众中独揖指挥使杨锐而进之曰："皖城保障，委之于子，毋负我！"十五年，贼兵陷九江，公自将万人，屯采石，以塞上游之路。飞檄皖城，谕以忠义。锐感激思奋，相机应敌，发无不捷。节发间谍火牌云："为紧急军情事，该钦差太监总兵等官，统领边官军十万余，一半将到南京，一半径趋安庆。并调两广狼兵、湖广土兵，即日水陆并进，俱赴安庆会集，刻期进攻江西叛贼。今将火牌飞报前路官司，一体同心防守，预备粮草，听候应用等因。"宸濠舟至李阳河，遇火牌，览之惊骇，由是散亡居半，继又发水卒千人，盛其标帜，乘飞舰百余艘，鼓噪而进，声为安庆应援，城中望见，士气百倍，锐即开门出敌，水陆夹攻，贼遂大溃。时宸濠营于黄石矶，闻败将遁，公自将兵逐北，宸濠奔入鄱阳湖，适遇巡抚王公阳明引兵至湖，遂成擒焉。后论功竟不及公。胡御史洁目击其事，特为论列，不报，故今人盛称阳明，而不及梧山，亦有幸有不幸欤？又按，宸濠兵起，声言直取南京，道经安庆，太守张文锦与守备杨锐等合谋，令军士鼓噪登城大骂，激怒逆濠，使顿兵挫锐于坚城之下，而阳明得成其功。虽天夺其魄，而张、杨诸公之智，亦足述矣。

【译文】

明朝的王守仁（世称阳明先生）因往福州勘乱路经丰城，听说朱宸濠发兵叛乱，由于兵力不足，想尽快溯江赶往吉安。船家听说朱宸濠派出一千多人截杀王守仁，都害怕得不敢出船。王守仁拔剑割下船家一只耳朵才得以成行。傍晚时分，王守仁估计无法继续前行，暗中找了一条渔船，换上普通百姓的衣服继续赶路，留下一名属下穿上自己的朝服留在大船上。朱宸濠果然派人上船搜捕，抓到假王守仁，才知道真的王守仁早已走远，于是作罢。王守仁在往吉安途中，怕朱宸濠在短时间内出击，就设了一个离间计，假装身奉朝廷密旨，向两广、湖襄都御史及南京兵部发出指令，让他们分别派将埋伏在各要害地方，等见到宁王府兵就袭击格杀。王守仁又召来一些戏子，把公文藏在他们衣服里，出发前又抓了朱宸濠的太师李士实的家眷在船尾，故意让他们看见，然后王守仁假装生气要把他们拉到岸上斩首，又制造机会让他们乘隙逃走，奔至朱宸濠处将所见一一禀告。朱宸濠抓到了戏子，果然在他们衣服里搜到公文，于是犹疑不决，不敢出兵。王守仁到了吉安后，赶紧把粮草调度到位，然后开始发檄文征兵，将朱宸濠的罪恶昭告天下，这时朱宸濠才明白被王守仁出卖了，恼怒之下想立即出兵。王守仁认为："跟他硬碰硬并非上策，应该摆出坚守不战的姿态，等朱宸濠率兵出击再尾随其后，找机会对付他。先光复南昌，颠覆朱宸濠的老巢，他一定回兵来救，这时再出击迎战，才是必胜的上策。"朱宸濠派人侦知王守仁坚守不战，于是留下一万多人守南昌，自己却率大军东下。王守仁听说朱宸濠出动了，就紧急催促各府兵马在丰城会师，当时朱宸濠的大军已包围安庆，诸将都认为应该前往救援，王守仁说："九江、南康都被朱宸濠占领，而南昌城中有一万名精兵，粮食充足，我军若是前往安庆救援，叛贼一定回军死拼。安庆的兵力仅能自保，不能出城与我军配合夹击。如果叛贼命南昌守军派兵断绝我军粮道，九江、南康合力骚扰，我军得不到其他援助，那情势就危急了。现在我军突然汇集，声势夺人，南昌城中必生恐惧，我军合力进攻，定能一举破城，这是孙膑围魏救赵的计谋。"探报说新旧厂有伏兵万余人，互为犄角之势。王守仁下令抄小路袭击，贼兵溃败，退入城中，城中人也由此听说官军纷纷赶到，都十分惊慌，于是被一攻而破。朱宸濠听说官军抵达丰城，就想回兵，李士实谏道："必须径直进入南京，直接称帝，江西自然归服。"朱宸濠不听，从安庆撤军，先驻扎阮子江边，策划回救南昌。王守仁听说朱宸濠回来了，就召集诸将商议，诸将说："应该先退兵入城，坚守不战，等待援军前来。"王守仁说："不行，他们听说老巢已破，已经丧胆，我们应该派出精锐给他们沉重一击，挫了他们的锐气，自然不战而溃，这就是所谓'先声有夺人之气'。"于是向伍文定等传授作战方略：先以游击兵诱敌，然后假装不敌败走而吸引他们，等贼兵为抢功追击时，再由埋伏的士卒四面合围。王守仁又担心城中的皇室宗亲会作为朱宸濠的内应发动叛乱，就亲自一一拜访，出示公文告示：凡过去曾受朱宸濠胁迫作乱者，一律不予追究；虽接受朱宸濠任命的官职，后来能逃离者，一律免去死罪；而能杀叛贼归降者，论功行赏。王守仁命人将此四处张贴散布，又派兵分攻九江、南康，以断绝朱宸濠的外援。最后，在各种力量的共同努力下，朱宸濠束手就擒。

冯评：按陈继儒（号眉公）《见闻录》记载说，朱宸濠兵败虽结束于江西，实际上却是在安庆种下败因；虽然战功集中在王守仁身上，实际上得力于李梧山。李梧山名充嗣，四川内江人。正德十四年巡抚南畿，听说朱宸濠请求增加护卫，叹道："猛虎添翼，兵祸要发生了。"于是上书极力陈述朱宸濠有造反的迹象。大臣们并不赞同。李梧山就制定方案，整饬军伍，时时刻刻不忘御贼。他认为安庆是南京的辅翼，肯定是贼人攻击的首选，非合适人选无法防守。当着诸将参见，他在众人中唯独挑选了指挥使杨锐，说："我把保卫皖城的重任托付给你，你不要辜负我的期望。"正德十五年，朱宸濠攻陷九江。李梧山带一万名士兵驻扎采石矶，以堵塞上游之路，派人紧急通知皖城，晓以忠义大义。杨锐在感激之余，更加惕励奋发，相机应变，战无不胜。有伪造间谍传令火牌说："因军情紧急，特命钦差太监总兵等统领官军十余万人，一半派赴南京，一半直奔安庆。并征调两广狼兵、湖广士兵，即日起分由水、陆同时出发，都赶赴安庆会师，限期进攻江西叛贼。现以火牌飞报前路各将领，需齐心协力防守，屯积粮草，听候调用。"朱宸濠的战船行至李阳河，截下火牌，看过之后大为惊慌，贼兵逃亡近半。李梧山又派一千水兵，大张旗鼓搭乘百艘船舰，鼓噪前进，为安庆声援，安庆城中守兵看到之后，士气大振。杨锐立即打开城门率兵迎敌，水陆两路夹攻，贼兵大溃而逃。当时朱宸濠在黄石矶扎营，听说战败，打算趁夜逃遁，李梧山又亲自率兵追击，朱宸濠逃进鄱阳湖，正巧碰上王守仁率兵到鄱阳湖，于是被擒。后来论功竟不提及李梧山，御史胡洁曾目睹整个事件发生的经过，还特别上奏申诉，但并没有批复。现在人们说起这段往事都盛赞王守仁，而不提及李梧山，这也是有幸与不幸的命运存在吧？又按：朱宸濠兵变之初，扬言要直攻南京，路经安庆时，太守张文锦与守备杨锐等人商议，下令军士大声叫喊，并且登上城楼谩骂，激怒朱宸濠，使之在坚固的城防之下停滞消磨，而王守仁能收获最后的成功。虽说是天意，但张文锦、杨锐等人的智谋，也值得称道！

819. 杨 锐

　　杨锐守备九江、安庆诸郡，既获江贼，监司喜，公曰："江贼何足忧，所虞者豫章耳！"意指宸濠也。又谓九江为鄱阳上流，不可恃，湖最要害，当以九江中左所一旅，置戍于湖口县之高岭，可以远望，有警即可达，乃绘图呈南部及各台。又请造战舰若干艘，习水战于江上。城中治兵食，多浚井。闻宁濠变作，先引军设钩距于江侧，禁勿泄。比寇至，船二百余艘抵岸，为钩距所破。寇攻城后败去，濠泊船南岸，闻不克，大怒，率众分攻五门，各首举木为蔽，甚急，公裂帛布覆纸裹火药千数，散投所蔽木上，火发，尽弃走，火光周匝不绝，寇无所遁。寇复于北濠结木为栈，与城接，挟兵而进。城中大惊，公曰："事急矣！"乃诡以"大将军"火铳实石被绯，金鼓迎置城上，寇兵望见，惊惧未进。潜使一卒从间道出，烧栈绝。寇众解结，且溽暑，力惫，夜舣睡去。公募善泅者数人，于船中闻鼾声即斩首，绝其缆，放之中流。又遣一二强卒，突入岸上营，举火炮，城上应之，乘胜捕杀，声震数里。濠浩叹出涕，举帆顺风而返。

　　安庆不守，则阳明之功不成，故以杨锐附阳明之后。

【译文】

　　杨锐镇守九江、安庆等城，在缉捕水盗后，监司很高兴，杨锐说："水盗不值得担忧，令人担忧的是豫章啊。"这话指的是朱宸濠。又说九江位居鄱阳湖上游，不足以凭恃，鄱阳湖才是要害，应该从九江中左所拨出一旅兵马，戍守湖口县的高岭，可以瞭望，有警报可以及时传达，于是绘图呈报南京兵部及各府台。另外又请求建造多艘战舰，在江上训练士兵熟悉水战。城中也多备军粮，开凿深井。在听说朱宸濠起兵叛变后，杨锐先率兵在江边秘密设置铁制钩距（带钩的兵器），等叛贼的二百艘战船靠岸时，船只都被钩距破坏，攻城失败后退去。朱宸濠的座船停靠在南岸，听到攻城失利，非常生气，率领众贼分攻五个城门，每队前举大木护住头顶，情势十分危急。杨锐命人扯帛布包了千余个纸裹火药包，散投在敌人的大木上点燃，举木的贼众扔下木头就逃，火光四起，叛贼无处藏身。叛贼又在北面的城沟架设木栈道，想连接城头，引兵攻城。城中人十分紧张，杨锐说："事情紧急了！"于是假装把大将军火炮填满石块，盖上红布，敲锣打鼓迎到城头上，贼人远远望见，惊疑之下不敢强攻。

杨锐就派一名士卒由小道偷溜出城，焚毁了栈道。叛贼力量消耗不小，且正是大热暑天，一到晚上便都鼾声四起，杨锐召了几个善于游泳的士兵游向贼船，听见鼾声就割下人头，再割断缆绳，让贼船顺水飘流。杨锐又派一两名强健的士兵，潜入岸边贼营，发放火炮，城中闻声，也放炮呼应，乘胜捕杀贼兵，杀声远震数里。朱宸濠长叹流泪，升帆顺风退走。

冯评：安庆要是失守，那么王守仁也就不能成功，所以将杨锐的事迹附在王守仁之后。

820. 沈希仪

沈都督希仪，初为右江参将。右江城外五里即贼巢，贼调者耳目遍官府，即闺阃中稍动色，贼在溪洞数百里外辄知。希仪至，顾令熟瑶恣出入，嬉游城中，而求得与瑶通商贩者数十人，厚抚之，使为调（边批：军中用调是第一义）。于是贼动静声息，顾往往为我所先得。每出剿，即肘腋亲近不得闻。至期鸣号，则诸兵立集听令（边批：曹玮后身）。令曰："出某门。"旗头即引诸军贸贸行。问旗头，旗头自不知。顷之扎营，贼众至，战方合而伏又左右起，贼大败去。已贼寇他所，官军又已先在，虽绝远村聚，贼度官军所不至者，寇之，军又未尝不在，贼惊以为神。即官军亦不知希仪何自得之也。所剿必其剧巢，缚管绳为记，无妄杀。得妇女牛畜，果邻巢者，悉还之。唯阴助贼者，还军立剿，曰："若奈何阴助贼战？"或刀弩而门睄者，曰："罚若牛五，若奈何刀弩睄我师？"于是贼惊服。无敢阴助贼及门睄者。常欲剿一巢，乃佯卧病，所部入问病，谢不见。明日入问，希仪起曰："吾病，思鸟兽肉，若辈能从我猎乎？"（边批：裴行俭袭都支）即起出猎，去贼一二里而止营，军中乃知非猎也。最后计擒其尤黠猾善战者，支解之，四悬城门，见者股栗。常以悲风凄雨、天色冥冥夜，察诸贼所止宿，散遣人赍火若炮，衣毳帽，与草色同，潜贼巢中，夜炮举，贼大骇曰："老沈来矣！"挈妻子逃至山顶，儿啼女呦，往往寒冻死，或触崖石死，妻子相怨："汝作贼何利至此？"明调之，则寂无人，已相闻，愈益惊；阴调之，则老沈固在参府不出也（边批：的是鬼神不测）。自此贼胆落，或易面为熟瑶，而柳城旁一童子牵牛行深山，无敢调者矣。后熟瑶既闻公威信，征调他巢，虽惧仇，不敢不往，甚而大雨，瑶惧失期，泅溪水以应。论者以为自广西为将，韩观、山云之伦，能使瑶不为贼，希仪则使瑶人攻贼，前此未有也。

【译文】

明朝都督沈希仪最初任右江参将。那时右江城外五里就是贼巢，贼人的密探比比皆是，甚至人家闺阁里的小事，在数百里外溪洞盗贼都能知道。沈希仪到任以后，首先随便汉化了的熟徭自由出入，可以在城中游荡，接着找来与徭人交易的数十名商人，给予他们优厚的报偿，让他们充当间谍。从此盗贼的一举一动，我方也都事先了解了。沈希仪每次出兵剿贼，就连最亲信的部属也不知道计划，到了时间鸣号通知，全军将士集合听令。命令："由某个城门出城。"最前面打旗的就领着队伍一个劲往前走，问打旗的目的地是哪里，他也不知道。到了时候命令扎营，等盗贼开到，一交手左右伏兵就纷纷出现，于是盗贼大败而逃。然后当贼兵去别的地方，官军又先一步在那里守候，即便是最偏远的村落，贼兵估计官军不可能到的，一旦前往，官军总是在那里等着。贼兵惊奇不已，认为这太神了，但实际上连官军自己也不明白沈希仪如何得到的情报。沈希仪剿灭的往往都是重要的贼巢，用稻草做的管绳作记号，从不乱杀人。掳获了妇女和牲畜，如果查明确属邻村的，立即予以遣还。只有暗中协助贼人的百姓，立刻加以剿灭，并说："为什么去帮助贼匪作战呢？"发现有人在门后拿着兵器偷偷地窥伺，就抓起来问道："你为什么要拿着武器窥伺？罚你五头牛。"于是贼人惊服，再也没人敢私下通敌和暗中窥伺了。一次，沈希仪要剿灭一个贼巢，便躺在床上装病，部下前来探视，他都推辞不见。第二天，又有部属前来探病，他起身说："我生病，想吃点野味，你们愿不愿意跟我出去打猎？"于是率领部下出猎，在离贼营一二里处扎营，这时将士们知道不是来打猎的。最后终于用计擒住最为狡猾善战的盗贼，把他们的尸首肢解后，悬在城门示众，看见的人都心惊胆战。沈希仪经常在大风阴雨的夜晚侦查贼人宿营的地方，然后派遣军士携带火炮，穿戴草色的衣帽，潜入贼营，到午夜时就点火发炮，贼兵惊慌失措，高喊："老沈来了！"拖家带口跑到山顶，孩子又哭又闹，冻死的、掉下悬崖摔死的都有。于是妻子都埋怨丈夫："你做贼做成这样有什么好处！"第二天天亮，贼兵派人查探，发现四周无人，互相转告，更加惊怕。再派人到城中打探，老沈一直在府衙呆着，根本不曾外出。从此贼人更加丧胆，或转而做了熟徭，即使是柳城旁的一个孩童牵牛进入深山，都没人敢去探问。后来，熟徭知道沈公的威信，每当听到沈希仪征调他们攻击其他徭贼时，虽然担忧与他徭结仇，但不敢不去，甚至碰到天雨山路难行，他们怕误了集合时间，会游泳过河前往报到。后人评论，在广西任边将的韩观、山云等人，能使徭人不做盗贼，沈希仪则能用徭人攻打徭贼，这是前所未有的事。

821. 赵 臣

岑璋者，归顺州土官也，多智略，善养士。田州岑猛，其婿也。猛不法，督抚上反状，诏诸土官能擒贼猛者，赐秩一级，畀半地，党助者并诛。都御史姚镇将举兵，而虑璋合谋，咨于都指挥沈希仪。沈知部下千户赵臣与璋善，召臣问计，曰：“微闻璋女失宠，璋颇恨猛，吾欲役璋破猛，如何？”臣对曰：“璋多智而持疑，直语之，必不信，可以计遣，难以力役也。”沈曰：“计将安出？”臣曰：“镇安、归顺，世仇也。公使人归顺，则镇安疑；使人镇安，则归顺疑。公若遣臣征兵镇安，璋必邀臣询故，而端倪可动也。”沈如计遣臣，臣枉道诣璋所，坐而叹息。璋叩之，不言。明日，璋置酒款臣，固叩之：“军门督过我耶？璋受侮邻仇，将逮勘耶？”臣皆曰：“否，否。”璋愈疑，乃挽臣卧内，跪叩之。臣潸然泪下，璋亦泣，曰：“嗟乎赵君！璋今日死即死耳，君何忍秘厄我？”臣曰：“与君异口骈心，有急不敢不告，今日非君死，即我死矣！”璋曰：“何故？”臣曰：“军门奉旨征田州，谓君以妇翁党猛，将檄镇安兵袭君。我不言，君必死矣；我言之，而君骤发，败机事，我必死，是以泣耳。”璋大惊，顿息曰：“今日非赵君，我族矣！”遂强臣称病，留传舍，而亟遣人驰军门，备陈猛反状。恐波及，愿自效。沈许之，遂以白镇，镇始专意攻猛。猛子邦彦守王尧隘，璋阳遣千人助之，使为内应，皆以寸帛缀裾为识，而潜以告沈。时田州兵死守隘，众莫敢前，沈独往，战三合，沈以奇兵千余骑间道绕隘侧，旗帜闪闪，归顺兵呼曰：“天兵从间道入矣。”（边批：朱序间秦兵类此）田州兵惊溃，沈乘之，斩首数千，邦彦死。猛闻败，欲自经，璋诱之，使走归顺，奉以别馆（边批：多事）。而别将胡尧元等嫉沈功（边批：可恨），欲以万人掎归顺。璋先觉之，遣人持百牛千酝，迎军三十里，谓尧元曰：“昨猛败，将越归顺走交南，璋邀击之，猛目集流矢南去，不知所往，急之，恐纠虏为变，幸缓五日，当搜致。"尧元许之。璋复构茅舍千间（边批：有用之才），一夕而讫。诸军安之，无进志，璋还诡猛曰："天兵退矣，然非陈奏不白。"猛曰："然，顾安得属草者？"璋即令人为猛具草，促猛出印封之，既知猛印所在，乃置酒贺猛，鼓乐殷作，酒半，璋持鸩饮猛曰："天兵索君甚急，不能相庇。"猛大呼曰："堕老奸矣。"遂饮药死。璋斩其首，并印从间道驰诣军门。而斩他囚贯猛尸，诣掷诸军，诸军嚣争，击杀十余人，飚驰军门，则猛首已枭一日矣。诸将大恚恨，遂浸淫毁璋，而布政某等复阴害镇，倡言猛实不死，死者道士钱一真也。御史石金遂劾镇落职（边批：好御史），而希仪等功俱不叙。璋怏怏，遂黄冠学道（见田汝成《留青日札》）。

田汝成曰："岑猛之伏诛也，岑璋掎之，赵臣启之，沈希仪主之，而功皆不录，其何以劝后？两广威令浸不行于土官，类此。书生无远略，琐琐戚戚，兴谗参嫉，宁惜军国重轻哉！"王弇州一代史才，其叙岑猛事，亦云猛实不死，岂惑于石侍御之言耶？李福达之狱，朝是暮非，迄无确见。不知异日又何以定真伪也！

【译文】

岑璋是明朝归顺州的土官，多有谋略，善于养士。田州的岑猛是他的女婿。岑猛触犯法律，督抚上奏岑猛有造反迹象，皇帝下诏各州土官，若能擒获岑猛，加爵一级，赏赐岑猛一半的辖地，若与岑猛勾结，则一律诛杀。都御史姚镇准备出兵征讨岑猛，而担心岑璋与岑猛合作，于是与都指挥沈希仪商议。沈希仪知道部属中有个千户长叫赵臣的，和岑璋交情不错，于是召来赵臣商议，说："我听说岑璋的女儿不得宠，岑璋对岑猛怀恨在心，我想用岑璋去打岑猛，你看如何？"赵臣说："岑璋聪明多疑，若是直说，他一定不相信，所以只能用计驱使，不能以力左右。"沈希仪说："那该怎么办呢？"赵臣说："镇安、归顺两州是世仇，大人派人前往归顺州，那么镇安一定起疑；派人到镇安，那么归顺又会疑心。所以若大人派我到镇安征兵，岑璋一定会问我去镇安做什么，我就可见机行事了。"沈希仪就派赵臣去办此事。赵臣绕道去拜访岑璋，坐在那儿不住叹气，岑璋问他，他也不回答。第二天，岑璋准备了酒菜款待赵臣，问赵臣："是总督要拿我治罪？还是我受了附近仇家欺负，要抓我去问讯？"赵臣都说："不是，不是。"岑璋更加疑心，挽着赵臣进入内室后，跪在赵臣面前请问，赵臣流着眼泪，岑璋也哭着说："赵君啊，今日就是要我岑璋死，那我也认了，何苦不明不白暗算我呢！"赵臣说："与您虽非一家人，但心气相通，有紧急事不敢不告诉您。现在恐怕不是你死就是我亡了。"岑璋说："怎么了？"赵臣说："总督奉旨出征田州，认为您是岑猛岳父，想征召镇安士兵攻打您，我不告诉您，您必死无疑；我告诉您了，您一下子发作，泄露军机，我必死无疑，所以才难过流泪。"岑璋大惊失色，长叹道："今天要不是你赵君，我全家都完了。"于是强要赵臣称病留在馆驿中，急忙派人前往都指挥史所，列举岑猛准备造反的情状，害怕受到牵连，表示愿意效命讨贼。沈希仪接受了岑璋的请求，将此事告诉姚镆，于是姚镆得以全力攻伐岑猛。岑猛的儿子邦彦率众防守王尧隘，岑璋假装派一千人相助，实际是做官军内应，在衣摆缝上一小片帛布作为标记，暗中向沈希仪通风报信。当时田州兵死守关卡，官军不敢贸然进攻，沈希仪带兵前往，战了三合，沈带着一千多骑兵由小路绕道关卡侧面进攻，看到飘动的军旗，归顺兵大声叫道："天兵从小路攻入关卡了！"田州兵惊慌溃散，沈希仪乘胜追杀，斩敌数千人，岑邦彦阵亡。岑猛听说战败，想自杀，岑璋劝诱他先到归顺，住在别馆中。而副将胡尧元等人嫉妒沈希仪的战功，想带兵一万直捣归顺。岑璋察觉后，立即派人带着一百头牛及千坛好酒在三十里外迎接胡尧元等人，对胡尧元说："昨天岑猛大败，他打算率残众经过归顺逃往交南，我出兵攻击，他眼睛中箭后向南逃了，不知跑到什么地方去了，搜捕太急，我怕他纠集贼人生出变乱，请给我五天的时间，我一定将他抓到送来。"胡尧元点头答应。岑璋命人在一天之内紧急搭盖千间茅舍，供官军住宿。大军安然处之，也就没什么继续进军的动力了。而后岑璋回去骗岑猛说："官军撤退了，但若是不上书奏报是说不明白的。"岑猛说："对，但谁能起草奏章呢？"岑璋立即命人替岑猛拟了奏章，并且催促岑猛盖上印信，于是就知道了岑猛藏放印信的地方，就摆酒向岑猛道贺，鼓乐大作，酒至半酣，岑璋拿过毒酒对岑猛说："官军正紧急搜捕你，我实在护不了你。"岑猛大叫："上了老贼的当了！"于是喝下毒酒而死。岑璋砍下岑猛脑袋，连同印信一并由小路快马送交沈希仪，另外杀了一个囚犯穿上岑猛的衣服，扔给胡尧元的军众，众人为争功竟互相击杀了十余人，等他们抢了人头快马来到军门，却发现岑猛的首级早已悬挂了一天了。诸将十分愤怒，纷纷诋毁岑璋。另有一布政使也暗中陷害姚镆，扬言岑猛其实并没有死，死的是一名叫钱一真的道士。御史石金竟以此弹劾姚镆，免去他的官职，而沈希仪等人的战功也未受到表彰，岑璋心中抑郁，于是上山做道士去了。

冯评：田汝成说："岑猛伏法被诛，岑璋是牵制者，赵臣是发起者，由沈希仪主持，这些人的功劳都不封赏，如何劝勉后人呢？两广的政令渐渐不能约束土官，大抵就是这样形成的。书生没有远大抱负，只知道纠缠一些鸡零狗碎的小节，制造谗言参劾他们嫉妒的人。他们哪里知道军国大事的轻重得失！"王弇州是一代史家，在叙述岑猛一事时，也认为岑猛并没有死，难道是被御史石金的一番话所迷惑了吗？李福达的案子也是莫衷一是，不知日后又当如何判别真假。

822. 王 式

浙东贼裘甫作乱，以王式为观察使讨平之。诸将诣于式曰："公始至，军食方急，而遽散之，何也？"式曰："贼聚谷以诱饥人。吾给之食，则彼不为盗。且诸县无守兵，贼至，则仓谷适足资之耳。""不置烽燧，何也？"式曰："烽燧所以趋救兵也，今兵尽行，徒惊士民耳。""使懦卒为候骑而少给兵，何也？"式曰："彼勇卒操利，遇敌则不量力而斗，斗死则贼至不知矣。"皆拜曰："非所及也。"

【译文】

唐朝浙东贼人裘甫作乱，王式被任命为观察使领兵剿灭了他们。诸将问王式："大军刚刚开到的时候，军粮正紧张，您为什么还要开仓放粮赈济百姓？"王式说："贼人以稻谷引诱饥民投靠他们，我把粮食分给百姓，那么他们就不会去投靠贼人。而且浙东各县城都没有守兵，一旦贼人进城，仓库里的粮食也都会归贼人所有。"诸将又问："不设烽火台又是为什么？"王式说："设烽火台是为了召救兵，现在附近所有兵力都带来了，本来就没有救兵可搬，造烽火台只会吓坏绅民。"又问："派懦弱胆小的士兵去侦察，也不多带兵器，又为什么？"王式说："那些勇猛的士兵全副武装，遇到敌人就会不自量力地去战斗，如果战死了，贼人的情报也就没人传回来了。"诸将拜服："这样的智虑，我们是达不到的。"

卷二十三　诡道

道取其平，兵不厌诡。实虚虚实，疑神疑鬼。彼暗我明，我生彼死。出奇无穷，莫知所以。集《诡道》。

——【解说】——

做人走路要取平正，带兵打仗不怕诡诈。我们虚虚实实用兵，敌人疑神疑鬼地上当。敌我孰明孰暗，关乎生死胜败。要想克敌制胜，必须神奇莫测。

这一卷都是关于战场上奇谋诡计的故事，名为《诡道》。

823. 郑公子突

北戎侵郑，郑伯御之，患戎师，曰："彼徒我车，惧其侵轶我也。"公子突曰："使勇而无刚者尝寇而速去之，君为三覆以待之。戎轻而不整，贪而无亲，胜不相让，败不相救。先者见获，必务进；进而遇覆，必速奔。后者不救，则无继矣，乃可以逞。"从之，戎人之前遇覆者奔，祝聃逐之，衷戎师，前后击之，尽殪，戎师大奔。

茅元仪曰："千古御戎，不出数语，今则反是，戎安得不逞？"

【译文】

春秋时北戎侵略郑国，郑庄公亲自率兵抵御，但对戎兵不无担忧，说："北戎以步兵为主，我军主要是战车，他们灵活地袭击我们会很麻烦。"公子突说："我们可先派一批勇敢但不倔强的士兵作试探性攻击，然后迅速撤退，大王可埋伏三批伏兵等候戎军深入。戎兵浮躁不整，贪心重，亲情薄，胜利了互相争功不知谦让，失败了各自保命见死不救。先头部队看见有所斩获，一定拼命往前猛攻；遇到伏兵，遭到重创，一定会仓皇奔逃，而后面的部队见死不救，也就没有部队会再攻上来，我军就能获胜。"郑庄公按照公子突的策略安排，戎兵的先头部队遇到伏兵果然狼狈而逃，郑大夫祝聃率兵随后追击，把戎军截成几段，分别前后夹击，全部消灭了他们。戎军大败奔逃。

冯评：茅元仪说：千古以来，抵御戎兵的战术就这么几句话，现在带兵的都反其道而行，戎人怎会不得意呢？

824. 夫概王

吴败楚师于柏举，追及清发，将击之。阖闾之弟夫概王曰："困兽犹斗，况人乎？若知不免而致死，必败我。若使先济者知免，后者慕之，蔑有斗心矣，半济而后可击也。"从之，大败楚人，五战及郢。

【译文】

吴王阖闾在柏举大败楚军，追到清发河时，准备出击。吴王的弟弟夫概王说："被困住的野兽还要垂死挣扎，何况是人呢！若是楚军明知道没有任何希望，必定返身拼命，会打败我们的。要是让他们渡河，先过河的能够逃脱，后面的会很美慕，大家只想着赶快过河，不再愿意回身死战了。所以，可以等到他们渡河渡到一半时，我军再出击。"吴王依计而行，果然大败楚军，经过五次战役，一直打到楚国首都郢。

825. 斗伯比

楚武王侵随，使求成焉，而军瑕以待之。随人使少师董成。斗伯比曰："我之不得志于汉东也，我则使然：我张吾三军，以武临之，彼则惧而协以谋我，故难图也。汉东之国，随为大，随张，必弃小国，小国离，楚之利也。少师宠，请羸师以张之。"少师归，请追楚师。季梁谏曰："楚之羸，其诱我也！"乃止。

当时微季梁，几堕楚计。楚子反有言："围者，柑马而秣之，使肥者应客。"故凡示弱者皆诱也。汉兵乘胜追匈奴。高帝闻冒顿居上谷，使人觇之。冒顿匿其壮士肥牛马，见老弱羸畜。使者十辈来，皆言匈奴可击。上复使刘敬往，敬还报曰："两国相击，此宜矜夸见所长，今臣往，徒见羸瘠老弱，此必欲见短，伏奇兵以争利。愚以为匈奴不可击。"上不听，果围于白登。天后中，契丹李尽忠、孙万荣之破营府也，以地牢囚汉俘数百人。闻麻仁节等诸军将至，乃令守者绐之曰："家口饥寒，不能存活，待国家兵到即降耳。"一日引出诸囚，与之粥，慰曰："吾等乏食养汝，又不忍杀汝，纵放归，若何？"众皆拜伏乞命，乃纵去。至幽州，具其故。兵士闻之，争欲先入。至黄麞峪，贼又令老者投官军，送遗老牛瘦马于道侧。仁节等弃步卒，将马先入。贼设伏，横截将军，生擒仁节等，全军皆没。二事皆类此。

【译文】

春秋时楚武王攻打随国，派使者去随国谈条件讲和，自己率军驻扎在瑕等候消息。随国派少师全权处理议和的事务。楚大夫斗伯比对楚武王说："我们不能在汉水以东得势，原因在我们自己身上。我们发动大军声势浩大地以武力威逼他们，他们这些小国当然会因恐惧而联合起来对抗我们，所以就很难对付了。汉东诸国以随国最为强大，如果随国志得意满，一定会背弃那些小国，小国与随剥离，对楚国就有利了。随国少师骄宠狂妄，我们应该排出疲弱的兵卒给他看，让随国得意起来。"少师回去后，请求出兵追击楚军，季梁阻止说："楚军的疲弱，是引诱我们的阴谋。"于是停止出兵。

冯评：当时若是没有季梁，随人就掉进楚国的圈套了。楚国的子反曾说："被包围的队伍，喂马的时候在马嘴里偷偷塞上木橛子，给敌人造成粮草充足、连马都不愿吃草料的样子，接待对方使者也要选身体肥胖的。"所以，凡是向敌人示弱的，都是诱敌之计。汉高祖率兵乘胜追击匈奴，听说匈奴单于冒顿在上谷，派人前去侦察。冒顿把匈奴善战的武士、肥壮的牛马都藏起来，在外面放些老弱残兵及瘦弱的牲畜。汉朝前后派出十个密探，都说可以进攻匈奴。高祖再派刘敬前往，刘敬回来报告说："两国交战时，应该向对方夸耀自己的武力，表现出自己军队的强大。现在臣到匈奴去，只看到瘦弱的牲畜，年老体弱的战士，这是故意让我们看到弱点，肯定是为了引诱我们进攻，再用伏兵取胜。臣认为匈奴不可攻打。"高祖不听，果然被冒顿围困在白登。武则天时，契丹人李尽忠、孙万荣起兵造反，攻陷营州，俘获好几百名汉兵，把他们关在地牢。听说麻仁节等部队快来了，就命地牢的看守骗囚犯们说："我们的家人饥寒交迫，生存困难，等朝廷大军一到就会投降。"一天，把所有囚犯带出来，给他们喝米粥，并对他们说："我们缺粮，无法养活你们，又不忍心杀你们，只好放你们回去。"众囚犯都拜谢而去。他们回到幽州，将这些事一一说出，士兵听说后，都想赶快打进营州立功。大军到了黄蓂峪，李尽忠又派老弱的士卒来投降，并且送去一些老牛瘦马放在路边。麻仁节等人就留下步兵，只率领少数的骑兵进攻。李尽忠设伏侧面攻击，生擒麻仁节等人，汉军全军覆没了。这两件事都与此类似。

826. 蒍 贾

楚大饥，庸人率群蛮叛楚。麋人帅百濮聚于选，将伐楚。于是申息之北门不启。楚人谋徙于阪高（边批：无策）。蒍贾曰："不可，我能往，寇亦能往。不如伐庸。夫麋与百濮谓我饥不能师，故伐我也。若我出师，必惧而归。百濮离居，将各走其邑，谁暇谋人？"及出师侵庸，及庸方城。庸人逐之，囚子扬窗。三宿而逸，曰：庸师众，群蛮聚焉，不如复大师，且起王卒，合而后进。"（边批：庸策）师叔曰："不可，姑又与之遇以骄之，彼骄我怒，而后可克。先君蚡冒所以服陉隰也。"又与之遇，七遇皆北。庸人曰："楚不足与战矣！"遂不设备。楚子乘驲，会师于临品，分为二队以伐庸。群蛮从楚子盟，遂灭庸。

楚以不徙而存，宋以南渡而削。我朝土木之变，徐武功倡言南迁，赖肃愍诸公不惑其言。不然，事未可知矣！

【译文】

春秋时，楚国发生大饥荒，庸国乘机率领群蛮背叛楚国。麋国更率领百濮汇集在选这个地方，准备攻打楚国。于是，楚国申、息两城北门紧闭。楚国人打算迁都到阪高。蒍贾说："不行。我们能去阪高，敌人也能去。不如发兵攻打庸国。麋国和百濮都认为我国发生饥荒，一定无法出兵，所以才派兵攻打我国。如果我国能出兵攻庸国，他们一定会心生恐惧而退兵。百濮本就散居各地，更会分别逃回自己的领地，谁还有空来打楚国？"于是楚国出兵攻庸国。楚人打到庸国的方城时，庸人出击，抓住了楚国将领子扬窗，子扬窗被关了三天之后逃回来了，说："庸军兵力强大，各蛮族都聚集在一起，不如再多派军队，调动王师，合并之后进攻。"楚大夫师叔说："不行。现在只要再和他们打几仗，让他们尝些甜头，他们就会骄傲，我军则会愤怒，那时就能战胜他们，这就是先王蚡冒攻打陉隰所用的策略。"于是楚军继续和庸军作战，一连打了七场败仗。庸人说："楚军实在不堪一击。"于是不加防备。楚王坐着驿车前往临品会师，分兵两路攻打庸国，各蛮族和楚国结盟，灭了庸国。

冯评：楚人因不迁都而得以保全，北宋因南渡而受到削弱。我朝土木之变后，徐有贞主张迁都南京，幸亏于谦（谥肃愍）等不为所惑。否则，情势会演变成什么样难以预料！

827. 田 单

燕昭王卒，惠王立，与乐毅有隙（边批：肉先腐而虫生）。田单闻之，乃纵反间于燕，宣言曰："齐王已死，城之不拔者二耳。乐毅畏诛不敢归，以伐齐为名，实欲连兵南面而王齐。齐人未附，故且缓攻即墨，以待其事。齐人所惧，唯恐他将来，即墨残矣。"燕王以为然，使骑劫代毅。毅归赵，燕军共忿。而田单乃令城中，食必祭其先祖于庭，飞鸟悉翔舞下食，燕人怪之，田单因宣言曰："神来下教我。"乃令城中曰："当有神人为我师。"有一卒曰："臣可以为师乎？"（边批：此卒通窍）因反走，田单乃起，引还，东向坐，师事之，卒曰："臣欺君，实无能也。"单曰："子勿言。"因师之。每出约束，必称神师，乃宣言曰："君唯惧燕军之劓所得齐卒，置之前行与我战，即墨败矣。"燕人闻之，如其言。城中人见齐诸降者悉劓，皆坚守，唯恐见得。单又宣言："君惧燕人掘吾城外冢墓，戮先人，可为寒心。"燕军尽掘垄墓、烧死人（边批：骑劫一至墨即此）。即墨人从城上望见，皆涕泣，俱欲出战，怒自十倍。田单知士卒之可用，乃身操版锸，与士卒分功，妻妾编于行伍之间，尽散饮食飨士，令甲卒皆伏，使老弱女子乘城，遣使约降于燕。燕皆呼"万岁"。田单乃收民金，得千镒，令即墨富豪遗燕将，曰："即墨即降，愿无掳掠吾族家妻妾。"燕将大喜，许之，燕军由此益懈。单乃收城中，得千余牛，为绛缯衣，画以五采龙文，束兵刃于其角，而灌脂束苇于尾，烧其端，凿城数十穴，夜纵牛，壮士五千人随其后，牛尾热，怒而奔，燕军夜大惊，牛尾炬火光炫耀，燕军视之，皆龙文（边批：应神师），所触尽死伤，五千人因衔枚击之，城中鼓噪从之，老弱皆击铜器为声，声动天地。燕军大骇，败走，遂杀骑劫。

胜、广假妖以威众。陈胜与吴广谋举事，欲先威众，乃丹书帛曰："陈胜王。"置人所罾鱼腹中。卒买鱼，烹食，得腹中书，怪之。又令广于旁近丛祠中，夜篝火作狐鸣，呼曰："大楚兴，陈胜王。"于是卒皆夜惊，旦相率语，往往指目胜。

世充托梦以誓师。王世充欲击李密，恐众心不一，乃假托鬼神，言梦见周公，乃立祠于洛水之上，遣巫言"周公欲令仆射急讨李密，当有大功，不则兵皆疫死。"世充兵皆楚人，信巫，故以惑之。众皆请战，遂破密。皆神师之遗教也。

·王德征秀州贼邵青，谍言将用火牛，德曰："此古法也，可一不可再，彼不知变，只成擒耳。"先命合军持满，阵始交，万矢齐发，牛皆反奔，我师乘之，遂残贼众，此可为徒读父书者之戒。陈涛斜之车战亦犹是。

伯比赢师以张之，芳贾则累北以诱之。至于田单，直请降矣。其诈弥深，其毒弥甚。勾践以降吴治吴，伯约以降会谋会。真降且不可信，况诈乎？汉王之诳楚，黄盖之破曹，皆以降诱也。岑彭、费祎皆死于降人之手。噫，降可以不察哉？必也，谅己之威信可以致其降者何在，而参之以人情，揆之以兵势，断之以事理，度彼不得不降，降而必无变计也。斯万全之策矣！

【译文】

战国时燕昭王去世，惠王即位，他和大将乐毅之间有隔阂。田单听说后，就派人去燕国施行反间计，传言说："齐湣王已死，没有被攻下的城池只有莒和即墨而已。乐毅怕被杀而不敢回国，所以借着攻打齐国的名义，实际上是想拥兵自立为齐王。只是齐人人心未附，所以暂缓攻打即墨，等待时机成熟。现在齐国人最怕换其他将军来攻打，那么即墨就保不住了。"燕王相信了这种说法，就派骑劫代替乐毅，乐毅逃去了赵国，燕国的将士对此都十分不满。这时田单命城中百姓吃饭时，要在庭院中祭拜祖先，于是飞鸟都盘旋飞舞下来啄食，燕人望见，觉得很奇怪。田单便散布谣言说："神降临城中教导我们。"又对城中人说："将有神人来做我们的导师。"有一个士卒说："我可以当神师吗？"说完掉头就走了，田单立即起身把他拉回来，请他东向而坐，自己以神师之礼侍奉他。那个士卒说："我是骗你的，我可做不了这神师。"田单说："你别说出来就行。"还是把他奉为神师。每次发号施令时，必定打着神师的旗号。田单又散布谣言说："我们只怕燕国军队把所俘虏的齐兵割掉鼻子，要他们排列在燕军的阵前来和我们作战，那么即墨将会攻破。"燕人听说了，果真照做，城中人见投降的齐人都被割掉鼻子，都加倍努力坚守城池，唯恐被燕军擒获。田单又派人散布谣言说："我们怕燕国人挖掘齐人城外的祖坟，侮辱我们的祖先，看见先人受到侮辱，会使我们心惊胆寒。"燕军就尽数挖开城外的坟墓，烧毁尸骨。即墨城中的人望见燕军的行径，都伤心悲泣，怒火中烧，要求出城与燕军决一死战。田单知道士兵们可以上阵作战了，就亲自拿着工具和士兵一同工作，妻妾也编入队伍中，把食物都拿出来与士兵分享。田单命令精锐的士兵都埋伏起来，派老弱妇女登城守卫。派使者在燕国商议投降，燕军兵士都高呼万岁。田单又募集民间钱款千镒黄金，请即墨城的富豪拿去送给燕国将军，说："即墨城马上就要投降了，希望你们不要虏掠我们的家产妻妾。"燕将十分高兴，答应他们的请求，从此燕军防备更加松懈了。田单在城中收集了一千多头牛，给它们穿上绛色丝衣，画上五彩龙纹，在牛角上绑上利刃，另在牛尾上扎上苇草，灌上油脂，点上火，然后在城墙上挖出几十个洞穴，把牛群从洞口赶出，五千精兵跟随牛后。牛尾受热，纷纷狂怒飞奔，冲进燕军营地，燕军大惊，只见火光中牛身上都是龙纹，碰到人非死即伤，牛后面的五千精兵又随即发动攻击，城中百姓喊杀震天，老弱妇女也敲着铜盆铜罐，惊天动地。燕军被吓坏了，大败而逃，骑劫也被齐人所杀。

冯评：陈胜、吴广借助妖言威慑众人。陈胜、吴广谋划造反，想先威慑众人，便用朱砂在绢帛上写了"陈胜王"，放在渔人打上的鱼的肚子里。戍卒买来鱼准备煮了吃，破开鱼肚子发现了帛书，十分惊奇。又令吴广夜里躲到附近的祠堂，点起篝火装狐狸叫，叫的是："大楚兴，陈胜王。"戍卒们都被惊醒。早上醒来，大家纷纷议论，很多人对陈胜指指点点。

王世充托梦誓师。王世充准备攻打李密，担心手下心不齐，便假托鬼神，说自己梦见周公，便在洛水边建立祠堂，让巫师宣称"周公命王世充赶紧讨伐李密，必有大功，否则军中会有大瘟疫降临，全部得死。"王世充手下都是相信巫术的楚人，所以受到蛊惑，纷纷请战，于是击破李密。这都是田单用神师的法子。

南宋王德讨伐秀州贼邵青。探报说贼人准备用火牛计。王德说："这是古法，只能用一次，再用就不灵了。这些贼人不懂变化，只配束手就擒。"交兵前，王德先命全军弓箭手张弓搭箭等候，等开始交战，万箭齐发，火牛都掉头反扑，我军趁势掩杀，大败贼兵。这可以给赵括之类只会读父亲遗著的假军事家敲警钟。唐朝房琯在陈涛斜复古用兵车作战而大败，也是这一类。

斗伯比用赢弱之师助长敌人的骄气，芮贾屡次战败引诱对手轻敌，到了田单，干脆直接请降。诈术越来越高明，手段越来越恶毒。越王勾践以投降吴国的手段消灭吴国，姜维（字伯约）以投降钟会的办法暗算钟会。真投降都不能轻易相信，何况是诱敌的诈降？刘邦假装顺从项羽，黄盖火攻破曹，都是用投降作诱饵的。岑彭、费祎都死于降将之手。唉，对手投降，怎能不仔细辨析呢！一定要接受投降，必须充分认定自己到底有什么样的威信能让对方来降。再根据人的心理、战场的局势以及各种事理，判定对方是不得不投降，投降之后也没有施展其他阴谋的可能。这样，才是万全之策。

828. 江东桥

陈友谅既陷太平，据上流，遣人约张士诚同侵建康。或劝上自将击之，上曰："敌知我出，以偏师缀我，而大军顺流，直趋建康，半日可达。吾步骑急回，百里趋战，兵法所忌。"乃召康茂才，谓曰："二寇相合，为患必深，若先破友谅，则东寇胆落矣，汝能速之使来乎？"茂才曰："家有老阍者，旧尝事友谅，今往必信。"遂令阍者赍书，乘小舸径至伪汉军中，许以内应。友谅果信之，甚喜，问康公，曰："今何在？"曰："见守江东桥。"又问："桥何如？"曰："木桥也。"赐食遣还，嘱曰："吾即至，至则呼老康为号。"阍者还告，上曰："虏落吾彀中矣。"乃使人撤木桥，易以铁石，一宵而成。冯胜、常遇春率三万人，伏于石灰山侧，徐达等军于南门外，杨璟驻兵大胜港，张德胜、朱虎率舟师出龙江关外，上总大军于卢龙山，令持帜者偃黄帜于山之右，偃赤帜于山之左，戒曰："寇至则举赤帜，闻鼓声则举黄帜，伏兵皆起。"是日，友谅果引舟师东下，至大胜港，水路狭，遇杨璟兵，即退出大江，径以舟冲江东桥，见桥皆铁石，乃惊疑，连呼"老康"，莫应，始觉其诈，即分舟师千余向龙江，先遣万人登岸立栅，势甚锐。时酷暑，上度天必雨，令诸军且就食。时天无云，忽风起西北，雨大至，赤帜举，诸军竞前拔栅，友谅麾军来争，战方合，适雨止，命发鼓，鼓声震，黄帜举，伏发，徐达兵亦至，舟师并集，内外合击，友谅军大败，乘胜逐之，遂复太平。

【译文】

元朝末年，陈友谅攻陷太平后，占领长江上游，派人邀约张士诚一同攻打建康。有人建议朱元璋亲自率兵迎战，朱元璋说："敌人知道我出兵迎战，一定会用部分兵力牵制我，让主力部队顺江而下，只需半天的时间，就可抵达建康。我率步兵骑兵赶回去，让士兵奔波百里再与敌人交手，这是兵家大忌。"于是召来康茂才，对他说："陈友谅与张士诚如果真的联合起来，那将是很大的麻烦。如果能先击败陈友谅，那么东边的张士诚就会闻风丧胆。你有办法把陈友谅引过来吗？"康茂才说："我家有个看门老头，他以前曾跟随过陈友谅，派他去，陈友谅一定会相信。"于是让看门老头乘小船来到陈友谅的汉军营地送信，信中康茂才答应给陈友谅做内应。陈友谅果然深信不疑，十分高兴，向老头打听康茂才："他现在在哪里？""镇守江东桥。"又问："江东桥是什么桥？""是座木桥。"于是陈友谅赏赐老头吃了顿饭，打发他回去，叮嘱说："我的大军随后就到，到时候我们叫'老康'作为暗号。"看门老头回去之后，把经过情形一一汇报，朱元璋说："陈友谅已落入我的圈套了。"立即命人拆除木造的江东桥，一夜之间赶搭一座铁石造的江东桥，冯胜、常遇春率三万人埋伏在石灰山侧，徐达等人驻军南门外，杨璟率军驻守大胜港，张德胜、朱虎率舰队出龙江关外。朱元璋亲自坐镇卢龙山指挥三军，命掌旗者埋伏黄旗在山的右侧，埋伏红旗在山的左侧，命令道："敌军来到时举红旗，听到战鼓声就举黄旗，伏兵全部出击。"这天，陈友谅率舰队顺江东下，来到大胜港，江面狭窄，遭遇杨璟部队，随即退出大江，直接用船舰撞击江东桥，等发觉江东桥是铁石桥时，心中惊疑，再连喊"老康"没有回应，才知道上当了。陈友谅立刻分兵一千多人直奔龙江，带领一万多人上岸构筑栅栏，气势锐不可当。这时正值酷暑，朱元璋估计会有大雨，下令士兵先吃饭。这时天上万里无雨，突然刮起一阵西北风，顷刻间大雨滂沱。红旗举起，军士争相拔取陈友谅的栅栏，陈友谅率军前来争斗，两军刚打到一处，大雨就停了。于是朱元璋下令击鼓，鼓声震天，黄旗高举，伏兵全面出击。徐达部队也及时赶到，于是水陆联合，内外夹击，大败陈友谅，朱元璋乘胜追击，收复了太平。

829. 张子房

沛公欲以兵二万人击秦峣下军，张良说曰："秦兵尚强，未可轻。臣闻其将屠者子，贾竖易动以利，愿公且留壁，使人先行，为五万人具食，益张旗帜诸山上，为疑兵，令郦食其持重宝啗秦将。"秦将果叛，欲连和俱西袭咸阳。沛公欲听之，良曰："此独其将欲叛耳，恐士卒不从，不如因其懈而击之。"沛公乃引兵，击破秦军。

郦生既说下齐，而韩信袭击，遂至临淄。颉利兵败求和，太宗遣鸿胪卿唐俭等慰抚之。颉利外为卑顺，内实犹豫。李靖谋曰："颉利虽败，其众尚十余万，若走度碛北，则难图矣，今诏使至彼，虏必自宽，若选万骑袭之，不战可擒也，唐俭辈何足惜。"遂勒兵夜发，大破之。二事俱同此。

【译文】

刘邦想用两万人的兵力进攻秦国峣关的部队。张良劝说道："秦军还很强大，不可轻敌。臣听说秦国将领是屠夫的后代，市井商人容易收买。请主公固守原地，派人做五万人用的饭食，在山上增设军旗，以张声势，作为疑兵，令郦食其拿着珍宝器物去贿赂秦将。"秦将果然反叛，想与刘邦联手袭击咸阳。沛公想答应他，张良说："这只是秦军将领反叛了，恐怕士兵不听从，不如趁他们斗志松懈的时候，进兵攻击。"刘邦率军进攻，大败秦军。

冯评：郦食其已游说齐王田广罢兵，遭到韩信袭击，大兵直捣临淄。唐初突厥颉利可汗兵败求和，太宗派鸿胪卿唐俭前去安抚。颉利表面言行谦卑，内心却十分犹豫。李靖说："颉利虽然失败，但余众仍有十多万人，若是逃往漠北，就难以治服了。现在我方使者在他们那里，他们必然放松戒备。如果选一万精兵突袭，那不费什么力气就可生擒颉利，一个唐俭也没什么可惜的。"于是连夜出兵，大破颉利。这两件事都与此相同。

830. 李广　王越

广与百余骑独出，望匈奴数千骑，见广，以为诱骑，皆惊，上山陈。广之百骑皆大恐，欲驰还走，广曰："吾去大军数十里，今如此以百骑走，匈奴追射，我立尽。今我留，匈奴必以我为大军之诱，必不敢击。"乃令诸骑曰："前。"

未到匈奴阵二里所，止，令曰："皆下马解鞍。"其骑曰："虏多且近，即有急，奈何？"广曰："彼虏以我为走，今皆解鞍以示不走。"于是胡骑遂不敢击。有白马将出护其兵，广上马，与十余骑奔射杀胡白马将，而复还至其骑中，解鞍，令士皆纵马卧。会暮，胡兵终怪之，不敢击。夜半，疑汉伏军欲夜取之，皆引去。平旦，广乃归大军。

威宁伯王越与保国公朱永帅千人巡边。虏猝至，主客不当。永欲走，越止之，为阵列自固，虏疑未敢前。薄暮，令骑皆下马衔枚，鱼贯行，毋反顾，自率骁勇殿，从山后走五十里，抵城，虏不觉。明日乃谓永曰："我一动，虏蹑击，无噍类矣！结阵，示暇形以惑之也，次第而行，且下马，无军声，故虏不觉也。"

【译文】

西汉名将李广带着一百多骑兵外出，远远望见数千匈奴骑兵。匈奴兵见了李广，以为是汉军的诱敌之计，非常惊慌，立即上山布阵。李广的一百多骑兵都很害怕，想骑马逃走。李广说："我们离开营地有好几十里路，现在就我们一百多人逃跑，匈奴追上来射箭，我们全都完了。要是我们留在原地，匈奴一定认为我们是诱敌之兵，一定不敢轻易攻击。"于是命令所有骑兵："前进！"走到距离匈奴阵地两里处停了下来，李广下令："都把马鞍解下来！"骑兵说："敌兵又多又近，万一出现紧急情况，怎么办？"李广说："匈奴兵都认定我们肯定会跑，我们就是解下马鞍不走。"匈奴兵果真不敢出击。有一个骑白马的匈奴将军出阵监视李广军队，李广上马带着十多名骑兵奔驰过去射杀了白马将军，再回到己方阵营卸下马鞍，让士兵放了马躺下休息。这时已近黄昏，匈奴兵始终感到奇怪，一直不敢攻击。半夜，匈奴兵疑心埋伏在附近的汉军趁夜攻击，率众离去。天亮后，李广等人安然回营。

明朝威宁伯王越与保国公朱永率领一千部众巡察边境，突然遇到敌兵，敌众我寡，兵力悬殊。朱永想逃走，王越阻止了，命兵士排列好稳住阵脚。敌兵疑惧，不敢贸然攻击。黄昏时，王越下令所有骑兵下马衔枚，鱼贯而行，禁止回头张望。王越自己带领精锐士兵殿后。从山后走了五十里，到达城下，而敌人一直没有察觉。第二天，王越对朱永说："当时我军一跑，敌兵必定追击，我们就都活不成了。排列好阵型，让他们觉得我们很镇定，他们就迷惑了。夜晚让士兵下马步行，不发出声音，所以敌人没有察觉。"

831. 吕蒙 马隆

吕蒙既领汉昌太守，与关羽分土接境，知羽有并兼之心，且据上流，乃外倍修好。后羽讨樊，留兵将备公安、南郡，蒙上疏曰："羽讨樊，而多留备兵，必恐蒙图其后故也。蒙常有病，乞分士众还建业，以治病为名。羽闻之，必撤备兵尽赴襄阳，昼夜驰上，袭其空虚，则南郡可下，而羽可擒也。"遂称病笃，权乃露檄召蒙还，阴与图计。蒙以陆逊才堪负重而未有远名，乃荐逊自代。逊遗书与羽，极其推让。羽意大安，稍撤兵以赴樊。权闻之，遂行。先遣蒙在前，蒙至浔阳，尽伏其精兵䑽䑽中，使白衣摇橹，作商贾人服，昼夜兼行。羽所置江边屯候，尽收缚之，故羽不闻知，直抵南郡，傅士仁、糜芳皆降。蒙入据城，尽得羽及将士家属，皆抚慰。有取民一笠以覆官铠者，其人系蒙乡里，垂涕斩之。于是军中震栗，道不拾遗，蒙旦暮使亲近存恤耆老，问所不足，病者给医药，饥寒者赐衣粮，府藏财宝，皆封闭以待权至。羽还，在道路数使人与蒙相问，蒙辄厚遇其使，周游城中，家家致问，或手书示信，使还，私相参信，咸知家门无恙，见待过于平时，故吏士无斗心，羽遂成擒。

太康初，南虏成奚每为边患，西平太守马隆帅军讨之。虏据险拒守。隆令军士皆负农器，将若田者，虏以隆无征讨意，御众稍怠。隆因其无备，进兵击破之。毕隆之政，不敢为寇。

【译文】

三国时吕蒙任汉昌太守，与关羽的守地接壤，素知关羽有兼并的企图，而且关羽居于上游，所以表面特别注重与关羽搞好关系。后来关羽攻打樊城，留兵守卫公安、南郡，吕蒙上奏："关羽讨伐樊城，却留下许多后备部队，这一定是为防备我袭击他的后方。我身体素来不好，请让我以治病为由带部分人马回到建业。关羽听说此事，一定会撤走后备部队，全部赶赴襄阳，我军再紧急出动，趁他后方防卫空虚实施突袭，那样就能拿下南郡，关羽也可以擒获了。"于是吕蒙对外宣称病重，孙权明令召回吕蒙，暗中与之商议谋划。吕蒙认为陆逊能当大任，且没有什么名望，所以推荐陆逊接替自己的职务。陆逊写了一封信给关羽，信中极度推崇关羽，表达自己对他的崇敬。关羽见信大为心安，就撤走一部分后备部队开往樊城。孙权接获报告，就按计发兵。先派吕蒙前行，来到浔阳，把精兵藏在船中，让普通百姓去摇橹，穿上商人的衣服，日夜赶路，将关羽派驻江边的探子一一抓捕，所以关羽什么都不知道。吴国军队直达南郡，傅士仁、糜芳都投降了。吕蒙进城后，尽获关羽及士兵们的家属，逐一抚慰。吕蒙的士兵中，有一位是吕蒙的同乡，拿了城中百姓的一顶斗笠来覆盖军中的铠甲，吕蒙以触犯军令，流着眼泪将他斩首。于是全军震动，城中路不拾遗。此后，吕蒙每天派亲信慰问父老，询问他们生活上的困难，生病的给钱看病，饥寒的赐予衣食，而城中府库的财宝，都贴上封条，等孙权来后再处理。关羽回兵，沿途多次派人和吕蒙联系，吕蒙总是礼貌周到地招待使者，让他在城中到处参观，随便去各家走访，很多人写信托使者带回。使者回去后，关羽的士兵纷纷私下探问，都知道家中不仅平安无事，而且待遇比以前更好，所以都失去了斗志，关羽也终于被擒了。

晋武帝太康初年，南虏成奚常常侵扰边境。西平太守马隆奉命率兵征讨，敌人凭借险要地形顽强防守。马隆命士兵扮作农夫背着农具，做出一副要种地的样子。敌人以为马隆并无征讨之意，渐渐松懈了防备。马隆趁其不备，进兵攻破了他们。后来，马隆在任期间，敌人再也不敢骚扰边境了。

832. 孙膑　虞诩

魏庞涓攻韩。齐田忌救韩，直走大梁。涓闻之，去韩而归，齐军已过而西矣。孙子谓田忌曰："彼三晋之兵，素悍勇而轻齐，齐号为怯。善战者，因其势而利导之。兵法：'百里而趣利者，蹶上将；五十里而趣利者，军半至。'"使齐军入魏地，为十万灶，明日为五万灶，又明日为三万灶。涓行三日，大喜曰："吾固知齐军怯，入吾地三日，士卒亡者过半矣！"乃弃其步军，与其轻锐兼程逐之。孙子度其行，暮当至马陵。马陵道狭，而旁多阻隘，可伏兵，乃斫大树，白而书之，曰："庞涓死此树下。"（边批：奇计独造）于是令齐军善射者万弩夹道而伏，期曰："暮见火举而俱发。"涓果夜至斫木下，见白书，乃钻火烛之。读未毕，齐军万弩俱发，魏军乱，大败，庞涓自刭。

李温陵曰："世岂有十万之师，三日之内减至三万，而犹不知其计者乎？"

羌寇武都，迁虞诩为武都太守。羌乃率众数千，遮诩于陈仓崤谷。诩军停车不进，而宣言"上书请兵，须到乃发。"羌闻之，乃分钞旁县。诩因其兵散，日夜进道，兼行百余里，令军士各作两灶，日增倍之，羌不敢逼。或问曰："孙膑减灶，而君增之。兵法曰：'行不过三十里。'而令且二百里，何也？"诩曰："虏众我寡，徐行则易为所及，速进则彼所不测；虏见吾灶日增，必谓郡兵来迎，众多行速，必惮追我。孙膑见弱，吾今示强，势不同也。"既到郡，兵不满三千，而羌众万余，攻围赤亭数十日，诩乃令军中使强弩勿发，而潜发小弩。羌以为矢力弱不能至，并兵急攻，诩于是使二十强弩共射一人，发无不中，羌大震退。诩因出城奋击，多所杀伤，明日悉阵其众，令从东郭门出，北郭门入，贸易衣服，回转数周，羌不知其数，更相恐动。诩计贼当退，乃潜遣五百余人，浅水设伏，候其走路。虏果大奔，因掩击，大破之。

【译文】

战国时魏国庞涓发兵攻打韩国，齐国派田忌率军救韩，直奔魏都大梁。庞涓听到这消息，立即由韩撤军回救，而齐国的部队已经西去。孙膑对田忌说："三晋的士兵以凶悍勇猛闻名，一向轻视齐军，把齐军看作怯懦之师。善于作战的人，懂得因势利导。兵法上说，赶路一百里去夺取战功，上将必败；赶路五十里去夺取战功，只有一半兵力能到位。"于是齐军进入魏境后建十万个炉灶，第二天减为五万，第三天再减为三万。庞涓追了三天，十分高兴，说："我就知道齐军胆小如鼠，进入魏境才三天，士兵就已逃亡过半了！"于是留下主力步兵，自己只带领轻装骑兵加速追击齐军。孙膑算好魏军行程，在晚上他们就能抵达马陵。马陵路面狭窄，两侧有很多障碍物，最适合埋伏。孙膑就把路旁的一棵大树的树干削平，在上面写道："庞涓死此树下。"然后在道路两旁埋伏许多弓箭手，并吩咐他们说："晚上见到树下有火光就万箭齐发。夜里，庞涓果然率军经过树下，看到树上有字，就命人点燃火把，还没读完树上的字，齐军就万箭齐发，魏军阵势大乱，全军溃败，庞涓拔剑自刎而死。

冯评：李贽（号温陵居士）说："世间岂有十万大军在三天之内减为三万人，还不知道这是计策的！"

东汉时羌人进犯武都，皇帝命虞诩任武都太守。羌人派数千人在淆谷列阵等候虞诩，虞诩令兵士暂停前进，并扬言上书请求皇帝派兵增援，等援兵到达后，再继续前进。羌人听说后，就分兵抄略附近地区。虞诩利用羌人兵力分散的机会，日夜兼程疾行一百多里，下令士兵在架设炉灶时一人做两灶且每天倍增。羌人不敢再逼进了。有人问虞诩说："孙膑每日减少炉灶数，你却每天增加炉灶；兵法上说：'每日行军不得超过三十里'，而我们每日行军将近二百里，这都是为什么呢？"虞诩说："敌众我寡，慢慢推进容易被他们追上，快速行进敌人就很难估测我军的虚实。他们见我军每天增加炉灶，一定认为其他州郡的士兵已经集结到位。看到我军队人数众多，行动迅速，他们就不敢追击了。孙膑示弱，我现在示强，是因为情势不同。"到达武都后，虞诩的兵力还不足三千人，而羌兵以一万多人围攻赤亭数十日。虞诩下令士兵按下强弩不发，只零星使用射程较短的小弩射杀敌人。羌人以为官军攻击力弱，合兵急攻，虞诩于是启用强弩，二十人共射一个目标，无不命中。羌人震惊，急忙退兵。虞诩乘胜出城追击，羌人伤亡惨重。第二天，虞诩命所有部众列队，从东门出击，由北门回，回来后换了衣服再出击，几个来回之后，羌人闹不清城中究竟有多少兵力，更加害怕。虞诩估计羌人一定会撤退，又暗中派遣五百人埋伏在浅水边拦截他们的退路。羌人果然溃逃，伏兵趁机截杀，大破羌人。

833. 祖逖等　三条

祖逖将韩潜与后赵将桃豹分据陈川故城，相守四旬。逖以布囊盛土，使千余人运以馈。潜又使数人担米息于道，豹兵逐之，即弃而走，豹兵久饥，以为逖士众丰饱，大惧，宵遁。

宋檀道济伐魏，累胜，至历城，魏以轻骑邀其前后，焚烧谷草。道济军食尽，引还。有卒亡降魏，具告之。魏人追之，众汹惧将溃。道济夜唱筹量沙，以所余少米覆其上。及旦，魏兵见之，谓道济资粮有余，以降者为妄而斩之，道济全军以归。

岳飞奉诏招抚岭表贼曹成，不从，乃上奏："群盗力强则肆横，力屈则就招，不加剿而遽议招，未易也。"遂率兵入。会得成谍者，缚之帐下。飞出帐，调兵食。吏白曰："粮尽矣，奈何？"（边批：飞使之）飞阳曰："且反茶陵。"已而顾谍作失意状，顿足而入。阴令逸之，计谍归告，成必来追。即下令蓐食，潜趣绕岭。未明，已逼贼垒，出不意，惊呼曰："岳家军至矣！"飞乘之，遂大溃。自是连夺其险隘。贼穷，飞乃曰："招今可行矣。"

孙膑强而示之弱，虞诩弱而示之强，祖逖、檀道济饥而示之饱，岳忠武饱而示之饥。

【译文】

东晋的祖逖手下将领韩潜与后赵的将领桃豹分割据守陈川的旧城，双方相持四十多天。祖逖用布袋填装泥土，命一千多名士兵搬运这些土袋，又暗中派几个人背负米粮在路边休息，等桃豹的士兵追击时，故意丢弃米袋逃跑。桃豹的士兵缺粮已久，见到米袋，以为祖逖军中粮食充裕，心生惧意，连夜撤兵而去。

南朝宋的大将檀道济伐魏，屡战屡胜，兵至历城，魏军派轻骑兵前后夹击，焚烧了粮草。檀道济军粮用尽，被迫撤军。有士兵投降魏军，报告了实情。魏军出兵追击，檀道济的军队十分慌乱，眼看就要溃败。檀道济在夜晚命人一边用升斗称量着沙子，一边高声报着数量，再把所剩不多的米盖在沙堆上。天亮后，魏军见了，以为檀道济军中粮食充裕，认为那个降兵是瞎编，就把他杀了。檀道济全军而退。

岳飞奉诏招抚岭表的贼人曹成，但曹成拒不投降。岳飞上奏说："盗匪力量强的时候就肆意横行，只有穷途末路才会接受招抚。不加以围剿就去招抚，不是容易做到的。"于是派兵进剿。正好军中抓到曹成派来的间谍，被绑缚在帐下。岳飞出帐征调军粮，官员说："粮食没了，怎么办呢？"岳飞说："那就先回茶陵吧。"还回头看了间谍一眼，做出一副落寞的样子，跺着脚进入帐内。岳飞暗中下令让间谍逃脱。估计间谍已经逃回，把所听见的告诉曹成，曹成一定会前来追击，于是下令全军连夜吃过饭，悄悄绕过山岭。第二天天还没亮，岳飞就已到达贼营，贼人大感意外，惊呼道："岳家军来了！"岳飞乘机攻击，贼人溃散。此后岳飞连连夺下贼人所据守的险要，贼人被逼得走投无路。岳飞说："现在可以进行招抚了。

冯评：孙膑强兵示弱，虞诩弱兵示强。祖逖、檀道济饥兵示饱，岳飞饱兵示饥。

834. 臧宫等　三条

建武十一年，臧宫将兵至中卢，屯骆越。时公孙述将田戎、任满与岑彭相拒于荆门。彭战数不利。越人谋叛从蜀。宫兵少，力不能制。会属县送委输车数百乘至，宫夜使锯断城门限，令车声回转出入至旦。越人候伺者闻车声不绝而门限断，相告以汉兵大至，其渠帅乃奉牛酒劳军，宫陈兵大会，击牛酾酒，飨赐慰纳之，越人由是遂安。

周访击斩张彦于豫章，访亦中流矢，折前两齿，形色不变。及暮，访与贼隔水，贼众数倍，自知力不敌，乃密遣人如樵采者而出，于是结阵鸣鼓而来，大呼曰："左军至。"士卒皆呼"万岁！"至夜，令军中多布火而食，贼谓官军益至，未晓而退。访谓诸将曰："贼虽引退，然终知我无救军，当还掩袭，宜促渡水北。"既渡，断桥讫，而贼果至，隔水不得进。

陈独孤永业守金墉，周主攻之，不克。永业通夜办马槽二千。周人闻之，以为大军且至，惮之，适周主有疾，遂引还。

【译文】

东汉光武帝建武十一年，臧宫率兵到中卢，屯兵骆越。当时公孙述部将田戎、任满与岑彭在荆门山对峙。岑彭一连吃了几次败仗，骆越人谋划反叛归蜀。臧宫兵力不足，无法制止。正好下面县里送来几百辆运输车，臧宫趁夜命人锯断城门的门槛，让这些车不断由城门进进出出，一直到天亮。骆越的探子听到整夜车声不息，城门槛都断了，便报告说汉朝大军已到，骆越首领就带了酒肉来犒赏三军，臧宫也列阵举行集会，杀牛筛酒犒赏将士，并赏赐安抚骆越人。此后骆越人就安定了。

东晋的周访在豫章斩击张彦，自己也被流矢所伤，折断了两颗门牙，周访神情自若，面不改色。傍晚，周访与贼人隔水对阵，贼兵人数超过周访数倍。周访自知不是对手，就密令士兵打扮成樵夫模样出城，再列队鸣鼓回营，并且高呼："左军到！"士兵们都高喊万岁。夜晚，周访命人吃饭时多点篝火，贼人以为是增援的官兵开到，不到天亮就退兵了。周访对诸将说："贼人虽然退兵，但终究会知道我们没有援军到来，那时一定会再回头攻击。我们要尽快渡河北去。"渡河后，立即命人拆毁桥梁，贼兵果然追来，却已无法渡河。

南朝陈的大将独孤永业驻守金墉，北周主屡攻不下。独孤永业命人连夜打造二千马槽，北周人见了，以为对方大批援军将要到达，心生恐惧。正巧北周主生病，就率兵撤走了。

835. 贺若弼

贺若弼谋攻京口，先以老马多买陈船而匿之，买弊船五六十艘，置于渎内。陈人觇之，以为中国无船。又令缘江防人交代之际，必集广陵，大列旗帜，营幕被野。陈人以为隋兵大至，急发兵为备。既而知之，不复戒严。又缘江时猎，人马喧噪；及是济江，陈人遂不知觉。

　　按：贺若弼攻京口，任忠言于陈主曰："兵法，客贵速战，主贵持重。今国家足食足兵，宜固守台城，缘淮立栅，北军虽来，勿与交战。分兵断江，勿令彼信得通。给臣精兵一万，金翅三百艘，下江径掩六合。彼大军必谓其渡江将士已被俘获，自然挫气。淮南之人，与臣旧相知悉，今闻臣往，必皆景从。臣复扬声欲往徐州，断彼归路，则诸军不击自去。此良策也！"陈主不从，以至于亡。

【译文】

　　隋朝大将贺若弼计划攻打京口，他先用老马换取许多陈国的船只并藏匿起来，另买五六十艘破船放在水边。陈国探子看到之后，认为隋军没有足够的舰船。贺若弼又命沿江驻守士兵在换防时，要在广陵集合，而且做足声势，大张旗鼓，营帐遍野。陈人误认隋军要大举南攻，急忙调军加强防备。后来才知道这只是普通换防，便不以为怪，松懈了防备。贺若弼又经常在江岸狩猎，人马喧嚣，等到陈人习以为常时，突然挥兵渡江，陈人终于毫无知觉。

　　冯评：按贺若弼攻打京口时，任忠对陈后主说："兵法说，客军贵于速战，主军贵于稳重。如今我们兵精粮足，所以应该坚守台城，沿淮河设立木栅，隋军来攻也不与之交手，只分兵截断水路，使隋军各部不能互通消息。给臣精兵一万，金翅战舰三百艘，顺江而下占领六合，隋军必以为渡江的部队已溃败被俘，士气一定受挫。淮南人多与臣熟悉，听说臣率军而来，一定前来投效归附。臣再扬言将前往徐州，截断隋军后路，那么隋军将不战自退。这是一个好办法。"陈后主没有采纳，以致亡国。

836. 用间　四条

　　东魏将段琛据宜阳，遣其扬州刺史牛道恒煽诱边民。韦孝宽患之，乃遣谍人访获道恒书迹，令善学书者习之，因伪作道恒与孝宽书，论归款意，又为落烬烧迹，若灯下书者，还令谍人送琛。琛得书，果疑道恒，不用其谋，遂相继被擒。

　　齐相斛律明月多智用事。孝宽令参军曲岩作谣曰："百升飞上天，明月照长安。"百升，斛也。又言："高山不摧自崩，槲树不扶自竖。"令谍人广传于邺下。

时祖孝徵正与明月隙，既闻，复润色奏之，明月竟坐诛。孝宽真熟于用间者。

岳飞知刘豫结粘罕，而兀术恶刘豫，可以间而动。会军中得兀术谍者，飞阳责之曰："汝非吾军中人张斌耶，吾向遣汝至齐，约诱致四太子，汝往不复来，吾继遣人问齐，已许我今冬以会合寇江为名，致四太子于清河，汝所持书竟不至，何背我耶？"谍冀缓死，即诡服，乃作蜡书，言与刘豫同谋诛兀术事，因谓谍曰："吾今贷汝，复遣至齐，问举兵期。"刲股纳书，戒勿泄。谍归，以书示兀术。兀术大惊，驰白其主，遂废豫。

元昊有腹心将号野利王、天都王者，各统精兵，最为毒害。种世衡谋欲去之。野利尝令浪里、赏乞、媚娘三人诣世衡乞降，世衡知其诈，曰："与其杀之，不若因以为间。"留使临税，出入骑从甚宠。有紫山寺僧法崧，世衡察其坚朴可用，延致门下，诱令冠带。因出师，以获贼功白于帅府，表授三班阶职，充指挥使。又为力办其家事，凡居事骑从之具，无不备。崧酗酒狎博，无所不为，世衡待之愈厚。崧既感恩，一日世衡忽怒谓崧曰："我待汝如子，而阴与贼连，何相负也？"（边批：苦肉计）械系数十日，极其楚毒，崧终不怨，曰："崧，丈夫也，公听奸人言，欲见杀，有死耳。"居半年，世衡察其不负，为解缚沐浴，延入卧内，厚抚谢之，曰："汝无过，聊相试耳。欲使为间，其苦有甚于此者，汝能为我卒不言否？"崧泣允之，世衡乃草野利书，膏蜡致衲衣间，密缝之，仍祝之曰："此非濒死不得泄，若泄时，当言：'负恩不能成将军之事也。'"又以画龟一幅、枣一蒩遗野利。野利见枣、龟（边批：影"早归"），度必有书，索之，崧目左右，又对"无有"。野利乃封信上元昊，元昊召崧并野利至数百里外，诘问遗书，崧坚执无书，至箠楚极苦，终不说，又数日，私召至其宫，乃令人问之，曰："不速言，死矣。"崧终不说，乃命曳出斩之，崧乃大号而言曰："空死，不了将军事矣，吾负将军，吾负将军。"其人急追问之，崧于是褫衲衣，取书进入（边批：书中必以及浪里等三人，使视之而可信）。移刻，命崧就馆，而阴遣爱将假为野利使，使世衡。世衡疑是元昊使，未即相见，只令官属日即馆舍劳问，问及兴州左右则详，至野利所部多不悉（边批：可知非野利使）。适擒生虏数人，世衡令于隙中密觇之，生虏因言使者姓名，果元昊使。乃引见使者，厚遣之（边批：只觉恶草具进项王使其策未工），世衡度使返，崧即还，而野利报死矣。世衡既杀野利，又欲并去天都，因设祭境上，书祭文于版，述二将相结，有意本朝，悼其垂成而败。其祭文杂纸币中，有虏至，急蓺之以归，版字不可遽灭，虏得之以献元昊，天都亦得罪。元昊既失腹心之将，悔恨无及，乃定和议。崧复姓为王嵩，后官至诸司使，至今边人谓之"王和尚"。

沈存中《补笔谈》亦载此事云："世衡厚遣崧，以军机密事数条与之，曰：'可以此借手。'临行，解所服絮袍赠之，曰：'虏地苦寒，以此为别，至彼须万计求见遇乞，即野利王。非此人无以得其心腹。'崧如所教，间关求通遇乞，虏人觉而疑之，执于有司。数日，或发其袍领中，得世衡与遇乞书，词甚款密，崧初不知领中书，虏人苦之备至，终不言情，虏人因疑遇乞，杀之，迁崧于北境，亡归。"事稍异。据《笔谈》则领中书并崧不知，崧胆才壮，似更奇。

世衡又尝以罪怒一番将，杖其背，僚属为请，皆莫能得。其人杖已，即奔元昊，元昊甚亲信之。岁余，尽得其机密以归，乃知世衡能用间也。

【译文】

南北朝时东魏将军段琛据守宜阳，命扬州刺史牛道恒煽动边民滋事。韦孝宽深感忧虑，便派密探设法搞来牛道恒的手迹，要善于摹仿笔迹的人临摹，伪造一封牛道恒写给韦孝宽的书信，信中流露出归降的意愿，并且故意在信纸上留下灯花的烧痕，好像是在灯下写成的，再命密探将信送交段琛。段琛得到信件，果然对牛道恒起了疑心，不再采纳他的计策，终于二人相继被擒。

北齐丞相斛律明月执政，足智多谋。韦孝宽命参军曲岩作歌谣："百升飞上天，明月照长安。"百升，是指"斛"，一斛等于一百升。又有"高山不摧自崩，槲树不扶自竖。"让间谍在北齐首都邺城广为传播。当时祖孝徵与斛律明月正有矛盾，听了这些歌，就加油添醋上奏，斛律明月最后被杀。韦孝宽真是一位善于用间的将领。

南宋时，岳飞知道刘豫与粘罕关系不错，但兀术却非常讨厌刘豫，可用离间计。正巧军中抓到一名兀术的探子，岳飞故意责骂说："你不是我营中的张斌吗？我先前派你去齐国（刘豫国号）约定诱擒四太子（兀术）的事，你去了之后竟不回来。我后来又派人赴齐，刘豫已经答应我今年冬天以联合渡江为名，把四太子诱到清河。你先前的那封信竟然没送到，为什么背叛我？"探子想免一死，就假装认罪。于是岳飞写了一封与刘豫商议如何谋杀兀术的蜡书，对探子说："这次我放过你，你再给我去一趟齐国，问齐王举兵日期回来报告。"把探子大腿割开，将蜡书藏于其中，并再三告诫他一定要严守机密。探子回去之后，将书信交给兀术，兀术大惊，急忙奏报金主，于是金人废了刘豫。

北宋时西夏主李元昊有两个心腹大将号称野利王、天都王，各统领精锐的部队，对宋军构成极大困扰。种世衡想用计除去他们。野利王曾派遣浪里、赏乞、媚娘三名手下向种世衡投降，种世衡知道他们是诈降，心想："与其杀了他们，不如利用这三人行反间计。"就派他们做监税官，跟随在种世衡的左右，非常信任的样子。紫山寺有个和尚法崧，种世衡暗中观察，认为他坚忍厚重，可担大任，于是劝他还俗，借着出兵作战，上报他率兵击贼有功，授予他三班官衔，担任指挥使。又为他张罗安家的事，各种衣食住行所需都替他置办好了。法崧却日日吃喝嫖赌，不干正事，种世衡待他却更加好。一天，种世衡突然很生气地对法崧说："我待你有如自家儿子，你却暗中与贼人勾结，太对不起我了！"命人给他戴上枷锁，严刑拷打，一连数十天，法崧始终不怨恨，说："我是男子汉大丈夫，种公听信谗言，要杀我，我只有一死。"半年后，种世衡看法崧仍没有背叛自己，就亲自为他解下刑具，让他沐浴更衣，请进内室，极力安抚并致歉："你没有错，只是我在试探你。我想让你去西夏做间谍，任务十分艰苦，比你现在受到的更厉害，你能为我保守机密吗？"法崧流泪答应了。种世衡就写了一封给野利王的信，用蜡裹好，藏在法崧僧衣里密密缝好，并叮嘱说："这信不到生死关头千万不可泄露。泄露时，一定记得高喊：'我对不起将军，不能完成将军所交托的任务了！'"种世衡又画了龟图一幅，取枣一颗交给法崧。野利王一见枣、龟（影"早归"），猜测一定有信函，就向法崧要。法崧东张西望，说没有。野利王就写了一封信报告李元昊。李元昊把法崧和野利王都召到数百里外，问法崧书信的下落，法崧始终坚持没有任何书信，虽一再严刑拷打，仍不吐露。过了几天，李元昊私下召法崧入宫，命人劝他说："如果不说实话就难逃一死了。"法崧还是不说。于是李元昊命人拖出斩首，这时法崧才大哭道："我白死了，无法完成将军交付的任务，我对不起将军！我对不起将军！"那人急忙追问，法崧就拆出僧服中的书信，那人拿着书信进去交给李元昊。过了一会儿，李元昊命法崧在别馆住下，暗中派心腹假扮成野利王的使者，去见种世衡。种世衡猜测他是李元昊派来的，没有马上接见，只令属下每天到馆驿探问道劳。闲谈中，问到兴州情况时，使者回答得很详细，而对野利王那边的事多半不清楚。正好这时俘虏了几名西夏兵，种世衡命他们在暗中观察使者，俘虏叫出了使者姓名，种世衡确知使者是李元昊所派。于是召见使者，重赏之后打发他回去。种世衡估计使者回到西夏后，法崧就该回来了，而野利王的死讯也该到了。种世衡除去野利王后，还想将天都王一并除去，于是在边境设立祭坛，在手板上写了祭文，叙述西夏两名大将有意投降宋朝，不料却功败垂成的经过。祭文和纸钱一起烧化，此时敌兵突至，趁热拿到了祭文，手板上字迹还没有完全消失，拿去呈给李元昊，天都王也因此获罪。李元昊损失两名心腹爱将，心中悔恨无比，只好与宋议和。法崧还俗恢复旧姓成为王嵩，后来官至司使，到现在边境上人们都还称呼他王和尚。

冯评：沈括（字存中）《补笔谈》中也记载有这件事："种世衡厚待法崧，曾告诉他几项军事机密，说：'必要时可以用这些换取敌人信任。'临行前，又把身上的棉袍送给法崧，说：'西夏那里天冷，就用这件棉袍做为送别礼物。到西夏后，要想尽一切方法求见遇乞——遇乞就是野利王，没有他，根本无法打探到有用的情报。'法崧按种世衡所交待的，打通关节求见野利王。西夏人起了疑心，将法崧抓了起来，几天后在法崧棉袍的衣领中发现了种世衡写给野利王的密信，信中言辞亲密。法崧并不知道衣领里有书信，西夏兵虽严刑逼供，法崧始终不说一字。西夏人开始怀疑野利王，并杀了他，把法崧放逐北方，后来法崧逃了回来。"这段叙述，情节上略有不同。如果按《笔谈》所说，法崧不知道衣领里有密信，那么法崧的胆识豪气更加令人称奇。

种世衡也曾经因一名番将犯罪而很生气，鞭打他的脊背，虽然多名部属为他求情，都不应允。那人受刑后立即投效李元昊，李元昊非常信任倚重他。一年多后，他取得了李元昊的军事机密，回来报告种世衡，这时众人才明白种世衡是个善于用间的将领。

837. 内应 二条

李光弼募军中有少技皆取之，人尽其用。有钱工三者，善穿地道。史思明寇太原，光弼遣人诈为约降，而穿地道周贼营中，枝之以木。至期，遣裨将将数千人出，如降状，咸皆属目。俄而营中地忽陷，死者千余人。贼众惊乱，官军鼓噪乘之，俘斩万计。

李元平至汝州，募工徒葺理郛郭。李希烈阴使勇士应募，执役版筑，凡入数百人，元平不之觉。希烈遣将以数百骑突至其城，执役者应于内，缚元平驰去。

嘉靖四十一年，倭入寇，围兴化府。都督刘显奉敕赴援，去府城三十里，隔一江，逗留不进。久之，惧罪，遣五卒赍文诣府，约欲率兵越城御敌。贼获五卒，杀之，用其职衔，伪为显文，约"某日夜某时率兵潜入应援，城中勿举火作声，恐贼惊觉。"择奸细五人，诈充刘卒，赍入。城中信之，至期，贼冒刘兵入城，遂陷之。夫中国所以能制夷狄者，智也，今智反在夷狄，可不为寒心哉！

【译文】

唐朝的李光弼军中收录有各种技艺的士卒，让每个人都能发挥所长。有个叫钱工三的人，善于挖掘地道。史思明攻打太原时，李光弼假装约定投降日期，同时绕着敌营挖掘地道，用木桩支撑。到了约降的日子，李光弼派副将带领数千士兵，作出投降的样子，人们的注意力都被吸引。忽然，敌营突然下陷，死了一千多人，贼营中一片混乱，官兵乘势喊杀冲锋，斩获数以万计。

唐朝的李元平到达汝州后，召募工人整修城墙。李希烈暗中派善战的勇士前往应征，加入修城的行列，人数总共有好几百人，李元平却一无所知。李希烈率数百骑兵突然攻到城下，伪装修城的士兵作为内应，生擒李元平而去。

冯评：明嘉靖四十一年，倭寇入侵，围攻兴化府。都督刘显奉皇帝诏命前往支援。离府城还有三十里，隔着江水，刘显就不再前进。过了很久，刘显怕皇帝降罪，就派五名士兵带着公文，想和府城约定进城御敌。倭兵俘虏了这五个士兵，杀了他们，然后冒用刘显的口吻，伪造一封信，约定"某月某日，将率兵潜入城中增援，城中不要点火出声，以免惊动倭兵。"另外派了五个奸细冒充刘显的手下，进城送信，城中相信了，到了约定的日期，倭兵冒充刘显的部队入城，于是府城失陷。中国能制服夷狄，全靠智慧，现在智慧反而在夷狄身上，怎能不令人心寒呢！

838. 刘郭　二条

刘郭，安丘人，初事青州王师范。唐昭宗幸凤翔，朱温率师迎于岐下。师范欲乘虚据兖州，郭先遣人诈为鬻油者，觇城内虚实及出入所。视罗城下一水窦，可引众而入，遂志之。郭乃告师范，请步兵五百，自水窦衔枚而入（边批：不虞之道），一夕而定，军城宴然，市民无忧。

朱温遣大将葛从周来攻城，良久外援俱绝，郢料简城中，凡不足当敌者，悉出之于外，与将士同甘苦。一日，副使王彦温逾城走，守陴者从之，不可止，郢即遣人从容告彦温曰："请少将人出，非素遣者，勿带行。"又扬言于众曰："素遣从副使行者，即勿禁，其擅去者，族之。"外军果疑彦温，即戮于城下，于是守军遂固。郢后从师范降梁。

【译文】

唐朝的刘郢是安丘人，起先是青州王师范的手下。唐昭宗临幸凤翔时，朱温曾率军在岐山下迎接。王师范想趁势占据兖州。刘郢先命人伪装成卖油的小贩混入城中，了解城里守备虚实及可以进出城的地方。小贩出城时，突然发现城外的大城墙下有一水道，可以率兵进城，就默记在心。于是刘郢报告王师范，请步兵五百，从水道衔枚入城，一个晚上就取下兖州，而城中军民全然不知，一点都没有造成动乱。

朱温派大将葛从周来攻城，包围了很久，外援都没有了。刘郢挑选城中无法作战的，都命他们出城，自己与留守的将士同甘共苦。一天，副使王彦温出城投降，守城的士兵纷纷追随他而去，难以制止。刘郢立即命人从容地告知王彦温："请少带些人，不是按计划派出的兵不要带走。"又对士兵宣布说："的确是受派遣随王副使同行的，绝不禁止，其他人员若擅自离城，诛灭九族！"城外敌军果然怀疑王彦温，将王彦温斩于城下，于是城内防守又趋稳固了。刘郢后来随王师范投降了朱温。

839. 止追者 二条

刘郢败晋王于河曲，欲乘胜潜走太原。虑为晋军追，乃结刍为人，缚旗于上，以驴负之，循堞而行。数日，晋人方觉。

毕再遇尝与金人对垒，一夕拔营去，留旗帜于营，豫缚生羊，置其前二足于鼓上，击鼓有声，金人不觉为空营。复相持数日，及觉，欲追之，则已远矣。

【译文】

刘郢在河曲击败晋王的军队，想乘胜潜入太原，又怕晋军从后追击，就命人捆扎草人，绑上军旗，立在驴背上，沿着城堞口走。几天后，晋人才发觉刘郢的军队已经走了。

南宋大将毕再遇与金人对阵，一晚，毕再遇拔营离去，营中留有军旗。事先绑了活羊，把羊前蹄搁在军鼓上，这样就有鼓声，金人一直没有察觉到那是座空营，等相持了几天后，金人发现了，再想追击时，毕再遇已经走远了。

840. 侯 渊

魏尔朱荣使大都督侯渊讨韩楼，配卒甚少。或以为言，荣曰："侯渊临机设变，是其所长，若总大众，未必能用。"渊遂广张军声，多设攻具，帅数百骑深入。去蓟百余里，值贼。渊潜伏以乘其背，大破之，虏五千人。皆还其马杖纵使入城。左右皆谏，渊曰："我兵少，不可力战，为奇计以间之，乃可克也。"度其已入，帅骑夜进，昧旦，叩其城门楼，果疑降卒为内应，遂走，追擒之。

【译文】

南北朝时北魏的尔朱荣派大都督侯渊征讨韩楼，但分给他的兵力很少。有人提出疑义，尔朱荣说："随机应变是侯渊最擅长的，若是让他统率大军，恐怕反而不能很好利用。"侯渊出发后，大张旗鼓，增添许多攻城器械，率领数百骑兵孤军深入。在离蓟有一百多里的地方，遇上敌兵。侯渊暗中埋伏，从敌人背后攻击，大败敌兵，虏获五千人。侯渊下令发还他们的马匹武器，让他们回城。左右纷纷劝阻，侯渊说："我军兵力少，不能靠实力硬拼，只有用计离间敌人，才能胜利。"侯渊估计敌兵已入城，就率兵连夜进发，天刚破晓，就命人叫城，韩楼果真怀疑先前入城的贼兵是侯渊的内应，于是弃城而逃，侯渊率兵追赶，生擒韩楼。

841. 韩信 三条

汉王以信为左丞相，击魏。魏盛兵蒲坂，塞临晋。信乃益为疑兵，陈船欲渡临晋，而伏兵从夏阳以木罂渡军，袭安邑，遂虏魏王豹，定河东。

信既破魏、代，遂与张耳东下井陉击赵。赵王歇、成安君余闻之，聚兵井陉口，号二十万。广武君李左车说成安君曰："信乘胜远斗，其锋不可当，臣闻'千里馈粮，士有饥色，樵苏后爨，师不宿饱'。今井陉之道，车不得方轨，骑不得成列，行数百里，其势粮食必在其后，愿假臣奇兵三万人，从间道绝其辎重，足下深沟高垒，勿与战，彼前不得斗，退不得还，吾奇兵绝其后，野无所掠，不十日，而两将之头可致麾下。"成安君不听。信使间视（边批：精细），知其不用，乃敢引兵遂下。未至井陉口三十里，止舍。夜半传发，选轻骑二千人，人持一赤帜，从间道望赵军，诫曰："赵见我走，必空壁逐我，若疾入赵壁，拔赵帜，立汉帜。"令其裨将传飧曰："今日破赵会食。"诸将皆莫信，佯应曰："诺。"乃使万人先行，出背水阵（边批：创法），赵兵望见大笑。平旦，信建大将旗鼓，鼓行出井陉口（边批：欲以致敌），赵开壁击之。大战，良久，信、耳佯弃鼓旗，走水上军。水上军开入之。赵果空壁争汉旗鼓，逐信、耳。信、耳已入水上军，军皆殊死战，不可败。于是赵军还归壁，见壁皆汉帜，大惊，以为汉皆已得赵王将矣，遂乱走。汉兵夹击，大破之。斩陈余，擒赵王歇。诸将效首虏毕，因问信曰："兵法：'右倍山陵，前左水泽'，今反以背水阵取胜，何也？"信曰："此在兵法，顾左右不察耳。法不曰：'陷之死地而后生，投之亡地而后存'乎？且信非得素拊循士大夫也，所谓驱市人而战之，其势非置之死地，使人人自为战。即予之生地，皆走，宁尚得而用之乎？"诸将乃服。

秦姚丕守渭桥以拒晋师。王镇恶溯渭而上，乘蒙冲小舰，行船者皆在舰内。秦人但见舰进，惊以为神。至渭桥，镇恶令军士食毕，皆持仗登岸，后者斩。既登，即密使人解放舟舰，渭水迅急，倏忽不见。乃谓士卒曰："此为长安北门，去家万里，舟楫衣粮，皆已随流，今进战而胜，则功名俱显；不胜，则骸骨不返矣。"乃身先士卒，众腾踊争进，大破丕军。

李复乱，宣抚使檄韩世忠追击，所部不满千人，乃分为四队，布铁蒺藜，自塞归路，令曰："进则胜，退则死，走者命后队剿杀。"于是莫敢反顾，皆死战，大败之。斩复。此皆背水阵之故智也。

沈存中曰："韩信袭赵，先使万人背水阵。乃建大将旗鼓，出井陉口，与赵人大战。佯败，弃旗鼓走水上军，背水而阵，已是危道，又弃旗鼓而趋之，此必败势也。而信用之者，陈余老将，不以必败之势邀之，不能致也。信自知才过余，乃敢用此策。设使余少黠于信，信岂得不败？此所谓知己知彼，量敌为计。后之人不量敌势，袭信之迹，决败无疑。又曰："楚、汉决胜于垓下，信将三十万，自当之，孔将军居左，费将军居右，高帝在其后，绛侯、柴武在高帝后。信先合不利，孔将军、费将军纵楚兵不利，信复乘之，大败楚师。信时威震天下，籍所惮者独信耳。信以三十万人不利而却，真却也，然后不疑，故信与二将得以乘其隙。信兵虽却，而二将维其左右，高帝军其后，绛侯、柴武又在其后，异乎背水之危。此所以待项籍也。用破赵之迹，则刿矣。此皆信之奇策。班固为《汉书》，乃削此一事，盖固不察所以得籍者正在此一战耳。"

信已袭破齐临淄，遂东追齐王。楚使龙且将兵救齐，或说龙且曰："汉兵远斗穷战，其锋不可当。齐、楚自居其地战，兵易败散，不如深壁，使齐王遣其信臣招所亡城。亡城闻其王在，楚又来救，必反汉。汉兵二千里居齐，齐城皆反之，其势无所得食，可不战而降也。"龙且轻韩信为易与，遂战。与信夹潍水而阵。信乃夜令人为万余囊，盛沙，壅水上流，引兵半渡击龙且，佯不胜，还走，龙且果喜曰："固知信怯。"遂追信，渡水，信使人决壅囊，水大至，龙且军大半不得渡，即急击，杀龙且。

使左车之谋行，信必不能得志于赵。使或人之说用，信必不能得志于龙且。绕朝曰："子无谓秦无人，吾谋适不用也！"士固有遇不遇哉。

【译文】

楚汉相争的时候，刘邦以韩信为左丞相，出兵攻打魏国。魏国大军在蒲阪一带布阵，控制了临晋。于是韩信故设疑兵，调动战船准备在临晋渡河，另外派遣军队用木罂渡河，袭击魏国首都安邑。破城掳获魏王豹，平定了河东地区。

韩信击破魏、代之后，便与张耳东下井陉攻击赵国。赵王歇与成安君陈余听说后，就在井陉口聚集兵马，号称二十万。广武君李左车劝陈余说："韩信乘胜远征，锐气难以抵挡。臣听说，要从千里外补给粮饷，士兵就面有饥色。要现找来柴草做饭，这队伍就不会常常是饱着肚子的。井陉道路狭窄，车辆无法并行，骑兵无法列队。行军数百里后，粮车势必落在后面，希望能拨给臣三万奇兵，从小路截断他们的辎重补给。您只要深沟高垒，坚守不出。他们在前方无法作战，退路又被我奇兵所阻，野地又掠夺不到补给的物品，不到十天就可取下韩信、张耳的脑袋呈献给您。"成安君陈余却没有采纳李左车的建议。韩信派人暗中探听，知道成安君不用广武君的计策，才敢放心率军前进，在离井陉口三十里处扎营。半夜时传令出发，挑选两千名轻骑兵，每人手持一面红色军旗，从小路上山远远观察赵军的动静，韩信告诫士兵说："赵军见我军败退，一定会出动全营的兵力追击，你们就快速进入赵营，拔掉赵军的旗帜，插上汉军的红旗。"又命令副将发放简单食物给士兵，对他们说："今天击破赵军之后，再举行大会餐。"将士们都不相信，假意回答："遵命。"韩信派一万人作先头部队，出发后，背靠着河水排开阵势，赵军见了都大笑起来。天亮后，韩信打出大将军旗，敲着战鼓向井陉口进发。赵军大开营门出击，双方展开激战。过了很久，韩信、张耳假装战败，丢下战鼓、军旗，逃向河边的军阵，河边部队打开营门接纳韩信的队伍。赵军果然倾巢而出，全力争抢战利品并追击韩信、张耳。韩信、张耳进入军阵后，所有士兵都拼死作战，赵军无法击败他们，于是退兵回营，却望见整个营寨都插满了汉军的红旗，不由大惊失色，以为汉王俘虏了赵王的将领，因而阵脚大乱。汉兵前后夹击，大破赵军，杀了陈余，活捉赵王歇。诸将把各自的斩获呈报已毕，问韩信道："兵书上说：'选择阵地，右边和后面要有山陵做依托，阵地前方和左侧面对水泽。'但今天将军却用背水阵取胜，这是什么原因？"韩信说："这也是符合兵法的，只是你们没有注意罢了。兵法上不是说'置之死地而后生，投之亡地而后存'吗？我韩信平时对官兵抚慰不够，犹如带着一群普通人作战，不置士兵于死地，使他们各自为自己的生存而力战，一旦把士兵放在生地，他们就都逃走了，还能指望他们打胜仗吗？"诸将听了都非常佩服。

冯评：秦姚丕镇守渭桥抵御晋军来犯。王镇恶率军搭乘蒙冲小船由渭水逆流而上，命士兵都躲在船舱内划船，秦军只看见船自己往前疾驰，都以为是神。抵达渭桥后，王镇恶命士兵吃完饭，然后拿着兵器上岸，动作慢的处斩。上岸后，暗中派人解开船缆，渭水水势湍急，一会儿功夫船只就被水流冲得不见踪影了。王镇恶对士兵说："前面是长安北门，我们离家万里，船舰、衣食都已随水流远去。若是奋勇作战，得胜后功名显扬；若是战败，只能横尸异乡了。"于是身先士卒，手下也跟着奋勇出击，大破姚丕的军队。

北宋钦宗时，李复谋乱，宣抚使命韩世忠追击，韩世忠所部不满一千人，他把士兵分为四队，命人在退路上布置铁蒺藜，下令说："前进杀敌就能活，胆怯后退只有死路一条，凡是前军后退逃走的，后队格杀勿论！"于是人人不敢回头，都拼死一战，大败叛军，斩杀李复。这些都是用背水阵的老办法。

沈括说："韩信袭赵，先派一万人背水列阵，接打出大将军旗，击鼓进军，出井陉口，与赵军大战。而后故意败阵丢旗弃鼓，退入河边阵地。背水列阵这已是险招，又丢旗弃鼓退入阵地，这更是必败的态势。韩信之所以这么做，因为陈余是久经沙场的老将，不让他看到己方必败无疑的情势，他是不会拼命的。韩信自知自己才略高过陈余，才敢用此战略。如果陈余比韩信狡猾一点，韩信怎能不败！这就是所谓知己知彼，估量敌人的实力再确定应敌策略。后人不懂估量敌人的形势，只机械地模仿韩信，那就必败无疑了。"又说："楚、汉在垓下决战，韩信带三十万大军正面迎敌，孔将军在左，费将军在右，刘邦的队伍在后，绛侯周勃和柴武又在高祖的后面。韩信先战失利，孔、费两位将军出击楚军也不利，韩信又集聚兵力乘虚还击，终于大败楚军。韩信当时威名震天下，项羽所害怕的只有韩信。韩信带领三十万大军战败而退，是真退，楚军这才不疑心有诈，韩信才能与孔、费两位将军乘势联手反击。韩信虽兵败，但孔、费二将军仍在左右护卫，后面又有刘邦及周勃、柴武的军队，不同于背水阵的极度危险。这是对付项羽的手段，要是还沿用破赵的做法，那就完蛋了。这些都是韩信的奇谋。班固作《汉书》，竟然不记入此事，因为班固不明白能战胜项羽正在于这一场战役。"

　　韩信攻破齐国临淄后，往东追捕齐王，楚人派龙且率军援齐。有人劝龙且说："汉军远道而来，穷追猛打，其锋锐不可当。齐、楚两军在本土作战，士兵斗志容易瓦解。不如挖深垒沟，加强防御，请齐王派亲信的大臣去招抚那些失陷的城邑，那里的百姓听说齐王还在，又有楚兵来救援，一定会反叛汉军。汉兵离国二千里，驻扎齐地，如果齐人纷纷起来反抗，汉军势必无法补给粮食，不须作战汉军就要举手投降了。"龙且看不起韩信，认为他很好对付，于是决定不守而战。双方隔潍水布下阵势。韩信在夜里命手下缝制一万个口袋，盛满沙子，堵住上游河水。然后带兵渡河攻打龙且，假装败阵，掉头撤走。龙且高兴地说："我早就知道韩信是个懦夫！"下令全军渡河追击韩信。韩信让人移走堵水的沙袋，下游河水顿时暴涨，龙且的军队大半无法渡河，韩信急速出击，杀了龙且。

　　冯评：如果李左车的建议被采纳，韩信一定无法打败赵军；如果某人的建议被接受，韩信一定无法战胜龙且。春秋时的绕朝就说过："不要说秦国没有人才，只是我的谋略碰巧没有被采用。"唉，人的确有得志不得志的时候啊！

842. 张弘范　二条

　　张弘范（字仲畴）讨李璮于济南，其父柔戒之曰："汝围城勿避险地。汝无怠心，则兵必致死。主者虑其险，苟有来犯，必攻救，可因以立功。勉之！"
弘范营城西，瓒出军突诸将营，独不向弘范。弘范曰："我营险地，瓒乃示弱
于我，必以奇兵来袭。"遂筑长垒，内伏甲士，而外为壕，开东门以待之。夜
令士卒浚濠，益深广。瓒不知也，明日果拥飞桥来攻。未及岸，军陷壕中，得
跨壕而上者，遇伏皆死。

元兵逼宋少帝于崖山，或请先用炮，弘范曰："火起则舟散，不如战也。"
明日四分其军，军其东、南、北三面，弘范自将一军，相去里余，下令曰：
"闻吾乐作，乃举，违令者斩！"先麾北面一军，乘潮而战，不克。李恒等顺
潮而退。乐作，宋将以为且宴，少懈，弘范舟师犯前，众继之。预构战楼于舟
尾，以布幕障之，命将士负盾而伏，令曰："闻金声起战，先金而妄动者死。"
飞矢集如猬，伏盾者不动，舟将接，鸣金撤障，弩弓火石交作，顷刻并破七
舟。宋师大溃，少帝赴水死。

【译文】

元将张弘范（字仲畴）征讨济南李瓒时，他的父亲张柔训诫他说："你围
攻对方的城池，千万不要回避险要的地点。只要你不生怠忽之心，士兵一定会
拼死效命。作为主帅一定要考虑各种危险，遭到敌人进犯，一定要发兵救援，
那时候，就可以建立功勋，希望你好自为之！"张弘范扎营城西，李瓒率军出
击，突袭诸将营垒，却唯独不攻击张弘范。张弘范说："我营地处险要，李瓒
对我示弱，一定是要出奇兵来偷袭。"于是张弘范命人修筑长垒，垒下埋伏全
副武装的士兵，营外挖掘战壕，大开东门等待敌兵。晚上又命士兵把战壕加深
加宽。这一切，李瓒都不知道。第二天，李瓒果然命士兵架飞桥进攻，还没靠
近，士兵就陷入壕沟，少数越过壕沟上来的，也都被埋伏的士兵杀死。

元兵追击宋少帝到了崖山，有人建议用炮轰，张弘范说："炮火一起，船
队必然散开，不如直接作战。"第二天，张弘范把全军分成四队，东、南、北
三面各有一队，自己带一队在一里地之外，下令说："听到我这里奏乐声起就
进攻，违抗军令者斩！"首先由北面的一军趁涨潮时进攻，没有得手，将军李
恒等顺着潮水退兵。这时音乐响起，宋军以为元军开宴了，有些松懈。张弘范
的舰队冲上来，其他队伍也相继跟进。张弘范事先在船尾搭建船楼，用布幕遮
住，命将士拿着盾牌潜伏其中，命令他们："听到敲锣声立即起身作战，凡是
提前轻举妄动者，一律按军法处死。"宋军箭矢密集飞来，伏在盾牌后面的元

军纹丝不动。双方战舰快要相接了，张弘范下令敲锣并拉开布幕，刹时弓弩与火石齐发，转眼就击沉宋军战舰七艘。宋军大败，少帝投海自杀。

843. 勾践　柴绍

吴阖闾伐越，越子勾践御之，陈于槜李。勾践患吴之整也，使死士再禽焉，不动。使罪人三行，属剑于颈，而辞曰："二君有治，臣奸旗鼓，不敏于君之行前，不敢逃刑，敢归死！"遂自刭也。吴师属目，越子因而伐之，大败之。

吐谷浑寇洮、岷二州。遣柴绍救之，为其所围。虏乘高射之，矢下如雨，绍遣人弹胡琵琶，二女子对舞。虏怪之，相与聚观。绍察其无备，潜遣精骑出虏阵后，击之，虏众大溃。

罪人胜如死士，女子胜如劲卒，是皆创奇设诱，得未曾有。

【译文】

春秋吴王阖闾发兵攻打越国，越王勾践亲自率兵抵抗，双方对阵于槜李。勾践对吴军严整的军容感到忧心，就派敢死队连续发动攻击，但吴军丝毫没有动摇。于是勾践派出三行死囚，每个人的脖子上架着剑，在阵前说："两位国君在此会战，我们触犯军令，在君主面前很没用，不敢逃避刑罚，就在这里请死！"说完，拔剑自刭。吴军看得目瞪口呆，越王勾践乘机发动猛攻，把吴军打得大败。

唐朝吐谷浑入侵洮、岷二州，唐高祖命柴绍前往救援，也被围困。敌人占据高地向唐军射箭，箭如雨下。柴绍命人弹奏琵琶，又叫两名女子起舞，虏兵倍感奇怪，纷纷聚集围观。柴绍见他们没有防备，暗中派遣精锐的骑兵包抄到敌阵后方出击，敌军大败。

冯评：罪犯犹如死士，女子犹如精兵。这些都是奇异创新的诱敌之计，从来没有过。

844. 朱儁　周亚夫

黄巾贼十万人据宛。朱儁围之，起土山以临城内，鸣鼓攻其西南，贼悉众赴西南，儁自将精兵五千，掩东北（边批：弯弓南指，情实西射），遂乘城而入。

太尉周亚夫击吴、楚，**坚壁不战**。吴兵乏粮，数挑战，终不出。后吴奔壁东南陬（边批：**即朱儁之计**），太尉使备西北，已而精兵果奔西北，不得入。

合观二条，可识用兵之变。

【译文】

东汉末年，黄巾贼十万人占据宛城，朱儁率军围城。他命士卒堆起土山，居高临下压制城内，击鼓出兵攻打宛城西南角，贼人于是集中全部兵力防守西南。朱儁却亲自率领五千精兵，突袭城东北，一举破城而入。

西汉太尉周亚夫攻打吴、楚反军，坚守不战。吴军缺乏粮食，反复出来挑战。后来，吴军发动攻势直击城东南，周亚夫立即派兵防守西北角。不久，吴军的主力部队果然由西北角攻城，但没有攻入。

冯评：合看这两条，可以懂得用兵的变化。

845. 宇文泰

高欢督诸军伐魏，遣司徒高昂趣上洛，窦泰趣潼关。欢军蒲阪，造三浮桥欲渡河。宇文泰军广阳，谓诸将曰："贼犄吾三面作浮桥，以示必渡。此欲缀吾军，使窦泰西入耳。欢自起兵以来，窦泰常为前锋，其下多锐卒，屡胜而骄，今袭之必克。克泰，则欢不战自走矣。"诸将皆曰："贼在近，舍而袭远，脱有蹉跎，悔何及也？不如分兵御之。"泰曰："欢再攻潼关，吾军不出坝上。今大举而来，谓吾亦当自守，有轻我之心。乘此袭之，何患不克？贼虽作浮桥，未能径渡。不过五日，吾取窦泰必矣。"乃声言欲保陇右，而潜军东出，至小关。窦泰猝闻军至，自风陵渡河。宇文泰击破之，士众皆尽，窦泰自杀，传首长安。

【译文】

东魏丞相高欢率军队讨伐西魏，派遣司徒高昂奔赴上洛，大都督窦泰前往潼关。而高欢自己率军驻扎蒲坂，搭建三座浮桥，想要渡河。西魏宇文泰的军队驻守广阳，他对诸将说："敌兵从三个方向对我形成犄角之势，又造三座浮桥以示要渡河。这是要牵制我军，让窦泰的军队能够西进罢了。高欢起兵以来，窦泰经常是他的先锋部队，手下都是身经百战的勇士，多打胜仗成了骄兵，如果我们发动突袭，一定可以击败他。打败了窦泰，那么高欢就不战自退了。"

诸将都说："高欢的军队离我们最近，现在却要舍近求远攻打窦泰，万一有个闪失，连后悔都来不及了，不如分兵防守。"宇文泰说："高欢两度攻打潼关，我军都只在坝上防守而没有出战，现在他大举进兵，必认为我军会再坚守，对我们有轻视之心，趁这机会偷袭怎会不胜呢！敌人虽造了浮桥，但也不能马上渡河，不出五天，我一定拿下窦泰！"于是宇文泰扬言要保住陇右，暗中却率军朝东进发，到达小关，窦泰突然听说宇文泰率军来袭，连忙由风陵渡渡河，宇文泰挥兵击破窦泰军，人马尽灭，窦泰自杀，宇文泰将他的首级送至长安。

846. 韩世忠

金人与刘豫合兵，分道入侵。时韩世忠驻镇江，俾统制解元守高邮，候金步卒。亲提骑兵驻大仪，当敌骑。会遣魏良臣使金。世忠撤炊爨，绐良臣曰："有诏移屯守江。"良臣去，世忠即上马，令军中曰："视吾鞭所向。"于是引军次大仪，勒五阵，设伏二十余所，约闻鼓即起。良臣至金，挞孛堇闻世忠师退，即引兵至江口，距大仪五里，副将挞孛也拥铁骑，过五阵东，世忠传小麾鸣鼓，伏兵四起，旗色与金人旗杂出，金军乱，我军迭进，背嵬军各持长斧，上揕人胸，下砍马足，敌披甲陷泥淖，世忠麾劲骑蹂之，人马俱毙，遂擒挞孛也。

【译文】

金人与刘豫会师之后，分道入侵南宋。南宋韩世忠镇守镇江，命统制官解元防守高邮，抗击金人步兵。自己则亲率骑兵驻守大仪，抵挡金人骑兵。正好要派魏良臣出使金国，韩世忠命令撤去行军灶，骗魏良臣说："有诏书命令移师驻防长江。"魏良臣离开后，韩世忠就上马命令全军士兵说："看我马鞭所指的方向前进。"于是引领全军到大仪，排列了五个军阵，设了二十多处埋伏，约定以鼓声为出击信号。魏良臣到达金人营地后，聂孛堇听说韩世忠退兵，就率兵来到江口，距大仪只有五里路。副将挞孛也率领铁骑兵经过宋军五阵的东面。韩世忠传下令旗，击鼓出击，一下子伏兵四起，宋军的旗帜与金人的旗帜混杂一起，金兵顿时大乱，宋军轮番猛攻，背嵬兵手持长斧一把，上刺人胸，下砍马脚，金兵都身披重甲，纷纷陷在泥水坑里。韩世忠指挥精锐骑兵由四面砍杀，金兵人马均亡，擒获挞孛也。

847. 冯异　王晙

冯异与赤眉战，使壮士变服与赤眉同，伏于道侧。旦日，赤眉使万人攻异前部。贼见势弱，遂悉众攻异。异乃纵兵大战，日昃，贼气衰，伏兵卒起，服色相乱，赤眉不复识别，众遂惊溃。异追击，大破之。

吐蕃寇临洮，次大来谷。安北大都护王晙率所部二千，与临洮兵合，料奇兵七百，易胡服，夜袭敌营，去贼五里，令曰："前遇寇大呼，鼓角应之。"贼惊，疑伏兵在旁，自相斗，死者万计。

【译文】

东汉冯异征伐赤眉军时，命士兵换上赤眉军的兵服，埋伏在路旁。第二天，赤眉出动一万人攻打冯异的先头部队，贼兵见冯异兵力薄弱，就全军猛攻。冯异指挥士兵奋勇应战，到了傍晚，贼兵气势已弱，埋伏的士兵突起，伏兵的服装与赤眉兵相混淆，赤眉兵无法辨识，纷纷溃逃。冯异下令追击，大败赤眉。

唐朝吐蕃入侵临洮，驻军大来谷。安北大都护王晙率兵二千人，与临洮军队合兵一处，王晙事先挑选七百勇士，换上吐蕃的军服，趁夜袭击敌营。在离敌营五里处，下令说："往前碰到敌兵，就大声喊叫，同时击鼓吹号相应。"敌兵惊疑，以为附近有埋伏，自相残杀，死者数以万计。

848. 达奚武

宇文泰遣达奚武觇高欢军。武从三骑，皆效欢将士衣服。日暮，去营数百步，下马潜听，得其军号，因上马历营，若警夜者，有不如法，往往挞之，具知敌之情状而还。

【译文】

宇文泰派达奚武侦察高欢军队部署的情形。达奚武带着三名手下，要他们换上高欢士兵的军服，到了傍晚时分，离高欢营地几百步时，下马暗中偷听，获知军中口令。再上马巡行营地，犹如夜间查带一般，碰到不守军纪的哨兵，甚至鞭打他们。这样，充分了解敌军情况后才回来。

849. 厨人濮等 四条

华氏叛宋，宋公讨之。华登以吴师救华氏，败于鸿口。华登帅其余以败宋师。公欲出，厨人濮曰："吾小人，可藉死，而不能送亡，君请待之。"乃徇曰："扬徽者，公徒也！"众从之。华氏北，复即之。厨人濮以裳裹首而荷以走，曰："得华登矣！"遂败华氏于新里。

厨人濮一奋，而众皆扬徽；王孙贾一呼，而市皆左袒。忠义在，人心不泯也，难其倡之者耳！

桓玄既败，西走江陵，留何澹之守溢口。澹之空设羽仪旗帜于一舟，而身寄他舟。时何无忌欲攻羽仪所在者，诸将曰："澹之不在此舟，虽得无益。"无忌曰："固也，彼既不在此，守卫必弱，我以劲兵攻之，成擒必矣！擒之，彼且以为失军主，而我徒扬言已得贼帅，则我气盛，而彼必惧。惧而薄之，迎刃之势也！"果一鼓而舟获，遂鼓噪唱曰："斩何澹之矣！"贼骇惑以为然，竟瓦解。

李密与王世充战。世充先索得一人貌类密者，缚而匿之，战方酣，使牵以过阵前，噪曰："已获李密矣！"士皆呼万岁，密军乱，遂溃。

王文成与宁王战，尚锐。值风不便，我兵少挫。急令斩取先却者头，知府伍文定等立于铳炮之间，方奋督各兵殊死抵战。贼兵忽见一大牌，书"宁王已擒，我军毋得纵杀。"一时惊扰，遂大溃。次日，贼兵既穷促，宸濠思欲潜遁，见一渔船隐在芦苇之中，宸濠大声叫渡，渔船移棹请渡，竟送中军，诸将尚未知也，其神运每如此。

【译文】

春秋时，宋大夫华氏叛变，宋元公派兵讨伐。华登率领吴国的军队援救华氏，在鸿口被击败。华登又率领残余的部队攻击宋军。宋元公想逃走，厨人濮说："我是个小人物，可以献出生命，但是不能送您逃亡，请您等一下。"接着高喊道："凡是挥舞旗帜的，就是宋国的战士！"士兵们纷纷挥舞旗帜，华氏败北，宋军紧追，厨人濮用衣裳包裹着一个人头，背在背上，口中高喊："已经杀掉华登了！"终于在新里彻底击败了华氏。

冯评：厨人濮奋起，众军士挥舞旗帜。王孙贾高呼，一市人尽皆响应。忠义自在人心而不会泯灭，难得的只是倡议者罢了。

晋朝桓玄战败后，向西逃到江陵，派何澹之防守溢口。何澹之在一艘船上插了很多旌旗和羽饰的仪仗，自己却呆在另一艘船上。当时何无忌想攻击这艘插满旗帜的船，诸将都说："何澹之不在这条船上，就是得手，也没有什么好处。"何无忌说："何澹之当然不在这艘船上，既然他不在，那船上守卫一定薄弱，我们以强兵进攻，一定能占领这艘船。得到这艘船，他们的士兵就会认为主将被擒，我们只要四处高喊抓到了贼帅，我们的士气就会大增，他们就会害怕。趁他们害怕而紧逼攻击，那一定是所向披靡了。"果然一口气占领了那条船，军士们高喊："砍下何澹之的脑袋了！"敌兵信以为真，大为恐慌，终于溃败。

隋末李密与王世充交战时，王世充先找了一个长得和李密很像的人，把他捆好藏起来。等到双方打得正激烈时，派人把这个人押解到阵前，并且大喊："抓到李密了！"士兵们都高呼万岁，李密的军队大乱，立刻溃散奔逃了。

明朝的王守仁（谥文成）与宁王朱宸濠对阵，敌方气势正盛，风向也不利于我军，受到了一些挫折。王守仁急忙下令将逃兵立即斩首，知府伍文定等也站在火炮中间，正指挥各路士兵奋勇厮杀。贼兵突然看见一块大牌子，上面写着："宁王已经被擒，我军不可滥杀。"一时间，贼兵惊骇不已，于是大败。第二天，贼兵已经走投无路，朱宸濠想暗中潜逃，看见芦草中有一艘渔船停靠，便高声叫他过来摆渡。渔人划船靠岸请他上船，然后直接把他送进了王守仁的中军帐，这时其他将领还不知道。王守仁用兵常常如此神奇。

850. 狄 青

狄青为延州指挥使，党项犯塞。时新募万胜军未习战阵，遇寇多北。青一日尽将万胜旗号付虎翼军，使之出战（边批：陆抗破杨肇之计类此），虏望其旗，易之。全军径趋，为虎翼所破。

【译文】

北宋大将狄青任延州指挥使时，党项人侵犯边境。当时狄青新招募的万胜军，训练不足，也缺少实战经验，所以常吃败仗。有一天，狄青把万胜军的旗帜全部交给成熟的虎翼军，让他们出战。党项人看见万胜军的旗号，十分轻蔑，结果被虎翼军径直杀到眼前，打得溃不成军。

851. 朱景　傅永

梁之渡淮而南也，表其可涉之津。霍丘守将朱景浮表于木，徙置深渊。及梁兵败还，视表而涉，溺死大半。

齐将鲁康祚侵魏。齐、魏夹淮而阵，魏长史傅永曰："南人好夜斫营，必于淮中置火，以记浅处。"乃夜分兵为二部，伏于营外，又以瓢贮火，密使人于深处置之，戒曰："见火起，亦燃之。"是夜，康祚等果引兵斫营。永伏兵夹击之，康祚等走趋淮。火既竞起，不辨浅深处，溺死及斩首不知其数。

【译文】

五代时后梁军队渡淮河南下，在河道上标示水浅的地方。霍丘守将朱景命人把梁人所作的标记固定在木头上移往水深处。后来梁兵败退时按照标记渡河，结果大半士兵被淹死。

南朝齐派将军鲁康祚侵犯魏国，两军隔淮河对阵。魏军长史傅永说："齐人喜欢乘夜偷营，他们一定会先在淮河中点火把标示出水浅的地方。"傅永把军队分为两路，埋伏在营外，又命人用瓢装着火种放置在河水深的地方，命令说："看见营中火起，同时点火。"这夜，鲁康祚果然率兵偷营，傅永的伏兵两面夹击，鲁康祚退走淮河。淮河水面到处都是火光，分辨不出哪里是水浅的标记，被淹死、被杀死的士兵不计其数。

852. 张齐贤

齐贤知代州，契丹入寇。齐贤遣使期潘美以并师来会战。使为契丹所执，俄而美使至云："师出至柏井，得密诏，不许出战，已还州矣。"齐贤曰："敌知美之来，而不知美之退。"乃夜发兵二百人，人持一帜，负一束刍，距州西南三十里，烈炽燃刍。契丹兵遥见火光中有旗帜，意谓并师至，骇而北走。齐贤先伏卒二千于土镫砦，掩击，大破之。

【译文】

北宋人张齐贤镇守代州时，契丹发兵入侵。张齐贤派人约潘美带并州人马过来一起对付契丹。派去的使者被契丹人抓住了。不久，潘美的使者来到张齐贤的营地，说："我军抵达柏井时，接获皇上密诏，不许与契丹人交手，现在军队已回并州去了。"张齐贤说："契丹人只知道潘美的军队要来，但不知道潘美已回。"于是乘夜派二百士兵，每人手持一面军旗，身背一束稻草，在代州西南三十里的地方点火烧稻草，契丹兵远远望去，只见火光中有军旗，以为并州兵马到了，害怕得向北逃逸。张齐贤事先在土镫砦埋伏的二千士兵乘机掩杀，大破契丹。

853. 藁人　三条

令狐潮围睢阳，城中矢尽。张巡缚藁为人，披黑衣，夜缒城下。潮兵争射之，得箭数十万。其后复夜缒人，贼笑不设备。乃以死士五百斫潮营，焚垒幕，追奔十余里。

开禧中，毕再遇被围于六合，军中矢尽，再遇令人张青盖往来城上，金人意主兵官也，争射之，须臾矢集楼墙如猬，获矢二十余万。又敌尝以水柜败我，再遇夜缚藁人数千，衣以甲胄，持旗帜戈矛，俨立戎行。昧爽，鸣鼓，敌虏惊视，急放水柜，旋知其非真也，意甚沮。急出师攻之，敌遂大败。

沅州蛮叛，荆湖制置遣兵讨之。蛮以竹为箭，傅以毒药，血濡缕立死。官军畏之，莫敢前。乃束藁人，罗列煜耀，蛮见之，以为官军，万矢俱发。伺其矢尽，乃出兵攻之，直捣其穴。

【译文】

唐朝安史之乱时贼将令狐潮围攻睢阳，城中的箭用完了，守将张巡命人扎了草人，穿上黑色的衣服，趁夜用绳索吊放到城下。令狐潮的士兵争相发箭，城上士兵把草人再拉上去，得了数十万支箭。后来又在夜间把草人吊放下来，贼兵都笑着不加防备。张巡就派五百敢死兵从城头吊放下去袭击令狐潮的军营，焚烧贼兵的营垒军帐，追出十多里路。

南宋开禧年间，毕再遇被金兵围困于六合。军中箭用光了，毕再遇命人打着青色的伞盖在城楼上走动，金人料定是宋军主将在巡视，就争相发箭，一会儿城楼墙上布满了箭，总共有二十多万支箭。又金人曾用类似水库的水柜蓄水放水击败宋军，毕再遇命人扎了几千个草人，穿上盔甲，手持旗帜，武器，趁夜色摆成军队的样子，天快亮的时候金鼓大作，金兵骤然发现有军队来袭，急放水柜，放水一冲，金兵很快就明白原来都是草人，大为沮丧。这时毕再遇发兵突袭，金兵大败。

宋朝沅州蛮人反叛，荆湖制置使调兵征讨。蛮人削竹为箭，在箭头涂上毒药，见血封喉。官军害怕这种武器，都不敢上前厮杀。于是宋军扎了很多草人，排在明处。蛮人见了，以为是官军，于是万箭齐发。等到蛮人箭射完了，宋军发动进攻，直取蛮人巢穴。

854. 认敌将　二条

张巡守睢阳，安庆绪遣尹子奇将劲兵十余万来攻。巡厉士固守，日中二十战，巡欲射子奇而不识，因刻蒿为矢，中者谓巡矢尽，走白子奇，巡乃使南霁云射之，一发中其左目，子奇乃退。

宝元中，党项犯边。有明珠族首领骁悍，最为边患。种世衡为将，欲以计擒之，闻其好击鼓，乃造一马持战鼓，以银裹之，极华焕，密使谍者阳卖之，后乃择骁卒数百人，戒之曰："凡见负银鼓自随者，并力擒来。"一日，羌酋负鼓而出，遂为世衡所擒。

【译文】

张巡防守睢阳时，安禄山的儿子安庆绪派尹子奇率十多万大军围攻。张巡在城中鼓励将士加强守备，有时一天之内竟交锋二十余次。张巡想要射杀尹子奇，但又不认得他，于是就把蒿草削尖了当箭射，被射中的贼兵以为张巡的箭已经用光了，就跑去告诉尹子奇。张巡就令副将南霁云射尹子奇，一箭射瞎了他的左眼，尹子奇急忙退兵。

北宋宝元年间，党项人侵犯边境，而其中明珠族的首领骁勇强悍，成为边境上最大的祸患。种世衡任边将，想用计擒住他，听说他喜好击鼓，就命人打造一副马上用的战鼓，外面镶银，极其华丽，暗中命人装扮成商人贩卖。接着种世衡挑选好几百名精壮士卒，对他们说："只要见到随身背负银鼓的人，就全力擒来。"一天，这个首领背着银鼓外出，被种世衡派的人抓了回来。

855. 裴行俭

调露元年，大总管裴行俭讨突厥。先是馈粮数为虏钞，行俭因诈为粮车三百乘，车伏壮士五辈，赍陌刀劲弩，以羸兵挽进，又伏精兵蹑其后。虏果掠车，羸兵走险，贼驱就水草，解鞍牧马，方取粮车中，而壮士突出，伏兵至，杀获几尽，自是粮车无敢近者。

【译文】

唐调露元年，大总管裴行俭征讨突厥。先前唐军粮饷屡次被突厥兵抢夺，于是裴行俭命人准备三百辆假粮车，每车埋伏五名壮士，每人都带着大刀、弓箭，粮车由羸弱的士兵随车队押运，又派精锐的部队跟在其后。突厥兵果然前来劫粮，押粮的士兵逃往险要处，突厥兵赶着粮车到水草边，解下马鞍放马吃草，正要搬运车上粮食，埋伏的壮士忽然由车中杀出，后面的伏兵也及时赶到，突厥兵被斩杀殆尽。从此，突厥兵再不敢接近粮车了。

856. 贺若敦

后周时，陈将侯瑱等围逼襄州，贺若敦奉命往救，相持于湘、罗之间。初，土人密乘轻船，载米粟及笼鸡鸭以饷瑱军。敦患之，乃伪为土人，装船伏甲士于中。瑱军人望见，谓饷船至，竞来取。敦伏甲尽擒杀之。又敦军数有叛人乘马投瑱者，敦别取一马，牵以趋船，令船中逆以鞭鞭之，如是者再三，使马畏船不肯上。后伏兵江岸，使人乘畏船马，诈投附以招陈军，陈军竞来牵马，马既畏船不上，伏兵发，又尽杀之。以后实有馈及亡奔瑱者，并疑不受。

【译文】

南北朝时陈将侯瑱围攻北周襄州。贺若敦奉命前往救援，两军在湘、罗一带对峙。当时，当地百姓常暗地划着小船，装载米粮、鸡鸭等接济侯瑱的军队。贺若敦对此十分担忧，于是命人装扮成当地人，在小船内埋伏士兵，划向侯瑱的营区，侯军见小船来，以为是前来资助的船只，竞相来搬运食物。船内埋伏的士兵遂一拥而上，将前来取粮的敌军全部擒杀。贺若敦的部队中又经常有士兵骑着马投降侯瑱，贺若敦就另外挑选一匹马，牵马走向船边，让船中人出来迎面鞭打，反复几次，使马一见船就害怕，不敢上船，然后命人埋伏在江边，再命人骑着怕上船的马伪装投降者引诱陈军。陈军果然过来牵马，马怕船而不肯上，这时伏兵现身，又尽数杀死陈兵。自此以后，凡是当地百姓送食物的船或投降侯瑱的士兵，侯瑱军一概因怀疑而不敢接纳。

857. 李光弼

史思明有良马千余匹，每日出于河南渚浴之，循环不休。李光弼命索军中牝马，得五百匹，絷其驹而出之。思明马见之，悉浮渡河，尽驱入城。思明怒，泛火船欲烧浮桥。光弼先贮百尺长竿，以巨木承其根，毡裹铁叉，置其首，以迎火船而叉之，船不能进，须臾自焚尽。

【译文】

史思明有好马一千多匹，每天带到黄河南岸的沙洲上去洗澡，循环不止。李光弼命人把军中的母马都牵来放出去，共五百匹，把它们所生的小马全拴在城内。史思明的马见了母马，都浮水渡过黄河，全都被驱赶入城。史思明知道后非常生气，想利用火船烧毁浮桥。李光弼事先准备了好几百根长竿，用巨大的木头固定住长竿的根部，用毛毡包裹着铁叉安置在竿头，迎着火船叉住，船不能向前，很快就自行焚毁了。

858. 虞 翻

吕蒙既诱麋芳出降，未入郡城，而召诸将高会作乐。翻曰："今区区一心者，麋将军也。城中之人，岂可尽信？何不急入城，持其管钥乎？"蒙从之。翻曰："未也，设城中有伏，吾与将军休矣！"复将芳入城，而翻代芳教曰："芳得间归，愿共死守，有能破吴军者，吾当低首拜之。"于是谋伏兵者皆前，翻尽按诛之，蒙乃入。

有此谋伏辈，南郡自足死守。未战而下，芳真奴才也！总是玄德不定都荆州之误。

【译文】

三国吴将吕蒙引诱麋芳出城投降，还没有进城，就已召集将领们举行庆功宴了。虞翻说："现在有投降之心的只有麋将军一人，城中其他人怎能全都信任？何不先取得城门钥匙？"吕蒙表示同意。虞翻又说："还不行，如果城中有埋伏，我和将军就都完了！"于是带麋芳入城，虞翻则代替麋芳对城中人说："我糜芳现在脱困回城,愿与城共生死,谁能阻挡抵御吴军,我就向他鞠躬拜谢。"准备偷袭吴军的士兵纷纷现身上前,虞翻逐一诛杀,吕蒙这才进城了。

冯评:有了这批计划伏击吴军的,南郡足以死守。居然不战而降,糜芳真是个奴才!这也是刘备不定都荆州的恶果。

859. 程 昱

昱,东阿人,黄巾贼起,县丞王度反应之,吏民皆负老幼,东奔渠丘山。度出城西五六里止屯。昱因谓县中大姓薛房曰:"度得城郭而不居,其志可知,此不过欲掠财物耳。何不相率还城而守之?"吏民不肯从,昱谓房等愚民不可计事,乃密遣数骑举幡东山上,令房等望见,因大呼曰:"贼至矣!"便下山趣城,吏民奔走相随,昱遂与之共守。度来攻,昱击破之。

【译文】

程昱是东阿人,东汉末年黄巾之乱起时,县丞王度起兵反叛响应,官员百姓扶老携幼向东逃到渠丘山。王度率兵出城后,往西走了五六里,就将军队屯驻下来。程昱于是对县中的大族薛房说:"王度得到了县城却不待着,他的想法也就很明白了,不过是想抢夺财物罢了。我们何不相约返家,据城而守?"然而官吏百姓都害怕,不愿回去。程昱认为薛房他们都是没法商量事的愚民。于是秘密派遣几个人骑马到东山上举着军队的幡旗,让薛房及百姓看到,程昱就在一旁大喊:"贼兵来了!"然后下山跑进县城,官吏百姓也都跟着奔回县城。到了城中,程昱就和大家一起守城,王度来攻,被程昱打败。

860. 度 尚

桓帝延熹中,长沙、零陵贼反,交趾守臣望风逃溃。帝诏度尚为荆州刺史。尚至,设方略击破之,穷追入南海,军士大获珍宝。然贼帅卜阳、潘鸿遁入山谷,聚党犹盛,尚拟尽歼之,而士卒骄富,莫有斗志。尚乃宣言:"阳、鸿作贼十年,习于战守,我兵甚寡,未易轻进,当须诸郡悉至,并力攻之。军中且恣听射猎。"兵士大喜,皆空营出猎为乐。尚乃密遣所亲,潜焚诸营,珍宝一时略尽。猎者还，无不涕泣。尚乃亲出慰劳，深自引咎，因曰："阳、鸿等财宝山积，诸卿但并力一战，利当十倍，些些何足介也。"众且愤且跃，尚遂敕秣马蓐食。明旦，出不意赴贼屯，贼不及拒，一鼓尽歼之。

【译文】

东汉桓帝延熹年间，长沙、零陵贼人反叛，交趾太守逃逸。桓帝诏命度尚为荆州刺史。度尚到任后，率军用计大破贼人，一直把贼人赶到南海地界，士兵们也抢到大批珍宝。但贼首卜阳、潘鸿却逃到山里，仍然纠集了很多盗匪。度尚想要尽数歼灭这些贼人，但士卒们因为抢得了很多珍宝，所以都没有了斗志。度尚于是宣布说："卜阳、潘鸿作贼十年，深知攻守之道，我们兵力太少，不能轻易进攻，等各郡的部队前来会师后，再合力围剿贼人。现在我们军中士兵可以随意出去打猎。"士兵们都很高兴，全部出去打猎作乐。度尚便暗中派亲信到军营中放了把火，所有的珍宝全部被烧光，士兵们打猎回来，都难过得掉下泪来。度尚亲自劝慰，并且深深自责，然后对士兵们说："卜阳、潘鸿等人的财宝堆积如山，只要诸位全力攻打，所得的财物要多上十倍还不止。现在所损失的这一点不必放在心上！"众兵激愤踊跃，度尚命他们人马饱食，第二天天一亮，出奇不意地直捣贼巢，贼人还来不及抗拒，就被一举歼灭了。

861. 孔 镛

阿溪者，贵州清平卫部苗也，桀骜多智，雄视诸苗。有养子曰阿剌，膂力绝伦，被甲三袭，运二丈矛，跃地而起，辄三五丈。两人谋勇相资，横行夷落。近苗之弱者，岁分畜产，倍课其入。旅人经其境者，辄诱他苗劫之。官司探捕，必谒溪请计。溪则要我重贿，而捕远苗之不可用者，诬为贼以应命，于是远苗咸惮而投之，以为寨主。监军、总帅率有岁赂，益恣肆无忌。时讧官、苗，以收鹬蚌之利。弘治间，都御史孔公镛巡抚贵州，廉得其状，询之监军、总帅，皆为溪解，公知不可与共事，乃自往清平，访部曲之良者，得指挥王通，厚礼之，扣以时事，通叆叇条答，独不及溪。公曰："闻此中事，唯阿溪为大，若何秘不言也？"通不对，固扣之，通曰："言之而公事办，则一方受福；不则公且损威，而吾族赤矣。"公笑曰："第言之，何患弗办？"通遂慷慨陈列始末，公曰："为阿溪通赂上官者，谁也？"通曰："指挥王曾、总旗陈瑞也，公必劫此两人方可。"公曰："诺。"翌日，将佐庭参，公曰："欲得一巡官，若等来前，吾自选之。"乃指曾曰："庶几可者。"众既出，公私诘曾曰："若何与贼通？"曾惊辩不已，公曰："阿溪岁赂上官，汝为居间，辩而不服，吾且斩汝矣！"曾叩头不敢言。公曰："勿惧，汝能为我取阿溪乎？"曾因陈溪、刺谋勇状，且曰："更得一官同事乃可。"公令自举，乃曰："无如陈总旗也。"公曰："可与偕来。"少选，瑞入，公讯之如讯曾者。瑞屡顾曾，曾曰："勿讳也，吾等事公已悉知，第当尽力以报公耳。"瑞亦言难状，公曰："汝第诱彼出寨，吾自能取之。"瑞诺而出。苗俗喜斗牛，瑞乃觅好牛，牵置中道，伏壮士百人于牛旁丛薄间，乃入寨见溪。溪曰："何久不来？"瑞："都堂新到，故无暇。"溪问："都堂何如？"曰："懦夫，无能为也。"溪曰："闻渠在广东时杀贼有名，何谓无能？"瑞曰："同姓者，非其人也！"溪曰："赂之何如？"瑞曰："姑徐徐，何以遽舍重货？"溪遂酌瑞，纵谈斗牛事，瑞曰："适见道中牛，恢然巨象也，未审比公家牛若何？"溪曰："宁有是，我当买之。"瑞曰："贩牛者似非土人，恐难强之入寨。"溪曰："第往观之。"顾阿刺同行，瑞曰："须牵公家牛往斗之，优劣可决也。"苗俗信鬼，动息必卜，溪以鸡卜，不吉，又言："梦大网披身，出恐不利。"瑞曰："梦网得鱼，牛必属公矣！"遂牵牛联骑而出，至牛所，观而喜之，两牛方作斗状，忽报："巡官至矣！"瑞曰："公知之乎，乃王指挥耳！"溪笑曰："老王何幸，得此荣差，俟其至，吾当嘲之！"瑞曰："巡官行寨，公当往迎，况故人也！"溪、刺将策骑往，瑞："公等请去佩刀，恐新官见刀，以为不利！"溪、刺咸去刀见曾，曾厉声诘溪、刺曰："上司按部，何不扫廓舍，具供帐，而洋洋至此，何为？"溪、刺犹谓戏语，漫拒之，曾大怒曰："谓不能擒若等耶？"溪、刺犹笑傲，曾大呼，伏兵起丛薄间，擒溪、刺。刺手搏，伤者数十人，竟系之，驰贵州见公，磔于市，一境始宁。

【译文】

阿溪是明朝时贵州清平卫的苗人，性情凶悍且智谋过人，在各苗部中出类拔萃。他有个养子名叫阿刺，臂力极强，身上披着三重铠甲，手使两丈长的矛，纵身一跃，就有三五丈高。两人一谋一勇，在苗人部族中横行霸道。附近弱小的苗部每年都要以畜产向他上供，对他们都要征收加倍的重税。对于来往的客商，阿溪就指使其他苗人打劫。地方官员办案捕盗，也必定调见阿溪向他请教，阿溪每次都要求重金酬谢，然后诬指那些住在偏远地区、不听他使唤的苗人为盗匪，抓给官府交差。于是远地的苗人也都畏惧阿溪，奉阿溪为寨主。朝廷派来的将领，则每年都有贿赂奉上，于是阿溪更加肆无忌惮，不时在官府和苗人间制造矛盾，自己坐收渔翁之利。弘治年间，都御史孔镛巡察贵州，听说了阿溪的行径，便询问当地官军将领，众人都为阿溪开脱。孔镛知道这些人没法一起共事，就亲自前往清平，寻访当地驻军中的好人，找到了指挥使王通，孔镛对王通十分推崇，向他请教当地的事务，王通一一回答，唯独不提阿溪。孔镛说："听说在此地阿溪是老大，为什么你不肯谈论他呢？"王通什么也不说。孔镛再三询问，王通才说："如果我说了，您能办成，那是造福一方的好事；否则不但您的威名受损，我全家也都没命了。"孔镛笑着说："你直说无妨，何必担心我办不了！"于是王通慷慨激昂地把阿溪的事全说了一遍。孔镛问："为阿溪打通关节行贿上级长官的人是谁？"王通答："是指挥王曾与总旗陈瑞，您一定要先制住这两人才行。"孔镛答应了。第二天，众将前来参见，孔镛说："我需要一名巡官，你们都上前一步，我要亲自挑选。"看了一番后，指着王曾说："我看你差不多。"众将离开后，孔镛私下质问王曾说："你为什么要和贼人勾结？"王曾大吃一惊，急忙辩解。孔镛说："阿溪每年以重金贿赂官员，都是你从中拉的线，如今你还狡辩，我要杀了你！"王曾连连叩头，不敢再说什么。孔镛说："你也不要怕，你能为我擒住阿溪吗？"王曾就描述了一番阿溪父子俩的智谋勇武，接着说："要能再有一位同事帮忙才行。"孔镛要他自己推荐人选，王曾说："没有比陈总旗更适合的了。"孔镛说："你可以叫他一起来。"一会儿，陈瑞来了，孔镛也如先前问王曾般问他，陈瑞一个劲回头看王曾，王曾说："不必再隐瞒了，我们的事大人全都知道了，现在只能为大人出力了。"陈瑞也向孔镛说这事十分难办。孔镛说："你只要诱他们走出营寨，我自有办法擒住他们。"陈瑞答应后，告辞离去。苗人一向喜欢斗牛，陈瑞先找来一些好牛，把它们牵在路上，再命一百名壮士埋伏在牛群四周的树丛里，然后入寨去见阿溪。阿溪说："怎么好久都不来了？"陈瑞答："新任的都御史刚到，所以没空过来。"阿溪又问："新的都御史怎么样？"陈瑞答："懦夫一个，做不了什么事。"阿溪说："我听说他在广东时以杀贼而出名，怎会懦弱无能呢？"陈瑞说："那是同名同姓的人，并不是他。"阿溪说："那去贿赂贿赂他怎么样？"陈瑞说："这事慢慢来，何必急着花大钱呢？"于是阿溪请陈瑞喝酒，两人开始谈论斗牛的事。陈瑞说："刚才在路上看到一些牛，简直就是大象，不知比起你家的牛如何？"阿溪说："还有这样的事！那我得去买下。"陈瑞说："贩牛的好像不是本地人，恐怕很难强邀他入寨。"阿溪说："那就去看看再说。"就把阿剌也叫来一起去。陈瑞说："索性把你家的牛牵去，让它们较量一番，就可以比出好坏了。"苗人迷信鬼神，凡事都要求神问卜，阿溪用鸡卜卦，结果不吉利，又说："昨夜梦到大网覆盖在身上，恐怕出寨不吉利。"陈瑞说："梦见网自然能捕到鱼，那牛非你莫属了。"于是他们牵着牛并肩骑马出了苗寨，到了牛那里审视了一番，阿溪非常高兴。两头牛正要开斗，忽然有人报告："巡官来了！"陈瑞说："你知道吗，新的巡官就是王指挥。"阿溪笑着说："老王运气不错，得到这么个好差使！等他来了，我要好好取笑他一番。"陈瑞说："巡官视察苗寨，你应当亲自前去迎接，更何况还是老朋友呢！"阿溪、阿剌准备驱马前去迎接，陈瑞说："你们先解下佩刀，新官见刀怕是件不吉利的事。"于是两人解下佩刀后去见王曾。王曾见了两人就厉声质问："上级长官视察苗部，为何不清扫屋舍，准备酒食，慢吞吞来这里干什么！"阿溪、阿剌以为王曾跟他们开玩笑，随意应付着。王曾大为生气，说："以为我不能抓你们吗！"阿溪、阿剌还在嘻嘻哈哈。王曾大喝一声，树丛里伏兵一起现身，齐来捉拿阿溪、阿剌。阿剌徒手伤了数十名士兵，最后还是束手被擒。于是他们快马解送贵州交给孔镛，在集市上被凌迟处死，贵州境内从此又获得了安宁。

卷二十四　武案

学医废人，学将废兵。匪学无获，学之贵精。鉴彼覆车，借其前
旌。青山绿水，画本分明。集《武案》。

——【解说】——

学医的搞不好废人性命，学兵的搞不好带兵送命。不是学习没用，
而是要学就得学精。前车颠覆就是后车之鉴，前人的经验值得后人借鉴。
大自然的青山绿水，就是画家最好的先生。

这一卷都是有关军事的经典案例，名为《武案》。

862. 项梁　司马师

项梁尝杀人，与籍避仇吴中。吴中贤士大夫皆出梁下，每有大繇役及丧，
梁常主办，阴以兵法部勒宾客、子弟（边批：知兵者无处非兵法），以知其能。
后果举事，使人收下县，得精兵八千人。部署豪杰为校尉、侯、司马。有一人
不得官，自言，梁曰："某时某丧，使公主某事，不能办，以故不任公。"众乃
皆服。

司马师阴养死士三千，散在人间。诛爽时，一朝而集，竟莫知其所自来。

【译文】

秦朝的项梁曾经杀人，和侄子项籍在吴中躲避，吴中的贤士大夫多出游于
他的门下。遇有重大的徭役或是丧事，项梁经常主持办理，暗中以兵法的原理
部署宾客、子弟，众人于是知道了项梁的能力。后来项梁果然举兵反秦，派人

去下面各县招了八千精兵，分派各路豪杰分别担任校尉、侯、司马。有一个人没有分配到官职，便提出异议，项梁说："某一天某家有丧事，曾要你去做某事，结果没做好，所以不给你派官。"众人一听，都心服口服。

三国时司马师暗中豢养三千死士，散居民间。诛杀曹爽的时候，一下子把他们全集合到位，人们到底也弄不清这些人都是从哪儿冒出来的。

863. 李 纲

李纲云，古者自五、两、卒、旅，积而至于二千五百人为师，又积而万二千五百人为军，其将、帅、正、长皆素具，故平居恩威，足以相服；行阵节制，足以相使。若身运臂，臂使指，无不可者，所以能御敌而成功。今宜法古，五人为伍，中择一人为伍长；五伍为甲，别选一人为甲正；四甲为队，有队将正副二人；五队为部，有部将正副二人；五部为军，有正副统制官；节制统制官有都统，节制都统有大帅，皆平时选定。闲居则阅习，有故则出战，非特兵将有以相识，而恩威亦有以相服。又置赏功司，凡士卒有功，即时推赏，后有不实，坐所保将帅；其败将逃卒必诛，临阵死敌者，宽主帅之罚，使必以实告而优恤之。又纳级计功之法，有可议者，如选锋精骑，陷阵却敌，神臂弓、强弩劲弓射贼于数百步外，岂可责以斩首级哉？若此类，宜令将帅保明，全军推赏。

其法本于《管子》，但彼寄军令于内政，犹是井田遗意，此则训练长征，尤今日治兵第一务。

【译文】

李纲说：古时军队以每五名士兵为一伍，五伍为两，四两为卒，五卒为旅，累积至五旅为师共二千五百名，又累积五师为军共一万二千五百人。军中各级首领如将、帅、正、长都是平时就设置好的，平日里恩威所加，所以下级都能服从上级，列队出征也能受约束指使，犹如身体运用手臂、手臂驱使手指，没有什么不好办的，所以能对抗敌人，建功立业。现在我们也应当效仿古法，每五人编为一伍，选择其中一人为伍长；五个伍为一甲，另选一人为甲长；四甲为一队，设有正、副队将各一人；五队为一部，设正副部将二人；五部为一军，设正副统制官。统制官由都统控制，都统由大帅控制，这些都是平时选定，闲暇时就操练演习，有事就率兵出战，不但兵将之间彼此熟悉，平日的恩德威严也足以使下级服从。另外设置赏功司，凡是士卒有功，就立即推荐行赏。如果事后发现有虚报战功的，保举的将帅一并受罚。败将逃兵一定要杀，但若是阵前死于敌手的，可以宽免主帅的罪过，为的是让他们据实上报，以便对相关士兵从优抚恤。另外按斩敌人首级计功的方法有值得商榷的地方。如果挑选精锐骑兵冲锋陷阵，或用神臂弓、强弩在数百步外射杀敌人，怎能要求他们砍下敌人首级呢？类似这种情形，就该由各将帅明确上报，全军奖赏。

冯评：这种是从《管子》中学来的办法，不过管子的时代是寓军于民，仍然有井田制度的痕迹，李纲则是在安排常规军的建制，这是当今军备最重要的环节。

864. 战 车

李纲请造战车，曰："虏以铁骑胜中国，其说有三，而非车不足以制之：步兵不足以当其驰突，一也；用车则驰突可御，骑兵马弗如之，二也；用车则骑兵在后，度便乃出，战卒多怯，见敌辄溃，虽有长技，不得而施，三也；用车则人有所依，可施其力，部伍有束，不得而逃，则车可以制胜明矣。靖康间，献车制者甚众，独总制官张行申者可取。其造车之法：用两竿双轮，推竿则轮转。两竿之间，以横木笅之，设架以载巨弩，其上施皮篱以捍矢石，绘神兽之像，弩矢发于口中，而窍其目以望敌。其下施甲裙以卫人员，其前施枪刃两重，重各四枚，上长而下短，长者以御人也，短者以御马也。其两旁以铁为钩索，止则联属以为营。其出战之法则每车用步卒二十五人，四人推竿以运车，一人登车望敌以发弩矢，二十人执牌、弓弩、长枪、斩马刀，列车两旁，重行，行五人，凡遇敌，则牌居前，弓弩次之，枪刀又次之。敌在百步内，则偃牌，弓弩间发以射之。既逼近，则弓弩退后，枪刀进前，枪以刺人，而刀以斩马足。贼退，则车徒鼓噪，相联以进，及险乃止，以骑兵出两翼，追击以取胜。其布阵之法，则每军二千五百人，以五分之一凡五百人为将佐卫兵及辎重之属。余二千人为车八十乘，欲布方阵，则面各用车二十乘，车相联，而步卒弥缝于其间，前者其车向敌，后者其车倒行，左右者其车顺行。贼攻左右而掩后，则随所攻而向之，前后左右，其变可以无穷，而将佐卫兵及辎重之属皆处其中。方圆曲直，随地之便。行则鳞次以为阵，止则钩联以为营，不必开沟堑，筑营垒，最为简便而完固。"

先臣余子俊言：大同宣府地方，地多旷衍，车战为宜。器械干粮，不烦马驮，运有用之城，策不饲之马。"（边批：二句尽车之利）因献图本。及兵部造试，所费不赀，而迟重难行，卒归于废，故有"鹧鸪车"之号，谓"行不得也"。夫古人战皆用车，何便于昔而不便于今？殆考之未精，制之未善，而当事者遂以一试弃之耳。且如秦筑长城，万世为利，而今之筑堡筑垣者，皆云沙浮易圮。赵充国屯田，亦万世为利，而今之开屯者，亦多筑舍无成。是皆无实心任事之人合群策以求万全故也，法曷故哉？呜呼！苟无实心任事之人，即尽圣祖神宗之法制，皆题之曰"鹧鸪"可也！

【译文】

李纲请求建造战车，说："胡人以骑兵战胜中国，原因有三，不用战车无以制服他们：步兵无法抵御骑兵的冲杀，这是其一，用战车则可以抵御冲杀；我们的骑兵质量比不上胡人，这是其二，用战车的话我军骑兵就能隐蔽在车阵后面，寻找合适的机会出击；我军士兵常因心理上的恐惧，遇上敌兵便溃不成军，即使有好的战技，也无法施展，这是其三，使用战车则士兵有所凭恃得以借力，而且便于约束队伍，士兵无法临阵脱逃。如此看来，战车能克敌致胜是很明显的。靖康年间，呈献战车式样的人很多，但只有总制官张行申所呈的可取。他造车的方法是：用两竿两轮，推动长竿车轮就能转动，两竿之间用横木相连，再在横木上架设巨弩，巨弩蒙上皮帐篷抵挡敌人的箭石，帐篷上绘有神兽图案，图案上的兽嘴是发射弓矢的位置，图案上的眼睛挖空用来观察敌人动向。下方设裙甲保护士兵，前方安置两组枪，每组四支，上长下短，长枪用来对付敌人，短枪用来对付敌马。战车的两侧装设铁钩锁链，驻扎时用铁钩互相连结组成军营。出战的用法是：每辆战车配备步兵二十五人，其中四人负责推动长竿，转动车轮。一人站在车顶瞭望敌军，指挥巨弩发射，其余二十人分别持盾牌、弓箭、长枪和斩马刀排列在战车两侧。各分为两行，每行五人。遇到敌兵，最前排是盾牌兵，其次是弓弩兵，最后是枪、刀兵。敌兵在百步之内，盾牌手卧倒，弓弩兵发射；敌人逼近后，弓弩兵后退，刀枪兵上前，长枪刺敌人，斩马刀砍敌马。敌兵撤退就全车士兵呐喊追击，如果碰到险峻地形，就停止前进，命骑兵从两侧追击求胜。布阵的方法是：每军有二千五百人，其中五分之一共五百人是将佐、卫兵及负责辎重的士兵，其余二千人分乘八十辆战车，布成方阵，则每面有二十辆战车，车车相连，步兵就站在车与车的空隙中，前排战车面向敌军进攻，后排战车面向阵后倒行，左右两翼顺势移动，敌人如果攻击左右或从后掩杀，整个方阵便随之调整方向，面向敌军，前后左右可以根据需要随时调整。而将佐、卫兵及负责辎重的士兵都在方阵内部。方阵外形可以根据地形变化作出适应性变化，行进时排列结阵，休兵时连结成营，不必再另行挖沟堑、筑营垒，最是方便坚固。"

冯评：前朝大臣余子俊说："大同宣抚地方，地势空旷平坦，最适合用战车，武器粮饷也不必另用马匹驮负，一个战车队等于运载着有用的城池，使用的却是不吃饲料的马。"于是呈献战车式样图，兵部按图造出样车，花钱不少，行动迟缓，最后都废弃不用，得到个"鹧鸪车"的外号，因为古人说鹧鸪的叫声是"行不得也哥哥"。古人作战都用战车，怎么过去很有用现在就不适用了呢？还是考量不够准确，制作不够精细，负责的人尝试了一下就轻易放弃了。秦始皇筑长城，堪称万世之利，现在所筑的堡垒城墙都像沙土般容易倾毁。赵充国的开边屯田，也堪称万世之利，现在的屯田就是盖几间房，别无成就。这些都是没心思做事的人拿着众人的意见敷衍塞责，哪里是过去的做法过时了呢？唉，没心思做事的人，就是给他圣祖神宗的好办法，也都会被他变成"鹧鸪"的。

865. 吴玠 吴璘

吴玠每战，选劲弓强弩，命诸将分番迭射，号"驻队矢"，连发不绝，繁如雨注，敌不能当。

吴璘仿车战余意，立"叠阵法"，每战以长枪居前，坐不得起，次最强弓，次强弩跪膝以俟，次神臂弓。约贼相搏，至百步内，则神臂先发，七十步，强弓并发。次阵如之。凡阵，以拒马为限，铁钩相连。伤则更代之，遇更代则以鼓为节。骑为两翼蔽于前，阵成而骑退，谓之叠阵。战士心定，则能持满，敌虽锐，不能当也。

璘著《兵法》二篇，大略谓：金人有四长，我有四短。当反我之短，制彼之长。四长曰骑兵，曰坚忍，曰重甲，曰弓矢。吾集番、汉所长，兼收而用之，以分队制其骑兵，以番休迭战制其坚忍，以劲弓强弩制其重甲，以远克近、强制弱制其弓矢。布阵之法，则以步军为阵心，翼以马军，为左右肋，而拒马布两肋之间。

【译文】

南宋吴玠每次作战都要选用强弩，命诸将分队轮流发射，称为"驻队矢"，箭矢连续发射，密集如雨，敌人无法抵挡。

吴玠的弟弟吴璘模仿古代战车的用意，创造了"叠阵法"，每次作战把长枪兵列在最前排，坐下后不许再站起来。第二排是最强弓，然后是次强弩，弩手单膝跪地待命，然后是神臂弓。与敌人厮杀时，敌人到了百步之内，神臂弓先射，七十步之内，强弓、强弩一起发射。每次结阵，都设置拒马枪作为防御，用铁钩相连。如果有人受伤，就换人替代，换人以鼓声为信号。两翼的骑兵上前掩护，阵式排好后骑兵退下，这就叫叠阵。由于士兵能够比较安心，有充分的时间拉满弓弩等候敌兵，即使是精锐的敌兵也难以对抗。

冯评：吴璘著有《兵法》两篇，内容大意是说：金人有四长，我军有四短，应该转化我们的短处来压制敌人的长处。所谓四长是：骑兵、坚忍、重甲、弓矢。我们兼取敌我双方的优点，加以综合运用，用分散部队来牵制敌人骑兵，用轮番作战消耗敌人的坚忍，用劲弓强弩穿透敌人的重甲，用弓箭射程优势压制敌人的弓矢。布阵的方法是以步兵为兵阵的核心，以骑兵为辅翼分布左右两肋，再在两肋之间的空隙设置拒马枪。

866. 九军阵法

熙宁中，使六宅使郭固等讨论"九军阵法"，著之为书，颁下诸帅府，副藏秘阁。固之法：九军共为一营阵，行则为阵，住则为营，以驻队绕之。若依古法，人占地二步，马四步，军中容军，队中容队，则十万人之阵，占地方十里余，天下岂有方十里之地无丘阜沟涧林木之碍者？兼九军共以一驻队为篱落，则兵不复可分，如九人共一皮，分之则死，此正孙武所谓"縻军"也。予再加详定，谓九军当使别自为阵，虽分列左右前后，而各占地利，以驻队外向自绕，纵越沟涧林薄，不妨各自成营，金鼓一作，则卷舒合散，浑浑沦沦，而不可乱。九军合为一大阵，则中分四衢，如井田法，九军皆背背相承，面面相向，四头八尾，触处为首。上以为然，亲举手曰："譬如此五指，若共为一皮包之，则何以施用。"遂著为令。出《补笔谈》。

【译文】

北宋熙宁年间，命六宅使郭固等讨论"九军阵法"，写成兵书，下发各帅府，副本藏于秘阁。郭固的阵法：九军共组成一个营阵，行则为阵，住则为营，阵外以驻队环绕。如果依照古法计算，每个人占地两步，每匹马占地四步，军中有军，队中有队，那么十万人的阵营占地十多里，天底下哪有方圆十多里而没有沟涧、树木阻碍的呢？九军共同由一个驻队环绕防守，九军士兵就不能分开，犹如九个人共用一张皮，分割开就得死，这正是孙武说的"縻军"。我再加以重新审定，认为九个军应该让他们各自为阵，分别排列于自己的位置，各自按地形灵活设定，再由驻队围绕在外，即便是横跨沟涧、丛林，也能各自成营。金鼓一响，便能从容进退分合，是一个有机的整体，不会混乱。九军合起来成为一个大阵，中间有四条道路，犹如井田。九军彼此间背靠背、面对面，四头八尾，不论敌人从哪个方向进攻，受攻击的一方就是阵首。神宗皇帝认为颇有道理，便举起自己的手说："就好像这五根手指，若是用一张皮将它们紧紧包住，那还怎么用呢？"于是将此内容也定为标准。出自沈括《补笔谈》。

867. 撒星阵

张威自行伍充偏裨，其军行，必若衔枚，寂不闻声，每战必克，金人惮之。荆鄂多平野，利骑不利步。威曰："彼铁骑一冲，则吾技穷矣。"乃以意创"撒星阵"，分合不常，闻鼓则聚，闻金则散，每骑兵至则声金，一军輒分数十簇。金人随分兵，则又趋而聚之，倏忽间分合数变，金人失措，然后纵击之，以此輒胜。

威临阵战酣，则两眼皆赤，时号"张红眼"云。

【译文】

南宋张威从普通士兵一点点升为偏将、裨将，他的士兵行军都好像是衔枚一般，鸦雀无声。每战必胜，金人闻风丧胆。荆鄂一带多平原，适合骑兵而不利于步兵。张威说："金人铁骑一阵冲杀，我们就毫无办法了。"于是独创"撒星阵"，队伍分合无常，听到鼓声就集合，听到金声就散开。敌人骑兵一到就鸣金，军队分为几十簇。金人随即也分兵，张威又击鼓聚兵，短时间内几次分合，金兵不知如何是好，然后纵军出击，由此获胜。

冯评：张威上阵厮杀到激烈的时候，总是两眼发红，当时人称"张红眼"。

868. 鸳鸯阵

戚继光每以"鸳鸯阵"取胜。其法：二牌平列，狼筅各跟一牌，每牌用长枪二支夹之，短兵居后。遇战，伍长低头执挨牌前进，如已闻鼓声而迟留不进，即以军法斩首。其余紧随牌进。交锋，筅以救牌，长枪救筅，短兵救长枪；牌手阵亡，伍下兵通斩。

【译文】

明朝大将戚继光经常靠"鸳鸯阵"取胜。具体做法是：两名盾牌兵并排在阵前，盾牌兵之后各有一名狼筅兵，盾牌兵的两旁各有两名长枪兵，后面是短刀兵。作战时，盾牌兵手持盾牌低头前进，如果听到击鼓前进的号令，却迟疑不前，就以军法论斩，其余士兵紧随盾牌跟进。双方交战时，狼筅兵负责保护盾牌兵，长枪兵负责救援狼筅兵，短刀兵负责保护长枪兵。一旦盾牌兵阵亡，那么一组士兵一律处斩。

869. 郭忠武

定襄侯郭登（谥忠武），一年百战，未尝挫衄。以己意设为"搅地龙"、"飞天网"：凿深堑，覆土木，人马通行，如履实地；贼入围中，令人发其机，自相击撞，顷刻十余里皆陷。

今其法想尚存，何不试之？

【译文】

明朝的定襄侯郭登（谥忠武）一年经历上百场战斗，从未战败。他独出心裁创设"搅地龙"、"飞天网"：在地下挖掘深沟，表面用土木盖好，人马可以在上面通行，跟走在一般的地面上没什么不同。一旦敌人进入，就命人发动机关，一下子东碰西撞方圆十里的地面全都塌陷了。

冯评：现在这办法想必还在世间流传，何不拿来试试？

870. 轮 囤

政和中，晏州夷酋卜漏反。漏据轮囤，其山崛起数百仞，林箐深密，垒石为城，外树木栅，当道穿坑井，仆巨柿，布渠答，夹以守障。官军不能进。时赵遹为招讨使，环按其旁，有崖壁峭绝处，贼恃险不设备，又山多生猱，乃遣壮丁捕猱数千头，束麻作炬，灌以膏蜡，缚之猱背。于是身率正兵攻其前，旦夕战，羁縻之。而阴遣奇兵，从险绝处负梯衔枚，引猱上，既及贼栅，出火燃炬，猱热狂跳，贼庐舍皆茅竹，猱窜其上，辄发火，贼号呼奔扑，猱益惊，火益炽，官军鼓噪破栅。遹望见火，直前迫之，前后夹攻，贼赴火堕崖，死者无算。卜漏突围走，追获之。

邓艾自阴平袭蜀，行无人之地七百余里，凿山通道，造作桥阁，山高谷深，至为艰险。艾以毡自裹，推转而下，将士皆攀木缘崖，鱼贯而进。其功甚奇，而其事甚险。夫计程七百，非一日之行也；凿山构阁，非一日之功也。即平日不知儆备，而临时岂无风闻？岂皓等蒙蔽，庸禅怡堂，如所谓置羽书于堂下者乎？不然，艾必无幸矣。赵遹之用猱，出于创奇，亦由贼不设备而然，故曰："凭险者固，恃险者亡。"李光弼军令严肃，虽寇所不至，警逻不少懈，贼不能入。如是则必无阴平、轮囤之失矣。

《元史》：金人恃居庸之塞，冶铁锢关门，布铁蒺藜百余里，守以精锐。元祖进师，距关百里，不能前。召扎八儿问计，对曰："从此而北，黑树林中有间道，骑行可一人，臣向尝过之，若勒兵衔枚以出，终夕可至。"元祖乃令扎八儿轻骑前导，日暮入谷。黎明诸军已在平地，疾趋南口。金鼓之声，若自天下。金人犹睡未知也，比惊起，已莫能支。关门既破，中都大震，金人遂迁汴。夫以极险之地，迫于至近而金不知备，此又非阴平之可比矣！

【译文】

北宋徽宗政和年间，晏州彝族首领卜漏造反。卜漏占据轮囤，在数百仞高的山上，林木茂盛，他用山石围成城墙，外围再设置木栅，除山道挖了陷阱外，又布设了许多大树桩和铁蒺藜作为抵御官军围剿的屏障。官军无法进剿。当时赵遹任招讨使，环顾四周的地形，发现轮囤边上有一面是峭壁，贼兵恃险而并不设防，又发现山中有许多猿猴，于是派身手矫健的部下捉了好几千头猿猴，捆扎麻草、浇上油膏，绑在猿背上。赵遹亲自率兵正面攻打贼寨，早晚骂阵牵制贼兵，另外暗中派兵带着猿猴由峭壁攀岩而上。到了贼人木栅附近，点燃猿猴背上的麻草，猿猴被烧，叫跳狂奔，贼人的屋舍多是茅、竹搭建，猿猴窜到房顶上便点着了房子。贼人惊呼灭火，猿猴更加慌乱逃窜，火势也更加猛烈，官军们乘机喊杀，攻破了木栅。赵遹见围中火起，也率军突击，前后夹攻，贼兵被火烧死的、坠崖摔死的不计其数。卜漏突围逃走，不久后也被追到抓获。

冯评：三国时邓艾由阴平偷袭蜀国，走了七百多里荒无人烟的山路，一路开山通路，造桥搭梯，山高谷深，备受艰辛。邓艾自己曾身裹毛毡，滚到山下。将士们攀附木石，沿着山崖，鱼贯而进。邓艾的功迹令人称奇，但其过程也十分冒险。七百里不是一天能走完的路，开山造桥也不是一天能完成的工作。就算蜀军平日不知戒备，到那时还没有听到风声？难道是在黄皓等人的蒙蔽下，庸碌的刘禅只知享乐，把告急公文都扔在一边不看？否则的话，邓艾一定没有好下场。赵遹用猿猴，固然是出于创新，但也是由于贼人不加防备，才使赵遹有机可乘。所以说，以险为凭可以固守，恃险不备必定败亡。唐朝的李光弼带兵号令严明，即使贼寇根本不可能到的地方，军中的巡逻警戒也丝毫不敢懈怠，所以敌人根本无法攻入。这样才不会有阴平、轮囤的事发生。

《元史》记载，金人占据居庸关的险要地势，用铁水浇注关门，又铺设一百多里的铁蒺藜，并派精锐部队驻守。元太祖成吉思汗率兵进军居庸关，在离关百里外就无法再向前推进，于是召来扎八儿问计。扎八儿说："从这里朝北走，有座黑树林，树林中有一条小道，只能容一匹马走，臣以前曾经走过这条路，若是命令士兵衔枚穿过，一天时间就够了。"太祖于是令扎八儿率轻骑为先锋，黄昏时入谷，到黎明时大军已到了平地。大军直扑南口，金鼓之声有如从天而降，金兵还在沉睡，什么都不知道，等被鼓声惊醒，已无力抵御。居庸关被攻破，中都震惊，金人只好迁都到汴。那样险要的地方，敌人都逼到眼前了金人还不知道防备，这又不是阴平的事可以相比的。

871. 凯口囤

嘉靖十六年，阿向与土官王仲武争田构杀。仲武出奔，阿向遂据凯口囤为乱。囤围十余里，高四十丈，四壁斗绝，独一径尺许，曲折而登。山有天池，虽旱不竭，积粮可支五年。变闻，都御史陈克宅、都督佥事杨仁调水西兵剿之。

宣慰使安万铨素骄抗不法，邀重赏乃行，提兵万余，屯囤下。相持三月，仰视绝壁，无可为计者。独东北隅有巨树，斜科偃蹇半壁间，然去地二十丈许。万铨令军中曰："能为猿猱上绝壁者，与千金！"（边批：重赏之下，无不应者）有两壮士出应命。乃锻铁钩傅手足为指爪，人腰四徽一剑，约至木憩足，即垂徽下引人，人带铳炮长徽而起。候雨霁，夜昏黑不辨咫尺时，爬缘而上，微闻剌剌声，俄而崩石，则一人坠地，骸骨泥烂矣。俄而长徽下垂，始知一人已据树。乃遣兵四人，缘徽蹲树间，壮士应命者复由木间爬缘而上，至囤顶。适为贼巡檄者鸣锣而至，壮士伏草间，俟其近，挥剑斩之，鸣锣代为巡檄者，贼恬然不觉也。垂徽下引树间人，树间人复引下人，累累而起，至囤者可二三十人，便举火发铳炮，大呼曰："天兵上囤矣。"贼众惊起，昏黑中自相格杀，死者数千人。夺径而下，失足坠崖死者又千人。黎明，水西军蚁附上囤，克宅令军中曰："贼非斗格而擅杀，及黎明后殿者，功俱不录。"（边批：非严也，刻也，所以表功）。自是一军解体，相与卖路走贼，阿向始与其党二百人免。囤营一空，焚其积聚，乃班师。留三百官兵戍囤。

凯口之功奇矣！顾都御史幕下岂乏二壮士，而必令出自水西乎？宜土官之恃功骄恣，乱相寻而不止也。至于阿向之局未结，而遽尔班师，使薄戍孤悬，全无犄角，善后万全之策果如是乎？其后月余，阿向复纠党袭囤，尽杀戍卒。向以中敌，今还自中。复忽按察佥事田汝成之戒，轻兵往剿，自取挫衄。昔日奇功，付之煨烬。吁！书生之不足与谈兵也久矣，岂独一克宅哉！田汝成上克宅书，谈利害中窾，今略附于左。汝成闻克宅复勒兵剿囤，献书曰："窃料今日贼势，与昔殊科；攻伐之策，亦当异应。往往一二枭獍，负其窟穴，草窃为奸者，皆内储粮糈，外翼党与，包藏十有余年，乃敢陆梁，以延岁月。今者诸贼以亡命之余，忧在沟壑，冒万死一生之计，欢呼而起，非有旁寨渠酋通谍结纳，拥群丑以张应援也。守弹丸之地，跧伏其中，无异瓮缶；禳升斗之粮，蹑尺五之道，束腓而登，无异哺鷇。非素有红粟朽贯积之仓庾，广畜大豕肥牛以资击剥也，失此二者，为必败之形。而欲摄枵腹，张空拳，瞋目而前，以膺貙虎，是曰刀锯之魂，不足虑也！然窃闻之，首祸一招，而合者三四百人，课其十日之粮，亦不下三四十石，费亦厚矣。而逾旬不馁者，无乃有间道捷径偷输潜挽以给其中者乎？不然何所恃以为生也？夫蛮陬夷落之地，事异中原。譬之御寇于洞房委巷之中，搏击无所为力。故征蛮之略，皆广列伏候，扼险四塞以困之。是以诸贼虽微，亦未可以薅食屠剪。唯在据其要害，断其刍粟之途，重营密栅，勤其间觇，严壁而居，勿与角利，使彼进无所乘，退无所逸，远不过一月，而赢疲之尸藁磔庑下矣。若夫我军既固，彼势益孤，食竭道穷，必至奔突，则溃围之战，不可不虑也。相持既久，观望无端，我忽而衰，彼穷而锐，或晨昏惰卧，刁斗失鸣，则劫营之虞不可不备也。防御既周，奸谋益窘，必甘辞纳款，以丐残息，目前虽可安帖，他日必复萌生，则招抚之说不可从也。朕见宵人，狃于诡道，欲出不意以徼一获；彼既鉴于前车，我复袭其故辙，不唯徒费，抑恐损威，则偷囤之策不可不拒也。至于事平之后，经画犹烦"云云。

【译文】

　　明嘉靖十六年，阿向与土官王仲武因争田地而互相斗殴，王仲武出逃，阿向占据凯口囤，聚众为乱。凯口囤方圆十多里，高四十丈，四面是陡峭的山崖，只有一条一尺多宽的小径可以上山。山顶有座天然的大池，即使天旱水也不会干涸，囤内积存的粮食足足可吃上五年。阿向作乱的消息传出，都御史陈克宅、都督佥事杨仁征调水西兵前往围剿。宣慰使安万铨平素骄傲抗命，行事不法，索取了重赏才肯出发，率领一万多名士兵驻守凯口囤的山下，与阿向对峙达三个月，仰视高山绝壁，始终想不出一个好办法。只有山崖的东北角有一棵巨大老树生于峭壁上，大树枝干茂盛，树根离地约有二十多丈。安万铨下令说："谁能像猴子般沿着崖壁爬上去的，赏千金！"有两名壮士愿意一试。于是打造了铁钩绑在两人手脚上，每人腰间挂着四根长绳和一把利剑，约定爬到大树上就休息，然后垂下绳索接应山下的人，下面的人再带上铳炮长绳往上爬。等到雨停，天色昏暗，伸手不见五指，两名壮士刚开始往上攀爬。忽然隐约听见刺刺声，一会儿山石崩坠，一名壮士掉了下来，当场摔成了肉饼。过了一会儿，长绳垂下，这才知道另一名壮士已攀上大树。安万铨立即派四名士兵顺着垂下的长绳爬上树蹲着。这些受命的勇士再从树顶继续爬上囤顶，正碰上贼兵敲着锣巡逻警戒，壮士埋伏在草丛中，等巡逻兵一靠近，就挥剑杀了贼兵，然后假冒贼兵敲着锣报平安，所以贼营丝毫没有察觉。壮士再垂下绳索接引树上的士兵，树上的士兵接引下面的士兵，如此往复，已有二三十名士兵登上囤顶，于是点火放炮，同时大喊："天兵上囤了！"贼人慌忙起来应战，黑暗中自相残杀而死的就有数千人，从小路拥挤逃命失足坠下悬崖的又有千人。第二天黎明，水西军像蚂蚁般沿着小径上山，陈克宅下令说："不格斗反抗而随意杀死贼兵的以及黎明后上山的，一律不记军功。"于是士兵全无杀贼之心，纷纷收受贼人贿赂私下放人，阿向和二百多贼人这才侥幸逃脱。官军把囤营抢劫一空，烧毁了积粮后，就班师而回，只留下三百名士兵驻守。

冯评：凯口囤的功绩确实令人称奇，只是都御史手下难道真找不到两名壮士，非要让水西兵担当不可？难怪土官会恃功骄横，不断生事作乱了。至于阿向的事件还没有全部处理完毕就草率班师，只留下三百名官兵孤立戍守，没有互相的照应，妥善处理后事的万全之策难道就是这样？后来一个多月，阿向又聚众袭击凯口囤，悉数杀死戍卒。原来是这样剿灭对手，现在自己同样中招。另外，陈克宅轻视按察金事田汝成的忠告，轻率剿贼，终于自取其辱，当初的战功，毁于一旦。唉！不能与书生谈论兵事，岂止是一个陈克宅而已呢！田汝成给陈克宅的信中，谈论讨灭贼人的要点十分中肯，现在抄录如下。田汝成在听说陈克宅又调兵剿灭凯口囤贼兵时，上书说："我想现在贼人的情势已不同于往昔，我们应对的策略也应该相应发生变化。过去，一两个逆贼盘踞老巢谋反作乱，都必须储备充足的粮草，在外勾结其他盗匪，经过十多年的筹划，才敢公然举事，以求支撑一段时间。然而现在这些贼人都是亡命天涯的残余势力，敢冒万死而求一生，贸然起事，并非有其他势力相助，互相勾结，彼此呼应。他们占领一块小地方，蜷伏其中，其实不堪一击。靠着一丁点粮草，一条羊肠小道出入上下，简直就是弱不禁风。并没有充足的粮草钱财，也没有肥硕的牛羊牲畜。凭这两条，他们都是必败无疑的。想空着肚子，捏着拳头，瞪着眼睛来对付如狼似虎的官军，那就是刀下之鬼的妄想，不值得顾虑。然而我却听说阿向振臂一呼，就有三四百人归附他，算他们每人携带十天的粮食，也不下三四十石，这也算是很高的花费了。但他们十几天都不见缺粮，难道有人暗中从密道偷偷运送粮食给他们？不然他们如何维持生计呢？蛮夷地方的事和中原不同，就好像在房舍小巷中打斗，无法施展身手，所以征讨蛮人都采取全面侦查、据守险要的策略加以围困。所以贼人即便人数不多，也无法靠简单的武装行动一举歼灭。只能严守出入要道，阻断其运粮途径，设立重重营栅，严密监视，固守防御，不可轻易出战。让贼人进无所得，退不能安，过不了一个月，贼兵一定又累又饿地纷纷死于我军帐前。我军愈是严密固守，贼兵的势力也愈发孤立，粮食将尽，走投无路，贼人一定会突围，那时反突围的战斗一定是艰苦的。两军相持时间一长，互相观望，我军或许会士气衰退，贼兵或许会久困发奋，我军一旦因为睡得晚了或报警懈怠，贼兵会发动劫营的攻击，这不可不防。我军真能严密防守，贼兵无计可施，或许会说尽好话，奉上珍宝，以求活命。如果接受，眼前也许能解决问题，但不久后一定会再生变乱，所以归降万万不能接受。目光短浅的人又往往相信出其不意地击败贼人，但贼兵对以前上过的当都有所反思，我们还用老办法，不仅白费工夫，更恐怕会损害威名，所以偷袭的策略一定要打消。至于平定贼人之后，善后工作也很麻烦。

872. 太子晃

魏主以轻骑袭柔然，分兵为四道。魏主至鹿浑谷，遇敕连可汗。太子晃曰："贼不意大军猝至，宜掩其不备，速进击之。"尚书刘洁曰："贼营尘盛，其众必多，不如须大军至击之。"晃曰："尘盛者，军士惊扰也，何得营上而有尘乎？"魏主疑之，不急击。柔然遁，追之不及。获其候骑，曰："柔然不觉魏军至，惶骇北走，经六七日，知无追者，始乃徐行。"魏主深悔之。

栾枝使舆曳柴而伪遁，是又诈扬尘以诱敌，不可不知。

【译文】

北魏主派轻骑兵袭击柔然，分兵四路。魏主行军到鹿浑谷，就遭遇敕连可汗。太子晃向魏主说："贼人料不到我们大军会突然到达，应该乘其不备，快速进击。"尚书刘洁说："贼营中尘土冲天，人数必然众多，不如等我大军会齐后再出兵。"太子晃说："尘土冲天，是贼兵惊慌害怕所引起的，哪有营中无端尘土飞扬的呢？"魏主游移不定，没有急攻。柔然兵逃跑了，没有追到，后来掳获一名柔然的侦察兵，他说："柔然不知魏军到来，惊慌之下向北方逃去，过了六七天，确定魏军没有追来，这才放慢速度。"魏主后悔不已。

冯评：春秋时栾枝命马车后面拖着柴枝假装全军逃跑，这又是故意制造尘土飞扬来诱敌，不可不知。

873. 冰 城

司马楚之别将督军粮，柔然欲击之。俄军中有告失驴耳者，楚之曰："此必贼遣奸入营觇伺，割以为信耳。贼至不久，宜急为备。"乃伐柳为城，以水灌之，城立而柔然至，冰坚滑不可攻，乃散走。

【译文】

北魏的司马楚之担任副将督运粮车，柔然人想出兵攻击。不久，营中有人报告发现驴子的耳朵被人割掉了。司马楚之说："这一定是柔然的奸细混入营区刺探军情，割了驴耳以为凭证。贼人不久就要来攻了，应该赶快加紧防备。"于是命人砍伐柳树筑成城栅，再在柳栅上浇水。柳栅筑好后，柔然兵也来到栅下，柳栅上结了一层冰，又硬又滑无法攀援，柔然人只好退兵了。

874. 张魏公

绍兴中，虏趋京，所过城邑，欲立取之。会天大寒，城池皆冻。虏籍冰梯城，不攻而入。张魏公在大名，闻之，先弛濠鱼之禁，人争出取鱼，冰不得合，虏至城下，睥睨久之，叹息而去。

【译文】

南宋绍兴年间，金人进逼京城，所经过的城邑，都要很快攻占。这时正值大冷天，护城河水都结了厚冰，金人可以在冰层上直接架梯攀城，十分容易。张浚在大名，听说后，下令取消禁止百姓捕鱼的禁令，百姓争相去护城河凿冰捞鱼，金人来到城下，观望许久，叹息离去（译者按：此南宋张永事，与张浚无关）。

875. 垣崇祖

魏师二十万攻豫州，刺史垣崇祖欲治外城，堰肥水以自固。众恐劳而无益，且众寡不敌。崇祖曰："若弃外城，虏必据之，外修楼橹，内筑长围，则坐成擒矣。"乃于城西北堰肥水，堰北筑小城，周为深堑，使数千人守之，曰："虏见城小，以为一举可取，必悉力攻之，以谋破堰，吾临水冲之，皆为流尸矣。"魏果攻小城，崇祖著白纱帽，肩舆上城，决堰下水，魏人溺死千数，遂退走。

【译文】

北魏发动二十万大军进攻豫州，南齐豫州刺史桓崇祖想整治外城，建水坝拦截肥水以求自保。其他官员认为吃力不讨好，而且敌我兵力悬殊，起不到什么作用。垣崇祖说:"如果我们放弃外城,敌兵一定会占据,在外修筑瞭望台,在内再筑一道长的工事,那我们只能坐以待毙了。"于是在城的西北边筑水坝拦截肥水,在水坝北边另筑一个小城,在小城四周挖了很深的壕沟,派几千人防守。垣崇祖说:"敌人见这城小,认为容易攻占,一定全力攻打,好破坏水坝。我们就乘机放水去冲,敌兵就全成浮尸了。"魏军果真攻打小城,垣崇祖戴着白纱帽,坐着小轿登上城,命人破坏水坝放水,魏军被淹死不下数千人,于是只有撤退了。

876. 柴 潭

孟珙攻蔡,蔡人恃柴潭为固,外即汝河。潭高于河五六丈,城上金字号楼伏巨弩,相传下有龙,人不敢近。将士疑畏。珙召麾下饮酒,再行,谓曰:"此潭楼非天造地设,伏弩能及远,而不可射近,彼所恃,此水耳。决而注之,涸可立待。"遣人凿其两翼,潭果决,实以薪苇,遂济师,攻城克之。

【译文】

南宋孟珙攻打蔡州,蔡州人依仗柴潭固守,柴潭之外就是汝河,潭比汝河高出五六丈。城上有座金字匾额的城楼,上面有一张大弩,相传其下有龙,一般人都不敢轻易接近。孟珙的军将也都有些害怕。孟珙宴请各将领,酒过三巡后,孟珙说:"其实这潭楼不是天造地设的,大弩只能射远,不能射近,敌人所仰仗的只是这潭水,如果能将潭水开决引到汝河中,那么它立刻就干涸了。"于是派人从潭的两侧凿开水道,潭水放干后在干涸的潭底铺上柴草,于是全军安然通过,攻下蔡州。

877. 宗 泽

宗泽以计败却金人,念敌众十倍我,今一战而退,势必复来,使悉其铁骑夜袭吾军,则危矣。乃幕徙其军。金人夜果至,得空营,大惊,自是惮泽不敢犯。

【译文】

北宋的宗泽用计击退金兵,想到金人兵力比我方多十倍,一战败退,势必卷土重来，如果金人发动全部骑兵夜晚突击宋军营地，那么就危险了。于是宗泽连夜迁移军队。金人果然趁夜偷袭，发现整个营寨空无一人，大为惊讶，从此对宗泽十分忌惮，不敢轻易交手。

878. 浮梁 二条

晋副总管李存进造浮梁于德胜。旧制浮梁须竹笮、铁牛、石囷。存进以苇笮维巨舰，系于玉山巨木，逾月而成。浮梁之简便，自存进始，

唐池州人樊若水，举进士不第，因谋归宋。乃渔钓于采石江上，乘小舟，载系绳维南岸，疾棹抵北岸，以度江之广狭。因诣阙上书，请造浮梁以济。议者谓江阔水深，古未有浮梁而济者，帝不听，擢若水右赞善大夫，遣石全振往荆湖，造黄黑龙船数千艘。又以大舰载巨竹絙，自荆渚而下，先试于石碑口。移置采石，三日而成，不差寸尺。

【译文】

五代时，后晋的副总管李存进在德胜建造浮桥。过去建浮桥用竹索、铁牛、巨石。李存进却用苇索绑在大船上，然后固定在土山的大树上，一个多月就把浮桥造好了。浮桥的简易造法，就是从李存进开始的。

南唐池州人樊若水参加进士考试落榜后，想投效宋朝，他先假装在采石矶附近的江上钓鱼，乘着小船，先把绳索系在南岸，然后划船驶向北岸，以此测量江面的宽窄。接着到京城上书请求建造浮桥。有人说，江面广阔，江水又很深，自古以来从没有人造浮桥渡河的。太祖不听，擢升樊若水为右赞善大夫，派石全振前往荆湖，督造黄黑龙船数千艘。又用大船装载竹索从荆湖顺流而下，先在石碑口试造浮桥，再移至采石矶，三天之内全部完成，尺寸完全吻合。

879. 韦孝宽

魏韦孝宽镇玉壁。高欢倾山东之众来攻，连营数十里，直至玉壁城下。城南起土山，欲乘之以入城。城上先有两楼，直对土山，孝宽更缚木接之，令极高。欢遂于城南凿地道，又于城北起土山，攻具昼夜不息。孝宽掘长堑，简战士屯堑，每穿至堑，战士辄擒杀之，又于堑外积柴贮火，敌人有在地道者，便

下柴火，以皮排吹之，火气一冲，咸即灼烂。城外又造攻车，车之所及，莫不摧毁，虽有排楯，亦莫能抗。孝宽令缝布为幔，随其所向，布悬空中，车不能坏。城外又缚松于竿，灌油加火，欲以烧布焚楼。孝宽使作长钩利刃，火竿一来，钩刃遥割之。城外又四面穿地，作二十一道，分为三路，于其中各施梁柱，以油灌柱，放火烧之，柱折，城并崩陷。孝宽随其崩处，竖木栅以捍之，敌终不得入。欢智勇俱困，因发疾遁去，遂死。

【译文】

南北朝时东魏韦孝宽镇守玉壁。高欢尽率山东兵力来攻，营地连绵数十里，一直到玉壁城下。高欢在城的南面堆起土山，想乘势攻入城中。城上本来就有二座楼台，正对着土山，韦孝宽在楼台上再搭建木架，使之更高。高欢于是在城南挖掘地道，又在城北堆起土山，白天晚上轮番进攻。韦孝宽挖掘一条很长的深沟，挑选士兵守在沟边，每当高欢的士兵挖地道到了深沟，韦孝宽的士兵就擒杀他们。又在深沟外堆积木柴，备好火种，见敌人在地道里，就向下丢木柴、火把，并用皮囊鼓风，火焰扑到，敌人都被烧得皮焦肉烂。高欢造攻城车来撞城门，车到之处，所向披靡，即便有排楯也无法抵御。韦孝宽就命人把布缝接起来做成帐幕，随着敌车的来势张开帐幕，攻城车无法损坏它。高欢命人在竹竿上绑上松枝，浇上油脂点上火，想烧布幔和城楼。韦孝宽便令人制造带有利刃的长钩，一见敌人的火竿，就用长钩远远地把它割断。敌人又在城四面挖凿二十一条地道，分为三路，中间立有梁柱，再浇上油放火烧梁柱，柱子被烧断，城墙随之塌陷。韦孝宽在塌陷的地方重新架设木栅来支撑，敌兵还是无法攻入。高欢心智、体力均已耗尽，终于旧疾发作，撤退后不久就死了。

880. 羊侃　杨智积

侯景之围台城也，初为尖顶木驴来攻，矢石不能制。侃作雉尾炬，施铁镞，灌以油，掷驴上，焚之立尽。俄又东西两面起土山临城，城中震骇。侃命为地道，潜引其土，山不能立。贼又作登城楼车，高十余丈，欲临射城内。侃曰："车高堑虚，彼来必倒，可卧而观之，无劳设备矣。"车动果倒。贼既频攻不克，乃筑长围，朱异等议出击之，侃曰："不可，贼久攻不克，其立长围，欲引城中降人耳。今击之，兵少不足破贼，若多，万一失利，门隘桥小，自相蹂践，必大挫衄，此自弱也，"异不从，一战败退，争桥赴水死者大半。后大雨，城内土崩，贼乘之，垂入，侃令多掷火把，为火城以断其路，而徐于内筑城，贼卒不能进。未几，侃遘疾卒，城遂陷。

杨智积，隋文帝侄也。杨玄感反，攻城，烧城门，智积于内益薪以助火势，贼不能入。

【译文】

南朝梁时侯景包围台城，刚开始用尖顶木驴攻城，矢石对它无可奈何。羊侃造出雉尾炬，绑在铁质箭头上，淋上油脂，点燃后丢在木驴上，顿时把木驴烧成灰烬。侯景又命人在台城的东、西两面堆起土山，压制城中，城中人大为惊慌。羊侃命人挖掘地道，从地下挖空土山使之倒塌。侯景又命人建造登城楼车，高十几丈，想在楼车上居高临下向城中射箭。羊侃说："楼车那么高，城外的战壕没那么扎实，他们来了一定会摔倒，我们躺着观看就行了，根本无需防备。"果然车刚一动，立刻就摔倒了。侯景屡攻不下，就修筑了一道很长的围墙，朱异等人商议出击，羊侃说："不行，侯景屡攻不下，现在修筑围墙，是要引诱我们城里的人出去投降。现在我们出击，如果派出的兵力太少，不足以击败敌人；如果派出大军，万一战败，城门吊桥狭窄，相互践踏必定造成伤亡，这样我军就被削弱了。"朱异等人不相信，一战败退，士兵们争着过桥，结果落水淹死一大半人。后来天下大雨，城内土崩，敌人乘机进攻，几乎要破城而入。羊侃命士兵丢掷火把，用火势来阻挡敌人入城，慢慢地再在城内另建一城，侯景终究无法破城。但没多久，羊侃患病去世，台城终于陷落了。

杨智积是隋文帝的侄子，杨玄感起兵造反时前来攻城，火烧城门，杨智积在城内命士兵同时放火助长火势，贼人无法入城。

881. 张 巡

尹子奇围睢阳，张巡应机守备。贼为云梯，势如半虹，置精卒二百于其上，推之临城，欲令腾入。巡预于城潜凿三穴，候梯将至，一穴中出大木，末置铁钩钩之，使不得退；一穴中出一大木，柱之使不得进；一穴中出一木，末置铁笼，盛火焚之。贼又以钩车钩城上棚阁，巡以大木置连锁大环，拨其钩而截之。贼又造木驴攻城，巡熔金汁灌之。贼又以土囊积柴为磴道，欲登城，巡潜以松明、干蒿投之，积十余日，使人顺风持火焚之。贼服其智，不敢复攻。

【译文】

　　唐朝安史之乱时安禄山的部将尹子奇围攻睢阳，张巡应敌守备。贼兵做了云梯，形状像半道彩虹，派二百名精锐士兵在上面，然后将云梯推向城边，想让士兵跳入城中。张巡事先在城上挖凿三个洞穴，等云梯靠近，一个洞中伸出大木头，末端绑上一个铁钩钩住云梯使它不能后退；另一个洞再伸出一根大木头抵住云梯使它不能前进；第三个洞伸出的大木头末端装有个铁笼，上面放着一盆火专门烧云梯。贼兵又用钩车来钩伸出城外的棚阁，张巡就用一根大木桩末端系上铁环，用来套住钩头，并把钩头截断。贼兵又造木驴攻城，张巡就用烧熔的金属浇木驴。贼兵又用布袋盛装柴草铺设登上城楼的道路，想借此入城，张巡暗地用干枯的松枝和干草扔在上面，十多天后，教人顺着风势点火焚烧。贼兵佩服张巡的机智，不敢再攻城了。

882. 王禀守城

　　金粘罕攻太原，悉破诸县，独城中以张孝纯、王禀固守不下。其攻城之具，曰炮石、洞子、鹅车、偏桥、云梯、火梯，凡有数千。每攻城，先备克列炮三十座，凡举一炮，听鼓声齐发，炮石入城者大于斗，楼橹中炮，无不坏者。赖总管王禀先设虚栅，下又置糠布袋在楼橹上，虽为所坏，即时复成。粘罕填壕之法，先用洞子，下置车转轮，上安居木，状如屋形，以生牛皮缦上，又以铁叶裹之，人在其内，推而行之，节次相续，凡五十余辆，人运土木柴薪于中。粘罕填壕，先用大板薪，次以荐覆，然后置土在上，增覆如初。王禀每见填，即先穿壁为窍，致火鞴在内，俟其薪多，即便放灯于水中，其灯下水寻木，能燃湿薪，火既渐盛，令人鼓鞴，其焰亘天，至令不能填壕。其鹅车亦如鹅形，下亦用车轮，冠之以皮铁，使数十百人推行，欲上城楼。王禀于城中亦设跳楼，亦如鹅形，使人在内迎敌。鹅车至，令人在下以搭钩及绳拽之，其车前倒，又不能进。其云梯、火梯亦用车轮，其高一如城楼，王禀随机应变，终不能攻。

【译文】

　　北宋时金将粘罕攻打太原，各县都被击破，只有太原城中张孝纯、王禀坚守而无法攻克。金人攻城的战具有炮石、洞子、鹅车、偏桥、云梯、火梯等，所有战具加起来有几千之多。每次攻城时，先排列"克列炮"三十座，每放一炮，便以鼓声为号同时发射，每颗射入城中的炮弹都有斗般大，所以被击中的城楼没有不毁坏的。幸好总管王禀事先就在城垣前另建一排栅栏，并在栅栏后堆置糠袋，所以被击坏的城楼，很快就能修复。粘罕填平守城濠沟的方法，先用洞子，就是板车上另架设巨木造成房屋形状，外罩生牛皮，并用铁片包裹，士兵躲在其中，靠人力推行，前后相连，共五十多辆，士兵在车上运送土石木柴。粘罕填濠沟的次序，底层用板材，再用干草，再用沙土，以此类推。王禀见金人填濠，就在城墙挖凿孔洞放置风箱，等金兵在濠沟中堆积了足够的木柴，就下令在水中放置油灯，油灯下水后遇到木柴就开始燃烧，火势起来之后又叫人用风箱扇火，烈焰冲天，金兵就无法再填濠沟了。鹅车形状像鹅，下面也用车轮转动，外包牛皮铁皮，由百十人推动，想用它登城。王禀在城内设立眺望台，形状也类似鹅，命人在其中迎敌作战，金人鹅车一到，王禀就命人用搭钩和绳索拽鹅，鹅车向前扑倒，不能前进。金兵的云梯、火梯也是用车轮的，高度和城楼相仿。王禀都能随机应敌，金兵始终无法攻破城池。

883. 孟宗政

孟宗政权枣阳军。金完颜讹可拥步骑薄城，宗政囊糠盛沙以覆楼棚，列瓮潴水以隄火，募炮手击之，一炮辄杀数人。金人选精骑二千，号"弩子手"，拥云梯、天桥先登，又募凿银矿石工昼夜陷城，运茅苇，直抵围楼下，欲焚楼。宗政先毁楼，掘深坑防地道，创战棚防城陷，穿阱才透，即施毒烟烈火，鼓鞴以薰之。金人室，以湿毡析路以刳土，城颓楼陷。宗政撤楼益薪，架火山以绝其路，列勇士，以长枪劲弩备其冲，距楼陷所亟筑假月城，表百余尺，翼傅正城，深坑倍仞，躬督役，五日而成，金人卒不得志。

【译文】

南宋孟宗政权知枣阳军。金将完颜讹可帅马步兵攻到城下，孟宗政用糠袋沙包覆盖在楼棚上，用瓦罐储水防火，又招募火炮手，一炮就可击杀金兵数人。金人精选两千骑兵，号称"弩子手"，利用云梯、天桥登城楼。又招募银矿采石工日夜挖掘地道，并运来茅草、芦苇堆积在城楼下，准备火烧城楼。孟宗政先拆毁城楼的一角，挖掘深坑，防止金人由地道攻城，并设立活动棚屋防止塌陷。金兵挖穿地道，孟宗政就下令施放毒烟烈火，并用风箱鼓风扇火。金人呼吸不畅，只好用湿巾蒙住口鼻刨土另找出路。城垮楼陷，孟宗政撤出城楼，又派人堆柴燃火，形成一座大火山，阻断金人道路，排列勇士手持长枪、劲弩防备金兵冲杀。在城楼塌陷的地方紧急修筑半月形城墙，广百有尺，作为正城的辅翼。又挖了几丈深的大坑，孟宗政亲自督工，五天之内就完成了，金人始终无法如愿攻破城池。

884. 刘 馥

刘馥为扬州刺史，高为城垒，多积木石，编作草苫数千万枚，益贮鱼膏数千斛，为战守备（边批：预备有用）。建安十三年，孙权十万众攻围合肥城百余日，时天连雨，城欲崩，于是以苫蓑覆之。夜燃脂照城外，视贼所作而为备，贼败走。

【译文】

三国时刘馥为扬州刺史，命人高筑城堡，积存木石，编织成千上万张草席，又贮存鱼膏数千升，做为战时的备用。建安十三年，孙权率十万大军，围攻合肥长达一百多天。当时正逢连日阴雨，眼见城墙快要崩塌，刘馥立即命人用草席覆盖在城墙上，晚上点燃油脂，照亮城外，根据对手的阵势而安排防备，敌人只能无功而返。

885. 盛 昶

盛昶为监察御史，以直谏谪罗江县令，为政廉明，吏畏而民信之。时邑寇胡元昂啸集称叛，昶行檄谕散其党。邻邑德阳寇赵铎者，僭称赵王，所至屠戮，攻成都，官军覆陷，杀汪都司，势叵测。罗江故无城，昶令引水绕负县田（边批：以水为城，亦一法）。昼开市门，市中各闭户，藏兵于内，约炮响兵出。又伏奇兵山隈，阳示弱，遣迎贼入室，未半，昶率义勇士闻炮声，兵突出，各横截贼，贼不相救，山隈伏兵应声夹攻，殊死斗，贼大北，斩获不记数，俘获子女财物尽给其民，邑赖以完。父老泣曰："向微盛公，吾属俱罹锋镝矣。"

【译文】

　　明朝的盛昶任监察御史，后因直言进谏而获罪，被贬为罗江县令，为官清正廉明，官吏百姓对他十分信任。当时贼寇胡元昂聚众叛乱，盛昶发文晓谕贼寇解散其党羽。邻近地区有个叫赵铎的贼寇，僭越称赵王，所到之处，杀掠无数。攻陷成都，官军覆没，杀了汪都司，势力难以估量。罗江县本来没有城墙，盛昶引江水环绕县城，以水为城。白天大开市门，市中民众却关门闭户，暗藏士兵在内，约定听到炮声就现身出击。又在山边埋伏奇兵，假装示弱，引诱贼寇进入县城。贼人进城不到一半，盛昶亲自率领勇士迎战，炮声响起，伏兵出击，将贼兵从中栏截，贼寇首尾不能相救，山边埋伏的士兵应声赶来夹攻，与贼兵作殊死战。贼人大败，被斩杀、虏获的贼兵不计其数，所虏获的人口财物全部分给百姓，罗江县得以保全。县中百姓都流着泪说："如果没有盛公，我们都要死在贼人刀剑之下了。"

886. 许逵

　　许逵，河南固始人，令乐陵期月，令行禁止。时流贼势炽，逵预筑城浚隍，贫富均役（边批：要紧），逾月而成。又使民各筑墙，高过屋檐，仍开墙窦如圭，仅可容一人。家令一壮丁执刀，俟于窦内，其余人皆入队伍。令曰："守吾号令，视吾旗鼓，违者从军法。"又设伏巷中，洞开城门。未几，贼果至。火无所施，兵无所加。旗举伏发，尽擒斩之。

　　愚谓近城要地，皆当仿此立墙，可使寇不临城矣。

【译文】

　　许逵，河南固始人，任乐陵县令一个月就能做到令行禁止。当时流贼气焰嚣张，许逵修筑城池，无论贫富，各家同样要出劳力，一个多月后完工。又派百姓各自砌墙，高过屋檐，墙上开出上尖下方的洞，大小只能容一人出入，家中派一个年轻力壮的守在洞内，其他人都分编入伍。许逵下令："遵守我的号令，按我的旗鼓指示进退，违令者军法从事。"又在街巷设下埋伏，大开城门。没多久，贼人果然来了，要放火找不到地方，要攻击找不到对象。许逵下令，旗帜举起，伏兵发动，贼人统统被抓获斩首。

　　冯评：我认为靠近城市的重要地方都可以仿照这个办法设立防御，能使盗贼无法到达城市。

887. 王濬　王彦章

吴人于江碛要害处并以铁锁横截之，又作铁锥，长丈余，暗置江中，以逆拒舟舰。濬作大筏数十，方百余步，令善水者以筏先行，遇铁锥，锥辄着筏而去。又作大炬，灌以麻油，遇锁燃炬烧之，须臾熔液断绝，舟行无碍。

晋王尽有河北，以铁锁断德胜口，筑河南、北为两城，号"夹寨"。王彦章受命至滑州，置酒大会，阴遣人具舟于杨村，命甲士六百人，皆持巨斧，载冶者，具鞴炭，乘流而下。彦章会饮酒半，佯醉，起更衣，引精兵千，沿河以趋德胜。舟兵举火熔锁，因以巨斧斩断浮桥，而彦章引兵急击南城，遂破之。

【译文】

三国时吴人在长江中水浅险要的地方设置铁锁链来阻断江面，另外再用长一丈多的铁锥，暗置在江水中来阻挡船舰的通行。王濬命人建造数十个百余步见方的竹筏，让善于游水的士兵划着竹筏作先锋，遇到铁锥，铁锥就叉在竹筏上顺江飘流而去。接着又令人准备大火把，浇上油脂，看到铁链就点火烧，不久就把铁链熔断，于是船舰通行无阻。

五代时，晋王李存勖占据河北之地，用铁锁截断德胜口，并在黄河南北两岸各筑一城，号称"夹寨"。王彦章奉命到滑州后，大摆酒宴，暗中却派人在杨村准备舟船，命六百士兵手持大斧，载着冶炼工匠和炉炭风箱顺流而下。王彦章喝酒喝到一半时，便故意装醉，起身上厕所，出来率精兵千人，沿着河直奔德胜口，船上士兵点火烧熔锁链，再接着用大斧砍断浮桥。王彦章率兵急攻南城，南城很快被击破了。

888. 韩世忠

世忠与兀术相持于黄天荡，以海舰进泊金山下，预用铁绠贯大钩，授骁健者。明旦，敌舟噪而前，世忠分海舟为两道，出其背，每绳一绠，则拽一舟沉之，兀术穷蹙。

嘉靖间，倭寇猖獗吴郡，亦有黄天荡之捷。时贼掠民舟，扬帆过荡，官军无敢抗者，乡民愤甚，敛河泥船数十只追之，以泥泼其船头，倭足滑不能立，而舟人皆蹑草履，用长脚钻能及远，倭覆溺者甚众。

【译文】

　　南宋名将韩世忠曾与兀术在黄天荡对峙，韩世忠把海船战舰都停泊在金山下，并且事先准备铁索穿上大钩交给健壮的士兵。第二天早上，金兵乘着战船呐喊进攻时，韩世忠把海船分成两队，从敌船背后出击，用铁钩钩住敌船，然后士兵一起用力将其拽沉。兀术对这种战术毫无办法。

　　冯评：明朝嘉靖年间，吴郡一带倭寇猖獗，也曾有过一次黄天荡大捷。当时倭寇抢夺民船，在黄天荡里招摇往来，官军不敢攻击，乡民极为愤慨，于是集中了几十艘捞河泥的船追击，乡民把河泥泼到贼船的船头，倭寇脚下打滑站立不稳，乡民们都穿着草鞋，手持长篙，能够远距离攻击，倭寇落水淹死了不少。

889. 船置草

　　杨素袭蒲城，夜至河际，收商贾船，得数百艘，置草其中，践之无声，遂衔枚而济。

【译文】

　　杨素突袭蒲城，夜晚时来到河口，收购商家船只几百艘，在船板放上干草，士兵在上面走动就不会发出声响，于是全军衔枚渡河。

890. 破铁铠

　　马隆讨树机能。虏兵劲，皆负铁铠。隆于夹道累磁石。贼行不得前，而隆卒悉被犀甲，无所留碍，遂大破之。

【译文】

　　西晋马隆奉命征讨树机能，虏兵十分骁勇强悍，且个个身穿铁制盔甲。马隆于是在道路的两侧暗藏磁铁，虏兵经过时，被磁铁吸住无法前进，马隆的士兵都穿着犀牛皮制成的盔甲，不受影响，于是大破树机能的军队。

891. 柴断险道

周瑜使甘宁前据夷陵。曹仁分众围宁，宁困急请救。蒙说瑜分遣三百人，柴断险道，贼走，可得其马。瑜从之，军到夷陵，即日交战，所杀过半。敌夜遁去，行遇柴道，骑皆舍马步走。兵追蹑之，获马三百匹。

【译文】

三国时周瑜派甘宁进攻夷陵。曹仁分兵包围甘宁，甘宁情势危急，就向周瑜求救。吕蒙劝周瑜派三百人用干柴阻断险道，敌军败走，就能得到他们的马匹。周瑜听从了吕蒙的建议，大军开到夷陵，即日交战，曹军死伤惨重，乘夜逃跑，走到被阻断的道路，士兵们都弃马步行，周瑜的追兵赶到，缴获了三百匹马。

892. 纵烟　二条

隋兵与陈师战，退走数四，贺若弼辄纵烟以自隐。

哥舒翰追贼入隘道，贼乘高下木石，击杀甚众。翰以毡车驾马为前驱，欲以冲贼。会东风暴急，贼将崔乾祐以草车数十乘，塞毡车之前，纵火焚之，烟所被，官军不能开目，妄自相杀。

【译文】

隋军与陈国军队开战，接连败退。隋将贺若弼退兵时命士兵焚烧纵烟掩护部队。

唐朝哥舒翰将贼人追入隘道，贼人从高处向下丢木石，杀伤大量唐军。哥舒翰用毛毡篷的马车为先锋，想冲击贼人。正巧刮起一阵东风，贼将崔乾祐用几十辆装草的车堵截毡篷车，并放火烧草，浓烟滚滚，官兵们的眼睛都睁不开，竟自相残杀起来。

893. 李 勣

薛延陀教习步战，每五人，以一人经习战阵者使执马，而四人前战。克胜，即援马以追奔；失于应接，罪至死，没其家口，以赏战人。及入寇，李勣拒之。

延陀弓矢俱发，伤我战马。勣令去马步战，率长稍数百为队，齐奋以冲之，其众溃散。薛万彻率数千骑，收其执马者。众失马，莫知所从，遂大败。

【译文】

　　唐朝少数民族薛延陀人训练步战的方法是，把五人编成一伍，由一个能征惯战的人牵着马，四人在前面作战，打胜仗就上马追击；如果接应不及，牵马的就获死罪，将其家眷赏给其他作战的士兵。薛延陀入侵，李勣率军抵御。薛延陀的军队用弓箭给唐军的战马造成很大威胁，李勣命兵士下马步战，以数百人编为长矛队向前冲杀，薛延陀人溃散。唐将薛万彻率领几千骑兵专门攻击牵马的士兵，收缴其马匹。薛延陀的军队失去了马，不知该如何是好，于是大败。

894. 拐子马　铁浮图

　　兀术有劲兵（边批：骑兵），皆重铠，贯以韦索，三人为联，名拐子马，又号长胜军。每于战酣时，用以攻坚，官军不能当。郾城之役，以万五千骑来，岳飞戒兵率以麻扎刀入阵，勿仰视，但斫马足，拐子马相连，一马仆，二马不能行。官军奋击，大败之。

　　慕容绍宗引兵十万击侯景。旗甲耀日，鸣鼓长驱而进。景命战士皆被甲，执短刀，入东魏阵。但低视，斫人胫马足（边批：此即走板桥，戒勿旁视之意）。飞不学古法，岂暗合乎？

　　兀术有牙兵（边批：步卒），皆重铠甲，戴铁兜牟，周匝缀长檐，三人为伍，贯以韦索，号铁浮图。顺昌之役，方大战时，兀术被白袍，乘甲马，以三千人来。刘锜令壮士以枪摽去其兜牟，大斧断其臂，碎其首。

【译文】

　　兀术有精锐部队，都身披重铠，用皮条连接，三人一组，名叫拐子马，又叫长胜军，每到战斗激烈时，用以攻坚，官军无法抵挡。郾城之战，兀术率一万五千拐子马来袭，岳飞命士兵用麻扎刀冲入敌阵，不要抬头仰视，只须低头砍马脚。拐子马三马相连，一马倒地，另外两匹马也无法行动。这时宋军再奋勇冲杀，大败金兵。

　　冯评：南北朝时慕容绍宗率兵十万攻击侯景，旌旗盔甲耀眼夺目，金鼓震天，长驱而前。侯景命士兵披上盔甲，手持短刀，冲入东魏军阵，只管低头砍人腿、马腿。岳飞不学古人的阵法，莫非与古人暗合？

兀术有一支亲兵，个个身披重甲，头戴铁盔，周边有很长的檐。每三名士兵为一伍，用皮绳连接，号称铁浮图。顺昌之役，两军正在激战，兀术身穿白袍，骑着战马，率三千铁浮图来攻。刘锜命士兵用长枪挑去金兵的铁盔，用大斧砍断敌人的手臂，砸碎他们的脑袋。

895. 钱传瓘

吴越王镠遣其子传瓘击吴。吴人拒之，战于狼山。吴船乘风而进，传瓘引舟避之。既过，自后随之（边批：反逆为顺）。吴回船与战，传瓘使顺风扬灰，吴人不能开目。及船舷相接，传使散沙于己船，而散豆于吴船，豆为战血所渍，吴人践之皆僵仆。因纵火焚吴船，吴兵大败。

【译文】

五代时吴越王钱镠派儿子钱传瓘攻击吴国，吴国出兵抵御，两军大战于狼山。吴国的船舰顺风前进，钱传瓘命舰队避让，等吴国的船舰过去后，再回头跟在他们后面。吴军调转船头来战，钱传瓘下令士兵顺风扬灰，吴兵眼睛都睁不开。到了两军的船舷相交时，钱传瓘又命士兵在自己的船上洒沙子，却在吴军的船上洒豆子，沾了血水的豆子把吴国的士兵纷纷滑倒，钱传瓘便放火焚烧吴船，吴军大败。

896. 杨璇

杨璇为零陵太守。时苍梧、桂阳贼相聚攻郡县，贼众多而璇力弱，吏忧恐。璇乃特制马车数十乘，以排囊盛石灰于车上，系布索于马尾。又为兵车，专毂弓弩。克期会战，乃令马车居前，顺风鼓灰，贼不得视。因以火烧布，布燃马惊，奔突贼阵。后车弓弩乱发，钲鼓鸣震，群盗骇散，追逐伤斩无数，枭其渠帅，郡境以清。

【译文】

东汉杨璇为零陵太守时，苍梧、桂阳的盗贼聚众攻打县城，贼人势力庞大，而杨璇兵力薄弱，手下都十分担忧。杨璇命人准备了几十辆马车，用鼓风皮囊装满石灰放在车上，在马尾上系上布条。又造了一些兵车，专门发射弓弩。到了双方交战时，杨璇命马车在前，顺着风吹洒石灰，贼人都张不开眼睛，再引火烧马尾上的布条，马因疼痛受惊，拼命往贼营中奔驰，后面车上弓弩齐发，金鼓震天，贼人纷纷四散逃命，官兵追击，砍死杀伤不计其数，把贼人的首领斩首示众，全郡又恢复了平静。

897. 竹 筒

刘锜顺昌之战，戒甲士带一竹筒，其中实以煮豆，入阵则割弃竹筒，狼籍其豆于下。虏马饥，闻豆香，低头食之。又多为竹筒所滚，脚下不得地，以故士马俱毙。

毕再遇尝引敌与战，且前且却，至于数四。视日已晚，乃以香料煮黑豆布地上，复前搏战，佯败走，敌乘胜追逐。其马已饥，闻豆香，就食，鞭之不前。我师反攻之，遂大胜。

【译文】

南宋刘锜在顺昌之役时，让士兵每人携带一个竹筒，筒中装着煮好的豆子，冲入金兵阵中就丢下竹筒，让筒中豆子散落一地。金兵的马匹饿了，闻到豆香，就低头吃起来，但马脚踩到竹筒，就因滚动而打滑，因此骑兵和战马都被歼灭。

冯评：毕再遇曾诱敌出战，忽前忽后，来回了好几次，见天色已暗，就命人将用香料煮过的黑豆撒在地上，命士兵再上前战斗，然后假装败退，敌兵乘胜追击，但敌兵的战马饿了，闻到豆香，就埋头大吃，鞭打它也不向前，根本无法驱使。毕再遇率军反攻，大获全胜。

898. 假兽 四条

鲁庄公十年，齐师、宋师次于郎。公子偃曰："宋师不整，可败也，宋败齐必还，"乃自雩门窃出，蒙皋比而先犯之。大败宋师，齐师乃还。

城濮之战，胥臣蒙马以虎皮，先犯陈、蔡，本此。

魏主为南阳太守房伯玉所败，乃自引兵袭克宛，伯玉婴内城拒守。宛城东南有桥，魏主过之。伯玉使勇士数人衣斑衣，戴虎头帽，伏窦下，突出击之，魏主人马俱惊。

檀和之等攻林邑，林邑王倾国来战，以具装被象，前后无际，宗悫曰："吾闻外国有狮子，威服百兽。"乃制其形，与象相拒，象果奔走，遂克林邑。

朱滔围深州，李惟岳以田悦援后至，惟岳将王武俊以骑三千，方阵横进，滔绘帛为狻猊象，使猛士百人蒙之，鼓噪奋驰。贼马惊乱，因击破之。

【译文】

春秋鲁庄公十年，齐、宋两军驻扎在鲁国的郎邑，鲁国大夫公子偃说："宋军军纪不严整，我军一定可以打败他们，只要宋军一败，齐军也会撤退。"于是公子偃就悄悄率军从雩门出去，命士兵蒙着虎皮偷袭，大败宋军，不久齐军也撤退了。

冯评：城濮之战时，晋军将领胥臣把虎皮披在马身上，进犯陈、蔡二国，就是模仿此事。

北魏主被南阳太守房伯玉打败后，就亲自率兵袭击宛城。房伯玉严守内城御敌。宛城东南有座桥，北魏主从上面经过。房伯玉事先命数名勇士穿着五彩斑斓的衣服，戴着虎头帽，埋伏在桥洞下。等魏主经过时，突然现身攻击，魏主人和马都受到了惊吓。

南北朝时檀和之等人率军攻打林邑国。林邑王倾尽全国兵力应战，用披着铠甲的大象当战马，放眼望去好大的阵势。宗悫说："我听说外国有狮子，能威服百兽。"于是造了一些狮子模型与象阵相抗，大象一见果然逃走，于是平定了林邑国。

唐朝朱滔包围深州，李惟岳带领田悦的援兵到来，命部将王武俊率骑兵三千人结成方阵突进。朱滔在丝帛上画了狮子，命士兵披在身上，呐喊冲杀，敌人的战马惊慌散乱，遂被击败。

899. 师马　师蚁

齐桓公伐山戎，道孤竹国，前阻水，浅深不可测。夜黑迷失道，管仲曰："老马善识途。"放老马于前而随之，遂得道。行山中无水，隰朋曰："蚁冬居山之阳，夏居山之阴，蚁壤一寸而仞有水。"乃掘地，遂得水。以管仲之圣，而隰朋之智，不难于师老马与蚁，今人不知以其愚心而师圣人之智，不亦过乎！

古圣开天制作，皆取师于万物，独济一时之急哉！

【译文】

春秋时，齐桓公讨伐山戎，路过孤竹国，前方有河流挡路，河水深浅莫测。夜晚行军迷失了道路，管仲说："老马善于认路。"于是放开老马，让它们在前面走，全军跟在后面，果然找到了道路。走到山里找不到水源。隰朋说："蚂蚁冬天住在山南，夏天住在山北，蚂蚁建窝的土壤，向下挖掘就一定有水。"于是命人掘地，果然找到了水。以管仲的圣明、隰朋的智慧，尚且很自然地以老马和蚂蚁为师，现在的人却不知道让自己愚蠢的心去学习圣人的智慧，岂不是大错特错！

冯评：古代圣人做各种发明创造，无不以天地间万物为师，哪里只是一时救急啊！

900. 无底船

襄城之围，张贵为无底船百余艘，中竖旗帜，各立军士于两舷以诱之。敌皆竞跃以入，溺死者万余，亦昔人未有之奇也。

【译文】

南宋襄阳被围，张贵建造一百多艘没有船底的战船，船上竖立旗帜，两舷也分别站立军士引诱敌兵进攻。敌兵竞相跳上船攻击，结果失足落水，淹死了一万多人，这也是前人从未用过的奇计。

901. 铁菱角　火老鸦

流贼犯江阴，县人以铁菱角布城外淖土中，纵牲畜其间。贼争掠豕，悉陷，着菱角，不能起。擒数十人，后更不敢近城。

流贼刘七等舟泊狼山下。苏人有应募献计用火攻，其名火老鸦，藏药及火于炮，水中发之。又为制形如鸟喙，持之入水，以喙钻船，而机发之，以自运转，转透船可沉。试用之，已破一船，贼骇谓："江南兵能水中破船，是神兵也。"乃舍舟登山，遂为守兵所蹙。

【译文】

流贼侵犯江阴县，县中居民在城外的沼地中埋设铁菱角，再将牲畜赶进沼地放牧。贼人争相前往捕掠，结果陷进沼地，有被铁菱角刺伤，无法动弹的，数十贼人被擒，从此贼人不敢再靠近县城。

流贼刘七率众停船在狼山下。有苏州人应招前来帮助灭贼，献了火攻计，名为"火老鸦"，就是将火药火种藏在炮筒中，能在水中发射。又建造形如鸟嘴的工具，命士兵潜入水中去钻敌船，机关发动，鸟嘴就会自行转动，穿透船底，船就沉了。试用了一下，就钻透了贼人一艘船。贼人大为害怕，都说："江南兵能在水中破船，都是神兵！"于是纷纷弃船上山，遂被官军围困。

902. 分兵　合兵

越伐吴，军于江南，吴王军于江北。越王中分其师为左右军，以其私卒君子六千人为中军。明日将战，及昏，乃令左军衔枚溯江五里以须，亦令右军衔枚逾江五里以须。夜中，乃令左军右军鸣鼓中水以须。吴师闻之，大骇曰："越人分为二师，将以夹攻我！"乃不待旦，亦中分其师，将以御越。越王乃令其中军衔枚潜涉，不鼓不噪，以袭攻之。吴师大北，遂围吴。

桓温伐汉，议者欲分为两军，异道俱进，以分敌势。袁乔曰："今悬军深入，当合势力，以取一战之捷。万一偏败，大事去矣。"乃全军而进，弃去釜甑，持三日粮，以示必死，遂败汉兵，直逼成都。

分兵用其计，合兵用其锐。有分而胜者，钟会牵姜维于剑阁，而邓艾别由阴平道袭蜀是也；有合而胜者，吴夫差三万人为方阵，以势攻，晋人畏之是也。有分而败者，黥布为三军，欲以相救，或言兵在散地，偏败必皆走，布不听而败是也；有合而败者，兀术顺昌之战，兵集城下，太众，不能转动是也。

【译文】

越王勾践率军攻打吴国，越军驻扎江南，吴军驻扎江北。越王勾践把军队分为左、右两支部队，派六千亲信为中军。第二天两军准备开战，到黄昏时分勾践命左军衔枚出发到上游五里处待命，再命右军同样衔枚渡江到五里外待命。半夜时分，勾践命左、右军同时涉水进入江中击鼓待命。吴兵听见了，害怕地说："越兵分两路要夹击我们！"于是不等天亮吴军也分兵两路准备抵抗。越王勾践遂亲率中军衔枚渡河，不击鼓不呐喊，偷袭攻击，吴军大败，于是包围了吴都。

东晋的桓温讨伐成汉，有人提议要分为两军，从不同的道路同时向前推进，以分散汉兵的兵力。袁乔说："现在我们孤军深入，应当集结所有兵力以取得胜利，假如军分两路，有一路失败，那就大势已去了。"桓温于是决定集中兵力进攻，命士兵丢弃做饭用的器具，只带着三天的口粮，以示为国捐躯的决心，终于大败汉兵，直逼成都。

冯评：分兵是为了用实施计谋，合兵是为了集中战斗力。有因分兵而获胜的事例，如钟会在剑阁牵制住姜维，邓艾另外率军由阴平偷袭蜀国便是；也有因合兵而获胜的事例，如吴王夫差用三万人的方阵强攻，晋人畏惧退让便是；有因分兵而失败的事例，如黥布分为三军，准备援救，有人说，兵在散地，有一支队伍溃退，其他部队也都会败逃，黥布不听终于战败便是（译者按：失败者是黥布的对手，楚王交的军队，并非黥布）；有因合兵而失败的事例，如兀术在顺昌之役中大兵集结城下，人数太多，以致无法正常活动便是。

903. 晁错

匈奴数苦边。晁错上言兵事曰："臣闻用兵临战，合刃之急有三：一曰得地形，二曰卒服习，三曰器用利。故兵法：'器械不利，以其卒予敌也；卒不可用，以其将予敌也；将不知兵，以其主予敌也；君不择将，以其国予敌也。'四者兵之至要也。臣又闻以蛮夷攻蛮夷，中国之形也。今匈奴地形技艺与中国异，上下山阪，出入溪涧，中国之马弗与也；险道倾仄，且驰且射，中国之骑弗与也；风雨罢劳，饥渴不困，中国之人弗与也，此匈奴之长技也。若夫平原易地，轻车突骑，则匈奴之众易挠乱也；劲弩长戟，射疏及远，长短相杂，游弩往来，什伍俱前，则匈奴之兵弗能当也；材官驺发，矢道同的，则匈奴之革笥木荐弗能支也；下马地斗，剑戟相接，去就相薄，则匈奴之足弗能给也，此中国之长技也。以此观之，匈奴之长技三，中国之长技五。帝王之道，出于万全，今降胡义渠来归者数千，长技与匈奴同，可赐之坚甲利兵，益以边郡之良骑；平地通道，则以轻车材官制之，两军相为表里，此万全之术也。"错又上言："胡貉之人，其性耐寒；扬粤之人，其性耐暑。秦之戍卒，不耐水土，见行如往弃市，陈胜先倡，天下从之者，秦以威劫而行之之敝也。不如选常居者为室庐、具田器，以便为城堑丘邑，募民免罪拜爵，复其家，予衣廪。胡人入驱而能止所驱者，以其半予之，如是则邑里相救助，赴胡不避死，非以德上也，欲生亲戚而利其财也。此与东方之戍卒不习地势而心畏胡者，功相万也。"上从其言，募民徙塞下。

万世制虏之策，无能出其范围。

【译文】

西汉时匈奴屡次侵扰边境。晁错上书谈论军事策略，他说："臣听说用兵打仗、两军交锋，最要紧的是三点：一是占得地利优势，二是士兵训练有素，三是武器装备精良。所以兵法上说：'武器装备不精良，等于把士兵送给敌人；士兵训练不够，等于是把将领送给敌人；将领不懂用兵之道，等于是把国君送给敌人；国君不能慎选大将，等于是把国家送给敌人。'这四种情形是军事上最重要的。臣又听说用蛮夷攻打蛮夷，是中国的趋势。现在匈奴的地理形势、战斗技巧和中国不同：上山下坡，渡河涉溪，中国的马比不上匈奴；在危险的道路上，一面骑马一面射箭，中国的骑兵比不上匈奴；顶风冒雨、吃苦耐劳，中国的士兵比不上匈奴，这些都是匈奴兵的长处。在平原上用轻便的战车和骑兵冲杀，那么匈奴部队就容易混乱；用劲弩和长戟攻击远处目标，或者远程、近身武器互相配合掩护部队推进，那么匈奴兵就不能抵挡；弓弩齐发、射击精确，那么匈奴的铠甲盾牌就很难阻挡；下马到地面用剑戟格斗，近身肉搏，那么匈奴兵脚下就不够灵活了，这些都是中国兵的长处。由此看来，匈奴的长处有三项，中国兵的长处有五项。帝王处理事务，要追求万全。现在我们收服了义渠，他们投降的有好几千人，他们的长处和匈奴兵一样，不妨赐给他们坚硬的盔甲，锐利的武器，再加上边境骁勇的骑兵，在平原大路就用轻便的战车和弓弩手控制，两军互相配合，这就是赢得战争的万全之计。"晁错又上书说："北方匈奴的人能耐寒冷，中国东南部的人能耐暑热。秦国戍守边境的士卒，大多水土不服，所以都把戍守边境看成上刑场。陈胜率先起义，天下人能纷纷响应，正是秦朝靠武力强迫士兵戍守远方的恶果。不如在边境挑选当地常住的人，提供住房、农具，让他们建造城池和防御工事，也可以让有罪的免罪，无罪的封爵，让他们安家，再赐给衣食，遇到胡人入境抢掠，凡能阻止胡人掠夺的，就把追回的一半财产送给他。这样，各乡里的百姓就能相互救助，抵御胡人侵犯必然舍生忘死，不是为了报效皇上，而是为了保全自己的身家性命，并获得财物。这和秦朝时候征调关东士兵防守，由于不熟悉地理环境而对胡人心生畏惧相比，功效相差万倍。"皇帝采纳了晁错的建议，招募百姓住到边境。

冯评：此后千秋万代制服胡虏的策略，没有能超越这个范围的。

904. 范雎策秦

范雎说秦王曰："以秦国之大，士卒之勇，以治诸侯，譬走韩卢而搏蹇兔也。而闭关十五年，不敢窥兵于山东者，是穰侯为秦不忠，而大王之计亦有所失也。"王跽曰："愿闻失计。"雎曰："夫穰侯越韩、魏而攻齐，非计也。今王不如远交而近攻，得寸则王之寸也，得尺则王之尺也。今夫韩、魏，中国之处，而天下之枢也，王必亲中国以为天下枢，以威楚、赵，楚、赵必皆附。楚、赵附，齐必惧矣，如是韩、魏因可虏也。"王曰："善。"

【译文】

战国的范雎对秦王说："以秦国的强大、士卒的勇猛，要称霸诸侯，就像驱使神犬韩卢去追捕瘸兔子一般简单。但十五年来秦国却紧闭函谷关，不敢向东发兵，就是因为相国穰侯的谋国不忠，再加上大王策略也有失误。"秦王起身说："请说说我的失误。"范雎说："穰侯越过韩、魏而去攻打齐国的策略是不对的。现在大王应该远交近攻，那么得到一寸土地就是大王的寸土，得到一尺土地也是大王的尺土。韩、魏地处中原，是天下的中枢，如果大王想称霸诸侯，就必亲近中原进而成为天下的中枢，这样就能威胁楚、赵，楚、赵一定归附秦国，他们归附了，齐国必然会害怕，这样韩、魏自然可轻易取得了。"秦王说："说得好！"

905. 王朴策周

周世宗时，拾遗王朴献平边策，略云："攻取之道，从易者始。当今唯吴易图，东至海，南至江，可挠之地二千里。从少备处先挠之，备东则挠其西，备西则挠其东。彼奔走以救弊，则奔走之间，我可窥其虚实，避实击虚，所向无前，则江北诸州举矣。既得江北，用彼之民，扬我之兵，江南亦不难下也。江南下，而桂、广、岷、蜀，可飞书召之矣。吴、蜀既平，幽必望风而至，唯并为必死之寇，必须强兵力攻，然不足为边患也。"世宗奇之，未及试，其后宋兴，卒如其策。

【译文】

五代周世宗时，拾遗王朴曾上平边策，内容大意是：攻占土地的基本原理，一定要从容易的地方着手。当今只有吴国最容易攻占，它东到大海，南至长江，可以侵扰的土地将近两千里。我们从他们防备最薄弱的地方开始侵袭，他们防备东方，我们就进攻西方，他们守备西方，我们就搅乱东方，他们一定会奔走救援，在奔走之间，我们就能看出他们的虚实，只要避实击虚，一定所向无前，那样，江北各州就能全部得到。取得江北之后，就利用江北的百姓充实我们的队伍，那么江南也不难取得了。江南一旦到手，那么桂、广、岷、蜀等地，只需写封信就能让他们自己前来归顺。吴、蜀既已平定，那么幽州一定闻风归附，只有并州，是必须派强兵硬攻的，但也不足以构成我国的边患。周世宗对这个建议颇为赞赏，可惜没来得及尝试。后来宋赵匡胤兴起，就是按照这个策略实行的。

906. 任瑰等

李渊兵发晋阳，入临汾，去霍邑五十余里。隋将宋老生帅精兵二万屯霍邑，大将军屈突通将骁骑数万屯河东以拒渊。诸将请先攻河东，任瑰说渊曰："关中豪杰皆企踵以待义兵。瑰在冯翊积年，知其豪杰，请往谕之，必从风而靡。义师自梁山济河，指韩城，逼郃阳，萧造文吏，必望尘请服。然后鼓行而进，直据永丰。虽未得长安，关中固已定矣。"裴寂曰："屈突通拥众据城，吾舍之而去，若进攻长安不克，退为河东所蹑，腹背受敌，此危道也。"（边批：此亦常理）李世民曰："不然。兵贵神速，吾席累胜之威，抚归附之众，鼓行而西，长安之人，望风震骇，智不及谋，勇不及断，取之若振槁叶耳！若淹留时日，敝于坚城之下，彼得成谋修备以待，我坐费日月，众心离沮，则大事去矣！且关中蜂起之将，未有所属，不可不早怀也。屈突通自守虏耳，不足为虑。"会久雨，渊不能进，军中乏粮，刘文静请兵于始毕可汗，未返，或传突厥与刘武周乘虚袭晋阳，渊欲还救根本，世民曰："今禾菽被野，何忧乏粮？老生轻躁，一战可擒。李密顾恋仓粟，未遑远略。武周与突厥外虽相附，内实相猜，武周虽远利太原，岂可近忘马邑？本兴大义，奋不顾身，以救苍生，当先入咸阳，号令天下。今遇小敌，遂已班师，恐从义之徒，一朝解体，还守太原一城之地为贼尔，何以自全？"渊不听，世民将复入谏，会渊已寝，不得入，号哭于外，声闻帐中。渊召问之，世民曰："今兵以义动，进战则克，退还则散；众散于前，敌乘于后，死亡无日，何得不悲！"渊乃悟曰："兵已发，奈何？"世民曰："右军严而未发，左军去亦未远，请自追之。"乃与建成分道夜进，追左军复还。已而太原运粮亦至。诱老生战，斩之。日已暮，无攻城具，将士肉薄而登，遂克霍邑。

按，任瑰之策，即李密说杨玄感、魏思温说徐敬业者，特太宗用之而胜，二逆不用而败耳。杨玄感之谋逆也，李密进三策曰："天子远在辽海，公若长驱入蓟，直扼其喉，前有高丽，退无归路，不战而擒，此上计也；关中四塞，吾鼓行而西，经城勿攻，直取长安，收其豪杰，抚其士民，据险而守之，天子虽还，失其根本，可徐图也；若随近先向东都，以号令四方，但恐彼知固守，若攻之百日不克，援兵四至，非吾所知矣。"玄感曰："不然，今百官家口俱在东都，若先取之，足以动其心，且经城不拔，何以示威？公之下计，乃为上策。"密知计不行，退谓人曰："楚公好反而不求胜，吾属为虏矣！"未几，玄感败。徐敬业举兵，问计于军师魏思温，对曰："公既以太后幽系天子，宜身自将兵，直趋洛阳，山东、韩、魏知公勤王，附者必众，天下指日定矣。"敬业曰："不然，金陵负江，王气尚在，宜先并常、润为霸基，然后鼓行而北。"（边批：此谋反，非勤王也，何以服众？）思温曰："郑、汴、徐、亳，世皆豪杰，不愿武后居上，蒸麦为饭，以待我师，奈何欲守金陵，投死地乎？"敬业不从，使敬猷屯淮阴，韦超屯都梁山，而自引兵击润州，下之。思温叹曰："兵忌分，敬业不知席卷渡淮，率山东士先袭东都，吾知无能为矣！"李密为玄感策何智，自为策又何愚也！思温之谋善矣，而敬业本谋，实不为勤王，奈何从之？李士实亦劝逆濠直捣南都，勿攻安庆，亦李、魏之故智，濠不听而败。夫隋炀弑虐，则天篡统，二李举兵，犹曰有名。彼逆濠何为者哉？天不佑叛贼，即直捣南都，亦未见其必胜也。按，宸濠兵起，声言直取南京，道经安庆。太守张文锦与守备杨锐等合谋，令军士鼓噪登城大骂，激怒逆濠，使顿兵挫锐于坚城之下，而守仁得成其功，虽天夺其魄，而文锦诸人之智亦足术也。

【译文】

隋末李渊由晋阳发兵，进入临汾，离霍邑有五十多里。隋将宋老生率精兵两万人驻守霍邑，大将军屈突通带领数万骑兵戍守河东，共同抗拒李渊。李渊的将领请求先攻打河东，任瑰对李渊说："关中的豪杰都对我们翘首以盼，我在冯翊多年，了解那些豪杰，请让我前去晓谕，他们一定会都来归附我们。我们大军从梁山渡河，直走韩城，进逼郃阳，那里的萧造是个文官，听说大军来到一定会请求归顺。然后我们再进兵，直攻永丰。即使不打下长安，整个关中已在我们的掌握中了。"裴寂说："屈突通率大军驻守河东，如果我们这样离开，一旦进攻长安失利，被屈突通率领河东兵追击，那我们腹背受敌，就危险了。"李世民说："不对。兵贵神速，我们借着多次胜利的余威，一路安抚归顺的士兵、百姓，一路向西进挺进，长安那边一定大为震恐，虽有智勇也来不及谋划安排，我们攻下长安就如同摇下树上的枯叶一样容易。如果时日拖久了，我们的斗志会在城下消磨殆尽，他们则有足够的时间谋画修整，我们浪费了时间，军心涣散，那大事就完了！关中群豪都是自发起来造反的，还没有归属，不能不早加招抚。屈突通只是个勉强保住自己的家伙，不值得顾虑。"时值大雨连绵，李渊无法进兵，军中粮食短缺，刘文静去见突厥的始毕可汗请求援兵还没有回来，又有传闻说突厥和刘武周暗中勾结偷袭晋阳，李渊想回晋阳救援老巢，李世民说："现在地里到处都是稻子豆子，何必担心缺粮！宋老生轻浮急躁，能一战成擒。李密舍不得他那些粮食，还没空考虑更长远的事。刘武周和突厥表面虽然合作，内心却相互猜忌，刘武周虽也想远攻太原，但又哪能忘记自己的老巢马邑就在突厥边上？我们本来就是高举义旗，奋不顾身，以拯救天下苍生为己任，应该先攻入咸阳，以号召天下。现在遇到小小的敌人，就立即班师，恐怕那些为大义而投效我军的壮士，会很快解散，我们回去防守太原只是去做个毛贼，如何保全自己？"李渊不肯听从他。李世民想再进帐劝谏，可是李渊已经睡了，李世民无法进帐，只有在帐外号哭。哭声传到帐内，李渊召他询问。李世民说："今天我们高举义旗出兵，进攻战胜就能成功，后退回家就得散伙。前脚士兵散伙，后脚敌军打劫，要不了多久就全完了，我怎不悲伤大哭？"李渊终于醒悟，说："但军队已经出发了，怎么办？"李世民说："右军整装未发，左军也没走远，请让我亲自追赶。"于是李世民和李建成分头连夜追回左军。不久，太原的粮食也运到了。李渊用计诱出宋老生，斩于城下。这时天色已暗，没有登城的器械，士兵们徒手登城，攻下了霍邑。

冯评：其实任瑰的策略与李密劝说杨玄感、魏思温劝说徐敬业的，都是同出一辙，只是李世民采纳了而得胜，另外两人不采纳就败亡了。杨玄感谋反，李密向他献了三个策略，说："天子远征辽海，您若率军直到蓟门，控制险要，天子因前有高丽国，归路又被您阻断，只能束手就擒，这是上策；关中形势险要，我们向西进兵，沿途不攻城镇，直取长安，收罗当地豪杰，安抚当地百姓，占据险要严加防守，天子即使回来，也失去了根基，我们可以慢慢图谋；如果先就近攻打东都，以号令四方士民，只是怕他们事先防备，如果百日之内无法取胜，等四面援军一到，胜败就不是我所能预料的了。"杨玄感说："不对。现在朝廷百官的家属都在东都，如果先取得东都，足以动摇他们的斗志。如果大军所经过的城邑，都不加以攻占，又如何显示我的威武呢？所以我认为你的下策，倒是上策。"李密知道自己的谋划不被采纳，出来对人说："楚公想造反却不想求胜，我们要做阶下囚了。"不久，杨玄感果然兵败。徐敬业举兵后，向军师魏思温问计。魏思温说："明公既然以太后囚禁天子为借口兴兵，就该亲率大军直攻洛阳，山东、韩、魏一带知道明公起兵勤王，必然都来归附，天下也就指日可定了。"徐敬业说："不对。金陵紧靠长江，仍有王者霸气，应先攻取常州、润州作为霸业根基，然后再北进中原。"魏思温说："北方郑、汴、徐、亳等地都是豪杰之士，他们怨恨武后专政，都准备了粮食等我军到来，为什么要死守金陵，自投死地呢？"徐敬业仍不接受，让徐敬猷驻军淮阴，韦超屯兵都梁山，自己带兵打下了润州。魏思温叹气说："用兵最忌讳兵力分散，徐敬业不集中兵力渡过淮河，率领山东豪杰攻取洛阳，我知道他是不能成功的。"李密替杨玄感出主意是何等明智，但为自己策划，又是如何地愚笨！魏思温的计谋很好，但徐敬业本意并非勤王，怎么会听他的呢！明朝李士实也曾劝朱宸濠直攻南京，不要攻打安庆，也是李、魏的老办法。但朱宸濠不听，终至失败。唉！隋炀帝弑逆，武则天篡权，李密、李渊起兵，还算是师出有名，那朱宸濠又有什么理由？老天不保佑叛贼，即使朱宸濠直取南都，恐怕也不见得就能取得天下。按，朱宸濠起兵，声言直取南京，路过安庆，太守张文锦与守备杨锐等合谋，命军士登上城楼喧哗大骂，激怒了朱宸濠，使他在坚固的城池下停留并受挫顿，最后王守仁得以成功将其消灭，虽说是天意要他灭亡，而张文锦等人的智慧也值得学习。

907. 习马练刀法

北虏马生驹数日，则系骒马于山半，驹在下盘旋，母子哀鸣相应，力争而上，乃得乳。渐移系高处，驹亦渐登，故能陟峻如砥。今养马宜就高山所在放牧，亦仿其法，马自可用。又，倭国每生儿，亲朋敛铁相贺，即投于井中，岁取锻炼一度，至长成，刀利不可当。今勋卫之家，世武为业，而家无锐刃，愚意亦宜仿此，箕裘弓冶，不足为笑也。

【译文】

北方胡人所饲养的母马生下马驹后，就把母马拴在半山上，而让马驹在山下徘徊，母子哀鸣，互相呼应，马驹极力挣扎爬上山后才能吃到奶。过一段日子，再将母马移往高处，马驹也爬得更高，所以长大后行走山间小路如履平地。我们现在养马也该在山地放牧，仿效这种做法，马自然能派上用场。又，倭人生下男婴，亲友祝贺会带上铁块，投进主人家水井中，每年都锻造冶炼一次，等婴儿长大之后，就打成锋利无比的刀。现在那些侍卫之家，以武为业，但家中却找不到锋利的武器。我觉得也应该仿照倭人的做法，箕裘弓冶都是有用的技艺，没有什么可笑话的。

闺智部

　　冯子曰：语有之："男子有德便是才，妇人无才便是德。"其然，岂其然乎！夫祥麟虽祥，不能搏鼠；文凤虽文，不能攫兔。世有申生、孝己之行，才竟何居焉？成周圣善，首推邑姜，孔子称其才与九臣埒，不闻以才贬德也。夫才者，智而已矣，不智则惷，无才而可以为德，则天下之惷妇人毋乃皆德类也乎？譬之日月：男，日也；女，月也。日光而月借，妻所以齐也；日殁而月代，妇所以辅也。此亦日月之智，日月之才也。今日必赫赫，月必喧喧，曜一而已，何必二？余是以有取于闺智也。贤哲者，以别于愚也；雄略者，以别于雌也。吕、武之智，横而不可训也。灵芸之属智于技，上官之属智于文，纤而不足，术也。非横也，非纤也，谓之才可也，谓之德亦可也。若夫孝义节烈，彤管传馨，则亦闺阃中之麟祥凤文，而品智者未之及也。

【解说】

冯梦龙说：俗语说："男子有德便是才，妇人无才便是德。"是这样的吗？哪里是这样！麒麟虽吉祥，不能捕老鼠；凤凰有纹彩，不能抓兔子。世间有申生、孝己之类的事迹为人推崇，他们的才能体现在哪里呢？周朝最聪明贤良的妇人首推邑姜，孔子认为她的才能可以跟另外九个重要大臣相提并论，没听说因为她有了才便无德了。所谓才，其实也就是智，没有智那就叫懵，如果无才便是德，那天下那些懵妇人不都属于有德者了吗？拿日月为比：男子如日，女子如月，日发光，月借光，所以"妻"是"齐"的谐音，取夫妻平等的意思。太阳落下，月亮升起，所以"妇"是"辅"的谐音，取女子辅助男子的意思，这也是日月之智、日月之才。一定要日明亮显赫，月暗淡无光，那天上发光的有一个就行了，为什么要有两个？为此，我特别采集关于女子智慧的故事，取名贤哲，为了区别于愚蒙；取名雄略，为了区别于雌弱。吕雉和武则天那样的智太过强横霸道，不足为训。薛灵芸之类的智慧体现在女红技巧中，上官婉儿的智慧表现在文章里，过于纤弱，只能算作技术。不强横、不纤弱的，大抵都可以称之为才，也可以称之为德。至于那些孝女烈妇，载之史册，流芳千古的，都属于妇女中的麒麟凤凰，对品评智慧的人而言无所可取。

卷二十五　贤哲

匪贤则愚，唯哲斯肖。嗟彼迷阳，假途闺教。集《贤哲》。

—— 【解说】 ——

不贤就是愚昧，聪明的人才算人才。颠倒混乱的男人啊，到女人的世界里接受一些启示吧。

这一卷都是聪明智慧的女性的故事，名为《贤哲》。

908. 高皇后

高皇帝初造宝钞，屡不成。梦人告曰："欲钞成，须取秀才心肝为之。"觉而思曰："岂欲我杀士耶？"马皇后启曰："以妾观之，秀才们所作文章，即心肝也。"上悦，即于本监取进呈文字用之，钞遂成。

【译文】

明太祖朱元璋开始造"大明宝钞"的纸币时，屡遭挫折，无法成功，有一天夜晚梦见有人告诉他说："若想造钞成功，必须取秀才的心肝。"太祖醒后回想说："难道是要我杀士人吗？"马皇后对他说："依臣妾看来，秀才们所写的文章就是心肝啊。"朱元璋非常高兴，立即命有关官员拿来大臣们进呈的文本加以利用，纸币很快就造好发行了。

909. 赵威后

齐王使使者问赵威后，书未发，威后问使者曰：“岁亦无恙耶？民亦无恙耶？王亦无恙耶？”使者不悦，曰：“臣奉使使威后，今不问王而先问岁问民，岂先贱而后尊贵者乎？”威后曰：“不然。苟无岁，何有民？苟无民，何有君？有舍本而问末者耶？”乃进而问之曰：“齐有处士钟离子，无恙耶？是其为人也，有粮者亦食，无粮者亦食，有衣者亦衣，无衣者亦衣，是助王养其民者也，何以至今不业也？叶阳子无恙乎？是其为人，哀鳏寡，恤孤独，振困穷，补不足，是助王息其民者也，何以至今不业也？北宫之女婴儿子无恙耶？撤其环瑱，至老不嫁，以养父母，是皆率民而出于孝情者也，胡为至今不朝也？此二士不业，一女不朝，何以王齐国，子万民乎？於陵子仲尚存乎？是其为人也，上不臣于王，下不治其家，中不索交诸侯，此率民而出于无用者，何为至今不杀乎？”

◎毛泽东评：不应在杀之例。

【译文】

　　齐王命使者送信给赵威后向她请安。书信尚未打开，赵威后就问使者：“今年的收成还好吧？老百姓也还好吧？齐王也还好吧？"使者很不高兴地说："我奉命出使向王后请安，现在王后不先问候大王，却先问收成和百姓，怎么卑贱者在前，尊贵者居后呢？"赵威后说："你错了。要是没有收成，百姓怎么活？要是没有百姓，又怎会有君主？哪有先问细枝末节后问根本的道理？"接着赵威后又问："齐国有位叫钟离子的处士，他还好吧？他这个人无论贫富，都想办法给人饭吃、给人衣服穿，这是协助君王养民的人，为什么至今还没有做官？叶阳子还好吗？他这个人对鳏寡孤独的可怜人都尽力帮助，极力赈济穷苦人，这是协助君王恤民的人，为什么至今还没有做官？北宫之女婴儿子还好吗，她不打扮修饰，终生不嫁，专心侍奉父母，这是引导百姓建立良好风尚推崇孝道的人，为什么到今天还没让她进宫受封为命妇呢？这两位贤士不做官，一位贤女不受封，齐王又如何能统治齐国、抚养万民呢？於陵的子仲还活着吗？这个人上不能尽忠君王，下不能治理室家，中不能结交诸侯，这是一个引导百姓无所事事的人，为什么至今还不杀了他？"

910. 刘 娥

刘聪妻刘氏，名娥，甚有宠于聪。既册后，诏起鹓仪殿以居娥。廷尉陈元达切谏，聪大怒，将斩之，娥私敕左右停刑，手疏上，略曰："廷尉之言，关国大政，忠臣岂为身哉！陛下不唯不纳，而又欲诛之，陛下此怒，由妾而起；廷尉之祸，由妾而招。人怨国怨，咎皆归妾；拒谏戮忠，唯妾之故。自古败亡之辙，未有不因于妇人者也。妾每览古事，忿忿忘食，何意今日妾自为之，后人视妾，亦犹妾之视前人也，复何面目仰侍巾栉！请归死此堂，以塞陛下色荒之过。"聪览毕，谓群下曰："朕愧元达矣。"因手娥表，示元达曰："外辅如公，内辅如娥，朕复何忧？"

姜后、樊姬、徐惠妃一流。

【译文】

十六国前赵主刘聪的妻子叫刘娥，刘聪对她宠爱有加。册立为皇后后，下诏建造鹓仪殿给她居住。廷尉陈元达上书劝谏，刘聪大为震怒，下令斩陈元达。刘后听后，私自敕命左右暂停行刑，亲笔写了奏章说："廷尉的话，关系着国家大计，忠臣哪里是为自己着想的呢？陛下不仅不采纳他的忠言，反而要诛杀他。陛下发怒，是因臣妾而起；廷尉的杀身之祸，是由臣妾招致。如此一来，天下的怨愤都集中在臣妾身上；陛下拒绝进谏、杀害忠良，都是因为臣妾的缘故。自古以来国家的败亡，往往都由妇人引起。臣妾每每读书至此，常常难过得吃不下饭，没想到今天自己却成了这样的妇人！后人看臣妾，如同今日臣妾看古人，臣妾还有什么脸面来服侍陛下？请求在这堂下赐臣妾一死，以绝陛下贪慕美色的过失。"刘聪看完了奏章，对群臣说："朕愧对陈元达！"他又把刘氏的表章拿给陈元达看，说："朕外有像你这样的大臣，内有像刘后这样的贤妻，还有什么可担心的呢？"

冯评：刘娥是周宣王的姜后、楚庄王的樊姬和唐太宗的徐惠妃这一类的贤妇人。

911. 李邦彦母

李太宰邦彦父曾为银工，或以为诮，邦彦羞之，归告其母。母曰："宰相家出银工，乃可羞耳；银工家出宰相，此美事，何羞焉？"

狄武襄不肯祖梁公，我圣祖不肯祖文公，皆此义。

【译文】

北宋宰相李邦彦的父亲曾是银匠，有人以此讥讽李邦彦，李邦彦觉得很丢人，回家把这事告诉了母亲。母亲说："宰相家出银匠才丢人呢，银匠家出宰相是好事，有什么丢人的？"

冯评：狄青不肯冒认狄仁杰的后代，朱元璋不肯冒认朱熹的后代，都是这个意思。

912. 肃宗朝公主

肃宗宴于宫中，女优弄假戏，有绿衣秉简为参军者。天宝末，番将阿布思伏法，其妻配掖庭，善为优，因隶乐工，遂令为参军之戏。公主谏曰："禁中妓女不少，何须此人？使阿布思真逆人耶，其妻亦同刑人，不合近至尊之座；若果冤横，又岂忍使其妻与群优杂处，为笑谑之具哉？妾虽至愚，深以为不可。"上亦悯恻，遂罢戏而免阿布思之妻，由是咸重公主。公主，即柳晟母也。

【译文】

　　唐肃宗在宫中欢宴群臣，有女艺人扮男装演戏助兴，有一个角色是身穿绿衣、手持牙简的参军。天宝末年，番将阿布思获罪被杀，他的妻子入宫为奴，因为能演戏，所以编入乐工部，肃宗就叫她演参军。公主劝阻说："宫中女戏子不少，为什么一定要用她呢？如果阿布思真是叛逆，他的妻子也是罪人，不该让她接近皇上；如果阿布思是冤枉的，皇上又怎么忍心让他的妻子与歌伎优伶混杂，成为别人玩笑戏谑的工具呢？我虽然很愚笨，也深深以为不该这样做。"肃宗听了，也起了怜悯之心，于是取消演出，赦免了阿布思的妻子。从此，大家对公主都十分敬重。这位公主就是柳晟的母亲。

913. 房景伯母

　　房景伯为清河太守，有民母讼子不孝，景伯母崔氏曰："民未知礼，何足深责？"召其母，与之对榻共食，使其子侍立堂下，观景伯供食。未旬日，悔过求还，崔曰："此虽面惭，其心未也，且置之。"凡二旬余，其子叩头出血，母涕泣乞还，然后听之，卒以孝闻。

　　此即张翼德示马孟起以礼之智。

【译文】

　　北魏房景伯任清河太守时，有位民妇状告儿子不孝，房景伯的母亲崔氏说："百姓们不懂礼数，哪里犯得上深加斥责？"于是召来民妇母子，与民妇同榻共食，要民妇儿子在一旁观看房景伯如何侍奉母亲。不到十天，民妇的儿子便表示悔过，要求与母亲一同回家，崔氏说："这个孩子虽然面有惭愧的神色，但心中并没有真正地悔改，暂时再留他们一段时间。"过了二十多天，民妇的儿子向房景伯不断磕头，额头都磕出血来，民妇也哭着要求回家，这才让他们母子回去。民妇的儿子后来成为一位远近知名的孝子

　　冯评：这就是张飞向马超展示礼敬刘备的故智。

914. 柳氏婢

　　唐仆射柳仲郢镇郪城，有婢失意，于成都鬻之。刺史盖巨源，西川大将，

累典支郡，居苦竹溪。女侩以婢导至，巨源赏其技巧。他日巨源窗窥通衢，有鬻绫罗者，召之就宅，于束缣内选择，边幅舒卷，第其厚薄，酬酢可否。时婢侍左，失声而仆，似中风（边批：诈）。命扶之去，都无言语，但令还女侩家。翌日而瘳，诘其所苦，青衣曰："某虽贱人，曾为仆射婢，死则死矣，安能事卖绫绢牙郎乎？"蜀都闻之，皆嗟叹。

此婢胸中志气殆不可测，愧杀王濬冲一辈人。

【译文】

唐朝仆射柳仲郢出镇郢城，有个婢女让他不满，就在成都把她卖了。刺史盖巨源是西川节度使手下大将，因功担任支郡郡守，住在苦竹溪。买卖奴婢的女贩带着婢女前来，盖巨源很欣赏这名婢女心灵手巧，就把她留下了。一天，盖巨源从窗内往街上看，见有一个卖绫罗绸缎的商贩，就把他叫到家里，把他捆扎好的绢帛打开，细细检查尺寸和厚薄，反复讨价还价。那时婢女在一旁服侍，突然叫了一声便倒地不起，好像中风的样子。于是盖巨源就叫人把她搀扶出去，没说什么，只是把她送回女贩那里。第二天婢女病愈，人们问她究竟是怎么一回事，她回答说："我虽出身卑贱，但毕竟给仆射做过婢女，要死就死，怎能服侍这种绸布贩子一样俗气的人呢？"此事传遍了成都，人们都十分感慨。

冯评：这个婢女胸中的气节令人难以估测，足以让王戎那种蝇营狗苟的人羞愧而死。

915. 崔敬女　络秀

唐冀州长史吉懋欲为男顼取南宫县丞崔敬女，敬不许。因有故，胁以求亲，敬惧而许之。择日下函，并花车卒然至门，敬妻郑氏初不知，抱女大哭曰："我家门户低，不曾有吉郎。"女坚卧不起，其小女白其母曰："父有急难，杀身救解，设令为婢，尚不合辞，姓望之门，何足为耻，姊若不可，儿自当之！"遂登车而去，顼后贵至拜相。

周颙母李氏，字络秀，少在室，颙父浚时为安东将军，因出猎遇雨，止秀家。会秀父兄出，乃独与一婢为具数十人馔，甚精腆，寂不闻人声。浚怪觇之，见秀甚美，因求为妾，父兄不许。秀曰："门户单寒，何惜一女，焉知非福？"已归浚，生颙及嵩、谟，已三子并贵显。秀谓曰："我屈节为汝门妾，计门户耳。汝不与吾家为亲亲者，吾亦何惜余年？"顗等敬诺，自是李氏遂振。

绝无一毫巾帼气。"生男勿喜女勿悲"，此诗正堪为二女咏耳。

【译文】

唐冀州长史吉懋想要为儿子吉顼娶南宫县丞崔敬的女儿为妻，但是崔敬不同意。后来吉懋借某些事情胁迫崔敬，崔敬害怕之余只好同意。吉懋选了个黄道吉日下了聘书，抬着一项花轿径直上门迎娶。崔敬的妻子郑氏当初不知道这事，因此抱着女儿痛哭道："我家门户太低，没有吉姓的郎君！"（唐时婚嫁极重门第，崔敬虽官小，但崔氏门第很高，所以不屑嫁吉家。他老婆说门户太低，此为反话）女儿也赖在床上不肯起来。这时崔敬的小女儿对母亲说："父亲有难，以死相救也是应该的，即使被卖为奴婢也不该推托，门第虽下有什么值得羞耻？姊姊不愿意嫁，那就让我来代替吧！"于是妹妹坐上花轿嫁给吉顼了，吉顼后来做到了宰相。

东晋周顗的母亲姓李，叫络秀。当她还待字闺中时，周顗的父亲周浚官拜安东将军，有一次，周浚外出打猎遇到大雨，投宿在络秀的家中。正巧这天络秀的父兄外出，她跟婢女两人为几十个人做了一顿饭，精美丰盛。家中悄然没有人声，周浚觉得很奇怪，就偷偷探头往室内看，这才发现络秀很漂亮，就想纳她为妾。络秀的父亲、哥哥对这门婚事都不同意，络秀说："我们家门第卑下，为什么还吝惜我这个女儿，我嫁过去又怎知一定不是好事呢？"络秀嫁给周浚后，一共生了周顗、周嵩、周谟三个儿子，都成了很有地位的达官贵人。络秀对他们说："我下嫁你们家做妾，就是图你们家门第高贵，你们要是不把我娘家人当亲戚，我也不想活了。"于是周顗兄弟都纷纷答应，从此李氏一族得以振兴。

冯评：她们绝无一毫巾帼气。"生男勿喜女勿悲"，这句诗正好可以用来咏叹这两位女子。

916. 乐羊子妻　三条

乐羊子尝于行路拾遗金一饼，还以语妻，妻曰："志士不饮盗泉，廉士不食嗟来，况拾遗金乎？"羊子大惭，即捐之野。

乐羊子游学，一年而归。妻问故，羊子曰："久客怀思耳。"妻乃引刀趋机而言曰："此织自一丝而累寸，寸而累丈，丈而累匹。今若断斯机，则前功尽捐矣。学废半途，何以异是？"羊子感其言，还卒业，七年不返。

乐羊子游学，其妻勤作以养姑。尝有他舍鸡谬入园，姑杀而烹之，妻对鸡不餐而泣，姑怪问故，对曰："自伤居贫，不能备物，使食有他肉耳。"姑遂弃去不食。

返遗金，则妻为益友；卒业，则妻为严师；谕姑于道，成夫之德，则妻又为大贤孝妇。

【译文】

乐羊子曾在路边捡到一锭金子，回家后把这件事告诉了妻子。妻子说："有志节的人不喝盗泉的水，廉洁的人不吃带有侮辱性的施舍食物，更何况是捡人遗失的金子呢？"乐羊子听了大为惭愧，立即把金子扔了。

乐羊子离家求学，一年后回到家，妻子问他为何回家，乐羊子说："久居异乡心中想家，所以就回来了。"妻子拿着刀走到织布机旁，对乐羊子说："这匹绢是由一丝一线累成一寸，一寸一寸积累成丈、成匹，现在若是剪断它，那么就前功尽弃了。现在你求学半途而废，和这有什么区别？"乐羊子对妻子这番话深有感触，于是回去完成学业，其间七年不曾回家。

乐羊子离家求学期间，妻子辛勤持家，照顾婆婆。有一次，邻家所养的鸡误入乐羊子的园中，婆婆便抓来煮了吃。到吃饭时，乐羊子妻不吃饭却一个劲地哭。婆婆感到奇怪，问她原因，乐羊子妻说："我是难过家里太穷，各种所需不能齐备，以至于食物中有别家的肉。"婆婆听了大感惭愧，就把鸡丢弃不吃了。

冯评：劝丈夫返还别人遗失的金子，乐羊子妻可说是益友；督促丈夫坚持完成学业，乐羊子妻可说是严师；用道理晓喻婆婆，成全丈夫的名声，乐羊子妻更是大贤的孝妇了。

917. 孙太学妓

嘉靖间，娄东有孙太学者，与妓某善，誓相嫁娶，为之倾赀。无何孙丧妇，家益贫落，亲友因唆使讼妓。妓闻之，以计致孙饮食之，与申前约，以身委焉。孙故不善治产，妓所携簪珥，不久复费尽，妓日夜勤辟纑以奉之，饘粥而已。如是十余年，孙益老成悔过，选期已及，自伤无赀，中夜泣。妓审其诚，于日坐辟绩处，使孙穴地得千金，皆妓所阴埋也，孙以此得选县尉，迁按察司经历。宦橐稍润，妓遂劝孙乞休归，享小康终其身。

既成就孙，而身亦得所归，可谓两利；所难者，十余年坚忍耳。

【译文】

明朝嘉靖年间，娄东有位孙监生，和一个妓女很要好，两人立下盟约，要结为连理，孙监生也为她花了很多钱。没多久，孙监生元配夫人去世，家道败落，生活贫困，亲友们就唆使孙监生去衙门告妓女。妓女听说后，设法叫来孙监生一起吃饭，并重提盟约，以身相许。孙监生本来就是个不善理财的人，妓女带过来的首饰也很快便卖花光，妓女就日夜辛勤地纺织，补贴家用，仅够糊口而已。这样一晃便是十多年，孙监生年纪大了，开始后悔年轻时的荒唐孟浪，眼看又到大比之年，想到没有盘缠赴京应考，不禁伤心落泪。妓女感到他这次是真的有诚意了，就要孙监生在她平日织布的地方向下挖，结果挖出一千多两黄金，都是妓女悄悄埋藏的。孙监生终于如愿，先做了县尉，后来调升为按察司经历。做官多年有了些积蓄之后，妓女劝他辞官回家，他们就一起度过了不缺衣食的晚年。

冯评：既成就了孙监生，自己也得了一个好归宿，可说是两利，所难的是十多年的坚持隐忍。

918. 吴生妓

真定吴生有声于庠，性不羁。悦某妓，而橐中实无余钱。妓怜其才，因询所长，曰："善樗蒲。"妓乃馆生他室中，所遇凡爱樗蒲者，辄令生变姓名与之角，生多胜，因以供生灯火费，妓暇则就生宿，生暇则读书。后生成进士，欲娶妓，而妓适死，因为制服执丧，葬之以礼，每向人言，则流涕。

吴生从未出丑，此妓胜汧国夫人多多矣。

【译文】

真定地方有个姓吴的书生在学校里很有名，性情豪迈不羁，爱上了一名妓女，但实在没有多余的钱。妓女怜惜吴生是个人才，就问他擅长什么，吴生说："用樗蒲赌钱。"于是妓女就给吴生找了个地方住，凡是碰到喜欢樗蒲的客人，就要吴生改名换姓与客人赌钱，吴生常赢，于是就有了生活费。妓女有空就去陪吴生，吴生有空就读书，后来吴生高中进士，想迎娶妓女，没想到妓女却去世了。吴生为她服丧，并以礼厚葬她，后来每向人说起，必会流下泪来。

冯评：吴生从来没有出丑，这妓女胜过汧国夫人（李娃）很多呀！

919. 陶侃母

陶侃母湛氏，豫章新淦人。初侃父丹聘为妾，生侃。而陶氏贫贱，湛每纺绩赀给之，使交结胜己。侃少为浔阳县吏，尝监鱼梁，以一封鲊遗母。湛还鲊，以书责侃曰："尔为吏，以官物遗我，非唯不能益我，乃以增吾忧矣。"鄱阳范逵素知名，举孝廉，投侃宿。时冰雪积日，侃室如悬磬，而逵仆马甚多。湛语侃曰："汝但出外留客，吾自为计。"湛头发委地，下为二髪，卖得数斛米。斫诸屋柱，悉割半为薪，剉卧荐以为马草，遂具精馔，从者俱给。逵闻叹曰："非此母不生此子。"至洛阳，大为延誉，侃遂通显。

【译文】

陶侃的母亲湛氏是豫章新淦人，早年陶侃的父亲陶丹纳她为妾，生下陶侃。陶家贫穷且地位低贱，湛氏常常要辛勤纺织供给陶侃，要他结交胜过自己的朋友。陶侃年轻时当过浔阳县吏，分管捕鱼的工作，他曾派人送给母亲一坛咸鱼，湛氏退还了咸鱼，并且写了封信责备陶侃说："你身为官吏，把官家的东西拿来送给我，非但不能帮我，反而更增加了我的担忧。"鄱阳的范逵素来有名，被举为孝廉，一次他投宿陶侃家，正逢连日冰雪，陶侃家中空无一物，而范逵随行仆从、马匹很多。湛氏对陶侃说："你只管出去接待留客，我自有办法。"湛氏把长发解开，剪下来做成两套假发，出去卖掉，买回几斛米；又把房屋的柱子分别劈细一半当柴烧；又将睡觉用的草垫切碎当马草，就这样准备了精致的食物，范逵主仆都受到周全的招待。范逵听说后感叹道："没有湛氏这样的母亲，生不出陶侃这样的儿子！"范逵到洛阳后，对陶侃大加赞誉，极力称赏，陶侃从此开始为人所知，仕途上也开始显达。

920. 李畬母

监察御史李畬母，清素贞洁。畬请禄米送至宅，母遣量之，剩三石，问其故。令史曰："御史例不概。"问脚钱几，又曰："御史例不还脚车钱。"母怒，令送所剩米及脚钱，以责畬，畬及追仓官科罪（边批：既沿例亦不必科罪），诸御史皆有惭色。

【译文】

唐朝监察御史李畬的母亲清廉贞节。有一次李畬命人把自己的俸米送回家，李母命人量米，结果多出三石，就问是怎么回事。送米的官员说："按惯例，御史领的俸米发放的时候都会稍微有些盈余。"李母又问要给多少运费。官员说："按惯例，给御史送俸米不用运费。"李母听了大为生气，命人把多领的俸米及运费送还，还责备李畬，李畬就追究负责仓米的官员，并给他们定了罪，其他的御史都感到很惭愧。

◎毛泽东评：李畬应自科罪。

921. 王孙贾母

齐湣王失国，王孙贾从王，失王之处。其母曰："汝朝出而晚来，则吾倚门而望；汝暮出而不还，则吾倚闾而望。汝今事王，不知王处，汝尚何归？"贾乃入市呼曰："从我者左袒!"从者三百人，相与攻杀淖齿，求王子奉之，卒复齐国。

不杀淖齿，则乐毅之势不孤，而兴复难于措手，非但仇不共戴天已也。张伯起作《灌园记》传奇，只谱私欢，而于王孙母子忠义不录，大失轻重，余已为改正矣。

【译文】

战国时齐国淖齿叛乱，王孙贾追随齐湣王，后来找不见齐湣王了。王孙贾的母亲说："每当你早出而晚归，我则站在门口望你回来；你傍晚出去而不回，我则到村头里门望你归来。你现在事奉君王，连君王在哪里都不知道，你回来干什么？"王孙贾就来到街市上大喊："淖齿叛乱，有谁愿意和我一起去平叛的，请露出你的左臂来！"立刻有三百人愿意跟随他，于是他们一起杀了淖齿，并找到湣王的儿子，拥立他为齐王，终于复兴了齐国。

冯评：如果不杀淖齿，乐毅的势力就不会被孤立，齐国的兴复也无从下手，这不是一个简单的报仇而已。张伯起著《灌园记》传奇，只记叙男女情爱，对于像王孙贾母子这般忠义的事迹却不予记载，轻重很不得体，我已加以改正了。

922. 赵括母　柴克宏母

秦、赵相距长平，赵王信秦反间，欲以赵奢之子括为将而代廉颇。括平日每易言兵，奢不以为然，及是将行，其母上书言于王曰："括不可使将。"王曰："何以？"对曰："始妾事其父，时为将，身所奉饭饮而进食者以十数，所友者以百数，大王及宗室所赏赐者，尽以予军吏，受命之日，不问家事。今括一旦为将，东向而朝，军吏无敢仰视之者；王所赐金帛，归藏于家，而日视便利田宅可买者买之。父子异志，愿王勿遣。"王曰："母置之，吾已决矣。"括母因曰："王终遣之，即有不称，妾得无坐。"王许诺。括既将，悉变廉颇约束，兵败身死。赵王亦以括母先言，竟不诛也。

括母不独知人，其论将处亦高。

后唐龙武都虞侯柴克宏，再用之子也。沈嘿好施，不事家产，虽典宿卫，日与宾客博弈饮酒，未尝言兵，时人以为非将帅才。及吴越围常州，克宏请效死行阵，其母亦表称克宏"有父风，可为将，苟不胜任，分甘孥戮"。元宗用为左武卫将军，使救常州，大破敌兵。

括唯不知兵，故易言兵；克宏未尝言兵，政深于兵。赵母知败，柴母知胜，皆以其父决之，异哉！

【译文】

战国时秦、赵两国军队在长平对阵，赵王中了秦国的反间计，想派赵奢的儿子赵括代替廉颇为将。赵括平日爱谈论军事，认为带兵打仗很容易，他父亲赵奢总不以为然。听说赵括即将率兵，他的母亲上书赵王，说不可用赵括为将。赵王问为什么，赵母说："当初我侍奉赵括他父亲，那时他是将军，士兵中他常亲奉饮食的就有十几人，和他结交为友的则有一百多；大王和其他贵族赏赐的东西，全都分给官兵；一旦受命出征，家里的事就概不过问。现在要是赵括做了将军，高居尊位，军士没人敢抬头看他；大王赏赐的金帛，统统藏到家里，每天看哪里有好的田宅就买下来。他们父子完全是不同的人，希望大王不要派他去。"赵王说："你不用再多说了，我主意已定。"赵母说："如果大王一定要用赵括，万一他不合适，请大王能让我免于株连。"赵王答应了。赵括代廉颇为将军后，完全改变廉颇的制度，最后兵败身死。赵王也因赵母有言在先，没有降罪于她。

冯评：赵母不仅识人，论将也颇为高明。

后唐的柴克宏是柴再用的儿子，平日沉默寡言，喜欢帮助别人，也不喜欢经营家产，虽在宫中担任警卫，但成天和朋友下棋饮酒，从来不谈军事，当时的人都觉得他不是将帅之才。后来吴越围攻常州，柴克宏请求准许随军御敌，他的母亲也上表章说他"有乃父之风，可以任命为将领，如果不胜任，愿领死罪"。元宗于是任命他为左武卫将军，命他救援常州，果然大破敌兵。

冯评：赵括不懂军事，所以很轻易地谈论军事；柴克宏不谈论军事，正是懂军事的表现。赵母知道儿子必败，柴母知道儿子必胜，两位母亲都是与他们的父亲对比来判断儿子的，真够奇异！

923. 陈婴母　王陵母

东阳少年起兵，欲立令史陈婴为王。婴母曰："暴得大名不祥，不如有所属，事成封侯；不成，非世所指名也。"婴乃推项梁。

王陵以兵属汉，项羽取陵母置军中。陵使至，则东向坐陵母，欲以招陵。陵母私送使者，泣曰："愿为妾语陵，善事汉王，汉王长者，毋以老妾故持二心。"遂伏剑而死（边批：干净）。

婴母知废，胜于陈涉、韩广、田横、英布、陈豨诸人；陵母知兴，胜于亚父、蒯通、贯高诸人。姜叙讨贼，其母速之。马超叛，杀刺史、太守，叙议讨之，母曰："当速发，勿顾我。"超袭执叙母，母骂超而死，明大义也。乃楚项争衡，雌雄未定，而陵母预识天下必属长者，而唯恐陵失之，且伏剑以绝其念，死生之际，能断决如此，女子中伟丈夫哉！徐庶之不终于昭烈也，其母存也，陵母不伏剑，陵亦庶也。

婴母知废，胜于陈涉、胡广、田横、英布、陈豨诸人○陵母知兴，胜于亚父、蒯通、贯高诸人。○姜叙讨贼，其母速之。马超叛，杀刺史、太守，叙议讨之，母曰："当速发，勿顾我。"超袭执叙母，母骂超而死，明大义也。乃楚项争衡，雌雄未定，而陵母预识天下必属长者，而唯恐陵失之，且伏剑以绝其念，死生之际，能断决如此，女子中伟丈夫哉！徐庶之不终于昭烈也，其母存也，陵母不伏剑，陵亦庶也。

○叔向母

初叔向谱羊舌职，欲娶于申公巫臣氏，其母欲娶其

— 1300 —

◎毛泽东评：废话。

【译文】

秦末东阳的年青人聚众起义，想拥立令史陈婴为王。陈婴的母亲说："一下子暴得大名不是好事，不如依附他人，事成之后还能封侯；如果失败，也不是世人皆知的罪魁祸首。"于是陈婴推项梁为王。

王陵率兵投靠汉王刘邦，项羽把王陵的母亲请来，安置在军中。王陵派人探问消息，项羽就让王陵母亲向东坐在尊位，想以此招降王陵。王陵的母亲偷偷送别使者，哭着对他说："希望你替我转告王陵，好好事奉汉王，汉王是个

长者，不要因为我而怀有二心！"于是引剑自杀了。

　　冯评：陈婴的母亲能够看到衰亡，比陈涉、韩广、田横、英布、陈豨等人强；王陵的母亲能够看到兴盛，比亚父范增、蒯通、贯高等人强。姜叙讨贼，其母催促。马超谋叛，杀死刺史、太守。姜叙准备讨伐马超，他的母亲说："赶快发兵，不要管我！"马超突袭抓住了姜叙的母亲，其母大骂马超而死。这是深明大义。楚汉相争，胜负未定时，王陵的母亲已看到天下必属于有长者之风的汉王，惟恐王陵失去这样的主公，进而引剑自杀断绝王陵心中的杂念，生死关头能如此果断，真可称得上是女中大丈夫！徐庶最后不能始终辅佐刘备，就是因为他母亲尚在的关系；如果王陵的母亲不自杀，王陵就是另一个徐庶。

924. 叔向母

　　初，叔向（晋大夫羊舌肸）欲娶于申公巫臣氏，其母欲娶其党。叔向曰："吾母多而庶鲜，吾惩舅氏矣。"其母曰："子灵之妻（夏姬也）杀三夫、一君、一子，而亡一国两卿矣，可无惩乎？吾闻之，甚美必有甚恶。昔有仍氏生女，发黑而美，光可以鉴，名曰玄妻。乐正后夔取之，生伯封，实有豕心，贪惏无厌，忿颣无期，谓之封豕。有穷后羿灭之，夔是以不祀。今三代之亡，共子之废，皆是物也，汝何以为哉？夫有尤物，足以移人，苟非德义，则必有祸。"叔向惧，不敢取。平公强使取之，生伯石。伯石始生，叔向之母视之，及堂，闻其声而还，曰："是豺狼之声也！狼子野心，非是莫丧羊舌氏矣。"遂弗视。

【译文】

　　春秋时，叔向（晋大夫羊舌肸）想娶申公巫臣的女儿为妻，可是叔向的母亲却希望他娶自己娘家的人。叔向说："我的庶母虽然很多，但是庶兄弟却很少，因此我不想娶舅氏的女子。"他母亲说："子灵（巫臣的字）的妻子夏姬害死了三个丈夫，一个国君，一个儿子，导致一个国家和两位卿大夫家族灭亡，这还不够可怕吗？我听说：过分的美丽必定伴随着极度的丑恶。古时的有仍氏生了个女儿，一头青丝又黑又美，光可鉴人，人称她为玄妻。后来乐正后夔娶她为妻，生了个儿子名叫伯封，这儿子像猪一样贪婪无厌，凶狠无度，所以人们称之为封豕。后来有穷国的后羿把伯封杀了，从此夔氏断了香火。三代的灭亡，和晋太子申生的被废，都是美女惹的祸，你要娶美女干什么呢？美女最能移人心智，品德修养不够，娶之一定会带来灾祸。"叔向听了十分害怕，不敢再娶申公巫臣的女儿，可是晋平公却强逼叔向娶她，婚后生了个儿子名叫伯石。当伯石出生时，叔向的母亲前去探视，才到堂前，听见婴儿的哭声就掉头而走，说："这哭声简直像豺狼的声音！狼子野心，除了他还有谁能让羊舌家灭亡！"于是拒绝进去探视。

925. 严延年母

严延年守河南，酷烈好杀，号曰"屠伯"。其母从东海来，适见报囚，大惊，便止都亭，不肯入府。因责延年曰："天道神明，人不可独杀，我不意当老见壮子被刑戮也。行矣，去汝东归，扫除墓地。"遂去归郡。后岁余，果败诛。东海莫不贤智其母。

【译文】

西汉严延年任河南太守，为政严苛酷烈，人称"屠伯"。有一天，他的母亲从老家东海来，正好碰上他处决囚犯，大为震惊，便留在都亭不肯进入郡府。她责备严延年道："天道神明，因果昭彰，人不可以毫无约束地杀人，我可不想在年老的时候看到壮年的儿子被杀。好了，我要回东海去了，去收拾一块墓地。"于是她回到东海老家，一年多以后，严延年果然获罪被杀。东海人都称赞他母亲的贤明与智慧。

926. 伯宗妻

晋伯宗朝，以喜归。其妻曰："子貌有喜，何也？"曰："吾言于朝，诸大夫皆谓我智似阳子（阳处父）。"对曰："阳子华而不实，主言而无谋，是以难及其身，子何喜焉？"伯宗曰："我饮诸大夫而与之语，尔试听之。"曰："诺。"其妻曰："诸大夫莫子若也。然而民不能戴其上久矣，难必及子，盍亟索士，愸（赖也）庇州犁焉（州犁，伯宗子）？"得毕阳。后诸大夫害伯宗，毕阳实送州犁于荆。初，伯宗每朝，其妻必戒之曰："盗憎主人，民怨其上，子好直言，必及于难。"

【译文】

　　春秋时晋国大夫伯宗早朝后很高兴地回到家里，他的妻子问他说："你这么高兴，为什么呢？"伯宗说："今天我在朝上发言，其他大夫们都称赞我，说我和阳子（阳处父）一样有智慧。"妻子说："阳处父华而不实，爱夸夸其谈却没有高明的见解，所以才会灾祸临身。把你比成他，有什么好高兴的呢？"伯宗说："我请大夫们一起来喝酒谈论，你在边上听听看。"妻子说："好。"事后，妻子说："大夫们都不如你。但是百姓对朝政不满已经很久了，灾难很快会降到你头上，何不赶紧找靠得住的人保护好儿子州犁呢？"于是找到毕阳。后来诸大夫陷害伯宗，毕阳护送州犁到了楚国。当初伯宗每次上朝，他的妻子都会提醒他说："盗贼都恨财物的主人，百姓都恨他们头上的统治者。你平日喜欢疾言直谏，这样是会惹祸上身的。"

927. 李新声

　　李新声者，邯郸李岩女。太和中，张谷纳为家妓，长而有宠。刘从谏袭父封，谷以穷游佐其事，新声谓谷曰："前日天子授从谏节钺，非有拔城野战之功，特以先父挈齐还我，去就间未能夺其嗣耳。自刘氏奄有全赵，更改岁时，未尝以一履一蹄为天子寿，且章武朝数镇倾覆，彼皆雄才杰器，尚不能固天子恩，况从谏擢自儿女子手中耶！以不法而得，亦宜以不法而终，公不幸为其属，若不能早折其肘臂以作天子计，则宜脱旅西去。大丈夫勿顾一饭恩，以骨肉腥健儿衣食。"言毕悲泣不已，谷不决，竟从逆死。

【译文】

　　李新声是邯郸人李岩的女儿。唐文宗太和年间，张谷把李新声纳为家妓，非常宠爱她。刘从谏承袭父亲的官职任昭义节度使，张谷就到他手底下做事。李新声对张谷说："日前天子授予刘从谏节度使印信，他并没有攻城掠地的战功，只是他父亲曾有平定齐地的大功，一时间也不便剥夺他世系的封荫。自他刘家把地盘扩张到了整个赵地，逢年过节从不向皇帝进贡，当初宪宗朝就有好几个节度使因此覆灭，他们都是颇具雄才大略的豪杰，尚且不能长久守住天子的恩宠，何况刘从谏这么个从小娇生惯养的废物！用不正当的手段获取的，终究也会以不合法的方式失去。您不幸身为刘从谏的属下，如果不能暗中压制、剪除他的势力来报效天子，那就应该离开他去投奔朝廷。大丈夫千万不要因对方对您有一饭之恩，就把自己变成叛逆的牺牲品。"说完后，大哭不止。张谷对此犹豫不定，最后作为逆贼刘从谏的党羽被杀。

928. 娄 妃

宁藩将反，娄妃尝泣谏之，不听。既就擒，槛车北上，与监押官言往事即痛哭，且曰："昔纣用妇言而亡天下，吾不用妇言而亡家国，悔恨何及！"

仆固怀恩之母劝其子勿反；谢综等赴东市，综母独不出视，皆能识大义者，与妃而三耳。

【译文】

宁王朱宸濠想举兵谋反，娄妃曾哭着加以劝阻，但朱宸濠不听。后来朱宸濠兵败被擒，被关在囚车中押送北京时，与押车的狱卒说起往事，不由悔恨痛哭，说道："从前殷纣王听信妇人妲己的话失去了天下，我却因没有听从娄妃的话失国灭家，后悔已来不及了！"

冯评：唐朝仆固怀恩的母亲劝阻他不要造反；南朝宋时谢综被绑赴东市斩首，谢母独不去看视，她们都是能深明大义的人，与娄妃合而为三。

929. 董 氏

则天朝，太仆卿来俊臣之强盛，朝官侧目。上林令侯敏偏事之，其妻董氏谏曰："俊臣国贼也，势不可久，一朝事坏，奸党先遭，君可敬而远之。"敏稍稍而退，俊臣怒，出为涪州武隆令，敏欲弃官归，董氏曰："但去莫求住。"遂行，至州，投刺参州将，错题一张纸（边批：故意），州将看尾后有字，大怒曰："修名不了，何以为县令？"不放上，敏忧闷无已，董氏曰："但住莫求去。"停五十日，忠州贼破武隆，杀旧县令，略家口并尽，敏以不许上获全。后俊臣诛，逐其党流岭南，敏又获免。

【译文】

武则天临朝时，太仆卿来俊臣大权在握，十分嚣张，朝中大臣对他无不惧怕三分。上林令侯敏则与来俊臣往来密切，侯敏的妻子董氏劝阻丈夫说："来俊臣是国贼，得势不会太久，万一哪天倒台，他的党羽肯定最先遭殃，你不妨对他敬而远之。"侯敏听从妻子的劝告，对来俊臣略微疏远，来俊臣对此十分不满，把侯敏贬为涪州武隆县令。侯敏想辞官回乡，董氏说："只管去报到，但不必长住。"于是侯敏就前往涪州，参拜州将呈递名片时，写错了一张纸，州将看名片颠三倒四后面还有字，生气地说："连张名片都写不好，怎么当县令？"就不让他去上任。侯敏十分郁闷，董氏说："只管住下，不要离去。"住了五十天后，忠州贼匪作乱，攻破武隆，杀了旧县令，并且抢劫一空，侯敏因不得上任而保全性命。后来，来俊臣被杀，他的党羽全部被流放岭南，侯敏又因并非其党羽而得免。

930. 王章妻

王章为诸生，学长安，独与妻居。章疾病，无被，卧牛衣中，与妻诀，涕泣。其妻呵怒之曰："仲卿，在朝廷贵人谁逾仲卿者？今疾病困厄，不自激昂，乃反涕泣，何鄙也！"后章历位至京兆，欲上封事，妻又止之曰："人当知足，独不念牛衣中涕泣时耶？"（边批：遭乱世不得不尔）章曰："非女子所知。"书遂上，果下廷尉狱，妻子皆收系。章小女年可十二，夜起，号哭曰："平日狱上呼囚，数常至九，今八而止，我君素刚，先死者必君。"明日问之，章果死。

吴长卿曰：妻能料生，女能料死，虽然，其妻可及也，其女不可及也。

【译文】

西汉王章做太学生，在长安求学，与妻子住在一起。王章生病，没有棉被，王章只好用麻做的牛衣保暖，凄苦之中他流着眼泪与妻子诀别，妻子生气地叱责说："仲卿啊仲卿，当今朝廷百官有谁的才学能比得上你！生病是一时的困顿，不自我激励奋发，反倒哭哭啼啼，太差劲了吧？"后来王章累官至京兆尹，想上书密奏弹劾王凤，妻子劝阻他说："一个人应该知足，你难道忘了当年披着牛衣流泪的事吗？"王章说："国家大事不是女人懂得的。"于是坚持上书弹劾，果然获罪下狱，妻女也都成为阶下囚。当时王章的女儿只有十二岁，半夜时惊起，哭着说："平常狱吏点名囚犯报数都是到九，今天只报数到八，父亲个性刚直，最先死的一定是他！"第二天一打听，王章果然已经死了。

冯评：吴长卿说：妻子能料其生，女儿能料其死，尽管如此，王章妻子还可以企及，他女儿就难以企及了。

931. 陈子仲妻　王霸妻

楚王聘陈子仲为相。仲谓妻曰："今日为相，明日结驷连骑、食方于前矣。"（边批：陋甚）妻曰："结驷连骑，所安不过容膝；食方于前，所甘不过一肉。今以容膝之安、一肉之味，而怀楚国之忧，乱世多害，恐先生之不保命也。"于是夫妻遁去，为人灌园。

王霸与同郡令狐子伯为友。子伯为楚相，子为郡功曹。子伯遣子奉书于霸，客去，久卧不起。妻怪问之，霸曰："向见令狐子容甚光，举措自适，而我儿蓬发历齿，未知礼则，见客而有惭色。父子恩深，不觉自失耳。"妻曰："君少修清节，不顾荣禄，今子伯之贵孰与君之高？奈何忘夙志而惭儿女子！"霸决起而笑曰："有是哉！"遂共终身隐遁。

孟光梁鸿妻、桓少君鲍宣妻得同心为匹，皆能删华就素，遂夫之高；而子仲、王霸之妻，乃能广其夫志，使炎心顿冷，优游无患，丈夫远不逮矣。

【译文】

楚王聘陈子仲为相。陈子仲回家后，对妻子说："今天我做了相国，明天开始，我出门就可以坐四匹骏马拉的车，吃饭就可以在面前摆一大桌子珍馐美味了。"他的妻子说："坐四匹骏马拉的车，也是坐那么一小块地方；摆一大桌子珍馐美味，也是吃那么几块肉。就为那一小块地方和几块肉，就得替楚国分忧，乱世艰难，危机四伏，我担心你的性命就要保不住了。"于是夫妻两人埋名隐姓，为人浇灌园圃去了。

西汉的王霸和同乡令狐子伯是好朋友。子伯是楚国的相国，儿子是郡的功曹。有一天令狐子伯要儿子送封信给王霸，客人走后，王霸一直躺在床上不起来。他的妻子觉得奇怪，就问他原因。王霸说："刚才看令狐家的孩子容光焕发，举止优雅，再看看我儿子头发乱糟糟的，牙齿也七高八低，而且不懂礼仪，见了客人只会面露惭愧。父子情深，不觉惘然自失。"妻子说："你从小注重修养，节操清雅，不贪慕富贵荣华，令狐子伯的显贵和你的清节相比谁更高？怎么就忘了自己平素的大志而作此小儿女态呢！"王霸从床上一跃而起，笑着说："是啊!"于是夫妻二人终身隐居。

冯评:梁鸿的妻子孟光、鲍宣的妻子桓少君都能和丈夫同心相谐,不慕荣华安于朴素,成就丈夫高洁的志向。陈仲子、王霸的妻子,更能开阔丈夫的志向,使其美慕名利之心顿息,终身优游无患,这是世间一般男子都远远比不上的。

932. 屈原姊

屈原既放逐,其姊闻之,亦来归,责原矫世,喻令自宽,故其地名姊归县。《离骚》曰:"女嬃之婵媛兮,申申其詈余。"楚人谓女曰嬃。

梁公委蛇,其姨讽之以方正(仁杰往候卢姨,欲为表弟求官。卢曰:"姨只一子,不欲其事女主。"仁杰大惭)。屈平方正,其姊进之以委蛇。各具卓识,而姊之作用大矣。

【译文】

屈原的姊姊听说屈原遭楚王放逐,也回家探望,责备他对世俗太过较真,要屈原放开心怀,所以当地的地名叫姊归县。《离骚》中说:"女嬃之婵媛兮,申申其詈余。"楚人谓女曰嬃。

冯评:狄梁公随顺于世俗,他的姐姐讽劝他要方正做人。狄仁杰(封梁国公)去看望堂姨卢氏,想为表弟在朝中谋一官职,卢氏说:"阿姨就这一个儿子,不希望他侍奉女君王。"狄仁杰大感惭愧。屈原太过刚直,他姊姊希望他能随顺世俗。两个妇人各有见识,姊姊的作用是很大的。

933. 僖负羁妻

晋公子重耳至曹,曹共公闻其骈胁,使浴而窥之。曹大夫僖负羁之妻曰:"吾观晋公子之从者皆足以相国,若以相,夫子必反其国;反其国,必得志于诸侯;得志于诸侯而诛无礼,曹其首也。子盍早自贰焉。"乃馈盘飧,置璧焉,公子受飧反璧,及重耳入曹,令无入僖负羁之宫。

僖负羁始不能效郑叔詹之谏,而私欢晋客;及晋报曹,又不能夫妻肉袒为曹君谢罪,盖庸人耳。独其妻能识人,能料事,有不可泯没者。

【译文】

　　春秋时晋公子重耳到曹国时，曹共公听说重耳天生肋骨连成一片，于是就趁重耳洗澡时故意走近他身边偷看。曹大夫僖负羁的妻子说："我看晋公子重耳的随从，个个都是将相之材，若是这些人都能用好，那重耳日后一定能重返晋国做国君；重耳成为晋君之后，也一定能成为天下诸侯的霸主；一旦成为霸主，必然会讨伐无礼的国家，那么曹国必定首当其冲。你为什么不趁现在在重耳面前表示一下呢？"于是僖负羁派人送了一盘食物和一块玉璧以示交好。重耳收下食物，退回了玉璧。日后，重耳果然成为诸侯霸主并且讨伐曹国，他下令士兵不得进入僖负羁的家。

　　冯评：僖负羁不能像郑国的叔詹一样对自己的君主进行劝谏，反而私下结交晋国贵族。等重耳报复曹国时，僖负羁又不能亲自为曹共公去谢罪，只是个庸人罢了。唯独他的妻子能识人，能料事，其能力也不该隐没不提。

934. 漂　母

　　韩信始为布衣时，贫无行，尝从人寄食，人多厌之。尝就南昌亭长食数月，亭长妻患之，乃晨炊蓐食，食时信往，不为具食。信觉其意，竟绝去。信钓于城下，诸母漂。有一母见信饥，饭信，竟漂数十日。信喜，谓漂母曰："吾必有以重报母。"（边批：信之受祸以责报故）母怒曰："大丈夫不能自食，吾哀王孙而进食，岂望报乎！"信既贵，酬以千金。

　　刘季、陈平皆不得于其嫂，何亭长之妻足怪！如母厚德，未数数也。独怪楚、汉诸豪杰，无一人知信者，虽高祖亦不知，仅一萧相国，亦以与语故奇之，而母独识拔于邂逅憔悴之中，真古今第一具眼矣！淮阴漂母祠有对云："世间不少奇男子，千古从无此妇人。"亦佳，惜祠大隘陋，不能为母生色。

　　刘道真少时尝渔草泽，善歌啸，闻者莫不留连。有一老姬识其非常人（边批：具眼），甚乐其歌啸，乃杀豚进之。道真食豚尽，了不谢（边批：果非常人），姬见不饱，又进一豚，食半而去。后为吏部郎，姬儿时为小令史，道真超用之。不知其故，问母，母言之。此母亦何愧漂母，而道真胸次胜淮阴数倍矣！

【译文】

韩信做平民时，贫贱而行为不端，常在别人家吃闲饭，所以很多人都讨厌他。韩信曾在南昌亭长家白吃了好几个月，亭长的妻子非常讨厌他，于是就早早做好了饭，躲在房间里吃，等吃饭时间韩信来了，就不给他饭吃。韩信明白了她的用意，就离开亭长家不再回去了。韩信在城下钓鱼，有一些妇人在附近漂衣物，其中一个见韩信没饭吃，就拿饭给他吃。一连几十天都这样。韩信很高兴，对妇人说："我将来一定要重重报答您。"妇人很生气地说："男子汉大丈夫养不活自己。我看你一表人才很可怜才给你饭吃，谁指望你报答！"后来韩信显贵后，以千金酬谢那位妇人。

冯评：汉高祖、陈平等人在还没有发迹时都曾遭嫂嫂的白眼，所以亭长的妻子也不算奇怪。妇人如漂母这般宅心仁厚的，却实在少之又少。令人感到奇怪的是，当时楚汉的英雄豪杰，竟没有一个人能了解韩信，就是高祖刘邦也不例外，唯有一个萧何也是跟韩信交谈之后才知道他是个奇才，而妇人却能在偶然相遇时赏识穷困潦倒的韩信，真可说是古今第一慧眼！淮阴县有座漂母祠，其中有幅对联是："世间不少奇男子，千古从无此妇人。"写得不错，只可惜祠堂太小太破，不能为漂母生色。

刘道真年轻时，曾在河边捕鱼为生，他善于放歌长啸，听到的人都忍不住停下脚步欣赏。有一位老妇人知道他绝非普通人，很喜欢他的歌，就杀了一只小猪请他吃，刘道真吃完猪，也不向老妇道谢。老妇人见他好像还没吃饱，就又杀一头小猪，刘道真吃了一半就走了。后来刘道真官至吏部侍郎时，老妇人的儿子是一名小吏，刘道真越级提拔他，妇人的儿子不知什么缘故，问他母亲，母亲才把当年的事说了一遍。这妇人也不输于漂母，但刘道真的胸襟却比韩信大多了。

935. 何无忌母

何无忌夜于屏风里草檄文，其母，刘牢之姊也，登凳密窥之，泣曰："汝能如此，吾复何忧？"问所与谋者，曰："刘裕。"母尤喜，因为言玄必败、事必成以示之。

评：既识大义，又能知人。

【译文】

东晋何无忌夜晚在屏风后面草拟讨贼文书，他的母亲是刘牢之的姊姊，站在凳上偷偷观察，流着泪说："你能这样做，我还有什么好担心的！"接着又问他共谋大事的人是谁，何无忌说："刘裕。"他母亲听了更为高兴，接着分析桓玄必败、大事必成的原因给他听。

冯评：既深明大义，又有知人之明。

936. 王珪母

王珪始隐居时，与房、杜善。母李氏尝曰："儿必贵，然未知所与游者何许人，试与偕来。"会玄龄等过其家，李窥见，大惊，敕具酒食，尽欢。喜曰："二客公辅才，尔贵不疑。"（见《新唐书》）一说，珪妻剪发供客，窥坐上数公皆英俊，末及最少年虬髯者，曰："汝等成名，皆因此人。"少年乃太宗也，杜子美有诗纪其事。

【译文】

隋末王珪早年隐居时，与房玄龄、杜如晦等人交往密切。王珪的母亲李氏曾说："我儿必定是大贵之人，但不知平日都和哪些人往来，有空不妨请他们到家中坐坐。"正巧有一天房玄龄等人到家拜访，李氏一见大感惊异，立即准备丰盛的酒菜款待他们，宾主尽欢。李氏高兴地对王珪说："两位客人都是将相之材，日后你必会显贵。"另有一种说法是：王珪的妻子剪发卖钱招待来客，窥见座上诸客个个都是英才，最后看见一位留着胡子的年轻人，说："你们成名，全靠这年轻人。"这年轻人就是唐太宗。杜甫（字子美）有诗记叙这件事。

937. 潘炎妻

潘炎侍郎，德宗时为翰林学士，恩渥极异，妻刘晏女。有京兆谒见不得，赂阍者三百缣。夫人知之，谓潘曰："为人臣，而京兆尹愿一谒见，遗奴三百缣，其危可知也！"劝潘公避位。子孟阳初为户部侍郎，夫人忧惕，谒曰："以尔人材，而在丞郎之位，吾惧祸之必至也！"户部解喻再三，乃曰："试会尔同列，吾观之。"因遍召客至，夫人垂帘观之。既罢会，喜曰："皆尔俦也，不足忧矣。"（边批：轻薄）问末座惨绿少年何人，曰："补阙杜黄裳。"夫人曰："此人全别，必是有名卿相。"

【译文】

唐朝侍郎潘炎在德宗时任翰林学士，极受德宗宠信，他的妻子是刘晏的女儿。有个京兆尹想求见潘炎而得不到通禀，只好贿赂门仆三百匹丝绢。夫人知道后，对潘炎说："作为一个大臣，京兆尹想见你一面还要贿赂门仆三百匹绢，这有多危险可想而知。"劝潘炎退避高位。儿子潘孟阳任户部侍郎时，夫人也十分担心，说："以你的才能任侍郎，我实在担心哪天会有祸事临头。"潘孟阳解释再三，夫人说："请你的同事到家中，让我认识认识。"于是潘孟阳遍请同事到家作客，夫人在帘后窥视，聚会结束后，夫人很高兴地说："这些人都和你差不多，我不用担心了。"接着又问席间坐在最后面的那位穿惨绿衣服的年轻人是谁，潘孟阳说："是补阙杜黄裳。"夫人说："这人和其他人不同，日后必是有名的卿相。"

938. 辛宪英 二条

晋羊耽妻辛宪英，魏侍中毗女，有才鉴。初曹丕得立为世子，抱毗项谓曰："知吾喜不？"毗归语之，宪英叹曰："世子，代君主国者也，代君不可不戚，主国不可不惧，宜戚宜惧而反喜，魏其不昌乎？"弟敞为曹爽参军，宣帝谋诛爽，或呼敞同赴爽，敞难之，宪英曰："爽与太傅同受顾命而独专恣，于王室不忠。此举度不过诛爽耳。"敞曰："然则敞无出乎？"宪英曰："为人执鞭而弃其事，不祥。安可不出？若夫死难，则亲昵之任也，汝从众而已。"敞遂出。宣帝果诛爽，敞叹曰："吾不谋诸姊，几不获于义。"

钟会为镇西将军，宪英谓耽从子祜曰："钟士季何故西出？"曰："将伐蜀。"宪英曰："会任事纵恣，非持久处下之道，吾畏其有他志也。"及会行，请其子琇为参军，宪英忧曰："他日吾为国忧，今难至吾家矣。"琇固辞，文帝不听，宪英谓琇曰："行矣。戒之，军旅之间，唯仁恕可以济。"会至蜀，果反，琇守其戒，竟全归。

【译文】

晋朝羊耽的妻子辛宪英是辛毗的女儿，颇有才识。当初，曹丕刚被立为太

子时，曾抱着辛毗的脖子说："你知道我心中高兴吗？"辛毗回家后，将此事
告诉辛宪英，辛宪英叹口气说："太子是要代君主管理国家的人，代替君主不
可不忧戚，管理国家不可不戒惧，应该忧戚戒惧却反而高兴，难道说魏国将要
衰落了吗？"辛宪英的弟弟辛敞是曹爽手下的参军，司马懿谋划诛杀曹爽的时
候，有人叫辛敞一起出城去辅助曹爽，辛敞觉得很为难。辛宪英说："曹爽与
太傅司马懿同样都是顾命大臣，但他专断独行，对王室不忠，太傅这次估计只
是要杀曹爽而已。"辛敞说："那我能不出城吗？"辛宪英说："你是曹爽的手下，
他有事你不管不顾可不好，哪能躲在城里不出去呢？至于日后曹爽要是被司马
懿灭了，跟着曹爽一起死的是那些心腹的责任，你只是跟着大家的普通随从，
没事。"于是辛敞出城，司马懿果然诛杀了曹爽。辛敞感叹地说："如果不跟姊
姊商量的话，我几乎要有亏道义了。"

钟会为镇西将军，辛宪英对羊耽的侄子羊祜说："钟会为什么率军西
行？"羊祜说："要去攻打蜀汉。"辛宪英说："钟会独断专横，不是久居人下
的，我怕他心怀二志。"钟会即将出发前，请辛宪英的儿子羊琇做参军，辛
宪英忧愁地说："以前我替国家忧心，现在灾难要落到我家了。"羊琇向文帝
辞职，但文帝不答应。辛宪英对儿子说："那就去吧，但要记住，在军队里，
只有仁爱宽厚才能安然无恙。"钟会到蜀后果然谋反，羊琇谨遵母亲的告诫，
终于平安归来。

939. 许允妻

魏许允为吏部郎，选郡守多用其乡里，明帝遣虎贲收之。妇阮氏跣出，谓
允曰："明主可以理夺，难以情求。"既至，帝核问之，允对曰："'举尔所知'，
臣之乡人，臣所知也。陛下检校为称职与否，若不称职，臣受其罪。"既检校，
皆得人，乃释允。及出为镇北将军也，喜谓其妇曰："吾其免矣。"妇曰："祸
见于此，何免之有。"允与夏侯玄、李丰善，事未发而以他事见收，竟如妇言。
允之收也，门生奔告其妇。妇坐机上，神色不变，曰："早知尔耳。"门生欲藏
其子，妇曰："无预诸儿事。"乃移居墓所。大将军遣钟会视之，曰："及父便
收。"儿以语母，母曰："汝等虽佳，才具不多。率胸怀与会语，便自无忧。不
须极哀，会止便止，不可数问朝事。"儿从之。大将军最为猜忌，二子卒免于

祸者，母之谋也。

【译文】

　　三国魏人许允在吏部任官，选派郡守时，常任用自己的同乡，魏明帝派虎贲郎将其收押。许允的妻子光着脚追出来对许允说："明主可以用道理说服，但不能向他求情。"许允来到明帝面前后，明帝审问他任用同乡的事，许允说："正如《论语》所说'举尔所知'，推举人才当然是选自己有所了解的人，臣的同乡是臣所了解的，所以推举。皇上只要检查他们是否称职，如果不称职，臣愿领罪。"明帝经过检查，发觉那些人都能胜任，就将许允释放了。后来许允被任命为镇北将军，很高兴地对妻子说："这下我逃过劫难了！"他妻子说："灾祸就在这里出现，你哪里逃得掉！"结果，他虽没有因夏侯玄、李丰的事受牵连，却因别的事下狱，果真如他妻子所说的。许允被收押后，他的学生急忙赶来告诉他妻子，当时她坐在织布机前，神态从容地说："我早知道会有这样的结果。"学生们想将许允的儿子藏起来，许妻说："和孩子们没关系。"于是搬到墓地去住。大将军司马师派钟会去探视他们，并交代说："这些孩子要是比得上他们的父亲，就把他们也抓起来。"儿子将这话告诉母亲，母亲说："你们虽然都不错，但才能还没那么多，只要坦率地与钟会交谈就会平安无事，不要表现出极度的悲伤，该闭嘴就闭嘴，不要老是询问朝廷上的事。"儿子们听从了母亲的话。司马师疑心最重，许允的两个儿子能免遭杀身之祸，完全得益于母亲的智谋。

940. 李衡妻

　　丹阳太守李衡，数以事侵琅琊王。其妻习氏谏之，不听。及琅琊即位，衡忧惧不知所出。妻曰："王素好善慕名，方欲自显于天下，终不以私嫌杀君明矣。君宜自囚诣狱，表列前失，明求受罪，如此当逆见优饶，非止活也。"衡从之，吴主诏曰："丹阳太守李衡以往事之嫌，自拘司狱，其遣衡还郡。"

【译文】

　　三国吴的丹阳太守李衡屡次跟琅琊王孙休发生冲突，他的妻子习氏屡劝不听。后来琅琊王即帝位，李衡大为惊恐，不知该如何是好。习氏说："琅琊王人挺好，又喜欢好名声，现在初即位更是想昭示天下，所以肯定不会因为你们过去的嫌隙而杀你。现在你应该把自己关进监狱，上表一一列举你以前的过失，公开请求降罪责罚，那样你反而会受到很好的待遇，不止活命而已。"李衡照办了。吴主下诏说："丹阳太守李衡因为以往的一些矛盾自请入狱，可以让李衡回去继续做丹阳太守。"

941. 庾玉台妻

庾友妇，桓宣武（温）弟豁女也。桓诛庾希，将及友，桓女徒跣求进，阍禁不纳，女厉声曰："是何小人！我伯父门不听我前！"因突入，号泣请曰："庾玉台（友小字）脚短三寸，常因人，当复能作贼不？"宣武笑曰："婿故自急。"遂原庾友一门。

【译文】

庾友的妻子是桓温（追谥宣武）弟弟桓豁的女儿。桓温杀了庾希之后，眼看就要追究庾友了。桓氏光着脚跑去见桓温，看门的人不肯让她进入，她就大声骂道："你是什么东西！我伯父的门你不让我进！"说着强行闯入，哭着请求说："庾友（小名玉台）天生脚短三寸，走路都要人扶，是能做贼的吗？"桓温笑着说："我家女婿没事瞎着急！"于是放过了庾友一家。

942. 李文姬

李固既策罢，知不免祸，乃遣二子归乡里。时燮年十三，姊文姬为同郡赵伯英妻，贤而有智。见二兄归，具知事本，默然独悲，曰："李氏灭矣！自太公以来，积德累仁，何以遇此？"密与二兄谋，豫藏匿燮，托言还京师，人咸信之。有顷难作，下郡收固三子，二兄受害，文姬乃告父门生王成（边批：知人）曰："君执义先公，有古人之节，今委君以六尺之孤，李氏存灭，其在君矣。"成感其义，乃将燮乘江东下，入徐州界内，令变姓名为酒家佣，而成卖卜于市。名为异居，阴相往来，燮从受学。酒家异之，意非常人，以女妻燮。燮专精经学。十余年间，梁冀既诛，为灾眚屡见，明年，史官上言宜有赦令，又当存录大臣冤死者子孙。于是大赦天下，并求固后嗣。燮乃以本末告酒家，酒家具车，重厚遣之，皆不受。遂还乡里，姊弟相见，悲感旁人。既而戒燮曰：

"先公正直，为汉忠臣，而遇朝廷倾乱，梁冀肆虐，令吾宗祀血食将绝。今弟幸而得济，岂非天耶！宜杜绝众人，勿妄往来，慎无以一言加于梁氏（边批：尤大见识）。加梁氏则连主上，祸重至矣，唯引咎而已。"

【译文】

东汉人李固被罢官后，知道自己必不能躲过灾祸，就将两个儿子遣返回乡。当时小儿子李燮才十三岁，他的姊姊李文姬是同乡赵伯英的妻子，贤德而有智慧。李文姬见两个哥哥回乡，知道事情的原委，遂在一旁独自哀伤，说："李氏要遭灭顶之灾了，想我李家自太公以来，一直积累仁德，怎么会遇到这样的结局呢！"于是暗地与两个哥哥商议，将小弟藏匿起来，假说是送他到京师父亲那儿，左右邻居都相信了。不久，灾难发生，朝廷下令收押李固的三个儿子，两个哥哥都遇害了。李文姬对父亲的门生王成说："你是先父的门生，有古人的高风亮节，今天我把李氏孤儿托付给你，李氏能否存续就看你的了。"王成被李氏的高义所感动，就带着李燮顺江东下来到徐州地界，要李燮改名换姓投身酒家作酒保，而自己则在市场中为人卜卦算命。表面上两人分开居住，暗中却保持联系，李燮跟着王成读书。酒家老板认为李燮绝非普通人，就把女儿嫁他为妻。李燮潜心研究经学。十多年后，梁冀已经伏诛，由于不断有自然灾害发生，第二年史官上书天子，建议颁布特赦令，又应当寻访冤屈而死的大臣的子孙，于是大赦天下，并访求李固的后代。李燮便将自己的身世告诉酒家老板，老板准备车辆，备了很多财物为他饯行，李燮都婉言谢绝。回到故乡，姊弟相见，悲喜交集，连一旁观看的邻人都深为感动。李文姬告诫弟弟说："先父为人正直，是汉朝忠臣，只是遭逢朝廷变乱，梁冀逞凶肆虐，几乎令我李氏一门断绝。现在弟弟有幸躲过灾祸，岂不是老天保佑！从今起更应小心交友，千万不要有任何对梁氏不满的言论。涉及梁氏就牵连到了皇上，那样灾祸又要临头了，只管多批评自己就行。"

943. 王佐妾

都指挥使王佐掌锦衣篆，而陆松佐之。松子炳未二十，佐器其才貌，教以爱书、公移之类，曰："锦衣帅不可不精刀笔。"炳甚德焉。后佐卒，炳代父职，有宠，旋掌篆，势益张。而佐有孽子不肖，纵饮博，有别墅三，炳已计得其二。最后一墅至雄丽，炳复图之，不得，乃陷以狎邪中罪，捕其党与其不才奴一二，使证成佐子罪而后捕之，死杖下者数人矣。佐子窘甚，而会其母，故妾也，名亦在捕中。既入对，炳方与其僚列坐，张刑具而胁之。其子初亦固抗，母膝行而前，道其子罪甚详。其子恚，呼母曰："儿顷刻死，忍助虐耶？"母叱曰："死即死，何说！"指炳坐而顾曰："而父坐此非一日，作此等事亦非一，而生汝不肖子，天道也，复奚言！"炳颊发赤，伪旁顾，汗下，趣遣出，事遂寝。

【译文】

明朝都指挥使王佐任锦衣卫首领，陆松任副职。陆松的儿子陆炳当时不满二十岁，王佐很器重陆炳的才貌，就教他一些司法行政方面的公文的写法，并且告诉他："身为锦衣卫的首领，不可不精通刀笔。"陆炳因此非常感激王佐。后来王佐死了，陆炳接替父亲的职务，颇得天子的器重，当上了锦衣卫首领，权势非常。王佐有个妾生的儿子，平日喜欢喝酒赌博，有三座别墅，陆炳用计得到其中两座，还有一座非常雄伟壮丽，陆炳还想要，但没有得到，就在妓院中设了个圈套，抓了他几个手下，让他们作证把王佐儿子定了个罪，把他逮捕下狱，其间已经用刑打死了几个人了。王佐的儿子处境不妙，而他母亲，也就是王佐的妾，同时也被抓了起来。开堂审讯，陆炳和他的手下排列而坐，边上摆放了很多刑具用以恫吓犯人。王佐的儿子起初还顽固抗拒，他母亲却跪着前行，详述儿子的罪状。王佐的儿子很恼火，大声对母亲说："我都快要死了，您还忍心火上浇油啊！"母亲叱责道："死就死，少废话！"说着用手一指陆炳的坐椅说："你父亲在这个位子上坐了也不是一天两天，这种事也不是做了一次两次，生下你这个不肖的儿子，也只能说是老天爷的报应！还有什么好说的呢！"陆炳满脸通红，假装把头扭过去看别处，脸上汗都下来了。后来很快就把他们母子都释放了，这件事也就没了下文。

944. 王冀公孙女

陈恭公执中当国日，曾鲁公由起居注除待制。恭公弟妇，王冀公孙女，曾氏出也。岁旦拜恭公，公迎谓曰："六新妇，曾三除从官喜否？"王固未尝归外家，辄答曰："三舅甚荷相公收录，但太夫人不乐，责三舅曰：'汝三人及第，必是全废学，丞相姻家，备知之，故除待制也。'"恭公嘿然，未几改知制诰，盖恭公不由科举，失于查考。女子之警敏如此。

【译文】

北宋陈执中（谥恭）当宰相时，曾公亮（封鲁国公）由起居注升为待制。陈执中的弟媳妇是王钦若（封冀国公）的孙女，曾氏所生。过年时前往陈执中家拜年，陈执中说："六新妇，曾三担任近侍，高兴吗？"王并没有回过娘家，却立刻回答说："我三舅很感激您的提拔，但太夫人不高兴，责备三舅说：'你们三兄弟中进士，一定都是没什么学问的，丞相是我们亲家，都知道得很清楚，所以让你做待制。'"陈执中听了，默不作声。没多久，曾公亮的官职改为知制诰。原来，陈执中不是由科举考试跻身仕途的，所以有此疏忽。女子能有如此的机警敏锐！

945. 袁隗妻

袁隗妻，马融女也，字伦，有才辩。家世丰豪，资妆甚盛。初成礼，隗问之曰："妇奉箕帚而已，何过珍丽乎？"对曰："慈亲垂爱，不敢逆命。君若慕鲍宣、梁鸿之高者，妾亦请从少君、德曜之事矣。"隗又曰："弟先兄举，世以为笑，处姊未适，先行可乎？"对曰："妾姊高行殊貌，未遭良匹；不似鄙薄，苟然而已。"（边批：隗应大惭）又问曰："南郡君学穷道奥，文擅词宗，而所在动以贿闻，何也？"对曰："孔子大圣，蒙毁武叔；子路大贤，见愬伯寮。家君获此，固其宜耳。"隗默然，不能屈。

【译文】

东汉袁隗的妻子是马融的女儿，名伦，有辩才。因家世显赫，所以嫁妆十分丰厚。婚礼刚结束，袁隗曾问妻子："妇人在家只是整理家务而已，为什么要这么奢侈呢？"妻子说："父母的慈爱，不敢违逆，如果夫君美慕鲍宣、梁鸿的高节，妾身当然也可以像桓少君、孟光（字德耀）那样做。"袁隗又说："兄弟二人，如果弟弟比哥哥先被举为孝廉，世人就会讥笑那个做哥哥的人。你姊姊还没出嫁，你先出嫁，合适吗？"妻子答："我的姊姊品高貌美，还没找到可以匹配的郎君，不像我粗鄙浅陋，随便嫁掉算了。"袁隗又问："令尊学识渊博，文章词赋更是一代宗师，但为什么总有关于他老人家受贿的传闻呢？"妻答："孔子这般的大圣人，也曾遭武叔抵毁；子路这般的大贤，也曾被伯寮诬陷。我父亲有这样的遭遇，也是很正常的。"袁隗无话可说，始终无法占到上风。

946. 李夫人

李夫人病笃，上自临候之。夫人蒙被谢曰："妾久寝病，形貌毁坏，不可以见帝，愿以王及兄弟为托。"（李生昌邑哀王）上曰："夫人病甚，殆将不起，属托王及兄弟，岂不快哉！"夫人曰："妇人貌不修饰，不见君父，妾不敢以燕婿见帝。"上曰："夫人第一见我，将加赐千金，而予兄弟尊官。"夫人曰："尊官在帝，不在一见。"上复言，必欲见之，夫人遂转向嘘唏而不复言。于是上不悦而起，夫人姊妹让之曰："贵人独不可一见上，属托兄弟耶？何为恨上如此？"夫人曰："夫以色事人者，色衰而爱弛，爱弛则恩绝，上所以恋恋我者，以平生容貌故。今日我毁坏，必畏恶吐弃我（边批：识透人情），尚肯复追思闵录其兄弟哉？所以不欲见帝者，乃欲以深托兄弟也。"及夫人卒，上思念不已。

【译文】

李夫人病重，汉武帝亲临探病，李夫人用被子蒙着脸说："臣妾久病，形容败坏，不能见皇上，只希望将臣妾儿子（昌邑王）和兄弟们托付给皇上。"武帝说："夫人既然病重，怕不久长，为什么不见一面托付后事呢？"夫人说："妇人不打扮不能面见君父，臣妾不敢以不整饬的样子见皇上。"武帝说："只要夫人肯见我一面，我立刻赐千金，给你的兄弟们都封高官。"夫人说："封不封官在于陛下，不在于见面。"武帝仍然坚持要见一面，夫人索性转身向内，抽抽噎噎地哭，再不说话。武帝很不高兴地离去。夫人的姊妹纷纷埋怨说："你就不能见皇上一面，然后托付兄弟们吗？为什么要把皇上惹得这么不高兴？"夫人说："以容貌事奉君王的人，一旦容貌衰退，爱意也就减少了；爱意一减少，恩情就断绝了。皇上之所以对我还恋恋不忘，就是因为我平日的美貌，现在我容貌毁坏，他一定会厌恶嫌弃我，还肯以往日的恩情照顾我兄弟吗！我之所以不肯见皇上，正是为了稳妥地托付兄弟啊。"李夫人死后，武帝思念不已。

947. 张说女

张说女嫁卢氏，女尝为其舅求官，说不语，但指揩床龟示之，归告其夫曰："舅得詹事矣。"

【译文】

张说的女儿嫁入卢家，女儿到父亲那里为公公求个官职，张说不说话，只是用手指着支床的乌龟。张女回家后告诉丈夫说："公公已经被任命为詹事了。"（龟用于占卜，詹事与"占事"谐音）

948. 唐湖州妓

湖守饮饯，客有献木瓜，所未尝有也，传以示客。有中使即袖归曰："禁中未曾有，宜进于上。"顷之解舟而去。郡守惧得罪，不乐，欲撤饮。官妓作酒纠者立白守曰："请郎中尽饮，某度木瓜经宿，必委中流也。"守征其说，曰："此物芳脆，初因递观，手掐必损，何能入献？"会送使者还云果溃烂弃之矣。守因召妓，厚赏之。

谚云："智妇胜男。"即不胜，亦无不及。吾于赵威后诸人得"见大"焉，于崔敬女、络秀诸人得"远犹"焉，于柳氏婢得"通简"焉，于侯敏、许允、辛宪英妇得"游刃"焉，于叔向母、伯宗妻得"知微"焉，于李新声、潘炎妻等得"亿中"焉，于王陵、赵括、柴克宏诸母得"识断"焉，于屈原姊、娄江妓得"委蛇"焉，于王佐妾得"谬数"焉，于李文姬得"权奇"焉，于陶侃母得"灵变"焉，于张说女得"敏悟"焉。所以经国祚家、相夫勖子，其效亦可睹已！

【译文】

唐朝湖州某郡守为人设宴送行，有客人拿来一个木瓜，由于平日没见过，所以传给在坐的客人轮流把玩。有一位是天子身边的近侍把木瓜揣到袖子里，说："这珍果连宫中都不曾有，应该拿回去献给皇上。"说完就乘船离开了。郡守很担心因此获罪，闷闷不乐，连继续喝酒的心情都没有了。这时有个掌行酒令的官妓起身对郡守说："请大人尽管放心喝酒。我看这木瓜过不了今晚，就会被扔到河里。"郡守问她什么道理，官妓说："这东西新鲜脆嫩，客人轮流把玩许久，肯定被手掐受到损伤，哪能献给皇帝呢？"不久护送近侍的使者回来说那个木瓜果然因腐烂而被丢到河里去了。郡守召来那名官妓予以重赏。

冯评：谚语有"智妇胜男"，就算不胜，也没什么比不了的。我在赵威后等人身上看到了"见大"，在崔敬女、络秀等人身上看到了"远犹"，在柳氏婢身上看到了"通简"，在侯敏、许允、辛宪英等身上看到了"游刃"，在叔向母、伯宗妻身上看到了"知微"，在李新声、潘炎妻等身上看到了"亿中"，在王陵、赵括、柴克宏几个母亲身上看到了"识断"，在屈原姊、娄江妓身上看到了"委蛇"，在王佐妾身上看到了"谬数"，在李文姬身上看到了"权奇"，在陶侃母身上看到了"灵变"，在张说女身上看到了"敏悟"。经营家国、相夫教子，她们的成效有目共睹。

卷二十六　雄略

士或巾帼，女或弁冕；行不逾阈，谟能致远；睹彼英英，惭余
谫谫。集《雄略》。

─────【解说】─────

　　男子也有妇人样的，女子也有男人样的；虽说从来不出门，智谋所
及却很远。看看那些出色女子的才情，实在惭愧我的浅陋。

　　这一卷都是关于那些堪比男性的智慧女性的故事，名为《雄略》。

949. 君王后

　　秦王使人献玉连环于君王后（齐襄王之后，太史氏），曰："齐人多智，能
解此环乎？"君王后取椎击碎之，谢使者曰："已解之矣。"

　　君王后识法章于佣奴之中，可谓具眼。其椎碎连环，不受秦人戏侮，分明
女中蔺相如矣。汉惠时，匈奴为书以谑吕后，耻莫大焉，而乃过自贬损，为好
语以答之。平、勃皆在，无一君王后之智也，何哉？

【译文】

　　秦王派使者拿玉连环给齐襄王的王后，说："齐国人很聪明，能把这环解
开吗？"王后拿过铁锤将玉连环击碎，然后对使者说："已经解开了。"

　　冯评：齐襄王的王后当年在奴仆中识别后来成为齐襄王的法章，可
谓独具慧眼。用铁锤打碎玉连环，不受秦人的戏弄，又分明是是女中蔺

相如。汉惠帝时，匈奴曾下书吕后，语带讥辱，是莫大的耻辱。吕后却自我贬损，好言抚慰。当时陈平、周勃等人都在，竟无人显出君王后的智慧，为什么呢？

950. 齐姜　张后

晋公子重耳出亡至齐，齐桓妻以宗女，有马二十乘，公子安之，留齐五岁，无去心。赵衰、咎犯辈乃于桑下谋行，蚕妾在桑上闻之，以告姜氏。姜氏杀之，劝公子趣行，公子曰："人生安乐，孰知其他？"姜氏曰："子一国公子，穷而来此。数子者以子为命，子不疾反国报劳臣，而怀女德，窃为子羞之。且不求，何时得功？"乃与赵衰等谋醉重耳，载以行。

五伯桓、文为盛，即一女一妻，已足千古。

张氏，司马懿后也，有智略。懿初辞魏武命，托病风痹不起。一日晒书，忽暴雨至，懿不觉自起收之，家唯一婢见，后即手杀婢以灭口，而亲自执爨。

【译文】

晋公子重耳流亡到齐国，齐桓公把同宗的女儿嫁给他为妻，并且还送给他八十匹马。重耳对在齐国的舒适生活很满意，住了五年仍不想离开。但是随行的家臣赵衰、咎犯等人就聚集在桑树下商议如何离开齐国，恰好有一个养蚕的女子在树上采桑叶，听到了他们的计划，就告诉了重耳的妻子姜氏。姜氏杀了养蚕女，催促重耳赶紧离开齐国。重耳说："人生但求安乐，何必管其他的事呢？"姜氏说："你是一国公子，流亡到此，追随你的臣子把你当成主子，你不重返晋国、争取王位，报答你这些忠诚的属下，只是一味留恋妻子和贪图享受，真为你感到羞愧！不追求，哪里会有成功？"于是姜氏和赵衰等人合谋，把重耳灌醉后抬到车上，离开了齐国。

冯评：春秋五霸中，以齐桓公、晋文公的声名最盛，即便这一女一妻，已足以名垂千古。

张氏，司马懿的妻子，有谋略。当初司马懿向曹操辞官，假托中风。有一天家里晒书，忽然下起一阵暴雨，司马懿不自觉地起身跑去收书，家中只有一名婢女看到了，张氏立即亲手杀了那名婢女灭口，自己则接替婢女做煮饭的事。

951. 艺祖姊

宋太祖将北征，京师喧言军中欲立点检为天子。太祖告家人曰："外间讻讻如此，将若之何？"太祖姊方在厨，引面杖击太祖，逐之曰："丈夫临大事，可否当自决于怀，乃来家间恐怖妇女何为耶？"太祖默而出。

分明劝驾。

【译文】

宋太祖赵匡胤在北周做殿前都点检时，即将率军北征，都城到处都在传言说军队打算拥立点检为天子。赵匡胤问家人："外面一片乱哄哄的，谣言满天飞，怎么办？"他姊姊正在厨房做饭，拿起面杖就追打他，说："男子汉大丈夫遇到大事，该不该做自己去拿主意，干嘛拿到家里来吓唬女人们？"太祖默默无语地走出家门。

冯评：分明是劝赵匡胤下手夺权。

952. 刘太妃　二条

太妃刘氏，晋王克用妻也。克用追黄巢，还军过梁，朱温阳为欢宴，阴伏兵，夜半攻之。克用逃归，即议击温。刘谏曰："公本为国讨贼，今梁事未暴，而遽反兵相攻，天下闻之，莫分曲直。不若敛军还镇，自诉于朝，然后可声罪也。"克用悟，从之，天下于是不直温。

按：克用困上源驿，左右先脱归者，以汴人为变告刘。刘神色不动，立斩之，阴召大将约束，谋保军以还。此其智勇，岂克用所可及哉？假令克用不幸而死，必能为张茂之妻；设犹幸未死，必能为邵续之女。虽然，为张茂之妻、邵续之女易，为刘太妃难。何也？其勇可及，其智不可及也！张茂为吴郡守，被沈充所害，妻陆氏率茂部曲为先登讨充。充败，遂为陆所杀。邵续女嫁刘遐，遐为石季龙所困。女将数骑拔围，出遐于万人之中。

太原被围，克用屡败，忧窘不知所为。时大将李存信劝且亡入北边，以图后举，克用以语刘，刘骂曰："存信代北牧羊奴，何足与计成败！公尝笑王行瑜弃邠州走，卒为人擒，今乃躬蹈之耶？昔公亡走鞑靼，几不能自脱，赖天下多故，乃得南归。今屡败之兵，人无固志，一失守，谁复从公者？北边其可至乎！"克用悟，乃止。

【译文】

太妃刘氏是唐末晋王李克用的妻子。李克用追剿黄巢，率军经过汴州，朱温假意盛宴招待李克用，暗中却埋伏军队准备半夜围攻。李克用逃回后，想要带兵攻打朱温。刘氏劝阻说："你本是为国征讨贼寇，现在汴州发生的事还没有公开，你就出兵相攻，天下人听说后，肯定分不清其中的是非曲直。不如率军回到领地，向朝廷申诉之后，再声讨朱温的罪行。"李克用明白了，按照刘氏所说处理，于是天下人开始不相信朱温。

冯评：当李克用被朱温围困在上源驿时，李克用的亲信先脱逃回来的，报告汴人发动军变。刘氏不动声色，立刻把他杀了。暗中召集将领，部署士兵，谋划保全军队返回。这样的智勇，岂是李克用比得上的？如果李克用不幸身亡，那么刘氏一定会像张茂的妻子一样；如果李克用不死而被围，刘氏也一定会像邵续的女儿一样。尽管如此，做到张茂的妻子或邵续的女儿那样容易，做到刘太妃那样难。为什么呢？她的勇气可以企及，她的智慧却难望项背。东晋的张茂做吴郡守时，被沈充所害。张茂的妻子陆氏率张茂部下为先锋征讨沈充。沈充兵败，终为陆氏所杀。邵续的女儿嫁给刘遐为妻。刘遐被石虎围困，邵氏率数名骑兵突围，从万人丛中救出了刘遐。

太原被围，李克用屡战屡败，不知该怎么办。大将李存信劝李克用暂且逃到北方边境，日后再图谋反攻。李克用把李存信的话告诉刘氏，刘氏骂道："李存信这个代北的牧羊奴，哪能和他讨论存亡成败的大计！你曾经讥笑王行瑜轻易放弃邠州逃跑，最终被人抓住，现在难道要重蹈覆辙吗？况且你也曾流亡到鞑靼，差点无法脱身，幸好天下纷扰多事，才能重返南方。今天我军屡败，军心不稳，一旦太原失守，谁还会跟着你？北方边境怎么能去！"李克登时醒悟，不再打算北逃了。

953. 苻坚妻

坚妻张氏，明辨，有才识。坚将寇晋，群臣切谏不从，张氏进曰："妾闻圣王御天下，莫不因其性而骘之，汤、武灭夏、商，因民欲也，是以有因成，无因败。今朝臣上下，皆言不可，陛下复何所因乎？术士有言：'鸡夜鸣者，不利行师；犬群嗥者，宅室必空；兵动马惊，军败不归。'秋冬以来，每夜犬嗥鸡鸣，又闻厩马惊逸，武库兵器无故作声，即天道崇远，非妾所知，遽斯人事，未见其可，愿陛下熟思之。"坚曰："军旅之事，岂妇人所知？"遂兴兵，张氏请从。坚败，张氏即自杀。

【译文】

符坚的妻子张氏能明辨是非，有才识。符坚想出兵攻打东晋，群臣极力劝阻，符坚不肯听从。张氏劝谏说："臣妾听说圣王治理天下，莫不是依顺万物自然的天性。汤、武灭桀、纣，是顺从民意，有所顺应就能成功，无所顺应就会失败。现在大臣上下都认为不可行，陛下顺应什么呢？按术士的说法：'夜里鸡啼，不利于行军；狗成群哀号，居室中必然空无一人；兵器无故乱动，马匹无故惊恐，是大军战败不回的先兆。'自从秋冬以来，每夜都可听到鸡鸣狗吠，马厩中的战马惊恐不安，武库中兵器无故地发出声响。虽然天道邈远，不是臣妾所能明了的，就这些人事而言，也不见得能行。请陛下三思。"符坚说："行军打仗的事，哪是女人能懂得的？"于是出兵伐晋，张氏请求随军同行。后来符坚兵败，张氏自杀而亡。

954. 刘知远妻

刘智远至晋阳，议率民财以赏将士。夫人李氏谏曰："陛下因河东创大业，未有惠泽及民，而先夺其生资，殆非新天子所以救民之意也！请悉出军中所有劳军，虽复不厚，人无怨言。"智远从之，中外大悦。

【译文】

刘知远到晋阳后，想向百姓征收赋税来犒赏将士。夫人李氏劝谏说："陛下凭借河东开创大业，对百姓尚没有什么恩惠，就先剥夺他们赖以生存的资产，这恐怕不是一位初登帝位的天子造福百姓的做法。请陛下先用府库中所有资财来犒赏三军，虽然赏赐不算丰厚，但不会招致怨言。"刘知远采纳了夫人的建议，朝野上下都十分满意。

955. 李景让母

唐李景让母郑氏，性严明。景让宦达，发已斑白，小有过，不免捶楚。其为浙西观察使，有牙将逆意，杖之而毙，军中愤怒，将为变。母闻之，出坐厅事，立景让于庭而责之曰："天子付汝以方面，岂得以国家刑法为喜怒之资，而妄杀无罪？万一致一方不宁，岂唯上负朝廷，使垂老之母含羞入地，何以见汝之先人哉！"命左右褫其衣，将挞其背，将佐皆为之请，良久乃释，军中遂安。

郑氏早寡，家贫子幼，母自教之。宅后墙陷，得钱盈船，母祝之曰："吾闻无劳而获，身之灾也。天若矜我贫，则愿诸孤学问有成，此不敢取。"遽掩而筑之，盖妇人中有大见识者。景让弟景庄，老于场屋，每被黜，母辄挞景让。此事可笑，然景让终不肯属主司，曰："朝廷取士，自有公道，岂可效人求关节乎？"其渐于义方深矣。

【译文】

唐朝李景让的母亲郑氏，生性严肃明快。李景让显达时，已是头发斑白，但只要有一点小过错，仍会遭到母亲的鞭打。李景让出任浙西观察使，有位牙将惹李景让生气，李景让一顿乱棍把这牙将竟然打死了。士兵们都感到忿恨不平，准备哗变。郑氏听说后，就坐到大堂上，命李景让站在下面，责备他说："天子把一方大权交付给你，怎能拿国家的刑法当作发泄自己情绪的资本而妄杀无罪之人？万一因此而导致地方上的变乱，不仅是辜负朝廷的重托，还使老母含羞入地，有什么脸面去见你地下的祖先？"郑氏遂命左右剥去儿子的上衣，要鞭打他的脊背。诸将都为李景让求情，过了许久，其母才答应放过李景让，军中的情绪也恢复了平静。

冯评：郑氏很早就守寡，家境贫穷，孩子又小，郑氏亲自教导他们。有一天，宅院后墙突然崩塌，显露出能装满一船的钱财，郑氏祝祷上苍说："我听说不劳而获是自己的灾祸，上天若是可怜我家贫穷，请保佑我的儿子们日后能学有所成，这些钱财我不敢动用。"于是仍将这些钱用土掩埋并把墙砌好。这郑氏真是妇人中大有见识的。李景让的弟弟李景庄，科举考试极不顺利，每次落榜，郑氏就鞭打景让，这事有点可笑。但李景让始终不肯找主考说情，他说："朝廷取士自有一定原则，我怎可去学那些疏通关节的人呢？"从小接受严格的家教对他影响至深。

956. 杨敞妻

霍光与张安世谋废立。议既定，使大司农田延年报杨敞。敞惊惧，不知所言，汗出浃背。延年起更衣，敞夫人遽从东厢谓敞曰："此国家大事，今大将军议已定，使九卿来报君，君不疾应，与大将军同心，犹豫无决，先事诛矣！"延年更衣还，夫人与延年参语许诺。

此何等事，而妇人乃了然于胸中，不唯敞不如，即大将军亦不如。

【译文】

西汉大将军霍光与张安世商议废黜皇帝的事，主意已定，派大司农田延年向丞相杨敞通报。杨敞听了又惊又怕，不知该说什么才好，冷汗把衣服都打湿了。田延年起身去上厕所，杨敞的夫人急忙从东厢房对杨敞说："这是国家大事，既然大将军已经议定，派九卿这样的高官来通报，你不赶快表态和大将军一条心，犹犹豫豫，先杀的就是你了！"田延年上完厕所回来，夫人出来三人一起交谈，将此事应允了下来。

冯评：这是何等重大的事，一个妇人竟能了然于胸，不仅杨敞比不上，连大将军霍光也比不上。

957. 莒 妇

莒有妇人，莒子杀其夫，已为釐妇。及老，托于纪鄣。纺焉，以度而去之。及师至，则投诸外，或献诸子占。子占使师夜缒而登，登者六十人。缒绝，师鼓噪，城上之人亦噪，莒公惧，启西门而走。

莒妇之为釐且老矣，血恨积中，卒以灭国，人亦何可轻杀也！君犹不能得之一釐妇，一釐妇犹能报之其君，况他乎？

【译文】

春秋时莒国有位妇人，国君杀了她丈夫，这妇人成了寡妇，她老了，住在纪鄣，在那里纺织麻绳，绳子相当于城墙的高度时就收藏起来。齐国伐莒，莒国国君逃到纪鄣，子占率军前来攻打纪鄣，老妇人把绳子投到城外，有人把这事报告子占，子占派人夜晚攀绳登城。六十人登城之后，绳断了，城上城下的士兵一起呐喊，莒君大为惊恐，打开城西门逃走了。

冯评：一个老寡妇，心中积蓄着血海深仇，最终灭了一国。人怎能轻易夺取他人性命呢！一个国君不能控制一个寡妇，一个寡妇却能报复他的国君，何况其他呢！

958. 孟昶妻

孟昶妻周氏，昶弟觊妻又其从妹也。二家并丰财产。初桓玄尝推重昶，而刘迈毁之，昶深自惋失。及刘裕将建义，与昶定谋，昶欲尽散财物以充军粮。其妻非常妇，可语大事，乃谓曰："刘迈毁我于桓公，便是一生沦陷，决当作贼。卿幸可早尔离绝，脱得富贵，相迎不晚。"周氏曰："君父母在堂，欲建非常之谋，岂妇人所谏？事之不成，当于奚官中奉养大家，义无归志也！"昶怆然久之而起，周氏追昶坐云："观君举厝，非谋及妇人者，不过欲得财物耳。"因指怀中所生女曰："此儿可卖，亦当不惜，况资财乎？"遂倾资给之，而托以他用。及将举事，周氏谓觊妻云："吾昨梦殊恶，门内宜浣濯沐浴以除之，且不宜赤色，当悉取作七日藏厌。"觊妻信之，所有绛色者，悉敛以付焉。乃置帐中，潜自剔绵，以绛与昶，遂得数十人被服赫然，悉周氏所出，而家人不之知也。

周氏非常妇，其夫犹知之未尽。

【译文】

东晋孟昶的妻子周氏，孟昶弟弟孟觊之妻又是她的堂妹，两家都有丰厚的家产。当初，桓玄曾对孟昶的才识极为器重，但刘迈诋毁他，孟昶对此十分怅惘。后来刘裕想起兵声讨桓玄，来与孟昶商议，孟昶便有意散尽家财，充当军费。孟昶的妻子不一般，是可以和她谈论大事的，孟昶就对妻子说："刘迈在桓玄面前诋毁我，我就是毁了一生沦为贼寇也要挽回。你可以及早和我脱离关系，要是我能得到富贵，再来迎娶不迟！"周氏说："你父母仍然健在，想做一番非常的事业，岂是妇人所应该劝阻的？就算你大事不成，我也会做奴仆来奉养公婆，绝无逃回娘家的打算。"孟昶呆了很久，终于起身。周氏又拉他坐下说："我看你的表现，不是跟妇人商量事的，只是想得到财物吧。"接着指着怀中亲生女儿说："她都可以卖掉，没什么可惜的，何况财物呢！"于是她将所有财物都交给孟昶，而对其他家人说是另有他用。等到快起事时，周氏对孟觊妻子说："我昨晚做了个很可怕的噩梦，我们家应该清洗沐浴来消除邪气，而且红色不宜，都应该收藏七天。"孟觊的妻子相信了周氏所说，就把家中所有红色的衣物统统取来交给周氏。周氏暗地里在帐中拣选绵絮交给孟昶，做了几十人的衣服、棉被，这些都出自周氏之手，而家人全都不知道。

冯评：周氏不是普通的妇人，她的丈夫都不完全了解她。

959. 邓 曼

楚屈瑕伐罗，斗伯比送之。还，谓其御曰："莫敖（官名，即屈瑕）必败。举趾高，心不固矣。"遂见楚子，曰："必济师。"楚子辞焉，入告夫人邓曼，邓曼曰："大夫其非众之谓，其谓君抚小民以信，训诸司以德，而威莫敖以刑也。莫敖狃于蒲骚之役（先是，屈瑕败郧人于蒲骚），将自用也，必小罗。君若不镇抚，其不设备乎！夫固谓君训众而好镇抚之，召诸司而训之以令德，见莫敖而告诸天之不假易也。不然，夫岂不知楚师之尽行也！"楚子使赖人追之，不及，莫敖果不设备，师败而缢。

【译文】

春秋时，楚大夫屈瑕率军攻打罗国，斗伯比为他送行。回来的路上对车夫说："莫敖（官名，即屈瑕）这次一定会吃败仗。看他走路时脚抬得那么高，证明他心神不宁。"去见楚王，说："必须增派兵力。"楚王没有答应，回去后把斗伯比的话告诉了夫人邓曼。邓曼说："斗伯比所说增兵，恐怕不是一般意义上的增兵，而是暗示你以信义安抚百姓，以仁德训诫百官，对莫敖则要用刑罚威慑。莫敖因蒲骚之役获胜，必定会十分自负，轻视罗国。如果您不加约束，他将会不加提防吧！所以斗伯比是在劝您好生安抚百姓，训诫官员，约束莫敖，告诉他天道不是宽容的。否则，谁不知道楚军已经全部出动了？"楚王派赖国人追莫敖，没能追到，结果莫敖当真因轻敌不设防而兵败，自缢而死。

960. 冼氏 二条

高凉冼氏，世为蛮酋，部落十余万家。有女，多筹略，罗州刺史冯融聘以为子宝妇。融虽世为方伯，非其土人，号令不行。洗氏约束本宗，使从民礼；参决词讼，犯者虽亲不赦。由是冯氏得行其政。高州刺史李迁仕遣使召宝，宝欲往，洗氏止之曰："刺史被召援台（时台城被围），乃称有疾，铸兵聚众而后召君，此必欲质君以发君之兵也！愿且勿往，以观其变。"数日，迁仕果反，遣主帅杜平虏将兵逼南康。陈霸先使周文育击之，洗氏谓宝曰："平虏今与官军相拒，势不得还，迁仕在州，无能为也，君若自往，必有战斗，宜遣使卑词厚礼，告之曰：'身未敢出，欲遣妇参。'彼必喜而无备，我将千余人步担杂物，昌言输赆，得至栅下，破之必矣。"宝从之，迁仕果不设备，洗氏袭击，破走之。与霸先会于灨石，还谓宝曰："陈都督非常人也，甚得众心，必能平贼，宜厚资之。"及宝卒，岭表大乱，夫人怀集百粤，数州宴然，共奉夫人为"圣母"。

智勇具足，女中大将。

隋文帝时，番州总管赵讷贪虐，诸俚獠多叛，夫人遣长史上封事，论安抚之宜，并言讷罪状。上置讷于法，敕夫人招慰亡叛，夫人亲载诏书，自称使者，历十余州，宣述上意，所至皆降。及卒，谥诚敬夫人。

【译文】

南北朝时，高凉（今广东阳江一带）的洗氏世代都是蛮人首领，统领十多万户土族。洗氏有个女儿，很有智谋，罗州刺史冯融将其娶为儿子冯宝的妻子。冯融家虽世代担任刺史，但并非当地的土人，所以他的指令往往得不到贯彻执行。洗氏首先约束自家的族人，使之遵守礼仪；判决诉讼，即使亲人犯法也绝不宽容。从此冯氏就能顺利地管理地方事务了。高州刺史李迁仕派使者召请冯宝，冯宝准备前去，洗氏阻止说："刺史被召救援台城（当时台城被围），他却称病不去，现在他铸造兵器、聚集人马之后又召你去，这一定是要扣押你作为人质来调动你的军马。你不要去，先观察一下再说。"几天后，李迁仕果然造反，并派手下大将杜平虏率兵进逼南康。陈霸先派周文育迎敌。洗氏对冯宝说："杜平虏和官兵对峙，肯定回不来，李迁仕在高州，就没法有什么作为。你若是率军前往，双方必然发生战斗，不如派人带着厚礼，谦卑地对李迁仕说：'我不敢自己出来，派妻子前来参见。'他一定会很高兴而松懈防备。我带一千多人步行挑担，只说是拿财物前来请罪，必能接近他的军营，一定可击败他。"冯宝依计行事，李迁仕果然不加防备，遭洗氏突然袭击，城池被攻破，李迁仕逃走了。洗氏与进攻杜平虏部的陈霸先在灨石会师，回家后洗氏对冯宝说："陈都督不是一般的人，深得人心，必能平定乱贼，应当全力支持他。"冯宝死后，岭南地区发生大乱，洗氏全力安抚百粤各族，数州又恢复平静，共同尊奉洗氏为圣母。

冯评：洗氏智勇具足，乃是女中大将。

隋文帝时，番州总管赵讷贪财暴虐，各部落多有反叛。夫人派长史上书隋文帝，论述安抚各部落的重要性，并列举赵讷的罪状。文帝将赵讷治罪，特命夫人抚慰逃亡或叛变的部落。夫人亲自带着诏书，自称是朝廷使者，遍访十多州，宣传文帝的旨意，所到的州郡都纷纷归降。她死后，谥诚敬夫人。

961. 白瑾妻

白瑾妻，山阴葛氏女也。瑾素弱，葛善为调节，使读书。成化中，以进士为分宜令，葛与俱往。其明年，瑾病逾时，而库所贮折银尚数千两，邻境有因饥作乱者，聚徒百人，将劫取。县固无城郭，寇卒至，诸薄丞挈家去匿，葛独分命家人力拒其两门，乃迁白公于他室（边批：不慌不忙，有条有理），埋其银污池中，著公之服，升堂以候贼。贼至，则阳为好语相劳苦，尽出其所私藏钗珥衣服诸物以与贼，贼谢而去，不知阴已表识，竟物色捕得之。

白公衣合让与此妇穿戴。

【译文】

明朝白瑾的妻子是山阴葛家的女儿。白瑾的身体一向虚弱，葛氏悉心照料，又鼓励他读书上进。成化年间，白瑾高中进士，并且被任命为分宜县令，他与妻子一起去赴任。第二年，白瑾病了很久，而县库里存有几千两的税银。邻县闹饥荒，有因此而聚众百人作乱的，准备来抢劫这批银两。分宜县本无城郭，盗贼突然而至，县衙内的大小官员都带着家小逃跑了，葛氏指挥家人堵住前后大门，再把丈夫白瑾安排到其他房间，然后把银子埋在污池中，自己穿上丈夫的官服，坐在大堂上等盗贼来。盗贼来了之后，葛氏好言抚慰，并把家中所藏的首饰衣物都拿给他们，盗贼感谢离去，不知葛氏早已暗中留下记号，后来根据财物上的记号将这些盗贼都抓到了。

冯评：白瑾的衣冠该让给这个妇人穿戴。

962. 夫人城

朱序镇襄阳，苻坚遣其将苻丕率众围之。先是序母韩氏亲登城审势，谓西北角当先受敌，乃率百余婢并城中女丁，于其角头预斜筑城二十余丈，其后贼攻城，西北角果溃，凭新筑处固守，得完。襄阳人遂号其筑为夫人城。

【译文】

东晋的朱序镇守襄阳，苻坚派他的部将苻丕率众包围。在此之前，朱序的母亲韩氏曾经亲自登城观察，认为城西北一定会首先遭到攻击，于是带领一百多婢女和城中的女兵在城角另外斜向筑了二十余丈城墙。后来，贼兵攻城，果然西北角被攻破，凭着新筑的那段城墙，襄阳才得以保全，后来襄阳人就称这段城墙为夫人城。

963. 娘子军

唐平阳昭公主，大穆皇后所生，下嫁柴绍。初高祖兵兴，主居长安。绍曰："尊公将以兵清京师，我欲往，恐不能偕，奈何？"主曰："公行矣，我自为计。"绍诡道走并州，主奔鄠，发家资，招南山亡命，得数百人以应帝。遣家奴马三宝谕降名贼何潘仁，因略地至盩厔、武功，纪律严明，远近咸附，勒兵七万，威震关中。帝渡河，绍以数百骑从南山来，主引精兵万人，与秦王会渭北。绍及主对置幕府，京师号娘子军。

【译文】

唐朝的平阳昭公主，是唐高祖大穆皇后所生，后来下嫁柴绍。当初高祖李渊起兵，公主住在长安。柴绍对公主说："岳父率兵攻打京师，我想助一臂之力，恐怕无法与公主一同前去，该怎么办呢？"公主说："你只管去，我自有主意。"柴绍抄小路走并州，公主则直赴鄠（柴绍在鄠有庄园），散家财招募南山的亡命之徒，得到好几百人响应。另外她又派家奴马三宝去招降有名的贼寇何潘仁，一路率兵至盩厔、武功，由于军纪严明，远近的人都纷纷归附，最后拥兵七万人，威震关中。高祖渡河后，柴绍带数百骑兵由南山而来，公主则率一万精兵与秦王李世民在渭北会合。柴绍与公主对设幕府，京师称之为娘子军。

964. 李侃妇

建中末，李希烈陷汴州，谋袭陈。李侃为项城令，欲逃去，妇曰："寇将至，当守。力不足则死，焉逃之？若重赏募死士，可守也。"侃乃召吏民告之曰："令诚若主，然满岁则去，非如吏民生此土也，坟墓皆在，宜相与竭力死守。"众皆泣，乃徇曰："以瓦石击贼者，赏钱千；以刀矢杀贼者，赏钱万。"得数百人，率以乘城。妇自炊爨以享众。使报贼曰："项城父老，义不下贼，得吾城不足为威，徒失和，无益也。"会侃中流矢，走还。妻怒曰："君不在，人谁肯守，死于外，不犹愈于床乎？"侃乃登城，贼引去，县卒完。

【译文】

唐德宗建中三年，李希烈攻陷汴州，打算进兵袭击陈州。当时李侃任项城令，想弃城逃逸，李侃的妻子说："叛贼将至，理当死守，万一力有不逮则以死报国，怎能逃走呢？如果重金招赏勇士，这城也是能守得住的。"李侃召集全城的官吏百姓，对他们说："县令虽说是一方之主，但官职届满就会离去，不像各位生在这里，长在这里，连祖宗坟墓都在这里，所以你们更应该同心尽力，拼死守城。"众人感动得流下泪来。李侃下令："凡是用瓦石击贼者赏一千钱，用刀箭杀贼者赏一万钱。"李侃募得勇士数百人，率领他们登城守御，妻子则亲自做饭给众人吃。又派人告诉叛贼说："项城的父老绝不会向你们低头，得到我们的小城也无法显示你们的威风，只能失去人和，毫无益处。"后来，李侃中箭负伤，便回到家中，他的妻子生气地说："你不在城上了，谁还肯守城？战死在城上不胜过死在床上吗？"于是李侃带伤登城，贼兵终于退去，项城得以保全。

965. 晏恭人

晏氏，宁化人，嫁福之曾氏。夫死，守幼子不嫁。宋绍定间，寇大举，晏依山为砦，召田丁谕曰："汝曹衣食吾家，可念主母，各当用命。不胜，即杀我。"因解藏橐悉散与之，田丁莫不感奋，晏自捶鼓，令诸婢鸣金，贼退散。

乡人挈家归砦者甚众，晏以家粮助不给者，拓砦为伍，互相援应，贼弗能攻。全活老幼以数万计。事闻，封恭人，赐冠帔，补其子承信郎。

汉天子曰："吾独不得廉颇、李牧为将，岂忧匈奴哉？"虽然，何必颇、牧，诚得李侃妇、晏恭人以守，邵续女、崔宁妾以战，刘太妃为上将，平阳昭公主副之，邓曼、冼氏为参军，荀崧女为游奕使，虽方行天下可也！大历中，杨子琳袭成都，据之，崔宁屡战力屈，宁妾任氏魁伟果干，出家财十万募勇士，信宿间得千人，设队伍将校，手自麾兵，以逼子琳，琳拔城自溃。荀崧小女灌，有奇节。崧守襄城，为杜曾所围，力弱食尽，求救于故吏平南将军石览，计无从出。灌时年十三，乃率勇士数十人，逾城突围夜出。贼追甚急，灌且战且走，卒获免。自诣览乞师，又为崧书，与南中郎将周访请援。贼闻救至，遂散走。

【译文】

晏氏，宁化人，嫁到福州曾家为妻，丈夫死后独力抚育年幼的子女，没有再嫁。宋理宗绍定年间盗贼四起，晏氏依山建立山寨，召集田丁说："你们都靠在我曾家过活，作为女主人，我们有多年情份，希望你们尽力御贼，如果万一失败，就先杀了我！"接着将家财全部分给他们。大家都十分感动，个个奋力御贼。晏氏亲自擂鼓，婢女负责鸣金。贼人退败后，乡亲们拖家带口逃到晏氏山寨的非常多，晏氏又拿出家里粮食周济那些生活贫困的人，又扩建了一组山寨而成五寨，相互支援照应，贼人始终不能攻下，晏氏的举动，救活了数万条老幼的性命。事情传到朝廷，封晏氏为恭人，赐冠帔，晏氏的儿子也被任命为承信郎。

冯评：汉文帝曾说："朕只是没有得到廉颇、李牧这样的大将，要不然还担心什么匈奴！"其实又何必一定要廉颇、李牧，能有李侃妻、晏恭人为防守，邵续女、崔宁妾应战，刘太妃为上将，平阳昭公主为副，邓曼、冼氏为参军，荀嵩女儿为游奕使，便是扫平天下也行啊！唐代宗大历年间，杨子琳袭击并占领成都，崔宁经过数次激战后也不能取胜，崔宁的妾是个体格魁梧、行事果决的女人，拿出十万家财招募勇士，一夜间募得一千多人，编组成队后亲自率兵进攻杨子琳，杨子琳弃城而走。晋朝荀崧的小女儿荀灌，自幼出类拔萃。荀崧镇守襄城，为杜曾围困，荀崧兵力不足，粮食也快耗尽，要向老部下平南将军石览求援，但又无法突出重围。荀灌当时只有十三岁，率领数十名勇士，出城突破贼兵包围，贼兵追击不舍，荀灌边战边走，终于摆脱了贼兵追击。她亲自面见石览请求救援，又代父写信向南中郎将周访求救兵。杜曾听说援兵将至，于是撤兵而去。

966. 窦 女

李希烈入汴时，强娶参军窦良之女。女顾其父曰："慎无戚，我能灭贼。"（边批：奇）女闻希烈将陈仙奇忠勇，因劝希烈任之。又闻其妻亦窦姓，言于希烈，愿与通家往来，以结其心。及希烈有疾，窦女乘间谓仙奇妻曰："贼虽强，终必败，奈何？"妻以告仙奇，仙奇始悟，赂医人使毒杀之。希烈已死，子不肯发丧，欲悉诛诸将而自立，适有献桃者，窦女请分遗诸将以示暇，因染帛裹絮如桃状，而藏书信于中。仙奇妻剖桃，始知希烈凶信，仙奇乃率兵入，斩希烈子，并枭希烈一门共七首，献诸天子，诏拜淮西节度使。

【译文】

唐朝李希烈攻陷汴州后，强娶汴州参军窦良的女儿。窦女对父亲说："请父亲不要悲伤难过，我能消灭贼子！"窦女听说李希烈手下有个名叫陈仙奇的将领正直勇敢，就劝李希烈重用他。又听说陈仙奇的妻子也姓窦，就对李希烈说愿意与陈仙奇妻子结成通家之好，以进一步笼络陈仙奇。后来李希烈患了重病，窦女找机会对陈仙奇的妻子说："贼人的势力虽然强大，但终将败亡，怎么办？"陈妻将此事告诉丈夫，陈仙奇猛然醒悟，于是贿赂医生毒杀了李希烈。李希烈死后，他儿子不肯发丧，想尽数杀掉诸将以自立。此时正巧有人献来一些桃子，窦女建议将桃分送诸将，表示府邸平安无事，于是将帛布裹了棉絮做成桃子的模样，在其中暗藏书信，陈仙奇妻子剖开假桃，才知道李希烈已死，于是陈仙奇率兵入府，斩杀李希烈的儿子及一家七口，进献天子。皇帝拜陈仙奇为淮西节度使。

967. 王翠翘

王翠翘，临淄妓也，初曰马翘儿，能新声，善胡琵琶，以计脱假母，而自徙居海上，更今名。倭寇江南，掠翠翘去。寨主徐海（越人，号明山和尚），绝爱幸之，尊为夫人，凡一切计画，唯翘指使。乃翘亦阳昵之，实阴幸其败事，冀一归国以老也。会督府遣华老人招海降，海怒，缚老人将杀之，翘谏曰："降不降在君，何与来使事？"亲解其缚，而赠之金，且劳苦之（边批：示之以意）。老人者，海上人，翘故识之，而老人亦私觑所谓王夫人似翘，不敢泄，归告督府曰："贼未可图也，第所爱幸王夫人者，臣视之，有外心，可借以磔贼耳。"督府曰："善。"乃更遣罗中军诣海说，而益市金珠宝玉以阴贿翘。翘日在帐中从容言："大事必不可成，不如降也。江南苦兵久，降且得官，终身共富贵。"海计遂决。督府大整兵，佯称逆降，迫海寨。海信翘言，不为备（边批：愚人）。官兵突入，斩海首而生致翘，倭人歼焉。凯旋，督府设大犒于辕门，令翘歌而行酒，诸参佐皆起为寿。督府酒酣心动，降阶与翘戏。夜深，席大乱。明日悔之，而以翘功高，不忍杀，乃以赐所调永顺酋长。翘去，渡钱塘，叹曰："明山遇我厚，我以国事诱杀之。杀一酋，更属一酋，何面目生乎！"夜半，投江死（边批：可怜）。

鸟尽弓藏，红颜薄命，翠翘兼之。始疑西子沉江，真有是事。胡梅林脱略边幅，其乱而悔，悔而使翘不得志以死，此举殊不脱酸腐气。吾谓翠翘有功，言于朝，旌之可也；若侠骨相契，虽纳之犹可也。不则开笼放雪衣，亦庶几不负其归老之初意乎？梅林之功而获罪，或者其天道与！

【译文】

王翠翘是临淄的妓女，本名马翘儿，能演奏流行的小曲，弹得一手好琵琶。她用计脱离了老鸨，移居海上，改名王翠翘。倭寇侵扰江南，掳去王翠翘。寨主徐海（越人，号明山和尚），对她宠爱有加，尊之为夫人，对她言听计从。王翠翘表面也对徐海很好，实际上暗中希望他破败，有一天自己能回国终老。后来督府胡宗宪派华老人招降徐海，徐海大怒，绑了华老人并且想杀了他。王翠翘劝阻说："投降不投降在你，和使者有什么关系？"于是亲自为华老人松绑，并且赠送他金帛，慰问他的辛劳。华老人也是长年在海上的，王翠翘和他本来认识，华老人也觉得这个王夫人看着很像王翠翘，也不敢声张，回去后对胡宗宪说："海贼很难制服，不过徐海所宠爱的王夫人，依我看似乎怀有二心，或许可以借她的力量杀贼。"胡宗宪说："好！"于是再派罗中军去劝说徐海，另外暗中带上大批珠宝贿赂王翠翘。王翠翘在帐中从容地说："大事难成，不如投降吧。江南久经战患，投降还能得个官，下半辈子也能保有富贵。"于是徐海决定接受招降。胡宗宪则加紧调兵，假称接受降兵，进逼徐海的营寨。徐海相信王翠翘的话，并不加以防备。官兵突然杀入，杀死徐海，活捉王翠翘，倭寇全部被歼灭。大获全胜之后，胡宗宪在辕门大开庆功宴，命王翠翘唱歌敬酒，诸将也频频举杯向胡宗宪敬酒道喜，胡宗宪借着酒意，竟把持不住，走下台阶调戏王翠翘，到了深夜，酒席大乱。第二天，胡宗宪对昨晚的行为深感后悔，因为王翠翘功劳不小，所以不忍心杀她，只好把她赐给广西土司永顺酋长为妾。王翠翘走到钱塘江边时，感叹地说："徐海待我不薄，但是为了国家诱杀了他。杀了一名贼酋，归了一个土酋，我还有什么颜面活下去！"半夜，投江而死。

冯评：鸟尽弓藏，红颜薄命，这两点王翠翘都有。看到王翠翘的故事，我才相信西子投江的事是有的。胡宗宪（号梅林）不修边幅，和王翠翘淫乱之后又后悔，他一后悔使得王翠翘郁郁而死，胡宗宪这事做得实在有些酸腐。我认为要说王翠翘有功，可以将其事迹上奏朝廷然后旌表；若是真心倾慕她的侠义，纳为小妾也未尝不可。否则就还她一个自由之身，也不负她当终老故乡的初衷。胡宗宪有大功而终于获罪，或许就是他这个人的宿命吧。

968. 孙翊妻

孙翊为丹阳守，妫览时为都督督兵，戴员为郡丞，与左右亲信边鸿等数患苦翊，会翊送客，洪从后斫杀翊，进迸入山。翊妻徐氏，购募追捕得鸿，杀之。览遂入军府，悉取翊嫔妾及左右侍御，欲复取徐。徐恐见害，乃绐之曰："乞须晦日，设祭除服乃可。"览听之，徐潜使人语翊旧将孙高、傅婴等，高、婴相与涕泣，共誓合谋。至晦日，徐氏设祭讫，乃除服，薰香沐浴，更于他室安施帏帐，言笑欢悦。览密觇，无复疑意。徐先呼高、婴与诸婢罗列户内，览入，徐出户拜览，即大呼，高、婴俱出，共杀览。余人就外杀员，徐乃还缞绖，奉览、员首以祭翊，举军震骇。

【译文】

三国时吴国的孙翊为丹阳太守，妫览任都督掌管军队，戴员任郡丞，他们和亲信边洪等人一直对孙翊十分仇视。有一天，孙翊送客，边洪从后将他刺杀，随即逃入山中。孙翊的妻子徐氏招募武士追捕，抓住边洪并将他杀了。妫览占据军府，将孙翊的姬妾奴仆都收为己有，还想霸占徐氏。徐氏恐怕遇害，就骗妫览说："请让我到月底时，摆设祭台，除去丧服后再侍候您。"妫览答应了。徐氏于是暗中派人告诉孙翊昔日手下的将领孙高、傅婴等，二人流着眼泪发誓要除掉妫览报仇。到了月底，徐氏设祭，拜完后就脱下丧服，薰香沐浴，在别的屋子里安排好帏帐，有说有笑地等着妫览。妫览暗中观察，不再有什么怀疑。徐氏先叫孙高、傅婴与其他婢女在室内等候，妫览进来，徐氏出门拜见，接着大声呼喊，孙高、傅婴立刻冲出杀死妫览，其他人在外面杀死了戴员。事后，徐氏重新穿上丧服，奉上妫览、戴员的首级祭拜孙翊，全军为之震动。

969. 申屠希光

申屠氏，长乐人，慕孟光之为人，自名希光。有诗才，既适侯官秀才董昌，绝不复吟，食贫作苦，宴如也。郡中大豪方六一闻希光美，心悦之，乃使人诬昌阴重罪，罪至族。六一复阳为居间（边批：恶极），得轻比，独昌报杀，妻子俱免，因使侍者通殷勤，强委禽焉。希光具知其谋，谬许之，密寄其孤于昌之友人（边批：要紧着），乃求利匕首，挟以往。好言谢六一，因请葬夫而后成礼（边批：大事）。六一大喜，使人以礼葬昌。希光则伪为色喜，艳妆入室。六一既至，即以匕首刺之帐中，六一立死。因复杀其侍者二人。至夜中，诈谓六一暴病，以次呼其家人，至则皆杀之，尽灭其宗。因斩六一头，置囊中，至昌葬所祭之。明日悉召村民，告以故，且曰："吾将从夫地下。"遂缢而死。时靖康二年事。

六一陷人于族，乃人不族而己族矣。以一文弱妇人，奋其白刃，全家为戮，义愤所激，鬼神助之，有志竟成，岂必须眉丈夫哉！

【译文】

申屠氏，长乐人，由于仰慕东汉孟光的为人，为自己取名希光。希光很会作诗，但自从嫁给侯官秀才董昌之后，就不再吟诗作对了。每天操劳家事，生活虽然清苦，却能安之若素。郡中有个叫方六一的土豪，听说希光的美貌，想把她占为己有，于是派人暗中诬陷董昌，加了个很重的罪名，要处死他全家。方六一表面上又极力调解，使之从轻处罚，只处斩董昌一人，妻儿老小都得到赦免。董昌死后，方六一派人到董家活动，准备强纳希光为妾。希光完全明白方六一的阴谋，假装答应方六一的要求，暗中先把儿子托付给董昌的好友，买了一把非常锋利的匕首藏在身上，然后去方六一家好言答谢，并表示希望料理完丈夫后事再跟他结为夫妻。方六一大喜，赶紧派人料理董昌的丧事，希光则装出很高兴的样子，打扮得漂漂亮亮跟方六一进洞房。方六一进来后，希光就用匕首把他杀死在帐中，方六一当场死亡。接着希光又杀了两名方六一的仆人。等到半夜，希光说方六一得了急病，逐个把方家的人都叫进来，来一个杀一个，把方家全家杀光。最后希光砍下方六一的头，放在口袋里带到丈夫董昌的坟前祭吊。第二天，希光召集所有的村民，告诉他们事情的经过，然后说："现在我要去地下见我丈夫了。"说完就上吊而死。这是宋钦宗靖康二年的事。

冯评：方六一想把人家灭族，结果没灭了人家反把自己灭族了。一个纤弱的女子，竟能举起白刃，杀死一大家人，这是为义愤所激发，鬼神也暗中相助，有志者事竟成，并非只有男子才能做到。

970. 邹仆妻

梁末，襄州都军务邹景温移职于徐，亦管都军之务。有劲仆自恃拳勇，独与妻策驴而行，至芒砀泽间，大声曰："闻此素多豪客，岂无一人与吾曹决胜负乎？"（边批：太恃）言毕，有五六盗自丛薄间跃出，一夫自后双手交抱，搏而仆之，抽短刃以断其喉，盖掩其不备也。唯妻在侧，殊无惶骇（边批：好急智），但矫而大呼曰："快哉，今日方雪吾之耻也。吾以良家之子，遭其俘掠，以致于此，孰谓无神明哉！"贼谓其诚而不杀，与行李并二驴，驱以南迈，近五六十里，至亳之北界达孤庄南而息焉。庄之门有器甲，盖近戍巡警之卒也。此妇遂径入村人之中堂，盗亦谓其谋食，不疑。乃泣拜其总首，且告其夫遭屠之状。总首潜召其徒，一时执缚，唯一盗得逸。械送亳城，咸弃市。妇返襄阳，为尼终焉。

徐氏、申屠氏、邹仆之妻，皆能为夫报仇于身后者也。徐，贵人之妇，而又宿将合谋于外，诸婢协力于内，以制一粗疏不备之妙览，如击病鼠耳；申屠氏则难矣，然仇迹未露，犹可从容而图之；邹仆妻则又难矣，变起仓卒，亲见群凶攒刃于其夫，即秦舞阳旁观，不能不动色，而意中遂作复仇之算，甘言诳贼，不逾日而以计擒灭，可不谓大智大勇者乎！生于下贱，何曾读书知礼义，而临变不乱，处分绰如，世之自命读书知礼义者，吾不知有此手段乎否也。

【译文】

五代后梁末年，襄州掌管军务的邹景温被调往徐州，也是掌管军务。他的家仆中有个人自恃拳脚功夫不错，单独与妻子骑着驴前往徐州。经过芒砀山一片沼泽地时，这名家仆大声说道："听说这里常有绿林好汉出没，难道没有人敢现身与我一决胜负吗？"话才说完，就有五六名盗匪从树丛中跳出，一名盗匪从身后抱住他，把他摔倒在地，随即抽出身上短刀，割断了他的喉咙——趁其不备偷袭得手。家仆的妻子在一旁目睹这一幕，竟然毫不惊惶害怕，只假意大叫道："痛快啊！今天我终于报仇雪恨了！我本是良家女子，被这贼人绑架，才到此地步。谁说没有神明主持公道！"盗贼信以为真，便没有杀她，就带着她、行李和两头驴一起往南边走，走了约五六十里路，来到亳州北边达孤庄休息，庄外放有武器盔甲，是附近守卫巡逻的士兵的。妇人直接走向庄村中的办公所，盗贼以为她要去找吃的，也没有起疑。妇人见到士兵的首领，告诉他丈夫被杀的情况。首领暗中召来那伙盗贼，悉数抓捕，只有一个得以脱逃。将这些盗贼戴上刑具送往亳州城，全部斩首示众。后来妇人返回襄阳，终身为尼。

冯评：徐氏、申屠氏、邹仆妻，都是丈夫遇害后能为夫报仇的。徐氏地位显贵，外有昔日部将商议配合，内有诸婢女同心协力，对付一个缺少防备的妫览，犹如击杀一只病鼠般容易；申屠氏面对的局势就困难了，但开始时她复仇的用意没有暴露，仍能从容地进行复仇计划；邹仆的妻子更难，变故发生于转瞬之间，亲眼目睹盗贼手刃其夫，就是跟着荆轲去刺秦王的秦舞阳在一旁看了，也不能做到不动声色，但她却做好了复仇的打算，同时用好话诳骗盗贼，没过一天就用计擒灭盗贼，怎能不说她是大智大勇！出身卑贱，何尝读诗书、明礼义，却能处变不惊，从容应对。世上那些自认是饱读诗书，知礼明义的，我不知他们是否也有这份能耐。

971. 谢小娥

谢小娥者，豫章估客女也。生八岁，丧母，嫁历阳段氏，故二姓常同舟，贸易江湖间。小娥年十四，始及笄，父与夫皆为劫盗所杀，二姓之党歼焉。小娥亦伤脑折足，漂流水中，为他船所获，经夕而活。因流转乞食，至上元县，依妙果寺尼净悟。初，小娥父死时，梦父谓曰："杀我者，'车中猿，门东草。'"

又数日后，梦其夫谓曰："杀我者，'禾中走，一日夫。'"小娥不能解，常书此语，广求智者辨之，历年不得。至元和八年，李公佐罢江西从事，泊舟建业，登瓦官寺阁。僧齐物为李述之，李凭栏书空，疑思嘿虑，忽然了悟，令寺童疾召小娥，谓之曰："杀汝父者申兰，杀汝夫者申春也，其曰'车中猿'者，车（車）字之中乃'申'字，申非属猴乎？草下有门，门中有东，'兰（蘭）'字也。又'禾中走'，是穿田过，亦是'申'字，'一日夫'者，夫上更一画，下一日，是'春'字。其为申兰、申春可明矣！"小娥恸哭再拜，密书四字于衣，誓访二贼以复其冤。更为男子服，佣保江湖间。岁余，至浔阳郡，见纸榜子召佣者，娥应召，问其主，果申兰也。娥心愤貌顺（边批：大有心人），在兰左右，积二岁余，甚见亲爱，金帛出入之数无不委之。每睹谢之衣物器具，未尝不暗泣。兰与春，宗昆弟也，春家在大江北独树浦，往来密洽。一日春携大鲤兼酒诣兰，至夕，群贼毕至，酣饮，暨诸凶既去，春沉醉卧于内室，兰亦覆寝于庭，小娥潜锁春于内（边批：贼在掌中，从容摆布），抽佩刀先斩兰首，呼号邻人并至。春擒于内，兰死于外，获赃货至数千万。初，兰、春有党数十人，暗记其名，悉擒就戮。时浔阳太守张公嘉其孝节，免死，娥竟剪发为尼以终（边批：还当旌异，岂特免死）。

其智勇或有之，其坚忍处，万万难及。

【译文】

谢小娥是豫章商人的女儿，八岁时母亲去世，父亲把她许配给历阳段氏，两家常同船往来于江河上做生意。谢小娥十四岁那年，刚到出嫁的年龄，父亲与丈夫就被劫匪杀害，两家的人全部遇难。谢小娥头部受伤，腿部骨折，掉入江中，后来被其他船救起，过了一晚上才活过来。此后谢小娥流浪乞讨，来到上元县，住在妙果寺尼姑净悟那里。当初，谢小娥父亲死的时候，小娥曾梦到父亲对她说："杀我者，'车中猿，门东草。'"几天后，又梦到丈夫说："杀我者，'禾中走，一日夫。'"谢小娥想不出这两句话的含意，就写下这些话，到处访求智者破解，但是经过多年仍无法解开。唐宪宗元和八年，李公佐江西从事任满，乘船路过建业，游瓦官寺，寺中僧人齐物将这个谜语告诉李公佐。李靠着栏干用手指不断在空中比划，沉吟思索许久，忽然明白了，急忙命寺中小僮召来谢小娥，对她说："杀你父亲的人叫申兰，杀你丈夫的是申春。所谓'车中猿'，'車'的中间是一'申'字，申不是属猴吗？草下有门，门下有东，这是'蘭'字，而'禾中走'是穿田而过，也是一个'申'字。'一日夫'，'夫'上有'一'笔，下有'日'字，合起来就是'春'字。很明显，杀你父亲、丈夫的人就是申兰、申春。"谢小娥听了痛哭不止，拜谢李公佐，并将'申兰申春'四字写在衣服里，发誓要找到这两名贼人，为父亲、丈夫报仇。从此，谢小娥改换男装，为人作仆佣。一年多后，谢小娥来到浔阳，见有人贴出告示招聘仆人，谢小娥前往应征，询问主人的姓名，正是申兰。谢小娥心中愤恨，但表面仍十分顺从。两年多过去了，谢小娥在申兰身边很受信任，财物收支都交由她经手。谢小娥每见到自家的衣物器具，都暗自哭泣。申兰与申春是本家兄弟，申春住在江北的独树浦，两人来往很密切。一天，申春带着条大鲤鱼和酒来探望申兰，到晚上，一伙贼人全部聚来畅饮，吃喝完毕，其他贼人相继离去，只剩下申春醉倒在内室，而申兰醉倒在庭院。谢小娥暗中把申春反锁在内室，抽出佩刀砍下申兰的脑袋，然后大声招呼邻人前来，内室的申春被抓获，申兰则死在庭院。他们的赃物价值数千万。申兰、申春有党羽数十人，谢小娥平日早已分别记下他们的名字，这时都逐一捕获。当时浔阳的张太守嘉勉谢小娥的孝行，免了小娥杀人的死罪。后来谢小娥削发出家，终身为尼。

冯评：谢小娥这般的智慧勇气或许有人具备，但她的坚忍却万万难以达到。

972. 吕　母

王莽时，琅琊海曲有吕母者，子为县吏，犯小罪，宰杀之。吕母怨，思报宰。母家故丰资，乃益酿醇酒，买刀剑衣服，少年来沽者，辄奢与之，衣敝者辄假衣，不问直。数年而财尽，少年欲相与偿之，母泣曰："所为厚诸君，非求利也，徒以县宰枉杀吾子故，诸君肯哀之乎？"少年壮之，皆许诺，遂招合亡命数千，吕母自称将军，引兵攻破海曲，执宰，数其罪，诸吏叩头请宰，母曰："吾子不当死，为宰枉杀，杀人者死，又何请乎？"遂斩宰，以头祭子冢，因以众属刘盆子（边批：更高）。

世间有此等奇妇人，酷吏或少知警。

【译文】

王莽时，琅琊海曲有位吕妇，她儿子是县吏，因犯了小错，被县令杀掉。吕母怨恨县令，想为儿子报仇。吕母家境富裕，就酿了好酒开店卖酒，并购置刀剑和衣服。凡有少年前来沽酒，吕母总会多给一些，碰到衣衫破烂的也常送些衣物，根本不在乎价值。几年间，吕母的钱就这么花光了，那些少年准备一起想办法回报吕母，吕母哭着说："我以前对你们好，并非想在你们身上图利，只是因为县令冤杀我儿子，你们肯怜悯我这老妇人吗？"少年听了原委，对吕母的壮举表示钦佩，都答应为吕母复仇。不多久，他们就约集了好几千亡命之徒，吕母自命为将军，率众攻陷海曲，抓住县令，列举他的罪状。其他官吏纷纷叩头替县令求饶，吕母说："我儿子罪不该死，却被县令冤杀，杀人者死，有什么可求的？"于是杀了县令，用他的人头祭拜儿子的坟墓。后来又把这几千人交给了刘盆子。

冯评：世间竟然有这样的奇妇人，那些酷吏或许可借此事而稍加警醒。

973. 李诞女

东越闽中有庸岭，高数十里，其西北隰中有大蛇，长七八丈，围一丈，土俗常惧。东冶都尉及属城长吏多有死者，祭以牛羊，故不得祸。或与人梦，或喻巫祝，欲得啖童女年十二三者，都尉、令长患之，共求人家生婢子兼有罪家女养之，至八月朝祭送蛇穴口，蛇辄夜出吞啮之，累年如此，前后已用九女。一岁将祀之，募索未得。将乐县李诞家有六女，无男，其小女名寄，应募欲行。父母不听，寄曰："父母无相留，今唯生六女，无有一男，虽有如无。女无缇萦济父母之功，既不能供养，徒费衣食，生无所益，不如早死。卖寄之身，可得少钞以供父母，岂不善耶？"父母慈怜不听去，终不可禁止。寄乃行，请好剑及咋蛇犬，至八月朝，怀剑将犬诣庙中坐，先作数石米餈蜜麨以置穴口，蛇夜便出，头大如囷，目如二尺镜，闻餈香气，先啖食之。寄便放犬，犬就啮咋，寄从后斫蛇。因踊出，至庭而死。寄入视穴，得其九女髑髅，悉举出，咤言曰："汝曹怯弱，为蛇所食，甚可哀愍！"于是寄女缓步而归。越王闻之，聘寄为后，拜其父为将乐令，母及姊皆有赏赐，自是东冶无复妖邪。

刘季斫杀蛇，遂作帝；李寄斫杀蛇，遂作后。天下未尝无对。

【译文】

东越闽中有座庸岭，绵延数十里，西北的湿地有一条大蛇，长七八丈，身围有一丈，当地人十分惧怕。东冶的官吏有很多死于这条大蛇，用牛羊祭拜，才没有祸害。它有时给人托梦，有时告诉巫师，说想吃十二三岁的女童。地方官对此十分为难，只好到处找人家奴隶所生的女儿，或是罪犯家的女儿养着，到八月初将女童送到蛇穴洞口，大蛇就半夜出来将其吞食。年年如此，前后已经用了九名女童。这一年又该祭蛇了，但女童还没有着落。将乐县的李诞家有六个女儿，没有儿子，最小的女儿名寄，自愿前往祭蛇。父母都不同意，李寄说："爸妈不用挽留，家里只有六个女儿，没有男孩，女儿有跟没有一个样。女儿我无力学缇萦救父，也没有能力供养父母，只是白白耗费家用，活着没用，不如早死，卖了我去祭蛇多少还能赚点钱补贴家用，不是很好吗？"父母舍不得，但实在无法阻止，李寄还是去了。临行前，李寄准备了一把好剑和一条专门咬蛇的狗。到了八月初，李寄拿着剑带着狗独自坐到庙里，先拿几石米麦拌了蜜糖炒熟做成一个饼子，放在蛇洞口。到了夜里，大蛇出来了，蛇头大如米仓，蛇眼有如二尺的镜子，闻到饼子香气，就先吃起来，这时李寄放出狗，狗扑上去咬蛇，李寄从后用剑砍蛇，大蛇负伤窜出，到了庭院中就死了。李寄进入蛇穴，找到了九个女童的骷髅，把它们都拿了出来，哀伤地说："你们胆怯懦弱，被蛇吃掉了，实在可怜可悲！"然后李寄慢慢走回家。越王听说这事，聘娶李寄为王后，又任命李父为将乐令，李寄的母亲及姊姊们也都各有赏赐，从此东冶境内再也没有妖邪作乱。

冯评：汉高祖刘邦杀蛇成帝，李寄杀蛇成后。天下的事常常就是这样无独有偶。

974. 红拂女

杨素守西京日，李靖以布衣献策。素踞床而见，靖长揖曰："天下方乱，英雄竞起，公为重臣，须以收罗豪杰为心，不宜倨见宾客。"素敛容谢之。时妓妾罗列，内有执红拂者，有殊色，独目靖。靖既去，而执拂者临轩指吏曰："问去者处士第几？住何处？"（边批：见便识李靖）靖具以对，妓诵而去。靖归逆旅，其夜五更初，忽闻叩门而声低者，靖启视，则紫衣纱帽人，杖一囊，问之，曰："杨家红拂妓也。"延入，脱衣去帽，遽向靖拜。靖惊答之，再叩来意，曰："妾侍杨司空久，阅天下之人多矣，无如公者，故来相就耳。"靖曰："如司空何？"曰："彼尸居余气（边批：又识杨素），不足畏也。诸妓知其无成，去者甚众矣（边批：如何方是有成，须急着眼），彼亦不甚追也。计之详矣，幸无疑焉。"问其姓，曰："张。"问其伯仲之次，曰："最长。"观其肌肤仪状、言辞气语，真天人也。靖不自意获之，愈喜愈惧，万虑不安，而窥户者无停履。数日，亦闻追讨之声，意亦非峻。乃雄服乘马，排闼而去，将归太原。行次灵石旅舍，既设床，炉中烹肉且熟。张氏以发长委地，立梳床前；靖方刷马，忽有一客，中形，赤髯如虬，策蹇驴而来，投革囊于驴前，取枕欹卧，看张氏梳头（边批：便知非常人）。靖怒甚，欲发，张熟视客，一手映身摇示靖，令勿怒（边批：又识虬髯客）。急梳毕，敛衽前问其姓，客卧而答之，曰："姓张。"对曰："妾亦姓张，合是妹。"遽拜之。问其第几，曰："行三。"亦问妹第几，曰："最长。"客喜曰："今日幸逢一妹。"张氏遥呼："李郎，且来见三兄！"靖骤拜之，遂环坐，问煮何肉，曰："羊肉，计已熟矣。"客曰饥，靖出市胡饼，客抽腰间匕首，切肉共食，复索酒饮，于是开革囊，取下酒物，乃一人首并心肝。却头囊中，以匕首切心肝共食之，曰："此人乃天下负心者，衔之十年，今始获之。"又曰："观李郎贫士，何以得致异人？"靖不敢隐，具言其由，曰："然。故知非君所致也，今将何之？"曰："将避地太原。"曰："望气者言太原有奇气，吾将访之。"靖因言州将子李世民，客与靖期会于汾阳桥，遂乘驴疾去。及期候之，相见，大喜，靖诈言客善相，因友人刘文静得见。"世民真天子矣！"废然而返，遂邀靖夫妇至家，令其妻出见，酒极奢，因倾家财付靖，文簿匙锁，共二十床，曰："赠李郎佐真主立功业也。"与其妻戎服跃马，一奴从之，数步遂不复见。靖竟佐命，封卫公。

吴长卿曰："红拂见卫公，自以为不世之遇，视杨素蔑如矣；孰知又有一虬髯也，视李郎又蔑如矣。惜哉，不及见李公子也！"

【译文】

隋朝的杨素镇守西京长安时，李靖以平民身份求见杨素献计。杨素靠在坐榻上，态度傲慢地接见李靖。李靖向杨素深深行礼后说："天下正乱，英雄并起，公为国家重臣，应该为朝廷收罗天下的英雄豪杰，不该傲慢地接见宾客。"杨素连忙严肃地起身道歉。当时杨素身边围绕着好几名妓妾，其中一位手拿红拂的，特别漂亮，而且一直注视李靖。李靖告辞离去，拿红拂的在窗口指着他对一个小吏说："去问问那个刚才离去的人，他排行第几，家住何处。"李靖一一如实回答，那妓妾复诵了一遍也离开了。李靖回旅店，到了半夜，突然听见有人轻轻敲门。打开房门一看，只见一位身穿紫衣、头戴纱帽、杖头挂着一个布囊的人。李靖问她是谁，她说："我是杨家红拂妓。"李靖请她进屋，她脱去衣帽，向李靖行礼，李靖慌忙答礼，并且问她来意，她说："我服侍杨司空很久了，天下各种人物见得多了，没有一个比得上你，所以特来投奔。"李靖听了就问："那杨司空怎么办？"她回答说："他不过是行尸走肉而已，没什么可怕的。很多妓妾都知道他成不了什么事，离他而去的已经不少，他也不怎么追赶。这些我都考虑过了，请不要怀疑。"李靖问她姓氏，她说姓"张"。再问她家中排行，她说"老大"。李靖看她容貌举止以及说话的神情，简直就像神仙一般。李靖没想到能得这样一个女子，越是高兴就越害怕，心中七上八下，一个劲到门口去看有没有什么异常情况。几天后，虽然也听说杨家在找一个出走的妓妾，但追得也不紧。于是红拂女换了男装，和李靖出了旅店骑马而去，准备回太原。走到灵石，两人投宿客栈，摆好了几案，炉上炖的肉也快熟了。红拂女披着一头长发拖在地上，正站在床前梳头。李靖在外刷洗马。突然有一位中等身材的客人，张着蜷曲的红胡子，骑着一头跛毛驴到了客栈，他把一个皮口袋扔在驴跟前，自己进屋取过一个枕头斜靠着，看红拂女梳头。李靖很生气，正准备发作。红拂女仔细观察了一番来客，用身体遮住他的视线对李靖伸出一只手一个劲摇，意思是要他不要发作。红拂女赶紧梳完头，上前施礼问客人姓氏，客人斜躺着回答："姓张。"红拂女说："我也姓张，算起来应该是你妹妹。"于是倒身便拜，又问虬髯客排行第几，虬髯客答："排行老三。"他也问红拂女："妹子排行第几？"红拂女说："老大。"虬髯客高兴地说："今天有幸认了一个妹妹。"红拂女冲远处的李靖招呼："李郎，来见三哥！"李靖拜见，于是三人围坐，虬髯客问炉上炖的是什么肉，"羊肉，应该已经熟了。"虬髯客说肚子饿了，李靖出去买来胡饼，虬髯客从腰间抽出匕首切了肉，三人一面吃着。虬髯客又要来酒，解开那个皮口袋去拿下酒菜，里面是一颗人头和一副人的心肝。虬髯客把人头放回袋，用匕首切开心肝三人一起吃，并且说："这是天下最忘恩负义的人，我花了十年的时间，才找到他。"接着又说："我看李郎是个贫寒之士，怎么找到这样一位异人？"李靖不敢隐瞒，就把结识红拂女的经过说了一遍。虬髯客说："那就对了，我就觉得不是你自己找来的。你们现在想去哪里？"李靖说："想到太原避一阵子。"虬髯客说："据术士观察，说太原上空有奇异的云气，我也想去看看。"李靖于是说起了州将的儿子李世民。

虬髯客与李靖约定在汾阳桥碰面，说完就骑着驴很快走了。到了两人约定的日子，虬髯客和李靖都依约来到汾阳桥，再度见面都非常高兴。李靖假称虬髯客会看相，托友人刘文静介绍见到了李世民。虬髯客说了句"世民真天子矣"之后很沮丧地回去了。虬髯客邀李靖夫妇到自己家中，让妻子出来相见，并置丰盛的酒菜招待他们，又把所有的家财都交付给李靖，光是这些财产的账册和钥匙就摆满了二十床。虬髯客说："这些东西就赠与你拿去辅佐真命天子建功立业。"随后，他和妻子穿着戎装骑上快马，带着一个奴仆疾驰而去，一眨眼便望不见踪影。后来李靖辅佐李世民统一了天下，被封为卫国公。

冯评：吴长卿说："红拂女见了李靖，自以为是难得的相遇，把杨素看得一文不值；哪知又碰上一个虬髯客，又把李靖看得一文不值了。可惜啊，红拂女没能见到李公子。"

975. 沈小霞妾

锦衣卫经历沈炼，以攻严相得罪，谪佃保安。时总督杨顺、巡按路楷皆嵩客，受世蕃指："若除吾疡，大者侯，小者卿。"顺因与楷合策，捕诸白莲教通虏者，审炼名籍中，论斩，籍其家。顺以功萌一子锦衣千户，楷侯选五品卿寺。顺犹怏怏曰："相君薄我赏，犹有不足乎？"取炼二子杖杀之，而移檄越，逮公长子诸生襄。至则日掠治，困急且死。会顺、楷被劾，卒奉旨逮治，而襄得末减问成。襄之始来也，只一爱妾从行，及是与妾俱赴戍所，中道微闻严氏将使人要而杀之，襄惧欲窜，而顾妾不能割。妾曰："君一身，沈氏宗祧所系，第去勿忧我。"（边批：自度力能摆脱群小故）襄遂绐押者："城中有年家某，负吾家金钱，往索可得。"押者恃妾在，不疑，纵之去。久之不返，押者往年家询之，云："未尝至。"还复叩妾，妾把其襟大恸曰："吾夫妇患难相守，无倾刻离，今去而不返，必汝曹受严氏指，戕杀我夫矣。"观者如市，不能判，闻于监司，监司亦疑严氏真有此事，不得已，权使妾寄食尼庵，而立限责押者迹襄。押者物色不得，屡受笞，乃哀恳于妾，言："襄实自窜，毋枉我。"因以间亡命去。久之，嵩败，襄始出讼冤，捕顺、楷抵罪，妾复相从。襄号小霞，楚人江进之有《沈小霞妾传》。

严氏将要襄杀之，事之有无不可知，然襄此去实大便宜、大干净。得此妾一番撒赖，即上官亦疑真有是事，而襄始安然亡命无患矣。顺、楷辈死，肉不足喂狗，而此妾与沈氏父子并传，忠智萃于一门，盛矣哉！

【译文】

明朝的锦衣卫经历沈炼因弹劾丞相严嵩而获罪，被发配到保安去屯田。当时总督杨顺、巡按路楷都是严嵩的党羽，严嵩的儿子严世蕃指使他们说："只要你们能为我除去心头之患，大则封侯，小则封卿。"杨顺就和路楷商议，拘捕有通敌嫌疑的白莲教徒，将沈炼也列入名单中，斩首，抄家。杨顺因谋害沈炼有功，一个儿子当上了锦衣千户，路楷候选五品卿寺。杨顺还不满意，说："丞相就赏这么点，是不是觉得我们做得还不够？"于是抓来沈炼的两个儿子乱棍打死，并且发公文到沈炼老家会稽抓捕在家的长子沈襄。抓起来之后，每天严刑拷问，沈襄命在旦夕。此时杨顺与路楷分别遭到弹劾，最后皇帝下令逮捕两人治罪，因此沈襄得以减罪，只发配边地戍守。当初抓沈襄来时，只有他的一个爱妾随行，现在沈襄也就和这个妾一起被押去戍边。走到半途，听到传闻说严嵩要派人来劫杀他，沈襄心中害怕，想逃跑，但又舍不得丢下爱妾。爱妾说："你身系沈氏一门香火，只管逃命，不要担心我。"于是沈襄就骗押解的吏卒说："城中有我一个老朋友某某，欠我家钱，我去讨债，定能要来。"吏卒见沈襄准备一个人去，留下妾，便也没多想，就让他去了。过了很久也不见沈襄回来，吏卒便去那家询问，人家说沈襄根本没来过。吏卒又回去问妾，妾一把揪住吏卒衣襟大哭道："我们夫妻二人患难相守，从不曾有片刻的分离，现在我丈夫出门后就不见他回来，一定是你受了严嵩的指使，杀了我的丈夫！"在旁围观的人很多，谁也无法断定是非，只好请衙门裁夺，衙门的长官也怀疑是严嵩真的下令杀掉沈襄，不得已，只好暂时命沈妾寄住在尼姑庵，而下令押解的吏卒在限期内找到沈襄。吏卒怎么也找不着沈襄，又多次遭到鞭打，只有哀求沈妾，说："沈襄是私自逃跑，跟我没关系啊！"后来，吏卒找了个机会也逃跑了。很久以后，严嵩倒台了，沈襄才露面申冤，杨顺，路楷都受到了应有的惩罚，爱妾也回到了沈襄身边。沈襄号小霞，楚人江进之著有《沈小霞妾传》。

冯评：严嵩要劫杀沈襄，这事不知是真是假，但沈襄这一跑实在是大便宜、大干净，加上沈妾一番耍赖，连官员都怀疑严嵩真要杀沈襄，这才使沈襄能安然逃亡在外。杨顺、路楷之流，把他们的肉拿来喂狗，狗都不爱吃。沈妾与沈氏父子的事迹一起流传，可说是忠智集于一门，蔚为壮观。

976. 邑宰妾

万历中，政务宽缓，刑部囚人多老死者。某乡科，北人，为邑宰，坐事入诏狱，久之不得雪，且老矣。己分必死，而自伤无子，乃尽鬻其产，营一室于近处，置所爱妾，而厚赂典狱者，阴出入焉。有侄颇不肖，稍窃其资，入博场中，为逻者所疑，穷诘之，因尽吐，且云："家有一青骡子，叔行必乘之，无事则出赁，请以骡为验。"逻者伺数日，果如其言。宰方与妾对食中堂，群逻至，惊失箸。妾遽起迎曰："翁胆薄，毋相迫，尔曹与翁有隙耶？"曰："无之。"曰："若然，不过欲多得金耳，金属我掌，第随我行，当以饱汝。"逻者顾妇人貌美而言甘，乃留一人守视宰，而群尾妾入房，妾指所卧床曰："金在其颠。"携小梯而登，众自下谲之，殊不怒，笑声达于外。须臾，捧一匣下，发之多金。妾曰："未也。"再捧一巨箱下，大镪实焉，众攫金，声愈哄。守者贪分金，不能忍，足不觉前。宰以间潜逸，众怀金既餍，出视失宰，惧欲走，妾择弱者一人力持之，大呼"攫金贼在！"众奋拳齐殴，齿甲俱集，妾且死，终不释，声愈厉。动外人，外人入，众窜，获其一，并妾所持者两人，送巡城潘御中。妾诉群凶淫贪状，兼具所失鬻产银数，此两人不能讳，尽供其党姓名。顷之，悉擒至，银犹在怀也，而以犯官逸出为解。御史使视诏狱，则宰在焉。众语塞，乃委罪于不肖侄。御史收侄，尽毙之箠下。妾取故金归，籍数报宰，病数日，乃死。

狱中囚私出入，非法也，诏狱甚矣。方群逻押至，不以宰为奇货哉！言胆薄坚其志，言多金中其欲，忍谲以坚之，空橐以饵之，急守者而逸宰，固已在吾算中矣。出其不意，持一弱以羁众强，假令身毙老拳之下，罪人其免乎！至群凶先我死，而目可暝也。妇之智不必言，独其猝不乱，死不怵，从容就功，有丈夫之智所不逮者。惜传者逸其名，虽然，千秋而下，知有一邑宰妾在浣纱女、锐司徒妻、车中女子之俦，斯不为无友也已！

【译文】

明朝万历年间政务废弛，刑部里的犯人很多等不到判决就老死狱中。有个举人出身的北方人，做邑宰（也就是县令）的，因事牵连被押在诏狱（关押由皇帝亲自下旨定罪的犯人的监狱），案子很久也没审明白，人却快老了，想自己日后一定老死狱中，很遗憾还没有儿子，就变卖家产，在监狱附近买了一幢房子，安置爱妾住下，然后重金贿赂典狱官，让自己能暗中自由进出。邑宰有个不成器的侄子，偷了邑宰一些钱去赌场赌博，巡逻的怀疑他钱的来路，抓起来严加盘问，侄儿全盘招供，并且说："叔父家有匹青骡，出行一定靠它代步，平日无事则将骡租借他人，你们可以此来判断我有没有瞎说。"巡逻的观察了几天，认定那侄儿所说属实。一天，邑宰与妾正在堂上吃饭，突然一批巡逻兵闯入，邑宰吓得手上的筷子都掉了。邑宰妾起身说道："老头胆小，你们不要逼他。你们和老头有仇吗？"巡逻兵们说："没有。"邑宰妾说："要是没仇，那么你们一定是想多得些钱了。家里的钱是由我掌管的，你们跟我来，肯定让你们拿够。"巡逻兵们见这女人容貌美丽，说话中听，就留下一个看管邑宰，其他人随邑宰妾进入卧室。邑宰妾指着卧床说："钱就藏在这上面。"说完拿了小扶梯往上爬，众人在梯下起哄调笑，邑宰妾也不生气，嬉笑声连门外都听得见。一会儿，邑宰妾捧着一只匣子下来，打开一看，里面全是银子。邑宰妾说："还没完呢。"又捧下一个大箱，里面都是大个的银锭。众人抢夺银子，声音越来越大。那个看守邑宰的也急于分钱，双脚不觉移向内室，邑宰乘机逃走。众人心满意足地拿着金子出来，走到外堂，发觉邑宰已逃走，都害怕得想趁早离开。邑宰妾用力抓住一名身材瘦弱的巡逻兵，一面大声呼叫："抓抢钱的强盗呀！"其他巡逻兵纷纷上前殴打邑宰妾，又是牙咬，又是手掐，邑宰妾被打得半死，但仍死抓不放，叫喊声也愈来愈大，惊动了左邻右舍，外面冲进很多人，巡逻兵一哄而散，抓到其中一个，与邑宰妾所抓的一共两人，送交巡城潘御史。邑宰妾控诉巡逻兵的贪淫，说出失窃的钱数，两名巡逻兵无法隐瞒，只好供出其他人的姓名，不久，所有人都被抓了回来，银子也都还在身上。巡逻兵们说他们是为抓捕出逃的人犯，御史派人到监狱调查，邑宰赫然在监。巡逻兵们无话可说，就将全部罪过推给邑宰那个侄子。御史又命人收押了侄子，全部打死在刑杖之下。邑宰妾收回了所有的银子，悉数报给邑宰，自己却大病一场，没几天就死了。

冯评：狱中囚犯私自外出，是一件违法的事，诏狱里这种事特别多。巡逻兵来到邑宰家，怎能不认为邑宰是很有价值的呢？邑宰妾说邑宰胆小让他们放心，说邑宰钱多勾引他们的贪欲，忍住他们的调戏让他们安心，尽出家财让他们上钩，引诱看守者让邑宰逃逸，这些都已在邑宰妾的掌握中了。出其不意，邑宰妾抓住一个弱者牵制其余，就算邑宰妾死在拳脚之下，这些人也难逃其罪。最后，这些歹徒先我而死，邑宰妾可以瞑目了。这个妇人的智慧不必多夸，只是她能临危不乱，临死不惧，镇静地依自己的计划行事，表现出大丈夫所不及的智勇。可惜作传记的人没有记录下她的名字，尽管如此，千年以后，能知道有这么一位妇女和浣沙女、锐司徒妻、车中女子是一类人物，她也不会孤单无伴了。

977. 崔简妻

唐滕王极淫，诸官美妻，无得自者，诈言妃唤，即行无礼。时典签崔简妻郑氏初至，王遣唤。欲不去，则惧王之威，去则被王之辱。郑曰："无害。"遂入王中门外小阁。王在其中，郑入，欲逼之，郑大叫左右曰："大王岂作如是，必家奴耳。"取只履击王头破，抓面流血，妃闻而出，郑乃得还。王惭，旬日不视事。简每日参侯，不敢离门。后王坐，简向前谢，王惭，乃出。诸官之妻曾被唤入者，莫不羞之。

不唯自全，又能全人，此妇有胆有识。

【译文】

唐朝的滕王贪淫好色，手下官员的妻子美貌的，都无法躲过他的魔掌，总是假说王妃召唤，来了之后就被非礼。当时典签崔简的妻子郑氏刚到，滕王就派人召唤。想不去，惧怕王爷的威权；去，肯定会遭淫辱。郑氏说："没关系。"于是郑氏来到王府中门外的小楼，滕王正在里面等候，郑氏一来，滕王就想逼郑氏就范。郑氏大叫左右，说："王爷怎会做这样的事，一定是家奴！"说完脱下鞋子，猛力打破王爷的头，又用手把王爷抓得满脸是血。王妃听到声音出来查看，郑氏得以回家。滕王羞惭，十多天都不出面处理公务。崔简每天都站在王府门等候，不敢离开。后来，滕王出来了，崔简上前谢罪，滕王更感惭愧，径直离开了。那些曾被王爷召入王府的官员妻子听说后，都感到十分羞愧。

冯评：不仅保全了自己的名节，也保全了其他人，这个夫人有胆有识。

978. 蓝 姐

绍兴中，京东王寓新淦之涛泥寺，尝宴客，中夕散，主人醉卧，俄而群盗入，执诸子及群婢缚之，群婢呼曰："司库钥者蓝姐也。"蓝即应曰："有，毋惊主人。"付匙钥，秉席上烛指引之，金银酒器首饰尽数取去。主人醒，方知，明发诉于县。蓝姐密谓主人曰："易捕也，群盗皆衣白。妾秉烛时，尽以烛泪污其背，当密令捕者以是验。"后果皆获。事见《贤奕编》。

【译文】

南宋绍兴年间，京东人王某住在新淦的青泥寺（译者按，此句《贤奕编》原文如此，字句有误，译文据《夷坚志》所记叙相同事件），一天大宴宾客，半夜时结束，主人已经酣卧不起。不久有一群盗匪闯入，捆绑了王家的孩子和婢女，婢女们高呼："掌管府库钥匙的是蓝姐。"蓝姐立即答应说："钥匙在我这儿，不要惊吓了主人。"于是将锁匙交给盗匪，并且拿起桌上烛台为盗匪引路，盗贼将所有的金银首饰、酒器全部拿走。主人酒醒后，才知遭盗匪抢劫，第二天向官府报案。蓝姐暗中告诉主人说："这些盗匪很容易抓。他们都穿着白色的衣服，我在拿烛台引路时，曾暗中将蜡烛油滴在他们背上，只要让捕快按这个线索抓捕就可以了。"后来，盗匪果然全部落网了。事见《贤奕编》。

979. 新妇处盗

某家娶妇之夕，有贼来穴壁，已入矣，会其地有大木，贼触木倒，破头死。烛之，乃所识邻人。仓惶间，惧反饵祸，新妇曰："无妨。"令空一箱，纳贼尸于内，舁至贼家门首，剥啄数下，贼妇开门见箱，谓是夫盗来之物，欣然收纳。数日夫不还，发视，乃是夫尸。莫知谁杀，因密瘗之而遁。

【译文】

有一民家娶媳妇的那天晚上，有小偷挖墙入宅偷东西，地上竖着一根大柱子，贼碰倒了柱子，被砸破了脑袋，死了。家人点燃烛火一看，原来是认识的邻居，大家都很慌，怕会惹祸上身。新妇说："没关系。"她叫丈夫撇空一只木箱，将小偷的尸首放入箱中，抬到他家门口，然后轻敲几下大门就走了。小偷的老婆开门看见大箱子，以为是丈夫偷来的财物，就很高兴地把箱子抬进屋内。几天后，见丈夫还不回来，打开箱盖，发现箱中装的竟是丈夫的尸体，也不知道是谁杀的，只好秘密掩埋了远走他乡。

980. 辽阳妇

辽阳东山虏剽掠至一家，男子俱不在，在者唯三四妇人耳。虏不知虚实，不敢入其室，于院中以弓矢恐之。室中两妇引绳，一妇安矢于绳，自窗绷而射之。数矢后，贼犹不退，矢竭矣，乃大声诡呼曰："取箭来。"自绷上以麻秸一束掷之地，作矢声，贼惊曰："彼矢多如是，不易制也。"遂退去。

妇引绳发矢，犹能退贼。始知贼未尝不畏人，人自过怯，让贼得利耳。

【译文】

明朝辽阳常有女真人抢掠，人们称之为东山虏。一次贼人到了一户人家，这家的男人都不在，只有三四名妇人在家。贼人不知道屋内虚实，不敢贸然闯入，只在院中向屋内射箭恐吓。屋内的两名妇人分别拉着绳的两端，另一名妇人把箭放在绳的中央，从窗口向外弹射还击，发了几箭后，贼人仍不退却，妇人的箭却用光了，于是故意大声喊道："拿箭来！"接着将一捆麻杆丢在地上，仿佛是一捆箭落地的声音。贼人大惊："他们箭这么多，不容易收拾。"于是退走了。

冯评：妇人牵绳发箭，尚能击退贼人，可见贼人未尝不怕人，只是人们自己怯懦，才让贼人占了便宜。

981. 李成梁夫人

相传李帅成梁夫人乃辽阳民家女也。辽民时苦寇掠，往往掘深井以藏货财。此家以避寇去，独留女伏守井中。有二寇入其室，觉井中有人，一人悬縆而下，得女甚喜，呼党先牵女上，党复临视，欲下縆，女自后遽推堕，即以物压盖之，得系马于门，跨而走。数日寇退，父母俱还家，女言其故，相与毙二寇，取首邀赏。李帅时在伍，闻女智略，求为妇，后为一品夫人。

【译文】

相传明朝大帅李成梁的夫人，本是辽阳的民家女。当时辽阳的百姓苦于盗贼的抢掠，往往挖掘深井来隐藏财物。这家人全出去躲避了，只留下了一个女儿躲在井里。有两名贼人闯进来，发现井里有人，一个贼人顺着绳索下井，发现了女孩，非常高兴，就叫同伙先拉女孩出井。拉上女孩后，上面的同伙探身往井下看，准备再把下面那个也拉上来。这时，女孩从背后用力将其推落井中，随即搬来重物压住井口，在门口找到贼人的马匹，骑上离去。几天后，贼寇全撤退了，女孩的父母回到家，女孩将经过告诉父母，一起杀死了井里的贼人，取下贼人脑袋向官府邀赏。当时李元帅在军中，听说这女孩的智略，就请求娶女孩为妻，后来成为一品夫人。

982. 木兰等 三条

秦发卒戍边，女子木兰悯父年老，代之行。在边十二年始归，人无知者。

韩氏，保宁民家女也。明玉珍乱蜀，女恐为所掠，乃易男子饰，托名从军。调征云南，往返七年，人无知者，虽同伍亦莫觉也。后遇其叔，一见惊异，乃明是女，携归四川，当时皆呼为"贞女"。

黄善聪，应天淮清桥民家女，年十二失母，其姊已适人，独父业贩线香。怜善聪孤幼，无所寄养，乃令为男子装饰，携之旅游庐、凤间者数年，父亦死。善聪即诡姓名曰张胜（边批：大智术），仍习其业自活。同辈有李英者，亦贩香，自金陵来，不知其女也，约为火伴。同寝食者逾年，恒称有疾，不解衣袜，夜乃溲溺。弘治辛亥正月，与英皆返南京，已年二十矣，巾帽往见其姊，乃以姊称之。姊言："我初无弟，安得来此？"善聪乃笑曰："弟即善聪也。"泣语其故，姊大怒（边批：亦奇人），且詈之曰："男女乱群，玷辱我家甚矣！汝虽自明，谁则信之？"因逐不纳。善聪不胜愤懑，泣且誓曰："妹此身苟污，有死而已。须令明白，以表寸心。"其邻即稳婆居，姊聊呼验之，乃果处子，始相持恸哭，手为易去男装。越日，英来候，再约同往，则善聪出见，忽为女子矣，英大惊，骇问，知其故，怏怏而归，如有所失，盖恨其往事之愚也。乃告其母，母亦嗟叹不已。时英犹未室，母贤之，即为求婚，善聪不从，曰："妾竟归英，保人无疑乎？"（边批：大是）交亲邻里来劝，则涕泗横流，所执益坚。众口喧传，以为奇事，厂卫闻之（边批：好媒人），乃助其聘礼，判为夫妇。

木兰十二年，最久；韩贞女七年，善聪逾年耳。至于善藏其用，以权济变，其智一也。若南齐之东阳娄逞、五代之临邛黄崇嘏，无故而诈为丈夫，窜入仕宦，是岂女子之分乎？至如唐贞元之孟妪，年二十六而从夫，夫死而伪为夫之弟，以事郭汾阳。郭死，寡居一十五年，军中累奏兼御史大夫。忽思茕独，复嫁人，时年已七十二，又生二子，寿百余岁而卒。斯殆人妖与？又不可以常理论矣！

【译文】

秦国（可能指十六国之前秦）征发百姓去戍边，女子木兰同情年事已高的父亲，就改扮男装代父从军，在边疆戍守十二年才返乡回家，没人知道她女扮男装的秘密。

韩氏是元末保宁县的民家女，明玉珍在蜀地作乱，韩氏怕被贼兵抓去，就改扮男子，更换姓名从军。她被调往云南作战，前后一共七年，没有人知道她是女扮男装的，连一起征战的伙伴也未察觉。后来碰到她叔父，相见之下大为惊奇，才说明她是女子，并带她回四川，当时人们都称韩氏为"贞女"。

黄善聪是应天府淮清桥畔的民家女，十二岁时母亲去世，当时姊姊已嫁人，父亲以卖线香为生，见黄善聪年纪小，没人照顾，就要她改扮成男孩模样，随自己在庐州、凤阳一带做生意。几年后，父亲也过世了，黄善聪于是改名叫张胜，仍承袭父亲旧业，卖香过日子。有个叫李英的年轻人也是卖香的，来自金陵，不知道她是女子，就和黄善聪相约结伴，同寝共食有一年多，张胜常称有病，不脱衣袜，到夜里才上厕所。弘治辛亥年正月，二人一同回到南京，黄善聪已二十岁了，穿着男装前去探望姊姊。姊姊一见这男子称自己为姊，就说："我根本没有弟弟，怎么会在这里冒出来一个？"黄善聪笑道："小弟就是善聪啊！"然后哭着将这些年的经历告诉姊姊。姊姊大怒，骂道："男女不明不白地住在一起，简直败坏我家门风！你虽自称清白，但是谁会相信？"不让黄善聪进门。黄善聪十分郁闷，哭着发誓说："如果妹妹的身子遭到玷污，情愿一死！只是要说个明白才可见我心！"刚好邻居就是一个接生婆，姊姊请她来给妹妹验身，证明妹妹仍是处女，这时姊姊才抱着妹妹痛哭，亲手为妹妹换去男装。过了几天，李英前来探望，想约张胜一同再去卖香，结果见到女装的黄善聪，不禁大吃一惊，问明原因后，才若有所失地回家了。李英对自己的愚钝大为懊恼，就把这件事告诉了他母亲，他母亲听了也感慨不已。李英还没有成家，他母亲觉得黄善聪十分贤淑，就托人说媒，黄善聪却拒绝说："如果我嫁给李英，岂不又要惹来别人的疑心？"亲友邻里都纷纷来劝说，但黄善聪流着泪，坚持不肯答应。事情经人们一宣扬，一时成为一桩奇闻，后来连厂卫都听说了，就资助聘礼，判二人为夫妇。

冯评：木兰十二年，最久，韩贞女七年，黄善聪只有一年多，但三人善于隐藏女人的身份，用权宜的办法面对变故，其智慧是一样的。如南齐的东阳女子娄逞、五代的临邛妇人黄崇嘏，无缘无故冒充男人，跻身仕途，哪里是女子的本份呢？至于唐朝贞元年间的孟老太太，二十六岁嫁人，丈夫死后，假称是丈夫的弟弟，在郭子仪手下当差。郭子仪死后独居十五年，竟然升至御史大夫。突然又觉得自己孤单寂寞，嫁人了，当时她已七十二岁，婚后又生下两个孩子，活到一百多岁才死。这难道是人妖吗？不能用常理去推断。

983. 练 氏

章郇公（得象）之高祖，建州人，仕王氏为刺史，号章太傅。其夫人练氏，智识过人。太傅尝用兵，有二将后期，欲斩之。夫人置酒，饰美姬进之，太傅欢甚，迨夜饮醉，夫人密摘二将，使亡去。二将奔南唐，后为南唐将攻建州。时太傅已死，夫人居建州，二将遣使，厚以金帛遗夫人，且以一白旗授之，曰："吾且屠城，夫人可植旗为识，吾戒士卒令勿犯。"夫人反其金帛，曰："君幸思旧德，愿全合城性命，必欲屠之，吾家与众俱死，不愿独生也。"二将感其言，遂止不屠。

夫人之免二将，必预知其为有用之才而惜之，或先请于太傅，不从，故以计释去耳。不然，军法后期者死，夫人肯曲法以市恩乎？至于后之食报，何其巧也！夫人免二将之死，而二将且因夫人以免一城之死，夫人之所收者厚矣。按，太傅十三子，其八为夫人出。及宋兴，子孙及第至达官者甚众，皆出八房。阴德之报，岂诬也哉！

【译文】

北宋名臣章得象（封郇国公）的高祖父是建州人，侍奉王审知，官至刺史，人称章太傅。他的夫人练氏才智过人。有一次太傅率兵出征，有两名将领迟到，太傅下令处斩，夫人于是准备酒菜，找来美女陪太傅喝酒，太傅十分高兴，喝到夜里大醉。夫人暗中放了那两名将领让他们逃亡。这两名将领投奔南唐，后来成为南唐大将，率军围攻建州。那时太傅已去世，夫人住在建州。两名大将派人给夫人送来厚礼，又交给夫人一面白旗，对夫人说："我们准备屠城，夫人可以挂白旗为标帜，我们会命令士兵不要骚扰有白旗的地方。"夫人命使者送回礼物，说："如果有幸你们还记得昔日的好处，我希望保全全城老小的性命。如果你们一定要屠城，那我家会和众人一起去死，不愿独活。"两位将军被练氏这番话感动，于是取消了屠城的计划。

冯评：夫人救两个将领，一定是知道他二人是有用的人才，出于爱才之心才会这么做，或许事先曾向太傅求情，遭到拒绝后，才用计让这两人逃走。否则按照军法，延误迟到就是死罪，夫人怎肯为收买人心而徇私枉法呢？到后来享受到这两人的报答，实在是巧合。夫人免二人一死，二人又因夫人而免全城人一死，夫人所得的回报实在丰厚。章太傅共有十三个儿子，八个是夫人所生。到了宋朝，章家子孙中进士、做高官的，都出于这八房。积累阴德，必有善报，这哪里是胡说啊！

984. 陈觉妻

陈觉微时，为宋齐丘之客。及为兵部侍郎也，其妻李氏妒悍，亲执匕爨，不置妾媵。齐丘选姿首之婢三人与之，李亦无难色，奉侍三婢若舅姑礼。问其故，李曰："此令公宠幸之人，见之若面令公，何敢倨慢？"三婢既不自安，求还宋第。宋笑而许之。

近有一甲科丧偶，眷一土妓。及继娶，每托言宿于外馆，深夜潜诣妓家，辨色即归。继夫人察知之，绝不漏言，伺其再往，于五鼓集其童仆轿伞，往彼迎接，传夫人之命，甲科大惭，遂止。亦善于用妒者也。

【译文】

南唐的陈觉地位尚低时，曾是丞相宋齐丘家的门客。后来陈觉官至兵部侍郎，他的妻子李氏凶悍而嫉妒，亲自料理家务，不肯蓄养婢妾。宋齐丘选了三个漂亮的婢女送给她，她毫不为难地收下，把她们三人像伺候公婆一般服侍。宋齐丘问李氏为什么这样做，李氏说："这三人都是您所宠幸的人，见了她们如同见了您，我怎敢怠慢？"三个婢女十分不自在，自己要求回宋府，宋齐丘笑着答应她们回去了。

　　冯评：近来有位进士，妻子去世，就养了一个妓女。后来娶了继室，常借口有事外宿，深夜暗自潜入妓女家过夜，天亮就回家。继夫人暗中调查，知道了实情，但她只字不提。等丈夫再去妓女家时，五更时分，继夫人召集仆人，带着车轿伞盖去妓女家迎接，并扬言是奉夫人之命而来。进士大为惭愧，从此不敢再去妓女家。这也是善于运用其妒嫉的。

杂智部

冯子曰："智何以名杂也？以其黠而狡、慧而小也。正智无取于狡，而正智或反为狡者困；大智无取于小，而大智或反为小者欺。破其狡，则正者胜矣；识其小，则大者又胜矣。况狡而归之于正，未始非正；小而充之于大，未始不大乎？一饧也，夷以娱老，跖以脂户，是故狡可正，而正可狡也。一不龟手也，或以战胜封，或不免于洴澼洸，是故大可小，而小可大也。杂智具而天下无余智矣。难之者曰："大智若愚，是不有余智乎？"吾应之曰："政唯无余智，乃可以有余智。太山而却撮土，河海而辞涓流，则亦不成其太山河海矣！鸡鸣狗盗，卒免孟尝，为薛上客，顾用之何如耳。吾又安知古人之所谓正且大者，不反为不善用智者之贼乎？"是故以杂智终其篇焉。得其智，化其杂也可；略其杂，采其智也可。

【解说】

冯梦龙说：智怎么用"杂"来命名呢？这是指机敏而趋于狡诈、聪明却属于小慧。正智用不着狡诈，但正智可能会被狡诈困扰；大智用不着小慧，但大智会被小慧所欺。破解了狡诈，正智就能获胜；认识了小慧，大智又能获胜。何况狡诈不妨转化为正智，小慧不妨扩充为大智？同样一块饧糖，伯夷作为孝子用它哄老人开心，跖作为盗贼用它涂抹门轴以便无声息地进屋盗窃；同样是治疗手脚皲裂的药，可以把它用到水军中以此得胜立功，也可以世世代代用于漂洗绵絮的低贱工作。所以，大能变小，小可扩大，具备了杂智，天下再没有别的智慧了。有人问："大智若愚，这不是还有别的智慧吗？"我回答："正因为没有别的智慧，才可能还有别的智慧。如果拒绝一小撮土石，泰山就不成其为泰山；如果拒绝一小股水流，江海就不成其为江海。鸡鸣狗盗之徒，让孟尝君幸免于难，自己也成了薛邑的座上宾——智慧，要看怎么加以运用。我又怎么知道古人所谓正智、大智不是那些不善于用智者的狡诈和小慧呢？"所以，我用《杂智》来结束全书，读者可以品味其智、化解其杂，也可以忽略其杂、借鉴其智。

卷二十七　狡黠

英雄欺人，盗亦有道。智日以深，奸日以老。象物为备，禹鼎在兹。庶几不若，莫或逢之。集《狡黠》。

——【解说】——

英雄欺人是常有的事，盗亦有道是天经地义。智慧日益深沉，奸诈日益老练。把各种怪物——描绘，那传说中的禹鼎就是最好的标本。那样的话不利于己的不祥之物，一般就不会碰上了。

这一卷都是关于狡诈之智的故事，名为《狡黠》。

985．吕不韦

秦太子妃曰华阳夫人，无子。夏姬生子异人，质于赵。秦数伐赵，赵不礼之，困不得意。阳翟大贾吕不韦适邯郸，见之曰："此奇货可居。"乃说之曰："太子爱华阳夫人而无子，子之兄弟二十余人，子居中，不甚见幸，不得争立。不韦请以千金为子西游，立子为嗣。"异人曰："必如君策，秦国与子共之。"不韦乃厚赍西见夫人姊，而以献于夫人，因誉异人贤孝，日夜泣思太子及夫人。不韦因使其姊说曰："夫人爱而无子，异人贤，自知中子不得为适，诚以此时拔之，是异人无国而有国，夫人无子而有子也，则终身有宠于秦矣。"夫人以为然，遂与太子约以为嗣，使不韦还报异人。异人变服逃归，更名楚。不韦娶邯郸姬绝美者与居，知其有娠，异人见而请之，不韦佯怒，既而献之，期年而生子政，嗣楚立，是为始皇。

真西山曰："秦自孝公以至昭王，国势益张，合五国百万之众，攻之不克，而不韦以一女子，从容谈笑夺其国于衽席间。不韦非大贾，乃大盗也。"

【译文】

秦太子妃华阳夫人没有生儿子，夏姬生了一个儿子，名异人。异人在赵国做人质，因秦国屡次攻打赵国，所以赵国对他不加礼遇，他的日子很不好过。阳翟有位大商人吕不韦到了邯郸，见到了异人，说："这是奇货可居啊。"于是对异人说："太子爱华阳夫人，但夫人没有儿子。你的兄弟有二十多位，你在兄弟中的排行居中，又不受宠，想争王位十分困难。我想拿出黄金千斤为你西游咸阳，立你为嗣。"异人说："如果你的计划能实现，我愿意和你共同享有秦国。"吕不韦就带着厚礼西入秦国，拜见华阳夫人的姊姊，请她将礼物转献华阳夫人，同时称赞异人的贤能孝顺，常日夜哭泣思念太子及夫人。吕不韦又请华阳夫人姊姊劝说夫人："夫人受宠爱，但没有儿子。异人贤能，自知排行居中，不能立为嫡嗣，如果夫人能在此时提拔他，对异人来说由无国变为有国，夫人则无子而成为有子，那么能终身在秦国享受荣宠了。"夫人听了认为有理，就与太子约定立异人为嗣，请吕不韦回去通知异人。于是异人化装逃回，改名为楚。吕不韦娶了邯郸的一个美女同居，知道她有了身孕。异人见了邯郸美女，就请吕不韦将美女送给他，吕不韦假装生气，后来还是把美女送给了他。第二年，邯郸女子生下儿子，取名为政，成为楚的继承人，也就是日后的秦始皇。

冯评：真德秀（号西山）说："秦国自孝公以至昭王，国势一天天扩张，其他五国集合百万大兵都无法攻克秦国，吕不韦只用一名女子，在谈笑饮宴之间就轻松地夺取了秦国。吕不韦不是大商人，是大盗。"

986. 陈 乞

齐陈乞将立公子阳生，而难高、国，乃伪事之。每朝，必骖乘焉。所从，必言诸大夫曰："彼皆偃蹇，将弃子之命，其言曰：'高、国得君必逼我，盍去诸？'固将谋子，子早图之！图之莫如尽灭之，需，事之下也。"及朝，则曰："彼虎狼也，见我在子之侧，杀我无日矣，请就之位。"又谓诸大夫曰："二子恃得君而欲谋二三子，曰：'国之多难，贵宠之由。尽去之而后君定。'既成谋矣，盍及其未作也先诸？作而后悔，亦无及也！"大夫从之。夏六月，陈乞及诸大夫以甲入于公宫。国夏闻之，与高张乘如公，战败奔鲁。初，景公爱少子茶，谋于陈乞，欲立之。陈乞曰："所乐乎为君者，废兴由我故也。君欲立茶，则臣请立之。"阳生谓陈乞曰："吾闻子盖将不立我也。"陈乞曰："夫千乘之王，废正而立不正，必杀正者。吾不立子，所以生子也，走矣！"与之玉节而走之。景公死，茶立。陈乞使人迎阳生置于家。除景公之丧，诸大夫皆在朝，陈乞曰："常之母有鱼菽之祭，愿诸大夫之化我也。"诸大夫皆曰："诺。"于是皆之陈乞之家。陈乞使力士举巨囊而至于中雷，诸大夫见之皆色然而骇，开之，则闯然公子阳生也。陈乞曰："此君也已。"诸大夫不得已，皆逡巡北面再拜稽首而君之，自是往弑茶。

自陈氏厚施，已有代齐之势矣，所难者，高、国耳。高、国既除，诸大夫其如陈氏何哉？弑茶立阳生，旋弑阳生立壬，此皆禅国中间过文也。六朝之际，此伎俩最熟，陈乞其作俑者乎！

【译文】

春秋时齐国大夫陈乞想拥立公子阳生为齐侯，但又怕高张、国夏两位权臣阻拦，于是假装追随他们，每次上朝就和他二人同坐一辆车，并坐在陪乘的位子上。在车上陈乞常说其他大夫："他们都很傲慢，会不听你们二位的命令。他们说：'高、国二人一旦得到君王宠信，一定会逼迫我们，为什么不把他俩除掉呢？'这帮人一直想算计你们，二位应该早作防备，不如把他们都除掉。优柔寡断，事情就不好办了。"等上朝时，陈乞又对高、国二人说："他们都如虎狼一般凶狠，见我在你们身边，会很快杀了我的，我还是回到自己的位置上去吧。"陈乞又对众大夫说："高、国二人仗着君王的宠信想算计你们。他们说：'国家多难，就是因为有太多的宠臣，只有把他们都灭了，国君才会安宁。'现在他们一切计划妥当，你们还不先下手为强？等他们先发难，那时后悔就来不及了。"大夫们听信了陈乞的话，夏六月，陈乞联合大夫们率军进驻齐君王宫，国夏听说后，就和高张驱车赶往王宫，双方发生战斗，高、国战败，逃往鲁国。当初，齐景公疼爱小儿子茶，于是找陈乞商议，想立茶为嗣，陈乞说："谁都喜欢做君主，就是因为君主想怎么做就怎么做。您想立茶，那臣就赞成。"齐景公的嫡子公子阳生对陈乞说："我听说你准备不立我为齐君了。"陈乞说："千乘大国的君主，废了正式的嫡子，另立一个庶子，那正宗的嫡子一定会被杀。我说不立你为太子，正是为保你一命。快跑吧。"于是给了他半块玉制的符节让他赶紧逃走。

齐景公死后，荼继立为国君，陈乞派人把公子阳生接回来安置在家中。景公丧期满后，一天众大夫都在朝上，陈乞说："我家孩子陈常他妈做了点不像话的饭菜，请各位给个面子光临寒舍。"大夫们纷纷答应，都到了陈乞家，陈乞命一位力士举着一个大口袋放在了大厅里，众大夫都吓了一大跳，打开口袋，赫然出现在大家面前的是公子阳生。陈乞说："这位是齐国国君。"众大夫没办法，只好老老实实北面而拜，奉公子阳生为君，随后杀了荼。

冯评：自从陈氏对百姓施以很多的恩惠，就已经有夺取齐国实权的趋势了，能构成阻挠的只有高张、国夏二人而已。高、国二人既已除去，其他那些大夫们能拿陈氏怎么样呢？先弑荼而立阳生，随即弑杀阳生而立壬，这些都是篡夺权力中的过场。南北朝时，这种伎俩用得最熟练，陈乞可以算是始作俑者吧！

987. 徐 温

初，张颢与徐温谋弑其节度使杨渥。温曰："参用左右牙兵，必不一，不若独用吾兵。"（边批：反言之）颢不可。温曰："然则独用公兵。"（边批：本意如此）颢从之。后穷治逆党，皆左牙兵，由是人以温为实不知谋。

【译文】

五代时，淮南节度使杨渥手下的左牙指挥使张颢和右牙指挥使徐温密谋杀掉杨渥。徐温说："如果我们左右牙兵一起用，步调必不一致，不如单用我的兵。"张颢不愿意，徐温就说："那么就全用你的兵。"张颢同意了。（后来杨渥虽然被除掉，但立了杨渥之弟隆演为节度使。张颢、徐温两人发生争斗，徐温用计斩除张颢。）在追捕杀杨渥的逆党的时候发现全是左牙兵，因此人们以为徐温确实没有参与这次的阴谋。

988. 荀伯玉

或言萧道成有异相，宋主疑之，征为黄门侍郎。道成无计得留，荀伯玉教其遣骑入魏境，魏果遣游骑行境上。宋主闻而惧，乃使道成复本任。

【译文】

南北朝时，有人说萧道成天生异相，当做天子，宋帝听了心中起疑，就将萧道成调回京城做黄门侍郎。萧道成找不到理由拒绝，荀伯玉就向萧道成献计，让他暗中派遣骑兵稍稍进入魏国边境。魏兵果然也派骑兵在边境游荡。宋帝听说后大为紧张，只好让萧道成留任原职。

989. 高 欢

欢计图尔朱兆，阴收众心。乃诈为兆书，将以六镇人配契胡为部曲，众遂愁怨。又伪为并州符，征兵讨步落稽，发万人，将遣之，而故令孙腾、尉景伪请留五日，如此者再。欢亲送之郊，雪涕执别，于是众皆号哭，声动地。欢乃喻之曰："与尔俱失乡客，义同一家，不意乃尔。今直向西，当死；后军期，又当死；配胡人，又当死。奈何？"众曰："唯有反耳！"欢曰："反是急计，须推一人为主。"众愿奉欢，欢曰："尔等皆乡里，难制，虽百万众，无法终灰灭。今须与前异，不得欺汉儿，不得犯军令，否者，吾不能取笑天下。"众皆顿首："生死唯命！"于是明日遂椎牛享士，攻邺，破之。

【译文】

北魏高欢图谋除掉尔朱兆，便暗中收买人心。他假造一封尔朱兆的文书，说准备把六镇的人配给契胡为部属，众人都恐惧担忧。高欢又假造并州的兵符，征调士兵一万人讨伐步落稽。即将出发前，故意命孙腾和尉景先后两次请求宽限五天。最后，高欢亲自到郊外送行，流着泪挥手道别，众人悲恸号哭，声震原野。高欢劝喻道："我和诸位都是背井离乡的人，彼此的感情有如一家，没想到事情竟然成了这样！现在一路向西行，是去战场赴死；延误了时间，按军法又该处死；配给胡人做部属，还是一死。诸位看该怎么办？"众人说："只有造反了！"高欢说："造反是紧急的事，必须要找个领头的。"大家一致推举高欢，高欢说："你们都是我的乡亲，太难管理，没有法度，就是百万之众也很容易灭亡。现在有些规矩必须和以前不同，不可以欺侮汉人，不得违反军令。否则我不能随便领这个头让天下人讥笑我。"众人都叩头行礼说："生死相随，唯命是从！"第二天，高欢杀牛犒赏士兵，随即起兵攻破了邺城。

990. 潘 崇

楚成王以商臣为太子，既而又欲立公子职。商臣闻之，未察也，告其傅潘崇曰："若之何而察之。"潘崇曰："飨江芈（成王嬖）而勿敬也。"商臣从其策，江芈果怒，曰："呼！役夫！宜君王之欲废汝而立职也！"商臣曰："信矣。"

阳山君相卫，闻卫君之疑己也，乃伪谤其所爱樛竖以知之。术同此。

【译文】

春秋时，楚成王立商臣为太子，后来又想改立公子职。商臣听到了风声，不知道是真是假，就告诉他的老师潘崇，问："怎么才能知道这消息是真是假？"潘崇说："请江芈（成王宠姬）吃饭，但是态度要不恭敬。"商臣照做了，江芈果然大怒，说："嗨！你这贱奴！难怪大王要废掉你改立公子职！"商臣说："果然如此！"

冯评：阳山君在卫国做相国时，听说卫君对自己有怀疑，于是毁谤卫君所宠爱的樛竖，从而确认了确有其事，所用的办法与此相同。

991. 曹操 四条

魏武常行军，廪谷不足，私召主者问："如何？"主者曰："可行小斛足之。"曹公曰："善。"后军中言曹公欺众，公谓主者曰："借汝一物，以厌众心。"乃斩之，取首题徇曰："行小斛，盗官谷。"军心遂定。

曹公尝云："我眠中不可妄近，近便斫人，亦不自觉，左右宜慎之。"一日阳眠，所幸一人窃以被覆之，因便斫杀。复卧，既觉，问："谁杀我侍者？"自是每眠人不敢近。

魏武言人欲危己，己辄心动，因语所亲小人曰："汝怀刃密来我侧，我必说心动，执汝使行刑，汝但勿言，保无他故，当厚相报。"亲者信焉，不以为惧，遂斩之。此人至死不知也。左右以为实，谋逆者挫气矣。

操少时，尝与袁绍观人新婚，因潜入主人园中，夜叫呼云："有偷儿贼。"青庐中人皆出观，操乃入，抽刃劫新妇。与绍还出，失道，坠枳棘中，绍不能得动，操复大叫云："偷儿在此。"绍惶迫，自掷出，遂以俱免。

《世说》又载，袁绍曾遣人夜以剑掷操，少下不着，操度后来必高，因帖卧床上，剑至，果高。此谬也！操多疑，其儆备必严，剑何由及床？设有之，操必迁卧，宁有复居危地、以身试智之理。

【译文】

曹操一次带兵打仗，营中军粮短缺，于是私下召来军需官，问他："该怎么办？"军需官说："那就用小斗秤粮发放。"曹操说："好！"后来士兵发现了，都说曹操骗人，军心不稳。曹操又召来军需官说："我想向你借一样东西来安定人心。"于是把军需官杀了，将军需官的首级展示，说："军需官盗取军粮，改用小斗发放，已经斩首。"军心又恢复了稳定。

曹操曾对人说："我睡觉时千万不要接近我，只要有人走近我身边，我就会不自觉地杀人，你们千万要小心！"有一天，曹操假装睡觉，有个亲信便上前替他盖被，曹操一刀把那人杀了，然后继续睡觉。睡醒后问："谁杀了我的侍从？"自此以后，只要曹操在睡觉，就没有人敢接近他。

曹操说只要有人想害他，他就会心里有感应，于是对亲信仆人说："你揣着刀假装来到我身边，我就说我心中有感应，然后抓住你要砍头，你只要不说话，我保证你没事，另外我还会重重地奖赏你。"那名亲信信以为真，于是毫无畏惧，结果曹操真的把他杀了，这人到死也没明白是怎么回事。但曹操的左右都以为曹操真的能感应，想刺杀曹操的人都不敢轻举妄动。

曹操年轻时，曾和袁绍一起看人娶亲，半夜翻墙进入主人园中，大叫："有贼！"屋中的人都跑出来察看，曹操趁机进屋持刀劫走新娘子。曹操和袁绍退出来逃走，迷了路，掉进了荆棘丛，袁绍不能动弹，曹操又大声呼叫："小偷在这里！"袁绍连怕带急，自己跳了出来，于是二人都逃跑了。

冯评：《世说新语》又记载：袁绍曾派人夜里用剑投掷曹操，第一次稍微低了点，没有击中，曹操估计第二次一定会高一些，于是就紧贴床面，剑再飞来时果然高了。这个故事是瞎编。曹操生性多疑，平素戒备一定很严，怎会让剑飞到床上？即使有第一次，曹操也一定会换个地方睡觉，哪有继续呆在危险的地方测试自己的智力的道理。

992. 田婴 刘瑾

田婴相齐，人有说王者曰："终岁之计，王盍以数日之间自听之？不然，无以知吏之奸邪得失也。"王曰："善。"田婴即遽请于王而听其计。王将听之矣，田婴令官具押券斗石参升之计。王自听计，计不胜听。罢食后复坐，不复暮食矣。田婴复请曰："群臣所终岁日夜不敢偷怠之事也，王以一夕听之，则群臣有为劝勉矣。"王曰："诺。"俄而王已睡矣，吏尽揄刀削其押券升石之计。王终不能听，于是尽以委婴。

刘瑾欲专权，乃构杂艺于武庙前，候其玩弄，则多取各司章奏请省决，上曰："吾用尔何为？而一一烦朕耶，宜亟去。"如此者数次，后事无大小，唯意裁决，不复奏。

【译文】

战国时田婴任齐相，有人对齐王说："有关国家一年来的各项财政税收，大王应该抽出几天时间亲自听官员的汇报，否则难以知道各位官员的优劣得失。"齐王说："好。"田婴就请齐王听他的财政报告，齐王准备好听报告了，田婴让官员带好所有的收支帐册，齐王就开始听，内容繁多，好久也没听完，吃过午饭接着听，连晚饭都没吃。田婴又说："各官员一年到头日夜操劳的事务，大王如果肯花一个晚上听完，那对群臣是极大的激励。"齐王点头称是，不过，他很快睡着了，官员们纷纷拿出刀子削去简册上的各种数据。齐王后来不再愿意听这种报告了，全部交给田婴处理。

明朝的刘瑾想要专权，就做了很多玩具给明武宗，等武宗玩得高兴，他就拿着各种奏章请武宗裁决。武宗说："要你是干什么用的？一点点小事也要来麻烦我，还不赶紧走！"反复几次后，刘瑾对各种事务便自作主张，不再呈奏武宗了。

993. 赵高　李林甫

赵高既劝二世深居，而已专决。李斯病之。高乃见斯曰："关东群盗多，而上益发繇治阿房宫，臣欲谏，为位卑，此真君侯之事，君何不谏？"斯曰："上居深宫，欲见无间。"高曰："请候上间语君。"于是待二世方燕乐，妇女居前，使人告斯："可奏事矣。"斯至上谒，二世怒。高因言丞相怨望欲反，下斯狱，夷三族。

李林甫谓李适之曰："华山有金矿，采之可以益国，上未之知也。"（边批：使金果可采，林甫何不自言？）他日适之言之，上以问林甫，对曰："臣久知之，但华山陛下本命，王气所在，凿之非宜，故不敢言。"上以林甫为爱己，而疏适之，遂罢政事。严挺之徙绛州刺史。天宝初，帝顾林甫曰："严挺之安在？此其才可用。"林甫退召其弟损之，与道旧，谆谆款曲，且许美官，因曰："天子视绛州厚要，当以事自解归，得见上，且大用。"（边批：天子果欲大用，何待见乎？）因绐挺之使称疾，愿就医京师。林甫已得奏，即言挺之春秋高，有疾，幸闲官得养。帝恨咤久之，乃以为员外詹事，诏归东郡。挺之郁郁成疾。帝尝大陈乐勤政楼，既罢，兵部侍郎卢绚按辔绝道去。帝爱其蕴藉，称美之。明日，林甫召绚子，曰："尊府素望，上欲任以交、广，若惮行，且当请老。"绚惧，从之，因出为华州刺史，绚由是废。

　　三人皆在林甫掌股中，为所玩弄而不知。信奸人之雄矣！然使适之不贪富贵之谋，挺之不起大用之念，卢绚不惮交、广之远，则林甫虽狡，亦安所售其计哉？愚谓此三人之愚，非林甫之智也。

【译文】

　　秦二世听了赵高的话，深居简出，政事就都由赵高决定。李斯对此十分担忧。赵高就去找李斯，对他说："关东盗匪猖獗，皇上却征调民工修建阿房宫，我想进谏，但我官位卑微，这还真是您的职责所在，您为何不去进谏呢？"李斯说："皇上深居内宫，我见不到啊。"赵高说："等我趁皇上有空安排您觐见。"于是赵高等二世跟妃嫔宫女饮宴正在兴头上，派人告诉李斯说："可以求见皇上了。"李斯来了，二世火了。赵高趁势对二世说丞相心怀不满，有意谋反，于是李斯被打入大牢，诛灭三族。

　　唐朝宰相李林甫对李适之说："华山有金矿，能开采的话对国家有利，皇上还不知道。"后来，李适之说到此事，皇帝就问李林甫，李林甫回答说："臣早就知道了，但华山是陛下的本命，王气所在，不能随便开凿，所以不敢禀告。"皇帝认为李林甫能真心替自己考虑，于是开始疏远李适之，不久就罢了他的官。严挺之迁任绛州刺史，天宝初年，玄宗曾问李林甫："严挺之现在哪里？他是个可用的人才。"退朝后，李林甫召来严挺之的弟弟严损之，诚挚地跟他叙旧，还答应一定提拔他。李林甫接着又说："皇上很看重令兄，他应该找个理由回京，能见到皇上的话，必将受到皇上重用。"因此骗严挺之让他假称自己得病，奏请回京就医。李林甫拿到严挺之的奏章，对玄宗说：严挺之年纪大了，又有病在身，还是给他个闲官让他养病吧。玄宗听了，十分遗憾，于是任命严挺之为员外詹事，让他回东郡养病。严挺之因此抑郁成疾。玄宗曾在勤政楼聚会，大设乐舞，结束后，兵部侍郎卢绚骑马飞驰而去。玄宗非常欣赏他的潇洒，称赞不已。第二天，李林甫召来卢绚的儿子，对他说："令尊一向很有声望，现在皇上想派任令尊到交州、广州一带，如果令尊怕路途太远，不妨以年老为由推辞。"卢绚真害怕，就听了李林甫的话，结果被任命为华州刺史，从此不再被重用。

冯评：三人都被李林甫玩弄于股掌中而不自知，李林甫真是奸人中的顶尖高手。但如果李适之不怀贪求富贵的想法，严挺之不起受重用的念头，卢绚不怕交、广的路途遥远，李林甫再狡猾，又何从施展他的诡计呢！我看是这三人愚蠢，而非李林甫聪明。

994. 石　显

石显自知擅权，恐天子一旦入间言，乃时归诚，取一言为验。显尝使至诸官有所征发，先白上，曰："恐漏尽宫门闭，请诏吏开门。"上许之，显于是故投夜还，称诏开门入，且果有人上书，告显矫诏开宫门者，天子得书，笑以示显，显因泣曰："陛下过私小臣，群下嫉妒，欲陷臣。"上以为然，愈宠信之。

【译文】

西汉宦官石显自知平素专权，唯恐有一天皇帝会听了别人的坏话而对自己不利，因此不时表明自己的忠诚，想找个机会为自己正名。一次，石显奉命到有征调运输任务的官府去办事，事先对皇帝说："臣恐怕回宫时已过了午夜，宫门已经关闭，请陛下给看门人下个命令让他到时为我开门。"皇帝答应了。石显于是故意半夜才回宫，然后称皇帝的命令叫开宫门入宫。一早，果然有人上书状告石显矫诏叫开宫门。皇帝看了奏章，笑着拿给石显看，石显趁机哭诉说："陛下对微臣过于信任了，引来其他大臣的嫉妒，他们想陷害微臣。"皇帝认为是这么回事，因此愈加宠信石显。

995. 蓝道行

世庙时，方士蓝道行以乩得幸。上故有所问，密封使中官至乩所焚之，不能答，则咎中官亵，不能格真仙。中官以密封授道行，使自焚，道行乃为伪封付火，而匿其真迹，所答具如旨。上以为神，益信之。

蓝诈矣，然廷臣卒赖其力，假神仙以去严嵩，则诈亦有用处也。

【译文】

明世宗时，道士蓝道行靠扶乩受到宠信。皇上有事要问仙，把问题写好密封，派太监拿到扶乩的地方烧掉，蓝道行无法回答，就说宦官不干净，所以不能降来真仙。后来宦官就将皇帝的密封信交给蓝道行，让他自己去烧，蓝道行就把一封伪造的假信扔进火里烧掉，把真信藏起来，所以蓝道行对所有问题都能回答出来。世宗皇帝认为蓝道行法术神奇，更加相信他了。

冯评：蓝道行够狡诈的，但后来大臣们还是借他的力量除去了严嵩，狡诈之徒也是有用的。

996. 严　嵩

伊庶人为王时，以残暴屡见纠于台使者，迫则行十万余金于嵩，得小缓。及嵩败家居，则遣军卒十辈造嵩家，胁偿金。嵩置酒款之，而好语曰："所惠金十万，实无之，仅得半耳，而又半费，请以二万金偿。"因尽以上所赐金有印识者予之，既去而闻于郡曰："有江盗劫吾家二万金去矣，速掩之，可获也。"郡发卒追得金，悉捕军卒下狱论死。

【译文】

明朝的伊王（后被废为庶人）因凶残暴戾，屡次遭到御史台弹劾，迫不得已派人送十万多两银子贿赂严嵩，才得以稍减罪名。严嵩被罢黜为平民后，伊王派十名军士到严嵩家胁迫他偿还以前收受的十万两银子。严嵩摆下酒宴款待军士，并且婉转地说："当初给我的实在没有十万，只有五万金，而其中的一半又给伊王办事用了，就把剩下那两万两拿去吧。"于是尽拿出有皇帝赏赐的有标识的两万银子交给军士。军士们离去后，严嵩立即向官府报案说："有江洋大盗抢劫我家两万两银子后逃逸，赶快追捕，还能抓到。"郡守立即派兵追缉，把银子悉数追缴回来，十名军士也全部被问罪处斩。

997. 吉 温

李适之为兵部尚书，李林甫恶之，使人发兵部诠曹奸利事，收吏六十余人，付京兆尹。尹使法曹吉温鞫之。温入院，先于后厅取二重囚讯问，或杖或压，号呼之声，所不忍闻。兵部吏素闻温惨酷，及引入，皆自诬服，顷刻狱成，而囚无榜掠，适之遂得免。

【译文】

李适之任兵部尚书，李林甫对他十分厌恶，于是派人揭发兵部选用将士过程中非法渔利的事，逮捕兵部六十多名官吏，交付京兆尹。京兆尹派法曹吉温讯问。吉温到后先在后厅拿了两个重囚讯问，一会儿用杖刑，一会儿压杠子，囚犯凄厉的哭喊声令人不忍听闻。兵部的官吏对吉温的残酷手段早有耳闻，这时又亲耳听见犯人的哭嚎，等到带他们进去讯问，都乖乖地不管有无罪都认，一会儿工夫案子就审完了，而且没有一个人被用刑。李适之因此被免官。

998. 阳 虎

阳虎之败，鲁人闭门而捕之，围之三匝。虎奔及门，门者曰："天下探之不穷，我今出子。"虎因扬剑提戈而出（边批：句有味），顾反取戈以伤出之者，出之者怨之曰："我非故与子友也，为子脱死被罪，而反伤我。"鲁君闻失虎，大怒，问所出之门，有司拘之，不伤者被罪，而伤者独蒙厚赏。

【译文】

春秋时鲁国的阳虎叛乱失败后，鲁人封闭城门捉拿阳虎，将他层层包围。阳虎逃到城门，看门人说："天下的事反反复复说不准，我还是放你走吧。"于是阳虎挥剑提戈出了城门，随即又回来用戈刺伤了放他走的看门人。看门人埋怨道："我又不是本来就和你有交情的，为了救你我还得背罪，你倒好，还来伤我！"鲁君听说阳虎跑了，大怒，下令追查是从哪个城门逃跑的，于是把看门的都抓了起来，没受伤的问罪，带伤的那个却得到重赏。

999. 伪孝　二条

东海孝子郭纯丧母，每哭则群鸟大集。使检有实，旌表门闾。复讯，乃是每哭即撒饼于地，群鸟争来食之。其后数数如此，鸟闻哭声，莫不竞凑，非有灵也。

田单妙计，可惜小用。然撒饼亦资冥福，称孝可矣！

河东孝子王燧家猫、犬互乳，其子言之州县，遂蒙旌表。讯之，乃是猫、犬同时产子，取其子互置窠中，饮其乳惯，遂以为常。

即使非伪，与孝何干？

【译文】

东海孝子郭纯母亲过世，每当他思母号哭，就有大批的飞鸟聚集。官府派人调查核实，对他家进行表彰。后来再一查问，原来是郭纯每次号哭就把饼掰碎了撒在地上，飞鸟争相前来啄食，几次下来，飞鸟听见哭声就聚拢过来，并非是有什么灵异。

冯评：田单的妙计，可惜被小用了。不过撒饼喂鸟也算是替地下的母亲行善积德，称之为孝子也说得通。

河东孝子王燧的家里的猫和狗互相哺育对方的幼崽，他儿子将此事上报州县，也得到表彰。后来一查问，原来是猫和狗同时产崽，家人将其幼崽互换，后来就习惯了。

冯评：这事就算不假，和孝有什么关系呢？

1000. 丁谓　曹翰

丁谓既窜崖州，其家寓洛阳，尝作家书，遣使致之洛守刘烨，祈转付家，戒使者曰："伺烨会僚众时呈达。"烨得书，遂不敢隐，即以闻。帝启视，则语多自刻责，叙国厚恩，戒家人无怨望。帝感恻，遂徙雷州。

曹翰贬汝州，有中使来，翰泣曰："众口食贫不能活，以袆封故衣一包，质十千。"中使回奏之，太宗开视，乃一画障，题曰："下江南图"，恻然怜之，因召还。

【译文】

北宋的丁谓被贬崖州，他的家在洛阳。他曾写了封家信，派人送到郡守刘烨那里，请他转交家人，并叮嘱送信人说："一定要等到刘烨接见众僚属时送到。"刘烨收到信后，不敢隐瞒，立即报告皇帝。皇帝打开信，见其中都是自责的话，又说国恩浩荡，叫家人不可有怨恨之心。皇帝心中感动，就下令将丁谓改徙雷州。

北宋的曹翰被贬到汝州，有一次宫中使者到汝州，曹翰哭着对他说："我家人口太多，生活困难，这儿有一包旧衣服，我想典当十贯钱。"使者回宫奏报太宗，太宗打开包袱一看，里面是一幅题名"下江南图"的屏风画，太宗想起当年曹翰平定江南有功，动了恻隐之心，于是召他回京。

1001. 秦 桧

秦桧用事，天下贡献先入其门，而次及官家。一日，王夫人常出入禁中，显仁太后言："近日子鱼大者绝少。"夫人对曰："妾家有之，当以百尾进。"归告桧，桧咎其失言，明日进糟青鱼百尾，显仁拊掌笑曰："我道这婆子村，果然。"又，程厚子山与桧善，为中舍时，一日邀至府第内阁，一室萧然，独案上有紫绫缥一册，写《圣人以日星为纪赋》，尾有"学生类贡进士秦埙呈"，文采艳丽。程兀坐静观，反复成诵。唯酒肴问劳沓至，及晚，桧竟不出，乃退，程莫测也。后数日，差知贡举宣押入院，始大悟，即以此命题，此赋擅场，埙遂首选。

【译文】

南宋秦桧当政时，全国各地的贡品都要先送到他家，然后才轮到献给皇帝。一天，秦桧的老婆王氏到内宫，显仁太后对她说："这些天大尾的子鱼（黑色的鲻鱼）很少见到。"王氏说："臣妾家有，我给您送一百尾来。"王氏回去后告诉了秦桧，秦桧责怪她说了错话。第二天，送了一百尾糟青鱼进宫。太后见了，拍手大笑说："我说这婆子土，她还真土！"又，程厚（译者按，此人名字应作程敦厚，字子山）和秦桧关系很好，他做中书舍人时，一天，被秦桧邀到相府，带进一间内室，屋里空空荡荡，只有桌上放着一本紫绫缥的书册，上面写着一篇《圣人以日星为纪赋》，末尾有"学生类贡进士秦埙（秦桧孙）呈"

字样，文章写得很漂亮。程厚独自坐在那里翻阅，反复读了几遍，已经背出来了，其间仆人不断送来酒菜，一直到了晚上也不见秦桧出来，程厚只好告退，也不明白这都是怎么回事。几天后，程厚受命担任主考官被送进试场隔离，他这才恍然大悟，就以此命题。于是，秦桧的孙子秦埙这一篇赋就成为此次考试的第一名。

1002. 李道古

李道古便佞巧宦，常以酒肴棋博游公卿门，角赌之际，伪为不胜而厚偿之，故得一时虚名，而嗜利者悉与之狎。

【译文】

唐朝的李道古善于奉迎谄媚，常常与朝中大官们喝酒、下棋或赌博，每次赌博总故意输掉很多钱给对方，所以一时很有些名气，那些贪利的大臣都喜欢与他交往。

1003. 邹老人

邹老人，吴之狯徒也。有富人王甲夜杀其仇家李乙而事露，有司捕置于狱，以重贿求老人，老人索百金，怀之走南都，纳交于刑曹徐公，往来渐密。时留宿，忽中夜出金献徐，诉以内亲王甲枉狱。徐曰："吾不吝为谋，然吴越事隔，何可致力？"老人曰："不难，昨公捕得海盗二十余人，内两人吴产也，公第赦二盗认李乙为其夜杀，则此不加罪，而彼得再生矣。"徐许之。老人退，又密访二盗妻子，许以养育，二盗亦许之。及鞫，刑曹问："若吴人，曾杀人否？"二盗即招某月日杀李乙于家，掠其资。老人抱案还吴，令王甲之子鸣于官，竟得释。甲自狱归，遇李乙于门，竟死。

【译文】

邹老人是吴地一个狡猾的人。有个叫王甲的富人，趁夜杀了仇家李乙，事情败露，官吏把王甲抓进了监狱。王甲用重金贿赂老人，求他想办法救自己。邹老人要了一百两银子，带着来到南京，结交掌刑狱的官员徐公，两人交往渐渐地密切了，老人有时就住在徐家，有一天，邹老人夜里拿出银子给徐公，并说自己的内亲王甲遭遇冤案的事。徐公说："我不是不帮忙，可吴地的案子苏州府办，我怎么用得上力呢？"邹老人说："这事不难办，昨天您抓来了二十多个海盗，其中有两个就是吴人。您只要叫他俩承认李乙是他俩在夜里杀的，他们不会罪加一等，而那里王甲就可以活命了。"徐公同意了。邹老人出来后又私下里去探望那两个海盗的妻子，答应在两个海盗处死后供养他们的家庭，两个海盗以及他们的妻子也都同意了。等到再次审讯时，徐公问："你俩是吴人，在那里杀过人没有？"两个海盗马上就招供说某月某日在李乙家里杀死了他，并抢走了他家的钱财。邹老人便拿着案卷回到苏州，让王甲的儿子前去官府鸣冤，王甲最后得以释放。王甲从狱中回到家里，在家门口碰到了李乙，结果被吓死了。

1004. 啮耳讼师

浙中有子殴七十岁父而堕其齿者，父取齿讼诸官。子惧甚，迎一名讼师问计，许以百金。师摇首曰："大难事。"子益金固请，许留三日思之。至次日，忽谓曰："得之矣。辟人，当耳语若。"子倾耳相就，师遽啮之，断其半轮，血污衣。子大惊，师曰："勿呼，是乃所以脱子也。然子须善藏，俟临鞫乃出。"既庭质，遂以父啮耳堕齿为辩，官谓耳不可以自啮，老人齿不固，啮而堕，良是。竟免。

殴父而以计免，讼师之颠倒王章，可畏哉！然其策亦大奇矣。

【译文】

浙中有个儿子殴打自己七十岁老父，把牙打掉了，老人拿着牙到官府去告状。儿子非常害怕，便请来一个专门打官司的师爷替他想办法，答应事成之后给一百两银子。师爷摇着头说："这事不好办啊！"那个儿子又说可以给他增加些银子，但一定要帮忙想办法。师爷答应留下来替他想三天。到了第二天，他忽然对那个儿子说："我想出办法来了！找个没人的地方，我附耳告诉你。"等那个儿子侧着耳朵凑上去时，师爷猛地咬住了他的耳朵，一下子咬下了半个耳廓，衣服上都沾满了鲜血，那个儿子大惊，师爷说："别喊，这就是救你的办法。不过你必须好好保存这片耳朵，待审讯时再拿出来。"到了公堂上，那个儿子就说是他父亲咬他的耳朵才把门牙扯落的。县官想想也有道理，耳朵不可能是自己咬下来的，而老人的牙齿不牢，咬了儿子耳朵掉了牙齿，合乎情理。就这样，那儿子得以免罪。

冯评：殴打父亲的重罪还能用计免除，这个师爷颠倒王法，实在可怕！不过，他这个主意倒是够新奇的。

1005. 土豪张

北京城外某街，有张姓者，土豪也，能以财致人死力，凡京中无赖皆归之。忽思乞儿一种未收，乃于隙地创土室，招群丐以居，时其缓急而周之。群丐感恩次骨，思一报而无地。久之，先用以征债，债家畏丐孄，无不立偿者。已而诇人有营干之事，辄往拜，自请居间；或不从，则密喻群丐孄之，复阴使人为之画策，谓非张某不解。及张至，瞋目一呼，群乞骇散。人服其才，因情营干，任意笼络，得钱不赀，复以小嫌怒一徽人。其人开质库者，张遣人伪以龙袍数事质银，意似匆遽，嘱云："有急用，故且不索票，为我姑留外架，晚即来取也。"别使人首之法司，指为违禁，袍尚存架，而籍无质银者姓名，遂不能直，立枷而死。逾年，张坐他事系狱，徽人子讼父冤，尽发其奸状，且大出金钱为费。张亦问立枷，而所取枷，即上年所用以杀徽人者，封识姓名尚存。人或异之。张竟死（边批：天道不远，巧于示人，然则天更智矣）。

丐，废人也，而以智役之，能得其用。彼坐拥如林，而指臂不相运掉者何哉？张之憸狡不足道，乃其才亦有过人者。若虞诩设三科募士，堪作一队长矣。

【译文】

北京城外的一条街上，住着一个张姓的土豪，他仗着财力雄厚能招人替他出死力，凡京中的无赖都听他的使唤。有一天，他突然想到还有乞丐这个群体自己没有去收买来派用场，于是找了一块空地，盖了一大间土屋，免费供乞丐居住，并且常周济他们衣食。乞丐们对张某由衷地感激，总想找个机会好好报答他。过了很久，张某先让乞丐们去讨债，债主怕乞丐纠缠，都立刻还钱。后来又打探谁家要托关系办事，就前往拜访，表示愿意充当中间人，如果遭到拒绝，就暗中吩咐乞丐们去那人家纠缠，同时另外派人去出主意，说只有张某出面才行。等张某一到，瞪着眼睛一声大喝，乞丐们一哄而散。于是那人佩服张某的本事，便答应让他去办事，至于所需花费只管开口，张某因此获利不少。

后来张某又因为一点小事和一个安徽人发生矛盾，那人是开当铺的，张某派人拿了几件龙袍前去典当，故意表现出匆忙的样子，并叮嘱说："我只是暂时急用，也不必开立票据，就放在外面架子上，到晚上我就来赎。"同时另派人向官府告发，说这家当铺里有违禁品龙袍。官府派人一查，龙袍就放在外面架上，问是谁当的，又因为没开票据而说不出姓名，当铺老板当然输了官司，被判站笼而死。一年多后，张某因为别的事情也被关进了监狱，那个安徽人的儿子为父申冤，一一列举土财主罪状，并且大把花钱从中斡旋，结果张某也被判站笼，而所用的刑具正是去年用来杀那个安徽人的，上面封条的罪犯姓名还在。人们都觉得这事很新奇。张某就这么死了。

冯评：乞丐本是无用的废人，张某能用智驱使他们，并且真让他们起到作用。那些高高在上，身边站着密密麻麻的随从，却常常指挥不灵的老爷们，到底算怎么回事呢？张某的狡诈不值得推崇，但他的才能确实有过人之处，如果遇到当年虞诩设立三个指标招人才的话，他一定能做个队长（译者按：虞诩以三科募士，攻劫者为上，伤人偷盗者为次，带丧服而不事家业者为下）！

1006. 皦生光

万历间，皦生光以妖书事论死，京都快之。生光才而狡，往往以术制人为利。有缙绅媚一权贵，求得玉杯为寿，偶询之生光。不三日，生光持杯一双来售，云："出自中官家，价可百金，只索五十金。"缙绅欣然鬻之。逾数日，忽有厂校束缚二人噪而来，势甚急，视之则生光与中官也，生光蹙额言："前杯本大内物，中官窃出，今事觉不能讳，唯有速还原物，彼此可保无害。"缙绅大窘。杯已馈去，无可偿，反求计于生光，生光有难色，久之，乃为料理纳贿："某中官若干，某衙门若干，庶万一可以弥缝。"缙绅不得已，从之，费几及千金，后虽知生光狡计，无如何矣。

【译文】

明朝万历年间，皦生光因著书妖言惑众被处以极刑，京都人听说后，都觉得大快人心。皦生光有小聪明，性情狡诈，常常用圈套控制别人，从中渔利。有一当官的为巴结朝中权贵，到处访求用作寿礼的玉杯，正好问到了皦生光。三天后，皦生光拿着一对玉杯求售，说："这对玉杯来自宦官家，价值一百两，现在只要五十两就行。"官员很高兴地买下了。没过几天，忽然厂校押着人前来，吵吵嚷嚷，来势汹汹，仔细一看，原来是皦生光和一名宦官。皦生光皱着眉头说："先前的玉杯本是皇宫中的宝物，被宦官偷出来的。现在事情败露，只有赶快物归原处，大家才能平安无事。"官员大为窘困，因为玉杯已经作为礼物送掉了，没法退还，只好反过来请皦生光想办法。皦生光面带难色，过了许久才答应帮忙，作为打通关节的费用，他提出："某宦官多少多少，某衙门多少多少，只有这样才可能侥幸成功。"官员无奈，只好听他的，前后花了近千两银子。日后虽知是皦生光设的诡计，也拿他没有办法。

1007. 永嘉舟子

湖中小客货姜于永嘉富人王生，酬直未定，强秤之，客语侵生，生怒，拳其背，仆户限死。生扶救，良久复甦，以酒食谢过，遗之尺绢。还次渡口，舟子问："何处得此？"具道所以，且曰："几作他乡鬼矣！"时数里间有流尸，舟子因生心，从客买其绢，并丐筠篮。客既去，即撑尸近生居，脱衫裤衣之，走叩生门，仓皇告曰："午后有湖州客过渡，云为君家搋击垂死，浼我告官，呼骨肉直其冤，留绢与篮为证，今已绝矣。"生举家惧且泣，以二百千赂舟子，求瘗尸深林中。后为黠仆要胁，闻于官，生因徙居，忘故瘗处，拷掠病死。而明年姜客具土仪来访，言买绢之故，其家执仆诉冤，官并捕舟子毙死。

【译文】

湖州有个小贩到永嘉富户王生家卖姜，双方价钱还没有谈定，王生就强行动手秤姜，小贩说了几句难听的话，王生一生气，出拳打在小贩的背上，小贩撞到了门槛上昏死过去。王生连忙上去施救，过了好久小贩才苏醒过来。王生准备了酒菜向小贩赔罪，并且送给他一匹丝绢。小贩回去，在渡口上船，船夫见了丝绢，就问："从哪里弄来的？"小贩就将事情的原委告诉了船夫，并且说："我差点就成了异乡鬼了。"当时，几里之外正好有一具漂在水上的无名尸体，船夫于是有了主意，就向小贩买下丝绢，连同装丝绢的竹篮也一起讨了过来。小贩走后，船夫捞起尸体来到王生住处附近，把衣裤给尸体穿上，便去敲王生家大门，惊慌地说："今天下午有个湖州商人过渡，说被你家打得半死，要我前去告官，为他申冤，并留下丝绢和竹篮为证，那人已经死了。"王生全家都吓得直哭，连忙拿出二百吊钱给船夫，请他帮忙把尸体掩埋在树林深处。后来王家一个恶仆人要挟主人，将此事告到官府。王生已经搬过家，忘了尸体掩埋的地点，在狱中被拷打后生病死了。第二年，卖姜的小贩带了土产前来拜访王生，说起船夫买丝绢的事，于是王生家人又把那恶仆送进官府请求申冤，官府把船夫抓来，和恶仆一并处死。

1008. 干红猫

临安北门外西巷，有卖熟肉翁孙三者，每出，必戒其妻曰："照管猫儿，都城并无此种，莫令外人闻见，或被窃去，绝吾命矣。我老无子，此与我子无异也。"日日申言不已，乡里数闻其语，心窃异之，觅一见不可得。一日，忽搜索出到门，妻急抢回，其猫干红色，尾足毛须尽然，见者无不骇羡。孙三归，责妻慢藏，棰詈交至。已而浸淫达于内侍之耳，即遣人啖以厚直，孙峻拒。内侍求之甚力，反复数四，仅许一见，既见，益不忍释，竟以钱三百千取去。孙涕泪，复棰其妻，竟日嗟怅。内侍得猫喜极，欲调驯然后进御。已而色泽渐淡，才及半月，全成白猫，走访孙氏，已徙居矣。盖用染马缨法积日为伪。前之告戒棰怒，悉奸计也。

【译文】

临安北门外西巷有个卖熟肉的老头，名叫孙三。孙三每天出门前，一定再三叮咛他老婆说："好好照管猫儿，京城没这个品种，千万不要让外人看见，被人偷走，我也不活了。我年纪大了，又没有儿子，这猫儿就如同我的儿子一样。"孙三每天都对老婆说这番话，邻居们也都听到了，大家很好奇，想看一看那猫的长相，可是总见不到。一天，猫儿忽然拖着绳索走到了门口，孙三的老婆急忙将猫儿捉回屋内，那猫儿深红色，全身上下没有杂毛，看见的人都十分惊讶。孙三回来后，责怪老婆没有看好猫，对老婆打骂交加。不久这事就传到一个宦官的耳中，宦官立即派人用重金找孙三买猫，孙三一口拒绝。宦官求猫更急，前后来了好几回，孙三只答应让宦官看看猫。宦官见了猫之后，更是欢喜有加，最后用三百吊钱买走。孙三卖了猫后大哭一场，对老婆又打又骂，整天哀声叹气。宦官得到猫后非常高兴，想将猫儿调教好后再进献给皇帝。后来，猫儿的毛色愈来愈淡，才半个月，竟完全变成了白猫。宦官再去找孙三，孙三早就搬走了。原来，孙三是用染马缨的方法长时间把白猫染红的，对妻子说的那些话以及打骂，全是他骗人的手段。

1009. 铁牛道人

绍兴间，淮埙有一道人求乞，手持一铁牛，高呼"铁牛道人"。在浮光数月，忽一日入富家典库乞钱。主人问："铁牛何用？"曰："能粪瓜子金。"主人欲以资财易之，道人坚不肯，后议只赁一宿，令置密室，来早开视，果粪瓜子金数星。道人至，取铁牛去。主人妄想心炽，寻访道人，欲买此牛，道人不从。百色宛转方允，议以日得金计之，偿以一岁金价。在家数日，粪金如前，未几遂止，视牛尾后有一窍，无他异。忽家中一婢暴疾，召其夫赎去。后有人云："道人预买此妇人，密持其金在其家。前后粪金，皆此妇人所为。"急寻之，已遁矣。出赵灌园《就日录》。

若能粪金，尚须乞钱耶？其伪甚明，而竟为贪心所蔽。利令智昏，信哉！

【译文】

南宋绍兴年间，淮河边有个道士讨饭，手里拿着一头铁牛，总是高喊"铁牛道人"。道士在浮光呆了几个月，忽然有一天他到一家大户开的当铺门前乞讨，主人问道士："这铁牛有什么用？"道士说："能屙瓜子金。"主人想出资买下铁牛，道士坚决不卖。后来双方商议租借给主人一夜，让他放在密室中好好看管。第二天早上主人进门一看，果然屙了几颗瓜子金。道士来后，拿了铁牛就走了。主人的妄想心被激发起来，找到道士，要买铁牛。道士起初不答应，主人再三肯求，才议定以每日所得金的价值算，给了道士一年的金价。主人买下铁牛后，最初几天，铁牛仍每日屙金子，没多久就停了。检视铁牛，只见牛尾后有一小洞，其他并无异状。忽然家中一个婢女得了急病，叫她丈夫来把她赎了回去。后来有人说："这个道士事先买通了婢女，暗中拿着金子潜伏在主人家，所谓铁牛屙的金子，都是这个婢女暗中放置的。"再找这个婢女，早就逃跑了。出自赵灌园《就日录》。

冯评：如果铁牛真能屙金，道士还用得着乞讨？分明是假的，主人竟被贪欲蒙蔽了心智。利令智昏，这话不假！

1010. 京邸中贵

嘉靖间，一士人候选京邸。有官矣，然久客橐空，欲贷千金，与所故游客谈。数日报命，曰："某中贵允尔五百。"士人犹恨少，客曰："凡贷者例以厚贽先，内相性喜诶，苟得其欢，即请益非难也。"士人拮据，凑货器币，约值百金。为期入谒及门，堂轩巨丽，苍头庐儿皆曳绮缟，两壁米袋充栋，皆有御用字。久之，主人出，壮横肥，以两童子头抵背而行（边批：极力装扮），享礼微笑，许贷八百。庐儿曰："已晚，须明日。"主人可之。士人既出，喜不自胜，客复属耳："当早至，我俟于此。"及明往，寥然空宅，堂下煤土两堆，皆袋所倾。问主宅者，曰："昨有内相赁宅半日，知是谁何？"客亦灭迹，方悟其诈。

【译文】

明朝嘉靖年间，一个读书人到京城听候分派官职，等他得了官，也因为离家日久，盘缠用尽，想向人借一千两银子，于是跟一起游宦的朋友商量。几天后，朋友对他说："有个宦官答应借你五百金。"读书人嫌少，朋友说："凡借贷的惯例，都要先送一份厚礼，这个公公喜欢别人奉承，如果能得到他的欢心，再向他多借点并非难事。"读书人手头拮据，拼拼凑凑买了大约价值一百两的礼物，到了双方约定的日期登门拜访，只见厅堂富丽堂皇，仆人都穿着丝质衣服，两边堆了很多米袋，上面都有御用的标记。过了很久，主人出来，身体肥壮，两个小童用头抵着他的背慢慢往前走，收了读书人的厚礼，他微笑着答应可以借八百两。仆人说："现在天色已晚，要等明天才能拿钱。"主人点头答应。读书人离开后，非常高兴，朋友叮嘱他："明天要早点来，我在这里等你。"第二天，读书人再去时，却发现那是一座空房子，堂下有两堆煤土，是昨天所见的米袋里倒出来的。询问这宅子的主人，主人说："昨天有个宦官租了半天，我哪知道他是谁啊？"那个朋友也找不到了，读书人这才明白上当了。

1011. 一钱诳百金

胠箧唯京师最黠，有盗能以一钱诳百金者，作贵游衣冠，先诣马市，呼卖胡床者，与一钱，戒曰："吾即乘马，尔以胡床侍。"其人许诺。乃谓马主："吾欲市骏，试可乃论价。"马主谨奉羁靮。其人设胡床，盗上马，疾驰而去。马主初意设胡床者其仆也，已知其非，乃亟追之。盗迳扣官店，维马于门，云："吾某太监家下，欲缎匹若干，以马为质，用则奉价。"店睹良马，不之疑，如数界之。负而去，俄而马主踪迹至店，与之争马，成讼。有司不能决，为平分其马价云。

【译文】

　　盗贼要数京城里的最为狡猾。有个盗贼能用一文骗到一百两。他先穿一身华丽的衣服到马市上，叫过卖胡床的，给他一文钱，对他说："我骑马，你拿着胡床在边上伺候。"卖胡床的答应了。盗贼又找卖马的，说："我要买匹好马，让我试骑一下再谈价钱。"卖马的就把马交给他，卖胡床的在一旁铺设胡床，盗贼上马之后就跑掉了。卖马的开始还以为卖胡床的是盗贼的仆人，后来明白并非如此，就赶紧去追。盗贼则直接跑到一家官营客店，把马拴在店门口，对店主说："我是某太监手下的，现急需一些绸缎，先把马匹押在这里，稍后再来跟你算钱。"店主见马确是好马，也没有怀疑什么，就把绸缎给他。骗子背着绸缎离开了。一会儿，卖马的追踪来到客店，和店主争马，最后闹到官府。长官也无从判决，只好将马按价平分，双方各得一半。

1012. 老妪骗局

　　万历戊子，杭郡北门外有居民，年望六而丧妻。二子妇皆美，而事翁皆孝敬。一日忽有老妪立于门，自晨至午，若有期待而不至者，翁出入数次，怜其久立，命二子妇询其故。妇曰："吾子忤逆，将诉之官，期姐子同往，久候不来，腹且枵矣。"子妇怜而饭之，言论甚相惬。至暮，期者不来，因留之宿，一住旬日。凡子妇操作，悉代其劳，而女工尤精。子妇唯恐其去也，谓妪无夫而子不孝，茕茕无归，力劝翁娶之，翁乃与合。又旬余，妪之子与姐子始寻觅而来，拜跪告罪，妪犹厉詈不已，翁解之，乃留饮。其人即拜翁为继父，喜母有所托也。如此往来三月，一日妪之孙来，请翁一门，云已行聘，妪曰："子妇来何容易，吾与翁及两郎君来耳。"往则醉而返。又月余，其孙复来请云："某日毕姻，必求二姆同降。"子妇允其请，且多货衣饰，盛妆而往，妪子妇出迎，面黄如病者。日将晡，妪子请二姆迎亲，且曰："乡间风俗若是耳。"妪佯曰："汝妻虽病，今日称姑矣，何以不自往迎，而烦二位乎?"其子曰:"规模不雅,无以取重。既来此,何惜一往?"姆乃许之,于是姆与病妇及二子妇俱下船去,更余不返,姆子假出觇,孙又继之,皆去矣(边批:金蝉脱壳计)。及天明,遍觅无踪,访之房主,则云:"五六月前来租房住,不知其故。"翁父子怅怅而归,亲友来取衣饰,倾囊偿之,而二妇家来觅女不得,讼之官,翁与子恨极,因自尽。

【译文】

明朝万历戊子年,杭州北门外有个老头,年近六十,老伴去世,两个儿媳妇长得很漂亮,而且对公公也很孝顺。一天,忽然有个老太太站在他家门口,从早晨一直站到中午,好像在等什么人而没有等到。老头进出好几次,可怜老太太站得太久,就要媳妇去问老太太什么缘故。老太太说:"我儿子不孝,我要到官府告他,我是在等姐姐的儿子和我一起去,等了很久也不见来,肚子都饿了。"媳妇同情老太太,就请她进屋吃饭,彼此交谈得非常愉快。到了晚上要等的人还不见来,媳妇就留老太太在家过夜。老太太一住就是十来天,本属儿媳妇的家务,老太太都一手料理,女红尤其精巧,两个媳妇唯恐老太太离去,认为老太太既然老伴过世,儿子又不孝,一个人孤苦无依,于是力劝公公娶老太太为妻,老头就答应了。又过了十多天,老太太的儿子和姐姐的儿子才找来,儿子向老太太跪拜认罪,老太太还不停大声怒骂。老头在一旁劝解,留老太太的儿子喝酒,老太太的儿子就拜老头为继父,并很高兴母亲有了依靠。这样往来三个月后,一天,老太太的孙子来了,邀请老头一家喝订婚酒。老太太说:"两个媳妇哪能随便去,我和老伴儿带两个儿子去吧。"去了之后喝得醉醺醺才回来。又过了一个多月,老太太的孙子又来邀请说:"某日我完婚,两位婶婶务必要一起来喝杯喜酒。"老头的媳妇答应了,到了日子,借了很多漂亮的衣服首饰一同前往。老太太的媳妇站在门口迎接,面黄肌瘦一副病态。天色将晚,老太太的儿子请老头两个媳妇去迎亲,并且说:"这是此地的风俗。"老太太假意说:"你的老婆虽有病,但是今天就升格做婆婆了,怎能不亲自去迎亲,而要烦劳二位呢?"老太太的儿子说:"她那样子太不雅观,去了丢人,两位婶婶既已来了,去一趟何妨?"老太太这才答应。于是老太太和病媳妇加上老头的两个媳妇一同下船而去。等候多时仍不见他们回来,老太太的儿子又假意去打探,接着是老太太的孙子,两人都去而不返。天亮了,老头父子一个人也找不见了,找到屋子的主人,屋主说:"他们在五六个月来租房居住,不知道他们的来历。"老头父子怅然回家，亲友们又来索要借走的衣服首饰，老头父子拿出所有积蓄清偿。两个媳妇的娘家又来找女儿，找不到，还告到了官府。老头父子悔恨不已，都自杀身亡了。

1013. 乘驴妇

有三妇人雇驴骑行，一男子执鞭随之。忽少妇欲下驴择便地，呼二妇曰："缓行俟我。"因倩男子佐之下，即与调谑，若相悦者。已乘驴，曰："我心痛，不能急行。"男子既不欲强少妇，追二妇又不可得，乃憩道旁。而不知少妇反走久矣，是日三驴皆失。

【译文】

有三个妇人雇驴代步，一个男子拿着鞭子负责赶驴。忽然其中一个少妇想下驴找个地方方便，对另外两个妇人说："你们慢慢骑，边走边等我。"接着请男子扶她下驴，还和他打情骂俏，好像很亲昵的样子。地方便完再骑上驴，说："我心痛，不能快走。"男子既不想勉强她，又追不上那两个妇人，就在路旁休息，不知那个少妇已往反方向逃掉很久了。结果这天三头驴都丢了。

1014. 卜者朱生

瞽者朱化凡，居吴江，善卜，就卜者如市，家道浸康。一日晡时，忽有青衣二人传主人命，欲延朱子舟中问卜。其主人，贵公子也。朱辞以明晨，青衣不可，曰："主人性卞急，且所占事不得缓。"固请同行，因左右翼而去。步良久，至一舟，似僻地，而人甚伙。坐定，且饮食之，谓朱曰："吾侪探囊者，实非求卜，今宵拟掠一大姓，借汝为魁。"朱大悲，自云："盲人无用。"答曰："无他，但乞安坐堂中，以木拍案，高叫'快取宝来'而已。得财当分惠汝，不然者，斫汝数段，投波中矣。"朱惧而从之，夜半如前翼之而行，到一家，坐朱堂中。朱如其戒，且拍且叫。群盗罄所藏而去，朱犹拍呼不已。主人妻初疑贼尚在，未敢出。久之，窃视，止一人，而其声颇似习闻者。因前缚，举火照之，乃其夫也。所劫即化凡家物。惊问其故，方知群贼之巧。

【译文】

　　家住吴江的朱化凡是个瞎子，会占卜，找他问卜的人很多，家境也一天天富裕。有一天傍晚，忽然有两名奴仆，说是奉了主人的命令，来请朱化凡到船上卜卦，他们的主人是一位贵公子。朱化凡说明天一早便去，但奴仆不同意，说："我家主人性情急躁，再说要问的事也不能拖延。"坚持要朱化凡立刻跟他们走。最后朱化凡被两人架着去了。走了很久，终于来到一条船上，好像是很偏僻的地方，但人很多。朱化凡坐下后，有人奉上茶饭，对朱化凡说："我们都是打家劫舍的强盗，并不是真的想请你算卦。今晚我们打算抢一家大户，要让你假扮我们的首领。"朱化凡悲哀地说："我一个瞎子哪做得了这个。"对方说："没关系，你只要坐在厅堂正中，用木头拍桌子，高喊'快取宝来'就可以了，我们抢了财物后，会分给你。如果你不答应，我就将你砍成好几段，然后丢到河里去。"朱化凡害怕了，只好答应。半夜里，和来时一样，朱化凡被架着到了一户人家，朱化凡被安排坐在堂中，按照盗贼吩咐，他一边拍桌子一边喊叫。盗贼将这家财物搜刮一空后离去，朱化凡却还坐在堂中又拍又叫。主人的妻子开始还以为盗贼尚在，不敢走出房间，过了很久，偷偷一看，发觉只有一个人，而且声音很耳熟，于是上前绑了他，点燃烛火一看，竟然是自己的丈夫。盗贼抢的就是朱化凡家的财物。家人惊奇之下问明原委，才知道盗贼的诈巧。

1015. 黄铁脚

　　黄铁脚，穿窬之雄也。邻有酒肆，黄往赊，肆吝与。黄戏曰："必窃若壶，他肆易饮。"是夕肆主挈壶置卧榻前几上，镉户甚固，遂安寝。比晓失壶，视镉如故，亟从他肆物色，壶果在，问所得。曰："黄某。"主诣黄问故，黄自言用一小竿窍其中，俾通气，以猪溺囊系竿端，从雷引竿，纳囊于壶，乃嘘气胀囊，举而升之，故得壶也。

【译文】

　　黄铁脚是个偷窃高手。他家的隔壁是间酒铺，黄到酒铺赊酒，老板不肯赊给他。黄铁脚开玩笑地说："我一定要偷走你那个酒壶，拿到别家酒铺换酒喝。"这晚，酒铺老板把酒壶放在自己床前的桌上，将家中房门锁好，然后才安心睡觉。天亮后，老板却发觉酒壶不见了，再看自家门锁并未被打开，于是急忙到别家酒铺寻找酒壶，果然找到了，问壶的来路，说是黄某拿来的。老板找到黄铁脚，问他是如何偷走酒壶的，黄铁脚说他用一根小竹竿，打通竹节，让它可以通气，把猪尿脬绑在竹竿一端，从天窗顺下竹竿，让猪尿脬进入壶内，再吹气使猪尿脬膨胀，然后把酒壶提起，就这样拿到了酒壶。

1016. 窃磬

乡一老妪，向诵经，有古铜磬。一贼以石块作包，负之至媪门外。人问何物，曰："铜磬，将鬻耳。"入门见无人，弃石于地，负磬反向门内曰："欲买磬乎?"曰："家自有。"贼包磬复负而出，内外皆不觉。

【译文】

乡下有个老太太平日念经，家中有个古铜磬。有个小偷包了一包石块，背到老太太家门外，有人问他包袱里是什么，他说答："铜磬，想卖。"小偷进到屋内，看见没人，就丢下石头，拿着老太太的铜磬对里面说："要买磬吗?""我们家有。"于是小偷包着铜磬出来，背着走了，屋内屋外都没觉察被盗。

1017. 跛伪躄伪

阊门有匠，凿金于肆。忽一士人，巾服甚伟，跛曳而来，自语曰："暴令以小过毒挞我，我必报之!"因袖出一大膏药，薰于炉次，若将以治疮者。俟其熔化，急糊匠面孔，匠畏热，援以手，其人即持金奔去。又一家门集米袋，忽有躄者，垂腹甚大，盘旋其足而来，坐米袋上，众所共观，不知何由。匿米一袋于胯下，复盘旋而去。后失米，始知之。盖其腹衬塞而成，而躄亦伪也。

【译文】

苏州阊门有个金匠在市集上打凿金器。忽然有一个穿着讲究的读书人跛着脚走来，一面自言自语地说："那个坏县令竟然因为一点小事就毒打我，我一定要报仇。"说完从袖中抽出一大片膏药在炉火上烘烤，好像要用来治疗创伤。等膏药熔化后，书生将膏药往金匠脸上一贴，金匠灼热难受，急忙用手去撕，那人立即抢了金饰跑了。又有一家门口堆了许多米袋，忽然有一个瘸子挺着个大肚子一瘸一拐地走来，往米袋上一坐。许多人都看见了，也不知道他是什么来头。然后他在胯下藏了一袋米，照样一瘸一拐地走了。后来发现丢了米，才知道那瘸子是偷米的，他的大肚子是衣服里塞了东西装出来的，瘸腿也是假的。

1018. 躄 盗

有躄盗者，一足躄，善穿窬。尝夜从二盗入巨姓家，登屋翻瓦，使二盗以绳下之，搜资入之柜，命二盗系上已，复下其柜，入资上之，如是者三矣。躄盗自度曰："柜上，彼无置我去乎。"遂自入坐柜中，二盗系上之，果私语曰："资重矣，彼出必多取，不如弃去。"遂持柜行大野中，一人曰："躄盗称善偷，乃为我二人卖。"一人曰："此时将见主人翁矣。"相与大笑欢喜，不知躄盗乃在柜中。顷二盗倦，坐道上，躄盗度将曙，又闻远舍有人语笑，从柜中大声曰："盗劫我。"二盗惶讶遁去，躄盗顾乃得金资归。何大复作《躄盗篇》。

【译文】

有个瘸小偷，一条腿残疾，善于偷盗。一次，这个瘸小偷跟另外两个窃贼潜入一个大户人家，他们登上屋顶，揭开屋瓦，瘸小偷让两个窃贼垂下绳索把他放到屋里，他搜刮财物放进一个大柜子，要两人将大柜子吊上去，接着再放下大柜子，装满财物再吊上去，如此连续几次后，瘸小偷想："柜子上去后，他们不会丢下我走人吧？"于是他自己钻进了柜子。两个窃贼把柜子拉上去后，果然悄悄商量："已经到手很多钱了，他上来一定会要求多分，不如丢下他走吧！"于是两人抬着柜子向野外逃去。一个窃贼说："瘸小偷号称偷盗高手，还是被我们卖了。"另一人说："现在他恐怕已经见到主人了。"二人高兴地大笑不止，不知瘸小偷就在柜子里。走了一段，两人累了，就在路边休息。瘸小偷估计天快亮了，又听见远处人家有说笑的声音，就在柜子里大声喊："有强盗绑架我！"两个窃贼大惊失色，撒腿就跑。瘸小偷就这样得到了所有的赃物，满载而归。何景明（号大复山人）著有《躄盗篇》。

1019. 京都道人

北宋时，有道人至京都，称得丹砂之妙，颜如弱冠，自言三百余岁。贵贱咸争慕之，输货求丹、横经请益者门如市肆。时有朝士数人造其第，饮啜方酣，阍者报曰："郎君从庄上来，欲参观。"道士作色叱之。坐客或曰："贤郎远来，何妨一见。"道士颦蹙移时，乃曰："但令入来。"俄见一老叟须发如银，昏耄伛偻，趋前而拜。拜讫，叱入中门，徐谓坐客曰："小儿愚骏，不肯服食丹砂，以至此，都未及百岁，枯槁如斯，常日斥至村墅间耳。"坐客愈更神之，后有人私诘道者亲知，乃云："伛偻者，即其父也。"

【译文】

北宋时，京城来了一位道士，自称得到了炼丹术的奥妙，他看起来就像个刚成年的年轻人，却自称已有三百多岁了。一时不论贫富都十分羡慕他，向他重金购买丹药的、拿着道经向他请教的，络绎不绝。当时有几位朝中大臣到他家拜访，正在开怀畅饮，守门人进来报告："少爷从庄上来，要拜见老爷。"道士生气地呵斥。客人们都说："既然令郎远道而来，何妨一见？"道士皱着眉许久，才说："就让他进来吧。"一会儿，只见一个须发尽白、弯腰驼背、老眼昏花的老头快步上前拜见道士。礼毕，道士把他赶到里屋，缓缓对客人说："我这儿子天性愚痴，不肯服食丹药，才变成这副模样，还不到一百岁，已经这样干枯。平日就赶他住在乡下了。"客人愈发觉得这道士很神奇。后来有人私下询问道士的亲友，人家说："那驼背老头是道士的父亲。"

1020. 丹客 二条

客有炫丹术者，舆从甚盛，携美妾日饮于西湖，所罗列器皿，望之灿然，皆黄白。一富翁见而艳之，前揖问曰："公何术而富若此？"客曰："丹成，特长物耳。"富翁遂延客并其妾至家，出二千金为母，使炼之。客入铅药，炼十余日，密约一长髯突至，绐曰："家罹内艰，求亟返。"客大恸，谓主人曰："事出无奈，烦主君同余婢守炉，余不日来耳。"客实窃丹去，又嘱妇私与主媵而不悟也，遂堕计中，绸缪数宵而客至，启炉视之，大惊曰："败矣，似有触之者。"因詈主人无行，欲掠治妾。主人不能讳，复出厚镪谢罪，客作怏怏状去。

主君犹以得遣为幸，而不知银器皆伪物，妾则典妓为骗局也，翁中于贪淫，此客亦黠矣哉。

嘉靖中，松江一监生博学有口而酷信丹术。有丹士，先以小试取信，乃大出其金而尽窃之。生惭愤甚，欲广游以冀一遇。忽一日，值于吴之阊门，丹士不俟启齿，即邀饮肆中，殷勤谢过，既而谋曰："吾侪得金，随手费去，今东山一大姓，业有成约，俟吾师来举事，君肯权作吾师，取偿于彼，易易耳。"生急于得金，许之。乃令剪发为头陀，事以师礼，大姓接其谈锋，深相钦服，日与款接，而以丹事委其徒辈，且谓师在，无虑也。一旦复窃金去，执其师，欲讼之官，生号泣自明，仅而得释。及归，亲知见其发种种，皆讪笑焉。

以金易色，尚未全输，但缠头过费耳。若送却头发博"师父"一声，尤无谓也。近年昆山有一家，为丹客所欺，去千金，忿甚，乃悬重赏物色之。逾数日，或报丹客在东门外酒肆中聚饮，觇之信然，索赏而去。主人入肆，丹客欢然起迎，主人欲言，客遽止之，曰："勿扬吾短，原物在，且饮三杯，当璧还耳。"主人喜，正剧饮间，丹客起小便，伺间逸去。问同席者，皆云："偶此群饮，初不相识。"方知报信者亦其党，来骗赏银耳。

【译文】

有人自我吹嘘会炼丹术，家人仆从很多，天天带着美女在西湖饮酒作乐，陈列的器皿老远看去全是黄金白银打造的。有个富翁见了非常羡慕，就上前行礼请教："先生是用什么方法做到这般富裕的？"那人说："炼丹术修好了，这些金银都显得多余了。"富翁于是请那人及其妾到家里，拿出二千金做为炼丹的母本让他炼。那人调好原料，炼了十多天后，暗中约了一个大胡子突然前来，说："你家母亲病故，请赶紧回家。"那人故作悲痛，对主人说："事出无奈，请您与我的侍妾看守丹炉，我用不了几天就回来。"事实上，他已将那二千两母本偷走，又叮嘱他的侍妾与主人私通，主人全不知道，就掉进了圈套，和侍妾缠绵数日后，那人回来了，打开丹炉，惊叫道："完了，看来有什么触犯禁忌了！"接着叱责主人失德，又要责打侍妾。主人见无法隐瞒，只好拿出厚礼赔罪，那人这才作出懊丧的样子离去，主人还因为能把他打发走而感到庆幸，却不知那些金银器皿都是假货，那名侍妾则是从妓院租来设骗局的。虽说主人是因为贪色才落入圈套，但这个人也够狡猾的。

明朝嘉靖年间，松江有一名监生，读了不少书，口才也不错，又笃信炼丹术。有个丹士先施展一些小法术取信于他，等监生拿出大量钱财时，丹士就把这些钱财全部偷跑了。监生羞惭而恨怒，到处游荡，希望有一天能碰上这个人。忽然有一天，在苏州阊门真的找到了这个人，丹士不等监生开口，就主动邀监生到酒馆喝酒，并且婉言赔罪，接着说："像我们这种人，钱一到手就立即花完了。现在东山有个大户，已经和我约好，等我师父来就开始炼丹。你要是肯暂时冒充我师父，等我从他那儿拿了钱就还给你，很容易。"监生急于收回失去的钱财，就答应了。丹士要监生剃光头发，扮成僧人模样，并以待师之礼对待他。大户和监生一交谈，对他很是佩服，于是每天都热情款待，炼丹的事就交给徒弟去办了，说既然有师父在，一切不用担心。一天，丹士又携款潜逃，大户把做老师的监生抓住，要到官府告他，监生哭着说明原委，仅仅得以释放。监生回到故乡后，亲友见到他剃光了头发，都对他大加嘲笑。

冯评：用金子换取美色，还不算全盘皆输，只是嫖资花得多了些。至于说剃光头发来博得一声"师父"，实在太没意思。近年昆山有户人家也被丹客所骗，失去了一千两银子，非常恼怒，于是重金悬赏捉拿那名丹客。过了几天，有人报告说看见丹客在东门外的酒铺和很多人饮酒，来到酒铺一看，果真是他，就付了赏金给密告者。主人走进酒铺，丹客立即十分高兴地起身相迎，主人正要开口，丹客连忙阻止说："别揭老底，你的钱全在这儿。先坐下喝三杯，一定全部奉还。"主人听了非常高兴，就坐下喝酒，正喝得高兴，丹客起身去小解，趁机逃跑了，主人问同桌客人，都说偶然一起在这里喝酒，并不认识那人。这时才知道那告密者也是丹客的同党，专为骗赏金而来。

1021. 谲　僧

有僧异貌，能绝粒。瓢衲之外，丝粟俱无。坐徽商木筏上，旬日不食不饥。商试之，放其筏中流，又旬日，亦如此。乃相率礼拜，称为活佛，竞相供养。曰："无用供养，我某山寺头陀，以大殿毁，欲从檀越乞布施，作无量功德。"因出疏，令各占甲乙毕，仍期某月日入寺相见。及期，众往询寺，绝无此僧。殿即毁，亦无乞施者。方与僧骇之，忽见伽蓝貌酷似僧，怀中有簿，即前疏。众诧神异，喜施千金，恐泄语有损功德，戒勿相传。后乃知始塑像时，因僧异貌，遂肖之，作此伎俩；而不食，乃以干牛肉脔大数珠数十颗暗嗷之，皆奸僧所为。

阌乡一村僧，见田家牛肥硕，日伺牛在野，置盐己首，俾牛舔之，久遂闲习。僧一夕至田家，泣告曰："君牛乃吾父后身，父以梦告我，我欲赎归。"主驱牛出，牛见僧即舔僧首，主遂以牛与僧。僧归，杀牛，丸其肉置空竹杖中，又以坐关不食欺人焉。后有孟知县者，询僧便溺，始穷其诈。

【译文】

有一个和尚长相奇特，声称可以多日不吃饭，他随身只有一件袈裟和一个钵，不带一粒米。坐在徽州商人的木筏上，一连十多天不吃饭，仍面无饥色。商人做了个试验，把竹筏拖到河中央，又一连十几天如此。于是众人纷纷顶礼膜拜，称之为活佛，都争相要供养他。和尚说："你们无须供养，我本是某山寺的和尚，由于寺庙的大殿毁坏，想向各位施主乞求布施，也成就各位的无量功德。"说完拿出一本化缘簿，让每人签名后，约定日期在山寺见面。到了日子，众人到寺里询问，却说没有这个和尚，大殿虽然毁坏，却没有去乞求布施的。大家正和寺里僧人感到奇怪，突然发现寺里的伽蓝像容貌与那和尚酷似，怀中还放着化缘簿，也就是日前大家签名的那本。众人都认为这是灵异的事，高高兴兴一共捐了一千两，又唯恐泄露天机有损功德，还相互告诫不可张扬。后来人们才知道当初塑这伽蓝像时，因为这和尚长相特殊，就比照他做了塑像，于是才有了这个骗局；至于和尚不吃饭的把戏，是他把干牛肉搓成几十颗大的佛珠，偷偷吃了充饥，这些都是奸僧做的事。

阌乡的乡村里有个和尚，见附近农家养了一头肥牛，每天趁人家放牛在野地吃草，就在自己头上抹了盐让牛舔，时间一久，牛舔他的头就成了习惯。一天晚上，和尚来到牛主人家，向主人哭诉说："你家所养的牛，它前世是我父亲，我父亲托梦告诉我的，我想把他赎回。"主人把牛牵出来，牛见到和尚就去舔他的头，主人就把牛给了和尚。和尚回去后就把牛宰了，把肉做成小丸藏在竹杖里，又表演禁食坐关来骗人。后来有个孟知县检查起和尚的大小便，才揭穿了他的伎俩。

1022. 白铁余

白铁余者，延州稽胡也。埋一铜佛像于穷谷中柏树之下，俟草遍生，宣言佛光现，乃集数百人设斋以出圣佛，伻从他所发劂之，不得，谓是众诚未至，不布施耳。盖舍者百余万，即劂埋处，获像焉。求见圣佛者日益众，乃以绀紫绯黄绫为袋数重盛像，观者去其一重，一回布施，数百里老少士女就之若狂。遂作乱，自称"光王军师"。程务挺讨斩之。

一智也，善用之，即李抱贞、刘玄佐；不善用之，则白铁余矣。于智何尤哉?

【译文】

白铁余是延州的稽胡人，他在一处荒谷中一棵柏树下埋了一尊铜佛像，等四周长满了野草，就到处宣扬那里有佛光显现，于是召来好几百人设立祭坛斋戒迎接圣佛降临。开始故意在别处挖，什么也没找到，说因为众人不够虔诚，没有布施。等众人捐献超过百万后，白铁余就在埋的地方挖出了佛像。消息传出，求见圣佛的信徒一天比一天多，于是白铁余又把佛像套上各色的丝绸袋，前来瞻仰的信徒揭去一层就布施一次，方圆数百里内的善男信女趋之若狂，后来白铁余因之作乱，自称光王军师，被程务挺讨平斩杀。

冯评：同样一个智谋，用得好就是李抱贞、刘元佐，用得不好就是一个白铁余。智谋本身有什么过错呢?

1023. 刘龙子

唐高宗时，有刘龙子者，作一金龙头藏袖中，以羊肠盛蜜水绕系之。每聚众，出龙头，言"圣龙吐水，饮之百病皆差"。遂转羊肠水于龙口中出，与人饮之，皆罔云病愈。施舍无数，后以谋逆被诛。

【译文】

唐高宗时，有个叫刘龙子的人打造了一个金龙头藏在衣袖里，用羊肠灌蜜糖水缠绕龙头。刘龙子经常聚众出示龙头，声言"圣龙吐水，包治百病"。然后转动羊肠中的糖水，由龙口中流出，拿给人喝，说喝了之后病就好了，得到施舍的钱财无数，后来以谋逆罪被杀。

1024. 马太守

兴古太守马氏在官，有亲故人投之，求恤焉。马乃令此人出外住，诈云是神人道士，治病无不手下立愈。又令辩士游行，为之虚声云："能令盲者登视，躄者即行。"于是四方云集，礼之如市，而钱帛固已积山矣。又敕诸求治病者："虽不便愈，当告人言愈也，如此则必愈；若告人未愈者，则后终不愈也。道法正尔，不可不信。"于是后人问前来人，辄告云已愈，无敢言未愈者也。旬日之间，乃致巨富焉。

【译文】

兴古郡的马太守在任时，有个亲戚前来投靠，请求接济。马太守要这人搬到府外住，伪称他是有法术的道士，手到病除。马某又找了些能说会道的人到处宣扬，声称他能让瞎子马上开眼，让瘸子立刻飞奔。于是慕名而来求医的从四方云集，礼拜他的人门庭若市，收的钱财也堆积如山了。又对各求医者说："即使病没有立刻痊愈，也要对人说痊愈了，这样病肯定会好。若是告诉别人没有痊愈，那以后病也好不了。这门法术就是如此，不能不信。"于是凡后来的问先来的，都说病已经好了，没有人敢说自己还没痊愈。没多少天，这个人就成了大富翁。

1025. 大安国寺奸民

唐懿宗屡微行游寺观。奸民闻大安国寺有江淮进奏官寄吴绫千匹在院，于是暗集其群，内选一人肖上之状者，衣上私行之服，多以龙脑诸香薰袭，引二三小仆，潜入寄绫小院。其时有丐者一二人至，假服者遗之而去，逡巡，诸色丐求之人接迹而至，给之不暇，假服者谓院僧曰："院中有何物可借之。"僧未诺间，小仆掷眼向僧，僧惊骇，曰："柜内有人寄绫千匹，唯命是听。"于是启柜罄而给之。小仆谓僧曰："来早于朝门相觅，可奏引入内，所酬不轻。"假服者遂跨卫而去，僧自是经月访于内门，杳无所见，乃知群丐并是奸党。

【译文】

唐懿宗曾多次微服游览各地寺庙。奸民听说大安国寺有江淮进奏官存放的一千多匹吴产丝绫在寺中，于是暗中邀集同党，挑选一人长相与懿宗相像的，穿上皇帝微行时所穿的衣服，多用龙脑等香料薰蒸，带着两三名仆从，暗暗来到存放丝绫的小院。这时寺院里来了一两名乞丐，假皇帝赏给乞丐一些钱，乞丐走了。过了一会儿，各色乞丐接踵而至，假皇帝给钱都给不过来了，便问庙里的和尚："寺院中可有什么东西可借我用用？"和尚还没答应，假皇帝身边的仆从对他连使眼色，和尚吃了一惊，说："柜子里有别人寄存的一千匹丝绫，尽管拿去用。"于是打开柜子把丝绫全给了他们。仆从对和尚说："明早到宫门找我，我就奏报引你入宫，皇上的赏赐不会少。"随后，假皇帝骑着驴走了。和尚在宫门连着等了一个月，什么也没等到，这才知道那群乞丐也是奸民的同党。

1026. 南京道者

万历丙午间，南京有山西贾人，鬻𦂅货于三山街。忽一日，有客偕一道者至，单开𦂅货，约百余金，体制俱异，先留定银一大锭，俟货足兑绝。自是以催货为名，频频到店，到则两人耳语，指天画地，若甚秘密事。贾人疑而问之，不言，再问，乃屏人语曰："吾道兄善望气者，昔秦皇谓江南有天子气，因埋金千万以厌之，故曰金陵，从来莫知其处。夜来道兄见宝气腾空，知藏金久当出世，未卜其处。今详察宝气所腾之处，在尊店第三重屋下，诚祷祠而发之，富可敌国。"贾人贪，信之，乃曰："第三重屋乃吾内室也，发之当如何？"客曰："此事须问吾道兄。"道者曰："可引吾一观乎？"贾人曰："可。"既审视，曰："的矣！自此至彼，凡三丈余皆金穴也。此金数千年而气上腾，的是天数。足下若非莫大之福，亦不能遇吾至也。今唯择吉，具牲醴，祭告天地，集穰锄数十辈，于人静后，齐工发掘，至五尺余，便可知矣。"贾人信其言，与之订期。至日午后，客与道者偕来，祭奠极诚，道者复披发仗剑作法事良久，使众皆饱食，俟深夜，穰锄并举，发至五尺深，并无所见。天已大明，忽闻门外呵殿之声，则督府某以通家红帖来拜。贾人方惊讶，而某衣花绣登堂，固请相见，贾人强出，拜伏于地，某掖起之，因曰："闻秦皇埋金为足下所发，其富敌国，某特奉贺。方今边饷告匮，诚以数万佐国家之急，万户侯不足道也，某当为足下奏闻。"贾人觳觫谢无有，某直入内室，见户外杯盘狼籍，地下开垦纵横，而客与道士俯伏前谒，言"埋金实有之，但不甚多"。贾人不能白，惧祸，不得已，馈三千金求免，并还定货之银，由是毡业遂废。

《太平广记》载：薛氏二子野居伊阙，有道士叩关求浆。薛氏钦其道气，接谈甚洽，道士因夸所居气色甚佳："自此东南百步，有五松虬偃，在境内否？”曰："是某良田也。"道士遂屏人语："此下有黄金百金，宝剑二口。其气隐隐浮张、翼间，某寻之久矣。黄金可以施德，其龙泉自佩，当位极人臣。某亦请其一，效斩魔之术。"二子惑之。道士择日起土，索徽缠三百尺、五色采缣甚多，又用祭坛十座，器皿俱用中金，约费数千。又言："某善点化之术，视金银如粪土，今有囊箧寄太微宫，欲暂寄。"须臾令人负箧而至，封镭甚固，重不可举。至某夜，与其徒设法于五松间，戒勿妄窥，俟法事毕，当相召。及晓杳然，二子往视之，但见轮蹄之迹，所陈设为之一空矣。事颇相类。

【译文】

明朝万历丙午年，南京有个山西商人在三山街卖皮毛。忽然有一天一个客人带着一个道士来买皮毛，下的订单值一百多两，而且要的款式各不相同，先留下一锭大银作为订金，等货到齐后再付清余款。此后，客人就以催货为由三天两头到店里，到了店里就和道士交头接耳、指天划地，好像在谈一件很神秘的事。店主心生疑惑，便加询问，但客人不肯说，店主一再询问，才避开旁人对店主说道："我这位道兄善于望气。当年秦始皇说江南有天子气，就埋了千万两黄金镇压，所以后人才称南京为金陵。但是从没有人知道埋藏的地点，我这道兄夜里望见空中腾起一道宝气，知道是那批埋藏已久的黄金即将出世，但还没算出准确的位置。现在仔细观察宝气腾起的位置，知道是在您店内的第三重屋下。如果能诚心祝祷，然后挖地发掘，您富可敌国啊。"店主一听，贪心顿起，就说："第三间屋是我的内室，要发掘该怎么做？"客人说："这事要问我道兄了。"道士说："能否带我进去看看？"店主说："行！"道士仔细地察看了一番，说："就是这地方！从这里到那里，三丈多宽都是金穴，这批金子埋藏了几千年，宝气上腾，也是天数。你若不是福大，也不会正好在这里碰到我。现在你赶紧选一个黄道吉日，准备祭礼拜谢天地，然后找几十个刨土工人，等夜深人静一起开工，挖到五尺深就可看到金子了。"店主信了道士的话，和道士约定了日期。到了那天午后，客人与道士一同来到店内，祭奠的仪式十分虔诚，道士又披散着头发，仗剑作法，忙了很久。接着又让众人都吃得饱饱的，等到夜深人静，工人们锄铲齐下，挖到五尺深，仍然毫无发现。这时天已大亮，忽然听见门外传来衙门公差的吆喝声，原来是某位督府派人以通家之好的名义登门造访。店主正感惊讶，一个身穿锦绣的人走进厅堂一定要见主人，店主只好硬着头皮出来，跪地拜见。这人扶起店主说："听说秦始皇所埋的那批金子被你挖了出来，现在你富可敌国，我特来道贺。现在边境军饷告急，如果你能捐出几万两帮国家渡过难关，封个万户侯不在话下，我会把你的功迹奏禀皇上。"店主不胜惶恐，说自己什么也没挖到。这人冲进屋内，只见门外杯盘狼藉，室内挖得一塌糊涂，客人与道士也都跪在地上参拜，说"确实有金子，只是不多"。店主百口莫辩，怕惹祸上身，只好拿出三千两消灾，并且退还客人的定金，从此店主的皮毛生意就废了。

冯评：《太平广记》记载，有两个薛姓兄弟住在伊阙郊外，有一个道士敲门讨杯水喝。薛氏兄弟佩服道士的风骨，谈得很投机。道士夸赞他们住处的风水绝佳，说："由这里往东南方向走一百步，有五棵蟠龙状的松树，是不是你家的地盘？"薛氏兄弟说："那是我家的良田。"道士摒退旁人对他们说："那下面埋有百两黄金、两把宝剑，剑气隐隐地浮现在天上张、翼二宿之间，我找了它们很久了。得到黄金可以布施积阴德，宝剑可以自己佩戴，它可以使人位极人臣。另外，我也想要一把，可以让我施展斩妖降魔的法术。"两兄弟被这话迷惑了。道士选了个日子开挖，要了三百尺的绳索和许多五彩的丝绢，另外搭建十座祭坛，祭拜的器皿都用纯银，全部花费约几千两银子。又说："我能点石成金，把金银视为粪土。现在有个箱子寄往太微宫，想暂时寄放在你们这里。"不久，道士果真派人送来一只箱子，箱子封得相当牢固，而且重得很难搬动。到了那天晚上，道士与他徒弟在五棵松树那里作法，告诫旁人不可偷看，以免破了法术，等法事完毕，就召他们过来。天亮后，道士和所有的徒弟都没影儿了，兄弟俩去看视，只见地上有车轮马蹄的痕迹，所有的陈设布置都被席卷一空。这件事和前面的故事类似。

1027. 文科　二条

江南有文科者，衣冠之族，性奸巧，好以术困人而取其资。有房一所，货于徽人。业经改造久矣，科执原直取赎，不可，乃售计于奴，使其夫妇往投徽人为仆，徽人不疑也。两月余，此仆夫妇潜窜还家，科即使他奴数辈谓徽人曰："吾家有逃奴某，闻靠汝家，今安在？"徽人曰："某来投，实有之，初不知为贵仆，昨已逸去矣。"奴辈曰："吾家昨始缉知在宅，岂有逸去之事？必汝家匿之耳，吾当搜之！"徽人自信不欺，乃屏家眷于一室，而纵诸奴入视，诸奴搜至酒房，见有土松处，佯疑，取锄发之，得死人腿一只，乃哄曰："汝谋害吾家人矣！不然，此腿从何而来？当执此讼官耳。"徽人惧，乃倩人居间，科曰："还吾屋契，当寝其事耳。"徽人不得已，与之期而迁去。向酒房之人腿，则前投靠之奴所埋也。

科尝为人居间公事。其人约于公所封物，正较量次，有一跛丐，右持杖，左携竹篮，篮内有破衣，捱入乞赏。科掂零星与之，丐嫌少，科佯怒，取元宝一锭掷篮中，叱曰："汝欲此耶？"丐悚惧，曰："财主不添则已，何必怒？"双手捧宝置几上而去。后事不谐，其人启封，则元宝乃伪物，为向丐者易去矣。丐者，即科党所假也。

苏城四方辐凑之地，骗局甚多。曾记万历季年，有徽人叔侄争坟事，结讼数年矣，其侄先有人通郡司理，欲于抚台准一词发之。忽有某公子寓阊门外，云是抚公年侄，衣冠甚伟，仆从亦都。徽侄往拜，因邀之饮。偶谈及此事，公子一力承当，遂封物为质。及期，公子公服，取讼词纳袖中，径入抚台之门，徽侄从外伺之，忽公事已毕而门闭矣，意抚公留公子餐也。询门役，俱莫知，及晚衙，公子从人丛中酒容而出，意气扬扬，云："抚公相待颇厚，所请已谐。"抵徽寓，出官封袖中，印识宛然。徽侄大喜，复饮食之，公子索酬如议而去。明日，徽侄以文书付驿卒，此公子私从驿卒索文书自投，驿卒不与，公子言是伪封不可投，驿卒大惊，还责徽侄，急访公子，故在寓也，反叱徽人用假批假印，欲行出首。徽人惧，复出数十金赂之始免。后访知此棍惯假宦、假公子为骗局。时有春元谒见抚院，彼乘闹混入，潜匿于土地堂中，众不及察，遂掩门。渠预藏酒糕以烧酒制糕，食之醉饱，啖之，晚衙复乘闹出，封筒印识皆预造藏于袖中者，小人行险侥幸至此，亦可谓神棍矣。

【译文】

江南有个叫文科的人，出身官宦之家，个性奸诈机巧，喜欢用圈套骗人财物。这文科有栋房子卖给一个徽州人，徽州人把房子改造后住了很长一段日子。文科想用原来的价钱赎回房子，徽州人不肯，于是文科交待自家一对仆人夫妇投身徽州人家去做奴仆，徽州人也未加怀疑。两个多月后，这对夫妇暗中潜逃回文科家，文科就派了其他几个奴仆到徽州人家，说："我家有两个逃走的奴仆某某，听说是投靠在你家，现在在哪里？"徽州人说："这两个人确实来我家投靠过，当初我并不知道是贵府的仆人。但这两人昨天已逃走了。"奴仆们说：

"昨天我们才侦知这两人在你家，哪有今天就逃走了的道理？一定是你们把他俩藏起来了，我们要搜。"徽州人自信没有理亏，于是就将家人集中在一间屋子里，让这些奴仆四处查看。奴仆们来到酒窖，见有一处土质很松，故作怀疑，拿过锄头挖掘，挖出一条死人腿，于是起哄说："你谋害了我们家的人！否则，这死人腿哪里来的？我们要拿这个去告官！"徽州人十分害怕，只好请他人在其中调解。文科说："还我房契，这事便作罢了。"徽州人不得已，只好答应，到时候就搬走了。先前酒窖中的人腿，是前来投靠的那对夫妇埋下的。

文科曾为人协调公事，对方约他到公所查封财物，正在清点时，有名跛脚的乞丐，右手挂着拐杖，左手拿着竹篮，篮内还有一件破衣服，蹭进公所乞讨赏钱，文科随手拿了一些零钱给，乞丐还嫌少，文科假装生气，拿起一锭元宝扔到乞丐的竹篮里，叱责说："你想要这个是不是？"乞丐害怕了，说："财主不愿再多给就算了，何必发脾气呢？"接着双手捧着元宝放在桌上，然后离去了。后来事情没办成，那人又启封取物，发现元宝竟是假的，真的则被那乞丐调包拿走了。乞丐正是文科的同伙假扮的。

冯评：苏州城是各方人汇聚的地方，所以骗局也很多。记得万历年间，曾有一对徽州的叔侄因争坟地而打官司，前后纠缠了几年。后来侄儿先找人买通郡府司理，希望抚台把坟地判给自己。忽然有个住在阊门外的公子，自称是抚台的年侄（同榜登科的人的儿子），他衣着华丽，随行的仆从也很多，于是徽州人的侄子就邀公子喝酒，偶然谈到争夺坟地的事。公子一口答应这事包在他身上，还特地包了一件信物作为抵押。到了日子，公子穿了公服，袖中放了侄儿的讼状，直接进入抚台大人的官府。侄儿在门外守候许久，府衙公务处理完毕，大门紧闭，还不见公子出来，侄儿猜测可能抚台大人留公子吃饭，询问门房，都称不知道。直到晚衙，公子才满脸酒意地从人群中走来，得意洋洋地说："抚台大人招待得很好，所属托的事都已打点妥当。"两人回到侄儿住处，公子从袖中拿出一封公文，公文上盖有官印。侄儿大为高兴，命人备酒酬谢公子，公子拿了当初两人协议的报酬后离去。第二天，侄儿将公文交给驿卒，公子却派人索取公文自投，官府的驿卒不肯交出公文，公子才表明这公文是伪造的，不能送交官府，驿卒害怕获罪，立即将公文退还侄儿，并且叱责侄儿，侄儿拿着假文书赶往公子住处，公子正巧在家，看了假文书，反而叱责侄儿用假官印、假批示唬人，要到官府控告他。侄儿大惊，只有再拿出数十金贿赂公子，才平息此事。后来，侄儿向别人打听，才知道这人常假冒宦官或贵公子，设计诈人钱财。当初，正碰到春元（明朝人林章的本名）入府谒见抚台，公子就趁忙乱中混入府内，暗中躲在佛堂中，府中奴仆一时没留意到他，就依往日按时关门。公子事先曾准备酒糕，以烧酒制作糕饼，食后饱且醉，就在佛堂内吃喝起来，等府衙到了夜间办公时，再伺机混出府衙，至于官印等物，都是事先准备好放在袖中的。像这种心机深沉，存心诈财的小人，真可说是神棍。

1028. 猾吏　二条

包孝肃尹京日，有民犯法当杖脊。吏受赇，与约曰："今见尹必付我责状，汝第呼号自辩，我与汝分此罪。"既而包引囚问毕，果付吏责状，囚如吏教，分辩不已，吏大声呵之曰："但受杖出去，何用多言？"包谓其市权，捽吏于庭，杖之七十，特宽囚罪以抑吏势，不知为所卖也。

"包铁面"尚尔，况他人乎！

有县令监视用印，暗数已多一颗，检不得，严讯吏，亦不承。令乃好谓曰："我明知汝盗印，今不汝罪矣，第为我言藏处。"此令素不食言者，于是吏叩头谢罪曰："实有之，即折置印匣内，俟后开印时方取出耳。"又闻某按院疑一吏书途中受贿，亲自简查，无迹而止。盖按院止搜其通身行李，而串铃与马鞭、大帽明置案前，贿即在内，不及察也。吏之奸弊，何所不至哉！

【译文】

北宋包拯（谥孝肃）为开封府尹时，有一个人犯法，要受到杖脊的处分。有个吏卒接受罪民贿赂，和罪民约定说："见了府尹后，他一定会将施刑的任务交付我执行，你只管大声哀号分辩，我会想办法减轻你的罪责。"包拯命人带上罪犯，审讯完毕后，果然要吏卒行刑，罪犯就照吏卒所说的，不停地喊冤辩解，吏卒大声叱责说："不要再多说了，还不赶快领杖刑受罚。"包拯认为吏卒卖弄职权，把吏卒拿下，打七十棍，还特地宽免罪犯来压制吏卒的权势，不知这正是被吏卒出卖了。

冯评：连铁面包公都这样，更别说是他人了。

有位县令检视官印的使用，发现多了一个，但搜索不到，便对县吏严加审讯，县吏不肯承认。县令就好言劝解说："我知道一定是你盗取了印信，现在不怪罪你，只要你说出藏印的地方就行。"这个县令素来是不食言的，于是县吏磕头谢罪，说："确实有这么回事，就折叠藏在官印匣内，等以后打开印匣用印时就能取出。"又听说有位按院大人怀疑手下一名小吏途中收取别人贿赂，于是亲自调查，结果毫无所获，只好不再追究。这位按院大人，只搜查小吏的身体和行李，至于串铃、马鞭及一顶大帽子都放在案头，贿银就藏在其中，按院却没有检查。小吏的奸诈，哪有不能钻的空子呢！

1029. 袁术诸妇

司隶冯方女有国色，避乱扬州，袁术登城见而悦之，遂取焉。诸妇教以"将军贵人，重节气，宜数涕泣以示忧愁也。若此，必加重。"冯女后见术，每垂泣，术果以为有心，益宠之。诸妇乃共绞杀，陷之于厕，言其哀怨自杀，术以其不得志而死，厚加殡敛。

【译文】

东汉末年司隶校尉冯方的女儿长得国色天香，因避乱迁居扬州，袁术登上城楼，看见她后非常喜欢，于是娶她为妾。进入袁府后，其他妇人就教她说："袁将军是贵人，最重志气节操，你要经常落泪表示心中的愁苦，如此一来，袁将军一定更加疼爱你。"冯女此后每见袁术都垂泪哭泣，袁术果然认为她是个有心人，更加宠爱。袁术的妾妇们后来合力将她绞死，扔在厕所里，伪称她是因哀伤过度而自杀。袁术因这女子抑郁自杀，于是下令厚葬她。

1030. 达奚盈盈

达奚盈盈者，天宝中贵人之妾，姿艳冠绝一时。会同官之子为千牛者失，索之甚急。明皇闻之，诏大索京师，无所不至，而莫见其迹。因问近往何处，其父言："贵人病，尝往候之。"诏且索贵人之室，盈盈谓千牛曰："今势不能自隐矣，出亦无甚害。"千牛惧得罪，盈盈因教曰："第不可言在此，如上问何往，但云所见人物如此，所见帘幕帷帐如此，所食物如此，势不由己，决无患矣。"既出，明皇大怒，问之，对如盈盈言，上笑而不问（边批：错认了）。后数日，虢国夫人入内，上戏谓曰："何久藏少年不出耶？"夫人亦大笑而已（边批：亦错认）。

妇人之智可畏。

【译文】

达奚盈盈是唐朝天宝年间某贵人的侍妾，姿色出众，当时无人能及。贵人有个同僚的儿子任千牛卫，忽然失踪了，家里急着寻找，玄宗听说这事，就下令在京城中全面搜查，可是搜遍整个京城，仍一无所获。于是问那千牛卫的家人他最近去了什么地方，他父亲回答说那个贵人生病，他曾去探望。玄宗下诏搜寻该贵人家。达奚盈盈对千牛卫说："这事没法再隐瞒了，你出去也没关系。"千牛卫害怕因此而获罪，达奚盈盈就教他说："只要不说出是躲在我这里就行。如果皇上问起，只回答说见到这样的人，见到这样的帷帐和帘幕，吃到的是这样的食物，一切都是身不由己，如此保证平安无事。"千牛卫出去后，玄宗很生气，问他怎么回事，千牛卫就照达奚盈盈教他的一一回答。玄宗笑着不再追问（认错人了）。几天后，虢国夫人入宫，玄宗开玩笑地对她说："为什么将一个年轻人藏了那么久都不放他回去？"夫人只是大笑（也认错人了）。

冯评：女人的智慧可怕。

卷二十八　小慧

熠熠隙光，分于全曜。萤火难嘘，囊之亦照。我怀海若，取喻行潦。集《小慧》。

——【解说】——

　　那明亮的缝隙中透出来的光啊，也是从阳光中分出的一部分。一只萤火虫的微光虽不能把它吹亮，把许多收在布囊里终究也能用来照明。我的心中装有大海，却不妨用沟里的流水来作个比方。

　　这一卷讲的是小事中闪现的智慧，名为《小慧》。

1031. 周　主

　　周主亡玉簪，令吏求之，三日不能得也。周主令人求，而得之家人屋间（边批：自置自得，以欺众目）。周主曰："我知吏之不事事也。"于是吏皆悚惧，以为神明。

【译文】

　　战国时周王遗失了一支玉簪，命官员搜寻，三天也没找到。后来，周王又派别人去找，结果在人家屋子里找到。周王说："我就知道你们这些官员不称职。"官员听了周王的话都很受震动，把周王奉若神明。

1032. 商太宰

　　商太宰使少庶子之市，顾反而问之曰："何见于市？"曰："无见也。"太

宰曰："虽然，何见？"对曰："市南门之外，甚众牛车，仅可以行耳。"太宰
因诫使者："毋敢告人吾所问于汝。"因召市吏而诮之曰："市门之外，何多牛
屎？"市吏甚怪太宰知之疾也，乃悚惧其所也。

【译文】

　　春秋时，商太宰让少庶子到集市走走。少庶子回来后，太宰问他："在集
市见到了什么？"少庶子回答说："没看见什么。"太宰说："尽管如此，还是
说点什么。"少庶子说："集市南门外牛车很多，堵住了道路，勉强能通行。"
太宰告诫道："不要把我问你的告诉旁人。"太宰又召来管理集市的官员，讥诮
他说："集市门外哪来这么多牛屎啊？"管集市的官员很奇怪太宰怎么会那么
快就了解了情况，于是更加小心地做事了。

1033. 韩昭侯　子之

　　韩昭侯握爪而佯亡一爪，求之甚急。左右因割其爪而效之，昭侯以此察左
右之诚。

　　子之相燕，坐而佯言曰："走出门者何白马也？"左右皆言不见，有一人
走追之，报曰："有。"子之以此知左右之不诚信。

【译文】

　　韩昭侯握住自己一个手指假装丢了一个手指，急忙寻找，他的左右立即有自
割手指奉上的。韩昭侯以此考察左右的忠诚——割指的是故意作伪，并不真诚。

　　子之任燕相，一次故意坐着问道："刚才出门的白马是什么马？"左右都
说没看见，只有一人追出门外，回来禀报说："确有一匹白马。"子之通过这事
知道左右有不诚信的。

1034. 綦毋恢

　　韩咎立为君，未定也，弟在周，周欲重之，而恐韩之不立也（不立其弟）。
綦毋恢曰："不若以车百乘送之。得立，因曰为戒；不立，则曰来效贼也。"

【译文】

　　战国时，韩咎被立为国君，但还没有正式即位，他弟弟在周，周王很器重

他，又怕韩国不肯立他弟弟为国君。周臣綦毋恢说："不如派一百辆兵车护送他弟弟回韩国，如果韩咎立他弟弟为国君，那么就算是沿途护卫；否则，就说是押解贼人而来的。"

1035. 苏 代

苏代自燕之齐，见于章华南门。齐王曰："嘻，子之来也！秦使魏冉致帝，子以为何如？"对曰："王之问臣也卒，而患之所从生者微。今不听，是恨秦也；听之，是恨天下也。不如听之以为秦，勿庸称之以为天下。秦称之，天下听之，主亦称之；先后之事，帝名为无伤也。秦称之而天下不听，王因勿称，于以收天下，此大资也。"

【译文】

苏代离开燕国到了齐国，在章华南门见齐王。齐王对他说："嘿，先生来了！秦国已经派魏冉劝我称帝，先生以为如何？"苏代回答说："大王问得太突然，而后患却很隐微。如果现在不听从秦国的建议，一定会招致秦国的怨恨；但如果听从秦国，又会招致天下诸侯的怨恨。所以不如姑且先听从秦国，但不急着称帝而对天下诸侯有所交代。如果秦王称帝，天下诸侯并不反对，那么大王也可以跟着称帝，前脚后脚的事，称帝就无害了。但如果秦称帝而天下诸侯都不服从，那么大王就不必称帝，更能因此收买天下人心，这可是好买卖。"

1036. 薛 公

齐王夫人死，有七孺子皆近，薛公欲知王所立，乃献七珥，美其一，明日视美珥所在，劝王立为夫人。

【译文】

齐王的王后去世，有七个侍妾都和齐王很亲密，薛公想知道齐王究竟会册立谁，就献上七副耳环，而其中有一副特别精美，第二天，薛公观察最美的耳环被谁戴着，就劝齐王册立她为王后。

1037. 江西日者

赵王李德诚镇江西。有日者，自称世人贵贱，一见辄分。王使女妓数人与其妻滕国君同妆梳服饰，立庭中，请辨良贱，客俯躬而进曰："国君头上有黄云。"群妓不觉皆仰视，日者因指所视者为国君。

【译文】

五代南唐的赵王李德诚镇守江西。有个术士自称能一眼看出人身份的贵贱。赵王找来几名妓女和自己的妻子滕国君穿上同样的服饰站在庭中，让术士分辨谁贵谁贱。术士俯身施礼说："国君的头顶有黄云。"妓女们不约而同地都朝国君头上看，术士就指着众人所看的那位说她是国君。

1038. 江 彪

诸葛令女，庾氏妇，既寡，誓云："不复重出。"此女性甚正强，无有登车理。恢既许江思玄婚，乃移家近之，初诳女云："宜徙。"于是家人一时去，独留女在后。比其觉，已不复得出。江郎暮来，女哭詈弥甚，积日渐歇。江瞑入宿，恒在对床上。后观其意转帖，江乃诈魇，良久不寤，声气转急，女乃呼婢云："唤江郎觉！"江于是跃然就之，曰："我自是天下男子，魇何与卿事，而烦见唤？既尔相关，那得不共语？"女嘿然而惭，情意遂笃。

【译文】

诸葛恢（曾任江宁令）的女儿嫁给庾氏，不久就守寡了，她发誓："绝不再嫁。"这女子的个性非常倔强固执，既然这么说了，绝没有再嫁人的可能。诸葛恢已经把她又许配给江彪（字思玄）为妻，于是搬到江家附近住下。先是骗她说要搬家，于是家人全都走了，只留下她一人，等她发觉后，已无法再走。江彪晚上来了，诸葛女对他哭骂个不停，很久才渐渐停息。江彪夜晚睡在对面的床上，后来看她怒气稍减，就故意假装做恶梦，很久也不醒，声音越来越急促。诸葛女便叫婢女："把江郎叫醒！"江彪一跃而起，凑到诸葛女跟前说："我是堂堂男子，做恶梦与你有何相干，要你来叫醒我？如果你关心我做恶梦，那又为什么不和我说话？"诸葛女无话可说，羞愧不已，从此，两人的情感日渐深厚。

1039. 孙兴公

王文度（坦之）弟阿智（处之，字文将）恶乃不翅，当年长而无人与婚。孙兴公（绰）有女阿恒，亦僻错，无复嫁娶理。孙因诣文度，求见阿智，既见，便伴言："此定可，殊不如人所传，那得至今未有婚处！我有一女，乃不恶，但吾寒士，不宜与卿计，欲令阿智娶之。"文度欣然而启蓝田（王述）云："兴公欲婚吾家阿智。"蓝田惊喜。既成婚，女之顽嚣殆过阿智，方知兴公之诈。

阿恒得夫，阿智得妻。一人有智，方便两家。

【译文】

东晋王文度（坦之）的弟弟阿智（处之，字文将）怪毛病很多，所以年龄很大了也没找到老婆。孙兴公（绰）有个女儿名叫阿恒，也是个古怪错乱的，看起来不像能找到婆家的。孙兴公找到王文度，求见阿智，见过之后故意对王文度说："阿智一定可以，不像外人传说的那样，怎会到现在还没有娶媳妇呢？我有一个女儿，长得不错，但我家境贫寒，不该跟你提这事，想让阿智娶了她。"王文度非常高兴，赶紧给父亲王蓝田（王述）写信，说："孙兴公要把女儿嫁给我家阿智。"王蓝田大为惊喜。成亲之后，才发现阿恒的性情乖张远比阿智厉害，这才知道上了孙兴公的当。

冯评：阿恒得夫，阿智得妻。一人有智，方便两家。

1040. 科试郊饯

科试故事，邑侯有郊饯。酒酸甚，众哗席上。张幼于令勿喧，保为易之，因索大觥，满引为寿，侯不知其异也，既饮，不觉攒眉，怒惩吏，易以醇。

【译文】

科举考试有惯例，县令要在郊外为考生饯别。嘉靖年间，一次饯别准备的酒是酸的，考生们都很有意见。一个叫张幼于的劝众人不要喧嚷，他保证一定能换酒，于是张幼于找来一只大酒杯，斟满酒向县令敬酒，县令不知就里，接过酒杯一饮而尽，不由眉头大皱，生气地惩罚小吏，并命人换上好酒。

1041. 唐类函

吴中镂书多利，而甚苦翻刻。俞羡章刻《唐类函》将成，先出讼牒，谬言新印书若干，载往某处，被盗劫去，乞官为捕之，因出赏格，募盗书贼。由是《类函》盛行，无敢翻者。

【译文】

吴中刻印书籍的利润很大，但苦于有很多私自翻刻的。俞羡章（当作俞羡长）刻印《唐类函》即将完工，他先递诉状告到官府，假称他刻印的新书运到某地，被盗匪劫走，希望官府派人抓捕，还悬赏缉捕盗书贼。结果《唐类函》畅销一时，没人敢翻刻。

1042. 孟 佗

张让在桓帝时，权倾中外。让有监奴主家，扶风富人孟佗倾囊结奴。奴德之，问佗何欲，欲为成就。佗曰："望汝曹为我一拜耳。"时公卿求谒让者车每填门，佗一日诣让，壅不得前。监奴望见，为率诸仓头迎拜于路，共辇入。时宾客大惊，谓让厚佗，遂争赂佗，旬日积资巨万。

无故而我结者，必有以用我矣。孟佗善贾，较吕不韦术更捷。

【译文】

东汉桓帝时，宦官张让权倾中外。张让有个大管家，扶风的富人孟佗倾囊与之结交。管家对孟陀十分感激，就问孟佗有什么事需要他帮忙，他一定尽力促成。孟佗说："希望你让我拜见一下你的主人。"当时朝廷公卿见张让的络绎不绝，车子都把大门堵死了。孟佗这天到张府造访，就被车子堵着没法向前。总管看到了，立即率众奴仆到路口迎拜，并同车进入府中。所有的宾客都很惊讶，认为张让对孟佗十分看重，于是争相巴结贿赂，没多少日子孟佗就敛了很多钱。

冯评：无故结交我的，一定有用我之处。孟佗会做买卖，比吕不韦的手段更快捷。

1043. 窦 公

唐崇贤窦公善治生，而力甚困。京城内有隙地一段，与大阉相邻，阉贵欲之，然其地止值五六百千而已。窦公欣然以此奉之，殊不言价。阉既喜甚，乃托故欲往江淮，希三两护戎缄题。阉为致书，凡获三千缗，由是甚济。东市有隙地一片，洼下停污，乃以廉值市之，俾婢妪将蒸饼盘就彼诱儿童，若抛砖瓦中一指标，得一饼。儿童奔走竞抛，十填六七，乃以好土覆之，起一店停波斯，日获一缗。

【译文】

唐朝崇贤馆的窦公善于做生意，但实力不够雄厚。他在京城里有一块空地，与某个大宦官的府邸相邻，大宦官想要这块地，但这块地的地价才不过五六百贯而已。窦公就爽快地将这块地送给大宦官，根本不提钱的事。大宦官很高兴，窦公就故意说有事要前往江淮一带，希望能有两三封写给地方大员的书信，大宦官立即为他修书，结果窦公借此赚得了三千贯，由此变得富有。东市有一块空地，地势低洼常有积水，窦公用很低的价钱买下，让侍女拿了蒸饼到那里去引诱小孩，要他们拿着砖瓦去打地面上的靶标，打中的就赏一个饼。小孩子都纷纷前来玩耍，洼地就被填平了十之六七，再用好土填平，建起一家旅店接待波斯商人，每天能获利一贯。

1044. 窦　义

扶风窦义年十五，诸姑累朝国戚，其伯工部尚书，于嘉令坊有庙院。张敬立任安州归，安州土出丝履，敬立赍十数緉，散诸甥侄。咸竞取之，义独不取。俄而所剩之一緉又稍大，义再拜而受，遂于市鬻之，得钱半斤密贮之。潜于锻炉作二支小锸，利其刃。五月初，长安盛飞榆荚，义扫聚得斛余。遂往诣伯所，借庙院习业，伯父从之。义夜则潜寄褒义寺法安上人院止，昼则往庙中，以二锸开隙地，广五寸，深五寸，共四十五条，皆长二十余步，汲水喷之，布榆荚于其中。寻遇夏雨，尽皆滋长，比及秋，森然已及尺余，千万余株矣。及明年，已长三尺余，义伐其并者，相去各三寸，又选其条枝稠直者悉留之。所斫下者作围束之，得百余束。遇秋阴霖，每束鬻值十余钱。又明年，汲水于旧榆沟中，至秋，榆已有大者如鸡卵，更选其稠直者，以斧去之，又得二百余束。此时鬻利数倍矣。后五年，遂取大者作屋椽，约千余茎，鬻之，得三四万钱。其端大之材在庙院者，不啻千余，皆堪作车乘之用。此时生涯已有百余，遂买麻布，雇人作小袋子。又买内乡新麻鞋数百緉，不离庙中。长安诸坊小儿及金吾家小儿等，日给饼三枚、钱十五文，付与袋子一口，至冬拾槐子实其内，纳焉。月余，槐子已积两车矣。又令小儿拾破麻鞋，每三緉以新麻鞋一緉换之。远近知之，送破麻鞋者云集，数日获千余緉。然后鬻榆材中车轮者，此时又得百余千。雇日佣人于崇贤西门水涧洗其破麻鞋，曝干，贮庙院中。又坊门外买诸堆积弃碎瓦子，令工人于流水涧洗其泥滓，车载积于庙中，然后置石觜碓五具，剉碓三具，西市买油靛数石，雇人执爨，广召日佣人，令剉其破麻鞋，粉其碎瓦，经疏布筛之，合槐子、油靛，令役人日夜加工烂捣，从臼中熟出，命二人并手团握，例长三尺以下，圆径三寸，垛之。得万余条，号为法烛。建中初，六月，京城大雨，巷无车轮，义乃取此法烛鬻之，每条百文，将燃炊爨，与薪功倍，又获无穷之利。先是西市秤行之南，有十余亩坳下潜污之地，目为"小海池"，为旗亭之内众污所聚，义遂求买之。其主不测，义酬钱三万。既获之，于其中立标悬幡子，绕池设六七铺，制造煎饼及团子，召小儿掷瓦砾，击其幡标，中者以煎饼团子啖，不逾月，两街小儿竞往，所掷瓦已满池矣。遂经度造店二十间，当其要害，日收利数千。店今存焉，号为"窦家店"。

【译文】

扶风人窦义年仅十五岁，姑姑们都是后妃，伯父是工部尚书，在嘉令坊有座庙院。窦义的亲戚张敬立由安州任上回来，安州出产丝鞋，张敬立带了十多双回来，送给各甥侄。大伙争相挑选，只有窦义不与众兄弟争鞋。众人挑选完后，只剩下一双，尺寸稍大，窦义再拜谢过后收下，接着拿着鞋到市场上卖了，得钱半斤，窦义把这些钱收藏起来。他又悄悄找铁匠打造了两把铁锹，把锹口磨得很锋利。五月初，长安城到处飞扬着榆荚，窦义将榆荚扫作一大堆，有一斛多，然后去伯父那里要求在庙院借住读书，伯父答应了他。窦义晚上睡在褒义寺法安上人那里，白天就在庙院里，用两把铁锹开挖空地，一共挖了四十五条宽五寸、深五寸的沟，每条沟长二十多步，浇上水，把榆荚洒在里面。夏天遇到霖雨，榆荚发芽生长，到秋天时密密麻麻的榆苗都长到一尺多高了，总计万把株。第二年，榆树有三尺多高了，窦义把其中生长在一起的砍去，使每株榆树之间各有三寸的间隔，又挑选枝条又密又直的保留，砍下的榆枝一束束捆好，共有一百多束。到了秋雨季节，每束榆枝可卖到十几文钱。又过了一年，将水源引到旧的榆沟里，到秋天榆树已有鸡蛋般粗细，再挑选稠密挺直的榆枝砍下，捆成二百多束，这时卖得的钱比以前翻了几倍。五年后，窦义选最粗大的榆树干做成一千多根椽子，卖得三四万钱。其他大而整的木材放在庙院的也有一千多，都是能用来造车的。后来窦义财产已有百余两，于是又买麻布，雇人做成小麻袋，又从内乡买进数百双新麻鞋，窦义并不离开庙院，召来长安各坊以及禁卫士兵家的孩子，每天给他们每人三个饼和十五文钱，再给他们每人一个小麻袋，在冬天里捡拾槐子放在袋内。一个多月后，槐子已有满满两车了。窦义又要小孩们拣破麻鞋，每三双破鞋换新麻鞋一双，远近居民听说后纷纷拿破鞋来换，几天之内，就换得一千多双破麻鞋。窦义这时卖掉庙院所存可以造车的榆材，又得了一百多贯，请了很多短工在崇贤坊西门外水涧里清洗破麻鞋，洗净晒干后存放在庙院。又在坊门外买了很多丢弃的碎瓦片，要工人在水涧里把碎瓦片上的泥渣洗掉，用车装了堆放在庙院。然后买了五个石嘴碓和三个刬碓，去西市买了几担油靛，雇人做饭，招了大批短工，让他们用碓把麻鞋捣烂，把碎瓦片磨成粉，以疏布筛拣后，放入槐子、油靛一起捣烂，搅成糊状，让两个人用手将这糊状物捏成长三尺、直径三寸的圆条，堆在一起一共一万多条，称为法烛。建中元年六月，京城大雨，街上根本没有车子，物资运输断绝，窦义就拿这些法烛出来卖，每条一百文钱，用法烛生火煮饭效果比木柴好得多，窦义又获利不少。最初西市秤行的南边有十多亩积水洼地，人称小海池，是酒楼排放污水的地方。窦义要把这块地买下，主人也不知道怎么开价，于是窦义给了三万钱买下。买下后在当中插了面旗，在周围设了六七个铺子，做煎饼和团子，召集附近的孩子来投掷瓦石，凡是击中旗标的就给煎饼和团子吃。不到一个月，两街的孩子们都来玩耍，投掷的瓦片已将整个池都填满了。窦义就规划了一下，在上面开了二十家店铺，由于位置很好，每天获利数千。这些店铺至今犹存，人们称为窦家店。

1045. 石鞋子

吴中有石子，貌类胡，因呼为石鞋子，善谑多智。尝困倦，步至一邸舍，欲少憩，有一小楼颇洁，先为僧所据矣。石登楼窥之，僧方掩窗昼寝。窗隙中见两楼相向，一少妇临窗刺绣，石乃袭僧衣帽，微启窗向妇而戏，妇怒，以告其夫，夫因与僧闹，僧茫然莫辨，亟移去，而石安处焉。

【译文】

吴中有个姓石的人，因为面孔长得很像胡人，人们就叫他石鞋子，这人聪明，爱开玩笑。有天他觉得困倦，走到一家小客店，想休息一下，见店里一座小楼很整洁，可惜已经有个和尚先住下了。石鞑子登楼一看，和尚正半掩着窗户午睡，窗缝中看去对面也有一座楼台，有个少妇正当窗刺绣。石鞑子偷偷穿上和尚的衣帽，打开窗户远远地调戏少妇，少妇非常生气，就把事情告诉她丈夫，丈夫就来找和尚吵闹，和尚一头雾水，只好赶紧离开。石鞑子就到楼上安稳地睡觉去了。

1046. 黠童子

一童子随主人宦游，从县中索骑，彼所值甚驽下。望后来人得骏马，驰而来，手握缰绳，伴泣于马上。后来问曰："何泣也？"曰："吾马奔逸绝尘，深惧其泛驾而伤我也。"后来以为稚弱可信，意此马更佳，乃下地与之易。童子既得马，策而去，后来人乘马，始悟其欺，追之不及。

【译文】

一童子跟随主人宦游，从县里驿站要了马骑，童子拿到一匹马很不好，看见他后面的一个拿到一匹好马急驰而来，他就手握着缰绳假装在马上哭，那人问："你为什么哭？"童子说："我这马跑得太快了，我怕控制不住它而伤到自己。"来人见童子年幼也不怀疑他，又想童子的马比自己的好，就下马和童子交换。童子上了马便急驰而去，那人骑上童子的马，才发现上当了，当然也肯定追不上了。

1047. 黠竖子

西邻母有好李，苦窥园者，设阱墙下，置粪秽其中。黠竖子呼类窃李，登垣，陷阱间，秽及其衣领，犹仰首于其曹，曰："来，此有佳李。"其一人复坠，方发口，黠竖子遽掩其两唇，呼"来！来！"不已。俄一人又坠，二子相与诟病，黠竖子曰："假令三子者有一人不坠阱中，其笑我终无已时。"

小人拖人下浑水，使开口不得，皆用此术，或传此为唐伯虎事，恐未然。

【译文】

西家的婆婆种了些上好的李子，偷的人不少，婆婆很苦恼，就在墙下设了陷阱，里面放上粪便。有个狡猾的少年带着同伴前来偷李，翻过墙就掉进了陷阱，粪便一直没到了衣领，这个少年还抬着头呼喊同伴："来啊，这里有好多上好的李子!"一个同伴也跟着掉进陷阱,正要张口大叫,少年赶紧用手捂住他的嘴,嘴里还不停地喊着"来!来!"很快,另一个同伴也掉了进来。两人一起骂少年,狡猾的少年说:"三人里只要有一个不掉入陷阱,那我就会被他嘲笑个没完没了。"

冯评:小人把人拖下浑水,使之无法开口,用的就是这方法。有人说这是唐伯虎的故事,恐怕是误传。

1048. 节日门状

刘贡父为馆职,节日,同舍遣人以书筒盛门状,遍散人家。刘知之,乃呼所遣人坐于别室,犒以酒肴,因取书筒视之,凡与己一面之旧者,尽易以己门状。其人既饮食,再三致谢,遍走巷陌,实为刘投刺,而主人之刺遂已。

事虽小,却是损人利己。

【译文】

北宋刘敞(字贡父)在史馆任职时,一次过节,有同事派人用书筒装着名片,遍投各家。刘敞知道后,就邀请这个送名片的人到家里,请他喝酒,趁机拿过他的书筒检查,凡是送给和自己有一面之交的人的,都换成自己的名片,那人吃饱喝足后,向刘再三道谢,然后穿街走巷去投名片,其实他是在给刘敞干活,主人的名片都没送到。

冯评:事虽小,却是损人利己。

1049. 智胜力

王卞于军中置宴。一角牴夫甚魁岸,负大力,诸健卒与较,悉不敌。坐间一秀才自言能胜之,乃以左指略展,魁岸者辄倒,卞以为神,叩其故。秀才云:"此人怕酱,预得之同伴;先入厨,求得少许酱,彼见辄倒耳。"

【译文】

唐朝的王卞在军中设宴款待宾客,命人角力助兴。有个力士体格魁梧,力大无比,好几名兵士都败在他手下。席间有个秀才自称能胜他,于是上台略伸左指,力士就倒地不起。王卞大惊,以为秀才是神人,叩问原因,秀才说:"这人怕酱,我先前向他的同伴打听来的。所以我先到厨房拿了点酱,他看见了,就倒了。"

1050. 定远弓手

濠州定远县一弓手善用矛，有一偷亦精此技，每欲与决生死。一日，弓手因事至村，值偷适在市饮，势不可避，遂曳矛而斗，观者如堵。久之，各未能进，弓手忽谓偷曰："尉至矣，我与尔皆健者，汝敢与我尉前决生死乎？"偷曰："诺。"弓手应声刺之而毙，盖乘其隙也。又有人曾遇强寇，斗方接刃，寇先含水满口，忽噀其面，其人愕然，刃已揕胸。后有一壮士复与寇遇，已先知噀水之事，寇复用之，反为所刺。

【译文】

濠州定远县有一名弓手善长用矛，有一个小偷也精于此道，便总想找他一决胜负。一天，弓手到村中办事，正碰上小偷在集市上喝酒，无从回避，于是各自持矛决斗，围观者不计其数。两人斗了很久，一直不分胜负。弓手突然对小偷说："县尉来了，我们都是高手，你敢与我到县尉面前一决生死吗？"小偷说："好！"话音未落，弓手刺死了小偷，原来是抓住了他分心回话的短暂空隙。又有一人曾遇强盗，两人正挥刀打斗，没想到强盗事先含了一口水，忽然喷向那人脸上，那人被吓了一跳，还没回过神来，胸前已经中刀。后来又有位壮士碰到这强盗，由于已经听说过喷水的事，强盗重施故技，反而被他抓住空子刺杀了。

1051. 种氏取虎

忻、代种氏子弟，每会集讲武，多以奇胜为能。一夕步月庄居，有庄户迎曰："数夕来，每有一虎至麦场软藁间，转展取快，移时而去，宜徐往也。"或请以一矢毙之，一子弟在后笑曰："我不烦此，当以胶黐取之，如粘飞雀之易。"众责其夸，曰："请酿钱五千具饮，若不如所言，我当独出此钱。"众许之。翌晨，集庄户置胶黐斗余，尽涂场间麦杆上，并系羊为饵，而共伺其旁。至月色穿林，虎果至，遇系羊，攫而食之，意若饱适，即顾麦场转舒其体，数转之后，胶杆丛身，牢不可脱。畜性刚烈，大不能堪，于是伏地大吼，腾跃而起。几至丈许，已而屹立不动，久之，众合噪前视，已死矣。

【译文】

　　忻州、代州种氏的子弟们常常集会习武，多以奇谋致胜为能事。一天晚上，他们聚在庄上，正在月下散步，有个农户迎上来说："这几天晚上常有一头老虎出没在麦场的软秸秆垛间，行动快速，不久就离去。我们可以慢慢过去看看。"有人建议一箭将老虎射死，另一个种氏子弟在后面笑着说："我不用箭，用木胶就行，和粘飞鸟一样简单。"众人责怪他瞎吹牛，那人说："我们凑五千文钱吃喝一顿，如果我不能兑现我的话，这钱我一个人出。"众人答应了。第二天早晨，找来农户把一斗多的木胶都涂在场中麦秸杆上，又系上一头羊作为诱饵，众人都在四周埋伏。到月光照在林间时，老虎果然来了，它发现那头系着的羊，立即扑上去饱餐一顿，看起来是吃饱很舒服，就在麦场打滚消化食物，滚了几下之后，身上粘满了麦秸杆，怎么也无法去掉。老虎性情刚烈，对此无法忍受，于是卧在地上大声吼叫，又腾空跃起一丈多高。一会儿，站在那里不动了。过了很久，众人一起呼喊着上前检视，发觉老虎已经死了。

1052. 术制继母

　　王阳明年十二，继母待之不慈。父官京师，公度不能免。以母信佛，乃夜潜起，列五托子于室门。母晨兴，见而心悸。他日复如之，母愈骇，然犹不悛也。公乃于郊外访射鸟者，得一异形鸟，生置母衾内，母整衾，见怪鸟飞去，大惧，召巫媪问之，公怀金赂媪，诈言："王状元前室责母虐其遗婴，今诉于天，遣阴兵收汝魂魄，衾中之鸟是也。"后母大恸，叩头谢不敢，公亦泣拜良久。巫故作恨恨，乃蹶然苏。自是母性骤改。

【译文】

　　王守仁（人称阳明先生）十二岁时，继母常常虐待他，而他父亲远在京师任官，王守仁估计很难脱离这种困境，于是自己想办法解决。继母信佛，王守仁半夜悄悄起床，在屋门外排列了五个托钵。第二天早晨继母见了，心中很是紧张。过几天又来这么一次，继母更加害怕，但她仍不悔改。王守仁到郊外找捕鸟的人，买下一只活的怪鸟，放在继母被子里。继母整理床铺时，突然看见怪鸟飞去，大为害怕，便赶紧请来巫婆占卜。王守仁早花钱买通了巫婆，对继母说："王状元前妻责怪你虐待她的儿子，上告天帝，现在天帝派阴兵来收拘你的魂魄，那被中的怪鸟就是。"

继母听了这话十分悲伤，赶紧下跪谢罪，口称不敢，王守仁也哭拜很久。巫婆故意做出遗憾的样子，然后一下子醒过来。从此继母的秉性彻底改变。

1053. 制妒妇

《艺文类聚》：京邑士人妇大妒，尝以长绳系夫脚，唤便牵绳。士密与巫妪谋，因妇眠，士以绳系羊，缘墙走避。妇觉，牵绳而羊至，大惊，召问巫。巫曰："先人怪娘积恶，故郎君变羊，能悔，可祈请。"妇因抱羊痛哭悔誓，巫乃令七日斋，举家大小悉诣神前祈祝。士徐徐还，妇见，泣曰："多日作羊，不辛苦耶？"士曰："犹忆噉草不美，时作腹痛。"妇愈悲哀。后略复妒，士即伏地作羊鸣，妇惊起，永谢不敢。

【译文】

《艺文类聚》记载，京城有个士人，他的妻子妒忌心特重，平时用一根长绳绑在丈夫脚上，有事呼唤丈夫，就拉动长绳。士人暗中与巫婆商量，趁老婆熟睡后，将自己脚上的绳子解下来绑在羊腿上，偷偷爬墙躲开。妇人睡醒后，拉动绳子，竟然牵来一只羊，大为惊奇，就召来巫婆询问。巫婆说："你家祖宗怪你平日作恶，因此把你丈夫变成羊，如果你能悔过，祈求上苍还能饶恕。"妇人抱着羊痛哭，立誓悔过。巫婆要妇人斋戒七天，全家大小都要在神前祈祷谢罪。士人慢慢回到家，妇人见了他，哭着问："做了好几天羊，很辛苦吧？"士人说："只记得草很难吃，老是肚子疼。"妇人听了更是难过。以后，妇人只要稍显妒意，士人就趴在地上学羊叫，妇人便惊慌地拉起他，向天谢罪不敢再犯了。

1054. 敖上舍

韩侂胄既逐赵汝愚至死，太学生敖陶孙赋诗于三元楼壁吊之。方投笔，饮未一二行，壁已舁去矣。敖知必为韩所廉，急更衣持酒具下楼，正逢捕者，问："敖上舍在否？"对曰："方酣饮。"亟亡命走闽。韩败，乃登第一。

【译文】

南宋宰相韩侂胄将赵汝愚赶走并逼死后，太学生敖陶孙在三元楼壁间写了一首诗祭悼。刚停笔还没喝几口酒，壁板已被人抬走。敖陶孙知道一定是韩侂胄派人收走的，就立即换了衣服拿着酒器下楼，正巧碰到来拘捕他的差役，问："敖某人是否在楼上？"敖陶孙回答："正在楼上痛饮。"连忙逃往福建。韩侂胄后来事败，敖陶孙考中第一名。

1055. 金还酒债

荆公素喜俞清老。一日谓荆公曰："吾欲为浮屠，苦无钱买祠部牒耳。"荆公欣然为具僧资，约日祝发。过期寂然，公问故，清老徐曰："吾思僧亦不易为，祠部牒金且送酒家还债。"公大笑。

肯出钱与买僧牒，何不肯偿酒债？清老似多说一谎。

【译文】

王安石（封荆国公）一向喜欢俞澹（字清老）。有一天，俞澹对王安石说："我想出家当和尚，但没有钱买度牒。"荆公爽快地出钱让他去办度牒，并约定出家的日期。但约定的时间已过，俞澹也没什么动静，王安石就去问他，俞澹不慌不忙地说："我想当和尚也不是件容易的事，所以你给我的钱，我都拿到酒家还债了。"荆公听了大笑。

冯评：肯出钱买度牒，怎么会不肯代还酒债？俞清老似乎说这个谎多余了。

1056. 下马常例

宋时有世赏官王氏，任浙西一监。初莅任日，吏民献钱物几数百千，仍白曰下马常例。王公见之，以为污己，便欲作状，并物申解上司。吏辈祈请再四，乃令取一柜，以物悉纳其中，对众封缄，置于厅治，戒曰："有一小犯，即发。"由是吏民警惧，课息俱备，比终任荣归，登舟之次，吏白厅柜，公曰："寻常既有此例，须有文牍。"吏赍案至，俾舁柜于舟，载之而去。

不娇不贪，人己两利。是大有作用人，不止巧宦已也。

【译文】

宋朝有位王姓的世袭官员到浙西任监察。刚上任的第一天，当地的官员百姓就送了几十万的礼物，说是叫"下马常例"。王某见了，认为是侮辱自己，当即想要上书，连同财物一并呈报上级处置。吏卒再三地请求，王某才命人取来一个柜子，将所有财物全放进去，当众贴上封条，放在公堂之上，训诫属下说："只要有人犯错，我就将此事上报。"从此官员百姓都战战兢兢，各种赋税杂物都不敢怠慢。后来王某任期已满，荣归故里，登船的时候，手下官吏提醒他大堂上还有一个柜子。王某说："既然有这样的惯例，应该有相应的书面凭证。"于是官吏写了凭据来，王某命人把柜子抬到船上带走了。

冯评：不矫情，不贪财，人己两利。这是个很有主张的人，不只是个投机取巧的官。

1057. 吞舍利

《广记》：唐洛中顷年有僧持数粒所谓舍利者，贮于琉璃器中，昼夜香火，檀越之礼日无虚焉。有贫士子无赖，因诣僧请观舍利子，僧出瓶授与，遽取吞之。僧惶骇无措，复虑外闻之，士子曰："与我钱，当服药出之耳。"赠二百缗，乃服巴豆泻下，僧欢然濯而收之。

【译文】

《太平广记》记载：唐朝洛阳近年有僧人拿了几粒所谓的舍利子贮存在琉璃瓶中，日夜香火供奉，施主们顶礼膜拜从无间断。有个落魄的读书人到寺院请求见识一下舍利子。僧人从琉璃瓶里拿出来给他看，书生接过后一口吞下。僧人大惊，不知该怎么办，但又担心外界会听说这事。读书人说："你给我钱，我就吃药把舍利子打下来。"僧人只好给他二百贯，读书人吃了巴豆泻出舍利子，僧人非常高兴地把舍利子洗干净后放回瓶中。

1058. 陈 五

京师闾阎多信女巫。有武人陈五者，厌其家崇信之笃，莫能治。一日含青李于腮，绐家人疮肿痛甚，不食而卧者竟日，其妻忧甚，召女巫治之。巫降，谓五所患是名疔疮，以其素不敬神，神不与救，家人罗拜恳祈，然后许之。五佯作呻吟甚急，语家人云："必得神师入视救我可也。"巫入案视，五乃从容吐青李视之，捽巫，批其颊而叱之门外。自此家人无信崇者。

以舍利取人，即有借舍利以取之者；以神道困人，即有诡神道以困之者。

无奸不破，无伪不穷。信哉！

【译文】

　　京城的大户人家多半迷信女巫。有个武人名叫陈五，厌恶家里人迷信鬼神，却一直没办法解决。一天，陈五在嘴里含了一颗青李，却骗家人口内生疮肿痛，整天不吃不喝地在床上呻吟。陈五的妻子非常担心，召来女巫医治丈夫。女巫来了后，说陈五是长了厉害的疔疮，因为他平日对神灵不敬，现在神明不肯救他。陈五的家人排成一列不停行礼恳请，女巫这才答应。陈五躺在床上故意大声呻吟，告诉家人说："我的病一定要请神师亲自入室救治才行。"女巫进入内室探视陈五，陈五才不慌不忙吐出口中青李给女巫看，接着陈五猛打女巫耳光，叱喝她滚出门外。从此陈五的家人便不再迷信巫术了。

　　冯评：用舍利子取人钱财，就有借舍利子反取钱财的；用神道捉弄别人，就有借神道反过来捉弄的。俗话说："没有奸术不能破解，没有伪诈不会计穷。"这话的确很有道理。

1059. 易　术

　　凡幻戏之术，多系伪妄。金陵人有卖药者，车载大士像问病，将药从大士手中过，有留于手不下者，则许人服之，日获千钱。有少年子从旁观，欲得其术。俟人散后，邀饮酒家，不付酒钱，饮毕竟出，酒家如不见也。如是三，卖药人叩其法，曰："此小术耳，君许相易，幸甚。"卖药人曰："我无他，大士手是磁石，药有铁屑则粘矣。"少年曰："我更无他，不过先以钱付酒家，约客到绝不相问耳。"彼此大笑而罢。

【译文】

　　凡是骗人的把戏，多半都是假的。金陵有个卖药的，用车载着观音大士像看病，开的药都从观音手上经过，要有留在大士手中的，就让病家服用，一天能挣一千钱。有个少年在旁观察许久，想知道郎中的秘密。等人群散去，就邀郎中到酒家喝酒，他不付酒账，喝完了就走人，酒家好像没看见一般。一连几次，卖药的就问少年用的什么法子。少年说："这是小法术，如果可以，和你的法术做个交换吧。"卖药的说："我没啥稀奇的，观音大士的手是磁石做的，药里有铁屑，自然就粘附在观音手上。"青年人说："我更没啥稀奇，只不过事先付钱给酒家，约定好等我的客人来了之后绝不要求我们付钱。"两人相视大笑。

1060. 诱出户

朱古民文学善谑，冬日在汤生斋中，汤曰："汝素多智术，假如今坐室中，能诱我出户外乎。"朱曰："户外风寒，汝必不肯出，倘先立户外，我则以室中受用诱汝，汝必信矣。"汤信之，便出户外立。谓朱曰："汝安诱我入户哉。"朱拍手笑曰："我今诱汝出户矣。"

【译文】

学官朱古民喜欢开玩笑，一个冬天在汤生的书斋里，汤说："你一向聪明，现在我坐在屋里，你能骗我到室外去吗？"朱说："室外天气冷，你一定不肯出去。但如果你先到室外，我就有办法用屋里的好处诱你，你一定会相信我的话走进来。"汤相信了，站到室外，对朱说："你怎么引诱我进去呢？"朱古民拍手大笑说："我现在已经骗你走到室外了！"

1061. 谢 生

长洲谢生嗜酒，尝游张幼于先生之门。幼于喜宴会，而家贫不能醉客。一日得美酒招客，童子率斟半杯，谢生苦不足，因出席小遗，纸封土块，招童子密授之，嘱曰："我因脏病发，不能饮，今以数文钱劳汝，求汝浅斟吾酒也。"发封得块，恨甚，故满斟之。谢是日独得倍饮。

【译文】

长洲谢生爱饮酒，曾经做张幼于先生的门生。张幼于非常喜欢和客人饮宴，但家境不宽裕，常常不能让客人尽兴。一天，张幼于得到一酲好酒邀客共饮，斟酒的小童替每位客人都斟半杯酒。谢生觉得不过瘾，故意离坐小解，用纸包了土块，招来小童，偷偷塞给他，说："我胃病发作，不能多喝酒，这里有几文钱给你，拜托斟酒时替我少斟些。"小童打开纸包发觉竟是土块，很生气，故意把谢生的酒杯斟得满满的。结果这天谢生比旁人多喝到一倍的酒。